Karina Nunes Fritz

Die culpa in contrahendo im deutschen und brasilianischen Recht

Schriften zum Europäischen und Internationalen Privat-, Bank- und Wirtschaftsrecht

---

EIW Band 60

Karina Nunes Fritz

Die culpa in contrahendo im deutschen und brasilianischen Recht

Ein Vorvertragsregime auf der Grundlage der deutschen Schuldrechtsdogmatik

DE GRUYTER

Dr. Karina Nunes Fritz

ISBN 978-3-11-059178-1
e-ISBN (PDF) 978-3-11-059225-2
e-ISBN (EPUB) 978-3-11-059186-6

Library of Congress Control Number: 2018952709

Bibliografische Information der Deutschen Nationalbibliothek
Die Deutsche Nationalbibliothek verzeichnet diese Publikation in der Deutschen Nationalbibliografie; detaillierte bibliografische Daten sind im Internet über http://dnb.dnb.de abrufbar.

Druck und Bindung: CPI books GmbH, Leck

www.degruyter.com

Dem Andenken meines Bruders Paulo Cesar,
der in seiner und meiner Tochter Ana weiterlebt.

Und für Joachim und Ana, die mit mir diesen Weg teilen.

Danksagung

Die vorliegende Arbeit wurde im Sommersemester 2017 von der Juristischen Fakultät der Humboldt-Universität zu Berlin als Dissertation angenommen. Die Arbeit wurde in Brasilien verfasst und viele Personen haben mich bei der Fertigstellung unterstützt. Ich möchte ihnen an dieser Stelle meinen Dank abstatten.

An erster Stelle ist mein Doktorvater und akademischer Lehrer Prof. Dr. Dr. Stefan Grundmann zu nennen. Er hat das Thema angeregt, die Arbeit ständig betreut und mir vor allem einen fruchtbaren gedanklichen Austausch ermöglicht. Die akademische Arbeit mit ihm, die ich von Brasilien aus erfreulicherweise machen durfte, hat mich persönlich und fachlich ungemein bereichert. Ohne ihn wäre diese Arbeit nicht möglich gewesen.

Herrn Prof. Dr. Reinhard Singer danke ich ebenfalls für die konstruktive Betreuung der Arbeit durch verschiedene Gespräche und E-Mails sowie für das Zweitgutachten. Dafür bin ich ihm immer verbunden.

Herrn Rechtsanwalt Wilfried Wulf danke ich ganz herzlich für die sorgfältige Korrektur der Arbeit, die er ungeachtet ihres Umfangs rasch durchgeführt hat. Vor allem möchte ich mich für die immer netten Gespräche und Diskussionen über die culpa in contrahendo bedanken.

Frau Bundesverfassungsrichterin Dr. Sibylle Kessal-Wulf danke ich für die großzügige Unterstützung, ständigen Anregungen und Ratschläge, die diese Arbeit vorangetrieben haben.

Ferner bedanke ich mich bei Prof. Dr. Jan Dirk Harke, Dr. Jan Peter Schmidt, Dr. Chris Thomale, Richterin Kathrin Pastewski, Dr. Carlos Nobrega und Prof. Dr. Otavio Luiz Rodrigues Junior für die fruchtbaren Gespräche über die culpa in contrahendo und weitere damit verbundene Themen.

Ein großer Dank geht an Herrn Dieter Pannier, den ehemaligen Regierungsdirektor der Bibliothek des Bundesgerichtshofs, wo ich einen großen Teil der Literaturrecherche durchgeführt habe. Ihm danke ich ganz herzlich für den unbürokratischen Forschungsaufenthalt, die netten Gespräche beim Kaffeetrinken und für die wertvollen Literaturwerke, zu denen er mir Zugang gewährt hat. Herzlichen Dank für die unvergessliche Zeit in Karlsruhe.

Ein herzliches Dankeschön auch an Frau Angela Huhn, die mich immer warmherzig und zuvorkommend bei der Literatursuche und den administrativen Angelegenheiten unterstützt hat, sowie an Herrn Jannis Neubert, der dem Text die letzte Eleganz im Deutschen vermittelt hat.

Viele Freunde und Kollegen haben mich im Entstehungsprozess und bei der Fertigstellung meines Dissertationsvorhabens begleitet. Ihnen allen möchte ich an dieser Stelle nochmals danken, insbesondere Dr. Rose Melo Venceslau, Dr.

https://doi.org/10.1515/9783110592252-001

Aline Valverde, RA Rafael Longhi, RA André Rocha, RA Dante Carbonar und Luciana Nunes, die mir bei Literatur- und Rechtsprechungsbeschaffung unheimlich geholfen haben.

Schließlich möchte ich mich bei meiner brasilianischen und deutschen Familie bedanken, die mich ständig begleitet hat. Den größten Dank schulde ich meinem Mann, Joachim Fritz, der durch seine ständige und liebevolle Ermutigung an der Entstehung jedes einzelnen Satzes der Arbeit beteiligt war. Er hat – anders als ich – nie daran gezweifelt, dass sie ein Ende hat. Ohne ihn wäre diese Arbeit auch nicht möglich gewesen.

Inhaltsübersicht

Inhalt

Abkürzungsverzeichnis

AcP	Archiv für die civilistische Praxis
BB	Betriebsberater
BeckRS	Beck online Rechtsprechung
BGH	Bundesgerichtshof
BKR	Zeitschrift für Bank- und Kapitalmarktrecht
CC1916	Código Civil (1916)
CC2002	Código Civil (2002)
CDC	Código de Defesa do Consumidor (Verbraucherschutzgesetz)
CF/88	Constituição Federal
CPC	Código de Processo Civil
DB	Der Betrieb
DStR	Deutsches Steuerrecht
FVG	Fundação Getúlio Vargas
GPR	Zeitschrift für das Privatrecht der Europäischen Union
Jh.Jb.	Jherings Jahrbücher für die Dogmatik des bürgerlichen Rechts
JURA	Juristische Ausbildung
JuS	Juristische Schulung
JZ	Juristenzeitung
MDR	Monatsschrift für deutsches Recht
NJW	Neue Juristische Wochenzeitschrift
NJW-RR	Neue Juristische Wochenzeitschrift – Rechtsprechung Report
NZG	Neue Zeitschrift für Gesellschaftsrecht
RabelsZ	Rabels Zeitschrift für ausländisches und internationales Privatrecht
RDA	Revista de Direito Administrativo
RDC	Revista de Direito do Consumidor
RDCC	Revista de Direito Civil Contemporâneo
RDBMC	Revista de Direito Bancário e do Mercado de Capitais
RDP	Revista de Direito Privado
REDE	Revista Eletrônica de Direito do Estado
RFDC	Revista Forum de Direito Civil
RPGE	Revista da Procuradoria Geral do Estado
RTDC	Revista Trimestral de Direito Civil
RT	Revista dos Tribunais
RT Online	Revista dos Tribunais Online
STJ	Superior Tribunal de Justiça
STF	Supremo Tribunal Federal
TJDF	Tribunal de Justiça do Distrito Federal e Territórios
TJPR	Tribunal de Justiça do Paraná
TJRJ	Tribunal de Justiça do Rio de Janeiro
TJRS	Tribunal de Justiça do Rio Grande do Sul
TJSP	Tribunal de Justiça de São Paulo
TST	Tribunal Superior do Trabalho
WM	Zeitschrift für Wirtschafts- und Bankrecht

https://doi.org/10.1515/9783110592252-002

ZBB	Zeitschrift für Bankrecht und Bankwirtschaft
ZeuP	Zeitschrift für Europäisches Privatrecht
ZGR	Zeitschrift für Unternehmens- und Gesellschaftsrecht
ZIP	Zeitschrift für Wirtschaftsrecht

Einführung

150 Jahre nach *Rudolf von Jherings* berühmter Schrift über die culpa in contrahendo ist die Figur in Brasilien immer noch unklar. Vielleicht würde ein interessierter Jurastudent sie mit der jheringschen Haftung für den Abschluss wegen Irrtums nichtiger Verträge verbinden. Was genau *Jhering* damit gemeint hat, bleibt aber noch ungeklärt. Das überrascht nicht, wenn man berücksichtigt, dass eine portugiesische Übersetzung seines Aufsatzes erst im Jahre 2008 durch Prof. *Paulo Mota Pinto* von der Universität von Coimbra erfolgte[1]. Es fehlt im brasilianischen Recht eine Auseinandersetzung mit der jheringschen Schrift, abgesehen von den wenigen monographischen Arbeiten über die culpa in contrahendo. Der größte Kenner des deutschen Rechts, *Pontes de Miranda*, hat die jheringsche Konstruktion schon terminologisch als inkohärent bezeichnet, da die Anfechtungshaftung wegen Irrtums nicht einmal *culpa* (Verschulden) voraussetzt. Gemeint war damit die Anfechtungshaftung des § 122 BGB, weil das brasilianische Zivilgesetzbuch nie eine Ersatzpflicht an die Irrtumsanfechtung als Prägung des Vertrauensschutzes geknüpft hat.

Es ist daher kein Wunder, dass die culpa in contrahendo im Laufe des 20. Jahrhunderts so wenig Aufmerksamkeit in der Lehre und folglich in der Rechtsprechung gefunden hat, obwohl in den 30iger Jahren des vergangenen Jahrhunderts einige Fälle zur Haftung beim grundlosen Abbruch von Vertragsverhandlungen erschienen sind. Diese Haftung wurde kurzzeitig durch das damals herrschende liberalindividualistische Rechtsverständnis mit der Begründung abgelehnt, die Auferlegung von Einstandspflichten auf einen Verhandlungspartner, der – aus welchen Grund auch immer – von dem geplanten Vertragsschluss Abstand nimmt, beeinträchtige in unzulässiger Weise die Vertragsfreiheit und die „Willensautonomie". Bis heute hört man solche Argumente, obwohl die Haftung für den grundlosen Verhandlungsabbruch relative Anerkennung in der Lehre und Rechtsprechung gefunden hat.

Man fragt sich, wofür die Figur der culpa in contrahendo sonst nützlich sein könnte und ob sie, angesichts der großen deliktischen Generalklausel, die – anders als § 823 BGB – keine Beschränkung auf einzelne geschützte Rechtsgüter kennt, überhaupt einen Anwendungsbereich im brasilianischen Recht habe. Die

1 Laut *P. Mota Pinto* (*Jhering*, Culpa in contrahendo, Nota introdutória, V, Fn. 1) sind noch zwei Übersetzungen in den romanischen Sprachen zu finden: Eine französische Version aus Jahr 1893 von *O. de Meulenaere* und eine italienische von *Frederico Procchi*, „Della culpa in contrahendo, Ossia del risarcimento del danno nei contratti nulli o non giunti a perfezione", Neapel, Jovene, 2005.

https://doi.org/10.1515/9783110592252-003

komplexe Theorie der culpa in contrahendo sei vielmehr das Ergebnis der Schwächen des deutschen Deliktsrechts, das nur kleine Generalklauseln beinhalte. Das gleiche gelte für die in Deutschland propagierte vertragliche Natur der culpa in contrahendo, die massiv mit dem Argument kritisiert wird, im vorvertraglichen Stadium liege doch noch kein Vertrag vor. Sie sei eine grobe Fiktion zur Rechtfertigung der Erstreckung der Vertragshaftung auf vorvertragliche Fälle. Alle Probleme, die man in Deutschland mit der jheringschen Figur löse, könnten in Brasilien mit der Generalklausel des Deliktsrechts bewältigt werden. Ein Blick in die Geschichte wirft jedoch Zweifel auf, ob – zumindest im brasilianischen Recht – die deliktsrechtliche Generalklausel fähig ist, alle Probleme aus Fehlverhalten im Vorfeld des Vertrages zu lösen.

Schon für die Begründung der vor, bei und nach Vertragsschluss entstehenden „Nebenpflichten" erwies sich das allgemeingültige Gebot des ‚neminem laedere' als ungeeignet, denn man konnte daraus weder konkrete Verhaltenspflichten herleiten noch ihre Bindung rechtfertigen. Man musste vielmehr auf den damals ungeschriebenen Grundsatz von Treu und Glauben zurückgreifen, um solche Verpflichtungen zu begründen, die völlig unabhängig von privatautonomer oder gesetzlicher Grundlage entstehen. Dafür war der teilweise Import der deutschen Schuldrechtsdogmatik, die unter § 242 BGB entwickelt wurde, insbesondere des Konzepts vom Schuldverhältnis als Gefüge durch *Couto e Silva* in den 60iger Jahren unerlässlich. Er hat in Brasilien die Funktionen von Treu und Glauben (§ 242 BGB) und insbesondere die Existenz von Nebenpflichten im Rahmen des vertraglichen Schuldverhältnisses nachgewiesen, die vor, bei und nach dem Vertrag je nach den Umständen des Einzelfalles erwachsen können. Der Rekurs auf einen ungeschriebenen Grundsatz, nämlich auf das Gebot zur Redlichkeit und zur Rücksicht auf die Güter und Interessen des Gegenübers, stellt die Tragfähigkeit einer zu vagen und hoch abstrakten Formulierung in Frage, die semantisch letztendlich auch Vertragsverletzungen umfassen und dadurch die klassische Dichotomie zwischen den Haftungszurechnungstatbeständen aufheben könnte[2].

Auf der anderen Seite zeigt ein Blick in das deutsche Recht ein umfassendes Rechtsinstitut, das sich zu einem zentralen Rechtsinstitut des deutschen Privat-

---

2 In diesem Sinne nimmt *Thiemann* in Anlehnung an *Schlechtriem* an, dass eine Rechtsordnung, die auf die Unterscheidung von Vertrags- und Deliktshaftung verzichtet, theoretisch denkbar sei und zwar in der Weise, dass der Entstehungsgrund aller Pflichten, deren Verletzung einer Ersatzpflicht auslöst, einheitlich deliktisch verstanden werden könne. Eine solche Rechtsordnung könnte man sich vorstellen unter der Regie einer einzigen, großen deliktischen Generalklausel mit dem Inhalt, dass derjenige, der einen Schaden verursacht hat, ihn zu ersetzen habe. Eine solche Rechtsordnung sei ihm jedoch unbekannt. Culpa in contrahendo, S. 96.

rechts entwickelt hat[3] und als einer der wichtigsten Modernisierungsfaktoren der deutschen Schuldrechtsdogmatik im vergangenen Jahrhundert gilt. Denn die Frage nach der Entstehung von Verbindlichkeiten in der Zeit vor Vertragsschluss, die unabhängig von Vertrag und Gesetz entstehen sollen und das Vertrauen im Rechtsverkehr schützen wollen, markiert den Zeitpunkt eines Umbruchs in der damals dominanten Rechtsgeschäftslehre, nämlich der Willenstheorie, die den Geltungsgrund jeder privatautonomen Handlung im Parteienwillen sah. Damit war der Weg für die Konstruktion der Erklärungstheorie eröffnet, die den Gedanken von Verkehrsinteresse und Vertrauensschutz stärker in den Vordergrund rückte[4] und am Ende eine Korrektur der Willenstheorie ermöglichte.

Schon die jheringsche culpa in contrahendo hat auf die Notwendigkeit eines stärkeren Vertrauensschutzes im Rechtsverkehr mit der Einräumung eines Ersatzes des Vertrauensschadens aufmerksam gemacht. Die deutsche Rechtsprechung hat diesen Gedanken weiterentwickelt und fortschreitend verschiedene Verhaltenspflichten im Rahmen des geschäftlichen Kontakts konkretisiert. Dies hat eine starke Wirkung auch auf die klassische Schuldrechtsdogmatik gehabt, die in den römisch-germanischen Rechtskreisen ausschließlich an die Leistungspflichten geknüpft wurde. In Deutschland hat sich folglich kurz nach Inkrafttreten des BGB neben dem gesetzlichen System von Leistungspflichtverletzungen ein „paralleles" System von Verhaltenspflichtverletzungen herausgebildet, wozu heute wichtige – inzwischen auch außerhalb Deutschlands anerkannte[5] – Rechtsinstitute wie die Haftung aus culpa in contrahendo, die Haftung aus positiver Vertragsverletzung und die nachvertragliche Haftung gehören[6]. Die dogmatische Autonomie der auf § 242 BGB gestützten „Schutzpflichten" gegenüber den Leistungs- und Jedermannspflichten, die zunächst *Heinrich Stoll* und danach *Larenz* und *Canaris* nachgewiesen haben, war die Basis für die theoretische Konstruktion neuer Rechtsinstitute und später für die Ausarbeitung des heutigen Leistungsstörungsrechts, das den Kern der deutschen Schuldrechtsreform des Jahres 2002 bildete.

Die rechtsdogmatische Selbständigkeit der Rücksichtspflichten bedeutete nicht nur die Anerkennung einer neuen schuldrechtlichen Pflichtenkategorie. Sie

3 In diesem Sinne: BT-Drucks. 14/6040, S. 162 und *Menezes Cordeiro*, Da modernização, S. 111.

4 MünchKomm/*Kramer* (1984), Vor § 116 Rn. 4.

5 Vgl. die ausfürliche Literatur dazu in Portugal bei *Menzes Cordeiro*, Da boa fé, 2001; in Italien vgl. etwa *Michele Giorgianni*, Inadempimento delle obbligazioni, 1979; in Brasilien vgl. *Couto e Silva*, A Obrigação como processo, 1964; *Martins Costa*, A boa fé no direito privado, 2000; *Ferreira da Silva*, A boa-fé e a violação positiva do contrato, 2002 und *Donnini*, Responsabilidade civil pós-contratual, 2011.

6 *Schur*, Leistung und Sorgfalt, S. 2.

führte auch zur Änderung des Schuldverhältniskonzepts, das heute nicht nur als eine bloß privatautonom gestaltete oder kraft Gesetz entstandene Rechtsbindung mit Obligationen (Leistungspflichten) zwischen Gläubiger und Schuldner verstanden wird, sondern auch ein Schuldverhältnis ohne Leistungspflicht sein kann. Tatsächlich hat die ausgearbeitete Theorie der vorvertraglichen Schutzpflichten eine Modifizierung der gesamten Struktur des Schuldverhältnisses zur Folge gehabt, insbesondere mit der späteren Einbeziehung von Dritten in den geschäftlichen Kontakt, die zu einer Erweiterung in der berechtigten und verpflichteten Rechtsposition führte.

Durch diese Rechtsfortbildung hat die jheringsche culpa in contrahendo ihre ursprüngliche Bedeutung als Haftung für die schuldhafte Herbeiführung der Vertragsnichtigkeit verloren und sich zu einer Haftung für die schuldhafte Rücksichtspflichtverletzung in der breiten Phase der Vertragsvorbereitung gewandelt und damit auf unterschiedlichste Fallkonstellationen Anwendung gefunden, sodass sie zurecht als „Allzweckwaffe kristisiert wurde[7]. Eine erste große – problematische – Erweiterung des Anwendungsbereichs der culpa in contrahendo erfolgte für Verletzungsfälle von Schutz- und Obhutspflichten vor Vertragsverhandlungen (Vertragsanbahnung) mit dem bedeutenden Linoleumfall. Dort hat das RG ausgeführt, dass zwischen den Beteiligten ein „den Kauf vorbereitendes Rechtsverhältnis“ mit vertragsähnlichem Charakter entstehe. Beabsichtigt war durch diese Konstruktion, den Fall aus dem Bereich des Deliktsrechts herauszunehmen, um eine Exkulpation des Ladeninhabers für das Verschulden seines Gehilfen nach § 831 BGB zu vermeiden und einen vertragsähnlichen Schutz für deliktisch geschützte Güter zu erreichen.

Unter dem Einfluss der subjektiven und objektiven Strömungen innerhalb der Vertrauenshaftungslehre hat die culpa in contrahendo in den folgenden Jahren eine gewaltige Ausbreitung ihres Anwendungsfelds erfahren und die verschiedensten Fälle von „enttäuschtem Vertrauen“ erfasst[8]. Sogar Gefälligkeitsverhältnisse mit rechtsgeschäftlichem Charakter wurden zur Fallgruppe der culpa in contrahendo gezogen. Unzählige Rücksichtspflichten haben sich in dieser Zeit unter § 242 BGB herausgebildet wie Schutz-, Obhuts-, Sorgfalts-, Informations-, Aufklärungs-, Beratungs-, Geheimnis- und Mitwirkungspflichten, die letztendlich darauf abzielen, unredliches Verhalten vor Vertragsschluss zu sanktionieren, um Schäden in der aktuellen Rechtssphäre der Gegenseite zu vermeiden und gegebenenfalls eine ausgewogene Vertragsgestaltung zu ermöglichen.

---

7 *Hopt*, AcP 183 (1983), 608, 642. In ähnlichem Sinne: *Gottwald*, JuS 1982, 877.

8 *Keller*, Schuldverhältnis und Rechtskreisöffnung, S. 20.

Enorme Bedeutung haben in der Rechtspraxis die Fälle informationellen Fehlverhaltens vor Vertragsschluss erlangt, in denen eine Partei rein fahrlässig falsche oder unzureichende Informationen erteilt oder solche verschweigt und dadurch die andere zum Abschluss eines ungünstigen oder unerwünschten Vertrages bewegt. Dafür hat sich der Begriff der „fahrlässigen Täuschung" etabliert, der das dogmatische Konstrukt eines parallelen Tatbestands zur arglistigen Täuschung aus § 123 BGB, der – wie Arts. 145 und 147 CC2002 – Dolus voraussetzt, zum Ausdruck bringt. In solchen Fällen gewährt die Rechtsprechung dem Geschädigten neben dem Anfechtungsrecht aus § 123 BGB einen Schadensersatzanspruch, der dem Getäuschten ein Wahlrecht auf der Grundlage des § 249 BGB einräumt, den Vertrag entweder aufzulösen oder anzupassen. Die Haftung für schuldhafte Informationspflichtverletzung hat unter anderen bei Banken- und Kapitalanlagegeschäften sowie Unternehmens- und Immobilienkäufen eine erhebliche Rolle gespielt.

Die Informationshaftung wurde in kurzer Zeit auch auf die Richtigkeit und Vollständigkeit von Werbeschriften (Prospekten) erstreckt, mit denen beim Publikum für Kapitalanlagen verschiedenster Art geworben wird. Es hat sich die sog. Prospekthaftung herausgebildet, die Prospektverantwortliche, Geschäftsführer, Initiatoren und Gründer von Anlagegesellschaften in Haftung nahm. Die Bildung dieser Fallgruppe hat zu einer Erweiterung des Vertrauensbegriffs geführt, in dem die Rechtsprechung von Vertrauen als psychologischem Phänomen in der Person des Gegners Abstand nahm und auf das „typisierte Vertrauen" des Anlegers auf die Richtigkeit und Vollständigkeit der Prospektangaben abstellte. Diese Fälle sind heute inm Kapitalanlagegesetzbuch aus dem Jahre 2013 geregelt und nach einem Teil der Lehre aus dem Anwendungsbereich der culpa in contrahendo herausgenommen worden.

Seit der Linoleumfall-Entscheidung haftet man aus culpa in contrahendo nicht nur für eigenes, sondern auch für fremdes Verschulden, wie die Gehilfenhaftung aus § 278 zeigt. Gehilfen sind nicht nur Angestellte, sondern jede Person, deren sich der Vertragspartner zur Erfüllung seiner Verbindlichkeiten bedient und die in den geschäftlichen Kontakt einbezogen sind. Paradebeispiel ist der Vertreter, für dessen Verschulden der Vertretende grundsätzlich haftet, weil er ihn auswählt, anleitet und überwacht[9]. Der BGH hat jedoch von dieser Regel Ausnahmen angenommen und den Vertreter für die von ihm schuldhaft begangenen Pflichtverletzung selber haften lassen. Dazu hat das Gericht im Lauf der Zeit zwei Fallgruppen präzisiert. Bei der ersten geht es um Fälle, in denen der Vertreter ein besonderes wirtschaftliches Eigeninteresse an dem Vertragsschluss hat, das so

9 *Brox/Walter*, SR/AT, S. 195.

stark ist, dass er wirtschaftlich gesehen gleichsam die eigentliche Partei ist, für die nur formell ein anderer als Partei fungiert. Dafür hat sich die Bezeichnung „Quasi-Partei" oder „Procurator in rem suam" etabliert[10].

Die zweite Fallgruppe ist die sog. Sachwalterhaftung, die die Eigenhaftung von Vertretern und Verhandlungsgehilfen iwS bezeichnet, d. h., von Personen, die im Rahmen der Vertragsverhandlungen über wirtschaftlich bedeutsame Geschäfte in besonderem Maße Vertrauen für sich persönlich in Anspruch nehmen und dadurch dem anderen Teil eine „zusätzliche persönliche Gewähr" für Zustandekommen und Erfüllung des Vertrages bieten, so dass dieser in ihnen den „Garanten der Vertragsdurchführung" selbst für den Fall sieht, dass der eigentliche Vertragspartner sich nicht als vertrauenswürdig erweist[11]. Die Vertreter- und Sachwalterhaftung ist heute in § 311 III BGB angesiedelt und lässt sich unter dem Oberbegriff der Eigenhaftung Dritter aus culpa in contrahendo subsumieren. Sie stellt noch eine umstrittene Erweiterung der Haftung für Fehlverhalten vor Vertragsschluss dar, indem die Entstehung eines vorvertraglichen Vertrauensschuldverhältnisses zwischen dem potentiellen Vertragspartner und dem Dritten angenommen wird, kraft dessen Rücksichtspflichten und Schadensersatzansprüche ausnahmsweise entstehen können.

Aus dieser kurz zusammengefassten Darstellung der historischen Entwicklung der culpa in contrahendo im deutschen Recht kann man ermessen, dass die vorvertragliche Lehre im Lauf des 20. Jahrhunderts Stück für Stück auf eine Vielzahl anderer Sachverhaltskonstellationen ausgedehnt wurde, so dass sich folgende Fallgruppen herausgebildet haben: Haftung für Schutzpflichtverletzung, Haftung für grundlosen Verhandlungsabbruch, Haftung für die Herbeiführung ungültiger Verträge, Haftung für Verletzung von Informations- und Aufklärungspflichten über entscheidungsrelevante Umstände, Prospekthaftung, Haftung des Vertreters infolge eigenen Interesses und die Sachwalterhaftung[12].

Betrachtet man rechtsvergleichend die unterschiedlichen Fallgruppen der culpa in contrahendo im deutschen Recht, ergibt sich für das brasilianische Recht bereits eine wichtige Schlussfolgerung: Die deliktsrechtliche Generalklausel hat nie eine so breite Entwicklung in Brasilien erlebt und kaum ein umfassendes Programm von vorvertraglichen Rücksichtspflichten begründet. Einige Beispiele können diese Auffassung erleuchten. Die Schutzpflichtverletzungen bei Warenhäusern (Linoleumfall) sind jahrelang mit unterschiedlichen Argumenten sanktionslos geblieben, die entweder eine Schutzpflicht in derartigen Fällen verneinen

10 MünchKomm/*Emmerich* (2016), § 311 Rn. 188.
11 MünchKomm/*Emmerich* (2016), § 311 Rn. 191.
12 *Leible*, in: Schuldrechtsmodernisierung und europäisches Vertragsrecht, 219, 220 f.

oder auf das Fehlen des Verschuldensnachweises durch den Geschädigten abstellen. Damit der Kauflustige – und der Begleitende – seinen Schaden ersetzt bekommt, musste zunächst ein Gesetz (Verbraucherschutzgesetz) erlassen werden mit der ausdrücklichen Positivierung von Verkehrssicherungspflichten und der Feststellung des haftungsbegründenden Tatbestands. Und das, obwohl man sich dort im „außervertraglichen Bereich“ bewegt und die deliktsrechtliche Generalklausel von Art. 159 CC1916 (Art. 186 CC2002) einen „umfassenden Schutz“ für Verletzungen aller Rechtsgüter und Interessen bieten sollte

Das gleiche gilt für die für den Rechtsverkehr zentrale Informationspflicht, die erst nach Konkretisierung im Verbraucherschutzgesetz im Jahre 1990 als eine verbindliche Pflicht in der Vertragsvorbereitung verlangt wurde. Obwohl man die Informationserlangung im Rechtsverkehr sogar als Grundrecht oft einordnet und als Ausfluss der Menschenwürde feiert[13], lehnt der STJ vehement Schadensersatzansprüche für vorvertragliches informationelles Fehlverhalten bei Kapitalanlagen mit der Begründung ab, der Anleger – wennauch Verbraucher – kenne die Risiken von Kapitalanlagegeschäften. Aufgrund dieser Wissenszurechnung weist der STJ jeglichen Schadensersatzanspruch bei Kapitalanlagen grundsätzlich zurück[14].

Im Privatrechtsverkehr wird eine Informationspflichtverletzung – wie vor hundert Jahren – nur im Falle von Vorsatz (Art. 92 und 94 CC1916 = Art. 145 und 147 CC2002) sanktioniert. Eine Informationspflicht, die rein fahrlässig verletzt werden kann, haben Lehre und Rechtsprechung nie aus der deliktischen Generalklausel hergeleitet. Nicht besser ist die Lage bei Fehlinformation von Dritten bei Vertragsverhandlungen: Hier haftet die Partei eines intendierten oder geschlossenen Vertrages gemäß Art. 148 CC2002 nur für die Arglist eines Dritten, wenn er die Arglist kennt oder hätte kennen müssen. Bei Unkenntnis bleibt der Geschädigte an den Vertrag gebunden und muss seinen Schaden gegenüber dem Dritten liquidieren. Für den spezifischen Fall des Vertreters gilt die Spezialvorschrift von Art. 149 CC2002, laut der der Vertretene für den Dolus des Vertreters nur haftet, wenn er davon Vorteile erlangt hat, und zwar nur proportional dazu.

Diese Beispiele zeigen, dass die Existenz einer deliktischen Generalklausel für die Erhöhung des Vertrauensschutzniveaus im vorvertraglichen Stadium – wenn überhaupt – nicht viel beigetragen hat, weil man daraus keine konkreten

---

13 Statt vieler: *Lôbo*, in: Estudos de Direito do Consumidor 3/2001, 23, 25, der die privatrechtliche Informationspflicht gleichermaßen aus der in Art. 5 XIV CF/88 vorgesehenen verfassungsrechtlichen Informationsfreiheit und aus dem Gebot zum staatlichen Verbraucherschutz aus Art. 5 XXXII CF/88 herleitet.

14 Statt vieler: STJ REsp. 799241/RJ, T4, Rel. Min. Raul Araujo, Urt. vom 14.08.2012, DJe 26.02.2013. Zum Thema vgl.: *Nunes Fritz*, RDCC 8/2016, 167, 175 ff.

positiven Verhaltenspflichten herleiten konnte. Selbstverständlich bietet das brasilianische Privatrecht für manches vorvertragliches Fehlverhalten durch unterschiedliche Rechtsmechanismen eine Lösung an. Eine rechtsvergleichende Untersuchung zeigte sich schon dafür als gewinnbringend, zu prüfen, wie und mit welchen Rechtsinstituten diese und ähnliche Fälle gelöst werden; ob diese Mechanismen eine ausreichende und rechtsdogmatisch überzeugende Lösung anbieten; welche Fälle nicht erfasst werden und ob die culpa in contrahendo ein geeignetes Mittel für sie wäre. Anschließend ist zu prüfen, ob man Fragmente der culpa in contrahendo im brasilianischen Recht finden kann, die die Erarbeitung einer allgemeinen Theorie ermöglichen können.

Ziel der vorliegenden Untersuchung ist es, zunächst die historische Entwicklung der culpa in contrahendo im deutschen Recht zu skizzieren und nachfolgend die Rezeption und Abwicklung der Figur im brasilianischen Recht zu untersuchen, um einerseits Berührungspunkte für eine rechtsvergleichende Betrachtung des Themas zwischen beiden Rechtsordnungen und andererseits Hindernisse zu identifizieren, die im brasilianischen Raum der Haftung für Fehlverhalten vor Vertragsschluss entgegenstanden und eventuell noch -stehen (Kapitel 1). Es folgt in Kapitel 2 die Analyse der Grundstruktur der Haftung in contrahendo, also ihrer allgemeinen Voraussetzungen und Rechtsfolgen, um eine Grundlinie dieses Haftungstyps festzustellen. Die Analyse beginnt mit dem deutschen Recht und ist vor allem aufgrund der Positivierung der Figur in § 311 II und III BGB und der Vielfältigkeit der Fallgruppen von Bedeutung. Die gleiche Frage stellt sich im brasilianischen Recht, wo die culpa in contrahendo heute ausschließlich als Haftung für grundlosen Verhandlungsabbruch verstanden wird (Kapitel 2).

Danach folgt eine ausführliche rechtsvergleichende Analyse der Hauptfälle der Haftung aus culpa in contrahendo, nämlich die Haftung für die Verletzung von einer Schutzpflicht ieS, die Haftung für grundlosen Verhandlungsabbruch, die Informationshaftung und die Haftung für den Abschluss nichtiger Verträge (Kapitel 3). Ziel ist dabei, zu prüfen, wie die zugrundeliegenden Probleme in beiden Rechtsordnungen gelöst werden, um identifizieren zu können, ob und inwieweit es ein Anwendungsfeld für die culpa in contrahendo im brasilianischen Recht gibt. Aufgrund der dogmatischen und gesetzlichen Spaltung des brasilianischen Privatrechts, die die Regulierung des Verbraucherrechts außerhalb der Kodifikation, nämlich in einem Verbraucherschutzgesetz, hervorbrachte, verlangt die Beantwortung dieser Fragen die Berücksichtigung der Problematik in privaten und Verbraucher-Unternehmen-Beziehungen. Das kann auch vorteilhaft sein, um beide Rechtsbereiche, deren Abgrenzung in der Lehre betont wird, miteinander in Verbindung zu bringen. Dabei ist insbesondere zu analysieren, ob die angebotene

Lösung für die oben skizzierten Probleme im Rahmen vorvertraglicher geschäftlicher Kontakte ausreichend und rechtsdogmatisch überzeugend ist.

Von dem Ergebnis dieser Analyse hängt selbstverständlich die Beantwortung der Hauptfrage ab, die diese Arbeit zum Gegenstand hat, nämlich, ob man – über die Verhandlungsbeendigung hinaus – weitere vorvertragliche Haftungsfälle im brasilianischen Recht finden kann und bejahendenfalls ob man von einer vorvertraglichen Theorie sprechen kann. Auf der Grundlage der in Kapitel 3 gewonnenen Erkenntnisse wird schließlich im vierten Kapitel versucht, die Grundlinie der culpa in contrahendo herauszuarbeiten und zu Tatbestand, Rechtsfolgen, Rechtsnatur und Haftungsregime Stellung zu nehmen. Nicht behandelt wird vor allem die Ausdehnung der Haftung in contrahendo auf Dritte, die keine Partei des künftigen Vertrages sein sollen, weil dies einen besonderen Problemkreis eröffnen würde, der die hier zu behandelnde Kernfrage der Grundlinien der culpa in contrahendo sprengt.

Kapitel 1: Historische Entwicklung der culpa in contrahendo

I. Einführung

Um die umfassende und komplexe Problematik der culpa in contrahendo zu verstehen, ist es unerlässlich, zunächst einen Blick auf die historische Entwicklung des Rechtsinstituts im deutschen Recht zu werfen, wo sie entdeckt und gründlich entwickelt wurde. Ziel dieses Kapitels ist es, eine kurze Darstellung des Aufbaus der vorvertraglichen Haftung in der deutschen Lehre und Rechtsprechung im Lauf des 20. Jahrhunderts aufzuzeigen und wann die Säulen ihrer rechtsdogmatischen Konstruktion gebaut wurden (unter II), und danach die Rezeption und Entwicklung der Figur im brasilianischen Recht zu untersuchen (unter III), um Berührungspunkte zu identifizieren, die eine rechtsvergleichende Betrachtung auf der Grundlage beider Rechtsordnungen rechtfertigen (unter IV).

II. Die historische Entwicklung der culpa in contrahendo in Deutschland

1. Jherings Theorie: Geburt der culpa in contrahendo

Ausgangspunkt der culpa in contrahendo ist die Schrift von *Rudolf von Jhering* über die „Culpa in contrahendo: oder Schadensersatz bei nichtigen oder nicht zur Perfection gelangten Verträgen“ von 1861[1]. Der Autor gilt bis heute als Vater der Theorie[2], obwohl heutzutage weitgehende Einigung darüber besteht, dass das heutige Konzept der vorvertraglichen Haftung kaum etwas mit *Jherings* Modell zu tun hat, so dass die culpa in contrahendo für viele Privatrechtslehrer nicht als seine „Entdeckung“ gelten könne[3]. In der Tat hat *Jhering* damals nicht die heute bekannten Fallgruppen der culpa in contrahendo im Auge gehabt, hingegen nur Fallgestaltungen wie die Haftung des Irrenden nach Anfechtung, des Vertreters ohne Vertretungsmacht oder des Verkäufers einer inexistenten Sache. Ausgehend

1 Jher.Jb., Bd 4 (1861), 1–112. Hier wird nur die portugiesische Version des Aufsatzes untersucht: Culpa in contrahendo – ou indemnização em contratos nulos ou não chegados à perfeição, Übersetzt von *Paulo Mota Pinto*, Coimbra, 2008.

2 Statt vieler: MünchKomm/*Emmerich* (1985), vor § 275 Rn. 33; MünchKomm/*Emmerich* (2016), § 311 Rn. 37; Soergel/*Harke*, § 311 Rn. 2; *Schlechtriem/Schmidt-Kessel*, SR/AT, S. 20 und *Nickel*, Rechtsfolgen, S. 52. In gleichem Sinne: *Ramírez*, in: Estudios de derecho civil, 723, 725.

3 In diesem Sinne vor allem: *Medicus*, FS Kaser (1986), 169; vgl. dazu auch *Giaro*, in: Das Bürgerliche Gesetzbuch und seine Richter, 113, 151.

https://doi.org/10.1515/9783110592252-004

von dem Fall falscher Übermittlung eines Telegramms – der heute, anders als in der vorkodifikatorischen Zeit in § 119 II, 120 und 122 BGB geregelt ist – fragte *Jhering* nach der Haftung der Partei, die aus Fahrlässigkeit (*culpa*) den Abschluss eines nichtigen Vertrages verursacht hat[4]. Ihm zufolge kannte das römische Recht aufgrund des caveat-emptor-Prinzips nur den dolus in contrahendo, nicht aber eine culpa in contrahendo. Eine äquilische Klage käme auch nicht in Frage, weil sie eine Sachverletzung voraussetze. Das gleiche gelte für eine Vertragsklage, die wegen Nichtigkeit des Vertrages scheitern würde[5]. Auf Grundlage römischer Quellen[6] kam *Jhering* zu dem Schluss, dass in solchen Fällen, in denen ein Verschulden beim Vertragsschluss, d.h., eine culpa in contrahendo vorliegt, eine Ersatzpflicht für den daraus entstandenen Schaden des Geschädigten entsteht, deren Höhe jedoch nicht über den Betrag des Interesses hinaus gehen könne, den er bei regulärer Erfüllung des gültigen Vertrages erlangt hätte[7]. Einen gesetzlichen Anhaltspunkt für die Bestätigung seiner Ideen sah er auch in dem Allgemeinen Preußischen Landrecht von 1794, Teil I, Titel 5:

> „§ 284. Was wegen des bey Erfüllung des Vertrages zu vertretenden Grades der Schuld Rechtens ist, gilt auch für den Fall, wenn einer der Contrahenten bei Abschließung des Vertrages die ihm obliegenden Pflichten vernachlässigt hat.
>
> § 285. Wer bey Abschließung oder Erfüllung des Vertrags seine Pflichten vorsätzlich, oder aus grobem Versehen, verletzt hat, muß dem Andern sein ganzes Interesse vergüten.“ [8]

Diese Regeln, die aus zeitgenössischer Sicht als Generalklausel für die vorvertragliche Haftung ohne Weiteres gelten können[9], enthalten nicht nur ausdrücklich die Existenz von vorvertraglichen Pflichten, die die Parteien beim Abschluss des Vertrages zu gegenseitiger Sorgfalt verpflichten (§ 285), sondern statuieren auch, dass es für die Haftungsentstehung keinen Unterschied macht, ob eine Partei

---

4 *Jhering*, Culpa in contrahendo, S. 2.

5 *Jhering*, Culpa in contrahendo, S. 8ff. Dazu: *Medicus*, FS Kaser (1986), 169, 170 und *Giaro*, in: Das Bürgerliche Gesetzbuch und seine Richter, 113, 114 m.w.N.

6 Die Anknüpfung der culpa in contrahendo an das Römische Recht war immer streitig. *Jhering* stützte seine Idee in Mod. D. 18, 1, 62, 1, Inst. 3, 23, 5 und Ulp. D. 11, 7, 8, 1. Culpa in contrahendo, S. 7ff. Einige Autoren sind jedoch der Auffassung, dass die culpa in contrahendo dort keine Rechtfertigung finde, weil das römische Recht eine Haftung für Pflichtverletzung vor Vertragsschluss nur bei Arglist des Verkäufers durch die *actio doli* erlaubte. Vgl. in diesem Sinne etwa: *Leonhard*, Verschulden, S. 13f; *Medicus*, FS Kaser (1986), 160, 170ff und *Keller*, Schuldverhältnis, S. 28ff.

7 *Jhering*, Culpa in contrahendo, S. 13ff.

8 Apud: *Keller*, Schuldverhältnis, S. 27.

9 In disem Sinne auch *Keller*, Schuldverhältnis, S. 27.

schuldhaft vor oder nach Vertragsabschluss handelte (§ 284). Nicht zuletzt statuiert § 285 I 5 ALR eine bedeutende Folge im Rahmen der heutigen culpa in contrahendo: die Ersatzpflicht des positiven Interesses. In *Jherings* Zeit verfügten aber Lehre und Rechtsprechung noch nicht über diese wissenschaftlichen Erkenntnisse und *Jhering* rügte sogar die preußische Jurisprudenz, dass sie diesen wichtigen Paragraphen so gut wie kaum benutzt habe und bezweifelte, ob der ALR-Verfasser sich der Tragweite der Norm bewusst gewesen sei[10]. Man spekuliert, ob die herrschende Meinung damals in § 284 I 5 ALR eine Vertragshaftung für die Verletzung vorvertraglicher Pflichten gesehen habe, die aber einen gültigen Vertragsschluss voraussetze[11]. Tatsache ist, dass die Normen seinerzeit ohne nachhaltigeWirkungen geblieben sind[12].

Da das römische Recht dem Geschädigten Vertragsklagen im Fall des Abschlusses wirksamer Verträge infolge arglistiger vorvertraglicher Pflichtverletzung einräumte, interessierte sich *Jhering* nur für zustandegekommene Verträge, die aber wegen verschuldeten Irrtums, Dissenses oder Widerrufs einer Offerte nach ihrer – dem Offerenten unbekannt gebliebenen – Annahme unwirksam waren. Der **Haftungsgrund** ist bei *Jhering* die **fehlende diligentia in contrahendo**, die zur Nichtigkeit des abgeschlossenen Vertrages führt[13]. Er verbindet die culpa in contrahendo weder mit der römischen bona fides, die für viele als Wurzel des germanischen Grundsatzes von Treu und Glauben gilt, noch mit dem Vertrauensschutz des Erklärungsempfängers[14]. Die „vorvertragkontraktliche diligentia" stützt *Jhering* auf das „werdende Kontraktsverhältnis", das jedoch erst mit der auch stillschweigend erfolgten Akzeptation der Offerte entstehe, die umgekehrt den intendierten und scheinbar vollzogenen Abschluss des Vertrages zustande bringe[15].

Die culpa in contrahendo ist bei *Jhering* ein Verschulden bei Vertragsschluss, jedoch nicht ein Verschulden bei Vertragsverhandlungen, die für ihn rechtlich unbedeutend, weil unverbindlich sind, da sie nur auf eine „bloße Absicht" zu

---

10 Culpa in contrahendo, S. 40.

11 Dazu: *Giaro*, in: Das Bürgerliche Gesetzbuch und seine Richter, 113, 114 und *Keller*, Schuldverhältnis, S. 28.

12 MünchKomm/*Emmerich* (2016), § 311 Rn. 37, der deshalb *Jhering* als eigentlichen Begründer der Lehre von der culpa in contrahendo anerkennt.

13 Hier stößt seine Theorie auf eine konstruktive Kritik, die unter Einfluss von *Savigny* davon ausgeht, dass die culpa keine causa obligationis sei und sie daher als Anomalie betrachtet. Dazu: *Giaro*, in: Das Bürgerliche Gesetzbuch und seine Richter, 113, 124.

14 In diesem Sinne: *Giaro*, in: Das Bürgerliche Gesetzbuch und seine Richter, 113, 119.

15 *Jhering*, Culpa in contrahendo, S. 31 ff, 41 ff. In gleichem Sinne auch: *Giaro*, in: Das Bürgerliche Gesetzbuch und seine Richter, 113, 117.

kontrahieren deuten. Anders als die Vertragshaftung für Abschlussschuld des § 285 I 5 ALR, die einen gültigen Vertragsschluss voraussetzte und folglich den Ersatz des Erfüllungsinteresses rechtfertigte, ist die jheringsche Vertragshaftung auf den Ersatz des negativen Interesses begrenzt. Der Geschädigte darf dann nicht alles fordern, was er bei Gültigkeit des Vertrages erlangt hätte, sondern nur verlangen, so gestellt zu werden, als wenn er den Vertrag nicht abgeschlossen hätte. Das entspricht dem sog. negativen Interesse[16] – einer Rechtsfigur, die *Jhering* damals erfunden hat.

Zusammenfassend kann man sagen, dass die jheringsche culpa in contrahendo eine enge Figur ist, die sich im Anwendungsbereich auf die nichtigen Verträge und im Haftungsumfang auf das negative Interesse beschränkt[17]. Ob er ein Rechtsinstitut entdeckt hat oder ob man in seiner Arbeit nur die Verallgemeinerung einer in den Digesten und im ALR längst schon existenten Figur sieht [18], die dem liberalen Vertragsrecht des 19. Jahrhunderts diente, spielt hier keine Rolle. *Jherings* Verdienst ist trotzdem, erstmals die Grundidee einer Haftung für fahrlässige Verletzung von Pflichten vor Vertragsabschluss zugrunde gelegt und die rechtswissenschaftliche Diskussion darüber in Gang gesetzt zu haben, die sich über den deutschen Rechtskreis hinaus etabliert und in die romanischen Rechtsordnungen eingeflossen ist[19].

In gewisser Hinsicht kann man in Jhering einen Vorläufer der Lehre des Schuldverhältnisses iwS sehen, indem er ein bestehendes vertragliches Verhältnis von einem entstehenden Kontraktsverhältnis unterschieden und beide unter die Vertragshaftung eingeordnet hat, da in dem nichtigen Vertrag immerhin ein äußerer Zusammenhang zum Vertragsschluss bestehe. Auch von Bedeutung ist die Wertung, die er der Nichtigkeit des Vertrages gibt, denn bei ihm bedeutet Nichtigkeit nicht gänzliche Wirkungslosigkeit, sondern nur Ausfall des Hauptzwecks des Vertrages (der Leistungserfüllung). Das deutet schon darauf hin, dass ein nichtiger Vertrag weitere Nebenwirkungen erzeugen kann, wie z. B. eine Schadensersatzpflicht wegen Nichtigkeit des Vertrages. Damit legt *Jhering* eine Konzeption des Vertrages zugrunde, die sich nicht in der Hervorbringung der Leistungspflichten erschöpft. Letztlich interessant ist das Konzept eines geschäftlichen Kontakts, das bei ihm zum Ausdruck kommt. Wer kontrahiert –

16 *Jhering*, Culpa in contrahendo, S. 16 f.

17 *Giaro*, in: Das Bürgerliche Gesetzbuch und seine Richter, 113, 118.

18 *Giaro*, in: Das Bürgerliche Gesetzbuch und seine Richter, 113, 118.

19 In diesem Sinne: *Keller*, Schuldverhältnis, S. 30, der meint, dass *Jhering* eine umfassende Theorie der Haftung für die im Moment des Vertragsschlusses bereits bestehenden Pflichten formuliert hat. Über die weltweite Wirkung von *Jherings* Theorie vgl. statt vieler: *Schlechtriem/Schmidt-Kessel*, SR/AT, S. 21 und *Nickel*, Rechtsfolgen, S. 52.

sagt er – trete aus dem rein negativen Pflichtenkreis des außervertraglichen Verkehrs heraus und in die positive Kontraktsphäre ein. Hier übernimmt man die diligentia als erste und allgemeinste Verpflichtung, die eben das Gebot enthält, beim Kontrahieren die nötige diligentia selbst zu beachten[20].

2. Die Rezeption der culpa in contrahendo in der vorkodifikatorischen Lehre und Rechtsprechung

Die culpa in contrahendo hat in der vorkodifikatorischen Lehre und Rechtsprechung keine sofortige Akzeptanz erfahren. Insbesondere in der **Pandektistik** ist *Jherings* Theorie auf Kritik gestoßen. Denn die Lehre der culpa in contrahendo stößt zunächst auf das damals herrschende **rechtsgeschäftliche Willensdogma**[21], das auf *Savigny* zurückzuführen ist. Für ihn hat der rechtsgeschäftliche Wille konstruktive Bedeutung in dem Sinne, dass er das Wichtigste ist, während die Erklärung ein rein deklaratives Zeichen darstellt , aus dem der Wille des Anderen erkannt werden soll[22]. Die Konsequenz dieses Leitgedankens der Willenstheorie ist nämlich, dass eine Divergenz von Wille und Erklärung die Nichtigkeit der Willenserklärung zur Folge hat. Im Rahmen der Willenstheorie führt ein Irrtum bei der auf einen Vertragsschluss gerichteten Willenserklärung immer zur Nichtigkeit des Vertrages und begründet folglich keinen Schadensersatzanspruch für den Vertragsteil, der auf die scheinbare Gültigkeit des Vertrages vertraut hat. *Jhering* bricht das Willensdogma schon dadurch, dass er den Erklärenden für die äußere Erscheinung seines Willens haften lässt, auch wenn die irrtümlich abgegebene Erklärung nicht mit seinem wirklichen Willen übereinstimmt[23] und setzt dadurch eine entgegengesetzte Bewegung in Gang, die in die vom Vertrauensargument geprägte **Erklärungstheorie** mündet[24].

---

20 *Schur*, Leistung und Sorgfalt, S. 11 ff.

21 Damals gefolgt insbesondere von *Zitelmann*, Irrtum und Rechtsgeschäft, 1879; *Enneccerus*, Rechtsgeschäft, Bedingung und Anfangstermin, 1889 und *Windscheid/Kipp*, Lehrbuch des Pandektenrechts I, 1906 ap.: MünchKomm/*Kramer* (1985), Vor § 116 Rn. 4.

22 Er sagt ausdrücklich, dass der Wille „als das einzig Wichtige und Wirksame gedacht werden muss, und nur weil er ein inneres, unsichtbares Ereignis ist, bedürfen wir eines Zeichens, woran er von anderen erkannt werden könne, und dieses Zeichen, wodurch sich der Wille offenbart, ist eben die Erklärung. Daraus folgt aber, daß die Übereinstimmung des Willens mit der Erklärung nicht etwas Zufälliges, sondern ihr naturgemäßes Verhältnis ist." *Savigny*, System III, S. 258.

23 In diesem Sinne: MünchKomm/*Kramer* (1984), Vor § 116 Rn. 4.

24 In diesem Sinne: MünchKomm/*Kramer* (1984), Vor § 116 Rn. 4, der als Erklärungstheoretiker vor allem *Roever*, Die Bedeutung des Willens bei Willenserklärungen, 1874 und *Bähr*, Jher. Jb., Bd. 14 (1875), 401 nennt.

Schon aus diesem Grund überrascht es nicht, dass die culpa in contrahendo nur zurückhaltend in der pandektistischen Rechtswissenschaft akzeptiert wurde. *Brinz* stellt sich gegen *Jherings* Vertragshaftung infolge fahrlässiger Vertragsnichtigkeit und sagt plakativ: Entweder ist der Kontrakt nichtig und dann entsteht keine Klage aus diesem Kontrakt oder es gibt eine Klage und folglich ist der Vertrag nicht nichtig[25]. *Dernburg* widerstreitet *Jherings* Vertragshaftung aus nichtigem Vertrag dadurch, dass er die culpa in contrahendo über die jheringschen Fälle hinaus erweitert und sie mit einer außervertraglichen Klage (Stichwort: Deliktshaftung) ausstattet. Für ihn beschränken sich die vorvertraglichen Pflichten, die unabhängig vom Vertragsabschluss entstehen, nicht auf Aufklärungspflichten, wie in § I 5 284 ALR angenommen, sondern umfassen auch Sorgfaltspflichten hinsichtlich des Eigentums der Gegenseite[26].

Windscheid stützt – anders als *Jhering* – die Haftung für culpa in contrahendo zunächst auf eine „stillschweigende Garantie“, dann direkt auf das „Recht“, d. h., auf die bona fides und auf das Vertrauen des Erklärungsempfängers[27]. Gemeinsam ist in den meisten Positionen im pandektistischen Diskurs über die culpa in contrahendo – in Anlehnung an *Jhering* – auch die Unverbindlichkeit der vorbereitenden Verhandlungen über den einzugehenden Vertrag (Tractate) und folglich die Ablehnung der Haftung für den Abbruch der Vertragsverhandlungen[28], was aufgrund des immensen internationalen Einflusses der Pandekten die Rezeption des Rechtsinstituts im romanischen Rechtskreis erheblich erschwert hat.

Auch in der vorkodifikatorischen Judikatur hat die culpa in contrahendo keine sofortige Akzeptanz gefunden. Insgesamt kann man allerdings eine bessere Resonanz der Theorie in der Praxis als in der Rechtswissenschaft konstatieren. Schon vor der Errichtung des Reichsgerichts bejahten die deutschen Gerichte in Einzelfällen die culpa in contrahendo[29]. Das Reichsgericht, das erst zwei Jahr-

---

25 *Brinz/Lotmar*, Lehrbuch der Pandekten II, S. 129. Dazu: *Giaro*, in: Das Bürgerliche Gesetzbuch und seine Richter, 113, 119.

26 *Dernburg/Sokolowski*, Pandekten, S. 557. Dazu: *Giaro*, in: Das Bürgerliche Gesetzbuch und seine Richter, 113, 119 und *Keller*, Schuldverhältnis, S. 27.

27 *Windscheid/Kipp*, Lehrbuch II, S. 251; in diesem Sinne auch *Giaro*, in: Das Bürgerliche Gesetzbuch und seine Richter, 113, 119.

28 Statt vieler: *Arndt/Pfaff/Hofmann*, Lehrbuch der Pandekten, S. 456, die ausdrücklich die Unverbindlickeit der Vertragsverhandlungen betonen, „so lange nicht die Einigung des Willens wirklich zu Stande gekommen und erklärt ist“; auch *Dernburg/Sokolowski*, Pandekten (1912), S. 557 A, für die es auch dann keine Haftung gebe, wenn die Partei die Verhandlungen willkürlich beendet. Dazu: *Giaro*, in: Das Bürgerliche Gesetzbuch und seine Richter, 113, 118.

29 Vgl. dazu die Entscheidung von OLG Wolfenbüttel von 1867 und Reichsoberhandelsgericht von 1875, dokummentiert von *Giaro*, in: Das Bürgerliche Gesetzbuch und seine Richter, 113, 119.

zehnte nach *Jherings* Entdeckung gegründet wurde, hat vor Inkrafttreten des BGB das jheringsche Modell der culpa in contrahendo das eine Mal verwendet, das andere Mal abgelehnt[30].

Interessant ist allerdings die Feststellung, dass das Reichsgericht – trotz Unsicherheit und auf unterschiedlichen Fundamenten – das Verschulden beim Vertragsschluss nach dem preußischen ALR in Fällen des Verschweigens von Mängeln der Kaufsache und falscher Aufklärung durch die Bank über die Solidität von Wertpapieren bejaht hat[31], obwohl es die Existenz von Offenbarungspflichten aus Treu und Glauben über entscheidungsrelevante Umstände grundsätzlich ablehnte[32]. Diese zwei Fälle vorvertraglicher Aufklärungspflichtverletzung wurden später durch die Rechtsprechung der culpa in contrahendo zugeordnet, heutzutage werden sie jedoch durch die Gewährleistungsregel bzw. durch die Konstruktion des Anlageberatungsvertrags selbständig gelöst. In der vorkodifikatorischen Zeit führte die culpa in contrahendo also ein verborgenes Leben: Obwohl die „offizielle“ culpa in contrahendo nur bei nichtigen Verträgen anerkannt wurde, bediente sich die Jurisprudenz einer „unterschwelligen“ culpa in contrahendo bei der Sachmängel- und Bankiershaftung, wie *Giaro* aufmerksam notiert[33].

3. Die Rezeption der culpa in contrahendo nach Inkrafttreten des BGB/1900 in der Lehre und in der Rechtsprechung des Reichsgerichts

Obwohl die vorkodifikatorische Judikatur die culpa in contrahendo in gewisser Hinsicht akzeptiert hat, hat der historische Gesetzgeber die Figur restriktiv ins BGB aufgenommen. In der Tat haben die BGB-Verfasser bewusst die culpa in

---

30 Vgl. dafür etwa RGZ 21, 162 (1888) und dagegen RGZ 28, 16 (1891), zitiert von *Giaro*, in: Das Bürgerliche Gesetzbuch und seine Richter, 113, 120.

31 Eine Haftung für Verschweigen von Mängeln an der Kaufsache findet man bei RGZ 20, 88 (1887) und RGZ 34, 214 (1894), dokumentiert von *Giaro*, in: Das Bürgerliche Gesetzbuch und seine Richter, 113, 120. Weitere Urteile bei *Leonhard*, Verschulden, S. 9. Die Bejahnung einer Bankiershaftung für die Unsolidität der verkauften Wertpapiere bei RGZ 19, 97 (1887); RGZ 27, 118 (1891) und RGZ 42, 125 (1898). Dabei hat das RG die Haftung in der dauernden Geschäftsverbindung zwischen Bank und Kunden begründet bzw. mit dem Argument angenommen, dass Rat und Empfehlung zur Vorbereitung von Rechtsgeschäften Beratungsdienste seien, die als integrativer Bestandteil zum entgeltlichen Geschäft gehören, so dass sie eine mit ihm Einheit bilden. Rechtsprechung dokumentiert bei *Giaro*, in: Das Bürgerliche Gesetzbuch und seine Richter, 113, 121.

32 Entscheidung in: Seuff. A. 51, S. 4 f., zitiert von *Giaro*, in: Das Bürgerliche Gesetzbuch und seine Richter, 113, 120.

33 *Giaro*, in: Das Bürgerliche Gesetzbuch und seine Richter, 113, 121 f.

contrahendo **nicht als ein generelles Prinzip**, sondern nur in einigen Fällen als **Haftung für die Vertragsunwirksamkeit** (begrenzt auf das negative Interesse) vorgesehen[34]. Der historische Gesetzgeber glaubte, die culpa in contrahendo geregelt zu haben in den Haftungsfällen für verschuldete Vertragsnichtigkeit wegen Leistungsunmöglichkeit (§ 308 BGB a.F) oder Gesetzeswidrigkeit (§ 309 BGB a.F.) sowie für die Irrtumsanfechtungshaftung (§ 122 BGB) und in der Haftung des Vertreters ohne Vertretungsmacht (§ 179 II BGB), deren Höhe den Betrag des positiven Interesse nicht übersteigen darf[35].

In Wahrheit hat das BGB eine **bedeutende Änderung der jheringschen Lehre** durchgeführt: Schon *Jherings* Ausgangsfall der Haftung für Irrtum (Falschübermittlung) setzt nach § 122 BGB kein Verschulden mehr voraus. Außerdem dokumentieren die Materialien zum BGB eine Erweiterung der culpa in contrahendo auf **wirksame Verträge**, bei deren Abschluss jedoch eine Aufklärungspflichtverletzung zugrunde lag: So in der Haftung für arglistiges Verschweigen von Sachmängeln beim Kauf (§ 463 II BGB a.F.) und der Miete (§ 538 BGB a.F.) oder von Rechtsmängeln bei Schenkung (§ 523 BGB) und die Haftung für unterlassene Anzeige von Gefahren bei der Hinterlegung (§ 694 BGB)[36], wobei jedoch eine Ersatzpflicht für das negative Interesse nicht angeordnet war. Eine Haftung für Rat oder Empfehlung, deren Problematik als ‚unterlassene oder fehlerhafte Auskunft' am besten zum Ausdruck kommt, war dagegen in § 676 BGB a.F. ausdrücklich und grundsätzlich ausgeschlossen[37].

Die genannten Beispiele zeigen, dass die BGB-Verfasser **kein einheitliches und klares Konzept** über die culpa in contrahendo hatten. Sie wurde einerseits in Anlehnung an *Jhering* als Haftung für unwirksame Verträgen – allerdings ohne

---

34 Statt vieler: MünchKomm/*Emmerich* (2016), § 311 Rn. 37 und *Giaro*, in: Das Bürgerliche Gesetzbuch und seine Richter, 113, 123 und *Medicus*, FS Kaser (1986), 169, 177 f.

35 Statt vieler: *Giaro*, in: Das Bürgerliche Gesetzbuch und seine Richter, 113, 122 f.

36 Vgl. Motive I, S. 196 und Motive II, S. 582. Dazu: *Medicus*, FS Kaser (1986), 169, 175 ff und *Giaro*, in: Das Bürgerliche Gesetzbuch und seine Richter, 113, 122. Hier ist allerdings zu beachten, dass etwa die Einordnung von § 463 II BGB a.F. (Haftung für Sachmängel) als culpa in contrahendo insbesondere in der Lehre streitig war. Vgl. dazu: MünchKomm/*Westermann* (1988), § 463 Rn. 3. Dagegen bestand schon vor der Schuldrechtsreform relative Einigkeit darüber, dass das Verschweigen von Rechtsmängeln einen Ausspruch aus culpa in contrahendo auf Ersatz des Vertrauensschadens begründete. Dazu: MünchKomm/*Kollhosser* (1988), § 523 Rn. 2. Uneinigkeit besteht auch hinsichtlich § 694 BGB: fraglich ist, ob es sich dabei um einen gesetzlich geregelten Fall von culpa in contrahendo oder von positiver Vertragsverletzung handelt. Vgl. dazu: MünchKomm/*Hüffer* (1986), § 694 Rn. 2.

37 Gegen die Deutung von § 676 BGB a.F. als eine grundsätzliche Unverbindlichkeit der Auskunfterteilung vgl. MünchKomm/*Seiler* (1997), § 676 Rn. 1, der die Norm vielmehr als ein Beispiel für eine (mögliche) Deliktshaftung betrachtet.

Verschulden! – grundsätzlich aufgenommen, anderseits mit Haftungsfällen bei wirksamen Verträgen vermischt, jedoch ohne die Begrenzung durch das positive Interesse[38]. Der historische Gesetzgeber hat sich nicht mit der Konstruktionsfrage der vertraglichen oder deliktischen Natur der culpa in contrahendo beschäftigt, sondern sie ausdrücklich „Wissenschaft und Praxis" überlassen[39]. Die culpa in contrahendo wurde in Wirklichkeit restriktiv konzipiert. Ihr Anwendungsbereich wurde in der Kodifikation auch dadurch eingeengt, dass das alte BGB das vorvertragliche Stadium erst ab einer verbindlichen Antragstellung (§ 145 BGB), nicht schon ab den vorhergehenden Vertragsverhandlungen oder dem Vorvertrag geregelt hat[40], was die Anerkennung einer vorvertraglichen Haftung bei Fällen grundlosen Verhandlungsabbruchs deutlich erschwert hat. Der später wichtig gewordene Haftungsfall für Erhaltungspflichtverletzung (Stichwort: Linoleumfall) ist ebenfalls nicht durch das ursprüngliche gesetzliche Konzept erfasst. Darüber hinaus ist die Haftung in contrahendo ansatzweise an den Ersatz des negativen Interesses geknüpft worden. All dies zeigt, dass die culpa in contrahendo auf Tatbestands- und Rechtsfolgenebene eine **in der ersten Kodifikation fragmentierte und enge Figur** war.

Ein Überblick über die **reichsgerichtliche Rechtsprechung** zeigt, dass sich das RG von einer ursprünglichen gesetzespositivistischen Haltung hinsichtlich der culpa in contrahendo distanziert und sich in Richtung einer rechtsfortbildenden Judikatur entwickelt hat, indem es schrittweise neue Fallkonstellationen darunter subsumiert und das rechtliche Fundament für die Haftung und für die vorvertraglichen Pflichten ständig präzisiert hat. *Giaro* stellt fest, dass das RG in den ersten Jahrzehnten nach Inkrafttreten des BGB die jheringsche culpa in contrahendo durch eine „culpa in contrahendo nach BGB" gesetzestreu ersetzt hat[41] mit der Folge, dass die culpa in contrahendo nach Gesetzeswortlaut restriktiv angewendet wurde. In Anlehnung an *Dernburg* – und nicht an *Jhering* – betonte das RG mehrmals, dass die culpa in contrahendo **allgemein im BGB**

---

38 In diesem Sinne auch *Giaro*, in: Das Bürgerliche Gesetzbuch und seine Richter, 113, 122.

39 Motive I, S. 195; Motive II, S. 179. Dazu: *Medicus*, FS Kaser (1986), 169, 177, der allerdings einwendet, dass die Einordnungsfrage mit dem BGB stark an Bedeutung verloren habe, denn soweit eine Haftung für vorvertragliches Fehlverhalten gesetzlich bestimmt sei, könne man die culpa in contrahendo einfach als gesetzliches Schuldverhältnis einorden, das sich auf die nicht geregelten Fälle übertragen lasse. Vgl. auch: MünchKomm/*Emmerich* (2016), § 311 Rn. 37 und *Giaro*, in: Das Bürgerliche Gesetzbuch und seine Richter, 113, 124.

40 In diesem Sinne: *Michael Bohrer*, Die Haftung des Dispositionsgaranten. Ebelsbach, 1980, S. 19, zitiert von *Giaro*, in: Das Bürgerliche Gesetzbuch und seine Richter, 113, 125.

41 *Giaro*, in: Das Bürgerliche Gesetzbuch und seine Richter, 113, 126.

nicht geregelt sei[42] und dass sie „nach dem BGB nur aus dem Gesichtspunkte der Verpflichtung zum **Schadensersatz aus unerlaubter Handlung** in Betracht" komme. Und das, obwohl § 823 BGB in solchen Fällen von vornherein ausscheidet, da die Vorschrift das reine Vermögen nicht schützt und der Abbruch von Verhandlungen per se nicht sittenwidrig ist[43].

Die restriktive Haltung des Reichsgerichts hat negative Auswirkungen auf die Anerkennung weiterer vorvertraglicher Fälle gehabt, wie etwa die Haftung für grundlosen Verhandlungsabbruch[44] oder für Erhaltungs- und Aufklärungspflichtverletzung, die in einer Reihe von Urteilen ersatzlos geblieben sind. Sogar die Haftung des Vertretenen für eine Arglist des Vertreters beim Vertragsabschluss, die in der vorkodifikatorischen Zeit nach gemeinrechtlichen Grundsätzen weitgehend angenommen wurde, hat das RG in vielen Entscheidungen „nach BGB" verneint[45]. Trotz aller Skepsis gegenüber der culpa in contrahendo hat man mit **Hilfskonstruktionen** eine vorvertragliche Haftung in verschiedenen Fallkonstellationen angenommen. Aufgrund der sog. **Schwächen der deutschen Deliktshaftung** – also: Ausschluss des Vermögensschutzes in § 823 BGB, Exkulpationsmöglichkeit bei der Gehilfenhaftung in § 831 BGB und die damals ungünstigen Verjährungs- und Beweislastregelungen – haben Lehre und Rechtsprechung auf verschiedene **Vertragstheorien** zurückgegriffen, um die Entstehung von Sorgfaltspflichten vor Vertragsschluss zu rechtfertigen.

Die später als culpa in contrahendo eingestufte **Bankiershaftung** für die Solidität von Wertpapieren hat das Reichsgericht bisweilen auf das **Vertrauensverhältnis** infolge der dauernden Geschäftsverbindung zum Kunden, manchmal auf den **späteren Kauf** gestützt, da die Beratung oder Raterteilung als „Teil des entgeltlichen Vertrags" und die Offenbarungs- und Beratungspflichten der Banken als „Nebenleistung" betrachtet wurden[46]. Auch die Begründung von **Ver-**

---

42 RGZ 62 (1906), 315, dokumentiert von *Giaro*, in: Das Bürgerliche Gesetzbuch und seine Richter, 113, 129 m.w.N.

43 RG, in: JW 1909, 684 und JW 1910, 748, zitiert von *Giaro*, in: Das Bürgerliche Gesetzbuch und seine Richter, 113, 129, 130.

44 *Giaro* dokumentiert in Anlehnung an *Michael Bohrer*, dass schon im April 1901 ein RG-Urteil die sog. „Vorverhandlungen (Traktate)" im Gegensatz zu den „rechtsverbindlichen Vorverträgen" als rechtsunverbindlich im pandektistischen Sinne bezeichnet hat. In: Das Bürgerliche Gesetzbuch und seine Richter, 113, 127. Diese Idee hat – wie später darzulegen – die pandektistisch geprägte brasilianische Privatrechtslehre der ersten Hälfte des 20. Jahrhundert dominiert.

45 RGZ 61, 207. Zum preußischen Recht: RGZ 30, 44 und RGZ 50, 281, dokumentiert von *Giaro*, in: Das Bürgerliche Gesetzbuch und seine Richter, 113, 127, 128.

46 Vgl. RGZ 19, 100 und RG JW 1903, 151 ap.: *Giaro*, in: Das Bürgerliche Gesetzbuch und seine Richter, 113, 132.

kehrssicherungspflichten fand ihre dogmatische Rechtfertigung in einem „**stillschweigenden Garantievertrag**“, demzufolge der Wirt die Räume in verkehrssicherem Zustand zu gewähren habe, um bei dem Gast Personen- und Sachschäden zu vermeiden. Dieser fiktive Garantievertrag komme – so *Giaro* – schon durch den Eintritt des Gastes in die Gasträume zustande. Dahinter stand auch der Gedanke, dass diese Rechtsgüter aufgrund des „präsumptiven Leistungskontakts“ Schutz verdienten[47].

Während das Reichsgericht im ersten Jahrzehnt der BGB-Geltung die **culpa in contrahendo nur bei Vertragsunwirksamkeit** begrenzt auf das negative Interesse angewendet hat[48], konstatiert man im zweiten Jahrzehnt des 20. Jahrhunderts eine **rechtsfortbildende Erweiterung der culpa in contrahendo auf zwei Fallgruppen**, nämlich auf die Haftung für den schuldhaften Abschluss gültiger, aber ungünstiger Verträge und auf die Haftung für Erhaltungspflichtverletzungen. Paradebeispiel der culpa in contrahendo für Erhaltungspflichtverletzung ist der viel kommentierte Linoleumfall von 1911, in dem sich die Klägerin, die einen **Linoleumteppich** im Warenhaus kaufen wollte, durch den Absturz von Linoleumrollen schwer verletzte. Dort hat das Reichsgericht erstmals von der fiktiven Vertragskonstruktion Abstand genommen und ausgeführt, dass die Haftung des Warenhausinhabers aus einem **„den Kauf vorbereitenden Rechtsverhältnis“** mit einem „vertragsähnlichen Charakter“ folge, das „rechtsgeschäftliche Verbindlichkeiten“ erzeuge[49].

Der Entscheidung, die als einzige wahre Entdeckung in der Geschichte der culpa in contrahendo gefeiert wird[50], kommt auch das Verdienst zu, die **Verbindlichkeit der Vertragsverhandlungen** zu betonen, denn der Verhandlungsvorgang mit rechtsgeschäftlichem Zweck sei – nach dem RG – nicht wie etwa eine reine Gefälligkeitshandlung nur ein tatsächlicher Vorgang[51]. Laut *Giaro* stützt sie den rechtsverbindlichen Moment nicht auf den Eintritt eines Kaufinteressenten oder eines Besuchers ohne bestimmte Kaufabsicht in einen Laden, sondern auf die Verhandlungen. Erst mit den Vertragsverhandlungen erwachsen „Sorgfaltspflichten“, die in erster Linie dem Schutz des Integritätsinteresses der Ge-

---

47 Statt vieler: RG JW 1911, 360, zitiert von *Giaro*, in: Das Bürgerliche Gesetzbuch und seine Richter, 113 m.w.N.

48 *Giaro*, in: Das Bürgerliche Gesetzbuch und seine Richter, 113, 134.

49 RGZ 78, 239, 240.

50 *Giaro*, in: Das Bürgerliche Gesetzbuch und seine Richter, 113, 135.

51 In diesem Sinne auch: *Thiemann*, Culpa in contrahendo, S. 17.

genseite dienen[52]. Außerdem entnimmt sie die vorvertragliche Haftung des Ladeninhabers für das **Verschulden des Erfüllungsgehilfen** dem § 278 BGB, der in diesem Fall ohne ein „fertiges Schuldverhältnis" zur Anwendung kam,[53] und zwar gegenüber der potentiellen Käuferin und ihrem Kind. Hierin liegt auch die Geburtsstunde von zwei heute wichtigen Rechtsinstituten der deutschen Schuldrechtsdogmatik: **culpa in contrahendo zugunsten Dritter** und **Vertrag mit Schutzwirkung für Dritte.**

Die Ausformung der vormals unverbindlichen Vertragsverhandlungen zu einem Rechtsverhältnis war damals etwas Neues: *Andreas von Tuhr* und *Heinrich Stoll* nahmen in der Literatur als Erste an, dass **ein vom Vertrag losgelöstes Rechtsverhältnis der Vertragsverhandlungen** existiere[54]. Diese Auffassung weicht von dem damals breit angenommenen Konzept des Garantie-, Vor- oder Erhaltungsvertrages und der Vorwirkungslehre ab. *Leonhard*, der in Nachfolge *Jherings* als Begründer der Lehre vom Verschulden beim Vertragsschluss gilt[55], hat 1896 eine Haftung für die Verletzung vorvertraglicher Pflichten auf der Grundlage des römischen Rechts bejaht. Dass schon vor Vertragsabschluss Pflichten entstehen könnten, folgt bei ihm daraus, dass er **Vertragsschluss und Vertrag als ein „einheitliches Ganzes"** betrachtet, da die vorvertraglichen Handlungen von dem späteren Vertragsschluss abhängig seien[56]. Aus den „bloßen Vorverhandlungen", die nicht zum Ziele führen, könne man dagegen – laut *Leonhard* – keine Haftung ableiten, da dabei das „Moment" fehle, das beide Parteien zu besonderer Aufmerksamkeit verpflichte[57]. Damit macht er die Existenz vorvertraglicher Pflichten von dem erst später abzuschließenden „Zielvertrag" abhängig, der eine

---

52 In anderen Urteilen hat das RG eine Haftung aus culpa in contrahendo mit dem Argument abgelehnt, es sei zu keinen echten Vertragsverhandlungen gekommen. Vgl. dazu: RG 78, 241 und RG JW 1913, 759, zitiert bei *Giaro*, in: Das Bürgerliche Gesetzbuch und seine Richter, 113, 137.

53 Das RG hat in verschiedenen Urteilen vorher festgelegt, dass § 276 BGB wie die folgenden Paragraphen ein fertiges Schuldverhältnis voraussetze, und mit dieser Begründung eine Haftung für Verschulden des Gehilfen abgelehnt. Statt vieler: RG JW 1908, 657, zitiert von *Giaro*, in: Das Bürgerliche Gesetzbuch und seine Richter, 113, 129.

54 *Andreas von Tuhr*, Der allgemeine Teil des deutschen bürgerlichen Rechts II/1 (1914); *ders.* Tratado de las obligaciones I, S. 142, wo es heißt: „... ya por el mero hecho de entrar en negociaciones contractuales, prodúcese entre los futuros contratantes una relación jurídica, de la cual derivan ciertos deberes; deberes que no versan precisamente sobre el cumprimiento del contrato, que todavía no existe, sino sobre su conducta mutua en el transcurso de las negociaciones.". Vgl. auch *Heinrich Stoll*, LZ 17 (1923), 532. Über die pionierte Auffassung der beiden Autoren vgl. *Giaro*, in: Das Bürgerliche Gesetzbuch und seine Richter, 113, 141 und *Keller*, Schuldverhältnis, S. 1.

55 Statt vieler: *Keller*, Schuldverhältnis, S. 45.

56 *Leonhard*, Verschulden, S. 48. Dazu: *Nickel*, Rechtsfolgen, S. 61.

57 *Leonhard*, Verschulden, S. 58. Über *Leonhards* Theorie vgl. die Kritik von *Heinrich Stoll*, LZ 17 (1923), 532, 540 und *Keller*, Schuldverhältnis, S. 47.

Art von „**Vorwirkung**" erzeuge (Vorwirkungslehre oder Zielvertragstheorie). Ein wirksamer Vertragsabschluss ist für *Leonhard* daher Voraussetzung für die Pflichtenentstehung, der den Haftungsgrund folgerichtig noch in dem Vertrag sieht und die culpa in contrahendo weiter als eine Vertragshaftung gerichtet auf den Ersatz des positiven Interesses qualifiziert[58].

Im Gefolge von *Jhering* und *Leonhard* hat *Siber* 1914 die culpa in contrahendo für wirksame und unwirksame Verträge anerkannt. Er nimmt an, dass schon durch die Vertragsverhandlungen ein Vertrag, der ausschließlich vorvertragliche Pflichten beinhalte, zustande komme. Der Kaufhausinhaber gebe etwa bereits durch Ladeneröffnung ein „Angebot" an eine unbestimmte Person ab, gerichtet auf den Abschluss eines Vertrages mit „Pflichten zur Erhaltung der persönlichen Sicherheit", deren Verletzung eine Haftung aus culpa in contrahendo auslöse[59]. Er etabliert dadurch das Konzept vom **Erhaltungsvertrag** und des **Kauflustigen**, der willentlich in das Gebiet der geschäftlichen Verhandlungen eintritt und sich dadurch von anderen, ohne Kaufabsicht handelnden Personen unterscheidet. Konstruktiv bleiben jedoch *Leonhard* und *Siber* hinter dem Reichsgericht insoweit zurück, als sie für die Entstehung der vorvertraglichen Pflichten noch einen „Vertrag" fordern[60], der entweder stillschweigend als abgeschlossen gilt oder in die Verhandlungsphase schon vorwirkt, obwohl er tatsächlich noch nicht existiert.

Durch diese theoretische Konstruktion versuchte die damalige Rechtswissenschaft, die Begründung von Rücksichtnahmepflichten vor Vertragsabschluss und die daraus resultierende Haftung für vorvertragliche Pflichtverletzung zu rechtfertigen, ohne den **Boden der Privatautonomie bzw. des Parteiwillens** zu verlassen, indem sie die Pflichten entweder aus einem stillschweigend abgeschlossenen oder aus einem erst nachfolgenden, aber schon vorwirkenden Vertrag ableitete. Also: aus einem fiktiven Konsens zwischen den Parteien[61]. Dadurch fand die culpa in contrahendo ihren Rechtfertigungsgrund noch in der **rechtsgeschäftlichen Lehre.** Trotz des Linoleumfalls arbeitete das Reichsgericht mit

---

58 *Leonhard*, Verschulden, S. 4, 13 f.

59 Planck/*Siber*, Vor §§ 275–292, S. 193 ff. Zu *Sibers* Theorie vgl. statt vieler: *Keller*, Schuldverhältnis, S. 33 und *Heinrich Stoll*, LZ 17 (1923), 532, 542.

60 In diesem Sinne auch *Giaro*, in: Das Bürgerliche Gesetzbuch und seine Richter, 113, 140. In Anlehnung an *Siber* hat *Hildebrandt* postuliert, dass eine solche Willenserklärung gemäß § 157 BGB nicht nach dem inneren Willen des Erklärenden, sondern nach Treu und Glauben und Verkehrssitte auszulegen sei. *Hans Hildebrandt*. Erklärungshaftung – Ein Beitrag zum System des bürgerlichen Rechtes, 1931. Apud: *Keller*, Schuldverhältnis, S. 33 f.

61 *Keller*, Schuldverhältnis, S. 50.

fiktiven Haftungsverträgen weiter,[62] bis *Heinrich Stoll* die rechtsdogmatische Begründung für die Überwindung der vertraglichen Theorien lieferte.

Er hat in zwei Schriften zur Fortentwicklung der culpa in contrahendo beigetragen. 1923 systematisierte er die drei damaligen Hauptfallgruppen von culpa in contrahendo – Abschluß nichtiger Verträge, Abschluß ungünstiger Verträge und Schutzpflichtverletzung[63] – rechtsdogmatisch einheitlich. Er zeigt, dass es sich – unbeschadet der graduellen Unterschiede der einzelnen Gruppen – letztendlich um ein **einheitliches Prinzip** handele, nämlich um das Einstehen für Fehlverhalten vor Vertragsschluss[64]. *Stoll* stellt sich vor allem der damalig herrschenden Meinung in Literatur und Rechtspraxis entgegen, die eine Haftung aus culpa in contrahendo auf Fälle mit nachfolgendem (gültigem oder ungültigem) Vertragsschluss beschränkt, also auf den jheringschen Fall der Haftung für Vertragsnichtigkeit und den rechtsfortbildend entwickelten Fall der Haftung für Abschluss eines Vertrags „auf falscher Basis". Diese Auffassung basiere auf der Fehlvorstellung, dass die vorvertraglichen Rechtspflichten aus einem fiktiven „Vertrag" stammten: Vorvertrag, Garantie- oder Erhaltungsvertrag, vorwirkenden Vertrag und nicht zuletzt das sich aus Verhandlungen und Vertragsschluss zusammensetzende Ganze von *Leonhard.*

Er führt zu Recht aus, dass sich ein solcher Vertrag bzw. eine solche darauf gerichtete, wenn auch nur konkludente, Willenserklärung der Parteien nicht immer nachweisen lässt[65]. Der Grund für die vorvertraglichen Rechtspflichten liege

---

62 *Giaro*, in: Das Bürgerliche Gesetzbuch und seine Richter, 113, 141 m.w.N. aus der Rechtsprechung: RGZ 82, 337 (Bankiershaftung für Informationsunterlassung aufgrund eines Garantievertrages); RGZ 85, 185 (Haftung für Verletzung von Verkehrssicherungspflichten durch einen Gastaufnahmevertrag); ähnlich RGZ 87, 128 (Haftung dort abgelehnt, weil der Gast sich nicht im geschützten Bereich der Gaststätte befand) und RG JW 1915, 240 (Bankiershaftung für Fehlberatung aufgrund des zustandegekommenen Vertrages). *Heinrich Stoll* dokumentiert 1923 skeptisch seine Zweifel, ob der Linoleumfall wirklich eine Wende in der RG-Rechtsprechung bedeute, die keine culpa in contrahendo ohne Vertragsabschluß anerkennt. Er weist auf RG JurW 1913, 23 Nr. 10 hin, wo die im Linoleumfall fixierten Ansätze schon wieder aufgegeben wurden. LZ 17 (1923), 532, 538. Ein wichtiger Fall in dieser restriktiven Linie ist das Luisinlichturteil (RG JW 1912, 743), in dem das RG eine culpa in contrahendo eines Großkaufmannes abgelehnt hat, der einem Händler den Vertrieb von Luisinlicht übertragen hat, obwohl er wusste, dass der Patentinhaber dagegen vorgehen würde. Er hatte den Händler darüber nicht aufgeklärt, obwohl er wusste, dass der Händler Einrichtungen für den Vertrieb getroffen hatte. Als sich der Vertrieb als unmöglich erwies, verlangte der Händler erfolglos Ersatz für die Vorbereitungskosten.

63 Er bezeichnet die Fälle allerdings als ‚Haftung für Nichtigkeit des Vertrages', ‚Haftung für das Verhalten beim Vertragsschluß' und ‚Haftung für das Verhalten vor Vertragsschluß', LZ 17 (1923), 532, 533.

64 LZ 17 (1923), 532, 533.

65 LZ 17 (1923), 532, 543.

vielmehr in einem **Schuldverhältnis**, das durch ein einseitiges Rechtsgeschäft, wie ein Vertragsangebot, oder durch Aufforderung zum Eintritt in die Vertragsverhandlungen zustande komme. Dieses sei deshalb als Schuldverhältnis zu qualifizieren, weil es die Parteien gegenseitig zu Handlungen und Unterlassungen verpflichte[66]. Die schuldhafte Verletzung verschiedenartiger vorvertraglicher Pflichten (Sorgfalts-, Aufklärungs- und Mitteilungspflichten) begründe einen Anspruch auf den Ersatz des negativen Interesses (des Vertrauensschadens) gemäß § 249 BGB[67].

Der Idee vom „Schuldverhältnis der Vertragsverhandlungen" liegt ein in Anlehnung an *Siber* entwickeltes umfassendes Konzept vom **Schuldverhältnis als Organismus** zugrunde, das sich von dem klassischen, durch Vertragsabschluss oder einen gesetzlich gleichgestellten Akt begründeten Konzept unterscheidet[68]. *Stolls* Konzept hat sofortige Resonanz in der Rechtsprechung erfahren: 1928 hat das RG unter Hinweis darauf in dem sog. procurator-in-rem-suam-Urteil das vertragsähnliche Rechtsverhältnis durch das **Vertrauensverhältnis** ersetzt und somit den **rechtsgeschäftlichen Grund** der vorvertraglichen Verhaltenspflichten erstmals aufgegeben[69]. Auch den Leistungsbezug der Erhaltungspflichten lehnt das Reichsgericht im Gefolge *Stolls* ab, der die Trennung von Schutzpflichten und Leistungspflichten (Erfüllungspflichten) eingeführt hat[70].

Im dritten Jahrzehnt des 20. Jahrhunderts hat das RG die richterliche BGB-Exegese des ersten Jahrzehnts nach Inkrafttreten der Kodifikation aufgegeben und die Haftung aus culpa in contrahendo als „allgemeinen Grundsatz" proklamiert[71]. Die vorvertraglichen Pflichten entstehen nun kraft eines einheitlichen „vertragsähnlichen Vertrauensverhältnisses", womit das leistungsbezogene BGB-

---

66 LZ 17 (1923), 532, 544 f.

67 LZ 17 (1923), 532, 546.

68 In diesem Sinne ausdrücklich *Heinrich Stoll*, LZ 17 (1923), 532, 544 Fn. 20. Ihm zufolge müsse man zwischen Erscheinungsform, i.e. Natur (Kauf, Tausch, Miete etc.) und Organismus des Schuldverhältnisses unterscheiden. Unter dem ‚Organismus des Schuldverhältnisses' sind die Grundlagen für die gesamten Rechtsbeziehungen zwischen den Parteien zu verstehen. Kommt es aufgrund des Rechtsverhältnisses der Vertragsverhandlungen zum Vertrag, ändert das Schuldverhältnis nur seine Erscheinungsform. Dieses Konzept ähnelt dem von *Larenz*. SR/AT, S. 26 ff.

69 RG 120, 249, 251, laut dem, obwohl im BGB eine ausdrückliche allgemeine Bestimmung über die culpa in contrahendo fehle, die Judikatur anerkannt habe, dass schon „bloße Vertragsverhandlungen" ein vertragsänhliches Vertrauensverhältnis erzeugen. Dazu: *Giaro*, in: Das Bürgerliche Gesetzbuch und seine Richter, 113, 147.

70 Vgl. dazu: LZ 17 (1923), 532, 542 und AcP 136 (1932), 287. In diesem Sinne auch *Giaro*, in: Das Bürgerliche Gesetzbuch und seine Richter, 113, 148.

71 *Giaro*, in: Das Bürgerliche Gesetzbuch und seine Richter, 113, 148, 151.

Modell vom Schuldverhältnis aufgebrochen wurde[72]. Das ist auch *Stoll* zu verdanken, der 1936 vor dem Hintergrund der nationalsozialistischen Hervorhebung des Gemeinschaftsgedankens und der Volksgenossenschaft die Bedeutung von **Treuepflicht** und **Treuegedanke** im Schuldrecht hervorgehoben hat[73]. Er betrachtet das Schuldverhältnis als umfassendes Rechtsverhältnis, i.e. als Organismus, das sich aus einem **Leistungsverhältnis** und einem **Vertrauensverhältnis** zusammensetze.

Das Vertrauensverhältnis sei unabhängig von dem Leistungsverhältnis und „besteht von dem Augenblick an, in dem sich die Parteien erkennbar zu Zwecken des Vertragsschlusses gegenübertreten"[74], d.h. mit Beginn der Vertragsverhandlungen bzw. mit dem geschäftlichen Kontakt. Mit der Begründung des Vertrauensverhältnisses entstehen für die Beteiligten Pflichten zur gegenseitigen Rücksichtnahme (Schutzpflicht), weil der geschäftliche Kontakt eine „besondere gegenseitige Einwirkung" auf die Person und Güter der Gegenseite ermögliche. Dies rechtfertige, den Beteiligten – neben den „allgemeinen Rechtspflichten", deren Verletzung einen Ersatzanspruch aus unerlaubter Handlung begründet – Schutzpflichten aufzuerlegen, die unabhängig von den Leistungspflichten (also: vom Vertrag) bestehen[75].

Mit dieser Konstruktion hat *Stoll* den Weg für das aktuelle Konzept der culpa in contrahendo als Vertrauenshaftung vorbereitet und den Grundstein der modernen Vertrauenshaftungslehren durch die **Verknüpfung von Vertrauen und culpa in contrahendo** unter Betonung der **Rechtskreisöffnung der Beteiligten** gelegt. Dieses Konzept liegt heutzutage § 311 II und III BGB zugrunde[76]. Bei *Stoll*

---

72 *Giaro*, in: Das Bürgerliche Gesetzbuch und seine Richter, 113, 149.

73 Der Gemeinschaftsgedanke gehört – laut *Stoll* – zu den Grundgedanken der nationalsozialistischen Rechtsansschauung. Gemeinschaft bedeute „genossenschaftliches Verbundensein im Volke". Die Gemeinschaftsethik fordere von jedem Volksgenossen sozialistische Lebenshaltung und zwar nicht nur im öffentlichen Leben, sondern auch im Privatleben. Der Treuegedanke, der im Gesetz durch die Verpflichtung zu Treu und Glauben zum Ausdruck komme, verpflichte die Parteien zu einer vertrauensvollen Zusammenarbeit. *Heinrich Stoll*, Leistungsstörungen, S. 23, 26. Nach einem Gesetzesvorschlag zum BGB sollte § 242 BGB folgende Auffassung haben: „§ 2. Vertrauensverhältnis und Schutzpflicht. (1) Schuldner und Gläubiger stehen vom Beginn der Vertragsverhandlungen bis zur Beendigung des Schuldverhältnisses in einem gegenseitigen Vertrauensverhältnis (Treuepflicht)...". Trotz diesem Hintergrund sind einige Autoren der Meinung, dass die verwendeten Begriffe und die Theorie nicht pauschal als nationalsozialistisch verstanden werden sollen. Dazu: *Keller*, Schuldverhältnis, S. 51f.

74 *Heinrich Stoll*, Leistungsstörungen, S. 26.

75 Leistungsstörungen, S. 27; *ders.*, AcP 136 (1932), 257, 298.

76 In diesem Sinne: *Keller*, Schuldverhältnis, S. 53, dem zufolge vor allem *Canaris* mit der Lehre des einheitlichen gesetzlichen Schutzpflichtverhältnisses Stolls Konzept vom Schuldverhältniss i.w.S. als einheitlichem Organismus weiterentwickelt hat.

spielt das **Vertrauen als Legitimationsfaktor** für das durch den rechtsgeschäftlichen Kontakt der Beteiligten entstandene Schuldverhältnis und für die Haftung aus culpa in contrahendo eine entscheidende Rolle. Er hat auch als Pionier den Unterschied zwischen Schutzpflichten und Leistungs- bzw. Nebenpflichten einerseits und allgemeinen (deliktischen) Rechtspflichten aufgezeigt[77] und damit den Weg für die rechtsdogmatische Anerkennung der Kategorie der Rücksichtspflichten bereitet. Nicht von ungefähr ist schon 1939 in der Rechtsprechung des Reichsgerichts zu lesen, dass die Anbahnung rechtsgeschäftlichen Kontakts als Grund für die Begründung vorvertraglicher Schutzpflichten genüge[78]. In der folgenden Zeit hat die Lehre den Vertrauensgedanken fortentwickelt und das **Vertrauen zum subjektiven Tatbestandsmerkmal** für die Entstehung des vorvertraglichen Schuldverhältnisses und seiner Pflichten sowie auch zur Haftungslegitimation erhoben.

Hans Dölle hat die **Lehre vom sozialen Kontakt** entwickelt, nach der Schutzpflichten überall dort entstehen, wo eine Person zur Erreichung eines – nicht unbedingt geschäftlichen – Zwecks ihre Rechtsgüter dem Einfluss einer anderen aussetzt und ihr damit ein „besonderes Vertrauen" auf Obhut und Sorgfalt entgegenbringt[79]. Seiner Meinung nach führt das Entgegenbringen besonderen Vertrauens durch die bewusste Anvertrauung von Rechtsgütern an den anderen Teil im Rahmen eines „sozialen Kontakts" zur Begründung des Schuldverhältnisses mit seinen Schutzpflichten[80]. Ihm genügt schon ein bloßer sozialer Kontakt mit bewusstem Anvertrauen von Rechtsgütern als Entstehungstatbestand für das Schuldverhältnis mit Schutzpflichten, was allerdings zu einer uferlosen Ausdehnung der Haftung in contrahendo auf typische deliktische Fälle führen kann, wie *Larenz* pointiert festgestellt hat[81].

---

77 Leistungsstörungen, S. 28 ff. Die Pionierleistung von *Heinrich Stoll* ist unter anderen von *Larenz* festgestellt worden: SR/AT, S. 10.

78 Dokumentiert von *Giaro*, in: Das Bürgerliche Gesetzbuch und seine Richter, 113, 150, der darin das Aufgeben des vertragsähnlichen Vertrauensverhältnisses als Haftungsgrund durch das RG sieht.

79 ZgS 103 (1943), 67, 84. Kritisch dazu: *Larenz*, MDR 1954, 515. Zu *Dölles* Theorie vgl. etwa: MünchKomm/*Kramer* (1985), § 242 Rn. 191 und *Keller*, Schuldverhältnis, S. 54 f.

80 ZgS 103 (1943), 67, 74. Dazu: *Keller*, Schuldverhältnis, S. 54.

81 *Larenz* hat gegen *Dölles* Konzept eingewendet, dass Vertrauen auch im Straßenverkehr als sozialem Kontakt besteht, dies aber ungenügend für die Entstehung eines vorvertraglichen Schuldverhältnisses ist, weil in dem faktischen Kontakt eben das rechtsgeschäftliche Element fehlt, das für das vorvertragliche Vertrauensschuldverhältnis und folglich für die culpa in contrahendo unerlässlich ist. *Dölles* Lehre hebt laut *Larenz* die Grenze zwischen Delikts- und Vertragsrecht auf. MDR 1954, 515, 517. Andere Ansicht bei *Kramer*, der *Larenz'* Kritik als unberechtigt empfindet, denn *Dölles* Lehre wolle nicht etwa aus sozialem Kontakt z. B. Auskunfts- und Auf-

Eine ähnliche Begründung findet man bei *Kurt Ballerstedt*, der in der Aufnahme von Vertragsverhandlungen eine Gewährung und Inanspruchnahme von Vertrauen sieht, die das Schuldverhältnis mit Rücksichtspflichten auslöst. Neben dem tatsächlich gewährten Vertrauen erkennt *Ballerstedt* auch ein „Vertrauendürfen" als Entstehungstatbestand für die vorvertragliche Bindung an, das z. B. vorliege, wenn dieses sich aus der sozialen Funktion des anderen Teils ergebe[82]. Entstehungstatbestand des Schuldverhältnisses ist also bei ihm die **Gewährung und Inanspruchnahme von Vertrauen** und das sog. **„Vertrauendürfen"**[83]. Dadurch ersetzt *Ballerstedt* – wie letztendlich auch *Dölle* – den damals anerkannten Entstehungstatbestand (Aufnahme von Vertragsverhandlungen) durch ein subjektives Element (Vertrauen), um das vorvertragliche Schuldverhältnis mit den Schutzpflichten entstehen zu lassen[84]. Deshalb gelten beide Autoren als Begründer einer subjektiven Strömung innerhalb der Vertrauenshaftungslehre[85], die bis heute Anhänger hat und nicht zuletzt in § 311 III BGB Eingang gefunden hat.

4. Die culpa in contrahendo in der Lehre und Rechtsprechung des BGH

4.1. Larenz – Theorie des geschäftlichen Kontakts

Gegen die subjektive Strömung in der Vertrauenshaftungslehre, die auf ein subjektiv feststellbares Vertrauen abstellt, hat sich *Karl Larenz* in einer Schrift aus dem Jahr 1954 gestellt. Er analysiert die culpa in contrahendo vor dem Hintergrund des Linoleumfalles, wo das Reichsgericht eine Haftung in contrahendo des

---

klärungspflichten herleiten, sondern nur ein „besonderes Vertrauen" schützen und den Schutzpflichtigen nur für eine spezifische, von ihm verantwortlich beherrschte und kontrollierte Rechtsphäre haftbar machen. Er erkennt jedoch auch, dass sie einen Rechtsgüterkontakt zu jedem „bestimmten", also auch nicht geschäftlichen Zweck ausreichen lässt und somit ein Schutzpflichtenverhältnis auch bei Kontakten im rein geschäftlichen Bereich annimmt. MünchKomm/*Kramer* (1985), § 242 Rn. 191.

82 Als Vertrauendürfen bezeichnet er den Rechtsschein von Vertrauen. Es muss auf der Seite eines Partners ein Verhalten vorliegen, „das nach den Grundsätzen der Redlichkeit und nach einer sozialen Erscheinungsform geeignet ist, ein Vertrauen zu erwecken und auf der Seite des anderen Partners die Gewährung von Vertrauen in eben dieses Verhalten" festzustellen. *Ballerstedt*, AcP 151 (1951), 501, 507 f. In diesem Sinne auch *Keller*, Schuldverhältnis, S. 56.

83 *Ballerstedt*, AcP 151 (1951), 501, 507.

84 Für *Keller* hat *Ballerstedt* mit dieser Auffassung fast vollständig den Boden der Aufnahme von Vertragsverhandlungen als Entstehungstatbestand verlassen. Schuldverhältnis, S. 56.

85 Laut *Keller* weisen beiden Autoren dem Vertrauen eine Doppelfunktion zu: als rechtspolitische Legitimation für das vorvertragliche Schuldverhältnis und für die daraus resultierende Haftung. Schuldverhältnis, S. 57, wo *Keller* als Anhänger der Theorie etwa *Nirk*, FS Hauß (1978), 267, 280; *ders.*, FS Möhring (1975), 71, 73 und *Werner Lorenz*, FS Larenz (1973), 575, 618 nennt.

Ladensinhabers für Verschulden des Gehilfen nach § 278 BGB bejaht und dadurch eine Erweiterung der culpa in contrahendo auf Schutzpflichtverletzungen vorgenommen hat. Er führt aus, dass der **Entstehungsgrund** des vorvertraglichen Schuldverhältnisses und der daraus resultierenden Pflichten nicht in dem durch das Anvertrauen eigener Rechtsgüter an den anderen Beteiligten zum Ausdruck kommenden Vertrauen gesehen werden kann, weil das gegenseitige Vertrauen ein „allgemeines Prinzip des menschlichen Verkehrs" sei, das „nur in Verbindung mit anderen Momenten" eine „über die deliktische Verantwortlichkeit hinausgehende Schadenshaftung" rechtfertige[86]. Diese Haftung setze vielmehr einen „Kontakt auf der Ebene des Geschäftsverkehrs" voraus, der mindestens die Möglichkeit beinhalte, zum Abschluss eines Geschäfts zu führen[87].

Erst mit einem **geschäftlichen Kontakt** – nicht mit den Verhandlungen oder einem bloßen sozialen Kontakt – entstehe das Schuldverhältnis mit Verhaltenspflichten, die anders als die Verkehrssicherungspflichten nicht gegenüber jedermann, sondern nur gegenüber den **konkreten Beteiligten** gölten[88]. Die damals streitige Verantwortlichkeit des Geschäftsinhabers für die Sicherheit der (möglichen) Kunden in Geschäftsräumen erklärt sich nach *Larenz* durch das **geschäftliche Interesse des Inhabers**, der davon finanziell profitiert und deshalb damit rechnen muss, dass bereits mit der „Anbahnung des geschäftlichen Kontakts durch das Betreten der Räume" gesteigerte Sorgfalts- und Obhutspflichten entstehen. Deshalb handele es sich dabei um eine Erweiterung der vorvertragliche Haftung für culpa in contrahendo[89], die **strenger als die Deliktshaftung** ist und mit dieser konkurriert[90].

---

86 *Larenz* zeigt, dass zwei Kraftfahrer, die sich an einer Straßenkreuzung begegnen, sich und ihre Rechtsgüter dem Einfluss und damit der Sorgfalt des anderen anvertrauen, so dass jeder von ihnen gefährdert ist, wenn der andere die Verkehrsregeln nicht beachtet. Das Gleiche gilt für einen Fußgänger, der die Straße in dem Augenblick überquert, in dem ihm das Lichtzeichen den Übergang freigibt. In diesem Augenblick vertraut er darauf, dass der herannahende Kraftfahrer rechtzeitig stoppt. Obwohl hier Vertrauen und Anvertrauen von Rechtsgütern an den Anderen vorliegt, entsteht dadurch kein Schuldverhältnis mit Rücksichtspflichten. MDR 1954, 515, 517. Der Aufsatz ist auf Portugiesisch unter dem Titel „Culpa in contrahendo, dever de seguranca no tráfego e contato social" übersetzt und zweimal veröffentlicht worden: RDP 34/2008, 343–352 und Doutrinas essenciais – Revista dos Tribunais 100 anos, Bd. 3, Tepedino/Fachin (Hrsg.), 2011, 1191–1202.

87 MDR 1954, 515, 518.

88 MDR 1954, 515, 517. Konkreter Beteiligter ist nicht nur der Kunde mit Kaufabsicht, sondern auch der Interessent ohne konkrete Kaufabsicht, der allerdings ein Verhalten zeigt, das typischerweise dazu geeignet ist, zum Vertragsschluss zu führen, also der potentielle Kunde. Nicht einbezogen ist jemand, der den Laden betritt, um sich aufzuwärmen oder vor Regen zu schützen, wenn dann kein geschäftlicher Kontakt zustande kommt.

89 MDR 1954, 515, 519.

Larenz hat seine Theorie in weiteren Schriften fortentwickelt und in seinem Lehrbuch des Schuldrechts zusammenfassend dargestellt. Er führt zunächst aus, dass das Schuldverhältnis – als ein Rechtsverhältnis, das eine Person der anderen gegenüber zu einem bestimmten Verhalten (Tun oder Unterlassung) verpflichtet – sich aus **verschiedenen Lebensvorgängen** wie Verträgen oder weiteren im Gesetz gekennzeichneten Tatbeständen ergibt. Neben dem **Schuldverhältnis aus Rechtsgeschäften** gibt es auch das sog. **gesetzliche Schuldverhältnis**, an dessen Tatbestände das Gesetz die Entstehung einer schuldrechtlichen Bindung als Rechtsfolge knüpft: unerlaubte Handlung (§ 823 BGB), Geschäftsführung ohne Auftrag (§ 677 BGB), ungerechtfertigte Bereicherung (§ 812 BGB) etc[91]. Ein gesetzliches Schuldverhältnis kann sich auch aus einem geschäftlichen Kontakt (Paradebeispiel: Vertragsverhandlungen) ergeben[92]. Rechtsverhältnisse, die – wie alle Schuldverhältnisse – nur zwischen bestimmten Personen bestehen, fasst *Larenz* unter dem Oberbegriff der **Sonderverbindung** zusammen[93].

Das Schuldverhältnis aus geschäftlichem Kontakt – auch **„Schuldverhältnis ohne primäre Leistungspflicht"** oder **„rechtliche Sonderverbindung"** genannt[94] – entsteht nach *Larenz* durch die **Kontaktaufnahme zum Zweck eines eventuellen Vertragsschlusses** und erzeugt ausschließlich **Verhaltenspflichten**, d.h., Schutzpflichten ieS und Loyalitätspflichten wie Aufklärungs-, Mitteilungs- und Rücksichtspflichten, deren Verletzung eine **Pflicht zum Ersatz des Vertrauensschadens** auslöst[95]. Es endet erst dann, wenn die Parteien ihren geschäftlichen Kontakt beenden, ohne zum Vertragsabschluss zu kommen. Bei Zustandekommen des geplanten Kontrakts wandele sich das bisherige gesetzliche Schuldverhältnis in ein umfassenderes vertragliches Schuldverhältnis um, das

90 *Larenz* hat in seinen Schriften die Einordnung der Fälle von Schutzpflichtverletzungen als culpa in contrahendo bezweifelt und dem Deliktsrecht zugeordnet, weil dabei kein Vertrauen vorliege, das über das allgemeine Vertrauen auf einen ordnungsgemäßen Zustand in den Geschäftsräumen hinausgehe, welches für das Deliktsrecht ausreiche. Verletzt sei nicht eine Pflicht, die dem sie Verletztenden gerade nur gegenüber dem Verhandlungspartner oder Vertragspartner obliege, sondern die allgemeine Pflicht, sich so zu verhalten, dass der Andere nicht zu Schaden komme (Verkehrssicherungspflicht). Er schlug deshalb vor, nach der „geplanten Änderung" des § 831 BGB die Fälle der Verletzung von Erhaltenspflichten aus dem Bereich der culpa in contrahendo – ebenso der positiven Vertragsverletzung – wieder herauszunehmen und dem Deliktsrecht zuzuweisen. Vgl. etwa FS *Ballerstedt* (1975), 397, 402f. In anderen Schriften spricht er sich für eine Konkurrenz beider Haftungstypen aus. Vgl. etwa: *Larenz/Wolf*, AT, S. 598.

91 SR/AT, S. 2f.

92 SR/AT, S. 4.

93 SR/AT, S. 7.

94 ST/AT, S. 106.

95 ST/AT, S. 110, 112.

neben den typusbestimmenden Leistungspflichten auch weitere Verhaltenspflichten erzeugt (**Umschlagstheorie**)[96]. Deshalb fällt die culpa in contrahendo auch bei *Larenz* unter die Regelungen des Vertragsrecht.

Er konzipiert das Schuldverhältnis als **Ganzes** mit „konkreten Rechtsfolgen", als **„sinnhaftes Gefüge"** oder einen **„in der Zeit verlaufenden Prozess"**[97]. Die Legitimation des Schuldverhältnisses mit Verhaltenspflichten und der daraus resultierenden Haftung aus culpa in contrahendo liegt bei ihm in der **„allgemeinen Redlichkeitserwartung"** jedes Beteiligten des geschäftlichen Kontakts, es mit „einem redlich denkenden, sich loyal verhaltenden Partner" zu tun zu haben, die auf **Treu und Glauben** (§ 242 BGB) gestützt ist[98]. Die Redlichkeitserwartung ist kein subjektives Vertrauen im Sinne von *Dölle* und *Ballerstedt*, sondern ein **objektiviertes Vertrauen.** Damit führt *Larenz* einen **normativen Vertrauensbegriff** in seiner Lehre vom geschäftlichen Kontakt ein[99].

Nur in den Sonderfällen der Vertreter- und Sachwalterhaftung nimmt *Larenz* – der BGH-Rechtsprechung folgend – ein **subjektives Vertrauen** an. In der Tat verlangt der BGH im Anschluss an *Ballerstedt* für die **Eigenhaftung des Vertreters** aus culpa in contrahendo, dass der Vertreter bei den Vertragsverhandlungen ein ihm **persönlich entgegegengebrachtes Vertrauen** in Anspruch nimmt, das über die allgemeine Erwartung hinausgeht, es mit einem sachkundigen und zuverlässigen Vertreter zu tun zu haben. Eine solche Haftung tritt nach ständiger Rechtsprechung des BGH jedoch auch dann ein, wenn der Vertreter selbst an dem Vertragsabschluss **„wirtschaftlich interessiert"** ist. Ein weiterer Fall, in dem das subjektive Vertrauen als haftungsbegründeter Tatbestand vorkommt, ist die sog. **Sachwalterhaftung:** hier haftet eine Person, die zwar die Verhandlungen für eine Partei nicht geführt hat, aber als deren Sachwalter in die Verhandlungen eingeschaltet wurde, für ihr vorvertragliches Fehlverhalten, wenn sie aufgrund ihrer beruflichen Stellung oder Sachkunde ein gesteigertes Vertrauen für sich in Anspruch genommen und dadurch den Vertragsschluss erheblich beeinflusst hat[100].

Zusammenfassend ist festzuhalten, dass *Larenz* eine **objektive Strömung in der Vertrauenshaftungslehre** etablierte, die vor allem von *Canaris* weiterentwickelt wurde. Er hat die Grundlinie der culpa in contrahendo systematisiert, die

---

96 SR/AT, S. 117 ff. Laut *Larenz* nimmt das vertragliche Schuldverhältnis die in dem bisherigen gesetzlichen Schuldverhältnis begründeten Schutzpflichten in sich auf, es kann aber darüber hinaus weitere nach Maßstab des § 242 BGB begründen (S. 118).

97 ST/AT, S. 26 ff.

98 ST/AT, S. 106, 109.

99 In diesem Sinne zutreffend: *Keller*, Schuldverhältnis, S. 60.

100 *Larenz*, SR/AT, S. 115, m.w.N. zur Rechtsprechung.

in seiner Zeit durch den BGH ständig ausgedehnt wurde. Die culpa in contrahendo als eine Haftung für schuldhafte Verletzung von Verhaltenspflichten vor Vertragsschluss findet ihre Legitimation bei ihm in dem Redlichkeitsgedanken von Treu und Glauben (§ 242 BGB) und folglich im Gesetz selbst. Durch die Abstellung auf den geschäftlichen – nicht sozialen! – Kontakt als Entstehungstatbestand für das vorvertragliche Schuldverhältnis hat *Larenz* den Anwendungsbereich der culpa in contrahendo von der Deliktshaftung weiter abgegrenzt. *Larenz*‘ Begriff vom objektivierten (normative) Vertrauen hat die Haftung aus culpa in contrahendo von einem schwer nachzuweisenden subjektiven Element befreit, was eine große Bedeutung in der Praxis hat. Etwas anderes gilt, wenn es um die Haftung von Sachwaltern und Vertretern geht: hier ist die Inanspruchnahme besonderen Vertrauens durch diese Personen maßgeblich, so dass man ausnahmsweise eine subjektive Komponente in der vorvertraglichen Haftung konstatieren kann[101].

Bemerkenswert ist außerdem, dass *Larenz* im Gefolge von *Heinrich Stoll* ein neues, vom römischen Recht abweichendes Konzept vom Schuldverhältnis formuliert hat, das in anderen Rechtsordnungen wie in Portugal und insbesondere Brasilien nicht alltäglich ist. Zwar ist das vertragliche Schuldverhältnis als Prozess, d. h. als eine komplexe Pflichtstruktur im Ausland bekannt, jedoch bleibt das Schuldverhältnis ohne primäre Leistungspflichten konzeptionell noch fremd[102]. Noch ungewöhnlicher ist das nachfolgend von *Canaris* entwickelte Konzept vom Vertrauensschuldverhältnis. *Larenz*‘ Theorie der culpa in contrahendo hat auf die weitere Entwicklung der Dogmatik und der Rechtsprechung besonders großen Einfluss gehabt[103].

4.2. Canaris – Theorie der Vertrauenshaftung und die culpa in contrahendo

In Anlehnung an *Heinrich Stoll* und *Larenz* hat *Canaris* den Gedanken des Vertrauensschutzes weiterentwickelt und eine umfassende und dogmatisch eigenständige **Vertrauenshaftungslehre** aufgebaut, in die die culpa in contrahendo integriert ist. Aus dem umfangreichen Werk von *Canaris* über die Bedeutung von Vertrauen im Privatrecht wird hier nur die Integration der Haftung in contrahendo in seine Vertraushaftungslehre untersucht. Grob gesagt nimmt *Canaris* an, dass man von Vertrauenshaftung immer dann sprechen kann, wenn Vertrauen für die Rechtsfolge eine Rolle spielt, d. h. wenn Vertrauen den tragenden Grund für die

101 *Keller*, Schuldverhältnis, S. 63.
102 Dazu Kap. 4 II 1.
103 *Keller*, Schuldverhältnis, S. 63.

Rechtsfolge darstellt[104]. Er unterscheidet zwei grundlegende vertrauensrechtliche Haftungstypen: **Erfüllungshaftung** und **Schadensersatzhaftung.** Beide Grundtypen unterscheiden sich auf Tatbestands- und Rechtsfolgenebene. Während der Vertrauende in der ersten Fallgruppe einen Anspruch auf Erfüllung des **positiven Interesses** hat, ist sein Anspruch in der zweiten Fallkonstellation nur auf den Ersatz des **negativen Interesses** gerichtet[105].

Die wichtigsten Erscheinungformen der **vertrauensrechtlichen Erfüllungshaftung** sind die Rechtsscheinhaftung und die Haftung für rechtsmissbräuchliches Verhalten. Bei der **Rechtsscheinhaftung** hafte die Partei für die schuldhafte Erzeugung des Scheins einer bestimmten Rechtslage, die in Wahrheit nicht besteht. Paradebeispiel sei die Anscheinsvollmacht: sie liege vor, wenn der Vertretene das Handeln des Vertreters nicht kenne, es aber hätte kennen und verhindern können und der Dritte annehmen durfte, dass der Vertreter Vollmacht habe. In solchen Fällen sei der Geschäftsherr an die Anscheinsvollmacht gebunden, ohne die Möglichkeit, sich auf das Fehlen des Erklärungsbewusstseins zu berufen[106].

In den Fällen der **Erfüllungshaftung kraft rechtsmissbräuchlichen Verhaltens** richte sich das Vertrauen nicht auf das Bestehen eines Rechtsverhältnisses zwischen Dritten, sondern auf ein Rechtsverhältnis zwischen den Parteien selbst. Paradigmatisch hierfür ist laut *Canaris* der Fall, in dem ein Teil dem anderen erklärt, der Vertrag, der einem gesetzlichen Formerfordernis unterliege, sei formlos gültig. In einem solchen Fall komme regelmäßig keine Rechtsscheinhaftung in Betracht, weil das Vertrauen sich auf eine Rechtslage richte, die es gar nicht geben könne und der Mangel per se grundsätzlich erkennbar sei. Die Rechtsprechung helfe trotzdem dem Vertrauenden bei bestimmten Umständen im Wege des Rechtsmissbrauchseinwandes, indem das Sichberufen auf den Formmangel verwehrt werde mit der Folge, dass der nichtige Vertrag als wirksam behandelt wird[107].

---

104 Vertrauenshaftung, S. 2.

105 *Canaris*, 50 Jahre BGH, 129, 132.

106 Laut *Canaris* 50 Jahre BGH, 129, 140 handelt sich dabei nicht um eine echte, rechtsgeschäftlich erteilte Vollmacht, sondern lediglich um den Anschein einer solchen. Er zieht daraus den Schluss, dass das Fehlen des Erklärungsbewusstseins – neben dem Merkmal des deklaratorischen Erklärungsgehalts – ein wesentliches Abgrenzungskriterium zwischen Vertrauenshaftung und Rechtsgeschäftslehre sei, die dagegen Erklärungsbewusstsein und eine performative bzw. konstitutive Erklärung voraussetze. Zur Diskussion über deklaratorische und performative Erklärung: 50 Jahre BGH, 129, 136 ff.

107 *Canaris*, 50 Jahre BGH, 129, 133 f.

Die culpa in contrahendo ist nach *Canaris* – neben der Erklärungshaftung kraft Risikozurechnung – eine der wichtigsten Erscheinungsformen der sog. **vertrauensrechtlichen Schadensersatzhaftung.** Während er die culpa in contrahendo als eine Vertrauenshaftung wegen Schutzpflichtverletzung vor Vertragsschluss betrachtet, fasst er die Erklärungshaftung im Grunde genommen als eine verschuldensunabhängige Einstandspflicht des Erklärenden für das Risiko seiner vertrauensbegründenden mangelhaften Erklärung auf. Paradebeispiel für die **Erklärungshaftung** sei die Haftung aus §§ 122 I und 179 II BGB. Nach § 122 I BGB hat der Erklärende in den Fällen von §§ 118 bis 120 BGB – also bei Nichtigkeit kraft fehlender Ernstlichkeit und Anfechtbarkeit wegen Irrtums oder falscher Übermittlung der Willenserklärung – den Schaden des anderen Teils zu ersetzen, den er dadurch erleidet, dass er auf die Gültigkeit der Erklärung vertraut, jedoch nicht über den Betrag des positiven Interesses hinaus. Nach § 122 II BGB tritt die Ersatzpflicht nicht ein, wenn der Geschädigte den Grund der Nichtigkeit bzw. Anfechtbarkeit kannte oder kennen musste.

Anders als der historische Gesetzgeber, der hierin einen gesetzlich geregelten Fall von culpa in contrahendo sah, grenzt *Canaris* die Erklärungshaftung aus § 122 I BGB von der vorvertraglichen Haftung dadurch ab, dass die Erklärungshaftung kein Verschulden, wohl aber eine Begrenzung in der Höhe des positiven Interesses voraussetzt[108]. Dass der Gedanke des Vertrauensschutzes dort im Zentrum stehe, lasse sich dem Gesetz entnehmen, wo zu lesen ist, dass der Schaden durch das Vertrauen auf die Erklärung entstanden ist (§ 122 I BGB) und dass nur der Gutgläubige geschützt wird (§ 122 II BGB). Deshalb sei die Haftung aus § 122 BGB als Vertrauenshaftung zu qualifizieren[109]. Das gleiche gilt nach *Canaris* für die Schadensersatzpflicht des Vertreters ohne Vertretungsmacht nach § 179 II BGB: der Vertreter trägt das Risiko für das Bestehen der Vertretungsmacht, da „in der

108 50 Jahre BGH, 129, 172.

109 Auch die herrschende Meinung ordnete – laut *Canaris*, 50 Jahre BGH, 129, 171 – die Erklärungshaftung aus § 122 BGB als Vertrauenshaftung ein. In diesem Sinne vgl. statt vieler: *Larenz/Wolf*, AT, S. 681 (Vertrauens- oder Anscheinshaftung) und MünchKomm/*Kramer* (1984), § 122 Rn. 2ff, der anführt, dass die damals noch herrschende Begründung der Haftung aus § 122 BGB nach dem Veranlassungsprinzip vor allem von *Flume*, *Canaris* und *Frotz* zu Recht kritisiert wurde und dass insbesondere *Canaris* nachgewiesen hat, dass die Haftung vielmehr auf der Erwägung beruht, dass der Mangel der Erklärung allein aus der Sphäre des Irrenden stamme, da er es grundsätzlich allein ist, der den Irrtum bzw. die „Gefahr der Erweckung von (durch die Anfechtung enttäuschtem) Vertrauen“ beherrschen könne (Rn. 3).

(zumindest konkludenten) Behauptung" des Vertreters, dass er die erforderliche Vertretungsmacht habe, ein objektiver Vertrauenstatbestand liege[110].

Den hier interessierenden Vertrauenshaftungstyp betrachtet *Canaris* als Haftung wegen Schutzpflichtverletzung, deren **Grund** in der Enttäuschung des Vertrauens liegt[111] und die ihren **Rechtfertigungsgrund** im Vertrauensgedanken und ihre **positivrechtliche Grundlage** in § 242 BGB findet[112]. Die Haftung für Schutzpflichtverletzungen beschränkt sich aber nicht auf die Verletzung vorvertraglicher Pflichten, die er im Gefolge von *Heinrich Stoll* Schutzpflichten nennt, sondern umfasst jede **Schutzpflichtverletzung vor, bei und nach Vertragsschluss.** Unter dem Oberbegriff können also Fälle von culpa in contrahendo, positive Forderungsverletzung und die nachvertragliche Haftung fallen, die sich voneinander lediglich nach dem **Zeitpunkt der Pflichtverletzung**, nicht nach dem Zeitpunkt des Schadenseintritts, unterscheiden[113].

Nach *Canaris* finden **alle Schutzpflichten**, die vor und nach Vertragsschluss gegenüber den Parteien und Dritten erwachsen, ihre Grundlage in einem **einheitlichen gesetzlichen Schuldverhältnis**, das nicht auf den Willen bzw. die Privatautonomie der Parteien, sondern „auf einem (ungeschriebenen) Satz des objektiven Rechts" beruhe[114]. Das „einheitliche Schutzpflichtverhältnis" beginne schon vor dem Vertrag, d. h. mit der Aufnahme eines geschäftlichen Kontakts und setzt sich bis nach der Vertragserfüllung fort. Anders als *Larenz* nimmt *Canaris* an, dass beim Zustandekommen eines gültigen Vertrages das gesetzliche Schutzpflichtverhältnis sich nicht in das privatautonom begründete vertragliche Schuldverhältnis umwandelt (**Umschlagstheorie**), sondern getrennt und parallel neben ihm weiterläuft[115].

Er betrachtet also **zwei autonome Schuldverhältnisse**, namentlich das **gesetzliche Schuldverhältnis mit Schutzpflichten** (hier: mit Rücksichtspflichten aus § 241 II BGB) und das **vertragliche Schuldverhältnis mit Leistungs- und Nebenleistungspflichten**, die unterschiedliche Tatbestände, Rechtsgrundlagen und Rechtsfolgen haben. Während das gesetzliche Schuldver-

---

110 *Canaris*, 50 Jahre BGH, 129, 171 f. Als Nachweis dafür, dass der BGH dieselbe Meinung teilt, zitiert *Canaris* in der Fn. 193 die Entscheidungen BGHZ 86, 273, 275; 105, 283 und BGH NJW 2000, 1407, 1408.

111 50 Jahre BGH, 129, 173.

112 JZ 1965, 475, 479. In diesem Sinne: MünchKomm/*Kramer* (1985), Einl vor § 241 Rn. 73.

113 JZ 1965, 475, 476, insbesondere Fn. 11; *ders.*, 50 Jahre BGH, 129, 175 f.

114 *Canaris*, 50 Jahre BGH, 129, 174.

115 *Canaris* JZ 1965, 475, 479, Fn. 35; vgl. auch *Larenz*, SR/AT, S. 119 und *Blomeyer*, SR/AT, S. 73.

hältnis seinen **Tatbestand** in dem geschäftlichen Kontakt finde[116], setze das vertragliche Schuldverhältnis eine Einigung im Sinne von zwei übereinstimmenden Willenserklärungen voraus. Damit ist auch gesagt, dass das gesetzliche Schuldverhältnis – anders als das vertragliche – nicht auf der privatautonomen Selbstbestimmung beruht, sondern völlig unabhängig vom Parteiwillen und vom Abschluss eines (un)gültigen Vertrages entsteht. Das gesetzliche Schuldverhältnis beruhe lediglich auf „der tatsächlichen Beziehung der Parteien", die eine besondere Einwirkungsmöglichkeit auf die Rechtsgüter des anderen Teils ermögliche[117]. Sein **Fundament** liege in dem Treu und Glauben immanenten Vertrauensschutz und seine **Rechtsgrundlage** in § 242 BGB, weshalb das gesetzliche Schuldverhältnis eine „gesetzliche Natur" habe[118]. Das vertragliche Schuldverhältnis habe dagegen seine Grundlage in dem Grundsatz der Privatautonomie und folglich in seiner rechtsgeschäftlichen Natur[119].

Beide Schuldverhältnisse erzeugen **unterschiedliche schuldrechtliche Pflichten:** Aus dem gesetzlichen Schuldverhältnis stammen ausschließlich Schutzpflichten, während das vertragliche Schuldverhältnis vertragsspezifische Leistungs- und Nebenleistungspflichten erzeugt, die *Canaris* als diejenigen Pflichten definiert, „die unmitelbar oder mittelbar der **dem Vertragszweck entsprechenden** Erbringung oder Erhaltung der Hauptleistung dienen". Leistungs- und Nebenleistungspflichten sei gemeinsam, dass sie ihren Sinn darin hätten, den Gläubiger in den **zweckentsprechenden Genuss der Hauptleistung** kommen zu lassen, während das „Wesen der Schutzpflichten" darin liege, die Parteien vor **„Schäden an anderen Rechtsgütern"** zu bewahren[120]. Während eine Schutzpflichtverletzung zur Entstehung eines Schadensersatzanspruchs als **Rechtsfolge** führt, stellt ein Verstoß gegen die Leistungs- und Nebenleistungspflichten eine Leistungsstörung dar. Die strukturelle und funktionelle Unterscheidung der Schutzpflichten gegenüber den privatautonomen Leistungs-

---

116 *Canaris*, JZ 1965, 475, 479. Kritisch dazu: *Keller*, Schuldverhältnis, S. 70, für den der Entstehungstatbestand des einheitlichen Schutzpflichtverhältnisses bei *Canaris* unklar ist: einerseits nehme er an, dass das Schutzpflichtverhältnis durch Inanspruchnahme und Gewährung von Vertrauen (*Canaris*, Vertrauenshaftung, S. 538) entstehe, andererseits lasse er es durch Teilnahme am rechtsgeschäftlichen Verkehr (*Canaris*, 50 Jahre BGH, 129, 197) erwachsen, was das Erfordernis der Inanspruchnahme und Gewährung von Vertrauen für den Entstehungstatbestand des Schutzpflichtverhältnisses entbehrlich mache. Auch unklar bleibt laut *Keller*, in welchem Verhältnis die beiden Merkmale zueinander stehen, d. h., ob sie unabhängig oder kumulativ für die Begründung des Schuldverhältnisses zu berücksichtigen seien.

117 *Canaris*, JZ 1965, 475, 476.

118 *Canaris*, JZ 1965, 475, 476.

119 *Canaris*, JZ 1965, 475, 479.

120 *Canaris*, JZ 1965, 475, 477, Hervorhebung im Original.

pflichten und der deliktischen Jedermanns-Pflicht zeigt, dass solche Pflichten wie die daraus entstandene Vertrauenshaftung in einer Grauzone zwischen Vertrag und Delikt liegen. Dadurch identifiziert *Canaris* eine **dritte Spur** neben der klassisch-römischrechtlichen Dichotomie zwischen Vertrags- und Deliktshaftung.

Mit Hilfe der **Dogmatik des einheitlichen Schutzpflichtverhältnisses** hat *Canaris* nicht nur die Schwierigkeit der Begründung von Schadensersatzansprüchen aus Schutzpflichtverletzung im Rahmen von nichtigen bzw. wirksam angefochtenen Verträgen gelöst, sondern auch eine **umfassende einheitliche Theorie der Schutzpflichten** formuliert, die eine rechtstheoretisch überzeugungskräftige Lösung für die komplexe Problematik der Existenz und Verletzung von Rücksichtspflichten vor, während und nach dem Vertrag liefert, wie es der Untertitel seiner bahnbrechenden Schrift aus dem Jahr 1965 schon andeutet[121]. *Canaris*‘ Modell des einheitlichen Schutzpflichtverhältnisses bewältigt nicht nur Schwierigkeiten und Ungereimtheiten in der Pflichtenbegründung zwischen den (potentiellen) Vertragsparteien, sondern auch gegenüber Dritten. Infolge der mit dem geschäftlichen Kontakt begründeten Einwirkungsmöglichkeit auf die Rechtsgüterwelt nimmt er an, dass ein gesetzliches Schuldverhältnis zwischen dem Dritten und der Partei des (geplanten) Hauptvertrages entsteht, aus dem Pflichten nicht nur zum Schutz körperlicher Integrität, sondern auch hinsichtlich anderer Schutzobjekte folgen, die anvertraut oder gefährdet sein können und deren Verletzung einen eigenen Ersatzanspruch für den Dritten auslöst[122].

Mit Hilfe der Einheitslehre begründet *Canaris* eine Schutzwirkung für Dritte nicht nur im Rahmen eines gültigen Vertrages, sondern auch vor Vertragsschluss, nach Vertragsabwicklung und bei nichtigen Hauptverträgen[123], da durch die Anerkennung eines einheitlichen Schutzpflichtverhältnisses die Notwendigkeit entfällt, Schutzwirkungen zugunsten Dritter **rechtsgeschäftlich, also vertraglich, zu konstruieren**, wie *Kramer* treffend bemerkt[124]. *Roth* sieht gerade in der

---

121 Vgl. *ders.*, Ansprüche wegen „positive Vertragsverletzung“ und „Schutzwirkung für Dritte“ bei nichtigen Verträgen. Zugleich ein Beitrag zur Vereinheitlichung der Regeln über die Schutzpflichtverletzungen, in: JZ 1965, 475. In diesem Sinne auch MünchKomm/*Kramer* (1985), Einl. vor § 241 Rn. 75, der eine Reihe von zustimmenden Stimmen zu *Canaris*‘ Lehre nennt, wie u. a. *Thiele*, JZ 1967, 649; *Gernhard*, JuS 1979, 597 ff; *Lehmann*, Vertragsanbahnung durch Werbung (1981), S. 296 ff und *Frost*, „Vorvertragliche“ und „vertragliche“ Schutzpflichten, S. 219 f. Ablehnend u. a. *Hans Stoll*, AcP 176 (1976), 151 Fn. 21 und *v. Bar*, Verkehrspflichten, S. 312 ff.

122 *Canaris*, JZ 1965, 475, 478, 480. Also: Sach- und Vermögensschäden wie auch reine Vermögensinteressen können dadurch geschützt werden. Dazu: MünchKomm/*Gottwald* (1985), § 328 Rn. 74.

123 MünchKomm/*Gottwald* (1985), § 328 Rn. 65.

124 MünchKomm/*Kramer* (1985), Einl. vor § 241 Rn. 76. Für *Gottwald* ist die Figur des Vertrages mit Schutzwirkung zugunsten Dritter ein selbständiges Rechtsinstitut der Vertrauenshaftung, ein

Frage der Einbeziehung Dritter in das Schutzpflichtverhältnis eine „gewisse Überlegenheit" der Einheitstheorie, weil sie die Haftung von den vertraglichen Primärbindungen löse und sie an den wirklichen Haftungsgrund, die erhöhten Einwirkungsgefahren des geschäftlichen Kontaktes, anknüpft[125]. Das einheitliche Schutzpflichtverhältnis ermöglicht also ohne Weiteres einen **Drittschutz im vorvertraglichen Stadium**, also eine Art culpa in contrahendo zugunsten Dritter. Auch die sog. **Eigenhaftung bzw. Dritthaftung des Sachwalters für Schutzpflichtverletzungen**, die etwa Frachtagenten, Gebrauchtwagenhändler, Gesellschafter-Geschäftsführer und Vertreter trifft, lässt sich mit der Entstehung eines gesetzlichen Schuldverhältnisses zwischen dem Dritten, der für den künftigen Partner des geplanten Hauptvertrags im Ramen des geschäftlichen Kontakts tätig wird, und der anderen potentiellen Partei begründen[126].

Grund für die Eigenhaftung des Dritten ist hier der **qualifizierte Vertrauenstatbestand**, den er dadurch schafft, dass er bei dem potentiellen Vertragspartner durch sein Verhalten ein „besonderes" persönliches Vertrauen erweckt bzw. für sich in Anspruch nimmt und dadurch die Verhandlungen oder den Vertragsschluss erheblich beeinflusst, wie heute in § 311 III BGB ausdrücklich vorgesehen. Zugleich hat *Canaris* auch Begründungsansätze für die Rechtfertigung weiterer, rechtsdogmatisch streitiger Fälle von culpa in contrahendo geliefert wie die sog. **Prospekthaftung**, deren dogmatische Einordung seit Langem kontrovers ist. Während etwa *Wiedemann/Schmitz* ihre Qualifikation als culpa in contrahendo mit guten Gründen ablehnen, hat *Canaris* die gesetzlich geregelten Fälle der Prospekthaftung unter die Vertrauenshaftung mit dem Konstrukt der Einstandspflicht Dritter für culpa in contrahendo mit Hilfe der Lehre vom „typisierten Vertrauen" und der Tatherrschaft subsumiert[127]. All das zeigt, dass *Canaris* innovative und überzeugungskräftige rechtsdogmatische Begründungsansätze

---

gesetzliches Schutzverhältnis aus geschäftlichem Kontakt unabhängig von dem Abschluss und der Wirksamkeit eines Vertrages zwischen den Hauptparteien. MünchKomm/*Gottwald* (1985), § 328 Rn. 65.

125 MünchKomm/*Roth* (1985), § 242 Rn. 126.

126 *Canaris*, Die Reichweite der Expertenhaftung gegenüber Dritten, ZHR 1999, 207–245. Vgl. dazu auch: MünchKomm/*Kramer* (1985), Einl. vor § 241 Rn. 77.

127 In diesem Sinne MünchKomm/*Kramer* (1985), Einl. vor § 241 Rn. 78 m.w.N. gegen und für die Einordnung der Prospekthaftung als culpa in contrahendo. Vgl. *Wiedemann/Schmitz*, ZGR 1980, 129. *Canaris* bestätigt seine Position in 50 Jahre BGH, 129, 187 f., wo er die vom BGH angenommene Prospekthaftung von nach außen meistens anonym gebliebenen Initiatoren, Gründern und Hintermännern für fehlerhafte Emissionsprospekte von Publikumsgesellschaften, Bauherrenmodellen und dergleichen damit begründet, dass der Anleger ihnen typischerweise Vertrauen (typisiertes Vertrauen) schenkt und dass sie die Tatherrschaft hinsichtlich der Herausgabe oder der inhaltlichen Gestaltung des Prospekts haben.

für die culpa in contrahendo geliefert und dadurch ihre Entwicklung stark geprägt hat[128].

4.3. Weitere Begründungsansätze für die vorvertragliche Haftung

Die Vertrauenslehre hat sich im Laufe des 20. Jahrhunderts in der herrschenden Lehre und Rechtsprechung etabliert. Insbesondere die culpa in contrahendo wird wohl überwiegend mit vertrauensrechtlichen Argumenten begründet. Eine Untersuchung über die Grundlagen der culpa in contrahendo mit einer tiefgründigen Auseinandersetzung mit den verschiedenen Begründungsansätzen, die – neben den hier schon skizzierten Konsens- und Vertrauensgedanken – das vorvertragliche Schuldverhältnis mit Rücksichtspflichten erklären wollen, sprengt den Rahmen dieser Arbeit. Hier sei nur darauf hinzuweisen, dass es andere theoretische Konstruktionen dazu gibt[129], wie etwa die von *Gerhard Frotz*, der den Grund für die Haftung für Schutzpflichtverletzungen in einer – gegenüber der normalen außervertraglichen – gesteigerten Verantwortung der Partner als Kehrseite der eingeräumten Privatautonomie im allgemeinen rechtsgeschäftlichen Handeln sieht [130].

Auch *Hans Stoll* hat die Haftung aus culpa in contrahendo an ein einseitiges privatautonomes Handeln geknüpft, indem er den entscheidenden Grund dafür in der Inanspruchnahme von Vertrauen aus einem einseitigen Leistungsversprechen sieht[131], und *Johannes Köndgen* hat versucht, die verschiedenen Phänomene der sog. „quasi-vertraglichen" Verpflichtung mit dem Konzept der „Selbstbindung ohne Vertrag" zu erfassen, das zwischen Vertrag und Delikt stehe und das auf dem Gedanke basiere, dass ein Handeln „zu kommunikativen Zwecken" bei dem anderen Teil bestimmte Erwartungen oder Handlungen verursache, die Schutz ver-

---

128 In diesem Sinne auch: MünchKomm/*Kramer* (1985), Einl. vor § 241 Rn. 74.

129 Ausführlich dazu: *Keller*, Schuldverhältnis, S. 101 ff., auf den hier Bezug genommen wird.

130 *Gerhard Frotz*, Die rechtsdogmatische Einordnung der Haftung für culpa in contrahendo, in: Gedenkschrift für Gschnitzer (1969), 163–180. Laut *Larenz* geht *Frotz* davon aus, dass die vertrauenstheoretischen Pflichtbegründungskonzeptionen nicht zu erklären vermögen, „warum in contrahendo das Vertrauen stärker zu schützen ist, als im normalen außervertraglichen Leben, das ebenfalls recht enge Kontakte und ausgeprägtes Vertrauen kennt.". Paradebeispiel sei die Rolle des Vertrauens im Straßenverkehr. Der Grund für den Schutz eines gesteigerten Vertrauens sieht *Frotz* in der gesteigerten Verantwortung, die Korrelat der privatautonomen Gestaltungsmöglichkeit sei. *Larenz*, FS Ballerstedt (1975), 397, 398 f. Dazu auch: *Keller*, Schuldverhältnis, S. 101 ff.

131 In: FS Flume (1978), 741.

dienen[132]. Auch die Kritik an der allgemeinen Vertrauenstheorie muss hier dahinstehen, die insbesondere darauf hinweist, dass Vertrauen sowohl in der Gesellschaft als auch in der Rechtswissenschaft überall zu finden sei und dass die Ubiquität und Bedeutungsvielfältigkeit des Vertrauensbegriffes verhindert, dass das Vertrauenselement als Legitimation für alle unter der Vertragshaftung gefassten Fälle benutzt wird[133].

Trotz aller Kritik hat sich die Vertrauenshaftungslehre bis jetzt durchgesetzt und in **§ 311 II-III BGB** wörtlich Eingang gefunden. Die Norm enthält zwei allgemein formulierte Generalklauseln über die Haftung für Verschulden bei Vertragsschluss, die in der BGH-Rechtsprechung eine erhebliche Anwendung in der Praxis erlebt hat, so dass es heute äußerst schwierig erscheint, die unterschiedlichen Fälle der culpa in contrahendo auf einen einzigen rechtlichen Grundgedanken, also auf einen einheitlichen Haftungsgrund zurückzuführen. Manche Autoren wollen sogar diesen Versuch aufgeben[134]. *Emmerich* sagt in diesem Sinne,

---

132 Selbstbindung ohne Vertrag: Zur Haftung aus geschäftsbezogenem Handeln, 1981. Bei ihm sei die Selbstdarstellung der Akteure, insbesondere ihre Berufsrollen maßgeblich für das Hervorrufen von Erwartungen als Selbstbindung. Er arbeitet mit den Kategorien von Delikt, Quasi-Delikt, Vertrag und Quasi-Vertrag, um eine Haftung bei unterschiedlichen Fällen wie Werbeaussagen, Qualitätszusicherung des Herstellers, berufliche Auskunftshaftung oder Sachwalterhaftung zu erklären. Kritisch dazu: *Keller*, Schuldverhältnis, S. 107 ff und im Ergebnis MünchKomm/*Kramer* (1985), Einl. vor § 241 Rn. 83, der *Köndgens* Konstruktion vorwirft, sie zeige eine gewissene Konturlosigkeit in ihren dogmatischen Grenzen und eine zu starke Relativierung der echten rechtsgeschäftlichen Selbstbestimmung.

133 Laut *Luhmann* sei das „Vertrauen ein viel zu allgemeines und diffuses soziales Erfordernis", das alle Arten von zwischenmenschlichen Beziehungen präge (Ein Mechanismus der Reduktion sozialer Komplexität, S. 36). In diesem Sinne auch *Köndgen*, Selbstbindung ohne Vertrag, S. 70: „Vertrauen ist ein ubiquitäres soziales Phänomen und auch als juristische Kategorie viel zu diffus, als daß man es allen zum Gradmesser rechtserheblicher Selbstbindung machen könnte", ap.: *Keller*, Schuldverhältnis, S. 94, Fn. 391. Es wird weiter eingewendet, dass Vertrauen Voraussetzung eines gedeihlichen Zusammenlebens darstelle (*Eicher*, Die Rechtslehre von Vertrauen, S. 4), und wenn Vertrauen verschiedenen sozialen Beziehungen zugrunde liege, dann sei zu fragen, welche Form oder Intensität von Vertrauen vorliegen müsse, um diese Beziehung als rechtliche Beziehung zu betrachten. Auch im Recht spiele das Vertrauen in vielfältigen Rechtsbeziehungen eine Rolle. *Schmitz* hebt hervor, dass Vertrauen „in gewisser Weise der gesamten Rechtsordnung und insbesondere der Rechtsgeschäftslehre zugrundeliegt". *Picker* führt an, dass der Grundsatz pacta sunt servanda auch das Vertrauen zwischen den Parteien schütze. Auch bei *Hobbes* sei Vertrauen notwendige Voraussetzung für Verträge. Laut *Keller* sei Vertrauen als Verhaltenserwartung oder Gefühl von Verlässlichkeit und Sicherheit auch bei anderen Formen von Schuldverhältnissen, wie z. B. Vertrag oder Geschäftsführung ohne Auftrag, feststellbar – und auch im Deliktsrecht solle Vertrauen eine bedeutende Rolle spielen. Ap.: *Keller*, Schuldverhältnis, S. 92, insbes. Fn. 383, 384.

134 In diesem Sinne: MünchKomm/*Emmerich* (2016), § 311 Rn. 42; Bamberger/Roth/*Grüneberg*, § 311 Rn. 37; *Leible*, in: Schuldrechtsmodernisierung und Europäisches Vertragsrecht, 219, 222;

dass gewiss der **Vertrauensgedanke** in zahlreichen Fallgestaltungen leitend für den weiteren Ausbau der culpa in contrahendo gewesen sei. Für sich allein reiche der Vertragsgedanke nur schwerlich zur Erklärung der gegenwärtigen Bedeutung der Figur aus. Denn dabei spielten weitere Erklärungsansätzen wie der **Gedanke einer allgemeinen Erklärungshaftung** eine Rolle, der neben den **Gedanken einer allgemeinen Berufshaftung** in den Fällen trete, in denen es um eine Haftung für die Erteilung von Auskünften durch die Bank und für die Ausstellung von Zeugnissen durch Arbeitgeber oder von Testaten durch Wirtschaftsprüfer geht[135]. Die vorvertragliche Haftung bestimmter Professioneller wie Rechtsanwalt und Steuerberater nach § 311 III 2 BGB lässt sich auch durch die Berufshaftung erklären. Auch die Haftung für Schutzpflichtverletzungen im Rahmen eines geschäftlichen Kontakts lässt sich mit dem **allgemeinen Rechtsgüterschutzgedanken** überzeugend begründen[136]. Darüber hinaus kommen noch Rechtsgedanken wie Vertrauensschutz, Anlegerschutz und Schutz wirtschaftlich Schwächerer in Betracht[137].

Dass die culpa in contrahendo nicht allein auf einen einzigen einheitlichen Haftungsgrund bzw. nicht allein auf den Vertrauensgedanken gestützt werden kann, ist den Vertretern der Vertrauenslehre schon längst bewusst[138]. Es ist aber nicht zu leugnen, dass **Vertrauen den ausschlaggebenden Grund für die wohl meisten Fälle** der culpa in contrahendo darstellt. Auch in Grenzfällen vorvertraglicher Schutzpflichtverletzungen liegt der Gedanke zugrunde, dass die verletzte Partei ihre Rechte und Rechtsgüter dem anderen Teil anvertraut und aufgrund des geschäftlichen Kontakts und der damit verbundenen Einwirkungsmöglichkeit legitim erwarten darf, dass der Gegner einen – im Vergleich zur deliktischen Verkehrssicherungspflicht – erhöhten Grad an Sorgfalt beachtet, um Schäden in ihrer persönlichen und vermögensrechtlichen Sphäre zu vermeiden. Diese Idee liegt nun § 241 II BGB zugrunde, der den vertraglichen bzw. vertragsähnlichen Schutz auch auf absolute Rechte und Rechtsgüter endgültig erweitert. Dahinter steht der Gedanke, dass die Intensität der Schutzpflichten

---

Fleischer, Informationsasymmetrie, S. 420 ff; *Hopt*, AcP 183 (1983), 608, 639 ff und *Picker*, AcP 183 (1983), 369, 418 ff.

135 MünchKomm/*Emmerich* (2016), § 311 Rn. 41.

136 MünchKomm/*Emmerich* (2016), § 311 Rn. 40.

137 Um Verbraucherschutz gehe es in den zahlreichen Fällen von Aufklärungspflichten. Damit in Verbindung stehe der Gedanke des Anlegerschutzes, der insbesondere für die Entwicklung der sog. Prospekthaftung leitend war. Auch der Schutz wirtschaftlich Schwächerer gegen wirtschaftliche und intellektuelle Überforderung spiele hier eine Rolle, so MünchKomm/*Emmerich* (2016), § 311 Rn. 42.

138 *Larenz*, FS Ballerstedt (1975), 397, 399 und *Canaris*, Vertrauenshaftung, S. 539.

(Rücksichtspflichten) über die allgemeinen deliktischen Verhaltenspflichten hinausgeht, wie der Reformgesetzgeber betont hat[139].

Schließlich ist zu sagen, dass *Canaris*' Theorie des einheitlichen Schutzverhältnisses, das die Grundlage für alle – die vorvertraglichen, vertraglichen und nachvertraglichen – Schutzpflichten, die auf die Erhaltung des status quo (Integritätsinteresse) gerichtet sind, darstellt und das sich strukturell und funktionell von dem Leistungsverhältnis völlig unterscheidet, welches umgekehrt dem Schutz des durch die Vertragsdurchführung zu erreichenden status ad quem dient, keine einhellige Zustimmung in der Lehre findet[140]. Dagegen wird eingewendet, *Canaris*' Modell zerlege ohne Not das bisher als einheitlich betrachtete Schuldverhältnis in zwei nebeneinanderlaufende Schuldverhältnisse und bringe erhebliche Abgrenzungsschwierigkeiten mit sich, da nicht immer klar festgestellt werden könne, ob sich die betreffende Pflicht aus dem einheitlichen Schutzverhältnis oder aus dem Synallagma ergebe, die sie sich nämlich wechselseitig beeinflussen, wie *Larenz* kritisch betont[141]. Laut ihm gehe das gesetzliche Schuldverhältnis beim Zustandekommen des Vertrages in dem umfassenderen vertraglichen Schuldverhältnis auf, das dann die bisher begründeten Schutzpflichten in sich aufnehme und weiter begründe (Umschlagstheorie)[142].

---

139 BT-Drucks. 14/6040, S. 125.

140 Zustimmend: *Thiele*, JZ 1967, 649; *Nirk*, FS Möhring (1975), 71, 78; Staudinger/*Olzen*, § 241 Rn. 46 ff; MünchKomm/*Roth* (1985), § 242 Rn. 125; MünchKomm/*Kramer* (1985), Einl. vor § 241 Rn. 74 und *E. Schmidt*, Schuldverhältnis, S. 23 ff. Dagegen ausdrücklich: *Larenz*, SR AT, S. 119 f; *Fikentscher/Heinemann*, Schuldrecht, S. 28 und *Hans Stoll*, AcP 176 (1976), 145, 150.

141 *Larenz* wendet gegen *Canaris*' Konzept des einheitlichen Schuldverhältnisses ein, dass dieses zu erheblichen Abgrenzungsschwierigkeiten führe. Er stellt etwa die Frage, ob die Obhutspflicht des Mieters als gesteigerte Sorgfaltspflicht dem gesetzlichen Schuldverhältnis angehöre oder ob sie eine in das Synallagma des Mietvertrages einbezogene und für den Vertragstypus Miete charakteristische Nebenpflicht darstelle. In solchen Fällen eine Anspruchskonkurrenz zwischen einem Anspruch aus dem gesetzlichen und einen aus dem vertraglichen Schuldverhältnis anzunehmen, hält er für „gekünstelt". *Larenz* führt aus, dass sich Parteiwille und Gesetz in Wirklichkeit ergänzten. Treu und Glauben bestimmten etwa die Vertragsauslegung, die Art und Weise der Leistung, die sog. Nebenleistungs- und auch die Schutz- und Loyalitätspflichten. Schutzpflichtverletzungen könnten andererseits zur Lösung eines (Dauer-)Schuldverhältnisses führen. All das zeige, dass sich Leistungs- und Schutzpflichtverhältnis wechselseitig beeinflussen und den gleichen Regeln unterstehen, so dass es für ihn keinen hinreichenden Grund dafür gibt, sie als zwei getrennte Schuldverhältnisse anzusehen. SR/AT, S. 119 f. In diesem Sinne auch *Fikentscher/Heinemann*, Schuldrecht, S. 28.

142 *Larenz*, SR/AT, S. 117 f.

4.4. Die culpa in contrahendo in der BGH-Rechtsprechung

Anders als das Reichsgericht hat der 1950 errichtete Bundesgerichtshof nicht gezögert, die Figur der culpa in contrahendo im Laufe des 20. Jahrhunderts auszudehnen, denn er bekennt sich – laut *Franz Wieacker* – „offen und selbstbewusst zu einem richterlichen Auftrag zur Fortbildung der geschriebenen Rechtsordnung“[143]. Über den jheringschen Fall der Haftung für schuldhafte Vertragsnichtigkeit hinaus hat der BGH die noch schwankende reichsgerichtliche Judikatur zur Haftung für Verletzung von Schutzpflichten ieS und Aufklärungspflichten über Sachmängel der Kaufsache und die Bonität von Wertpapieren in Kapitalanlagen unter dem Dach der culpa in contrahendo verortet und immer mehr Fälle vorvertraglicher Pflichtverletzungen darunter gefasst.

Zwei Fälle von **Schutzpflichtverletzungen im vorvertraglichen Stadium** sind in dieser Judikatur paradigmatisch: die Bananenschalen- und die Gemüseblattentscheidung. In der **Bananenschalenentscheidung** von 1961 hat der BGH erstmals ausdrücklich die vorvertraglichen Pflichten auf die Erhaltungspflichten zum Schutz von schon deliktisch erfassten Rechtsgütern erweitert[144]. Einige Jahre später folgte die sog. **Gemüseblattentscheidung**, in der das oberste Zivilgericht die Konstruktion des Vertrages mit Schutzwirkung zugunsten Dritter mit dem Schuldverhältnis der Rechtskreisöffnung im Rahmen der culpa in contrahendo verbunden hat. In jenem Fall hat der BGH eine unmittelbare Anwendung der Haftung aus Verschulden bei Vertragsschluss gegenüber der Klägerin – einer ihre Mutter beim Einkauf begleitenden Tochter – negiert, weil sie in dem Einflussbereich des Ladeninhabers ohne jegliche Kaufabsicht getreten ist, so dass kein geschäftlicher Kontakt zwischen Schädiger und Geschädigter vorlag.

Da aber ein infolge des geschäftlichen Kontakts entstandenes Schuldverhältnis zwischen Mutter und Ladeninhaber vorliege und die für das „Wohl und Wehe“ der Tochter verantwortliche Mutter redlicherweise erwarten dürfe, dass ihre Tochter denselben vorvertraglichen Schutz wie sie selbst genieße, hat der BGH den **Schutzbereich des vorvertraglichen Schuldverhältnisses ausgedehnt**, um der geschädigten Tochter einen Schadensersatzanspruch zu gewähren[145]. In den Entscheidungsgründen führt der BGH – *Larenz* insoweit folgend – aus, dass die culpa in contrahendo „auf einem in Ergänzung des geschriebenen Rechts geschaffenen **gesetzlichen Schuldverhältnis**“ beruhe, das der Aufnahme

---

143 Privatrechtsgeschichte, S. 530. Zustimmend auch: *Giaro*, in: Das Bürgerliche Gesetzbuch und seine Richter, 113, 150.

144 BGH NJW 1962, 31. In diesem Sinne auch: *Keller*, Schuldverhältnis, S. 79.

145 BGHZ 66, 51, 55.

von Vertragsverhandlungen entspringe und „vom tatsächlichen Zustandekommen eines Vertrages und seiner Wirksamkeit" unabhängig sei.

Die aus dem Schuldverhältnis hergeleitete Haftung findet ihre Rechtfertigung darin, „daß der Geschädigte sich zum Zwecke der Vertragsverhandlungen in den Einflußbereich des anderen Teiles begeben hat und damit redlicherweise auf eine gesteigerte Sorgfalt seines Verhandlungspartners vertrauen kann"[146]. Mit anderen Worten: Entstehungstatbestand für das vorvertragliche Schuldverhältnis ist ein geschäftlicher Kontakt[147], der den Einfluss auf die Rechtsgüter der Gegenseite ermöglicht. Der Rechtfertigungsgrund der Haftung in contrahendo liegt in dem **Vertrauensgedanken**, da jeder der an dem geschäftlichen Kontakt Beteiligten redlicherweise darauf vertrauen darf, dass sein Gegner die Sorgfalts- und Redlichkeitsgebote beachtet.

Der Anwendungsbereich der culpa in contrahendo wurde auch auf die endgültige Anerkennung der **Haftung für grundlosen Abbruch der Vertragsverhandlungen** ausgedehnt, worin die Judikatur noch immer eine Verletzung der im Rechtsverkehr erforderlichen Loyalitätspflicht sieht. Der BGH hat auch die Fälle der **Vertreter- und Sachwaltereigenhaftung** großzügig fortentwickelt, obwohl er dort ein einschränkendes Element für die Haftungsbegründung, nämlich ein **subjektives Vertrauen** hinzugefügt hat. Der Vertreter hafte laut dem BGH nur dann, wenn er ein „besonderes persönliches Vertrauen" in Anspruch nimmt oder „eine über das normale Verhandlungsvertrauen hinausgehende persönliche Gewähr für die Seriosität und Erfüllung des Geschäfts" übernimmt. Ein solches besonderes Vertrauen könne in der außergewöhnlichen Sachkunde, der persönlichen Zuverlässigkeit oder in dem eigenen Einfluss auf die Vertragsabwicklung liegen[148].

Gleichzeitig nimmt der BGH an, dass „ein besonderes wirtschaftliches Interesse am Vertragsschluß" auch eine Eigenhaftung des Vertreters auslöse[149], was hingegen gewissermaßen einen objektivierten Haftungstatbestand darstellt. Das Merkmal des besonderen wirtschaftlichen Interesses hat ursprünglich auch die **Haftung aus culpa in contrahendo des Geschäftsführers** begründet[150]. Später

---

146 BGHZ 66, 51, 54.

147 Der BGH sagt ausdrücklich: „Voraussetzung für eine Haftung aus culpa in contrahendo ist bei derartigen Kaufverträgen aber stets, daß der Geschädigte sich mit dem Ziel des Vertragsschlusses oder doch der Anbahnung „geschäftlicher Kontakte"[...] – also als zumindest *möglicher* Kunde, wenn auch vielleicht noch ohne feste Kaufabsicht – in die Verkaufsräume begeben hat". BGHZ 66, 51, 54.

148 BGHZ 56, 81 (85), dokumentiert von *Keller*, Schuldverhältnis, S. 80.

149 BGHZ 87, 302, ap.: *Keller*, Schuldverhältnis, S. 80.

150 BGHZ 87, 27.

hat aber der BGH diese Fallgruppe dadurch eingeschränkt, dass das persönliche wirtschaftliche Interesse allein nicht mehr für die Eigenhaftung ausreiche, sondern vielmehr ein „Tätigwerden in eigener Sache" durch den Geschäftsführer hinzutreten müsse[151]. Die Forderung eines subjektiven Vertrauens bei der Eigenhaftung von Vertretern und Geschäftsführern bildet jedoch einen Ausnahmefall im Rahmen der culpa in contrahendo, die haftungsbegründend eben ein objektives Vertrauen voraussetzt.

Die Judikatur hat allerdings den Vertrauensbegriff weiter ausgedehnt und das Konzept des **„typisierten Vertrauens"** im Zusammenhang mit der sog. **bürgerlichrechtlichen Prospekthaftung** kreiert, die rechtsfortbildend parallel zu der damals schon gesetzlich geregelten börsenrechtlichen Prospekthaftung entwickelt wurde. Die bürgerlichrechtliche Prospekthaftung – auch ‚Prospekthaftung ieS' genannt – ist ursprünglich als eine vorvertragliche Haftung für Fehlinformationen im Prospekt bei Kapitalanlagen konzipiert worden. Heute ist ihre rechtsdogmaische Einordnung als culpa in contrahendo aufgrund ihrer Regulierung insbesondere im Kapitalanlagegesetzbuch aus dem Jahr 2013 umstritten (dazu: Kapitel 3 D II 5).

Abgesehen von dieser Diskussion ist hier in der historischen Entwicklung der vorvertraglichen Haftung festzuhalten, dass die Judikatur davon ausgegangen ist, dass der Anleger, der sein Geld auf Grundlage der im Prospekt enthaltenen Auskünften in eine Anlage investiert, typischerweise den Prospektverantwortlichen Vertrauen schenke[152]. Das gilt nach dem BGH auch dann, wenn der Anleger keinen direkten Kontakt zu den Prospektverantwortlichen hat[153] oder unabhängig davon, ob er den Prospekt vorher überhaupt gelesen hat, soweit er sich auf die Vollständigkeit und Richtigkeit der Prospektangaben verlässt.

Die **vorvertragliche Haftung für Informations- und Aufklärungspflichtverletzungen** hat sich unter Geltung des BGB/1900 eindrucksvoll entwickelt und Anwendung auf alle schuldrechtlichen Verträge gefunden, wie die große Kommentarliteratur zum BGB dokumentiert[154]. Die Haftung für unterlassene oder unzutreffende Informationen vor Vertragsschluss wurde sogar auf Fälle von **versteckten Sachmängeln der Kaufsache** erstreckt, obgleich sie durch die Sonderregelung des § 463 BGB a.F. normiert waren und die kumulative Anwen-

---

151 BGHZ 126, 181.

152 BGH NJW 1978, 1625.

153 BGHZ 177, 25 – Urt. vom 02.06.2008, II ZR 210/06.

154 Vgl. dazu die unüberschaubare Rechtsprechung über culpa in contrahendo u. a. in Kauf-, Werk-, Miet-, Pacht-, Franchising-, Dienst-, Arbeits-, Versicherungs-, Banken- und Gesellschaftsverträgen. Statt vieler s. Palandt/*Grüneberg*, § 311.

dung beider Haftungstypen heftig kontrovers in der Lehre und Rechtsprechung diskutiert wurde[155].

Betrachtet man die oben kurz skizzierte historische Entwicklung der culpa in contrahendo in der Rechtsprechung des Bundesgerichtshofs, so ergibt sich das **uneinheitliche Bild eines Institutes**[156], das keine einheitlichen Voraussetzungen und Rechtsfolgen aufzeigt. Schon die unüberschaubare Rechtsprechung dazu zeigt, dass die culpa in contrahendo, wenn nicht als eine Allzweckwaffe[157], so jedenfalls in einer uneinheitlichen und nicht immer konsequenten Art und Weise auf verschiedenste Sachkonstellationen angewendet wurde. Dazu kommt noch das Problem, dass das rechtsdogmatische Verhältnis der culpa in contrahendo zu anderen Rechtsinstituten, insbesondere zur Sachmängelhaftung nicht immer klar war, so dass der Rechtsprechung vorgeworfen wurde, die vorvertragliche Haftung als Ersatzgewährleistungsrecht angewendet zu haben[158].

Zusammenfassend kann man sagen, dass für den BGH im vorvertraglichen Stadium ein besonderes Schuldverhältnis zwischen den Parteien durch die Aufnahme oder Anbahnung von Vertragsverhandlungen und durch geschäftlichen Kontakt entsteht, wie es heute auch in § 311 II 1 bis 3 BGB geregelt ist. Daraus ergibt sich das gesamte Bild eines fortschreitenden und immer intensiveren geschäftlichen Kontakts zwischen den Beteiligten, der mit einem einfachen geschäftlichen Kontakt anfängt und sich zur engsten Kontaktform im vorvertraglichen Stadium steigert, nämlich zu Vertragsverhandlungen. Aufgrund dieses Schuldverhältnisses entstehen dann die Verhaltenspflichten, die immer fallbezogen sind und deren Verletzung die Anwendbarkeit der vorvertraglichen Haftung auslöst.

5. Zusammenfassung

Zusammenfassend kann man sagen, dass die heutige culpa in contrahendo im Lauf der Zeit eine enorme Ausweitung und rechtsdogmatische Vertiefung erlebt hat, so dass sie sich fast kaum mehr auf *Jherings* Konzept zurückzuführen lässt.

---

155 Vgl. dazu statt vieler: BGH NJW 1970, 653, wo im Leitsatz zu lesen ist: „Die aus der Verletzung einer solchen Pflicht nach den Grundsätzen des Verschuldens bei Vertragsverhandlungen herzuleitende Schadenshaftung des Verkäufers wird durch die in den §§ 459 ff. BGB über die Gewährleistung wegen Mängeln der Sache getroffene Regelung nicht ausgeschlossen."; BGH NJW, 1980, 2409 und NJW-RR 1988, 10.

156 In diesem Sinne auch *Keller*, Schuldverhältnis, S. 83, der von einem uneinheitlichen und konfusen Bild spricht.

157 *Leible* spricht von einer „Wunderwaffe", in: Schuldrechtsmodernisierung und Europäisches Vertragsrecht, 219, 223 und *Mertens* von einer „Flucht in die cic", AcP 203 (2003), 818, 833.

158 *Krebs* spricht von einer „quasi-gewährleistungsrechtlichen Funktion" der culpa in contrahendo. AnwKomm/*Krebs*, § 311 Rn. 75.

Von einer ursprünglich begrenzten Haftung für die schuldhafte Herbeiführung der Vertragsnichtigkeit hat sich das Rechtsinstitut in eine umfassende Haftung für schuldhafte Pflichtverletzung vor Vertragsschluss umgewandelt, die unabhängig von der Existenz eines (un)gültigen Vertrages entsteht und die unredliches Verhalten bei geschäftlichen Kontakte sanktioniert. Die culpa in contrahendo zeigt sich als Ergebnis einer richterlichen Rechtsfortbildung und dogmatischen Präzisierung durch die Rechtswissenschaft. Die Väter des BGB haben kein einheitliches Konzept einer culpa in contrahendo gehabt. Sie haben sie nicht als ein generelles Prinzip geregelt, sondern grundsätzlich als eine begrenzte Haftung für die Vertragsunwirksamkeit (§§ 122, 179 II, 308 und 309 BGB a.F.) vorgesehen. An anderen Stellen findet man die Figur in Verbindung mit der Verletzung von Aufklärungspflichten vor Abschluss wirksamer Verträge, wie die Haftung für arglistiges Verschweigen von Sach- und Rechtsmängeln (§§ 463 II und 523 BGB a.F.) belegen, obwohl eine Haftung für vorvertragliche Fehlinformation nur bei Arglist (§ 123 BGB) im Betracht kam und ein Einstehenmüssen für Rat und Empfehlung in § 676 BGB a.F. grundsätzlich ausgeschlossen war.

Diese Fälle zeigen, dass die culpa in contrahendo in dem BGB von 1900 noch eine fragmentierte Figur war, die grundlegend vom jheringschem Modell abwich, indem sie nicht immer ihre ursprünglichen typischen Merkmale – Verschulden und Haftungsbegrenzung auf das positive Interesse wie in §§ 463 II und 523 BGB – aufzeigt. Paradebeispiel ist die verschuldensunabhängige Haftung für Irrtumsanfechtung (§ 122 BGB), die heute einstimmig nicht als culpa in contrahendo, sondern als Erklärungshaftung im Rahmen der Vertrauenslehre rechtsdogmatisch eingeordnet wird. Die nachträglich als culpa in contrahendo eingeordneten Fälle von Informationspflichtverletzung, Verhandlungsabbruch und Schutzpflichtverletzung lassen sich nicht unter das jheringsche Konzept subsumieren. In Wirklichkeit hat das historische BGB das vorvertragliche Stadium erst ab einer verbindlichen Antragstellung geregelt, deshalb galten die vorhergehenden vertragsvorbereitenden Verhandlungen noch am Anfang des 20. Jahrhunderts als unverbindlich, was die Anerkennung der Haftung für Verhandlungsabbruch erschwert hat.

Die Judikatur hat in Deutschland eine entscheidende Rolle bei der Entwicklung der culpa in contrahendo gespielt. Das Reichgericht hat von seiner anfänglichen gesetzespositivistischen Haltung gegenüber der culpa in contrahendo Abstand genommen und das Institut rechtsfortbildend weiterentwickelt, indem es die vorvertraglichen Pflichten präzisiert und neue Fallkonstellationen darunter subsumiert hat. Als rechtliches Fundament für die Haftung griff das RG – in Anlehnung an die damals herrschende Lehre – zunächst auf Vertragstheorien zurück, um die Entstehung von Pflichten schon vor dem Vertrag und der daraus resultierenden Haftung zu erklären, ohne jedoch den Boden der Privatautonomie und der Rechtsgeschäftslehre zu verlassen. *Leonhard* hat zwar ein breites Verständnis vom Schuldverhältnis, in dem er Vertragsschluss und Vertrag als ein „einheitliches Ganzes" betrachtet, was aus heutiger Sicht nicht verfehlt ist, begründet jedoch die Entstehung vorvertraglicher Pflichten mit der „Vorwirkung" des später abzuschließenen Vertrages. *Windscheid* sprach von einer Garantieerklärung und *Siber* von einem Erhaltungsvertrag, der durch den Eintritt des kauflustigen Kunden in den Laden zustande komme.

Eine echte Wende in der dogmatischen Begründung der vorvertraglichen Verpflichtung erfolgt erst mit dem Linoleumfall, in dem das RG die vorvertraglichen Pflichten aus einem den Kauf vorbereitenden Rechtsverhältnis mit vertragsähnlicher Natur herleitet und die Schutzpflichtverletzung mithilfe der Regelungen des Vertragsrecht löst. Diese Idee hat erst *Heinrich Stoll* dogmatisch begründet, in dem er Leistungspflichten und Schutzpflichten bzw. Leistungsverhältnis und Vertrauensverhältnis voneinander abgrenzt und feststellt, dass zwischen den Parteien durch die Aufnahme von Vertragsverhandlungen, durch das einseitige Rechtsgeschäft des Vertragsangebots oder durch reinen Ladeneintritt ein Schuldverhältnis entsteht, das die Parteien gegenseitig zu Handlungen und Unterlassungen verpflichtet. Kraft des Vertrauensschuldverhältnisses entstehen für die Parteien vorvertragliche Schutzpflichten, weil durch den geschäftlichen Kontakt eine besonders erhöhte Einwirkungsmöglichkeit auf Person und Güter der Gegenseite entsteht. Mit diesem Konstrukt gibt er dem Vertrauensverhältnis eine bisher fremde rechtsdogmatische Autonomie, die vornehmlich *Canaris* später präsiziert hat. Durch die Festlegung eines einheitlichen Prinzips für die culpa in contrahendo, nämlich das Einstehenmüssen für schuldhaftes Fehlverhalten vor Vertragsschluss, hat *Heinrich Stoll* die Basis für eine einheitliche Theorie der culpa in contrahendo und der Rücksichtspflichten gelegt.

Mit *Heinrich Stoll* ist der Grundstein der Vertrauenstheorie gelegt, die in den folgenden Jahren von *Ballerstedt*, *Larenz* und *Canaris* rechtsdogmatisch weiterentwickelt und präzisiert wurde. Allen drei Autoren steht –unbeschadet unterschiedlicher Akzentsetzung – der Gedanke vor Augen, dass mit der Aufnahme eines geschäftlichen Kontakts ein Schuldverhältnis mit Verhaltenspflichten unterschiedlicher Intensität entsteht, das vor allem darauf abzielt, einen redlichen und rücksichtsvollen Umgang miteinander zu gewährleisten, um Schaden in der aktuellen Rechtssphäre der Gegenseite zu vermeiden[159] sowie eine störungsfreie rechtsgeschäftliche Selbstbestimmung und einen möglichst ausgewogenen Vertragsschluss zu ermöglichen. Die besondere Struktur der Rücksichtspflichten bringt auch ihre vertragsähnliche Natur zum Ausdruck, weil sie sich sowohl von

159 Statt vieler: *Larenz*, FS Ballerstedt (1975), 397, 399.

den deliktischen Jedermannspflichten als auch von den vertraglichen Leistungspflichten unterscheiden. Die Entstehung des Vertrauensschuldverhältnisses rechtfertigt sich durch Inanspruchnahme und Gewährung von Vertrauen, die im Rahmen des rechtsgeschäftlichen Kontakts stattfinden und die die Einwirkungsmöglichkeit auf die Gütersphäre der Gegenseite erhöhen. Das Fundament der Haftung aus culpa in contrahendo liegt also im Vertrauensschutzgedanken, dessen gesetzliche Grundlage früh in § 242 BGB gesehen wurde und sich heute in §§ 241 II und 311 II BGB wiederfindet.

Diese allgemeine Formel gilt freilich nicht für alle Fälle von Fehlverhalten vor Vertragsschluss, wie die später von der Rechtsprechung entwickelten Fallgruppen von Verletzungen von Schutzpflichten ieS und der Haftung zugunsten Dritter belegen, die die deutsche Rechtsprechung in Anlehnung an § 242 BGB unter dem Dach der culpa in contrahendo entwickelt hat und die heute in §§ 311 II 2 und § 311 III BGB ihren Platz im Gesetz finden. Denn dabei kann von einem auf eventuellen Vertragsschluss gerichteten Kontakt nicht die Rede sein, da der Geschädigte (potentieller Vertragspartner bzw. Dritter) vielmehr infolge seines allgemeinen Vertrauens auf Sicherheit geschützt wird. Dass diese Fälle an der Grenze zum Deliktsrecht stehen, ist offensichtlich. Deshalb wird der Rechtsprechung und Lehre oft vorgeworfen, sie wollten mit vertragsrechtlichen Schadensersatzansprüchen aus culpa in contrahendo die Schwächen des Deliktsrechts kompensieren. Abgesehen von den rechtsdogmatisch fast unlösbaren Fragen nach Einordnung und Grenzen der culpa in contrahendo hat die BGH-Judikatur die Figur ständig angewendet, was zu einer unüberschaubaren Rechtsprechung zu vorvertraglichen Pflichtverletzungen geführt hat. Diese Entwicklung war keineswegs geradlinig und widerspruchsfrei[160]. Dass sich aber daraus eine Leitlinie – Vertrauensschutz vor schuldhaftem Fehlverhalten im vorvertraglichen Stadium – erkennen lässt, hat der Reformgesetzgeber wohl bestätigt bei der Positivierung der culpa in contrahendo in § 311 II-III BGB [161].

III. Die historische Entwicklung der culpa in contrahendo in Brasilien

1. Einführung

Fragt man nach der Entstehungsgeschichte der culpa in contrahendo in Brasilien, stößt man zunächst auf eine Entscheidung des Oberlandesgerichts São Paulo aus

---

160 In diesem Sinne: *Medicus*, FS Kaser (1986), 169, 179 und *Larenz*, FS Ballerstedt (1975), 397, 405 ff.

161 BT-Drucks. 14/6040, S. 162.

dem Jahr 1936, in der das Gericht der Mieterin eines Geschäftsraums Schadensersatz für grundlosen Abbruch von Vertragsverhandlungen zusprach, die auf die vom Vermieter versprochene Verlängerung des Mietvertrages vertraut hatte, der die Räume später aber einem Dritten vermietete [162]. *Jherings* Konzept der culpa in contrahendo hat keinen Eingang in den CC1916 gefunden, das von *Bevilaqua* 1916 verfasste Zivilgesetzbuch hat die Figur nicht vorgesehen. Nicht einmal der Grundsatz von Treu und Glauben (*boa-fé objetiva*), aus dem die unterschiedlichen Rücksichtspflichten abgeleitet werden und deshalb als Fundament der Haftung in der modernen Rechtsdogmatik gilt, hat in der alten Zivilrechtskodifikation Platz gefunden. Das hat die Rezeption der Haftung in contrahendo in diesem Land erschwert – und das, obwohl das brasilianische Recht über eine deliktische Generalklausel verfügt (Art. 159 CC1916), worunter man angeblich eine Vielzahl von rechtswidrigen und schadenstiftenden Handlungen fassen kann. Dies lässt sich in der Weiterentwicklung der Figur konstatieren: In der Folgezeit hat sie starken Widerstand in der Lehre erfahren und war in der Rechtsprechung fast verschwunden bis sie in den 1990er Jahren erneut das Licht der Welt erblickte. Nach verbreiteter Ansicht spielen dabei zwei rechtstheoretische Strömungen eine Rolle, die das brasilianische Privatrecht stark beeinflusst haben, nämlich die sog. Verbraucherrechts- und die Neokonstitutionalismusbewegung.

Ziel dieses Teils ist es, die Entwicklung der culpa in contrahendo in der brasilianischen Lehre und Rechtsprechung darzulegen. Dabei ist vor allem zu prüfen, welche Hindernisse der Haftung in contrahendo im Wege standen, ob und inwieweit die deliktsrechtliche Generalklausel eine rechtdogmatische Basis für die Entwicklung der vorvertraglichen Haftung gebildet hat, wie oft im Schrifttum die deliktische Natur der Haftung angenommen wurde sowie ob und inwieweit die Verbraucherschutzbewegung und das Phänomen der Konstitutionalisierung des Privatrechts tatsächlich zur Anerkennung der vorvertraglichen Haftung beigetragen haben.

Bei näherer Betrachtung kann man in diesem historischen Prozess vier Phasen identifizieren. Eine erste Phase beginnt mit der Geburt der culpa in contrahendo in der Rechtsprechung der 1. Hälfte des 20. Jahrhunderts (unter 2). Eine zweite Phase ist durch das Entfallen der Haftung in contrahendo in der Rechtsprechung und der Mehrheit der Lehre geprägt, obwohl in dieser Zeit die erste monographische Arbeit über die Haftung in contrahendo (Verschulden bei Vertragsverhandlungen) von *Chaves* erscheint und die rechtstheoretische Verbindung zwischen culpa in contrahendo und Treu und Glauben von *Couto e Silva*

162 TJSP, Appellação 21.821, 2ª Câmara da Corte de Apellação do Estado de São Paulo, Rel. Achilles Ribeiro Vicente Mamede, Urt. vom 24.07.1936, RT 104, 608–609.

endgültig hergestellt wird (unter 3). Die dritte Phase ist durch die Wiedergeburt der Haftung in contrahendo unter dem Einfluss von Treu und Glauben geprägt (unter 4). Eine vierte Phase kann man – zumindest formell – mit der Rezeption der Figur in Art. 422 des neuen Zivilgesetzbuches markieren (unter 5). Abschließend folgt eine Zusammenfassung unter 6.

2. Die Entwicklung der culpa in contrahendo in der 1. Hälfte des 20. Jahrhunderts

2.1. Erste Phase: culpa in contrahendo als Grenze der Vertragsfreiheit

Die vorvertragliche Haftung hat sich von Deutschland aus nach Italien und Portugal verbreitet und Anfang des 20. Jahrhunderts, gleich nach Inkrafttreten der Zivilrechtskodifikation im Jahr 1917 in Brasilien Eingang gefunden[163]. Sie taucht 1936 zum ersten Mal in der Rechtsprechung des Oberlandesgerichts São Paulo (TJSP) in der Erscheinungsform der Haftung für grundlosen Verhandlungsabbruch auf[164]. In dem Fall ging es um Schadensersatz wegen Nichtverlängerung eines Mietvertrages. Der Vermieter hatte mit der Mieterin, die dort ein Modeatelier betrieb, ausgemacht, dass er den vorhandenen Mietvertrag nach Renovierung des Geschäftsraums verlängern werde. Nach der monatelangen Renovierung hatte er aber den Geschäftsraum ohne Weiteres an einen Dritten vermietet. Die Mieterin hat den Vermieter auf Schadensersatz verklagt. Aus der Entscheidungsbegründung ist nicht zu ermitteln, wie der Fall in der Erstinstanz entschieden wurde. Das Oberlandesgericht hat der Klage stattgegeben und der Mieterin Schadensersatz aus culpa in contrahendo wegen schuldhaften Abbruchs der Vertragsverhandlungen zugesprochen.

---

163 In Italien ist insbesondere der Aufsatz von *Gabriele Faggella*, Dei periodi precontrattuali e della loro vera e esatta costruzione scientifica, in: Studi giuridici in onore de Carlo Fradda, Bd. 3, 1906, 271 von Bedeutung, in dem der Autor die Haftung in contrahendo auf die Fälle grundlosen Verhandlungsabbruchs erweitert. Resonaz erfuhr auch der Artikel von *Raymond Saleilles*, De la responsabilité précontractuelle, in: Revue Trimestrielle de Droit Civil 6 (1907), 697–751 sowie die in Portugal später veröffentlichen Untersuchungen von *Carlos Alberto da Mota Pinto*, A responsabilidade pré-negocial pela não conclusão dos contratos, Coimbra, 1966 und *Mario Júlio de Almeida Costa*, Responsabilidade civil pela ruptura das negociações preparatórias de um contrato, Coimbra, 1984. Dazu: *Fichtner Pereira*, A responsabilidade civil civil, S. 128 ff; schon im alten Recht: *Espínola*, Sistema II/1, S. 351 Fn. 47. Eine kritische Analyse über die rechtshistorische Entwicklung der culpa in contrahendo in Frankreich, Italien und insbesondere in Portugal findet sich bei *Menezes Cordeiro*, Da boa fé, S. 564 ff.

164 TJSP, Appellação 21.821, 2ª Câmara da Corte de Apellação do Estado de São Paulo, Rel. Achilles Ribeiro Vicente Mamede, Urt. vom 24.07.1936, RT 104, 608–609.

Obwohl das TJSP in der Begründung ausdrücklich auf *Jherings* Theorie hingewiesen hat, um den Vermieter ersatzpflichtig zu halten, hat es zugleich ausgeführt, dass der schuldhafte Abbruch eines Abschlussversprechens durch die Regelung des Deliktsrechts (Art. 159 CC1916) in Brasilien ohne Weiteres gelöst werden könne und dass die Schwierigkeiten, die *Jhering* bei der rechtstheoretischen Begründung des Schadensersatzes in solchen Fällen gehabt hat, in den Rechtsordnungen nicht existieren, die ein „allgemeines Haftungsprinzip" vorsehen[165]. Schwierigkeit bestehe nur – laut dem Gericht – bei der Schadensberechnung. Das Berufungssgericht hat der Mieterin Anwaltskosten als positiven Schaden (*dano emergente*) und entgangenen Gewinn (*lucro cessante*) in Höhe des dreifachen monatlichen Nettogewinns des Geschäfts zuerkannt. Ersatzlos blieb jedoch der Schaden für die ganze Zeit, in der das Geschäft wegen der zwischen den Parteien vereinbarten Renovierung geschlossen war, sowie die „nicht nachgewiesenen" Umzugskosten[166].

Die Entscheidung war damals dennoch modern, berücksichtigt man, dass die culpa in contrahendo – wie nicht zuletzt ihr Fundament: der Grundsatz von Treu und Glauben – bis dahin völlig unbekannt war. Aus der sparsam begründeten Entscheidung kann man den Rückschluss ziehen, dass der Haftungsgrund nach Ansicht des Gerichts nicht in der Verletzung einer aus Treu und Glauben herzuleitenden Loyalitätspflicht lag, die nicht einmal erwähnt ist und damals praktisch unbekannt war, sondern in dem **Verstoß gegen dendes allgemeingültigen**

---

165 In der Begründung ist zu lesen: „Está, por conseguinte, obrigado a reparar o damno causado, pois a promessa de contratar, rompida com culpa do policitante, se enquadra no disposto no art. 159 do Código Civil: aquele que, por acção ou omissão voluntária, negligência ou imprudência, violar direito, ou causar prejuízo a outrem, fica obrigado a reparar o damno. As dificuldades que Jhering, na sua teoria da 'culpa in contrahendo', encontrou para justificar as perdas e damnos, não existem nas legislações que, como a nossa, contêm um princípio geral de responsabilidade. Cf. Mazeaud, 'Responsabilitè', v. 1, n. 118. Seria inconcebível nos tempos actuaes, afastar a responsabilidade culposa do policitante ou do solicitado no período precontractual.". RT 104, 608.

166 RT 104, 608, 609. Hier lässt sich schon sagen, dass die Berechnungsansätze nicht überzeugen, weil der tatsächlich entstandene Gewinnverlust während der Sanierungszeit als Vertrauensschaden zu qualifizieren ist, da er eine direkte Folge der Pflichtverletzung bzw. Nichterfüllung des Versprechens darstellt. Denn die Mieterin ist mit einem vorübergehenden Ablassen von ihrer Geschäftstätigkeit nur im Vertrauen darauf einverstanden, dass sie dort ihr Geschäft weiter betreiben werde. Wäre ihr die Nichtverlängerung des Mietsverhältnisses bewusst gewesen, hätte sie einen anderen Geschäftsraum suchen und rechtzeitig umziehen können. In diesem Sinne auch *Fichtner Pereira*, A responsabilidade civil pré-contratual, S. 405 ff.

Grundsatzes des neminem laedere aus Art. 159 CC1916[167], d. h., in der Begehung einer unerlaubten Handlung, da kein Vertrag zwischen den Parteien vorlag[168]. Und das hat zugleich die **außervertragliche Natur** der Haftung in contrahendo bestimmt, wie die herrschende Meinung bis heute belegt.

1959 kam noch ein weiterer Fall vorvertraglicher Haftung in der Rechtsprechung des Oberlandesgerichts São Paulo vor, in dem allerdings ein Schadensersatzanspruch abgelehnt wurde[169]. Eine Schauspielerin war für einen Film eingeladen worden, hatte sich mit dem Regisseur über Rolle und Gehalt geeinigt und in Erwartung dieser Arbeit Kosten für die Kostüme getragen sowie anderweitige Dreharbeiten abgesagt. Kurz vor Beginn der Dreharbeit hatte der Regisseur die Teilnahme der Schauspielerin mit der Begründung abgelehnt, ihr Körperbau passe nicht zur Rolle. Sie verklagte daraufhin den Regisseur und das Filmunternehmen auf Schadensersatz.

Die Klage wurde in der Erstinstanz mit der Begründung abgewiesen, die Schauspielerin habe keinen solchen Anspruch, da kein Vertrag zustande gekommen und keine unerlaubte Handlung begangen worden sei[170]. Das TJSP hat die Appellation abgelehnt. Ohne die culpa in contrahendo zu erwähnen, sah das Gericht in der von den Beklagten dargelegten Begründung, der Körperbau der Schauspielerin stehe mit der Figur nicht in Einklang, einen triftigen Grund dafür, vom geplanten Vertragsabschluss Abstand zu nehmen, so dass kein Verschulden oder Dolus vorliege. Das Gericht ist vielmehr von einem übereilten Verhalten (Verschulden) der Schauspielerin ausgegangen, da die Beklagten erwähnen hatten, dass ihre Teilnahme von der körperlichen Eignung für die Figur abhänge.

In der Entscheidungsbegründung hat sich das Gericht mit der Schadensberechnung auseinandergesetzt und ausgeführt, dass die Schadenshöhe nicht dem Wert des Vertrages entsprechen könne, d. h., dem Honorar, das sie bei Vertragserfüllung bekommen hätte, sondern sich darauf beschränken müsse, was sie in Vertrauen darauf ausgegeben und durch die Absage anderer Arbeiten verloren habe. Die Entscheidung verdient keine Zustimmung, weil der Regisseur von

167 Art. 159. Aquele que, por ação ou omissão voluntária, negligência ou imprudência, violar direito, ou causar prejuízo a outrem, fica obrigado a reparar o dano. Heute gilt die Norm, verteilt auf Arts. 186 und 927 CC2002, grundsätzlich weiter.

168 RT 104, 608, 609.

169 RT 289, 630. Urteil der 3. Câmara Civil do Tribunal de Alçada de São Paulo: „Responsabilidade civil. Ato ilícito. Inexistência. Artista convidada a participar do elenco de certo filme. Contrato que não chegou a ser concluído. Pretendida indenização pelos gastos que teria tido com preparativo de vestuário. Lucros cessantes. Inadmissibilidade. Ação improcedente.", ap.: *Fichtner Pereira*, A responsabilidade civil pré-contratual, S. 408.

170 RT 289, 630, 631.

vornherein hätte beurteilen können, ob die Figur der Schauspielerin zur Filmrolle passt[171]. Hätten dann Zweifel daran bestanden, hätte er den Vertragsabschluss nicht als sicher hinstellen dürfen, was sich aus den Umständen – Gehaltsvereinbarung und Kenntnis des Regisseurs über den Kostümkauf und die Ablehnung weiterer Dreharbeiten durch die Schauspielerin – ersehen lässt. Die Lösung des Falles ohne jeglichen Hinweis auf die culpa in contrahendo deutet bereits eine restriktive Haltung an, die das Gericht insgesamt zum Thema vorvertraglicher Haftung in der Folgezeit prägen wird. Begrüßenswert ist allerdings die theoretische Unterscheidung zwischen positivem und negativem Interesse, die der Entscheidung zugrunde liegt.

Nach dem **vielversprechenden Aufbruch in der Rechtsprechung** ist die Haftung in contrahendo von der Bühne völlig verschwunden, nachdem die Figur massive Kritik im Schrifttum erfahren hat. Das zeigt schon, dass sich die Haftung in contrahendo – anders als in der ersten Entscheidung des Oberlandesgerichts São Paulo angenommen – nicht so leicht an das brasilianische Recht anpassen lässt, obwohl es über eine deliktsrechtliche Generalklausel verfügt, die die schuldhafte Verletzung jedes Rechtsgutes sanktionieren kann. Es gibt – soweit ersichtlich – keinen weiteren dokumentierten Fall zur culpa in contrahendo bis zu ihrer Wiederauferstehung in der Praxis in den 90er Jahren des letzten Jahrhunderts.

In der Literatur stieß die Haftung in contrahendo schon von Anfang an auf starken Widerstand[172]. *Bevilaqua*, Verfasser der ersten Privatrechtskodifikation, behandelt die culpa in contrahendo fast kaum. In seinem Lehrbuch über die allgemeine Theorie des Zivilrechts findet man nur einen kurzen Hinweis auf die Figur im Rahmen der unerlaubten Handlung, wenn er über die Verschuldensproblematik spricht. Dort unterscheidet er die verschiedenen Erscheinungsformen von Verschulden – culpa in faciendo/omittendo, in contrahendo, in eligendo und in vigilando – und führt aus, dass eine culpa in contrahendo in der Herausbildung des Vertrages auftauche[173]. Sucht man nach einer Spur für eine solche Haftung in der Vertragsbildung, deren grundsätzliche Problematik durchaus behandelt wird, findet man keinen Hinweis darauf, und ebenso wenig im Rahmen

171 In diesem Sinne auch *Fichtner Pereira*, A responsabilidade civil pré-contratual, S. 410.

172 Strikte Kritiker der Haftung in contrahendo sind etwa *Carvalho de Mendonça*, Tratado, Bd. 6, S. 457 ff und *Carvalho Santos*, Código Civil, S. 56. Auch *Adaucto Fernandes*, O contrato no direito brasileiro, Bd. 2 (1945) und *Breno Fischer*, Dos contratos por correspondência (1956), ap.: *Fichtner Pereira*, A responsabilidade civil pré-contratual, S. 139, 141.

173 Theoria geral, S. 353.

der Willensmängel – und zwar weder in seinen Lehrbüchern noch in den Kommentaren zum Zivilgesetzbuch[174].

In der ersten Hälfte des 20. Jahrhunderts schenkten nur wenige Autoren wie etwa *Espínola*, *Carvalho de Mendoça*, *Carvalho Santos* und *Serpa Lopes* der vorvertraglichen Haftung Aufmerksamkeit. Die Abwesenheit der culpa in contrahendo in der ersten Zivilrechtskodifikation hat die Anerkennung der Figur in Wissenschaft und Praxis erschwert. Darüber hinaus gab es auch das Problem, dass die culpa in contrahendo nur fragmentiert und unsystematisiert im Schrifttum rezipiert wurde und dass der Grundsatz von Treu und Glauben mit den daraus herzuleitenden Rücksichtspflichten damals praktisch unbekannt war. Deshalb hat sich eine ablehnende Strömung federleicht durchsetzen können, die sich hauptsächlich auf zwei Argumente stützt. Zunächst sei die culpa in contrahendo – wie auch das Prinzip von Treu und Glauben – nicht im Gesetz zu finden[175], was die Stärke des herrschenden Gesetzespositivismus im brasilianischen Schrifttum deutlich zum Ausdruck bringt. Über die **formelle Argumentationslinie** hinaus standen der Haftung in contrahendo auch **materielle Einwände** entgegen, die vor allem *Carvalho de Mendonça* erhoben hat[176].

Er hat die culpa in contrahendo grundsätzlich im Sinne von *Jhering* betrachtet, also als eine Haftung für die Verursachung der Vertragsungültigkeit, und somit große Schwierigkeiten gehabt, eine Haftung für grundlosen Verhandlungsabbruch anzunehmen. Dagegen hat *Carvalho de Mendonça* eingewand, dass

---

174 Vgl. Theoria geral, S. 276–282; Direito das obrigações, S. 209ff (Vertragsbildung), 211ff (Irrtum und Dolus), 235ff (Gewährleistungsrecht), 243ff (nichtige und anfechtbare Verträge); in dem Kommentar zum CC1916 vgl. Arts. 86–91 (Irrtum), Arts. 92–97 (Dolus), Arts. 98–101 (Drohung), Arts. 145–158 (Nichtigkeit), Código civil, Bd. 1 und Arts. 1.080–1.086 (Angebot und Annahme), Código civil, Bd. 4.

175 Dazu: *Serpa Lopes*, Curso III/1, S. 71 und *Carvalho de Mendonça*, Tratado, Bd. 14, Tb. 2, S. 457f. Laut *Donnini* ist die Anwendbarkeit von Treu und Glauben damals deshalb abgelehnt worden, weil sie nicht im Gesetz vorgesehen war. Vgl. Responsabilidade civil pós-contratual, S. 121. Das trifft zwar zu, erklärt jedoch nicht die allgemeine Haltung gegen die Anwendung von Treu und Glauben und der culpa in contrahendo, vor allem wenn man berücksichtigt, dass auch der Grundsatz *pacta sunt servanda* keinen Platz im CC1916 hat und nie in einer Norm wie Art. 1.134 *Code Napoléon* positiviert wurde, dennoch über Jahrzehnte in Brasilien angewendet wurde und mit absoluter Wirkung – gleichsam als einziges Prinzip des Vertragsrecht – bis Ende des 20. Jahrhunderts galt. Das signalisiert, dass das Hauptargument gegen die Haftung in contrahendo – zumindest in der in Brasilien heute anerkannten Variante des Verhandlungsabbruchs – in der Beschränkung der Vertragsfreiheit lag. Die damals herrschende liberalindividualistische Weltanschauung hat die Anerkennung solcher Fallgruppen nicht nur in Brasilien, sondern auch in Italien und Portugal gebremst. Dazu: *Menezes Cordeiro*, Da boa fé, S. 566ff.

176 Die gleichen Argumentationslinien findet man im klassischen lusitanischen Schrifttum. Dazu: *Menezes Cordeiro*, Da boa fé, S. 571ff.

aufgrund der „Vorläufigkeit" der Vertragsverhandlungen keinerlei Rechte und Pflichten für die Verhandlungspartner entstünden. Nur ein Angebot erzeuge Rechte und Pflichten für die Partei, weil es mit rechtlicher Bindungskraft nach Art. 1.080 CC1916 (Art. 427 CC2002) verbunden sei. Das habe zur Folge, dass jede Abmachung, die vor dem Angebot getroffen wurde, keinerlei Rechtsbindungskraft erzeuge. Er geht tatsächlich davon aus, dass die während der Vertragsverhandlungen getroffenen Absprachen keine rechtliche Bedeutung haben. Genau deshalb hätten Zivil- und Handelsgesetzbücher keine Rechtsfolge an das vorvertragliche Stadium geknüpft[177]. Folglich sei die Annahme einer Ersatzpflicht für den im vorvertraglichen Stadium entstandenen Schaden rechtsdogmatisch kaum zu begründen.

Diesem Gedanken folgt auch *Carvalho Santos*, dem zufolge keine vorvertragliche Haftung „ohne Vertrag" existieren kann[178]. Ausgehend von der Auffassung, dass die Vertragsverhandlungen keine rechtliche Bindung zwischen den Verhandlungspartnern erzeugen, geht *Carvalho Santos* auch davon aus, dass jeder Verhandlungspartner die Verhandlungen jederzeit abbrechen darf, auch wenn der Vertragsschluss für den anderen Teil sicher war. Die Beendigung der Vertragsverhandlungen, sei sie gerechtfertigt oder nicht, stelle die Ausübung eines durch die Vertragsfreiheit gewährleisteten Rechts dar. Es komme daher nicht darauf an, ob die abbrechende Partei einen Rechtfertigungsgrund dafür habe oder nicht, auch weil das, was für sie legitim erscheine, für die Gegenseite ungerechtfertigt erscheinen könne, da jeder eine subjektive Vorstellung von einem rechtfertigenden Grund habe[179].

---

177 „Qualquer das partes pode livremente se retirar, romper ou modificar as combinações prévias, sempre a título provisório, sem receio de responsabilidade pela culpa extra-contractual, ou, conforme se diz, da responsabilidade pre-contractual. É necessário que se manifeste a vontade de obrigar-se, firmando-se nitidamente a proposta e a acceitação sobre todos os pontos do contrato, para que este surja... O Cod. Civil e o Cod. Commercial não se referiram a esta phase pre-contractual justamente porque não attribuiram effeitos jurídicos aos actos effetuados durante ella...". Tratado, Bd. 14, Tb. 2, S. 457 ff.

178 Código civil, Bd. 15, S. 56.

179 *Carvalho Santos* schreibt: „A verdadeira doutrina, porém, parece-nos ser a que acima ficou exposta, de forma que, não havendo contrato, não é possível se admitir a responsabilidade précontratual. Daí a conseqüência: qualquer das partes pode livremente romper as negociações, ainda que a outra estivesse convencida de que o contrato se realizaria, mesmo porque as negociações prévias são havidas como uma mera tentativa, revestidas de um caráter todo provisório. Pouco importa que a ruptura tenha se verificado arbitrariamente ou por motivo legítimo, não tendo cabimento essa distinção que Demogue julga essencial, porquanto o que a uma das partes parece arbitrário pode à outra parecer legítimo e para isto basta que esta alegue não lhe convir o negócio.". Código civil, Bd. 15, S. 56.

Für diese Strömung steht die theoretische Anerkennung vorvertraglicher Haftung mit dem **Grundsatz der Vertragsfreiheit** nicht in Einklang, der nämlich jedem Verhandlungspartner erlaubt, jederzeit – aus welchem Grund auch immer – Abstand von dem geplanten Vertrag zu nehmen. Denn anders als beim Abschluss eines Vorvertrages oder bei Abgabe eines Antrages entstehe während der Vertragsverhandlungen keinerlei Bindung bzw. Verpflichtung zwischen den Beteiligten. Der Abbruch der Vertragsverhandlungen sei in Wahrheit eine **zulässige Rechtsausübung.** Eine Haftung derjenigen Partei aufzuerlegen, die die Verhandlungen abbreche und abbrechen dürfe, bedeute gleichzeitig eine unzulässige Beschränkung der Vertragsfreiheit und der Willensautonomie, also der grundlegenden Säule des Privatrechts.

Beide Autoren haben großen Einfluss auf die Privatrechtslehre ihrer Zeit gehabt[180]. Dies lässt sich auch dadurch nachweisen, dass sie – trotz der Rechtsentwicklung der culpa in contrahendo und vor allem der Rücksichtspflichten aus Treu und Glauben in den letzten Jahren – in der unterinstanzlichen Rechtsprechung bis heute erstaunlicherweise zitiert werden[181]. Gegen diese Strömung lässt sich schon sagen, dass sie auf der Fehlauffassung basiert, dass die **vorvertragliche Phase keinerlei Rechtsbindung** erzeugte. Die moderne Schuldrechtsdogmatik zeigt demgegenüber zu Recht, dass schon vor dem Vertragsschluss – aufgrund des engen geschäftlichen Kontakts und der damit verbundenen erhöhten Einflussmöglichkeit auf den fremden Rechtskreis – eine **besondere Rechtsbindung** zwischen den Beteiligten entsteht, die sie zur **gegenseitigen Rücksichtsnahme** verpflichtet.

Dass diese Rechtsbindung keine Vertragsbindung darstellt, ist seit Langem anerkannt, weil eine Vertragsbindung zwei übereinstimmende, auf die Herbeiführung von bestimmten Rechtsfolgen gerichtete Willenserklärungen voraussetzt, die sich aber während des vertragsvorbereitenden Stadiums noch nicht herausgebildet haben. Bei der culpa in contrahendo geht es aber nicht um die Entstehung einer vertraglichen Bindung mit vertraglichen Verpflichtungen, sondern um die Entstehung einer besonderen schuldrechtlichen Bindung, die weder Leistungspflichten noch eine Abschlusspflicht, die nur kraft Gesetzes oder privatau-

---

180 Über die Einfluß von *Carvalho Santos* auf die Schriftum vgl. statt vieler: *Donnini*, Responsabilidade civil pós-contratual, S. 96 f.

181 Statt vieler: TJSP, Apelação Cível 438.096.4/0 – 00, 8ª Câmara de Direito Privado, Rel. Salles Rossi, Urt. vom 25.05.2006 (grundloser Verhandlungsabbruch nachdem die abbrechende Partei die andere zu Vorleistung – Herstellung von Containern – veranlasst hat. Das Gericht nahm in Anlehnung an *Carvalho Santos* fehlerhaft an, dass ohne Vertrag keine vorvertragliche Haftung entstehen könne.).

tonomen Akts bestehen könnten, kennt, sondern ausschließlich Rücksichtspflichten erzeugt.

Da die beiden Autoren – sowie auch die überwiegende Mehrheit der Rechtswissenschaft ihrer Zeit – die Kategorie der Rücksichtspflichten aus Treu und Glauben, vor allem die Loyalitätspflicht, nicht kannten, haben sie nicht bemerkt, dass sich die Parteien schon während der Verhandlungen redlich zu verhalten haben und sie deshalb auch nicht grundlos abbrechen dürfen, nachdem sie den Vertragsschluss als sicher hingestellt haben und/oder die Gegenseite zu unnötigen Aufwendungen wie Kostümkosten oder zu nachteiligen Entscheidungen (Ablehnung eines Drittgeschäfts) veranlasst haben. Die enge Auffassung über die vorvertragliche Haftung lässt sich nur durch eine Verkennung von Treu und Glauben als objektiver Verhaltensnorm erklären.

Bei *Carvalho Santos* kann man noch fragen, ob er die culpa in contrahendo nicht irrtümlich mit der Haftung für Nichterfüllung eines Vorvertrags verwechselt haben könnte. Nur dies erklärte seine Behauptung, es könne keine vorvertragliche Haftung ohne Vertrag geben man könnte natürlich auch daran denken, dass er sich derjenigen Strömung angeschlossen hat, die die vorvertraglichen Rücksichtnahmepflichten in dem künftig noch abzuschließenden Vertrag zu legitimieren versucht. Da er auf diese Diskussion nicht eingeht und kaum über vorvertragliche Rücksichtspflichten spricht, lässt sich eine solche Annahme jedoch nicht rechtfertigen. All dies erlaubt den Rückschluss, dass er die culpa in contrahendo missverstanden hat.

2.2. Die ersten rechtsdogmatischen Konstruktionen zur culpa in contrahendo

Einen ganz anderen Gesichtspunkt findet man bei *Espínola*. Er behandelt die Figur noch fragmentiert in zwei Lehrbüchern anhand des Verschuldens für Leistungsunmöglichkeit und für Willensmängel. In Anlehnung an *Jhering* betrachtet *Espínola* die culpa in contrahendo grundsätzlich als **Haftung für den Abschluss nichtiger Verträge**, die eben in Betracht komme, wenn sich ein Vertrag nach seinem Abschluss als nichtig herausstellt und eine Partei den Nichtigkeitsgrund kannte oder kennen musste, die andere dagegen nicht. Deshalb stellt für ihn die Haftung für grundlosen Verhandlungsabbruch **keinen echten Fall von culpa in contrahendo** dar, weil der Vertrag dort nicht zustande komme, obwohl ein Teil in legitimem Vertrauen darauf Aufwendungen mache[182].

Hinsichtlich der culpa in contrahendo wegen Vertragsnichtigkeit geht *Espínola* wie selbstverständlich davon aus, dass der infolge des Irrtums anfechtende

182 *Espínola*, Sistema II/1, S. 351 Fn. 47.

Vertragspartner denjenigen Schaden des Vertragsgegners zu ersetzen habe, der diesem daraus entsteht, dass er auf die Gültigkeit des Vertrages vertraute. Die Ersatzpflicht des Vertrauensschadens zeigt sich bei ihm als Ausgleich für die Einräumung der Anfechtungsbefugnis, also als Rechtsfolge der Ausübung des Anfechtungsrechts. In diesem Fall hafte der anfechtende Vertragspartner immer noch für sein **Verschulden**, weil sein Irrtumszustand schon die Außerachtlassung der erforderlichen **Sorgfalt** bei Abgabe der Willenserklärung zeige.

In beiden Haftungsfällen sieht *Espínola* das Fundament in der **equitas** und in dem allgemeinen **Grundsatz des neminem laedere**[183]. Mit dem Hinweis auf die equitas knüpft er die culpa in contrahendo an die handelsrechtliche *boa-fé* (Treu und Glauben), ohne jedoch eine klare Unterscheidung zwischen beiden Prinzipien zu machen. Den **Haftungsgrund** sieht er in der **Verletzung der Jedermannspflicht** und nicht in einer „Vertragsverletzung". Aus diesem Grund lehnt er in Anlehnung an *Saleilles* die vertragliche Natur der culpa in contrahendo ab, auch wenn er annimmt, dass die vertragliche Natur dieser Haftung auch in einigen Passagen des röminschen Rechts eine Rechtfertigung finde[184].

Es ist ersichtlich, dass *Espínola* von einem engen Konzept der vorvertraglichen Haftung ausgeht, das sich auf den durch *Jhering* skizzierten Unterfall beschränkt, und dass er Treu und Glauben gegenüber neminem laedere bzw. die Rücksichtspflichten gegenüber der Jedermannspflicht nicht ausdifferenziert. In dem Zustand der Rechtswissenschaft seiner Zeit kann man nichts Anderes erwarten. Trotzdem zeigt er eine **bahnbrechende Auffassung** über das Rechtsinstitut der culpa in contrahendo; allein schon, wenn man das begrenzte Konzept berücksichtigt, das heutzutage immer noch in Lehre und Rechtsprechung zu finden ist und das praktisch die culpa in contrahendo auf die Fälle von grundlosem Verhandlungsabbruch beschränkt.

Man kann also sagen, dass *Espínola* ein für seine Zeit verhältnismäßig klares Bild über das Rechtsinstitut hat. Von Bedeutung ist vor allem die erstmalige grundsätzliche Verknüpfung der Haftung in contrahendo mit dem Grundsatz von Treu und Glauben sowie des Vertrauens- und Loyalitätsgedankens mit der Obligation und die Anerkennung der Pflichten „aus der *boa-fé*" unterschiedlicher Intensität[185]. Der **Legitimationsgrund** der Haftung in contrahendo ist bei *Espínola* letztendlich **Treu und Glauben**, die er aber noch mit dem Grundsatz des neminem laedere verknüpft. Damit war der Weg zur Verbindung zwischen vorvertraglicher Haftung und Treu und Glauben frei.

---

183 *Espínola*, Sistema II/1, S. 351, 354.
184 *Espínola*, Sistema II/1, S. 354 Fn. 56.
185 Sistema II/2, S. 32, 101.

Serpa Lopes, der sich mit der Thematik beschäftigt hat, wählt einen anderen Ausgangspunkt. Er geht in Anlehnung an die italienische Lehre davon aus, dass unterschiedliche Rechtslagen in der vorvertraglichen Phase bestehen und unterscheidet demzufolge die **Vertragsvorbereitungsphase** (*fase de formação do contrato*) von einer **Vertragsschlussphase** (*fase de conclusão do contrato*). In der Vertragsvorbereitung verhandeln die Beteiligten über einen künftigen Vertrag mit dem Ziel, den Vertragsentschluss zu bilden. Daraus folgert er, dass die Parteien während der Vertragsverhandlungen keinen Willen haben, sich rechtlich zu binden im Gegensatz z. B. zu einer Antragstellung. Deshalb entstehe dort keinerlei Bindung oder Verpflichtung für die Parteien, die völlig frei in der Entscheidung bleiben, von dem geplanten Vertragsschluss Abstand zu nehmen, ohne befürchten zu müssen, sich ersatzpflichtig zu machen[186]. Das gelte auch, wenn sich die Parteien über bestimmte Punkte des künftigen Vertrages schon geeinigt haben. Da sie bis zur endgültigen Einigung über alle Vertragsbedingungen immer noch frei seien, die Vertragsverhandlungen ohne Weiteres abzubrechen, hätten partielle Vereinbarungen keinen rechtlichen Wert und erzeugten folglich keinen rechtlichen Anspruch[187].

Eine culpa in contrahendo für den Abbruch der Vertragsverhandlungen komme – ihm zufolge – nur in engen Ausnahmefällen in Betracht, nämlich bei Bestehen eines eindeutigen Einverständnisses über die Verhandlungskosten, also bei einer Kostenvereinbarung. Dass *Serpa Lopes* hier jedoch den Boden der „unverbindlichen“ vorvertraglichen Phase verlassen hat, ahnt er selber, wenn er sagt, dass sich die Haftung des Pflichtverletzenden in solchen Fällen aus der culpa in contrahendo oder aus einer vertraglichen Bindung ergeben könne[188]. Nach *Serpa Lopes* unterscheiden sich die Vertragsverhandlungen grundlegend von Angebot und Vorvertrag. Anders als die Vertragsverhandlungen sei das Angebot dadurch geprägt, dass es einen **definitiven Abschlusswillen** der Partei beinhalte. Deshalb komme der Vertrag mit einer reinen Annahme des Erklärungsempfängers zustande. Die Vertragsverhandlungen hätten dagegen das Ziel, den Vertragswillen zu bilden, falls die Parteien eine Vereinbarung über alle Vertragsbedingungen treffen. Man könne daher den Vertragsverhandlungen nicht die

---

186 „O característico principal dessas conversações preliminares consiste em serem estabelecidas sem qualquer propósito de obrigatoriedade, atento a que as partes, nessa fase de negociações, não possuem qualquer ânimo de emprenhar ou de vincular a sua vontade para o futuro...“. *Serpa Lopes*, Curso III/1, S. 68.

187 *Serpa Lopes*, Curso III/1, S. 69.

188 *Serpa Lopes*, Curso III/1, S. 71.

gleiche verbindliche Wirkung, d. h. die gleiche Rechtsfolge eines Angebots verleihen[189].

Die Abgrenzung der Vertragsverhandlungen zum Vorvertrag ist bei *Serpa Lopes* auch bedeutsam, weil mit dem Vorvertrag – anders als in den Verhandlungen – eine **definitive vertragliche Rechtslage** vorliege, da die Basis (Vertragsbedingungen) des Hauptvertrages dort im Voraus schon festgelegt sei, so dass die Partei nur die endgültigen Willenserklärungen zum Hauptvertrag abzugeben haben[190]. Daraus zieht er den Rückschluss, dass die Vertragsverhandlungen eine **„unverbindliche Phase"** seien, die keine Bindung und Verpflichtung für die Beteiligten erzeugten. Aus dem Dargestellten ergibt sich, dass die vorvertragliche Haftung bei *Serpa Lopes* in einem derartigen Maße restriktiv konzipiert ist, dass man wohl fragen darf, ob er die Figur nicht gänzlich negiert. Treffend grenzt er zwar die Vertragsverhandlungen einerseits und die Figuren von Angebot und Vorvertrag anderseits ab. Das erlaubt jedoch nicht den von ihm gezogenen Schluss, dass die Vertragsverhandlungen keinerlei Bindung zwischen den Beteiligten erzeugten, sie also letztendlich keine rechtliche Bedeutung hätten. Der Grundgedanke, während der Vertragsverhandlungen bestehe keine Verpflichtung für die Beteiligten, die eben nur durch Abgabe eines Angebots oder Abschluss eines Vorvertrages entstehe, zusammen mit der Nichtpositivierung der Figur im Gesetz, haben jedoch die nachfolgenden Jahrzehnte stark beeinflusst und die Diskussion über die culpa in contrahendo endgültig geprägt.

Es ist ersichtlich, dass im Hintergrund dieser die culpa in contrahendo ablehnenden Strömung zum einen der **Gedanke der Vertragsfreiheit** steht, der es der Partei erlauben soll, die Verhandlungen jederzeit zu beenden, und zwar ohne einen triftigen Grund dafür darlegen zu müssen. Denn die Handlung, von dem in Aussicht stehenden Vertrag Abstand zu nehmen, stellt nach dieser Meinung eine rechtmäßige Ausübung einer von der Rechtsordnung verliehenen Rechtsbefugnis dar. Zum anderem spielt dabei die fehlerhafte Idee eine Rolle, dass die culpa in contrahendo in gewisser Hinsicht eine **Haftung für den Nichtabschluss des Vertrages** darstellt. Da eine solche Abschlusspflicht nur kraft Gesetzes oder privatautonomer Vereinbarung, meistens aus Vorvertrag, entsteht, wurde die vorvertragliche Haftung nur angenommen, wenn zwischen den Parteien ein Vorvertrag zustande gekommen ist. All dies ist letztendlich die Folge einer engen und konfusen Vorstellung über das Rechtsinstitut der culpa in contrahendo, die wiederum ihre Wurzel im **pandektistischen Konzept der Haftung in contrahendo hat**, auf das sich diese Lehre stützt. Diese Fehlvorstellung hat die

---

189 Curso III/1, S. 69 f.

190 Contratos I, S. 68, 72.

Vertiefung der Diskussion über die vorvertragliche Haftung in dem Maße gedämpft, dass um die Mitte des 20. Jahrhunderts nur punktuell und praktisch wirkungslos über die Figur – und nicht zuletzt über ihr Fundament (Treu und Glauben) – gesprochen wurde.

3. Zweite Phase: Entwicklung der culpa in contrahendo im Schrifttum in der 2. Hälfte des 20. Jahrhunderts

In der zweiten Hälfte des 20. Jahrhunderts erfährt die culpa in contrahendo ein Comeback in Lehre und Rechtsprechung. Man muss dabei allerdings zwei rechtsdogmatische Strömungen unterscheiden. Eine erste ist dadurch geprägt, dass die Haftung in contrahendo mehr oder weniger noch durch die Grundgedanken – keine Verbindlichkeit in der Vertragsvereinbarungsphase, keine rechtsbindenden vorvertraglichen Pflichten und keine klare Abgrenzung zum Vorvertrag – der alten Lehre beeinflusst wird. Dabei wird jedoch die Haftung für grundlosen Verhandlungsabbruch ausnahmsweise in Anlehnung an Art. 159 CC1916 (unerlaubte Handlung) angenommen, wie hier unter Punkt 3 dargestellt. Eine andere rechtsdogmatische Strömung verbindet die culpa in contrahendo mit dem Grundsatz von Treu und Glauben und den daraus entstehenden Rücksichtspflichten und wirft ein neues Licht auf das Thema. Das geschieht vor allem ab den 1990er Jahren, nach Inkrafttreten der Verfassung (1988) und des Verbraucherschutzgesetzes (1990), wodurch das Rechtsinstitut eine Wiedergeburt in der Rechtsprechung erlebt. Deshalb markiert diese Strömung eine dritte Phase in der Rechtsentwicklung der Haftung in contrahendo in Brasilien und wird im Folgenden unter 4. behandelt.

3.1. Die Lehre von Chaves zur culpa in contrahendo

Die erste monographische Untersuchung über die culpa in contrahendo im brasilianischen Recht stammt erst aus dem Jahr 1959. *Chaves* hat in seiner Habilitationsschrift an der Universität von São Paulo die vorvertragliche Haftung wegen grundlosen Abbruchs von Vertragsverhandlungen analysiert. Er versteht darunter unterschiedliche Fallkonstellationen, die in Wahrheit nicht viel mit der culpa in contrahendo zu tun haben[191]. Seine Untersuchung beschränkt sich jedoch auf den

191 Beispiel ist etwa eine Risikohaftung infolge von Störungen in der Erfüllung von Verträgen bei harten Sportarten (Boxen, Ringkampf, Fußball). Er erwähnt jedoch andere Fallgruppen der culpa in contrahendo, wenn er von der Haftung infolge nichtigen, anfechtbaren oder unwirksamen Vertrags, für Verlobungsabbruch oder für Unfälle, vor allem Autounfälle (er scheint an eine Probefahrt, also Obhutspflichtverletzung gedacht zu haben) in der Vertragsvorbereitung spricht.

Unterfall der Haftung für grundlosen Verhandlungsabbruch. Er geht im Grunde davon aus, dass die vorvertragliche Haftung ihren Grund in der **Verweigerung eines Vertragsschlusses** habe.

So gibt er als Beispiele Fälle an, die die Tatsache gemeinsam haben, dass sich eine Partei weigert, einen Vertrag mit einer anderen abzuschließen. Das sei etwa der Fall beim Abbruch von Vertragsverhandlungen, aber auch beim Nichtabschluss eines zwingenden Vertrages (*contrato compulsório*), der dadurch gekennzeichnet sei, dass ein Teil den Vertragsschluss nicht verweigern dürfe. Es geht hier also um eine Abschlusspflicht, die sich laut *Chaves* etwa aus einer Monopollage oder aus dem öffentlichrechtlichen Charakter des Geschäfts ergebe[192]. In der Haftung in contrahendo wegen grundlosen Abbruchs der Vertragsverhandlungen geht es für ihn um eine unzulässige Rechtsausübung der (negativen) Vertragsfreiheit, also um eine **unerlaubte Handlung**, die er deshalb unter die Kategorie der Deliktshaftung subsumierte.

3.2. Die culpa in contrahendo bei Pontes de Miranda

Pontes de Miranda, der ohne Zweifel als die größte Koryphäe des brasilianischen Rechts gilt, beschäftigt sich mit der culpa in contrahendo praktisch allein in zwei Bänden seines gigantischen Lehrbuchs des Privatrechts, das sich aus sechzig Bänden zusammensetzt. Ausgehend von *Jherings* Auffassung von der culpa in contrahendo als einer Fahrlässigkeitshaftung für die Vertragsnichtigkeit zeigt er im 4. Band seines Lehrbuches eine kritische und zurückhaltende Haltung gegenüber der Figur. Er kritisiert an verschiedenen Stellen das jheringsche Konzept, dass eben ein Verschulden (*culpa*) voraussetze und sich somit von der verschuldensunabhängigen Anfechtungshaftung des § 122 BGB unterscheidet, die den wegen seines Irrtums Anfechtenden zum Ersatz des negativen Interesses des Erklärungsempfängers verpflichtet[193]. Er betrachtet in Anlehnung an die Pandekten die Einstandspflicht des § 122 BGB vielmehr als eine Art **Erklärungshaftung**, die er nicht ausdrücklich erwähnt, und degradiert *Jherings* Konzept als nicht einmal terminologisch stimmig.

Ohne eine Begründung will *Pontes de Miranda* die begrenzte Haftung des §122 BGB, die in den 70er Jahren in Deutschland schon als Ausnahmefall von dem Grundsatz der Totalreparation aus § 249 BGB galt und keine Anwendung auf die

---

Er setzt sich jedoch mit solchen Fällen nicht auseinander und somit gibt es keinen Anhaltspunkt für die Bildung einer allgemeinen Theorie der culpa in contrahendo. Vgl. *Chaves*, Responsabilidade pré-contratual, S. 12ff.

192 Responsabilidade pré-contratual, S. 15, 54.

193 Tratado, Bd. 4, S. 88, 304, 306,

culpa in contrahendo fand, in das brasilianische Recht importieren, wo weder eine Erklärungshaftung iSv § 122 BGB oder Schadensersatzpflicht für die Irrtumsanfechtung noch eine Haftungsbeschränkung grundsätzlich vorgesehen war und ist. Eine solche **verschuldensunabhängige und beschränkte Schadensersatzpflicht** will er nicht nur als Rechtsfolge der Anfechtung wegen Irrtums, sondern auch wegen Scherzgeschäfts (*negócio não-sério*, in der brasilianischen Rechtsordnung nicht einmal geregelt)[194] und arglistiger Täuschung (*dolo*)[195] einsetzen. Da das Gesetz an die Annullierungsklage keine – vor allem keine begrenzte! – Ersatzpflicht für den Vertrauensschaden des anderen Vertragsteils, der auf die Geschäftsgültigkeit vertraut, geknüpft hat, bleibt die von *Pontes de Miranda* vorgeschlagene Parallelanwendung der deutschen Anfechtungshaftung auf das brasilianische Recht begründungsbedürftig.

Der Grund der Schadensersatzpflicht und der Haftung – er spricht von „*causa do dever e da obrigação de reparar*“ – ist bei *Pontes de Miranda* alles andere als klar: er sieht ihn einmal in der equitas und in den allgemeinen Rechtsprinzipien (*princípios gerais de direito*)[196], einmal auch im Vertrauensschutz[197]. Damit meint er in Wirklichkeit nicht den Haftungsgrund, der immer in einer Pflichtverletzung besteht, sondern das Fundament der Haftung, das gerade in der equitas (Treu und Glauben) liegt. Dezidiert lehnt er auch die Auffassungen ab, die die Begründung der Ersatzhaftung für das negative Interesse in dem Verschulden, d. h. in der culpa (inklusive der culpa in contrahendo!), in der unerlaubten Handlung (*ato ilícito*

194 *Pontes de Miranda*, Tratado, Bd. 4, S. 302 ff. Dort betont er ausdrücklich, dass das Fundament der Schadensersatzpflicht nicht in der culpa (oder culpa in contrahendo) oder in der bona fides zu sehen sei (S. 306). Über das Scherzgeschäft aus § 118 BGB vgl. statt vieler: MünchKomm/*Kramer* (1984), § 118 Rn. 1–9.

195 Der Dolus als Anfechtungsgrund war in Art. 92 CC1916 (aktuell: Art. 138 CC2002) vorgesehen. *Pontes de Miranda*, Tratado, Bd. 4, S. 344 ff, wo zu lesen ist: „Junto à ação de anulação, com a eficácia sentencial do art. 158, pode ser pedida, como de indenização fundada no art. 159, a reparação do interêsse negativo.“.

196 Tratado, Bd. 4, S. 88, wo zu lesen ist: „Aliás, seria contra os princípios gerais do direito e contra a equidade que se pedisse a anulação por erro do procurador, e não se ressarcisse o interesse negativo do réu, que confiou na validade do ato jurídico.“. An anderer Stelle weist er die *bona fides* (Treu und Glauben) als Fundament der Ersatzhaftung des negativen Interesses zurück. Tratado, Bd. 4, S. 306. Auf S. 88 scheint *Pontes de Miranda* das Fundament der Ersatzpflicht des negativen Interesses jedoch in *confiança* (Vertrauen) und *boa fé* zu sehen. Ob er mit *boa fé* guten Glauben oder Treu und Glauben meint, ist unklar. Seine ungeklärte Auffassung über Treu und Glauben spricht mehr für die erste Alternative.

197 Tratado, Bd. 4, S. 89, Rn. 5 über das Fundament des Schadensersatzes bei Annullierung wegen Irrtums: „Quem confiou na validade da manisfestação de vontade e passou pela anulação do ato jurídico tem pretensão ao *interêsse negativo*, – tal como aquêle que confiou na manifestação não-séria de vontade.“ (Hervorhebung im Original).

absoluto aus Art. 159 CC1916) oder in dem entweder schon annullierten oder nicht einmal gültig zustande gekommenen Rechtsgeschäft sehen[198].

Pontes de Miranda versucht die **Haftung für den Ersatz des Vertrauensinteresses** (*interêsse de confiança*) zu erklären, die ihm zufolge zusammenfassend immer in Betracht komme, wenn das Geschäft „nicht einmal in die juristische Wirklichkeit" Eingang gefunden habe oder wenn es aufgrund eines Anfechtungsgrundes annulliert worden ist und in den Fällen von Missbrauch der Vertretungsmacht und Nichterfüllung[199]. Die Einstandspflicht entstehe unabhängig von Verschulden[200] und habe das Ziel, denjenigen Zustand herzustellen, der bestünde, wenn die Willenserklärung des Schädigers wie vom Geschädigten erwartet überhaupt entstanden wäre oder wenn sie wirksam abgegeben und die daraus resultierenden Obligationen erfüllt worden wären[201]. Dass es sich dabei um den **Ersatz des positiven Interesses** handelt, liegt auf der Hand[202]. Inkohärenterweise führt *Pontes de Miranda* gleich an, dass das negative Interesse die Höhe des positiven Interesses nicht übersteigen dürfe, obwohl dem brasilianischen Zivilgesetzbuch eine Haftungsbegrenzung im Sinne von §§ 122 I, 179 II und 307 II BGB a.F. fremd ist[203].

Im Band 38 setzt sich *Pontes de Miranda* wieder mit der culpa in contrahendo auseinander und führt aus, dass jede Person eine **Wahrheitspflicht** (*dever de verdade*) oder **Aufklärungspflicht** (*dever de esclarecimento*) treffe, dem anderen

---

198 *Pontes de Miranda*, Tratado, Bd. 4, S. 92, wo zu lesen ist: „Assim, a pretensão à reparação de interêsses negativos não se funda em *culpa*, inclusive na *culpa in contrahendo*, nem no ato jurídico, *que já está anulado* (se foi não-séria, não existiu sequer), nem em ilícito do art. 159, nem deriva da relação jurídica que devia nascer válida (ou simplemente nascer, em se tratando de falta de seriedade)." (Hervorhebung im Original).

199 Laut ihm: „O interêsse negativo pode ter de ser prestado a) pela não-entrada do ato no mundo jurídico, ou b) pela entrada dele no mundo jurídico, mas invalidamente ou c) pelo fato de se resilir o contrato bilateral (art. 1.092, parágrafo único), por falta de adimplemento, inclusive declaração do outro figurante de não querer cumprir. Também há ressarcimento de interêsse negativo: d) quando alguém leva a outrem, por dolo (art. 95) ou violência (art. 13 e §§ 1º. e 2º.), a concluir negócio jurídico prejudicial; e) quando o procurador abusou da procuração (art. 1.297), desatendendo às instruções, mas sem exceder os poderes.". Tratado, Bd. 4, S. 84.

200 Tratado, Bd. 4, S. 88.

201 Laut ihm: „O interêsse negativo consiste no que teria sido a situação do indenizado, se a manifestação de vontade do indenizante tivesse entrado no mundo jurídico tal como esperara o indenizando, ou tivesse entrado e tivesse sido válida, tendo-se comprido, numa ou noutra espécie, as obrigações resultantes.". Tratado, Bd. 4, S. 90.

202 *Palm* sagt in Anlehnung an RGZ 170, 284, dass sich das Erfüllungsinteresse auf den Zustand richtet, der bei Gültigkeit der Erklärung und ordnungsgemäßer Erfüllung der versprochenen Leistung eingetreten wäre. Dazu: Erman/*Palm*, § 122 Rn. 7.

203 Tratado, Bd. 4, S. 91.

Teil bei Vertragsschluss dasjenige mitzuteilen, was er selbst wusste oder hätten wissen müssen[204]. Verletze die Partei diese Pflicht, mache sie sich ersatzpflichtig für den Schaden, den die Gegenseite erlitten habe. Ersatzfähig sei nur das negative Interesse. Er nimmt ohne nähere Begründung auch die Entstehung von **Sorgfaltspflichten** (*dever de atenção*) und **Obhutspflichten** (*dever de conservação*) im Rahmen der Vertragsvorbereitung an, deren Verletzung eine Haftung in contrahendo begründen könne, obwohl sich der Vertrag dort noch nicht herausgebildet habe. Das sei z. B. der Fall, wenn ein Kaufinteressent bei Untersuchung den Vertragsgegenstand beschädige oder Dokumente aus dem Fenster fallen lasse oder zerstöre[205]. Im Rahmen der Vertragsverhandlungen bestehe eine Loyalitätspflicht, sich im Rechtsverkehr redlich, nach den Verkehrssitten zu verhalten, weil dort nicht nur ein moralisches Verhältnis, sondern schon ein **„Verhandlungsrechtsverhältnis"** (*relação jurídica de negociação*) entstehe[206]. Die Haftung in contrahendo habe laut ihm deliktische Natur, weil während der Vertragsverhandlungen kein vertragliches Schuldverhältnis vorliege, sondern eben nur ein **„Vertrauensrechtsverhältnis"**[207].

Aus dem Dargestellten kommt man zu dem Schluss, dass *Pontes de Miranda* **kein einheitliches Bild über die culpa in contrahendo** liefert. Sie ist bei ihm vielmehr eine fragmentierte und konfuse Figur, auf die er punktuell und zusammenhangslos an verschiedenen Stellen seines Werks Bezug nimmt. Das Hauptproblem in seinem Konzept von der culpa in contrahendo, wenn man von einem solchen überhaupt sprechen kann, ist, dass *Pontes de Miranda* in den 70er Jahren die eng pandektische Auffassung der culpa in contrahendo einfach übernommen hat. Die Pandekten standen jedoch der culpa in contrahendo – sowie der rechtsfortbildenden Anwendung von Treu und Glauben – sehr kritisch gegenüber[208].

Das lässt sich am Beispiel der Haftung für grundlosen Verhandlungsabbruch nachweisen, die die pandektistische Doktrin aufgrund der propagierten Unverbindlichkeit der vertragsvorbereitenden Verhandlungen (Tractate) ständig verneint, auch wenn eine Partei die Verhandlungen willkürlich beendet hat[209]. In dieser Linie erkennt *Pontes de Miranda* zwar eine Haftung im Rahmen der Ver-

---

204 Tratado, Bd. 38, S. 319 – 320.
205 Tratado, Bd. 38, S. 320.
206 Tratado, Bd. 38, S. 321.
207 Tratado, Bd. 38, S. 320 f.
208 In diesem Sinne: *Giaro*, in: Das Bürgerliche Gesetzbuch und seine Richter, 113, 118 ff; *Menezes Cordeiro*, Da boa fé, S. 533 und *Couto e Silva*, A obrigação como processo, S. 42.
209 Statt vieler: *Arndt/Pfaff/Hofmann*, Lehrbuch der Pandekten, S. 456; *Dernburg/Sokolowski*, Pandekten (1912), S. 557 A, dazu: *Giaro*, in: Das Bürgerliche Gesetzbuch und seine Richter, 113, 118.

tragsverhandlung an, behandelt sie jedoch sehr restriktiv, indem er keinen Bezug auf die Fälle der Loyalitätspflichtverletzung nimmt, sondern sich nur mit den Fallkonstellationen von Personenschaden und Sachbeschädigung (Probefahrt, Dokumentenzerstörung) – also: mit der Verletzung absoluter Rechtsgüter – beschäftigt, die sich unter die deliktsrechtlichen Generalklausel des Art. 159 CC1916 ohnehin subsumieren lassen.

Die von *Pontes de Miranda* angenommenen Loyalitäts- und Wahrheitspflichten scheinen vielmehr einen **rein moralischen** als einen rechtlichen Charakter zu haben und sind mit den damals in Deutschland schon anerkannten vorvertraglichen Pflichten kaum vergleichbar[210]. Nicht von ungefähr leitet *Pontes de Miranda* daraus keine konkrete rechtliche Konsequenz aus ihrer Verletzung ab. Er bezieht sich z. B. nicht auf die Pflicht, kein berechtigtes Vertrauen auf das Zustandekommen des geplanten Vertrages zu erwecken, die Gegenseite dadurch zu Aufwendungen oder zu ungünstigen Entscheidungen zu veranlassen und später ohne Rechtfertigungsgrund vom Vertragsabschluss Abstand zu nehmen, und konkretisiert in keiner Weise die vorvertragliche Informationspflicht, die die Parteien nicht nur vage verpflichtet, die Wahrheit zu sagen, sondern konkret alle für den Vertragsentschluss des Gegners bedeutenden Umstände mitzuteilen und aufzuklären[211].

Die Nichtbehandlung der vorvertraglichen Informationshaftung, die damals zusammen mit der arglistigen Täuschung auf der Tagesordnung in Deutschland stand[212], bringt auch das enge Verständnis von *Pontes de Miranda* über die vorvertragliche Haftung deutlich zum Ausdruck. Er spricht das Problem von Fehlinformation vor Vertragsschluss nur im Kontext des Dolus an, d. h., der vorsätzlichen Unterlassung oder Mitteilung unzutreffender Informationen. Laut ihm liege ein vorsätzliches Verschweigen von Information nur vor, wenn sich eine „Wahrheitspflicht" aus den Verkehrssitten, einschließlich der „*boa fé*-Grundsätze" ergebe. Es gebe jedoch kein unbegrenztes Recht auf die Wahrheit. Der Getäuschte müsse vielmehr darlegen und beweisen, dass er ein Interesse daran hatte, nicht getäuscht zu werden[213]. Richtig dabei ist nur der Hinweis, dass es im brasiliani-

---

210 Vgl. dazu statt vieler: *Lehmann/Hübner*, AT, S. 238 ff., der in der 15. Auflage seines Lehrbuches aus dem Jahr 1966 ein (wenn auch enges) Panorama über die unterschiedlichen vorvertraglichen Pflichten im Rahmen der culpa in contrahendo gibt. *Pontes de Miranda* nimmt in seinem Tratado (1972) auf den Autor mehrmals Bezug.

211 *Lehmann/Hübner*, AT, S. 239, m.w.N. zur Rechtsprechung von Reichsgericht und Bundesgerichtshof.

212 *Lehmann/Hübner*, AT, S. 239.

213 Im Original: „Para que a omissão possa ser dolosa é preciso que haja dever de falar ou de esclarecer, e tal dever – que, assim referido, seria vago – há de resultar do uso do tráfico, inclusive

schen Recht grundsätzlich keine Informationspflicht gibt und dass das Gesetz sie nur in bestimmten Fällen anordnet, wie beim Dolus und im kaufrechtlichen Gewährleistungsrecht[214].

Pontes de Miranda betont, dass eine vorsätzliche – über Fahrlässigkeit spricht er kaum! – Unterlassung und Mitteilung falscher Informationen vor Vertragsschluss zur Annullierung des Geschäfts und zum Schadensersatz führen kann. Die Annullierung bewirke die Restitutionspflicht der Parteien auf den vorherigen Zustand, der in dem Zeitpunkt des Vertragsschlusses vorlag, gemäß Art. 158 CC1916 (Art. 182 CC2002). Davon zu unterscheiden sei jedoch die Pflicht zum Ersatz des negativen Interesses, die er in der deliktischen Generalklausel von Art. 159 CC1916 (Art. 186 CC2002) begründet[215], weil er irrtümlich die arglistige Täuschung sowohl als Willensmangel (Annullierungsgrund) als auch als unerlaubte Handlung (*dolo-delito*)[216] betrachtet. In Wirklichkeit aber stellt die Täuschung einen Verstoß gegen die relative Informationspflicht (Rücksichtspflicht) aus Treu und Glauben dar, was er jedoch verkennt.

Nicht nachvollziehbar ist auch die Absicht von *Pontes de Miranda*, die Schadensersatzpflicht auf die Höhe des negativen Interesses im Falle von Dolus und Irrtum zu begrenzen. Denn zum einem sieht das Zivilgesetzbuch in solchen Fällen gar keine Ersatzpflicht und dementsprechend keine Haftungsbegrenzung vor. Zum anderen ist das widersprüchlich, nimmt man – ad argumentandum tantum – den ‚pontianischen' Gedanken an: Wenn die vorsätzliche Unterlassung oder Mitteilung falscher Information vor Vertragsabschluss nach seiner Auffassung eine unerlaubte Handlung iSv Art. 159 CC1916 darstellt, erscheint die Begrenzung des Schadensersatzes auf die Hohe des positiven Interesse einfach unlogisch. Denn das Kriterium des negativen und positiven Interesses, das bereits den Vertrag als entscheidenden Maßstab für die Schadensberechnung hat, kann nur im **Rahmen von vertragsbezogener bzw. leistungsbezogener Pflichtverletzung** sinnvoll zur Anwendung kommen. Bei unerlaubter Handlung – *ato ilícito absoluto* in der pontianischen Terminologie – geht es jedoch nicht um die Verletzung vertragsbezogener Pflichten, sondern um die Verletzung absoluter allgemeingültiger Pflichten, so dass eine Begrenzung der Schadensersatzhöhe nicht systemkonform und sachlich nicht gerechtfertigt erscheint.

---

dos princípios de boa fé, que impõem dever de falar a verdade (C. SCHIEDGES, *Zum arglistigen Verschweigen des Verkäufers*, 28 s.); mas, por certo, sem existir direito ilimitado à verdade. O enganado tem de alegar e provar que tinha interêsse em não ser enganado – *quod interfuit eius, ne deciperetur*, diz MODESTINO." Tratado, Bd. 4, S. 331 (Hervorhebung im Original).

214 *Pontes de Miranda*, Tratado, Bd. 4, S. 333.

215 Tratado, Bd. 4, S. 344.

216 Tratado, Bd. 4, S. 345.

Da *Pontes de Miranda* auf die Figur fragmentiert und meistens zurückhaltend Bezug nimmt, kann man die Entwicklung der Haftung in contrahendo in Brasilien nicht auf ihn zurückführen, wie es getan wurde[217], meistens als eine Art *argumentum ad verecundiam*. Denn es fehlt bei *Pontes de Miranda* jeglicher Hinweis auf die Voraussetzungen und das Fundament der vorvertraglichen Haftung. Der Kern vorvertraglicher Haftung ist die **schuldhafte Verletzung von Rücksichtspflichten bei einem vorvertraglichen geschäftlichen Kontakt.** Ohne die Rücksichtspflichten aus Treu und Glauben kann man die culpa in contrahendo kaum erklären. Und der gesetzespositivistische *Pontes de Miranda*, der das Recht durch mathematische Formeln erklären will[218], kann – anders als *Espínola* – mit Treu und Glauben und Rücksichtspflichten kaum etwas anfangen[219]. Deshalb bleibt bei ihm der Hinweis auf eine abstrakte Wahrheits- oder Redlichkeitspflicht vor Vertragsschluss wie auch auf ein Vertrauensrechtsverhältnis, das auf keinen Fall als ein Schuldverhältnis mit Rücksichtspflichten im Sinne von *Larenz* und noch weniger von *Canaris* verstanden werden darf, ohne Aussagekraft[220]. Hätte *Pontes de Miranda* die Haftung in contrahendo systematisch dargestellt, wäre sie seit Langem ein anerkanntes Rechtsinstitut des brasilianischen Rechts gewesen, weil kein anderer Privatrechtslehrer das nationale Privatrecht so intensiv bestimmt hat wie er.

---

217 Statt vieler: *Martins Costa*, A boa-fé, S. 507. *Lima Marques/Miragem*, die Band 38 von *Pontes de Miranda* aktualisieren, betonen die „Aktualität" seiner culpa-in-contrahendo-Lehre, die heute im BGB, sowie in den Unidroit Principles und in den Prinzipien des europäischen Vertragsrechts auch vorgesehen sei. Tratado, Bd. 38, S. 440 ff. Ich selber habe vorher die Rechtsentwicklung der culpa in contrahendo auf ihn zurückgeführt, was allerdings als verfehlt angesehen werden soll. Vgl. *Nunes Fritz*, A boa-fé objetiva na fase pré-contratual, S. 242.

218 Im Werk von *Pontes de Miranda* findet man viele Passagen, in denen er versucht, mit mathematischen Gedanken und Formeln die Rechtswirklichkeit, sogar solche rechtsphilosophischer Art zu erklären. Ein gutes Beispiel ist die Erklärung, warum die Mentalreservation (geheimer Vorbehalt) rechtlich unbedeutend sein soll: „... a pilhéria dolosa é o – *a* (de não-sério) + *a* (de dolo) = 0; e a reserva secreta, *reservatio mentalis*, é o que fica dêsse *zero*, como elemento irrelevante. Quem quer enganar, lesando, com a pilhéria de negócio jurídico, ou de ato jurídico *stricto sensu*, em verdade quer. Se o outro figurante, nas manifestações de vontade receptícias, conhece a reserva mental, – o negócio ou o ato *stricto sensu* é não-sério: – *a* (de não-sério) + *a* (de dolo do manifestante) – *a* (de dolo do que recebe) = – *a*. Fica não-sério.". Tratado, Bd. 4, S. 304.

219 Tratado, Bd. 38, S. 321.

220 Laut *Noronha* ist *Pontes de Miranda* dafür verantwortlich, dass Treu und Glauben keinen freien Raum in Brasilien für ihre Entwicklung gefunden haben. O direito dos contratos, S. 131.

3.3. Die Haftung in contrahendo in der Mehrheit der Lehre

In den großen Klassikern der zweiten Hälfte des 20. Jahrhunderts findet man fast keinen, jedenfalls keinen substantiellen Hinweis auf das Rechtsinstitut der culpa in contrahendo und auf Treu und Glauben mit ihren Verhaltenspflichten. Nur wenige Autoren behandeln kurz die Figur und wiederholen im Grunde genommen die schon durch die klassische Doktrin festgelegten theoretischen Grundlinien. Die meisten Privatrechtslehrer schenken der Haftung in contrahendo erst nach Inkrafttreten des neuen Zivilgesetzbuches im Jahr 2003 mehr – wohl immer noch unzureichende – Aufmerksamkeit, wie im Folgenden dargestellt. Mitte der 80er Jahre hat etwa *Silva Pereira* die Problematik der vorvertraglichen Haftung kurz angesprochen, allerdings ohne irgendeine Verbindung zu Treu und Glauben und den Rücksichtspflichten. In Gefolgschaft von *Serpa Lopes* ging er damals davon aus, dass während der Vertragsverhandlungen keine Verpflichtungen („Obligationen") sowie keine Rechtsbindung (kein Rechtsverhältnis) zwischen den Beteiligten entstünden[221].

Vertragsverhandlungen einerseits und Angebot/Annahme andererseits sind für ihn unterschiedliche Momente des Vertragsbildungsprozesses, wobei nur durch Abgabe eines Angebots eine Verbindlichkeit für die Partei (Antragsteller) entstehe. Während der Vertragsverhandlungen gelte – wie allgemein im gesellschaftlichen Leben – nur die deliktische neminem-laedere–Pflicht. Wenn ein Verhandlungspartner bei dem anderen das Vertrauen erweckt, der Vertrag komme zustande und ihn dadurch zu Aufwendungen bewegt oder ihn vom Abschluss eines alternativen Vertrags mit Dritten abbringt, begehe er eine unerlaubte Handlung, wenn er später ohne triftigen Grund vom geplanten Vertragsabschluss Abstand nehme. Seiner Meinung nach geht es dabei nicht um eine Loyalitätspflichtverletzung, die er nicht einmal erwähnt, sondern um die Verletzung der allgemeingültigen Jedermannspflicht (*culpa*, *fault*), die einen Tatbestand der unerlaubten Handlung darstelle[222].

Gomes, ein großer Kenner des deutschen Rechts, war damals ebenfalls zurückhaltend bezüglich des Grundsatzes von Treu und Glauben und der vorvertraglichen Haftung. Er erwähnt zwar die *boa-fé* als einen wichtigen Grundsatz des Vertragsrechts, meint aber, sie habe mehr mit der Vertragsauslegung als der Vertragsstruktur zu tun. Treu und Glauben spielen bei ihm vielmehr eine Rolle als **Auslegungskriterium**, da beim Vertrag der wirkliche Parteiwille zu erforschen und nicht an dem buchstäblichen Sinne des Wortes zu haften sei, wie Art. 85 CC1916 (Art. 112 CC2002) vorsah. Damals gab es noch nicht die Regel des Art. 113

221 *Silva Pereira*, Instituições (1984), S. 26.
222 Instituições (1984), S. 26f.

CC2002 (§ 157 BGB), nach der die Verträge nach Treu und Glauben und mit Rücksicht auf die Verkehrssitte auszulegen sind. Laut *Gomes* komme der *boa-fé* eine andere Bedeutung zu, nämlich die **Sicherheit des Rechtsverhältnisses**, die durch die Pflicht zum Ausdruck komme, sich loyal und mit gegenseitigem Vertrauen zu verhalten. In Anlehnung an *Demogue* führt er aus, dass man damit zwar eine Mitwirkung von Gläubiger und Schuldner bei Vertragserfüllung annehmen könne, eine Kooperation zwischen Beiden sei aber aufgrund der dabei existierenden gegensätzlichen Interessen übertrieben[223].

Gomes' begrenzte Auffassung vom Fundament der vorvertraglichen Haftung, nämlich der *boa-fé* (Treu und Glauben) ist offensichtlich: Der Bezug auf die Auslegungsfunktion deutet auf eine Unkenntnis der weiteren Funktionen von Treu und Glauben hin, insbesondere der pflichtenbegründenden Funktion, die für die Entstehung der Haftung in contrahendo von großer Bedeutung ist. Der Hinweis auf die „Sicherheit der Rechtsverhältnisse" scheint vielmehr mit der französischen Konzeption der bona fides als Verschärfung der Vertragsbindung und folglich mit dem Grundsatz der pacta sunt servanda zu tun zu haben als mit dem Loyalitäts- und Rücksichtnahmegedankens des deutschen Rechts[224]. Da er meint, die *boa-fé* habe weniger mit der Vertragsstruktur zu tun, erstaunt es nicht, dass das Schuldverhältnis als Organismus kein besonderes Thema für ihn war. Das Gleiche gilt für die Nebenpflichten[225]. Das hat selbstverständlich direkte Folgen für die vorvertragliche Haftung. Mit der damaligen herrschenden Meinung nimmt er an, dass während der Vertragsverhandlungen grundsätzlich keine Rechtsbindung und keine Verpflichtung zwischen den Beteiligten bestünden, die nur durch

223 Contratos (1984), S. 43.

224 *Theodoro Junior*, der sein Werk fortführt, führt auch nichts Neues an. Er spricht zwar von Loyalität und gegenseitigem Vertrauen, meint damit aber die „Ehrlichkeit" der Parteien, die den Gegenpol von Dolus (*má-fé*) und Arglist bildet. Daher ist es nicht überraschend, dass er an den *esprit de la convencion* von Art. 85 CC1916 (Art. 112 CC2002) anknüpft. Er gibt der schuldrechtlichen bona fides einen subjektiven Charakter, der ihr jedoch fremd ist, und lässt dadurch sehr schwer zwischen Treu und Glauben und gutem Glauben differenzieren. Contratos (2000), S. 42 f.

225 In der 14. Auflage seines Lehrbuchs „Obrigações" (2000), fortgeführt von *Theodoro Junior*, wird die Problematik der Entstehung von Nebenpflichten im vertraglichen Schuldverhältnis nicht thematisiert. Das Schuldverhältnis wird noch als Rechtsbeziehung zwischen Gläubiger und Schuldner definiert, dessen Inhalt noch durch die Formel Rechte x Pflichten bzw. Forderungsrecht x Leistungspflicht zum Ausdrcuk gebracht wird, ohne jeglichen Bezug auf die aus Treu und Glauben hergeleiteten Nebenpflichten, Obrigações, S. 17. Er spricht andernorts von *Staubs* Theorie der positiven Vertragsverletzung, ohne das Thema mit dem Grundsatz von Treu und Glauben und den daraus resultierenden Nebenpflichten in Verbindung zu setzen. Dazu: Transformações gerais do direito das obrigações, S. 157 ff.

Angebot oder vorvertragliche Rechtsgeschäfte wie Options- und Vorvertrag entstehen könnten[226].

Er bejaht jedoch treffend eine Haftung aus culpa in contrahendo für den Fall, dass ein Teil bei dem anderen eine legitime Erwartung an das Zustandekommen des Vertrags erweckt, diesen dadurch zu Aufwendungen veranlasst und später ohne Weiteres vom Vertragsabschluss Abstand nimmt. Die Beendigung der Vertragsverhandlungen ohne Rechtfertigungsgrund stellt bei *Gomes* eine schuldhafte Handlung, d.h. eine **unerlaubte Handlung** dar und soll durch die Regeln des Deliktsrechts bestimmt werden. Zu ersetzen sei nur das **negative Vertragsinteresse** (*interesse contratual negativo*)[227]. Eine vorvertragliche Haftung kommt auch beim **Widerruf des abgegebenen Angebots** in Betracht, also wenn ein Teil dem anderen gegenüber ein Angebot abgibt und es nachträglich – jedoch vor Vertragsbildung durch Annahmezusendung – widerruft. In diesem Fall könne er zwar durch Widerruf das Zustandekommen des Vertrages verhindern, müsse aber den daraus entstandenen „negativen Schaden“ (negatives Interesse) ersetzen, den der Gegner erlitten hat, weil er auf den Vertragsschluss vertraut habe[228].

Insgesamt kann man sagen, dass beide Autoren nur eine **fragmentarische Vorstellung von der culpa in contrahendo** aufzeigen, die sich grundsätzlich auf den Fall grundlosen Verhandlungsabbruchs beschränkt. Ein Grund dafür liegt sicherlich in der Unkenntnis der rechtsdogmatischen Kategorie der Rücksichtspflichten aus Treu und Glauben, ohne die eine Haftung in contrahendo kaum denkbar ist. Beide gehen mehr oder weniger von der Fehlvorstellung aus, dass im vorvertraglichen Stadium (hier: Verhandlungsphase) keine Verpflichtung – richtigerweise kein Kontrahierungszwang – bestehe[229], abgesehen letztendlich von der Jedermannspflicht, dem anderen keinen rechtswidrigen Schaden zuzufügen. Nicht von ungefähr bedeutet die grundlose Beendigung von Vertragsverhandlungen für beide Autoren eine unerlaubte Handlung, die eine außervertragliche Haftung auslöst. Deshalb findet bei ihnen die vorvertragliche Haftung ihr Fundament nicht in dem Gebot von Treu und Glauben, sondern im Verschuldensprinzip. Die Annahme der deliktsrechtlichen Natur der Haftung in contrahendo ist daher keine durchdachte rechtstheoretische Lösung, sondern vielmehr eine Folge

---

226 Contratos (1984), S. 60.
227 Contratos (1984), S. 64.
228 Contratos (1984), S. 71.
229 Das gilt auch für *Gomes*, der nicht ohne Erstaunen feststellt, dass die culpa in contrahendo für grundlosen Verhandlungsabbruch zu der Annahme führe, dass die Vertragsverhandlungen unter Umständen doch verpflichten. Contratos (1984), S. 64. Er betont jedoch mehrmals, dass bei Verhandlungen kein Vertrag, keine Rechtsbindung und auch keine Obligationen entstünden. Contratos (1984), S. 60, 62, 64.

der mangelnden Kenntnis über die damals in Deutschland schon sedimentierte vorvertragliche Theorie.

3.4. Die culpa in contrahendo in der Rechtsprechung

Aufgrund der fragmentierten Rezeption der culpa in contrahendo in Brasilien und der allgemein ablehnenden Haltung im Schrifttum überrascht es nicht, dass die Figur jahrzehntelang aus der Praxis verschwunden war und dass viele Fälle schuldhafter Verletzung vorvertraglicher Pflichten ohne – oder zumindest ohne eine angemessene – Lösung geblieben sind. Ein gutes Beispiel für die fehlende Diskussion über die Haftung in contrahendo bildet der sog. Fall *Disco x Pão de Açucar* aus dem Jahr 1979. Dabei ging es um die Frage, ob eine als Vorvertrag bezeichnete und von den Parteien unterschriebene Unterlage rechtlich wirklich als vertragliche Bindung oder als „bloße Punktationen" zu qualifizieren sei. Zwei Supermarktketten hatten über die Akquisition der totalen Gesellschaftsanteile verhandelt, in deren Rahmen auch andere Transaktionen wie Kauf- und Mietverträge über die Geschäftsgebäude durchgeführt werden sollten.

Während der Verhandlungen haben die Parteien einen „Vorvertrag" unterschrieben, wo sie unter anderem die schon ausgemachten und die noch zu treffenden Vertragsbedingungen sowie Geheimnis- und Exklusivitätsklauseln schriftlich festlegten. Der interessierte Käufer (*Pão de Açucar*) hat einen hohen Betrag des noch zu ermittelnden Kaufpreises an den Verkäufer (*Disco*) gezahlt, um die „Seriosität der Verhandlungen" zu sichern, der beim späteren Vertragsschluss als Vorauszahlung gelten sollte. Preis und andere Vertragsbedingungen blieben jedoch offen. Der Verkäufer hat später die Verhandlungen beendet, als die Parteien über die Vertragsbedingungen nicht zur Einigung kamen. Da der potentielle Käufer, der durch das Geschäft seine Marktexpansion beabsichtigte, die Auszahlung nicht zurücknehmen wollte, erhob der Verkäufer eine Hinterlegungsklage und der Käufer eine Erfüllungsklage (Adjudikationsklage) und verlangte die Übertragung der Aktien[230].

In erster Instanz hatte die Adjudikationsklage keinen Erfolg: Es liege kein Vorvertrag vor, sondern nur ein *Letter of Intent*, weil keine Einigung über die wesentlichen Vertragsbedingungen vorliege[231]. Ob dabei ein Vertrauenstatbestand zwischen den Beteiligten vorlag, so dass der Käufer auf den Vertragsabschluss vertrauen durfte, oder ob der Verkäufer einen triftigen Grund für den Abbruch der Vertragsverhandlungen dargelegt hat, hat der Richter nicht geprüft. Das Ober-

---

230 STF, RE 88.716, T. 2, Rel. Min. Moreira Alves, Urt. vom 11.09.1979.
231 STF, RE 88.716, 1, 5.

landesgericht Rio de Janeiro (TJRJ) hat die vom Kläger erhobene Appellation als begründet angenommen und eine Frist für den Vertragsabschluss und die Aktienübertragung fixiert. Der Vorvertrag enthalte objektive Elemente für die Bestimmung des Kaufpreises, so dass man von dem Zustandekommen des Vertrages ausgehen dürfe, da die Einigung über die essentialia negotii (Konsens, Gegenstand und Preis) des Hauptkaufvertrages dafür ausreiche[232].

Mit der Revision hat das damals auch für infrakonstitutionelles Recht zuständige brasilianische Bundesverfassungsgericht (STF) die Entscheidung des Oberlandesgerichts mit der Begründung aufgehoben, es handele sich dabei um eine rein unverbindliche Punktation und nicht um einen Vorvertrag. Unabhängig von dem *nomen iuris* stelle – laut dem STF – das unterzeichnete Dokument keinen Vorvertrag dar, weil dort wesentliche Elemente des Vorvertrags fehlten, worüber die Parteien noch verhandeln wollten. In Anlehnung an die pandektistische Doktrin betont das Gericht, dass zu wesentlichen Punkten nicht nur die essentialia, sondern auch die accidentalia und naturalia negotii, welche ein Kontrahent verabredet haben will, gehören[233]. Nach Ansicht des Gerichts befanden sich die Beteiligten noch im Stadium der Vertragsverhandlungen, die – anders als der (Vor-)Vertrag – keinerlei Bindung und keinen Kontrahierungszwang erzeugen. Erst der Abschluss eines Vorvertrages legitimiere den Erfüllungsanspruch des Klägers, den Hauptvertrag abzuschließen[234].

Die Entscheidung verdient im Ergebnis Zustimmung, nicht ganz jedoch in der Begründung. Richtig dabei ist sicherlich, dass kein Vorvertrag, sondern nur eine Absichtserklärung zwischen den Parteien zustande gekommen ist, weil sie sich über den Preis und die anderen Vertragsbedingungen, worüber sie eine Abrede treffen wollen, nicht geeinigt hatten. Soweit man der Entscheidungsbegründung entnehmen kann, hatten sie keine leicht bestimmbaren Kriterien für die Preisbestimmung getroffen[235]. Auch die Existenz eines Rechtsbindungswillens ist eher fraglich, da sie oft konditionelle Formulierungen in dem Dokument benutzen[236]. Eine vertragliche Bindung besteht dagegen sicherlich in der Geheimnis- und Exklusivitätsvereinbarung, die als „Klausel" des Vorvertrages eingekleidet wird. Deshalb kann keine Erfüllung in Betracht kommen, die beim Vorvertrag in der Pflicht zum Abschluss des Hauptvertrages besteht. Die Inexistenz einer Abschlusspflicht hindert jedoch nicht die Prüfung einer vorvertraglichen Haftung für

232 STF, RE 88.716, 1, 8 ff.
233 Ausdrücklich zu erwähnen sind *Enneccerus/Nipperdey, von Thur* und *Holder*. STF, RE 88.716, 1, 74 f.
234 STF, RE 88.716, 1, 59 ff.
235 STF, RE 88.716, 1, 68.
236 STF, RE 88.716, 1, 90 f.

grundlosen Verhandlungsabbruch, die der STF nicht verifiziert hat. Er hätte also überprüfen müssen, ob der abbrechende Teil eventuell einen Vertrauenstatbestand begründet und den Gegner dadurch zu Aufwendungen veranlassen hat, die er sonst nicht getätigt hätte.

Aus den Umständen ergibt sich jedoch, dass der Grund für das Scheitern der Verhandlungen darin liegt, dass die Parteien nicht zur Einigung über die für sie wesentlichen Vertragsbedingungen gekommen sind. Die Vorleistung erscheint vielmehr als Folge eines übereilten Verhaltens des Käufers, der durch die geplante Akquise der Supermarktkette seine Marktexpansion sichern wollte. Der Fall stellt im Grunde genommen einen rechtfertigenden Abbruch der Vertragsverhandlungen dar. Der STF hat jedoch die Problematik der Haftung in contrahendo nicht einmal erwähnt, sondern ist vielmehr von der Unverbindlichkeit der Vertragsverhandlungen ausgegangen. In Anlehnung an *Carvalho de Mendonça* betont fehlerfrei der damalige Berichterstatter *Moreira Alves*, dass die Verhandlungen und Punktationen keinen Vertrag darstellen. Daraus leitet er jedoch irrig den Rückschluss ab, dass sie deshalb keine Verpflichtung erzeugten und dass jede Partei folglich die Verhandlungen frei abbrechen dürfte[237], obwohl er an anderer Stelle annimmt, dass eine Partei die schon ausgehandelten Vertragsbedingungen nicht ändern könne[238]. Dass das eine Wirkung der vorvertraglichen Loyalitätspflicht ist und dementsprechend eine rechtliche Bindung durch Vertragsverhandlungen besteht, erkennt *Moreira Alves* jedoch nicht.

Sicherlich erzeugen die Verhandlungen **keinen Kontrahierungszwang.** Das gleiche gilt grundsätzlich für andere Geschäfte, die insbesondere bei langen und komplexen Verhandlungen getroffenen werden wie z. B. Punktationen, Verhandlungsprotokolle oder *Letters of Intent*, die durch einen **fehlenden Bindungswillen** geprägt sind[239]. Ob ein solcher vorliegt, ist nur durch **Auslegung** gemäß Art. 113 CC2002 (§ 157 BGB) zu ermitteln. Ein Kontrahierungszwang resultiert erst aus dem Vorvertrag. Deshalb stellt der Nichtabschluss des Hauptvertrages eine Vertragsverletzung dar und löst eine typische Vertragshaftung aus. Die Entscheidung ist insofern von Bedeutung, als sie die bisher geltenden **Abgrenzungskriterien** für die Unterscheidung zwischen Vorvertrag und vorvertraglichen Abreden festgesetzt hat. Die Auffassung, die Verhandlungen und Punktationen erzeugten keinerlei Bindung, die der Entscheidungsbegründung zugrunde liegt, bestätigt jedoch die klassische Lehre, die die culpa in contrahendo als unzuläs-

237 STF, RE 88.716, 1, 83.

238 STF, RE 88.716, 1, 87. Dieser Auffassung widerspricht die nur sechs Jahre später getroffene Behauptung, die Haftung in contrahendo sei ein von der Rechtsprechung anerkanntes Rechtsinstitut. Vgl. *Moreira Alves*, A parte geral, S. 49 Fn. 19 und S. 52 Fn. 23.

239 In diesem Sinne: *Larenz/Wolf*, AT, S. 427.

sige Einschränkung der Vertragsfreiheit ablehnt, und zeigt ein mangelhaftes Verständnis der culpa in contrahendo anfangs der 1980er Jahre, da diese eigentlich das Kernproblem des Falles bildet, auch wenn sie im konkreten Fall möglicherweise abzulehnen wäre.

4. Dritte Phase: die culpa in contrahendo unter dem Einfluss von Konzepten von „Treu und Glauben"

Eine echte Wende in der historischen Entwicklung der culpa in contrahendo vollzieht sich erst durch die endgültige rechtstheoretische Verknüpfung der Haftung in contrahendo mit dem Grundsatz von Treu und Glauben, was zunächst in der Doktrin, dann legislatorisch erfolgt ist. Einen Ansatzpunkt für diesen haftungslegitimierenden Zusammenhang findet man schon bei *Espínola*, der unter dem Einfluss der deutschen Rechtswissenschaft auf die Existenz der aus Treu und Glauben hergeleiteten vorvertraglichen Pflichten von unterschiedlicher Intensität im „sozialen" Kontakt aufmerksam gemacht hat[240]. Es ist allerdings ein Verdienst von *Couto e Silva* in den 60er Jahren des letzten Jahrhunderts, die Dogmatik der Obligation (hier iSv Schuldverhältnis) als Prozess und der Rücksichtspflichten dargestellt und somit den Weg für die endgültige Anerkennung der culpa in contrahendo vorbereitet zu haben. Die nachfolgende Lehre bezieht sich ständig auf seine Theorie, auch wenn sie andere rechtsdogmatische Ansatzpunkte für die Begründung der culpa in contrahendo heranzieht, die vor allem aus der neokonstitutionellen Theorie (unter 4.2) und aus der Verbraucherschutzbewegung (unter 4.3) stammen.

4.1. Couto e Silva und die Theorie der culpa in contrahendo

In seiner Habilitationsschrift *„A obrigação como processo"* hat *Clóvis do Couto e Silva* insbesondere in Anlehnung an *Sibert* und *Larenz* das neue Schuldverhältniskonzept ins brasilianischen Schuldrecht eingeführt und den im Gesetz ungeschriebenen Grundsatz von Treu und Glauben und die Rücksichtspflichten (bei ihm: Nebenpflichten) in ein neues Licht gerückt. Er beschäftigt sich ausschließlich mit der Problematik der Existenz von Nebenpflichten im Rahmen des Vertrages, die zum Ausdruck bringt, dass das Schuldverhältnis – anders als damals vorherrschend angenommen[241] – keine statische und binäre Rechtsbindung

240 Dazu oben 2.2.
241 Statt vieler: *Gomes*, Obrigações, S. 13 ff, der das Schuldverhätnis als eindeutiges Leistungsverhältnis betrachtet.

zwischen Gläubiger und Schuldner ist, die sich aus *crédito* (Forderung) und *débito* (Schuld) zusammensetzt. Es stelle vielmehr ein dynamisches und komplexes Gefüge mit unterschiedlichen Elementen wie Rechten, Pflichten, Obliegenheiten und zusätzlichen Nebenpflichten dar, das sich nicht auf die Leistungsbeziehung beschränkt und mit der Leistungserfüllung endet. Es sei vielmehr als ein Ganzes anzusehen, das vor allem Verhaltenspflichten erzeugen könne, deren Verletzung Rechtsfolgen auslöse, und zwar auch bei ordnungsmäßiger Leistungserbringung. Es könne zudem nach der Leistungserfüllung weiter wirken und nachvertragliche Pflichten erzeugen[242].

Clóvis do Couto e Silva prägt dabei die Idee, dass das Schuldverhältnis ein **Kooperationsverhältnis** zwischen den Parteien sei[243], worauf Treu und Glauben direkt einwirken mit der Folge, dass daraus ein **Zuwachs des Pflichtenprogramms** resultiere, was vor allem für den Gläubiger von Bedeutung sei, der herkömmlich nur als Rechtsträger betrachtet werde[244]. Der Professor von der Universität aus Rio Grande do Sul hat die rechtsdogmatische Besonderheit der Rücksichtspflichten, insbesondere ihre Einzelfallbezogenheit und Unabhängigkeit vom Parteiwillen aufgezeigt[245] und betont, dass diese Pflichten schon vor dem Vertrag, d. h. mit dem **sozialen Kontakt** entstehen können und die Fälle der culpa in contrahendo bilden. Er führt aus, dass ein Teil der deutschen Lehre die vorvertragliche Rechtslage – aufgrund ihrer Relativität – von derjenigen des neminem laedere unterscheide, ordnet sie aber in Anlehnung an *Enneccerus/Nipperdey* unter dem Deliktsrecht ein[246].

Er behandelt zwar einige Nebenpflichten wie etwa die sog. *deveres de indicação e esclarecimento* (Hinweis- und Aufklärungspflichte) und *deveres de cooperação e auxíio* (Mitwirkungs- und Hilfspflicht), bezieht sich jedoch nicht spezifisch auf die Phase der Vertragsverhandlung bzw. Vertragsanbahnung. An anderer Stelle versucht er jedoch – in Anlehnung an die soziologische Theorie von *Leopold von Wiese* – die Entstehungsgründe von Schuldverhältnissen auf einen einzigen Tatbestand, nämlich den sozialen Kontakt zu reduzieren. Laut ihm sei der soziale Kontakt der gemeinsame Tatbestand von Vertrag und Delikt. Der so-

---

242 A obrigação como processo, S. 17 ff, 63 ff.

243 A obrigação como processo, S. 19. Die Idee findet man schon bei *Espínola*, Sistema II/1, S. 32, der in Anlehnung an *Crome* die Bedeutung des Loyalitäts- und Vertrauensgedankens (Treu und Glauben) für den „modernen" Obligationenbegriff schon 1944 aufzeigt. *Couto e Silva* nimmt jedoch keinen Bezug auf *Espínolas* Lehrbuch.

244 A obrigação como processo, S. 33.

245 A obrigação como processo, S. 37 f.

246 A obrigação como processo, S. 75 ff.

ziale Kontakt sei die unmittelbare Quelle, das Gesetz, das Delikt, die Privatautonomie und Treu und Glauben die mittelbare Quelle der schuldrechtlichen Pflichten[247].

Man findet bei *Clóvis do Couto e Silva* keine rechtsdogmatische Analyse der culpa in contrahendo. Seine Theorie des sozialen Kontakts bildete jedoch die Basis für die Begründung der außervertraglichen Natur der vorvertraglichen Haftung und nicht zuletzt für die verbreitete Auffassung, dass die Rücksichtspflichten eine Konkretisierung des neminem laedere seien[248]. Von einem anderen, aktuellen Gesichtspunkt geht *Almiro do Couto e Silva* aus, der Ende der 90er Jahre die culpa in contrahendo beim Abschluss nichtiger (öffentlich-rechtlicher) Verträgen untersucht hat. Er stellt fest, dass eine solche Haftung im Bereich des brasilianischen Vergaberechts ausdrücklich vorgesehen sei und sieht in dem geschäftlichen – nicht in dem sozialen! – Kontakt den Entstehungsgrund für die „Pflichten aus Treu und Glauben".

Die Haftung für die Herbeiführung der Vertragsungültigkeit sei auf *Jherings* Lehre zurückzuführen, die – ihm zufolge – damals in Deutschland schon erheblich erweitert wurde. Er betont, dass sich die culpa in contrahendo viel eher an die Vertragshaftung annähert als an die Deliktshaftung, wie *Clóvis do Couto e Silva* dagegen angenommen hatte. Laut ihm setze die culpa in contrahendo kein Verschulden voraus und könne unter Umständen zum Ersatz des positiven Interesses führen[249]. Der Gedanke von *Almiro do Couto e Silva* bleibt aber praktisch ohne Resonanz und hat keinen Einfluss auf die Weiterentwicklung der culpa in contrahendo in Brasilien gehabt.

Clóvis do Couto e Silva bleibt jedoch der Verdienst, die rechtliche Relevanz der Rücksichtspflichten zum Ausdruck gebracht und die dogmatische Verbindung zwischen vorvertraglicher Haftung und Treu und Glauben hergestellt zu haben. Er hat dadurch eine dogmatische Grundlage für die spätere Entwicklung der Nebenpflichten geschaffen. Seine Ideen haben zunächst keine große Wirkung auf Lehre und Rechtsprechung gehabt. Erst nach dreißig Jahren hat man Treu und Glauben als „Quelle" von Nebenpflichten definitiv anerkannt und nicht zuletzt die daraus entwickelten Figuren der positiven Vertragsverletzung, culpa in contrahendo und culpa post pactum finitum. Bemerkenswert ist, dass die Haftung in contrahendo ihre Wiedergeburt in der Rechtsprechung Anfang der 90er Jahre des letzten Jahrhunderts durch die Feder seines Schülers, *Rosado de Aguiar*, erlebt hat.

---

247 Les principes fondamentaux de la responsabilité civile en droit brésilien et compare, Porto Alegre 1988, ap.: *Martins Costa*, A boa-fé, S. 400 ff.

248 Statt vieler: *Martins Costa*, Um aspecto da obrigação de indenizar, 1, 5.

249 RDA 217/1999, 163 ff. Über seine Theorie vgl. Kapitel 3 C III 2.2 a.

In dem Fall wurde ein Tomatensoßen-Hersteller zum Schadensersatz verurteilt, der den Landwirten einer Region Tomatensamen gegeben hatte, mit dem Versprechen, später ihre daraus resultierende Produktion zu kaufen, und dieses dann ohne einen triftigen Grund nicht einhielt. Das Gericht ging davon aus, dass die Praxis, jedes Jahr an die Landwirte Tomatensamen zu verteilen und die Produktion dann aufzukaufen, bei den Landwirten einen Vertrauenstatbestand begründet hat, und dass die Änderung der internen Firmenpolitik kein Rechtfertigungsgrund für den Nichtkauf der Ernte darstellt[250].

Dabei hat nicht nur die von *Clóvis do Couto e Silva* systematisierte Erkenntnis über den Grundsatz von Treu und Glauben eine entscheidende Rolle gespielt, sondern auch eine modernisierende, europäisch beeinflusste Wende im brasilianischen Recht, die zusammen mit der Verbraucherschutzbewegung in die Privatrechtsordnung Eingang gefunden hat. Bruchstelle in der Privatrechtsordnung ist das Inkrafttreten des **Verbraucherschutzgesetzes** (Gesetz 8.078 vom 11.09.1990, sog. CDC), das den Grundsatz von Treu und Glauben und einige daraus entwickelte Rechtsinstitute erstmals positiviert hat[251]. Zuvor ist 1988 die **demokratische Verfassung** in Kraft getreten, die in den letzten Jahrzehnten eine derartige überragende Rolle in der Auslegung und Dogmatik des Privatrechts erlangt hat, dass manche Autoren die große Wende im Privatrecht auf die Verkündung der neuen Verfassung zurückführen[252]. Unabhängig von der Richtigkeit dieser Behauptung ist festzustellen, dass beide Strömungen – Verbraucherschutz- und Konstitutionalisierungsbewegung – das Privatrecht bis auf den heutigen Tag stark beeinflussen. Beide müssen deshalb in Bezug auf die culpa in contrahendo berücksichtigt werden.

4.2. Konstitutionalisierung als Grundlage eines Konzepts von culpa in contrahendo?

Eine häufige Argumentationslinie versucht die Anerkennung der culpa in contrahendo mit Hilfe der Verfassung zu begründen. Ausgehend von dem normativen und systematischen Vorrang der Verfassung, von der unmittelbaren Wirkung der verfassungsrechtlichen Regeln, Prinzipien und Werte auf das Privatrecht und von

---

250 TJRS, Apelação Cível 591.028.295, 5ª Câmara Cível, Rel. Ruy Rosado de Aguiar Junior, Urt. vom 06.06.1991.

251 Laut *Donnini* – obwohl man sagen könnte, dass Treu und Glauben im brasilianischen Rechtssystem auch vorher zu finden war, war sie in der Praxis völlig bedeutungslos bis zum Inkrafttreten der Bundesverfassung (1988) und des Verbraucherschutzgesetzes (1990). Responsabilidade civil pós-contratual, S. 121.

252 Vgl. *Donnini*, Responsabilidade civil pós-contratual, S. 115, 124.

der Feststellung, dass die Herrschaft der Willensautonomie im Schuldrecht im Laufe des 20. Jahrhunderts ungerechte Rechtslagen herbeigeführt und die freie Selbstbestimmung der Gegenseite erheblich beeinträchtigt oder sogar vernichtet hat, versucht diese Strömung – in Anlehnung an den **Menschenwürdegrundsatz** – die bis dahin unbegrenzte Vertragsfreiheit durch die Grundsätze von Treu und Glauben, Vertragsgerechtigkeit und Sozialfunktion des Vertrages zu beschränken. Ziel ist dabei, die materielle Privatautonomie des strukturell unterlegenen Vertragspartners zu gewährleisten und dadurch mehr Gerechtigkeit im Einzelfall zu schaffen. Aus der Menschenwürde ergebe sich nicht nur die Privatautonomie und die Vertragsfreiheit, sondern auch das Gebot, sich dem anderen gegenüber loyal und rücksichtsvoll zu verhalten. Es gebe keine Achtung der „vertraglichen Würde" des Geschäftsgegners ohne redliches Verhalten im Rechtsverkehr[253].

Das Loyalitäts- und Redlichkeitsgebot habe folglich sein **Fundament** auch in dem Grundsatz der Menschenwürde aus Art. 1 III CF1988[254]. Damit ist zugleich der **verfassungsrechtliche Rang des Grundsatzes** von Treu und Glauben ausgesprochen[255], der **unmittelbare Geltung im Privatrecht** habe[256]. Laut *Popp* sei Treu und Glauben die Materialisierung des Menschenwürdegrundsatzes im rechtsgeschäftlichen Bereich[257]. Beide Prinzipien – Treu und Glauben und Menschenwürde – seien für die Rückkehr der Ethik ins Rechtssystem verantwortlich. Das geschehe bereits mit Inkrafttreten der Verfassung, die eine neue Weltanschauung mit sich brachte[258]. Für die culpa in contrahendo heißt das, dass Treu und Glauben die Privatautonomie bzw. die Vertragsfreiheit beschränkt, die der Partei grundsätzlich erlaubt, vom geplanten Vertrag ohne Weiteres Abstand zu nehmen. Die Beschränkung erfolge durch die Entstehung verschiedener Nebenpflichten, die das Ziel haben, das Verhalten der Verhandlungspartner während des gesamten geschäftlichen Prozesses zu steuern und das gegenseitige Vertrauen zu schützen[259], dessen Verletzung eine Haftung aus culpa in contrahendo auslöse. Die Menschenwürde spielt laut dieser Ansicht nicht nur als Legitimationsgrund

---

253 Dazu: *Popp*, Responsabilidade, S. 58, der sich auf den portugiesichen Verfassungsrechtslehrer *Jorge Miranda*, Manual de direito constitucional, Bd. 4, Coimbra (1988), S. 169 f bezieht.
254 *Popp*, Responsabilidade, S. 58 ff.
255 *Popp*, Responsabilidade, S. 105.
256 *Popp*, Responsabilidade, S. 96 f.
257 *Popp*, Responsabilidade, S. 72, 106.
258 Dazu: *Popp*, Responsabilidade,S. 105 und *Paulo Nalin*, Ética e boa-fé no adimplemento contratual, in: Luiz Edson Fachin, Repensando fundamentos do direito civil contemporâneo, Rio de Janeiro, Renovar, 1998, 173 – 210.
259 Responsabilidade, S. 134.

der Haftung in contrahendo, sondern auch bei der Konkretisierung der vorvertraglichen Nebenpflichten eine Rolle [260].

Eine nähere Betrachtung dieser Auffassung zeigt jedoch, dass der Hinweis auf den verfassungsrechtlichen Menschenwürdegrundsatz zwar ein **rechtsphilosophisches Fundament** für die Haftung in contrahendo bietet, jedoch keine handhabbaren Kriterien für die Konkretisierung der Voraussetzungen und Rechtsfolgen der culpa in contrahendo sowie auch keinen rechtstheoretischen Anhaltspunkt für die Klärung der streitigen rechtsdogmatischen Fragen über die Figur liefert. Denn die Menschenwürde erklärt keineswegs, unter welchen Umständen z. B. Informations- oder Loyalitätspflichten – verallgemeinert: vorvertragliche Rücksichtspflichten – überhaupt entstehen, welchen Inhalt und Umfang sie haben oder aus welchem Rechtsgrund sie überhaupt erwachsen. Sie sagt auch nichts über die Rechtsfolgen der Haftung in contrahendo. Es besteht kein Zweifel, dass der **ethische Personalismus**, der die Anerkennung der Person und ihrer Würde fordert, als oberstes Prinzip die gesamte Rechtsordnung beherrscht[261]. Das gilt nicht nur in Deutschland (Art. 1 GG) und Brasilien (Art. 1 III CF1988), sondern auch in vielen europäischen und lateinamerikanischen Ländern, die eine neue Verfassung nach dem 2. Weltkrieg verkündet und an ihre Spitze den Menschenwürdegrundsatz gestellt haben.

Es ist nicht zu verkennen, dass aus dem **Kern der Menschenwürde** folgt, dass jeder Mensch gegenüber jedem anderen ein Recht darauf hat, von ihm als Person geachtet zu werden (Prinzip des gegenseitigen Achtens). Daraus folgen die **grundlegenden Werte und Prinzipien der Rechtsordnung** wie die Anerkennung der Person als Rechtssubjekt, der Schutz der Persönlichkeit, die Anerkennung der Privatautonomie und der Selbstverantwortung sowie das Erfordernis von solidarischer Rücksichtnahme auf höherwertige Interessen anderer und von Vertrauensschutz im Rechtsverkehr, wie *Larenz/Wolf* in Anlehnung an *Kant* und *Hegel* einleuchtend ausführen[262]. Zum Personensein gehört insbesondere, dass jeder selbst das Ziel und den Zweck seines Handels ohne Fremdbestimmung bestimmen kann. Deshalb gehört die **Handlungsfreiheit des Individuums** zum Kern der Rechtsordnung. Die Handlungsfreiheit enthält nach *Larenz/Wolf* eine tatsächliche Handlungsfreiheit, den eigenen Lebensbereich einzurichten und eine rechtliche Handlungsfreiheit, die eigenen Rechtsbeziehungen zu anderen selbst zu gestalten. Das bilde den Kern der **Privatautonomie**, die vor allem in Gestalt der Vertragsfreiheit zum Ausdruck komme[263].

---

260 Responsabilidade, S. 136 ff.
261 *Larenz/Wolf*, AT, S. 22 ff.
262 *Larenz/Wolf*, AT, S. 22.
263 *Larenz/Wolf*, AT, S. 24.

Die Handlungsfreiheit der ethischen Person wird durch die **solidarische Rücksichtnahme** auf höherwertige Interessen anderer ergänzt, weil die Freiheit des einzelnen nicht isoliert, sondern nur in der sozialen Gemeinschaft geschützt wird. Die Rechtsordnung sieht deshalb **Beschränkungen der individuellen Freiheit** vor, die auch zum Schutz der schwächeren Teilnehmer im Rechtsverkehr statuiert werden. Dabei spielt – über die traditionellen Schranken der Vertragsfreiheit hinaus: Verbot gesetzlicher Verstöße, gute Sitten und ordre public – auch das Gebot von Treu und Glauben als Ausdruck der solidarischen Rücksichtnahme eine Rolle, wodurch auch soziale Schutzgedanken in das Privatrecht einfließen[264]. Zur Anerkennung der ethischen Person gehört einerseits Verantwortung für das individuelle Verhalten zu tragen und andererseits auf fremdes Verhalten vertrauen zu dürfen, um seine Rechts- und Lebensverhältnisse selbstverantwortlich gestalten zu können. Der **Vertrauensschutz** ist in diesem Sinne Ausfluss des ethischen Personalismus in gleichem Maße wie die **Selbstverantwortung**[265]. In diesem Kontext ist der Vertrauensschutz im Rahmen der culpa in contrahendo – wie allgemein im Rechtsverkehr – tatsächlich eine Konsequenz des Schutzes des Menschen und seiner Würde.

Das steht im brasilianischen Privatrecht nicht mehr ernsthaft in Frage. Hat die Zurückführung des Redlichkeitsgebots und Vertrauensschutzes auf die Menschenwürde unter Geltung der alten liberalindividualistischen Privatrechtskodifikation ihre Berechtigung gehabt, so ist das heutzutage überflüssig, weil der Grundsatz von Treu und Glauben an verschiedenen Stellen der Privatrechtsordnung, wie in Arts. 113, 187 und 422 CC2002 ausdrücklich positiviert ist. Ob man so hoch in der Skala der grundlegenden Werte der Rechtsordnung (Menschenwürde) steigen sollte, um ein Fundament für die Haftung in contrahendo zu begründen, ist fraglich, denn letztendlich kann man ja jedes Rechtsinstitut rechtsphilosophisch auf die Menschenwürde zurückzuführen. Die große Schwierigkeit im Rahmen der culpa in contrahendo ist vielmehr die Konkretisierung der im konkreten Fall zu bestimmenden Rücksichtspflicht, deren Verletzung die Haftung auslöst, sowie ihre Abgrenzung zu weiteren Figuren, wofür die Menschenwürde per se keinen rechtstheoretischen Beitrag leistet. Wie man der Menschenwürde eine überzeugende Lösung für die genannten Probleme entnehmen kann und insbesondere welches konkrete und handhabbare Kriterium für die Entstehung und Inhaltsbestimmung der fallbezogenen Rücksichtspflichten der Menschenwürdegrundsatz liefert, erklären die Anhänger der Konstitutionalisierungslehre jedoch nicht.

264 *Larenz/Wolf*, AT, S. 25.
265 *Larenz/Wolf*, AT, S. 26 ff.

Vielmehr wird mit rechtsdogmatischen Elementen aus der deutschen Lehre der culpa in contrahendo argumentiert, die über Italien und Portugal in die brasilianische Privatrechtswissenschaft, wenn auch nur fragmentiert, Eingang gefunden haben, wie z. B. die Kriterien der Berücksichtigung aller Umstände des Einzelfalls, Informationsasymmetrie, Wissensvorsprung oder Unerfahrenheit einer Partei, Erweckung und Enttäuschung von Vertrauen, also mit Argumenten, die nicht aus dem verfassungsrechtlichen, sondern aus dem schuldrechtlichen Stoff gewonnen werden. Man kommt dann zu dem Schluss, dass die Menschenwürde keine tragfähige Begründung der culpa in contrahendo darstellt und dass der Hinweis auf die Verfassung dabei **inhaltsleer und rein formell** ist. Das zeigt sich vielmehr als Folge der Tendenz, alle privatrechtlichen Institute in der Verfassung zu verankern, um ihnen eine Art „Legitimation" zu verleihen[266]. Dahinter steht der Gedanke, dass privatrechtliche Rechtsinstitute mit den Werten und Normen der Verfassung in Einklang stehen müssen oder, wie oft gesagt, dass „das Zivilgesetzbuch" – wie letztendlich alle Gesetze – aus der Perspektive der verfassungsmäßigen Werte und Prinzipien „erneut gelesen" werden müsste[267], damit die privatrechtlichen Institute die in der Verfassung vorgesehenen Ziele konkretisieren könnten[268].

Das ist das Motto der sog. **„Schule des konstitutionalisierten Zivilrechts"** (*Escola do direito civil constitucional*), die sich als Folge des verspäteten Neokonstitutionalismus in Brasilien herausbildete und die sich nach zwanzigjähriger Militärdiktatur mit der demokratischen Verfassung aus dem Jahr 1988 in Gang gesetzt hat[269]. Die Wandlung zu einem demokratischen Sozialstaat hat nicht nur

---

266 In der Konstitutionalisierungslehre wird sogar von einer „Gültigkeitskontrolle" des Zivilrechts durch die Verfassung gesprochen. Dazu: *Bodin de Moraes*, A caminho, 1, 7, 11.

267 *Bodin de Moraes*, A caminho, 1, 11; *Tepedino*, Premissas metodológicas, 1, 15 und *Lôbo*, Novas perspectivas, 1, 9.

268 *Bodin de Moraes* spricht insbesondere von den existentiellen Zielen der Verfassung, also Förderung der Person und ihrer Würde, Konstruktion einer freien, gerechten und solidarischen Gesellschaft und die Vernichtung der Armut, die das Privatrecht zu konkretisieren habe. A caminho, 1, 6. *Tepedino*, Premissas metodológicas, 1, 15 spricht von ‚Konkretisierung des konstitutionellen Projekts durch das Zivilrecht'.

269 Die brasilianische Verfassung hat sich nicht nur mit der Staatsstruktur und den Grundrechten beschäftigt, sondern auch materielle Ziele und Leitlinien festgestellt, die ein groß angelegtes – und immer noch konkretisierungsbedürftigtes – Änderungsprojekt der brasilianischen Gesellschaft zum Ausdruck bringen. Dieses Projekt zielt vor allen auf den Schutz der Menschen vor dem Staat, die Schaffung von mehr materieller Gerechtigkeit und Freiheit in der Gesellschaft, die Reduktion tiefgreifender materieller Ungleichheiten zwischen den Bürgern sowie die wirtschaftliche Entwicklung des Landes ab. Die Verfassung sieht die Grundsätze von Menschenwürde (Art. 1 III CF1988), sozialer Gerechtigkeit und Solidarität (Art. 3 I CF1988) an verschiedenen Stellen vor, die heute nach herrschender Meinung nicht nur als ein politisches Programm für die poli-

eine rechtsphilosophische Linie zwischen neuer und alter Verfassung gezogen, sondern auch zwischen der neuen Verfassung und dem damals geltenden liberalindividualistischen Zivilgesetzbuch, insbesondere durch die Regulierung von privatrechtlichen Figuren und Rechtsinstituten in erheblicher Abweichung zu der entsprechenden Ausgestaltung in der Kodifikation[270].

Die klassische Privatrechtslehre hat diese dogmatischen Änderungen in wichtigen Rechtsinstituten des Privatrechts zunächst ignoriert, weil man damals davon ausging, dass Zivilgesetzbuch und Verfassung unabhängig voneinander auszulegen seien[271]. *Bodin de Moraes* hat – in Anlehnung an die Theorie des italienischen Privatrechtslehrers *Pietro Perlingieri* – erstmals wegweisend auf die **nötige dogmatische Anpassung der Zivilrechtskodifikation** an die neuen Stoffe der Verfassung aufmerksam gemacht. Die Konstitutionalisierungslehre

---

tischen Akteure und den Gesetzgeber verstanden werden, sondern unmittelbare Geltung haben. Statt vieler: *Sarmento*, Ubiquidade constitucional, 113, 124 f.

270 Wie die Mehrheit der europäischen und lateinamerikanischen Verfassungen der Nachkriegszeit räumt die brasilianische einen breiten Katalog von Grundrechten in Art. 5 CF1988 ein, wo unter anderem typische privatrechtliche Institute positiviert sind, die entweder gar nicht oder nicht in ähnlicher rechtlicher Ausgestaltung im alten Zivilgesetzbuch vorgesehen waren. Beispiele dafür sind die Persönlichkeitsrechte und die damit verbundenen immateriellen Schäden (Art. 5 V und X CF1988), die damals in Theorie und Praxis schon relative Anerkennung genossen und inzwischen Platz im Zivilgesetzbuch haben. Die große Neuigkeit im Bereich des Schuldrechts war die Anerkennung des Verbraucherschutzes als Grundrecht (Art. 5 XXXII CF1988) und die Anordnung zur Erarbeitung eines Verbraucherschutzgesetzes (Art. 48 ADCT/CF1988). Im Gebiet von Sachen- und Familienrecht hat der Verfassungsgesetzgeber einige Rechtsinstitute völlig anders geregelt, so dass sie mit den grundlegenden Regeln und Prinzipien des alten Zivilgesetzbuches teilweise kollidieren. Im Sachenrecht sind vor allem die verfassungsrechtlichen Einschränkungen des Eigentumsrechts infolge der Sozialbindung (Art. 5 XXIII CF1988) zu nennen. Obwohl die Sozialbindung des Eigentums in Art. 147 der Verfassung von 1946 schon vorhanden war, hatte die Norm keine praktische Auswirkung im Zivilrecht. Vor allem hat das verfassungsrechtliche Eigentumsgrundrecht einen deutlich einschränkenden Charakter im Vergleich zum alleinnutzigen Eigentumscharakter von Art. 524 CC1916 gezeigt. Im Familienrecht hat der Verfassungsgesetzgeber in Arts. 226 bis 230 CF1988 tiefgreifende Änderungen vorgenommen wie die Gleichstellung von Männer und Frauen in der Familie und die Gleichheit von ehelichen und nichtehelichen Kindern. Außerdem hat er der ehelichen Familie die Lebenspartnerschaft gleichgestellt und dadurch die grundlegenden Konzepte des patriarchalischen Familienrechts der alten Kodifikation völlig umgeformt. Dies hat zur Folge, dass die Verfassung grundlegende Vorschriften des alten Zivilgesetzbuches außer Kraft gesetzt hat. Statt vieler: *Facchini Neto*, A revitalização do direito privado, 29, 38 f, der die Konstitutionalisierung des Zivilrechts als Folge der „Migration" von Rechtsinstituten und Grundsätzen des Privatrechts in die Verfassung betrachtet sowie auch als Ergebnis der modernen Auslegungstheorie.

271 Statt vieler: *Bodin de Moraes*, A caminho, 1, 2, laut dem das Privatrecht als Naturrecht verstandenwurde und sich dadurch von Verfassungsrecht als Produkt des Staates unterschieden habe, so dass beide Rechtssphären geradezu wasserdicht waren.

postuliert eine **Umformulierung der Privatrechtsdogmatik** anhand der verfassungsmäßigen Werte und Rechtsgrundsätze[272].

Und das bedeutet nicht bloß eine verfassungskonforme Auslegung in besonderen Fällen, um verfassungswidrige Lösungen zu vermeiden, sondern vielmehr „verfassungskonkretisierende Lösungen" zu finden[273], wie *Barroso* treffend ausdrückt. Das verlangt vielmehr die Durchführung einer „innerlichen Veränderung in der Struktur des Zivilrechts"[274], die vor allem der Rechtsanwender durch eine „verfassungskonforme Auslegung"[275] zu bewerkstelligen habe. Daraus resultiert die „Funktionalisierung" (*funcionalização*) der privatrechtlichen Institute, die das Verfassungsprojekt materialisieren soll[276]. Für *Bodin de Moraes* bestimmt die Verfassung nicht nur die **Annahme einer neuen Auslegungsmethode** durch den Rechtsanwender, sondern auch eine **Werteinversion im Privatrecht**, das seinen vermögensrechtlichen Charakter durch die Stellung des Menschen – und des daraus folgenden notwendigen Schutzes seiner Würde, Persönlichkeit und Freientwicklung – an der Spitze der Verfassung verloren hat[277].

Hier zeigt sich der Kern der Lehre der Konstitutionalisierung des Privatrechts: Ausgehend von einem hierarchischen Rechtssystem, in dem die Verfassung an der Spitze steht und folglich Vorrang vor und direkte Wirkung auf das Privatrecht hat,

---

272 *Tepedino*, Premissas metodológicas, 1, 22.

273 Neoconstitucionalismo, 1, 22. Laut *Barroso* kommt die Konstitutionalisierung des Rechts insbesondere durch die verfassungskomforme Auslegung zum Ausdruck, wodurch der materielle und wertende Inhalt der Verfassung auf die gesamte Rechtsordnung ausstrahle und ihre Auslegung beinflusse. Die Positivierung anderer Rechtsmaterien in der Verfassung sei eine Folge ihres pluralistischen Charakters, da sie verschiedenene und manchmal gegenseitige Interessen regele. Die Konstitutionalisierung des Rechts sei also eine Auslegungsfrage. Neoconstitucionalismo, 1, 12, 19.

274 *Bodin de Moraes*, A caminho, 1, 3f; *ders.*, Constituição e direito civil, 47, 57. Laut *Lôbo* sei die Konstitutionalisierung des Zivilrechts nicht nur eine Auslegungsmethode, sondern vielmehr eine Paradigmenänderung, die man im Privatrecht mit dem Übergang vom Liberal- zum Sozialstaat feststellen könne. Novas perspectivas, 1, 9.

275 *Lôbo*, Novas perspectivas, 1, 9.

276 *Leal* führt an, dass die Konstitutionalisierungslehre auch als eine funktionelle Privatrechtstheorie betrachtet werden kann, da sie eben darauf abzielt, die klassischen Konzepte und Rechtsinstitute des Privatrechts neu auszurichten. Dazu: Seis objeções, 87, 96.

277 Die Verfassung habe vor allem zu einer „Neupersonalisierung" (*repersonalização*) und „Vermögensdesorientierung" (*despatrimonialização*) des Privatrechts geführt. Das zeigt sich z. B. daran, dass der Schutz des Eigentums nicht mehr per se als absolutes Rechts erfolge, sondern nur dann, wenn es seine soziale Funktion erfüllle. Die Familie sei nicht wie in alten Kodex als Institution geschützt, sondern nur insofern sie die Entwicklung der Persönlichkeit ihrer Mitglieder ermögliche. Während die alte Kodifikation Kinder und Jugendliche nur in ihrer Vermögensphäre schützte, schütze die Verfassung bzw. das Sondergesetz (ECA) sie in allen Rechtsbereichen, vor allen in ihrer Persönlichkeitssphäre. Constituição e direito civil, 47 (58). In diesem Sinne auch: *Facchini Neto*, A revitalização do direito privado, 29, 38.

verpflichtet diese Strömung den Richter, die Privatrechtsnormen ständig verfassungskonform auszulegen[278]. Das bedeutet: Auch bei Bestehen einer spezifischen Regel für den betreffenden Sachverhalt muss er das aus der Subsumtion ermittelte Ergebnis immer einer verfassungskonformen Prüfung unterziehen, um die „konstitutionelle Rechtfertigung" dieses Ergebnisses zu finden[279]. Der Rechtsanwender hat also eine **permanente Verfassungskonformitätsprüfung** durchzuführen[280].

Das erlaubt ihm, das durch Auslegung der für den Fall vorgesehenen Regel gewonnene Ergebnis zu beseitigen, wenn es seiner Meinung nach nicht der besten verfassungskonformen Lösung entspricht. Das interpretative Ergebnis muss nach dieser Lehre nicht verfassungswidrig sein. Es reicht schon, wenn der Richter aus den Werten und Grundsätzen der Verfassung heraus eine bessere Lösung findet, denn er darf – laut *Bodin de Moraes* – die traditionellen Institute des Privatrechts nach dem „Geist der Verfassung" ändern[281], um sie an die Anforderungen der sich im ständigen Wandel befindenden Gesellschaft anzupassen[282]. *Lôbo* fasst die „neue Auslegungsmethode" mit Präzision zusammen: „Erst der Verfassungsgrundsatz, dann das auf ihn aufbauende Gesetz"[283].

Dass es dabei nicht um eine echte verfassungskonforme Auslegung geht, sondern vielmehr um eine **richterliche Derogation des geltenden Rechts**, liegt auf der Hand[284]. Die Kernidee der Schule des konstitutionalisierten Zivilrechts wirft erhebliche **rechts- und verfassungstheoretische Probleme** auf, worauf die Verfassungsrechtslehrer schon hingewiesen haben[285], die aber noch unbeantwortet durch die Konstitutionalisierungslehre bleiben[286]. Es gibt hier keinen Platz

---

278 Statt vieler: *Bodin de Moraes*, A caminho, 1, 5; *ders.*, Constituição e direito civil, 47, 56.

279 *Bodin de Moraes*, A caminho, 1, 11. Sie spricht in Anlehnung an *Piero Calamandrei* von „konstitutioneller Sensibilität" (S. 14).

280 *Fachin* spricht in diesem Sinne von einer ständigen „Rekonstitutionalisierung" des Zivilrechts. A „reconstitucionalização", 16, 18. Im gleichen Sinne auch *Lôbo*, Novas perspectivas, 1, 9, der sogar die „Illusion der scheinbaren Autonomie der Zivilgesetzgebung" kritisiert. Kritisch dagegen: *Leal*, Seis objeções, 87, 98 ff, der unter anderen vor dem Risiko einer „Pankonstitutionalisierung" der Privatrechtsordnung und des Zuwachses von hard cases durch eine ständige Konformitätsprüfung warnt (102 Fn. 43).

281 *Bodin de Moraes*, A caminho, 1, 11.

282 *Tepedino*, Premissas metodológicas, 1, 21.

283 Novas perspectivas, 1, 5, wo zu lesen ist: „A operação hermenêutica que estava invertida foi devidamente reposicionada: em primeiro lugar o princípio constitucional, depois a lei fundamentada nele."

284 In diesem Sinne auch *Ávila*, „Neoconstitucionalismo", 1, 8.

285 Vgl. dazu: *Leal*, Seis objeções, 87–142; *Sarmento*, Ubiquidade constitucional, 113–148 und *Ávila*, „Neoconstitucionalismo", 1–19.

286 In diesem Sinne: *Leal*, Seis objeções, 87, 105.

für eine Auseinandersetzung mit dieser Problematik. Man muss allerdings sagen, dass insbesondere die Übertreibung des konstitutionalisierenden Diskurses und die rechtsmethodologische Unsicherheit, die die postulierte „verfassungskonforme Auslegung“ mit sich bringt, stark kritisiert werden[287].

Problematisch ist bereits die überragende Rolle der Richter, die die Theorie der Konstitutionalisierung des Privatrechts dem Rechtsanwender zuweist, in dem sie ihm letztendlich die Befugnis gibt, die gesetzgeberische Entscheidung durch seine eigene, kaum kontrollierbare Entscheidung zu ersetzen, denn die Verfassungskonformitätsprüfung muss in jedem Fall und nicht nur in Ausnahmefällen durchgeführt werden und zwar auch bei Vorliegen „scheinbar perfekter Subsumtion“[288]. Die Ersetzung der Entscheidung des Gesetzgebers durch die Entscheidung des Rechtsanwenders wirft verfassungsrechtliche Legitimationsfragen auf, die den strukturellen Grundsatz der Gewaltenteilung erschüttern. Es ist in diesem Sinne äußerst fraglich, ob sich der Richter in jedem Einzelfall von der gesetzlichen Lösung distanzieren und eine neue Lösung kreieren darf[289]. Dahinter steht der naive Glaube, dass alle Lösungen in der Verfassung zu finden sind und dass der Richter in der Lage ist, bessere Lösungen zu schaffen als der Gesetzgeber selbst[290]. Dass dies zu einer unerträglichen **Unbestimmtheit des Privatrechts** und zu **Rechtsunsicherheit** führt, ist evident[291].

---

287 *Sarmento* spricht von „methodologischer Anarchie“ und „Karnevalisierung der Verfassung“, um die derzeitige häufige Praxis zu kritisieren, ein Sachverhalt nur mit Hinweis auf abstrakte verfassungsrechtliche Prinzipien zu lösen ohne Beachtung der dafür spezifischen Regel. Laut ihm sei es heute fast unmöglich, einen Prozess zu finden, in dem nicht irgendeine verfassungsrechtliche Norm durch eine Partei oder den Richter miteinbezogen wird, und das geschehe in jedem Rechtsgebiet. Der Diskurs über die Konstitutionalisierung des Rechts ist für ihn fast apologetisch geworden. Ubiquidade constitucional, 113, 115. Laut *Leal* leidet die Konstitutionalisierungslehre unter fehlenden Auslegungsmethoden, da sie zwar die Subsumtion ablehnt und die Lösung des Einzelfalls durch den „Verhältnismäßigkeitsgrundsatz“ schaffen will, die dafür erforderliche Prüfung der Geeignetheit (*adequação*), Erforderlichkeit (*necessidade*) und Angemessenheit, d. h. Verhältnismäßigkeit ieS (*proporcionalidade em sentido estrito*) jedoch nicht vornimmt und auch keine Kriterien für die Rationalitätskontrolle der richterlichen Entscheidung anbietet. *Leal*, Seis objeções, 87, 106 f.

288 *Bodin de Moraes*, A caminho, 1, 11.

289 In diesem Sinne: *Leal*, Seis objeções, 87, 121, der vor einem „institutionellen Ungleichgewicht“ warnt. Vgl. auch: *Ávila*, „Neoconstitucionalismo“, 1, 3 ff, 8.

290 *Leal*, Seis objeções, 87, 121. Dieser Glaube ist realitätsfern. Schon lange steht die Ausbildung und der Auswahlprozess zum Richteramt stark in der Kritik, weil das Verfahren hauptsächlich in einer Multiple-Choice Prüfung besteht, die das Wissen und die Fähigkeit der Kandidaten inadäquat bewertet. Immer mehr junge und unerfahrene Juristen, die die Gesetzestexte zwar auswendig im Kopf, aber dennoch keine ausrechenden theoretischen Kenntnisse haben, erreichen die sehr gut bezahlten Richterstellen. Forschungen haben das Problem schon festgestellt, das die

Die Verunsicherung erhöht sich dramatisch, wenn man berücksichtigt, dass diese Strömung keine konkreten und objektiven Kriterien für **eine rationelle und überprüfbare Rechtsfindung** liefert[292]. Es wird wie ein Mantra einfach auf „innovative" Kriterien wie Interessenabwägung, Verhältnismäßigkeit, Vernünftigkeit und auf eine systematische und axiologische Interpretation hingewiesen. Was das konkret bedeutet und wie man eine subjektive und willkürliche Rechtsetzung durch den Richter vermeidet, erklärt die Konstitutionalisierungslehre in keiner überzeugenden Weise[293]. Sie unterstützt vielmehr rein beliebige Entscheidungen, indem sie sagt, dass der Richter jeden auf das Zivilgesetzbuch gestützten Beschluss mit den verfassungsrechtlichen Prinzipien in Einklang bringen müsse, auch wenn er nicht ausdrücklich auf die verwendeten Prinzipien hinweist[294]. Die Gerichte nutzen gerne und oft solche durch die herrschende Meinung ausgestellten Freibriefe.

Dass der Bezug auf die „neuen Auslegungsmethoden" in der Praxis rein formell und rhetorisch erfolgt, ist schon allgemein bekannt[295]. Nicht von ungefähr hat die neue brasilianische Zivilprozessordnung aus dem Jahr 2015 die alten Vorschriften über die Urteilsfassung umformuliert und in Art. 489 §§ 1 bis 3 CPC/

Folge einer gravierenden Krise in der Juristenbildung darstellt. Vgl. dazu unter anderen: *Streck*, Concurso público: é só nao fazer perguntas imbecis, Conjur, 28.02.2013, in: www.conjur.com.br, und zuletzt: 21 razões pelas quais Temer acertou ao indicar Alexandre de Moraes para o STF, Conjur, 09.02.2017, in: www.conjur.com.br. Kritisch dazu auch: *Rodrigues Junior*, Dogmática e crítica da jurisprudência, 1–31.

291 *Leal*, Seis objeções, 87, 127.

292 *Leal*, Seis objeções, 87, 107.

293 *Schreiber* sagt in diesem Sinne, dass die von ihm ohne Weiteres angenommene Rechtsfortbildung nicht völlig frei sei wie etwa in der freien Rechtslehre, weil sie an die „Auswahl und Werte der Rechtsordnung" gebunden sei, was umgekehrt eine Begründungskontrolle ermögliche. Das konstitutionalisierte Zivilrecht verlange laut ihm eine an die Werte der Verfassung gebundene Rechtsbildung. Direito civil e constituição, 1, 16. Es fehlt also jegliche überzeugende Begründung und Auseinandersetzung mit den Einwänden gegen die Neokonstitutionalismustheorie.

294 *Lôbo*, Novas perspectivas, 1, 3.

295 *Leal* führt zu Recht ein, dass die Aufnahme der Prinzipientheorien in die brasilianischen Praxis untechnisch, rein opportunistisch und schlicht die Folge einer Mode ist. Insbesondere der Verhältnismäßigkeitsgrundsatz wird rein rhetorisch angewendet, da die Gerichte – einschließlich des STF – die Kriterien von Geeignetheit, Erforderlichkeit und Angemessenheit (Verhältnismäßigkeit ieS) in den Entscheidungen kaum berücksichtigen. Seis objeções, 87, 107, m.w.N. zur Literatur. Kritisch dazu auch der Verfassungsrichter *Eros Grau* in seinem Votum bei STF, ADPF 101, 206, 212 ff, Urt. vom 24.06.2009, der ausdrücklich sagt, dass die meisten auf den Proportionalitätsgrundsatz gestützten Entscheidungen rein willkürlich erfolgen und dass dies der Rechtssicherheit und Rechtsrationalität schadet. Auf S. 215 sagt er, dass der Rechtsadressat unter der Tyrannei des Richtertums steht, das mittels der Grundsatzabwägung seine eigenen Werte durchsetze.

2015 Begründungsanforderungen eingefügt. Laut Art. 489 § 2 CPC/2015 muss der Richter bei Normenkollision genau angeben, welche Gründe die Beseitigung einer anwendungsfähigen Norm rechtfertigen und welche Kriterien er bei dem Abwägungsprozess im konkreten Fall angewendet hat. Der bloße Hinweis unter anderem auf Vorschriften, Grundsätze oder Rechtsprechung, ohne genau darzustellen, warum und inwieweit sie im Einzelfall anzuwenden sind, reicht für die Urteilsbegründung gemäß Art. 489 § 1 CPC/2015 nicht aus[296].

Nicht unbedeutend ist auch die **Entleerung der Funktion und Rolle des Zivilgesetzbuches**, die die Theorie der Konstitutionalisierung des Zivilrechts verursacht[297]. Das ist in Brasilien besonders problematisch, wo das Zivilgesetz-

---

296 „Art. 489. São elementos essenciais da sentença: I – o relatório, que conterá os nomes das partes, a identificação do caso, com a suma do pedido e da contestação, e o registro das principais ocorrências havidas no andamento do processo; II – os fundamentos, em que o juiz analisará as questões de fato e de direito; III – o dispositivo, em que o juiz resolverá as questões principais que as partes lhe submeterem.

§ 1º. Não se considera fundamentada qualquer decisão judicial, seja ela interlocutória, sentença ou acórdão, que: I – se limitar à indicação, à reprodução ou à paráfrase de ato normativo, sem explicar sua relação com a causa ou a questão decidida; II – empregar conceitos jurídicos indeterminados, sem explicar o motivo concreto de sua incidência no caso; III – invocar motivos que se prestariam a justificar qualquer outra decisão; IV – não enfrentar todos os argumentos deduzidos no processo capazes de, em tese, infirmar a conclusão adotada pelo julgador; V – se limitar a invocar precedente ou enunciado de súmula, sem identificar seus fundamentos determinantes nem demonstrar que o caso sob julgamento se ajusta àqueles fundamentos; VI – deixar de seguir enunciado de súmula, jurisprudência ou precedente invocado pela parte, sem demonstrar a existência de distinção no caso em julgamento ou a superação do entendimento.

§ 2º. No caso de colisão entre normas, o juiz deve justificar o objeto e os critérios gerais da ponderação efetuada, enunciando as razões que autorizam a interferência na norma afastada e as premissas fáticas que fundamentam a conclusão.

§ 3º. A decisão judicial deve ser interpretada a partir da conjugação de todos os seus elementos e em conformidade com o princípio da boa-fé."

Erstaunlich ist die Reaktion des Richterverbands auf diesen Vorschrift: Es gab erhebliche Kritik gegen die erforderlichen Urteilsbegründungen, insbesondere mit der Rechtfertigung, der Prozess werde noch länger dauern, wenn der Richter das Urteil „so detalliert" begründen muss. Statt vieler: Conjur, Juízes pedem veto a artigo que traz regras para fundamentação das decisões, 04.03.2015, in: www.conjur.com.br.

297 *Tepedino* sagt ausdrücklich, dass das Zivilgesetzbuch seine Rolle als „Verfassung des Privatrechts" durch die Fragmentierung der Privatrechtsordnung endgültig verloren habe und dass die Einheit der Rechtsordnung nur in der Wertegrundlage der Verfassung zu finden sei, so dass der Bezugspunkt nicht mehr in der Zivilrechtskodifikation, sondern in der Verfassung liege. Premissas metodológicas, 1, 7, 13. Das wird wie ein Mantra im Schrifttum wiederholt. Statt vieler: *Facchini Neto*, A revitalização do direito privado, 29, 33. Sein Schüler *Ehrhardt Júnior* hat die Idee weiterentwickelt und jüngst proklamiert, dass das Zivilrecht nicht mehr im Zentrum der Privat-

buch seine Zentralstellung in der Privatrechtsordnung durch zahlreiche Sondergesetze, aber vornehmlich durch die ausgedehnte Anwendung des Verbraucherschutzgesetzes verloren hat. Betrachtet man den historischen Kontext, dem die Konstitutionalisierungsschule entstammt, ist leicht zu erkennen, dass sie eine entscheidende Rolle bei der **Modernisierung des brasilianischen Privatrechts** gespielt hat.

Denn sie hat die Anerkennung der inhaltlichen Änderungen vor allem im Bereich von Sachen-, Familien- und Persönlichkeitsrecht, die die Verfassung eingeführt hat und die mit den Normen des damaligen Zivilgesetzbuches kollidierten, im Privatrecht ermöglicht. Dafür hat sich die Schule des konstitutionalisierten Zivilrechts – in Anlehnung an die Neokonstitutionalismus-Theorie – zu Recht gegen die damals allgemeine Auffassung gestellt, dass die verfassungsrechtlichen Normen rein programmatisch seien, die noch der Konkretisierung durch den ordentlichen Gesetzgeber bedürften, und dass die verfassungsrechtlichen Prinzipien als allgemeine Rechtsgrundsätze zu betrachten seien und nach Art. 4 des Einführungsgesetzes zum Zivilgesetzbuch erst bei Gesetzeslücken und nach erfolglosem Rekurs auf die Analogie und die Bräuche zur Anwendung kommen[298]. Sie hat sich auch gegen die Idee gestellt, dass Privatrecht und Verfassungsrecht unabhängig voneinander auszulegen seien[299]. Diese von ihr kritisierten Ideen sind heute definitiv überwunden.

Mit dem neuen Zivilgesetzbuch hat diese Strömung viel an Überzeugungskraft verloren, weil die neue Privatrechtskodifikation inhaltlich – trotz aller Defizite – mit der Verfassung grundsätzlich in Einklang steht und strukturell über die passenden Mechanismen (Prinzipien, unbestimmte Rechtsbegriffe und Generalklauseln) für einen Einfluss der verfassungsmäßigen Werte auf das Privatrecht

rechtsordnung stehe, sondern stattdessen an seine Stelle die verfassungsrechtlichen Prinzipien treten, wie Menschenwürde und Solidarität. In: Direito civil constitucional, 301, 305.

298 *Tepedino*, Premissas metodológicas, 1, 18. Laut der Norm: „Art. 4º Quando a lei for omissa, o juiz decidirá o caso de acordo com a analogia, os costumes e os princípios gerais de direito."

299 *Barroso* erklärt, dass die dogmatische Trennung zwischen Verfassungs- und Zivilrecht auf die französische Revolution zurückführen sei: Mit der Verkündigung der Verfassung 1791 und des Code Napoleon 1804 wurde klar geworden, dass der erste die Beziehung zwischen Staat und Bürgern und der zweite die Berziehung zwischen den Bürgern untereinander regelt. Dazu kommt laut ihm noch die Tatsache, dass anders als in Amerika, wo die Verfassung seit 1787 als Norm verstanden wird, die Verfassung in Frankreich viel mehr einen politischen Blatt (*carta política*) bedeutete, d.h., ein politisches Program ohne Bindungskraft gerichtet auf den Gesetzgeber, der sie durch Verkündigung entsprechenden Gesetzen konkretisieren solle. Diese Auffassung habe sich unter Einfluss des französischen Rechts in verschiedenen Ländern unter anderen Brasilien verbreitet. Neoconstitucionalismo, 1, 23f.

verfügt[300], die eine Rechtsfortbildung und Rechtsanpassung an die gesellschaftlichen Anforderungen ermöglichen können. Es geht hier selbstverständlich nicht um die Verneinung der Bedeutung der Verfassung für die **Anwendung, Auslegung und Fortbildung des Privatrechts**, sondern vielmehr um Ehrlichkeit in der Rechtsfindung. Man darf nicht jede Rechtserkenntnis in der Verfassung begründen, sondern nur diejenige, die man inhaltlich tatsächlich aus dem verfassungsrechtlichen Stoff gewinnt.

Niemand bezweifelt, dass die Verfassung bedeutende privatrechtliche Rechtsinstitute und Grundsätze enthält und Wertmaßstäbe liefert, die im gesamten Privatrecht zu beachten sind[301]. Noch weniger steht in Frage, dass Gesetzeslücken demgemäß mit den verfassungsmäßigen Rechtsgrundsätzen übereinstimmend ausgefüllt werden müssen, genauso wie die richterliche Rechtsfortbildung dadurch bestimmt werden muss. Die aus den Grundrechten resultierende Werteordnung spielt in vielen aktuellen Fragen eine entscheidende Rolle. Eine so gewonnene Lösung kann im Ergebnis als Einwirkung der Verfassung auf das Privatrecht betrachtet werden, weil die verfassungsrechtlichen Werte und Grundsätze für die Entscheidung den tragenden Grund bilden. Das ist jedoch nicht der Fall bei der culpa in contrahendo, weil die verfassungsrechtlichen Werte und Grundsätze keinen tragenden Grund für die Haftungsbegründung und für die Rechtsfolgenbestimmung bilden, wie oben nachgewiesen. Der Hinweis auf die Verfassung scheint in diesem Fall rein opportunistisch zu sein. Man darf also die Haftung in contrahendo **nicht als dogmatischen Gewinn der Konstitutionalisierungslehre** ansehen.

4.3. Culpa in contrahendo unter dem Einfluss des Verbraucherschutzgesetzes

Anders als die Konstitutionalisierungslehre hat die Verbraucherschutzbewegung vielmehr zur Dogmatik und Rechtsentwicklung der vorvertraglichen Haftung beigetragen. Denn das Verbraucherschutzgesetz[302] hat den Grundsatz

---

300 Dass die neue Privatrechtskodifikation einige in Verfassung vorgesehene Grundsätze vorsieht, erkennt auch *Rosado de Aguiar*, O novo código civil, 1, 3. Einige Beispiele von Generalklauseln findet man in Art. 12 CC2002 (Persönlichkeitsschutz), Art. 186 iVm Art. 927 CC2002 (deliktsrechliche Generalklausel), Art. 187 CC2002 (unzulässige Rechtsausübung), Art. 113 CC2002 (Treu und Glauben als Auslegungskriterium), Art. 421 CC2002 (Vertragsfreiheit bedingt durch sozialle Funktion) und Art. 422 CC2002 (pflichtbegründende Funktion von Treu und Glauben). Über die genannten Beispiele aus allgemeinem Teil und Schuldrecht hinaus findet man weitere Mechanismens in den anderen Rechtsbereichen.

301 *Larenz/Wolf*, AT, S. 87.

302 Lei 8.087 vom 11.09.1990, auch Verbraucherschutzgesetzbuch – *Código de Defesa do Consumidor* – CDC genannt. In der Lehre und Rechtsprechung bestehen keine Zweifel, dass es sich

von Treu und Glauben in der brasilianischen Rechtsordnung ausdrücklich positiviert und durch die Auferlegung vorvertraglicher Informations- und Aufklärungspflichten die Aufmerksamkeit auf das vorvertragliche Stadium gelenkt, das die traditionelle Lehre immer als eine Unverbindlichkeitsphase betrachtet hat. Mit dem Verbraucherschutzgesetz kann man von einer echten **Änderungswelle** im brasilianischen Privatrecht sprechen. Man spricht sogar von einer „Revolution im Privatrecht“[303].

Das lässt sich durch den Umstand erklären, dass das Verbraucherschutzgesetz viele moderne Instrumente in der brasilianischen Rechtsordnung positiviert hat, die das **Bestreben nach einer Materialisierung des Privatrechts** befriedigen können[304] – um *Canaris*‘ Begriff treu zu bleiben. Vor allem bedeutete das Sondergesetz einen **Bruch mit dem formalistischen und liberalindividualistischen Rechtsdenken.** Der Anachronismus der alten Privatrechtskodifikation hat zur Anwendung der verbraucherrechtlichen Mechanismen auf Fälle geführt,

---

dabei um ein „Gesetzbuch“ handele. Statt vieler: *Grinover et al.*, CDC comentado, S. 9. Gegen die Bezeichnung des Verbraucherschutzgesetzes als Gesetzbuch: *Schmidt*, Zivilrechtskodifikation, S. 235f, der zu Recht beachtet, dass das Gesetz keine systematische und vollständige Regelung eines bestimmten Lebensbereichs sei, hingegen eine Sammlung höchst heterogener Bausteine, die im Auge eines europäischen Betrachters vielmehr als eine „kompilationsartige Aneinanderreihung von verschiedenen Richtlinien“ erscheine. Das Verbraucherschutzgesetz wurde nach dem Vorbild schon bestehender ausländischer Gesetze erstellt wie etwa aus Mexiko (1976), Québec (1979), Portugal (1981) und Spanien (1984) und überwiegend nach dem französischen Entwurf von *Jean Calais-Auloy*, der später der sog. *Code de la Consommation* geworden ist. Auch die deutschen Gesetze wurden berücksichtigt wie z.B. das AGB-Gesetz von 1976. Vgl. *Benjamin/Lima Marques/Bessa*, Manual, S. 50f. Insbesondere sind wichtige, aus Treu und Glauben hergeleitete Rechtsinstitute rezipiert worden, wie der Wegfall der Geschäftsgrundlage und die Kategorie der Nebenpflichten.

303 Statt vieler: *Sérgio Cavalieri*, Programa de direito do consumidor, S. 24. In der Rechtsprechung findet man unzählige Entscheidungen, in denen der dogmatische Abstand des Verbraucherschutzgesetzes zum Zivilgesetzbuch bzw. zur klassischen Schuldrechtsdogmatik betont wird. Statt vieler: „Relação de consumo. Principiologia referente aos contratos de consumo. Ao analisar o contrato, com suas diversidades, e que se constitui alvo especial do chamado Direito do consumidor, está o juiz nesse alinhamento bem longe da principiologia clássica do contrato, onde se presumia que as partes eram livres para contratar, e eram iguais, sem qualquer distinção de informação, conhecimento e poder de cada uma. A atuação do magistrado, frente a uma relação de consumo, pode e deve ser mais dinâmica, pretendendo assegurar a igualdade das partes ao mesmo plano jurídico. (...)“, TJRS, Apelação Cível 197278518, 21ª. Câmara Cível, Rel. Francisco José Moesch, Urt. vom 17.06.1998.

304 Statt vieler: *Junqueira de Azevedo*, RDC 18/1996, 23. Laut ihm kann man im Verbraucherschutzgesetz einen „Ersatz“ (!) – er benutzt genau dieses deutsche Wort – für das Zivilgesetzbuch oder zumindest einen Anhaltspunkt für die Modernisierung des Privatrechts sehen, dessen Reform damals durch das Scheitern verschiedener Entwürfe frustrierte.

die unter den Geltungsbereich der großen Kodifikation fallen, und das hat folgerichtig zu einer uferlosen Expansion des Anwendungsfeldes dieses Sondergesetzes geführt, die mit dem Inkrafttreten der neuen Kodifikation nicht beendet werden konnte.

Das Verbraucherschutzgesetz wird heutzutage in der brasilianischen Lehre und Rechtsprechung geradezu verehrt. Zum einem, weil kein anderes Gesetz eine solche praktische und erzieherische Wirkung erzielt hat wie das Verbraucherschutzgesetz. Vor allem aber, weil das Gesetz die „menschliche Dimension" des Verbrauchers – früher ein rein unpersonalisiertes Wesen oder bloßer Adressat von Produkten und Dienstleistungen (homo oeconomicus) im Konsumentenmarkt – gerettet habe[305] und den von der Verfassung angeordneten Schutz des Menschen konkretisiere. Aufgrund der Interpolation von Verbraucherschutz- und Konstitutionalisierungsbewegung[306] wird der Verbraucherschutz in Brasilien zunehmend als **Ausfluss der Menschenwürde** verstanden, denn es gehe dabei nicht nur um den Schutz des Verbrauchers als „besondere Kategorie", sondern vielmehr um den Schutz der Persönlichkeit und der existentiellen Werte[307]. Richtig dabei ist, dass das Verbraucherrecht ein kritisches Überdenken des Privatrechts in Gang gesetzt[308] und in Brasilien eine ganz andere Bedeutung als in Deutschland erlangt hat.

In der Tat: Während im deutschen Zivilrecht Pfeiler eines „Verbraucherrechts" im klassischen Privatrecht entwickelt wurden, insbesondere die Aufklärungspflicht, die Schutzpflichten und die Inhaltskontrolle von Vertragsklauseln, und deswegen das Europäische Verbraucherrecht nur noch verfeinernd einwirkt, so dass sein Sonderrechtscharakter in Frage gestellt wird[309], ist die Rechtslage und

---

305 *Facchini*, A revitalização, 29, 41.

306 Die Verbraucherrechtslehre hat den brasilianischen Konstitutionalisierungsdiskurs aufgenommen, was durch die Tatsache begünstigt wird, dass die Verfassung dem Verbraucherschutz den Rang eines Grundrechts in Art. 5 XXXII einräumt. Statt vieler: *Benjamin/Lima Marques/Bessa*, Manual, S. 68.

307 *Tepedino*, Os contratos de consumo, 123, 124; *ders.*, Código de defesa do consumidor, 405, 406. Diese Auffassung ist jedoch fragwürdig, denn sie suggeriert, wie *Schmidt*, Zivilrechtskodifikation, S. 276 treffend beachtet, dass die Verbrauchereigenschaft ein Status sei, was jedoch nicht zutrifft, weil der brasilianische Verbraucherbegriff, so wie der deutsche auch, rollenbezogen ist. In diesem Sinne betont *Filomeno*, der an der Earbeitung des Verbraucherschutzgesetzes teilnahm, dass der Verbraucherbegriff rein wirtschaftlicher Natur ist und keinen soziologischen, psychologischen oder philophischen Charakter aufweist. In: CDC Comentado, Art. 1–3, S. 26 f.

308 In diesem Sinne: *Tepedino*, Código de defesa do consumidor, 405 und *Benjamin/Lima Marques/Bessa*, Manual, S. 51, laut denen das Verbraucherschutzgesetz eine „originelle Rechtsfortbilung" des brasilianischen Privatrechts ermöglicht habe.

309 Zur Diskussion in Deutschland vgl. etwa *Schmidt*, Zivilrechtskodifikation, S. 267 ff, m.w.N. zur Literatur. Er kommt zu dem Schluss, dass Verbraucherschutzrecht kein Sonderprivatrecht in Deutschland sei (S. 273), in Brasilien dagegen schon, weil das brasilianische Verbraucherrecht

Rechtsentwicklung in Brasilien grundlegend anders. Es zeigt in *terra brasili* einen **Umbruchcharakter**[310], indem es von der traditionellen Privatrechtsdogmatik eindeutig abweicht und sich davon formell und materiell abgrenzt.

Das Verbraucherschutzgesetz steht in Opposition vor allem zu der alten Privatrechtskodifikation. Schon rechtsphilosophisch unterscheiden sich beide Werke: Während das Sondergesetz von einer sozialen Leitlinie geprägt ist, die schon in dem Schutz des strukturell unterlegenen Verbrauchers und in dem Anliegen, Selbstbestimmung und Vertragsgerechtigkeit materiell zu gewährleisten, zum Ausdruck kommt, zeigt das Zivilgesetzbuch von 1916 – wie die Kodifikationen seiner Zeit – einen liberalindividualistischen Charakter auf, der im rechtsgeschäftlichen Bereich vornehmlich durch die Grundsätze der Willensautonomie, Vertragsfreiheit, *pacta sunt servanda* (Vertragsbindung) und Relativität des Schuldverhältnisses deutlich wird[311]. Strukturell grenzt sich das Sondergesetz von der alten Kodifikation dadurch ab, dass es ein offenes System darstellt, das sich aus Regeln, Prinzipien, Generalklauseln und unbestimmten Rechtsbegriffen zusammensetzt, die das Sondergesetz an die Lebenswirklichkeit anpassungsfähig macht[312].

Insbesondere grenzen sich aber beide normativen Werke voneinander inhaltlich ab, indem das Verbraucherschutzgesetz **zahlreiche Instrumente zur Herstellung von materieller Selbstbestimmung und Vertragsgerechtigkeit** bereitstellt, die dem alten Kodex völlig fremd waren. Ausgehend von einer strukturellen „Verwundbarkeit" (*vulnerabilidade*) des Verbrauchers sieht das Gesetz zunächst eine Reihe von grundlegenden Rechten des Verbrauchers vor, wie z. B. Schutz-, Informations-, Aufklärungs- und Loyalitätspflichten, die insbesondere den Schutz der persönlichen und vermögensrechtlichen Sphäre[313] der Konsumenten bezwecken.

---

von einem strukturellen Ungleichgewicht zwischen Verbrauchern und Unternehmen ausgehe und dementsprechend die Vertragsfreiheit stark einschränke (S. 281).

310 *Rosado de Aguiar* akzentuiert den Umbruchcharakter des Verbraucherschutzgesetzes in der brasilianischen Rechtsordnung und bemerkt, dass dieses Phänomen in den europäischen Rechtsordnungen nicht zu finden sei, weil man dort eine Zwischenphase ausmachen könne, in der die alten Rechtsinstitute schon vor Entstehung von Verbraucherschutzgesetzen modernisiert wurden. Aspectos do código de defesa do consumidor, 1, 26.

311 Statt vieler: *Benjamin/Lima Marques/Bessa*, Manual, S. 47, 49.

312 *Rosado de Aguiar* weist zu Recht darauf hin, dass die alte Kodifikation zwar nicht viele, aber doch bereits Generalklauseln enthielt wie Arts. 159 (Deliktshaftung), 160 I (Rechtsmissbrauch), 927 (Vertragsstrafeherabsetzung) oder 964 (ungerechtfertigte Bereicherung). Lehre und Rechtsprechung waren aber nicht in der Lage, mit solchen Instrumenten umzugehen. O novo código civil, 1, 7.

313 In diesem Sinne: *Benjamin/Lima Marques/Bessa*, Manual, S. 103, 111.

Die Lehre leitet daraus die beiden grundlegenden Pflichten für die im Konsumentenmarkt tätigen Unternehmen ab: Schutzpflicht (*dever de proteção*), die den Verbraucher in seiner körperlichen Integrität und in seinem persönlichen Eigentum schützt und eine Qualitätspflicht (*dever de qualidade*), die ihn vor vermögensrechtlichen Schäden infolge von Sachmängeln bewahren soll. Die Verletzung dieser beiden Pflichten bildet die zwei maßgeblichen Haftungskategorien des Verbraucherrechts: Haftung für fehlerhafte(n) Produkte/Service (*responsabilidade por fato do produto/serviço*) und Haftung für mangelhafte(n) Produkte/Service (*responsabilidade por vício do produto/serviço*). Die erste entspricht der deutschen Produkthaftung, allerdings mit dem Unterschied, dass sie sich auf die Haftung für fehlerhafte Dienstleistung erstreckt. Die zweite Haftungskategorie findet ihre Parallele in der Gewährleistungshaftung des Zivilgesetzbuches, von der sie sich aber erheblich unterscheidet[314].

Das Verbraucherschutzgesetz beschäftigt sich – anders als das alte Zivilgesetzbuch – mit dem vorvertraglichen Stadium und statuiert vorvertragliche Pflichten, insbesondere Informations- und Aufklärungspflichten, die eine störungsfreie Vertragsentscheidung des Verbrauchers gewährleisten sollen. Es stellt sich gegen die allgemein angenommene Unverbindlichkeit der vorvertraglichen Phase und knüpft eine Bindungswirkung an jegliche vorvertragliche Äußerung des Anbieters von Produkten und Dienstleistungen im Konsumentenmarkt (Art. 30), die nicht bloß eine *invitatio ad offerendum*, sondern ein bindendes Angebot darstellt[315] und integraler Bestandteil des abzuschließenden Vertrages wird, so dass der Vertrag mit dem in der Werbung mitgeteilten Inhalt zustande kommt.

Bei Widerruf oder Nichteinhaltung der Offerte kann der Verbraucher nach Art. 35 CDC Kontrahierungszwang und Erfüllung, eine Ersatzleistung oder Rücktritt von Vertrages plus Schadensersatz verlangen[316]. Hier zeigt sich ein erster

---

314 Über das Gewährleistungsregime in beiden Werken vgl. Kapitel 3 D III 3.2.

315 *Nery*, in: CDC comentado, Arts. 46–54, S. 452. Er bestimmt den Unterschied zwischen beide Figuren auch terminologisch: die Offerte (*oferta*) des Verbraucherrechts überwinde das Institut des Angebotes des Zivilgesetzbuches (S. 453).

316 Laut *Benjamin/Lima Marques/Bessa* (Manual, S. 184 ff) zeigt sich die Bindungswirkung der Offerte bzw. vorvertraglichen Information in zweierlei Hinsicht: durch die Abschlusspflicht und durch die Aufnahme der vorvertraglichen Äußerungen in den Vertragsinhalt. In der Rechtsprechung vgl. statt vieler: STJ REsp. 431.405, T3, Rel. Min. Nancy Andrighi, Urt. vom 03.09.2002, DJ 28.04.2003, dessen Leitsatz lautet: „Consumidor. Recurso Especial. Publicidade. Oferta. Princípio da vinculação. Obrigação do fornecedor. O CDC dispõe que toda informação ou publicidade, veiculada por qualquer forma ou meio de comunicação com relação a produtos e serviços oferecidos ou apresentados, desde que suficientemente precisa e efetivamente conhecida pelos consumidores a que é destinada, obriga o fornecedor que a fizer veicular ou dela se utilizar, bem

Unterschied zum alten Kodex, der abgesehen vom Dolusverbot (Arglist) keine vorvertraglichen Pflichten vorgesehen und an vorvertragliche Äußerungen keine Bindungswirkung geknüpft hat[317]. Außerdem resultierte nach herrschender Meinung aus dem Widerruf eines bindenden Angebots keine Abschluss- und Erfüllungspflicht, sondern nur eine Verpflichtung zum Ersatz des negativen Interesses[318].

Eine weitere bedeutende Neuerung war damals die in Art. 51 CDC eingeräumte richterliche Inhaltskontrolle von Verbraucherverträgen, die darauf abzielt, den Konsumenten vor einseitig statuierten missbräuchlichen Klauseln zu schützen, was in der alten Privatrechtskodifikation aufgrund der unbegrenzten Herrschaft der Vertragsfreiheit und des *pacta sunt servanda* unvorstellbar war[319]. Außerdem erlaubt das Sondergesetz eine Vertragsänderung bei unverhältnismäßigen Leistungen oder bei nachträglicher Änderung der Geschäftsgrundlage (Art. 6 V CDC), wodurch das Verbraucherschutzgesetz von der damaligen allgemeinen Rechtslage erheblich abweicht, und bestimmt eine Vertragsauslegung zugunsten des Verbrauchers (Art. 47 CDC).

Alle diese Neuerungen seien Ausfluss des Grundsatzes von Treu und Glauben, der als grundlegende Säule des Verbraucherrechts in Art. 4 III CDC vorgesehen ist[320]. Eine letzte nennenswerte Abweichung vom System des Zivilgesetzbuches ist die Statuierung einer verschuldensunabhängigen und solidarischen Haftung für die gesamte Produktions- und Lieferkette, die sich vom allgemeinen Verschuldensprinzip stark distanziert. Die herrschende Meinung geht deshalb davon aus, dass das Verbraucherschutzgesetz die Dichotomie zwischen Vertrags- und Deliktshaftung überwunden und eine Einheitshaftung festgelegt habe[321].

---

como integra o contrato que vier a ser celebrado. Se o fornecedor, através de publicidade amplamente divulgada, garantiu que os imóveis comercializados seriam financiados pela Caixa Econômica Federal, submete-se a assinatura do contrato de compra e venda nos exatos termos da oferta apresentada.".

317 Die invitatio ad offerendum (convite a contratar) war ebenfalls wirkungslos, wie letztendlich die gesamte vorvertragliche Phase. In diesem Sinne: *Benjamin/Lima Marques/Bessa*, Manual, S. 182ff, die die Behandlung der Werbung in Art. 30 und 35 CDC als „revolutionär" betrachten.

318 *Nery*, in: CDC comentado, Arts. 46–54, S. 452.

319 Statt vieler: *Benjamin/Lima Marques/Bessa*, Manual, S. 279. *Nery* bemerkt, dass die damalige brasilianische Lehre den allgemeinen Geschäftsbedingungen keine Aufmerksamkeit geschenkt hat, in: CDC comentado, Arts. 46–54, S.460, m.w.N. zur Literatur. Zum Thema: *Orlando Gomes*, Contratos de adesão, São Paulo (1972) und *Pasqualotto*, Defesa do consumidor, RT 651 (1990), 52–72. Für *Rosado de Aguiar* ist die richterliche Inhaltskontrolle das Hauptinstrument des Verbraucherschutzes. Aspectos do código de defesa do consumidor, 1, 14.

320 Statt vieler: *Benjamin/Lima Marques/Bessa*, Manual, S. 59.

321 Statt vieler: *Lima Marques*, Contratos, S. 621 und *Benjamin/Lima Marques/Bessa*, Manual, S. 115.

Alle diese – meistens aus Europa importierten – dogmatischen Neuerungen haben dem Verbraucherrecht den Status eines modernen Rechtsgebietes gegeben und dem Verbraucherschutzgesetz einen **„expansiven" Geltungsanspruch** außerhalb seines ursprünglichen Anwendungsbereichs gegeben[322], so dass das Spezialgesetz immer mehr auf Sachverhalte Anwendung findet, die eigentlich dem Geltungsbereich des Zivilgesetzbuches unterliegen. Grund dafür waren sicherlich die Defizite der alten Kodifikation[323]. Man kann hier schon sagen, dass dies eine weitere aktuelle Tendenz ist, die sich auf einen breiten Verbraucherbegriff, auf die neue Auslegungsmethode des „Quellendialogs"[324] sowie auf die

---

322 *Tepedino* spricht dem Verbraucherschutzgesetz eine „Berufung zur Expansion" zu, Os contratos de consumo, 123, 133 und *Rosado de Aguiar*, Emerj 2003, 1, 16.

323 In diesem Sinne: *Rosado de Aguiar*, O novo código civil, 1, 2 und *Schmidt*, Zivilrechtskodifikation, S. 296.

324 Laut *Schmidt* hat *Erik Jayme* die Lehre vom „Dialog der Quellen" für das Kollisionsrecht entwickelt, d. h. wenn unterschiedliche Rechtsquellen bestehen, die nicht mehr in einer klaren Hierarchie zueinander stehen. Im Kollisionsrecht der europäischen Staaten gelte dies insbesondere für das Nebeneinander von Staatsverträgen, Richtlinien und nationalem Recht, so dass der Rechtsanwender – anstatt einer einzigen Rechtsquelle Vorrang einzuräumen – versuchen müsse, eine Konkordanz zwischen den Rechtsquellen in einer Art „Dialog der Quellen" herzustellen und ihre Ziele miteinander zu harmonisieren. *Lima Marques*, die bei *Erik Jayme* promovierte, hat diese Idee nach Brasilien importiert und auf das Verhältnis von Verbraucherschutzgesetz und Zivilgesetzbuch übertragen. Dazu: Zivilrechtskodifikation, S. 291. Zusammenfassend geht *Lima Marques* davon aus, dass beide Gesetze nicht isoliert angewendet werden können, weil auf zahlreichen Ebenen Wechselwirkungen bestehen. Unter Umständen müssen beide Gesetze gleichzeitig zur Anwendung kommen. Sie spricht von drei verschiedenen Arten von Quellendialog. Ein Kohärenzdialog liege vor, wenn ein Gesetz die konzeptuelle Basis für ein anderes bilde. In diesem Sinne enthalte das Zivilgesetzbuch den Begriff von Nichtigkeit, juristischer Person, Verjährungs- und Ausschlussfristen, die bei Anwendung des Verbraucherschutzgesetzes herangezogen werden müssen. Ein Komplementär- oder Subsidiaritätsdialog finde statt, wenn ein Gesetz die Anwendung eines anderen ergänze. Das rechtfertige z. B. die Anwendung von Verjährungs- und Ausschlussfristen der Kodifikation auf verbraucherrechtliche Sachverhalte, wenn ihre Anwendung für den Verbraucher günstiger sei. Ein Dialog von gegenseitigen systematischen Einflüssen – auch Koordinierungs- und Anpassungsdialog genannt – liege in den Fällen vor, in denen zwei Rechtsquellen zur Herstellung von Konkordanz miteinander koordiniert werden müssen. Im Hintergrund steht hier insbesondere die Frage, ob die Kodifikation Einfluss auf die Bestimmung des Anwendungsbereiches des Verbraucherschutzgesetzes ausüben könne. Konkreter ausgedrückt: Ob und inwieweit das Verbraucherschutzgesetz, das das Verhältnis zwischen „Ungleichen" regele, auch auf Fälle Anwendung finde, die durch „ungleiche Situationen", d. h. strukturelle Unterlegenheit einer Partei, geprägt sind. Regelmäßig fallen diese Fälle in den Anwendungsbereich des Zivilgesetzbuches, das aber nur deshalb nicht zur Anwendung kommt, weil es ausschließlich Verhältnisse zwischen „Gleichen" regele. Ausfürlich dazu: *Lima Marques*, Superação das antinomias pelo diálogo das fontes, 1, 10 f und *Benjamin/Lima Marques/Bessa*, Manual, S. 93 ff. Vgl. auch: *Schmidt*, Zivilrechtskodifikation, S. 291 ff, der hinter dem

verbreitete Fehlvorstellung stützt, dass die Korrektur von Ungleichgewichtslagen allein eine Aufgabe eines Sondergesetzes sei[325].

Das hat zur Folge, dass der Verbraucherschutzkodex immer mehr in das Anwendungsfeld der Privatrechtskodifikation eingreift mit dem Ergebnis, dass nun sogar „verwundbare Unternehmer" in rein professionellen Verhältnissen (Stichwort: *b2b*) unter das Schutzdach des Sondergesetzes kommen. Das hat zu einer **Erosion der alten Kodifikation** geführt und es droht nun die **Entleerung der Rolle der großen Kodifikation**, indem man dem Verbraucherschutzgesetz praktisch die Funktion eines Ersatzgesetzbuches zuweist[326]. Dazu kommt noch die Lehre des konstitutionalisierten Zivilrechts, die es dem Richter erlaubt, die Regeln des Zivilgesetzbuches nicht anzuwenden, sondern stattdessen in der Verfassung eine Lösung zu suchen, d. h. seine eigene Lösung zu kreieren.

Was die culpa in contrahendo betrifft, so ist zunächst zu beachten, dass die meisten Autoren, die sich mit der culpa in contrahendo beschäftigen, im Verbraucherschutzgesetz **gesetzliche Beispiele der Haftung in contrahendo** sehen[327], obwohl der Sondergesetzgeber die Figur dort nicht vorgesehen hat, wie

---

Begriff des brasilianischen „Quellendialogs" nur die übliche systematische und teleologische Auslegung sieht.

325 Laut *Lima Marques* hat Brasilien ein Privatrechtsmodell „sui generis" geschaffen, in dem der Verbraucherschutzkodex nicht nur den Verbraucher, sondern die Schwächeren allgemein schütze und das Zivilgesetzbuch dagegen nur Situationen zwischen Gleichen, also strukturelle Gleichgewichtslagen reglementiere. Dazu: Superação das antinomias pelo diálogo das fontes, 1 ff.; *Benjamin/Lima Marques/Bessa*, Manual, S. 93 ff. Kritisch dazu: *Schmidt*, Zivilrechtskodifikation, S. 267 ff., der darauf aufmerksam macht, dass die Instrumente des Verbraucherrechts nicht der Korrektur eines strukturellen Ungleichgewichts, sondern vielmehr der Sicherung der Entscheidungsfreiheit des Verbrauchers in konkreten gefährdenden Situationen dienen (S. 268 f.), und dass auch das neue brasilianische Zivilgesetzbuch über Mechanismen zur Korrektur von strukturellen Ungleichgewichtslagen verfügt (S. 279 f.).

326 In diesem Sinne treffend: *Schmidt*, Zivilrechtskodifikation, S. 284. *Junqueira de Azevedo* hat schon über die Ersatzrolle des Sondergesetzes unter Geltung der alten Kodifikation gesprochen. RDC 18/1996, 23. *Rosado de Aguiar* macht auf das Paradox des brasilianischen Rechts aufmerksam, in dem ein Mikrosystem (Verbraucherschutzgesetz) großen Einfluß auf das große System (Zivilgesetzbuch) hat und nicht umgekehrt, was sich dadurch erkläre, dass der Kodex bereits zuvor obsolet war. O novo código civil, 1, 2.

327 In diesem Sinne: *Fichtner Pereira*, A responsabilidade civil pré-contratual, S. 200, der ohne weitere Begründung auf die allgemeine Informationspflicht über die Eigenschaften und Risiken von Produkten und Dienstleistungen hinweist, die nach Vorbild der europäischen Richtlinie 85/374/EWG bzw. dem deutschen ProdHaftG in Arts. 6 III, 8, 9 12 und 14 CDC Eingang gefunden hat, sowie auf die Gewährleistungshaftung aus Arts. 19 und 20 CDC. Außerdem erstaunlich ist die Behauptung von *Cappelari*, dass sowohl das (alte) Zivilgesetzbuch als auch das Verbraucherschutzgesetz alle Fälle von culpa in contrahendo behandelten. Er nennt jedoch nur die deliktische Generalklausel von Art. 159 CC1916 (unerlaubte Handlung) und Arts. 6 IV und 30 CDC, die jeweils

Junqueira de Azevedo zurecht bemerkt[328]. Er hat zwar vorvertragliche Informations- und Aufklärungspflichten an verschiedenen Stellen des Verbraucherschutzgesetzes vorgesehen, dies stellt aber keine hinreichende Regelung für die vorvertragliche Informationshaftung und noch weniger für eine allgemeine Haftung in contrahendo dar[329].

In der Tat findet man dort keinen konkreten Anhaltspunkt – bis auf ein allgemeines Gebot zum redlichen Verhalten – z. B. für eine Haftung in contrahendo für grundlosen Verhandlungsabbruch[330]. Auch die vorvertragliche Informationshaftung ist zudem etwas eng konzipiert, weil das Gesetz die Informationspflichten grundsätzlich auf Auskünfte über Eigenschaften und Risiken der im Konsumentenmarkt angebotenen Produkte und Dienstleistungen beschränkt[331], wie Arts. 6

---

irreführende Werbung verbieten und vorvertragliche Äußerungen der Offerte gleichstellen. Responsabilidade pré-contratual, S. 88 ff.

328 RDC 18/1996, 23.

329 Laut *Junqueira de Azevedo* gehe es bei der vorvertraglichen Haftung grundsätzlich um zwei fundamentale Probleme: erstens um die Verletzung zweier Nebenpflichten (der Loyalitätspflicht einerseits, die die Geheimnispflicht mitumfasst und der Mitwirkungspflicht andererseits, die sich aus Informations- und Schutzpflichten zusammensetzt) und zweitens um den missbräuchlichen Abbruch der Vertragsverhandlungen. Das Verbraucherschutzgesetz reguliere die Problematik nur partiell, weil es die Fälle des Abbruchs von Vertragsverhandlungen und Loyalitäts- bzw. Geheimnispflichtverletzungen nicht behandle. Beispiele von Verstößen gegen die vorvertragliche Geheimnispflicht liegen ihm zufolge etwa vor, wenn ein Arzt bekannt mache, dass eine berühmte Persönlichkeit ihn für eine Behandlung besucht habe, oder ein Anwalt, dass ein Politiker zu ihm gekommen sei, um sich von ihm zu seiner Ehescheidung beraten zu lassen. RDC 18/1996, 23, 26 f. Ob die genannten Beispiele als Haftung in contrahendo zu qualifizieren sind, kommt selbstverständlich auf den Zeitpunkt der Pflichtverletzung an, denn eine Geheimnispflichtverletzung kann insbesondere eine nachvertragliche Haftung auslösen, wenn der Vertrag schon erfüllt ist. Ob solche Fälle unter das Verbraucherschutzgesetz zu subsumieren sind, ist unter anderem deshalb äußerst fraglich, weil Art. 14 § 4 CDC eine Verschuldenshaftung für selbständige Berufstätige vorsieht und somit darauf hindeutet, dass solche beruflichen Tätigkeiten nicht verbraucherrechtlicher Art sind. Darüber herrscht es Uneinigkeit in Lehre und Rechtsprechung, weil die herrschende Meinung zumindest im Verbraucherrecht auf der Auslegungsmethode von *Erik Jayme* – die des „Quelledialogs" – zurückgreift, um auf diese Fälle die Vorschriften des Verbraucherschutzgesetzes anzuwenden, allein mit dem Unterschied, dass die Berufshaftung Verschulden voraussetze. Statt vieler: *Benjamin/Lima Marques/Bessa*, Manual, S. 139.

330 *Junqueira de Azevedo*, RDC 18/1996, 23, 27.

331 Das stellt auch *Junqueira de Azevedo* fest, wenn er anführt, dass das Verbraucherschutzgesetz sich ausschließlich, aber wohl umfassend mit den Informations- und Schutzpflichten beschäftige, die in verschiedenen Vorschriften konkretisiert werden, wie etwa in Art. 6 III CDC, wo das Recht des Verbrauchers auf klare und geeignete Information über die in den Verkehr gebrachten Produkte und Dienstleistungen geregelt werde. RDC 18/1996, 23, 28. Wie das Thema im Zivilgesetzbuch gelöst wird, sagt der Autor aber nicht. Dazu auch: *Pasqualoto*, Defesa do Consumidor, 1, 10.

III, 8, 9, 10, 12, 14, 18, 19, 20, 31 und 37 CDC beweisen. Darüber hinaus ergibt sich aus einigen Vorschriften wie Arts. 40, 46, 54 §§ 3 und 4 CDC, dass die Informations- und Aufklärungspflichten auch Auskünfte über die Vertragsbedingungen umfassen. Trotzdem geht die herrschende Meinung aufgrund der grundsätzlichen Unterlegenheit des Verbrauchers von einer **allgemeinen Informationspflicht** im brasilianischen Verbraucherrecht aus[332].

Ausgehend von der Teilung des vorvertraglichen Stadiums in zwei Phasen, namentlich Vertragsverhandlungen und Offerte, analysiert *Junqueira de Azevedo* rechtsvergleichend die culpa in contrahendo im Verbraucherschutzgesetz und im Zivilgesetzbuch. Er stellt zunächst fest, dass das Sondergesetz die Problematik des grundlosen Abbruchs von Vertragsverhandlungen nicht regelt[333]. Informations- und Schutzpflichten seien dagegen an verschiedenen Stellen vorgesehen. Die Informationspflicht habe unterschiedliche Intensitäten: Je nach den Umständen entstehen Aufklärungs-, Beratungs- und Warnpflichten. Der Inhalt der vorvertraglichen Informationspflicht beschränkt sich für *Junqueira de Azevedo* auf Auskünfte über den „Vertragsinhalt“, d. h. über die wesentlichen Eigenschaften des Vertragsgegenstands, nicht jedoch über die Opportunität oder Nachteile des Geschäfts[334]. Die Informationspflicht spiele auch bei der Werbung eine Rolle. Nicht von ungefähr seien irreführende und missbräuchliche Informationen in Art. 37 CDC verboten[335]. Die Schutzpflicht sei auch in verschiedenen Normen zu finden wie etwa in Art. 12 CDC, der eine Anspruchsgrundlage für eine Haftung für Personen- und Sachschäden infolge von Produktfehlern bildet. Auch den Vorschriften über missbräuchliche und unlautere Geschäftspraktiken (Art. 39 CDC) liegt ein Schutzgedanke zugrunde[336].

Hinsichtlich der Offerte führt *Junqueira de Azevedo* aus, dass der Lieferant sie – anders als den privatrechtlichen Antrag – nicht wiederrufen könne, denn sie begründe ein Gestaltungsrecht für den Verbraucher, das ihm erlaube, durch bloße Annahme den Vertrag ins Leben zu rufen. Dass das so sei, bestätige Art. 35 CDC, der dem Verbraucher bei Nichterfüllung der Offerte, Darbietung oder Werbematerial, ein Wahlrecht einräume, Zwangserfüllung, eine gleichwertige Ersatzleistung oder die Rückerstattung des schon erbrachten Geldbetrages zu verlangen,

332 Statt vieler: *Benjamin/Lima Marques/Bessa*, Manual, S. 58.

333 Das sei etwa der Fall, wenn der Verbraucher ein Produkt beim Lieferanten bestellt oder reserviert und dadurch das Vertrauen erweckt, der Kaufvertrag komme zustande, er danach das Produkt aber nicht abholt. Das Gleiche gelte umgekehrt, also wenn der Lieferant verspricht, das Produkt beiseite zu legen, und diesem Versprechen dann nicht nachkommt. RDC 18/1996, 23, 27.

334 *Junqueira de Azevedo*, RDC 18/1996, 23, 28.

335 *Junqueira de Azevedo*, RDC 18/1996, 23, 28 f.

336 *Junqueira de Azevedo*, RDC 18/1996, 23, 29.

falls er vom Vertrag zurücktrete. Hier handelt es sich laut *Junqueira de Azevedo* um den Ersatz des positiven Interesses, da der Vertrag durch eine bloße Annahme durch den Verbraucher zustande komme. Etwas Anderes gelte im Zivilgesetzbuch, wo der Widerruf eines bindenden Angebots nur eine Verpflichtung zum Ersatz des negativen Interesses zur Folge habe[337].

Zusammenfassend kann man sagen, dass *Junqueira Azevedo* die culpa in contrahendo im Verbraucherschutzgesetz vor allem in der Verletzung von Informations- und Schutzpflichten sieht, wobei die Schutzpflicht bei ihm konkretisierungsbedürftig bleibt, da er keinen Bezug auf die klassischen Fälle (Stichwort: Linoleumfall) von Schutzpflichtverletzungen nimmt, die im Rahmen des Verbraucherschutzgesetzes als „Fehler in der Dienstleistung" (Art. 14 CDC) und nicht als culpa in contrahendo qualifiziert werden. Ebenfalls begründungsbedürftig ist die Einordnung der Haftung wegen Widerrufs verbindlicher Angebote als culpa in contrahendo, weil man dabei letztendlich für die abgegebene Erklärung im Rechtsverkehr und nicht für die Verletzung vorvertraglicher Rücksichtspflicht haftet, was *Junqueira de Azevedo* selbst erkennt, indem er die Offerte als Rechtsgeschäft qualifiziert und der daraus resultierenden Haftung eine vertragliche Natur zuweist. Ihm bleibt der Verdienst, die Besonderheit der culpa in contrahendo, die ihre Stellung zwischen Vertrag und Delikt rechtfertigt, anerkannt und ihr eine vertragliche Natur zugeordnet zu haben.

Cappelari, der die häufigsten Fälle von culpa in contrahendo – grundlosen Verhandlungsabbruch und Informationspflichtverletzung – analysiert, beschäftigt sich vor allem mit der Haftung für Informationspflichtverletzungen im Rahmen des Verbraucherschutzgesetzes, ohne sich allerdings mit dem Thema, das umfassend in der brasilianischen Lehre behandelt sei[338], in der (alten) Zivilrechtskodifikation auseinanderzusetzen. Er sieht im Verbraucherschutzgesetz eine umfassende Informationspflicht des Lieferanten zugunsten des Verbrauchers, die ihre Berechtigung aus seiner wirtschaftlichen und technischen Unterlegenheit und Unerfahrenheit bezöge[339]. Sie verpflichte den Lieferanten, dem Verbraucher alle entscheidungsrelevanten Informationen mitzuteilen, insbesondere über die Qualität und Risiken der Produkte. Deshalb sanktioniere das Gesetz irreführende und missbräuchliche Werbung in Art. 37 §§ 1 und 2 CDC[340], die er als Haftung in contrahendo betrachtet. Nicht klar ist bei ihm der Umfang der culpa in contrahendo, weil er auf verschiedene vorvertragliche Instrumente wie die Offerte

---

337 *Junqueira de Azevedo*, RDC 18/1996, 23, 30.
338 A responsabilidade civil pré-contratual, S. 118.
339 A responsabilidade civil pré-contratual, S. 121.
340 A responsabilidade civil pré-contratual, S. 123, 125.

Bezug nimmt, ohne klare Aussagen über ihr Verhältnis zur culpa in contrahendo zu machen. Er scheint die Haftung für Nichterfüllung der Offerte und die daraus entstammende Abschlusspflicht auch als culpa in contrahendo zu betrachten[341].

Auch *Fichtner Pereira* geht davon aus, dass das Verbraucherschutzgesetz verschiedene Regelungen über die vorvertragliche Haftung enthält. Ohne nähere Begründung verweist er schlicht auf verschiedene Vorschriften des Verbraucherschutzgesetzes, die sich angeblich auf die culpa in contrahendo beziehen. Über die allgemeine Informationspflicht über Eigenschaften und Risiken der auf dem Markt angebotenen Produkte und Dienstleistungen hinaus verweist er auf Schutz- und Sicherheitspflichten, die auch durch Fehlinformationen verletzt werden können[342]. Eine spezifische Informationspflicht befinde sich in Arts. 8 und 9 CDC[343], die dem Lieferanten Schutz- und Informationspflichten hinsichtlich normaler Risiken und besonders schädlicher und gefährlicher Produkte und Dienstleistungen auferlegen. Mit der Tatsache, dass solche Pflichten nicht nur den Geschäftspartner schützen, sondern jedermann, der mit dem fehlerhaften Produkt oder Service in Berührung kommt, und deshalb in Deutschland rechtsdogmatisch als deliktische Verkehrssicherungspflicht qualifiziert werden, setzt er sich nicht auseinander, obwohl er das Thema rechtsvergleichend zum deutschen Recht untersucht.

Eine wichtige Regel zur vorvertraglichen Haftung finde man ihm zufolge in Art. 23 CDC, der vorsieht, dass die Unkenntnis über Qualitätsmängel an dem angebotenen Produkt oder Service die verschuldensunabhängige Haftung des Lieferanten nicht ausschließt[344]. Auch hier findet man keinen Satz zur heftig geführten Diskussion in Deutschland über die Abgrenzung von Haftung in contrahendo und Garantiehaftung. Er bezieht sich weiter auf die Haftung für vorvertragliche Äußerungen oder Werbeanzeigen (Art. 30 CDC), für irreführende und missbräuchliche Werbung (Arts. 36 und 37 CDC) und auf Art. 46 CDC, wo die Pflicht der Lieferanten vorgesehen ist, den Verbraucher über den Vertragsinhalt vorher in Kenntnis zu setzen, damit der Vertragsinhalt für diesen überhaupt bindend sei[345]. In welchem Verhältnis diese Vorschriften zur culpa in contrahendo stehen, welche Fälle vorvertraglicher Haftung dort subsumiert werden können

341 A responsabilidade civil pré-contratual, S. 125.
342 A responsabilidade civil pré-contratual, S. 201.
343 A responsabilidade civil pré-contratual , S. 201.
344 A responsabilidade civil pré-contratual, S. 204–206. Wortlaut der Norm: „Art. 23. A ignorância do fornecedor sobre os vícios de qualidade por inadequação dos produtos e serviços não o exime de responsabilidade."
345 *Fichtner Pereira*, A responsabilidade civil pré-contratual, S. 205 f.

und wie sie sich in die allgemeine Theorie zur vorvertraglichen Haftung integrieren lassen, erklärt *Fichtner Pereira* jedoch nicht.

In der brasilianischen Literatur zur culpa in contrahendo findet man keine weiteren theoretischen Begründungsansätze, die sich substantiell von den hier dargestellten unterscheiden. In der überwiegenden Mehrheit der Verbraucherrechtslehre wird **kaum ein Bezug auf die Figur der culpa in contrahendo** vorgenommen[346]. Fehlinformationen vor Vertragsschluss werden dogmatisch entweder als „Fehler" oder als „Mangel" an dem Produkt oder der Dienstleistung eingeordnet, je nachdem, ob es sich dabei um Auskünfte über die Risiken oder die Eigenschaften der Sache bzw. Leistung handelt. Schwierigkeiten bestehen allerdings in der rechtsdogmatischen Einordnung von informationellem Fehlverhalten, wenn die fehlerhafte oder unterlassene Information nicht die Eigenschaften und Risiken des Vertragsgegenstands, sondern weitere Umstände des Geschäfts betrifft. Beispiel sind Fehlinformationen über Umstände, die geeignet sind, den Vertragszweck zu vereiteln, die in der Praxis nicht als culpa in contrahendo qualifiziert werden, sondern mal als Mangel, mal als Fehler an der Dienstleistung,[347] und zwar ohne eine klare Begründung, was die untechnische Anwendung beider Begriffe zeigt.

346 Man findet wirklich nur wenige Ausnahmen. *Pasqualotto* etwa weist zwar auf die Figur der culpa in contrahendo hin, wenn er die Bedeutung von Treu und Glauben und die daraus resultierenden Nebenpflichten im Verbraucherrecht prononciert. Er gibt jedoch keinen Hinweis darauf, wie die Figur vorvertraglicher Haftung im Rahmen des Verbraucherrechts anzuwenden ist, Defesa do consumidor, 1, 4. Auch *Lima Marques* erwähnt die Figur im Rahmen der im Verbraucherschutzgesetz statuierten Bindungswirkung der Werbung, die sie in Anlehnung an *Johannes Koendgen* auch als Pflichtenquelle betrachtet. Aus der culpa in contrahendo übernimmt sie das Konzept des sozialen Kontakts, den sie benutzt, um die Entstehung von Pflichten zugunsten des Verbrauchers vor Vertragsschluss zu begründen. Der Kontakt beginne schon mit dem Eintritt des Kunden in den Laden bereits aus diesem stammten Schutz- und Informationspflichten. Eine Rezeption der culpa in contrahendo als Rechtsinstitut findet bei ihr nicht statt. Contratos, S. 635 ff.

347 Statt vieler vgl. die neuerliche Entscheidung von STJ, REsp. 1.562.700/SP, T3, Rel. Min. Paulo de Tarso Sanseverino, Urt. vom 06.12.2016, DJe 15.12.2016. Der Fall betraf Fehlinformationen durch ein Reisebüro, das ein internationales Flugticket von São Paulo nach San Francisco mit Miles-Programm verkauft und die Passagiere auf das nötige Visum für eine Flugverbindung in Kanada nicht hingewiesen hatte. Auf dem Rückflug sollten die Reisenden über Kanada fliegen. Sie wurden jedoch am kanadischen Flughafen aufgehalten, weil sie kein Visum hatten und konnten erst später mit einem neu gekauften Ticket zurückfliegen. Sie verklagten das Reisebüro auf Ersatz von materiellen und imateriellen Schäden. In erster Instanz hatte die Klage keinen Erfolg, sondern erst bei der Appellation. Mit der Revision hat der STJ entschieden, dass es sich dabei um einen „Leistungsfehler" iSv Art. 14 CDC handele, der allerdings als eine Art Produktfehler Personen- oder Sachschäden voraussetzt. Die Entscheidung bezieht sich auf einen *leading case*, in dem allerdings dieselbe Kammer einen ähnlichen Sachverhalt als Mangel an einer Dienstleistung

Hier ist zu fragen, ob die Subsumtion jeder Fehlinformation im Rahmen von verbraucherrechtlichen geschäftlichen Kontakten unter die Begriffe von Fehler und Mangel nicht ein Verzicht auf rechtsdogmatische Präzisierung bedeutet. Das ist umso wichtiger, wenn man berücksichtigt, dass beide Begriffe eine spezifisch rechtstechnische Bedeutung haben: Fehler bedeutet auch im brasilianischen Recht einen Sicherheitsdefekt an dem Produkt bzw. der Dienstleistung, der den Verbraucher in seiner körperlichen Integrität und in seinem persönlichen Eigentum verletzt; Mangel im Sinne von Arts. 18 und 20 CDC bedeutet – ähnlich wie in § 434 BGB – eine Beschaffenheitsabweichung[348]. Trotzdem kann man mit *Junqueira de Azevedo* sagen, dass das Verbraucherschutzgesetz **Anhaltspunkte für eine dogmatische Konstruktion der culpa in contrahendo** bietet und zur Anerkennung des Rechtsinstituts im brasilianischen Recht beigetragen hat, indem es dem vorvertraglichen Stadium eine rechtliche Bindungswirkung zuordnet und damit klar zum Ausdruck bringt, dass schon vor Vertragsschluss bindende vorvertragliche Pflichten – insbesondere Schutz-, Informations- und Loyalitätspflichten – entstehen, deren Verletzung Rechtsfolgen auslöst.

5. Vierte Phase: culpa in contrahendo in der neuen Privatrechtskodifikation

Mit dem Inkrafttreten der neuen Zivilrechtskodifikation im Jahre 2002 kann man eine neue Phase im brasilianischen Privatrecht ausmachen. Sie ist zwar in vielerlei Hinsicht hinter den Erwartungen zurückgeblieben, hat aber wichtige Änderungen aufgenommen, die eine Modernisierung des Privatrechts ermöglichen können. Sie unterscheidet sich von der alten Kodifikation schon durch die rechtsphilosophische Leitlinie, die zu ihrer Ausarbeitung geführt hat.

Zunächst ist die *socialidade* zu nennen, die den **sozialen Charakter** des neuen Werks im Gegensatz zur liberalindividualistischen Eigenart des ersten Kodex akzentuieren solle, wie der Redakteur der Kommission zur Bearbeitung des neuen Zivilgesetzbuches betont hat[349]. Eine andere wichtige Leitlinie war die *eticidade*, die die **ethische Komponente der *bona fides*** ausdrücken und den exzessiven Rechtsformalismus der alten Kodifikation überwinden solle[350]. Um diese Ziele zu erreichen, benötigt der Rechtsanwender angemessene Rechtsmechanismen. Der neue Gesetzgeber hat deshalb mehrfach auf Grundsätze, Gene-

---

(Art. 20 CDC) eingeordnet hat. Vgl. dazu: REsp. 988.595/SP, T3, Rel. Min. Nancy Andrighi, Urt. vom 19.11.2009, DJe 09.12.2009.

348 Dazu: Kapitel 3 III 2.

349 *Reale*, História do novo código civil, S. 38.

350 *Reale*, História do novo código civil, S. 37.

ralklauseln und unbestimmte Rechtsbegriffe zurückgegriffen, um das Zivilgesetzbuch operativ und anpassungsfähig zu machen.

Die größte Neuerung im Bereich des Schuldrechts war die Positivierung von Treu und Glauben in drei Generalklauseln. In Art. 113 CC2002 befindet sich Treu und Glauben in seiner „Auslegungsfunktion" (Ergänzungsfunktion) wie in § 157 BGB, nach dem die Rechtsgeschäfte nach Treu und Glauben und den Verkehrssitten auszulegen sind. Art. 187 CC2002 enthält die Korrekturfunktion durch die endgültige Statuierung des Rechtsmissbrauchs, der bis dahin einen subjektiven Charakter (Schädigungsabsicht) aufzeigte und deshalb in der Praxis keine besondere Rolle spielte[351]. Die Konkretisierungsfunktion von Treu und Glauben ist in Art. 422 CC2002 vorgesehen, wonach die Vertragsparteien bei Abschluss und Durchführung des Vertrages den Grundsätzen von Redlichkeit und Treu und Glauben verpflichten sind[352].

Durch diese Vorschrift haben verschiedene Rechtsinstitute wie culpa in contrahendo, nachvertragliche Haftung, positive Vertragsverletzung und Wegfall der Geschäftsgrundlage, die in Treu und Glauben ihr Fundament finden, in das brasilianische Rechtssystem Eingang gefunden. Dort ersieht man auch eine allgemeine Befugnis zur richterlichen Revision von Verträgen[353], die früher nur unter den engen Voraussetzungen der aus dem französischen Recht importierten *théorie de l'imprévision* (Unvorhersehbarkeitstheorie) möglich war und die heute in Arts. 478 und 317 CC2002 zum Ausdruck kommt[354].

---

351 Statt vieler: *Rosado de Aguiar*, O novo código civil, 1, 9. Zur Diskussion im brasilianischen Recht vgl. *Schmidt*, Zivilrechtskodifikation, S. 420 ff.

352 „Art. 113. Os negócios jurídicos devem ser interpretados conforme a boa-fé e os usos do lugar de sua celebração."

„Art. 187. Também comete ato ilícito o titular de um direito que, ao exercê-lo, excede manifestamente os limites impostos pelo seu fim econômico ou social, pela boa-fé ou pelos bons costumes."

„Art. 422. Os contratantes são obrigados a guardar, assim na conclusão do contrato, como em sua execução, os princípios de probidade e boa-fé."

Interessant ist dabei, dass *Lotufo* in seinem Kommentar zum Zivilgesetzbuch aus dem Jahr 2003 dokumentiert, dass es noch Zweifel in der Privatrechtslehre gab, ob die *boa-fé objetiva* wirklich ein Rechtsgrundsatz sei. Die Mehrheit der Lehre hatte die *boa-fé* aus Art. 422 CC2002 – wenn überhaupt – noch als ein „metajuristisches" Prinzip verstanden. Código civil, Bd. 1, Art. 422 S. 313. Zudem hatte man tatsächlich bereits einen Anhaltspunkt für Treu und Gauben in Art. 1.443 CC1916 oder auch in Art. 131 CCom (1850). Es gab also eigentlich keine Gesetzeslücke. Die Wirkunglosigkeit der Regelungen zeigt einerseits Unkenntnis über die Figur, anderseits starre Unterwerfung der Lehre und Rechtsprechung unter einen legalistische Positivimus.

353 In diesem Sinne: *Nery/Andrade Nery*, Código, Art. 422 S. 339 ff.

354 Während Art. 317 CC2002 dem Richter erlaubt, die Leistung bei nachträglich objektiver Entwertung anzupassen, verlangt Art. 478 CC2002 unglücklicherweise – neben der Unvorher-

Der neue Gesetzgeber hat – über Treu und Glauben hinaus – der vorher fast unbegrenzten Vertragsfreiheit weitere Grenzen gesetzt: In diesem Sinne ist der Grundsatz der sog. „sozialen Funktion" des Vertrages (Art. 421 CC2002) zu verstehen sowie auch die Regelungen zu Gefahrzustand (Art. 156 CC2002), Läsion (Art. 157 CC2002) und Adhäsionsverträgen (Art. 423 CC2002), die früher nur im Verbraucherschutzgesetz geregelt waren.

Zu Recht stößt die Reform in diesem – sowie auch in anderen – Bereichen auf Kritik, die hier nicht dargestellt werden muss, die aber treffend bemerkt, dass der neue Gesetzgeber die Probleme hätte besser regeln können. Das kommt besonders zur Geltung, wenn man einige Regelungen des Zivilgesetzbuches mit denen des Verbraucherschutzgesetzes vergleicht[355]. Der Gesetzgeber hat jedoch einige Punkte in der Kodifikation deutlich besser geregelt als in dem Sondergesetz. Beispiel dafür ist die Regelung des viel gefeierten Grundsatzes von Treu und Glauben, der im Zivilgesetzbuch in seinen Hauptfunktionen in drei Generalklauseln umfangreich ausgestaltet ist[356].

Vergleicht man die drei Generalklauseln der Arts. 113, 187 und 422 CC2002 mit der entsprechenden Regel des deutschen Rechts, nämlich mit § 242 BGB, und blickt man auf die tiefgreifende Rechtsentwicklung zurück, die die deutsche Rechtsprechung und Lehre auf dieser Grundlage gemacht haben, kommt man zu dem Schluss, dass dem aktuellen brasilianischen Richter deutlich bessere Instrumente zur Verfügung stehen als dem deutschen Kollegen zu Beginn des 20. Jahrhunderts.

---

sehbarkeit des Ereignisses, das die Äquivalenz zerstört und die Leistungserbringung außerordentlich schwierig macht – auch einen übermäßigen Vorteil für die Gegenseite als Voraussetzung für die Korrektur oder Auflösung der Vertragsbindung. Ein Teil der Lehre verlangt deshalb zu Recht eine systematische und teleologische Auslegung beider Vorschriften mit Rücksicht auf die Grundsätze von Treu und Glauben (Art. 422 CC2002) und die soziale Funktion des Vertrages (Art. 421 CC2002), um die Vertragskorrektur immer auch bei späterem Eintreten objektiver Äquivalenzstörungen zu ermöglichen. In diesem Sinne: *Nery/Andrade Nery*, Código, Art. 316 S. 298 und Art. 478 S. 358f. und *Rosado de Aguiar*, O novo código civil, 1, 13f. Ausfürlich zur Diskussion: *Otavio Luiz Rodrigues Junior*, Revisão judicial dos contratos, São Paulo (2006).

355 So im Bereich der Inhaltskontrolle, wo die Regelungen des Verbraucherschutzgesetzes – Stichwort: Kataloge von mißbräuchlichen Klauseln, Nichtigkeitserklärung von Amts wegen, Vertragsanpassung bei Wegfall der Geschäftsgrundlage und objektive Störung der Vertragsparität – besser formuliert sind als im Zivilgesetzbuch.

356 In diesem Sinne: *Rosado de Aguiar*, O novo código civil, 1, 8, wo zu lesen ist: „Sobre a boa-fé, o Código Civil de 2002 tem disposições mais e completas. Como já constavam do Projeto de 1975, que se transformou no Código de 2002, verificamos que o legislador civil de 1975, nesse ponto, foi mais avançado do que o do Código de Defesa do Consumidor e melhor, até, do que o foi o de outros países em que se dispôs sobre a cláusula da boa-fé.".

Man kann trotz aller Defizite der neuen Kodifikation sagen, dass sie sich mutatis mutandi rechtsphilosophisch, strukturell und inhaltlich in ähnlicher Weise wie das Verbraucherschutzgesetz aktualisiert hat. Insbesondere bietet sie dem Rechtsanwender gesetzliche Anhaltspunkte für eine fundierte Weiterentwicklung des kodifizierten Privatrechts. Es gibt keinen Grund mehr, die Regelungen der großen Kodifikation auf Sachverhalte, die unter ihren Geltungsbereich fallen, nicht anzuwenden und stattdessen das Verbraucherschutzgesetz anzuwenden, wie *Rosado de Aguiar* zu Recht ausführt[357]. Es geht heute also nicht mehr um Gesetzeslücken oder mangelnde gesetzliche Anhaltspunkte für eine Rechtsentwicklung des brasilianischen Zivilgesetzbuches. Es geht vielmehr um Defizite in der Privatrechtsdogmatik, die die Lösung für neue Fälle in der Verfassung sucht, anstatt einen tiefgründigen und ehrlichen rechtsvergleichenden Dialog mit anderen Rechtsordnungen zu etablieren.

Die culpa in contrahendo bildet ein gutes Beispiel dafür. Trotz der klaren Regelung von Art. 422 CC2002 – die Art. 227 des portugiesischen Zivilgesetzbuches zum Vorbild hatte, wo die culpa in contrahendo ausdrücklich vorgesehen wird – gibt es immer noch Stimmen, die davon ausgehen, dass das Rechtsinstitut nicht in Art. 422 CC2002 vorgesehen sei[358]. Die wohl herrschende Meinung geht zutreffend davon aus, dass die culpa in contrahendo ihre gesetzliche Grundlage in der genannten Norm hat, wo die pflichtbegründende Funktion von Treu und Glauben eindeutig angesprochen wird. Selbstverständlich bestimmt die Generalklausel weder die Voraussetzungen noch die Rechtsfolgen der Haftung in contrahendo. Der neue Gesetzgeber hat auch keinen Katalog der vorvertraglichen Pflichten vorgesehen.

Die Rechtslage ist allerdings nicht anders als in Deutschland, wo diese fundamentalen Aspekte der culpa in contrahendo in § 311 II BGB nicht geregelt sind.

---

357 O novo código civil, 1, 3.

358 In diesem Sinne: *Zanetti*, Responsabilidade pela ruptura, S. 111; schon vorher: *Junqueira de Azevedo*, Insuficiências, deficiências e desatualização, 148, 150, der kurzsichtig den in Art. 422 CC2002 benutzten Terminus „*conclusão*" (Abschluss) im Sinne eines Zusammenfallens von Angebot und Annahme auslegt, als könnte man das vorvertragliche Stadium nicht dazuzählen; das Gesetz benutzt jedoch den Ausdruck „beim Abschluss des Vertrages" („*na conclusão do contrato*"), so dass man dies selbstverständlich auch als vorvertragliche Phase interpretieren kann. Die deutsche Erfahrung mit § 242 BGB sowie die Tatsache, dass man in deutschem Recht die Terminologie „Verschulden beim Vertragsschluss", d. h., „*culpa na conclusão do contrato*" als Synonym für culpa in contrahendo verwendet, zeigen die Enge dieser Sichtweise. In diesem Sinne auch *Nery/Andrade Nery*, die treffend anführen, dass, obwohl § 242 BGB die vor- und nachvertragliche Haftung nicht ausdrücklich vorsieht, dies Lehre und Rechtsprechung in Deutschland nicht daran gehindert hat die Nebenpflichtverletzungen in beiden Fällen unter die Norm zu subsumieren. Código civil comentado, Art. 422 S. 339 und *Martins Costa*, Um aspecto da obrigação de indenizar, 1, 2.

Sie müssen von Lehre und Rechtsprechung entwickelt werden. Und hier ist ein Blick ins deutsche Recht wieder hilfreich, wo eine umfassende und kohärente vorvertragliche Theorie zu finden ist. Aus Art. 422 CC2002 kann man das Gebot herleiten, wonach jede Partei beim Vertragsschluss sich redlich zu verhalten und bestimmte Rücksichtspflichten zu beachten hat, die nur im Einzelfall und nach den konkreten Umständen konkretisiert werden können.

6. Zusammenfassung

Zusammenfassend kann man vier kleine Phasen in der Rechtsentwicklung der culpa in contrahendo in Brasilien beobachten. Die erste Phase beginnt praktisch mit der Geburt der Figur in der Erscheinungsform der Haftung für grundlosen Abbruch der Vertragsverhandlungen in der Rechtsprechung und ist von einem starken Widerstand gegen die Figur geprägt. Ausgehend von dem jheringschen Konzept einer Haftung für schuldhaft herbeigeführte Vertragsungültigkeit, die keine entsprechende Regelung in der ersten Kodifikation hatte, sah die Lehre die Haftung für grundlosen Verhandlungsabbruch nicht als echten Fall von culpa in contrahendo und vor allem als großes Hindernis für die Vertragsfreiheit und den Rechtsverkehr an. Wie etwa *Arndt* und *Dernburg*[359] ging die Lehre damals von der Fehlvorstellung aus, die etablierten Verhandlungen jederzeit und ohne Grund abzubrechen sei eine zulässige Rechtsausübung. Eine Haftung dafür aufzuerlegen bedeute praktisch die Anerkennung eines Kontrahierungszwangs, die im vorvertraglichen Stadium nur aus einem Vorvertrag entstehen könne.

Die culpa in contrahendo wurde praktisch als ein Einstehenmüssen für den Nichtabschluss des geplanten Kontrakts verstanden. Mangels rechtsvergleichender Untersuchung der vielfältigen culpa in contrahendo mit der zur damaligen Zeit aktuellen deutschen Dogmatik vermischen sich vorvertragliche Haftung und Haftung aus Vorvertrag. Diese Ideen haben die Weiterentwicklung der culpa in contrahendo stark geprägt und beeinflusst. Die rechtspositivistische herrschende Meinung hat das Institut praktisch untergraben (2. Phase) bis es in den 90er Jahren des 20. Jahrhunderts in Verbindung mit dem Grundsatz von Treu und Glauben wieder in der Rechtsprechung auftaucht (3. Phase).

Entscheidend dabei war die Rezeption der deutschen Schuldrechtsdogmatik seiner Zeit durch *Couto e Silva*, die sich damals auf der Grundlage des § 242 BGB entwickelt hat. Es hat sich in der Folgezeit die Idee etabliert, dass schon im vorvertraglichen Stadium vorvertragliche Pflichten entstehen können, deren Verlet-

359 Vgl. *Arndt/Pfaff/Hofmann*, Lehrbuch der Pandekten, S. 456 und *Dernburg/Sokolowski*, Pandekten (1912), S. 557 A. Dazu: Kapitel 2 II.

zung Schadensersatzansprüche begründen. Die vorvertragliche Phase verliert langsam ihren Unverbindlichkeitscharakter, indem sie Rechtsfolgen (Geldentschädigung) für die Parteien erzeugt. Dies wird deutlich mit Inkrafttreten des Verbraucherschutzgesetzes, das dem vorvertraglichen Stadium eine starke Bindung zuordnet, die dem allgemeinen Privatrecht völlig fremd war.

Das Sondergesetz regelt nicht die culpa in contrahendo, sondern statuiert umfassende Sicherheits- und Informationspflichten über Gegenstand und Inhalt des Vertrages und sieht Schadensersatzansprüche und weitere Rechtsfolgen bei Pflichtverletzungen vor. Die Verbraucherrechtslehre enthält auch keinen Hinweis auf die Haftung aus culpa in contrahendo, weder im Rahmen der klassischen Warenhaus-Fälle noch bei vorvertraglicher Fehlinformation. Trotzdem hat die Verbraucherschutzbewegung in Brasilien zur Entwicklung der culpa in contrahendo in dem Sinne beigetragen, dass sie die Fehlvorstellung, es gäbe keine Verpflichtung vor Vertragsabschluss bis auf eine allgemeingültige neminem-laedere-Pflicht, überwunden hat.

Auch die neue Kodifikation hat Tatbestände und Rechtsfolgen der culpa in contrahendo nicht geregelt, sondern nur ein allgemeines Redlichkeitsgebot in Art. 422 CC2002 aufgenommen, das die Parteien verpflichtet, bei Abschluss und Durchführung des Vertrages Treu und Glauben und die Verkehrssitten zu beachten. Die Lehre subsumiert darunter die Haftung in contrahendo, die sich praktisch auf die Fallgruppe der grundlosen Verhandlungsbeendigung beschränkt. Die Kodifizierung eines Redlichkeitsgebots im 5. Titel des 2. Buches über die Verträge im Allgemeinen markiert eine noch im Gang befindliche 4. Phase in der Rechtsentwicklung der Haftung in contrahendo im brasilianischen Recht und deutet auf die Besonderheiten der Figur hin, deren Potenzial Lehre und Rechtsprechung noch nicht genutzt haben. Insbesondere die Lehre steht vor der großen Herausforderung, die fragmentarischen Stücke der Haftung in contrahendo im brasilianischen Recht zu systematisieren und ihre allgemeine Grundlinie zu fixieren. Dafür kann die Rechtsvergleichung, vor allem mit dem deutschen Recht viel leisten, viel mehr als der bis jetzt bloß formalistische und inhaltsleere Hinweis auf die Verfassung und die Menschenwürde.

IV. Zusammenfassende und rechtsvergleichende Würdigung

Eine rechtsvergleichende Analyse der Rechtsentwicklung der culpa in contrahendo im deutschen und brasilianischen Recht zeigt einen bedeutenden Unterschied zwischen beiden Rechtsordnungen in der Behandlung der vorvertraglichen Problematik. Im Grunde genommen kann man von culpa in contrahendo in Brasilien erst seit dreißig Jahren sprechen. Ihre Rezeption als fremdes Rechtsinstitut findet zwar um die 30er Jahre des letzten Jahrhunderts statt, jedoch ist die Figur gleich danach von der Bühne völlig verschwunden, bis zu ihrer Wiederkehr in den 90er Jahren. Die culpa in contrahendo hat zunächst vornehmlich über die pandektistische Doktrin Eingang in das brasilianische Recht gefunden. Daneben kam ein Import aus Italien und Portugal, wo man unter Geltung der ersten Kodifikationen dieser Figur – hauptsächlich in ihrer Erscheinungsform der Haftung für Verhandlungsabbruch – massiv abgelehnt hat.

Die culpa in contrahendo war damals in diesen Ländern kein großes Thema[360]. Eine materielle Rezeption erfolgte in Brasilien in der Tat über die Werke der großen deutschen Lehrer wie etwa *Arndts, Brinz, Dernburg, Windscheid, Enneccerus* und *Lehmann*, die mehr oder weniger eine ablehnende oder restriktive Haltung gegenüber der Haftung für vorvertragliche Pflichtverletzung einnahmen. Das ist in den wichtigsten brasilianischen Lehrbüchern dokumentiert wie bei *Espínola, Carvalho Santos* und *Pontes de Miranda*, die sich mit dem Thema beschäftigt haben. Sicherlich haben nur wenige Autoren Zugang zu *Jherings* Schrift gehabt.

Es überrascht deshalb nicht, dass die culpa in contrahendo als eine konfuse und unlogische Figur betrachtet wurde. Sie bedeutet einerseits eine schuldhafte und auf das negative Interesse begrenzte Haftung für die Ungültigkeit des Vertrages, insbesondere infolge eines Irrtums, die § 122 BGB angeblich vorsah. In der Norm ist die Figur jedoch von seinem prägenden Element (Verschulden) losgelöst. Insbesondere *Pontes de Miranda* hat die Diskrepanz zwischen *Jherings* Lehre und die BGB-Auffassung über Irrtumsanfechtung bemerkt und die culpa in contrahendo als eine inhaltlich und terminologisch inkohärente Figur kritisiert, die nicht einmal eine *culpa* voraussetze und nicht vom deutschen Gesetzgeber aufgenommen wurde[361].

Die „neuen" Fälle wie Verhandlungsabbruch, die man damals in Deutschland unter dem Dach der inzwischen ausgedehnten culpa in contrahendo versammelt hat, wurden hier als „kein echter Fall"[362] der Haftung angesehen und aufgrund des damals herrschenden liberalindividualistischen Konzepts von der Vertragsfreiheit stark abgelehnt. Nicht unbedeutend waren auch legalistische Argumente gegen die Haftung für Fehlverhalten vor Vertragsschluss, wie z. B., dass das bra-

360 Für eine ausführliche Analyse der Rezeption der culpa in contrahendo in Italien und Portugal vgl. *Menezes Cordeiro*, Da boa fé, S. 566 ff. Er weist darauf hin, dass in Italien eine rein formelle Rezeption der Figur in Art. 1.337 des italienischen Zivilgesetzbuches aus dem Jahr 1942 stattfand, da man keine dogmatische Grundlage in der vorherigen Lehre und Rechtsprechung fand. (S. 567).

361 Tratado, Bd. 4, S. 88, 304 und 306.

362 *Espínola*, Sistema II/1, S. 351 Fn. 47.

silianische Zivilgesetzbuch – anders als § 122 BGB – eine solche Haftung gar nicht vorsehe.

Das gleiche Phänomen lässt sich mit ähnlichen argumentativen Linien auch in Italien und Portugal unter Geltung der ersten Kodifikationen konstatieren, wie *Menezes Cordeiro* ausführt. Er meint jedoch, dass der wirkliche Grund für die ablehnende Haltung der klassischen Privatrechtsdoktrin gegenüber einem auf Treu und Glauben gestützten Vertrauensschutz im Rechtsverkehr vielmehr kultureller und rechtswissenschaftlicher Natur sei[363], da Lehre und Rechtsprechung damals nicht über das nötige dogmatische Instrumentarium verfügten, um mit dem ungeschriebenen Grundsatz von Treu und Glauben und den daraus konkretisierungsbedürftigen und fallbezogen herzuleitenden Rücksichtspflichten zu arbeiten.

Das stand mit dem damals herrschenden formalistischen Rechtsdenken der brasilianischen Lehre nicht im Einklang, die in Anlehnung an die klassische deutsche Privatrechtswissenschaft die Fortentwicklung der culpa in contrahendo gedämpft hat. Der klassischen brasilianischen Doktrin, die bis Ende der 80er Jahre die „Welt des Rechts" dominiert hat, muss jedoch vorgeworfen werden, dass sie den Stand der deutschen Privatrechtswissenschaft ihrer Zeit nicht nachverfolgt, sondern eine im Herkunftsland schon überholte Lehre importiert hat.

Das gilt insbesondere für *Pontes de Miranda*, der in den 70er Jahren noch die deutsche Lehre um 1900 widerspiegelte und zum Thema Vertrauensschutz im vorvertraglichen Rechtsverkehr keinerlei Bezug auf *Heinrich Stoll*, *Dölle*, *Ballerstaedt* oder *Larenz* nahm, und zwar in einer Zeit, in der sich in Deutschland die Vertrauenslehre – trotz unterschiedlicher Strömungen – schon etabliert hatte. Man findet in seinem ausladenden Privatrechtslehrbüchern nicht einmal eine systematische Darstellung der culpa in contrahendo, die vielmehr verstreut und zusammenhangslos am Rande anderer Rechtsinstitute wie Willensmängel- und kaufrechtlichem Gewährleistungsrecht, mit denen sie konkurriert, erwähnt wird.

Es fehlt bei *Pontes de Miranda* auch jegliche Auseinandersetzung mit der zu seiner Zeit in Deutschland heftigen Diskussion über die dogmatische Rechtfertigung und Einordnung der vorvertraglichen Pflichten und ihre Grundlage, nämlich das besondere Schuldverhältnis, das schon mit Aufnahme von Vertragsverhandlungen oder einem sie vorbereitenden geschäftlichen Kontakt entsteht und das sich erheblich vom römischrechtlichen Obligationenmodell unterscheidet. Das kommt etwa zum Ausdruck, wenn *Pontes de Miranda* die vertragliche Natur der culpa in contrahendo einfach mit dem Argument ablehnt, es sei noch kein

---

363 Für eine ausführliche Analyse der Rezeption der culpa in contrahendo in Italien und Portugal vgl. *Menezes Cordeiro*, Da boa fé, S. 566 ff.

Vertrag zustande gekommen. Das zeigt eindeutig, dass er die intensive Diskussion über die Ausdehnung der Vertragshaftung, die nicht mehr auf die Figur des Vertrages, sondern auf den – noch abgrenzungsbedürftigen – geschäftlichen Kontakt abstellt, nicht nachverfolgt hat.

Betrachtet man die aufgezeigte Rechtsentwicklung der culpa in contrahendo in Deutschland und Brasilien, stellt man im deutschen Recht eine **durchgehende progressive Entwicklungslinie** fest, die sich zu dem Zweck entfaltete, die Entstehung der Rücksichtspflichten und der schuldrechtlichen Bindung zwischen den Beteiligten am geschäftlichen Kontakt rechtsdogmatisch zu begründen und über § 242 BGB und den ihm immanenten Gedanken vom Vertrauensschutz ins BGB-System zu integrieren. Das war insbesondere wichtig, um die Verbindlichkeit des Vertrauensgedankens von dem Bindungsgrund des Rechtsgeschäfts abzugrenzen, was vor allem *Canaris* dargelegt hat[364].

Dies hat ermöglicht, die Vertrauenslehre später als Korrelat der Rechtsgeschäftslehre zu entwickeln, in dem sie eben Lücken im rechtsgeschäftlichen Bereich schließt und die vormals voluntaristisch privatautonome Selbstbestimmung korrigiert. Ob der Vertrauensschutz und rechtsgeschäftliche Selbstbestimmung als Vorder- und Kehrseite derselben Medaille aufzufassen sind oder ob der Vertrauensschutzgedanke außerhalb der Rechtsgeschäftslehre liegt, muss hier offen bleiben[365]. Heute scheint die vorvertragliche Dogmatik vor der Herausforderung zu stehen, einige Fallgruppen zu präzisieren, um der Haftung in contrahendo Grenzen zu setzen[366].

Im brasilianischen Recht ist dagegen eine **bruchstückhafte Entwicklungslinie** zu beobachten, die zwar erfolgsversprechend in der Rechtsprechung und in *Espínolas* Lehre beginnt, die jedoch einen langen Zwischenraum aufzeigt, in dem die culpa in contrahendo in der „unterirdischen" Lehre bearbeitet wurde. In diesem Sinne sind die hier genannten Arbeiten von *Chaves* und *Couto e Silva* zu verstehen, trotz unterschiedlicher Gegenstände und Begründungsansätze. Der Grundgedanke der vorvertraglichen Haftung, nämlich die Notwendigkeit eines stärkeren Redlichkeits- und Vertrauensschutzes im vorvertraglichen Rechtsverkehr, bricht erst wieder nach Ausbruch einer neuen sozial geprägten Weltan-

364 *Canaris*, Vertrauenshaftung, S. 411 ff.

365 Über die Zweispurigkeit vgl. *Canaris*, Vertrauenshaftung, S. 411 ff.; dagegen etwa: MünchKomm/*Kramer* (1985), Vor § 116 Rn. 37.

366 Das gilt insbesondere für den streitigen Tatbestand von § 311 II 3 BGB (ähnliche geschäftliche Kontakte), Dritthaftung (§ 311 III BGB) und für die Haftung für Fehlinformation im Kapitalmarkt, die bis 2013 unter der Fallgruppe der Prospekthaftung subsumiert wurde, heute allerdings in den Geltungsbereich des neuen Kapitalanlagegesetzbuches fällt. Über die Problematik vgl. dazu: Kapitel 2 A II 1.3 und 2.2 bzw. Kapitel 3 D II 5.

schauung durch die Verfassungverkündung (1988) und das Inkrafttreten des Verbraucherschutzgesetzes (1990) aus.

Die culpa in contrahendo ist allerdings während ihres „Dornröschenschlafs" in enger Anlehnung an Italien und Portugal rezipiert worden, da sie heute praktisch als Synonym für Haftung wegen Nichtabschlusses des geplanten Vertrages gilt[367], obgleich Art. 422 CC2002 eine Generalklausel mit dem Gebot zum redlichen Verhalten beim Vertragsschluss enthält, worunter die unterschiedlichen Fallkonstellationen vorvertraglichen Fehlverhaltens ohne Weiteres – d. h.: abgesehen von dogmatischen Abgrenzungsfragen – subsumiert werden können.

Trotz der Generalklausel des Art. 422 CC2002 wird in Brasilien nicht einmal die häufige Verletzung von Aufklärungspflichten bei der Vorbereitung von massenweisen Verbraucherverträgen mit Rekurs auf die culpa in contrahendo sanktioniert, sondern teilweise mittels dogmatisch fragwürdiger Figuren und Begründungsansätze sanktioniert. Im reinen Privatrechtsverkehr erfolgt oftmals ein Rekurs auf die Dolus- und Irrtumsfigur, so dass viele informationelle Fehlverhaltensweisen sanktionslos bleiben[368].

Die Rechtsentwicklung in beiden Rechtsordnungen zeigt, dass das brasilianische Privatrecht zum Thema vorvertraglicher Schutz noch dem Stand im Deutschland der 20er Jahre entspricht. Müsste man in Deutschland zur Zeit die vorvertragliche Dogmatik verfeinern und daraus Fälle, die nicht dazugehören oder die spezialgesetzlich geregelt sind, herausnehmen, so müsste man dagegen in Brasilien noch ein einheitliches Prinzip für die Haftung in contrahendo etablieren und die unterschiedlichen Fälle dogmatisch zusammenfassen.

367 Dazu: Kapitel 3 B II.
368 Dazu: Kapitel 3 D III 3.1 a und b.

Kapitel 2: Grundstruktur der Voraussetzungen und Rechtsfolgen der culpa in contrahendo im deutschen und brasilianischen Recht

A. Die Grundstruktur der culpa in contrahendo im deutschen Recht

I. Grundgedanken

Die Haftung für Verschulden bei Vertragsabschluss hat seit *Jherings* Beitrag eine gewaltige Entwicklung erfahren, bis sie mit der Schuldrechtsmodernisierungsreform[1] aus dem Jahr 2001 – also: 140 Jahre nach seiner (Wieder)Entdeckung – ins BGB Eingang gefunden hat. Die culpa in contrahendo ist nun in § 311 II-III, 241 II und 280 BGB kodifiziert. Nach § 311 II BGB entsteht ein Schuldverhältnis mit den

---

1 Ziel der Schuldrechtsreform war es zunächst, drei EU-Richtlinien, namentlich die Verbrauchsgüterkaufrichtlinie 1999/94/EG vom 25.05.1999, die E-Commerce-Richtlinie 2000/31/EG vom 08.06.2000 und die Zahlungsverzugsrichtlinie 2000/35/EG vom 29.06.2000 ins BGB zu integrieren und das weithin als reformbedürftig angesehene Schuldrecht grundlegend umzugestalten, insbesondere durch die Kodifikation im Laufe des 20. Jahrhunderts rechtsfortbildend entwickelter Rechtsinstitute, wie der positiven Vertragsverletzung (§ 280 I S. 1 BGB), der culpa in contrahendo (§ 311 II-III BGB), des Wegfalls der Geschäftsgrundlage (§ 313 BGB) und der Kündigung von Dauerschuldverhältnissen aus wichtigem Grund (§ 314 BGB). Gleichzeitig wurden auch das Verjährungsrecht und das Leistungsstörungsrecht gründlich überarbeitet, so dass die Reform zu tiefgreifenden Änderungen im gesetzlichen allgemeinen Schuldrecht geführt hat. Über die Umsetzung der genannten europäischen Richtlinien hinaus wurden auch nationale, vorher selbständige Verbraucherschutzgesetze wie das AGB-Gesetz, das Verbraucherkredit-, das Haustürgeschäft-, das Fernabsatzgeschäft- und das Teilzeit-Wohnrechtegesetz in das BGB eingebaut. Das Schuldrechtsmodernisierungsgesetz ist am 01.01.2002 in Kraft getreten. Schon während seiner Erarbeitung ist das Gesetz auf zahlreiche Kritik gestoßen. Es gab zwar im Grundsatz eine breite Zustimmung für die Reform, jedoch richteten sich kritische Stellungsnahmen vor allem gegen den Zeitdruck, unter dem die Reform erfolgte. Es wurde insbesondere befürchtet, dass das BGB durch die zahlreichen Änderungen und Einfügungen an verschiedenen Stellen seine innere Geschlossenheit verlieren könnte, obwohl die Reform zum Ziel hatte, einer Rechtszersplitterung vorzubeugen und das Recht für den Bürger übersichtlich zu gestalten. Kritisch gegenüber der Schuldrechtsreform: *Dauner-Lieb u. a.* (Hrsg.), Das neue Schuldrecht in der Praxis, 2003; *Huber/Faust*, Schuldrechtsmodernisierung, 2002; *Westermann*, Das Schuldrecht, 2002. Andere sind der Meinung, dass Schrifttum und Rechtsprechung die zahlreichen aufgeworfenen Fragen um die Schuldrechtsreform so intensiv analysiert und diskutiert haben, dass die Grundstruktur des neuen Schuldrechts im Wesentlichen als geklärt gelte. Dazu: *Brox/Walker*, SR/AT, S. 3f.

https://doi.org/10.1515/9783110592252-005

Pflichten aus § 241 II BGB auch durch die Aufnahme von Vertragsverhandlungen (Nr. 1), durch Vertragsanbahnung (Nr. 2), wobei ein Teil im Hinblick auf etwaige rechtsgeschäftliche Beziehungen dem anderen Teil die Möglichkeit zur Einwirkung auf seine Rechte, Rechtsgüter und Interessen gewährt oder ihm diese anvertraut, oder durch ähnliche geschäftliche Kontakte (Nr. 3). § 311 III BGB fügt hinzu, dass ein solches Schuldverhältnis auch zu Personen entstehen kann, die nicht selbst Vertragspartei werden sollen.

Mit dieser Vorschrift hat der deutsche Reformgesetzgeber die umfassende und komplexe Figur der culpa in contrahendo in der Kodifikation angesiedelt und von dem Regelungsschema des historischen Gesetzgebers von 1900, der sich auf die Normierung einzelner Regeln beschränkte, Abstand genommen[2] und **zwei allgemein formulierte Generalklauseln** im Anschluss an das **Vertragsprinzip** von § 311 I BGB eingefügt. Die Norm befindet sich in Abschnitt 3 des zweiten Buches, Titel 1, Untertitel 1 über die Begründung von Schuldverhältnissen.

Die Normformulierung ist auf starke Kritik im Schrifttum gestoßen. Es wird vor allem eingewandt, dass die Regulierung sehr allgemein sei. Die Neuregelung bezieht sich zwar auf die Entstehungstatbestände, die das Schuldverhältnis mit den Pflichten des § 241 II BGB begründet, enthält aber keinen Hinweis dazu, welche konkreten Pflichten und Rechtsfolgen daraus entstehen können. Keine Fallgruppe wird im Gesetz genannt[3]. Tatsächlich muss man zunächst auf § 241 II BGB zurückgreifen, auf den § 311 II BGB verweist, um Auskunft über die im Einzelfall verletzten Pflichten zu suchen. Dort findet man die Aussage, dass das Schuldverhältnis nach seinem Inhalt jeden Teil zur Rücksicht auf die Rechte, Rechtsgüter und Interessen des anderen Teils verpflichten kann. Es wird – zumindest formell – kein Bezug mehr auf den „königlichen Paragraf" § 242 BGB gemacht, unter dem die Pflichtenkategorie herausgebildet wurde.

Über die Rechtsfolgen der culpa in contrahendo findet man erst Auskunft in § 280 I BGB, der eine allgemeine Anspruchsgrundlage für jede Art schuldrechtlicher Pflichtverletzung bildet und deshalb eine Schlüsselstellung im neuen System des Leistungsstörungsrechts hat[4]. Dort ist in erster Linie eine Schadens-

2 Die generalklauselartige Lösung wurde gegenüber einem von *Medicus* erstellten Regelungsentwurf bevorzugt, der die culpa in contrahendo durch die Normierung spezieller Fallgruppen erfassen solle. Vgl. *Medicus*, Gutachten und Vorschläge, S. 479 ff., 486 f. In diesem Sinne: Soergel/*Harke*, § 311 Rn. 4.

3 In diesem Sinne: *Rieble*, in: Das neue Schuldrecht in der Praxis, S. 137 f., der die „Kodifikation" der culpa in contrahendo als eine hübsche Spielerei mit einer letztendlich inhaltsleeren Generalklausel hält.

4 Erman/*Westermann*, § 280 Rn. 1, 2. Zu Recht wird eingewandt, dass sich die Terminologie „Leistungsstörungsrecht" in gewisser Hinsicht als etwas eng erweist, um alle Fälle von Störungen

ersatzpflicht an jede zu vertretende Pflichtverletzung des Schuldners geknüpft, die nun die zentrale rechtsdogmatische Kategorie des Leistungsstörungsrechts – anstatt der Unmöglichkeit im alten Recht – bildet. Also findet man erst aus dem Zusammenhang dieser **Normentrias** (§§ 311 II, 241 II und 280 I BGB Indizien über die Voraussetzungen und Rechtsfolgen der culpa in contrahendo. Ein weitergehender Blick auf das Rechtsinstitut kann sich aber mit Hilfe von Lehre und Rechtsprechung verschafft werden.

Der Reformgesetzgeber hat in § 311 II BGB bewusst nur die Grundsätze des Rechtsinstituts im BGB verankert und auf eine Regelung in allen Einzelheiten verzichtet, was angesichts der großen Bandbreite und Vielfalt der zu berücksichtigenden Pflichten und der dadurch geschützten Interessen nicht zu leisten wäre[5]. In diesem Sinne enthält § 311 II-III nur ein **Rechtsprinzip**[6], bei dessen Auslegung auf die Ergebnisse der bisherigen Rechtsprechung zurückgegriffen werden kann und sollte[7]. Die culpa in contrahendo ist also in § 311 II BGB nur in ihrer **Kernidee** geregelt, wonach schon vor Vertragsabschluss zwischen den Parteien ein Schuldverhältnis mit den Pflichten aus § 241 II BGB entstehen kann, die sie zu einem redlichen und rücksichtsvollen Verhalten miteinander ver-

---

im Schuldverhältnis zu erfassen. Denn sie bezieht sich – buchstäblich betrachtet – auf die Störung von Leistungspflichten. Schon eine terminologische Auslegung würde erlauben, Störungen von Nebenpflichten aus dem Anwendungsbereich des Leistungsstörungsrechts auszugrenzen oder zumindest diese Zugehörigkeit in Frage zu stellen. Und gleichwohl gehört die Störung, d. h. die Verletzung von Rücksichtnahmepflichten zum deutschen Leistungsstörungsrecht, und zwar nicht nur, wenn diese Störung während einer vertraglichen Beziehung stattfindet, sondern auch, wenn sie vor oder nach dem Vertragsschluss stattfindet. Das lässt sich dadurch beweisen, dass § 280 I BGB keine Differenzierung zwischen Leistungs- und Nebenpflichtverletzung vornimmt und deshalb die grundlegende Anspruchsgrundlage jeder Art schuldrechtlicher Pflichtverletzung darstellt. In diesem Sinne: *Albrecht*, Schuldrecht, S. 23. Da unter dem Leistungsstörungsrecht die Verletzung von Leistungs- und Nebenpflichten erfasst wird, wäre es vielleicht vorzugswürdig, als Oberbegriff statt von Leistungsstörungen von „Störungen im Schuldverhältnis" zu sprechen, da hierdurch die Verletzung von Leistungs- und Nebenpflichten deutlicher ausgedrückt wird. *Brox/Walker* weisen auf die Beengtheit des Begriffes hin und benutzen im Lehrbuch den Begriff „Störungen im Schuldverhältnis". SR/AT, S. 206f. Über eine bloße terminologische Reinheit hinaus bringt dies den Vorteil, Klarheit auch für ausländische Juristen zu schaffen, was der Gesetzgeber bei der Schuldrechtsmodernisierung wohl mitzuberücksichtigen versucht hat, auch weil dies unter anderem zum rechtsvergleichenden und harmonisierenden Diskurs in der Rechtswissenschaft beiträgt.

5 BT-Drucks. 14/6040, S. 162.

6 In diesem Sinne: *Rieble*, in: Das neue Schuldrecht in der Praxis, 137.

7 BT-Drucks. 14/6040, S. 163. Der deutsche Reformgesetzgeber hat sich bei der Formulierung des § 311 II BGB von der bisherigen Rechtsprechung zur culpa in contrahendo bewusst leiten lassen, da sie „keine erkennbaren und reformbedürftigen Mängel" aufweise.

pflichten und dessen Verletzung einen Schadensersatzanspruch nach § 280 I BGB begründet.

Damit ist aber schon viel gesagt. Die culpa in contrahendo ist also ins Leistungsstörungsrecht integriert, was bereits über ihr Haftungssystem, ihre Rechtsnatur und ihre Voraussetzungen Auskunft gibt. In der Tat besteht heute kein Zweifel mehr, dass Fehlverhalten vor Vertragsabschluss mithilfe der Regelungen der Vertragshaftung gelöst werden sollen, was schon seit der reichsgerichtlichen Judikatur überwiegend anerkannt war und auch die vertragsähnliche – oder besser: rechtsgeschäftsähnliche – Rechtsnatur der Haftung in contrahendo andeutet. Die Integration der Figur ins Leistungsstörungsrecht über § 280 I BGB bestimmt auch eine Verschuldensvermutung des Pflichtverletzers und seine Verantwortung für das Verschulden von Gehilfen gemäß § 278 BGB, die in die breite Phase der Vertragsvorbereitung miteinbezogen sind.

Aus einer ausländischen Perspektive ist § 311 II BGB insbesondere von Bedeutung, weil dort so klar wie nirgendwo, d. h. in keiner anderen Rechtsordnung, gesagt wird, dass ein „bloßer" geschäftlicher Kontakt die Entstehung einer schuldrechtlichen Bindung in Gang setzt, die keine Obligation (Leistungspflicht) erzeugt, hingegen eine andere Art schuldrechtlicher Pflichten, deren Verletzung eine Ersatzpflicht für den Schuldner begründet. Damit bricht das BGB nicht nur mit der traditionellen Auffassung, schuldrechtliche Pflichten könnten nur aus Vertrag (Privatautonomie) oder aus Gesetz entstehen, sondern es verändert definitiv das römischrechtliche Modell vom Schuldverhältnis, das ohne Leistungspflicht unvorstellbar ist. § 311 III BGB geht noch ein Stück weiter, indem er den Begriff des Schuldverhältnisses noch erweitert und von einem Schuldverhältnis zwischen dem potentiellen Vertragspartner und einem Dritten ausgeht, wodurch das Relativitätsdogma des Schuldverhältnisses aufgebrochen wird. All das ist keine Neuigkeit im deutschen Recht, hingegen durchaus für andere europäische und lateinamerikanische Rechtsordnungen, die zum romanischen Rechtskreis gehören.

Aus der Kernidee des § 311 II BGB, nach der durch die Aufnahme eines geschäftlichen Kontakts mit Einwirkungsmöglichkeit auf die Rechtssphäre der Gegenseite eine Rechtsbeziehung zwischen den Parteien entsteht, aus der schuldrechtliche Pflichten unterschiedlicher Intensität erwachsen, die ihnen zu redlichem und rücksichtsvollem Umgang miteinander verpflichten, kommt man schon nahe an die allgemeinen Voraussetzungen der culpa in contrahendo. Es muss grundsätzlich ein auf den potentiellen Abschluss eines Vertrages gerichteter Kontakt vorliegen, im Rahmen dessen eine schuldhafte und schädliche Rücksichtspflichtverletzung begangen wird. Wie weiter unten dargestellt, lassen sich nicht alle vorvertraglichen Sachverhalte in dieses Schema bruchlos integrieren, wie nicht zuletzt die sog. „ähnlichen geschäftlichen Kontakte" zeigen. Zusammenfassend aber kann man sagen, dass die Haftung in contrahendo geschäftlichen Kontakt, Rücksichtspflichtverletzung, Vertretenmüssen, Schaden und Kausalität voraussetzt.

II. Voraussetzungen der culpa in contrahendo nach § 311 II BGB

1. Schuldverhältnis aus vorvertraglichem geschäftlichem Kontakt

Für die Entstehung einer Haftung aus culpa in contrahendo ist zunächst ein **geschäftlicher Kontakt** zwischen den Parteien erforderlich. Das bringt § 311 II-III BGB durch die dort vorgesehenen Tatbestände deutlich zum Ausdruck. Ein bloßer sozialer Kontakt zwischen den Beteiligten reicht dafür nicht aus. Es muss vielmehr ein **auf einen eventuellen Vertragsabschluss gerichteter Kontakt** vorliegen, nicht notwendig eine Willenserklärung in Form z. B. eines Antrags nach § 145 BGB[8]. Entscheidend dabei ist, dass der aufgenommene Kontakt zum Zweck eines eventuellen Vertragsschlusses aufgenommen wird und dadurch eine enge Beziehung zwischen den Beteiligten entsteht, die eben einem Teil ermöglicht, auf die Rechte, Rechtsgüter und Interessen des anderen einzuwirken.

Im Schrifttum stellt man – in Anlehnung an *Ballerstedt* und *Canaris* – auf die Formel des **geschäftlichen Kontakts mit Einwirkungsmöglichkeit** ab[9]. Dahinter steht der Gedanke, dass mit der durch den geschäftlichen Kontakt entstandenen engen Beziehung zwischen den Parteien auch die Gefahr wächst, dass ein Partner die Rechtssphäre des anderen, wozu auch seine Vertragsentscheidung gehört, nachteilig beeinflusst und ihm Schaden zufügen kann. Das rechtfertigt das Bedürfnis für einen – im Vergleich zum deliktsrechtlichen – stärkeren Schutz der Beteiligten im vorvertraglichen Rechtsverkehr[10].

Die verschiedenen Niveaus von geschäftlichen Kontakten, aus denen das vorvertragliche Vertrauensschuldverhältnis und die Rücksichtspflichten entstehen können, sind in § 311 II BGB skizziert. Der Reformgesetzgeber spricht von Aufnahme von Vertragsverhandlungen (Nr. 1), Vertragsanbahnung (Nr. 2) und ähnlichen geschäftlichen Kontakten (Nr. 3). Das Verhältnis dieser drei Tatbestände zueinander bleibt noch unklar, insbesondere hinsichtlich Nr. 3, und stößt auf heftige Kritik im Schrifttum. Der Reformgesetzgeber wollte in § 311 II Nr. 1 BGB allein das erste und klassische Vertrauensverhältnis erfassen, nämlich das „Rechtsverhältnis der Vertragsverhandlungen“, das mit dem Beginn der Ver-

---

8 *Larenz*, AT, Rn. 9, S. 595.

9 Statt vieler: MünchKomm/*Emmerich* (2016), § 311 Rn. 41. Auch bei *Larenz/Wolf*, AT, S. 593.

10 *Larenz/Wolf*, AT Rn. 3, S. 593.

tragsverhandlungen entsteht und mit deren Beendigung oder mit dem Zustandekommen des Vertrages endet[11].

Insofern bedeutet § 311 II Nr. 1 BGB nur einen besonderen Anwendungsfall des Grundtatbestands von § 311 II Nr. 2 BGB, der nur Hervorhebung verdient, weil die Verhandlungen die stärkere Beziehung zum Vertrag darstellen und immer mit erhöhter Einwirkungsmöglichkeit verbunden sind. Den Grundtatbestand bildet die Vertragsanbahnung mit Einwirkungsmöglichkeit auf die Rechte, Rechtsgüter und Interessen der Gegenseite (§ 311 II Nr. 2 BGB), während § 311 II Nr. 3 BGB die fließendste Form eines geschäftlichen Kontakts darstellt, wenn man von einem solchen in manchen Fallkonstellationen überhaupt sprechen kann.

Die Abgrenzung der drei Tatbestände ist schwierig, wenn überhaupt durchführbar, weil sie sich vielfältig überschneiden[12]. Auf der anderen Seite dürfen die Abgrenzungsschwierigkeiten nicht überdimensioniert werden, weil es im Ergebnis keinen Unterschied macht, ob es sich dabei um einen ‚ähnlichen geschäftlichen Kontakt' oder eine Vertragsanbahnung handelt, wenn dort Rücksichtspflichten verletzt werden. Denn eine schuldhafte und schädliche Pflichtverletzung führt immer zur Haftung aus culpa in contrahendo. Auf der **Rechtsfolgenebene** spielt daher diese Frage keine Rolle. Ungleich wichtiger ist sie allerdings auf der **Tatbestandsebene**, also für die Begründung des vorvertraglichen Schuldverhältnisses und der daraus entstehenden Rücksichtspflichten. Mit anderen Worten: Für die Charakterisierung der Beziehung als „geschäftsähnlicher" Kontakt, für die Enthebung dieser Rechtslage aus der allgemeinen deliktischen Ebene und ihre Einordnung in die vertragliche Ebene. Dieses Problem spielt vor allem bei § 311 II 3 BGB eine Rolle, insbesondere bei der Unterscheidung zwischen geschäftsähnlichen und sozialen Kontakten, die umgekehrt keine vorvertragliche Haftung auslösen.

1.1. Aufnahme von Vertragsverhandlungen

§ 311 II 1 BGB sieht vor, dass mit der Aufnahme von Vertragsverhandlungen ein vorvertragliches Schuldverhältnis mit den Rücksichtspflichten aus § 241 II BGB entsteht, die die Verhandlungspartner untereinander verpflichten, sich loyal zu verhalten und Rücksicht auf die Rechte, Rechtsgüter und Interessen des Verhandlungsgegners zu nehmen. Damit ist zugleich der – vor allem im Ausland – berühmte Unterfall der culpa in contrahendo angesprochen, namentlich die Haftung für grundlosen Verhandlungsabbruch. Dabei handelt es sich um die

11 BT-Drucks. 14/6040, S. 163.

12 MünchKomm/*Emmerich* (2016), § 311 Rn. 45.

schuldhafte Verletzung von Loyalitätspflichten, die unter anderem den Verhandlungspartner verpflichten, für die Beendigung der bisherigen Verhandlungen einen Rechtfertigungsgrund darzulegen, nachdem man den Vertragsschluss als sicher hingestellt und der andere Teil im Vertrauen darauf Vermögensdispositionen gemacht hat, die er sonst nicht gemacht hätte (dazu: Kapitel 3 B II).

Für die Anwendung von § 311 II Nr. 1 BGB ist also das Vorliegen von Vertragsverhandlungen entscheidend. Es stellt sich dann die Frage nach dem Begriff der Vertragsverhandlungen, insbesondere nach den Abgrenzungsmerkmalen von der wohl ähnlichen, aber breiteren Kategorie der Vertragsanbahnung in § 311 II Nr. 2 BGB. Die Hauptkritik an dieser Vorschrift betrifft genau diesen Punkt: Vertragsverhandlungen sind nichts anderes als eine Vertragsanbahnung und können ohne Weiteres unter § 311 II Nr. 2 BGB subsumiert werden[13].

Der Reformgesetzgeber wollte aber den Vertragsverhandlungen eine Sonderstellung im Gesetz einräumen, um ihrer Bedeutung gerecht zu werden: Bei Vertragsverhandlungen sprechen bestimmte Personen über den Gegenstand eines bestimmten Rechtsgeschäfts mit dem Ziel, eine Einigung zu erreichen und den geplanten Vertrag abzuschließen. Die Beteiligten müssen also über einen konkreten Vertrag verhandeln, weil die Vertragsverhandlungen „auf konkret absehbare Verträge mit individuellen Personen bezogen" sind[14]. Wichtig ist, dass die Beteiligten sich **miteinander bewusst** in Verbindung setzen, um über den **eventuellen Abschluss eines bestimmten Geschäfts** zu verhandeln. Es muss keine Willenserklärung vorliegen wie z. B. ein Antrag im Sinne von § 145 BGB; ein mehr oder weniger ausgeprägter Abschlusswille muss jedoch vorliegen[15].

Da die Vertragsverhandlungen einen **zweiseitigen Vorgang zum Zweck eines eventuellen Vertragsabschlusses** darstellen, reichen **einseitige Maßnahmen** nicht aus, wie etwa das Anpreisen von Waren und Leistungen in Zeitungen oder Werbebroschüren, die Übersendung von Prospekten ebenso wenig wie eine invitatio ad offerendum durch Auslage im Schaufenster[16]. Verhandeln die Parteien über ein bestimmtes Geschäft noch nicht oder finden nur bloße unverbindliche Gespräche – „Auslotungsgespräche" – statt, die nur dazu dienen, überhaupt erst auszuloten, ob Interesse an einer vertraglichen Kooperation be-

13 Dazu: MünchKomm/*Emmerich* (2016), § 311 Rn. 46; Erman/*Kindl*, § 311 Rn. 21 und JurisPK-BGB/*Lapp*, § 311 Rn. 33.
14 *Larenz/Wolf*, AT, S. 595.
15 *Rieble*, in: Das neue Schuldrecht in der Praxis, 137, 140.
16 Dazu: *Larenz/Wolf*, AT, S. 395 f.; MünchKomm/*Emmerich* (2016), § 311 Rn. 46 und Paland/*Heinrichs*, § 311 Rn. 16

steht, befinden sie sich noch in der Vertragsanbahnungsphase und es fehlt ein vorvertraglicher Kontakt innerhalb des Geltungsbereichs des § 311 II Nr. 2 BGB[17].

Laut *Emmerich* sind solche Auslotungsgespräche das Gegenteil von Vertragsverhandlungen, so dass dabei Rücksichtspflichten nur unter den zusätzlichen Voraussetzungen von § 311 II Nr. 2 BGB entstehen, also mit Eröffnung konkreter Einwirkungsmöglichkeit auf die Rechtsphäre der Gegenseite[18]. **Vorgespräche** reichen dagegen für die Einordnung unter § 311 II 2 BGB aus, wenn sie sich auf einen bestimmten Vertrag beziehen. Die Abgrenzung zwischen Vertragsverhandlungen und Vorgesprächen über einen möglichen Vertragsabschluss ist nicht immer leicht. Entscheidend ist grundsätzlich, ob die Parteien den Bereich eines unverbindlichen Meinungsaustausches bzw. von Vorgesprächen verlassen und das angesprochene Vertragsprojekt tatsächlich weiterentwickelt haben[19], was nur durch Auslegung zu ermitteln ist. Für die Entstehung des vorvertraglichen Schuldverhältnisses spielt die Abgrenzung zwischen beiden Tatbeständen keine Rolle, denn beide begründen eine schuldrechtliche Bindung mit Rücksichtnahmepflichten für die Beteiligten. Für die **Bestimmung des Pflichtenprogramms** – und folglich der Schadensersatzpflicht – ist sie von Bedeutung, denn bei Vertragsverhandlungen entstehen **mehrere und stärkere Rücksichtnahmepflichten** als im früheren Stadium der Vertragsanbahnung, weil dort der Kontakt zwischen den Verhandlungspartnern enger und die Einwirkungsmöglichkeit dementsprechend größer ist[20].

1.2. Vertragsanbahnung mit Einwirkungsmöglichkeit

Wie oben gesagt, stellt der Tatbestand der Vertragsanbahnung, der auch ein vorvertragliches Vertrauensverhältnis mit Rücksichtspflichten auslöst, die **umfassendere Form** eines vorvertraglichen geschäftlichen Kontakts dar und gilt deshalb als **Grundtatbestand** der gesamten Norm, denn die Anbahnung eines Vertrages enthält schon eine Vorverlagerung und Erweiterung gegenüber dem Verhandlungstatbestand, wie *Larenz/Wolf* treffend ausführen[21]. Die Anbahnung liegt nach der Gesetzessystematik zeitlich vor dem Beginn von Vertragsverhandlungen, sobald die Parteien einen geschäftlichen Kontakt etablieren, bei dem die

17 Statt vieler: MünchKomm/*Emmerich* (2016), § 311 Rn. 46; Erman/*Kindl*, § 311 Rn. 20; Bamberger/Roth/*Grüneberg*, § 311 Rn. 45 und AnwKomm/*Krebs*, § 311 Rn. 40.

18 MünchKomm/*Emmerich* (2016), § 311 Rn. 46.

19 *Heinrichs*, FS Canaris (2007), 42, 432.

20 *Krebs* sagt zutreffend, dass manche Pflichten nur bei Verttragsverhandlungen entstehen, was § 311 II Nr. 1 eine eigenständige Bedeutung verleiht. AnwKomm/*Krebs*, § 311 Rn. 40.

21 AT, S. 596.

Möglichkeit zur Einwirkung auf die Rechte, Rechtsgüter und Interessen der jeweils anderen besteht.

Die Norm enthält einen **unbestimmten Rechtsbegriff**, der nach herrschender Meinung weit ausgelegt werden soll[22]. *Larenz/Wolf* führen aus, dass in dem Stadium der Vertragsanbahnung – anders als in dem der Vertragsverhandlungen – noch kein konkreter oder konkretisierungsfähiger Vertrag beabsichtigt sei. Es genügt für die Charakterisierung des Anbahnungstatbestands eine **unbestimmte, ganz allgemeine Absicht zum Vertragsschluss**, in dem sich eine Partei etwa über ein später eventuell abzuschließendes Geschäft oder zum Zweck bloßen Preisvergleichs informieren will[23].

Der Reformgesetzgeber hat bei der Normformulierung diejenigen Fälle im Auge gehabt, in denen ein potentieller Kunde in einen Geschäftsraum hineingeht, ohne eine konkrete Kaufabsicht zu haben, und dort infolge einer vom Ladeninhaber zu vertretenden Pflichtverletzung zu Schaden kommt. Paradebeispiel ist der Linoleum-Fall[24], in dem Mutter und Kind in einem Laden infolge des Absturzes von Linoleumteppichrollen schwer verletzt wurden, was das Reichsgericht dazu veranlasst hat, dabei das Rechtsinstitut der culpa in contrahendo anstelle des Deliktsrechts anzuwenden. Es besteht seitdem kein Zweifel, dass **mit dem Ladeneintritt** ein Schuldverhältnis mit Rücksichtspflichten entsteht, weil der Kunde dadurch einer Einwirkungsmöglichkeit in seine Rechtssphäre aussetzt ist.

Dies rechtfertigt sich damit, dass erst die **Öffnung für den geschäftlichen Verkehr rechtsgeschäftliche Kontakte** ermöglicht. Gerade die Öffnung von Geschäftsräumen für den Publikumsverkehr hat den Zweck, die Besucher zur Vertragsanbahnung, d. h., zum geschäftlichen Kontakt zu veranlassen[25]. Und wenn ein Teil dem anderen im Hinblick auf eine rechtsgeschäftliche Beziehung die Einwirkung auf seine Rechtssphäre ermöglicht, entstehen dabei Rücksichtspflichten, die vor allem dem Schutz der in § 823 I BGB schon absolut geschützten Rechte (Leben, Körper, Gesundheit, Freiheit und Eigentum) und Interessen dienen, zu denen insbesondere Vermögensinteresse und Entscheidungsfreiheit zählen[26]. Dies gilt nicht nur für den Massenverkehr, sondern auch für den Verkehr zwischen Privaten.

---

22 Statt vieler: MünchKomm/*Emmerich* (2016), § 311 Rn. 47.

23 *Larenz/Wolf*, AT, S. 597 und AnwKomm/*Krebs*, § 311 Rn. 42. *Brox/Walter* ordnen diesen Fälle unter § 311 II 3 BGB, also als ‚ähnliche geschäftliche Kontakte', ein. SR/AT, S. 63.

24 BT-Drucks. 14/6040, S. 163, wo auch auf den sog. Salatblattfall (BGHZ 66, 4) Bezug genommen wird.

25 MünchKomm/*Emmerich* (2016), § 311 Rn. 47 und *Brox/Walter*, SR/AT, S. 63.

26 BT-Drucks. 14/6040, S. 163.

Hier zeigt sich die Überschneidung von Haftung aus culpa in contrahendo und Deliktshaftung, da der Gesetzgeber bei § 311 II Nr. 2 BGB genau an Fallkonstellationen (vorvertragliche Schutzpflichtverletzungen) gedacht hat, die auch unter § 823 I BGB subsumiert werden können[27]. Streitig ist in diesen Konstellationen die Frage, ob der Kunde beim Ladeneintritt bereits eine rechtsgeschäftliche Absicht haben muss, um in den – im Vergleich zu § 823 I BGB günstigeren – Schutzbereich des § 311 II Nr. 2 BGB zu gelangen oder ob auch jemand Schutz verdient, der das Geschäft nur zu dem Zweck betritt, sich vor Regen zu schützen oder dort eine kriminelle Handlung zu begehen.

Die herrschende Meinung differenziert zwischen den beiden Fällen und versagt einstimmig einem Ladendieb jeglichen vorvertraglichen Schutz[28]. Im Schrifttum fallen die Meinungen auseinander hinsichtlich der ersten Fallkonstellation, in der eine Person ohne irgendwelche Kaufabsicht ins Geschäft (z. B. Schutz vor Regen, Durchgang zur anderen Straße oder als Treffpunkt) hereinkommt und sich dort verletzt. Die herrschende Meinung versagt dem Geschädigten in solchen Fällen Schadensersatzansprüche aus culpa in contrahendo, weil hier von vornherein jegliche Absicht zum Vertragsabschluss fehle, so dass er nur auf die Deliktshaftung zurückgreifen könne[29]. Einige Autoren sind demgegenüber der Meinung, dass es nicht darauf ankommen könne, ob die Parteien, die

---

27 In diesem Sinne: Erman/*Kindl*, § 311 Rn. 21.

28 MünchKomm/*Emmerich* (2016), § 311 Rn. 46. Gemeint ist damit der Fall, in dem ein Dieb eine Körperverletzung aufgrund eines vom Ladeninhaber zu vertretenden pflichtwidrigen vorvertraglichen Verhaltens erleidet.

29 *Brox/Walker*, SR/AT, S. 63; *Larenz/Wolf*, AT, S. 597; *Canaris*, JZ 2001, 499, 520; *Heinrichs*, FS Canaris (2007), 421, 434; Staudinger/*Löwisch*, § 311 Rn. 102; Palandt/*Grüneberg*, § 311 Rn. 23; Bamberger/Roth/*Grüneberg*, § 311 Rn. 46; KompaktKomm/*Hirse*, § 311 Rn. 15. In der Rechtsprechung: BGH NJW 1962, 33, wo festgestellt wurde, dass der Schutz mit Erreichen des Eingangsbereichs der Verkaufsräume beginnt. *Krebs* sagt zu Recht, dass hier ein Grenzfall vorliegt, meint aber, dass Vertragsschlüsse grundsätzlich in Betracht kämen, sobald die Person den Eingangsbereich verlässt und tief in den Laden hineingeht, weshalb denn auch eine Vertragsanbahnung vorläge. AnwKomm/*Krebs*, § 311 Rn. 42. Das überzeugt nicht. Es ist nicht vernünftig, die Existenz geschäftlicher Absicht und folglich eines vorvertraglichen Schuldverhältnisses von der Position der verletzten Person im Laden abhängig zu machen, die auf den Abschlusswillen des Kunden hinweisen würde. Das entspricht auch nicht der Realität, denn viele Leute, die in den Geschäftsraum hineingehen, haben noch gar nicht die Absicht, etwas zu kaufen, sondern ihre Kauflust entwickelt sich erst nach einem Geschäftsbummel. Es ist auch nicht zu vergessen, dass die meisten günstigen Angebote im Regelfall im Eingangsbereich zu finden sind, um genau die Aufmerksamkeit vorbeigehender möglicher Kunden zu wecken. Darüber hinaus soll hier mitberücksichtigt werden, dass der bloße Eintritt in den Laden, wenn auch nur in dessen Eingangbereich, automatisch sowohl eine Einwirkungsmöglichkeit in die Rechtssphäre des Kunden als auch die Möglichkeit eines gewinnbringenden Geschäftsabschlusses für den Ladensinhaber eröffnet.

ins Geschäft eintreten, konkrete Kaufabsichten haben oder nicht, und zwar deshalb, weil dies nur schwer erkennbar und nachweisbar sei und weil die Geschäftsräume dem Publikumsverkehr gerade zu dem Zweck geöffnet werden, die Besucher zu geschäftlichen Kontakten zu veranlassen[30].

Über die Fälle vorvertraglicher Schutzpflichtverletzung hinaus sind unter § 311 II Nr. 2 BGB solche geschäftlichen Kontakte einzuordnen, die zwar noch **nicht die Stufe der Vertragsverhandlungen** erreicht haben, die jedoch auf eine **rechtsgeschäftliche Beziehung** gerichtet sind,[31] wie **unverbindliche Gespräche** oder **Vorgespräche**, wenn sie bezwecken, die Möglichkeiten einer künftigen Vertragsbeziehung auszuloten. Entscheidend dabei ist, dass die Vertragsanbahnung eine **Einwirkungsmöglichkeit** auf die Rechte, Rechtgüter und Interessen der Gegenseite eröffnet. Das ist etwa der Fall bei Gewährung von Einblicken in vertrauliche Geschäftsunterlagen z. B. zur Sondierung eines eventuellen Unternehmenskaufs, Kontakt durch Telefon oder Internet[32], Abgabe des Vertragsgegenstands zu Untersuchung oder Prüfung durch die Gegenseite (Paradebeispiel: Probefahrt) sowie einseitige Kontaktaufnahme, wie die Zusendung eines Vertragsangebots oder unbestellter Ware oder Leistung[33] . In allen diesen Fällen entstehen nach der herrschenden Meinung Rücksichtspflichten nur dann, wenn die Vertragsanbahnung mit Einwirkungsmöglichkeiten verbunden ist. Daran seien keine hohen Anforderungen zu stellen. Es ist also nicht nötig, dass eine Partei der anderen die Einwirkungsmöglichkeit auf die Schutzgüter des § 241 II BGB bewusst gewährt oder ihr diese anvertraut, denn § 311 II Nr. 2 BGB setzt sowieso **keine bewusste rechtsgeschäftliche Handlung** voraus[34].

---

30 Emmerich/*MünchKomm* § 311, Rn. 47.

31 AnwKomm/*Krebs*, § 311 Rn. 41 ff.; Erman/*Kindl*, § 311 Rn. 21; JurisPK-BGB/*Lapp*, § 311 Rd. 34; Palandt/Grüneberg, § 311 Rn. 23 und *Heinrichs*, FS Canaris (2007), 421, 433.

32 Dazu: *Larenz/Wolf*, AT, S. 598 f.; BGH NJW 1976, 712 (Salat- bzw. Gemüseblattfall) und BGH NJW 2013, 3366, wo das Gericht jüngst bestätigt hat, dass ein Schuldverhältnis mit den Pflichten aus § 241 II BGB bereits vor Aufnahme von Vertragsverhandlungen ensteht, d. h. wenn eine Partei der anderen zur Vorbereitung eines Vertragsschlusses die Möglichkeit zur Einwirkung auf ihre Rechtsgüter und Interessen gewährt oder ihr diese anvertraut.

33 Palandt/*Grüneberg*, § 311 Rn. 23, m.w.N. zur Rechtsprechung. Die Lieferung unbestellter Ware oder die Erbringung unbestellter Leistung gegenüber Verbrauchern stellt einen Unterfall von Vertragsanbahnungen im Verbraucherrecht dar, der in § 241a BGB eine gesetzliche Sonderstellung hat, laut dem ohnehin in solchen Fällen kein Anspruch, nicht einmal ein Herausgabeanspruch gegen den Verbraucher entsteht. Dazu: KompaktKomm/*Hirse*, § 311 Rn. 14 und Hk-BGB/*Schulze*, § 241a Rn. 7.

34 Statt vieler: Bamberger/Roth/*Grüneberg*, § 311 Rn. 47; Erman/*Kindl*, § 311 Rn. 21 und JurisPK-BGB/*Lapp*, § 311 Rn. 35. Laut *Krebs* spricht der Gesetzgeber davon, dass ein Teil „dem anderen Teil die Möglichkeit zur Einwirkung auf seine Rechte, Rechtsgüter und Interessen gewährt oder ihm diese anvertraut“ und damit den Eindruck erwecken kann, dass eine „bewusste, vielleicht sogar

Letztlich ist zu beachten, dass das vorvertragliche Pflichtenprogramm im Stadium der Vertragsanbahnung milder ist als in der Phase der Vertragsverhandlungen. Der Reformgesetzgeber hat das dadurch zum Ausdruck gebracht, dass er das Erfordernis einer Einwirkungsmöglichkeit nur im Tatbestand der Vertragsanbahnung betont, weil sie in den Verhandlungen selbstverständlich ist. Deshalb pointiert *Medicus* zu Recht, dass die **Anbahnung weniger als die Aufnahme von Vertragsverhandlungen** voraussetze[35]. Tatsächlich entsteht bei Vertragsverhandlungen ein umfassendes Pflichtenprogramm aus Schutz-, Loyalitäts-, manchmal Obhuts- und Geheimnispflichten, und andauernd Informations- und Aufklärungspflichten je nach den Umständen des Einzelfalls, was z. B. bei bloßen Vorgesprächen nicht vorliegt. Das Gleiche gilt beim Ladeneintritt: Hier entsteht grundsätzlich eine Schutzpflicht ieS, die mit der deliktischen Verkehrssicherungspflicht konkurriert. Erst wenn der Kunde Interesse zeigt, etwas kaufen zu wollen und sich besser darüber informieren will, entstehen für den Verkäufer vertragsbezogene Informations- und Aufklärungspflichten, deren Umfang und Inhalt in gewisser Hinsicht von den gestellten Kundenfragen bzw. von der Entwicklung des geschäftlichen Kontakts abhängt.

Die größte Schwierigkeit bei der culpa in contrahendo liegt selbstverständlich in der Konkretisierung der Rücksichtspflichten, also darin, Existenz, Inhalt und Umfang der Pflichten in dem konkreten Fall zu bestimmen. Regelmäßig erfolgt jedoch die Entstehung von Rücksichtspflichten **fortschreitend mit der Intensivierung des geschäftlichen Kontakts und mit der Annäherung an einen Vertrag.** Aus dieser Perspektive leistet die Trennung beider Phasen – Anbahnung und Verhandlungen zum Vertrag – eine gewisse Erkenntnis[36], denn für die Entstehung vorvertraglicher Haftung ist es sinnvoll, sich den Unterschied zwischen beiden Tatbeständen von § 311 II BGB vor Augen zu halten und zu prüfen, ob die möglicherweise verletzte Pflicht überhaupt schon entstanden ist oder ob sie erst später beim Erreichen des Verhandlungsstadiums von der Gegenseite verlangt werden darf. Die Norm bringt auch den Vorteil, hervorzuheben, dass sich die vorvertragliche Haftung nicht auf Fälle von grundloser Verhandlungsbeendigung beschränkt, sondern auch Situationen einschließt, in denen die Parteien nicht einmal zu verhandeln begonnen haben, ein Teil dem anderen aber bereits vor-

---

rechtsgeschäftliche" Handlung vorausgesetzt werde. AnwKomm/*Krebs*, § 311 Rn. 46. *Hirse* ist der Meinung, dass der Bezug auf das „Anvertrauen" vielmehr als *hommage* an den Vorsitz von *Canaris* in der Leistungsstörungsrechtskommission aufgrund der durch ihn entwickelten Anvertrauenshaftung betrachtet werden soll. KompaktKomm/*Hirse*, § 311 Rn. 16. In gleichem Sinne: AnwKomm/*Krebs*, § 311 Rn. 46.

35 PWW/*Medicus*, § 311 Rn. 37.

36 *Rieble*, in: Das neue Schuldrecht in der Praxis, 137, 141.

vertragliche Schäden zugefügt hat, was in ausländischen Rechtsordnungen nicht selbstverständlich ist.

1.3. Ähnliche geschäftliche Kontakte

Den wohl **unpräzisesten Entstehungstatbestand** für das vorvertragliche Vertrauensschuldverhältnis bildet § 311 II Nr. 3 BGB. *Canaris* selber hat die Norm als „etwas dunkel" bezeichnet und ihren **generalklauselartigen Charakter** hervorgehoben, so dass sie als **Auffangtatbestand** für Fallkonstellationen von culpa in contrahendo dienen soll, die sich nicht unter § 311 II Nrn. 1 und 2 BGB subsumieren lassen. Dadurch sei „die Möglichkeit zu einer Weiterentwicklung" vorvertraglicher Haftung offen[37]. In der Literatur stößt die Norm auf breite Kritik. Laut *Heinrichs* enthält sie, wenn man die Tatbestände von § 311 II Nr. 1 und 2 BGB sowie die Geschichte der culpa in contrahendo betrachtet, ein „innovatives Element"[38]. Man hat den Eindruck, dass niemand weiß, wozu sie eigentlich gut ist[39], denn § 311 II Nr. 2 BGB kann so weit ausgelegt werden, dass er die polemische Figur absolvieren kann. Die herrschende Meinung sieht die vom Reformgesetzgeber intendierte Auffangfunktion als sehr kritisch an.

Gedacht hat der Reformgesetzgeber in erster Linie an Fälle, in denen „noch kein Vertrag angebahnt, ein solcher aber vorbereitet werden soll"[40]. Was das genau bedeutet, ergibt sich nicht aus der Entwurfsbegründung. Das soll die sog. „**Auslotunsgespräche**" betreffen, die allerdings schon unter § 311 II Nr. 2 BGB zu subsumieren sind[41] sowie die sog. **Gefälligkeitsverhältnisse mit rechtsgeschäftlichem Charakter ohne Leistungspflicht** (Stichwort: Bankauskünfte) und **Irrtum über die Person des Gläubigers oder des Schuldners im Zuge der Anbahnung einer Leistung**[42]. Nach Ansicht des Reformgesetzgebers gehören dazu auch Fälle von **Schutzwirkung zugunsten Dritter**[43] (wie z. B. Linoleum- und Gemüseblattfall, bei denen das die Mutter begleitende Kind verletzt wurde), sofern sie nicht unter § 311 III BGB eingeordnet werden sowie nichtige Verträge.

---

37 *Canaris*, JZ 2001, 499, 520.
38 FS Canaris (2007), 421, 436.
39 *Rieble*, in: Das neue Schuldrecht in der Praxis, 137, 140. Kritisch dazu statt vieler: *Westermann/Bydlinski/Weber*, SR/AT, S. 207.
40 BT-Drucks. 14/6040, S. 163.
41 In diesem Sinne: Erman/*Kindl*, § 311 Rn. 22.
42 Statt vieler: MünchKomm/*Emmerich* (2016), § 311 Rn. 48 f.
43 BT-Drucks 14/6040, S. 163. Vgl. auch *Canaris*, JZ 2001, 499, 520.

Die Besonderheit – und zugleich das Problem – der Norm ist nämlich, dass sie Kontakte miterfasst, die **nicht auf den Abschluss eines Vertrags abzielen**[44] wie der Anbahnungs- und Verhandlungskontakt aus § 311 II Nr. 1 und 2 BGB, die aber dem **geschäftlichen Kontakt ähnlich** seien[45] und daher Schutz genießen. Was man unter „ähnliche geschäftliche Kontakte" verstehen kann, ist umstritten. Die Tatbestandsmerkmale des § 311 II Nr. 3 BGB sind in Lehre und Rechtsprechung noch nicht festgelegt. Dem Wortlaut kann man nur entnehmen, dass der Kontakt ein **rechtsgeschäftliches Element** enthalten muss, damit er noch als geschäftsähnlicher Kontakt qualifiziert werden kann[46].

Das soll die diskutierte Ausdehnung der culpa in contrahendo auf soziale Kontakte endgültig vermeiden, will man die schon fließenden Grenzen zum Deliktsrecht nicht abbauen[47], denn dogmatisch betrachtet liegt hier genau ein Abgrenzungsmerkmal zwischen Deliktshaftung und vorvertraglicher bzw. vertraglicher Haftung vor. In den (angeblichen) Fallkonstellationen von § 311 II Nr. 3 BGB zeigt sich am deutlichsten, dass sich die culpa in contrahendo in einer Grauzone zwischen Vertrags- und Deliktshaftung befindet, und das indiziert schon, dass die Anwendung der Haftung in contrahendo hier einen deutlichen **Ausnahmecharakter** haben muss. Unklar ist ebenso, ob der geschäftsähnliche Kontakt – anders als die Tatbestände der Vertragsverhandlungen und Vertragsanbahnung – eine **Einwirkungsmöglichkeit** auf die Rechte, Rechtsgüter und Interessen der Gegenseite voraussetzt. Nach *Larenz/Wolf* fallen unter § 311 II Nr. 3 BGB diejenigen Fallgestaltungen, bei denen keine Einwirkungsmöglichkeit in die fremde Rechtssphäre vorliegen muss[48].

Lehre und Rechtsprechung haben die Kontur der problematischen Figur noch nicht präzisiert. Angesichts der darunter zu subsumierenden unterschiedlichen Fallkonstellationen scheint es kaum möglich zu sein, **klare Tatbestandmerkmale** festzulegen. Nicht einmal ein rechtsgeschäftliches Element lässt sich in allen Fällen konstatieren. Man denke nur an Gefälligkeitsverhältnisse, bei denen konstruktiv kein Bindungswille vorliegt, die Rechtsprechung aber einen solchen

---

44 Grüneberg/*Palandt* § 311 Rn. 24; PWW/*Medicus*, § 311 Rn. 37. *Heinrchs* weist als Beispiel auf den Fall hin, in dem eine Sache von mehreren gemeinsam verkauft wird, ohne dass sie eine Bruchteilsgemeinschaft oder eine andere gesetzlich geregelte Gemeinschaft bildet. In dem Fall besteht zwischen den Beteiligten eine Rechtsbeziehung, die mit dem Schuldverhältnis der Vertragsanbahnung vergleichbar sei. Bemerkungen FS Canaris (2007), 421, 436 f.

45 *Heinrichs* betont, dass § 311 Abs. 3 Nr. 3 BGB, wenn man auf die Geschichte des Rechtsinstituts blickt, ein innovatives Element enthält. FS Canaris (2007), 421, 436.

46 *Heinrichs*, FS Canaris (2007), 421, 440; Palandt/*Heinrichs*, Einl. vor § 241 Rn. 7 f.

47 In diesem Sinne *Heinrichs*, FS Canaris (2007), 421, 440.

48 *Larenz/Wolf*, AT, S. 597.

fingiert[49], um den Sachverhalt den Regeln des Vertragsrechts zu unterwerfen. Solche Konstellationen sollen nun mit den vorvertraglichen Grundsätzen in § 311 II Nr. 3 BGB gelöst werden. Auch bei den Fällen von Wettbewerbsverstoß, bei denen zwischen Verletzendem und Verletztem eine schuldrechtliche Sonderverbindung[50] besteht, kann von einem zum Vertragsabschluss gerichteten Kontakt nur schwer die Rede sein. Bei Auskunftsfällen steht dagegen ein Rechtsgeschäft im Hintergrund, auch wenn es mit einer anderen Person abzuschließen ist.

Aus guten Gründen wendet ein Teil der Lehre gegen die Ansicht des Reformgesetzgebers ein, dass § 311 II Nr. 3 BGB nicht der richtige Ort sei, um Fälle der **Einbeziehung Dritter im Rahmen der culpa in contrahendo** zu erfassen, weil die Formulierung von § 311 III BGB alle mögliche Varianten vorvertraglicher Dritthaftung umfassen könne[51]. In der Tat sieht § 311 III 1 BGB vor, dass das vorvertragliche Vertrauensverhältnis mit Rücksichtspflichten auch zu Personen entstehen kann, die nicht selbst Vertragspartner werden sollen und räumt durch seine weite Fassung einen großen Spielraum ein, um dritte Personen, die im Rahmen des breiten vorvertraglichen Stadiums einbezogen sind, angemessen zu schützen. Aufgrund seiner Einbeziehung in den vorvertraglichen Kontakt entsteht ein **Vertrauensschuldverhältnis mit Rücksichtspflichten gegenüber Dritten**, wodurch diese geschützt werden. Man spricht hier von einer **vorvertraglichen Haftung gegenüber Dritten**, wobei das Paradebeispiel namentlich der Linoleum- und Gemüseblattfall hinsichtlich des Kindes ist.

Anderes gilt bei § 311 III S. 2 BGB: Hier macht sich der Dritte selbst für Rücksichtspflichtverletzung im vorvertraglichen Stadium verantwortlich, weil er in besonderem Maße Vertrauen für sich in Anspruch genommen und dadurch die Vertragsverhandlungen oder den Vertragsabschluss erheblich beeinflusst hat. Es handelt sich hier um eine **vorvertragliche Haftung des Dritten.** Daraus ergibt sich, dass § 311 III BGB die Rolle einer **Generalklausel der vorvertraglichen**

---

49 Laut *Heinrichs* geht es hier, soweit die Literatur die Anwendung von §§ 241 II iVm 311 II Nr. 3 BGB auf Gefälligkeitsverhältnis fordert, um Sachverhalte, in denen die Rechtsprechung eine vertragliche Haftung bejaht, nach Ansicht der Literatur einen Rechtsbindungswillen aber nicht feststellt, sondern fingiert. FS Canaris (2007), 421, 439 f. In diesem Sinne auch: AnwKomm/*Krebs*, § 311 Rn. 92.

50 *Heinrichs* führt an, dass der Verletzte einen Wettbewerbsverstoß idR erst geltend machen kann, wenn er den Verletzer abgemahnt hat und dadurch der Wettbewerbsverstoß die Parteien zur Aufnahme eines geschäftlichen Kontakts zwingt. Die Rechtsprechung hat schon vorher auf diese Fälle die Grundsätze der culpa in contrahendo entsprechend angewandt, und seit der Schuldrechtsreform gilt § 311 II Nr. 3 BGB. FS Canaris (2007), 421, 438, m.w.N. zur Rechtsprechung.

51 *Rieble*, in: Das neue Schuldrecht in der Praxis, 137, 142; Bamberger/Roth/*Grüneberg*, § 311 Rn. 51 und AnwKomm/*Krebs*, § 311 Rn. 88.

Dritthaftung übernimmt[52]. Dritte im Anwendungsbereich von § 311 II Nr. 3 BGB zu schützen würde daher unnötig die Einheit der – als ungenügend kritisierten – vorvertraglichen Dritthaftungssystematik des § 311 III BGB durchbrechen.

Mit § 311 II Nr. 3 BGB beabsichtigte der Reformgesetzgeber insbesondere, eine Gesetzesgrundlage für die sog. **Gefälligkeitsverhältnisse mit rechtsgeschäftlichem Charakter ohne Leistungspflicht**[53] zu schaffen. Im deutschen Recht werden Gefälligkeitsverträge wie Auftrag (§ 662 BGB), Leihe (§ 599 BGB) und unentgeltliche Verwahrung (§690 BGB) von reinen Gefälligkeitshandlungen[54] abgegrenzt, die keine rechtliche Verbindlichkeit erzeugen, weil es dabei an einem vertraglichen Bindungswillen fehlt und bei denen die Beteiligten einander grundsätzlich nur nach den Vorschriften des Deliktsrechts haften. Zwischen beiden Fällen gibt es eine Grauzone, in der die deutsche Judikatur die sog. „Gefälligkeitsverhältnisse" identifiziert hat. Sie sind dadurch geprägt, dass dabei zwar keine Leistungs-, wohl aber Rücksichtspflichten – insbesondere Schutz-, Obhuts- und Sorgfaltspflichten – entstehen, weil die Konstellationen rechtsgeschäftliche Elemente aufweisen.

Die Abgrenzung zwischen den drei Kategorien – (Gefälligkeits-)Vertrag, Gefälligkeitsverhältnis ohne Vertrag und bloße Gefälligkeitshandlung – ist in der Praxis nicht immer leicht und in der unüberschaubaren deutschen Rechtspraxis nicht immer überzeugend[55]. Die BGH-Rechtsprechung hat dabei oft eine Vertragshaftung angenommen, allerdings mit Hilfe von **Vertragsfiktionen**, die im Schrifttum heftig kritisiert wurden. Insbesondere wird eingewandt, dass der Rechtsbindungswille in den meisten Fällen nicht festgestellt, sondern fingiert werde, um das gewünschte Ergebnis zu begründen. Außerdem könne man der langen Kette von Entscheidungen **keine einheitlichen Maßstäbe** für eine handhabbare Abgrenzung zwischen Gefälligkeitsverträgen und Gefälligkeitsver-

52 AnwKomm/*Krebs*, § 311 Rn. 99.

53 *Canaris*, JZ 2001, 499, 520.

54 Beispiele: Einladung zum Essen oder zur Treibjagd (RGZ 128, 42), Beaufsichtigung von Nachbarkindern (BGH NJW 1968, 1874), Beaufsichtigung des Hauses von Nachbarn oder Verwandten (Koblenz NJW-RR 2002, 595), Unterlassung des Ausfüllens und Einreichens des Lottoscheins bei einer Lottogemeischaft (BGH NJW 1974, 1705) oder eine Gefälligkeitsfahrt begründen idR kein Schuldverhältnis mit Rücksichtspflichten. Ausnahme bei Gefälligkeitsfahrten: Vorliegen von Fahrgemeinschaft (bei Fahrgemeinschaften idR bejahend: Köln VersR 2004, 189). Zu der reichhaltigen Kasuistik der Rechtsprechung vgl.: Palandt/*Heinrichs*, Einl. vor § 241 Rn. 8 f. und MünchKomm/*Kramer*, Einl. vor § 241 Rn. 33.

55 Ein Bindungswille besteht nach Ansicht der deutschen Gerichte bei Aufsicht über die zum Geburtstag eingeladenen Kinder (Celle NJW-RR 1987, 1384); unentgeltlicher Ausbildung eines Hundes (Koblenz NJW-RR 1991, 26); „Ausleihen" eines Fahrers (BGH 21, 107) und bei Überführung des Pkw zur Werkstatt – „Gefälligkeitsvertrag" (NJW 1998, 1232).

hältnissen entnehmen. Dazu kommt noch das Problem, dass eine Voraussage, wie das Gericht solche Fälle letztendlich entscheiden wird, kaum möglich sei[56].

Solche Fälle sollen nun unter § 311 II 3 BGB fallen, da die Sachlage der eines rechtsgeschäftlichen Kontakts „ähnlich" sei. Auf diese Problematik kann hier nur hingewiesen werden. Die deutsche Lehre und Rechtsprechung müssen die rechtsdogmatische Kontur der Figur des § 311 II Nr. 3 BGB dringend präzisieren, um diese Fälle von denjenigen abzugrenzen, die in Wirklichkeit typische Gefälligkeitshandlungen sind und die durch die deliktischen Regelungen schon Rechtschutz erfahren. Ob das Schutzniveau des deutschen Deliktsrechts ausreichend ist oder nicht, mag hier offenbleiben. Jede Korrektur braucht jedoch rechtsdogmatische Kohärenz. Der „Auffangtatbestand" des § 311 II Nr. 3 BGB darf jedoch **nicht eine Ausdehnung** der vertragsähnlichen Haftung in contrahendo **auf soziale Kontakte** ermöglichen, wie *Heinrichs* zu Recht betont[57].

Dafür erscheint eine Begriffspräzisierung **des geschäftlichen Kontakts** als unerlässlich. Denn es geht hier letztendlich um die Frage, inwieweit ein Gefälligkeitsverhältnis, d. h. ein sozialer Kontakt – der keine schuldrechtliche Kategorie darstellt und folglich keine schuldrechtlichen Pflichten (Leistungs- und Rücksichtspflichten) erzeugt –, seinen rechtsunverbindlichen Charakter verliert und sich in eine hybride Figur verwandelt, die sich einem Rechtsgeschäft annähert, und zwar mit der Folge, dass dort ein Schuldverhältnis mit Rücksichtnahmepflichten entsteht und eine Haftung nach vertraglichen Grundsätzen ausgelöst wird. Diese Frage ist nicht nur für die Deliktshaftung, sondern auch für die culpa in contrahendo von erheblicher Bedeutung, der nicht selten vorgeworfen wird, ihre künstliche Konstruktion sei das Ergebnis der Schwächen des deutschen Deliktsrechts.

Überzeugender ist die Einordnung der **Auskunftsfälle** unter § 311 II Nr. 3 BGB. Dabei geht es um die Erteilung von Auskünften, die für den Empfänger von wesentlicher wirtschaftlicher Bedeutung sind, sofern kein Auskunftsvertrag vorliegt[58]. Das Abstellen auf das Vertragsrecht ist unproblematisch, wenn die Parteien über die Auskunftserteilung ausdrücklich einen Vertrag abgeschlossen haben. Liegt zwischen den Parteien ein Vertrag vor, wird die Auskunftspflicht

---

56 Statt vieler: *Heinrichs*, FS Canaris (2007), 421, 439 f. und MünchKomm/*Kramer*, Einl. vor § 241 Rn. 30 ff., mit ausfürlicher Darstellung über die Diskussion.

57 *Heinrichs*, FS Canaris (2007), 421, 440. In diesem Sinne auch: *Westermann/Bydlinski/Weber*, SR/AT, S. 208 und *Rieble*, in: Das neue Schuldrecht in der Praxis, 137, 142.

58 Praktische Relevanz erlangten die Fälle von Scheckauskünften durch die betreffende Bank, die die Rechtsprechung früher durch Rückgriff auf einen fingierten Auskunftvertrag gelöst hat. Dazu: AnwKomm/*Krebs*, § 311 Rn. 46; Bamberger/Roth/*Grüneberg*, § 311 Rn. 50 und Erman/*Kindl*, § 311 Rn. 22.

daraus als Nebenpflicht hergeleitet, z. B. Anlageberatung von Kunden durch die Bank, Beratung des Mandanten durch seinen Anwalt. Fehlt eine solche Verabredung, prüft das Gericht, ob stillschweigend ein Vertrag zustande gekommen ist. Diese Judikatur existiert schon seit dem alten Recht, wo die Verantwortlichkeit des Auskunftsgebers für Rat und Empfehlung in § 676 BGB aF prinzipiell mit der Begründung ausgeschlossen war, die Erteilung von Auskünften stelle eine Gefälligkeit ohne Rechtsbindung dar. Diese Regel gilt grundsätzlich in § 675 II BGB fort, der allerdings zugleich festlegt, dass sich daraus eine Haftung nicht nur aus Delikt, sondern auch aus Vertrag oder sonstigen gesetzlichen Bestimmungen ergeben kann.

Der BGH hat früh diese Regel durchbrochen, insbesondere wenn die Information für den Empfänger erkennbar von erheblicher Bedeutung und Grundlage für eine wesentliche Entscheidung war. Hier hat er einen Auskunftsvertrag bejaht[59]. Dagegen hat die Lehre damals eingewandt, der von der Rechtsprechung angenommene Bindungswille sei reine Fiktion, und deshalb vorgeschlagen, die Haftung statt auf Vertrag (Vertragsfiktion), auf eine vom Vertrauensgrundsatz beherrschte Sonderverbindung zu stützen[60]. Das Thema ist noch umstritten: Während ein Teil der Lehre von dem Abschluss eines konkludenten Auskunftsvertrags ausgeht, ordnet ein anderer die Auskunftserteilung dem geschäftlichen – also: nicht-vertraglichen – Umfeld iRd § 311 II Nr. 3 BGB zu und nimmt an, dass dabei ein vorvertragliches Schuldverhältnis mit Leistungspflicht entstehe, deren Verletzung eine Haftung in contrahendo auslöse[61].

Jherings Fall von culpa in contrahendo – **nichtige Verträge** – fällt nach herrschender Meinung auch unter § 311 II Nr. 3 BGB. Der BGH bejaht eine Haftung für Verletzung von Rücksichtspflichten für den Fall, in dem die Ungültigkeit des Vertrages schuldhaft herbeigeführt wird (Kapitel 3 C II). Wie *Olzen* zu Recht bemerkt, fehlt es auf den ersten Blick beim nichtigen Vertrag genau wie beim Gefälligkeitsverhältnis zumindest an einem rechtsgeschäftlichen Schuldverhältnis als Grundlage für die daraus entstehenden Rücksichtspflichten. Vor der Normierung des § 311 II Nr. 3 BGB wurden diese Pflichten beim nichtigen Vertrag zum einen auf § 242 BGB gegründet, zum anderen durch ein zwischen den Parteien aufgrund gesteigerten sozialen Kontakts entstehendes „gesetzliches Schuldverhältnis". Mit der Schuldrechtsreform steht zwar fest, dass Rücksichtspflichten

59 BGH NJW 1986, 180. Dazu: Palandt/*Sprau*, § 675 Rn. 30.

60 Dazu: *Canaris*, JZ 2001, 499, 520; *Krebs*, Sonderverbindung, S. 90 m.w.N. und *Heinrichs*, FS Canaris (2007), 421, 441.

61 Über die Diskussion: AnwKomm/Krebs, § 311 Rn. 92. Für eine vorvertragliche Lösung: *Canaris*, JZ 2001, 499, 520; *Heinrichs*, FS Canaris (2007), 421, 441; MünchKomm/*Emmerich* (2016), § 311 Rn. 48 und Erman/*Kindl*, § 311 Rn. 22.

auch beim nichtigen Vertrag vorkommen können, fraglich bleibt jedoch ihre dogmatische Grundlage.

Wenn man nicht der Auffassung folgt, dass unabhängig vom Vertrag stets ein gesetzliches Schuldverhältnis zwischen den Parteien im Hinblick auf den Schutz beiderseitiger Rechtsgüter bestehe oder weiterhin § 242 als Grundlage anzusehen ist, scheint es laut *Olzen* naheliegend, den nichtigen Vertrag als „ähnlichen geschäftlichen Kontakt“ anzusehen, da er doch genauso wie ein wirksamer Vertrag Verletzungen des Integritätsinteresses ermöglicht[62]. *Krebs* qualifiziert die nichtigen Verträge als Sonderverbindung, weil dabei dieselbe freiwillige Rechtskreisöffnung zur Verwirklichung eines positiven Zwecks wie im vorvertraglichen Bereich vorliege, wodurch die Rechte, Rechtsgüter und Interessen der Einwirkung der Gegenseite ausgesetzt werden[63]. Unabhängig von dieser Diskussion liegt hier auch der Gedanke nahe, dass trotz Nichtigkeit das Schuldverhältnis mit den Pflichten aus § 241 II BGB fortbesteht, denn durch die Nichtigkeit fällt nur das Leistungsverhältnis weg und es besteht weiter eine konkrete Einwirkungsmöglichkeit auf die Rechtssphäre der Gegenseite.

Zusammenfassend kann man sagen, dass die Figur des rechtsgeschäftsähnlichen Kontakts aus § 311 II Nr. 3 BGB noch präzisierungsbedürftig erscheint. Die ihm zugeordneten Fälle scheinen von einem rechtsgeschäftsähnlichen Charakter und einer Einwirkungsmöglichkeit auf den Rechtskreis der Gegenseite geprägt zu sein. Die Gefälligkeitsfälle und die nichtigen Verträge zeigen, dass dieser Kontakt nicht auf den Abschluss eines Rechtsgeschäfts gerichtet sein muss. Ein Geschäft steht jedoch im Hintergrund. Um die dogmatische Überzeugungskraft der culpa in contrahendo zu bewahren, sollten die unter § 311 II Nr. 3 BGB zu fassenden Sachverhalte – über die Einwirkungsmöglichkeit hinaus – zumindest einen rechtsgeschäftlichen Zweck haben.

2. Parteien des Vertrauensschuldverhältnisses

Mit der Annahme eines vorvertraglichen geschäftlichen Kontakts – gleichgültig auf welchem Niveau: Vertragsverhandlungen, Vertragsanbahnung oder rechtsgeschäftsähnlicher Kontakt gemäß § 311 II Nrn. 1 bis 3 BGB – entsteht zwischen den **potentiellen Vertragspartnern** ein Schuldverhältnis mit den Rücksichtspflichten aus § 241 II BGB, wenn damit eine Einwirkungsmöglichkeit auf die Rechte, Rechtsgüter oder Interessen des anderen Teils verbunden ist. Aufgrund des vorvertraglichen Schuldverhältnisses entstehen für die Parteien Verhaltenspflichten

---

62 Staudinger/*Olzen*, § 241 Rn. 398.
63 AnwKomm/*Krebs*, § 311 Rn. 91.

unterschiedlicher Intensität, die sie insbesondere zu loyalem Verhalten und zu gegenseitiger Rücksichtnahme verpflichten. Auch **dritte Personen** können allerdings am geschäftlichen Kontakt teilnehmen und auf dieser Grundlage begünstigt oder verpflichtet werden. Das bedeutet: Die Parteien müssen Rücksichtpflichten nicht nur untereinander, sondern auch gegenüber Dritten beachten; Dritten obliegt umgekehrt auch die Pflicht, Rücksicht auf die Interessen der künftigen Vertragspartner zu nehmen, wie § 311 III BGB deutlich zum Ausdruck bringt. Das deutsche Recht kennt daher neben der traditionellen Haftung aus culpa in contrahendo der künftigen Vertragspartner auch die Figur der culpa in contrahendo zugunsten und gegenüber Dritten.

2.1. Die künftigen Vertragspartner als Berechtigte und Verpflichtete

In der Regel bestehen Rücksichtspflichten aus geschäftlichem Kontakt nur zwischen den künftigen Vertragspartnern, so dass sie gegenseitig verpflichtet sind, sich redlich und loyal zu verhalten, um der Gegenseite keinen rechtswidrigen Schaden zuzufügen. Das folgt aus einem grundlegenden Dogma des Schuldrechts, nämlich dem von der **Relativität des Schuldverhältnisses**, nach dem die schuldrechtliche Bindung und Rechtsfolgen, insbesondere die schuldrechtlichen Verpflichtungen (Leistungs- und Nebenpflichten) nur gegenüber den am Schuldverhältnis beteiligten Personen entstehen. Da das Schuldverhältnis Wirkung nur *inter partes*, nicht dagegen *erga alios* (gegenüber Dritten) oder *erga omnes* (gegenüber jedermann) erzeugt, bedeutet der Relativitätsgrundsatz im vorvertraglichen Stadium, dass grundsätzlich nur die Parteien untereinander zur Rücksichtnahme verpflichtet sind und nur sie eine Rücksichtspflichtverletzung begehen können.

Eine künftige Vertragspartei kann bei der culpa in contrahendo sowohl **Berechtigte** als auch **Verpflichtete** sein. Als Berechtigte tritt sie bei schuldhafter Rücksichtspflichtverletzung durch die Gegenpartei auf, wenn für sie ein Schadensersatzanspruch entsteht. Umgekehrt wird die Partei als Verpflichtete betrachtet, wenn sie selber schuldhaft eine aus dem geschäftlichen Kontakt entstandene Rücksichtspflicht verletzt. Die Partei ist allerdings für die Pflichtverletzung nicht nur verantwortlich, wenn **sie selbst** die Vertragsverhandlungen führt oder den Vertrag anbahnt, sondern auch dann, wenn sie **andere Personen** für sich handeln lässt[64] wie ein Vertreter oder ein bloßer Verhandlungsgehilfe. **Verhandlungsgehilfen** sind diejenigen Personen, die allein oder zusammen mit ihrem Geschäftsherrn (künftige Vertragspartei) die Ver-

64 *Larenz/Wolf*, AT, S. 603.

tragsanbahnung bzw. Vertragsverhandlungen führen. Sie sind Erfüllungsgehilfen im Sinne von § 278 BGB, weil sich der potentielle Vertragspartner ihrer zur Erfüllung seiner vorvertraglichen Verpflichtungen bedient[65]. Die Verhandlungsgehilfen treten nur in der Phase der Vertragsvorbereitung auf und dürfen den Vertrag nicht endgültig abschließen, weil der Vertragsabschluss nur dem Vertragspartner selbst obliegt.

Anders beim **Vertreter**, der nicht nur die vorbereitende Vertragsanbahnung bzw. die Vertragsverhandlungen führt, sondern auch den Vertrag mit Wirkung für den Vertretenen (Vertragspartner) abschließen darf. In beiden Fällen haftet allerdings die künftige Vertragspartei für das **schuldhafte Handeln von Dritten**, namentlich von Gehilfen und Vertretern aus culpa in contrahendo nach § 278 BGB, so dass es sich hier um eine **Haftung für fremdes Verschulden** handelt. Es geht allerdings in solch einer Konstellation immer noch um die **eigene Haftung** der am vorvertraglichen Schuldverhältnis beteiligten Partei. Die Partei ist allerdings nicht immer für das Handeln des Dritten verantwortlich; es kann sein, dass dieser selbst für eine Pflichtverletzung einstehen muss. Das stellt in gewisser Hinsicht eine Variante der sog. vorvertraglichen Dritthaftung dar, wobei der Dritte auch als Verpflichteter und Berechtigter auftreten kann.

2.2. Dritte als Berechtigte und Verpflichtete bei der culpa in contrahendo

Die deutsche Rechtsprechung hat früh erkannt, dass in eine Vertragsanbahnungslage (verallgemeinert: in einen geschäftlichen Kontakt) mehrere Personen einbezogen sein können. Sie spielen zwar nicht als Partei mit, sind jedoch in den **Geltungsbereich des Vertrauensschuldverhältnisses** miteinbezogen und können sowohl von der Rechtslage betroffen werden als auch auf sie einwirken[66]. Zu denken ist zunächst einmal an den Linoleum-Fall, wobei das Kind, das die Mutter im Ladengeschäft begleitet und sich dort verletzt hat, aufgrund der zwischen Mutter und Ladeninhaber begründeten „vertragsähnlichen Rechtsbeziehung“[67] geschützt werden kann. In der Lehre und Rechtsprechung wird oft auf die rechtsdogmatische Konstruktion des **Vertrags mit Schutzwirkung zugunsten Dritten** oder auf die **culpa in contrahendo zugunsten Dritter**[68] zurückgegriffen, um den Schutz des Dritten zu begründen. Hier werden Schutzpflichten zugunsten des im Rahmen des geschäftlichen Kontakts stehenden Dritten anerkannt, die dazu dienen, ihn vor Schäden in seinen Rechten, Rechtsgütern und Interessen zu

65 *Brox/Walker*, SR/AT, S. 197.
66 *Brox/Walker*, SR/AT, S. 64.
67 RGZ 78, 239, 240.
68 *Larenz/Wolf*, AT, S. 605.

bewahren. Der Dritte tritt in solchen Fällen als Berechtigter auf und leitet aus einem **fremden Schuldverhältnis** einen **eigenen Schadensersatzanspruch** ab.

Über diese klassische Fallgruppe der culpa in contrahendo hinaus sind auch Fälle denkbar, in denen der Dritte eine entscheidende Rolle in der Vertragsanbahnung spielt und dort Rücksichtspflichten verletzt (Stichwort: Sachwalterhaftung). Man spricht hier von **vorvertraglicher Dritthaftung.** Der Dritte tritt hier als Verpflichteter ein und macht sich aufgrund seiner starken Einwirkung auf die Vertragsanbahnung bzw. auf den Vertragsschluss und der nachträglichen unberechtigten Enttäuschung des bei der anderen Partei erweckten besonderen Vertrauens für seine Pflichtverletzung selbst verantwortlich – nicht dagegen der Verhandlungspartner, für den er tätig war. Ihm obliegt eine Schadensersatzpflicht gegenüber dem Geschädigten, die aus einem besonderen Schuldverhältnis zwischen dem Dritten und dem Geschädigten (dem potentiellen Vertragspartner) nach § 311 III BGB entsteht.

Über die Dritthaftung gibt es in Deutschland noch große Diskussion, da die dogmatischen Konturen der Figur in der Lehre und Rechtsprechung noch nicht einstimmig festgelegt wurden. Dabei sind viele Fragen offen. Zunächst besteht noch keine Einigkeit darüber, ob man überhaupt von einer **generellen Dritthaftung** sprechen kann, die sowohl beim vorvertraglichen Stadium als auch beim Vertrag auftauchen kann. Mit § 311 III BGB erwähnt das Gesetz zum ersten Mal – wenn auch nur unpräzise – die Kategorie der Dritthaftung. Die Norm bezieht sich jedoch **unmittelbar nur auf das vorvertragliche Schuldverhältnis**, das den Beteiligten der Vertragsanbahnung – auch einen Dritten – zu gegenseitiger Rücksichtnahme verpflichtet, und sieht in diesem Sinne nur eine vorvertragliche Dritthaftung vor. Damit ist allerdings „noch nicht viel gewonnen“[69], wie *Brox* zu Recht sagt, weil die tatbestandlichen Voraussetzungen für die Entstehung des Schuldverhältnisses und der vorvertraglichen Dritthaftung nicht gesetzlich geregelt sind.

Einige Autoren sehen in § 311 III BGB trotzdem einen gesetzlichen Anhaltspunkt für eine **allgemeine Dritthaftung**[70]**.** Darunter soll auch die seit Langem anerkannte und unter § 328 BGB gefasste Figur des Vertrags mit Schutzwirkung zugunsten Dritter fallen. Ob und inwieweit die Rechtsinstitute des **Vertrags mit Schutzwirkung zugunsten Dritter**, der **culpa in contrahendo zugunsten Dritter** und der **vorvertraglichen Dritthaftung aus § 311 III BGB** unter demselben Dach zusammengebracht werden können, ist noch keineswegs klar. Es

---

69 *Brox/Walker*, SR/AT, S. 64.

70 In diesem Sinne sagt *Krebs*, dass es keinen grundsätzlichen Unterschied zwischen einer Dritthaftung bei einem vorvertraglichen Verhältnis und der bei einer sonstigen Sonderverbindung wie etwa einem Vertrag besteht. AnwKomm/*Krebs*, § 311 Rn. 99 ff.; Sonderverbindung, S. 276.

besteht nicht einmal Einigung im Schrifttum über das Verhältnis der Figuren zueinander. Zur die Diskussion trägt die Fassung des § 311 III BGB auch nicht viel bei, denn der Reformgesetzgeber hat nicht einmal die vorvertragliche Dritthaftung in § 311 III BGB umfassend geregelt. Es steht auch nicht fest, welche Kontur ein solches allgemeines Dritthaftungskonzept haben soll, und viele Fragen bezüglich Rechtfertigungsgründen, Tatbeständen und nicht zuletzt der Abgrenzungsmerkmale der dort zusammenzubringenden unterschiedlichen Fallkonstellationen sind noch offen[71].

Im Schrifttum wird überwiegend davon ausgegangen, dass § 311 III BGB keine allgemeine Anspruchsgrundlage für die Figur des Vertrags mit Schutzwirkung für Dritte schafft, sondern vielmehr § 328 BGB, an den die Rechtsprechung die Entwicklung der Figur geknüpft hat[72]. Das signalisiert die Notwendigkeit, den Vertrag mit Schutzwirkung zugunsten Dritter und die vorvertragliche Dritthaftung aus § 311 III BGB voneinander abzugrenzen und für jede Figur einen unterschiedlichen Anwendungsbereich zu reservieren, auch wenn Überschneidungen vorliegen. Die rechtstheoretische Entwicklung einer allgemeinen Dritthaftungstheorie, bei der es letztendlich um die Frage der Einbeziehung und Einwirkung Dritter im Schuldverhältnis und folglich der Durchbrechung des Relativitätsgrundsatzes geht, kann dabei Klarheit schaffen und ist daher wünschenswert. Das Thema übersteigt den Untersuchungsgegenstand dieser Dissertation und wird hier nicht diskutiert. Wichtig ist nur, festzustellen, dass nicht nur die potentiellen Vertragspartner, sondern auch Dritte für Rücksichtspflichtverletzung beim Vertragsschluss einstehen können.

3. Rücksichtspflichtverletzung

Für die Entstehung der Haftung aus culpa in contrahendo ist die schuldhafte Verletzung von Rücksichtspflichten vor dem Vertragschluss erforderlich. Gesetzesgrundlage für die Rücksichtspflichten – auch Schutzpflichten, Verhaltenspflichten oder Nebenpflichten genannt – ist heute § 241 II BGB. Vor der Schuldrechtsreform wurden sie aus § 242 BGB hergeleitet. Aus dem Grundsatz von Treu und Glauben hat *Heinrich Stoll* den Gedanken von Redlichkeits- und Vertrau-

71 Kritisch dazu: *Rieble*, in: Das neue Schuldrecht in der Praxis, 137, 141ff. *Krebs* hält z.B. für fraglich, ob die Sachwalterhaftung, die teilwiese mit Hilfe der vorvertraglichen Dritthaftung, teilweise mit der des Institut des Vertrags mit Schutzwirkung zugunsten Dritter erklärt wird, überhaupt als vorvertragliche Dritthaftung iSv § 311 Abs. 3 S. 1 BGB eingeordnet werden kann. AnwKomm/*Krebs*, § 311 Rn. 112ff.

72 Dazu: MünchKomm/*Gottwald*, § 328 Rn. 111; Staudinger/*Jagmann*, § 328 Rn. 92 und Palandt/*Grüneberg*, § 328 Rn. 13.

ensschutz im Rechtsverkehr abgeleitet, der die Basis für die spätere Entwicklung der Vertrauenstheorien lieferte, die bis heute das Fundament der vorvertraglichen Theorie bildet. Es gibt keinen Katalog der Rücksichtspflichten. Die heute allgemein anerkannten Rücksichtspflichten wurden – und werden – fallbezogen, d. h. unter Berücksichtigung der gesamten Umstände und des Gebots von Treu und Glauben sowie der Verkehrssitten durch die deutsche Rechtsprechung kasuistisch ausgeformt[73]. Die **kardinalen Rücksichtspflichten** sind Schutz-, Loyalitäts-, Informations- und Aufklärungspflichten, die den Kern der Hauptfallgruppen der culpa in contrahendo bilden. Dazu kommen je nach den Umständen noch Obhuts-, Mitwirkungs-, Warn- und Beratungspflichten, deren Verletzung eine vorvertragliche Haftung auslöst.

Der Reformgesetzgeber hat die dogmatische Autonomie solcher Pflichten gesetzlich anerkannt. Sie stehen ganz oben im ersten Abschnitt des zweiten Buches des BGB, wo der Inhalt der Schuldverhältnisse geregelt wird. Im Anschluss an § 241 Abs. 1 BGB, wo die **Leistungspflicht** (Obligation) als Kernpflicht des Schuldverhältnisses formuliert steht[74], hat der Reformgesetzgeber die Kategorie der Rücksichtspflichten in Abs. 2 angesiedelt. Laut § 241 Abs. 2 BGB kann das Schulverhältnis nach seinem Inhalt jeden Teil zur Rücksicht auf die Rechte, Rechtsgüter und Interessen des anderen Teils verpflichten. Dadurch hat der Reformgesetzgeber klar zum Ausdruck gebracht, dass die Rücksichtspflichten so wie die Leistungspflichten aus einen Schuldverhältnis entstehen, also aus einer schuldrechtlichen Bindung zwischen bestimmten Personen, kraft derer die eine von der anderen ein Tun oder Unterlassen verlangen kann. Dadurch wird klar, dass ein Schuldverhältnis nicht nur Leistungs-, sondern auch Rücksichtspflichten erzeugen kann, was seit *Sibers* Konzept des **Schuldverhältnisses als Organismus** schon anerkannt war[75].

Mit § 311 II BGB sagt das Gesetz ausdrücklich, dass ein Schuldverhältnis auch ausschließlich Rücksichtspflichten erzeugen kann und erkennt dadurch die Rücksichtspflichten als eine von den Leistungspflichten völlig **selbständige Pflichtenkategorie** an. Im Schrifttum gibt es noch viele offene Fragen hinsichtlich der Dogmatik der Rücksichtspflichten, insbesondere bzgl. ihrer Natur und Rechtsgrundlage, die der Reformgesetzgeber der Rechtswissenschaft bewusst

---

73 Vgl. dazu die Rechtsentwicklung der culpa in contrahendo in Deutschland: Kapitel 2 II. Der Reformgesetzgeber bringt die Fallbezogenheit der Rücksichtspflichten durch den Hinweis auf „Inhalt und Natur" des Schuldverhältnisses in § 241 II BGB zum Ausdruck. Dazu: BT-Drucks. 14/6040, S. 126.

74 Laut dem Reformgesetzgeber beschränkte sich § 241 BGB a.F. auf die Normierung der Leistungspflichten. BT-Drucks. 14/6040, 125.

75 Dazu: *Larenz*, SR I, S. 27 Fn. 39.

überlassen hat[76] und die hier nicht erörtert werden müssen[77]. Festzustellen ist lediglich, dass die herrschende Meinung den Rücksichtspflichten eine **vertragsähnliche Natur** insbesondere deshalb zuerkennt, weil sie „im Rahmen“ des Vertrages – also: vor, bei und nach seiner Konstitution – entstehen und meistens seiner Vorbereitung, Durchführung und Erhaltung dienen. Und die Nähe zum Vertrag rechtfertigt ihre Unterwerfung unter das Vertragsrechtsregime[78]. Das ist vor allem für die vorvertragliche Haftung von Bedeutung, die Rücksichtspflichtverletzungen vor Vertragsschluss sanktioniert.

Für die hier interessierende Frage nach den Voraussetzungen der culpa in contrahendo ist es vielmehr von Bedeutung, zu beachten, dass der Reformgesetzgeber den **Schutzgegenstand** der Rücksichtspflichten in § 241 II BGB umgeschrieben hat. Nach der Norm werden die Rechte, Rechtsgüter und Interessen der Gegenseite geschützt. Unter Hinweis auf die „Rechte und Rechtsgüter“ der Gegenseite sollen die in § 823 I BGB schon geschützten **absoluten Güter** wie Leben, Körper, Gesundheit, Freiheit und Eigentum angesprochen werden, die durch **Schutzpflichten ieS** abgedeckt sind. Die Schutzpflichten ieS decken sich jedoch inhaltlich nicht mit den Verkehrssicherungspflichten des Deliktsrechts, weil nur die ersteren **bloßem Vermögen** Schutz gewähren. Um die Abgrenzung beider Pflichtenkategorien zu betonen, hat der Reformgesetzgeber in § 241 II BGB ausdrücklich auf die „Rechte“ und „Rechtsgüter“ der Gegenseite Bezug genommen und eine „besondere Rücksicht“ darauf statuiert[79]. Zum Schutzgegenstand der Rücksichtspflichten gehören auch die **Interessen** des anderen Teils.

Mit dem Interessenbegriff wollte der Reformgesetzgeber deutlich machen, dass davon auch reines Vermögensinteresse und Dispositionsinteresse wie die Entscheidungsfreiheit erfasst werden[80], die in der Regel durch Informations-, Aufklärungs- und Beratungspflichten geschützt werden. Vor der Reform war umstritten, ob der vorvertragliche Schutz auch das reine Dispositionsinteresse umfasse oder ob es nur durch das Rechtsinstitut der arglistigen Täuschung und Drohung (§ 123 BGB) abgedeckt wird. Diese Diskussion betraf primär die Fälle, in denen ein vorvertragliches Fehlverhalten zu einem ungünstigen oder unerwünschten Vertrag führte. Mit dem Schutz des reinen Dispositionsinteresses hat

---

76 BT-Drucks. 14/6040, 126.

77 Für einen Überblick zu der Diskussion Diskussion: Staudinger/*Olzen*, § 241 Rn. 378 ff. Zum Thema: *Canaris*, JZ 1965, 475; *Grigoleit*, FS Canaris (2007), 275; MünchKomm/*Kramer*, Einl. zu § 241 Rn. 81 ff.; *vBar*, Verkehrspflichten (1980) und JuS 1982, 637.

78 Statt vieler: Staudinger/*Olzen*, § 241 Rn. 239.

79 BT-Drucks. 14/6040, 125.

80 BT-Drucks. 14/6040, 126.

sich der Gesetzgeber gegen die bisherige BGH-Rechtsprechung ausgesprochen, die Vermögensschäden für die Haftung in contrahendo verlangte[81].

4. Schaden

Eine wichtige Voraussetzung für die Haftung für Verschulden bei Vertragsschluss ist der infolge der Pflichtverletzung eingetretene Schaden. Welche Schadensart im konkreten Fall entsteht, kommt grundsätzlich auf die verletzten Rechtsgüter an, aber auch auf die Auswirkung der Pflichtverletzung auf das (materielle oder immaterielle) Vermögen des Geschädigten. Im Rahmen der culpa in contrahendo ist jede rechtswidrige Beeinträchtigung der Rechte, Rechtsgüter und Interessen der Gegenseite gemäß §§ 311 II und 241 II BGB prinzipiell ein ersatzfähiger Schaden, der dann nach den Regeln des Schadensersatzrechts (§§ 249 – 253 BGB) ausgeglichen wird. Es kann sich dabei um materielle oder immaterielle Schäden handeln, die die deutsche Rechtsordnung als ersatz- bzw. kompensationsfähige Schadensposten anerkennt.

Vermögensschaden ist jeder berechenbare finanzielle Verlust, den der Geschädigte in seinem Güterbereich infolge der vorvertraglichen Pflichtverletzung erleidet[82]. Beispiele im Rahmen der Haftung in contrahendo sind **Behandlungs- und Krankenhauskosten** infolge rechtswidriger Verletzung vorvertraglicher Schutzpflichten ieS, die zur **Verletzung von Körper oder Vermögensgütern** des Geschädigten führen. Paradebeispiel dafür ist der vom Reichsgericht entschiedene berühmte Linoleumfallfall, sowie die aus der BGH-Rechtsprechung stammenden Bananenschalen- und Gemüseblattfälle[83], die nun unter § 311 II 2 BGB typischerweise zu subsumieren sind. In diesen Fällen ist auch ein Schmerzensgeld gemäß § 253 II BGB denkbar.

Im Rahmen von Schutzpflichtverletzungen im geschäftlichen Kontakt kann auch ein Vermögensschaden infolge der Verletzung von Vermögensgütern des Partners entstehen, wie etwa **Reparaturkosten** oder **Grundstücksschäden**[84]. Zum materiellen Schaden gehören weiter **nutzlose Aufwendungen** wie z. B. Verhandlungs-, Vertrags-, Anwalts-, Steuerberater-, Notar- oder Reisekosten, die im Rahmen der Anbahnung oder Verhandlungen gemacht wurden, sowie auch **entgangener Gewinn aus Alternativgeschäften**, der dem Geschädigten entgangen ist, weil er auf das Zustandekommen des Vertrages mit dem Pflichtver-

81 Statt vieler: AnwKomm/*Krebs*, § 311 Rn. 50.
82 *E. Schmidt*, Schuldverhältnis, S. 147.
83 Vgl. dazu: RGZ 78, 240; BGH NJW 1962, 31 und BGHZ 66, 51.
84 BGH NJW 1978, 41 (Schäden am Grundstück infolge des Eindringens von Abwässern).

letzenden oder auf die Gültigkeit des abgeschlossenen nichtigen Vertrages vertraut hat[85]. Diese Schäden liegen oft in Fällen von culpa in contrahendo für grundlosen Verhandlungsabbruch und beim Abschluss unwirksamer Verträge vor.

Ist ein gültiger, aber ungünstiger Vertrag infolge der Pflichtverletzung – meistens infolge von Informations- oder Aufklärungspflichtenverstoß – zustande gekommen, besteht der Schaden in der Differenz, die der Geschädigte zu teuer gezahlt hat (sog. **Differenzschaden**). Es gibt jedoch Fälle, in denen sich kein rechnerisches Minus berechnen lässt: Die zu erlangende Leistung ist zwar werthaltig, ist aber für die Zwecke des Geschädigten nicht voll brauchbar, so dass die von ihm zu erbringende Gegenleistung eine ganz oder teilweise nutzlose Aufwendung darstellt. In solchen Konstellationen besteht der **Schaden in der Vertragsbindung** als solcher, d.h. in der **Beeinträchtigung der rechtsgeschäftlichen Selbstbestimmung**, da der Geschädigte dadurch in seiner wirtschaftlichen Bewegungsfreiheit beeinträchtigt wird. Das kommt oft in dem heute bedeutendsten Fall der culpa in contrahendo, der Fehlinformation vor Vertragsschluss vor, die oft in den Abschluss eines für den uninformierten Vertragspartner ungünstigeren Vertrages mündet.

Umstritten ist allerdings, ob ein bloß subjektiv als nachteilig empfundener, also unerwünschter Vertrag einen Schaden darstellt oder ob dafür als Minimum das Vorliegen eines Vermögensschadens erforderlich ist. Der BGH stellt auf einen Vermögensschaden ab[86]. Das wird im Schrifttum zu Recht stark kritisiert, weil der in § 241 II BGB verwendete Begriff vom Interesse die wirtschaftliche Selbstbestimmung zweifelsfrei umfasse, so dass ihre rechtswidrige Beeinträchtigung eine Pflichtverletzung im Sinne von § 280 I BGB darstelle[87]. Hier liege ein **Nichtvermögensschaden** vor, der eben dadurch geprägt ist, dass es sich dabei nicht um einen „finanziell spürbaren“ Schaden handelt, hingegen um einen nicht in Geld berechenbaren Nachteil[88], der seit der Verallgemeinerung der Regelung über das Schmerzensgeld in § 253 II BGB auch ersatzfähig ist.

---

85 Dazu: Palandt/*Grüneberg*, § 311 Rn. 55, mit zahlreichen Beispielen aus der Rechtsprechung.

86 BHG NJW 1998, 302 und 898. Dazu: Kapitel 3 II 3.2 b.

87 Statt vieler: Soergel/*Harke*, § 311 Rn. 24; *Fleischer*, AcP 200 (2000), 91, 111ff., m.w.N. und *Westermann/Bydlinski/Weber*, SR/AT, S. 211.

88 Statt vieler: *Staudinger, Eckpfeiler/Vieweg*, S. 410 und *Brox/Walker*, SR/AT, S. 313. Deshalb stößt die BGH-Rechtsprechung auf harte Kritik, die auf das Kriterium des Vermögensschadens abstellt, um die Haftung aus culpa in contrahendo von der Arglistanfechtung abzugrenzen.

5. Vertretenmüssen

Vor der Schuldrechtsreform gab es Streit darüber, ob die vorvertragliche Haftung doch keine verschuldensunabhängige Haftung sei. In der Rechtsprechung sind in dieser Hinsicht Entscheidungen zu finden, in denen eine Haftung wegen grundlosen Abbruchs der Vertragsverhandlungen ohne Verschulden bejaht wird[89]. Heute ist diese Diskussion mit der Schuldrechtsreform und der Einfügung des neuen § 280 I BGB überwunden, so dass ein Abrücken vom Verschuldenserfordernis nur noch schwer begründbar ist[90]. Denn § 280 I 2 BGB statuiert grundsätzlich eine **Verschuldenshaftung** im allgemeinen Schuldrecht und sogleich eine **Verschuldensvermutung** zugunsten des Gläubigers, der dann das Verschulden des Schuldners nicht nachweisen muss, sondern umgekehrt hat der Schuldner zu beweisen, dass ihn bezüglich der Pflichtverletzung kein Verschulden trifft. Da die Verletzung einer sich aus § 241 II BGB ergebenden Rücksichtspflicht vor dem Vertrag eine Leistungsstörung in Sinne von § 280 I S. 1 BGB darstellt, die umgekehrt das Verschulden des Schuldners gemäß § 280 I S. 2 BGB voraussetzt, ist das Verschulden Element der Haftung in contrahendo.

Das steht mit dem Verschuldensgrundsatz in Einklang, der dem deutschen bürgerlichen Recht zugrunde liegt[91]. Damit jemandem eine Schadensersatzpflicht zukommt, verlangt grundsätzlich die Rechtsordnung nicht nur, dass er rechtswidrig eine Pflicht verletzt und daraus ein Schaden entsteht, sondern auch, dass ihm die pflichtwidrige Handlung zuzurechnen ist. Der **Zurechnungsfaktor** liegt im deutschen Recht – und allgemein im kontinentalen Recht – herkömmlicherweise im **Verschulden** des Handelnden, obwohl das BGB den Begriff grundsätzlich nicht benutzt, sondern vielmehr von **Vertretenmüssen** spricht, um auszudrücken, dass die persönliche Verantwortlichkeit des Schuldners für die Pflichtverletzung gelegentlich auch ohne Verschulden anerkannt wird[92]. § 276

---

89 BGH LM § 276 (Fa) Nr. 11, ap.: MünchKomm/*Kramer* (1985), Einl. vor § 241 Rn. 82 Fn. 195, der für zweifelhaft hält, ob der BGH damit eine verschuldensunabhänge Haftung iSv § 122 BGB bei Vertragsverhandlungen wirklich befürworten wollte. Auch *Hans Stoll* sah schon in altem Recht keine Veranlassung, bei Abbruch von Vertragsverhandlungen eine Haftung ohne Verschulden zuzulassen. FS Caemmerer (1978), 435, 448 f. In der Rechtsprechung vgl. auch: BGH NJW-RR 1989, 629. Kritisch dagegen statt vieler: *Canaris*, 50 Jahren BGH, 129, 180 f. und Erman/*Kindl*, § 311 Rn. 34, beide m.w.N. zur Rechtsprechung. Eine eher geringere Meinung vertritt noch ausnahmsweise eine Haftung aus culpa in contrahendo ohne Verschulden beim Vorliegen des sog. „qualifizierten Vertrauenstatbestands", der etwa dann besteht, wenn ein Verhandlungspartner den Vertragsschluss als ganz sicher darstelle oder den anderen Teil zur Vorleistung veranlasse. Vgl. Hk-BGB/*Schulze*, § 311 Rn. 32.

90 Erman/*Kindl*, § 311 Rn. 34.

91 In diesem Sinne: *Fikentscher/Heinemann*, Schuldrecht, S. 320.

92 *Fikentscher/Heinemann*, Schuldrecht, S. 323.

BGB bildet – zusammen mit §§ 227 und 278 BGB – eine **Zurechnungsnorm**, die festlegt, unter welchen Umständen eine Pflichtverletzung zugerechnet wird und Ansprüche begründet[93].

Nach der Norm hat der Schuldner Vorsatz und Fahrlässigkeit zu vertreten, sofern keine strengere oder mildere Haftung im Gesetz bestimmt ist oder sich nicht aus dem Inhalt des Schuldverhältnisses, insbesondere aus der Übernahme einer Garantie oder eines Beschaffungsrisikos, ergibt. Der Schuldner haftet also, wenn er vorsätzlich oder fahrlässig eine relative oder absolute Pflicht verletzt. So wird – grob gesagt – die Haftung für eigenes Verschulden im Gesetz skizziert. Man hat allerdings nicht nur für eigenes Verschulden einzustehen. In vielen Fällen wird jemand auch für fremdes Verschulden verantwortlich, wie die im Rechtsverkehr bedeutende Haftung für Verschulden von Vertretern und Erfüllungsgehilfen zeigt. Diese kommt immer in Betracht, wenn man jemanden für die Erfüllung seiner Verbindlichkeit bestellt und die Hilfsperson in der Ausführung dieser Verpflichtung einem Dritten Schaden zufügt.

Im Rahmen der culpa in contrahendo kann sowohl eine Haftung für eigenes, als auch für fremdes Verschulden in Betracht kommen, d.h. der Schuldner ist nicht nur verantwortlich, wenn er selbst gegen eine Rücksichtspflicht im Rahmen des geschäftlichen Kontakts verstößt und dadurch eines der in § 241 II BGB genannten Schutzgüter verletzt, sondern auch dann, wenn die Hilfsperson, die er in die Vertragsanbahnung einbezieht, dies tut. Das ist insbesondere bei Vertragsverhandlungen von Bedeutung, weil dort neben den Verhandlungspartnern oft gesetzliche Vertreter oder Verhandlungsgehilfen auftreten, die nicht selten die vorvertraglichen Verhaltenspflichten von § 241 II BGB außer Acht lassen und dadurch gegen die Rechte, Rechtsgüter oder Interessen (Stichwort: Selbstbestimmungs- und Vermögensinteresse) eines Verhandlungspartners verstoßen.

5.1. Haftung für eigenes Verschulden

Eine Partei haftet für eigenes Verschulden aus culpa in contrahendo immer dann, wenn sie eine Rücksichtpflichtverletzung schuldhaft begeht. Das ist etwa der Fall, wenn sie **vorsätzlich** handelt, indem sie z.B. die Vertragsverhandlungen ohne einen triftigen Grund abbricht, nachdem sie den Geschäftsabschluss als sicher hingestellt oder den Gegner zu Aufwendungen veranlasst hat, oder wenn sie

---

93 § 276 BGB ist – anders als im Gesetzgebungsverfahren vor 1900 angenommen – keine Anspruchsgrundlage, sondern eine Zurechnungsnorm. Über die Diskussion grundlegend: MünchKomm/*Grundmann* (2016), § 276 Rn. 1. § 276 BGB gilt als Zurechnungsnorm nicht nur für das Leistungsstörungsrecht, sondern für das gesamte Privatrecht – innerhalb und außerhalb des BGB – und für das öffentliche Recht, so dass er auch im Deliktsrecht Anwendung findet.

arglistig eine für die Vertragsentscheidung seines Gegners wesentliche Information bewusst verschweigt oder simuliert sowie auch dann, wenn sie die Gegenseite von Erkundigungen über ein Formerfordernis abhält, dessen Beachtung, wie sie weiß, für die Wirksamkeit des Vertrages erforderlich ist. Das geschieht aber auch, wenn sie rein **fahrlässig** handelt, d. h. wenn sie die genannten Handlungen infolge Vernachlässigung der im Verkehr erforderlichen Sorgfalt begeht. Entscheidend für die Charakterisierung des Vertretenmüssens und mithin für die Haftungsbegründung ist daher, ob im Einzelfall Vorsatz oder Fahrlässigkeit vorliegt – die **zwei Schuldformen**, die unter dem Oberbegriff des Verschuldens zusammengefasst sind.

Das Gesetz definiert nicht den **Vorsatz**, der Wissen und Wollen des Erfolges im Bewusstsein der Rechtswidrigkeit bedeutet [94]. Vorsätzlich handelt der am vorvertraglichen Kontakt Beteiligte, wenn er den Erfolg (Schaden) als notwendige Folge seines Handelns (Rücksichtspflichtverletzung) erkennt, dies billigt und im Bewusstsein der Pflichtwidrigkeit trotzdem handelt. Ein **direkter Vorsatz** ist jedoch nicht erforderlich für die Schadenszurechnung im Rahmen der Haftung für Verschulden bei Vertragsschluss. Ausreichend für den Vorsatzbegriff ist schon der **bedingte Vorsatz**, also dass der Pflichtverletzende das Ergebnis seines vorvertraglichen Fehlverhaltens für möglich hält und seinen Eintritt bloß billigend in Kauf nimmt. Der historische Gesetzgeber hat dagegen die **Fahrlässigkeit** in § 276 BGB aF – heute: § 276 II BGB – definiert als die Außerachtlassung der im Verkehr erforderlichen Sorgfalt. Die Schuldrechtsreform hat § 276 BGB aF im Kern unverändert gelassen. Der Norminhalt ist jedoch durch die neue Formulierung deutlicher geworden: Der Schuldner hat Vorsatz und Fahrlässigkeit nur dann zu vertreten, wenn eine strengere oder mildere Haftung nicht im Gesetz bestimmt ist oder sich nicht aus dem Inhalt des Schuldverhältnisses, insbesondere aus der Übernahme einer Garantie oder eines Beschaffungsrisikos, ergibt und darüber hinaus keine Schuldausschließungsgründe vorliegen[95].

Fahrlässigkeit setzt **Voraussehbarkeit** und **Vermeidbarkeit** voraus[96]. Das bedeutet: Der Schuldner handelt nur fahrlässig, wenn er allgemein die mit seiner

---

94 Palandt/*Heinrichs*, § 276 Rn. 10 f.; *Brox/Walker*, SR/AT, S. 190 und *Fikentscher/Heinemann*, Schuldrecht, S. 322. Nach der sog. Vorsatztheorie schließt der Irrtum über tatsächliche Umstände oder ein Rechtsirrtum den Vorsatz des Handelnden aus. Dadurch steht die Zivilrechtslehre im Widerspruch zu der im Strafrecht geltenden sog. Schuldtheorie, nach der ein vorwerfbarer Verbotsirrtum die Schuld des Handelnden nicht beseitigt.

95 MünchKomm/*Grundmann* (2016), § 276 Rn. 6.

96 In der Rechtsprechung: BGHZ 39, 285 und Frankfurt NJW-RR 1990, 976. MünchKomm/*Grundmann* (2016), § 276 Rn. 53; Palandt/*Heinrichs*, § 276 Rn. 12 und Erman/*Westermann*, § 276 Rn. 13.

rechtswidrigen Handlung bzw. Unterlassung verbundene Gefahr voraussehen und den schädlichen Erfolgseintritt durch richtiges Verhalten vermeiden kann[97], dies aber wegen Vernachlässigung des Sorgfaltsgebots nicht tut. Das BGB unterscheidet **drei Stufen der Fahrlässigkeit** – einfache (leichte), grobe und eigenübliche Fahrlässigkeit[98] – und bestimmt dementsprechend für einige Fälle eine abweichende Regelung zum § 276 I BGB, der die einfache Fahrlässigkeit als gesetzlichen Schuldmaßstab[99] statuiert. In solchen Fällen fixiert das Gesetz eine mildere Haftung für den Schuldner, wenn es dort heißt, dass er nur für grobe Fahrlässigkeit oder Verletzung der eigenüblichen Sorgfalt haftet. Da der Schuldner grundsätzlich für jede geringere Fahrlässigkeit gemäß § 276 I 1 BGB einzustehen hat, spielt die Abgrenzung zwischen den verschiedenen Graden von Fahrlässigkeit – wie auch beim Vorsatz – im Zivilrecht in der Regel keine Rolle[100].

Welchen **Sorgfaltsmaßstab** man im Rechtsverkehr beachten muss, sagt § 276 BGB nicht. Das lässt sich nur im Einzelfall feststellen, so dass der Sorgfaltsmaßstab immer **konkretisierungsbedürftig** ist. Hier kommt es – anders als im Strafrecht – grundsätzlich nicht auf die persönlichen Fähigkeiten des Schuldners an, sondern prinzipiell auf die im Rechtsverkehr erforderlichen **objektiv-abstrakten Sorgfaltsmaßstäbe**[101]. Es ist daher grundsätzlich unerheblich, ob der Schuldner nach seinen individuellen Fähigkeiten, Kräften, Erfahrungen und Kenntnissen die objektiv gebotene Sorgfalt erkennen und erbringen kann; entscheidend ist vielmehr, ob seine Handlung mindestens dem für den jeweiligen Verkehrskreis geltenden Normalstandard entspricht[102], also wie sich ein ordentlicher Teilnehmer des betreffenden Verkehrskreises in der konkreten Situation

---

97 Dazu: MünchKomm/*Grundmann* (2016), § 276 Rn. 53; Palandt/*Heinrichs*, § 276 Rn. 20 f. und Erman/*Westermann*, § 276 Rn. 10.

98 Grobe Fahrlässigkeit (culpa lata) liegt vor, wenn die verkehrserforderliche Sorgfalt in besonders schwerem Maße verletzt wird. Im Gegensatz dazu steht die leiche Fahrlässigkeit (culpa levis), die immer dann gegeben ist, wenn die besonderen Merkmale grober Fahrlässigkeit nicht erfüllt sind. Die eigenübliche Sorgfalt ist diejenige, die man selbst in seinen eigenen Angelegenheiten normalerweise anwendet (diligentia quam in suis). Beide Grade gesetzlicher Haftungsbeschränkung sind vor allem für Fälle vorgesehen, in denen jemand unentgeltlich oder überwiegend im Interesse eines anderen tätig wird, und spielt auch in der vorvertraglichen Haftung eine Rolle, da sich dort die Frage stellt, ob und inwieweit solche Haftungsmilderungen schon im vorvertraglichen Stadium gelten. Dazu: Palandt/*Heinrichs*, § 277 Rn. 14.

99 In diesem Sinne: Erman/*Westermann*, § 276 Rn. 10; MünchKomm/*Grundmann* (2016), § 276 Rn. 6 und *Fikentscher/Heinemann*, Schuldrecht, S. 324.

100 *Brox/Walter*, SR/AT, S. 192.

101 Palandt/*Heinrichs*, § 276 Rn. 15 S. 345. Vgl. auch BGHZ 39, 283; 80, 193; NJW 1988, 909 und 2000, 2812.

102 MünchKomm/*Grundmann* (2016), § 276 Rn. 55.

verhalten würde[103]. Im Hintergrund steht der Gedanke, dass sich der Rechtsverkehr – ohne Rücksicht auf das persönliche Leistungsvermögen des Schuldners – grundsätzlich darauf verlassen dürfen muss, dass jeder die Fähigkeit und Kenntnis besitzt, die für die ordnungsmäßige Erfüllung seiner Pflichten erforderlich sind. Da subjektive Sorgfaltsmaßstäbe für die anderen Beteiligten des Rechtsverkehrs nicht leicht erkennbar sind[104], würde ihre Annahme den Zweck des § 276 II BGB, namentlich den Schutz des Rechtsverkehrs und des Vertrauens, vereiteln.

Deshalb haben Lehre und Rechtsprechung verschiedene **Kriterien** für die Konkretisierung der erforderlichen Sorgfalt aufgestellt und in Fallgruppen systematisiert. Es kommt hauptsächlich auf den **Sorgfaltsstandard** an, der in dem **jeweiligen Verkehrskreis** (Berufs-, Bildungs-, Alters-, Lebenskreis) gefordert wird, da die Sorgfaltsanforderungen für die einzelnen Handlungstypen unterschiedlich sind. Hier gilt die Regel: Je größer die mit der Handlung verbundene Gefahr, desto höher die Sorgfaltsanforderungen an den Handelnden. Innerhalb eines Verkehrskreises, wie etwa dem Berufskreis, sind weitere Ausdifferenzierungen erforderlich. So sind z. B. an leitende Personen höhere Anforderungen zu stellen als an untergeordnete[105]; das Gleiche gilt für Fachleute und Berufstätige im Vergleich zu Berufsanfängern oder bloßem Hilfspersonal. An einen erfahrenen Verhandlungspartner, insbesondere wenn er in Rahmen seiner beruflichen Tätigkeit handelt, sind höhere Sorgfaltsanforderungen zu stellen als an bloße Privatpersonen, die gelegentlich darin involviert sind. Hier ist auch zu berücksichtigen, dass **besondere Kenntnisse und Fähigkeiten** die Pflicht zur Beobachtung einer höheren als sonst in der Situation verlangten Sorgfalt begründen[106].

Der grundsätzlich objektive Fahrlässigkeitsmaßstab hindert auch nicht weitere Differenzierungen nach bestimmten **Personengruppen** (Kinder, alte Menschen, Behinderte), deren Besonderheit sich auf den Sorgfaltsmaßstab auswirken kann[107]. Zur Bestimmung des objektiven Sorgfaltsstandards ist auch auf die **Verkehrssitten**, **Rechtsnormen** und andere **Regelwerke** wie etwa technische Regeln zurückzugreifen[108]. Unter Umständen kommt – nach herrschender Meinung bei Sachschäden – auch eine **Kosten-Nutzen-Analyse** als Hilfsmittel in Betracht im Sinne der ökonomischen Analyse des Rechts, die eine Abwägung des Nutzens und der Kosten der als erforderlich zu erachtenden Sorgfaltsmaßnahmen

---

103 Erman/*Westermann*, § 276 Rn. 10.
104 MünchKomm/*Grundmann* (2016), § 276 Rn. 55.
105 Palandt/*Heinrichs*, § 276 Rn. 17, m.w.N. zur Rechtsprechung.
106 Statt vieler: Erman/*Westermann*, § 276 Rn. 10 f.
107 MünchKomm/*Grundmann* (2016), § 276 Rn. 66 und Palandt/*Heinrichs*, § 276 Rn. 17.
108 Palandt/*Heinrichs*, § 276 Rn. 18 und *Fikentscher/Heinemann*, Schuldrecht, S. 323.

erfordert. Nach der sog. **Learned-Hand-Formel** ist eine Sorgfaltsmaßnahme dann erforderlich, wenn der für sie notwendige Aufwand geringer ist als der durch ihre Nichtanwendung mögliche entstehende Schaden[109].

Das oben Gesagte gilt selbstverständlich im Rahmen der culpa in contrahendo und spielt bei der Frage, ob der Pflichtverletzende den infolge des vorvertraglichem Fehlverhaltens entstandenen Vertrauensschaden zu vertreten hat, eine große Rolle. Die oben dargestellte Problematik gehört mehr zur Dogmatik des Schadensrechts als vielmehr zu der vorvertraglichen Haftung, deshalb muss sie hier nicht weiter vertieft werden. Festzuhalten ist hier, dass die Einstandspflicht für vorvertragliches Fehlverhalten an Vorsatz oder Fahrlässigkeit gemäß § 276 I BGB geknüpft ist und dass man nach der neuen Systematik des BGB annehmen kann, dass mit dem Nachweis der Rücksichtspflichtverletzung zumindest ein fahrlässiges Verhalten des Schädigers nach § 280 I 2 BGB feststeht[110]. Die **gesetzliche Verschuldensvermutung** überträgt auf den Schädiger den **Entlastungsbeweis** mit der Folge, dass er nachweisen muss, dass er die vorvertragliche Pflichtverletzung nicht zu vertreten hat.

Das gelingt dem Schädiger nur, wenn er z. B. beweist, dass er alle ihm obliegende Sorgfalt bei der Probefahrt angewendet hat, um das zu verkaufende Auto nicht zu beschädigen,[111] und alle zumutbaren Maßnahmen während des geschäftlichen Kontakts beobachtet hat, um Körper, Leben, Eigentum und ähnliche Güter des Geschäftspartners nicht zu verletzen oder um die während der Vertragsverhandlungen bekannt gewordenen Geschäftsgeheimnisse geheim zu halten. Bei vorvertraglicher Aufklärungspflichtverletzung ist er z. B. beweispflichtig dafür, dass er die Richtigkeit, Vollständigkeit und Aktualität der gegebenen Auskunft vorher geprüft hat oder dass der Schaden auch beim pflichtgemäß informationellen Verhalten entstanden wäre, weil der Vertragsgegner auch dann den Vertrag unter gleichen Bedingungen abgeschlossen hätte, so dass er dadurch sozusagen die in diesen Fällen angenommene Vermutung aufklärungsrichtigen Verhaltens erschüttert. Die Auferlegung eines Entlastungsbeweises auf den Pflichtverletzenden stellt eine erhebliche **Beweiserleichterung für den Ge-**

---

109 Statt vieler: Palandt/*Heinrichs*, § 276 Rn. 19; grundlegend: MünchKomm/*Grundmann* (2016), § 276 Rn. 62ff. Hier ist *Fikentscher/Heinemann* zu folgen, wenn sie die Tendenz begrüßen, die Rechtsökonomik zur Objektivierung des Sorgfaltsmaßstabs zu benutzen, jedoch mit der Betonung, dass dabei eine Verabsolutierung der ökonomischen Methode zu vermeiden ist. Schuldrecht, S. 324.

110 In diesem Sinne: Soergel/*Harke*, § 311 Rn. 39.

111 Nach der Rechtsprechung haftet der Kaufinteressent für die Beschädigung eines Kfz auf einer Probefahrt nur bei Vorsatz oder grober Fahrlässigkeit, weil sich der gewerbliche Händler durch den Abschluss einer Vollkaskoversicherung schützen kann. OLG Köln NJW 1996, 1288.

schädigten dar, dessen Anspruch andernfalls nicht selten deshalb abgelehnt worden wäre.

Schließlich ist zu berücksichtigen, dass der Schädiger auch ein **Mitverschulden** des Geschädigten nachweisen kann, das unter Umständen einen **Rechtfertigungsgrund** für das Verhalten des Handelnden darstellen und dadurch seine Rechtswidrigkeit beseitigen kann. § 254 BGB beschränkt die Ersatzpflicht des Schädigers, wenn bei der Entstehung (Abs. 1) oder Entwicklung (Abs. 2) des Schadens ein schuldhaftes Verhalten des Geschädigten mitgewirkt hat. Es handelt sich hier um eine **Obliegenheit** zulasten des Geschädigten, die auf dem Rechtsgedanken beruht, dass derjenige, der die erforderliche Sorgfalt außer Acht lässt, um sich selbst vor Schaden zu schützen, den **Verlust** oder die **Kürzung** seines Schadensersatzanspruchs akzeptieren muss. Man spricht deshalb dabei von **Verschulden gegen sich selbst**[112]. Die Vorschrift ist damit zugleich eine nähere Ausprägung des **Grundsatzes von Treu und Glauben** (§ 242 BGB), weil derjenige, der sich bewusst in eine Gefahrenlage begibt und für den erlittenen Schaden – trotz eigener Mitverantwortung – vollen Schadensersatz verlangt, gegen das Verbot des venire contra factum proprium verstößt[113]. Ein Mitverschulden im Rahmen des geschäftlichen Kontakts liegt etwa vor, wenn der Verhandlungspartner aus Übereiltheit unnötige Aufwendungen oder nachteilige Dispositionsentscheidungen macht oder wenn er bei vorsichtigem Verhalten die Wirksamkeitshindernisse des Vertrages hätte erkennen können.

Wichtig im Rahmen der Haftung für Verschulden beim Vertragsschluss ist zu beachten, dass ein Mitverschulden des Geschädigten **nicht zum Ausschluss des Schadensersatzanspruchs** führt, wie bei einer analogen Anwendung von §§ 122 II und 179 II 1 BGB, sondern **nur anspruchsmindernd** wirkt. Das ist vor allem bei Verletzung vorvertraglicher Aufklärungspflichten von Bedeutung, wobei die Rechtsprechung bei der Anerkennung eines mitwirkenden Verschuldens zu Recht sehr streng ist[114] und vielmehr davon ausgeht, dass den, der in besonderem Maße auf das Wort eines ihm „freundschaftlich verbundenen Schädigers"[115] oder eines Sachkenners[116] (Paradebeispiel: Banken und Versicherungen) vertraut, kein Mit-

112 Statt vieler: Palandt/*Heinrichs*, § 254 Rn. 1, m.w.N. zur Rechtsprechung.

113 Dazu: Palandt/*Heinrichs*, § 254 Rn. 1 und *Fikentscher/Heinemann*, Schuldrecht, S.319.

114 Erman/*Kindl*, § 311 Rn. 25, m.w.N. zur Rechtsprechung.

115 BGH NJW 2002, 1335. Vgl. dazu Anmmerkung von *Lorenz* zum BGH Urteil v. 14.01.2002 – II ZR 184, 99.

116 BGH NJW 2011, 1949 Rn. 41 (Zinswetteurteil), wo ein Mitverschulden bei Kapitalanlage ausdrücklich verneint wurde; BGH NJW-RR 2012, 1316 Rn. 23, wo eine grob fahrlässige Unkenntnis der notwendigen Informationen durch Nichtlektüre des Prospekts verneint wird. Dort wird auf

verschulden trifft, wenn er auf die abgegebene Aufklärung vertraut und keine weiteren Informationen einholt.

5.2. Haftung für fremdes Verschulden: Gehilfenhaftung

Im Rahmen der culpa in contrahendo kann auch eine Haftung für fremdes Verhalten in Betracht kommen. Eine solche Haftung, die das Verschuldensprinzip des § 276 I 1 BGB durchbricht[117], besteht im Schuldrecht insbesondere dann, wenn man sich zur Erfüllung seiner Verbindlichkeit einer anderen Person (z. B. eines gesetzlichen Vertreters oder eines Erfüllungsgehilfen) bedient und die Hilfsperson in der Ausführung dieser Verpflichtung der Gegenseite Schaden zufügt. Zurechnungsnorm ist **§ 278 BGB**, die bestimmt, dass der Schuldner so behandelt werden muss, als ob er die vom Vertreter bzw. Erfüllungsgehilfen begangene schädigende Handlung selber vorgenommen hätte. Für die Haftungszurechnung ist gleichgültig, ob es sich dabei um ein vertragliches oder vertragsähnliches, d. h. vorvertragliches Rechtsverhältnis handelt. Unerlässlich ist jedoch, dass ein **bestehendes Schuldverhältnis** vorliegt[118], weil außerhalb schuldrechtlicher Beziehungen nicht § 278 BGB, sondern § 831 BGB eingreift.

§ 278 BGB liegt der Gedanke zugrunde, dass der Schuldner, der durch Hinzuziehung von Erfüllungsgehilfen, also durch die Arbeitsteilung, seine **Handlungs- und Gewinnmöglichkeit** in einer von ihm selbst bestimmten Weise erweitert, für das Verschulden der Hilfsperson wie für eigenes Verschulden einzustehen hat. Und das gilt unabhängig davon, ob den Schuldner ein eigenes Verschulden bei Auswahl, Anleitung oder Überwachung der Hilfsperson trifft. Mit anderen Worten: er haftet für das Verschulden von Erfüllungsgehilfen **ohne eigenes Verschulden** und **ohne Exkulpationsmöglichkeit**[119]. Eine solche kommt nur im Rahmen des Deliktsrechts in Betracht: Nach § 831 I 2 BGB kann der Geschäftsherr seine Haftung durch den Nachweis abwenden, dass er bei Auswahl oder Leitung der Hilfsperson (dort: ‚Verrichtungsgehilfe') die im Verkehr erforderliche Sorgfalt beobachtet hat. Dies bringt zum Ausdruck, dass § 831 BGB auf

---

weitere Entscheidungen Bezug genommen wie BGH Urteil v. 08.07.2010 – III ZR 249/09 = BGHZ 186, 152, Rn. 31 und BGH Urteil v. 22.09.2011 – VI ZR 135/10 = ZIP 2011, 2361 Rn. 11.

117 Erman/*Westermann*, § 278 Rn. 1.

118 *Medicus* weist jedoch darauf hin, dass § 278 BGB auf Sonderverbindungen außerhalb des Schuldrechts auch Anwendung findet, wie etwa auf das Eigentümer-Besitzer-Verhältnis und die Unterhaltspflicht. SR/AT, S. 165.

119 Statt vieler: *Fikentscher/Heinemann*, Schuldrecht, S. 326 und Erman/*Westermann*, § 278 Rn. 1.

das Verschulden des Geschäftsherrn (eigenes Verschulden), § 278 BGB dagegen auf das Verschulden des Erfüllungsgehilfen (fremdes Verschulden) abstellt[120].

Hier liegt ein bedeutsamer Unterschied zwischen vertraglichem und deliktischem Haftungssystem vor, der für die Entwicklung der culpa in contrahendo eine große Rolle gespielt hat. Tatsächlich hat die rechtstheoretische Konstruktion des vorvertraglichen Schuldverhältnisses mit Rücksichtpflichten unter anderem zum Ziel gehabt, die Anwendung des § 278 BGB schon vor dem Vertrag zu ermöglichen und dadurch zu verhindern, dass der Geschäftsherr bei schuldhafter Pflichtverletzung durch seinen Erfüllungsgehilfen von der Entlastungsmöglichkeit aus § 831 I 2 BGB Gebrauch macht. Diese Problematik kam schon in dem berühmten Linoleumfall zum Ausdruck, in dem das Reichsgericht auf eine „vertragsähnliche Beziehung“ zwischen potentieller Kundin und Ladeninhaber abgestellt hat, um dort § 278 BGB mit dem Ziel anzuwenden, diesen für die unvorsichtige Aufräumung der auf die Kundin und ihr Kind gefallenen Linoleumrollen durch seinen Angestellten haftbar zu machen.

Das hat zu einer fruchtbaren Judikatur geführt, die den potentiellen Vertragspartner vor Schäden in seinen Rechten, Rechtsgütern und insbesondere in seiner materiellen Selbstbestimmungsfreiheit infolge vorvertraglichen Fehlverhaltens der für den anderen Teil tätigen Erfüllungsgehilfen schützt. Voraussetzung dafür ist zunächst die **Einbeziehung des Erfüllungsgehilfen** in die Vertragsverhandlungen oder in den vorvertraglichen Kontakt **mit dem Einverständnis des Schuldners** mit dem Ziel, für ihn bestimmte Aufgaben aus seinem Pflichtenkreis durchzuführen[121]. Unerheblich ist die formelle Beziehung von Gehilfe bzw. Vertreter und Geschäftsherr: Es kommt nicht darauf an, ob diese Beziehung von einer wirksamen rechtlichen Grundlage getragen wird, d. h. ob es überhaupt einen Auftrag zwischen den beiden gibt, ob der Vertreter mit einer wirksamen Vertretungsmacht ausgestattet ist[122] oder noch weniger ob er entsprechend den Vorgaben des Geschäftsherrn gehandelt hat oder nicht[123]. Denn der Geschäftsherr haftet für ihn nicht als Vertreter, sondern nur deshalb, weil er ihn zur Erfüllung

---

120 *Medicus*, SR/AT, S. 163.

121 Statt vieler: *Medicus*, SR/AT, S. 165.

122 BGH NJW-RR 1998, 1342 Rn. 26 (Haftung einer Anlagevermittlungsgesellschaft für die Verletzung vorvertraglicher Aufklärungspflichten ihrer Mitarbeiter im Rahmen einer Anlagevermittlung).

123 BGH NJW-RR 2012, 1316 Rn. 16 (Haftung einer Gründungsgesellschaft für falsche, von Prospektangaben abweichende Informationen eines Untervermittlers über Nachteile und Risiken des Beteiligungsobjekts). Dazu: Erman/*Kindl*, § 311 Rn. 24.

seiner Verbindlichkeiten – hier: die vorvertraglichen Rücksichtspflichten – dem Geschäftsgegner gegenüber tatsächlich verwendet hat[124].

Daher haftet der Geschäftsherr selbst dann, wenn der Gehilfe seinen Weisungen oder Interessen zuwiderhandelt, sich strafbar[125] oder falsche Angaben über das intendierte Geschäft macht[126]. Die Gehilfenhaftung setzt noch einen **inneren Sachzusammenhang** zwischen der **Tätigkeit des Gehilfen** und der **verletzten Rücksichtspflicht**, die in erster Linie den Geschäftsherrn trifft, voraus[127]. Das wird nach herrschender Meinung so interpretiert, dass das Fehlverhalten des Gehilfen bei Erfüllung der übertragenen Aufgabe und nicht „bloß bei Gelegenheit" dieser Erfüllung stattfinden muss, etwa wenn er zufällig mit den betroffenen Rechtsgütern und Interessen des Geschädigten in Berührung kommt[128].

Das ist allerdings kontrovers: eine abweichende Meinung bejaht eine Zurechnungshaftung im Sinne des § 278 BGB schon für alle Schädigungen, die dem Gehilfen durch seine Tätigkeit erheblich ‚erleichtert' worden sind, was indiziert, dass es schon ausreicht, wenn die Übertragung der Tätigkeit an die Hilfsperson einen Einfluss auf die Rechte, Rechtsgüter und Interessen des Geschädigten ermöglicht[129]. Der Begriff des Erfüllungsgehilfen erfasst über Angestellte hinaus auch selbständig tätige Personen, wie Lieferanten von Sachen[130], Makler[131], Ver-

124 Statt vieler: Soergel/*Harke*, § 311 Rn. 110.

125 BGH NJW-RR 1998, 1342, 1343. Hier ist der Geschäftsherr auch haftbar, wenn der Angestellte den vorvertraglichen Kontakt dazu nutzt, mit dem Vertragspartner im eigenen Namen unter Verletzung von Informationspflichten einen Vertrag über ein Anlageprodukt anzubahnen, das der Geschäftsherr überhaupt nicht vertreibt, weil das Näheverhältnis, das der Angestellte für seine eigene Geschäftsangelegenheit ausnutzt, erst duch die Verhandungen geschaffen wir, die ursprünglich auf den Abschluss eines Vertrages mit dem Geschäftsherrn abzielten. Dazu: Soergel/*Harke*, § 311 Rn. 110.

126 BGH VersR 2012, 722 Rz. 19, zitiert von Soergel/*Harke*, § 311 Rn. 110.

127 BGH NJW-RR 2012, 1316 Rn. 16 und 1998, 1342 Rn. 27. In der Lehre: *Medicus*, SR/AT, S. 168 und Soergel/*Harke*, § 311 Rn. 110.

128 Paradebeispiel ist die Haftung für Diebstahl des Gehilfen: der Schuldner haftet z. B. dafür, wenn der Gehilfe bei der Erfüllung seiner Tätigkeit Sachen des Auftragsgebers stiehlt, nicht aber, wenn der Gehilfe vor dem Haus das abgestellte Fahrrad des Kunden mitnimmt, denn hier fehlt schon die Erleichterung der Schädigung durch die Beauftragung sowie auch eine haftungsbegründende adäquate Kausalität, wie *Medicus* zurecht betont. SR/AT, S. 169.

129 Soergel/*Harke*, § 311 Rn. 110. Kritisch dazu: *Medicus*, SR/AT, S. 168 f.

130 BGH NJW 2011, 2877 (Haftung eines Leasinggebers für Fehlinformation seitens des Lieferanten einer Sache – des Gegenstands des geplanten Leasingvertrages –, der mit dem Einverständnis des Leasinggebers die Verhandlungen über den Abschluss des Leasingvertrages geführt hat, dem Kunden das Leasingformular überlassen, seine Daten für den Leasingvertrag aufgenommen und den Vertragsantrag des Kunden entgegengenommen hat).

mittler[132] und den Ehepartner, der etwa die Verhandlungen im Auftrag seines Ehegatten führt[133].

Schließlich ist zu erwähnen, dass den Erfüllungsgehilfen im Rahmen eines geschäftlichen Kontakts auch eine eigene vorvertragliche Haftung treffen kann. In der Regel haftet er nicht nach Vertragsgrundsätzen, weil er nicht (potentielle) Vertragspartei ist, sondern nur nach den Regeln des Deliktsrechts. Ausnahmsweise kann er sich unter dem Gesichtspunkt der **Eigenhaftung von Dritten aus culpa in contrahendo** gem. § 311 III BGB persönlich ersatzpflichtig machen. Das passiert insbesondere dann, wenn er ein besonderes Vertrauen für sich in Anspruch nimmt und somit die Vertragsverhandlungen oder den Vertragsabschluss erheblich beeinflusst. Es kann aber auch geschehen, dass er ein besonderes eigenes Interesse an dem Geschäft hat, so dass er wirtschaftlich betrachtet die eigentliche Partei ist oder dass er sich die Interessen seines Geschäftsherrn zu Eigen macht, oder dass er eine Garantenstellung übernimmt. In dieser Fallkonstellation haftet er selbst – nicht der Geschäftsherr nach § 278 BGB – für den Ersatz des aus vorvertraglicher Rücksichtspflichtverletzung entstandenen Vertrauensschadens des Geschädigten. Die Fälle von Dritthaftung werden in dieser Dissertation allerdings nicht behandelt.

5.3. Zusammenfassung

Im Rahmen der culpa in contrahendo haftet der Pflichtverletzer für eigenes und für fremdes Verschulden gemäß §§ 311 II, 241 II und 276 BGB bzw. §§ 311 II, 241 II und 278 BGB. Große praktische Bedeutung hat die Haftung für Verletzung vorvertraglicher Rücksichtspflichten durch den in den geschäftlichen Kontakt miteinbezogenen Gehilfen oder gesetzlichen Vertreter, weil sie eine **Haftungserweiterung des Geschäftspartners** darstellt, der sich von diesen Personen für die

---

131 Vgl. dazu: OLG Stuttgart NJW-RR 2011, 918 (Makler als Erfüllungsgehilfe des Verkäufers, wenn er mit dessen Zustimmung die Verhandlungen mit dem Käufer durchführt und in diesem Rahmen falsche Informationen über den Vertragsgegenstand mitteilt.), zitiert von Soergel/*Harke*, § 311 Rn. 111; und BGH NJW 1996, 451, in dem der Makler aufgrund der engen Beziehung zum Geschäftsherrn als seine Vertrauensperson erscheint. Dazu auch: Erman/*Kindl*,§ 311 Rn. 24, m.w.N. zur Rechtsprechung.

132 Laut BGH handelt ein von der Bank eingeschalteter Vermitler nur insoweit im Pflichtbereich der Bank, als er während der Anbahnung eines Kreditvertrages mit der Bank tätig wird. Laut der vom BGH verfolgten sog. Trennungstheorie haftet die Bank nicht für Pflichtverletzungen des Angestellten, der sowohl den Vertrag über das Anlageobjekt als auch den Darlehensvertrag vermittelt, der der Finanzierung des Anlageobjekts dient. Kritisch dazu: Soergel/*Harke*, § 311 Rn. 111.

133 BGH NJW 2002, 1335, in dem der Ehemann der Beklagten für sie die Verhandlungen mit dem Kläger über seine gleichberechtigte Beteiligung in der Gesellschaft geführt hat.

Erfüllung seiner Verbindlichkeiten und/oder zur Wahrung seiner Interessen bedient. Hier gilt die Regel: Wer sich Hilfspersonen bedient, muss den Schaden ersetzen, den die Hilfsperson dem Geschädigten bei der Ausübung der ihr übertragenen Tätigkeit zufügt. Das ist vor allem im Rahmen von Vertragsverhandlungen oder sonstigem vorvertraglichen Kontakt der Fall, wobei Dritte oft von einem der Beteiligten einbezogen werden. Eine eigene Haftung der Gehilfen und Vertreter kommt nur ausnahmsweise in Betracht unter den engeren Voraussetzungen der vorvertraglichen Dritthaftung gem. § 311 III BGB.

6. Kausalität

Für die Entstehung der culpa in contrahendo ist – wie allgemein im Haftungsrecht – auch eine Kausalität zwischen pflichtwidrigem Handeln und eingetretenem Schaden erforderlich. Für die Kausalität gilt die – im ersten BGB-Entwurf von 1888 enthaltene, aber als selbstverständlich gestrichene – ungeschriebene **Grundregel**, dass der Anspruchsteller die Beweislast für die rechtsbegründenden, der Anspruchsgegner die Beweislast für die rechtsvernichtenden, rechtshindernden und rechtshemmenden Tatbestandsmerkmale trägt[134]. Also: Der Geschädigte trägt die **volle Beweislast für sämtliche Voraussetzungen seines Schadensersatzanspruches**, einschließlich der Kausalität, und muss dementsprechend nachweisen, dass die rechtswidrige Rücksichtspflichtverletzung des Schädigers den Schaden verursacht hat. Diese allgemeine Regelung liegt § 286 ZPO und § 280 I BGB[135] zugrunde. Es gibt jedoch vorvertragliche Fälle, in denen der Kausalitätsnachweis schwer oder kaum zu führen ist. Das betrifft insbesondere Fälle unterlassener oder mangelhafter Information oder Aufklärung vor Vertragsschluss, bei denen sich die Frage stellt, ob die Unterlassung – hier: Nichtinformation oder Nichtaufklärung – kausal für die Schadensentstehung war.

Der Geschädigte muss dann in solchen Fällen darlegen und nachweisen, dass der Schädiger überhaupt informationspflichtig war und dass die pflichtwidrige Unterlassung die Schadensentstehung bedingt hat. Da hier die Dispositionsentscheidung des Betroffenen – und nicht unmittelbar die Pflichtverletzung per se – in unmittelbarem Kausalzusammenhang zum eingetretenen Schaden steht, muss er nachweisen, inwieweit die Pflichtverletzung seine Dispositionsentscheidung beeinflusst hat. Insbesondere ist schwierig zu determinieren, wie sich der nicht oder unzureichend informierte Geschädigte – sowie auch der informationspflichtige Schädiger – bei ordnungsmäßiger Aufklärung verhalten hätten.

---

134 Zöller ZPO/*Greger*, vor § 284 Rn. 17.
135 Statt vieler: Palandt/*Heinrichs*, § 280 Rn. 34.

Der Geschädigte ginge in der großen Mehrzahl der Fälle leer aus, wenn er die Kausalitätskette in vollem Umfang nachweisen müsste. Rechtsprechung und Lehre lassen deshalb von dem Beweislastgrundsatz **Ausnahmen** zu, wenn der Geschädigte nicht in der Lage ist, die Kausalität zu beweisen, weil es ein unbilliges Ergebnis wäre, ihn in solchen Fällen auf seinem Schaden sitzen zu lassen. Um das zu verhindern, greift die Rechtsprechung auf verschiedene Mechanismen zurück. Bei **besonderer Schutzwürdigkeit** des Geschädigten wird einfach unterstellt, dass bei ordnungsgemäßem Vorgehen, d.h. bei ordentlicher Aufklärung des anderen Teils, der vom Geschädigten **gewünschte Vertrag** zustande gekommen wäre. Paradebeispiel sind Fälle vorvertraglicher Aufklärungspflichtverletzung bei Vorbereitung von Versicherungsverträgen und ähnliche Fälle[136].

Bei anderen Fallkonstellationen wird oft eine **Kausalitätsvermutung** angenommen und folglich bis zum Beweis des Gegenteils vermutet, dass der Schaden als Folge der Pflichtverletzung eingetreten ist. Das bedeutet: Es wird vermutet, dass der Geschädigte bei ordnungsmäßiger Information seitens des anderen Teils sich **„aufklärungsrichtig"**, d.h., rational verhalten hätte[137]. Dabei besteht Rechtsunsicherheit in der Lehre und Rechtsprechung. Zunächst ist schon die **sachliche Berechtigung** der Kausalitätsvermutung umstritten. Dagegen wird vor allem eingewandt, dass die Vermutung rationalen Verhaltens sich von der Lebenswirklichkeit entferne und dass sie deshalb eine erhebliche Belastung für den verpflichteten Teil darstelle[138]. Es besteht auch keine Einigkeit über die **Voraussetzungen** für die Kausalitätsvermutung sowie über die zutreffende **rechtliche Qualifikation** dieser Vermutung, da insbesondere in der Rechtsprechung heftig umstritten ist, ob es sich dabei um einen bloßen **Anscheinsbeweis** oder um eine echte **Beweislastumkehr** handelt[139]. Diese – auch prozessrechtlichen – Fragen können im Rahmen dieser Arbeit offen bleiben, da es hier nur um die Grundlinien der culpa in contrahendo geht.

Die Kausalitätsfrage ist vor allem bei der **Verletzung von Informations- und Aufklärungspflichten** von Bedeutung, da die Parteien daraus regelmäßig zum Abschluss eines für die informationsbedürftige Partei ungünstigen Vertrages kommen. Nach allgemeinem Verständnis ist ein Unterlassen für den Schaden kausal, wenn der Schaden mit an Sicherheit grenzender Wahrscheinlichkeit entfällt, sofern man das entsprechende pflichtmäßige Tun hinzudenkt[140]. Diese

---

136 Statt vieler: MünchKomm/*Emmerich* (2016), § 311 Rn. 206 m.w.N. zur Rechtsprechung.

137 Statt vieler: MünchKomm/*Emmerich* (2016), § 311 Rn. 206.

138 In diesem Sinne: *Canaris*, FS Hadding (2004), 3, 13 und *Mertens*, ZGS 2/2004, 67, 68.

139 Dazu: Palandt/*Grüneberg*, § 280 Rn. 39; Bamberger/Roth/*Unberath*, § 280 Rn. 57 und Staudinger/*Otto* (2009), § 280 Rn. 32.

140 *Canaris*, FS Hadding (2004), 3, 13.

Formel wird auf die vorliegende Problematik so angewendet, dass man im konkreten Fall fragt, ob der Geschädigte bei ordentlicher Information anders, nämlich „aufklärungsrichtig" gehandelt und dadurch den Schaden vermieden hätte. Das ist für diejenigen Fälle, wie Kapitalanlage und Prospekthaftung, zentral, in denen der Geschädigte bei korrekter und vollständiger Information einen **günstigeren Vertrag** – mit demselben Partner oder einem Dritten – abgeschlossen hätte. Denn die Praxis zeigt, dass in der großen Zahl der Fälle der Geschädigte nicht beweisen kann, dass er tatsächlich einen günstigeren Vertrag als vereinbart mit dem Vertragspartner abgeschlossen hätte, wenn er ordnungsgemäß aufgeklärt worden wäre[141].

Es ist in der Tat oft schwierig oder gar nicht festzustellen, wie sich die Dinge tatsächlich entwickelt hätten, wenn der eine Teil den anderen richtig und ausreichend informiert bzw. aufgeklärt hätte, so dass man nicht mit Sicherheit sagen kann, ob die Parteien überhaupt zum Vertragsabschluss, zum Abschluss desselben Vertrages oder zum Abschluss eines günstigeren Vertrages mit der Gegenseite oder mit einem Dritten gekommen wären. Gelingt es dem Geschädigten nicht, nachzuweisen, dass er ohne die Pflichtverletzung eine **günstigere Rechtsposition** erlangt hätte, verliert er nach der Regel des § 286 ZPO iVm §§ 311 II, 241 II und 280 I BGB seinen Schadensersatzanspruch wegen Rücksichtspflichtverletzung bei Vertragsschluss. Um ihm zur Hilfe zu kommen, wird in solchen Fällen zu seinen Gunsten vermutet, dass er sich bei ordnungsgemäßer Information „aufklärungsrichtig", d. h. „rational" verhalten und folglich keinen Schaden erlitten hätte[142]. Man spricht von einer **Vermutung aufklärungsrichtigen Verhaltens.** Über dieses Thema besteht Streit in Lehre und Rechtsprechung.

Der BGH geht seit einer Entscheidung aus dem Jahr 2012 davon aus, dass derjenige, der vertragliche oder vorvertragliche Aufklärungspflichten verletzt hat, beweispflichtig dafür ist, dass der Schaden auch eingetreten wäre, wenn er sich pflichtgemäß verhalten hätte und der Geschädigte den Rat oder Hinweis also unbeachtet gelassen hätte. Diese Beweislastumkehr greift – so der BGH – bereits bei feststehender Aufklärungspflichtverletzung ein. Abweichend zu seiner vorherigen Rechtsprechung hat der BGH entschieden, dass es für die Beweislastumkehr nicht darauf ankommt, ob der Geschädigte bei gehöriger Aufklärung vernünftigerweise nur eine Handlungsalternative gehabt hätte, er sich also nicht in einem Entscheidungskonflikt befunden hätte. Eine Beweislastumkehr kommt

---

141 Statt vieler: MünchKomm/*Emmerich* (2016), § 311 Rn. 205.
142 MünchKomm/*Emmerich* (2016), § 311 Rn. 206; *Canaris*, FS Hadding 2004, 3 und *Stackmann*, NJW 2009, 2265.

dagegen auch dann in Betracht, wenn der Geschädigte im Einzelfall mehrere vernünftige Handlungsalternativen gehabt hätte[143].

Damit hat er seine frühere Rechtsprechung aufgegeben[144] und die Kausalitätsvermutung bzw. die Beweislastumkehr nicht mehr von dem Fehlen eines Entscheidungskonflikts abhängig gemacht. Zur Begründung hat das Gericht hervorgehoben, dass das Abstellen auf das Fehlen eines Entscheidungskonflikts mit dem Schutzzweck der Aufklärungspflichten und der Beweislastumkehr nicht zu vereinbaren sei[145]. Laut dem BGH kann der Zweck der Aufklärungs- und Beratungspflichten – nämlich dem Geschädigten (in dem Fall: dem Anleger) eine sachgerechte Entscheidung über den Abschluss bestimmter Geschäfte zu ermöglichen – nur erreicht werden, wenn Unklarheiten, die durch eine Aufklärungspflichtverletzung bedingt sind, zu Lasten des Aufklärungspflichtigen gehen mit der Folge, dass dieser die Nichtursächlichkeit seiner Pflichtverletzung zu beweisen hat[146].

Auch im Schrifttum gibt es Meinungsverschiedenheiten. Es besteht Einigkeit darüber, dass grundsätzlich der Geschädigte die Beweislast für den Ursachenzusammenhang zwischen Pflichtverletzung und Schaden trägt und dass Ausnahmen bei Verletzung von Informations- und Aufklärungspflicht zu machen

143 BGH NJW 2012, 850 = BGH BKR 2012, 368, bei dem es um die Frage nach der Beweislastverteilung der Kausalität bei Aufklärungspflichtverletzung durch die Bank geht, die ihrem Kunden gegenüber die Rückvergütung bei Kapitalanlage verschwiegen hat. In der Begründung ist zu lesen, dass der Senat „nach nochmaliger Überprüfung" nicht daran festhielt, „dass die Kausalitätsvermutung nur dann eingreift, wenn der Anleger bei gehöriger Aufklärung vernünftigerweise nur eine Handlungsalternative gehabt hätte, er sich also nicht in einem Entscheidungskonflikt befunden hätte". BGH BKK 2012, 368, 371 Rn. 33.

144 Statt vieler: BGH NJW 1993, 3259 = BGHZ 123, 311 und BGHZ 124, 151, Senatsurteil vom 16.11. 1993 – IX ZR 214/92.

145 Der BGH hat schon in seiner Leitentscheidung aus dem Jahr 1973 unter anderem argumentiert, dass die Aufklärungspflicht gerade dazu dient, der durch ihre Verletzung auftretenden Beweisnot des Geschädigten vorzubeugen. BGH NJW 1973, 1688, 1689.

146 BGH BKK 2012, 368, 372 Rn. 35. Laut *Goertz* erlebt damit die Rechtsprechung des VII Senats ein *comeback*. Anmerkung zu BGH Urt. v. 8. 5. 2012 – IX ZR 262/10, BKR 2012, 376. Seitdem kommen diese Grundlinien in den nachträglichen Entscheidungen zum Ausdruck, so dass die Rechtsprechung des BGH in diesem Punkt dringend einer Vereinheitlichung bedarf. Zöller ZPO/*Greger*, vor § 284 Rn. 19. Zur Rechtsprechung vgl. etwa: BGH Urteil vom 26.02.2013 – XI ZR 318/10, OLG Frankfurt a.M. (BKR 2013, 212), die im Leitsatz ausdrücklich die Entscheidung XI ZR 262/10 (BKR 2012, 368) bestätigt (Beweislast zu Lasten der beratenden Bank für fehlende Kausalität einer Aufklärungspflichtverletzung bzgl. erhaltener Kick-Back-Zahlungen.) und BGH Urteil vom 26.03. 2013 – XI ZR 228/11, OLG Düsseldorf (BKR 2013, 467): Aufklärungspflichtverletzung der Bank bzgl. der Rückvergütung und Widerlegung der Kausalität durch die von der Bank vorgetragenen Indizien.

sind, weil hier der Kausalitätsnachweis für den Geschädigten regelmäßig äußerst schwierig, wenn überhaupt möglich ist. Die Notwendigkeit einer Kausalitätsvermutung in solchen Fällen wird meistens anerkannt[147], um zu vermeiden, dass der Geschädigte wegen beweisrechtlicher Schwierigkeiten leer ausgeht. Streit besteht allerdings – wie in der Rechtsprechung – über **Rechtfertigung** und **rechtliche Qualifikation** der Kausalitätsvermutung. Die Vermutung eines aufklärungsrichtigen Verhaltens wird teilweise mit Hinweis auf den **Schutzzweck der Aufklärungspflicht** begründet, was auf Kritik stößt, weil bezweifelt wird, dass die Aufklärungspflicht gerade dem Schutz vor Beweisnot dienen soll. Sie habe vielmehr den Zweck, der anderen Partei eine richtige Vertragsentscheidung zu ermöglichen[148]. Diskutiert wird auch, ob die Kausalitätsvermutung bei Aufklärungspflichtverletzung eine Beweislastumkehr oder einen bloßen Anscheinsbeweis darstellt, wobei die herrschende Meinung dahin zu tendieren scheint, die Vermutung des Ursachenzusammenhangs und des aufklärungsrichtigen Verhaltens als eine Umkehr der Beweislast zu bezeichnen[149].

Zusammenfassend kann man sagen, dass der Geschädigte grundsätzlich die Beweislast für die Kausalität zwischen Pflichtverletzung und Schaden sowie für sämtliche Voraussetzungen seines Schadensersatzanspruchs trägt. In bestimmten Fällen von schuldhafter Verletzung von Informations- und Aufklärungspflichten kommt ihm die Rechtsprechung zur Hilfe, indem sie einfach unterstellt, dass bei ordnungsgemäßem Vorgehen des anderen Teils der vom Geschädigten gewünschte Vertrag einfach zustandegekommen wäre oder dass der Geschädigte sich rational verhalten hätte, sei es durch den Abschluss eines günstigeren Vertrages oder durch Abstandnahme vom Vertragsschluss. In diesen Fällen gewährt ihm die Rechtsprechung einen Schadensersatzanspruch, der es ihm ermöglicht, eine schadensrechtliche Anpassung oder Auflösung des Vertrages zu verlangen.

III. Rechtsfolgen der culpa in contrahendo

1. Die schadensrechtlichen Rechtsfolgen der culpa in contrahendo

Die Entstehung von **Schadensersatzansprüchen** ist eine übliche Rechtsfolge einer Pflichtverletzung, sei es im Delikts- oder im Vertragsrecht. Für die Verlet-

---

147 Dafür *Canaris*, FS Hadding, 3, 18 ff. und *Göertz*, BKR 2012, 368.

148 In diesem Sinne: *Canaris*, FS Hadding, 3, 5 und *Göertz*, BKR 2012, 376. Zur Diskussion vgl. etwa: *Heinemann*, NJW 1990, 2345; *Schultz*, VersR 1990, 808; *Grunewald*, ZIP 1994, 1162; *Lang*, WM 2000, 450; *Pohlmann*, in: Lorenz, Karlsruher Forum 2008, 55 und *Stackmann*, NJW 2009, 3265.

149 Dazu: Zöllner ZPO/*Greger*, vor § 284 Rn. 30 und MünchKomm/*Emmerich* (2016), § 311 Rn. 208.

zung vorvertraglicher Rücksichtspflichten aus § 311 II-III iVm § 241 II BGB gilt nichts anderes: Da sie aus dem Vertrauensschuldverhältnis resultieren, das die Parteien schon vor – und unabhängig von – dem Vertrag bindet, ist die Hauptfolge ihres Verstoßes die **Begründung einer sekundären Ersatzpflicht**, die den Schädiger dazu verpflichtet, den daraus resultierenden Schaden in der Rechtssphäre des Geschädigten zu ersetzen. Welche Schadensersatzform im konkreten Fall in Betracht kommt, lässt sich aufgrund der Vielfältigkeit der unterschiedlichen vorvertraglichen Fallkonstellationen nicht einheitlich beantworten. Ausgangspunkt ist **§ 280 I BGB**, der die **Anspruchsgrundlage** für jede schuldrechtlichen Pflichtverletzung bildet. Laut dieser Norm kann der Geschädigte (Gläubiger) von dem Pflichtverletzer (Schuldner) den Ersatz des entstandenen Schadens verlangen, sofern der Schuldner die Pflichtverletzung zu vertreten hat (§ 276 BGB). Wie der entstandene Schaden zu ersetzen ist, beantworten erst die Vorschriften des Schadensersatzrechts (§§ 249 – 254 BGB)[150].

Schlüsselnorm für die **Bestimmung von Art und Umfang** vorvertraglicher Ersatzpflichten ist **§ 249 I BGB**, der für den ersatzverpflichteten Schuldner anordnet, den Zustand herzustellen, der ohne den schädigenden Umstand (die Pflichtwidrigkeit) bestehen würde[151]. Aus der Vorschrift ergeben sich zwei grundlegende Prinzipien des deutschen Schadensersatzrechts – Totalreparation und Naturalrestitution – und gleichzeitig die Hauptmethode für die Schadensbemessung, namentlich die sog. Differenzhypothese. Nach dem **Grundsatz der**

---

150 Dieser Regelungskomplex ist seit dem Inkrafttreten am 1.1.1900 mit nur sechs Vorschriften fast ohne Änderungen ausgekommen. Erst das „Gesetz zur Verbesserung der Rechtsstellung des Tieres im bürgerlichen Recht" vom 20.08.1990 und das „Zweite Gesetz zur Änderung schadenersatzrechtlicher Vorschriften" vom 19.07.2002 haben eine Änderung in § 251 II 2, § 249 und 253 gezeitigt *Staudinger/Vieweg, Eckpfeiler*, S. 398. § 251 II 2 BGB stellt klar, dass die Begrenzung des Restitutionsanspruch in § 251 II 1 auf die Verletzung von Tieren nicht anzuwenden ist. Mit dem genannten Gesetz wurde § 249 in zwei Absätze aufgeteilt und der letzte um einen zweiten Satz über den Ersatz von Umsatzsteuern ergänzt und § 253 um einen zweiten Absatz erweitert, in den die Regelung des nunmehr gestrichenen § 847 BGB a.F. über immateriellen Schaden in neuer Form integriert wurde. *Staudinger Eckpfeiler/Vieweg*, S. 398.

151 Die Norm gilt – vorbehaltlich spezieller Regelungen wie etwa §§ 12, 12a StVG und §§ 10 und 11 ProdHaftG (*E. Schmidt*, Schuldverhältnis, S. 142) – als allgemeine Regel für sämtliche Fälle, in denen die Verpflichtung zum Schadensersatz angeordnet wird und zwar unabhängig von der dogmatischen Herkunft der verletzten Pflicht (im Rahmen von vertraglichen oder vertragsähnlichen, deliktischen, gefährdungshaftungsrechtlichen, familien- oder erbrechtlichen oder anderen Ansprüchen). Neben ihrem klassischen Anwendungsbereich (privatrechtliche Schadensersatzansprüche), finden §§ 249 – 254 BGB auch im öffentlichen Recht Anwendung, allerdings unter Berücksichtigung bestimmter Einschränkungen, die sich nach den Umständen insbesondere aus verfassungsrechtlichen Erwägungen ergeben. Vgl. *Staudinger Eckpfeiler/Vieweg*, S. 404 und Staudinger/*Schiemann*, Vorbem 15 zu § 249.

Totalreparation, der auf *Friedrich Mommsens* Interessenlehre zurückgeht, ist Maßstab für den Schadensersatzanspruch der hypothetische schadensfreie Zustand, den der Schuldner grundsätzlich uneingeschränkt herzustellen hat[152]. Nach dem **Grundsatz der Naturalrestitution** ist der Schädiger zur Wiederherstellung des Zustands verpflichtet, der ohne die schädliche Pflichtverletzung bestünde. Der Geschädigte kann verlangen, so gestellt zu werden, wie er ohne die Pflichtverletzung stünde. Dieser Art von Schadensbehebung[153] (Naturalherstellung) wird prinzipiell der Vorrang eingeräumt gegenüber bloßer finanzieller Kompensation in Form von Geldzahlung, die erst in §§ 251 und 252 BGB angesprochen wird, mag auch die letzte häufiger in der Praxis vorkommen.

Die Anwendung dieser Grundsätze auf die vorvertragliche Haftung bedeutet: Der Geschädigte kann vom Schädiger unabhängig davon, ob es später tatsächlich zu einem Vertragsabschluss kommt oder nicht, grundsätzlich verlangen, so gestellt zu werden, wie er ohne die vom Schädiger zu vertretende Pflichtverletzung stünde[154]. Die Rechtsfolge der Haftung aus culpa in contrahendo ist (relativ) unproblematisch in den Fällen, in denen die Beteiligten **nicht zum Vertragsschluss kommen**, wie regelmäßig bei Körperverletzung oder Sachbeschädigung im Rahmen des geschäftlichen Kontakts (Schutzpflichtverletzung ieS) und bei grundlosem Abbruch der Vertragsverhandlungen (Loyalitätspflichtverletzung), weil hier – anders als in anderen Fällen von culpa in contrahendo – nur eine **Entschädigung in Geld** als Naturalherstellung iSv § 249 I iVm §§ 311 II und 241 II BGB in Betracht kommt.

Die Rechtsfolgenbestimmung ist bei **Verletzung vorvertraglicher Schutzpflichten ieS** unproblematisch, weil es dabei um die Verletzung einer Pflicht geht, die keinen direkten Bezug zum Zustandekommen und Inhalt des abgeschlossenen oder abzuschließenden Vertrages hat, so dass es sich hier ausschließlich um den **Ersatz eines Integritäts- oder Erhaltungsinteresse** han-

---

152 Schon *Mommsen* hat auf den Grundsatz der Totalreparation hingewiesen, die unabhängig von Schadensart, Anspruchsgrundlage und Verschulden gilt. Beiträge zum Obligationenrecht, Bd. 2: zur Lehre von dem Interesse (1855), ap.: *Staudinger Eckpfeiler/Vieweg*, S. 398. Das gilt grundsätzlich immer noch, obwohl im Schrifttum – insbesondere in Anlehnung an *Canaris* – ein verfassungsrechtliches Übermaßverbot anerkannt wird, das den Grundsatz der Totalreparation in Fällen übermäßiger Schadensersatzfolgen begrenzt. *Canaris*, JZ 1987, 993, 995 f. Kritisch dazu, insbesondere zu einer derart weitgehenden Direktwirkung der grundrechtlichen Schutzpflichten angesichts des Gestaltungsraums des einfachen Gesetzgebers, vgl. *Staudinger Eckpfeiler/Vieweg*, S. 404 f; *Medicus* AcP 192 (1992), 35, 66 und MünchKomm/*Oetker*, § 240 Rn. 14.

153 *E. Schmidt* spricht in diesem Sinne von einer derartigen „Realbereinigung". Schuldverhältnis, S. 157.

154 Dazu: *Westermann/Bydlinski/Weber*, SR/AT, S. 211; MüKomm/*Emmerich* (2016), § 311 Rn. 185. In der Rechtsprechung vgl. statt vieler: BGH NJW 2013, 450.

delt[155]. Die Rechtsfolge liegt folglich gemäß § 249 II BGB im Ersatz der Behandlungskosten sowie sämtlicher Nachteile, die der Geschädigte infolge des unsorgfältig vorvertraglichen Verhaltens seines Geschäftspartners erlitten hat, wie dem entgangenen Gewinn (§ 252 BGB) und Schmerzensgeld (§ 253 II BGB). Deshalb lässt sich dieser Schaden weder dem negativen noch dem positiven Interesse zuordnen[156], die eben in Bezug auf einen Vertrag konstruiert sind.

Für die **culpa in contrahendo für den grundlosen Abbruch der Vertragsverhandlungen** gilt grundsätzlich das Gleiche: Der Verhandlungspartner, der durch das illoyale Verhalten (Weckung und Enttäuschung von Vertrauen) seines Gegenübers zu Schaden kommt, kann Ersatz für die Verhandlungskosten sowie für den Gewinn verlangen, der ihm entgangen ist, weil er im Vertrauen auf das redliche Verhalten seines Verhandlungspartners ein konkretes Geschäft mit einem Dritten nicht abgeschlossen hat. Da die Loyalitätspflicht – anders als die Schutzpflicht ieS – einen unmittelbaren Bezug zum geplanten Vertrag hat, spielt hier anders als dort die Unterscheidung zwischen negativem und positivem Interesse bei der Schadensberechnung eine Rolle. Diskutiert wird in diesem Kontext immer noch, ob und inwieweit der Schadensersatzanspruch des Geschädigten auf das positive Interesse an Zustandekommen und Durchführung des Vertrages gerichtet werden kann, wenn der Geschädigte nachweist, dass der Vertrag ohne den illoyalen Abbruch zustande gekommen wäre. Da diese Frage spezifisch diesen Unterfall der culpa in contrahendo betrifft, wird sie erst in Kapitel 3 D II behandelt.

Hier ist nur festzustellen, dass, da in den beiden genannten Fallkonstellationen kein Vertrag zwischen den Beteiligten zustandekommt, die Naturalherstellung nach § 249 I BGB grundsätzlich in Form von **Ersatz in Geld** erfolgt und dass der Anspruch des Geschädigten – wie prinzipiell in der culpa in contrahendo – auf den **Ersatz des negativen Interesses** (Vertrauensschaden) gerichtet ist[157]. Die Rechtsfolge eines vorvertraglichen Fehlverhaltens ist allerdings in den Fällen umstritten, in denen die Parteien trotz bzw. infolge einer vorvertraglichen Rücksichtspflichtverletzung **zum Vertragsschluss kommen.** Hier treten neben den Ersatz in Geld **andere Schadensersatzformen** wie Rückgängigmachung und

---

155 So auch *Larenz*, SR I, S. 112, 431; MünchKomm/*Emmerich* (1985), Vor § 275 Rn. 88 und *Nickel*, Rechtsfolgen, S. 49.

156 In diesem Sinne: *Larenz*, SR I, S. 431; Soergel/*Harke*, § 311 Rn. 104 und *Nickel*, Rechtsfolgen, S. 70, der die Rechtsfolgen der culpa in contrahendo innerhalb zwei grundlegender Kategorien behandelt: die Rechtsfolge der Verletzung von Pflichten ohne und mit Bezug zum Vertragsschluss oder Vertragsinhalt. Zur ersten Gruppe gehört lediglich die Rechtsfolge einer vorvertraglichen Schutzpflichtverletzung.

157 MünchKomm/*Emmerich* (2016), § 311 Rn. 186.

Anpassung des Vertrages, die nicht immer zum Ersatz des negativen, sondern auch zur Erstattung des positiven Interesses führen können. Einen besonderen Fall stellt der **Abschluss unwirksamer Verträge dar.** Hier schließt eine Partei infolge eines zu vertretenden pflichtwidrigen Verhaltens der Gegenseite einen Vertrag ab, der aber aufgrund z. B. eines Formverstoßes unwirksam ist. Obwohl die herrschende Meinung davon ausgeht, dass der Pflichtverletzende zum Ersatz des negativen Interesses – z. B. der Vertragskosten, aber auch des entgangenen Gewinns aus einer anderen Gelegenheit zum Vertragsabschluss – verpflichtet ist, kann sich in Ausnahmenfällen, wie bei Versicherungsverträgen, auch ein Anspruch auf den Ersatz des Erfüllungsinteresses ergeben[158].

Den häufigsten und wirtschaftlich wichtigsten Fall der Konstellation, in der ein Vertrag zwischen den Beteiligten infolge eines vorvertraglichen Fehlverhaltens entsteht, bildet wohl der **Abschluss eines ungünstigeren oder unerwünschten Vertrags.** Da die Parteien hier das vorvertragliche Stadium verlassen haben und in die vertragliche Ebene eingetreten sind, ist es sachgerecht, um den Schadensposten des durch Fehlinformation benachteiligten Vertragspartners adäquat auszugleichen, ihm die Möglichkeit zu geben, die nicht seinen Erwartungen entsprechende vertragliche Bindung aufzulösen oder sie – allerdings mit anderen Bedingungen – zu erhalten. Es ist im deutschen Recht allgemein relativ, wenn auch nicht unstreitig anerkannt, dass beim vorvertraglichen Fehlverhalten die Naturalrestitution auch im Wege einer **Vertragsauflösung** mit Rückerstattung von Leistung und Gegenleistung sowie Ersatz etwaiger Begleitschäden oder einer **Vertragsanpassung** mit Rückerstattung des zu viel Gezahlten (Differenzschaden) erfolgen kann[159].

Im Rahmen dieses Themas gibt es allerdings viele streitige Fragen. Intensiv diskutiert wird zunächst, ob der durch Fehlinformation geschädigte Vertragspartner – wie der BGH annimmt – zwischen den möglichen Rechtsfolgen frei auswählen darf (Rechtsfolgenwahlrecht) oder ob sich vielmehr die in Betracht kommende Rechtsfolge aus einem hypothetischen Geschehensverlauf (Stichwort: Kausalitätsprüfung) ergibt. Das ist vor allem für Fälle von Bedeutung, in denen der Geschädigte anführt, er hätte den Vertrag ohne das schadhafte Ereignis, also bei richtiger und ausreichender Aufklärung seitens des anderen Teils, zu günstigeren Konditionen abgeschlossen. Weiter umstritten ist, ob und inwieweit in diesem Fall der unzureichend informierte Vertragspartner den Ersatz des positiven Interesses verlangen kann, wie der BGH annimmt.

---

158 Statt vieler: Erman/*Kindl*, § 311 Rn. 33; Hk-BGB/*Schulze*, § 311 Rn. 26 und *Brox/Walker*, SR/AT, S. 286. Über die Rechtsfolgen der culpa in contrahendo beim Abschluss unwirksamer Verträge vgl. Kapitel 3 C II 3.

159 MünchKomm/*Emmerich* (2016), § 311 Rn. 186.

Heftig diskutiert wird auch, ob eine Vertragsauflösung im Wege der culpa in contrahendo – wie in der Rechtsprechung angenommen – einen Vermögensschaden voraussetzt oder ein aufgrund der Informationspflichtverletzung abgeschlossener, aber wirtschaftlich neutraler Vertrag als Schaden angesehen werden kann. Aufgrund des spezifischen Bezugs auf die vorvertragliche Haftung für den Abschluss ungünstiger Verträge werden diese Fragen erst dort behandelt (Kapitel 3 C II). Hier ist festzuhalten, dass die culpa in contrahendo eine Schadensersatzpflicht des Pflichtverletzenden als Rechtsfolge begründet, die sich aber nicht nur in Form von Geldersatz zeigen kann, sondern je nach den Umständen des Einzelfalles auch in der Form einer schadensrechtlichen Auflösung oder Anpassung des abgeschlossenen Vertrages bestehen kann.

2. Schadensberechnung

Ausgangsnorm für die Schadensberechnung ist § 249 I BGB, dem zufolge der zum Schadensersatz Verpflichtete den Zustand herzustellen hat, der bestehen würde, wenn der schädigende Umstand (hier: die vorvertragliche Pflichtverletzung) nie eingetreten wäre. Um den Schaden zu ermitteln, ist zunächst ein Vergleich zwischen zwei Zuständen erforderlich: dem tatsächlichen schadenbehafteten Zustand und dem hypothetischen schadensfreien Zustand. Es handelt sich hierbei um die sog. **Differenzhypothese**, nach der der Schaden in der Differenz zwischen zwei Vermögenszuständen liegt[160]. Um den schadensfreien Zustand bei vorvertraglicher Rücksichtspflichtverletzung wiederherzustellen, greift das deutsche Recht auf das Kriterium von positivem und negativem Interesse zurück.

2.1. Vertrauens- und Erfüllungsschaden

Der Begriff des negativen Interesses geht auf *Jhering* zurück[161]. Herkömmlich wurde das Wort „Interesse" auch als Synonym für Schaden aufgefasst[162], so dass der Begriff denjenigen Schaden zum Ausdruck bringen sollte, der durch das Vertrauen auf die Gültigkeit einer Willenserklärung entstanden ist. Dieses Kon-

160 PWW/*Medicus*, § 249 Rn. 4 und *Medicus*, SR/AT, S. 283.

161 Culpa in contrahendo, S. 12 f.

162 In diesem Sinne: *Nickel*, Rechtsfolgen, S. 33, der auf *Mommsens* Definition von Interesse zurückgreift: „Unter dem Interesse in seiner technischen Bedeutung verstehen wir nämlich die Differenz zwischen dem Betrage des Vermögens einer Person, wie derselbe in einem gegebenen Zeitpunkte ist, und dem Betrage, welchen dieses Vermögen ohne die Dazwischenkunft dieses Ereignisses in dem zur Frage stehenden Zeitpunkt haben würde." Beiträge zum Obligationsrecht (1853).

zept lag dem historischen BGB zugrunde: § 307 BGB a.F. sprach ausdrücklich davon, dass derjenige, der bei Schließung eines Vertrages die Unmöglichkeit der Leistung kannte oder kennen musste, zum Ersatz des Schadens verpflichtet war, den der andere Teil dadurch erlitten hat, dass er auf die Gültigkeit des Vertrages vertraut hat, jedoch nicht über das positive Interesse hinaus. Daraus hat sich die Formel gebildet, nach der der Geschädigte so zu stellen ist, wie er stünde, wenn er nicht auf die Gültigkeit der Erklärung (§ 122 I BGB) oder der Vertretungsmacht (§ 179 II BGB) vertraut hätte[163].

Jhering hat sein Konzept lediglich mit Bezug auf Fälle unwirksamen Vertragsschlusses entwickelt. Die culpa in contrahendo hat sich jedoch in einem solchen Maß erweitert und weiterentwickelt, dass sie heute keine Haftung für enttäuschtes Vertrauen auf die Vertragswirksamkeit, sondern vielmehr eine Haftung für die Enttäuschung einer allgemeinen Redlichkeitserwartung im Rechtsverkehr darstellt[164] und folglich Schaden ausgleichen will, der nicht entstanden wäre, wenn sich der Schädiger – wie erwartet – redlich verhalten hätte. Es hat sich die Formel durchgesetzt, laut der der Geschädigte so zu stellen ist, als wenn er von Anfang an nicht vertraut hätte und daher z. B. bestimmte Aufwendungen nicht gemacht oder anderweitige Geschäftsgelegenheiten nicht verpasst hätte[165]. Hier hat sich die Terminologie ‚**Vertrauensschaden**‘[166] – auch: ‚**Vertrauensinteresse**‘[167] – etabliert.

Davon zu unterscheiden ist der Begriff des **positiven Interesses**, der eben das Interesse an der ordnungsgemäßen Erfüllung eines Rechtsgeschäfts, besonders eines Vertrages bezeichnet, und deshalb auch **Erfüllungsinteresse** genannt wird[168]. Wer eine vertragliche Pflicht (Hauptpflicht oder u. U. auch Nebenpflicht) nicht oder nicht vertragsgemäß erfüllt, hat den bei dem anderen Vertragsteil aus der Nichterfüllung entstandenen Schaden zu ersetzen. Deshalb wird dieser

---

163 *Nickel*, Rechtsfolgen, S. 41. Hier muss man mit *Larenz* betonen, dass der § 122 BGB zugrunde liegende Rechtsgedanke in Wahrheit nichts mit einer Haftung für schuldhafte Rücksichtspflichtverletzung (culpa in contrahendo) zu tun hat, sondern mit einer reinen Vertrauens- oder Anscheinshaftung. Wer eine Willenserklärung abgibt, die er nicht ernstlich gemeint hat oder bei deren Abgabe er sich im Irrtum (§ 119 BGB) befand, wird zwar von der Rechtsordnung nicht an seine Erklärung gebunden, muss aber für den Vertrauensschaden einstehen, der dem anderen entstanden ist, weil er auf den Anschein einer vollgültigen Willenserklärung vertraut hat, und zwar unabhängig davon, ob ihn irgendein Schuldvorwurf trifft. SR/AT, S. 107. *Canaris* spricht hier zu Recht von einer verschuldensunabhängigen Erklärungshaftung. 50 Jahre BGH, 129, 171 ff.

164 In diesem Sinne: *Larenz*, SR/AT, S. 106.

165 *Westermann/Bydlinski/Weber*, SR/AT, S. 212.

166 *Larenz*, SR/AT, S. 106 ff., der auch den Begriff ‚Vertrauensinteresse‘ verwendet.

167 MünchKomm/*Grunsky* (1985), Vor § 249 Rn. 47.

168 *Westermann/Bydlinski/Weber*, SR/AT, S. 255.

Schaden sowohl positives Interesse als auch **Nichterfüllungsschaden** genannt[169]. Nach der Schuldrechtsreform bezeichnet das Gesetz diesen Schaden nun als **Schadensersatz statt der Leistung** (§§ 281, 282 und 283 BGB). Der Geschädigte ist nach § 249 I BGB demzufolge so zu stellen, wie er stünde, wenn der Schädiger vertragsgemäß erfüllt hätte[170].

Die dogmatische Konstruktion von positivem und negativem Interesse stellt für die Unterscheidung zwischen den beiden Schadensberechnungsmethoden auf die **Art der verletzten Pflicht** ab[171]: Während bei Verletzung einer vertraglichen Pflicht der pflichtwidrig handelnde Schuldner das positive Interesse des Gläubigers zu ersetzen hat, muss er bei Verletzung einer vorvertraglichen Rücksichtspflicht „nur" den Ersatz des negativen Interesses leisten, der zwar oft, aber nicht notwendig niedriger ist als das positive Interesse[172]. Es besteht seit Langem in Lehre und Rechtsprechung kein Zweifel mehr, dass in der culpa in contrahendo das negative Interesse **grundsätzlich nicht durch das positive Interesse begrenzt** wird. Das bedeutet, dass §§ 122 und 179 II BGB als Sonderregeln zu betrachten sind, wobei das Erfüllungsinteresse die Obergrenze des Ersatzanspruchs bildet[173].

Begründet wird der Unterschied zwischen positivem und negativem Interesse auch mit der **Theorie des Schutzzwecks der verletzten Norm.** Die vertragliche Verhaltensnorm, d. h. hier die Leistungspflicht, bezweckt, die mit der Vertragsdurchführung zu erwerbenden Rechtspositionen zu sichern. Deshalb hat der Schädiger bei einer Vertragsverletzung den Zustand herzustellen, der bei ordnungsgemäßer Durchführung des Vertrages gegeben wäre, d. h. er muss dem Geschädigten vor allem den Gewinn ersetzen, den dieser aus dem Geschäft gezogen hätte[174]. Die vorvertraglichen Rücksichtspflichten bezwecken – allgemein gesprochen – lediglich ein redliches und rücksichtsvolles Verhalten im vorver-

---

169 Vgl. *Westermann/Bydlinski/Weber*, SR/AT, S. 255 und *Nickel*, Rechtsfolgen, S. 39.

170 Statt vieler: Palandt/*Heinrichs*, Vor § 249 Rn. 16; MünchKomm/*Grunsky* (1985), Vor § 249 Rn. 47 und *Westermann/Bydlinski/Weber*, SR/AT, S. 255.

171 In diesem Sinne: *Larenz*, SR/AT, S. 112.

172 Statt vieler: *Westermann/Bydlinski/Weber*, SR/AT, S. 256.

173 Schon das Reichgericht hat das festgestellt: RGZ 151, 357. Zwar sieht eine Mindermeinung das Erfüllungsinteresse als Haftungsobergrenze mit der Begründung, mehr als die Vertragserfüllung dürfe der Verhandlungspartner nicht erwarten, ansonsten komme der Ersatz wirtschaftlich einem Kontrahierungszwang gleich. *Hans Stoll*, FS Caemmerer (1978), 433, 445. Die herrschende Meinung in der Lehre und Rechtsprechung geht allerdings in die andere Richtung: Eine Haftungsobergrenze steht prinzipiell mit dem Grundsatz der Totalreparation (§ 249 I BGB) und mit dem System des Schadensersatzrechts des BGB nicht im Einklang. In der Literatur vgl. statt vieler: Staudinger/*Löwisch*, § 311 Rn. 141 und Palandt/*Grüneberg*, § 311 Rn. 55.

174 In diesem Sinne: MünchKomm/*Grunsky* (1985), Vor § 249 Rn. 47.

traglichen Stadium und somit die Bewahrung der gegenwärtigen Güterlage aller am vorvertraglichen Schuldverhältnis Beteiligten[175].

Insbesondere die Informationspflichten zielen darauf ab, eine fremdeinwirkungsfreie Bildung der rechtsgeschäftlichen Entscheidungsfreiheit der Parteien zu sichern, um einen ausgewogenen Abschluss des intendierten Vertrags zu ermöglichen. Selbst vorvertragliche Rücksichtspflichten wie Informations- und Aufklärungspflichten, die auf den abzuschließenden Vertrag bezogen sind, haben nicht zum Zweck, die Erfüllung des Vertrages bzw. die Erlangung der durch die Vertragsdurchführung zu erreichenden Vorteile zu sichern. Deshalb darf der Geschädigte bei vorvertraglicher Rücksichtspflichtverletzung nicht erwarten, diejenigen Vorteile zu erlangen, die ihm erst durch eine ordnungsgemäße Erfüllung der vertraglichen Pflichten erwachsen, sondern nur den Ersatz derjenigen Nachteile, die er erlitten hat, weil er auf das redliche Verhalten des anderen Teils vertraut hat.

Trotz dieses dogmatischen Unterschieds ist eine Abgrenzung zwischen positivem und negativem Interesse in der Praxis nicht immer klar. Insbesondere in Fällen, in denen feststeht, dass ohne die Pflichtverletzung – also: bei korrektem vorvertraglichem Verhalten, meistens bei korrekter Erfüllung vorvertraglicher Informationspflichten – ein für den Geschädigten günstigerer Vertrag zustande gekommen wäre. In diesen Fällen gewährt die Rechtsprechung dem Geschädigten ausnahmsweise einen **Anspruch auf das Erfüllungsinteresse** des wegen Täuschung nicht zustande gekommenen Vertrages. In der viel zitierten Entscheidung BGH NJW 1998, 2900 vom 24.06.1998 hat der BGH im Leitsatz festgelegt: „Nach den Regeln über das Verschulden bei Vertragsabschluss kann ausnahmsweise das Interesse des Geschädigten an der Erfüllung eines nicht zustande gekommenen Vertrages zu ersetzen sein, wenn im Einzelfall feststeht, dass die Vertragspartner ohne das schuldhafte Verhalten statt des abgeschlossenen Vertrages einen anderen, für den Geschädigten günstigeren Vertrag abgeschlossen hätten.“[176]

In dem Fall ging es um einen Schadensersatzanspruch wegen vorvertraglicher Fehlinformation beim Abschluss eines Mietvertrages über ein Grundstück, auf dem sich Wasserquellen befinden. Die Klägerin war Eigentümerin von zwei Flurstücken, auf denen sich je eine Wasserquelle befand, die Mineralwasserqualität hatte. Sie hatte ihrem geschiedenen Ehemann während der Ehe ein lebenslängliches unentgeltliches Nießbrauchrecht an beiden Flurstücken eingeräumt mit der Erlaubnis, sie langfristig zu vermieten. Die unter Führung des Ehemannes und des gemeinsamen Sohns stehende GmbH hat Mineralwasser vertrieben.

175 Staudinger/*Olzen*, § 241 Rn. 160 f.

176 BGH Urt. vom 24.06.1998 – XII ZR 126, 96 = JurionRS 1998, 17483, 1–5.

Später stellte sich nach einer Laboruntersuchung heraus, dass das aus dem Flurstück 2 gewonnene Wasser nicht mehr als hochwertiges Mineralwasser geeignet war, was die beklagte GmbH dazu veranlasste, ein Bankdarlehen für die Umstellung der Produktion aufzunehmen. Im Rahmen der Verhandlungen mit der Bank schlossen die Parteien einen neuen Mietvertrag ab, in dem – anders als im ursprünglichen Entwurf – eine Beteiligung der Vermieterin an der Mineralwasserproduktion nur aus dem nicht mehr hochwertigen Flurstück 2 vorgesehen war. Die Vermieterin unterschrieb den Vertrag versehentlich. Als sie nur noch einen geringeren Gewinn mit dem Geschäft machte, fragte die Klägerin nach der Anzahl der abgefüllten Flaschen. Die Beklagte teilte ihr mit, dass sie inzwischen nur noch Wasser aus dem Flurstück 1 fördere, das nicht Gegenstand des Mietvertrages sei, und deshalb kein Geld mehr an die Klägerin gezahlt habe.

Die Klägerin erhob eine Schadensersatzklage, die in den Vorinstanzen erfolglos blieb. Mit der Revision hat der BGH festgestellt, dass die Gesellschaft, der das vorvertragliche Fehlverhalten ihrer Geschäftsführer zuzurechnen ist, die Klägerin über die durch die Laboruntersuchung nicht mehr als hochwertig festgestellte Wasserqualität aus Flurstück 2 nicht informiert hatte. Hätten die Geschäftsführer die Klägerin pflichtgemäß darüber informiert, dass in Zukunft Mineralwasser nur noch aus dem Flurstück 1 gewonnen werden könne, hätte die Klägerin den Mietvertrag nicht so unterschrieben, sondern den ursprünglichen Vertragsentwurf, nach dem sie auch an den Erträgen des Flurstücks 1 beteiligt werden sollte. Anders ausgedrückt: Die Klägerin hätte ohne die Täuschung einen Vertrag zu günstigeren Bedingungen abgeschlossen. Der BGH ist davon ausgegangen, dass die besonderen Umstände des Falles den Schluss erlauben, dass der Vertrag ohne die Täuschung unter denselben Vertragspartnern zu anderen, für den Getäuschten günstigeren Bedingungen mit Sicherheit zustande gekommen wäre. In solchen Fällen sei es – laut dem Gericht – nicht gerechtfertigt, dem Geschädigten einen Anspruch auf das Erfüllungsinteresse des nicht zustande gekommenen Vertrages zu versagen[177].

Diese Judikatur hat sich im Lauf der Zeit etabliert[178]. Laut BGH NJW 2001, 2875 kann die geschädigte Vertragspartei bei einer vorvertraglichen Pflichtverletzung grundsätzlich nur den Ersatz des Vertrauensschadens verlangen, der auf den Ersatz des negativen Interesses gerichtet ist. Der Schadensersatzanspruch aus culpa in contrahendo kann jedoch ausnahmsweise auf den **Ersatz des Erfüllungsinteresses** gerichtet werden, wenn ohne das schädigende Verhalten mit

177 BGH NJW 1998, 2900 = JurionRS 1998, 1, 4 Rn. 18.

178 Statt vieler: BGH NJW 2006, 3139. Vgl. dazu Palandt/*Grüneberg*, § 311 Rn. 56 für weitere Nachweise.

einem **Dritten** oder auch mit **demselben Vertragspartner** ein Vertrag zu anderen, für den Geschädigten günstigeren Bedingungen zustande gekommen wäre. Lässt sich diese Feststellung nicht treffen, kann der Geschädigte – laut BGH – am Vertrag festhalten und als Ersatz das negative Interesse verlangen, also so gestellt zu werden, als wäre es ihm bei Kenntnis der wahren Sachlage gelungen, den Kaufvertrag zu einem günstigeren Preis abzuschließen[179].

In der hier interessierenden Thematik – dem Unterschied zwischen positivem und negativem Interesse – ist zu beachten, dass sich der BGH dadurch von der herkömmlichen rechtsdogmatischen Abgrenzung in der Lehre etwas entfernt hat, dass er als positives Interesse den Ersatz von Gewinn einordnet, der dem Geschädigten entgangen ist, weil er auf die Richtigkeit der erteilten falschen Auskunft vertraut hat. Er bekommt **wirtschaftlich betrachtet** jedoch diejenigen Vorteile, die er aus der **Erfüllung eines hypothetischen Vertrags** erlangt hätte, wenn dieser Vertrag tatsächlich zustande gekommen wäre. Ob dieser Schaden rechtsdogmatisch wirklich als positives Interesse einzuordnen ist, ist im Schrifttum streitig. Die Gegenansicht lehnt dies mit dem Argument ab, der Ersatz des positiven Interesses bestehe in der ordnungsgemäßen Erfüllung der **tatsächlich vereinbarten vertraglichen Leistungspflichten (tatsächlicher Vertrag).** In den hier behandelten Fällen gehe es dagegen um den Ersatz des Erfüllungsinteresses aus einem **anderen, infolge der Fehlinformation nicht abgeschlossenen Vertrag (hypothetischer Vertrag).**

Laut *Mertens* komme ein Ersatz des positiven Interesses aus dem tatsächlich zustande gekommenen Vertrag im Wege der culpa in contrahendo deshalb nicht in Betracht, weil die Pflichtverletzung als Anknüpfungspunkt für die Schadens-

---

179 BGH Urt. vom 06.04.2001 – V ZR 394/99 = JurionRS 2001, 20085, 1–7. In dem Fall geht es um einen Schadensersatzanspruch wegen Informationspflichtverletzung im Rahmen des Abschlusses eines Kaufvertrages über zwei gewerblich genutzte Grundstücke, wobei der Verkäufer den Käufer über die Dauer des Mietverhältnisses falsch informiert hat. Erst nach Abschluss des Kaufvertrages hat der Käufer erfahren, dass die Mieterin (KG) eine Option auf Verlängerung des Mietverhältnisses hatte, was der Planung des Käufers an Bauarbeiten auf den Grundstücken entgegenstand. Statt den Vertrag wegen Verschuldens bei Vertragsschluss aufzulösen, hat der Käufer an dem Vertrag festgehalten und mit der Mieterin einen neuen Mietvertrag ausgemacht. Der BGH hat den Schadensersatzanspruch des Käufers mit der Begründung abgelehnt, dass der Schaden, den der Käufer geltend machen wollte, keine Folge des Vertrauens in die falsche Auskunft, sondern vielmehr Folge der Entscheidung des Käufers war, am Kaufvertrag festzuhalten und das beabsichtigte Boardinghouse unter den gegebenen Bedingungen zu errichten. Beachtenswert ist auch, dass in diesem Fall der BGH noch eine Anspruchskonkurrenz zwischen culpa in contrahendo und Gewährleistungsrecht anerkannt und folglich die Rechtsfolgen als gleichrangig nebeneinander eingestuft hat, was sich im alten Recht noch begründen ließ. Heute wird dieser Fall ausschließlich über die neuen Regelungen des Gewährleistungsrechts gelöst.

berechnung in § 249 I BGB nicht in der Verletzung von Leistungspflichten, sondern in der Verletzung vorvertraglicher Rücksichtspflichten liege. Deshalb vom Ersatz des Erfüllungsinteresses zu sprechen, wie es der BGH tut, sei zumindest missverständlich[180]. Die herrschende Lehre ordnet – mit Betonung des Ausnahmecharakters – den entgangenen Gewinn aus dem hypothetischen günstigeren Vertrag als positives Interesse ein[181]. Es handelt sich um das sog. **Erfüllungsinteresse aus einem anderen Vertrag.** Eine abschließende Klärung der Frage durch die deutsche Rechtswissenschaft scheint es noch nicht zu geben.

2.2. Der ersetzbare Schaden

Der zu ersetzende Schaden aus culpa in contrahendo hängt selbstverständlich von den Umständen des Einzelfalls, vor allem von der Art der verletzten Rücksichtspflichten, ab und wird deshalb im Rahmen der im Kapitel 3 untersuchten Fallgruppen behandelt. Allgemein kann man sagen, dass es sich dabei meistens um den Ersatz von **vergeblichen Aufwendungen** für die Vertragsvorbereitung – wie Anwalts-[182], Steuerberater-, Reise-, Umbau- oder Verhandlungskosten[183] – und **entgangenen Gewinnen** aus einem anderen, nicht abgeschlossenen Geschäft mit Dritten handelt[184]. Ein ersatzfähiger Schaden kann sowohl in Form der **Rückabwicklung des Vertrages** mit entsprechender Rückgabe von Leistung und Gegenleistung als auch in einer Art **schadensrechtlicher Vertragsanpassung** bestehen, die durch eine **Leistungsminderung** des Geschädigten (Stichwort: Herabsetzung des Kaufpreises) oder eine **Erhöhung der Gegenleistung** des Schädigers vollzogen wird[185]. Nicht zuletzt kommt auch der **Ersatz von Nichtvermögensschäden** in Betracht, wenn infolge der Rücksichtspflichtverletzung

---

180 In diesem Sinne *Mertens*, ZGS 2/2004, 67, 72, der allerdings einen Ersatz des positiven Interesses in den Fällen von culpa in contrahendo wegen Abschlusses unwirksamer Verträge für möglich hält, wenn feststeht, dass der Vertrag ohne die Pflichtverletzung wirksam zustande gekommen wäre. Es handele sich in solchen Fällen dann um den Ersatz des Erfüllungsinteresses aus dem tatsächlich abgeschlossenen Vertrag. Auch grundsätzlich dagegen: Staudinger/*Löwisch*, § 311 Rn. 139; *Westermann/Bydlinski/Weber*, SR/AT, S. 212, die den Ersatz entgangenen Gewinns als eine spezielle Ausformung des Vertrauensinteresses betrachten.

181 Für die Einordung als positives Interesse: Palandt/*Grüneberg*, § 311 Rn. 56; Erman/*Kindl*, § 311 Rn. 25; Hk-BGB/*Schulze*, § 311 Rn. 26; Soergel/*Harke*, § 311 Rn. 104; *Larenz/Wolf*, AT, S. 607; *ders.*, SR/AT, S. 113 und *Emmerich*, JuS 2006, 1021, 1023.

182 BGH NJW-RR 2002, 1309.

183 BGH NJW 2006, 1963.

184 Staudinger/*Löwisch*, § 311 Rn. 138.

185 Statt vieler: MünchKomm/*Emmerich* (1985), Vor § 275 Rn. 89 und Erman/*Kindl*, § 311 Rn. 43.

Persönlichkeitsrechte oder die privatautonome Selbstbindung in Form des Abschlusses eines unerwünschten Vertrages verletzt worden sind.

Bei der **Liquidation** des zu ersetzenden Schadens sind nach herrschender Meinung auch etwaige Vorteile des Geschädigten aus dem zu zahlenden Schadensersatzbetrag anzurechnen. Die **Anrechnung etwaiger Vorteile** richtet sich nach der allgemeinen Regel des § 249 BGB. Hat etwa der Geschädigte wegen Informations- bzw. Aufklärungspflichtverletzung einen Anspruch aus culpa in contrahendo auf Aufhebung des Vertrages über ein Kraftfahrzeug oder ein Haus, so muss er sich die zwischenzeitlich aus diesen Sachen gezogenen Vorteile auf seinen Schadensersatzanspruch anrechnen lassen[186]. Bei einer Kapitalanlage stellt sich diese Frage insbesondere im Hinblick auf Steuervorteile, die der Anleger zwischenzeitlich daraus gezogen hat. Hier gilt die Regel, dass solche Steuervorteile auf den Ersatzanspruch des Anlegers grundsätzlich nicht anzurechnen sind, sofern er verpflichtet ist, die zurückerlangte Anlage ihrerseits wieder zu versteuern[187]. Entscheidend dabei ist auf jeden Fall eine Gesamtbetrachtung, da es nur mit unzumutbarem Aufwand möglich wäre, die steuerlichen Folgen einer Anlage in jedem konkreten Fall über Jahre hinweg genau zu berechnen und rückgängig zu machen. Eine völlige oder teilweise Minderung des Schadensersatzanspruchs aufgrund von Steuervorteilen wird erst dann erlaubt, wenn die Steuervorteile beim Anleger endgültig verbleiben[188].

Bei der Schadensberechnung ist nicht zuletzt ein **mitwirkendes Verschulden** des Geschädigten gemäß § 254 BGB zu berücksichtigen, der als eine besondere Ausprägung des § 242 BGB angesehen wird[189]. Das Mitverschulden hat vor allem praktische Bedeutung, weil es zur **Minderung des Ersatzanspruchs** des Geschädigten führt und keine Ausschlusswirkung iSv §§ 122 II und 179 III 1 BGB erzeugt[190]. Die Praxis ist bei der Annahme eines Mitverschuldens jedoch sehr zurückhaltend[191]. Das gilt vor allem bei einem Verstoß gegen vorvertragliche Informationspflichten: Hier trifft den nicht oder schlecht informierten Vertragspartner meistens kein Mitverschulden, auf die falsche Auskunft vertraut zu haben. Unter Umständen verweigert die Rechtsprechung dem Pflichtverletzter nach Treu

186 BGH NJW 1991, 1881 = JurionRS 1991, 14176, 1–3.
187 BGH Urt. vom 19.09.2014 – V ZR 269/13 = BGH NJW 2014, 1436.
188 Dazu: MünchKomm/*Emmerich* (2016), § 311 Rn. 190 m.w.N. zur Rechtsprechung.
189 *Grigoleit*, NJW 1999, 900, 904; vgl. auch BGH NJW 1998, 305.
190 Erman/*Kindl*, § 311 Rn. 25.
191 Statt vieler: Staudinger/*Löwisch*, § 311 Rn. 146 und *Westermann/Bydlinski/Weber*, SR/AT, S. 214.

und Glauben (§ 242 BGB) sogar ganz das Sichberufen auf das Mitverschulden[192]. Das Mitverschulden spielt insbesondere beim grundlosen Abbruch von Vertragsverhandlungen eine Rolle, wenn ein Verhandlungspartner in Erwartung eines noch nicht sichergestellten Vertragsschlusses zu hohe Aufwendungen macht. In einem solchen Fall trifft ihn den Vorwurf, auf eigenes Risiko gehandelt zu haben, mit der Folge, dass die überhöhten Aufwendungen nicht ersetzt werden[193], sondern nur diejenigen, die unmittelbar aufgrund legitimen Vertrauens gemacht wurden.

IV. Zusammenfassung

Aus dem bisher Dargestellten kann man zusammenfassend sagen, dass die culpa in contrahendo ein umfassendes und komplexes Rechtsinstitut ist, das sich nicht ohne eine kohärente und durchdachte Lösung in die klassische Privatrechtsdogmatik integrieren lässt. Das belegt die Positivierung der Figur in § 311 II BGB, wo nur die Grundlinien der culpa in contrahendo nachgezeichnet sind. Der Reformgesetzgeber hat einerseits aufgrund der Vielfältigkeit der vorvertraglichen Fälle auf eine Regelung nach Fallgruppen verzichtet, was teilweise sehr kritisch im Schrifttum aufgenommen wurde, andererseits die **allgemeine Struktur der Haftung in contrahendo** geregelt. Aus der Normentrias der §§ 311 II-III, 241 II und 280 I BGB ergibt sich, dass die culpa in contrahendo eine Haftung für die schuldhafte Verletzung von Rücksichtspflichten im breiten vorvertraglichen Stadium ist, die nicht nur den potentiellen Vertragspartner trifft, sondern auch in den geschäftlichen Kontakt einbezogene Dritte. Das vorvertragliche Stadium zeigt – anders als Vertrag und Delikt – keine klaren Grenzlinien. Es kann schon mit den ersten unbestimmten rechtsgeschäftsähnlichen Kontakten anfangen und endet mit der Beendigung des Kontakts oder mit dem Vertragsschluss.

Der Reformgesetzgeber hat keine klaren Tatbestandsmerkmale in § 311 II Nrn. 1–3 BGB ausgestaltet, was zu Meinungsstreit in der Lehre und Rechtsprechung geführt hat, die nun die Aufgabe haben, die Konturen der dort eingeführten Figuren, vor allem der des § 311 II Nr. 3 BGB zu präzisieren, um der vorvertraglichen Rechtsdogmatik, wenn man überhaupt von einer solchen sprechen kann,

---

192 BGH NJW 2010, 3292, wo festgestellt wird, dass selbst die Unterlassung der Lektüre des Prospekts grds. keinen Vorwurf grober Fahrlässigkeit begründet, sofern sich der Anleger auf die Empfehlung des Beraters verlässt. In den Kapitalanlagefällen bleibt der Einwand des mitwirkenden Verschuldens des Anlegers meistens erfolglos. Über die Problematik vgl. statt vieler: MünchKomm/*Emmerich* (2016), § 311 Rn. 189 m.w.N.

193 BGH MDR 1974, 918; dazu: Staudinger/*Löwisch*, § 311 Rn. 146.

Kohärenz zu geben und Grenzen zu setzen. Das gilt insbesondere hinsichtlich des Deliktsrechts. Dadurch wird auch verhindert, dass die culpa in contrahendo – vor allem im Ausland – als eine „Krücke" des mangelhaften deutschen Deliktsrechts missverstanden wird. Die Formulierung des § 311 II BGB ist trotz aller Kritik doch erkenntnisbringend. Betrachtet man § 311 II BGB aus den Blickwinkel der von Nr. 3 bis hin zu 1 statuierten Tatbestände, erkennt man den **Weg zum Vertrag**, was eindeutig die Bedeutung des vorvertraglichen Stadiums als eines **fortschreitend rechtsbindenden Prozesses gerichtet auf einen eventuellen Vertragsschluss** zum Ausdruck bringt. Nicht von ungefähr hat der Reformgesetzgeber die Vertragsverhandlungen extra unter § 311 I BGB formuliert. Dies betont zum einen, dass sie die letzte Stufe vor dem Vertrag darstellen, und zum anderen, dass sich das schuldrechtliche Pflichtenprogramm graduell ausformt.

Außerdem wird in § 311 II BGB so klar wie sonst nirgendwo gesagt, dass schon im vorvertraglichen Stadium ein besonderes Schuldverhältnis infolge des etablierten vorvertraglichen geschäftlichen Kontakts entsteht, aus dem schuldrechtliche Verhaltenspflichten erwachsen, die die Parteien verpflichten, redlich miteinander umzugehen und Rücksicht auf die Rechte, Rechtsgüter und Interessen der Gegenseite zu nehmen, und deren Verletzung einen Schadensersatzanspruch gemäß § 280 I BGB begründet. Das klingt zwar im deutschen Recht wie selbstverständlich, ist jedoch in den anderen kontinentalen Rechtsordnungen nicht so. Mit dieser Formulierung hat der Reformgesetzgeber eine hundertjährige fruchtbare Rechtsentwicklung im Gesetz verankert, die – trotz aller dogmatischen Unschärfen – rechtsvergleichend eine Erneuerung des römischen Obligationsrechts darstellt. Dazu gehört vor allem die Entwicklung einer neuen Pflichtenkategorie (Rücksichtspflichten) und eines neuen Schuldverhältniskonzepts (Vertrauensschuldverhältnis), das von dem römischrechtlichen Obligationenkonzept völlig abweicht, das ohne Leistungspflichten kaum denkbar ist. Auch wenn noch viele Fragen über die culpa in contrahendo offen und streitig sind, herrscht jedoch Einigkeit über ihre Grundstruktur, die aus den §§ 311 II-III, 241 II und 280 I BGB hergeleitet werden kann.

Die Haftung aus culpa in contrahendo setzt grundsätzlich das Bestehen eines geschäftlichen Kontakts mit Einwirkungsmöglichkeit auf die Rechte, Rechtsgüter oder Interessen des anderen Teils, eine Rücksichtspflichtverletzung sowie Schaden, Kausalität und Vertretenmüssen voraus. Wie sich diese haftungsbegründenden Tatbestände im Einzelfall konkretisieren, kann infolge der Vielgestaltigkeit der konkreten geschäftlichen Kontakte nicht pauschal beantwortet werden. Das Gleiche gilt für die Rechtsfolgen von Fehlverhalten bei Vertragsschluss. Grundsätzlich löst nach § 280 I BGB eine Rücksichtspflichtverletzung einen Schadensersatzanspruch für den Geschädigten aus, der dann gemäß § 249 I BGB im Wege der Naturalherstellung verlangen kann, so gestellt zu werden, wie er ohne das pflichtwidrige Ereignis stünde. Das bedeutet jedoch keineswegs nur bloßen Geldersatz. Vielmehr ermöglicht der Grundsatz der Naturalherstellung verschiedene Schadensersatzformen, die es je nach den Umständen – konkret: beim Zustandekommen des Vertrages auf Grundlage des vorvertraglichen Fehlverhaltens – dem nichtinformierten Geschädigten erlaubt, den ungünstigen oder unerwünschten Vertrag aufzulösen oder anzupassen.

Ob und unter welchen Voraussetzungen die verschiedenen Formen von Schadensersatz im Einzelfall zur Anwendung kommen, lässt sich nur anhand der jeweiligen Fallgruppe beantworten. Das Gleiche gilt für die Frage nach der Berechnung und dem Umfang des Schadensersatzanspruchs, der zwar in erster Linie auf den Ersatz des negativen Interesses gerichtet ist, der aber ausnahmsweise auch den Ersatz des positiven Interesses umfasst. Dabei spielt insbesondere die Schutzzwecktheorie, die in Theorie und Praxis immer noch kontrovers ist, eine Rolle. Bei all diesen Fragen muss man auf die Fälle in Rechtsprechung und Lehre zurückgreifen, die die culpa in contrahendo entwickelt und präzisiert haben und auf die bereits der Reformgesetzgeber hingewiesen hat[194]. Deshalb werden die Besonderheiten der Voraussetzungen und Rechtsfolgen bei der rechtsvergleichenden Analyse der Hauptfälle der culpa in contrahendo in Kapitel 4 analysiert: Schutzpflichtverletzung ieS, grundloser Verhandlungsabbruch, Informationspflichtverletzung und Abschluss von nichtigen Verträgen.

Zuletzt ist zu beachten, dass eine Partei im Rahmen der culpa in contrahendo für eigenes und für fremdes Verschulden gemäß §§ 311 II, 241 II und 276 BGB bzw. §§ 311 II, 241 II und 278 BGB haften kann. Große praktische Bedeutung hat die Haftung für Verletzung vorvertraglicher Rücksichtspflichten durch Gehilfen und gesetzliche Vertreter, die in den geschäftlichen Kontakt eines der künftigen Vertragspartner mit dem Ziel, seine Verbindlichkeiten zu erfüllen oder seine Interessen zu wahren, mit einbezogen werden. Wer sich jedoch einer Hilfsperson bedient, muss den Schaden ersetzen, den die Hilfsperson dem Geschädigten bei der Ausübung der ihr übertragenen Tätigkeit zufügt. Aufgrund der vertragsähnlichen Natur der culpa in contrahendo greift § 278 BGB ein, der keine Exkulpationsmöglichkeit des Geschäftsherrn wie sie § 831 I BGB (im Deliktsrecht) gewährt. Damit erweitert die culpa in contrahendo den Haftungsbereich des am geschäftlichen Kontakt Beteiligten. Eine eigene Haftung von Gehilfen und Vertretern kommt nur ausnahmsweise in Betracht unter den engeren Voraussetzungen der vorvertraglichen Dritthaftung gemäß § 311 III BGB.

194 BT-Drucks. 14/6040, S. 163.

B. Die Grundstruktur der culpa in contrahendo im brasilianischen Recht

I. Grundlinie der culpa in contrahendo?

Fragt ein deutscher Jurist nach der allgemeinen Grundstruktur der vorvertraglichen Haftung im brasilianischen Recht, wird er überrascht feststellen, dass die Figur hier eine deutlich engere Bedeutung als im deutschen Recht hat. Der brasilianische Gesetzgeber hat die culpa in contrahendo weder in der ersten noch in der zweiten Kodifikation geregelt. In dem neuen Zivilgesetzbuch hat er lediglich eine Norm im Sinne von § 242 BGB geschaffen, nach der die Kontrahenten bei Abschluss und Erfüllung des Vertrages verpflichtet sind, Redlichkeit und Treu und Glauben zu beachten (Art. 422 CC2002). Vorbild war Art. 1.337 des italienischen Codice Civile, wo die vorvertragliche Haftung ausdrücklich genannt wird. Eine deutlich klarere Formulierung enthält jedoch Art. 227 des portugiesischen Zivilgesetzbuches, auf den der brasilianische Gesetzgeber auch Bezug nahm[195].

Aus der Formulierung des Art. 422 CC2002 ist ersichtlich, dass die brasilianische Kodifikation die Struktur (Voraussetzungen und Rechtsfolgen) der Haftung in contrahendo nicht reguliert, hingegen nur das allgemeine Gebot zum redlichen Verhalten im vor- und vertraglichen Stadium aufstellt, so dass die Frage nach der Grundstruktur der Haftung für Fehlverhalten vor Vertragsabschluss an Lehre und Rechtsprechung gestellt werden muss. Wie die historische Entwicklung der Haftung in contrahendo in Kapitel 1 III gezeigt hat, wird sie im Schrifttum infolge der Rezeption aus Italien und Portugal in der ersten Hälfte des 20. Jahrhundert fast ausschließlich als eine Haftung für grundlosen Verhandlungsabbruch betrachtet, deren Voraussetzungen und Rechtsfolgen in Kapitel 3 B III analysiert werden. Man findet dort zwar Andeutungen zu weiteren Fallgruppen der culpa in contrahendo, wie z. B. Abschluss nichtiger Verträge oder Informationspflichtverletzung, es fehlt jedoch eine systematische Betrachtung der Fälle, aus denen man eine **einheitliche Grundlinie** der vorvertraglichen Haftung entnehmen kann.

Das gilt umso mehr, wenn man berücksichtigt, dass im brasilianischen Rechtssystem ein vorvertragliches Fehlverhalten beim rein privaten geschäftlichen Kontakt und bei einer Unternehmer-Verbraucher-Beziehung unterschiedlich

---

195 „Art. 1.337. Trattative e responsabilità precontrattuale. Le parti, nello svolgimento delle trattative e nella formazione del contratto, devono comportarsi secondo buona fede (1218, 1440, 1578, 1812, 1821, 2043)."

„Art. 227. Quem negoceia com outrem para conclusão de um contrato deve, tanto nos preliminares como na formação dele, proceder segundo as regras da boa fé, sob pena de responder pelos danos que culposamente causar à outra parte."

beurteilt wird, da Zivilgesetzbuch und Verbraucherschutzgesetz in seinen Prinzipien, Regeln und Rechtsinstituten nicht harmonisiert sind wie im deutschen Recht, sondern sich deutlich voneinander unterscheiden. Hier muss man nur auf die grundsätzliche Unterlegenheit des Verbrauchers und auf das unterschiedliche Haftungsregime (Verschuldens- und Risikohaftung) beider Gesetzeswerke hinweisen, die die grundlegende Frage nach Pflichtbegründung und Verschulden berühren.

Im Grunde genommen kann man sagen, dass die culpa in contrahendo in Brasilien nach dem Modell der Haftung für Verhandlungsabbruch behandelt wird, so dass man als Voraussetzungen und Rechtsfolgen der culpa in contrahendo die jeweiligen aus dieser Fallgruppe überträgt. Eine Haftung kommt also in Betracht, wenn ein Verhandlungspartner bei dem anderen das Vertrauen in den Vertragsschluss erweckt und später ohne Rechtfertigungsgrund die Verhandlungen abbricht bzw. den Vertragsschluss verweigert. In der Rechtsprechung gilt auch nichts anderes, so dass der Begriff *„responsabilidade pré-contratual"* ausschließlich mit Fällen von grundlosem Abbruch der Vertragsverhandlungen verbunden wird.

Da sich die aktuellen Grundlinien der Haftung in contrahendo im brasilianischen Recht mit den Grundlinien der Fallgruppe des grundlosen Verhandlungsabbruchs überschneiden, die erst in Kapitel 3 B III analysiert wird, wird hier auf eine Analyse verzichtet, um Wiederholungen zu vermeiden. Der im Schrifttum fragmentarische Hinweis auf weitere Fälle vorvertraglicher Haftung wird auch im Lauf der rechtsvergleichenden Analyse der Hauptfälle in Kapitel 3 zu jeder Fallgruppe analysiert. Ziel dieser Arbeit ist deshalb, unter Betrachtung der Hauptfälle nach Grundlinie und Grundstruktur der culpa in contrahendo im brasilianischen Recht zu suchen (Kapitel 4). Hier wird deshalb ausnahmsweise die im brasilianischen Schrifttum stattfindende Diskussion über die Rechtsnatur der Haftung in contrahendo analysiert, die zwar im Rahmen der Haftung für Verhandlungsabbruch durch die brasilianische Lehre behandelt wird, die jedoch zu den allgemeinen Fragen zu dem Rechtsinstitut zählt.

II. Diskussion über die Rechtsnatur der vorvertraglichen Haftung

Die Problematik der Rechtsnatur der culpa in contrahendo ist in der brasilianischen Privatrechtswissenschaft eigentlich kein großes Thema, denn die überwiegend herrschende Meinung geht wie selbstverständlich von einer deliktischen Natur der Haftung für Verschulden bei Vertragsabschluss aus. Im Schrifttum findet man Anhänger der drei Haupttheorien, die der Haftung in contrahendo entweder eine außervertragliche oder eine vertragliche Natur zuschreiben oder aber sie daneben als dritte Spur behandeln. Das Thema hat jedoch an Bedeutung gewonnen, nachdem der STJ in einer Einzelentscheidung aus dem Jahr 2014 die vertragliche Natur der culpa in contrahendo erstmals ausgesprochen hat[196]. Die Lehre hat bis jetzt diese Entscheidung ignoriert. Ziel dieses Teils ist es, zu prüfen, welche Argumentationslinien dafür heranzuziehen sind, um die Rechtsnatur der Haftung in contrahendo zu rechtfertigen, und eine diesbezügliche Stellungnahme am Ende vorzunehmen.

1. Die Haupttheorien über die Rechtsnatur der Haftung in contrahendo

1.1. Die deliktische Natur der Haftung in contrahendo

Die überwiegende Mehrheit der Lehre – und Rechtsprechung – geht davon aus, dass die culpa in contrahendo, also die Haftung für Verhandlungsabbruch, eine **Deliktshaftung** darstellt. Die Gründe dafür sind unterschiedlich. Man kann dabei **zwei Argumentationslinien** unterscheiden. Die erste basiert auf der klassischen Dichotomie zwischen Vertrags- und Deliktshaftung, die den Vertrag als Abgrenzungsmerkmal zwischen beiden Haftungstypen betrachtet und deshalb der culpa in contrahendo eine außervertragliche Natur zuordnet. Die zweite versucht, die Haftung in contrahendo mit Hinweis auf die Figur des Rechtsmissbrauchs zu erklären, die in Brasilien überwiegend als eine unerlaubte Handlung betrachtet wird und folglich eine außervertragliche Natur aufzeigt.

Ausgehend von der klassischen Dichotomie zwischen Vertrags- und Deliktshaftung, deren **zentrales Abgrenzungskriterium** in dem **Bestehen eines vorherigen Schuldverhältnisses** (Vertrag) liegt, und von einer engen Auffassung der culpa in contrahendo als Synonym für grundlosen Verhandlungsabbruch, ist die außervertragliche Natur der Haftung für die herrschende Meinung fast selbstverständlich. Da die Parteien infolge der grundlosen Verhandlungsbeendigung zu keinem Vertragsschluss kommen, kann dieser *ato ilícito* (unerlaubte Handlung) nur eine **außervertragliche Haftung** auslösen. Dahinter steht der Gedanke, dass die Existenz einer privatautonomen Vereinbarung bzw. einer Rechtsbindung zwischen den Parteien die Grenze zwischen beiden Haftungstypen markiert[197]. Darüber herrscht bis heute Konsens in der brasilianischen Rechtwissenschaft.

Obwohl die Lehre auf unterschiedliche Abgrenzungsmerkmale wie z. B. Beweislastverteilung, Geschäftsfähigkeit und Verjährungsfrist zwischen Delikts-

---

196 STJ REsp. 1.367.955/SP, T3, Rel. Min. Paulo de Tarso Sanseverino, Urt. Vom 18.03.2014, DJe 24.03.2014.

197 Statt vieler: *Silva Pereira*, Introdução, S. 658; *Gonçalves*, Direito civil, Bd. 4, S. 26; *Diniz*, Curso, Bd. 3, S. 43; *Donnini*, Responsabilidade civil pós-contratual, S. 55; *Cavalieri Filho*, Programa de responsabilidade civil, S. 15 und *Wald*, Obrigações e contratos, S. 467.

und Vertragshaftung hinweist, spielt die **Quelle der verletzten Pflicht** die entscheidende Rolle für die Unterscheidung der beiden Haftungstypen: Entsteht die verletzte Pflicht aus einem Vertrag (Privatautonomie), löst die Pflichtverletzung eine Vertragshaftung aus; stammt sie dagegen aus dem Gesetz, fällt die Pflichtverletzung unter den Anwendungsbereich der Deliktshaftung[198]. Das Hauptargument für die außervertragliche Natur der culpa in contrahendo ist also das **Fehlen einer vertraglichen Bindung** zwischen den Parteien im vorvertraglichen Stadium, da eben ein Verhandlungspartner den geplanten Vertragsschluss ablehnt.

Diesen Gedanken findet man bei der Mehrheit der Lehre wie etwa bei *Silva Pereira*, der ausführt, dass sich das vorvertragliche Stadium deutlich von dem vertraglichen Stadium deshalb abgrenze, weil es dort keine Verbindlichkeit (*obrigatoriedade*) gäbe. Aus diesem Grund entstehe dort keine Leistungspflicht (*obrigação*), sondern es entstünden „reine Pflichten" aus Treu und Glauben, deren Verletzung ausnahmsweise Schadensersatzansprüche begründen könne. Diese Pflichtverletzung sei – laut ihm – dogmatisch als unerlaubte Handlung zu betrachten, so dass das Fundament der culpa in contrahendo letztendlich darin zu sehen sei [199]. Anders als *Jhering* dachte, sei die culpa in contrahendo der Deliktshaftung zuzuordnen, weil sie nicht auf einer *„culpa contratual"*, d. h. auf der Verletzung einer vertraglichen Pflicht[200], sondern auf der Verletzung einer allgemeinen Pflicht basiere.

Den gleichen Grundgedanken findet man bei *Martins Costa*, obwohl sie erkennt, dass das vorvertragliche Stadium durch einen engen „sozialen Kontakt" zwischen den Beteiligten geprägt sei[201] und bei *Cappelari*, nach dem die vorvertraglichen Pflichten aus Treu und Glauben **Konkretisierung der allgemeingültigen Jedermannspflicht** seien und deshalb ihre Verletzung einen Verstoß gegen das allgemeingültige **Prinzip des neminem laedere** darstelle[202]. Diese Idee be-

198 Statt vieler: *Gonçalves*, Direito civil, Bd. 4, S. 28.

199 Contratos, S. 32. Im gleichen Sinne auch *Diniz*, Curso, Bd. 3, S. 43; *Gonçalves*, Responsabilidade civil, S. 49, der die culpa in contrahendo allein in Art. 186 CC2002 (Deliktshaftung) begründet, obwohl er darauf hinweist, dass die Verhandlungen Rechtspflichten aus Treu und Glauben begründen. Daraus leitet er aber keine weiteren Rechtsfolgen als aus der neminen-laedere-Pflicht ab. Er betrachtet die vorvertragliche Haftung nicht einmal als eine fahrlässige Haftung, sondern verlangt Vorsatz im Tatbestand. Der Hinweis auf die Rücksichtspflichten erscheint also vielmehr als inhaltlose Aussage in seinem Diskurs. Vgl. weiter auch *Gomes*, Contratos, S. 64 und *Pontes de Miranda*, Tratado, Bd. 38, S. 321–322.

200 Introdução, S. 659.

201 Um aspecto da obrigação de indenizar, 1, 2f.

202 Responsabilidade pré-contratual, S. 56. In diesem Sinne auch *Donnini*, der von einer allgemeinen Pflicht, sich nach Treu und Glauben zu verhalten, spricht: „Os deveres acessórios, como

stimmt heute noch die herrschende Lehre und Rechtsprechung, die sich noch keine Gedanken darüber gemacht haben, ob Rücksichtspflichten und Jedermannpflicht nicht unterschiedliche Rechtspflichten darstellen. Deshalb begründen viele Autoren wie *Diniz* die culpa in contrahendo sowohl mit dem Grundsatz von Treu und Glauben (Art. 422 CC2002) als auch mit dem allgemeinen Verbot, niemanden zu schädigen (Arts. 186 iVm 927 CC2002)[203].

Auch *Donnini*, der die nachvertragliche Haftung untersucht hat, geht davon aus, dass das Fundament der vorvertraglichen und nachvertraglichen Haftung nicht das gleiche sei, obwohl es sich in beiden Fällen um die Verletzung von Nebenpflichten handele[204]. Sein Hauptargument stellt auf das Fehlen einer vertraglichen Bindung im vorvertraglichen Stadium ab: Da zwischen den Parteien während der Vertragsverhandlungen kein Vertrag vorliege, kann die dort entstandene Haftung keine vertragliche Natur haben, weil die verletzte Pflicht eben nicht aus den Vertrag stammt[205]. Anders dagegen bei Verletzung von nachvertraglichen Nebenpflichten, die aus dem schon erfüllten, aber noch wirkenden „Vertrag" erwachsen und deren Verletzung eine Vertragshaftung auslöse[206].

Die zweite Argumentationslinie behauptet die außervertragliche Natur der Haftung in contrahendo deshalb, weil sie ihr Fundament nicht in der Verletzung vorvertraglicher Rücksichtspflichten, sondern in einem **Rechtsmissbrauch** sieht. *Zanetti*, der die Natur der Haftung in contrahendo eingehend untersucht hat, versucht in Anlehnung an das italienische Recht, die vorvertragliche Haftung durch das Institut des Rechtsmissbrauchs zu erklären. Er ignoriert einfach den Wortlaut des Art. 422 CC2002, nach dem die Parteien bei Abschluss und Erfüllung des Vertrages das Gebot von Treu und Glauben zu beachten haben und geht davon aus, dass es im brasilianischen Recht **keine Norm über das Verhandlungsstadium** gäbe, so dass man diese Haftung mit Hilfe von Art. 187 CC2002 (Rechtsmissbrauch) begründen müsse[207]. Denn, wer die Vertragsverhandlungen grundlos abbreche, nachdem er das Vertrauen der Gegenseite in den Vertragsschluss geweckt habe, setze sich in Widerspruch zu seinem vorherigen Verhalten und mache

dissemos, não são obrigações no aspecto técnico, pois esses deveres estão relacionados a um comportamento centrado na boa-fé... A cláusula geral de boa-fé impõe um comportamento entre as partes que será analisado se uma delas alegar algum prejuízo. Não há, dessa forma, a noção de uma pessoa obrigada a realizar em favor de outra uma atitude, denominada prestação, mas um dever genérico de agir segundo a boa-fé...". Responsabilidade civil pós-contratual, S. 224.

203 *Diniz*, Curso, Bd. 3, S. 43.

204 Responsabilidade pós-contratual, S. 227.

205 Responsabilidade pós-contratual, S. 225.

206 Responsabilidade pós-contratual, S. 226 f.

207 Responsabilidade, S. 111.

sich deshalb schadensersatzpflichtig. Die grundlose Verhandlungsbeendigung stelle ein **widersprüchliches Verhalten** dar, die neuerlich in Art. 187 CC2002 Eingang gefunden hat[208].

Laut *Zanetti* läge dabei auch ein Anwendungsfall der **Verwirkung** vor, die im romanischen Rechtskreis unter dem Begriff *suppreccio* bekannt ist. Denn der Verhandlungspartner dürfe nicht mehr die Verhandlungen beenden, ohne den Schaden ersetzen zu müssen, wenn er bei seinem Verhandlungsgegner den Eindruck erweckt habe, er werde von seinem der Privatautonomie immanenten „Abbruchsrecht" keinen Gebrauch machen und der andere Teil sich darauf eingestellt und Aufwendungen gemacht habe[209]. *Zanetti* will die Haftung für grundlosen Verhandlungsabbruch sogar mit dem **tu-quoque-Argument** erklären z. B. in dem Fall, in dem ein Teil einen Punkt als sekundär betrachte und nachträglich aufgrund dessen vom Vertragsabschluss Abstand nehme[210].

Aus der unzulässigen Ausübung des Rechts, die Verhandlungen abzubrechen, leitet er allerdings nicht ihre Beschränkung oder Verwirkung als Rechtsfolge her, was zu einer Pflicht zum Weiterverhandeln oder unter Umständen sogar zur Abschlusspflicht führen würde, sondern lediglich eine **Schadensersatzpflicht**[211], die eigentlich nach Art. 927 CC2002 Hauptfolge unerlaubter Handlung ist. Da aber der Gesetzgeber den Rechtsmissbrauch als eine Art „unerlaubter Handlung" in Art. 187 CC2002 einordnet hat, kann sie auch eine Verpflichtung zum Schadensersatz begründen[212].

Die Haftung in contrahendo findet bei *Zanetti* ihren Rechtfertigungsgrund nicht in dem Grundsatz von Treu und Glauben, sondern in dem Institut des Rechtsmissbrauchs, den er als eine unerlaubte Handlung betrachtet. Deshalb hat bei ihm die vorvertragliche Haftung eine außervertragliche Natur. Merkwürdig ist allerdings, dass der Rechtsmissbrauch aus Art. 187 CC2002 bei *Zanetti* zwar verschuldensunabhängig ist[213], die vorvertragliche Haftung dagegen nicht. Er

208 Die Norm hat ihre Wurzel in Art. 334 des portugiesischen und Art. 281 des griechischen Zivilgesetzbuches, die wiederum ihre Wurzeln in deutschem Recht haben. *Menezes Cordeiro*, Da boa fé, S. 712ff. In diesem Sinne auch *Zanetti*, Responsabilidade, S. 108, dem zufolge Art. 187 CC2002 nicht als eine Kodifikation eines richterlichen Instituts, sondern vielmehr als eine Rezeption ausländischen Rechts zu verstehen sei. *Bevilaqua* meinte jedoch das Institut des Rechtsmissbrauchs in Art. 160 I CC1916 kodifiziert zu haben. Vgl. Código civil, Bd. 1, Art. 160, S. 344. Auch *Schreiber* sieht das Fundament der culpa in contrahendo in dem Grundsatz des venire contra factum proprium, Proibição de comportamento contraditório, S. 239.

209 *Zanetti*, Responsabilidade, S. 132.

210 Responsabilidade, S. 136.

211 Responsabilidade, S. 147, 150.

212 Responsabilidade, S. 150.

213 Responsabilidade, S. 164.

schließt sich der herrschenden Meinung im italienischen und portugiesischen Recht an, wonach ein Verstoß gegen die Rücksichtspflichten ein Verschulden des Pflichtverletzenden voraussetze[214]. Dies lasse sich laut ihm auch mit der Tatsache rechtfertigen, dass das Verschulden bei der Schadensersatzberechnung gemäß Art. 944, Parágrafo Único CC2002 eine Rolle spiele[215]. Es wäre also widersprüchlich, das Verschulden als haftungsbegründenden Tatbestand abzulehnen und bei der Schadensberechnung anzunehmen[216].

Er lehnt die vertragliche Natur der culpa in contrahendo insbesondere mit der Begründung ab, die Gründe, die in Deutschland zu einer vertraglichen Lösung geführt haben, nämlich die enge Typisierung der deliktsgeschützten Rechtsgüter und der begrenzte Schutz von Vermögensinteressen (also: reiner Vermögensschäden), bestünden nicht im brasilianischen Recht[217], weil dieses über eine **deliktsrechtliche Anspruchsgrundlage** in Art. 927 CC2002 verfügt, nach der jede unerlaubte Handlung im Sinne der Arts. 186 und 187 CC2002 eine Schadensersatzpflicht zur Rechtsfolge hat.

Art. 186 CC2002 bestimmt, dass jeder, der durch vorsätzliches oder fahrlässiges Tun oder Unterlassen das Recht eines anderen verletzt und ihn dadurch einen – wenn auch nur rein immateriellen – Schaden zufügt, eine unerlaubte Handlung (*ato ilícito*) begeht. Art. 187 CC2002 sieht weiter vor, dass ein Rechtsinhaber auch dann eine unerlaubte Handlung begeht, wenn er bei der Ausübung seines Rechts die Grenzen seiner ökonomischen und sozialen Funktion oder die Grenzen von Treu und Glauben oder der guten Sitten offensichtlich überschreitet. Diese drei Generalklauseln (Arts. 186, 187 und 927 CC2002) machen laut *Zanetti* das brasilianische Deliktsrecht deutlich breiter als das deutsche deliktische

---

214 *Zanetti*, Responsabilidade, S. 167 ff.

215 In der Tat sieht Art. 944 CC2002 im ersten Absatz das Prinzip der Totalreparation vor, nach dem sich der Schadensersatz nach dem Schadensausmaß bestimmen lässt. Im zweiten Absatz räumt aber der Gesetzgeber die Möglichkeit ein, dass der Richter die Höhe des Schadensersatzes auf ein billiges Maß reduziert, wenn ein übermäßiges Missverhältnis zwischen Verschulden und Schaden besteht. Art. 945 CC2002 bestimmt weiter, dass bei Mitverschulden der Schadensersatz proportional zum Verschuldensgrad fixiert werden soll.

„Art. 944. A indenização mede-se pela extensão do dano.

Parágrafo Único. Se houver excessiva desproporção entre a gravidade da culpa e o dano, poderá o juiz reduzir, equitativamente, a indenização."

„Art. 945. Se a vítima tiver concorrido culposamente para o evento danoso, a sua indenização será fixada tendo-se em conta a gravidade da culpa em confronto com a do autor do dano."

216 *Zanetti*, Responsabilidade, S. 164.

217 Responsabilidade, S. 49 ff.

Haftungssystem[218], dessen Mängel letztendlich die vertragliche Natur der culpa in contrahendo erklärten.

Man kann an dieser Stelle schon sagen, dass der Rekurs auf die Figur des Rechtsmissbrauchs als Begründungsansatz für die culpa in contrahendo, insbesondere in der oben dargestellten Art und Weise, äußerst fraglich ist, denn jeder Versuch, die culpa in contrahendo zu erklären, ohne Bezug auf die Rücksichtspflichten zu nehmen, wie *Zanetti* es macht, kann nur schiefgehen. Denn der **Kern der Haftung in contrahendo** – auch des Unterfalls des grundlosen Abbruchs der Vertragsverhandlungen – liegt in der **Verletzung vorvertraglicher Rücksichtspflichten.** Und in seiner Untersuchung fehlt jeder Hinweis auf die Entstehung und Verletzung von Rücksichtspflichten. Er betrachtet die Haftung in contrahendo ausschließlich unter dem Blickwinkel der unzulässigen Ausübung eines aus der Privatautonomie abgeleiteten Abbruchsrechts. Auch wenn man die Haftung für grundlosen Verhandlungsabbruch mit der Figur des widersprüchlichen Verhaltens erklärt, ist sie selbstverständlich unzureichend, um das allgemeine Institut der culpa in contrahendo dogmatisch zu begründen.

1.2. Die vertragliche Natur der Haftung in contrahendo

In Brasilien geht nur eine deutliche Mindermeinung von der vertraglichen Natur der Haftung in contrahendo aus. *Popp* hat sich dafür ausgesprochen, in Anlehnung insbesondere an *Benatti* und *Prata*[219], die sich in Italien und Portugal der deutschen Lösung angeschlossen haben. Davon ausgehend führt er aus, dass sich Treu und Glauben innerhalb von Schuldverhältnissen entwickelt hätten, und wenn dieser Grundsatz auf ein soziales Verhältnis Anwendung finde, sei dies ein sicheres Indiz dafür, dass dieses faktische soziale Verhältnis als Schuldverhältnis in die Rechtswirklichkeit Eingang finde[220]. Außerdem sei zu berücksichtigen, dass die vorvertraglichen Pflichten Verhaltensbefehle darstellen, die dazu dienen, das Interesse von bestimmten – oder bestimmbaren – Personen zu befriedigen, was gerade das Abgrenzungsmerkmal zwischen Leistungspflichten (*obrigações*) und Rechtspflichten (*deveres jurídicos*) bilde[221]. Deshalb kommt *Popp* zu dem Schluss, dass das **Bestehen eines vorherigen Rechtsverhältnisses** zwischen den Par-

---

218 Responsabilidade, S. 51. In diesem Sinne: *Pontes de Miranda*, Tratado, Bd. 2, S. 198.

219 *Popp*, Responsabilidade civil pré-negocial, S. 148. In diesem Sinne vgl. *Benatti*, A responsabilidade pré-contratual, S. 142ff. und *Prata*, Notas sobre a responsabilidade pré-contratual, S. 212.

220 Responsabilidade civil pré-negocial, S. 145.

221 *Popp*, Responsabilidade civil pré-negocial, S. 148 und *Prata*, Notas, S. 212.

teien vor dem Vertrag und die **Besonderheit der Rücksichtspflichten** die vertragliche Natur der Haftung in contrahendo begründen.

Junqueira de Azevedo hat sich auch für die rechtsdogmatische Einordnung der culpa in contrahendo als Vertragshaftung ausgesprochen. Er hat seine Meinung diesbezüglich im Laufe der Zeit geändert. Zunächst hat er die deliktische Natur der vorvertraglichen Haftung vertreten: In einer kurz nach Inkrafttreten des Verbraucherschutzgesetzes entstandenen Schrift von 1992 sah er die Pflichten aus Treu und Glauben noch als eine allgemeingültige Rechtspflicht an und demzufolge ihre Verletzung als eine unerlaubte Handlung bzw. dogmatisch als Deliktshaftung gemäß Art. 159 CC1916 (Art. 186 iVm Art. 927 CC2002) einzuordnen[222]. Damals hat *Junqueira de Azevedo* aber schon die außervertragliche Natur der Haftung in contrahendo in Frage gestellt und auf einen – noch unklar formulierten – dritten Weg zwischen Vertrag und Delikt hingewiesen[223].

Er hat diesen Gedanken weiterentwickelt und in einem Aufsatz aus dem Jahr 1996 festgestellt, dass sich die Nebenpflichten doch von der allgemeingültigen Jedermannspflicht des Deliktsrechts unterscheiden, weil sie **nicht erga omnes** gelten, sondern eben **spezifische relative Pflichten** seien. Und eine solche relative Pflicht sei wie eine **Rechtsbindung** (*vínculo jurídico*) zwischen den Parteien anzusehen. Er führt aus, die vorvertragliche Haftung stelle keine typische Vertragshaftung dar, weil es dort an einem Vertrag fehle[224]. Da der „Vertrag" ein Prozess sei, der sich aus drei – vorvertraglichen, vertraglichen und nachvertraglichen – Phasen zusammensetze, auf welche Treu und Glauben einwirken und Verhaltenspflichten für beide Teilen begründe, solle die Verletzung solcher spezifischen Pflichten über die Regel der Vertragshaftung geregelt werden[225]. Man kommt dann zu dem Schluss, dass *Junqueira de Azevedo* die Besonderheiten, insbesondere die Relativität der Rücksichtspflichten und des vorvertraglichen Kontakts geahnt sowie das Konzept eines umfassenden, mit dem Vertrag verbundenen Schuldverhältnisses gespürt hat, das er aber noch „Vertrag" nannte und deshalb die daraus resultierende Haftung als Vertragshaftung eingeordnet hat.

---

222 Damals schrieb er noch unter Geltung der alten Kodifikation, die den Grundsatz von Treu und Glauben nicht ausdrücklich vorsah, weshalb in Lehre und Rechtsprechung noch über seine Anerkennung im brasilianischen Recht intensiv diskutiert wurde. RDC 3/1992, 78, 81.

223 RDC 3/1992, 78, 86.

224 *Junqueira de Azevedo*, RDC 18/1996, 23.

225 RDC 18/1996, 23, 24.

1.3. Die Dritte-Spur-Theorie

Die Dritte-Spur-Theorie hat in Brasilien vor allem *Fichtner Pereira* zum Hauptanhänger. Er hat zum ersten Mal ausdrücklich angenommen, dass sich die culpa in contrahendo weder in die Delikts- noch in die Vertragshaftung ganz einordnen lasse. Zu einem unterscheide sich grundlegend der „qualifizierte soziale Kontakt", der durch die Aufnahme von Vertragsverhandlungen entstehe, von dem „allgemeinen sozialen Kontakt" des Deliktsrechts, denn dort erwachse zwischen den Beteiligten ein Rechtsverhältnis, woraus spezifische Rechtspflichten für beide Seiten entstehen, deren Verletzung eine Haftung in contrahendo auslöse. Die Deliktshaftung setze dagegen grundsätzlich keinen vorherigen Kontakt voraus[226]. Darüber hinaus grenzten sich die relativen vorvertraglichen Pflichten von der Jedermannspflicht des Deliktsrechts dadurch ab, dass sie nicht allgemeingültig, sondern nur unter bestimmten Personen gelten. Außerdem seien sie positive Pflichten, da sie von den Parteien eine positive Handlung verlangen, während sich die Jedermannspflicht in dem negativen Befehl, niemandem zu schaden, erschöpfe[227]. Dies zeige, so *Fichtner Pereira*, dass sich die culpa in contrahendo nicht ohne Weiteres unter dem Dach des Deliktsrechts unterbringen lasse.

Auf der anderen Seite lasse sich die culpa in contrahendo nicht reibungslos in die Vertragshaftung einordnen. Denn es fehle dort einfach an einem Vertrag, dessen Verletzung die Vertragshaftung auslöse. *Fichtner Pereira* nimmt an, dass im vorvertragliche Stadium ein Rechtsverhältnis zwischen den Beteiligten infolge der Aufnahme von Vertragsverhandlungen entstehe, dieses sei für ihn aber **kein Schuldverhältnis**, weil daraus **keine Leistungspflicht** resultiere[228]. Die Pflichten aus Treu und Glauben unterscheiden sich von Obligationen, da sie keine Verpflichtung zur Leistung begründen[229]. Darüber hinaus sei zu berücksichtigen, dass viele Regelungen des Vertragsrechts keine angemessene Anwendung auf die Fälle der culpa in contrahendo finden, wie z. B. die Regel über gesamtschuldnerische Haftung und Verschuldensvermutung[230]. Er kommt zu dem Schluss, dass sich die vorvertragliche Rechtslage zwischen Delikt und Vertrag befinde, da sie Eigenschaften aufzeige, die sich keiner der beiden Figuren allein zuordnen lassen.

---

226 *Fichtner Pereira*, A responsabilidade civil pré-contratual, S. 252.

227 *Fichtner Pereira*, A responsabilidade civil pré-contratual, S. 254.

228 A responsabilidade civil pré-contratual, S. 276.

229 *Fichtner Pereira*, A responsabilidade civil pré-contratual, S. 250.

230 *Fichtner Pereira*, A responsabilidade civil pré-contratual, S. 251. Die gesamtschuldnerische Haftung muss in Brasilien für das Vertragsrecht gemäß Art. 896 CC1916 im Gesetz begründet liegen und wird nicht wie in Deutschland vorausgesetzt. Sie gilt nur für die Deliktshaftung gemäß Art. 159 iVm Art 1.518 CC1916. Aus diesem Grund findet der Autor, dass bei der culpa in contrahendo diese Regel des Deliktsrechts angewendet werden soll.

Aus diesem Grund geht *Fichtner Pereira* von einer **besonderen Haftung** bzw. einer **Drittspur zwischen Delikts- und Vertragshaftung** aus, die laut ihm eigener Regelungen bedürfe[231], die sich aus Regeln der Delikts- und Vertragshaftung zusammensetzen sollen. Der Einwand, dass bis jetzt kein Gesetz ein solches besonderes Haftungssystem vorsieht, will er insbesondere in Anlehnung an die portugiesische Lehre von *Carneiro da Frada* und *Sinde Monteiro* mit der Begründung überwinden, dass dieses System durch Lehre und Rechtsprechung konstruiert werden soll[232]. Eine solche Rechtsfortbildung sei laut *Fichtner Pereira* der brasilianischen Lehre und Rechtsprechung nicht fremd[233], berücksichtigt man, dass das brasilianische Haftungsrecht viel mehr ein Produkt von Rechtsprechung und Rechtswissenschaft sei als eines der Gesetzgebung. Denn der Gesetzgeber hat einerseits beim Deliktsrecht ein sehr offenes und andererseits beim Vertragsrecht ein lückenhaftes System aufgebaut, das durch Lehre und Rechtsprechung ständig konkretisiert werde[234].

Der Grundgedanke der Dritthaftung, d. h. die Besonderheit des Rechtsverhältnisses zwischen den Beteiligten im vorvertraglichen Stadium und der Rücksichtspflichten, ist dem brasilianischen Recht nicht ganz fremd. Man kann Anhaltspunkte dafür bei *Chaves* und – allerdings nur mit erheblicher Großzügigkeit – im Werk von *Pontes de Miranda* finden[235]. Auf jeden Fall findet man solche Anhaltspunkte bei *Junqueira de Azevedo*, insbesondere in seiner Schrift über die culpa in contrahendo aus dem Jahr 1996;[236] keiner der genannten Autoren hat sich jedoch für die Anerkennung einer dritten Spur ausdrücklich ausgesprochen und noch weniger für die Herausbildung eines eigenen normativen Regelungssystems für die culpa in contrahendo, was *Fichtner Pereira* eindeutig macht.

2. Kritische Betrachtung der dargestellten Theorien

2.1. Kritische Betrachtung der deliktischen Natur der Haftung in contrahendo

Die Einordung der culpa in contrahendo als Deliktshaftung überzeugt nicht. Aus einer näheren Betrachtung der Problematik ergibt sich, dass diese Strömung nicht auf einer kritischen Analyse der anderen Theorien basiert, sondern sich vielmehr

231 A responsabilidade civil pré-contratual, S. 257.

232 A responsabilidade civil pré-contratual, S. 257 ff.

233 *Fichtner Pereira*, A responsabilidade civil pré-contratual, S. 277.

234 *Fichtner Pereira*, A responsabilidade civil pré-contratual, S. 273 f.

235 Vgl. *Chaves*, Responsabilidade pré-contratual, S. 140 f. und *Pontes de Miranda*, Tratado, Bd. 38, S. 321.

236 RDC 18/1996, 23.

auf ein **Dogma** stützt, nämlich dass die Vertragshaftung die Existenz eines gültigen Vertrages bzw. einer Leistungspflichtverletzung voraussetzt. Ausgehend von einem **engen Verständnis der culpa in contrahendo** als Haftung für Verhandlungsabbruch ordnet die Lehre vorvertragliches Fehlverhalten schlicht der Deliktshaftung zu mit der Begründung, es liege dort noch kein Vertrag vor. Gegen diese Auffassung kann man zunächst einwenden, dass sie nicht alle Fälle vorvertraglicher Haftung berücksichtigt, insbesondere nicht den praktischen Hauptfall, in dem die Parteien trotz Rücksichtspflichtverletzung zum Vertragsschluss kommen.

Außerdem erklärt diese Lehre nicht in überzeugender Weise, warum die Rücksichtspflichten eine **unterschiedliche Natur** vor, bei und nach dem Vertrag aufweisen sollen, wie sie annimmt, und insbesondere nicht, warum sie im vorvertraglichen Stadium eine außervertragliche Natur haben, im nachvertraglichem Stadium dagegen nicht, obwohl regelmäßig nach der Erfüllung keine Vertragsbindung mehr besteht und es sich letztendlich um die gleichen Rechtspflichten handelt. Denn es macht wohl kaum einen Unterschied, ob etwa ein Teil Geheiminformationen über das Geschäft der Gegenseite vor, bei oder nach dem Vertrag unbefugt weitergibt. Es handelt sich hier um dieselbe Geheimhaltungspflicht, die schon vor dem Vertrag einen bestimmten Inhalt hat, nämlich die genannten Informationen Dritten nicht mitzuteilen. Mit dieser Lösung verbindet diese Strömung irrtümlich die Rücksichtspflichten mit dem Vertrag, was eine dogmatische Inkonsistenz darstellt, weil sie nicht im Vertrag, sondern im **geschäftlichen Kontakt** ihre **Grundlage** und nicht in der Privatautonomie, sondern im **Gebot von Treu und Glauben** ihr **Fundament** haben[237].

Gravierend sind die Widersprüche der Theorie, die Rücksichtspflichten einerseits aus Treu und Glauben (Art. 422 CC2002) herzuleiten und sie andererseits rein formell auf den allgemeingültigen neminem-laedere-Grundsatz (Arts. 186, 187 iVm Art. 927 CC2002) zu stützen, ohne den Anwendungsbereich der einzelnen Rechtsnormen zu präzisieren. Erklärungsbedürftig ist auch die daraus folgende Behauptung, die Rücksichtspflichten seien Konkretisierung der Jedermannspflicht. Dies beinhaltet schon einen **rechtssystematischen Widerspruch**, indem die Lehre gleichzeitig auf vertragliche (Art. 422 CC2002) und außervertragliche (Arts. 186, 187 iVm 927 CC2002) Vorschriften zugreift, um die Entstehung von Rücksichtspflichten und die daraus folgende Haftung zu begründen.

Rechtsdogmatisch lässt sich nur mit einer höheren Argumentationslast erklären, wie man aus einem vagen Prinzip wie dem des neminem laedere – das nur deshalb jedermann verpflichtet, weil es für jeden erkennbare absolute Rechts-

---

237 In diesem Sinne zutreffend *Canaris*, JZ 1965, 475, 479.

stellungen schützt[238] – auch konkrete, nur zwischen bestimmten Personen verbindliche und fallbezogene, d. h. an den Umständen des Einzelfalles ausgeformte Verhaltenspflichten in überzeugender Weise herleiten kann. Das allgemeingültige Gebot, niemanden zu schädigen, ist inhaltlich zu abstrakt, um im konkreten Fall z. B. zu erklären, ob und inwieweit ein Verhandlungspartner dem anderen eine bestimmte Information, Aufklärung oder Beratung schuldet oder welchen Inhalt diese Auskunft bzw. Beratung haben soll, d. h., welches konkrete Verhalten im Einzelfall geboten ist, dessen Verletzung Gegenstand eines Unrechtsurteils sein wird.

Wäre das möglich gewesen, hätten Lehre und Rechtsprechung in Brasilien kaum auf den damals ungeschriebenen Grundsatz von Treu und Glauben zurückgreifen müssen, sondern einfach die deliktsrechtliche Generalklausel angewendet. Das lässt sich aus rechtshistorischer Perspektive kaum bestätigen. Diese Auffassung lässt sich aber durch die Feststellung bestätigen, dass man aus der großen Generalklausel des „neminem laedere" (Art. 159 CC1916 = Art. 186 CC2002) nicht einmal konkrete Verkehrspflichten herleiten konnte, die für eine erhebliche Erweiterung des viel kritisierten deutschen Deliktsrechts verantwortlich waren[239]. Ein Blick in die deliktsrechtliche Rechtsprechung zeigt keine bedeutende Erweiterung über die absoluten Schutzgüter hinaus – abgesehen von der Gewährung von Schadensersatzansprüchen infolge Rechtsmissbrauchs nach Art. 187 CC2002, die in der alten Kodifikation restriktiv gehandhabt wurde.

Darunter findet man die klassischen Deliktsfälle wie die Haftung für schuldhafte Verletzung von Persönlichkeitsrechten, die eine uferlose, nicht immer dogmatisch kohärente Ausweitung erlebt hat, sowie die Staatshaftung, die Verschuldenshaftung des Kraftfahrzeughalters, die verschuldensunabhängige Haftung für Aufsichtsbedürftige, für Schäden durch Tiere oder Gebäude und Umwelthaftung. Sogar die Produzentenhaftung, die in Deutschland einen besonderen Fall der rechtsfortbildend entwickelten Haftung für Verkehrspflichtverletzung darstellt, hat erst durch die Positivierung konkreter Pflichten im Verbraucherschutzgesetz eine vernünftige Entwicklung erfahren[240]. Die Verkehrspflicht ist begrifflich im brasilianischen Recht fast unbekannt. Der Grund ist einfach: Die deliktische Generalklausel ist eine Anspruchsnorm, die – über den Schutz absoluter Rechtsgüter hinaus – kein handhabbares Wertungssubstrat für die Determinierung der im Einzelfall zu beachtenden Verhaltenspflichten liefert.

---

238 *Larenz/Wolf*, AT, S. 252 und *Canaris*, FS Larenz (1983), 27, 31.

239 MünchKomm/*Mertens*, Vor §§ 823 – 853 Rn. 4.

240 Für einen Überblick über die Erweiterung der außervertraglichen Haftung in Brasilien vgl. statt vieler: *Cavalieri*, Programa de responsabilidade civil, S. 72 ff. Zu den Verkehrspflichten vgl. *Brox/Walter*, SR/BT, S. 511 ff.; *Medicus*, SR/BT, S. 285 ff. und MünchKomm/*Mertens*, § 823 Rn. 182 ff.

Die gegen die vertragliche Natur der Haftung in contrahendo vorgebrachten Einwände in der brasilianischen Lehre sind schlicht zu schwach. Der Hinweis auf die Inexistenz des Vertrages im vorvertraglichen Stadium und die verfehlte Verknüpfung von Rücksichtspflichten mit dem neminem-laedere-Grundsatz basiert nicht auf einer kritischen Analyse der anderen Theorien, sondern vielmehr auf dem Dogma, dass die Vertragshaftung die Existenz eines gültigen Vertrages voraussetzte, und deutet auf eine unreflektierten Standpunkt hin. Der häufige Hinweis auf die Schwäche des deutschen Deliktsrechts als Anlass für die Anerkennung einer vertraglichen Lösung erklärt nicht die oben genannten Inkohärenzen. Die brasilianische Lehre muss dringend einen **Dialog mit den aktuellen Theorien** über die vertragliche Natur der culpa in contrahendo führen, die eben nicht mehr auf die Figur des Vertrages abstellt, um die vorvertragliche Bindung zu erklären, sondern auf die **Kategorie des Schuldverhältnisses.** Es geht nicht darum, dass sich eine vertragliche Bindung graduell im vorvertraglichen Stadium herausbildet, wie *Junqueira de Azevedo* und *Tepedino* annehmen[241]. Es geht um die Entstehung eines besonderen Schuldverhältnisses, das lediglich Rücksichtspflichten erzeugt und das sich infolge der Aufnahme des rechtsgeschäftlichen Kontakts und der daraus folgenden Rechtskreisöffnung herausbildet, wie näher in Kapitel 4 II 1 dargestellt.

Die vertragliche Lösung mit der Begründung zu kritisieren, in der vorvertraglichen Phase entstehe doch kein Vertrag, bringt nichts, weil niemand in Deutschland seit *Heinrich Stolls* Vertrauenslehre mehr die Bindung der Rücksichtspflichten an den Vertrag annimmt. Solange die Lehre noch von der engen Auffassung ausgeht, dass die Vertragshaftung die Verletzung einer aus einem gültigen Vertrag entstammenden Pflicht (Leistungspflicht) voraussetzt, wird sie den **rechtsgeschäftlichen Charakter der vorvertraglichen Beziehung** und ihre Unterwerfung unter die Regeln des Vertragsrechts nicht nachvollziehen können. Dass die Vertragshaftung **nicht nur eine Leistungspflichtverletzung** voraussetzt, ahnt auch diese Strömung, indem sie die Verletzung von Rücksichtspflichten nach dem Vertrag – Stichwort: culpa post factum finitum – über die Regeln des Vertragsrechts sanktioniert, obwohl dort kein Vertrag mehr besteht.

Noch weniger überzeugend erscheint die Bezugnahme auf die Figur des Rechtsmissbrauchs für die Begründung der culpa in contrahendo und ihrer außervertraglichen Natur. Zunächst gibt es keine überzeugende Erklärung, warum man, statt die eindeutig formulierte Generalklausel des Art. 422 CC2002 anzuwenden, wo die **pflichtbegründende Funktion von Treu und Glauben** vorge-

241 Vgl. *Junqueira de Azevedo*, RDC 18/1996, 23, 24 und *Tepedino*, Atividade sem negócio jurídico fundante, 1, 10.

sehen ist, auf Art. 187 CC2002 (Rechtsmissbrauch) zurückgreifen soll, um die Haftung für Rücksichtspflichten vor Vertragsschluss zu begründen. Und diese Erläuterung ist aufgrund des unmissverständlichen **Wortlauts des Art. 422 CC2002** unerlässlich, der ausdrücklich den Parteien die Pflicht auferlegt, sich bei Abschluss und Erfüllung des Vertrags redlich zu verhalten.

Außerdem ist zu beachten, dass der Rechtsmissbrauch den Unterfall der Haftung für Verhandlungsabbruch zwar erklären mag, er die **allgemeine culpa in contrahendo** aber kaum begründen kann, weil er die **Kernfrage** des Institutes **nicht beantwortet**: Unter welchen Umständen und mit welchem Inhalt eine vorvertragliche Rücksichtspflicht im Einzelfall überhaupt entsteht, deren Verletzung eine vorvertragliche Haftung auslösen kann. Der Grundgedanke des Rechtsmissbrauchs, ein subjektives Recht ordnungsgemäß auszuüben, d. h. dessen Inhalt rechtsordnungsgemäß zu verwirklichen[242], liefert kein **Wertekriterium für die Begründung der Rücksichtspflichten.** Die materielle und formelle Basis der Rücksichtspflichten liegt deshalb unzweifelhaft in dem Grundsatz von Treu und Glauben, der das **Gebot zu Redlichkeit und Vertrauensschutz im Rechtsverkehr** zum Ausdruck bringt, vor allem in seiner Begründungsfunktion, die Rücksichtspflichten für beide Seiten bei der Vorbereitung, Durchführung und Absicherung des Vertrages ins Leben ruft[243].

In der Verhaltensweise, bei dem Verhandlungsgegner den Eindruck zu erwecken, der Vertrag komme mit Sicherheit zustande, diesen zur Vermögensdisposition zu bewegen und nachträglich die Verhandlungen ohne triftigen Grund einfach abzubrechen, kann man vielleicht ein widersprüchliches Verhalten sehen. Allein die Figur des *venire contra factum proprium* – verallgemeinert: das Rechtsmissbrauchsinstitut – kann jedoch die Haftung aus culpa in contrahendo auch deshalb nicht begründen, weil es zwischen beiden Figuren bedeutende **Unterschiede auf Tatbestands- und Rechtsfolgenebene** gibt. Die unzulässige Rechtsausübung in Form eines widersprüchlichen Verhaltens setzt voraus, dass der Rechtsinhaber durch ein früheres Verhalten einen schutzwürdigen Vertrauenstatbestand bei dem anderen Teil schafft, infolge dessen dieser sich darauf eingestellt hat, und dass das nachträgliche Verhalten dem Vorverhalten widerspricht[244]. Diese tatbestandliche Struktur liegt zwar auch dem Unterfall grundloser Verhandlungsbeendigung zugrunde. Zur Entstehung vorvertraglicher Haftung spielt aber – anders als für das *venire contra factum proprium* – noch das

242 Soergel/*Fahse*, § 226 Rn. 1.
243 Hk-BGB/*Schulze*, § 242 Rn. 2.
244 Hk-BGB/*Schulze*, § 242 Rn. 36. Bedenken dazu bei *Singer*, FS Canaris (2002), 135, 142.

Fehlen eines triftigen Grundes und das **Verschulden** eine entscheidende Rolle, die diese Lehre nicht angemessen berücksichtigt.

Nicht von ungefähr hat der **Rechtfertigungsgrund** bei der culpa in contrahendo für *Zanetti* nur eine geringfügige Bedeutung. Er schenkt ihm keine Aufmerksamkeit und beschäftigt sich nicht mit der Frage, welche Gründe eine Beendigung der Vertragsverhandlungen trotz Vertrauenstatbestands legitimieren könnten. Er verweist vielmehr auf die italienische Lehre, die sich sehr kritisch darüber äußert, weil dieses Tatbestandsmerkmal eine „psychologische Untersuchung" des Entscheidungsprozesses voraussetze[245] und kommt zu dem Schluss, dass für die vorvertragliche Haftung das Vorliegen eines Vertrauenstatbestands entscheidend sei[246]. Dadurch erweckt er den Eindruck, dass einzig die Weckung und nachträgliche Enttäuschung des Vertrauens die Haupttatbestandsmerkmale der culpa in contrahendo darstellten – abgesehen von den allgemeinen Haftungsvoraussetzungen wie Schaden, Vertretenmüssen und Kausalität. Dadurch verbindet er zwar die culpa in contrahendo mit dem widersprüchlichen Verhalten, distanziert sich allerdings von der überwiegenden herrschenden Meinung, die zu Recht eine Haftung – trotz Existenz eines Vertrauenstatbestands – immer dann ablehnt, wenn der Verhandlungspartner einen Rechtfertigungsgrund für die Beendigung der Verhandlungen darlegt.

Das Gleiche gilt für den **Verschuldenstatbestand.** Das Verschulden bildet sowohl im deutschen als auch im brasilianischen Recht ein haftungsbegründendes Merkmal vorvertraglicher Haftung. Eine unzulässige Rechtsausübung setzt dagegen in beiden Rechtsordnungen regelmäßig kein Verschulden voraus. Im deutschen Recht genügen das Bestehen einer Sonderverbindung und ein objektiver Verstoß gegen Treu und Glauben, nicht notwendig ist jedoch ein schuldhaftes Handeln. Die weiteren Voraussetzungen für die Konkretisierung einer unzulässigen Rechtsausübung sind von den einzelnen Anwendungsgebieten abhängig[247].

Im brasilianischen Recht geht die herrschende Meinung sogar davon aus, dass der Rechtsmissbrauch verschuldensunabhängig sei, weil Art. 187 CC2002 – anders als Art. 186 CC2002 – kein ausdrückliches Verschulden verlange[248]. Unter Geltung der alten Kodifikation haben Lehre und Rechtsprechung für die Konkretisierung eines missbräuchlichen Handelns Vorsatz verlangt. Um diese restriktive Auffassung zu überwinden, liest die herrschende Meinung heutzutage Art. 187 CC2002 in dem Sinne, dass der Berechtigte von einer Rechtsposition

---

245 *Zanetti*, Responsabilidade, S. 119, m.w.H. auf die italienische Lehre.
246 *Zanetti*, Responsabilidade, S. 120 ff.
247 Vgl. statt vieler: Hk-BGB/*Schulze*, § 242 Rn. 23.
248 *Zanetti*, Responsabilidade, S. 164.

missbräuchlich Gebrauch mache, wenn sein Handeln objektiv, d. h., verschuldensunabhängig gegen die soziale oder ökonomische Funktion des betreffenden Rechts, gegen Treu und Glauben oder die guten Sitten verstößt[249].

Betrachtet man die culpa in contrahendo unter der Lupe der unzulässigen Rechtsausübung, dann muss man sie konsequenterweise als eine **verschuldensunabhängige Haftung**, also als eine Gefährdungshaftung einordnen. Geht man dagegen davon aus, dass die Ausübung eines Rechts (z. B. ein „Abbruchsrecht") gegen Treu und Glauben zugleich das Verschulden des Pflichtverletzenden beinhaltet, dann arbeitet man mit der typischen **Verschuldensvermutung des Vertragsrechts**, die auch ein Abgrenzungsmerkmal zum Deliktsrecht darstellt. Das Konzept vom **„objektivierten Verschulden"** (*culpa objetivada*), dass die brasilianische Privatrechtslehre oft benutzt[250], bedeutet letztendlich nichts anders als eine reine Verschuldensvermutung. Die gleiche Konsequenz gilt für die Rechtsfolge, die bei dem Rechtsmissbrauch in erster Linie in der **Rechtsbeschränkung** zulasten des Rechtsinhabers besteht, so dass die Durchsetzbarkeit der Rechtsposition versagt wird.

Die logische Konsequenz der Begründung der culpa in contrahendo in dem Institut des Rechtsmissbrauchs wäre dann in erster Linie die **Untersagung der unzulässigen Ausübung des Abbruchsrechts**, wie *Zanetti* erkennt und folglich die Annahme einer Abschluss- oder Weiterverhandlungspflicht. Will man jedoch diese Rechtsfolge nicht annehmen, hat man eine große argumentative Last zu erfüllen und überzeugend darzulegen, warum die Hauptrechtsfolge des Rechtsinstitutes auf die Fälle von culpa in contrahendo nicht anzuwenden ist. Davon hat sich diese Strömung nicht befreit.

Der Hinweis auf das Institut des Rechtsmissbrauchs hat nur Sinn, wenn er mit seinen Tatbestandsmerkmalen und Rechtsfolgen auf den konkreten Sachverhalt Anwendung findet. Amputiert man ein wesentliches Merkmal wie die Verschuldensunabhängigkeit und die Hauptrechtsfolge eines Rechtsinstituts, verwendet man dieses im Einzelfall letztendlich nur als Schmuckelement. Nicht zuletzt ist zu beachten, dass der Rechtsmissbrauch bzw. das widersprüchliche Verhalten die **weiteren Fälle von culpa in contrahendo** nicht erklären kann[251].

---

249 Statt vieler: *Tepedino/Barboza/Bodin*, CCI 1, Art. 187 S. 342, die allerdings für die Charakterisierung des Tatbestands des Art. 187 CC2002 die reine Nichtkonformität der Rechtsausübung mit den durch die „zivil-verfassungsrechtliche Rechtsordnung" geschützten Werten ausreichen lassen wollen.

250 *Martins Costa*, A boa-fé, S. 491; *Popp*, Responsabilidade civil pré-negocial, S. 265 und *Zanetti*, Responsabilidade, S. 168.

251 In der Tat lässt sich etwa die vorvertragliche Informationshaftung damit kaum erklären, weil der eine Teil, der seinem Partner wesentliche Auskunfte über entscheidungsrelevante Umstände

Zusammenfassend kann man sagen, dass das Rechtsinstitut vom Rechtsmissbrauch keine überzeugende rechtsdogmatische Begründung für die vorvertragliche Haftung anbietet. Zum einem kann die Figur die Entstehung vorvertraglicher Rücksichtspflichten kaum begründen. Zum zweiten haben beide Rechtsinstitute nicht die gleichen haftungsbegründenden Voraussetzungen und Rechtsfolgen. Zum dritten kann der Gedanke der unzulässigen Rechtsausübung nicht alle Fälle der culpa in contrahendo erklären, wie die Verletzung von Informations-, Aufklärungs-, Obhuts-, Schutz- oder Geheimhaltungspflichten, und noch weniger die Fälle vorvertraglicher Dritthaftung. Diese Gründe erlauben den Schluss, dass die Figur vom Rechtsmissbrauch kein angemessenes Fundament für die allgemeine Haftung in contrahendo anbietet. Vielmehr muss die vorvertragliche Haftung mit Hilfe der pflichtenbegründenden Funktion von Treu und Glauben (Art. 422 CC2002) konstruiert werden.

2.2. Kritische Betrachtung der Dritt-Spur-Theorie

Die in Brasilien formulierte Dritte-Spur-Theorie überzeugt in Ergebnis auch nicht. Die Drittspurtheorie geht von einem triftigen Ausgangspunkt aus: Eine nähere Untersuchung der Rücksichtspflichten zeigt ohne Zweifel, dass sie sich weder als Jedermannspflicht noch als Leistungspflicht rechtsdogmatisch einordnen lassen, wie vor allem *Heinrich Stoll* und *Canaris* nachgewiesen haben und *Junqueira de Azevedo* treffend bemerkt hat[252]. Das gleiche gilt für das vorvertragliche Verhältnis zwischen den Beteiligten, das sich sowohl von dem absoluten, unbestimmten Rechtsverhältnis des Deliktsrechts als auch von dem vertraglichen Schuldverhältnis abgrenzt. Es besteht aber auch kein Zweifel daran, dass der vorvertragli-

nicht weitergibt und ihn dadurch zum Abschluss eines ungünstigen Geschäfts bringt, kein Recht auf Unterlassung solcher Informationen hat, welches missbräuchlich ausgeübt werden könnte. Im Gegenteil: Ihm obliegt infolge des Redlichkeitsgebots bereits eine Pflicht zu Weitergabe und Aufklärung solcher Informationen. Diese Pflicht wird dogmatisch aus der pflichtbegründenden Funktion von Treu und Glauben (Art. 422 CC2002) und nicht aus dem Rechtsmissbrauchsverbot (Art. 187 CC2002) begründet. Das Gleiche gilt für den Fall der Haftung in contrahendo wegen vorvertraglicher Obhuts- oder Geheimnispflichtverletzung: Der Verhandlungspartner, der die von der Gegenseite zur Prüfung empfangenen Unterlagen vernichtet oder die darin enthaltenen Geheiminformationen Dritten mitteilt, hat kein Recht darauf, mit den Dokumenten bzw. Informationen nach Belieben zu verfahren. Er muss vielmehr aufgrund des Gebots zu Redlichkeit und Rücksichtnahme auf die Rechte, Rechtsgüter und legitimen Interessen der Gegenseite die erhaltenen Unterlagen bewahren und zurückgeben und darüber hinaus die entdeckten schädlichen Informationen geheim halten.

252 Zu *Heinrich Stolls* und *Canaris*' Lehre vgl. Kapitel 2 1 II; vgl. *Junqueira Azevedo*, RDC 3/1992, 78, 86.

che geschäftliche Kontakt dem Vertrag nähersteht als dem Delikt (unerlaubte Handlung). Daraus folgt aber nicht notwendig, dass die dort stattgefundene Pflichtverletzung ein besonderes Haftungssystem bräuchte. Soll es ein besonderes Haftungssystem geben, dann wäre es für die Verletzung von Rücksichtspflichten jederzeit nötig, d. h. vor, bei und nach dem Vertrag und nicht nur für die culpa in contrahendo. Denn letztlich ändern sich Natur, Struktur und Geltungsgrund der Rücksichtspflichten nicht mit dem Vertragsschluss[253].

Ein spezifisches Haftungssystem, das nur die Verletzung von Rücksichtspflichten vor Vertragsschluss regeln soll, scheint fraglich zu sein, insbesondere in der von den Anhängern der Drittspurtheorie aus dem portugiesischen Rechtskreis vorgeschlagenen Form, d. h. aus einer ermessensfreien, von der persönlichen Vorstellung des Richters abhängigen Zusammensetzung aus vertragsrechtlichen und deliktsrechtlichen Regeln. Für ein neues Haftungssystem, das für Rechtsadressaten verbindlich sein soll, bedarf es einer gesetzgeberischen Entscheidung oder mindestens eines Gewohnheitsrechts. Beide fehlen jedoch in diesem Bereich, insbesondere im brasilianischen Recht.

Über dieses konzeptionelle Problem hinaus gibt es auch ein praktisches. Eine solche Lösung scheint äußerst gefährlich in Ländern wie Brasilien, wo jeder ordentliche Richter schon über die Kompetenz verfügt, die Verfassungswidrigkeit eines Gesetzes auszusprechen, was nicht selten zu unendlichen Streitigkeiten bis zum brasilianischen Bundesverfassungsgericht und zu Rechtsunsicherheit führt, weil jeder Richter unterschiedliche Meinungen über das gleiche Problem haben kann. Denn jeder Richter würde nach seinen Wünschen oder eigener Rechtsvorstellung die Regelungen von Delikts- und Vertragsrecht kombinieren, auf die Fälle vorvertraglichen Fehlverhaltens anwenden, und zwar ohne eine rational überzeugende Begründung und ohne Anlehnung an die Privatrechtsdogmatik, wie oft in der brasilianischen Rechtspraxis geschehen[254]. Die Lösungsvorschläge der Anhänger der Drittspurtheorie würden eine **große Rechtsunsicherheit** im brasilianischen Recht erzeugen.

Die Frage, ob eine dritte Spur nur durch eine gesetzgeberische Entscheidung eingeführt werden kann, insbesondere im Sinne der Wesentlichkeitstheorie, ist mit Rückgriff auf rechtssoziologische Überlegungen zu entscheiden: Ändert sie die Rechtslage gänzlich grundlegend, auch weil sie noch nicht im Gewohnheitsrecht vorhanden war (so wie die culpa in contrahendo in Deutschland), so ist eine gesetzgeberische Entscheidung zu fordern. Dies gilt vor allem für Brasilien.

---

253 *Canaris*, JZ 1965, 475, 479.
254 Vgl. dazu Kapitel 2 III 4.2

Viel besser ist deshalb, die schon bestehenden Regelungen der Vertragshaftung auf alle Verletzungen von Rücksichtspflichten anzuwenden.

Schließlich lässt sich gegen *Fichtner Pereiras* Drittspurtheorie noch einwenden, dass er sich von *Canaris*' Drittspurtheorie in dem Sinne distanziert, dass er im vorvertraglichen Kontakt kein Schuldverhältnis sieht, weil die Parteien dort zu keinem Vertragsschluss gekommen seien[255]. Er geht von einem engen Konzept vom Schuldverhältnis aus, indem er das Schuldverhältnis auf das vertragliche Schuldverhältnis beschränkt, obwohl schon das infolge einer unerlaubten Handlung entstandene Rechtsverhältnis eine schuldrechtliche Natur aufweist. Die moderne Schuldrechtsdogmatik in Deutschland, auf die er sich bezieht, erkennt aber seit den 20er Jahren ein Schuldverhältnis ohne Leistungspflicht an, was er einfach ignoriert. Den vorvertraglichen Kontakt schlicht als „Rechtsverhältnis" zu qualifizieren, reicht nicht aus, um die Natur dieser Beziehung zu präzisieren. Denn jede von der Rechtsordnung mit Rechten und Pflichten gestaltete Beziehung zwischen bestimmten Personen ist als Rechtsverhältnis zu qualifizieren, das neben der Person den zweiten zentralen Grundbegriff des Privatrechts darstellt[256]. Da es im Rechtsverkehr Rechtsverhältnisse unterschiedlichster Art gibt, ist die Qualifikation des vorvertraglichen Kontakts als ‚Rechtsverhältnis' nichtssagend.

2.3. Kritische Betrachtung der vertraglichen Natur der Haftung in contrahendo

Die Theorie der vertraglichen Natur der culpa in contrahendo, wie sie in Brasilien begründet wird, überzeugt auch nicht. Es liegt auf der Hand, dass die herangezogenen Argumente unzureichend sind, um eine vertragliche Natur der culpa in contrahendo rechtsdogmatisch zu erklären. Der historische Ursprung von Treu und Glauben im Schuldrecht – eigentlich im Rahmen des Handelsrechts[257] – kann allein die Rechtsnatur der Haftung in contrahendo nicht erklären, vor allem wenn man von der klassischen Dichotomie zwischen Vertragshaftung und Deliktshaftung ausgeht, die gerade die Existenz eines Vertrages als entscheidendes Abgrenzungsmerkmal in den Mittelpunkt stellt, wie es im brasilianischen Recht der Fall ist. Aufgrund dieser mindestens im allgemeinen Privatrecht noch geltenden starren Dichotomie[258] kann man mit den Indizien einer schuldrechtlichen Natur eines Sachverhaltes, wie es *Prata* und *Popp* – in Anlehnung an *Mengoni* – ma-

---

255 A responsabilidade civil pré-contratual, S. 276.

256 *Larenz/Wolf*, AT, S. 226.

257 Staudinger/*Olzen*, § 242 Rn. 23.

258 Das Verbraucherrecht habe nach herrschender Meinung diese Dichotomie überwunden. Statt vieler: *Benjamin/Lima Marques/Bessa*, Manual, S. 110.

chen[259], nicht überzeugend argumentieren. Erklärungsbedürftig ist auch der bloße Hinweis auf das Bestehen eines vorvertraglichen Rechtsverhältnisses, dessen Eigenschaft und Entstehungsform nicht hinreichend erläutert wurde[260].

Allein auf ein vorheriges faktisches Verhältnis zwischen den Beteiligten abzustellen, um eine Vertragshaftung infolge von Pflichtverletzung zu rechtfertigen[261], reicht nicht aus. Nicht jeder faktische Kontakt, der in der Lebenswelt stattfindet, findet Eingang in die Rechtswelt als Schuldverhältnis. In einem Treffen zum Abendessen mit Kollegen oder Bekannten kann man zwar einen „sozialen Kontakt" sehen. Dieses schon vor der Pflichtverletzung bestehende Verhältnis ist aber nicht deshalb als Schuldverhältnis auf der Rechtsebene zu qualifizieren. Denn ein vorheriger Kontakt kann auch – muss aber nicht! – bei Fallkonstellationen vorliegen, die zum Deliktsrecht gehören, wie eben das obige Beispiel. Die brasilianische Lehre muss hier vielmehr erklären, welche Eigenschaften ein sozialer Kontakt haben muss, um als Schuldverhältnis qualifiziert zu werden und die Anwendung von Treu und Glauben zu ermöglichen. Besser gesagt: sie muss darlegen, welche Besonderheiten ein bloß sozialer Kontakt haben muss, damit dort Rücksichtspflichten aus Treu und Glauben entstehen können.

Damit ist aber noch nicht alles geklärt. Vielmehr hat diese Strömung zu begründen, vor allem in Rechtsordnungen, wo es eine deliktsrechtliche Generalklausel wie Art. 927 CC2002 gibt, warum die Rücksichtspflichten nicht aus dem allgemeinen Grundsatz des neminem laedere hergeleitet werden können und warum sie nicht als Konkretisierung der Jedermannspflicht zu sehen sind, wie dies einige Autoren in Brasilien vertreten. Dafür ist aber eine grundlegende Analyse der Rücksichtspflichten erforderlich, die jedoch in Brasilien noch nicht gemacht wurde. Um Wiederholungen zu vermeiden, soll hier auf Kapitel 4 II hingewiesen werden, wo versucht wird, die vertragliche Natur der culpa in contrahendo trotz deliktsrechtlicher Generalklausel (Arts. 186, 187 iVm 927 CC2002) im brasilianischen Recht zu rechtfertigen.

Hier soll nur gesagt werden, dass sich dies unter zwei Gesichtspunkten rechtfertigen lässt. Zu einem ist die **Art des vorherigen Kontakts** zu berücksichtigen. Ein bloß sozialer Kontakt reicht nicht aus. Denn ein solcher kann bei Konstellationen vorliegen, die eben unter dem Anwendungsbereich des Deliktsrechts fallen. Das gilt auch, wenn die Deliktshaftung grundsätzlich keinen vorherigen Kontakt zwischen den Beteiligten voraussetzt, da die neminem-laedere-

---

259 *Prata*, Notas, S. 212; *Popp*, Responsabilidade civil pré-negocial, S. 148 ff.; zu *Mengoni* vgl. *Castronovo*, La nuova responsabilità civile, S. 461.

260 In diesem Sinne *Rosado de Aguiar*, Extinção dos contratos, S. 245 und *Popp*, Responsabilidade civil pré-negocial, S. 149.

261 *Popp*, Responsabilidade civil pré-negocial, S. 149.

Pflicht gegenüber allen unabhängig von jeglichem vorherigem Kontakt zwischen Schädiger und Geschädigtem gilt[262]. Die Haftung in contrahendo dagegen **verlangt** notwendigerweise einen **vorherigen Kontakt** zwischen den Parteien, denn die Rücksichtspflichten brauchen zu ihrer Entstehung mindestens eine zweiseitige Beziehung. Sie sind fallbezogene Pflichten, was bedeutet, dass sie sich gemäß den Eigenschaften der konkreten Beziehung ausformen. Es genügt jedoch nicht jeder Kontakt, sondern es muss eben ein **Kontakt rechtsgeschäftlicher Art** vorliegen. Erst der Kontakt, der auf den eventuellen Abschluss eines Rechtsgeschäfts gerichtet ist, rechtfertigt die Auferlegung von im Vergleich zur Jedermannspflichten strengeren Rechtspflichten für beide Parteien und folglich die Enthebung dieses Kontakts aus der Ebene des allgemeinen sozialen Kontakts und seine Einordnung in die vertragliche Ebene. Diese tatbestandliche Voraussetzung unterscheidet die Haftung in contrahendo von der Deliktshaftung.

Zum zweiten lässt sich die vertragliche Natur der Haftung in contrahendo auch mit **Struktur** und **Funktion der Rücksichtspflichten** begründen. Die Rücksichtspflichten unterscheiden sich maßgeblich von der allgemeingültigen Jedermannspflicht des Deliktsrechts. Sie brauchen einen vorherigen rechtsgeschäftlichen Kontakt zwischen den Parteien, um sich herauszubilden. Die Jedermannspflicht dagegen nicht: sie gilt kraft Gesetzes gegenüber allen in gleichem Maße. Die Rücksichtspflichten gelten nicht *erga omnes* wie die Jedermannspflicht, sondern nur gegenüber **bestimmten Personen.** Dies zeigt ihre **Relativität**, die sich von der Absolutheit des neminem laedere unterscheidet[263] und die sie an die relativen Leistungspflichten aus dem Vertrag annähert. Auch hinsichtlich ihrer Funktion unterscheiden sich Rücksichtspflichten und Jedermannspflicht. Während die Jedermannspflicht die bestehende Rechtsgüterlage (Integritätsinteresse) des Geschädigten schützen will, zeigen die Rücksichtspflichten ein **breiteres funktionelles Spektrum:** über den Schutz des Integritätsinteresses hinaus dienen sie dem Schutz von Redlichkeit und Vertrauen im Rechtsverkehr und insbesondere der korrekten Vorbereitung, Durchführung und Aufrechterhaltung des Vertrages. Vornehmlich ihre Vorbereitungsfunktion verbindet die vorvertraglichen Rücksichtspflichten unzertrennlich mit dem Vertrag. Dieser **funktionelle innere Zusammenhang** mit dem geplanten Vertrag gibt auch Anlass dafür, die Verletzung von Rücksichtspflichten unter dem Dach des Vertragsrechts zu regeln.

---

262 *Westermann/Bydlinski/Weber*, SR/AT, S. 203.

263 *Junqueira Azevedo* hat auf diese Eigenschaft der Nebenpflichten schon hingewiesen, die sie bereits von der Jedermannpflicht unterscheidet. RCD 18/1996, 23, 24.

3. Zusammenfassung

Zusammenfassend kann man sagen, dass die brasilianische Privatrechtslehre keine rechtsdogmatisch überzeugende Begründung der Rechtsnatur der Haftung in contrahendo anbietet. Die deutlich überwiegende Meinung spricht sich für eine außervertragliche Natur der Haftung in contrahendo aus. Diese Betrachtungsweise ergibt sich vielmehr als Folge eines rechtlichen Dogmas als Ergebnis eines kritischen rechtsdogmatischen Standpunktes. Im Hintergrund steht der Gedanke, dass der Vertrag immer noch die Grenze zwischen Vertrags- und Deliktshaftung markiert, so dass ohne den Abschluss eines gültigen Vertrages nicht von einer Vertragshaftung die Rede sein kann. Dass sich die Vertragshaftung nicht auf die Verletzung einer Leistungspflicht beschränkt, deutet die in Brasilien allgemein anerkannte Theorie von *Larenz* über das Schuldverhältnis als Prozess an, nach der auch die Verletzung von Rücksichtspflichten durch die Regelungen des Vertragsrechts geregelt wird.

Larenz' Theorie wurde in Brasilien allerdings unvollständig rezipiert, denn sie geht davon aus, dass ein Schuldverhältnis nicht nur infolge eines Vertrages oder eines anderen Rechtsgeschäfts, sondern auch aufgrund eines rechtsgeschäftlichen Kontakts im vorvertraglichen Stadium entsteht und dass dieses Schuldverhältnis gar keine Leistungspflichten, aber doch bereits schuldrechtliche Rücksichtspflichten begründet. Es ist deshalb fraglich, ob der Vertrag oder eben der rechtsgeschäftliche Kontakt nicht den entscheidenden Abgrenzungspunkt für die Entstehung der Vertragshaftung bilden soll. Diese Frage wird in Kapitel 4 beantwortet.

Dieser Argumentationslinie, die culpa in contrahendo sowohl in dem Grundsatz von Treu und Glauben als auch in dem *neminem-laedere*-Grundsatz zu begründen, fehlt es an Überzeugungskraft. In der Tat legitimiert schon aus **historischer Perspektive** die Tatsache, dass die Rücksichtspflichten nur mit Hinweis auf den damals ungeschriebenen Grundsatz von Treu und Glauben durch Lehre und Rechtsprechung hergeleitet wurden, die Frage, ob die Rücksichtspflichten ihre Gesetzesgrundlage im Grundsatz von neminem laedere tatsächlich finden und ob sie der Jedermannspflicht gleichgestellt werden können. Aus **rechtssystematischer Sicht** stellt sich auch die Frage, warum der neue Gesetzgeber eine spezifische Norm für die pflichtenbegründete Funktion von Treu und Glauben im Vertragsrecht (Art. 422 CC2002) und sie nicht im Rahmen des Deliktsrechts verortet hat. Aus **rechtsdogmatischer Perspektive** könnte man sich aufgrund der bereits genannten Gründe fragen, ob es eine strukturelle und funktionelle Unterscheidung zwischen Rücksichtspflichten und neminem-laedere-Pflicht gibt. Diese Überlegungen fehlen noch in dieser Strömung.

C. Zusammenfassende und rechtsvergleichende Würdigung

Eine rechtsvergleichende Analyse der Grundstruktur der culpa in contrahendo in der deutschen und brasilianischen Rechtsordnung zeigt einen erheblichen Unterschied in der Konzeption des Rechtsinstituts in beiden Ländern: Während in Deutschland die culpa in contrahendo eine Haftung für schuldhaftes Fehlverhalten in der breiten Phase vor Vertragsabschluss darstellt, bedeutet das Rechtsinstitut in Brasilien bloß eine Einstehenspflicht für grundlosen Verhandlungsabbruch, was eben in Betracht kommt, wenn ein Verhandlungspartner bei dem anderen das Vertrauen erweckt, der Vertrag komme sicher zustande und nachträglich ohne triftigen Grund von dem Vertragsschluss Abstand nimmt. Als Rechtsfolge kommt ein Schadensersatzanspruch im Betracht, der jedoch eine (materielle oder immaterielle) Geldentschädigung bedeutet.

Da sich das Rechtsinstitut in Brasilien praktisch auf den Unterfall des Verhandlungsabbruchs beschränkt, der schon Gegenstand einer rechtsvergleichenden Untersuchung im Kapitel 3 B III ist, erscheint es hier sinnvoll, um Wiederholungen zu vermeiden, auf eine eingehende Analyse der Voraussetzungen und Rechtsfolgen der Figur zu verzichten. Aus diesem ersten Befund, dass die culpa in contrahendo im brasilianischen Recht praktisch als Synonym für eine Haftung für grundlose Verhandlungsbeendigung verstanden wird, kann man jedoch schon wichtige Erkenntnisse ziehen, die erst später nach einer funktionellen Rechtsvergleichung der Fallgruppen geprüft und bewertet werden können.

Ein erstes Ergebnis ist evident: Die culpa in contrahendo ist im brasilianischen Recht eine begrenzte Figur, die grundsätzlich Fälle schuldhafter Loyalitätspflichtverletzung bei Vertragsverhandlungen umfasst und einen reinen Geldentschädigungsanspruch als Rechtsfolge begründet. Hier stellt sich schon die Frage, ob und inwieweit das Vertrauen in dem breiten geschäftlichen Stadium vor den Vertragsverhandlungen geschützt wird, wo Vorgespräche, unverbindliche Gespräche und weitere Arten geschäftlicher Kontakte stattfinden. Das entspricht einem großflächigen Bereich, den der deutsche Reformgesetzgeber mit den Tatbeständen von § 311 II 2 und 3 BGB – also: Vertragsvorbereitung und ähnliche geschäftliche Kontakte – abdecken wollte. Es stellt sich weiter die Frage, ob und bejahendenfalls wie das brasilianische Recht die Verletzung weiterer vorvertraglicher Rücksichtspflichten, wie z. B. Informations-, Aufklärungs-, Beratungs-, Schutz-, Obhuts-, Mitwirkungs- oder Sorgfaltspflichten, löst, die den Kern der Hauptfälle vorvertraglicher Haftung bilden, namentlich informationelles Fehlverhalten, Verletzung von Schutzpflichten ieS und Herbeiführung der Vertragsnichtigkeit, die bereits Objekt der rechtsvergleichenden Analyse aus Kapitel 4 sein werden.

Eine rechtsvergleichende Betrachtung der culpa in contrahendo in beiden Rechtsordnungen wirft auch die bedeutende Frage nach den Rechtsfolgen der Pflichtverletzung auf. Das spielt vor allem bei Fehlinformationen vor Vertragsschluss eine bedeutende Rolle, weil die Parteien infolge der Pflichtverletzung zum Abschluss eines ungünstigen oder unerwünschten Vertrag regelmäßig kommen, den der nichtinformierte Teil sonst nie oder nicht zu dieser Zeit oder in dieser Weise ausgemacht hätte. Deshalb stellt sich hier die Rechtsfolgenfrage besonders prägnant, weil der Geschädigte kein Interesse am Erhalt der Vertragsbindung oder der tatsächlich bestehenden Vertragsbedingungen hat, was eine Auflösung oder Änderung des Vertrages legitimieren kann. All diese Fragen, die in Deutschland als gefestigtes – freilich nicht unumstrittenes – Ergebnis einer Rechtsfortbildung gelten, werden meist in Brasilien nicht diskutiert, zumindest nicht unter dem Begriff der culpa in contrahendo, was das Bedürfnis einer funktionellen Rechtsvergleichung der Problematik noch akzentuiert.

Aus der Analyse der Grundstruktur der culpa in contrahendo aus § 311 II-III BGB ergibt sich zunächst, dass der vorvertragliche Schutz in Deutschland auch hinsichtlich des geschützten und des verpflichteten Personenkreises umfangreicher ist, in dem Dritte, die nicht Vertragspartner werden, infolge eines schuldhaften Rücksichtspflichtverstoßes berechtigt oder verpflichtet sein können. Die Frage über die Einbeziehung von Dritten ins Schuldverhältnis stellt sich im brasilianischen Privatrecht praktisch nur im Rahmen des Verbraucherverkehrs: Dort genießt der Dritte als *bystander* einen allgemeinen Schutz vor Schutzpflichtverletzung ieS (Stichwort: Linoleumfall) oder er macht sich schadensersatzpflichtig, wenn er im Rahmen des mit dem Verbraucher etablierten geschäftlichen Kontakts als Mitglied der Produktions- und Lieferungskette sowie als Erfüllungs- oder Verhandlungsgehilfe eintritt. Die Haftungsbegründung liegt jedoch nicht in der culpa in contrahendo, sondern in einer verschuldensunabhängigen Gehilfenhaftung des im Konsumentenmarkt tätigen Unternehmens. Im allgemeinen Privatrecht, das den Rechtsverkehr zwischen Privaten regelt, fängt erst jetzt eine Diskussion über die Anwendung der Figur des Vertrages mit Schutzwirkung für Dritten an, allerdings begrenzt auf Pflichtverletzungen im Rahmen vertraglicher Schuldverhältnisse. Im vorvertraglichen Bereich ist die Drittenhaftung noch kein Thema.

Schließlich hat eine erste rechtsvergleichende Analyse der beiden Rechtsordnungen gezeigt, dass es keine Konvergenz über die Rechtsnatur der culpa in contrahendo gibt, weil die überwiegende herrschende Meinung in Brasilien die außervertragliche Natur der culpa in contrahendo proklamiert. Diese Auffassung basiert viel mehr auf dem Dogma der klassischen Trennung zwischen Vertrag und Delikt als auf einer reflektierten Stellungnahme. Die culpa in contrahendo ist im brasilianischen Zivilgesetzbuch im Bereich des Vertragsrechts (Art. 422 CC2002) angesiedelt, genau wie § 311 II-III BGB im Anschluss an das Vertragsprinzip des § 311

I BGB angeknüpft ist. Über diesen Standort hinaus findet man im Schrifttum, wenn auch etwas fragmentarisch, die Einsicht, dass der vorvertragliche Kontakt „anders" ist als der soziale Kontakt, in dem man keine weitere Verpflichtung hat außer der allgemeinen Pflicht, sich sorgfältig zu verhalten, um niemanden rechtswidrig zu schädigen.

Im geschäftlichen Kontakt entstehen dagegen mehrere und intensivere Pflichten, die in gewisser Hinsicht im Zusammenhang mit dem geplanten Vertrag stehen. Unklar ist jedoch die Grundlage solche Pflichten. In Anlehnung an die moderne portugiesische Lehre nimmt diese Mindermeinung die Existenz eines Rechtsverhältnisses im geschäftlichen Kontakt an. Eine überzeugende Begründung dafür fehlt jedoch. Diese Idee hat schließlich in die Rechtsprechung des STJ Eingang gefunden, was schon überraschend ist, berücksichtigt man die erhebliche Bedeutung der deliktischen Generalklausel in der brasilianischen Rechtspraxis. Das ermöglicht, einen Dialog mit der modernen deutschen Schuldrechtsdogmatik zu etablieren, was bis jetzt insbesondere zu diesem Thema fehlt.

Kapitel 3: Rechtsvergleichende Analyse der Hauptfälle der culpa in contrahendo

A. Verletzung von Schutzpflichten

I. Problemstellung

Eine der problematischsten Fragen um die Haftung in contrahendo stellt – insbesondere in ausländischen Rechtsordnungen, die über eine deliktische Generalklausel verfügen – die Verletzung von **Schutzpflichten ieS**, d.h. Erhaltungs- und Obhutspflichten im vorvertraglichen Stadium, dar. Denn es geht hier um die Verletzung von **absolut geschützten Rechten** wie Leben, Körper, Gesundheit oder Eigentum des einen Teils, die aufgrund der geschäftlichen Kontaktaufnahme mit dem anderen in Berührung kommen, die allerdings durch das Deliktsrecht bereits rechtlichen Schutz genießen.

In Deutschland ist das Thema immer streitig gewesen. Die herrschende Meinung geht jedoch davon aus, dass sich eine Partei – schon durch das Betreten eines Ladens mit dem Ziel, einen Überblick über das Angebot zu bekommen oder mit Aufnahme rechtsgeschäftlichen Kontakts mit Einwirkungsmöglichkeit – Gefahren aussetze, die aus der Sphäre der Gegenseite stammen und diese Tatsache die Entstehung von – im Vergleich zu Verkehrssicherungspflichten des Deliktsrechts – stärkeren Rücksichtspflichten rechtfertige[1]. Die aus Treu und Glauben herzuleitenden Schutzpflichten verpflichten dann die Partei, die aus ihrer Rechtsphäre stammenden oder zurechenbaren Gefahrenquellen zu beherrschen, um Schaden an den Rechten und Rechtsgütern der Gegenseite zu vermeiden. Kommt sie dieser Verpflichtung schuldhaft nicht nach, macht sie sich für den Ersatz des daraus entstandenen Schadens haftbar.

Ziel dieses Teil ist zunächst, die Rechtslage im deutschen Recht zu analysieren (unter II), insbesondere nach haftungsbegründenden Voraussetzungen und Rechtsfolgen zu fragen. Dann wird unter III untersucht, ob und bejahendenfalls wie solche Fälle im brasilianischen Recht gelöst werden, und geprüft, ob die culpa in contrahendo hier einen Anwendungsbereich findet, was für die Hauptfrage der Dissertation, ob nämlich das Konstrukt einer allgemeinen Theorie der culpa in contrahendo in Brasilien möglich und nützlich sein kann, unerlässlich ist.

---

1 Statt vieler: MünchKomm/*Emmerich* (2016), § 311 Rn. 63.

https://doi.org/10.1515/9783110592252-006

II. Die vorvertragliche Schutzpflichtverletzung im deutschen Recht

1. Historischer Rückblick

Einen klassischen Haftungsfall der culpa in contrahendo bildet die Verletzung von **Schutzpflichten ieS** im Rahmen eines vorvertraglichen geschäftlichen Kontakts. Dieser erste Pflichtenkreis umfasst die sog. **Erhaltungs- und Obhutspflichten**, die in erster Linie darauf abzielen, die Beteiligten am geschäftlichen Kontakte in ihren **Rechten und Rechtsgütern**, also in ihren absoluten Gütern zu schützen[2], insbesondere ihre körperliche Integrität und ihr Eigentum. Diese Pflichten zum Rechtsgüterschutz unterscheiden sich vom anderen Rücksichtspflichtenkreis, nämlich den Pflichten zum Interessenschutz wie Loyalitäts-, Informations-, Aufklärungs- und Sorgfaltspflichten, die überwiegend vertragsbezogen sind[3].

Paradebeispiel ist der vielzitierte **Linoleum-Fall** aus dem Jahre 1911, der zu Recht als eine der bedeutendsten Gerichtsentscheidungen gilt[4]. Dort hat das Reichsgericht Schadensersatzansprüche aus culpa in contrahendo zugunsten einer potentiellen Kundin anerkannt, die zusammen mit ihrem Kind infolge des Absturzes von Linoleumteppichrollen schwer verletzt wurde, weil der Angestellte bei der Suche nach der gewünschten Ware die Linoleumrollen fahrlässig beiseite gestellt hat. Der Kauf des Teppichs ist nicht mehr zustande gekommen. Die schuldhafte Verletzung von körperlicher Integrität stellt im deutschen Recht in erster Linie eine **unerlaubte Handlung** gemäß § 823 I BGB dar, so dass das Reichsgericht den Schadensersatzanspruch der geschädigten Kaufinteressentin ohne Weiteres auf das Deliktsrecht hätte stützen können. Eine Gesetzeslücke gab es also nicht.

Das Gericht wollte aber den Fall nicht über die Regelungen des Deliktsrechts lösen, weil dort der ersatzpflichtige Ladeninhaber die Möglichkeit gehabt hätte, sich der Haftung zu entledigen, indem er den Nachweis führt, dass er den Verrichtungsgehilfen, der die Linoleumteppiche nachlässig aufgeräumt hat, sorg-

---

2 Der Reformgesetzgeber weist darauf hin, dass die in § 241 II BGB angesprochenen Rechte und Rechtsgüter denjenigen Gütern aus § 823 I BGB entsprechen. BT-Drucks. 14/6040, S. 163.

3 Statt vieler: Soergel/*Harke*, § 311 Rn. 46. Die Terminologie ist nicht einheitlich: *Larenz* spricht von ‚Erhaltungspflichten' (FS Ballerstedt (1975), 397, 400), *Emmerich* von ‚Verkehrssicherungspflichten' (MünchKomm/Emmerich (2016), § 311 Rn. 63) und *Thieman* von ‚Schutzpflicht ieS' (Culpa in contrahendo, S. 1). Hier wird – in Anlenhung an *Heinrichs* – die Terminologie ‚Schutzpflichten ieS' verwendet, um sie von dem gängigen verwendeten Oberbegriff „Schutzpflichten" zu differenzieren. Dazu: *Heinrichs*, FSCanaris (2007), 421, 427 und Palandt/*Heinrichs*, § 241 Rn. 6.

4 RGZ 78 (1912), 239, Urt. vom 07.12.1911. Zur Bedeutung der Linoleumentscheidung vgl. etwa: *Schmidt*, Revista de Derecho Privado 24/2013, 329.

fältig ausgewählt und belehrt hat[5]. Nach § 831 I 2 BGB haftet der Geschäftsherr für eine schädliche Handlung seines Verrichtungsgehilfen nur dann, wenn er bei der Auswahl oder Leitung der bestellten Person die im Verkehr erforderliche Sorgfalt nicht beachtet, also wenn ihn selbst ein **eigenes Verschulden** trifft. Gelingt ihm der Nachweis, dass er den Verrichtungsgehilfen sorgfältig ausgewählt und belehrt hat, kann der Geschädigte seinen Schaden nur gegenüber dem Verrichtungsgehilfen liquidieren, der im Einzelfall vermögenslos sein kann, was zur Folge hat, dass die geschädigte Partei auf ihrem Schaden sitzen bleibt.

Aufgrund der **Exkulpationsmöglichkeit des § 831 BGB** hat das Reichgericht den Anspruch der verletzten Parteien an die Vertragshaftung dadurch angeknüpft, dass es den bestehenden geschäftlichen Kontakt zwischen Kunden und Geschäftsherrn als „ein den Vertrag vorbereitendes Schuldverhältnis" mit „vertragsähnlichem Charakter" angesehen hat. Das hat den Vorteil, dass § 278 BGB in dem Sachverhalt zur Anwendung kommt. § 278 BGB setzt bereits eine bestehende Sonderverbindung (insbesondere Verträge) voraus, die im sozialen Kontakt erst durch die Begehung unerlaubter Handlungen zur Entstehung gelangt[6] und macht den Geschäftsherrn für das Verschulden seines Erfüllungsgehilfen haftbar, ohne dass es auf Fahrlässigkeit bei Auswahl, Anweisung oder Überwachung ankäme, weil die Norm bereits das Ziel hat, eine Haftungsentlastung des Schuldners durch Delegation zu verhindern[7].

Der historische Gesetzgeber hat bewusst die Exkulpationsmöglichkeit ins Deliktsrecht eingebaut: Bei der Schaffung des BGB hat er sich **nicht dem deliktsrechtlichen Haftungsmodell** des französischen (Art. 1384 *Code Civil*) und anglo-amerikanischen (*vicarious liability*) Rechts[8] angeschlossen, das dem Geschäftsherrn eine allgemeine Einstandspflicht für Schäden auferlegt, die seine Leute im Dienste schuldhaft verursachen. Er ist vielmehr dem Grundsatz treu geblieben, eine Deliktshaftung nur bei **eigenem Verschulden des Ersatz-**

5 Das Reichsgericht betont, dass es dem „allgemeinen Rechtsempfinden" widerstreite, wenn der Geschäftsinhaber auch in den Fällen nur nach Maßgabe des § 831 BGB haften würde, in denen der Geschäftsangestellte beim Vorzeigen oder Vorlegen von Waren zu deren Besichtigung den Kauflustigen schädigt. Bemerkenswert in der Entscheidung ist außerdem, dass das Reichgericht nicht die vorvertragliche Sschutzpflicht ieS in Frage stellt, sondern von einer „Sorgfaltspflicht für Leben und Eigentum des Gegners" ausgeht, die sich aus Vertrags- oder Schuldverhältnis ergeben könne und die „mit der rechtlichen Natur des Verhältnisses im engern Sinne nichts zu tun haben, jedoch aus seiner tatsächlichen Gestaltung notwendig folgen.". RGZ 78 (1912), 239, 240.

6 *Fikentscher/Heinemann*, Schuldrecht, S. 808.

7 Ausführlich dazu: MünchKomm/*Grundmann* (2016), § 278 Rn. 2ff. und PWW/*Schmidt-Kessel*, § 278, Rn. 1ff..

8 Soergel/*Krause*, § 831, Rn. 2; *Wagner*, in: Grundstrukturen des Europäischen Deliktsrechts, 2003, 189, 291ff. und *v. Bar*, Gemeineuropäisches Deliktsrechts, Bd. 1, 335ff.

pflichtigen zu begründen. Im Hintergrund steht zum einen die liberalindividualistische Philosophie des BGB, zum anderen auch das Ziel, Arbeitgeber vor Lasten infolge von Arbeitnehmerdelikten zu schützen[9]. § 831 I BGB ist also konstruktiv betrachtet ein **zusammengesetzter Tatbestand**, der aus einem Verschulden des Gehilfen und einem Verschulden des Geschäftsherrn besteht[10]. Die Exkulpationsmöglichkeit ist mit der Begrenzung der geschützten Rechtsgüter in § 823 BGB oft als **Schwäche des deutschen Deliktsrechts** und als Grund für die Entwicklung der culpa in contrahendo in Deutschland angesehen worden[11].

Die begrenzte Festlegung der deliktischen Schutzgüter basierte ebenfalls auf einer bewussten Entscheidung der Verfasser des BGB, nicht nach Vorbild des französischen Rechts (Arts. 1.382 und 1.383 *Code*) eine umfassende Generalklausel zu statuieren, dass jeder, der einem anderen rechtswidrig und schuldhaft einen Schaden hinzufügt, zum Schadensersatz verpflichtet sei[12]. Die Voraussetzungen der Schadensersatzpflicht genau festzulegen, sah man damals vielmehr als Aufgabe des Gesetzgebers an, um dem Richter von vornherein einen „gewissen objektiven Maßstab an die Hand zu geben“. Man wollte den Gerichten eine im Voraus nicht absehbare Lösung überlassen[13]. Dies erspart ihnen letztendlich die schwierige Aufgabe, aus einer vagen Formulierung Sätze und Regeln herauszubilden[14].

Der historische Gesetzgeber hat dem Richter neben einigen Sondertatbeständen drei allgemeine Grundtatbestände zur Verfügung gestellt: Verletzung bestimmter Persönlichkeitsgüter und absolut geschützte Rechte (§ 823 I BGB), Verstoß gegen Schutzgesetze (§ 823 II BGB) und vorsätzliche sittenwidrige Schädigung (§ 826 BGB). Diese **drei kleinen Generalklauseln** bilden das Rückgrat des

---

9 Soergel/*Krause*, § 831, Rn. 2.

10 Soergel/*Krause*, § 831, Rn. 1.

11 Statt vieler: MünchKomm/*Emmerich* (2016), § 311 Rn. 63.

12 Der Vorentwurf zum BGB enthielt eine deliktische Anspruchsgrundlage in Form einer Generalklausel: „Hat Jemand durch eine widerrechtliche Handlung oder Unterlassung aus Absicht oder aus Fahrlässigkeit einem Anderen einen Schaden zugefügt, so ist er diesem zum Schadensersatz verpflichtet.“ (§ 1 des Teilentwurfs „Unerlaubte Handlung“). Im 1. Entwurf enthielt § 704 I auch eine generalklauselartige Fassung: „Hat Jemand durch eine aus Vorsatz oder Fahrlässigkeit begangene widerrechtliche Handlung – Thun oder Unterlassung – einem Anderen einen Schaden zugefügt, dessen Entstehung er vorausgesehen hat oder voraussehen mußte, so ist dem Anderen zum Ersatze des durch die Handlung verursachte Schadens verspflichtet, ohne Unterschied, ob der Umfang des Schadens vorauszusehen war oder nicht.“ Laut *Spickhoff* hat die Komission in dem 2. Entwurf eine deliktsrechtliche Generalklausel mit einer knappen Mehrheit von 10 zu 8 Stimmen abgelehnt. Eingehend zur Entstehungsgeschichte von § 823 BGB: Soergel/*Spickhoff*, Vor § 823 Rn. 3 ff.

13 Statt vieler: Soergel/*Spickhoffer*, Vor § 823 Rn. 6 ff.

14 *Kötz/Wagner*, Deliktsrecht, S. 9.

deutschen Deliktsrechts. Die Festlegung des Haftungstatbestands sollte zugleich den Rechtskreis der deliktisch geschützten Positionen und der Begünstigten abgrenzen. Das deliktsrechtliche System des BGB wurde also geschaffen, um Rechtssicherheit und Voraussehbarkeit möglicher schadensrechtlicher Folgen eines Verhaltens zu gewährleisten, die nicht ad hoc vom Richter, sondern vom konkreten Gesetz bzw. Haftungstatbestand her zu erfolgen hat[15].

Ob beide strukturellen Elemente des deliktischen Haftungssystems – Entlastungsmöglichkeit bei Pflichtverletzung des Verrichtungsgehilfen und Begrenzung der Schutzgüter – als Schwäche des deutschen Deliktsrechts zu betrachten seien, hat insbesondere *Canaris* mit guten Gründen in Frage gestellt[16]. Dass sie zur rechtshistorischen Entwicklung der culpa in contrahendo beigetragen haben, steht nicht in Frage[17]. Fraglich scheint allerdings zu sein, die Entwicklung der culpa in contrahendo nur infolge der angeblichen Schwächen des deutschen Deliktsrechts erklären zu wollen[18]. Diese Frage muss aus Platzgründen an dieser Stelle offenbleiben. Nur einige Anmerkungen können hier angestellt werden.

Berücksichtigt man die Entwicklung des deutschen Deliktsrechts im 20. Jahrhundert[19], insbesondere die rechtsfortbildende Herausbildung von deliktsrechtlich positiven Handlungspflichten (Verkehrspflichten) und die auf verschiedenen Wegen durchgeführte Einschränkung der Haftungsbefreiung von § 831 BGB[20], kommt man zu dem Schluss, dass die Rechtsprechung ohne große

15 Soergel/*Spickhoff*, Vor § 823 Rn. 7.

16 *Canaris*, FS Larenz (1983), 27, 29 ff.

17 Der BGH hat ursprünglich in verschiedenen Entscheidungen Hinweise auf die Schwäche des Deliktsrechts gegeben. Statt vieler: BGHZ 66, 51, 54.

18 In diesem Sinne vgl. *v. Bar*, JuS 1982, 637.

19 *Mertens* identifiziert vier Entwicklungslinien innerhalb des Deliktsrechts: (1) Die Herausbildung von Verkehrpflichten, (2) die generalklauselartige Erweiterung des Persönlichkeitsrechts, (3) die generalklauselartige Erweiterung des Unternehmensschutzes mit Hilfe des Rechts am Gewerbebetrieb und (4) die Ausdifferenzierung der Beweislastverteilung. MünchKomm/*Mertens*, Vor §§ 823 – 853 Rn. 3.

20 Die Kommentare zum BGB sind einhellig in diesem Sinne und zeigen, dass die Rechtsprechung die Exkulpationsmöglichkeit des Geschäftsherrn auf vielfältige Weise eingeschränkt hat. Der erste Weg führt über eine Verschärfung der in § 831 BGB selbst vorausgesetzten Pflichten und eine vom Schutzzweck der verletzten Pflicht unabhängige Haftung. Nach der BGH-Rechtsprechung braucht sich z. B. im Schadensfall nicht der Mangel des Gehilfen tatsächlich ausgewirkt haben, den der Geschäftsherr bei Auswahl oder Überwachung hätte erkennen müssen. Ein anderer Weg zur Vermeidung der Haftungsbefreiung stellte die Erweiterung des Anwendungsbereichs der Zurechnungsnormen des BGB dar, die eine Haftung für fremdes Verhalten ohne Exkulpationsmöglichkeit begründen wie etwa §§ 31 und 89 BGB, bei denen der BGH mittels Erweiterung des Kreises der satzungsmäßigen Vertreter die Haftung juristischer Personen ausgedehnt hat. Die Rechtsprechung zum Organistationsmangel, zur Produkthaftung, die vom

argumentative Mühe die Schwäche des Deliktsrecht rechtsfortbildend hätte korrigieren können. Selbst *von Bar* führt an, dass die vorvertraglichen Rücksichtspflichten – richtigerweise: Schutzpflichten ieS – „unschwer vom Deliktsrecht selber mit Hilfe der Verkehrssicherungspflichten" entwickelt werden und dass das Schutzdefizit primärer Vermögensinteressen unter den Eigentumsbegriff von § 823 I BGB subsumiert werden könnten, wenn man etwa darunter „nicht nur Eingriffe in die Sachsubstanz, sondern auch Eingriffe in die Eigentümerbefugnisse" verstanden hätte[21].

Wenn das so ist, muss man sich die Frage stellen, warum die Rechtsprechung und die (überwiegende) herrschende Lehre diesen Weg nicht genommen haben. Der Grund dafür kann also nur in der Sache selber, d. h. in der Besonderheit der vorvertraglichen geschäftlichen Kontakte liegen. Nicht von ungefähr hat das Reichsgericht in der Linoleumfall-Entscheidung in dem entstandenen geschäftlichen Kontakt zwischen den Parteien eine besondere Rechtslage gesehen, die sich faktisch und rechtlich, vor allem hinsichtlich des Pflichtprogramms von dem allgemeinen sozialen Kontakt unterscheidet, wo mildere Rechtspflichten bestehen, die gegenüber jedermann gelten. Das Gericht hat deshalb darin ein einen Kauf vorbereitendes Rechtsverhältnis mit vertragsähnlichem Charakter erblickt, aus dem rechtsgeschäftliche Verbindlichkeiten erwachsen[22]. Diesen Leitgedanken hat der BGH später in ständiger Rechtsprechung weiter verfolgt, wie die Bananenschalen-, Gemüseblatt- und Wurstpellenfälle[23] zum Ausdruck bringen, die gemeinsam zum Gegenstand haben, dass sich der potentielle Kaufinteressent – infolge unsorgfältiger Reinigung der Geschäftsräume, also schuldhafter Schutzpflichtverletzung – Verletzungen in seiner körperlichen Integrität erlitten hat.

Während das Reichsgericht im Linoleumfall noch offengelassen hat, ob schon der Eintritt in das Kaufhaus – eventuell sogar ohne Kaufabsicht – ein vertragsvorbereitendes Rechtsverhältnis begründen könne, soll nach Ansicht des

---

Hersteller eine umfassende Entlastungsbeweis verlangt, sowie die durch § 278 BGB erfolgte Ausdehnung der Schutzpflichten aus Sonderverbinungen bei positiver Foderungsverletzung, Vertrag mit Schutzwirkung für Dritte und culpa in contrahendo haben den Anwendungsbereich von § 831 BGB erheblich eingegrenzt. Statt vieler: Erman/*Schiemann*, § 831 Rn. 3 f. und Soergel/*Zeuner*, § 831 Rn. 3 ff.

21 *V. Bar*, JuS 1982, 637, 644 f.

22 In der Entscheidungsbegründung ist zu lesen: „Dies (der etablierte geschäftliche Kontakt) war kein bloß tatsächlicher Vorgang, wie ihn etwa eine reine Gefälligkeitshandlung darstellen würde, sondern es entstand ein den Kauf vorbereitendes Rechtsverhältnis zwischen den Parteien, das einen vertragsähnlichen Charakter trägt und insofern rechtsgeschäftliche Verbindlichkeiten erzeugt hat..." RGZ 78 (1912), 239, 240.

23 BGH NJW 1962, 31 (Bananenschale); BGHZ 66, 51 = NJW 1976, 712 (Gemüseblatt) und VersR 1968, 993 (Wurstpelle).

BGH in dem **Gemüseblattfall** der gesteigerte Schutz des Kunden schon mit dem Betreten der Geschäftsräume mit dem Ziel des Vertragsabschlusses oder der Anbahnung geschäftlichen Kontakts beginnen[24]. Es muss also schon eine – wenn auch nicht feste – Kaufabsicht vorliegen. Diese Entscheidung ist auch von Bedeutung, weil der Bundesgerichtshof erstmals eine dritte Person (die die Mutter begleitende Tochter) in den Schutzbereich des vorvertraglichen Schuldverhältnisses miteinbezogen und auf sie den vorvertraglichen Schutz erweitert hat, indem er ihr „vertragliche Schadensersatzansprüche" gegen den Warenhausinhaber einräumte.

Der BGH hat den Schadensersatzanspruch der geschädigten Tochter zwar aus dem „gesetzlichen Schuldverhältnis" zwischen Ladeninhaber und ihrer Mutter herleitet, wohl aber – in Anlehnung an *Larenz* – mit der Figur des **Vertrages mit Schutzwirkung zugunsten Dritter** begründet[25], die in dieser Arbeit nur erwähnt, nicht aber behandelt werden. Im Lauf der Zeit hat der BGH diesen Gedanken in **objektiver und subjektiver Hinsicht** erweitert, so dass man heute allgemein sagen kann, dass vorvertragliche Schutzpflichten nicht nur im Rahmen des Massenverkehrs, sondern auch beim rein privaten Rechtsverkehr gelten und nicht nur dem Schutz des künftigen Vertragspartners dienen, sondern auch der Begleitpersonen, die in den geschäftlichen Kontakt miteinbezogen sind. Damit hat er den Anstoß für zwei wichtige dogmatische Entwicklungen gegeben: für die culpa in contrahendo und für den Vertrag mit Schutzwirkung für Dritte.

2. Grundlinien der Haftung für vorvertragliche Schutzpflichtverletzung

Nach dem heutigen Stand der Lehre vorvertraglicher Rücksichtspflichten und der Rechtsprechung kann man sagen, dass gewisse Einigkeit darüber besteht, dass infolge der Aufnahme eines geschäftlichen Kontakts – besser: Teilnahme am rechtsgeschäftlichen Verkehr – und der damit verbundenen Einwirkungsmöglichkeit auf die Rechts- und Interessesphäre ein **vorvertragliches Schuldverhältnis** zwischen den Parteien entsteht, aus dem graduell **Rücksichtspflichten unterschiedlicher Intensität** erwachsen. Diese verpflichten grundsätzlich die Beteiligten, loyal miteinander umzugehen und Rücksicht auf die Rechte, Rechtsgüter und Interesse der Gegenseite zu nehmen.

Für die hier untersuchte Fallkonstellation ist ausschließlich die Entstehung **vorvertraglicher Schutzpflichten ieS** von Bedeutung, die Obhuts- und Sorg-

24 BGHZ 66, 51, 54, wo das Gericht betont, dass der Geschädigte sich „als zumindest *möglicher* Kunde" in die Verkaufsräume zu begeben hat.
25 BGHZ 66, 51, 56.

faltspflichten umfassen. Beide unterscheiden sich dadurch, dass sich die **Obhutspflicht** auf einen Gegenstand bezieht, während die **Fürsorgepflicht** die Person und ihre Persönlichkeitsrechte schützt[26]. Sie dienen dem **Schutz der absoluten Rechtsgüter**, also Körper, Gesundheit, Persönlichkeitsrechte und Eigentum und überschneiden sich deshalb weitgehend mit den sog. **Verkehrssicherungspflichten** des § 823 BGB, die die Konkretisierung deliktsrechtlicher Jedermannspflichten darstellen.

Schutzpflichten ieS weichen grundlegend von weiteren vertragsvorbereitenden Rücksichtspflichten ab, weil sie mit dem konkret geplanten Vertrag nichts zu tun haben[27], denn ihr Zweck liegt nicht darin, das Leistungsinteresse der Gegenseite zu gewährleisten, sondern in der **Erhaltung ihres Integritätsinteresses**, d. h. des **personen- und vermögensrechtlichen status quo**, wie vor allem *Kress* und *Heinrich Stoll* nachgewiesen haben[28]. Deshalb werden sie auch **Erhaltungspflichten** genannt[29]. Schutzzweck dieser Pflichten ist also, eine Beeinträchtigung des Integritätsinteresses des Geschäftspartners zu vermeiden. Damit ist auch gesagt, dass der Wille und die Entscheidungsfreiheit der Gegenseite nicht in den Bereich der Schutzpflichten fallen, sondern vor allem durch die Informations- und Aufklärungspflichten abgedeckt werden. Geschützt wird nicht nur die körperliche, sondern auch die psychische Integrität der Gegenseite, so dass dem Geschädigten bei **Verletzung von Persönlichkeitsrechten** anhand eines geschäftlichen Kontakts – z. B. durch Ehrenbeleidigung – Ansprüche auf Ersatz des materiellen und immateriellen Schadens gemäß § 249 II bzw. § 253 II BGB erwachsen, den er sowohl auf Delikt (§ 823 BGB) als auch auf vorvertragliches Fehlverhalten gemäß §§ 311 II iVm § 241 II BGB stützen kann[30].

Paradebeispiel für **vorvertragliche Eigentumsverletzung** ist die Beschädigung eines Kraftfahrzeugs bei einer Probefahrt[31]. Die deutsche Rechtsprechung

---

26 Staudinger/*Olzen*, § 241 Rn. 477.

27 Statt vieler: *Heinrich Stoll*, Leistungsstörungen, S. 28 und MünchKomm/*Roth*, § 242 Rn. 172.

28 Dazu: *Kress*, Lehrbuch des allgemeinen Schuldrechts, S. 1 ff., 578 ff.; *Heinrich Stoll*, Leistungsstörungen, S. 28 ff. und MünchKomm/*Roth*, § 242 Rn. 172.

29 *Larenz*, FS Ballerstedt (1975), 397, 400 f.

30 Statt vieler: Soergel/*Harke*, § 311 Rn. 48 und MünchKomm/*Emmerich* (2016), § 311 Rn. 63.

31 Der BGH differenziert in solchen Fällen allerdings, ob es sich um Privats- oder Verbrauchergeschäft handelt. Bei Geschäft zwischen Autohändler und einem privaten Kaufinteressenten nimmt der BGH an, dass der Autohändler für den verkehrsicheren Zustand des Fahrzeugs und folglich für die Körperverletzung des Kaufinteressenten einzustehen hat, die dieser infolge mangelnder Verkehrssicheit des Fahrzeugs erleidet. Auf der anderen Seite geht der BGH davon aus, dass er auf Schadensersatzansprüche wegen einfacher Fahrlässigkeit des Kaufinteressenten stillschweigend verzichtet, weil er sich vor solchen Schäden leicht durch den Abschluss einer Kasko- oder Unfallversicherung schützen kann (BGH NJW 1972, 1363). Anderes gilt im Fall eines

liefert eine Reihe ähnlicher Fälle: Beschädigung durch einen Werkunternehmer der ihm vor Abschluss eines Instandsetzungsvertrages anvertrauten Sachen[32]; Beschädigung eines Kraftfahrzeuges auf einem bewachten Parkplatz bereits vor Abschluss des Bewachungsvertrages[33] sowie die Abwerbung eines wichtigen Mitarbeiters des anderen Teils bei Verhandlungen über den Abschluss eines Gesellschaftsvertrages oder die Mitteilung von Geschäftsgeheimnissen im Zuge von Vertragsverhandlungen[34].

Die Haftung wegen vorvertraglicher Schutzpflichtverletzung setzt die allgemeinen haftungsbegründenden Tatbestände der culpa in contrahendo voraus: Das Bestehen eines **geschäftlichen Kontakts** zwischen den Beteiligten, eine **Pflichtverletzung** – hier: vorvertragliche Schutzpflichtverletzungen aus § 241 II BGB – sowie **Verschulden**, **Kausalität** und **Schaden.** Diskutiert wird in dieser Fallgruppe, was man unter einem geschäftlichen Kontakt verstehen kann. Es geht hier insbesondere um die Frage, ob es erforderlich ist, dass die Partei eine konkrete oder aber nur eine allgemeine Geschäftsabsicht ins Auge haben muss, damit das vorvertragliche Schuldverhältnis mit Rücksichtspflichten, vor allen mit Schutzpflichten ieS entsteht, oder ob darunter Fälle miterfasst werden, in denen keinerlei geschäftliche Absicht besteht, wie etwa wenn man in einen Laden geht, um sich vor Regenschauer zu schützen oder um eine kriminellen Tat zu begehen. Die Frage stellt sich auch bei Einbeziehung von Dritten ins vorvertraglichen Schuldverhältnis, da der begünstigte oder verpflichtete Dritte – abgesehen von Ausnahmefällen eines wirtschaftlichen Eigeninteresses – kein Interesse an dem Geschäft hat. Paradebeispiel sind der vorvertragliche Drittschutz (Schutz von Begleitpersonen) und die Sachwalterhaftung, die unter § 311 III S. 2 BGB fällt.

Die herrschende Meinung geht davon aus, dass es nicht erforderlich sei, dass bereits ein konkreter Vertragsabschluss ins Auge gefasst wird. Auch der BGH betont in ständiger Rechtsprechung, dass sich die geschädigte Partei als „zumindest *möglicher* Kunde, wenn auch vielleicht noch ohne feste Kaufabsicht“ in

---

privaten Anbieters: Hier darf der Kaufinteressent nicht ohne Weiteres annehmen, dass bei einer Probefahrt entstehende Schäden von einer Versicherung gedeckt seien, sondern er kann hier bei fahrlässiger Sachbeschädigung nicht nur aus Delikt, sondern auch aus culpa in contrahendo haften. Dazu: OLG Köln, NJW 1996, 1288, 1289, zitiert von: Soergel/*Harke*, § 311 Rn. 47.

32 BGH NJW 1977, 376, wo der Kläger (Eigentümer einer Motoryacht) den Beklagten (Bootswerft) auf Schadensersatz wegen Obhutspflichtverletzung verklagt, weil die Yacht, die zur Werft zur Reparatur überführt wurde, von den Leuten der Werft gelagert und danach auf die Steuerbordseite gekippt wurde, wodurch sie erheblich beschädigt wurde. Der BGH kam zu dem Schluss, dass kein Werkvertrag über die Instandsetzung des Bootes zwischen den Parteien zustande gekommen sei.

33 AG Garmisch-Partenkirschen VersR 1971, 652, in: MünchKomm/*Emmerich* (2016), § 311 Rn. 66.

34 BGH NJW 1961, 1308.

die Verkaufsräume begeben muss[35]. Laut dem Gericht beginnt der Schutz von Rechten, Rechtsgütern und Interessen der Partei schon bei Erreichen des Eingangsbereichs von Verkaufsräumen[36], da dadurch ein geschäftlicher Kontakt (heute: Vertragsanbahnung im Sinne von § 311 II Nr. 2 BGB) mit Einwirkungsmöglichkeit auf die absolut geschützten Güter der Gegenseite – und ihrer Begleitperson – entsteht. Es genügt also schon eine **unbestimmte und ganz allgemeine Absicht**, sich wegen eines eventuell und vielleicht später abzuschließenden Vertrags zu informieren. In diesem Sinne reichen schon unverbindliche Gespräche zwischen den Parteien oder ein bloßer Informationsbesuch aus. Es muss jedoch ein **spezifischer Bezug zu einem Vertrag** bestehen, um den Tatbestand der culpa in contrahendo zu erfüllen, wie *Canaris* betont[37].

Das ist vor allem bei den Warenhausfällen von Bedeutung, wobei der Bezug zum Vertrag nicht immer leicht feststellbar ist und auch *bystander*, die nicht selbst Vertragspartei werden sollen und daher keine Abschlussabsicht haben, trotzdem durch die culpa in contrahendo geschützt werden. Die Frage nach einer Charakterisierung des Tatbestands der vorvertraglichen Erhaltungspflichtverletzung spielt jedoch bei jedem Fall eine Rolle, in dem ein Teil in seinem persönlichkeits- oder vermögensrechtlichen status quo anhand eines geschäftlichen Kontakts verletzt wird. Solche Fälle werden heute unter § 311 II 2 BGB subsumiert, der jeden rechtsgeschäftlichen Kontakt umfasst, der zwar noch nicht die Stufe von Vertragsverhandlungen erreicht hat, jedoch auf eine etwaige rechtsgeschäftliche Beziehung gerichtet ist[38].

Durch Bezug auf ein in Aussicht stehendes Geschäft schließt das Gesetz in erster Linie aus, dass Einbrecher und Personen, denen von vornherein jegliche Absicht zum Vertragsabschluss fehlt, über die deliktsrechtliche Deckung aus § 823 BGB hinaus einen zusätzlichen Schutz durch die vertragsähnliche culpa in contrahendo genießen[39]. Zusammenfassend kann man sagen, dass für die Entstehung von Schutzpflichten ieS entscheidend ist, dass sich der Geschädigte in den Gefahrenbereich begibt, den der andere Teil durch Eröffnung eines Verkehrs – sei es in Form des Betretens eines Ladens oder z. B. der Etablierung von Vorgesprächen – schafft, und endet mit dem Verlassen dieses Bereiches[40].

---

35 BGHZ 66, 51, 54.

36 BGH NJW 62, 32. Palandt/*Heinrichs*, § 311 Rn. 23.

37 FS Giger (1989), 91, 96.

38 Statt vieler: AnwKomm/*Krebs*, § 311 Rn. 42; Erman/*Kindl*, § 311 Rn. 21 und JurisPK-BGB/*Lapp*, § 311 Rd. 34.

39 Statt vieler: MünchKomm/*Emmerich* (2016), § 311 Rn. 64; früher schon *Larenz*, MDR 1954, 515, 517.

40 Erman /*Kindl*, § 311 Rn. 23.

Liegt eine schuldhafte Schutzpflichtverletzung vor, entsteht für den Geschädigten ein **Schadensersatzanspruch** gemäß §§ 311 II 2, 241 II iVm § 280 I BGB, der auf den Ersatz materiellen – eventuell auch immateriellen – Schadens gerichtet ist. Die Besonderheit dieser Fallgruppe der culpa in contrahendo lässt sich – über die Tatbestandsebene (Schwierigkeit bei Präzisierung des geschäftlichen Kontakts) hinaus – auch auf Rechtsfolgenebene bemerken. Hier spielt das typische Kriterium für die Schadensberechnung bei der culpa in contrahendo kaum eine Rolle, nämlich das negative und positive Interesse, das den geplanten oder schon abgeschlossenen Vertrag zum Parameter hat.

Zu Recht führt *Harke* ein, dass sich der Schaden, der dem Geschädigten infolge fahrlässigen Eingriffs in seine Person oder sein Vermögen entsteht, weder dem positiven noch dem negativen Interesse zuordnen lässt. Hier greift allein die Kausalitätsprüfung von § 249 I BGB: Der Geschädigte ist so zu stellen, wie er ohne den zum Ersatz verpflichtenden Umstand (Schutzpflichtverletzung) stünde und zwar ohne Rücksicht auf das wirkliche oder hypothetische Schicksal der Vertragsanbahnung. Die Rechtsfolgenbestimmung ist in solchen Fällen unproblematisch: Ersatzfähig sind in erster Linie materielle Schäden (z. B. die mit der Rechtsverletzung verbundenen Aufwendungen), der ihm entgangene Gewinn und eventuell Schmerzgeld (§ 253 BGB) [41].

Der Geschädigte hat die Schutzpflichtverletzung, den Schaden sowie den haftungsbegründenden und haftungserfüllenden Kausalzusammenhang zu beweisen. Da die vorvertragliche Haftung unter das Regime der Vertragshaftung fällt, findet hier eine Verschuldensvermutung zulasten des Ersatzpflichtigen gemäß § 280 I BGB statt, der für eigenes und in gleichem Maße für fremdes Verschulden (Stichwort: Gehilfe) gemäß § 278 BGB einzustehen hat. Das bedeutet: Für seine vorvertragliche Haftung kommt es nicht darauf an, ob er bei Auswahl, Führung oder Überwachung des Gehilfen die im Verkehr erforderliche Sorgfalt beachtet hat oder nicht. Er hat unabhängig davon für den Ersatz des entstandenen Schadens einzustehen, da hier keine Exkulpationsmöglichkeit (§ 831 BGB) besteht. Hierauf beruht die Diskussion über die kritisierte Ausdehnung vertraglicher Schadensersatzansprüche auf rein deliktische Schadensfälle, die allerdings in Deutschland aufgrund der Verfügung der §§ 241 II und 311 II im BGB mit der Schuldrechtsreform entkräftet worden ist, da der Reformgesetzgeber damit den Streit im Sinne der herrschenden Meinung eindeutig entschieden hat[42]. Im Ausland ist dagegen eine Abschwächung der Diskussion kaum absehbar.

---

41 Soergel/*Harke*, § 311 Rn. 104.

42 Staudinger/*Olzen*, § 241 Rn. 480.

2.1. Geschützter Personenkreis

Es besteht Einigkeit darüber, dass bei Verletzung vorvertraglicher Schutzpflichten ieS im Rahmen eines geschäftlichen Kontakts – richtiger: iRd Teilnahme am rechtsgeschäftlichen Verkehr – nicht nur der **potentielle Vertragspartner** Schutz verdient, sondern auch die sog. **Begleitpersonen**, die in den „Schutzbereich" des geschäftlichen Kontakts – Vertragsanbahnung oder Vertragsverhandlungen im Sinne von § 311 II 1 und 2 BGB – miteinbezogen sind[43]. Dadurch erfolgt eine **subjektive Erweiterung des Anwendungsbereichs** der culpa in contrahendo, die rechtsfortbildend ab dem Linoleumfall durchgeführt wurde und die für die Entwicklung der Figur des Vertrages mit Schutzwirkung zugunsten Dritter entscheidend war[44]. Vornehmlich in den Fällen vorvertraglicher Schutzpflichtverletzung stellt sich die Frage nach dem **vorvertraglichen Drittschutz**, die heute in § 311 III BGB einen gesetzlichen Anhaltspunkt findet. Wie im Kapitel 2 A II 2 dargestellt, gelten die Rücksichtspflichten von §§ 241 II und 242 BGB – infolge der **Relativität des Schuldverhältnisses** – in erster Linie nur zwischen den potentiellen Vertragspartnern, die am vorvertraglichen Vertrauensschuldverhältnis beteiligt sind. Ausnahmsweise treffen jedoch Rücksichtspflichten auch Dritte, die in den **Wirkungsbereich des vorvertraglichen Schuldverhältnisses** miteinbezogen sind. Sie können dabei sowohl begünstigt als auch verpflichtet sein, so dass man von einer vorvertraglichen Haftung zugunsten und zulasten Dritter sprechen kann.

Eine **Dritthaftung aus culpa in contrahendo**, die nun in § 311 III BGB vorgesehen ist, kann vor allem im Rahmen von Vertragsverhandlungen auftreten, wenn der Dritte als Hilfsperson oder Verhandlungsgehilfe in besonderem Maße ein persönliches Vertrauen in Anspruch nimmt und dadurch die Vertragsverhandlungen oder den Vertragsabschluss erheblich beeinflusst. In dieser Fallkonstellation hat der Dritte ausnahmsweise seine eigene Pflichtverletzung zu vertreten. Bei dem Unterfall der **culpa in contrahendo zugunsten Dritter** geht es aber darum, die Verantwortung des potentiellen Vertragspartners für denjenigen Schaden auszudehnen, den der Dritte infolge schuldhafter Schutzpflichtverletzung erlitten hat. Die Schutzwirkung zugunsten Dritten ergibt sich nicht nur aus einem vertraglichen Schuldverhältnis (Stichwort: Vertrag mit Schutzwirkung zugunsten Dritter), sondern auch aus dem vorvertraglichen Schuldverhältnis[45]. Es geht hier im Grunde genommen um eine Erweiterung des normativen Bereichs, d. h. des Pflichtenprogramms des vorvertraglichen Schuldverhältnisses, um dabei

43 Statt vieler: MünchKomm/*Emmerich* (2016), § 311 Rn. 63; Erman/*Kindl*, § 311, Rn. 33.
44 In diesem Sinne auch: Soergel/*Harke*, § 311 Rn. 46.
45 Hk-BGB/*Schulze*, § 328 Rn. 13.

naheliegende Dritte zu schützen. Die Drittwirkungsproblematik ist kein Gegenstand der Analyse und wird hier deshalb nur anhand des zentralen Themas erwähnt.

2.2. Rechtsfolgen

Als Rechtsfolge für die Verletzung vorvertraglicher Schutzpflichten kommt in erster Linie **Schadensersatz** gemäß §§ 311 II, 241 II iVm § 280 I BGB in Betracht. § 280 I BGB bildet die **zentrale Haftungsgrundlage** für Schadensersatzansprüche des Gläubigers (des Geschädigten) wegen Pflichtverletzung und erfasst mit Ausnahme der anfänglichen Unmöglichkeit (§ 311a BGB) sämtliche Formen der Pflichtverletzung, darunter auch Pflichtverletzung im vorvertraglichen Stadium[46]. Bestimmungen über Art, Inhalt und Umfang des Schadensersatzes findet man erst in §§ 249–253 BGB, die die anspruchsbegründende Norm von § 280 I BGB ergänzen. Konkret gesprochen bedeutet dies: Der Geschädigte muss so gestellt werden, wie er ohne das schädigende Ereignis, d. h. ohne die Schutzpflichtverletzung stünde.

Hier gilt der **Grundsatz der Totalreparation** von § 249 I BGB, der den Ersatzpflichtigen verpflichtet, den vorherigen schadenslosen Zustand in vollem Umfang herzustellen. Da hier vor allem ein **Personenschaden** in Betracht kommt, sind die Behandlungs- und Krankenhauskosten umfassend in Geld gemäß § 249 II S. 1 BGB zu ersetzen, sowie auch Folgeschäden wie der entgangene Gewinn. Da die Schutzpflicht ieS das Interesse des Geschädigten an der Erhaltung seiner schon bestehenden materiellen und immateriellen Güter (**Integritätsinteresse**) schützt[47], spielt hier – anders als in den weiteren Fällen von culpa in contrahendo – der Unterschied zwischen positivem und negativem Interesse kaum eine Rolle. Eine solche Unterscheidung lässt sich nur im Rahmen eines Vertrags berechnen. Hier greift § 249 I BGB in vollem Umfang, so dass alle Schäden, die in adäquater Kausalität mit der schuldhaften Pflichtverletzung stehen, zu ersetzen sind.

2.3. Anspruchskonkurrenz

Im Schrifttum wird oft behauptet, dass sich die auf Grundlage des § 823 BGB rechtsfortbildend entwickelten Verkehrssicherungspflichten des Deliktsrechts

---

46 Hk-BGB/*Schulze*, § 280 Rn. 1.

47 Soergel/*Harke*, § 311 Rn. 104; Hk-BGB/*Schulze*, § 249 Rn. 1.

teilweise mit den vorvertraglichen Schutzpflichten ieS überschneiden[48]. Das ergibt sich schon daraus, dass beide Pflichtenkategorien die gleichen absoluten Rechtsgüter schützen. Das hat schon früh eine heftige Diskussion über die Heraushebung der Rücksichtspflichten aus dem Kreis der deliktischen Pflichten und folglich des Deliktshaftungssystems entfacht.

Gegen die Zuordnung vorvertraglicher Pflichten zur Vertragsordnung hat man vor allem eingewandt, dass die vermeintliche Eigentümlichkeit der vorvertraglichen Beziehung und der dort entstandenen Pflichten reine Fiktion sei, um die strukturellen Mängel des deutschen Deliktsrechts – insbesondere die Exkulpationsmöglichkeit des Geschäftsherrn bei unerlaubter Handlung seiner Leute aus § 831 BGB – zu umgehen und die Schadensfälle über die strengeren Regelungen der Vertragshaftung zu lösen. Stark kritisiert wurde vornehmlich die vertragsähnliche Natur von Fürsorge- und Obhutspflichten (Schutzpflichten ieS), die – laut dieser Strömung – keinen qualitativen Unterschied zu den deliktischen Jedermannspflichten aufzeigen[49], da sie genau diejenigen Güter schützen, die der historische Gesetzgeber als typische Schutzgüter des Deliktsrechts (§ 823 I BGB) ausdrücklich positiviert hat. Auf harte Kritik stößt vor allem die Haftungserweiterung des Geschäftsherrn für die Handlung von Gehilfen, die die Verfasser des BGB in § 831 BGB bewusst verhindern wollten[50].

Canaris erkennt zwar die „Besonderheiten der Problematik". Denn wenn jemand im Kaufhaus auf einer Bananenschale ausrutscht und sich dadurch verletzt, geht es – laut ihm – nicht um den Schutz seines legitimen Vertrauens auf irgendwelche Erklärungen der Gegenseite, aufgrund derer er Vertrauensdispositionen gemacht hat, wie eben in den anderen Fallkonstellationen der culpa in contrahendo. Er begründet die Haftung in contrahendo in solch einem Fall aber mit dem Gedanken der **Inanspruchnahme und Gewährung von Vertrauen:** Dort setze der Verletzte seine Rechtsgüter, die mit der „Teilnahme am rechtsgeschäftlichen Verkehr" – nicht nur mit der Aufnahme eines geschäftlichen Kon-

---

48 Statt vieler: MünchKomm/*Emmerich* (2016), § 311 Rn. 60; Soergel/*Harke*, § 311 Rn. 48; PWW/*Medicus*, § 311 Rn. 36; Palandt/*Grüneberg*, § 311 Rn. 29; Erman/*Kindl*, § 311 Rn. 23; Bamberger/Roth/*Grüneberg*, § 311 Rn. 52; Anwaltkomm/*Krebs*, § 311 Rn. 64; *Medicus*, SR/AT, S. 62; *Schlechtriem/Schmidt-Kessel*, SR/AT, S. 22 und *Larenz/Wolf*, AT, S. 598, denen zufolge dem Berechtigten bei schuldhafter Verletzung der Schutzpflicht ein Schadensersatzanspruch aus culpa in contrahendo zusteht, der neben den deliktsrechtlichen Anspruch aus § 823 BGB tritt. Beide Ansprüche seien kummulativ: Überlässt der Verkäufer seinen zu verkaufenden Pkw einem Kaufinteressenten zu einer Probefahrt und beschädigt dieser dabei das Auto fahrlässig, haftet der potentielle Käufer nicht nur aus § 823 BGB, sondern auch aus culpa in contrahendo.

49 Dazu: *v. Bar*, JuS 1982, 637, 644; *Medicus*, FS Max Keller (1989), 205, 210 ff. und *Thiemann*, Culpa in contrahendo, S. 91 ff.

50 *vBar*, JuS 1982, 637, 645.

takts! – in Berührung kommen, der Einwirkungsmöglichkeit des anderen Teils aus und in diesem Sinne vertraue er ihm diese Rechtsgüter an.

Er qualifiziert diese Fallgruppe als „**Anvertrauenshaftung**“, die sich insbesondere von den weiteren Fallgruppen der culpa in contrahendo dadurch unterscheidet, dass in den typischen vorvertraglichen Fällen der Vertrauensschutz an bestimmte Dispositionen des Vertrauenden angeknüpft wird, also an von diesem selbst vorgenommene Maßnahmen und nicht ihm von dem anderen Teil bzw. von dessen Erfüllungsgehilfen zugefügte Verletzungen. Durch den Bezug auf eine Anvertrauenshaftung fügt *Canaris* die Haftung für die Verletzung einer vorvertraglichen Schutzpflicht ieS in die breite Kategorie der Vertragshaftung ein[51].

Die Einordnung solcher Fälle als Unterfall vorvertraglicher Haftung scheint auf den ersten Blick auch rechtsdogmatisch überzeugend, betrachtet man die Natur des zugrundeliegenden Kontaktes. Denn durch Aufnahme eines vorvertraglichen geschäftlichen Kontakts mit erhöhter Einwirkungsmöglichkeit verlassen die daran Beteiligten aus dem allgemeinen Pflichtenkreis des Deliktsrechts und betreten den spezifischen rechtsgeschäftlichen Pflichtenkreis. Die Erhöhung der Einwirkungsmöglichkeit durch den etablierten geschäftlichen Kontakt, also der Schadensgefahr für die Rechtssphäre der Gegenseite, begründet die Annahme, dass dabei gegenüber der nemimem-laedere-Pflicht stärkere Schutzpflichten entstehen. Die vorvertraglichen Schutzpflichten ieS seien daher anders als die Jedermannspflichten. Laut *Eike Schmidt* verwandelte sich mit der vorvertraglichen Kontaktanbahnung die Erwartung des neminem laedere in eine konkrete, personell individualisiserte Schutzposition, so dass man es folglich nicht mehr mit allgemeinen Verkehrspflichten zu tun habe[52].

Das erklärt die Zuordnung von Schutzpflichtverletzungen zur culpa in contrahendo und letztendlich auch ihren – von dieser Lehre postulierten – rechtsdogmatischen Vorrang gegenüber der Deliktshaftung. Die „Einkleidung“ als Schutzpflichten gibt der Partei einen gegenüber den Regelungen von § 823 BGB erheblich verbesserten Schutz. Denn die culpa in contrahendo hat für den Geschädigten den Vorteil, dass er das Verschulden des pflichtverletzenden Schuldners nicht beweisen muss, sondern umgekehrt dieser darzulegen und nachzuweisen hat, dass er die im Verkehr erforderliche Sorgfalt beachtet hat (§ 280 I BGB), indem er z. B. die erforderlichen und zumutbaren Maßnahmen für die Gefahrbeseitigung unternommen oder den Geschädigten darauf hingewiesen hat. Sie bringt weiter den Vorteil, dass sich der Ersatzpflichtige für das Ver-

51 Vertrauenshaftung, S. 540 f.
52 Schuldverhältnis, S. 20.

schulden seines Gehilfen nicht exkulpieren kann (§ 278 BGB), wofür er verschuldensunabhängig haftet.

Die Besonderheit des vorvertraglichen Kontakts zeigt sich nicht nur in der Eigenart der zugrundeliegenden Beziehung, sondern auch in einer **qualitativen Unterscheidung** zwischen den vorvertraglichen Rücksichtspflichten und der deliktischen Jedermannspflicht. Die Rücksichtspflichten sind im Vergleich zu der deliktischen Pflicht strukturell und funktionell besondere Pflichten. Sie gelten nicht gegenüber jedermann, sondern nur gegenüber dem Geschäftspartner (Relativität) und setzen deshalb eine vorher vorhandene Beziehung geschäftlicher Art voraus, woraus sich ihr Inhalt ausformt (Fallbezogenheit). Sie dienen dem Schutz des aktuellen status quo und vor allem der Materialisierung der Privatautonomie durch Verbesserung der materiellen Entscheidungsgrundlage.

Man kann ihr – anders als bei der Jedermannspflicht – nicht durch die reine Unterlassung von Eingriffen in die fremde Rechtssphäre nachkommen, sondern man muss meistens positive Handlungen vornehmen, wie die Erfüllung vorvertraglicher Informations-, Aufklärungs-, Mitwirkungs- und Sorgfaltspflichten belegt. Die Entstehung von Schutzpflichten verlangt keinen geschäftlichen Kontakt, sondern erfolgt schon vor jeglicher konkreter Beziehung. Zu berücksichtigen ist nicht zuletzt, dass die Inanspruchnahme besonderen Vertrauens bei Schutzpflichtverletzung nicht im Vordergrund steht. Das dabei enttäuschte Vertrauen geht **nicht über das allgemeine Vertrauen** auf einen ordnungsgemäßen Zustand der Dinge und auf ein verkehrsrichtiges Verhalten des anderen Teils hinaus. Wie *Larenz* überzeugend dargestellt hat, handelt es sich dabei nicht um ein Vertrauen, das der verletzte Kunde speziell dem Ladeninhaber entgegenbringt, sondern um eine allgemeine Vertrauenserwartung, nicht geschädigt zu werden[53].

Es ist also fraglich, ob die vorvertraglichen Schutzpflichten qualitativ anders sind als die Verkehrspflichten, da beide in ihrer Essenz darauf abzielen, Schaden in den fremden absoluten Rechtsgütern zu vermeiden[54]. Deshalb nimmt ein kleinerer Teil der Lehre mit überzeugenden Gründen an, dass sie nichts anders seien als eine **Konkretisierung der neminem-laedere-Pflicht** von § 823 BGB. Nicht von ungefähr geht die herrschende Meinung letztendlich von einer **Anspruchskonkurrenz** aus und erlaubt dem Geschädigten, seinen Schadensersatzanspruch sowohl auf eine unerlaubte Handlung (Deliktshaftung) als auch auf

53 *Larenz*, FS Ballerstedt (1975), 397, 402. Im gleichen Sinne: *Gottwald*, JuS 1982, 877, 878, der jedoch die Einordnung der vorvertraglichen Schutz- und Erhaltungspflicht ins Deliktsrecht aufgrund seines schwächeren Schutzes nicht für vertretbar hält.

54 *Larenz*, FS Ballerstedt (1975), 397, 402; *Medicus*, FS Max Keller (1989), 205, 211; *ders.*, SR I, S. 62 und MünchKomm/*Emmerich* (2016), § 311 Rn. 60, wo praktisch keine Ausdifferenzierung von Verkehrssicherungspflichten und vorvertraglichen Schultzpflichten vorgenommen wird.

die culpa in contrahendo wegen Schutzpflichtverletzung (Vertragshaftung) zu stützen.

Das lässt jedoch Bedenken wegen der qualitativen Besonderheit der Rücksichtspflichten entstehen. *Thiemann* hat in diesem Sinne nicht zu Unrecht dagegen gehalten, dass man über die „wahre“ Natur der culpa in contrahendo nichts sagen könne, solange ihre außerdeliktische Pflichtenqualität nicht überzeugend geklärt wird[55]. Hier kommt das komplizierte dogmatische **Abgrenzungsproblem** der culpa in contrahendo für Schutzpflichtverletzungen zum Deliktsrecht zur Geltung, da im hier behandelten Fall vorvertragliche Schutzpflichten und Verkehrssicherungspflichten – zumindestens funktionell – tatsächlich übereinstimmen.

3. Zusammenfassung

Zusammenfassend kann festgestellt werden, dass die Aufnahme eines geschäftlichen Kontakts die Begründung vorvertraglicher Schutzpflichten ieS rechtfertigt, aufgrund derer es der Partei obliegt, sorgfältig mit den absolut geschützten Rechten, wie Körper, Gesundheit, Leben und Eigentum, der Gegenseite umzugehen, mit denen sie durch den geschäftlichen Kontakt in Berührung kommt. Da diese absoluten Rechte schon durch § 823 BGB geschützt werden, stimmen ihr Inhalt iRd Schutzpflicht wie auch der Jedermannspflicht überein, so dass bei Verletzung solcher Rechtsgüter im Rahmen eines geschäftlichen Kontakts eine Anspruchskonkurrenz vorliegt. Der Hinweis auf die culpa in contrahendo ist allerdings für den Geschädigten von Vorteil, weil das Verschulden des potentiellen Vertragspartners gemäß § 280 I BGB vermutet wird und für ihn keine Exkulpationsmöglichkeit für schuldhaft schädliches Verhalten von Gehilfen nach § 278 BGB besteht. Er hat dann den tatsächlich entstandenen Schaden zu ersetzen, und zwar im vollen Umfang (§ 249 I BGB), ohne irgendeinen Bezug und Begrenzung auf die Höhe des positiven Interesses.

Diese Fallgruppe der culpa in contrahendo hat die Besonderheit, dass dabei oft auch ein Drittschutz gewährleistet wird, denn die vorvertragliche Schutzpflicht schützt sowohl den potentiellen Vertragspartner als auch den in den geschäftlichen Kontakt miteinbezogenen Dritten in seinem Integritätsinteresse. Die vorvertragliche Haftung für Schutzpflichtverletzungen gegenüber Dritten ist nicht ausdrücklich im BGB geregelt. Sie wird aber unter § 311 II Nr. 2 BGB subsumiert mit Hilfe der dogmatischen Konstruktion des Vertrages mit Schutzwirkung zugunsten

55 *Thiemann*, Culpa in contrahendo, S. 16.

Dritter[56], deren Grundgedanke hier Anwendung findet. Hier wird der Schutzbereich des vorvertraglichen Schuldverhältnisses und dementsprechend das Pflichtenprogramm des Schuldners erweitert, um dem Schuldverhältnis nahe stehenden Dritten einen besseren Schutz als im Deliktsrecht zu gewähren.

56 In diesem Sinne: MünchKomm/*Emmerich* (2016), § 311 Rn. 46.

II. Vorvertragliche Schutzpflichtverletzung nach brasilianischem Recht

1. Einführung in die Problematik

Hätte sich der Linoleum-Fall 1917 – gleich nach Inkrafttreten des ersten Zivilgesetzbuches – in Brasilien ereignet, wäre ein Schadensersatzanspruch der potentiellen Kundin mit großer Wahrscheinlichkeit negiert worden, berücksichtigt man die ablehnende Haltung der Rechtsprechung bis zum Inkrafttreten des Verbraucherschutzgesetzes im Jahr 1990, worunter solche Fälle heute subsumiert werden. Denn damals hatte die Kundin nach Art. 1.523 CC1916 – genauso wie im deutschen Recht – über die weiteren Haftungsvoraussetzungen (Pflichtverletzung, Schaden und Kausalität) hinaus das Verschulden des Angestellten und kumulativ die culpa in eligendo oder culpa in vigilando des Ladeninhabers zu beweisen. Wie in § 831 BGB haftete der brasilianische Geschäftsherr für das schuldhafte Verhalten von Angestelltem oder Verrichtungsgehilfen gemäß Art. 1.521 III CC1916 nur dann, wenn ihn selbst ein Verschulden bei Auswahl, Belehrung oder Überwachung traf[57].

Im Laufe der Zeit hat die Rechtsprechung solche Fälle einfach unter die deliktsrechtliche Generalklausel (Art. 159 CC1916) subsumiert oder mit der Begründung gelöst, das Unternehmen treffe die Pflicht, den Geschäftsraum sauber und verkehrssicher zu halten; komme es dieser Pflicht nicht nach und verletze sich ein Kunde deshalb, sei das Unternehmen zum Schadensersatz verpflichtet[58]. Die Anerkennung einer Schutzpflicht in solchen Fällen war allerdings bis zum Inkrafttreten des Verbraucherschutzgesetzes kontrovers, wo der Sondergesetzgeber eine allgemeine Verkehrssicherungspflicht zulasten des Unternehmens positiviert hat. Kontrovers war allerdings, ob es sich um eine verschuldensunabhängige Haftung oder doch immer noch um eine Verschuldenshaftung in eligendo oder in vigilando des Geschäftsherrn handele, da sich der Schaden letztendlich auf eine mangelhafte Überwachung der dienstlichen Arbeit zurückführen lasse[59].

---

57 Statt vieler: TJSP, Apelação Cível 79.251–4/2, 10ª. Câmara de Direito Privado, Rel. Mauricio Vidigal, Urt. vom 03.08.1999; schon vorher: STJ REsp. 22.028–6/RJ, T4, Rel. Min. Barros Monteiro, Urt. vom 12.06.1995 (Fingerverstümmelung eines die Mutter begleitenden Kindes an dem Kassengerät am Supermarkt, das ohne die seitliche Schutzplatte in Betrieb war. In der Revisionsbegründung findet man nur einen Hinweis auf Art. 159 CC1916 (unerlaubte Handlung), wo die Pflichtverletzung des Ladeninhabers als Unglück bezeichnet wird).

58 STJ, REsp. 337116/SP, T4, Rel. Min. Aldir Passarinho Junior, Urt. vom 03.10.2002, DJ 16.12.2002, S. 341.

59 STJ, REsp. 496528/SP, T4, Rel. Min. Sálvio de Figueiredo Teixeira, Urt. vom 06.05.2003, DJ 23.06.2003, S. 388 (Sturz der Kundin im Supermarkt aufgrund eines wegen Kochöls rutschigen Bodens). Hier hat der STJ den Anspruch der Kundin auf Ersatz materiellen und immateriellen

Diese Diskussion ist nach Erlass des Verbraucherschutzgesetzes im Jahr 1990 überflüssig geworden. Dort hat der Sondergesetzgeber eine am Vorbild der europäischen Produkthaftungsrichtlinie orientierte **allgemeine verschuldensunabhängige Haftung** für jede im Konsummarkt tätige (natürliche oder juristische) Person statuiert, die in gewisser Hinsicht weitergeht als die deutsche und europäische Produkthaftung, weil sie nicht nur eine Haftung für **Personenschaden** und **Sachbeschädigung** infolge von **Produktfehlern** (Art. 12 CDC), sondern auch Schäden mitumfasst, die im Rahmen der Erbringung von Dienstleistungen entstanden sind[60]. Dank der Erweiterung der ursprünglichen Produkthaftung auf **fehlerhaften Service** subsumiert die Rechtsprechung Sachverhalte wie im Linoleum- oder Gemüseblatt-Fall nun unter Art. 14 CDC,[61] und zwar unabhängig davon, ob den Geschäftsherrn oder seinen Gehilfen ein Verschulden trifft oder nicht[62]. Laut Art. 17 CDC fällt in den Schutzbereich des Sondergesetzes nicht nur

---

Schaden nicht im Verbraucherschutzgesetz, sondern in der deliktischen Generalklausel des Art. 159 CC1916 gesehen.

60 In diesem Sinne: *Lima Marques*, Contratos, S. 986 und *Staudinger/Oechsler* (2013), Einl. zum ProdHaftG Rn. 111. Vgl. dazu das Produkthaftungsgesetz vom 15.12.1989 (ProdHaftG) und RL 85/374/EWG (Directiva do Conselho 85/374/CEE).

61 STJ, AgInt no AREsp. 853.956/RJ, T4, Rel. Min. Raul Araujo, Urt. vom 22.11.2016, DJe 13.12.2016; AgInt no AREsp. 870.850/RJ, T3, Rel. Min. Marco Aurelio Bellizze, Urt. vom 23.06.2016, DJe 30.06.2016; AgRg no AREsp. 768.585/DF, T4, Rel. Min. Antonio Carlos Ferreira, Urt. v. 27.10.2015, DJe 09.11.2015 (Sturz einer Kundin am Eingangbereich eines Supermarkts infolge einer Bisswunde durch einen dort festgebundenen Hund); AgRg no AREsp. 177540/SP, T4, Rel. Min. Luis Felipe Salomão, Urt. vom 19.06.2012, DJe 29.06.2012; AgRg no AREsp. 243946/SC, T4, Rel. Min. Luis Felipe Salomão, Urt. vom 11.04.2013, DJe 18.04.2013; TJRS, Apelação Civel 70056823446, 9ª. Câmara Cível, Rel. Iris Helena Medeiros Nogueira, Urt. vom 13.11.2013; TJRJ, Apelação Cível 0008027-41.2003.8.19.0008, 17ª. Câmara Cível, Rel. Luisa Bottrel Souya, Urt. vom 08.07.2010; TJSP, Apelação Cível 994.05.057163-5, 9ª. Câmara de Direito Privado, Rel. Viviani Nicolau, Urt. vom 25.05.2010; TJSP, Apelação Cível 381.629.4/0-00, 8ª. Câmara de Direito Privado, Rel. Salles Rossi, Urt. vom 10.02.2010; TJSP, Embargos Infringentes 994.08.122416-5/50002, 5ª. Câmara de Direito Privado, Rel. J. L. Mônaco da Silva, Urt. vom 22.09.2010; TJRS, Apelação Cível 700708752208, 12ª. Câmara Cível, Rel. Umberto Sudbrack, Urt. vom 27.10.2016, DJ 31.10.2016 (Sturz auf den nassen Boden eines Restaurants bei Kreuzfahrt).

62 Bemerkenswert ist jedoch, dass man – trotz der im Verbraucherschutzgesetz statuierten Risikohaftung für Unternehmen im Verbraucherverkehr – immer noch Entscheidungen findet, die Schadensersatz in solchen Fällen mit der Begründung ablehnen, der Geschädigte habe das Verschulden des Ladeninhabers oder die haftungsbegründende Kausalität nicht bewiesen. Statt vieler: TJSP, Apelação Cível com Revisão 540.0444/3-00, 7ª. Câmara de Direito Privado, Rel. Elcio Trujillo, Urt. vom 08.04.2009, m.w.H. auf Entscheidungen im gleichen Sinne. In dem Fall ist eine Kundin auf einer Bananenschale ausgerutscht und hat sich verletzt. In der Apellationsbegründung geht das Gericht sogar davon aus, dass das Publikum für die Verunreinigung des Ladens verantwortlich sei und hat somit nicht einmal die Reinigungspflicht des Unternehmens und noch weniger seine Ersatzpflicht thematisiert (Votum, S. 4).

ein Verbraucher, sondern jede durch die Sicherheitspflichtverletzung des Unternehmens geschädigte Person, die dann dem Verbraucher gleichgestellt wird. Durch die Gleichstellung von Verbraucher und Geschädigtem kann die Rechtsprechung ohne große argumentative Mühe auch *bystander* in Warenhausfällen schützen.

2. Vorvertragliche Schutzpflichtverletzung beim geschäftlichen Kontakt im Verbraucherbereich

Das brasilianische Verbraucherschutzgesetz sieht eine **verschuldensunabhängige Haftung** für jede Person vor, die im Verbraucherverkehr als Anbieter von Produkten oder Dienstleistungen tätig und als *fornecedor* (Lieferant) in Art. 3 CDC eingeordnet ist. Der Lieferant haftet grundsätzlich für jeden Schaden, der einem Verbraucher oder Dritten aufgrund einer durch den Lieferanten zu vertretende Pflichtverletzung im Rahmen seiner gewerblichen Tätigkeit entsteht. Es handele sich dabei um eine **Risikohaftung**, deren Grund in der Verletzung einer **allgemeinen Qualitätspflicht** (*dever de qualidade*) liege, die den Lieferanten verpflichte, für die Sicherheit (Fehler) und Zweckmäßigkeit (Mangel) der gegenüber Verbrauchern angebotenen Produkte und Dienstleistungen einzustehen. Das Haftungsfundament liege nicht im Verschuldensprinzip, sondern im **Vertrauensschutz des Verbrauchers**, der in seinen berechtigten vertraglichen und außervertraglichen Erwartungen Schutz verdiene[63]. Es handelt sich um die sog. **Qualitätstheorie**, die eine verschuldensobjektive Haftung des Lieferanten für die Qualität und Sicherheit der im Verbrauchermarkt eingeführten Produkte und Dienstleistungen begründet[64].

Für die hier interessierende Problematik ist die **allgemeine Sicherheitspflicht** des Lieferanten in Art. 6 I CDC von Bedeutung, die in den Arts. 8–17 CDC näher konkretisiert wird und deren Inhalt darin besteht, Leben, Gesundheit und Sicherheit, also die körperliche Integrität sowie das persönliche Eigentum des Verbrauchers vor Schäden zu schützen, die aus seiner Tätigkeit als Anbieter von Produkten oder Dienstleistungen resultieren können. Dahinter steht das grundlegende Haftungsprinzip, laut dem der Lieferant – sowie jedes Glied der Hersteller- und Absatzkette – für den Sicherheitszustand des Produktes oder der Dienstleistung zu dem Zeitpunkt verantwortlich ist, in dem er sie in Verkehr

---

63 Statt vieler: *Lima Marques*, Contratos, S. 979 ff.

64 *Lima Marques*, Contratos, S. 982 ff. Die Qualitätstheorie wurde in Anlehnung an das französische Recht von *Benjamin* entwickelt und gilt bis heute unbestritten. Für *Lima Marques* ist sie so perfekt an das Verbraucherschutzgesetz angepasst, dass es jede Diskussion über ihre Nützlichkeit überfüssig mache. Contratos, S. 985.

bringt, gleichgültig ob er selbst oder ein anderer den Sicherheitsfehler verursacht oder verschuldet hat. Die Verletzung der Sicherheitspflicht führt in erster Linie zum Schadensersatz.

Der Sondergesetzgeber reguliert die Sicherheitspflichtverletzung in zwei Tatbeständen. Art. 12 CDC enthält den Haftungstatbestand des **Produktfehlers**, der genauso wie in Art. 6 der Europäischen Richtlinie 85/374/EWG definiert wird: Ein Produkt ist fehlerhaft, wenn es nicht die Sicherheit bietet, die unter Berücksichtigung aller Umstände berechtigterweise erwartet werden kann (Art. 12 § 1 CDC). Die Vorschrift spricht von *defeito do produto* (Produktfehler) oder *fato do produto* (übernommen aus den französischen *„fait des produits [défectueux]"*), weil dies einen Mangel an der Sicherheit darstellt. Der brasilianische Sondergesetzgeber hat dieses Konzept hinsichtlich des haftungsbegründenden Tatbestands erweitert und eine ähnliche **Haftung für Dienstleistungsfehler** in Art. 14 CDC geschaffen. Man spricht hier von *defeito no serviço* (fehlerhafter Dienstleistung) oder *fato do serviço* (*„fait de service"*), um eine fehlerhafte Sicherheit bei der Erbringung von Dienstleistungen im Verbraucherverkehr zu bezeichnen. Für den hier interessierenden Fall vorvertraglicher Schutzpflichtverletzung im Rahmen einer Verbraucher-Unternehmer-Beziehung, in der ein Verbraucher anlässlich eines geschäftlichen Kontakts Schaden an seiner körperlichen Integrität oder an seinem persönlichen Vermögen infolge einer Pflichtverletzung durch den Ladeninhaber oder seinen Gehilfen erleidet, kommt eine Haftung für fehlerhafte Dienstleistung gemäß Art. 14 CDC in Betracht.

Unter den Tatbestand des Art. 14 CDC wird aber ein Bündel von unterschiedlichen Fällen subsumiert, die die Verletzung von Leistungspflichten[65], Nebenpflichten[66], vorvertraglichen[67] und außerdeliktischen[68] Pflichten mitum-

---

65 Eine Leistungspflichtverletzung (Nichterfüllung) liegt z. B. bei Flugzeugabsturz vor, so dass dem verunglückten Verbraucher bzw. den Erben durch die Verletzung der Leistungspflicht ein Anspruch auf Ersatz von materiellen und immateriellen Schäden entsteht. Statt vieler: STJ, REsp. 1.418.168/RJ, T3, Rel. Min. Sidnei Beneti, Urt. vom 11.02.2014, Dje 27.02.2014.

66 Die Eintragung des Verbrauchers ins Schuldnerverzeichnis wegen Nichterfüllung einer Schuld, die wegen Novation nicht fällig war, wird vom STJ dogmatisch als Verletzung von Nebenpflichten qualifiziert, die eine Vertragshaftung auslöst. Der STJ sieht darin die Verletzung von „Nebenpflichten aus Treu und Glauben" wie Schutz- und Loyalitätspflicht, ohne allerdings zu konkretisieren, welche Pflicht dabei genau verletzt wurde. In dem Fall hatte der Verbraucher Schmerzensgeld bekommen, weil er nicht über das rechtswidrige Register informiert wurde und ein Darlehensvertrag für einen Autokauf abgelehnt wurde. STJ, REsp. 1.276.311/RS, T4, Rel. Min. Luis Felipe Salomão, Urt. vom 20.09.2011, Dje 17.10.2011.

67 Nichtaufklärung über die Notwendigkeit eines Visums beim Reisevertrag (STJ, REsp. 1.562.700/SP, T3, Rel. Min. Paulo de Tarso Sanseverino, Urt. vom 06.12.2016, DJe 15.12.2016); vorvertragliche Sorgfaltspflichtverletzung durch die Bank, die eine Kapitalanlage empfiehlt und

fassen, vorausgesetzt, dass aus dem Sicherheitsfehler dem Verbraucher oder Dritten ein personen- oder vermögensrechtlicher Schaden erwächst. Ohne irgendwelche dogmatische Ausdifferenzierung zwischen den verschiedenen Pflichtenkategorien werden all diese Fälle unter den Tatbestand des Art. 14 CDC gebracht und unter dem Begriff *defeito no serviço* zusammengefasst. Dieser Begriff hat sich im Verbraucherrecht praktisch zu einem selbständigen Haftungstatbestand entwickelt, betrachtet man die unüberschaubare Masse unterschiedlicher vertraglicher und außervertraglicher Schadensfälle, in denen diese Figur vorkommt.

Da jeder Sicherheitsmangel bei Erbringung gewerblicher Tätigkeit des Lieferanten gegenüber einem Verbraucher oder Dritten einen Dienstleistungsfehler darstellt, unabhängig von der Natur der zugrundeliegenden vertraglichen oder außervertraglichen Beziehung, wird im Schrifttum die Meinung vertreten, dass das Verbraucherschutzgesetz die herkömmliche Dichotomie zwischen Vertrags- und Deliktshaftung überwunden und eine **einheitliche Haftung** begründet habe[69]. Inwiefern eine solche „Einheitshaftung" eine Stütze im Gesetz findet und für die Entwicklung der Privatrechtswissenschaft Vorteile bringt, ist äußerst fraglich, muss aber an dieser Stelle offen bleiben. Richtig dabei ist nur, dass sich dahinter die Diskussion über die Begründung der Produkthaftung versteckt, mit der sich auch die Lehre in Deutschland und Europa beschäftigt hat[70]. Statt die Diskussion trotz aller dogmatischen Schwierigkeiten zu vertiefen, hat sich die brasilianische Lehre für das Konstrukt einer „Einheitshaftung" entschieden, weil jede Art von Pflichtverletzung letztendlich unter ein verschuldensunabhängiges Haftungsregime fällt.

Hinsichtlich der Frage nach vorvertraglicher Schutzpflichtverletzung in Verbraucher-Unternehmen-Beziehungen ist zu beachten, dass das Verbraucher-

---

als sicher bewertet, die sich später aber wegen Liquidation des Investimentsfonds als wertlos erweist – in dem Fall hat das Gericht den Schadensersatzanspruch abgelehnt (STJ, REsp. 1.606.775/SP, T3, Rel. Min. Ricardo Villas Bôas Cueva, Urt. vom 06.12.2016, Dje 15.12.2016).

68 Paradebeispiel ist die Verletzung von *bystandern* wie etwa der Geschädigte, dessen Haus von einem Flugzeugabsturz betroffen wurde. Statt vieler: STJ, REsp. 1.281.090/SP, T4, Rel. Min. Luis Felipe Salomão, Urt. vom 07.02.2012, DJe 15.03.2012, in dessen Leitsatz zu lesen ist: „2. As vítimas de acidentes aéreos localizadas em superfície são consumidores por equiparação (bystanders), devendo ser a elas estendidas as normas do Código de Defesa do Consumidor relativas a danos por fato do serviço (art. 17, CDC).".

69 Statt vieler: *Benjamin/Lima Marques/Bessa*, Manual, S. 115. In Anlehnung daran gibt es auch Stimmen in Lehre und Rechtsprechung, die ein einheitliches Regime für das gesamte Schuldrecht postulieren.

70 Über die Diskussion in Deutschland vgl. statt vieler: Staudinger/*Oechsler*, Einl. zum ProdHaftG Rn. 27 ff., m.w.N. zu Literatur.

schutzgesetz auf einen großen Teil der Fälle Anwendung findet, die man im deutschen Recht als Haftung in contrahendo für Schutzpflichtverletzungen ieS einordnet. Paradebeispiel: Warenhausfälle. In der brasilianischen Rechtspraxis gibt es eine Reihe solcher Schadensfälle, von denen man den sog. **„Supermarktausrutsch-Fall"** hervorheben kann, in denen sich der Verbraucher im Supermarkt infolge schuldhaftes Fehlverhalten des Ladeninhabers oder seiner Leute in seiner körperlichen Integrität verletzt. Die einhellige Meinung sieht darin einen **Sicherheitsfehler bei Dienstleistungserbringung** durch das Unternehmen, das die Räumlichkeit frei von schädlichen Gefahren für das Publikum zu erhalten hat[71]. Für den daraus folgenden materiellen und immateriellen Schaden des Verbrauchers – oder Dritten – haftet der Supermarkt (Lieferant) verschuldensunsabhängig, und zwar unabhängig davon, ob der Geschädigte irgendwelche Kaufabsichten hatte oder nicht, was aber nicht thematisiert wird[72]. Jeder Geschädigte –von einem Dieb abgesehen – wird durch Art. 14 CDC geschützt.

Die dabei zugrunde liegende Problematik ist die gleiche wie beim Linoleum- und Bananenschalenfall, also bei der Verletzung von absolut geschützten Gütern bei Teilnahme am Rechtsverkehr. Ob die genannte Sicherheitspflicht eine Konkretisierung der deliktischen neminem-laedere-Pflicht oder aber eine besondere Schutzpflicht darstellt, wird im Schrifttum meistens nicht diskutiert. *Lima Marques* ordnet zwar die Sicherheitspflichten als Nebenpflichten (*deveres anexos*) aus Treu und Glauben ein, betrachtet die Nebenpflichten selbst jedoch als Verkehrspflichten, weil sie menschliche Verhaltenspflichten seien, die auch in außervertraglichen Beziehungen bestünden und nur indirekt (oder eventuell) auf die vertragliche Leistung gerichtet seien. Deshalb weist sie der Haftung für Produkts- und Sicherheitsfehler eine außervertragliche Natur zu, obwohl sie von der Überwindung der Trennung zwischen Vertrags- und Deliktshaftung ausgeht[73].

Der Lieferant hat den entstandenen Schaden unabhängig davon zu ersetzen, ob ihn oder seinen Erfüllungsgehilfen ein Verschulden trifft. Er kann sich nach Art. 14 § 3 CDC von der Haftung nur frei machen, wenn er beweist, (i) dass er die Dienstleistung nicht in den Verkehr gebracht hat, (ii) dass kein Sicherheitsfehler vorhanden war oder (iii) dass dabei ein ausschließliches Verschulden des Verbrauchers oder eines Dritten vorlag. Das Gleiche gilt bei einer *force majeure*[74]. Laut Art. 17 CDC haftet der Lieferant nicht nur gegenüber dem Verbraucher, sondern auch gegenüber jeder Person, die durch die Pflichtverletzung geschädigt

---

71 Statt vieler: STJ AgRg no AREsp. 768.585/DF, T4, Rel. Min. Antonio Carlos Ferreira, Urt. vom 27.10.2015, DJe 09.11.2015 (Bisswunde eines Verbrauchers im Supermarkt).

72 Statt vieler: *Benjamin/Lima Marques/Bessa*, Manual, S. 139.

73 Contratos, S. 980, 1024.

74 Statt vieler: *Benjamin/Lima Marques/Bessa*, Manual, S. 139.

wird. Die Norm regelt die **Schutzpflichtverletzung eines Dritten**, der einen **direkten Schadensersatzanspruch** gegen den Lieferanten hat.

Die Haftung für eine Schutzpflichtverletzung an Dritten wird durch eine **fiktive Gleichstellung der Rechtsposition** von Geschädigtem und Verbraucher dogmatisch gerechtfertigt: Bei schadenstiftender Pflichtverletzung durch den Lieferanten ist der Dritte so zu behandeln wie ein Verbraucher. Er genießt also rechtlich betrachtet das **gleiche Schutzniveau** wie ein typischer Verbraucher und ist nicht auf die Verschuldenshaftung des Deliktsrechts (Arts. 186 und 927 CC2002) angewiesen. Das bedeutet: Anders als in Deutschland wird in Brasilien die Verletzung der absoluten Rechtsgüter von Dritten vor Vertragsschluss nicht durch die dogmatische Konstruktion des Vertrags mit Schutzwirkung zugunsten Dritter gerechtfertigt wie im Gemüseblatt-Fall oder durch die culpa in contrahendo zugunsten Dritter (§ 311 III BGB), sondern mittels Ausweitung des Verbraucherbegriffes[75].

Aus dem Dargestellten ergibt sich, dass die Verletzung von absoluten Rechtsgütern vor Vertragsschluss in verbraucherrechtlicher Beziehung eine **Risikohaftung** des Lieferanten auslöst, die in erster Linie eine **Schadensersatzpflicht** als Rechtsfolge hat. Solche vorvertraglichen Schadensfälle werden im brasilianischen Recht **nicht als Unterfall der culpa in contrahendo** betrachtet, sondern vielmehr als ein „Fehler" an der Dienstleistung, d. h., als Verletzung der im Verkehr erwarteten allgemeinen Sicherheitspflicht[76]. Da es sich dabei um eine allgemeingültige Sicherheitspflicht – im Sinne einer Verkehrssicherungspflicht – handelt, werden nicht nur **Verbraucher**, sondern auch jeder geschädigte **Dritte** in seiner körperlichen Integrität oder in seinem persönlichen Vermögen geschützt. Die culpa in contrahendo wird innerhalb solcher Fallkonstellationen kaum thematisiert, so wie ebenfalls nicht die Figur des Vertrages mit Schutzwirkung für Dritte, über die erst im Rahmen vertraglicher Beziehungen zwischen Privaten zu diskutieren begonnen werden soll. *Fichtner Pereira* sieht daran – jedoch ohne

75 Kritisch dazu: *Schmidt*, Zivilrechtskodifikation, S. 279. Ihm zufolge sei der Verbraucherbegriff im brasilianischen Recht das entscheidende Merkmal für die Anwendbarkeit zahlreicher Sonderregeln. Eine solche Konzeption stehe nicht nur dem rollenspezifischen Charakter (Endverbraucher) des Verbraucherbegriffs entgegen, sondern verberge die darin liegenden Wertungen, indem sie die falsche Vorstellung erwecke, die Korrektur von Ungleichgewichtslagen sei allein ein Anliegen des Verbraucherrechts. Durch das Abstellen auf das formale Kriterium des Verbraucherbegriffs wird laut *Schmidt* der Verbraucherbegriff zum Allheilmittel, wie bei der Rechtsprechung zum „verwundbaren Unternehmer", der in den Genuss des Verbraucherschutzgesetzes kommt, belegt.

76 In diesem Sinne auch: *Martins Costa*, Um aspecto da obrigação de indenizar, 1, 10.

nähere Begründung – ein gesetzliches Beispiel für die Haftung in contrahendo[77]. Das ist allerdings unzutreffend und überflüssig.

Es geht in solchen Fällen nicht um die Verletzung einer spezifischen Schutzpflicht ieS, die dem Pflichtverletzenden gerade nur gegenüber dem Geschäftspartner obliegt, sondern um eine allgemeine Verkehrspflicht, die den Lieferanten dazu verpflichtet, seine Räumlichkeiten so zu gestalten, dass jeder aus dem Publikum nicht an seiner Gesundheit oder seinem Eigentum verletzt wird[78]. **Rechtfertigungsgrund** für die Haftung ist weniger die Schaffung und Enttäuschung eines Vertrauenstatbestands, wie üblich bei der culpa in contrahendo, sondern die **Schaffung einer Gefahrenquelle**, die die **Eröffnung eines Publikumsverkehrs** mit sich bringt. Diese Leitlinie begründet letztendlich auch die **Produkthaftung**, da der Hersteller für die durch **In-Verkehr-Bringen von Produkten geschaffene Gefahrenquelle (Produktfehler)** haftet[79].

Der Rekurs auf die culpa in contrahendo, um die Haftung für Schutzpflichtverletzungen vor Vertragsschluss im verbraucherrechtlichen Verkehr zu begründen, ist außerdem überflüssig, weil das brasilianische Verbraucherschutzgesetz einen geeigneten und effizienten Mechanismus dafür bietet, nämlich eine allgemeine verschuldensunabhängige Haftung, die jeden Geschädigten (potentiellen Kunden oder *bystander*) begünstigt und somit die Diskussion über die Existenz einer Kaufabsicht für die Charakterisierung des geschäftlichen Kontakts oder über den Rechtsgrund einer aus fremden Schuldverhältnis entstandenen Schutzpflicht gegenüber Dritten erspart. Es handelt sich dabei vielmehr um gesetzliche Verkehrsicherheitspflichten, die in ihrer sachlichen Struktur eine deliktische Natur aufweisen.

3. Schutzpflichtverletzung beim rein privaten geschäftlichen Kontakt

Werden aber die körperliche Integrität oder Sachen eines Beteiligten in einem geschäftlichen Kontakt – etwa Vertragsanbahnung oder Vertragsverhandlungen – zwischen Privatleuten geschädigt, hat die geschädigte Partei keine günstige Rechtsposition wie der geschädigte Verbraucher, weil sie insbesondere nicht von den Vorteilen einer verschuldensunabhängigen Haftung profitieren kann. Solche

77 A responsabilidade civil pré-contratual, S. 201 f.

78 In diesem Sinne: *Larenz*, FS Ballerstedt (1975), 397, 402.

79 In diesem Sinne vgl. auch: Staudinger/*Oechsler*, Einl. zum ProdHaftG Rn. 2 und *Menezes Cordeiro*, Tratado II/3, S. 692. *Benjamin/Lima Marques/Bessa* begründen die Haftung für Produkt- und Dienstleistungsfehler mit der Verletzung einer dem Lieferanten obliegenden Sicherheitspflicht und mit der Enttäuschung der berechtigten Erwartung der Verbraucher bzgl. der Sicherheit der in den Verkehr gebrachten Produkte und Dienstleistungen. Manual, S. 116.

Schadensfälle kommen in der Rechtspraxis nicht oft vor und werden in der Literatur fast nicht thematisiert. Dies lässt sich zum einen durch die Begrenzung der culpa in contrahendo auf die Fälle unbegründeter Verhandlungsbeendigung erklären, zum anderen aber auch dadurch, dass die Verletzung von Schutzpflichten ieS ohne Weiteres als ein klassischer Fall **unerlaubter Handlung** in Brasilien verstanden wird, weil zwischen den Beteiligten in solchen Fallkonstellationen sowieso keine Vertragsbindung besteht. Die Verletzung von absoluten Rechtsgütern vor Vertragsschuss wird also – so wie (hier jedoch irrtümlich!) der weiteren vertragsbezogenen Rücksichtspflichten – generell als eine Konkretisierung der Jedermannspflicht betrachtet[80].

Der Geschädigte ist also völlig auf das **Deliktsrecht** angewiesen, so dass er die volle Beweislast für seinen Anspruch trägt. Das brasilianische Deliktsrecht sieht – anders als das deutsche – den Körper, die Gesundheit, das Leben oder das Eigentum als geschützte Rechtsgüter nicht ausdrücklich vor, sondern enthält eine **deliktsrechtliche Generalklausel**, die grundsätzlich jede Art von Pflichtverletzung aufnehmen kann. Herkömmlicherweise geht man aber davon aus, dass dort grundsätzlich **absolute Rechte und Rechtsgüter** geschützt werden, weil die relativen Rechte, die überwiegend aus einer vorher vorhandenen vertraglichen Beziehung zwischen Pflichtverletzendem und Geschädigtem stammen, durch die Vorschriften des Vertragsrechts geschützt sind, die umgekehrt eine **Vertragshaftung** des Pflichtverletzenden statuieren[81]. In der Praxis werden heutzutage – infolge der untechnischen Anwendung der Generalklausel – sogar Schadensersatzpflichten aus Vertragsverletzung mit der deliktischen Generalklausel begründet.

Obwohl die Privatrechtswissenschaft darauf hinweist, dass aus dem Grundsatz von Treu und Glauben Schutz- und Obhutspflichten (*deveres de proteção e cuidado*) im Einzelfall entstehen können, die darauf abzielen, Personen- und Sachschäden in der Rechtssphäre der Gegenseite abzuwehren, gibt es keine tiefgründige Auseinandersetzung mit der dortigen Abgrenzungsproblematik zwischen den Schutzpflichten und der Jedermannspflicht. Auf der anderen Seite qualifiziert diese Lehre die Schutz- und Obhutspflichten „aus Treu und Glauben" als Konkretisierung der neminem-laedere-Pflicht, obwohl man ihre Verletzung anhand einer vertraglichen Beziehung dem Vertragshaftungsregime zuordnet[82].

---

80 Statt vieler: *Martins Costa*, Um aspecto da obrigação de indenizar, 1, 5.

81 Statt vieler: *Espínola*, Sistema II/2, S. 220 ff.

82 Das spielt vor allem in der Diskussion der positiven Vertragsverletzung und des Vertrages mit Schutzwirkung für Dritte eine Rolle. Zur Diskussion über die Anwendbarkeit der Figur positiver Vertragsverletzung im brasilianischen Recht vgl. *Jorge Cesa Ferreira da Silva*, A boa-fé e a violação positiva do contrato, Rio de Janeiro, Renovar, 2002. Zum Vertrag mit Schutzwirkung für Dritte vgl.

Dass bei dieser Auffassung ein großer Widerspruch vorliegt, ist ersichtlich. Denn entweder nimmt man an, dass besondere Schutzpflichten infolge des engen geschäftlichen Kontakts vor Vertragsschluss bestehen, weil die deliktische Jedermannspflicht keinen ausreichenden Schutz für die absoluten Rechte in der Phase der Vertragsvorbereitung gewährt, oder man muss annehmen, dass es dabei letztendlich um die gleiche allgemeingültige Pflicht geht. Die deliktische Qualifizierung erfolgt wie bei den weiteren Rücksichtspflichten ohne nähere Betrachtung der unterschiedlichen Quellen, Strukturen, Fundamente und Wirkungen beider Pflichtkategorien.

Das ist insofern wichtig, wenn man bedenkt, dass die Schutzpflichten ieS die gleichen Rechte und Rechtsgüter wie die neminem-laedere-Pflicht umfassen, so dass man – bei Annahme der dogmatischen Autonomie der Schutzpflichten ieS – zumindest eine **funktionelle Äquivalenz** und somit eine **Anspruchskonkurrenz** zwischen beiden Pflichtkategorien akzeptieren muss. Im deutschen Recht geht, wie gesagt, die herrschende Meinung davon aus, dass die Schutzpflichten aus § 241 II BGB schuldrechtliche Natur haben und unabhängig von den deliktischen Pflichten, einschließlich der Verkehrssicherungspflichten, sind. Vor allen Dingen seien sie in Existenz und Tragweite mit der Jedermannspflicht nicht identisch[83]. Diese Analyse fehlt jedoch im brasilianischen Schrifttum.

Das zeigt eindeutig, dass für die Einordnung vorvertraglicher Schutzpflichten ieS als eine „Konkretisierung" der Jedermannspflicht einfach die Tatsache entscheidend ist, dass im vorvertraglichen Stadium noch kein Vertrag besteht[84]. Denn der Vertrag wird noch als **entscheidendes Abgrenzungskriterium zwischen Vertrags- und Deliktshaftung** angesehen. Das erklärt nicht zuletzt die in Brasilien – und auch in Europa[85] – herrschende Qualifikation der culpa in con-

---

Pontes de Miranda, Tratado, Bd. 5, Rio de Janeiro, Borsoi, 1955; *Teresa Negreiros*, Teoria dos contratos: novos paradigmas, Rio de Janeiro, Renovar, 2002; *Junqueira de Azevedo*, Os princípios do atual direito contratual e a desregulamentação do mercado, in: Estudos e pareceres de direito privado, São Paulo, Saraiva, 2004 und *Luciano de Camargo Penteado*, Efeitos contratuais perante terceiros, São Paulo, Quartier Latin, 2007.

83 Statt vieler: *Canaris*, JZ 1965, 475 ff. und *Thiele*, JZ 1967, 649 ff.

84 Statt vieler: *Martins Costa*, Um aspecto da obrigação de indenizar, 1, 5. Bemerkenswert ist in dieser Diskussion, dass *Couto e Silva*, der das Konzept des Schuldverhältnisses als Gefüge ins brasilianische Recht eingeführt hat, keinen Bezug auf die Schutz- und Obhutspflichten nimmt, die im deuschen Recht ohne Weiteres als Nebenpflichten qualifiziert werden. Er bezieht sich vielmehr auf Informations-, Aufklärungs-, Mitwirkungs- und Geheimnispflichten, die leisungsbezogen („leistungsabhängig") oder nicht leistungsbezogen („leistungsunabhängig") sein können. A obrigação como processo, S. 94 ff.

85 Zum Thema vgl. statt vieler: *Leible*, in: Schuldrechtsmodernisierung und Europäisches Vertragsrecht, 219, 229 ff.

trahendo als Deliktshaftung. Die generelle deliktische Qualifikation vorvertraglicher Rücksichtspflichten bzw. der Schutzpflichten ieS hat zur Folge, dass der Geschädigte die haftungsbegründenden Voraussetzungen – also: Pflichtverletzung, Schaden, Kausalität und noch das Verschulden des Pflichtverletzenden – voll nachzuweisen hat, um den erlittenen Schaden überhaupt ersetzt zu bekommen, was selbstverständlich gar nicht einfach ist.

Es ist jedoch zweifelhaft, ob in der Praxis die reine Verletzung absoluter Rechtsgüter im Rahmen eines vorvertraglichen Kontakts zum Schadensersatz führt wie in Deutschland. Will man z. B. seinen gebrauchten Fernsehapparat an eine Nachbarin verkaufen und sie rutscht bei der Produktbesichtigung auf dem frisch gewachsten Parkettboden aus, so dass sie sich das Handgelenk bricht und wochenlang nicht arbeiten kann, kann sie ihren Schaden nur liquidieren, wenn sie unter anderem eine Schutz- oder Warnpflicht und das Verschulden des potentiellen Verkäufers nachweist. Sie muss also beweisen, dass der Nachbar (Verkäufer) hätte erkennen können, dass das durch das Wachsen gereinigte Parkett in dem Maße rutschig war, dass jede Frau mit Absatz dort ausrutschen könnte und sie dementsprechend auf die Rutschgefahr hätte aufmerksam gemacht werden müssen oder ihr zum Ausziehen ihrer Schuhe hätte geraten werden müssen.

Der Verkäufer könnte sich allerdings von der Haftung befreien, wenn er nachweist, dass sie die Rutschgefahr hätte erkennen und vorsichtiger hätte laufen können oder dass er seit Langem das gleiche Wachs benutzt und sich niemand dabei verletzt habe. Geht der Richter davon aus, dass die Dame die Rutschgefahr selber hätte erkennen und dementsprechend ‚angemessen' hätte laufen können, fehlte es schon an einer schuldhaften Pflichtverletzung des potentiellen Verkäufers, was selbstverständlich zur Haftungsablehnung nach Art. 186 CC2002 führt. Sie wird also – wenn überhaupt – nur mit großer Schwierigkeit Erfolg haben. Vielleicht kommen deshalb solche Haftungsfälle in der brasilianischen Praxis eher selten vor.

Die Fallkonstellation **vorvertraglicher Schutzpflichtverletzungen gegenüber Dritten** ist außerhalb der verbraucherrechtlichen Sachlage auch unüblich. In dem oben geschilderten Beispiel: Das Kind der Kaufinteressentin verletzt sich im Haus des Verkäufers. Das Thema wird im Schrifttum anlässlich der vorvertraglichen Haftung nicht erwähnt. Die Figur des Vertrages mit Schutzwirkung zugunsten Dritter, die im deutschen Gemüseblatt-Fall als Hilfskonstruktion für die Haftung in contrahendo benutzt wurde, wird ausschließlich im Rahmen eines vertraglichen Schuldverhältnisses betrachtet. In der STJ-Rechtsprechung scheint es nichts zum Schadensersatz für Dritte im Rahmen der Vertragsvorbereitung zwischen Privaten zu geben. Man kann freilich davon ausgehen, dass die Regelungen der außervertraglichen Haftung darauf Anwendung finden, da der Dritte in keiner vertraglichen Beziehung zu dem Pflichtverletzenden steht. Dafür spricht die Tatsache, dass die Verletzung von absoluten Rechtsgütern vor Vertragsschuss unter die deliktsrechtliche Generalklausel ohne Weiteres subsumiert werden kann.

Zusammenfassend kann man sagen, dass die Verletzung absoluter Rechtsgütern anlässlich eines vorvertraglichen Geschäftskontakts zwischen Privatleuten – sei es gegenüber dem potentiellen Vertragspartner, sei es gegenüber *bystandern* – bis jetzt eine bescheidende Rolle in der brasilianischen Praxis und Rechtswissenschaft gespielt hat. Grund dafür ist einerseits die relative Unkenntnis über die Dogmatik der Haftung aus culpa in contrahendo, andererseits die selbstverständliche Anwendung der deliktischen Generalklausel auf Fälle, in denen absolute Rechtsgüter verletzt werden. Anders als im Verbraucherrecht muss hier der Geschädigte die Beweislast im vollen Umfang tragen, um seinen Schadensersatzanspruch geltend zu machen, was nicht selten zur Anspruchsablehnung wegen fehlenden Beweises führt.

4. Kritische Betrachtung und Lösungsansätze

Aus dem oben Dargestellten ergibt sich zunächst, dass die Verletzung absoluter Rechtsgüter im Rahmen eines vorvertraglichen geschäftlichen Kontakts verbraucherrechtlicher Art eine **angemessene Lösung** im brasilianischen Recht deshalb findet, weil sie eine **verschuldensunabhängige Haftung** des Lieferanten nach Art. 14 CDC auslöst, die den Lieferanten verpflichtet, den daraus entstandenen Schaden des potentiellen Kunden und *bystanders* zu ersetzen, und zwar auch ohne Exkulpationsmöglichkeit bei pflichtwidriger Handlung seines Gehilfen. Das gilt für die klassischen Fälle der culpa in contrahendo wegen Schutzpflichtverletzung ieS wie etwa im Linoleum- und Gemüseblatt-Fall. Unter diesem Gesichtspunkt hat der Geschädigte in Brasilien – zumindest theoretisch – eine günstigere Rechtsstellung als in Deutschland, wo sich der Pflichtverletzende nach § 280 I BGB immer noch, wenn auch nur unter strengeren Voraussetzungen exkulpieren kann, indem er beweist, dass ihn kein Verschulden trifft.

Diese Fälle werden – anders als in Deutschland – nicht über das Rechtsinstitut der vorvertraglichen Haftung gelöst, sondern mittels eines anderen Rechtsmechanismus‘, nämlich der **Haftung für Sicherheitsfehler an Dienstleistungen** aus Art. 14 CDC. Dass es dabei im Grunde genommen nicht um einen „Fehler an der Dienstleistung“ (*falha no serviço*), sondern um eine **Verletzung der Verkehrssicherungspflicht** geht, bemerkt man, sobald man den gleichen Sachverhalt zwischen Privatleuten betrachtet: Da hier selbstverständlich keine

Dienstleistung zwischen den Beteiligten besteht, kann man den Schaden nur auf die Verletzung einer Verkehrspflicht zurückführen[86].

Steht aber der Geschädigte nicht in einer Verbraucherposition wie Privatleute oder Unternehmen zueinander, ist er auf das Deliktsrecht angewiesen, das ihm keine besonders günstige Lage anbietet, weil er sämtliche Voraussetzungen der außervertraglichen Haftung nach Arts. 186 und 927 CC2002 nachweisen muss, um seinen Schaden ersetzt zu bekommen. Er hat insbesondere den schwer zu führenden Verschuldensnachweis zu erbringen, was im konkreten Fall nicht immer leicht ist. Das Gleiche gilt für den Dritten, der sich im Rahmen eines vorvertraglichen Geschäftskontakts zwischen Privatleuten verletzt. Eine günstigere Schutzposition genießt der Dritte nur unter dem Anwendungsbereich des Verbraucherschutzgesetzes, weil Art. 17 CDC ihm einen direkten Anspruch gegenüber den Lieferanten gewährt. Es macht also im brasilianischen Recht schon einen erheblichen Unterschied, ob die Verletzung von absoluten Rechtsgütern vor Vertragsschuss im Rahmen eines vorvertraglichen Geschäftskontakts zwischen Lieferant und Verbraucher oder zwischen reinen Privatleuten erfolgt. Im Grund genommen wird das **gleiche Problem** – Personen- oder Sachschaden im vorvertraglichen Stadium – mittels **völlig unterschiedlicher Haftungstypen** (Risiko- und Verschuldenshaftung) gelöst.

Tatsächlich handelt es sich um die gleiche Problematik, nämlich um die Verletzung von absoluten Rechten vor Vertragsschluss, die umgekehrt bereits durch die allgemeingültige Jedermannspflicht geschützt sind. Die neminem-laedere-Pflicht verpflichtet jedermann, sich so zu verhalten, dass andere nicht in

---

86 Man kann hier die Frage stellen, inwieweit die Terminologie „Dienstleistungsfehler" geeignet ist, die Verletzung von Verkehrspflichten zu bezeichnen, die – anders z. B. als Produktfehler – völlig unabhängig von der erbrachten oder zu erbringenden (Dienst-)Leistung geschehen, wie bei der Verletzung von Verkehrspflichten im vorvertraglichen Stadium, wenn sogar das Zustandekommen des geplanten Vertrags noch unsicher ist. Sie scheint vielmehr geeignet zu sein, Personen- oder Eigentumsschäden zum Ausdruck zu bringen, die unmittelbar aus der Leistung bzw. dem Produkt selber stammen. Die Angemessenheit der Terminologie lässt sich auch bezweifeln, wenn man berücksichtigt, dass sie Verstöße gegen absolute Rechtsgüter des Verbrauchers sowie jeder Person infolge unterschiedlicher Störungen im Schuldverhältnis zusammenfasst, also etwa aus Nichtleistung, Schlechtleistung oder Verletzung von Rücksichtspflichten vor, während und nach dem Dienstleistungsvertrag. Die Diskussion spielt zwar für das Haftungsregime keine Rolle, weil der Lieferant immer verschuldensunabhängig haftet, macht jedoch auf Tatbestands- und Rechtsfolgenebene einen Unterschied, da jede Störung im Schuldverhältnis an unterschiedliche Tatbestände und Rechtsfolgen gekoppelt ist. Alle Personen- oder Sachbeschädigungen im Rahmen eines „verbraucherrechtlichen Schuldverhältnisses" unter dem semantisch engen Oberbegriff „*defeito no serviço*" einzuordnen, scheint für die erforderliche Präzisierung unzureichend zu sein.

ihren absoluten Rechtsgütern geschädigt werden[87]. Das gilt auch, wenn solche Pflichten in der verbraucherrechtlichen Beziehung strenger ausgestaltet sind als in privatrechtlichen Beziehungen, was sich mit der Notwendigkeit eines besonderen Verbraucherschutzes rechtfertigt.

Die gesetzlichen Verkehrssicherungspflichten des brasilianischen Verbraucherrechts und die nicht vertragsbezogenen Schutzpflichten ieS scheinen vielmehr eine **Erscheinungsform der allgemeingültigen neminem-laedere-Pflicht** zu sein, weil sie die gleichen Rechtsgüter schützen, auch wenn man dabei unterschiedliche Schutzgrade feststellen kann, denn die Haftung ist strenger im Verbraucherbereich aufgrund der Schutzbedürftigkeit und des Verkehrsausmaßes. Sie sind in **Existenz**, **Struktur** und **Wirkungsweise** identisch mit den deliktischen Pflichten. Man muss einen Passanten vor einem besonders rutschigen Boden nicht warnen, einen Gast daheim und einen potentiellen Vertragspartner im Büro dagegen schon. Ob ein erheblicher Unterschied in der Intensität bzw. Tragweite der Warn- bzw. Schutzpflicht gegenüber dem Gast und dem potentiellen Geschäftspartner besteht, ist fraglich[88]. Auch zweifelhaft ist, ob der verschiedene Intensitätsgrad der Pflicht eine Änderung an ihrer rechtsdogmatischen Natur rechtfertigt.

Denn auch wenn man einer Partei stärkere Pflichten auferlegt und höhere Anforderungen an die Exkulpationsmöglichkeit des Pflichtverletzenden stellt, ändert sich nichts in der Essenz, d.h. an der „sachlichen Struktur“[89] der Schutzpflicht, die in erster Linie bestimmte Rechtsgüter, d.h. die Person und das Eigentum anderer Personen unter Schutz nimmt, und zwar unabhängig von einer vorherigen Beziehung rechtsgeschäftlicher Art. Sie stehen – anders als die typischen schuldrechtlichen Rücksichtspflichten – nicht im inneren Zusammenhang mit dem Zielvertrag. Der Schaden trifft dem Geschädigten nicht in seiner Eigen-

---

87 *Lima Marques* ordnet deshalb – in Anlehnung an das deutsche Recht – die Sicherheitspflicht des Lieferanten den „Verkehrspflichten“ zu, die dort nicht anders betrachtet werden als als Konkretisierung der deliktischen Jedermannspflicht. Dazu: Contratos, S. 1024ff. Im gleichen Sinne: *Larenz*, FS Ballerstedt (1975), 397, 402; *Thiemann*, Culpa in contrahendo, 91ff. und *Medicus*, FS Max Keller (1989), 205, 210.

88 In diesem Sinne im deutschen Recht: *Nirk*, RabelsZ 18 (1953), 310, 352; *Hans Stoll*, FS Caemmerer, 435, 452; *Huber*, AcP 177 (1977), 281ff.; *v. Caemmerer*, FS DJT 1960, 49ff.; *Larenz*, FS Ballerstedt (1975), 397, 402f.; *Thiemann*, Culpa in contrahendo, S. 92f.; *Leible*, in: Schuldrechtsmodernisierung und Europäisches Vertragsrechts, 219, 232f. und *Medicus*, FS Max Keller (1989), 205, 211, der ausdrücklich sagt: „Ich kenne keine deutsche Gerichtsentscheidung, in der die vorvertraglichen Schutzpflichten hinsichtlich der deliktisch geschützten Güter über die allgemeinen Verkehrspflichten hinaus gehen. Daher dürften beide Pflichten – die allgemeine deliktische und die vorvertragliche – mit gleicher Intensität nebeneinander bestehen“.

89 *Larenz*, FS Ballerstedt (1975), 397, 403.

schaft als Verhandlungspartner, sondern nur anlässlich der Vertragsanbahnung[90]. Da der erlittene Schaden nicht in unmittelbarer Verbindung mit dem geplanten Vertrag steht, spielen die für die vorvertraglichen Schäden entscheidenden Kriterien vom positiven und negativen Interesse bei den Rechtsfolgen bzw. der Schadensberechnung keine Rolle. All dies erlaubt den Rückschluss, dass es sich dabei vielmehr bloß um eine „Verschärfung des Deliktsrechts" handelt, wie *Larenz* einmal betont hat[91].

Schutz- oder Sorgfaltspflichtverletzung bilden gerade den **Kernbereich des Deliktsrechts.** Deshalb vertritt eine Mindermeinung in Deutschland und die Mehrheit in Europa die Auffassung, dass die Fälle vorvertraglicher Schutzpflichtverletzung zum Deliktsrechts gehören[92]. Dies lässt sich im brasilianischen Recht noch damit begründen, dass die deliktische Gehilfenhaftung in der neuen Kodifikation – anders als im deutschen Recht – verschuldensunabhängig gemäß Art. 932 III iVm Art. 933 CC2002 ist. Auf europäischer Ebene bringt Art. 12 Rom II-VO die deliktische Natur der vorvertraglichen Haftung zum Ausdruck, deren Begründung in Nr. 30 ausdrücklich ausführt, dass das dort vorgesehene Verschulden bei Vertragsverhandlungen nur die Verletzung der Informationspflichten und der Loyalitätspflicht (Abbruch von Vertragsverhandlungen) einschließt, hingegen nicht Verstöße gegen Schutzpflichten.

Das heißt: Ein Schaden, den eine Person im unmittelbaren Zusammenhang mit den Verhandlungen erleidet, bildet keinen Fall der culpa in contrahendo[93]. Im europäischen *soft law* enthalten etwa die Unidroit-Principles und PECL eine generalklauselhafte Pflicht, bei Verhandlungen die Grundsätze von *„good faith"* und *„fair dealing"* zu beachten. Paradebeispiel für die culpa in contrahendo ist dort der Fall des grundlosen Verhandlungsabbruchs. *Köndgen* führt daher zu Recht aus, dass es nur schwer vorstellbar sei, dass solche Pflichten eines Tages auch die

90 Dazu: *v. Caemmerer*, FS DJT 1960, 49, 57.

91 FS Ballerstedt (1975), 397, 403.

92 In Europa vgl. etwa: *Paulo Mota Pinto*, Interesse contratual negativo, Bd. 2, S. 1193; *Mousinho de Figueiredo*, in: Der Allgemeine Teil des Privatrechts, 185, 197; *García Rubio/Crespo*, InDret 2/2010, 1, 22; *Gallo*, in: Studi in Onore di Cesare Massimo Bianca (2006), 475, 543 und *Joanna Schmidt*, L'évolution de la responsabilité précontractuelle en droit français, in: *Günter Weick* (Hrsg.), Entwicklung des Deliktsrechts in rechtsvergleichender Sicht, 1987, 141, 143 ff., apud: *Köndgen*, in: Die Schuldrechtsreform vor dem Hintergrund des Gemeinschaftsrechts, 231, 237 Fn. 36. In Deutschland: *Nirk*, RabelsZ 18 (1953), 310, 352; *Hans Stoll*, FS Camemmerer, 435, 452; *v. Caemmerer*, FS DJT 1960, 49 ff.; *Larenz*, FS Ballerstedt (1975), 397, 402 f.; *Huber*, AcP 177 (1977), 281 ff.; *Thiemann*, Culpa in contrahendo, S. 92 ff.; *Leible*, in: Schuldrechtsmodernisierung und Europäisches Vertragsrechts, 219, 232 f; und *Köndgen*, in: Die Schuldrechtsreform vor dem Hintergrund des Gemeinschaftsrechts, 231, 237.

93 Zustimmend dazu: *García Rubio/Crespo*, InDret 2/2010, 1, 22.

Haftung für Integritätsschäden des Verhandlungspartners rechtfertigen werden. Er kommt dann zu dem Schluss, dass eine Systematisierung von Schutzpflichtverletzungen im Rahmen der Vertragsanbahnung als „Quasi-Vertragsrecht" nicht europafähig sei[94].

Von den Schutzpflichten ieS – besser: Verkehrssicherungspflichten – abzugrenzen sind die **vertragsbezogenen Rücksichtspflichten**, die einen unterschiedlichen Inhalt haben und nur gegenüber dem Geschäftspartner Gültigkeit besitzen. Beide Pflichtenkomplexe – neminem-laedere-Pflichten einerseits und vertragsbezogene Rücksichtspflichten anderseits – unterscheiden sich in ihrer Struktur, ihrem Inhalt, ihrem Fundament und ihrem Rechtsgrund. Die Schutz- und Obhutspflichten zielen auf den Schutz der für jedermann erkennbaren absoluten Rechte und Rechtsgüter der Person ab. Deshalb gelten sie gegenüber jedermann, der sie zu beachten hat, gleichgültig ob ihm die zu schützende Person zuvor bekannt war oder nicht[95], also ob eine vorherige Beziehung zwischen Schädiger und Geschädigtem bestand oder nicht. **Rechtsgrund** der neminem-laedere-Pflicht ist der reine **soziale Kontakt**, der jedes Gesellschaftsmitglied bindet und beim Pflichtverstoß eine Deliktshaftung auslöst. Die **Anspruchsgrundlage** bilden Arts. 186 und 927 CC2002, die in §§ 823 und 826 BGB ihr Äquivalent finden.

Die Rücksichtspflichten entstehen dagegen infolge eines engen **geschäftlichen Kontakts:** Je enger die geschäftliche Beziehung und je näher die Parteien dem Vertragsschluss kommen, desto größer die Einflussmöglichkeit auf die Rechtsgüter und Interessen der Gegenseite und desto mehr und intensivere Rücksichtspflichten erwachsen, die nur gegenüber dem Geschäftspartner gelten. Sie formen sich graduell nach den Umständen jedes einzelnen geschäftlichen Kontakts aus und sind deshalb fall- und vertragsbezogen. Ohne eine vorherig bestehende Beziehung rechtsgeschäftlicher Art bilden sich keine Rücksichtspflichten heraus, sondern nur deliktische Schutzpflichten.

Da die auf einen eventuellen Vertragsabschluss gerichtete Beziehung spezifische und verbindliche Verhaltenspflichten erzeugt, deren Verletzung eine sekundäre Pflicht zum Schadensersatz entstehen lässt, kann man sie rechtsdogmatisch als ein **besonderes Schuldverhältnis ohne Leistungspflichten** qualifizieren[96]. Die Rücksichtspflichten können also als **besondere schuldrechtliche Pflichten** eingeordnet werden, deren Verletzung die Auslösung – mangels eines gesetzlichen Dritthaftungsregimes – der Vertragshaftung recht-

94 In: Die Schuldrechtsreform vor dem Hintergrund des Gemeinschaftsrechts, 231, 237.
95 In diesem Sinne: *Thiemann*, Culpa in contrahendo, S. 94.
96 *Larenz*, SR I, S. 9 ff.

fertigt. Die vorvertraglichen Rücksichtspflichten finden also ihren Entstehungsgrund in der konkreten rechtsgeschäftlichen Beziehung, ihr Fundament in dem Vertrauensgedanken und ihre positiv-rechtliche Grundlage in Art. 422 CC2002, wo die pflichtenbegründende Funktion von Treu und Glauben und nicht zuletzt der Grundgedanke vorvertraglicher Haftung ausdrücklich positiviert sind.

Der vorvertragliche geschäftliche Kontakt ist also ein ganz anderer als der deliktische Kontakt, wo es nur ein allgemeingültiges Gebot gibt, niemanden zu schädigen. Der Personenkreis vorvertraglicher Rücksichtspflichten ist eindeutig begrenzt im Vergleich zum Personenkreis der deliktischen Pflichten, der erst durch Pflichtverletzung und Entstehung der primären Schadensersatzpflicht bestimmbar wird. Ein lediglich „sozialer" Kontakt, der gar kein konkreter sein muss, genügt für die Begründung der vertragsbezogenen Verhaltenspflichten keineswegs[97]. Sie bezwecken vor allem einen vertrauensvollen und redlichen Umgang miteinander, um ihr Integritätsinteresse, d. h. ihren aktuellen status quo zu schützen.

Schon *Heinrich Stoll* hat die Kernfunktion der Rücksichtspflichten in der gebührenden Rücksicht auf die Gegenseite gesehen und sie deshalb „Schutzpflichten" genannt, die über die allgemeinen Rechtspflichten des Deliktsrechts hinausgehen[98]. Sie haben weiter das Ziel, eine störungsfreie rechtsgeschäftliche Selbstbestimmung und eine möglichst ausgewogene Vertragsgestaltung zu sichern. Die **strukturelle und funktionelle Eigenartigkeit** der vertragsbezogenen Rücksichtspflichten markiert die Grenze zu den deliktischen Schutzpflichten ieS, die kaum einen Bezug zum geplanten Vertrag aufzeigen. Deshalb kann die Verletzung von Schutzpflichten ieS immer über die Generalklausel des Deliktsrechts gelöst und demnach nicht als ein Fall von culpa in contrahendo im brasilianischen Recht angesehen werden.

5. Zusammenfassende und rechtsvergleichende Würdigung

Die rechtsvergleichende Analyse zwischen deutschem und brasilianischem Recht hat gezeigt, dass Fälle schuldhafter Verletzung absoluter Rechte und Rechtsgüter vor Vertragsschluss durch unterschiedliche Rechtsmechanismen in beiden Rechtsordnungen gelöst werden. Im deutschen Recht hat man dafür die „besonderen Schutzpflichten" ieS, d. h. Fürsorge- und Obhutspflichten auf Grundlage des § 242 BGB und des Vertrauensgedankens entwickelt, die sich qualitativ von den deliktischen Schutzpflichten (Verkehrssicherungspflichten) unterscheiden.

---

97 *Larenz*, MDR 1954, 517 f. und *Canaris*, JZ 1965, 475, 478.
98 Leistungsstörungen, S. 30.

Die qualitative Unterscheidung zwischen beiden Pflichten ist jedoch bis heute nicht ganz klar. Nicht von ungefähr nimmt die herrschende Meinung eine „Überschneidung“ oder „Überlagerung“ beider Schutzpflichten an und spricht deshalb von einer Anspruchskonkurrenz[99]. Eine Mindermeinung wendet dagegen ein, dass insbesondere die vorvertraglichen Schutzpflichten ieS nur zur Schließung der Lücken des deutschen Deliktsrechts herausgebildet wurden, vor allem zur Umgehung der rechtspolitisch als überholt kritisierten Exkulpationsmöglichkeit des Geschäftsherrn für unerlaubte Handlungen von Gehilfen (§ 831 BGB).

Sie weisen die prägnantesten Eigenschaften der weiteren Rücksichtspflichten nicht auf, nämlich ihre innere Bezogenheit zum geplanten oder abgeschlossenen Vertrag und zum geschäftlichen Kontakt, den sie eben nicht voraussetzen, um entstehen zu können, wie die Fälle von culpa in contrahendo zugunsten Dritter belegen, wo eine bloße Begleitperson, die selbst nicht Partner des künftigen Vertrages sein wird, auch ohne Kaufabsicht durch vertragsähnliche Mechanismen geschützt wird. Die Erweiterung des vorvertraglichen Schutzes ist hier evident und lässt sich nur durch die unerwünschten Nachteile der Deliktshaftung erklären[100], die umgekehrt mit anderen Argumenten innerhalb des Deliktsrechts korrigiert werden können[101]. Deshalb postuliert diese Strömung nicht zu Unrecht, die trotz Kodifikation der Figur in § 311 II-III BGB ihren kritischen Standpunkt beibehalten hat, die Herausnahme solcher Fälle aus dem normativen Feld der culpa in contrahendo und ihre Zuordnung zum Deliktsrecht, weil es dabei nicht – oder zumindest nur in ganz entferntem Sinne – um Vertrauensschutz im geschäftlichen Verkehr geht[102].

Das würde der vorvertraglichen Theorie mehr Kohärenz und dogmatische Überzeugungskraft vor allem im Ausland bringen. Anderes gilt dagegen für die typisch schuldrechtlichen Rücksichtspflichten wie etwa Loyalitäts-, Sorgfalts-, Informations- und Aufklärungspflichten, die vertragsbezogen und notwendigerweise relativ sind, da sie ohne einen geschäftlichen Kontakt kaum denkbar sind. Denn da ihr Inhalt sich nach den Umständen der vorher existenten Beziehung rechtsgeschäftlicher Art ausformt, setzen sie eine Sonderverbindung voraus. Während man allen anderen gegenüber die Beachtung ihrer absoluten Güter schuldet, ist man nur gegenüber dem Geschäftspartner informations- und loya-

---

99 Statt vieler: MünchKomm/*Emmerich* (2016), § 311 Rn. 63; Soergel/*Harke*, § 311 Rn. 48 und *Medicus*, FS Max Keller (1989), 205, 211.

100 Statt vieler: *vBar*, JuS 1982, 637, 638 ff. und *Medicus*, FS Max Keller (1989), 205, 209.

101 *V. Bar*, JuS 1982, 637, 644 f.

102 *Leible*, in: Schuldrechtsmodernisierung und Europäisches Vertragsrechts, 219, 232f. und *Köndgen*, in: Die Schuldrechtsreform vor dem Hintergrund des Gemeinschaftsrechts, 231, 237. Im alten Recht schon *Larenz*, FS Ballersted (1975), 397, 403.

litätspflichtig, will man dabei – wie oft im brasilianischen Recht propagiert – keine allgemeine und deshalb unverbindliche Loyalitätspflicht annehmen. Die Existenz einer vorvertraglichen Sonderverbindung und des relativen Charakters der vorvertraglichen Rücksichtspflichten belegt die Besonderheit solcher schuldrechtlichen Pflichten und rechtfertigt ihre Behandlung durch die Regelung des Vertragsrechts. Nach richtiger Ansicht bestehen keine begründeten Bedenken gegen die strukturellen und funktionellen Besonderheiten der Rücksichtspflichten.

Der Rekurs auf die culpa in contrahendo, um Fälle schuldhafter Verletzung von Schutzpflichten ieS im brasilianischen Recht zu sanktionieren, ist verfehlt und überflüssig. Zunächst ist zu beachten, dass ein bedeutender Teil dieser Fallgruppe unter den Schutzbereich des Verbraucherschutzgesetzes fällt. Paradebeispiel sind der Linoleum- und der Gemüseblatt-Fall, in denen der potentielle Kunde und der *bystander* vertragsähnliche Schadensersatzansprüche infolge der Verletzung körperlicher Integrität anlässlich eines geschäftlichen Kontakts erlangt haben. Diese Fälle, die in Brasilien unter dem Begriff „Supermarktausrutsch-Fall" gefasst werden, werden nicht durch Anknüpfung an einen geschäftlichen Kontakt gelöst, so dass jeder Geschädigte geschützt wird, und zwar unabhängig von eventueller Kaufabsicht oder der Nähe zum Schutzbereich des vorvertraglichen Schuldverhältnisses.

Auch gleichgültig ist, ob es sich dabei um eine Pflichtverletzung des Gehilfen handelt, weil der Ladeninhaber ohne Exkulpationsmöglichkeit für seine Leute haftet. Haftungsgrund ist die Verletzung der (deliktischen) Sicherheitspflicht, die den Anbieter eines Service' im Massenverkehr verpflichtet, seine Räumlichkeiten so zu gestalten, dass jeder aus dem Publikum nicht in seiner Gesundheit oder seinem Eigentum verletzt wird. Es handelt sich um eine verschuldensunabhängige Haftung für die Verletzung allgemeiner Sicherheitspflicht im Publikumsverkehr, die nichts mit der culpa in contrahendo zu tun hat. Rechtgrund der Haftung ist die Schaffung einer Gefahrenquelle (Sicherheitsfehler) durch die Eröffnung eines Publikumsverkehrs und nicht die Begründung und unberechtigte Enttäuschung eines Vertrauenstatbestands, wie meistens in der culpa in contrahendo. Die sog. Warenhausfälle werden demnach in Brasilien besser als in Deutschland gelöst.

Ein Bezug auf die Haftung in contrahendo ist auch bei Verletzung von Schutzpflichten im Rahmen geschäftlichen Kontakts zwischen Privaten überflüssig, geht man davon aus, dass zwischen den sog. vorvertraglichen Schutzpflichten ieS und der neminem-laedere-Pflicht kein qualitativer Unterschied besteht. Denn der Geschädigte kann ohne Weiteres auf die Generalklausel des Deliktsrechts zurückgreifen, da es sich letztendlich dabei um die Verletzung absoluter Rechte und Rechtsgüter handelt, die traditionell zu diesem Bereich gehört.

Freilich ist die deliktsrechtliche Verschuldenshaftung nicht so günstig wie die vermutete Verschuldenshaftung des Vertragsrechts oder die verschuldensunabhängige Haftung des Verbraucherrechts, weil der Geschädigte die gesamte Beweislast zu tragen hat.

Und das bedeutet, die vorher zu beachtende, nun verletzte Verhaltenspflicht im Einzelfall zu konkretisieren und den schuldhaften Charakter der Handlung des Schädigers darzulegen und nachzuweisen, also zu zeigen, dass er die Pflichtwidrigkeit seines Verhaltens hätte erkennen und bei Anwendung erforderlicher Sorgfalt vermeiden können. Die Rechtspraxis zeigt, wie schwierig das sein kann. Das Gleiche gilt für Pflichtverletzungen gegenüber Dritten. Im Vergleich zum deutschen Deliktsrecht profitiert der brasilianische Geschädigte jedoch immer noch von einer besseren Position, weil der Schädiger in solchen Fällen keine Möglichkeit hat, sich von der Haftung für Verschulden von Gehilfen zu exkulpieren, weil er dafür auch ohne Verschulden einzustehen hat (Art. 932 III iVm Art. 933 CC2002). Es scheint deshalb vernünftig, die Fälle von Schutzpflichtverletzung vor Vertragsschluss aus dem Anwendungsbereich der culpa in contrahendo auszuklammern und das Rechtsinstitut auf Fälle zu beschränken, in denen vertragsbezogene Rücksichtspflichten verletzt werden.

B. Abbruch von Vertragsverhandlungen

I. Problemstellung

Die wohl im Ausland berühmteste Fallgruppe der culpa in contrahendo bildet die Haftung für den Abbruch der Vertragsverhandlungen. In Brasilien trifft diese Aussage in dem Maße zu, dass die vorvertragliche Haftung sich auf diesen Unterfall praktisch erschöpft. Dabei geht es grundsätzlich um die Frage, inwieweit ein Verhandlungspartner, der mit einem anderen über den Abschluss eines künftigen Vertrages verhandelt, für denjenigen Schaden der Gegenseite verantwortlich sein kann, der diesem durch eine grundlose Verhandlungsbeendigung entstanden ist. Diese Frage ist insoweit problematisch, weil sie unmittelbar die **Vertragsfreiheit** beeinträchtigt, frei zu entscheiden, ob man eine vertragliche Verbindlichkeit eingehen will oder nicht. Diese rechtsgeschäftliche Freiheit der Person gewährt die Rechtsordnung durch die **Privatautonomie**, eine wichtige Säule des Privatrechts[103]. Nicht von ungefähr richtet sich der Haupteinwand gegen die konzeptionelle Anerkennung dieser Haftungsgruppe in dem Sinne, die Ge-

---

103 *Larenz/Wolf*, AT, S. 24.

währung vorvertraglicher Schadensersatzansprüche bedeute letztendlich einen indirekten Zwang zum Vertragsabschluss.

Andererseits ist für die Ausübung der rechtsgeschäftlichen Handlungsfreiheit unerlässlich, dass die Person auf das Verhalten anderer vertrauen kann, um ihre Rechts- und Lebensverhältnisse selbstverantwortlich gestalten zu können[104]. Und der Verhandlungspartner, der in berechtigtem Vertrauen auf den Vertragsschluss finanzielle Disposition macht, kann nicht schutzlos bleiben, wenn sein Gegner ohne Weiteres von dem geplanten Geschäft Abstand nimmt. Die Haftung in contrahendo betrifft deshalb unmittelbar ein anderes elementares Prinzip der Rechtsordnung, namentlich den **Vertrauensschutz.** Denn sie erfordert in erster Linie – durch Begründung von Verhaltenspflichten und Anordnung von Sanktionen beim vorwerfbaren Pflichtverstoß – das **redliche Verhalten** und das **Vertrauen** in den Rechtsverkehr. Es ist heute unbestreitbar, dass ein reibungsloser Rechtsverkehr ein vernünftiges Maß an Rücksichtnahme und Sorgfalt gegenüber dem potentiellen Vertragspartner bereits zu Beginn eines geschäftlichen Kontakts erfordert[105]. Das mag banal im deutschen Recht klingen, ist jedoch in anderen Rechtsordnungen kaum selbstverständlich, zumindest nicht in der Rechtspraxis.

In der Fallgruppe der culpa in contrahendo für grundlose Verhandlungsbeendigung kommt das Spanungsverhältnis zwischen diesen Grundsätzen der Rechtsordnung, nämlich zwischen Vertragsfreiheit (Privatautonomie) einerseits und Vertrauensschutz und Selbstverantwortung andererseits besonders zum Ausdruck. Eine weitere heftig diskutierte Kernfrage in diesem Unterfall der Haftung in contrahendo ist nämlich, ob im Stadium der Vertragsverhandlungen ein Kontrahierungszwang überhaupt entstehen kann. Im lateinischen Rechtskreis, in dem eine Haftung wegen Verhandlungsabbruch grundsätzlich anerkannt wird, wird diese Frage unterschiedlich beantwortet und gewichtige Stimmen sprechen sich sogar für die Herleitung einer Kontrahierungspflicht aus dem Grundsatz von Treu und Glauben aus. Diese Frage ist von erheblicher praktischer und theoretischer Bedeutung, denn sie betrifft noch stärker die Beeinträchtigung der rechtsgeschäftlichen Gestaltungsfreiheit. Weitere Streitigkeiten tauchen in dieser Fallgruppe hinsichtlich der exakten Festlegung des haftungsbegründenen Tatbestands und der Rechtsfolgen auf, die auch von großer Bedeutung sind.

Ziel dieser rechtsvergleichenden Analyse ist, zu prüfen, wie das Thema im deutschen und brasilianischen Recht behandelt wird. Das ist nicht nur für die Kernfrage der Doktorarbeit unerlässlich, ob man eine Grundlinie für die Kon-

104 *Larenz/Wolf*, AT, S. 28.
105 Statt vieler: *Gottwald*, JuS 1982, 877.

struktion einer allgemeinen Haftung in contrahendo in Brasilien ausfindig machen kann, sondern auch deshalb interessant, weil die Haftung für grundlosen Vertragsabbruch praktisch den einzigen anerkannten Fall von culpa in contrahendo dort darstellt. Die Problematik der Haftung für grundlose Verhandlungsbeendigung wird zunächst im deutschen Recht untersucht (unter II), weil das Thema dort – wie die culpa in contrahendo allgemein – viel weiter entwickelt ist als im brasilianischen Recht. Alsdann folgt eine Analyse für das brasilianische Recht (unter III) und eine rechtsvergleichende Betrachtung der in beiden Ländern gefundenen Lösungen (unter IV).

II. Abbruch von Vertragsverhandlungen im deutschen Recht

1. Grundlinien der Haftung für grundlosen Verhandlungsabbruch

Seit Langem beschäftigen sich in Deutschland Rechtswissenschaft und Praxis mit dem Thema der Haftung für grundlosen Abbruch der Vertragsverhandlungen. In der Rechtsprechung kam die Frage schon in einer Entscheidung des Reichsgerichts aus dem Jahre 1910 auf, in der ein Eigentümer auf Anforderung des interessierten Käufers die Kosten für die Prolongation einer Hypothek auf dem zu verkaufenden Grundstück in der Erwartung auf den sicher gestellten Vertragsschluss übernommen hat, von dem der Käufer jedoch später einfach Abstand nahm. Das RG hat die Klage des Eigentümers auf Ersatz der Kosten der Hypothekverlängerung mit der Begründung abgelehnt, es gebe keine Haftung für vorvertragliches Verhalten ohne Vertragsschluss[106]. Damals stand noch das jheringsche Konzept der culpa in contrahendo als eine Haftung für die schuldhafte Herbeiführung der Vertragsungültigkeit im Vordergrund. Im Laufe des 20. Jahrhunderts hat der BGH in der Folge der allgemeinen Erweiterung der culpa in contrahendo die Haftung wegen grundlosen Verhandlungsabbruchs rechtsfortbildend unter § 242 BGB konstruiert, obwohl dieser Prozess keineswegs geradlinig war[107]. Der darin liegende Grundgedanke hat sich in dem Sinne weiterentwickelt, den Verhandlungspartner immer dann haften zu lassen, wenn er bei dem anderen den Vertragsschluss als sicher hinstellt, ihn zu Vermögensdispositionen bewegt und später ohne Weiteres davon Abstand nimmt.

Diese Grundlinie hat sich in ständiger Rechtsprechung gefestigt und mit der Schuldrechtsmodernisierungsreform in das BGB Eingang gefunden. Heute ist

---

106 RG LZ 1910, 80 Nr. 2. Vgl. dazu: *Heinrich Stoll*, LZ 1923, 532, 535 und *Wertenbruch*, ZIP 2004, 1525, 1526, m.w.N. zur reichsgerichtlichen Rechtsprechung.

107 Für die Entwicklung der Haftung für grundlose Verhandlungsbeendigung vgl. etwa: *Wertenbruch*, ZIP 2004, 1525, 1526.

diese Fallgruppe der culpa in contrahendo in **§ 311 II 1 BGB** verankert, wo klar wie in keinem anderen Gesetzeswerk gesagt wird, dass durch die Aufnahme von Vertragsverhandlungen ein (vorvertragliches) **Schuldverhältnis mit Rücksichtspflichten** aus §§ 241 II BGB entsteht, die in erster Linie die Parteien verpflichten, loyal miteinander umzugehen und Rücksicht auf die Rechte, Rechtsgüter und Interessen der Gegenseite zu nehmen. Es herrscht Konsens darüber, dass die Parteien, obwohl sie bei Vertragsverhandlungen frei sind und gewöhnlich mit entgegengesetzten Interessen gegenüberstehen, so dass sie legitimerweise auf ihre eigenen Vorteilen bedacht sind, nach **Treu und Glauben** verpflichtet bleiben, redlich und loyal miteinander umzugehen und Rücksicht auf die Rechte, Rechtsgüter und Interessen des anderen Teils zu nehmen.

Mit dem Eintritt in die Vertragsverhandlungen entsteht zwischen den Verhandlungspartnern ein **Vertrauensschuldverhältnis**[108], aus dem sich schrittweise **Rücksichtspflichten** unterschiedlicher Intensität ergeben. Dies erklärt sich dadurch, dass mit der Aufnahme von Vertragsverhandlungen der rechtsgeschäftliche Kontakt zwischen den Verhandlungspartnern enger und intensiver und zugleich das Schadensrisiko größer wird, die mit der Einwirkungsmöglichkeit auf die gegenseitige Rechtssphäre verbunden ist. Dies zeigt schon, dass die Behauptung, die Vertragsverhandlungen seien das „Stadium der Unverbindlichkeit", mit großer Vorsicht verstanden werden muss. Dort entsteht zwar regelmäßig keine vertragliche Bindung sowie kein Kontrahierungszwang (zumindest nicht aus dem Verhandlungstatbestand selbst), dagegen durchaus eine **schuldrechtliche Bindung**[109], woraus für die Beteiligten unterschiedliche Rücksichtspflichten erwachsen, insbesondere **Loyalitätspflichten**, die die Parteien gegenseitig zum loyalen und rücksichtsvollen Verhalten verpflichtet, deren Verletzung unter Umständen eine **Schadensersatzpflicht** auslösen kann.

Das Rücksichtsgebot bedeutet in erster Linie, bei dem Verhandlungspartner **keine Erwartungen über das Zustandekommen des Vertrages** zu erwecken oder zu bestärken, die nach dem Verhandlungsstand nicht oder nicht mehr gerechtfertigt sind. Daraus folgt die Verpflichtung, den Gegner nicht über die eigene Vertragsabschlussbereitschaft zu täuschen und ihm die spätere Veränderung des Abschlusswillens sofort mitzuteilen, damit er keine unnötigen Vermögensdispositionen mehr macht. Aus dem Loyalitätsgebot ergibt sich auch die Verpflichtung, den Vertragsabschluss nicht als sicher hinzustellen, den Gegner im Vertrauen

108 In diesem Sinne schon *Heinrich Stoll*, LZ 17 (1923), 532, 544, aber vor allem *Canaris*, JZ 1965, 475, 479.

109 PWW/*Medicus*, § 311 Rd. 49.

darauf zu Aufwendungen zu veranlassen und später ohne Weiteres die Verhandlungen zu beenden. Allgemein gilt die Regel: Bis zum endgültigen Vertragsabschluss bleibt jeder Verhandlungspartner in seiner Entscheidung frei, **vom geplanten Vertrag Abstand zu nehmen,**[110] und zwar grundsätzlich ohne einen Grund dafür nennen zu müssen[111]. Das ist eine Folge der Vertragsfreiheit, die im Grundsatz der Privatautonomie fußt.

Diese Regel gilt nicht uneingeschränkt, sondern nur, insofern kein **legitimes Vertrauen auf das Zustandekommen des Vertrags** besteht. Liegt dagegen ein **Vertrauenstatbestand** vor, weil etwa ein Teil bei seinem Gegenüber in zurechenbarer Weise ein berechtigtes Vertrauen auf den Vertragsschluss erweckt oder verstärkt hat, muss er einen **Rechtfertigungsgrund** für die Beendigung der Vertragsverhandlungen vorlegen, damit er davon haftungslos Abstand nehmen kann. Unterbreitet er dafür keinen triftigen oder nur einen sachfremden Grund, ist er für den Ersatz desjenigen Schadens verpflichtet, der dem Verhandlungsgegner infolge der grundlosen Verhandlungsbeendigung erwachen ist.

2. Spezifische Voraussetzungen der Haftung für Verhandlungsabbruch

Über den haftungsbegründenden Tatbestand der Haftung für Fehlverhalten bei Vertragsverhandlungen besteht Streit im Schrifttum. Die herrschende Meinung – vor allem in der Rechtsprechung – geht davon aus, dass eine vorvertragliche Schadensersatzpflicht in Rahmen von Vertragsverhandlungen immer in Betracht kommt, wenn ein Verhandlungspartner das Vertrauen auf das Zustandekommen des Vertrags erweckt oder verstärkt und danach ohne triftigen Grund die Verhandlungen abbricht[112]. Denn das stellt bereits eine **Loyalitätspflichtverlet-**

---

110 *Looschelders*, SR/AT, S. 81; MünchKomm/*Emmerich* (2016), § 311 Rn. 162; Erman/*Kindl*, § 311 Rn. 34 und Hk-BGB/*Schulze*, § 311 Rn. 32.

111 Dazu: Staudinger/*Löwisch*, § 311 Rn. 109. In der Rechtsprechung: BGH NJW-RR 2001, 381.

112 Statt vieler: Palandt/*Grüneberg*, § 311 Rn. 30; Erman/*Kindl*, § 311 Rn. 34; Staudinger/*Löwisch*, § 311 Rn. 109; AnwKomm/*Krebs*, § 311 Rn. 55 und *Singer*, FS Canaris (2002), 135, 140. In der Rechtsprechung vgl. etwa BGH NJW 1975, 1774; BGHZ 76, 343, 349 = 1980, 1683 (Verhandlungen mit einer Gemeinde über einen Erschließungsvertrag); BGH NJW-RR 2001, 381 (kein berechtigtes Vertrauen auf Zustandekommen eines Generalunternehmervertrags auch nach längeren Verhandlungen); BGH NJW 2013, 928 (vorsätzliche Treuepflichtverletzung durch das Vorspiegeln einer tatsächlich nicht vorhandenen Genehmigungsbereitschaft für den Grundstückskaufvertrag). Kritisch zu der genannten BGH-Formel: *Grunewald*, JZ 1984, 708, 710, die diese Aussagen für nicht miteinander vereinbar hält: Wenn man nicht abschließen müsse, so müsse man doch auch die Verhandlungen abbrechen dürfen, so dass folglich keine Pflichtverletzung in der Beendigung der Verhandlungen liegen könne. Für sie soll in den meisten Fällen des Abbruchs der Vertragsverhandlungen vielmehr untersucht werden, ob zwischen den Partnern eine Kostenübernah-

zung, d.h. einen **Verstoß gegen das Rücksichtsgebot** dar. An dieser generellen Formel fällt sofort auf, dass der Abbruch als solcher kraft des Grundsatzes der Vertragsfreiheit nicht pflichtwidrig ist. Das Setzen eines Vertrauenstatbestandes allein ist auch nicht rechtlich zu missbilligen, weil dadurch das Interesse des Geschäftspartners grundsätzlich nicht beeinträchtigt wird. Man muss höchstens für das in Anspruch genommene Vertrauen einstehen[113].

Deshalb sind für die Charakterisierung dieser Haftungsgruppe die **Entstehung eines Vertrauenstatbestands** und die **Inexistenz eines triftigen Grunds** für die Verhandlungsbeendigung erforderlich. Das pflichtwidrige vorvertragliche Fehlverhalten des abbrechenden Verhandlungspartners besteht nicht darin, die einmal begonnenen, regelmäßig kostenintensiven Verhandlungen aufzugeben, nachdem der Vertragsabschluss als sicher hingestellt wurde, sondern darin, von dem gesicherten Geschäftsabschluss ohne Rechtfertigungsgrund Abstand zu nehmen.

Nimmt man die Fallgruppe des unberechtigten Verhandlungsabbruchs unter die Lupe, sieht man zwar in ihrer Struktur die gleichen haftungsbegründenden Voraussetzungen wie bei der allgemeinen Haftung aus culpa in contrahendo, also: (i) geschäftlicher Kontakt, hier in Form von Vertragsverhandlungen im Sinne von § 311 II Nr. 1 BGB; (ii) Pflichtverletzung, hier grundsätzlich eine Loyalitätspflichtverletzung durch Herbeiführung und spätere unbegründete Enttäuschung eines Vertrauenstatbestands; (iii) Schaden; (iv) Kausalität und (vii) Verschulden, das aufgrund der Zuordnung der culpa in contrahendo zum Leistungsstörungsrecht gemäß § 280 I BGB vermutet wird. Der Tatbestand des pflichtwidrigen Verhaltens besteht aber nicht in einer Einheitshandlung (Verletzung einer Rücksichtspflicht), sondern setzt sich aus zwei Elementen zusammen, also aus dem Hervorrufen eines Vertrauenstatbestands und dem nachträglichen Abbruch ohne Rechtfertigungsgrund. Es ist deshalb wichtig, beide Elemente des haftungsbegründenden Tatbestands der Pflichtverletzung gesondert zu analysieren.

2.1. Vertrauenstatbestand

Für die Charakterisierung der Haftung für grundlosen Abbruch von Vertragsverhandlungen spielt zunächst die **Entstehung eines Vertrauenstatbestandes**, d.h. das berechtigte Vertrauen auf den Vertragsschluss eine Rolle. Die Begrün-

---

meerklärung vereinbart war, nach der die Kosten für die sinnlos gewordenen Aufwendungen derjenige zu tragen hat, der die Verhandlungen ohne besonderen Anlass zum Scheitern bringt. Kritisch dazu auch: *Rieble*, in: Das neue Schuldrecht in der Praxis, 137, 150 f. und *Wertenbruch*, ZIP 2004, 1525, 1528 f.

113 In diesem Sinne treffend: *Singer*, FS Canaris (2002), 135, 141 f.

dung des Vertrauenstatbestands zeigt sich unproblematisch in den Fällen, in denen der abbrechende Verhandlungspartner bei dem Gegner falsche Vorstellungen über seine eigene Abschlussbereitschaft oder Abschlussmöglichkeit erweckt oder aufrechterhält und danach ohne triftigen Grund die Verhandlungen abbricht[114]. Das ist der Fall, wenn der Verhandlungspartner in dem Zeitpunkt der Erklärung diese Absicht gar nicht hat und seine Abschlussbereitschaft einfach vortäuscht oder wenn er im Zeitpunkt der Erklärung rechtliche oder tatsächliche Hinderungsgründe fahrlässig nicht berücksichtigt wie etwa die gebotene Zustimmung des Aufsichtsgremiums für den Vertragsschluss[115], ein Genehmigungserfordernis[116] oder die noch ungeklärte Finanzierung des Projekts[117]. Hier macht sich die Partei durch ihr vorsätzliches oder zumindest fahrlässiges vorvertragliches Fehlverhalten für die Entstehung oder Aufrechterhaltung des Vertrauenstatbestands verantwortlich, so dass sie der Vorwurf eines illoyalen Verhaltens trifft.

Das Gleiche gilt, wenn eine Partei der andere nicht rechtzeitig das Wegfallen ihrer Abschlussbereitschaft mitteilt. Der Grund für die Veränderung der Vertragsabschlussbereitschaft spielt hier keine Rolle: Es kann sich sogar um einen triftigen Grund handeln, die abbrechende Partei macht sich aber in diesem Fall schadensersatzpflichtig wegen des Vorwurfs, den Gegner nicht sofort über die spätere Veränderung des Abschlusswillens informiert zu haben (**Aufklärungspflichtverletzung**)[118]. Fälle solcher Art, in denen eine **schuldhafte Hervorrufung eines unzutreffenden Vertrauens** auf das Zustandekommen eines Vertrages vorliegt, sind relativ unkompliziert[119]. Schwierig ist es vielmehr, den Zeitpunkt der gebotenen Aufklärung zu bestimmen, da die Parteien nicht in jedem

---

114 Statt vieler: *Singer*, FS Canaris (2002), 135, 136. Dazu: BGH DStR 2001, 803, Urt. vom 15.01. 2001 – II ZR 127/99 (Vortäuschung oder nicht sofortige Mitteilung einer Änderung der Abschlussbereitschaft).

115 BGH ZIP 1989, 40, in dem ein Vertreter eines Unternehmens einen Vertragsschluss vorbehaltlos als sicher bezeichnet hat, obwohl er wusste oder wissen sollte, dass das Geschäft die Zustimmung eines Aufsichtsgremiums erforderte. Ap.: *Wertenbruch*, ZIP 2004, 1525, 1528.

116 BGHZ 92, 164, in: *Singer*, FS Canaris (2002), 135, 140.

117 BGHZ 139, 259.

118 *Wertenbruch*, ZIP 2004, 1525, 1529. Vgl. die oben zitierte Entscheidung BGH DStR 2001, 803.

119 In diesem Sinne: *Singer*, FS Canaris (2002), 135, 140; *Wertenbruch*, ZIP 2004, 1525, 1528 *Medicus*, FS Lange (1992), 539, 549; *Nickel*, Rechtsfolgen, S. 138; MünchKomm/*Emmerich* (2016), § 311 Rn. 162; Palandt/*Grüneberg*, § 311 Rn. 30; Erman/*Kindl*, § 311 Rn. 34; Staudinger/*Löwisch*, § 311 Rn. 109 und Soergel/*Wiedemann*, vor § 275 Rn. 130.

Stadium der Vertragsverhandlungen „mit offenem Visier" zu verhandeln haben, hingegen schon, wenn der Gegner Gefahr läuft, Schaden zu erleiden[120].

Streitig ist allerdings der Fall, in dem ein Teil das Zustandekommen des Vertrages schuldlos als sicher hinstellt und später die Verhandlungen scheitern lässt. Ein Teil der Lehre geht mit überzeugenden Argumenten davon aus, dass, wer das Zustandekommen eines Vertrages versichert, die Gegenseite zu Aufwendungen bewegt und später die Verhandlungen doch grundlos abbricht, für den Vertrauensschaden des enttäuschten Partners haftet, und zwar unabhängig davon, ob ihm bei der Begründung des Vertrauenstatbestands ein Verschulden trifft[121]. Im Hintergrund steht der Gedanke, dass der abbrechende Verhandlungspartner für die Begründung des Vertrauenstatbestands auch ohne Verschulden haften soll.

Ähnliche Fälle sind laut dieser Ansicht im BGB vorgesehen: Das sei der Fall bei der Vertrauenshaftung des Erklärenden nach § 122 BGB oder des Vertreters gemäß § 179 II BGB oder auch bei der Haftung für den Ersatz des negativen Interesses infolge Rücktritts vom Verlöbnis aus § 1298 BGB. In diesen Fällen von **Verhandlungsabbruch ohne vorangegangene Pflichtwidrigkeit** handele sich laut dieser Strömung nicht mehr um eine culpa in contrahendo, die eine schuldhafte Pflichtverletzung voraussetzt[122], sondern vielmehr um eine **verschuldensunabhängige Vertrauenshaftung**, die in Analogie zu der objektiven

---

120 *Singer*, FS Canaris (2002), 135, 140f. Ihm zufolge kann, wer z.B. zur Finanzierung des Kaufpreises des geplanten Vertrages seine Golddukaten-Sammlung verkauft, obwohl die Parteien sich nicht einmal über den Kaufpreis geeinigt haben, danach keinen Schadensersatz verlangen, wenn der Verhandlungspartner später von Geschäft Abstand nimmt und die Wiederbeschaffung der Münzen nur unter Verlust möglich ist. Statt vieler: OLG Brandenburg NJOZ 2010, 768, Urt. vom 02.02.2010 – 6 U 38/09. In dem Fall verhandelten die Parteien über den Abschlussss eines Adressenkaufvertrages. Die Klägerin, eine Mobilfunkanbieterin, die ihren wesentlichen Umsatz duch die Vermittlung von Verträgen für einen Distributor erzielt, der ihr Provisionen zahlt, hat gleich nach einem Treffen mit dem Beklagten, der ein solcher Distributor ist, bei einer G-GmbH & Co. KG 100.000 Adressen gekauft, die an die Beklagte übermittelt wurden, ohne dass die Vertragsbedingungen der Kooperationspartnerschaft festgestellt waren. Das OLG hat die gegen das Urteil gerichtete Berufung der Klägerin zurückgewiesen mit dem Argument, „wer Aufwendungen in Erwartung des noch bevorstehenden Vertragsabschlusses vornimmt, handelt grundsätzlich auf eigene Gefahr".

121 Dazu: *Singer*, FS Canaris (2002), 135, 141, m.w.H. zu Literatur.

122 *Canaris* sagt ausdrücklich, dass es in solchen Fällen nicht mehr um culpa in contrahendo gehe, weil eben eine schuldhafte Pflichtverletzung fehle, 50 Jahre BGH, 129, 181. In gleichem Sinne: *Larenz*, FS Ballerstedt (1975), 397, 416f., m.w.N. zur Rechtsprechung; *Grunewald*, JZ 1984, 708, 710; *Reinicke/Tiedtke*, ZIP 1989, 1093, 1097 und *Singer*, FS Canaris (2002), 135, 155.

Erklärungshaftung von § 122 BGB konstruiert wird[123]. Der BGH hat in vereinzelten Entscheidungen eine Haftung für den Abbruch von Verhandlungen mit der Ersatzpflicht nach § 122 BGB in Verbindung gebracht[124].

Die herrschende Meinung, um auf den Boden der culpa in contrahendo zu bleiben, sieht dagegen in solchen Fällen einen **qualifizierten Vertrauenstatbestand**[125], wobei es bei der Begründung des Vertrauenstatbestands nicht auf ein Verschulden ankommt. Es wird gegen die oben dargestellte Ansicht eingewendet, dass eine analoge Anwendung des § 122 BGB, auch wenn sie überzeugend scheine, angesichts der in § 280 I 2 BGB vorausgesetzten schuldhaften Pflichtverletzung nur schwer begründbar sei. Außerdem entstehe selten oder fast nie in den Vertragsverhandlungen eine Vertrauensgrundlage, deren Gewicht der Abgabe einer Willenserklärung gleichkomme[126] und im Übrigen könne ein Abbruch der Verhandlungen ohne triftigen Grund stets als Verschulden gegenüber dem Gegner gewertet werden[127]. Wann ein Vertrauenstatbestand im Einzelfall vorliegt, hängt von den **Umständen des Einzelfalles** ab.

Die deutsche Rechtsprechung liefert einige Maßstäbe für die Beantwortung dieser Frage: Man kann zunächst von einem legitimen Vertrauen auf das Zustandekommen des Vertrages sprechen, wenn der Verhandlungspartner den Vertragsschluss als sicher hinstellt und der Gegner daraufhin Vermögensdispositionen macht[128], wenn er den anderen Teil zu Vorleistungen veranlasst[129] oder

---

123 In diesem Sinne auch MünchKomm/*Emmerich* (2016), § 311 Rn. 167, der anführt, dass es – laut dieser Theorie – weniger um die Verletzung vorvertraglicher Aufklärungs- oder Warnpflichten gehe als um eine verschuldensunabhängige Vertrauenshaftung. Unklar scheint allerdings zu sein, ob es sich dabei um eine Analogie zu § 122 BGB handelt. *Canaris* hält dies für nicht überzeugend und stellt lieber auf die Parallelität zu § 1289 BGB ab. Dazu: 50 Jahre BGH, 129, 181. Eine Analogie zu § 122 BGB wird dagegen angenommen bei *Larenz*, SR I, S. 107 f. und *Singer*, FS Canaris (2002), 135, 155.

124 BGH BB 1969, 464. Vgl. dazu: *Gottwald*, JuS 1982, 877, 879 und *Thiemann*, Culpa in contrahendo, S. 121.

125 Palandt/*Grüneberg*, § 311 Rn. 31.

126 Dazu: Erman/*Kindl*, § 311 Rn. 34, obwohl man hier keine klare Position erkennen kann. Für das Verschuldenserfordernis: Bamberger/Roth/*Grüneberg*, § 311 Rn. 58.

127 *Gottwald*, JuS 1982, 877, 879.

128 Statt vieler: BGH NJW 1970, 1840, Urt. vom 10.07.1970 – V ZR 159/67 (Haftung einer Gemeinde, die den Abschluss eines Grundstückskaufvertrags als sicher hingestellt hat, den vertrauenden Verhandlungspartner (Unternehmen) zur Kündigung seines bisherigen Mietvertrages veranlasst und ohne Grund später erklärt, sie sei dazur nicht mehr bereit).

129 Statt vieler: BGH NJW 1961, 169, Urt. vom 19.10.1960 – VIII ZR 133/59 (Haftung der Partei, die dem anderen den Ausbau kriegszerstörter Gebäude auf dem zu vermietenden Grundstück vor Abschluss des Mietvertrages gestattet, ihr im Zusammenhang damit Verpflichtungen auferlegt

wenn die Partei mit der Durchführung des Vertrags schon beginnt[130]. Ein solches berechtigtes Vertrauen kann sich insbesondere aus den **Umständen der Vertragsverhandlungen** ergeben[131]. Dabei spielen unterschiedliche Faktoren eine Rolle wie etwa die Einigung über wichtige Punkte des künftigen Vertrags, ausgetauschte E-Mails, unterschriebene Protokolle, Punktationen, *Letters of Intent* oder *Gentlemen's Agreements*. Der BGH betont zurecht, dass eine Haftung für die Enttäuschung berechtigten Vertrauens keinen Vertragsschluss voraussetzt und dass die Parteien sich nicht bereits über sämtliche Punkte des in Aussicht stehenden Vertrages geeinigt haben müssen, obwohl eine Haftung umso eher in Betracht kommt, je weiter die Verhandlungen fortgeschritten sind[132].

Solche Instrumente enthalten grundsätzlich **keinen Rechtsbindungswillen** der Parteien, weil die Parteien mit ihrer Unterzeichnung regelmäßig **keinen Vertrag** abschließen wollen, der umgekehrt einen bewussten, auf eine Rechtsfolge gerichteten Willen voraussetzt[133]. Beim *Gentlement's Agreement* geht es regelmäßig darum, dass der darin angestrebte Erfolg im Vertrauen auf das gegebene Wort des Partners oder auf die Regel des Anstands erreicht werden soll, während es sich beim *Letter of Intent* um eine reine Absichtserklärung handelt, in der Zukunft einen Vertrag unter gewissen Bedingungen abzuschließen[134]. Sofern solche Instrumente keine vertragliche Verpflichtung erzeugen wie z. B. eine Vertragsofferte, Vertragsoption oder ein Vorvertrag, spielen sie eine große Rolle bei den Vertragsverhandlungen, weil sie eine **objektive Grundlage für ein Vertrauendürfen** auf das Zustandekommen des Vertrags und folglich für einen Schadensersatzanspruch aus Verschulden bei Vertragsschluss bilden können[135]. Ob und in welchem Umfang sich die Parteien eventuell dadurch rechtlich verpflichten wollen, kann erst durch normative Auslegung im Sinne von §§ 133 und

---

und danach das Zustandekommen des Mietvertrages aus sachfremden Erwägungen scheitern lässt).

130 BGH NJW 1952, 1130, Urt. vom 20.06.1952 – V ZR 34/51. (Haftung der Partei, die den in Ausicht gestellten Pachtvertrag als sicher hinstellt, der den anderen zur Erfüllung bewegt, und später den Vertragsabschluss ohne Weiteres verweigert.).

131 BGH ZIP 8/1989, 514 – Urt. vom 22.02.1989 – VIII ZR 4/88, dessen Leitsatz lautet: „Wer gegenüber dem Partner im Laufe der Verhandlungen den späteren Vertragsabschlussss ausdrücklich oder durch schlüssiges Verhalten als sicher hinstellt, haftet aus Verschulden bei Vertragsverhandlungen grundsätzlich auch dann, wenn er das berechtigte Vertrauen des anderen Teils nicht schuldhaft herbeigeführt hat (im Anschluss an BGH WM 1974, 508).".

132 Dazu: MünchKomm/*Emmerich* (2016), § 311 Rn. 162.

133 Erman/*Armbrüster*, Vor § 145 Rn. 4, 8 f.

134 Erman/*Armbrüster*, Vor § 145 Rn. 8 f.

135 In diesem Sinne: Erman/*Armbrüster*, Vor § 145 Rn. 9; *Küpper*, DB 1990, 2460, 2462 und im Ergebnis auch PWW/*Medicus*, § 311 Rn. 50.

157 BGB ermittelt werden, und das gilt unabhängig vom *nomen iuris* der vereinbarten Unterlage[136].

Kein Raum für eine Haftung in contrahendo besteht dagegen, wenn sich aus den Umständen ergibt, dass der Vertragsabschluss noch kaum sicher war und die Partei vernünftigerweise auch mit dem **Scheitern der Verhandlungen** rechnen muss: Das ist der Fall, wenn sich der Verhandlungspartner den Vertragsabschluss noch vorbehalten hat[137] oder wenn die Partei den bereits abgeschlossen Vertrag wirksam noch widerrufen kann wie bei § 312 BGB (Widerrufsrecht bei Haustürgeschäften) oder § 495 BGB (Widerrufsrecht vom Verbraucherdarlehensvertrag)[138]. Auf die **Dauer der Verhandlungen** kommt es grundsätzlich nicht an. Nach gefestigter Rechtsprechung kann ein Verhandlungspartner auch nach länger andauernden Verhandlungen legitimerweise vom Abschluss des geplanten Vertrags Abstand nehmen, wenn die Partei auf den Vertragsabschluss nicht vertrauen durfte oder wenn der sich lösende Partner einen triftigen Grund dafür unterbreitet[139].

Unter Umständen kann das **zeitliche Element** sogar signalisieren, dass die Partei kein Interesse mehr am Abschluss des Geschäfts hat und die Gegenseite nicht mehr vernünftigerweise auf das Zustandekommen des Vertrages vertrauen darf[140]. Für **Verzögerungen in der Annahme oder Ablehnung eines Vertrages** wird – laut BGH – regelmäßig nicht gehaftet[141]. Anders ist aber gewiss der Fall zu beurteilen, in dem der Verhandlungspartner durch beruhigende Erklärungen der Gegenseite von einem anderen Vertragsschluss abgehalten wird, denn hierin liegt eine Loyalitäts- oder Aufklärungspflichtverletzung[142].

---

136 Statt vieler: Erman/*Armbrüster*, Vor § 145 Rn. 8 f. und MünchKomm/*Kramer*, Vor § 145 Rn. 33 ff. Dazu: BGH MDR 1964, 570, Urt. vom 22.01.1964, Az: Ib ZR 199/62.

137 MünchKomm/*Emmerich* (2016), § 311 Rn. 163.

138 BGHZ 131, 1, 7 = BGH NJW 1996, 55.

139 Statt vieler: BGH NJW-RR 2001, 381 = MDR 6/2001, 327 = ZIP 2001, 655. Hier hat das Gericht ausdrücklich festgestellt, dass sich ein Verhandlungspartner auch nach länger andauernden Verhandlungen über einen Bauvertrag ohne rechtliche Nachteile von den Verhandlungen grundsätzlich zurückziehen kann, denn zu keinem Zeitpunkt ist zwischen den Parteien eine so weitgehende Einigkeit erzielt worden, dass eine Partei auf den sicheren Vertragsschluss hätte vertrauen dürfen. NJW-RR 2001, 381, 382.

140 BGH NJW 1970, 1840. Dazu: Bamberger/Roth/*Grüneberg*, § 311 Rn. 59.

141 BGH NJW 1966, 1407, Urt. vom 12.10.1995 – I ZR 172/93, wo der BGH festgestellt hat, dass auch der Versicherer die formularmäßig festgelegte Annahmefrist grundsätzlich voll ausnutzen darf. Er muss aber aufklären, wenn sich der andere Teil über die Länge der Annahmefrist und der Bearbeitungsdauer erkennbar irrt. Vgl. BGH VersR 75, 1093, Rn. 53, zitiert von: Palandt/*Grüneberg*, § 311 Rn. 35. Dazu auch: Soergel/*Wiedemann*, Vor 275 Rn. 140.

142 BGH NJW 1984, 867, Urt. vom 17.10.1983 – II ZR 146/82. Dazu: Palandt/*Grüneberg* (2015), § 311 Rn. 35.

2.2. Der triftige Grund

Auch wenn zwischen den Verhandlungspartnern schon feststeht, der Vertrag komme mit Sicherheit zustande, darf die Partei vom Vertragsschluss immer noch legitimerweise Abstand nehmen, wenn sie einen **triftigen Grund** dafür hat. Es besteht relativer Konsens in der Lehre und Rechtsprechung, dass an das Vorliegen eines triftigen Grundes **keine strengen Anforderungen** zu stellen sind[143]. In der Literatur findet man einige Stimmen, die dafür sprechen, dass ein Rechtfertigungsgrund erst bei schwerwiegender Änderung der Geschäftsgrundlage vorliegen solle, damit sich der Verhandlungspartner ohne Schadensersatzpflicht aus der einmal geschaffenen Vertrauensbeziehung lösen könne[144].

Die überwiegende Mehrheit der Lehre geht in Anlehnung an die Rechtsprechung jedoch davon aus, dass keine hohen Anforderungen an die Annahme eines wichtigen Grundes zu stellen sind, um einen mittelbaren Zwang zum Vertragsabschluss zu vermeiden[145], zumal noch keine vertragliche Bindung besteht. So mag schon ein **günstigeres Angebot eines Dritten** genügen[146], wenn zwischen den Parteien kein Verbot von parallelen Verhandlungen vorher vereinbart wurde oder die **Verschlechterung der Geschäftschancen**, also eine **Änderung in der Geschäftsgrundlage**, die es ratsam erscheinen lässt, von dem beabsichtigten Vertrag Abstand zu nehmen[147].

Auch ein in der **Sphäre der Gegenseite liegender vernünftiger Grund** genügt dafür, wie etwa ein begründeter Korruptionsverdacht[148]. Ein triftiger Grund liegt auch vor, wenn der Verhandlungspartner nicht innerhalb einer **angemessenen Frist** Klarheit darüber schafft, ob er den Vertrag wie vorgeschlagen abschließen will[149] oder wenn er eine für den Vertragsentschluss angemessene Frist ohne Antwort verstreichen lässt, denn hier gilt grundsätzlich die Regel, nach der die Partei nach **Ablauf einer angemessenen Zeit** nicht mehr auf das Zustandekommen des Vertrages legitim vertrauen darf[150]. Dagegen genügen **sachfremde Erwägungen** nicht, um den Verhandlungsabbruch zu rechtfertigen und

---

143 Statt vieler: Erman/*Kindl*, § 311 Rn. 34; MünchKomm/*Emmerich* (2016), § 311 Rn. 162.

144 Nirk, FS Möhring (1975), 99 und *Gottwald*, JuS 1982, 877, 879.

145 Dazu: PWW/*Medicus*, § 311 Rd. 49; MünchKomm/Emmerich (2016), § 311 Rn. 162; Palandt/*Grüneberg*, § 311 Rn. 32 und Erman/*Kindl*, § 311 Rn. 34.

146 Staudinger/*Löwisch*, § 311 Rn. 111; Bamberger/Roth/*Grüneberg*, § 311 Rn. 61; Erman/*Kindl*, § 311 Rn. 34; MüchKomm/Emmerich (2016), § 311 Rn. 162, m.w.H. zur Literatur.

147 BGH DB 1996, 777 (Verschlechterung der Absatzchancen); Hamm NJW 2008, 764 (Trennung des Sängers von seiner Musikband), in: Palandt/*Grüneberg*, § 311 Rn. 32.

148 Rostock OLG-NL 2003, 73, in: Palandt/*Grüneberg*, § 311 Rn. 32.

149 BGH NJW 1970, 1840. Statt vieler: Palandt/*Grüneberg*, § 311 Rn. 34 und Staudinger/*Löwisch*, § 311 Rn. 111.

150 Bamberger/Roth/*Grüneberg*, § 311 Rn. 59. In diesem Sinne vgl. etwa BGH NJW 1990, 1840.

dadurch eine Schadenersatzpflicht zu verhindern[151]. So ist etwa das Verlangen nach überhöhter Sicherheit[152] oder das Nachschieben immer nachteiligerer Vertragsbedingungen[153] ein illoyales Verhalten der abbrechenden Partei. Für die Rechtfertigung der Verhandlungsbeendigung reicht es auch nicht aus, wenn die das Vertrauen erweckende Partei ihre Dispositionen später einfach ändert, wie etwa der potentielle Arbeitgeber, der die angebotene Arbeitsstelle nachträglich einsparen will, deren Besetzung durch den Arbeitnehmer er diesem aber vorher in Aussicht gestellt hat[154]. Schließlich kann man sagen, dass angesichts der rechtsgeschäftlichen Handlungsfreiheit (Privatautonomie) **jede vernünftige Erwägung** den Abbruch der Verhandlungen grundsätzlich rechtfertigen soll[155].

2.3. Zusammenfassung

Zusammenfassend kann man sagen, dass jede Partei bis zum endgültigen Vertragsabschluss nach dem Grundsatz der Vertragsfreiheit in ihrer Entscheidung frei bleibt, vom geplanten Vertrag Abstand zu nehmen, und zwar grundsätzlich ohne einen Grund dafür nennen zu müssen. Dies gilt allerdings nur, soweit kein Vertrauenstatbestand zwischen den Verhandlungspartnern entsteht, aufgrund dessen ein Teil auf das Zustandekommen des Vertrages vertraut und vertrauen darf. Ab diesem Zeitpunkt muss der Verhandlungspartner, für den der intendierte Vertragsschluss nicht mehr von Interesse oder gar nicht mehr möglich ist, einen Rechtfertigungsgrund für die Beendigung der Verhandlungen vorlegen, um eine Haftung in contrahendo zu vermeiden. Denn wer bei seinem Geschäftsgegner – auch ohne Verschulden – ein berechtigtes Vertrauen auf den Vertragsschluss erweckt oder verstärkt, ihn zu Vermögensdisposition veranlasst und sich danach ohne triftigen Grund von dem sichergestellten Abschluss einfach zurückzieht,

---

151 Statt vieler: Bamberger/Roth/*Grüneberg*, § 311 Rn. 62 und *Grunewald*, JZ 1984, 708, 710.

152 BGH NJW 1980, 1683 (Haftung einer Gemeinde, die nach erfolgter Teilungsgenehminung die Verhandlungen mit dem Eigentümer über den Abschluss eines für die Erteilung der Baugenehmigung notwendigen Erschließungsvertrages aus sachfremden Gründen abbricht). In: Palandt/*Grüneberg*, § 311 Rn. 32.

153 BGH NJW 1961, 169, Urt. vom 19.10.1960 – VIII ZR 133/59 = BGH MDR 1961, 49.

154 BAG NJW 1963, 1843. In der Entscheidung vom 07.06.1963 hat das BAG entschieden, dass der Arbeitgeber bei Verhandlungen über den Abschluss eines Arbeitsvertrages in dem Arbeitnehmer nicht die Erwartung wecken darf, es werde bestimmt zu dem Abschluss des Arbeitsvertrages kommen und der Arbeitnehmer könne seine bisherige Stellung ohne großes Risiko kündigen. Kommt es jedoch nicht zum Abschluss des Arbeitsvertrages, so hat der schuldhaft handelnde Arbeitgeber dem Arbeitnehmer den Vertrauensschaden zu ersetzen. Dazu: Staudinger/*Löwisch*, § 311 Rn. 111.

155 MünchKomm/*Emmerich* (2016), § 311 Rn. 162.

verstößt gegen das Redlichkeits- und Rücksichtnahmegebot von §§ 241 II und 242 BGB und muss demgemäß diejenigen Schäden ersetzen, die dem Partner infolge des grundlosen Verhandlungsabbruchs entstanden sind. Das Rücksichtsgebot verpflichtet die Partei, bei der anderen keine unberechtigten Erwartungen über das Zustandekommen des Vertrages hervorzurufen oder zu bestärken, die nach dem Verhandlungsstand nicht oder nicht mehr gerechtfertigt sind. Die Verpflichtung, den Gegner nicht über die eigene Vertragsabschlussbereitschaft zu täuschen oder sofort die spätere Veränderung des Abschlusswillens mitzuteilen, ist nur eine Konkretisierungsform des Redlichkeitsgebotes.

3. Rechtsfolgen

Eine in der Praxis erhebliche Frage in der Fallgruppe der culpa in contrahendo für grundlosen Verhandlungsabbruch ist die Bestimmung der Rechtsfolgen. Immer wieder stellt sich die Frage, ob und inwieweit der in seinem Vertrauen enttäuschte Verhandlungspartner den Abschluss des geplanten Vertrages verlangen kann. Auch wenn man nur den Ersatz des negativen Interesses für ersatzfähig hält, stellt sich die Frage, ob alle im Rahmen der Vertragsverhandlungen getätigten Aufwendungen zu ersetzen sind oder nur diejenigen, die die Partei in Erwartung des Vertragsabschlusses gemacht hat und legitimerweise machen durfte. Eine Mindermeinung geht davon aus, dass für die Rechtsfolgenbestimmung der culpa in contrahendo die reine **Kausalitätsprüfung nach § 249 BGB** ausreiche. Laut dieser Grundnorm des deutschen Schadensrechts ist der Schädiger verpflichtet, denjenigen Zustand herzustellen, der ohne das schädigende Ereignis – also: die vorvertragliche Pflichtverletzung – bestünde. Im Rahmen der Haftung für die Enttäuschung eines berechtigen Vertrauens auf den Vertragsschluss kann die Kausalitätsprüfung zu zwei Ergebnissen führen.

Ergibt sich aus dem hypothetischen Geschehensablauf, dass die Parteien ohne das schädigende Ereignis, also ohne den pflichtwidrigen Verhandlungsabbruch zu **keinem Vertragsschluss** gekommen wären, sei nur der Schaden zu ersetzen, den die Partei infolge des berechtigten Vertrauens auf den Vertragsabschluss erlitten habe, d.h. das **negative Interesse**[156]. Ergibt sich jedoch daraus, dass die Parteien ohne den pflichtwidrigen Verhandlungsabbruch den **Vertrag abgeschlossen hätten**, dann könne der in seinem Vertrauen enttäuschte Ge-

156 Im Ergebnis: Soergel/*Harke*, § 311 Rn. 114. *Nickel* will in diesem Fall keinen Schadensersatz gewähren, weil es bei pflichtgemäßem Verhalten keinen Vertragsschluss gäbe. Rechtsfolgen, S. 148, m.w.H zur Literatur. Über diesen Ansatz vgl. *Medicus*, FS Lange (1992), 539, 547 ff., der sich mit der Theorie von *Küpper*, Das Scheitern von Vertragsverhandlungen als Fallgruppe der culpa in contrahendo (1988) auseinandersetzt.

schädigte **Vertragsschluss** und **Vertragserfüllung** verlangen[157]. Der Schädiger habe **das positive Interesse in natura** vorrangig zu ersetzen. Sei der Vertragsschluss nicht mehr sinnvoll oder unmöglich, weil etwa die Leistung unmöglich geworden sei, sei das positive Interesse in Geld zu ersetzen[158]. Entscheidend ist für diese Strömung ausschließlich das hypothetische Schicksal der Vertragsverhandlungen[159]. Dahinter steht der Gedanke, dass eine – auf verschiedenen Wegen konstruierte – vorvertragliche Verhandlungsfortführungspflicht (sog. Mitwirkungspflicht) bestehe, die sich zu einer Abschlusspflicht verdichten könne, was zu dem Rückschluss führe, dass das positive Interesse im Schutzbereich dieser Pflicht liege, „ganz gleich, wie man sie formuliere"[160].

Die herrschende Meinung weist zu Recht darauf hin, dass sich die Rechtsfolgen der culpa in contrahendo nicht allein mittels einer reinen Kausalitätsprüfung iRd § 249 I BGB bestimmen lassen, weil das Ergebnis mit grundlegenden Werten der Privatrechtsordnung kollidieren kann, und lehnt einheitlich den Ersatz des positiven Interesses ab[161]. Dabei muss man den **Schutzzweck der Norm** – hier: die verletzte vorvertragliche Pflicht – berücksichtigen[162]. Nach der Schutzzwecklehre erfasst jede Norm bzw. jede Pflicht einen bestimmten Interessenbereich, und nur für Rechtsgüterverletzungen in diesem geschützten Bereich hat der Pflichtverletzende einzustehen. Voraussetzung für das Einstehenmüssen ist also, dass der zum Ersatz verpflichtende Schaden in dem Bereich der geschützten Interessen bzw. der Norm liegt[163].

Im Rahmen der Haftung in contrahendo muss man zunächst nach dem Zweck der konkreten verletzten Rücksichtspflicht fragen, in dieser Fallgruppe: Loyalität und Aufklärungspflicht. Beide zielen in diesem Stadium grundsätzlich auf den **Schutz der Integritätssphäre**, d. h. des aktuellen vermögensrechtlichen status

---

157 Soergel/*Harke*, § 311 Rn. 114 und *Nickel*, Rechtsfolgen, S. 144, 149 ff.

158 Dazu: *Nickel*, Rechtsfolgen, S. 140, der auf verschiedene rechtstheoretische Varianten innerhalb dieser Strömung hinweist.

159 In diesem Sinne ausdrücklich: *Nickel*, Rechtsfolgen, S. 144.

160 *Nickel*, Rechtsfolgen, S. 147.

161 Für den Ersatz des negativen Interesses: *Hans Stoll*, FS Caemmerer (1978), 435, 445 f.; *Larenz*, FS Ballerstedt (1975), 397, 417; *Medicus*, FS Lange (1992), 539, 550; Singer, FS Canaris (2002), 135, 147; *Westermann/Bydinski/Weber*, SR/AT, S. 212 f.; *Fikentscher/Heidemann*, Schuldrecht, S. 66; MünchKomm/*Emmerich* (2016), § 311 Rn. 163; Staudinger/*Löwisch*, § 311 Rn. 138; Palandt/*Grüneberg* (2015), § 311 Rn. 31; PWW/*Medicus*, § 311 Rn. 52; Hk-BGB/*Schulze*, § 311 Rn. 26 und AnwKomm/*Krebs*, § 311 Rn. 58. In der Rechtsprechung vgl. statt vieler: BGH NJW 1996, 1884 und KG WM 2005, 1118.

162 *Medicus*, FS Lange (1992), 539, 550.

163 *Brox/Walker*, SR/AT, S. 329.

quo, des Verhandlungspartners ab;[164] das heißt konkret: unnötige Vermögensdispositionen zu vermeiden. Deshalb sanktioniert man das unredliche Verhalten, in die Verhandlungen einzutreten, ohne eine wahre Abschlussabsicht zu haben oder ohne den Gegner vorher aufzuklären, dass dem Abschluss noch Hindernisse entgegenstehen. Aus dem gleichen Grund wird dem Verhalten des einen Teils vorgeworfen, den anderen zu Vermögensdisposition zu veranlassen oder ihn nicht sofort über die Veränderung des Abschlusswillens aufzuklären, sondern mit ihm weiterzuverhandeln.

Die Loyalitätspflicht – wie allgemein die vorvertraglichen Rücksichtspflichten – bezweckt **nicht den Schutz des Erfüllungsinteresses**, also das Interesse an eine ordnungsgemäße Erfüllung der vertraglichen Pflichten, die während der Verhandlungsverhandlungen noch nicht existieren. Da die Loyalitätspflicht den Zweck hat, ein redliches Umgehen der beiden Parteien während der Vertragsverhandlungen zu gewährleisten, um vergebliche vermögensrechtliche Dispositionen zu vermeiden, kann ihre Verletzung nicht das Erfüllungsinteresse des Partners betreffen, das erst nach einseitigem Leistungsversprechen oder nach Vertragsschluss begründet wird. Das Vertrauen auf den Vertragsschluss bedeutet keineswegs ein Vertrauen darauf, dass der Vertrag auf jeden Fall zustande kommt[165], sondern lediglich ein Vertrauen auf das redliche Verhalten der Gegenseite, dass sie von dem möglichen Abschluss nicht grundlos Abstand nehme. Auf dieser Grundlage macht der Partner finanzielle Dispositionen, die er sonst nicht machen würde. Bei Verhandlungsbeendigung liegt also die Pflichtverletzung **nicht primär im Abbruch der Verhandlungen**, also in dem Nichtabschluss, sondern **in der vorhergehenden unzutreffenden Weckung des Vertrauens** darauf, das künftige Zustandekommen des Vertrages stehe außer Zweifel[166].

Zum positiven Interesse kann man über § 249 BGB nur gelangen, wenn man eine Abschluss- oder Verhandlungsfortführungspflicht annimmt und die

164 Statt vieler: *Westermann/Bydlinski/Weber*, SR/AT, S. 204, 255; Staudinger/*Olzen*, § 242 Rn. 417 ff. und MünchKomm/*Roth*, § 275 Rn. 113 ff. Die Divergenz lässt sich auf *Kress* zurückführen, der die auf die Güterbewegung gericheten Erwerbsansprüche von den auf die Erhaltung der Güter dienenden Schutzansprüchen unterscheidet. Lehrbuch, S. 2. Diesen Gedanken hat *Heinrich Stoll* weiterentwickelt und die Unterscheidung zwischen Leistungs- und Schutzpflichten definitiv nachgewiesen. Leistungsstörungen, S. 26 f.

165 In diesem Sinne *Lutter*, Der Letter of Intent (1998), S. 74, zitiert von: *Nickel*, Rechtsfolgen, S. 144.

166 *Westermann/Bydlinski/Weber*, SR/AT, S. 207 und Soergel/*Wiedemann*, Vor § 275 Rn. 130.

Pflichtverletzung in dem Abbruch selbst sieht[167]. Dann könnte man nach einer hypothetischen Kausalitätsprüfung sagen, der Vertrag wäre bei Hinwegdenken des Abbruchs zustande gekommen. Folglich müsste man einen Kontrahierungszwang und nicht nur einen Ersatz des positiven Interesses in Kauf nehmen[168]. Damit wäre jedoch die Grenze zwischen Verhandlungen und Vertragsschluss aufgehoben, wie *Medicus* treffend betont. Um das zu vermeiden, muss man auf die Schutzzwecklehre zurückgreifen und sagen: Da Erfüllungsansprüche erst auf Grundlage eines abgeschlossenen Vertrages gewährt werden können, kann das positive Interesse nicht im Schutzbereich der vorvertraglichen Pflicht liegen[169]. Das entscheidende Gegenargument scheint daher zu sein, dass es im Hinblick auf die negative Vertragsfreiheit und die Privatautonomie **keine vorvertragliche Abschlusspflicht** geben kann, nicht einmal aus „rechtsethischen Erwägungen"[170]. Ein solcher Kontrahierungszwang entsteht nur kraft Gesetzes, Rechtsgeschäfts oder ausnahmsweise infolge einer Monopolstellung.

Außerdem ist zu berücksichtigen, dass, auch wenn das Vertrauen auf das Zustandekommen des geplanten Vertrages schutzwürdig ist, die Rechtsfolge nicht in einem Anspruch auf Vertragsabschluss bestehen kann. Denn die **Vertrauenshaftung** gewährt dem Vertrauenden in der Regel nur einen **Anspruch auf Ersatz des negativen Vertrauensschadens**, wie etwa die Fälle der §§ 122, 179 II und 1298 BGB belegen. Eine Haftung auf das positive Interesse, also auf eine Vertrauensentsprechung kommt folglich nur ausnahmsweise in besonders gelagerten Fällen in Betracht. Dies erklärt sich dadurch, wie *Singer* zutreffend bemerkt, dass die Vertrauenshaftung in einem komplementären Verhältnis zur rechtsgeschäftlichen Bindung steht und in Einklang mit der Vertragsfreiheit zu

---

167 Für *Nickel* bedarf es einer (nicht einklagbaren) vorvertraglichen Abschlusspflicht zum Ersatz des positiven Interesses nicht, denn es komme auschließlich auf den hypothetischen Geschehensablauf an. Rechtsfolgen, S. 146.

168 In diesem Sinne auch *Westermann/Bydlinski/Weber*, SR/AT, S. 213.

169 *Medicus* weist auch darauf hin, dass, soweit man den haftungsbegründenden Vorwurf in dem Verhalten der Partei vor Verhandlungsbeendigung sieht, man zum Ersatz des Erfüllungsinteresse kommen kann, denn bei ordentlicher Erfüllung der Aufklärungspflicht, d.h bei Mitteilung des in Wahrheit fehlenden Abschlusswillens oder der Hindernisse für den Vertragsabschluss, wäre kein Vertrauen des anderen Teils in das Zustandekommen des Vertrages begründet worden. Folglich hätte der andere Teil die durch den Verhandlungsabbruch nutzlos gewordenen Maßnahmen entweder ganz unterlassen oder auf eigenes Risiko vorgenommen. FS Lange (1992), 539, 548 ff. Die herrschende Meinung betont einheitlich, dass der Ersatz des positiven Interesses zu einem unzulässigen Kontrahierungszwang führte. Statt vieler: *Hans Stoll*, FS Caemmerer (1978), 435, 446 und *Medicus*, FS Lange (1992), 539, 550.

170 In diesem Sinne *Lutter*, Der Letter of Intent (1998), S. 74, zitiert von: *Nickel*, Rechtsfolgen, S. 142, der allerdings von ihm abweicht.

bringen ist. Die Begrenzung des Vertrauensschutzes auf das negative Interesse entspricht darüber hinaus dem **Prinzip praktischer Konkordanz**, weil sie gleichzeitig eine formale Wahrung der negativen Vertragsfreiheit und einen geeigneten Vertrauensschutz ermöglicht[171].

Im Rahmen des negativen Interesses werden jedoch **nicht alle nutzlosen Aufwendungen** des Geschädigten ersetzt und er nur so gestellt, wie wenn er nie von dem Geschäft oder den Verhandlungen gehört hätte. Die herrschende Rechtsprechung und Literatur sind sich darüber einig, dass gemäß § 249 BGB unter Berücksichtigung des Schutzzwecks der Norm nur die Aufwendungen zu ersetzen sind, die der Geschädigte im Vertrauen auf einen sicheren Vertragsschluss gemacht hat (Vertrauensschaden)[172]. Zu ersetzen sind in erster Linie die **nutzlosen Aufwendungen**, die der Geschädigte im berechtigten Vertrauen auf den Vertragsabschluss getätigt hat und die er sonst nicht vorgenommen hätte. Dazu gehören die sog. Verhandlungskosten, also: Anwalts-, Steuerberatungs-, Reise-, Angebots-, Architekten-, Um- und Rückbau- oder Finanzierungskosten[173]. Auch ersetzbar ist der **entgangene Gewinn aus einer anderen Vertragsgelegenheit**, von dessen Abschluss der Geschädigte infolge des pflichtwidrigen Fehlverhaltens des Schädigers abgehalten wurde[174]. Etwaige Mehraufwendungen (z. B. erhöhter Marktpreis), die dadurch entstehen, dass der Geschädigte ein Ersatzgeschäft mit Dritten wegen der Pflichtverletzung erst später vornehmen kann, sind zu ersetzen[175].

Nicht ersetzbar sind z. B. die **Kosten für die Verhandlungsvorbereitung** wie etwa Vorstudien oder Projekte, die regelmäßig zum Ziel haben, das Interesse der Gegenseite am geplanten Geschäft und an die Aufnahme von Vertragsverhandlungen zu zeitigen, denn sie entstehen gerade nicht infolge des Vertrauenstatbestands. Das Gleiche gilt für Aufwendungen, die der Verhandlungspartner während der Verhandlungsphase zu dem Zweck macht, die Gegenseite von Realisierbarkeit und Rentabilität des Geschäfts zu überzeugen und zum Vertragsabschluss zu bewegen. Diese Kosten fallen in den **Risikobereich** jedes Verhandlungspartners. Ersatzfähig sind nur die Kosten, die der Geschädigte in dem berechtigten Vertrauen auf den Vertragsschluss gemacht hat. Hier gilt die Regel: Solange kein Vertrauenstatbestand besteht, handelt jeder Teil auf eigene Gefahr, wenn er gleichwohl schon jetzt im Vertrauen auf den erhofften Vertrags-

---

171 *Singer*, FS Canaris (2002), 135, 147 ff.

172 In diesem Sinne: *Reinicke/Tiedtke*, ZIP 1989, 1093, 1096 und *Nickel*, Rechtsfolgen, S. 138.

173 In diesem Sinne: Staudinger/*Löwisch*, § 311 Rn. 138 und Palandt/*Grüneberg*, § 311 Rn. 54, m.w.N. zur Rechtsprechung.

174 Statt vieler: Erman/*Kindl*, § 311 Rn. 36.

175 Soergel/*Wiedemann*, Vor § 275 Rn. 187; *Nickel*, Rechtsfolgen, S. 138.

schluss Aufwendungen tätigt[176]. Schließlich ist dabei zu beachten, dass der Vertrauensschaden **nicht durch die Höhe des Erfüllungsinteresses** wie in §§ 122 I und 179 II BGB begrenzt wird.

Ein Ersatz des positiven Interesses kommt in solchen Fallkonstellationen nur ausnahmsweise im **Sonderbereich des Vergaberechts**, d. h. bei grundlosem Abbruch von öffentlich-rechtlichen Verträgen, in Betracht. Das Gesetz gegen Wettbewerbsbeschränkungen sieht bei Verletzung von Vergaberechtsgrundsätze Spezialvorschriften vor. § 126 GWB etwa räumt dem Unternehmen, das ohne den Rechtsverstoß eine echte Gewinnchance in dem Ausschreibungsverfahren gehabt hätte, einen Ersatzanspruch auf das **negative Interesse** ein. Unabhängig von den Regelungen im GWB kommt dabei auch eine culpa in contrahendo nach § 311 II Nr. 1 BGB in Betracht, wenn durch den öffentlichen Ausschreibungsprozess ein vorvertragliches Schuldverhältnis mit Rücksichtspflichten zwischen Bewerber und Auftraggeber entsteht, das zu Rücksichtnahme und Loyalität verpflichtet[177].

Der Auftraggeber kann dabei etwa dann zum Schadensersatz verpflichtet sein, wenn er unter Überschreitung seines Beurteilungsspielraums einen anderen Bewerber aus unsachlichen Gründen bevorzugt, wenn er beim Verfahren die öffentlich-rechtlichen Vorschriften nicht einhält und dadurch das berechtige Vertrauen des Bieters enttäuscht, wenn er die Ausschreibung zu Unrecht aufhebt, den Bewerber nicht über Änderungen der Ausschreibung informiert oder nicht aufklärt, dass das Projekt finanziell nicht gesichert ist[178]. Mängel oder Aufhebung der Ausschreibung führen lediglich zum Ersatz des negativen Interesses des geschädigten Bieters. Ein Schadensersatzanspruch auf das positive Interesse besteht dagegen nur, wenn der ausgeschriebene Auftrag tatsächlich erteilt worden ist und dem Bewerber der Nachweis gelingt, dass er bei ordnungsgemäßer Abwicklung den Auftrag hätte erhalten müssen[179].

4. Besonderheiten: Verhandlungen über formbedürftigen Vertrag

Eine Haftung in contrahendo kommt auch bei Fehlverhalten während der Verhandlungen über den Abschluss eines formbedürftigen Geschäfts in Betracht. Es geht hier um den Fall, in dem ein Teil den Vertragsschluss als sicher hinstellt, den Partner zu Vermögensdispositionen bewegt und kurz vor Erfüllung der Form, also „auf den Weg zum Notar" von dem intendierten Vertragsabschluss ohne Weiteres

176 Statt vieler: MünchKomm/*Emmerich* (2016), § 311 Rn. 162.

177 Statt vieler: BGH NJW 2004, 2165, Urt. vom 16.12.2003 – X ZR 282/2.

178 Dazu vgl. etwa: Palandt/*Grüneberg* (2015), § 311 Rn. 37, m.w.N. zur Rechtsprechung.

179 Statt vieler: BGH NZBau 2010, 387, Urt. vom 26.01.2010 – X ZR 86/08 und BGH WM 2007, 87, zitiert bei: Palandt/*Grüneberg* (2015), § 311 Rn. 37.

Abstand nimmt. Bei der Annahme einer Haftung aus culpa in contrahendo in solchen Fällen ist nach herrschender Meinung jedoch Zurückhaltung geboten, weil sonst die Gefahr droht, den **Zweck gesetzlicher Formvorschriften**, nämlich die Partei vor einem unreflektierten oder übereilten Vertragsschluss zu schützen, auszuhöhlen. Schon die Anerkennung einer Haftung in contrahendo in solch einer Fallkonstellation ist in Frage gestellt worden, wenn der abzuschließende Vertrag einer Schriftform oder notarieller Beurkundung bedarf[180].

Die Mehrheit der Lehre und die Rechtsprechung gehen deshalb davon aus, dass die Haftung wegen Abbruchs von Verhandlungen über formbedürftige Verträge nur unter **strengen Voraussetzungen** anzuerkennen sei[181]. Seit seinem grundlegenden Urteil aus dem Jahre 1996 vertritt der BGH in **Analogie zur treuwidrigen Berufung auf die Vertragsformnichtigkeit** nach § 242 BGB die Meinung, dass eine Haftung wegen Abbruchs eines formbedürftigen Vertrages nur bei **schwerer Treuepflichtverletzung** anzunehmen sei[182]. Es muss also letztendlich ein **vorsätzlicher Treueverstoß** im Einzelfall vorliegen, damit der abbrechende Verhandlungspartner für die unberechtigte Beendigung der Verhandlungen über einen formpflichtigen Vertrag gegenüber dem Geschädigten haftet, der auf den Abschluss und im Endeffekt auf ein redliches Verhalten des Gegners legitimerweise vertraut hat.

Im Schrifttum gibt es kritische Stimmen, die sich sowohl gegen die grundsätzliche Anerkennung der Haftung in solchen Fällen als auch gegen die analoge Lösung richten. In erstere Richtung geht die Kritik von *Medicus*, der auf die **fehlende Schutzwürdigkeit des Vertrauens** bei formbedürftigen Rechtsgeschäften hinweist und lediglich im Fall **grober Unbilligkeit** eine Haftung auf das

180 *Gottwald*, JuS 1982, 877, 879.

181 Statt vieler: *Wertenbruch*, ZIP 2004, 1525, 1528; Kaiser, JZ 1997, 448, 449 ff.; *Fikentscher/Heinemann*, SR, S. 93; Staudinger/*Löwisch*, § 311 Rn. 112; MünchKomm/*Emmerich* (2016), § 311 Rn. 164 ff., m.w.N. zur Rechtsprechung.

182 BGH NJW 1996, 1884, Urt. vom 29.03.1996. In dem betreffenden Fall hat ein Mieter – mit Einverständnis des Vermieters – im Vertrauen auf den vom Vermieter als sicher hingestellten Verkauf der Mieträume umfangreiche Umbauten vorgenommen. Die Verhandlungen sind gescheitert, nachdem sich die ursprüngliche Kalkulation des Vermieters als unrichtig herausgestellt hatte und er nicht mehr bereit war, zu dem ursprünglich vereinbarten Preis zu verkaufen, der erheblich niedriger war. In diesem Fall hat der BGH festgestellt: Wird der Abschluss eines formbedürftigen Vertrages als sicher dargestellt, kann der Abbruch der Verhandlungen durch einen Partner grundsätzlich nur dann einen Schadensersatzanspruch des anderen begründen, wenn das Verhalten des Abbrechenden einen schweren Verstoß gegen die Verpflichtung zu redlichem Verhalten bei den Vertragsverhandlungen bedeutet. Dies erfordert in der Regel die Feststellung vorsätzlichen pflichtwidrigen Verhaltens. Dazu auch: BGH NJW 2001, 2713, Urt. vom 23.03.2001, IV ZR 62/00 und OLG Koblenz NJW-RR 1997, 974, Urt. vom 25.02.1997 – 3 U 477/96.

Erfüllungsinteresse über § 242 BGB anerkennen will[183]. In eine ganz andere Richtung geht die zweite kritische Strömung. *Singer* zeigt mit hinreichenden Argumenten, dass die Parallele zur unzulässigen Berufung auf Formmängel nicht überzeugt. Die Parallelität sei der Sache nach nicht gerechtfertigt, weil die unzulässige Berufung auf Treu und Glauben strengere Voraussetzungen – schweren Treuepflichtverstoß oder Existenzgefährdung – voraussetzt als die culpa in contrahendo. Während der Rechtsmissbrauchseinwand zur positiven Gültigkeit des eigentlich formnichtig abgeschlossenen Rechtsgeschäfts führt, gelangt die Haftung wegen Verhandlungsabbruchs – wie in der Regel bei der culpa in contrahendo – nur zum Ersatz des negativen Vertrauensschadens[184]. Der Grund für die unzulässige Berufung auf Formmängel liege in dem Schutz des Vertrauens auf eine bestehende Rechtslage[185] und unterscheide sich somit von dem der vorvertraglichen Haftung, deren Grund in dem Schutz des Vertrauens auf eine künftige Rechtslage liege, deren definitive Entstehung vor Vertragsschluss aus verschiedenen Gründe unsicher sei.

Darüber hinaus ist zu beachten, dass die aktuelle BGH-Rechtsprechung zur Haftung für Verhandlungsbeendigung über formbedürftige Verträge nicht in Einklang mit der Rechtsprechung zur Haftung in contrahendo von Gebietskörperschaften bei unterlassenem Hinweis auf Genehmigungs- und Vertretungsvorschriften steht, die schon ein fahrlässiges Verhalten als ausreichend ansieht. Obgleich jede Partei beim Abschluss von Rechtsgeschäften grundsätzlich zur Beachtung der gesetzlichen Wirksamkeitserfordernisse verpflichtet ist, macht der BGH von dieser Regel dort eine Ausnahme, wo ein Vertragspartner die größere Sorge zu tragen hat, sie einzuhalten, so wie die Körperschaften. Ihre fahrlässige Haftung lässt sich hier dadurch begründen, dass sie die für sie geltenden Beschränkungen im Privatrechtsverkehr besser kennt oder kennen muss als ihr Vertragspartner[186]. Das von der Rechtsprechung angenommene Hauptargument, d. h. die Gefahr einer Aushöhlung des Schutzzwecks der Formvorschriften, das

---

183 *Medicus*, Verschulden bei Vertragsverhandlungen, in: Gutachten und Vorschläge zur Überarbeitung des Schuldrechts, Bd. I, 479, 498 ff. In diesem Sinne auch *v. Bar*, JuS 1982, 637, 639. Er ist der Meinung, dass die dem Übereilungsschutz dienenden Formvorschriften verlangen, „dass man gerade nicht vertrauen darf, dass ein beurkundungsreifer Vertrag auch als schon geschlossen angesehen werden darf" und dass die culpa in contrahendo genau dazu eingesetzt werde, den Übereilungsschutz des anderen Teils zu verkürzen, was er mit außerordentlicher Skepsis sieht. Deshalb plädiert er dafür, vom Einsatz der culpa in contrahendo in solchen Fällen ganz abzusehen.

184 *Singer*, FS Canaris (2002), 135, 149.

185 *Singer*, FS Canaris (2002), 135, 150.

186 In diesem Sinne: *Singer*, FS Canaris (2002), 135, 151 und MünchKomm/*Emmerich* (2016), § 311 Rn. 165.

das Vorsatzerfordernis bei Verhandlungen über formpflichtige Verträge rechtfertigt, ist laut *Singer* nicht zu befürchten, weil die culpa in contrahendo zu keiner rechtsgeschäftlichen Bindung, sondern nur zum Ersatz des negativen Interesses führt. Zu berücksichtigen ist ihm zufolge darüber hinaus, dass eine mittelbare Beeinträchtigung der Formzwecke durch den Vertrauensschutz nie ausgeschlossen sei, weil der Zweck der Formvorschriften die Loyalitätsanforderung im Rechtsverkehr nicht beseitigen kann[187].

5. Zusammenfassung

Die Grundlinie der Haftung für Verhandlungsabbruch kann so zusammengefasst werden: Jede Partei bleibt – aufgrund des Grundsatzes der Vertragsfreiheit und Privatautonomie – auch nach länger andauernden Verhandlungen bis zum endgültigen Vertragsschluss in ihrer Entscheidung frei, von dem in Aussicht genommenen Vertrag Abstand zu nehmen, ohne einen Grund dafür nennen zu müssen. Dies gilt allerdings nur so lange, wie kein Vertrauenstatbestand zwischen den Verhandlungspartnern entsteht, aufgrund dessen ein Teil auf das Zustandekommen des Vertrages vertrauen darf. Nach Entstehung eines Vertrauenstatbestands muss der abbrechende Verhandlungspartner einen Rechtfertigungsgrund für die Verhandlungsbeendigung vorlegen, um sich ohne rechtliche Nachteile von der Verhandlungssituation zurückzuziehen. Wer bei dem Geschäftsgegner ausdrücklich oder durch schlüssiges Verhalten den Vertragsschluss als sicher hinstellt und dadurch ein berechtigtes Vertrauen auf den Vertragsschluss erweckt oder verstärkt, ihn zu Vermögensdispositionen veranlasst und danach ohne triftigen Grund den Vertragsschluss einfach verweigert, verstößt gegen das Redlichkeits- und Rücksichtnahmegebot aus §§ 241 II und 242 BGB und muss demgemäß nach § 311 II Nr. 1 iVm § 280 I BGB diejenige Schäden ersetzen, die dem Partner infolge des Vertrauenstatbestands entstanden sind.

Streit besteht in der Lehre, ob das Verschulden bei der Herbeiführung des Vertrauenstatbestands als Tatbestandsmerkmal anzusehen ist oder nicht. Ein Teil der Lehre ist der Meinung, dass die schuldlose Erweckung des Vertrauens auf das Zustandekommen des Vertrages eine objektive Vertrauenshaftung auslöst, die sich der Erklärungshaftung von §§ 122 und 179 I BGB annähert und demzufolge dogmatisch nicht als culpa in contrahendo zu qualifizieren sei. Die herrschende Meinung geht – in Anlehnung an die Rechtsprechung – jedoch davon aus, dass kein Verschulden bei der Begründung des Vertrauenstatbestands erforderlich ist, dagegen durchaus beim grundlosen Verhandlungsabbruch, und nimmt an, dass

187 FS Canaris (2002), 135, 153 f.

in solchen Fälle ein besonderer Vertrauenstatbestand vorliegt, was es ihr umgekehrt ermöglicht, diese Fälle unter § 311 II Nr. 1 BGB zu subsumieren. Die pflichtwidrige Handlung des abbrechenden Teils liegt nicht in dem Nichtabschluss des intendierten Vertrages, sondern in der Weckung und nachträglichen Enttäuschung des berechtigten Vertrauens auf den Vertragsschluss, da das erweckte Vertrauen auf den Geschäftsabschluss Einfluss auf die Entscheidung des anderen Teils hat, Vermögensdispositionen im Hinblick auf den künftigen Vertragsschluss zu tätigen, die er sonst nicht gemacht hätte.

Trotz theoretischer Streitigkeiten hinsichtlich der Schadensberechnung geht die herrschende Meinung zu Recht davon aus, dass in den Fällen von Verhandlungsbeendigung nur das negative Interesse zu ersetzen ist, weil sonst die negative rechtsgeschäftliche Freiheit der Kontrahenten übermäßig beeinträchtigt wäre. Außerdem ist zu berücksichtigen, dass die dabei verletzte Loyalitätspflicht nicht den Schutz des Erfüllungsinteresses abdeckt, also die Vorteile, die der Gegner bei ordnungsmäßiger Erfüllung des (inexistenten) Vertrages erlangt hätte. Die geschädigte Partei ist nach § 249 BGB so zu stellen, wie sie stünde, wenn sie die nutzlos gewordenen Verhandlungen nicht unternommen hätte. Der Pflichtverletzende hat demgemäß denjenigen Schaden zu ersetzen, den der Geschädigte im berechtigten Vertrauen auf den sicheren Vertragsschluss gemacht hat. Zu ersetzen sind vor allem nutzlose Aufwendungen (Verhandlungskosten) und entgangener Gewinn aus anderer Vertragsgelegenheit mit Dritten. Ein Kontrahierungszwang kommt hier also nicht im Betracht. Nicht ersetzbar sind Kosten für die Verhandlungsvorbereitung wie etwa Vorstudien oder Projekte, weil sie darauf abzielen, das Interesse der Gegenseite an dem Geschäft und an dem Eintritt in die Vertragsverhandlungen zu erwecken. Möglich ist theoretisch auch ein Schmerzensgeld bei einer Verletzung gegen Persönlichkeitsrechte. Der negative Vertrauensschaden wird nicht durch die Höhe des Erfüllungsinteresses begrenzt.

Diese Regeln gelten grundsätzlich für den grundlosen Abbruch der Verhandlungen über jeden Vertragstyp. Eine Ausnahme besteht grundsätzlich nur bei der Schadensersatzpflicht hinsichtlich formbedürftiger Verträge, da die Formvorschriften oftmals die Parteien vor Übereilung schützen sollen. Darüber gibt es Streit im Schrifttum. Die Rechtsprechung verlangt einheitlich – gefolgt von einem Teil der Lehre – in solchen Fallkonstellationen eine besonders schwere, d. h. eine vorsätzliche Treuepflichtverletzung, des abbrechenden Teils für eine Haftung in contrahendo. Das bedeutet: Eine fahrlässige Begründung des Vertrauens auf das Zustandekommen eines formbedürftigen Vertrages reicht nicht aus. Die Partei muss vielmehr gegenüber der Gegenseite unredlicherweise den Anschein erweckt haben, ein formbedürftiger Vertrag sei gar nicht formbedürftig oder sie werde mit Sicherheit formgerecht abschließen und nicht ohne triftigen Grund den formgerechten Vertragsschluss vereiteln. Die Einschränkung des haftungsbegründenden Tatbestands rechtfertigt sich dadurch, dass die Formvorschriften die Entschließungsfreiheit beider Verhandlungspartner stärker schützen soll als sonst. Besonderheiten bestehen auch beim grundlosen Abbruch von Ausschreibungsverfahren, wo es ausnahmsweise zum Ersatz des positiven Interesses kommen kann. Auch dort gilt jedoch die Regel: ersatzfähig ist in solchen Fällen lediglich der negative Vertrauensschaden.

III. Abbruch von Vertragsverhandlungen im brasilianischen Recht

1. Problemstellung

Auch in Brasilien ist die Frage aufgetaucht, ob und inwieweit ein Verhandlungspartner die Aufwendungen, die die Gegenseite im Rahmen der Vertragsverhandlungen tätigte, zu ersetzen hat, wenn die Vertragsverhandlungen am Ende schiefgehen. Diese Frage war von Anfang an sehr umstritten, wie in Kapitel 1 III 2 dargestellt, weil man sich gefragt hat, ob eine solche Haftung die negative Vertragsfreiheit der Partei nicht unangemessen beeinträchtigt. Da bis zum endgültigen Vertragsabschluss oder zur endgültigen Erstellung eines bindenden Antrags keine Bindung zwischen den Parteien bestehe, seien sie völlig frei – so diese Lehre – in ihrer Entscheidung, von Vertragsverhandlungen jederzeit Abstand zu nehmen. Diese Freiheit werde durch die Rechtsordnung durch die Grundsätze der Willensautonomie (*autonomia da vontade*) gewährleistet. Die Auferlegung einer Schadensersatzpflicht infolge der Ausübung einer von der Rechtsordnung anerkannten Befugnis stehe mit solchen Prinzipien in direktem Widerspruch und könne als indirekter Kontrahierungszwang wirken. Außerdem gab es Streit über den **Grund** und die **Gesetzesgrundlage** einer solchen Ersatzpflicht, da die Ausübung des Rechts, die Verhandlungen frei zu beenden, keine unerlaubte Handlung darstelle.

Diese Auffassung hat dazu geführt, dass die in den 1930er Jahren in der Rechtsprechung des Oberlandesgerichts São Paulo aufgetauchte Haftung für grundlosen Verhandlungsabbruch aus der Praxis gleich verschwand – bis in die 1990er Jahre, als sie in der Rechtsprechung des Oberlandesgerichts von Rio Grande do Sul wieder auftauchte. Der Grundgedanke einer Haftung für grundlosen Abbruch der Vertragsverhandlungen ist infolge der herrschenden rechtspositivistischen Doktrin lange in Vergessenheit geraten, bis sie mit dem Grundsatz von Treu und Glauben in Verbindung gebracht wurde. Die culpa in contrahendo für grundlosen Verhandlungsabbruch ist dann wieder ans Licht gekommen. Seit dem Inkrafttreten der neuen Zivilrechtskodifikation scheint sich ein relativer Konsens über die Anerkennung der Haftung etabliert zu haben. Streitigkeiten bestehen jedoch hinsichtlich ihrer Tatbestandsmerkmale, Rechtsfolgen und ihre

Rechtsnatur. Das hängt zum Teil damit zusammen, dass die culpa in contrahendo **keine klare Formulierung im Gesetz** gefunden hat. Der neue Gesetzgeber hat lediglich ein generalklauselartig formuliertes Redlichkeitsgebot im rechtsgeschäftlichen Verkehr angeordnet, das die Parteien verpflichtet, nach Treu und Glauben bei Abschluss und Erfüllung des Vertrages zu handeln (Art. 422 CC2002).

Ziel dieser Untersuchung ist es zunächst, diesen Unterfall der culpa in contrahendo im Schrifttum zu analysieren, um zu prüfen, ob und inwiefern sie eine wissenschaftlich fundierte Grundlage für die Rechtsanwendung liefert (unter 2). Danach werden einige Fälle aus der Praxis analysiert, um zu prüfen, wie sie dort gelöst werden, insbesondere welche Argumentationslinien dabei eine Rolle spielen (unter 3). Ziel ist zu prüfen, ob man Anhaltspunkte in der brasilianischen Lehre und Rechtsprechung für die Formulierung einer allgemeinen Theorie vorvertraglicher Haftung findet.

2. Die Haftung für grundlosen Verhandlungsabbruch in der Lehre

Nimmt man die brasilianische Privatrechtslehre unter die Lupe, kann man dort zunächst zwei Strömungen identifizieren. Während bei der ersten noch ein starker Einfluss der klassischen Lehre zu spüren ist, da sie die Haftung in contrahendo nur unter engen Voraussetzungen erkennt, zeigt die zweite Strömung ein aktuelleres Konzept von culpa in contrahendo, das sich etwas an das deutsche Konzept annähert. Beide werden im Folgenden analysiert.

2.1. Die Haftung in contrahendo in der neoklassischen Lehre

Eine erste Strömung – die aufgrund ihrer Annäherung an die klassische Lehre der ersten Hälfte des 20. Jahrhundert als **„neoklassische“ Lehre**“ bezeichnet wird – geht grundsätzlich davon aus, dass die Vertragsverhandlungen **keinerlei Bindung** zwischen den Vertragspartnern erzeugen, selbst wenn die Parteien zum Vertragsentwurf gelangt seien. Nur ausnahmsweise, wenn die eine die andere bewusst in die irrige Vorstellung führt, der Vertrag werde mit Sicherheit zustande kommen und die Gegenseite im Vertrauen darauf Aufwendungen mache oder den gleichen Vertrag mit einem Dritten nicht abschließe, komme eine Haftung für grundlosen Abbruch in Betracht, die ihren Haftungsgrund in dem Begehen einer **unerlaubten Handlung** finde. Damit ist zugleich gesagt, dass die Haftung eine **außervertragliche Natur** hat[188]. Die grundsätzliche **Ablehnung der rechts-**

188 Statt vieler: *Gonçalves*, Contratos, S. 49; *Diniz*, Curso, Bd. 3, S. 42 und *Silva Pereira*, Contratos, S. 32.

bindenden Wirkung der Vertragsverhandlungen führt jedoch oft zu der Annahme, dass ein Verhandlungspartner – selbst bei fortgeschrittenen Verhandlungen, wenn sogar ein endgültiger Vertragsentwurf vorliegt – vom Vertragsabschluss ohne Weiteres Abstand nehmen darf, da diese vertragsvorbereitenden Vereinbarungen keine Bindungskraft besitzen.

Dass solche Vereinbarungen ein berechtigtes Vertrauen der Gegenseite an den Vertragsschluss begründen und bindende Wirkungen in dem Sinne erzeugen können, dass ein Teil die vereinbarten Punkte nicht ohne Weiteres ändern darf, bleibt bei dieser Strömung unberücksichtigt. Und das, obgleich die Anhänger dieser Theorie einstimmig davon ausgehen, dass die Parteien während der Vertragsverhandlungen die Rücksichtspflichten aus Treu und Glauben beachten müssen und die culpa in contrahendo eine Haftung für Verletzung vorvertraglicher Rücksichtspflichten sei[189]. Einige Autoren wie etwa *Gonçalves* verlangen als haftungsbegründenden Tatbestand die Absicht des Schädigers, dem Gegner Schaden zuzufügen. Die meisten setzen jedoch Dolus (*má-fé*) implizit durch den Verweis auf die Irrtumsführung (*indução a erro*) voraus. Da dafür **Vorsatz** vorausgesetzt wird[190], stellt sich schon die Frage, ob und inwiefern diese Strömung die culpa in contrahendo als Fahrlässigkeitshaftung betrachtet.

2.2. Die Haftung in contrahendo in der modernen Lehre

Eine zweite Strömung geht davon aus, dass die Vertragsverhandlungen in dem Sinne bindend sind, dass die Parteien dort dazu verpflichtet sind, miteinander loyal umzugehen und auf die Interessen der Gegenseite Rücksicht zu nehmen. Um das Redlichkeitsgebot zu erfüllen, müssen sie dabei unterschiedliche Rücksichtspflichten beachten, die aus Treu und Glauben (Art. 422 CC2002) entstehen und deren Verletzung eine Schadensersatzpflicht des Pflichtverletzenden begründet. Eine Haftung in contrahendo kommt hier immer dann in Betracht, wenn eine Partei bei der anderen das Vertrauen erweckt, der Vertrag werde mit Sicherheit zustande kommen und danach ohne triftigen Grund die Vertragsverhandlungen abbricht. Die von dieser Lehre genannten Voraussetzungen für die Haftung sind: (a) die Aufnahme von Vertragsverhandlungen, (b) Vertrauen auf das Zustandekommen des Vertrags, (c) nachträglicher grundloser Verhandlungsabbruch und die allgemeinen Haftungsvoraussetzungen wie Verschulden, Schaden und Kausalität zwischen Pflichtverletzung und Schaden, die unten kurz analysiert werden.

---

189 *Gonçalves*, Contratos, S. 49; *Diniz*, Curso, Bd. 3, S. 42 und *Silva Pereira*, Contratos, S. 32.
190 *Gonçalves*, Contratos, S. 49 und *Silva Pereira*, Contratos, S. 32.

a) Aufnahme von Vertragsverhandlungen

Für die Entstehung der Haftung in contrahendo ist zunächst erforderlich, dass die Parteien über den Abschluss eines geplanten Vertrages verhandeln. Vertragsverhandlungen werden grundsätzlich als ein zweiseitiger Kontakt bezeichnet, in dem die Parteien über einen konkreten Vertrag diskutieren, um einzuschätzen, ob es sich lohnt, das geplante Geschäft abzuschließen[191]. Es ist also ein teleologischer Prozess, der auf einen möglichen Vertragsabschluss gerichtet ist. In dieser Zeit entstehen Nebenpflichten aus Treu und Glauben, die darauf abzielen, ein redliches Umgehen miteinander zu gewährleisten. Nicht erforderlich sei, dass die Partei zwei auf dasselbe Ziel gerichtete Willenserklärungen abgeben und sich über die Rechtsfolgen bewusst seien[192], was eigentlich Voraussetzung für einen Vertragsabschluss ist.

Nicht thematisiert wird die schuldrechtliche Natur der Pflichten sowie auch nicht, ob schon im **Vorfeld von Vertragsverhandlungen** Rücksichtspflichten erwachsen können. Im Gegensatz zum deutschen Recht, wo **unterschiedliche vorvertragliche Phasen** ausdrücklich in § 311 II BGB vorgesehen sind, scheint hier – zumindest im Rahmen der culpa in contrahendo – irrelevant zu sein, was im Vorfeld der Vertragsverhandlungen passiert[193]. Es wird nicht zwischen Ver-

---

191 Dazu: *Regis Fichtner*, A responsabilidade civil pré-contratual, S. 307; in Portugal: *Almeida Costa*, Responsabilidade civil, S. 54.

192 *Popp* gehe jedoch davon aus, dass für die Aufnahme von Vertragsverhandlungen zwei klare, abgestimmte und inhaltsidentische Willenserklärungen vorliegen müssen, die gemeinsam darauf gerichtet sind, über den Abschluss eines bestimmten Vertrages zu verhandeln, und dass die Parteien sich der Rechtsfolgen von Vertragsverhandlungen bewusst sind. Responsabilidade civil, S. 222f.

193 Die Entstehung von Rücksichtspflichten vor Aufnahme von Vertragsverhandlungen wird nur ausnahmsweise angenommen, wie bei *Popp*, der ohne nähere Erklärung die Verletzung von Schutzpflichten im Rahmen „sozialen Kontakts" als Beispiel dafür nennt, sowie auch den Fall, in dem eine Partei die Vertragsverhandlungen ohne irgendwelche Absicht aufnimmt, den Vertrag später abzuschließen. (Responsabilidade civil pré-negocial, S. 227.) Er bezieht sich dabei auf die Lehre von *Prata*, die allerdings ausdrücklich sagt, dass die Entstehung des vorvertraglichen Schuldverhältnisses und der Nebenpflichten aus Treu und Glauben schon vor Aufnahme von Vertragsverhandlungen geschieht. Dieses Stadium bezeichnet die portugiesische Autorin als „geschäftlichen Kontakt", der dadurch geprägt sei, dass ein Teil mit geschäftlichen Absichten in eine Sphäre eintritt, die von dem anderen Teil kontrolliert werde. (*Prata*, Notas, S. 41 Fn. 100.). Inwieweit sich die Auffassung von *Popp* auf diejenige von *Prata* stützen kann, ist fraglich. Ebenfalls ist zu beachten, dass das erste Beispiel eine unerlaubte Handlung darstellt und somit zum Deliktsrecht gehört. Das zweite Beispiel fällt dagegen immer noch unter die Fallgruppe der Haftung in contrahendo für grundlosen Abbruch, weil sich die Parteien dort im Verhandlungsstadium befinden. Auch bei *Fichtner Pereira* ist zu lesen, dass ein „bloßer Kontakt", also ein Vorgespräch, keinen Haftungstatbestand darstelle, auch wenn es auf einen Vertragsabschluss gerichtet sei. Echte Vertragsverhandlungen entstehen erst, wenn die Parteien gemeinsam tätig

tragsverhandlungen und Vertragsanbahnung im Sinne von § 311 II Nrn. 1 und 2 BGB differenziert und die Kategorie des ‚ähnlichen geschäftlichen Kontakts' (§ 311 II Nr. 3 BGB) ist dem brasilianischen Recht fremd[194]. Solche eine Unterscheidung wird sogar als rein theoretische Überlegung, ohne praktische Bedeutung kritisiert[195].

Ein Teil der Lehre versucht – in Anlehnung an die italienische Lehre – eine Grenze zwischen **„Verhandlungsphase"** und **„Vertragsbildungsphase"** zu ziehen, um ihre Bindungswirkung zu präzisieren. Während die Verhandlungsphase nicht verbindlich sei[196], stelle die Vertragsbildungsphase (*período de formação do contrato*) eine Art „fortgeschrittener Vertragsverhandlungen" dar, in denen die Parteien unterschiedliche vorvertragliche Rechtsakte und Rechtsgeschäfte mit spezifischen Rechtsfolgen abschließen wie z. B. einseitige Rechtsgeschäfte (Angebot/Annahme), Punktationen, *Letters of Intent*, *Gentlement's Agreements* oder echte Verträge wie Vorvertrag, Rahmenvertrag und Ähnliches[197].

Hier fällt schon auf, dass das Problem – und gleichzeitig die Schwäche – dieser Einteilung zunächst darin liegt, dass sie die **Verbindlichkeit im vorver-**

---

seien mit dem Ziel, ein Geschäftsprojekt zu prüfen und auszuarbeiten. A responsabilidade civil pré-contratual, S. 307.

194 Auf die Relevanz solcher Differenzierung ist schon hingewiesen worden. Dazu: *Nunes Fritz*, Boa-fé objetiva, S. 61 ff. *Popp* vertritt allein die Meinung, dass sich die Vertragsverhandlungen in drei unterschiedliche Stadien einteilen ließen: Anfangsstadium, Zwischenstadium und Endstadium. Das Anfangsstadium, in dem die ersten Gespräche stattfinden, sei unverbindlich. Das Zwischenstadium, in dem die Parteien aufgrund eines höheren Grades an Vertrauen Aufwendungen machen, habe zur Folge, dass dort eine Pflicht entstehe, das Vertrauen der Gegenseite nicht unberechtigt zu frustrieren, deren Verletzung zum Schadensersatz bzw. Ersatz des negativen Interesses führe. Im Endstadium, in dem es etwa eine Einigung über die wesentlichen Vertragsbedingungen schon gebe, dürfe eine Partei nicht mehr vom Vertragsabschluss Abstand nehmen, weil eine Kontrahierungspflicht entstanden sei. In diesem Falle dürfe der Geschädigte den Abschluss des Vertrages oder den Ersatz des positiven Interesses verlangen. Responsabilidade civil pré-negocial, S. 231 f.

195 *Popp/Tono*, Liberdade e contrato na atividade empresarial, 1, 5.

196 *Zanetti*, Responsabilidade, S. 10.

197 Statt vieler: *Zanetti*, Responsabilidade, S. 11 ff. Die Lehre diskutiert intensiv über die Natur und Rechtsfolgen solcher 'vorvertraglichen Akte'. Es gibt zahlreiche Klassifikationen und Systematisierungsversuche über die privatautonomen vorvertraglichen Abreden mit Rechtsbindungswillen, die so unterschiedliche Bezeichnungen erhalten, dass *Basso* von einer „terminologischen Anarchie" spricht (Contratos internacionais, S. 186.). Hier gibt es keinen Platz, die unterschiedlichen Abreden, die im Rahmen von Vertragsverhandlungen entstehen können, im Einzelnen zu behandeln. Dies schadet jedoch nicht, weil das im Grunde genommen eine reine Auslegungsfrage ist. Denn die Frage, ob eine rechtsverbindliche oder unverbindliche Abrede vorliegt, lässt sich nur durch die normative Auslegung des Art. 113 CC2002 ermitteln. In diesem Sinne: Erman/*Armbrüster*, Vor § 145 Rn. 8.

traglichen Stadium vom Parteiwillen abhängig macht, indem die Rechtsbindung erst anfängt, wenn die Parteien solche privatautonomen vorvertraglichen Verbindlichkeiten ausmachen. Sie **entleert die Rücksichtspflichten und das vorvertragliche Vertrauensverhältnis**, die völlig unabhängig vom Parteiwillen entstehen. Außerdem ist diese Einteilung eine reine Fiktion, die nicht immer der Lebenswirklichkeit entspricht, berücksichtigt man, dass komplexe Vertragsverhandlungen oft mit dem Abschluss echter Rechtsgeschäfte beginnen wie Geheimnis- oder Exklusivitätsvereinbarungen, die sich in Form eines Vertrages oder einer Klausel im Rahmen eines *Letter of Intent* materialisieren.

Ungleich wichtiger ist zu beachten, dass es bei der culpa in contrahendo nicht um die Verletzung solcher Verträge geht, die eine typische Vertragshaftung in Gang setzt, sondern ausschließlich um die Verletzung vorvertraglicher Pflichten. Eine solche Pflichtverletzung liegt etwa vor, wenn eine Partei gegen solche Abreden verstößt, die **keinen Rechtsbindungswillen** haben wie bei Punktationen oder *Letters of Intent*, wodurch sich die Parteien nicht rechtlich binden wollen[198]. Und hier besteht das Problem darin, festzustellen, inwieweit solche vorvertraglichen Vereinbarungen für die Parteien verbindlich sind. Anders als die (neo) klassische Lehre, die keine Bindung aus Punktationen, Vertragsentwurf oder partiellen Vereinbarungen herleitet, auch wenn dort schon eine Einigung über die wesentlichen Vertragsbedingungen vorliegt[199], besteht heute kein Zweifel, dass sie doch schon **verbindliche Rechtswirkungen** für die Beteiligten erzeugen[200].

Denn sie bilden eine **objektive Grundlage für das Vertrauendürfen** auf den künftigen Vertragsabschluss, wenn sie eine Einigung über den für die Parteien wesentlichen Inhalt des intendierten Vertrages darstellen[201]. Sie sind weiter in dem Sinne bindend, dass die dort abgestimmten Vertragsbedingungen nicht ohne Weiteres wieder verhandelt werden können, sondern es muss vielmehr ein

---

198 *Zanetti*, Responsabilidade, S. 35. In Portugal: *Almeida Costa*, Responsabilidade, S. 47.

199 *Diniz*, Curso, Bd. 3, S. 42f., wo zu lesen ist: „Das negociações preliminares as partes podem passar à minuta (puntuazione, como preferem os italianos), reduzindo a escrito alguns pontos constitutivos do conteúdo do contrato (cláusulas e condições) sobre os quais já chegaram a um acordo, para que sirva de modelo ao contrato que depois realizarão, mesmo que nem todos os detalhes tenham sido acertados. Ainda assim não se tem vínculo jurídico entre as partes. Somente quando se obtiver o completo acordo sobre todos os pontos essenciais da relação contratual é que surgirá o contrato; portanto, acordos parciais, que forem eventualmente estabelecidos, carecem de valor e obrigatoriedade.“. In diesem Sinne auch *Silva Pereira*, Contratos, S. 32 und *Chaves*, Responsabilidade pré-contratual, S. 62ff.

200 *Fichtner Pereira*, A responsabilidade civil pré-contratual, S. 312 und *Popp*, Responsabilidade civil pré-negocial, S. 242f.

201 Dazu: *Fichtner Pereira*, A responsabilidade civil pré-contratual, S. 312 und *Nunes Fritz*, Boa-fé objetiva, S. 295.

sachlicher Grund vorliegen, um über schon getroffene Vereinbarungen neuerlich zu diskutieren[202]. Die aus Art. 422 CC2002 herzuleitende Mitwirkungs- und Loyalitätspflicht rechtfertigt ein grundsätzliches **Änderungsverbot** hinsichtlich der schon ausgehandelten und abgestimmten Punkte des künftigen Vertrages[203]. Relative Einigkeit besteht zu Recht auch darüber, dass Vereinbarungen ohne Rechtsbindungswillen bzw. Rechtsfolgenwillen **keine Abschlusspflicht** erzeugen[204], sondern nur **Vertrauensschadensansprüche.**

b) Vertrauen auf den Vertragsabschluss

Eine weitere Voraussetzung für die Entstehung der Haftung in contrahendo für grundlosen Verhandlungsabbruch ist das Vorliegen eines berechtigten Vertrauens auf den Vertragsabschluss, also ein **Vertrauenstatbestand.** Die moderne Lehre betont zutreffend, dass es sich keineswegs um einen subjektiven innerlichen Zustand handelt, sondern dass muss ein **objektives Vertrauen** vorliegen muss, das sich auf **objektiv feststellbare Umstände** stützt. Es komme daher nicht darauf an, ob die Partei innerlich auf den Vertragsschluss vertraut habe, sondern nur darauf, ob objektive Gründe dafür vorliegen, die das Vertrauen eines redlichen Menschen aufrechterhalten können[205]. Vertraut die Partei auf das Zustandekommen des Vertrages und macht sie aufgrund dessen Aufwendungen, die sie sonst nicht getätigt hätte, muss bei der Gegenseite ein **triftiger Grund** vorliegen, um die Verhandlungen beenden zu können, ohne die Vertrauensdispositionen der Gegenseite ersetzen zu müssen.

Wann genau ein berechtigtes Vertrauen anzunehmen ist, wird meistens nicht weiter erläutert. Nur wenige Autoren liefern angemessene Kriterien für die Prüfung der Entstehung eines Vertrauenstatbestands. *Fichtner Pereira* nimmt in Anlehnung an das deutsche Recht an, dass das Vertrauen aus den „Umständen des Einzelfalles“ abzuleiten sei. Es könne sich etwa aus dem **Fortschritt der Vertragsverhandlungen** ergeben, denn: je mehr sich die Parteien über die Vertragsbedingungen einigen, desto sicherer stelle sich der Vertragsabschluss für

---

202 *Basso* spricht von *point de non-retour*, um die Bindung der Verhandlungspartner an die schon vereinbarten Vertragsbedingungen zu verdeutlichen. Contratos internacionais, S. 154. In diesem Sinne auch *Popp*, Responsabilidade civil pré-negocial, S. 243, der jedoch der Meinung ist, dass solche vorvertragliche Abreden einen Verzicht auf nachträgliche Änderungen beinhalten.

203 *Popp*, Responsabilidade civil pré-negocial, S. 243.

204 Statt vieler: *Fichtner Pereira*, A responsabilidade civil pré-contratual, S. 312 und *Martins Costa*, Um aspecto da obrigação de indenizar, 1, 8.

205 *Fichtner Pereira*, A responsabilidade civil pré-contratual, S. 330 f.

beide dar. Der Verhandlungsfortschritt lässt sich umgekehrt durch z. B. Punktationen, *Letters of Intent*, Wechsel von E-Mails oder durch andere Mittel feststellen, die eine progressive Einigung über die wesentlichen Punkte, worüber die Beteiligten verhandeln wollen, ausdrücken können[206].

Diskutiert wird auch, ob das Vertrauen auf den Vertragsabschluss entstehen kann, wenn es noch keine **Einigung über alle wesentlichen Punkte** des geplanten Vertrags gibt. *Chaves* ist der Meinung, dass, auch wenn sich die Parteien über alle Punkten des geplanten Vertrages schon geeinigt haben, keine Bindung entstehe soweit es noch offene sekundäre Punkte gebe[207]. Es ist offensichtlich, dass er hier die Entstehung einer vertraglichen Bindung im Blick hat und somit die culpa in contrahendo als eine Haftung für Nichtabschluss des geplanten Vertrages betrachtet, wenn sie in Wirklichkeit – und nur in dieser Fallgruppe! – eine Haftung wegen Erweckung und grundloser Enttäuschung des Vertrauens darstellt und nicht wegen des Nichtabschlusses selbst.

Für *Popp* ist dagegen schon eine partielle Einigung über die Bedingungen des künftigen Vertrages ausreichend[208]. *Fichtner Pereira* weist zutreffend darauf hin, dass **schon vorhandene Beziehungen** wie z. B. ein bestehendes Vertragsverhältnis zwischen den Parteien eine Rolle bei der Entstehung des Vertrauenstatbestands spielt. Das existente Vertrauensverhältnis kann eine Seite dazu veranlassen, ihrem Vertragspartner leichter zu vertrauen[209]. Die **persönlichen Bedingungen der Parteien** spielen dabei eine entscheidende Rolle: An diejenige Partei, die mit Vertragsverhandlungen vertraut ist, schon Erfahrung hat oder die sich in ihrem beruflichen Bereich bewegt, sind strengere Anforderungen für einen Vertrauensschutz zu stellen als an unerfahrene Verhandlungspartner[210]. Das zeigt, dass sich eine Pauschalregel hier kaum feststellen lässt. Allgemein kann man jedoch sagen, dass sich ein legitimes Vertrauen nur dann ausbilden kann, wenn sich die Parteien über **wesentliche Teile des Vertragsinhalt**s geeinigt haben und **weitere Umstände** vorliegen, die den Vertragsabschluss als sicher erscheinen lassen wie der Beginn der Durchführung des Vertrages oder die Veranlassung zu Aufwendungen durch die Gegenseite[211].

---

206 *Fichtner Pereira*, A responsabilidade civil pré-contratual, S. 332; *Popp*, Responsabilidade civil pré-negocial, S. 241 und *Nunes Fritz*, Boa-fé objetiva, S. 294.
207 Responsabilidade pré-contratual, S. 65.
208 Responsabilidade civil pré-negocial, S. 243.
209 A responsabilidade civil pré-contratual, S. 333.
210 *Fichtner Pereira*, A responsabilidade civil pré-contratual, S. 335.
211 *Nunes Fritz*, Boa-fé objetiva, S. 294. In Deutschland: Palandt/*Grüneberg* (2015), § 311 Rn. 31.

c) Grundloser Abbruch von Vertragsverhandlungen

Eine vorvertragliche Haftung kommt – nach dieser Strömung – immer dann in Betracht, wenn ein Verhandlungspartner bei dem anderen den Eindruck erweckt, der Vertrag werde mit Sicherheit zustande kommen und danach ohne triftigen Grund die Verhandlungen abbricht. Daraus ergibt sich die Regel, nach der die Partei – auch bei Vorliegen eines berechtigten Vertrauens – immer dann von Vertrag Abstand nehmen kann, wenn sie einen Rechtfertigungsgrund dafür hat. Die Autoren versuchen den Begriff des triftigen Grunds zu definieren. In Anlehnung an das portugiesische Recht wird dieser Tatbestand meistens negativ definiert, also als derjenige Grund, der ungerechtfertigt, willkürlich und mit Treu und Glauben nicht zu vereinen sei[212].

Die Heranziehung von Treu und Glauben sei deshalb wichtig, weil es dabei nicht nur auf den Grund an sich ankomme, d. h. ob er – objektiv betrachtet und nicht aus einer subjektiven Perspektive der Partei – sachlich stimme, sondern auch darauf, ob die abbrechende Partei ihn der Gegenseite sofort mitteile, sobald sie davon Kenntnis erlange. Er muss auch nachträglich sein, sich daher auf neue Umständen beziehen, die vorher nicht vorlagen[213]. Bei der Bewertung eines **Rechtfertigungsgrunds** für den Verhandlungsabbruch spielt also ein **sachliches und zeitliches Moment** eine Rolle. Teilt die Partei der Gegenseite ihren legitimen Entscheidungsgrund nicht sofort mit, macht sie sich wegen Informationspflichtverletzung ersatzpflichtig. Das ist z. B. der Fall, wenn eine Partei die Vertragsverhandlungen einfach verschiebt, obwohl sie schon weiß, dass sie kein Interesse an oder keine Möglichkeit zu dem Vertragsschluss mehr hat.

Im Schrifttum vertritt *Popp* allein die Meinung, dass eine Partei bei Vorliegen eines Vertrauens auf den Vertragsabschluss die Verhandlungen nicht ohne Weiteres beenden kann, auch wenn sie einen Rechtfertigungsgrund dafür hat. Es komme auf den „Vertrauensgrad" an[214]. Stehen die Verhandlungen noch im Anfangsstadium, könne die Partei sie beenden, wenn sie einen triftigen Grund dafür darlegt. Haben die Verhandlungen schon ein „Zwischenstadium" erreicht, das durch das Vorliegen eines Vertrauens gekennzeichnet sei, dürfe ein Verhandlungspartner sie bei Vorliegen eines Rechtfertigungsgrundes zwar beenden, müsse aber diejenigen Schäden ersetzen, die nach Entstehung des Vertrauens entstanden seien. Befinden sich die Verhandlungspartner schon in der „Endphase der Verhandlungen", in der sich für die Partei ein Abschlussanspruch

212 Statt vieler: *Martins-Costa*, A boa-fé, S. 483 und *Popp*, Responsabilidade civil pré-negocial, S. 260.

213 *Fichter Pereira*, Responsabilidade civil pré-contratual, S. 323 und *Popp*, Responsabilidade civil pré-negocial, S. 261.

214 Responsabilidade civil pré-negocial, S. 260.

schon herausgebildet habe, sei der Verhandlungsabbruch unzulässig[215]. Ein Abbruch schon im „intermediären Stadium" der Vertragsverhandlungen ist bei ihm – auch bei Vorliegen eines triftigen Grunds – immer rechtwidrig.

Es liegt auf der Hand, dass dieses Modell inpraktikabel ist, weil es den Rechtsverkehr außerordentlich beeinträchtigt und kein objektives handhabbares Kriterium für die Determinierung der Verhandlungsstadien liefert. Ein triftiger Grund kommt für *Popp* nur in wenigen Fälle in Betracht, wie bei fehlender Einigung über wesentliche Vertragsbedingungen, bei Pflichtverletzung durch die Gegenseite[216] oder bei Wegfall der Geschäftsgrundlage, wenn sich die ursprünglichen Umstände in so einem schwerwiegenden Maße ändern, dass sie den Abschluss des Vertrages unmöglich oder unzumutbar machen[217]. Die herrschende Meinung stellt dagegen zutreffend **keine hohen Anforderungen** an den triftigen Grund[218]. Entscheidend sei, dass der Rechtfertigungsgrund nachträglich und sachgerecht sei und dass die abbrechende Partei den rechtfertigenden Grund sofort mitteile, damit die andere Seite keine weitere Aufwendung in Erwartung des Vertragsschlusses macht.

Streitig ist, ob ein **besseres Angebot von Dritten** einen Rechtfertigungsgrund für die Abstandnahme von dem geplanten Vertrag darstellt. *Popp* ist hier wieder allein, wenn er davon ausgeht, dass ein besseres Angebot kein triftiger

---

215 *Popp*, Responsabilidade civil pré-negocial, S. 231 ff. Auf S. 260 heißt es: „Frise-se, outrossim, que o grau de exigibilidade interpretativa para se considerar uma ruptura de negociações como legítima será tão mais exigente quanto maior o grau de confiança existente na parte contrária. Ou seja, a ilegitimidade dos motivos do rompimento dependerá da presença de confiança na outra parte. Mais precisamente, a confiança é pressuposto para que o rompimento das tratativas possa ser considerado ilegítimo."

216 Responsabilidade civil pré-negocial, S. 262 f.

217 Responsabilidade civil pré-negocial, S. 264. Das Bestehen eines triftigen Grunds spielt bei *Popp* ab einem bestimmten Zeitpunkt („Zwischenstadium") für die Entstehung der Ersatzpflicht angeblich kaum eine Rolle mehr. Es scheint nur für die Schadensberechnung bedeutsam zu sein. Denn während ein legitimer Abbruch grundsätzlich „nur" zum Ersatz der Verhandlungskosten führt, die nach Entstehung des Vertrauenstatbestands entstanden sind, kann dagegen ein grundloser Abbruch unterschiedliche Rechtsfolgen auslösen. Dieser kann den Ersatz von negativem oder positivem Interesse, allein oder kumulativ mit der Erfüllung legitimieren. Entscheidend sei dabei nämlich das Verhandlungsniveau, in dem sich die Parteien befinden. Wie man die unterschiedlichen Stadien im Einzelfall identifizieren kann, erklärt *Popp* nicht. Das Fundament für die Entstehung einer Ersatzpflicht trotz Vorliegens eines triftigen Grundes sei der Grundsatz von Treu und Glauben in Verbindung mit der Menschenwürde, die nichtvermögensrechtlichen Interessen gegenüber vermögensrechtlichen Interessen den Vorrang gewähre.

218 Dazu: *Fichtner Pereira*, A responsabilidade civil pré-contratual, S. 323 und *Nunes Fritz*, Boafé objetiva, S. 301. Im argentinischen Recht: *Stiglitz/Stiglitz*, Responsabilidad precontractual, S. 116.

Grund sei. Das folgert er konsequent aus dem von ihm angenommenen Exklusivitätsgebot, das die vorvertragliche Loyalitätspflicht beinhalte[219]. Ob er die Lage aus rechtlicher oder moralischer Perspektive analysiert, ist fraglich. Es kommt vielmehr darauf an, ob eine Exklusivitätsvereinbarung zwischen den Parteien vorliegt: Liegt eine Abrede vor, ist das günstigere Angebot kein triftiger Grund für die Beendigung der Verhandlungen; liegt dagegen keine solche vor, bildet das günstigere Angebot einen Rechtfertigungsgrund für den Abbruch der Vertragsverhandlungen, wenn der Verhandlungspartner den Vertrag zu gleichen Bedingungen nicht abschließen will. Denn der abbrechende Teil muss kraft seiner Loyalitätspflicht dem anderen die Möglichkeit geben, den Vertrag unter den gleichen Bedingungen zu schließen[220].

Die Frage, ob die Loyalitätspflicht der Partei untersagt, den gleichen Vertragsgegenstand mit Dritten gleichzeitig zu verhandeln, wird grundsätzlich negativ beantwortet, so dass es **kein Verbot von Parallelverhandlungen** gibt[221]. Ein solches Verbot kann selbstverständlich durch Vereinbarung eingeräumt werden, deren Verletzung eine Vertragshaftung auslöst, weil die Exklusivitätsabrede eine Leistungspflicht begründet, deren Inhalt in einer Unterlassung besteht. Der Verhandlungspartner sei aber nach der Loyalitätspflicht verpflichtet, die Gegenseite darüber zu informieren, um falsche Erwartungen bezüglich des Vertragsabschlusses und unnötige Aufwendung zu vermeiden.

d) Schaden

Über die oben genannten spezifischen Voraussetzungen hinaus setzt eine vorvertragliche Haftung weiter einen Schaden voraus. Es besteht kein Zweifel in der brasilianischen Lehre, dass dabei sowohl **materielle** als auch **immaterielle Schäden** in Betracht kommen können. Es herrscht relative Einigkeit darüber, dass der Schadensersatzanspruch des in seinem Vertrauen enttäuschten Verhandlungspartners auf das **negative Interesse** gerichtet ist, da der Vertrag sowieso nicht zustande gekommen ist. Das Thema ist streitig, wie auch die Frage, ob der zu ersetzende Betrag durch die Hohe des positiven Interesses begrenzt sein soll oder nicht, obwohl das brasilianische Recht keine Normen im Sinne von §§ 122 und 179 BGB – sowie §§ 307 und 309 BGB aF – kennt, die irgendwelche Haftungsbe-

---

219 Responsabilidade civil pré-negocial, S. 261.
220 *Fichtner Pereira*, A responsabilidade civil pré-contratual, S. 348.
221 *Fichtner Pereira*, A responsabilidade civil pré-contratual, S. 350.

schränkungen vorsehen. Schon die klassische Lehre ging davon aus, dass bei der culpa in contrahendo nur das **negative Interesse** zu ersetzen sei[222].

Espínola, der in Anlehnung an *Jhering* die culpa in contrahendo als eine Haftung für die Vertragsungültigkeit betrachtet[223], nimmt an, dass dabei nur das „negative Vertragsinteresse" zu ersetzen sei, das denjenigen Schaden darstelle, der dem Geschädigten entstehe, weil er auf den Vertragsabschluss vertraut habe[224]. Dazu gehörten in erster Linie die erlittenen Nachteile (z.B. Kosten und Geschäftsverlust mit Dritten), nicht jedoch Vorteile, die er infolge der Vertragserfüllung bekommen hätte[225]. Er unterscheidet zwischen den heute so genannten **Vertrauensschaden**[226] und **Erfüllungsschaden**, den er „positives Vertragsinteresse" nennt und führt aus, dass das negative Interesse sowohl *damnum emergens* als auch *lucrum cessans* mitumfasst, was damals noch streitig war[227]. *Pontes de Miranda* hat nicht nur die Ersetzbarkeit des negativen Interesses, sondern auch seine grundsätzliche **Begrenzung durch die Höhe des positiven Interesses** wie im deutschen Recht postuliert, obwohl man im Zivilgesetzbuch –

---

222 Statt vieler: *Espínola*, Sistema II/1, S. 352, Fn. 49; *Azevedo Marques*, Ato ilícito, S. 520 ff.; *Chaves*, Responsabilidade pré-contratual, S. 207 und *Pontes de Miranda*, Tratado, Bd. 37, S. 319.

223 Sistema II/1, S. 351, Fn. 47, wo zu lesen ist: „... está em jogo a interessante questão da responsabilidade precontratual, não se caracteriza perfeitamente o que se chama *culpa in contrahendo*, e a indenização que compete à parte prejudicada não é propriamente um interesse contratual negativo."

224 Für ihn sind grundsätzlich alle Verhandlungskosten zu ersetzen und nicht nur diejenigen, die nach Entstehung des Vertrauenstatbestandes erwachsen sind. Er hat jedoch dem Unterfall der Haftung für grundlosen Abbruch von Vertragsverhandlungen nur wenig Aufmerksamkeit geschenkt. Unklar ist dabei, ob die Parteien diese Kosten vorher genehmigen müssen oder eine Genehmigung nur für die Aufnahme von Vertragsverhandlungen nötig war. Sistema II/2, S. 126, Fn. 318.

225 Sistema II/1, S. 352. Dort betont er im Fn. 49, dass er *Jherings* Begriff verwendet, obwohl er die vertragliche Natur der culpa in contrahendo nicht anerkennt.

226 Ausdrücklicher Hinweis auf den Begriff in Anlehnung an *von Tuhr* bei Sistema II/2, S. 95, Fn. 236.

227 Man hat damals darüber diskutiert, ob das negative Interesse über Vermögenseinbußen (damnum emergens) hinaus auch entgangenen Gewinn (lucrum cessans) einschließe. Die Diskussion hat in eine Entscheidung des brasilianischen Bundesverfassungsgerichts aus dem Jahr 1959 Eingang gefunden, das damals beschlossen hat, dass der entgangene Gewinn nicht zum negativen Interesse gehöre (STF RTJ 137, 278, Urt. von 22.12.1959). Die meisten Autoren, die sich damals mit dem Thema beschäftigt haben, gingen jedoch davon aus, dass das negative Interesse beide Komponenten einschließt, auch wenn beim Ersatz entgangenen Gewinns Vorsicht geboten sei. Dazu: *Chaves*, Responsabilidade pré-contratual, S. 207 und *Espínola*, Sistema II/1, S. 49. Dagegen: *Azevedo Marques*, Ato ilícito, RT 119, 520, 522.

anders als im BGB – keinen Anhaltspunkt dafür fand und findet[228]. Dahinter steht der Gedanke, dass es unbillig erscheint, dass der Geschädigte besser gestellt wird, als wenn der Vertrag abgeschlossen und ordnungsmäßig erfüllt worden wäre[229].

Heutzutage geht die herrschende Meinung zu Recht davon aus, dass der Geschädigte im Rahmen der culpa in contrahendo nur den Ersatz des negativen Interesses verlangen kann[230]. Nur eine Mindermeinung ist der Auffassung, dass bei der Haftung für grundlosen Abbruch der Vertragsverhandlungen auch das **positive Interesse** ausnahmsweise zu ersetzen sei. In Anlehnung an einem Teil der lusithanischen Lehre nimmt etwa *Popp* an, dass ein Kontrahierungszwang „kraft Treu und Glaubens" entstehen kann, wenn die Parteien in den Verhandlungen einen *point of no return* erreichen. Hier dürfe die Partei die Verhandlungen gar nicht mehr beenden und dem Gegner entstehe ein „Recht auf Vertragsabschluss". Der Geschädigte dürfe dann Abschluss und Erfüllung des Vertrages oder den Ersatz des positiven Interesses verlangen[231].

Für die herrschende Meinung ist, wie gesagt, derjenige Schaden zu ersetzen, den der Geschädigte erlitten hat, weil er auf den **Abschluss des geplanten Vertrages** vertraut hat. Als *dano emergente* kommen in erster Linie Verhandlungskosten in Betracht wie etwa Notar- und Beratungskosten (Steuerberater und Rechtsanwalt), Unterlagen, Reise-, Renovierung- oder Umbaukosten oder Miete

---

228 Tratado, Bd. 4, S. 90 und Bd. 38, S. 319. Für die Begrenzung durch das positive Interesse auch: *Espínola*, Sistema, II/1, S. 352, Fn. 51. In Portugal vertritt *Almeida Costa* der Meinung, dass es zwar zutrifft, dass es auch angesichts der Haftungsrechtssystematik keine externe Begrenzung außer der Kausalität für das negative Interesse geben soll, führt aber ein, dass es unzumutbar ist, dass der Geschädigte am Ende in eine bessere Position gebracht wird, als wenn der Vertrag geschlossen und erfüllt wäre. Responsabilidade, S. 84.

229 Vgl. *Espínola*, Sistema II/1, S. 352, Fn. 51 und *Almeida Costa*, Responsabilidade, S. 84.

230 *Chaves*, Responsabilidade pré-contratual, S. 215 ff.; *Pontes de Miranda*, Tratado, Bd. 37, S. 319; *Gomes*, Contratos, S. 61; *Cappellari*, Responsabilidade pré-contratual, S. 128; *Fichtner Pereira*, A responsabilidade civil pré-contratual, S. 379 und *Nunes Fritz*, Boa-fé objetiva, S. 305. Die meisten Autoren beziehen sich nicht auf die jheringsche Kategorie vom negativen und positiven Interesse. Statt vieler: *Silva Pereira*, Contratos, S. 32; *Diniz*, Curso, Bd. 3, S. 42 und *Gagliano/Pamplona*, Novo curso, Bd. 4, S. 297. *Junqueira de Azevedo* bemerkt zutreffend, dass dieser Begriff im brasilianischen Recht praktisch unbekannt ist. In: RDC 3/1992, 78, 82. Für Argentinien vgl. in diesem Sinne: *Stiglitz/Stiglitz*, Responsabilidad precontratual, S. 116.

231 *Popp*, Responsabilidade civil pré-negocial, S. 292. In diesem Sinne auch: *Steiner*, Dano positivo, S. 250, die von einer „Dichtigkeit des Vertrauens" spricht, aus der ein Kontrahierungszwang während der Vertragsverhandlungen entstehe, dessen Verletzung eine vorvertragliche Haftung auslöse, die eine andere als die Haftung für Verhandlungsabbruch sei. In Portugal vgl. dazu: *Pinto Oliveira*, Princípios, S. 217 ff.

von Wohn- oder Geschäftsraum[232], die in dem berechtigen Vertrauen auf den Vertragsschluss getätigt wurden. Hier wird allerdings nicht immer differenziert, welche Kosten vor und nach Begründung des Vertrauenstatbestands gemacht wurden. Der ersetzbare *lucro cessante* sei nicht der Gewinn, den der Geschädigte aus dem nicht abgeschlossen Vertrag erlangt hätte, was dem positiven Interesse (Erfüllungsinteresse) entspreche, sondern nur ein eventueller Gewinn, den er infolge eines Drittgeschäfts nicht kassiert hat[233].

Der Geschädigte müsse darlegen und nachweisen, dass er ein konkretes Geschäft verloren hat, weil er auf das Zustandekommen des Vertrages mit der abbrechenden Partei berechtigterweise vertraute[234]. Zum entgangenen Gewinn sind auch versäumte wirtschaftliche Vorteile aus Nichtinvestition von Kapital einzurechnen, die der Verhandlungspartner für den geplanten Vertrag beiseitegelegt hat[235]. Neuerlich wird auch vertreten, dass auch der **Ersatz einer verlorenen Chance** im Rahmen der culpa in contrahendo möglich sei: Die abbrechende Partei müsse die Chance ersetzen, die der Geschädigte hätte, mit einem Dritten ein Geschäft abgeschlossen zu haben, wenn er nicht mit dem Schädiger Verhandlungen aufgenommen hätte, also eine Art Ersatz von Geschäftsprobabilität[236].

Dezidiert lehnt die moderne Lehre jede **Begrenzung des vorvertraglichen Schadens** durch die Höhe des positiven Interesses ab. Es wird darauf hingewiesen, dass nach brasilianischem Recht alle Schäden zu ersetzen sind, die gemäß Art. 403 CC2002 in direktem und unmittelbarem Kausalzusammenhang mit der

---

232 Statt vieler: *Fichtner Pereira*, A responsabilidade civil pré-contratual, S. 390 und *Popp*, Responsabilidade civil pré-negocial, S. 281. *Cappelari* will auch den Zeitverlust ersetzen. Unklar ist, ob er damit allgemein die nun nutzlos gewordene Zeit der Parteien meint oder auch die Zeit in den Verhandlungen tätiger Professioneller, wie Anwälten oder Steuerberatern, deren Honorare selbstverständlich zu den Verhandlungskosten zu rechnen sind, die auch er ersetzen will. Dazu: Responsabilidade pré-contratual, S. 130. Der reine Zeitverlust der Partei ist selbstverständlich nicht ersetzbar, weil sonst jeder Abbruch von Vertragsverhandlungen zum Schadensersatz führen würde.

233 *Fichtner Pereira*, A responsabilidade civil pré-contratual, S. 378; *Cappelari*, Responsabilidade pré-contratual, S. 131; *Popp*, Responsabilidade civil pré-negocial, S. 279; *Junqueira Azevedo*, RDC 3/1992, 78, 82 und in Portugal *Almeida Costa*, Responsabilidade, S. 74.

234 *Fichtner Pereira*, A responsabilidade civil pré-contratual, S. 393. Vgl. auch: *Almeida Costa*, Responsabilidade, S. 80, wo zu lesen ist: „Torna-se necessário, porém, que se demonstre a existência de outras efetivas possibilidades negociais, não bastando a aleagacao de abstratas e genéricas ocasiões perdidas ou de danos sofridos puramente conjecturais, sem um mínimo concludente de apoio concreto."

235 *Cappelari*, Responsabilidade pré-contratual, S. 131 und ihm folgend *Fichtner Pereira*, A responsabilidade civil pré-contratual, S. 394.

236 In diesem Sinne: *Martins Costa*, Um aspecto da obrigação de indenizar, 1, 9 und *Peteffi da Silva*, Responsabilidade civil, S. 163.

Pflichtverletzung (hier: grundlosem Verhandlungsabbruch) stehen[237]. Zu berücksichtigen ist hier vor allem, dass das brasilianische Recht keine Norm wie §§ 122 II und 179 II BGB kennt, die das Vertrauensschaden nur in Einzelfällen durch das Erfüllungsinteresse begrenzen. Hier gilt das in Art. 403 CC2002 niedergelegte **Prinzip der Totalreparation**, nach dem der Schädiger die Schäden zu ersetzen hat, die „direkt und unmittelbar" aus der Pflichtverletzung resultieren.

3. Die Haftung in contrahendo in der Rechtsprechung

Fragt man, wie die Fälle grundlosen Verhandlungsabbruchs in der brasilianischen Rechtsprechung gelöst werden, bekommt man **kein einheitliches Bild.** Wie unten dargestellt, stößt man sogar innerhalb des gleichen Gerichts – wie das Oberlandesgericht São Paulo (TJSP), das größte Gericht in Brasilien – auf unterschiedliche und widersprüchliche Entscheidungen[238].

3.1. Die vorvertragliche Haftung beim STJ

Die jüngsten Entscheidungen des STJ zeigen die Tendenz, eine vorvertragliche Haftung wegen grundlosen Verhandlungsabbruchs immer dann anzunehmen, wenn ein Teil bei dem anderen das Vertrauen auf das Zustandekommen des Vertrages erweckt und nachträglich ohne triftigen Grund vom Vertragsabschluss Abstand nimmt. Diese Linie etablierte sich mit einer Entscheidung aus dem Jahre 2103, in dem sog. BMW-Fall. Hier hat BMW do Brasil Ltda. (Beklagte) mit einem Autohändler (Kläger) über die Konzessionserteilung zum Verkauf von BMW-PKWs in der Stadt Manaus verhandelt. Nachdem die Beklagte die Unterlagen des interessierten Autohändlers gegen Bezahlung gründlich geprüft hatte, mit dem Kläger die erforderlichen baulichen und technischen Details abgestimmt und ihr am Ende die Konzession bewilligt hatte, teilte die Beklagte dem Kläger ein halbes Jahr später einfach mit, dass der Konzessionsvertrag nicht mehr zustande komme. Der Schadensersatzklage ist in erster Instanz in vollem Umfang stattgegeben

---

237 In diesem Sinne: *Fichtner Pereira*, A responsabilidade civil pré-contratual, S. 389; *Popp*, Responsabilidade civilpré-negocial, S. 280; *Cappelari*, Responsabilidade Responsabilidade pré-contratual, S. 130 und *Nunes Fritz*, Boa-fé objetiva, S. 317 ff.

238 Die Fallanalyse bedarf in dieser Fallgruppe eines methodologischen Schnitts: Sie beschränkt sich meistens auf die Rechtsprechung des STJ und der drei wichtigsten Oberlandesgerichte Brasiliens, namentlich der Oberlandgerichte São Paulo, Rio de Janeiro und Porto Alegre, die die Rechtsprechung anderer Gerichte stark beeinflussen. Dabei werden jedoch Entscheidungen aus den letzten fünf Jahren erforscht, um eine zeitliche Begrenzung des Gegenstands zu ermöglichen. Im Lauf der Arbeit werden einzelne Entscheidungen auch anderer Gerichte zitiert.

worden, das Oberlandesgericht Amazonas hat jedoch das zugesprochene Schmerzensgeld abgelehnt. Die Revision der Beklagten hatte keinen Erfolg: Der STJ hat in Anlehnung an die moderne brasilianische und portugiesische Lehre festgestellt, dass eine culpa in contrahendo immer dann in Betracht komme, wenn der Vertragsabschluss als sicher hingestellt wird und die abbrechende Partei danach ohne triftigen Grund die Vertragsverhandlungen beendet und dadurch das legitime Vertrauen der Gegenseite auf den Vertragsschluss frustriert[239].

Die Entscheidung zeigt schon eine wichtige Abstandnahme von dem früheren irrigen Leitgedanken, der dem Banco-do-Brasil-Fall aus dem Jahr 2005 zugrunde liegt, laut dem die culpa in contrahendo den Abschluss eines Vorvertrages voraussetze. Sie gewinnt jedoch nicht viel an Innovation, weil der Dolus und der fehlende Abschlusswille von BMW do Brasil hinreichend nachgewiesen wurden, und bei Vorsatz bejaht sogar die konservative Rechtsprechung eine vorvertragliche Haftung[240]. Der sog. **Banco-do-Brasil-Fall** liefert ein gutes Beispiel dafür, wie die Verletzung von Loyalitätspflichten infolge der rechtsdogmatisch verfehlten Verwechslung von Haftung aus Vorvertrag und vorvertraglicher Haftung ohne Rechtsfolge bleiben kann. In dem Fall ging es um Schadensersatz wegen grundlosen Abbruchs von Vertragsverhandlungen. Die Klägerinnen – eine Aktiengesellschaft (Klägerin A), einer ihrer Firmenaktionäre (Kläger B) und seine Frau (Klägerin F) – haben die brasilianische Bundesbank auf Schadensersatz verklagt,

---

239 STJ REsp. 1051065/AM, T3, Rel. Ricardo Villas Bôas Cueva, Urt. vom 21.02.2013, DJe 27.02. 2013. Die Klägerin hat BMW do Brasil auf Schadensersatz wegen grundlosen Abbruchs der Vertragsverhandlungen verklagt und unter anderem Ersatz von Verhandlungskosten verlangt wie Reisekosten für Besprechungen im BMW-Hauptquartier in São Paulo und die an die Beratungsfirma bezahlte Gebühr in Höhe von R$ 75.000,00 für die durchgeführte Bonitätsprüfung. Es hat sich später herausgestellt, dass es sich dabei um „geplanten Betrug" zwischen dem damaligen Vorsitzenden von BMW do Brasil und der Beratungsfirma handelte, die Geld von interessierten BMW-Konzessionären für einen vorgespielten Auswahlprozess verlangten, ihnen aber später die Konzession grundlos nicht zuteilten. Ungenauigkeiten liegen der Entscheidungsbegründung zugrunde. Nicht klar ist z. B. die Rechtsnatur der vorvertraglichen Bindung zwischen den Beteiligten, die infolge des geschäftlichen Kontakts entstanden ist. Zweitens liegt der Haftungsgrund nach Ansicht des obersten Gerichts weder in dem Abbruch der Vertragsverhandlungen noch in dem Nichtabschluss des geplanten Vertrages, sondern in dem Schaden aus der „Frustration des Vertrauens", der Vertrag werde zustande kommen. Das Phantom des Kontrahierungszwangs, der in der Regel eine Rechtsfolge des Vorvertrages ist, steht im Hintergrund, als dort Bezug auf den Banco-do-Brasil Fall (REsp. 49564/SP) genommen und diskutiert wird, ob aus den Vertragsverhandlungen eine Anwartschaft (*expectativa de direito*) auf den Abschluss resultieren kann. Die Rechtsnatur der culpa in contrahendo ist dort außervertraglich, obwohl das Rechtsfundament im Grundsatz von Treu und Glauben (art. 422 CC2002) liegt.

240 Statt vieler: TJPR, Apelação Cível 0253478 – 9, 7 Câmara Cível, Rel. Lauro Laertes de Oliveira, Urt. vom 07.04.2004.

weil die Bank einen versprochenen Kredit für die Restrukturierung der Firma grundlos nicht zur Verfügung gestellt habe[241].

Die Klage hatte in erster Instanz keinen Erfolg, weil kein Vorvertrag, sondern „nur eine Vereinbarung" zwischen den Parteien zustande gekommen sei. Der Oberlandesgericht São Paulo hat mit gleicher Begründung die Berufung zurückgewiesen. Dort hat ein abweichendes Votum die vorvertragliche Haftung der Bank anerkannt, weil sie illoyal das Vertrauen in das Zustandekommen des Finanzierungsvertrages erweckt habe, insbesondere bei den Klägerinnen B und F, die infolgedessen ihr Privatvermögen, das bis dahin frei von dinglichen Lasten war, als Garantie für die Forderung der Bank gegen die Firma belastet habe und die Bank später das Versprechen ohne Begründung nicht erfüllt habe. Es sei nicht zu glauben, dass der Kläger B, ein erfahrener und vermögender Unternehmer, sein gesamtes Privatvermögen mit Garantien für die Firmenverschulden belastet hätte,

---

241 REsp. 49564/SP, T3, Rel. Antônio de Pádua Ribeiro, Urt. vom 17.02.2005, DJ 06.06.2005. Bei dem sog. Banco-do-Brasil-Fall handelt es sich um einen Prozess mit einem Umfang von über 3.600 Seiten, bei dem ehemalige Bundesfinanzminister und Politiker als Zeugen gehört wurden und zwei Gutachten zugunsten der Klägerinnen von renommierten Juristen (*Gomes* und *Miguel Reale*, Redakteur des neuen Zivilgesetzbuches) zu finden sind. Die Firma A hat 1977 Konkurs angemeldet. Der Hauptgläubiger der Firma war die Bank, die jahrelang der Firma A auf rechtswidrige Weise Geld in Form von Kreditfinanzierungen ohne dingliche Sicherheiten zu Verfügung gestellt hat. Im Prozess erscheinen eindeutige Indizien, die auf Korruption im Zuge der genannten Finanzierung hinwiesen (REsp. 49564/SP, Votum von Richterin Nancy Andrighi, S. 5, wo zu lesen ist, dass der TJSP zum Schluss gekommen ist, dass zwischen den Parteien Korruption stattfand). Nach Konkurseröffnung hat die Bank der Firma A eine Rettungsoperation angeboten: Sie gebe ihr Geld für die Befriedigung weiterer Gläubiger und auch nach Konkursbeendigung für ihre finanzielle Restrukturierung. Diese solle aber unter Leitung von Kläger B, einem Unternehmer, mit externer Kontrolle der Bank geschehen. Der tatinstanzliche Richter hat festgestellt, dass die Rettungsoperation in Gang gesetzt worden war: Der Kläger B hat die Firmenleitung übernommen und die Bank der Firma A Mittel für den minimalen operativen Betrieb und die Befriedigung weiterer Konkursgläubiger zu Verfügung gestellt (REsp. 49564/SP Votum von Richter Ari Pargendler, S. 2; Votum von Richterin Nancy Andrighi, S. 1). 1980 hat die Firma A das Konkursverfahren abgeschlossen. Als Voraussetzung für die versprochene Kreditfinanzierung für die Fortführung des operativen Betriebs hat die Bank die Regularisierung aller ihrer Forderungen verlangt, indem diese in einer einzigen Forderung mit dinglichen und persönlichen Garantien konsolidiert werden sollten, die das gesamte Vermögen aller Klägerinnen belastet hat. Nach Regularisierung ihrer Forderung hat die Bank von der versprochenen Finanzierung einfach Abstand genommen und die Befriedigung ihrer Forderung verlangt, so dass am Ende die Klägerinnen B und F infolge Zwangsvollstreckung ihr Privatvermögen verloren haben. Aus diesem Grund haben die Geschädigten die Bank auf Schadensersatz aus vorvertraglicher Haftung verklagt.

ohne sicher zu sein, dass die Firma die versprochene Finanzierung von der Bank bekommen würde[242].

In der Revision hat sich der STJ mit der Frage nach einer vorvertraglichen Haftung mit der Begründung nicht befasst, die Fallentscheidung verlange eine Beweisprüfung, die in der letzten Instanz nicht stattfinden könne. Ob diese Auffassung Zustimmung verdient, ist fraglich, berücksichtigt man, dass die Kernfrage vielmehr in der rechtlichen Qualifikation der nachgewiesenen Tatsachen zu liegen scheint und die Entscheidungsbegründung eine falsche rechtliche Würdigung erkennen lässt, die rechtsfehlerhaft die culpa in contrahendo mit der Haftung aus Vorvertrag vermischt[243].

Es besteht kein Zweifel, dass ein Vertrauenstatbestand zwischen den Beteiligten entstanden ist[244], kraft dessen die Geschädigten B und F auf die Konzession

---

242 REsp. 49564/SP, Votum von Richter Ari Pargendler, S. 6f.

243 Sogar in dem Votum der Richterin Nancy Andrighi, die im konkreten Fall eine Haftung in contrahendo der Bank anerkennt, ist zu lesen, dass der „Vorvertrag" dadurch gekennzeichnet sei, dass er sich aus Akten zusammensetze, die die eindeutige Absicht, zu verhandeln, belegen. Auch wenn der Vorvertrag keinen abgeschlossenen Vertrag darstelle, begründe er eine Bindung und folglich eine Haftung bei den Geschäftsinteressenten, da der bindende Antrag den Antragsteller zum Abschluss verpflichte. Im Original heißt es: „[...] o pré-contrato se caracteriza por um conjunto de atos que demonstrem a intenção inequívoca de negociar, que embora ainda não constituam um contrato formalizado, geram vínculos e, em consequência, responsabilidades para ambos os interessados no negócio, isto porque 'a proposta de contrato que tem caráter vinculante obriga em princípio o policitante a contratar. Caso não contrate, o oblato não dispõe, porém, de tutela jurídica específica para que o contrato seja considerado como estabelecido, mas somente de tutela reparatória, de natureza pré-contratual'." REsp. 49564/SP, Votum der Richterin Nancy Andrighi, S. 9. Dass diese Auffassung in direktem Widerspruch zu der dogmatischen Definition eines Vorvertrages steht, liegt auf der Hand. Sie findet auch keinen Platz im Gesetz: Aus Art. 462 CC2002 ist zu entnehmen, dass der Vorvertrag ein Vertrag ist, der sogar alle wesentlichen Bedingungen des Hauptvertrages enthalten muss. Deshalb darf eine Partei gemäß Art. 463 CC2002 die Vertragserfüllung verlangen, wenn dabei kein Reuerecht vorgesehen ist. Was in dem genannten Votum in Wirklichkeit gemeint ist, sind die Vertragsverhandlungen, die dort rechtsfehlerhaft als Vorvertrag bezeichnet werden. Dies zeigt deutlich, wie verwirrend die Diskussion um die culpa in contrahendo in Brasilien ist.

244 Der Vertrauenstatbestand ist durch Zeugenaussagen im Prozess nachgewiesen worden. Seine rechtliche Anerkennung ist aber nur deshalb abgelehnt worden, weil er sich nicht in Form eines (Vor-)Vertrages oder irgendwelcher schriftlicher Unterlagen „materialisiert" hat (dort ist zu lesen, dass solche Versprechen zu finanziellen Hilfen verbal gemacht werden können, da es eine offizielle Praktik einer Bundesbank darstellt. REsp. 49564/SP, Votum von Richterin Nancy Andrighi, S. 5.) und daher als unverbindlich vom Gericht betrachtet wurde. Es ergibt sich aber allein aus den Umständen und bildet zusammen mit den durchgeführten Bankmaßnahmen die Grundlage für das Vertrauendürfen auf den Vertragsabschluss (Kreditvertrag mit der Firma).

der Weiterfinanzierung durch die Bank vertraut und deshalb ihr Privatvermögen mit dinglichen Garantien für die Firmenschulden belastet haben. Die Bank hat zweifellos den Vertrauenstatbestand zumindest schuldhaft erweckt, indem sie sich jahrelang mit der Restrukturierung der Firma intensiv beschäftigt hat, durch Akkreditierung für Gläubigerbefriedigung, Bestimmung des neuen Firmendirektors und letztendlich durch die tatsächlich ausgeübte externe Kontrolle über die Gesellschaft. All diese Umstände rechtfertigen das Vertrauen der Parteien darauf, dass die Bank den versprochenen Kredit für den Weiterbetrieb der Firma tatsächlich geben würde. Nur in diesem Zusammenhang lässt sich die Entscheidung der Klägerinnen B und F erklären, ihr bis dahin unbelastetes Privatvermögen als Garantie für die Firmenschulden einzusetzen. Nicht zuletzt zu beachten ist, dass die Bank keinen triftigen Grund für die spätere Kreditablehnung dargelegt hat. Durch eine falsche rechtliche Bewertung des Sachverhalts blieben die Geschädigten auf ihren Schaden sitzen.

Eine tatsächlich innovative Entscheidung erblickt erst 2014 das Licht der Welt[245]. Der Beklagte hat die Klägerin beauftragt, eine Veranstaltung zu organisieren. Nach intensiven Besprechungen, E-Mail-Austausch und Ortsbesuch hat die Klägerin eine Planung für die Veranstaltung hergestellt, die vom Beklagten genehmigt wurde. Die Eventfirma hat dann die nötigen weiteren Lieferanten für die Veranstaltung beauftragt und damit Kosten in Höhe von R$ 200.000,00 gehabt. Der Beklagte hat zunächst den Termin verschoben und dann das Event endgültig gecancelt. Der Richter hat die Schadensersatzklage der Klägerin abgelehnt, weil die Parteienbeziehung „nur auf der Verhandlungsebene" geblieben sei.

Die dagegen gerichtete Berufung hatte bei dem Oberlandesgericht São Paulo Erfolg, weil der abbrechende Verhandlungspartner bei dem Gegner den Abschluss des Vertrages als sicher hingestellt habe[246]. Die zugelassene Revision hatte teilweise Erfolg. Die Kernfrage nach der Haftungsentstehung hat der STJ bejaht: Der Beklagte sei ersatzpflichtig, weil er den Vertragsschluss als sicher dargestellt und nachträglich davon ohne Rechtfertigungsgrund Abstand genommen habe. In Anlehnung an Art. 422 CC2002 hat der STJ festgestellt, dass Treu und Glauben auf den „sozialen Kontakt" wie auf die Vertragsverhandlungen einwirke und dort Verhaltenspflichten erzeuge. Für die vorvertragliche Haftung sei entscheidend, dass ein Teil bei dem anderen eine Erwartung auf den Vertragsschluss begründe und nachträglich grundlos die Verhandlungen abbreche[247].

245 STJ, REsp. 1367955/SP, T3, Rel. Paulo de Tarso Sanseverino, Urt. vom 18.03.2014, DJe 24.03. 2014.
246 REsp. 1367955/SP, Votum von Richter Paulo de Tarso Sanseverino, S. 1.
247 REsp. 1367955/SP, Votum von Richter Paulo de Tarso Sanseverino, S. 8f.

Die Revision hatte nur Erfolg mit der sekundären Einwendung, die Zinsen seien nicht ab dem Zeitpunkt des Unrechts (unerlaubte Handlung), sondern ab Klagezustellung zu berechnen. Hinter dieser Frage steht die Innovation der Entscheidung, die eben in der Anerkennung der **vertraglichen Natur** der Haftung in contrahendo besteht. Die Begründung ist schwach: Sie stellt im Grunde genommen auf den gesetzlichen Topos von Treu und Glauben ab, der in seiner pflichtenbegründenden Funktion in Art. 422 CC2002 ganz oben im 5. Abschnitt des besonderen Teils des Zivilgesetzbuches über die Verträgen im Allgemein steht. Da die vorvertragliche Haftung für Verhandlungsabbruch vertraglicher Natur sei, seien die Zinsen nach den Regeln der Vertragshaftung, also erst ab Klagzustellung zu berechnen.

Die **rein formelle Begründung** der streitigen vertraglichen Natur der culpa in contrahendo überzeugt nicht, insbesondere nicht in Rechtsordnungen, die über eine deliktsrechtliche Generalklausel verfügen. Es gibt vielmehr sachliche Gründe, die die vertragliche Natur der Haftung in contrahendo rechtfertigen (Kapitel 4 II). Trotzdem ist die Entscheidung von großer Bedeutung, weil sie erstmals die außervertragliche Natur der culpa in contrahendo in Frage stellt. Ob diese Entscheidung einen Paradigmenwandel einleitet, ist abzuwarten. Der STJ muss sich zunächst mit den problematischen Fragen der culpa in contrahendo beschäftigen, was er oft mit dem Hinweis auf das Verbot einer Beweisprüfung in letzter Instanz vermeidet, und zwar auch in Fällen, in denen es sich um eine rein rechtliche Qualifikation nachgewiesener Tatsachen handelt[248].

3.2. Die vorvertragliche Haftung in den unteren Instanzen

Die Grundlinie der vorvertraglichen Haftung, die erst vor kurzem in der Rechtsprechung des STJ zu konstatieren ist, ist seit Langem – wenngleich fragmentiert – in der vorinstanzlichen Rechtsprechung zu erkennen, genauer gesagt seit dem *leading case* (Tomaten-Fall)[249]. In der Tat findet man bei den unterinstanzlichen Gerichten mehr oder weniger den Gedanken vor, dass eine vorvertragliche Haftung immer dann in Betracht kommt, wenn ein Teil bei dem anderen das Vertrauen erweckt, der Vertrag komme zustande und danach ohne Rechtfertigungsgrund die Verhandlungen abbricht, insbesondere wenn der Gegner zu Aufwendungen veranlasst wurde. Ob den abbrechenden Teil Vorsatz oder Fahrlässigkeit trifft, spielt von einem Gericht zum anderen eine unterschiedliche Rolle.

248 Zuletzt STJ, REsp. 1492804/SP, T3, Rel. Paulo de Tarso Sanseverino, Urt. vom 10.03.2015, DJe 17.03.2015.

249 Dazu Kapitel 1 III 4.1.

Man kann generell eine klare Linie identifizieren, dass dabei ein rein fahrlässiges Verhalten ausreicht.

Eine Haftung in contrahendo kommt zunächst in Betracht, wenn der abbrechende Verhandlungspartner **keinen triftigen Grund** für den Abbruch darlegt und nachweist. Das ist der Fall, wenn eine Versicherungsfirma den Mietvertrag über einen Geschäftsraum als sicher hinstellt, die Angaben für die Herstellung des Mietvertrages abgibt, die Schlüssel an sich nimmt und zwei Monate später vom Mietvertrag ohne Weiteres Abstand nimmt[250]; wenn der Käufer alle nötigen Unterlagen für den Abschluss des Kaufvertrages und für die Beantragung einer Immobilienfinanzierung bei der Bank schon vorbereitet und unterschrieben hat und der Verkäufer zum Notartermin einfach nicht kommt[251] oder wenn der Arbeitgeber den potentiellen Arbeitnehmer informiert, dass er die Stelle bekommt, mit ihm die wesentlichen Bedingungen des Arbeitsvertrages, einschließlich des Termins für den Arbeitsbeginn abstimmt und Flugtickets für Familienangehörige zahlt, damit sie eine Wohnung an dem neuen Wohnort suchen, und später den Vertragsabschluss einfach absagt[252].

Liegt dagegen ein **Rechtfertigungsgrund** für den Verhandlungsabbruch vor, ist eine vorvertragliche Schadensersatzhaftung ausgeschlossen. So in dem sog. Tankstellenfall, bei dem das Oberlandesgericht Rio Grande do Sul (TJRS) eine vorvertragliche Haftung des abbrechenden Teils zurückgewiesen hat, der kurz vor dem als sicher hingestellten Vertragsschluss die Verhandlungen über den Erwerb von Gesellschaftsanteilen an einer Tankstelle deshalb beendet hat, weil der Verkäufer ihm nicht mitgeteilte, dass er nicht Alleingesellschafter der Gesellschaft war[253]. Ein triftiger Grund liegt auch dann vor, wenn sich die Parteien nach langen Verhandlungen über die wesentlichen Vertragsbedingungen nicht einigen können[254] oder wenn ein Unternehmen nach einer Wirtschaftsprüfung erfährt, dass

---

250 TJSP, Apelação Cível 730765 – 0/3, 33ª Câmara Cível, Rel. Sá Moreira de Oliveira, Urt. vom 25.09.2008.

251 TJRJ, Apelação Cível 2002.001.18860, 5ª Câmara Cível, Rel. Humberto Manes, Urt. vom 03.09. 2002.

252 TJSP, Apelação Cível 3.395/91, 3ª Câmara Cível, Rel. Elmo Arueira, Urt. vom 26.05.1992. In dem Fall hat der TJRJ die Existenz eines „Vorvertrages" bejaht und den Arbeitgeber zum Schadensersatz verurteilt, weil er den arbeitsrechtlichen Hauptvertrag nicht abgeschlossen hatte.

253 TJRS, Apelação Cível 591017058, 5ª. Câmara Cível, Rel. Des. Ruy Rosado de Aguiar Júnior, Urt. vom 25.04.1991.

254 STJ, AgRg no REsp. 1492804/SP, T3, Rel. Paulo de Tarso Sanseverino, Urt. vom 10.03.2015, DJe 17.03.2015 (In dem Fall haben die Parteien keine Einigung über Preis und Menge des zu liefernden Zuckers im Rahmen eines Lieferungsvertrages für die Herstellung von Getränken erzielt).

die finanzielle Lage des zu kaufenden Unternehmens gravierend schlechter ist als dargestellt[255].

Das Gleiche gilt, wenn der potentielle Mieter später entdeckt, dass das Mietobjekt unter Pfandrecht steht und der Eigentümer den Steinbruch nicht weiter verpachten will[256]; wenn der künftige Käufer von dem geplanten Immobilienkaufvertrag Abstand nimmt, nachdem er später herausgefunden hat, dass die Immobilie mit einer Hypothek belastet ist und gegen den Verkäufer schon Zwangsvollstreckungen laufen, so dass der Immobilienverkauf als Gläubigerbenachteiligung (*fraude contra credores*) verstanden werden könnte[257] oder wenn der Verkäufer vom Kaufvertrag Abstand nimmt, weil die potentielle Käuferin den Vertragsabschluss von der Erteilung einer Grunddienstbarkeit an dem Nachbargrundstück abhängig macht[258].

In diesem Fall haben die Parteien über einen Grundstückskaufvertrag verhandelt, wo die potentielle Käuferin ein Hochhaus mit Tiefgarage errichten wollte. Da der Zugang zur Garage nur mittels Grunddienstbarkeit am Nachbargrundstück möglich war und dessen Eigentümer die von der Käuferin intendierte Grunddienstbarkeit abgelehnt haben, hat der Verkäufer nach endgültiger Entscheidung der Nachbarn die Verhandlungen beendet. Die Kaufinteressentin hat den Ver-

---

255 TJRS, Apelação Cível 599418266, 2ª. Câmera Cível, Rel. Matilde Chabar Maia, Urt. vom 20.12. 2000.

256 TJRS Apelação Cível 70016913402, 15ª. Câmera Cível, Rel. Otávio Augusto de Freitas Barcellos, Urt. vom 29.11.2006.

257 TJSP, Apelação Cível 994.09.339794 – 0, 4ª. Câmera de Direito Privado, Rel. Enio Zuliani, Urt. vom 08.04.2010.

258 TJRS, Apelação Cível 70012118220, 9ª. Câmara Cível, Rel. Des. Silvia Regina Delazeri, Urt. vom 24.08.2005. Leitsatz: „Apelação cível. Responsabilidade civil pré-contratual. Fundamento no princípio da boa-fé objetiva e seus deveres anexos. Justa causa para a frustração negocial verificada. Inexistência do dever de indenizar. O contato entre as partes que pretendem realizar um negócio jurídico deve pautar-se em regras de lealdade e confiança, assumindo primazia o princípio da boa-fé objetiva. Nesse passo, o vínculo de confiança estabelecido entre o declarante e o destinatário da oferta pode configurar-se como fonte de responsabilidade pré-contratual, ainda que não venha a ser perfectibilizado o negócio futuramente, quando não observados os deveres anexos que decorrem da boa-fé objetiva. No caso dos autos, as circunstâncias fáticas indicam que a impossibilidade de aperfeiçoamento do contrato entre as partes ocorreu porquanto não foi possível se estabelecer um consenso acerca de questão relevante do negócio, qual seja, a existência de uma servidão de passagem no imóvel vizinho. Não se estabelecendo o acordo de vontades, não pode a frustração negocial ser atribuída aos demandantes, os quais não deram causa à quebra das expectativas da autora com o negócio. Ademais, o que se percebe é que a pressa da apelante para dar início às obras, por razões particulares, constituiu o principal motivo dos prejuízos materiais que teve com o precoce andamento do projeto. Apelo parcialmente provido."

käufer auf Schadensersatz verklagt und Schmerzensgeld als Ausgleich für die Frustration des geplanten Vertrages verlangt sowie materielle Schäden wie Architektenkosten, die sie für den Entwurf des Bauprojekts ausgegeben hat. In dem Prozess stellte sich heraus, dass es der Kaufinteressentin eilig mit dem Vertragsabschluss bzw. den Bauarbeiten war, weil eine neue Bauleitplanung der Gemeinde zu erwarten war, die ihr Projekt verhindern oder verschieben hätte können. Der TJRS hat die Klage mit der Begründung abgelehnt, die Ablehnung der Grunddienstbarkeit stelle einen triftigen Grund für den Verhandlungsabbruch dar. Hier hätte das Gericht auch argumentieren können, dass die Käuferin auf das Zustandekommen des Vertrages kaum vertrauen durfte, weil eine wesentliche Vertragsbedingung noch offen war. Außerdem lag kein Verschulden des Verkäufers vor, weil er den Vertragsabschluss zu keinem Zeitpunkt als sicher hingestellt oder falsche Erwartung an dem Abschluss erweckt hat.

Eine Haftung aus culpa in contrahendo wird in der Rechtsprechung auch bejaht, wenn ein Verhandlungspartner den anderen zu einer **Vorleistung veranlasst** und später ohne Grund die Verhandlungen abbricht. Das ist der Fall, wenn eine Partei vom Vertragsschluss Abstand nimmt, nachdem sie die Gegenseite zu Aufwendungen für eine Firmengründung (Miete eines Geschäftsraums, Kauf von Ausrüstungen, Registrierung der Firmennamen, etc.) veranlasst[259] oder wenn der potentielle Mieter den Vermieter zum Umbau des Mietobjekts bewegt und danach ohne weiteres den Vertragsschluss absagt[260]. Es liegt keine vorvertragliche Haftung vor, wenn es dabei an einem **Vertrauenstatbestand** oder einem **triftigen Grund** im Einzelfall fehlt.

Eine Haftung kommt also nicht in Betracht, wenn die Partei auf den Vertragsschluss **nicht vertrauen darf.** Das ist der Fall, wenn eine Mietinteressentin

259 TJRJ, Apelação Cível 23.612/2003, 9ª. Câmara Cível, Rel. Maldonado de Carvalho, Urt. vom 18.11.2003.

260 TJDF, Apelação Cível 20070110051792-6, Rel. José Divino de Oliveira, Urt. vom 15.06.2011. Leitsatz: „Responsabilidade civil pré-contratual. Negociações preliminares. Boa-fé objetiva. Lealdade. Despesas. Reparação de danos. Lucros cessantes. 1 – Embora as negociações preliminares não gerem obrigações contratuais para as partes envolvidas, sujeitam-se ao princípio da boa-fé objetiva e aos deveres de lealdade e confiança (art. 422, CC), cuja observância também se aplica na fase pré-contratual. 2 – A violação desses deveres, configurando ato ilícito, enseja a obrigação de reparar o dano daquele que se preparou para o contrato e realizou despesas em função da justa expectativa de realização do negócio criada pela outra parte. 3 – Não são devidos lucros cessantes em razão de contrato de locação não celebrado se não há prova de que a locação para outro interessado tornou-se inviável. 4 – Apelação provida em parte“. Begrüßenwert ist der treffende Hinweis im Leitsatz, dass aus den Vertragsverhandlungen keine vertraglichen Pflichten (obrigações contratuais) herzuleiten sind, wohl aber Pflichten aus Treu und Glauben, deren Verletzung den Pflichtverletzenden in erster Linie zum Schadensersatz verpflichtet.

den aktuellen Mietvertrag ihres Geschäftsraumes kündigt, bevor sie bei dem neuen Vermieter die für ein Auswahlverfahren erforderlichen Formulare ausfüllt und die erforderlichen Unterlagen zur Prüfung abgibt und der betreffende Geschäftsraum an Dritte weitervermietet wird. In dem Leitsatz betont das Oberlandesgericht Rio de Janeiro zwar treffend, dass der Beklagte kein Vertrauen auf das Zustandekommen des neuen Mietvertrages erweckt oder verstärkt hat, verbleibt aber bei der klassischen Lehre, die Vorsatz beim Abbruch verlangt[261]. Kein Vertrauenstatbestand liegt auch vor, wenn der Kaufinteressent eine Finanzierung für den Kaufpreis bei einer Bank sofort aufnimmt, bevor der Verkäufer das vom Käufer abgegebene Angebot angenommen hat[262].

3.3. Die vorvertragliche Haftung und Vorvertrag

Die oben genannten Leitlinien erlauben nicht den Schluss, die Haftung in contrahendo für illoyalen Verhandlungsabbruch habe eine klare Kontur. Ein Blick in die Judikatur zeigt, dass eine **„dogmatische Interpolation"** zwischen Haftung aus Vorvertrag und vorvertraglicher Haftung vorliegt. Es gibt selbstverständlich Entscheidungen, die betonen, dass das Nichtzustandekommen eines Vorvertrages die Anerkennung der Haftung in contrahendo nicht hindere[263]. Bis heute werden aber beide Rechtsinstitute miteinander verwechselt, und zwar nicht nur bei unteren Gerichten, sondern auch bei obersten Gerichten, wie dem brasilianischen Bundesarbeitsgericht (TST). Es trifft zwar zu, dass die jüngste Rechtsentwicklung beim STJ auf eine Rechtsprechungsänderung hindeutet. Es scheint jedoch noch

---

261 TJRJ, Apelação Cível 2009.001.29620, 16ª. Câmara Cível, Rel. Marco Aurélio Bezerra de Melo, Urt. vom 25.04.1991. In der Entscheidung findet man eine klare Verbindung zur klassischen Lehre, indem es dort heißt, dass in der vorvertraglichen Phase keine Bindung zwischen den Parteien entstehe, obwohl derjenige, der bösgläubig, also mit der Absicht, den anderen zu schädigen, handele, für den Schaden einzustehen habe. („... Na fase pré-contratual, ou negociações preliminares ou puntuação, não há vinculação das partes, mas deve ser ressaltado que se uma das partes, agindo de má-fé, prejudicar a outra, deverá se responsabilizar pelo prejuízo causado." (Votum, S. 6).

262 TJSP, Apelação Cível 9131609 – 41.2009.8.26.0000, 5ª. Câmera de Direito Privado, Rel. Edson Luiz de Queiroz, Urt. vom 11.09.2013. In dem Fall hat der TJSP die Schadensersatzklage mit der Begründung abgewiesen, dass der Verkäufer das Angebot des potentiellen Käufers nicht angenommen habe. In der Begründung gibt es keinen Hinweis auf das Institut der vorvertraglichen Haftung. Der Fall wurde lediglich mit den Regelungen über Angebot und Annahme gelöst. Über diese Diskussion hinaus ist darauf hinzuweisen, dass sich aus den Umständen ergibt, dass er auf den Vertragsabschluss auch nicht hätte vertrauen dürfen.

263 TJSP, Apelação Cível 730765 – 0/3, 33ª. Câmara Cível, Rel. Sá Moreira de Oliveira, Urt. vom 25.09.2008.

zu früh zu sein, die Schlussfolgerung zu ziehen, dass es sich um einen Paradigmenwandel handelt.

In unteren Gerichten ist häufig die Behauptung anzutreffen, dass keine vorvertragliche Haftung ohne das Vorliegen eines Vorvertrages in Betracht komme, auch nach längeren Vertragsverhandlungen[264]. Auch inkonsistent und völlig losgelöst von der modernen Lehre ist die Forderung von **Vorsatz als Tatbestandselement** der Haftung in contrahendo[265]. Denn dafür gibt es keinen rechtsdogmatischen und rechtssystematischen Rechtfertigungsgrund. Es ist nicht nachzuvollziehen, dass man 150 Jahre nach *Jhering* noch Vorsatz als Tatbestandselement einer Haftung fordert, die von Anfang an nur *culpa* voraussetzt: culpa in contrahendo.

Die dogmatische Unbestimmtheit in der zivilrechtlichen Judikatur spiegelt sich in der Rechtsprechung des Bundesarbeitsgerichts bei Fällen wider, in denen ein Arbeitgeber gegenüber einem potentiellen Arbeitnehmer den Abschluss des Arbeitsvertrages als sicher hinstellt und danach ohne triftigen Grund davon Abstand nimmt. Die arbeitsrechtliche Praxis ist leider reich an Beispielen. Daraus ist zu entnehmen, dass der Geschädigte objektive Umstände darlegen bzw. nachweisen muss, die das begründete Vertrauen in den Vertragsabschluss fördern. Eine Einigung über den wesentlichen Vertragsinhalt reiche für das Vertrauendürfen auf den Vertragsschluss nicht aus. Es müssten vielmehr weitere Umstände vorliegen, wie etwa das Abgeben von persönlichen Unterlagen für die Vertragserstellung bei der Firma, die Eröffnung eines Gehaltskontos bei einer Bank oder die Durchführung von vorsorglichen medizinischen Untersuchungen[266], um das

---

264 Ein gutes Beispiel dafür ist TJSP, Apelação Cível 0008393.98.2009.8.26.0453, 8ª. Câmara de Direito Privado, Rel. Salles Rossi, Urt. vom 01.08.2012. Im Leitsatz ist zu lesen: „Embora intensas as negociações prévias, não se pode responsabilizar o réu pelo não concretização do negócio – Inteligência do art. 427 do Código Civil – Não havendo contrato, não há como se admitir a responsabilidade pré-contratual.". Statt vieler: TJSP, Apelação 0174973-42.2011.8.26.0100, 2ª. Câmara Reservada de Direito Empresarial do TJSP, Rel. Carlos Alberto Garbi, Urt. vom 28.11.2016; TJSP, Apelação 9141091-18.2006.8.26.0000, 3ª. Câmara de Direito Privado, Rel. Adilson de Andrade, Urt. vom 14.06.2011; TJRS, Apelação Cível 70007872690, 9ª. Câmara de Cível, Rel. Fabianne Breton Baisch, Urt. vom 25.08.2004; TJRJ, Apelação Cível 2004.001.09953, 5ª. Câmara de Cível, Rel. Paulo Gustavo Horta, Urt. vom 01.06.2004.

265 Mit Hinweis auf den Vorsatz als haftungsbegründenden Tatbestand vgl.: TJSP, Apelação 0174973-42.2011.8.26.0100, 2ª. Câmara Reservada de Direito Empresarial do TJSP, Rel. Carlos Alberto Garbi, Urt. vom 28.11.2016, S. 12.

266 Vgl. die umfangreiche Rechtsprechung des TST: AIRR-229-63.2013.5.04.0261, 4ª Turma, Rel. João Oreste Dalazen, Urt. vom 25.03.2015; RR 528;95.2011.502.0251, 8ª Turma, Rel. João Pedro Silvestrin, Urt. vom 07.05.2014, DEJT 09.05.2014; RR 1742-09.2011.5.05.0132, 2ª Turma, Rel. José Roberto Freire Pimenta, Urt. vom 09.04.2014, DEJT 15.04.2014; AIRR-318-59.2010.5.04.0401, 1ª Turma, Rel. Hugo Carlos Scheuermann, Urt. vom 06.02.2013, DEJT 15.02.2013. Im gleichen Sinne

legitime Vertrauen auf den Vertragsabschluss zu rechtfertigen[267]. Es kommt oft vor, dass der Arbeitgeber – nach Abschluss eines Auswahlverfahrens, aber vor Unterzeichnung des Arbeitsvertrages – das Arbeitsverhältnis im für jeden Arbeitgeber gesetzlich eintragungspflichtigen Arbeitsregister notiert und die Eintragung später storniert, bevor der Arbeitnehmer mit seiner Tätigkeit beginnt, weil er – aus welchem Grund auch immer – vom Arbeitsvertrag Abstand nehmen will. In solchen Fällen geht der TST meistens davon aus, dass zwischen den Parteien ein **„arbeitsrechtlicher Vorvertrag"** (*pré-contrato de trabalho*) entstanden sei[268].

In manchen Entscheidungen ist von einem **„Abschlussversprechen"** (*promessa de contratar*) die Rede[269], das allerdings nicht im Sinne eines Vorvertrages (Art. 462 CC2002) verstanden wird, sondern vielmehr als eine unbestimmte Figur, die zwischen unverbindlichem Versprechen und Vorvertrag zu liegen scheint. Andere Entscheidungen beziehen sich nicht auf die Entstehung eines solchen

---

vgl. auch die Entscheidung des TJSP, Apelação Cível 9141091–18.2006.8.26.0000, 3ª Câmara de Direito Privado, Rel. Geraldo Majela Lopes da Silva, Urt. vom 14.06.2011. Dort hatte ein Arbeitnehmer sich auf eine Stelle in der Firma beworben, die Firma hatte für ihn ein Gehaltskonto bei einer Bank eröffnet und den Vertragsabschluss 5 Monate lang verzögert, bis sie endgültig absagte. In dieser Zeit sind Tarife und Zinsen für das leere Konto angefallen, deren Bezahlung die Bank von dem Arbeitnehmer verlangte. Das OLG São Paulo hat ihm Ersatz des materiellen und immateriellen Schadens und sogar des entgangenen Gewinns zugesprochen, die sich allerdings aus der unzureichenden Entscheidungsbegründung nicht quantifizieren lassen.

267 Ausfüllung eines einfachen Anmeldeformulars und Teilnahme am Auswahlprozess reichen nicht aus (TST, AIRR 569 – 12 – 2013.5.05.0121, 3ª Turma, Rel. Mauricio Godinho Delgado, Urt. vom 15.04.2015). Die Haftung wird in der Regel abgelehnt, wenn dem potentiellen Arbeitnehmer nicht der Nachweis gelingt, dass der Arbeitgeber sein Vertrauen auf das Zustandekommen des Arbeitsvertrages in unredlicher Weise erweckt hat. (Statt vieler: TST, AIRR 1312 – 83.2012.5.01.0342, 3ª Turma, Rel. Mauricio Godinho Delgado, Urt. vom 22.04.2015 und AIRR 569 – 12.2013.5.05.0121, 3ª Turma, Rel. Mauricio Godinho Delgado, Urt. vom 15.04.2015. In beiden Fällen hat der potentielle Arbeitnehmer zwar an einem Auswahlverfahren teilgenommen, der Vertragsabschluss wurde jedoch nicht als sicher hingestellt.).

268 In der arbeitsrechtlichen Rechtsprechung vgl. statt vieler: TST AIRR 1312 – 83.2012.5.01.0342, 3ª Turma, Rel. Mauricio Godinho Delgado, Urt. vom 22.04.2015 und AIRR 569 – 12.2013.5.05.0121, 3ª Turma, Rel. Mauricio Godinho Delgado, Urt. vom 15.04.2015. In der zivilrechtlichen Rechtsprechung vgl. etwa TJRJ, Apelação Civel 3395/91, 3ª. Câmara Cível, Rel. Elmo Arueira, Urt. vom 23.03.1993.

269 Statt vieler: TST AIRR 1312 – 83.2012.5.01.0342, 3ª Turma, Rel. Mauricio Godinho Delgado, Urt. vom 22.04.2015; AIRR 229 – 63.2013.5.04.0261, 4ª Turma, Rel. João Oreste Dalazen, Urt. vom 25.03. 2015; RR 528 – 95.2011.5.02.0251, 8ª Turma, Rel. João Pedro Silvestrin, Urt. vom 07.05.2014, DEJT 09.05.2014; AIRR 848 – 28.2010.5.09.0594, 3ª Turma, Rel. Mauricio Godinho Delgado, DEJT 31.01. 2014; RR 1742 – 09.2011.5.05.0132, 2ª Turma, Rel. José Roberto Freire Pimenta, Urt. vom 09.04.2014, DEJT 15.04.2014; AIRR 1238 – 15.2011.5.08.0101, 5ª Turma, Rel. Guilherme Augusto Caputo Bastos, Urt. vom 27.02.2013, DEJT 08.03.2013.

arbeitsrechtlichen Vorvertrages, stellen vielmehr auf die Begründung und die nachträgliche grundlose Enttäuschung des **Vertrauens auf den Vertragsabschluss** ab[270], was ein Verstoß gegen Treu und Glauben aus Art. 422 CC2002 darstelle.

Völlig unabhängig von der rechtlichen Unbestimmtheit des Verhältnisses, das zwischen den Beteiligten entsteht, dessen dogmatische Präzisierung allerdings auf der Rechtsfolgenebene von großer Bedeutung ist, geht die arbeitsrechtliche Judikatur davon aus, dass die Verletzung eines solchen „Vorvertrags" bzw. „Abschlussversprechens" Schadensersatzansprüche (in erster Linie: Schmerzensgeld) erzeugt. Bemerkenswert ist auch, dass in solchen Fällen, in denen es meistens um einen grundlosen Abbruch von Verhandlungen über Arbeitsverträge geht, die Prüfung eines triftigen Grundes eine sekundäre Rolle spielt. In der Entscheidungsbegründung findet man meisten keine Überlegungen dazu. Man geht vielmehr davon aus, dass die Begründung und nachträgliche Enttäuschung des Vertrauens auf den Vertragsabschluss eine unzulässige Praktik von Arbeitgebern sei.

3.4. Rechtsfolgen der Haftung in contrahendo in der Rechtsprechung

Als Rechtsfolge vorvertraglicher Haftung gewährt die Rechtsprechung grundsätzlich einen Schadensersatzanspruch. Es kommt in erster Linie der **Ersatz materieller Schäden** in Betracht, wie z. B. Verhandlungskosten und Aufwendungen, die die Partei infolge des Vertrauens auf den Vertragsschluss tatsächlich gemacht hat, wie etwa Reise-, Anwalts-, Ingenieurkosten, unnötige Provisionszahlung[271], Kosten infolge von abgeschlossenen Lieferungsverträgen für eine später abgesagte Veranstaltung[272] oder aus einer Firmengründung (Miete eines Geschäftsraums, Kauf von Ausrüstungen, Marketing)[273]. In der Rechtsprechung gibt es keinen Hinweis auf Kriterien für eine Präzisierung der zu ersetzenden Verhandlungskosten, die insbesondere die Frage abklären könnte, ab welchem

---

270 Statt vieler: TST AIRR 24-82.2012.5.15.0028, 7ª Turma, Rel. Douglas Alencar Rodrigues, Urt. vom 22.04.2015; AIRR 872-97.2011.5.06.0014, 7ª Turma, Rel. Claudio Brandão, Urt. vom 15.04.2015; AIRR 43-41.2012.5.12.0006, 7ª Turma, Rel. Claudio Brandão, Urt. vom 15.04.2015; AIRR 271000-73.2009.5.02.0004, 8ª Turma, Rel. Dora Maria da Costa, DEJT 19.04.2013.

271 STJ, REsp. 1051065/AM, T3, Rel. Ricardo Villas Bôas Cueva, Urt. vom 21.02.2013, DJe 27.02.2013.

272 STJ, REsp. 1367955/SP, T3, Rel. Paulo de Tarso Sanseverino, Urt. vom 18.03.2014, DJe 24.03.2014.

273 TJRJ, Apelação Cível 2003.001.23612, 9ª Câmara Cível, Rel. Maldonado de Carvalho, Urt. vom 18.11.2003.

Zeitpunkt die während der Verhandlungen getätigten Aufwendungen ersatzfähig sind. Zum materiellen Schaden gehört nach Art. 402 CC2002 auch der **entgangene Gewinn**[274]. Die Rechtsprechung ist allerdings dabei sehr zurückhaltend: Es kommt häufig vor, dass das Gericht – unzutreffend – die Höhe des entgangenen Gewinns reduziert[275] oder ganz ausschließt[276].

Auf der anderen Seite gewährt die Rechtsprechung zu oft dem Geschädigten **Ersatz von immateriellen Schäden**[277], der in Brasilien deutlich häufiger in der Praxis vorkommt als in Deutschland[278]. Ein Ersatz immaterieller Schäden kommt

---

274 TJSP, Apelação Cível 730765–0/3, 33ª Câmara Cível, Rel. Sá Moreira de Oliveira, Urt. Vom 25.09.2008 (Ersatz des entgangenen Gewinns in Höhe der Monatsmiete, weil die Vermieterin während der Vertragsverhandlungen infolge des berechtigten Vertrauens auf den Vertragsschluss den Geschäftsraum nicht an einen Dritten vermietet und der Verhandlungspartner danach die Verhandlungen ohne triftigen Grund beendet hat).

275 TJRJ, Apelação Cível 3395/91, 3ª Câmara Cível, Rel. Elmo Arueira, Urt. vom 26.05.1992 (Begrenzung der zu ersetzenden entgangenen Gewinne auf die Zeit, die für das Wiedergewinnen der Kunden erforderlich ist, die der selbständige Marketingberater infolge der zunächst als sicher hingestellten, danach grundlos nicht mehr zustande gekommenen Einstellung in der Firma verloren hat).

276 TJDF, Apelação Cível 2007.011.0517926, 6ª Câmara Cível, Rel. Jair Soares, Urt. vom 15.06.2011. In diesem Fall, in dem die potentielle Mieterin den Vermieter zum Umbau des Mietobjekts veranlasst und danach ohne Weiteres vom Vertragsabschluss Abstand genommen hat, hat das Gericht den Anspruch auf Ersatz des entgangenen Gewinns abgelehnt, weil der Vermieter nicht nachgewiesen habe, dass er die Wohnung, die in einen Raum zur medizinischen Behandlung verändert wurde, nicht weiter vermieten konnte. Das Gericht hat nur den Ersatz von Baukosten angeordnet, was selbstverständlich den wirklichen Schadenposten des Vermieters nicht abdeckt, da man hier mindestens davon ausgehen darf, dass er die Wiederherstellung des vorherigen räumlichen Zustands zu tragen hat, um die Immobilie allgemein vermietungsfähig zu machen.

277 TJRJ, Apelação Cível 2002.001.18860, 5ª. Câmara Cível, Rel. Humberto de Mendonça Manes, Urt. vom 17.09.2002

278 Das lässt sich schon durch die Rechtspraxis nachweisen: In Brasilien kann sogar der Kauf von verdorbenen Lebensmitteln Schmerzensgeld zugunsten des Verbrauchers begründen, auch wenn er sie nicht einmal probiert hat, und der Persönlichkeitsschutz wird auch auf Unternehmen erweitert. Eine Schnellsuche auf der Homepage des STJ mit dem Stichwort „*dano moral*“ ergibt eine unübersichtliche Zahl von 18.759 Treffern (Zugang am 09.04.2017). Rechtsdogmatisch geht das brasilianische Privatrecht von einem deutlich breiteren Konzept von immateriellen Schäden aus, das nicht an die Verletzung bestimmter Rechtsgüter gekoppelt ist, sondern auf dem allgemeinen Persönlichkeitsschutz aus Art. 5 X CF und nun aus Art. 12 CC2002 basiert. Dagegen galt ursprünglich im deutschen Recht die Regel der Rechtsschutzbegrenzung in § 847 I und II BGB aF, deren Grundentscheidung sich anhand der Systematik des deutschen Deliktsrechts erklären lässt. Die Lage hat sich in Deutschland inzwischenverändert: Durch die Übernahme der Regelung des Schmerzensgeldes aus dem Bereich des Deliktsrechts in das allgemeine Schadensrecht mit dem neuen § 253 II BGB hat der Gesetzgeber die zurückhaltende Grundentscheidung des historischen Gesetzgebers hinsichtlich des Ersatzes von Nichtvermögensschäden aufgegeben und sich an den

oft auch im Rahmen der culpa in contrahendo als Kompensation für das unberechtigt frustrierte Vertrauen vor[279]. Noch öfter kommt Schmerzensgeld in der arbeitsrechtlichen Gerichtbarkeit vor[280]. Eine nähere Betrachtung zeigt jedoch, dass Schmerzensgeldbeträge als **Sanktion** für eine „illoyale Praxis" bzw. eine

Wertewandel unter dem Grundgesetz und an die heutigen veränderten Moralvorstellungen, auch in Europa, angepasst. Gleichzeitig hat er den Anwendungsbereich deutlich ausgedehnt, so dass heute Schmerzensgeld nicht nur infolge unerlaubter Handlung, sondern auch im Rahmen vertraglicher und vorvertraglicher Pflichtverletzung entstehen kann. Für einen Überblick über die neue Rechtslage in Deutschland vgl. u. a. Hk-BGB/*Schulze*, § 253 Rn. 1–23. Nach einer uferlosen Anerkennung des Schmerzensgelds ist zur Zeit in Brasilien, insbesondere in der Rechtsprechung, eine Tendenz zu konstatieren, die Gewährung von Schmerzensgeld gegenüber Unternehmen oder Geschäftsleuten bei reiner Vertragsverletzung zu begrenzen. Vgl. dazu: STJ, REsp. 1497313/PI, T3, Rel. Min. Nancy Andrighi, Urt. vom 07.02.2017, DJe 10.02.2017 (Kein Schmerzensgeld für Unternehmen ohne Nachweis materieller Einbußen) und REsp. 1639016/RJ, T3, Rel. Min. Nancy Andrighi, Urt. vom 09.03.2017, in: www.migalhas.com.br, Zugang: 04.04.2017 (Kein Schmerzensgeld bei Verzug bei der Übertragung von Immobilien).

279 In diesem Sinne ist z. B. Schmerzensgeld für den grundlosen Abbruch eines Immobilienkaufvertrages zugesprochen worden, nachdem die Verkäuferin das berechtigte Vertrauen in das Zustandekommen des Vertrages, insbesondere durch Unterzeichnung der für die Bankfinanzierung benötigten Unterlagen bei dem potentiellen Käufer erweckt hat (TJRJ, Apelação Cível 2002.001.18860, 5ª Câmara Cível, Rel. Humberto de Mendonça Manes, Urt. vom 03.09.2002) oder beim grundlosen Abbruch von Verhandlungen über eine Firmengründung, nachdem ein Verhandlungspartner den anderen zu Vorleistungen veranlasst hat (TJRJ Apelação Cível 2003.001.23612, 9ª Câmara Cível, Rel. Maldonado de Carvalho, Urt. vom 18.11.2003).

280 Schmerzensgeld wegen grundlosen Abbruchs bzgl. eines Arbeitsvertrages, nachdem der Arbeitgeber den Arbeitnehmer fünf Monate lang auf den Abschluss des als sicher hingestellten Arbeitsvertrages hat lassen (TJSP, Apelação Cível 9141091–18.2006.8.26.0000, 3ª Câmara de Direito Privado, Rel. Adilson de Andrade, Urt. vom 14.06.2011) oder nachdem der Arbeitnehmer seine Arbeit gekündigt hat, weil er nach erfolgreichem Abschluss eines Auswahlverfahrens eine Aufnahmebestätigung bekommt, eine Ausbildung beim Arbeitgeber gemacht und ein Gehaltskonto eröffnet hat (TST, AIRR 43–41.2012.5.12.0006, 7ª Câmara Cível, Rel. Claudio Brandão, Urt. vom 15.04.2015). Die Rechtsprechung des TST geht in solchen Fällen sogar davon aus, dass das sog. damnum in re ipsa immer dann vorliegt, wenn der Arbeitgeber medizinische Einstellungsuntersuchungen verlangt sowie das Arbeitsregister des Arbeitnehmers registriert und dadurch bei dem letzteren den Eindruck erweckt, der Arbeitsvertrag komme mit Sicherheit zustande, er aber nachträglich ohne triftigen Grund vom Vertragsabschluss Abstand nimmt (Statt vieler: TST, RR 1742–09.2011.5.05.0132, 2ª Turma, Rel. José Roberto Freitas Pimenta, Urt. vom 09.04.2014, DEJT 15.04.2014 und AIRR 24–82.2012.5.15.0028, 7ª Turma, Rel. Douglas Alencar Rodrigues, Urt. vom 22.04.2015). Das bedeutet, der immaterielle Schaden entsteht aus dem pflichtverletzenden Verhalten selbst, so dass der Geschädigte den Schaden nicht nachzuweisen habe. Seine Existenz werde infolge des zugrundeliegenden Ereignisses vermutet, so dass der Richter nach freiem Ermessen nur die Höhe des Anspruchs zu bestimmen habe.

„unzulässige Rechtsausübung“[281] des Arbeitgebers zugesprochen werden, die darin besteht, beim Arbeitnehmer durch verschiedene Maßnahmen das Vertrauen auf den Abschluss des Arbeitsvertrages zu wecken und dieses nachträglich grundlos zu frustrieren. Hier spürt man ohne Zweifel einen Einfluss der angloamerikanischen *punitive damages* auf das brasilianische Recht.

Die Verwendung des Rechtsinstituts von immateriellen Schäden als **Sanktion für rechtswidriges Verhalten** auch bei Umständen, in denen es eigentlich keine Verletzung der Persönlichkeitsrechte oder kein seelisches Leid aus Sicht eines vernünftigen Menschen gibt, ist keine Besonderheit der arbeitsrechtlichen Judikatur. Die zivilrechtliche Rechtspraxis verwendet – im Verbraucherrecht fast unkontrolliert – die Figur, um außervertragliche und vertragliche Pflichtverletzungen im Rechtsverkehr zu sanktionieren. Es stellt sich dann die Frage, ob und inwieweit ein Schmerzensgeldanspruch als gängige Rechtsfolge der culpa in contrahendo, insbesondere im Falle eines grundlosen Verhandlungsabbruchs, in Betracht kommt. Es besteht kein Zweifel, dass ein vorvertragliches Fehlverhalten immateriellen Schaden verursachen kann. Die Gewährung von Schmerzensgeld muss aber im Einzelfall angemessen begründet werden, will man nicht an jeden grundlosen Verhandlungsabbruch Schmerzensgeld koppeln.

Die Rechtsprechung geht davon aus, dass es im Rahmen der culpa in contrahendo nur Platz für den **Ersatz des negativen Interesses** gebe. In der Entscheidung des STJ aus dem Jahre 2014, die die Haftung für grundlosen Verhandlungsabbruch am besten systematisiert hat, heißt es, dass das negative Interesse diejenigen Aufwendungen umfasst, die der Geschädigte infolge des Vertrauens auf den Vertragsabschluss gemacht hat, sowie auch einen Geschäftsverlust[282]. In der Mehrheit der Fälle wird aber der Ersatz des negativen Interesses nicht thematisiert. Man findet vielmehr einen allgemein formulierten vagen Hinweis darauf, dass „alle“ entstandenen Schäden zu ersetzen seien, ohne zu präzisieren, was genau damit gemeint ist. In der Judikatur verspürt man jedoch keine Neigung, das positive Interesse zu ersetzen. Nicht einmal in den Fallkonstellationen, in denen das Gericht die Existenz eines Vorvertrages annimmt, wird dem Geschädigten das Erfüllungsinteresse zugebilligt.

Beispiele dafür dürften die Entscheidungen des TST bilden, die – trotz Annahme eines „arbeitsrechtlichen Vorvertrages“ – meistens Nichtvermögensschäden und materielle Einbußen aus den Vertragsverhandlungen bzw. aus der Teilnahme an den Auswahlverfahren ersetzen. In der zivilrechtlichen

---

281 Ausdrückliche Hinweise darauf statt vieler bei: TST, AIRR 229 – 63.2013.5.04.0261, 4ª. Turma, Rel. João Oreste Dalazen, Urt. vom 25.03.2015.

282 STJ, REsp 1367955/SP, 3ª Turma, Rel. Paulo de Tarso Sanseverino, Urt. vom 18.03.2014, DJe 24.03.2014.

Rechtsprechung gilt nichts anderes, abgesehen von wenigen Ausnahmen[283], die sich jedoch aus einer Unkenntnis dieser Schadensartberechnung und der vorvertraglichen Haftung erklären lassen und weniger als mit dem Vertreten einer rechtsdogmatischen Position. Dies deutet darauf hin, dass in Brasilien die Frage nach dem Ersatz des negativen Interesses im Rahmen der vorvertraglichen Haftung einen theoretischen Charakter hat, da die überwiegende Rechtsprechung ungeachtet davon **keinen Ersatz der positiven Interesses** erlaubt. Es liegt auch **keine Begrenzung** durch die Höhe des positiven Interesses im Sinne von §§ 122 und 179 BGB vor.

En vogue momentan in Brasilien ist die Figur der *perte d'une chance*[284]. Trotz fehlender Grundlage im Gesetz und rechtsdogmatischer Unbestimmtheit ist der Rekurs auf die Figur besonders in der Rechtsprechung beliebt, wo sie in einem untechnischen Sinne benutzt wird, wie ihre Anwendung im Rahmen der culpa in contrahendo zeigt. Das brasilianische Oberarbeitsgericht (TST) hat mehrmals Schadensersatz aus Verlust einer Chance in Fällen illoyalen Abbruchs der Vertragsverhandlungen anerkannt. In einer Entscheidung aus dem Jahre 2015 hat eine Arbeitnehmerin ihren Job gekündigt, nachdem sie nach einem Auswahlverfahren eine Stelle bei einer anderen Firma bekam. Die Firma hat ihre Einstellung bestätigt und ihre persönlichen Unterlagen zur Herstellung des Arbeitsvertrages und für den Abschluss der Krankenversicherung verlangt. Trotzdem hat sie später mitgeteilt, der Arbeitsvertrag komme wegen einer internen Restrukturierung infolge Firmenübernahme nicht mehr zustande[285]. Ihre Schadensersatzklage hatte in allen Instanzen Erfolg, gestützt auf den „Verlust einer Chance". Eine nähere Betrachtung des Falles zeigt aber, dass man dabei nicht von einer *perte d' une chance* sprechen darf. Da das Gericht davon ausging, dass die Arbeitnehmerin für die Stelle ausgewählt wurde, d. h. das Auswahlverfahren erfolgreich abge-

---

283 In TJSP, Apelação Cível 9141091-18.2006.8.26.0000, 3ª Câmara de Direito Privado, Rel. Adilson de Andrade, Urt. vom 14.06.2011, hat das Gericht zwar angenommen, dass bei der außervertraglichen vorvertraglichen Haftung nur der Ersatz des negativen Interesses (sog. Vertrauensschaden) in Betracht komme, dem Geschädigten aber der Ersatz von immateriellen und materiellen Schäden zugesprochen, die diejenigen Vermögenswerte umfassen, die er infolge des Nichtabschlusses des Arbeitsvertrages nicht bekommen habe. Da es dabei nicht um den Ersatz entgangener Gewinne ging, die der Geschädigte erlitten hat, weil er den Abschluss eines Arbeitsvertrages mit einem Dritten in Vertrauen auf das Geschäft mit dem Schädiger abgelehnt hat, muss man zu dem Schluss kommen, dass das Gericht den Ersatz des Erfüllungsinteresses angeordnet hat. Was genau das bzw. wie hoch die Summe sein soll, hat das OLG São Paulo jedoch nicht geklärt.

284 Statt vieler: *Silva Pereira*, Obrigações, S. 330.

285 TST, AIRR 872-97.2011.5.06.0014, 7ª Turma, Rel. Claudio Brandão, Urt. vom 15.05.2015.

schlossen wurde und dass zwischen den Parteien ein „arbeitsrechtlicher Vorvertrag“ zustande gekommen ist, ist die Entscheidungsbegründung bedenklich.

Denn der Verlust einer Chance setzt eine rechtswidrige Unterbrechung eines noch nicht abgeschlossenen Prozesses voraus, dessen Ergebnis unsicher ist, weshalb man nur mit probabilistisch unterstelltem Erfolg arbeiten kann und auf eine mathematische Wahrscheinlichkeit bei der Schadensberechnung zurückgreifen muss. In dem Sachverhalt gab es dagegen ein erfolgreiches Endergebnis (Zustandekommen eines Vorvertrages), und wenn das so ist, dann liegt **Nichterfüllung des Vorvertrages** vor (Nichtabschluss des Hauptarbeitsvertrages). Der Rekurs auf die Figur der verlorenen Chance zeigt sich daher in vielen Fällen als verfehlt. In anderen stellt der Rekurs auf die Figur eine rein **rhetorische Floskel dar**, also ein schmückendes, nichtssagendes Argument, das nur benutzt wird, um auszudrücken, dass der Arbeitnehmer eine Arbeitschance verloren hat. In einem im Jahr 2014 entschiedenen Fall hat der TST einen Arbeitgeber zum Schadensersatz wegen Verlusts einer Chance verurteilt, weil er bei dem potentiellen Arbeitnehmer das Vertrauen auf den Vertragsabschluss durch Eintrag ins Arbeitsregister erweckt und es später ohne triftigen Grund frustriert hat. Das Gericht hat in diesem Falle aber den Verlust einer Chance als **immateriellen Schaden** qualifiziert und seine Begründung in dem Grundsatz von Treu und Glauben (Art. 422 CC2002) gesehen[286].

Ob eine Haftung für den Verlust einer Chance ihren Rechtfertigungsgrund im Grundsatz von Treu und Glauben findet, ist äußerst fraglich, sowie auch, ob und inwieweit diese Figur im Rahmen der Fallgruppe der culpa in contrahendo für grundlosen Verhandlungsabbruch überhaupt Anwendung findet. Denn für die *perte d'une chance* ist nicht erforderlich, dass das Endergebnis sicher ist, sondern nur möglich. Deshalb wird in der Regel die Potentialität des Eintritts des Ergebnisses durch mathematische Probabilität berechnet, um die zu ersetzende Schadenssumme zu bestimmen. Eine reine Probabilität, den geplanten Vertrag abzuschließen, rechtfertigt aber aufgrund der privatautonomen Abschlussfreiheit keineswegs die Haftung für Verhandlungsabbruch, auch weil die Verhandlungen mehr oder weniger eine solche Möglichkeit beinhalten, indem sie einen teleologischen, auf den Vertragsschluss gerichteten Prozess darstellen. Im Einzelfall ist die Feststellung der Abschlussprobabilität eher schwer. Teleologisch gesehen findet die Theorie Anwendung in Rahmen von Dienstleistungen, in denen der Schuldner für einen Erfolg arbeiten soll, der jedoch nicht allein von seiner Tä-

286 TST, RR 1742–09.2011.5.05.0132, 2ª Turma, Rel. José Freire Pimenta, Urt. vom 09.04.2014, DEJT 15.04.2014.

tigkeit abhängt[287]. Während der Vertragsverhandlungen ist kein Beteiligter an einen Erfolg (Vertragsabschluss) gebunden, sondern nur zu einem redlichen und rücksichtsvollen Umgang mit dem Verhandlungsgegner verpflichtet.

4. Zusammenfassung und kritische Betrachtung

Aus dem oben Dargestellten kommt man zum Schluss, dass die brasilianische Lehre zur culpa in contrahendo noch gespalten ist. Einerseits wird die Haftung behauptet, allerdings oft mit dem einschränkenden Hinweis, dass die Verhandlungen unverbindlich seien und dass nur ausnahmsweise, wenn ein Teil von dem intendierten Vertragsschluss bösgläubig (*má-fé*) Abstand nehme, eine Eistandpflicht in Betracht komme. Dieses Verhalten sei nichts anders als ein „*ato ilícito*" (eine unerlaubte Handlung), die eine außervertragliche Haftung auslöse. Immer wieder findet man – wenn auch nur implizit – die Vorstellung, dass eine Haftung in contrahendo die Existenz eines mindestens stillschweigend abgeschlossenen Vorvertrages zwischen den Parteien voraussetzt. Überwiegend wird der Haftungsgrund der culpa in contrahendo in dem Nichtabschluss des Vertrages gesehen.

Auf der anderen Seite fehlen der modernen Lehre noch rechtstheoretische Präzisierungen. Sie stellt meistens auf den Nichtabschluss des Vertrages als prägendes Merkmal der culpa in contrahendo ab, oft wird sogar – in Anlehnung an die portugiesische Lehre – ein Kontrahierungszwang vertreten, wie es im Bereich des Verbraucherrechts möglich ist. Das hat letztendlich zur Folge, dass die culpa in contrahendo nicht genau vom Vorvertrag oder einer bindenden Offerte differenziert wird, also von Rechtsinstituten, die im vorvertraglichen Stadium ihren Platz finden, die sich aber konzeptionell von der vorvertraglichen Haftung deutlich unterscheiden. Auch unklar ist die dogmatische Trennung von Rücksichtspflichten und neminem-laedere-Pflicht. Deshalb wirkt der Hinweis auf die vorvertraglichen Pflichten aus Treu und Glauben, insbesondere die Loyalitätspflicht rein schmückend.

Diese Unsicherheit in der Lehre spiegelt sich in klarer Weise in der Rechtsprechung wider, wie die oben analysierten Fälle zum Ausdruck bringen. Vor allem die Fehlvorstellung, dass die vorvertragliche Haftung aus dem Nichtabschluss des geplanten Vertrages resultierte, trägt für die rechtstheoretische Verwirrung zwischen vorvertraglicher Haftung und Haftung aus Vorvertrag bei. Es ist daher unerlässlich, die Haftung in contrahendo als Folge einer vorvertraglichen Loyalitätspflichtverletzung zu betrachten, die aber in der **Erweckung und nach-**

---

287 *Fikentscher/Heidemann*, Schuldrecht, S. 314.

träglichen Enttäuschung des Vertrauens auf das redliche Verhalten der Gegenseite besteht. Die Pflichtverletzung liegt in solchen Fällen darin, keinen triftigen Grund für die Verhandlungsbeendigung vorzulegen, nachdem man den Vertrag in zurechenbarer Weise als sicher hingestellt und dadurch den Partner zu unnötigen Vermögensdispositionen bewegt hat.

Das ist umso richtiger, berücksichtigt man, dass die abbrechende Partei die Verhandlungen immer noch beenden kann, ohne die nutzlos gewordenen Aufwendungen der Gegenseite ersetzen zu müssen, wenn sie einen Rechtfertigungsgrund darlegt und der Gegenseite ihre Abschlussänderung sofort mitteilt. Das bedeutet: Die Pflichtverletzung liegt nicht darin, die Verhandlungen überhaupt abzubrechen, sondern in dem illoyalen Verhalten, keinen oder einen sachfremden Grund dafür darzulegen[288]. Die Haftung für Verhandlungsabbruch ist also **keine Haftung für den Nichtabschluss des geplanten (Haupt)Vertrages.** Gehaftet wird auch nicht wegen Verstoß gegen eine aus Treu und Glauben hergeleitete Abschlusspflicht. In diesem Sinne ist der klassischen Lehre Recht zu geben, wenn es dort heißt, dass ein Kontrahierungszwang nur aus einen Vorvertrag oder einem bindenden Antrag folgt. Die Abschlusspflicht des Verbraucherrechts ist im übrigen Privatrechtsverkehr kaum verallgemeinerungsfähig.

5. Lösungsansätze

5.1. Grundlinien der Haftung für illoyalen Verhandlungsabbruch

Für ein Verständnis der Haftung für Verhandlungsabbruch muss man sich zunächst klar machen, dass durch die Aufnahme des geschäftlichen Kontakts – hier in Form von Vertragsverhandlungen – ein **schuldrechtliches Vertrauensverhältnis** zwischen den Parteien entsteht, das verschiedene **Rücksichtspflichten in unterschiedlicher Intensität** erzeugt. Dieses Vertrauensverhältnis ist dogmatisch als ein besonderes Schuldverhältnis zu qualifizieren, weil es keine Leistungspflicht, sondern „nur" bestimmte relative Rücksichtspflichten zustande bringt, die sich nach den Umständen der konkreten Beziehung ausformen[289], was ihre Fallbezogenheit und Relativität zum Ausdruck bringt. Das zeigt schon, dass die Vertragsverhandlungen nicht unverbindlich sind. Denn dort entstehen schuldrechtliche Pflichten, deren schuldhafte Verletzung eine Schadensersatz-

---

288 *Westermann/Bidlynski/Weber*, SR/AT, S. 206 f.

289 In diesem Sinne grundlegend: *Canaris*, JZ 1965, 475, 479. Im brasilianischen Recht hat schon *Junqueira de Azevedo* darauf aufmerksam gemacht, dass die spezifischen Pflichten eine Art Rechtsbindung zwischen den Parteien seien, die nicht der neminem-laedere-Pflicht ähneln. Responsabilidade pré-contratual, 23.

haftung in Gang setzt. Das bedeutet auf der anderen Seite nicht, dass die Verhandlungsphase die gleiche Bindungskraft wie der Vertrag oder der Antrag aufwiese. Das ergibt sich schon aus dem Verhandlungsbegriff selbst: Sie sind grundsätzlich ein Teil des Bildungsprozesses des Vertrags, der dadurch geprägt ist, dass die Parteien untereinander über den eventuellen Abschluss eines künftigen Vertrags verhandeln. Sie bilden also einen **teleologischen Prozess zum Zweck eventuellen Vertragsabschlusses**[290]. Das Ergebnis dieses Prozess ist völlig unsicher: Jeder Verhandlungspartner weiß oder muss wissen, dass der Abschluss des angestrebten Geschäfts aus welchem Grund auch immer noch scheitern kann.

Das ist jedoch kein Freibrief, sich dem Gegner gegenüber illoyal zu verhalten. Denn, obwohl die Verhandlungspartner in diesem Stadium sich mit entgegengesetzten Interessen gegenüber stehen und frei sind, vom geplanten Geschäft Abstand zu nehmen, sind sie aus Treu und Glauben verpflichtet, miteinander redlich und rücksichtsvoll umzugehen. Deshalb muss der Verhandlungspartner von Anfang an seine Bereitschaft und Möglichkeit zum Vertragsschluss einigermaßen klar darstellen, um bei dem Gegner keine falschen Erwartungen zu erwecken oder zu erhalten. Man muss nicht immer „mit offenem Visier" handeln, aber dann, wenn man den Gegner zu bestimmten Investitionen bewegt, die er nur in Erwartung des Vertragsschlusses macht[291]. Stellt eine Partei den Abschluss des Geschäfts als sicher hin und veranlasst dadurch die Gegenseite zu Vermögensdispositionen, die sie nur im Hinblick auf den Vertrag macht, muss sie dann, um von Verhandlungen auszugehen, die frei von Haftung sind, einen sachlichen Grund für die Änderung seiner Abschlussbereitschaft darlegen. Ihre privatautonome Abschlussfreiheit (genau: negative Vertragsfreiheit) wird hier zugunsten des Redlichkeitsgebotes und des Vertrauensschutzes im Rechtsverkehr beschränkt.

Sie haftet also nicht für den Nichtabschluss des Vertrages, sondern für ihr illoyales Verhalten, bei dem Gegner einen Vertrauenstatbestand in zurechenbarer Weise erweckt bzw. verstärkt und später ohne triftigen Grund enttäuscht zu haben[292]. Die Enttäuschung des berechtigten Vertrauens der Gegenseite löst die **Schadensersatzhaftung** des pflichtverletzenden Schädigers aus, die ihn verpflichtet, den Vertrauensschaden des Geschädigten zu ersetzen. Nach dem **Grundsatz der Naturalherstellung**, der Arts. 389 und 944 CC2002 zugrunde

290 *Larenz/Wolf*, AT, S. 595; *Menezes Cordeiro*, Da boa fé, S. 538 und *Nunes Fritz*, Boa-fé objetiva, S. 286.

291 *Singer*, FS Canaris (2002), 135, 141; *Wertenbruch*, ZIP 2004, 1525, 1528 und MünchKomm/*Emmerich* (2012), § 311 Rn. 162.

292 *Westermann/Bidlynski/Weber*, SR/AT, S. 213.

liegt[293], ist der Vertrauensgeschädigte so zu stellen, wie er ohne das schädigende Ereignis – grundlosen Verhandlungsabbruch – stünde, d. h. wie wenn er von den Verhandlungen nichts gehört hätte[294].

Zu ersetzen sind diejenigen Nachteile, die der Geschädigte infolge des Vertrauens auf den Vertragsabschluss erlitten hat und die in solchen Fällen in Verhandlungskosten und Gewinnentgang bestehen. Es entsteht dabei keine Abschlusspflicht und kein Erfüllungsschaden. Die Annahme eines Kontrahierungszwangs steht nicht mit den Grundsätzen der **Privatautonomie** (*autonomia privada*) und der **Vertragsfreiheit** (*liberdade contratual*) in Einklang, die es der Partei erlauben, bis zum endgültigen Vertragsabschluss die zunächst geplante, aber danach nicht mehr erwünschte vertragliche Verbindung frei abzulehnen. Außerdem steht eine solche Abschlusspflicht dem Schutzzweck der Loyalitäts- und Aufklärungspflicht entgegen, die nur dazu dienen, ein redliches Verhalten zwischen den Beteiligten zu gewährleisten und die Gegenseite vor nutzlosen Vermögensdispositionen zu bewahren. Ein solcher Kontrahierungszwang entsteht dagegen nur kraft Gesetzes oder privatautonomer Handlung.

5.2. Kein Kontrahierungszwang im Rahmen der culpa in contrahendo

Das Instrument des Kontrahierungszwangs und der damit verbundenen Abschlusspflicht hat in **offenen Marktwirtschaften** wie Brasilien und Deutschland bestimmte Funktionen. Der Regelfall ist das Primat der Privatautonomie und der Vertragsfreiheit, die die Abschlussfreiheit mit sich bringt, d. h. die durch die Rechtsordnung anerkannte Machtposition der Person, frei zu entscheiden, ob, wann und mit wem sie sich vertraglich binden möchte. Es muss einen besonderen Grund geben, damit die Rechtsordnung jemandem seine Abschlussfreiheit nimmt. Die vornehmliche Funktion des Kontrahierungszwangs ist nämlich, **Missbrauch im Wirtschaftsmarkt** zu vermeiden und den Gesellschaftsmitgliedern den **Zugang zu benötigten oder gewünschten Waren und Dienstleistungen** zu gewährleisten[295].

Mit dieser Absicht hat etwa der deutsche Gesetzgeber schon früh in die Marktwirtschaft eingegriffen und ausnahmsweise einen Kontrahierungszwang für bestimmte, faktisch monopolisierte Märkte wie Bahn, Luftfahrt, Post und Energieversorgung statuiert. Die Leitlinie für die Rechtfertigung des Kontrahierungszwangs ist die **Monopolstellung** der zum Abschluss verpflichteten Unternehmen

293 Dazu: Kapitel 4 II 4.1.

294 *Westermann/Bidlynski/Weber*, SR/AT, S. 212.

295 *Larenz*, SR/AT, S. 43. Dazu auch: Erman/*Armbrüster*, Vor § 145 Rn. 27 ff.

und die **Notwendigkeit der gewünschten Leistung** (Waren und Dienstleistung) für die Gesellschaftsmitglieder. Es wird infolge des Gesetzes gegen Wettbewerbsbeschränkung (GWB) auch ein Kontrahierungszwang für den Fall vorgesehen, dass die Verweigerung eines Vertragsabschlusses eine „unbillige Behinderung" oder „unterschiedliche Behandlung" von Unternehmen darstellt. Ziel ist hier, **Missbrauch von Marktmacht** und die daraus folgende Vernichtung der für den angemessenen Marktbetrieb erforderlichen Konkurrenz zu verhindern[296].

In Deutschland geht heute die herrschende Meinung davon aus, dass die Verweigerung eines Vertragsabschlusses außerhalb einer Monopolstellung nur ausnahmsweise zum Kontrahierungszwang führt. Das ist namentlich der Fall, wenn es sich um eine **Notlage** handelt und der angesprochene Partner zumutbar in der Lage ist, tätig zu werden[297]. Das zeigt, dass die Anerkennung einer Pflicht zum Vertragsabschluss als Ausnahme verstanden werden soll, denn sie bricht mit dem für die Privatrechtsordnung unentbehrlichen Grundsatz der Privatautonomie. Kommt eine Abschlussverweigerung außerhalb von Monopolstellungen oder Notlagen in Betracht, darf die Partei nicht gezwungen sein, den Vertrag mit einem anderen abzuschließen. Das gilt selbstverständlich auch dann, wenn ein Verhandlungspartner grundlos die Verhandlungen abbricht. Allein deswegen, weil die Gegenseite dadurch einen hohen Schaden erleidet, darf kein Kontrahierungszwang als Folge der Loyalitätspflichtverletzung entstehen. Die geeignete Rechtsfolge dafür ist die Pflicht zum Schadensersatz, wie die Dogmatik der Vertrauenshaftung zeigt[298].

Das brasilianische Gesetz erlegt den **Privaten** grundsätzlich **keine Abschlusspflicht** auf. Es erlaubt aber die Möglichkeit, sie durch privatautonome Vereinbarung zu begründen, wie z. B. durch Abschluss eines Vorvertrages (Art. 462 CC2002) oder eines bindenden Antrags (Art. 427 CC2002) – obwohl die herr-

---

296 § 26 II GWB betrifft nur das Verhältnis von Unternehmen untereinander, d. h. von Unternehmen oder Unternehmensvereinigungen zu anderen Unternehmen, also nicht zum einzelnen Endverbraucher. Trotzdem hat schon früh das Reichgericht in ständiger Rechtsprechung eine Abschlusspflicht für diejenigen Situationen angenommen, in denen ein schutzbedürftiger Endverbraucher einer Monopolstellung gegenüberstand. Sehr zurückhaltend war dagegen das Reichgericht bezüglich der analogen Anwendung der Abschlusspflicht außerhalb monopolistischer Rechtslage. *Larenz*, SR/AT, S. 47.

297 Der einzig erreichbare Arzt kann eine dringende ärzliche Hilfe nicht verweigern oder der Handwerker eine sofort zur Vermeidung hohen Schadens notwendige Repatur nicht ablehnen, ohne dass dieses Handeln sittenwidrig wäre. Hier ist die Ablehnung des Vertrages bzw. der Leistungserbringung sittenwidrig und die entsprechende Rechtsfolge ist die Entstehung einer Abschlusspflicht, wenn das für die Partei noch sinnvoll ist. *Larenz*, SR/AT, S. 48.

298 *Canaris* spricht von einer „rechtsethischen Überlegenheit" der Schadensersatzhaftung über die Erfüllungshaftung. Vertrauenshaftung, S. 532 ff. Vgl auch *Singer*, FS Canaris (2002), 135, 147 f.

schende Meinung davon ausgeht, dass eine vertragliche Bindung nicht einmal durch ein bindendes Angebot entsteht[299]. Anderes dagegen gilt in dem speziellen Bereich des Verbraucherrechts: Das **Angebot im Konsumentenmarkt** bewirkt nach Art. 30 iVm Art. 35 CDC eine so starke Bindung, dass der Verbraucher Abschluss und Erfüllung des Vertrages verlangen oder auf Ersatz von Erfüllungsschaden klagen kann, wenn die Erfüllung unmöglich ist, weil z. B. der Lieferant die geschuldeten Güter nicht mehr liefern kann. Der Sondergesetzgeber hat an unterschiedlichen Stellen des Verbraucherschutzgesetzes (z. B. Arts. 30, 35 und 48 CDC) die Bindung der Offerte ausdrücklich vorgesehen[300].

Das bedeutet: Bei grundlosem Abbruch von Vertragsverhandlungen zwischen Unternehmen und Verbraucher kann dieser grundsätzlich den Vertragsabschluss verlangen, weil das Gesetz eine Abschlusspflicht infolge der Offerte für das Unternehmen vorsieht. Eine Abschlusspflicht ergibt sich weiter kraft Gesetzes auch für bestimmte Personen, die eine **besondere Stellung** wie eine faktische Monopolstellung in der Rechtsordnung besitzen. Aus diesem Grund sind Telekom-, Energie-, Fernsehrsenderkonzerne grundsätzlich verpflichtet, mit jedem, der ihre Vertragsbedingungen akzeptiert, einen Vertrag abzuschließen.

In der Beziehung von Privatleuten zueinander gilt dies aber nicht. Eine extra legem geschaffene Auferlegung eines Kontrahierungszwangs kann nicht dem billigen Ermessen des Gerichts überlassen werden, sondern braucht aufgrund des verfassungsrechtlichen Status der Privatautonomie und der Vertragsfreiheit einen **besonderen Rechtsfertigungsgrund.** Eine solche Abschlusspflicht einfach aus dem Grundsatz von Treu und Glauben ohne weitere Begründung außer dem Vertrauensschutz herzuleiten[301], lässt sich nicht rechtfertigen, berücksichtigt man, dass der Vertrauensschutz durch mildere Mechanismen gewährleistet werden kann, nämlich durch Auferlegung von Schadensersatz als Rechtsfolge für rechtswidrige Enttäuschung eines legitimen Vertrauens. Aus **rechtsökonomischer Perspektive** ist ersichtlich, dass ein Kontrahierungszwang ein großes Hindernis für den Rechtsverkehr darstellt. Der Rechtsverkehr einer Rechtsordnung, die auf der freien Entwicklung der Persönlichkeit und der freien Marktwirtschaft basiert, kann eine solche Beeinträchtigung der Privatautonomie nicht ertragen, weil eine Abschlusspflicht im Rahmen von Vertragsverhandlungen eine Vernichtung der negativen Vertragsfreiheit bedeutet, d. h. der Entscheidung, sich

---

299 Statt vieler: *Gonçalves*, Contratos, S. 52.

300 *Junqueira de Azevedo*, RDC 3/1992, 78, 83 und *Benjamin/Lima Marques/Bessa*, Manual, S. 182ff.

301 *Popp*, Responsabilidade civil pré-negocial, S. 232. In der portugiesischen Lehre: *Pinto Oliveira*, Princípios, S. 217.

mit jemandem nicht rechtlich zu verbinden. Aus rechtsökonomischer Sicht ist es sinnvoller, Schadensersatz aufzuerlegen.

Schließlich ist zu berücksichtigen, dass ein Kontrahierungszwang eine **Entleerung des Rechtsinstituts der culpa in contrahendo** bedeutet. Selbst die Leistungsfähigkeit der Theorie vorvertraglicher Haftung, die in erster Linie dazu dient, Vertrauensschaden infolge unredlichen Verhaltens im vorvertraglichen Rechtsverkehr auszugleichen, wäre in Frage gestellt, wenn der Geschädigte bei Verhandlungsabbruch Vertragsschluss und Erfüllung bzw. Erfüllungsschaden verlangen kann. Daher geht zu Recht die überwiegende herrschende Meinung in Brasilien davon aus, dass es **keinen Kontrahierungszwang im Rahmen der culpa in contrahendo** gibt. Sie würde bei Bejahung einer Abschlusspflicht auch dazu in Widerspruch geraten, dass sie nicht einmal aus einem bindenden Angebot iSv Art. 427 CC2002 eine solche Pflicht herleitet.

5.3. Abgrenzung von culpa in contrahendo und Vorvertrag

Der klassischen Lehre muss zugestimmt werden, dass ein Kontrahierungszwang die Existenz eines Vorvertrages, d.h. eine privatautonome Selbstbindung voraussetzt. Unrichtig ist jedoch dabei anzunehmen, dass die culpa in contrahendo eine Haftung für Nichterfüllung eines Vorvertrages darstellte. Hier liegt eine Verwirrung zwischen zwei unterschiedlichen Rechtsinstituten vor, die zwar im gleichen Zeitraum, d.h. im vorvertraglichen Stadium auftreten können (nicht müssen), die aber unterschiedliche Voraussetzungen und Rechtsfolgen haben. Der Vorvertrag ist ein **besonderer Vertragstyp**, der nun in Arts. 462–466 CC2002 in seinen Leitlinien skizziert ist und der dadurch gekennzeichnet ist, dass er den künftigen Abschluss eines anderen Vertrages anordnet. Diese Besonderheit hat viel mehr mit seiner **Hauptfunktion** zu tun, die darin besteht, den **Abschluss eines Hauptvertrages** – aus welchem Grund auch immer – in der Zukunft **mittels Kontrahierungszwangs sicherzustellen**[302]. Deshalb verpflichten sich schon jetzt die Parteien durch den Vorvertrag, den Hauptvertrag später abzuschließen.

Da die **Leistungspflicht** eines Vorvertrages im **künftigen Abschluss des Hauptvertrages** besteht, bedeutet die Abschlussverweigerung des Hauptvertrages eine **Vertragsverletzung** (Nichterfüllung des Vorvertrages), die es dem geschädigten Vertragspartner, soweit kein Widerrufsrecht eingeräumt wird, erlaubt, entweder **Vertragserfüllung** gemäß Art. 463 CC2002 oder **Schadensersatz statt**

302 Statt vieler: *Gonçalves*, Contratos, S. 140. Im deutschen Recht vgl. dazu: MünchKomm/*Kramer*, Vor § 145 Rn. 36.

der Leistung nach Art. 465 CC2002 zu verlangen[303]. Art. 463 CC2002 ist klar in diesem Sinne, indem er vorsieht, dass die an dem Abschluss des Hauptvertrages interessierte Partei der Gegenseite eine Abschlussfrist setzen kann, deren erfolgloser Ablauf ihr die Möglichkeit nach Art. 464 CC2002 eröffnet, eine Gerichtsentscheidung zu beantragen, die die Abgabe der Willenserklärung des Vertragspartners ersetzt. Grundsätzlich ergibt sich erst aus dem Hauptvertrag die Pflicht zur Erbringung der eigentlich erstrebten Hauptleistung.

Demzufolge soll die Klage aus dem Vorvertrag nicht unmittelbar auf die Leistung gerichtet sein, sondern nur auf den zwingenden Abschluss des Hauptvertrages, also auf Abgabe einer Annahmeerklärung[304]. Die brasilianische Lehre und Rechtsprechung gehen heutzutage unabhängig davon aus, dass die Partei Vertragserfüllung sofort beantragen kann. Nur subsidiär, wenn der Vertragsschluss nicht mehr möglich (z. B. bei Leistungsunmöglichkeit) oder nicht mehr von Interesse ist, kann die geschädigte Partei Schadensersatz verlangen[305], der hier auf Ersatz des Erfüllungsinteresses (positives Interesse) gerichtet sein kann, weil es sich dabei um Nichterfüllung eines (Vor)Vertrages handelt[306]. Dahinter steht die Anforderung aus Art. 462 CC2002, dass der Vorvertrag alle wesentlichen Bedingungen des Hauptvertrages enthalten muss.

Aus dieser kurzen Darstellung der Dogmatik des Vorvertrages ist ersichtlich, dass es sich dabei um ein **selbständiges Rechtsinstitut** handelt, das spezifische Voraussetzungen und Rechtsfolgen, also eine eigene Systematik aufzeigt und sich dadurch von der vorvertraglichen Haftung erheblich unterscheidet. Anders als beim Vorvertrag haben die Vertragsverhandlungen keine rechtsgeschäftliche Bindungswirkung, d. h. sie erzeugen keine Abschlusspflicht, weil sie nur einen **ergebnisneutralen Entscheidungsprozess** darstellen, der zeitlich dem Ver-

---

303 Statt vieler: *Junqueira de Azevedo*, RDC 3/1992, 78, 84; *Silva Pereira*, Contratos, 75 und *Gonçalves*, Contratos, S. 143. Im gleichen Sinne: MünchKomm/*Kramer*, Vor § 145 Rn. 40.

304 Dazu: MünchKomm/*Kramer*, Vor § 145 Rn. 40; Erman/*Armbrüster*, Vor § 145 Rn. 50 und *Larenz/Wolf*, AT, S. 425.

305 Statt vieler: *Bessone*, Do contrato, S. 54; *Silva Pereira*, Contratos, S. 75; *Gonçalves*, Contratos, S. 143; *Gagliano/Pamplona*, Novo Curso, Bd. 4, S. 156 ff. In der Rechtsprechung vgl. statt vieler: STJ, REsp. 1192726/SC, T3, Rel. Min. Ricardo Villas Bôas Cueva, Urt. vom 17.03.2015, DJe 20.03.2015. Das Thema war früher umstritten, und man hat einen Schadensersatz nur an die Nichterfüllung des Vorvertrages angeknüpft, abgesehen von Immobilienvorverträgen. Vgl. dazu: *Gomes*, Obrigações, S. 138 ff. und *Filadelfo Azevedo*, Execução coativa e promessa de venda, in: Revista de Crítica Judiciária, Heft 10, 593.

306 Streit besteht jedoch über den Ersatz des positiven Interesses im brasilianischen Recht. Die herrschende Meinung gewährt nur den Ersatz des negativen Interesses. Zum Thema vgl. *Steiner*, Interesse positivo e interesse negativo, 2016.

tragsschluss vorausgeht[307]. Dort bewegen sich die Parteien **noch im Vorfeld des Vertrages**, wo das Pflichtenprogramm sich auf die Erzeugung von Rücksichtspflichten beschränkt und deshalb nicht so intensiv ist wie auf der Vertragsebene. Beim Vorvertrag bewegen sich die Parteien dagegen **schon auf der vertraglichen Ebene**, wo das schuldrechtliche Pflichtenprogramm, wenn auch nicht in allen Einzelheiten ausgestaltet, schon vorgefertigt ist. Auch die **Rechtsbindung**, die zwischen den Beteiligten in beiden Niveaus entsteht, ist anders: Während in den Vertragsverhandlungen ein besonderes Schuldverhältnis entsteht, das im deutschen Recht passend oft als **„vertragsähnliches Vertrauensverhältnis“** genannt wird, um auszudrücken, dass es dabei um keine vertragliche, sondern um eine **vorvertragliche schuldrechtliche Bindung** geht, begründet der Vorvertrag dagegen eine echte vertragliche Bindung[308].

Der Vorvertrag setzt – wie jeder Vertrag – zwei **übereinstimmende Willenserklärungen mit Rechtsbindungswillen** voraus, die darauf gerichtet sind, den schuldrechtlichen Hauptvertrag später abzuschließen. Für die Aufnahme von Vertragsverhandlungen genügt dagegen **jede gedankliche Äußerung**, die zu erkennen gibt, dass sich ein Teil für ein bestimmtes Geschäft interessiert und sich darüber näher erkundigen will[309]. Anders gesagt: Für die Verhandlungen – genauso wie für einen *Letter of Intent* – ist weder eine Willenserklärung noch ein Rechtsbindungswille erforderlich. Die **Rechtsfolgen** beider Rechtsinstitute unterscheiden sich erheblich voneinander: Während ein Verstoß gegen den Vorvertrag einen Erfüllungsanspruch begründet, der auf einen **Kontrahierungszwang** oder **Ersatz des Erfüllungsinteresses** gerichtet ist, löst eine Pflichtverletzung im Rahmen der Vertragsverhandlungen lediglich einen **Anspruch auf Ersatz des Vertrauensschadens** aus.

Man kann daher die Haftung für unredlichen Verhandlungsabbruch mit der Haftung für Verletzung des Vorvertrages, also für den Nichtabschluss des Hauptvertrages kaum verwechseln, wie es ein bedeutender Teil der brasilianischen Lehre und der Rechtsprechung aber tut. Liegt wirklich ein Vorvertrag vor, was im Zweifelsfall nur durch Auslegung zu ermitteln ist, muss man den Abschlussanspruch des geschädigten Vertragsteils gemäß Art. 463 CC2002 erkennen.

---

307 Im Ergebnis: Erman/*Armbrüster*, Vor § 145 Rn. 51.

308 In diesem Sinne: *Junqueira de Azevedo*, RDC 3/1992, 78, 83 f. Man muss vorsichtig sein, die häufige Behauptung im Schrifttum anzunehmen, die Verhandlungen unterschieden sich vom Vorvertrag darin, dass sie keine „Rechte und Pflichten“ erzeugen. Denn dahinter steht meistens die Fehlvorstellung, dass die Verhandlungen die Unverbindlichkeitsphase darstellten und dass nur beim vorsätzlichen Verhandlungsabbruch ein Schadensersatz in Betracht käme. In diesem Sinne: *Gonçalves*, Contratos, S. 89.

309 *Larenz/Wolf*, AT, S. 595 f.

Verweigert der andere Teil, seine Willenserklärung für den Hauptvertrag abzugeben, kann der Richter diese Abschlusserklärung durch Gerichtsurteil nach Art. 464 CC2002 ersetzen. Bestehen offene Punkte, muss der Richter durch Auslegung zunächst prüfen, ob die wesentlichen Vertragspunkte (essentialia negotii) bestimmt oder doch aufgrund späterer Ereignisse bestimmbar sind, so dass er diese Punkte – wie *Larenz/Wolf* zu Recht betonen – durch bloß tatsächlichen Erkenntnisakt ohne eigenen Ermessensspielraum feststellen kann[310]. Steht fest, dass sich die Parteien vertraglich binden wollten, so sind die offenen Punkte durch (ergänzende) Auslegung des Vorvertrages und Heranziehung des dispositiven Rechts zu schließen[311]. Solange die wesentlichen Punkte nicht bestimmt oder nicht hinreichend bestimmbar sind, ist im Zweifel der Vorvertrag aufgrund der Privatautonomie nicht geschlossen.

Erst wenn die Partei kein Interesse mehr an dem Abschluss des Hauptvertrages hat und Schadensersatz statt Leistung verlangt, kann der Richter ihr Sekundäransprüche und Rechte zusprechen. Merkwürdig ist in diesem Sinne, dass die brasilianische Rechtsprechung – selbst beim Vorliegen eines Vorvertrags – aus seiner Verletzung keine weiteren Rechtsfolgen als Schadensersatzansprüche ableitet, insbesondere nicht die eigentliche Hauptfolge eines solchen Vertragstyps, nämlich den in Art. 463 CC2002 statuierten Kontrahierungszwang. In der überwiegenden Mehrheit der Fälle ist nur vom Ersatz des materiellen oder immateriellen Schadens die Rede. Das deutet darauf hin, dass es in diesen Fällen in Wahrheit um einen unredlichen Abbruch von Vertragsverhandlungen geht.

6. Zusammenfassung

Zusammenfassend kann man sagen: Grundsätzlich bleiben die Parteien – aufgrund der negativen Vertragsfreiheit und der Privatautonomie – bis zum endgültigen Vertragsabschluss frei in ihrer Entscheidung, die etablierten Verhandlungen abzubrechen, und zwar ohne ihren Entschluss begründen zu müssen. Das gilt auch, wenn die Partei Aufwendungen in Erwartung des Vertragsabschlusses macht und die Gegenseite davon weiß. Denn wer in Erwartung des Vertragsabschlusses Aufwendungen tätigt, handelt grundsätzlich auf eigenes Risiko, ins-

310 *Larenz/Wolf*, AT, S. 425.

311 Dazu: Erman/*Armbrüster*, Vor § 145 Rn. 47. Streit besteht im brasilianischen Recht auch hinsichtlich der richterlichen Befugnis zur Ergänzung der noch offenen Punkte des Hauptvertrages. Dabei ist insbesondere streitig, was man unter „wesentlichen" Vertragsbedingungen verstehen kann und ob sie bestimmt oder bestimmtbar im Vorvertrag schon festgelegt sein müssen, was sich auf die Frage nach der Wirkung des Vorvertrages auswirkt. Zum Thema: *Paula Forgioni*, Contratos empresarias, S. 80 ff.

besondere wenn es um voreilige Kosten geht. Das bedeutet freilich nicht, dass man sich von den Verhandlungen immer ohne Weiteres lossagen könnte oder dass sie keinerlei Bindung zwischen den Parteien begründeten. Mit der Aufnahme von Vertragsverhandlungen entsteht zwischen den Verhandlungspartnern ein Vertrauensschuldverhältnis, woraus insbesondere Loyalitätspflichten erwachsen, die die Verhandlungspartner verpflichten, loyal miteinander umzugehen und Rücksicht auf die Rechte, Rechtsgüter und Interessen des anderen Partners zu nehmen.

Das bedeutet insbesondere, keine falsche Vorstellung über das Zustandekommen des geplanten Vertrags beim Verhandlungspartner zu erwecken oder zu verstärken, seine Abschlussbereitschaft oder Abschlussmöglichkeit nicht vorzutäuschen, den Gegner alsbald über eine Änderung in der Abschlussbereitschaft zu informieren, damit er keine weiteren Aufwendungen tätigt, und vor allem ihn nicht zu unnötigen Vermögensinvestitionen zu veranlassen. Man muss nicht immer „mit offenem Visier" verhandeln, aber eben dann, wenn man den Gegner zu bestimmten Investitionen bewegt, die er nur in Erwartung des Vertragsschlusses macht. Eine vorvertragliche Haftung für unredlichen Verhandlungsabbruch kommt immer dann in Betracht, wenn der abbrechende Teil gegen die Loyalitäts- oder Aufklärungspflicht schuldhaft verstößt, indem sie den Vertragsschluss als sicher hinstellt, den vertrauenden Partner zu Vertrauensdispositionen bewegt, die er sonst nicht machen würde und später ohne Rechtfertigungsgrund die Verhandlungen beendet. Auch wenn ihn kein Verschulden bei der Begründung des Vertrauenstatbestands trifft, macht er sich wegen Fehlens eines triftigen Grunds schadensersatzpflichtig.

Hier gilt die allgemeine Regel der culpa in contrahendo, nach der nur der Vertrauensschaden ersatzfähig ist. Der in seinem Vertrauen enttäuschte Verhandlungspartner soll nach dem Grundsatz der Naturalherstellung (Arts. 389 und 944 CC2002) so gestellt werden, wie er ohne die Loyalitätspflichtverletzung stünde, also wie wenn er nicht auf die nutzlos gewordenen Verhandlungen eingegangen wäre. Sein Schadensersatzanspruch richtet sich deshalb in erster Linie auf den Ersatz von Verhandlungskosten und entgangenen Gewinn aus einem Drittgeschäft. Es kommen dabei kein Kontrahierungszwang und kein Ersatz des Erfüllungsinteresses in Betracht. Ein solcher entsteht grundsätzlich nur kraft Gesetzes oder privatautonomer Vereinbarung; ausnahmsweise auch infolge besonderer Marktstellung (Stichwort: faktische Monopolstellung). Das kommt im Privatrechtsverkehr allerdings nur sehr selten vor. Der Kontrahierungszwang im Konsumentenmarkt folgt unmittelbar als Rechtsfolge der Offerte bzw. der ihr gleichgestellten vorvertraglichen Äußerungen gemäß Arts. 30 und 35 I CDC. Es handelt sich dabei um eine Einstandspflicht für die abgegebene Willenserklärung und nicht um eine Haftung für schuldhafte Loyalitätspflichtverletzung. Die verbraucherrechtliche Abschlusspflicht gilt nur in Verbraucher-Unternehmen-Beziehungen und ist kaum verallgemeinerungsfähig. Das bedeutet: Die culpa in contrahendo für grundlosen Verhandlungsabbruch hat keinen Platz im Verbraucherbereich, hingegen schon im allgemeinen Privatrechtsverkehr.

Der Grund der culpa in contrahendo für illoyalen Verhandlungsabbruch liegt nicht in dem Nichtabschluss eines geplanten Vor- oder Hauptvertrages. Culpa in contrahendo und Vorvertrag sind unterschiedliche Rechtsinstitute. Sie ist auch keine Haftung wegen Widerrufs eines Antrages. Haftungsgrund ist vielmehr das illoyale Verhalten der Partei, bei der anderen das Vertrauen auf das Zustandekommen des Vertrages erweckt und nachträglich ohne sachlichen Grund enttäuscht zu haben, nachdem sie im Vertrauen darauf Vermögensdispositionen schon gemacht hat. Das stellt die Verletzung einer spezifischen, nur gegenüber bestimmten Personen geltenden Verhaltenspflicht dar, nicht hingegen die Verletzung einer erga omnes geltenden neminem-laedere-Pflicht. Deshalb bildet die Loyalitätspflichtverletzung rechtsdogmatisch keine unerlaubte Handlung im Sinne des Art. 186 CC2002 und löst folglich keine Deliktshaftung aus. Aufgrund der Besonderheit der vorvertraglichen Rechtsbeziehung zwischen den Parteien und der daraus entstandenen Loyalitäts- und Aufklärungspflichten, die nicht gegenüber jedermann gelten, hingegen nur gegenüber dem Verhandlungspartner, und die sich nach den Umständen der konkreten, vorher bestehenden Beziehung ausformen, rechtfertigt sich die vertragsähnliche Natur der Haftung in contrahendo und die Anwendung auf solche Fälle des vertragsrechtlichen Haftungsregimes, wie der STJ vor Kurzem anerkannt hat.

IV. Rechtsvergleichende Analyse der Haftung für Verhandlungsabbruch im deutschen und brasilianischen Recht

Eine rechtsvergleichende Analyse der Haftung für grundlosen Verhandlungsabbruch in beiden Rechtsordnungen zeigt, dass man zu diesem Thema eine **gemeinsame Grundlinie in beiden Rechtsordnungen** identifizieren kann. Die Feststellung von Berührungspunkten ermöglicht nicht nur einen Dialog zwischen beiden Rechtsordnungen, sondern rechtfertigt diese rechtsvergleichende Doktorarbeit in besonderem Maße. Eine rechtshistorische Analyse der culpa in contrahendo im brasilianischen Recht zeigt, dass die ursprünglich ablehnende Haltung gegen die Figur infolge einer partiellen Rezeption deutscher Schuldrechtsdogmatik überwunden wurde. Eine wichtige Rolle hat dabei, wie in Kapitel 1 III 4.1 dargestellt, zunächst die Rezeption der Rücksichtspflichtslehre in den 60er Jahren durch *Couto e Silva* gespielt. Später hat dazu die Übernahme der culpa in contrahendo beigetragen, deren Theorie teilweise durch direkte Rechtsvergleichung oder indirekte Rezeption über die portugiesische und italienische Lehre in Brasilien in den letzten Jahren Eingang gefunden hat. Trotz Gemeinsamkeiten weist die Behandlung von Fehlverhalten bei Vertragsverhandlungen in beiden Rechtsordnungen erhebliche Unterschiede auf.

Das Niveau des Vertrauensschutzes bei Vertragsverhandlungen ist im deutschen Recht deutlich höher als im brasilianischen Recht. Das überrascht nicht, berücksichtigt man die reichhaltige Rechtspraxis und die rechtswissenschaftliche Entwicklung der Haftung in contrahendo insgesamt und diese Fallgruppe in Deutschland im letzten Jahrhundert. Während die culpa in contrahendo für illoyales Verhalten bei Vertragsverhandlungen in Deutschland nur eine Fallgruppe der allgemeinen Haftung für Rücksichtspflichtverletzung vor Vertragsschluss darstellt, gilt sie in Brasilien praktisch als Synonym für das jheringsche Institut. Es bestehen heutzutage im deutschen Recht keine grundsätzlichen Bedenken oder keine bedeutende Streitigkeit über die Haftung für grundlose Verhandlungsbeendigung, die ihre dogmatische Anerkennung in Frage stellte. Die Positivierung der Figur in § 311 II Nr. 1 BGB liefert mehr oder weniger einen Beleg dafür.

Die Fragestellung bezüglich der Schaffung des Vertrauenstatbestands ohne Verschulden betrifft Einzelfälle, in denen die Pflichtwidrigkeit in dem Abbruch der Vertragsverhandlungen ohne Rechtfertigungsgrund besteht, so dass sie sich ohne große Brüche in die vorvertragliche Dogmatik integrieren lässt. Die Diskussion über den Kontrahierungszwang und den Ersatz von Erfüllungsschäden bezieht sich auf die Rechtsfolgen der culpa in contrahendo und führt grundsätzlich zu einer Verschärfung der Haftung für illoyales Verhalten bei Vertragsverhandlungen. Die Schwierigkeiten, im Einzelfall einen Vertrauenstatbestand festzulegen, sind kein Spezifikum der culpa in contrahendo, sondern jedem Vertrauenshaftungstyp immanent, so dass sie nicht spezifisch gegen die grundsätzliche Akzeptanz der culpa in contrahendo sprechen. Das heißt, dass der Streit über die Haftung für grundlosen Verhandlungsabbruch die dogmatische Autonomie dieser Fallgruppe nicht berührt, sondern ihrer rechtsdogmatischen Präzisierung dient.

Im brasilianischen Recht ist dagegen – anders als im Schrifttum allgemein angenommen – die rechtsdogmatische Anerkennung der culpa in contrahendo kaum gefestigt. Man muss die Grundvoraussetzungen der Haftung für Verschulden bei Vertragsverhandlungen noch präzisieren und untermauern. Der häufige Hinweis auf einen bösgläubigen Verhandlungsabbruch und auf das Vorliegen eines Vorvertrages bringt eindeutig zum Ausdruck, dass die vorvertragliche Dogmatik tatbestandlich keinen festen Boden in Brasilien hat. Dahinter steht insbesondere der Gedanke, dass die Verhandlungen unverbindlich seien und dass sie nur ausnahmsweise, nämlich beim bösgläubigen Abbruch zum Schadensersatz führen. Diese Auffassung entleert in großem Maße die theoretische und praktische Bedeutung der Haftung für illoyales Fehlverhalten bei Vertragsvorbereitung. Auch die Diskussion über das Fundament der Haftung in contrahendo, also ob die Haftung ihr „Fundament" in der unerlaubten Handlung, in einem „Verstoß gegen Treu und Glauben" oder im Rechtsmissbrauch findet, belegt, dass viele wichtige rechtsdogmatische Fragen noch klärungsbedürftig sind. Dahinter steht in Wahrheit eine Frage grundsätzlicher Bedeutung im Rahmen der vorvertraglichen Schutzlehre, nämlich die Frage nach der Determinierung der verletzten Verhaltenspflicht und ihrem Rechtsgrund.

Die Annahme einer Loyalitätspflicht „aus Treu und Glauben" im vorvertraglichen Stadium einerseits und ihre Gleichstellung mit der neminem-laedere-Pflicht andererseits zeigen, dass die Rücksichtspflichten per se noch keine selbständige dogmatische Bedeutung im brasilianischen Privatrecht haben. Dieser Befund verstärkt sich durch die Tatsache, dass die gleichen Pflichten im Rahmen einer Vertragsbindung als „Nebenpflichten", d. h. als eine Art autonomer Pflichtenkategorie rechtsdogmatisch qualifiziert werden. Auch Unklarheit besteht hinsichtlich der Rechtsnatur der Beziehung, die infolge der Aufnahme von Vertragsverhandlungen zwischen den Parteien entsteht. Das Thema wird generell in den großen Lehrbüchern nicht diskutiert und erweckt den Eindruck, dass die vorvertraglichen Pflichten „in der Luft hängen", wie *Heinrich Stoll* einmal formuliert hat. Er hat jedoch betont zutreffend, dass dies gar nicht möglich sei. Es muss für die vorvertragliche Rücksichtspflichten eine allgemeine Grundlage geben, auf der sie beruhen und die im Einzelfall erkennen lässt, wie weit sie reichen[312]. Das ist eine grundlegende Frage, die nicht nur auf der Tatbestandsebene, sondern auch für die Bestimmung der Natur und das Haftungsregime der culpa in contrahendo von Bedeutung ist.

Ohne eine Auseinandersetzung mit diesen dogmatischen Kernfragen fußt jeder rechtstheoretische Begründungsansatz über die vorvertragliche Haftung auf keinem festen Boden, da sich die culpa in contrahendo ohne eine dogmatische Klärung über die dabei verletzten Rücksichtspflichten kaum erklären lässt. Diese dogmatischen Unbestimmtheiten haben negative Auswirkung auch auf die Rechtspraxis, die in Brasilien noch mehr oder weniger durch das Phantom des Vorvertrages überschattet wird. Man muss die Debatte über die culpa in contrahendo im brasilianischen Recht noch erweitern und nach anderen Fällen von Rücksichtspflichtverletzung vor Vertragsabschluss fragen und sie anschließend von anderen – in dem Stadium der Vertragsvorbereitung liegenden – Rechtsinstituten abzugrenzen, um zu den Kernfragen vorvertraglicher Haftung eine fundierte Stellung zu nehmen. Dafür zeigt sich eine Rechtsvergleichung mit der

312 *Heinrich Stoll*, LZ 1923, 532, 543.

deutschen Schuldrechtsdogmatik, vor allem infolge der schon bestehenden Gemeinsamkeiten, als besonders gewinnbringend.

C. Culpa in contrahendo wegen Abschlusses ungültiger Verträge

I. Problemstellung

Eine wichtige Fallgruppe der culpa in contrahendo besteht in der Haftung für den Abschluss unwirksamer Verträge. Dabei geht es grundsätzlich um die Frage, ob und inwieweit ein Vertragspartner für die Unwirksamkeit des Vertrages verantwortlich gemacht werden kann mit der Folge, dass er für denjenigen Schaden einzustehen hat, der dem anderen Teil dadurch entsteht, dass er auf die Wirksamkeit des Vertrags vertraut hat. Diese Fallgruppe ist schon historisch wichtig, weil *Rudolf von Jhering* von dieser Grundfrage ausgegangen ist und sich bahnbrechend mit der Diskussion nach der Haftung aus nichtigen oder nicht zur Perfektion gelangten Verträgen auseinandergesetzt hat. Er hat damals insbesondere den Irrtum beim Vertragsschluss sowie die fehlerhafte Übermittlung einer Willenserklärung vor Augen gehabt wie z. B. einen Schreibfehler oder eine falsch ausgerichtete Botschaft.

Die Hauptfrage in solchen Beispielen war für ihn die Begründung einer Einstandspflicht für diejenigen Vertrauensschäden, die dem Vertragsgegner infolge der – aufgrund der Divergenz von Willen und Erklärung eingetretenen – Nichtigkeit des Vertrages entstanden sind. Die Problematik beschäftigt bis heute die Lehre in Europa und Lateinamerika. In Brasilien hat die Rechtswissenschaft der Diskussion leider keine große Aufmerksamkeit geschenkt. Deshalb ist eine Rechtsvergleichung von Bedeutung, um insbesondere zu prüfen, wie und mit welchem Fundament dort solche Fälle gelöst werden. Das Thema wird zunächst im deutschen Recht (unter II) und erst dann im brasilianischen Recht (unter III) bearbeitet. Am Ende erfolgt eine zusammenfassende und rechtsvergleichende Würdigung der Ergebnisse in beiden Rechtsordnungen (unter IV).

II. Haftung für Abschluss unwirksamer Verträge im deutschen Recht

Die Auseinandersetzung mit der Frage nach der Haftung für den Abschluss nichtiger oder angefochtener Verträge beginnt mit einer Überraschung: *Jherings* Hypothese gilt in Deutschland seit Langem nicht mehr als Fall von culpa in contrahendo. Der historische Gesetzgeber hat seiner Ansicht nach *Jherings* Lehre in die §§ 122, 307 und 309 des alten BGB aufgenommen. § 122 BGB sollte eine Haftung bei Irrtumsfällen und §§ 307 und 309 BGB a.F. die Fälle von Nichtigkeit infolge anfänglicher Leistungsunmöglichkeit bzw. Gesetzwidrigkeit regeln. Schon in § 122 BGB fällt allerdings auf, dass die dort statuierte Haftung für Irrtumsanfechtung keine *culpa* voraussetzt, was einen erheblichen Bruch in der jheringschen Theorie bedeutet[313]. Dies hat dazu geführt, dass die nachfolgende Lehre § 122 BGB nicht mehr als culpa in contrahendo, sondern als Veranlassungshaftung oder als Vertrauenshaftung begriffen hat[314]. Trotzdem gilt im Ausland die Haftung für Irrtumsanfechtung als ein wichtiges Beispiel für die culpa in contrahendo.

Auch § 307 BGB a.F., der eine auf die Höhe des positiven Interesses begrenzte Haftung für den fahrlässigen Abschluss nichtiger Verträge aufgrund anfänglicher Leistungsunmöglichkeit vorsah, galt damals nicht mit Einstimmigkeit als Unterfall der Haftung in contrahendo[315]. Die Norm ist mit dem Schuldrechtsmodernisierungsgesetz gestrichen worden und stattdessen gilt § 311a I BGB, der im Gegensatz dazu vorsieht, dass die anfängliche Leistungsunmöglichkeit der Wirksamkeit des Vertrages nicht entgegensteht und dem Geschädigten die Möglichkeit eines Erfüllungsanspruchs einräumt. Diese Fälle müssen aus der hier durchgeführten Analyse ausgeklammert werden (unter 2).

Ziel dieser Untersuchung ist es, festzustellen, welche Fälle unter die Haftung für die Herbeiführung der Vertragsungültigkeit subsumiert werden. Die moderne Lehre weist darauf hin, dass jeder Unwirksamkeitsgrund grundsätzlich in Betracht kommen kann. Bei der Frage nach der Einstandspflicht für den Ersatz des Schadens, der dem anderen Vertragspartner dadurch entsteht, dass er auf die Wirksamkeit des Vertrags vertraut hat, sind grundsätzlich zwei Vorwürfe denkbar. Zum einen kann die vorwerfbare Pflichtverletzung darin liegen, dass der Schä-

---

313 Das gilt auch, wenn man annehmen könnte, dass *Jhering* auch eine Haftung ohne Verschulden betrachtet hat. Vgl. dazu: *Schur*, Leistung und Sorgfalt, S. 9.

314 Überwiegend wird zwar die Haftung mit dem Veranlassungsprinzip begründet. Insbesondere *Canaris* hat hingegen dargelegt, dass die Verantwortung des Irrenden nicht nur auf einer reinen Kausalhaftung, d. h. auf der Veranlassung des Irrtums beruht, sondern auf dem Umstand, dass sich der Erklärende in einem typisierbaren Bereich erhöhter Gefahr bewegt und die dabei auftretenden Risiken potentiell besser beherrscht als der Erklärungsempfänger, der auf die Erklärung vertraut. Dazu: Staudinger/*Singer*, § 122 Rn. 2.

315 Die herrschende Meinung hat § 307 BGB a.F. als Unterfall der culpa in contrahendo betrachtet, die Norm wurde jedoch immer restriktiv ausgelegt, so dass die dort vorgesehenen Beschränkungen hinsichtlich des Ersatzes des negativen Interesses und der Schadensersatzgrenze in Höhe des positiven Interesses allgemein für die culpa in contrahendo nicht gelten sollen. In diesem Sinne: MünchKomm/*Söllner* (1985), § 307 Rn. 4; Soergel/*Mertens*, Vor § 249 Rn. 69; *Canaris*, FS 50 Jahre BGH, 129, 176 und *Schur*, Leistung und Sorgfalt, S. 10, m.w.N.

diger das Wirksamkeitshindernis verursacht oder nicht beseitigt hat. In diesen Fällen hätten die Parteien ohne die Pflichtverletzung regelmäßig einen wirksamen Vertrag abgeschlossen. Deshalb stellt sich in der Lehre die Frage, ob dem Geschädigten das positive Interesse nicht zu ersetzen ist.

Zum anderen kann es auch sein, dass das Wirksamkeitshindernis nicht beseitigt werden kann und der Vertrag sowieso unwirksam zustande gekommen wäre. Die Pflichtverletzung des Schädigers besteht aber darin, den Geschädigten vor dem Wirksamkeitshindernis nicht gewarnt zu haben. In diesem Unterfall vorvertraglicher Haftung können also je nach den Umständen **Sorgfalts-, Mitwirkungs- oder Aufklärungspflichten** verletzt sein, infolgedessen ein unwirksamer Vertrag zustande kommt. Ziel dieses Kapitels ist es demnach, zunächst zu untersuchen, unter welchen Voraussetzungen eine Haftung überhaupt besteht (unter 2) und welche Rechtsfolge sie auslöst (unter 3). Gesondert werden die Fälle von Vertragsnichtigkeit aufgrund von Formfehlern analysiert (unter 4).

1. Abgrenzungsfälle

Eine Haftung für den Abschluss eines unwirksamen Vertrags – wie generell die Haftung für Verschulden beim Vertragsschluss – scheidet immer dort aus, wo eine **Sonderregelung** eingreift[316]. Es ist zunächst zu untersuchen, ob die ursprünglichen Fälle von culpa in contrahendo, die *Jhering* vor Augen hatte, noch als vorvertragliche Haftung für vorvertragliche Rücksichtspflichtverletzungen vor Vertragsschluss rechtsdogmatisch zu qualifizieren sind oder definitiv dem normativen Anwendungsbereich der Figur entzogen sind.

1.1. Die anfängliche Leistungsunmöglichkeit

Es besteht relative Einigkeit darüber, dass der Abschluss eines auf eine anfänglich unmögliche Leistung gerichteten Vertrages **nicht mehr als Haftung aus culpa in contrahendo** zu qualifizieren ist. Im alten Schuldrecht galt die römische Regel, nach der die anfängliche Leistungsunmöglichkeit zur Nichtigkeit des gesamten Vertrages führte: impossibilium nulla est obligatio[317]. In Anlehnung an *Jherings* Lehre statuierte § 307 BGB a.F. eine Schadensersatzpflicht für den Vertragspartner, der die Unmöglichkeit bei Vertragsschluss kannte oder kennen musste, allerdings begrenzt auf das negative Interesse. Im Laufe der Zeit hat sich jedoch die

---

316 Bamberger/Roth/*Grüneberg*, § 311 Rn. 67 und PWW-BGB/*Medicus*, § 311 Rn. 42.

317 Ausführlich dazu: *Fikentscher/Heinemann*, Schuldrecht, S. 205 ff und *Westermann/Bydlinski/Weber*, SR/AT, S. 109 ff.

Erkenntnis durchgesetzt, dass sich ein Schuldverhältnis nicht in der Hervorbringung von Leistungspflichten erschöpft, sondern – trotz Nichtigkeit – weitere Pflichten und Nebenwirkungen erzeugt[318]. Außerdem galt die in § 307 BGB a.F. angeordnete Vertragsnichtigkeit und negative Vertrauenshaftung überwiegend als unangemessen[319].

Mit der Schuldrechtsreform ist die Gesetzeslage völlig verändert: Über die Fixierung einheitlicher Rechtsfolgen für alle Typen der Unmöglichkeit in § 275 BGB hinaus bringt § 311a I BGB ausdrücklich zum Ausdruck, dass die anfängliche Leistungsunmöglichkeit **keine Nichtigkeit des Vertrages** zur Folge hat, sondern nur den Untergang der primären Leistungspflicht automatisch bewirkt[320]. Die Lehre spricht von einem **Vertrag ohne primäre Leistungspflicht**, um klarzustellen, dass die anfängliche Unmöglichkeit den Schuldner nur von der Erfüllung primärer Leistungspflicht befreit[321] und dass ein vorvertragliches Schuldverhältnis aus § 311 II BGB nicht ausreicht, um über § 311a BGB einen Schadensersatz statt der Leistung (positives Interesse) zu begründen[322]. § 311a II BGB räumt dem Gläubiger einen **Schadensersatzanspruch** gegen den Schuldner ein: Er kann dabei entweder Aufwendungsersatz (§ 284 BGB) oder Schadensersatz statt der Leistung (§ 281 BGB) verlangen, allerdings nur, wenn er die Leistungsunmöglichkeit erkannt oder fahrlässig verkannt hat[323]. Ihn trifft also eine **Obliegenheit zur Vergewisserung über seine Leistungsfähigkeit** vor allem dann, wenn die Unmöglichkeitsgründe **allein in der Einflusssphäre des Schuldners** liegen[324]. Streit gibt es allerdings darüber, welche Rechtsfolgen dann eintreten, wenn der

---

318 Darauf hat *Jhering* selbst schon hingewiesen: Culpa in contrahendo, S. 22.

319 Statt vieler: *Westermann/Bydlinski/Weber*, SR, S. 109 und Staudinger/*Singer*, § 122 Rn. 8.

320 *Westermann/Bydlinski/Weber*, SR/AT, S. 120.

321 *Fikentscher/Heinemann*, Schuldrecht, S. 205.

322 *Westermann/Bydlinski/Weber*, SR/AT, S. 134. Über die Kritik hinsichtlich der Gewährung in § 311a BGB eines Erfüllungsanspruchs vgl. S. 133, m.w.N.

323 § 311a II S. 2 BGB setzt voraus, dass der Schuldner die anfängliche Leistungsunmöglichkeit erkannt hat oder hätte erkennen können. Begründet wird das damit, dass er sich „kurz vor Vertragsschluss" nochmals seiner Leistungsfähigkeit zu vergewissern hat (*Fikentscher/Heinemann*, Schuldrecht, S. 205). Da er dies nicht tut, kommt der Vertrag mit einer anfänglich unmöglichen Leistungspflicht zustande, so dass seine Unkenntnis über die Leistungsunmöglichkeit fahrlässig ist. Die Norm enthält also eine Verschuldensvermutung hinsichtlich der Unkenntnis des Leistungshindernisess. Es kommt allerdings nicht darauf an, ob der Schuldner für die Umstände verantwortlich ist, die zur Unmöglichkeit geführt haben, sondern lediglich darauf, ob er seine Unkenntnis der Leistungsunmöglichkeit zu vertreten hat, wie *Fikentscher/Heinemann* erklären (vgl. oben). Unklar ist die Rechtsfolge, wenn der Schuldner seine Unkenntnis vom Leistungshindernis nicht zu vertreten hat. Einige Autoren gehen davon aus, dass der Gläubiger über § 122 BGB analog zu schützen sei (Hk-BGB/*Schulze*, § 311a Rn. 9).

324 *Westermann/Bydlinski/Weber*, SR/AT, S. 135.

Schuldner seine Unkenntnis vom Leistungshindernis nicht zu vertreten hat. Das kann hier offen bleiben[325].

Für die hier interessierende Analyse ist zu beachten, dass zum einen § 311a II BGB nach Wahl des Gläubigers den Ersatz des negativen (Aufwendungen) oder des positiven (Schadensersatz statt der Leistung) Interesses erlaubt[326] und in diesem Sinne das Gegenteil von § 307 BGB a.F. vorsieht, und zweitens, dass der **dogmatische Haftungsgrund** in der **Nichterfüllung eines wirksamen Leistungsversprechens** besteht und nicht etwa in der Verletzung einer vorvertraglichen Informationspflicht über die eigene Leistungsfähigkeit[327]. Das ist allerdings streitig. Nach gewichtigen Meinungen gehe § 311a II S. 2 BGB stillschweigend davon aus, dass den Schuldner vor Vertragsschluss eine Informationspflicht hinsichtlich seiner Leistungsfähigkeit treffe, weshalb es sich dabei im Grunde um einen klassischen Anwendungsfall der culpa in contrahendo handele. Die herrschende Meinung verneint jedoch zu Recht die Möglichkeit eines Rückgriffs auf die schadensrechtlichen Ersatzansprüche aus culpa in contrahendo, weil § 311a II BGB als Sondernorm eine vorvertragliche Haftung des Schuldners einschränkt[328]. Unabhängig davon ist festzustellen, dass diese Debatte eine wichtige Erkenntnis

325 Dagegen wird argumentiert, dass eine Anfechtung nach § 119 II BGB dem Schuldner ermögliche, sich in treuwidriger Weise seiner Schadensersatzverpflichtung zu entziehen, obwohl man dabei erkennt, dass ein Irrtum des Schuldners über seine Leistungsunfähigkeit zugleich ein Eigeschaftsirrtum iSv § 119 II BGB sein kann. Statt vieler: Erman/*Kindl*, § 311a Rn. 11; *Westermann/Bydlinski/Weber*, SR, S. 134 und *Fikentscher/Heinemann*, Schuldrecht, S. 209 ff.

326 Verlangt er Ersatz der Aufwendungen, die er im Vertrauen auf die Erlangung der Leistung gemacht hat, wie z. B. Vertragsschluss- und Vertragserfüllungskosten, und billigerweise machen durfte (Vertrauensdispositionen), entspricht das dem Ersatz des negativen Interesses. Entscheidet er sich für den Schadensersatz statt der Leistung, ist er so zu stellen, wie er ohne Pflichtverletzung bei ordnungsgemäßer Vertragserfüllung stünde. Das bedeutet: Hier ist das positive Interesse – und nicht mehr das begrenzte negative Interesse des § 307 BGB a.F.! – zu ersetzen. Statt vieler: Hk-BGB/*Schulze*, § 311a Rn. 7 und § 281 Rn. 11.

327 *Fikentscher/Heinemann*, Schuldrecht, S. 206. Hier merkt man, dass man in manchen Fällen auch eine Verletzung von vorvertraglichen Pflichten erblicken kann, die allerdings bei der Rechtsfolgenbestimmung keine Rolle spielt. In § 311a II BGB könnte man einen Verstoß gegen die vorvertragliche Sorgfalts- oder Informationspflicht erblicken, wenn der Schuldner die Leistungsunmöglichkeit fahrlässig nicht bemerkt hat. Entscheidend für die Rechtsfolgenbestimmung ist allerdings nur die Nichterfüllung des Leistungsversprechens. Deshalb setzt die Norm einen wirksamen Vertrag, anfängliche Unmöglichkeit, Vertretenmüssen des Schuldners und Schaden des Gläubigers voraus, wie *Fikentscher/Heinemann* zu Recht anführen (S. 207).

328 § 311a II BGB als culpa in contrahendo betrachten etwa *Westermann/Bydlinski/Weber*, SR/AT, S. 135, die die Diskussion darüber darstellen, und *Emmerich*, Leistungsstörung, S. 70. Gegen eine Anwendung der culpa in contrahendo vgl. etwa: Palandt/*Grüneberg*, § 311a Rn. 14; Erman/*Kindl*, § 311a Rn. 11; für den abschließenden Charakter von § 311a II BGB vgl. Staudinger/*Singer*, § 122 Rn. 8.

für die Rechtsvergleichung liefert, nämlich, dass die Haftung für vorvertragliches Fehlverhalten ein allgemeines Rechtsinstitut ist, das mit anderen Rechtsfiguren konkurrieren kann.

1.2. Die Erklärungshaftung nach § 122 BGB

Der klassische jheringsche Fall der culpa in contrahendo, nämlich die Haftung wegen Irrtumsanfechtung nach § 122 BGB gilt seit Langem nicht mehr als eine Haftung für die Verletzung vorvertraglicher Rücksichtspflichten. Wie *Kramer* treffend ausführt, konnte die Anfechtungshaftung zwar noch im ersten BGB-Entwurf als Anwendungsfall der jheringschen culpa in contrahendo qualifiziert werden, weil sie dort leichte Fahrlässigkeit des Anfechtenden voraussetzte. Da die culpa (Verschulden) aber im zweiten BGB-Entwurf zugunsten des sog. „Veranlassungsprinzips" gestrichen worden ist, hat sich der historische Gesetzgeber von *Jherings* Konzept entfernt[329]. Seine gesetzliche Ausgestaltung als eine von der culpa losgelöste und beschränkte Haftung für eine im Rechtsverkehr abgegebene Willenserklärung hat dazu geführt, dass die herrschende Meinung sie vielmehr dogmatisch als eine Erklärungshaftung einordnet[330].

Wie *Canaris* nachgewiesen hat, beruht die Haftung darauf, dass der Erklärende – aufgrund des **Grundsatzes der Selbstverantwortung** – das **Risiko der Schädigung des Erklärungsempfängers** durch seinen Scherz (§ 118 BGB) oder seinen Irrtum (§§ 119 – 120 BGB) zu tragen hat. Es handelt sich nach ihm um eine **Erklärungshaftung kraft Risikozurechnung**, die der allgemeinen Vertrauenshaftung deshalb zugeordnet werden kann, weil das Vertrauen ein wesentlicher Tatbestand der Norm ist. Laut *Canaris* wird durch die Abgabe der Willenserklärung ein objektiver Vertrauenstatbestand begründet, der den Schutz des Erklärungsempfängers rechtfertigt. Nicht von ungefähr wird nur ein Gutgläubiger durch § 122 II BGB geschützt, weil die Norm bereits den Schadensersatzanspruch ausschließt, wenn der Erklärungsempfänger den Nichtigkeits- oder Anfechtungsgrund kannte oder kennen musste[331].

Die verschuldensunabhängige Erklärungshaftung wegen Irrtums (§ 122 BGB) wird heute in einem Maße von der vorvertraglichen Verschuldenshaftung (§ 311 II BGB) unterschieden, dass beide Haftungstypen nach herrschender Meinung sogar

---

329 MünchKomm/*Kramer*, § 122 Rn. 2, der weiter erklärt, dass die verschuldensunabhängige Anfechtungshaftung damals damit begründet wurde, dass, wenn beide Partei schuldlos sind, doch der Erklärungsempfänger „noch unschuldiger" als der Irrende sei.

330 Statt vieler: Palandt/*Heinrichs* (2007), § 122 Rn. 1; Bamberger/Roth/*Wentland*, § 122 Rn. 1; PWW/*Ahrens*, § 122 Rn. 1 und Erman/*Palm*, § 122 Rn. 1.

331 *Canaris*, FS 50 Jahre BGH, 129, 171.

nebeneinander bestehen können[332]. In der Tat ist die **Anfechtungshaftung** eine Haftung für das gegebene Wort, dessen **Fundament** in der **rechtsgeschäftlichen Selbstverantwortung** und dessen **Rechtsgrund** im **Schutz des Vertrauens des Erklärungsempfängers** liegt[333]. Sie setzt das Bestehen eines abgeschlossenen Vertrages voraus, der wegen eines der in § 122 BGB genannten Nichtigkeitsgründe – also: Scherzerklärung (§ 118 BGB), Inhaltsirrtum (§119 BGB) oder Falschübermittlung (§ 120 BGB) – rückwirkend vernichtet werden kann[334]. An die **Rückabwicklung des Geschäfts** bindet das Gesetz eine **verschuldensunabhängige Ersatzpflicht für den Vertrauensschaden** des Gegners, die automatisch in Betracht kommt, es sei denn, der Erklärungsempfänger hat nicht auf die Erklärung vertrauen dürfen, weil er den Nichtigkeitsgrund kannte oder kennen musste (§ 122 II BGB). Da der Schadensersatzanspruch des Anfechtungsgegners laut § 122 I BGB durch die Höhe des positiven Interesses begrenzt ist, handelt es sich dabei um eine **begrenzte Erklärungshaftung ohne Verschulden.**

Die vorvertragliche Haftung ist dagegen eine Haftung für die Verletzung vorvertraglicher Rücksichtspflichten, die völlig unabhängig von der Existenz eines (un)gültigen Vertrages entsteht, wie vor allem *Canaris* nachgewiesen hat[335]. Die Pflichtverletzung muss vom Schuldner gemäß § 280 I 2 BGB zu vertreten sein und löst eine Schadensersatzpflicht aus, deren Höhe aber nicht durch das positive Interesse begrenzt wird. Während die Kenntnis oder die fahrlässige Unkenntnis des Nichtigkeitsgrunds durch den Anfechtungsgegner die Schadensersatzpflicht in der Anfechtungshaftung ausschließt, wirkt ein Mitverschulden des Geschädigten bei Rücksichtspflichtverletzung in der Haftung in contrahendo nur anspruchsmindernd im Sinne von § 254 BGB. Der **Rechtsgrund** der culpa in contrahendo liegt in der **vorvertraglichen Pflichtverletzung**, die dem **Schutz von Vertrauen und Redlichkeit im Rechtsverkehr** dient, so dass ihr **Fundament** in dem **Vertrauensgedanken** des § 242 BGB liegt, der §§ 241 II und 311 II BGB auch zugrunde liegt.

---

332 Dafür vgl. etwa: *Larenz/Wolf*, AT, S. 682; Bamberger/Roth/*Wentland*, § 122 Rn. 12; Palandt/*Heinrichs* (2007), § 122 Rn. 6; PWW/*Ahrens*, § 122 Rn. 8 und Erman/*Palm*, § 122 Rn. 10. Grundsätzlich dagegen mit überzeugenden Argumenten: Staudinger/*Singer*, § 122 Rn. 20, der zu Recht darauf hinweist, dass § 122 BGB eine abschließende Regelung darstellt, die nicht durch die Haftung in contrahendo aus § 311 II iVm § § 241 II und 280 I BGB unterlaufen werden kann.

333 Staudinger/*Singer*, § 122 Rn. 1 und *Larenz/Wolf*, AT, S. 680 ff.

334 Über die Diskussion über die Beschränkung der Erklärungshaftung auf die Tatbestände der §§ 118 bis 120 BGB vgl. statt vieler: Staudinger/*Singer*, § 122 Rn. 3 ff, der darauf hinweist, dass entscheidend dabei ist, dass die Nichtigkeitsgründe der Sphäre des Erklärenden zuzurechnen sind.

335 JZ 1965, 475, 478 ff.

Aufgrund ihrer **rechtsdogmatischen und rechtssystematischen Eigenart** können beide Haftungstypen theoretisch auch dort zur Anwendung kommen, wo sie sich überschneiden. Das ist der Fall, wenn neben dem **Irrtum** zugleich eine schuldhafte Verletzung der **vorvertraglichen Sorgfaltspflicht** besteht, die die Partei verpflichtet, sich während des geschäftlichen Kontakts sorgfältiger als sonst zu verhalten und sich vor Abgabe einer Willenserklärung zu vergewissern, dass sie störungsfrei gebildet und abgegeben wird. Hier liegt ein **Konkurrenzanspruch** vor. Die Frage ist dann, ob die Erklärungshaftung gem. § 122 BGB eine **abschließende Regelung** für die dort genannten Fälle (gemäß § 118 BGB nichtige Scherzerklärung oder nach §§ 119 und 129 BGB mit Erfolg angefochtene Willenserklärung) darstellt und somit die Anwendung vorvertraglicher Haftung eingrenzt.

Die wohl herrschende Meinung geht davon aus, dass die Erklärungshaftung nach § 122 BGB eine konkurrierende Haftung aus vorvertraglicher Pflichtverletzung (§ 311 II iVm §§ 241 II und 280 I BGB) **nicht ausschließt**, weil es sich dabei um verschiedene Anspruchsgrundlagen mit unterschiedlichen Voraussetzungen handelt. Das ermöglicht dem Geschädigten, der Schäden infolge des Vertrauens auf die Gültigkeit einer nichtigen Willenserklärung erlitten hat, auf die culpa in contrahendo zurückzugreifen, die **keine Begrenzung auf die Höhe des Erfüllungsinteresses** kennt[336]. Man kann dazu noch sagen, dass die kurze Dauer der Anfechtungsfrist, nach der die Anfechtung unverzüglich nach Kenntniserlangung des Nichtigkeitsgrunds erfolgen muss, ein zusätzliches – wenn nicht das wichtigste – Argument für ein Nebeneinander beider Haftungstypen darstellt. Eine Mindermeinung wendet dagegen ein, dass § 122 BGB als abschließende Regelung keine autonome Bedeutung mehr hat, wenn daneben die Haftung für vorvertragliches Fehlverhalten zur Anwendung kommt[337].

Aus dem Gesagten kommt man zu dem Schluss, dass die Fälle, die *Jhering* als culpa in contrahendo auffasste, nicht mehr als Beispiele für die culpa in contrahendo im **deutschen Recht** genannt werden können und somit mit der modernen Lehre vorvertraglicher Haftung nicht viel zu tun haben[338]. Dies lässt sich insbesondere durch die Ausgestaltung der Fälle in §§ 122 und 311a BGB rechtfertigen, deren **Tatbestände und Rechtsfolgen** sich – trotz Überschneidungen – von denjenigen der Haftung in contrahendo deutlich unterscheiden.

---

336 Statt vieler: Palandt/*Heinrichs* (2007), § 122 Rn. 6; Erman/*Palm*, § 122 Rn. 10; MünchKomm/*Kramer*, § 122 Rn. 6; PWW/*Ahrens*, § 122 Rn. 8; *Larenz/Wolf*, AT, S. 682 und *Schlechtriem/Schmidt-Kessel*, SR/AT, S. 31.

337 In diesem Sinne: Staudinger/*Singer*, § 122 Rn. 20 und Soergel/*Hefermehl*, § 122 Rn. 7.

338 *Schur*, Leistung und Sorgfalt, S. 9.

2. Voraussetzungen der culpa in contrahendo für den Abschluss unwirksamer Verträge

2.1. Allgemeine Voraussetzungen

In der hier zu behandelnden Fallkonstellation sind die Parteien zum Abschluss eines vermeintlich wirksamen Vertrages gekommen. In diesem Fall nimmt mindestens ein Vertragspartner an, dass ein wirksames Rechtsgeschäft vorliegt und trifft im Vertrauen darauf Vermögensdispositionen, die er sonst nicht machen würde. Mit der späteren Herausstellung der Vertragsunwirksamkeit stellt sich dann die Frage, welcher Vorwurf – hier: welche Pflichtverletzung – den Vertragspartner treffen kann. Das ist besonders wichtig, wenn die Unwirksamkeit auf einem Nichtigkeitsgrund beruht, dessen Beachtung beiden Parteien gleichermaßen obliegt wie z. B. Formerfordernisse. In Betracht kommen grundsätzlich alle Nichtigkeitsgründe wie z. B. Geschäftsunfähigkeit des Willenserklärenden (§ 105 BGB), Nichteinhaltung gesetzlicher Formen (§ 125 I BGB), Verstoß gegen ein gesetzliches Verbot (§ 134 BGB) oder gegen die guten Sitten (§ 138 BGB) sowie auch die Verwendung unwirksamer allgemeiner Geschäftsbedingungen nach §§ 307 ff. BGB[339].

Allgemein kann man sagen, dass, obwohl sich die Parteien in diesem Stadium normalerweise mit entgegengesetzten Interesse gegenüberstehen und deshalb legitim auf ihren Vorteil bedacht sind, sie nach **Treu und Glauben** verpflichtet bleiben, loyal miteinander umzugehen und Rücksicht auf die Interessen und Rechtsgüter des Geschäftspartners zu nehmen. Daraus folgt unter anderem die Pflicht, Unwirksamkeitsgründe nach Möglichkeit zu vermeiden (**Sorgfaltspflicht**), zu beseitigen (**Mitwirkungspflicht**) oder den Gegner darauf zumindest aufmerksam zu machen (**Aufklärungspflicht**), um den Abschluss eines unwirksamen Vertrages zu vermeiden[340]. Es ist grundsätzlich Sache **jeder Partei**, sich selbst über die **Wirksamkeitserfordernisse** des geplanten Geschäfts, insbesondere über das Bestehen von gesetzlichen Formvorschriften zu informieren und Hindernisse gegebenenfalls zu beseitigen[341]. Die Wirksamkeit des Vertrages sicherzustellen, ist idR ein Gebot des eigenen Interesses und keine Rücksichtspflicht gegenüber dem anderen Vertragspartner[342]. Man muss jedoch unterscheiden, ob das Wirksamkeitshindernis allein aus der Sphäre einer Partei

---

339 Dazu: PWW/*Medicus*, § 311 Rn. 42 S. 548 und Hk-BGB/*Schulze*, § 311 Rn. 31.

340 Statt vieler: MünchKomm/*Emmerich* (2016), § 311 Rn. 160 ff.

341 BGHZ 116, 251, 257. In diesem Sinne: Soergel/*Harke*, § 311 Rn. 51; Erman/*Kindl*, § 311 Rn. 32 und PWW/*Medicus*, § 311 Rn. 44, laut dem die Beachtung der Wirksamkeitsvoraussetzungen eines Vertragsschlusses in der Regel zum Risikobereich beider Vertragsparteien gehören, ohne dabei zu differenzieren, ob das Wirksamkeitshindernis aus der Sphäre einer Partei stammt oder nicht.

342 In diesem Sinne zutreffend: Palandt/*Grüneberg*, § 311 Rn. 39.

stammt oder ob es sich dabei um ein allgemeines Hindernis handelt, das dem Verantwortungsbereich beider Parteien zuzuordnen ist.

Denn ein Teil hat den anderen grundsätzlich nur über die Gültigkeitshindernisse aufzuklären, die **allein aus seiner Risikosphäre** stammen[343]. Fällt dagegen das Gültigkeitshindernis in die **Risikosphäre beider Parteien**, muss eine die andere darüber grundsätzlich nicht aufklären[344]. Paradebeispiel ist das Formerfordernis. Es müssen besondere Umstände vorliegen, um die Auferlegung einer Aufklärungspflicht über die Unwirksamkeitsgründe allein einer Seite zu rechtfertigen[345]. Hier gilt die Regel: Besteht zwischen den Parteien ein **Informationsgefälle**, entsteht für den überlegenden Teil eine **Aufklärungspflicht**, den anderen auf Bedenken bezüglich die Wirksamkeit und Durchführbarkeit des Vertrags aufmerksam zu machen[346]. Kommt er dieser vorvertraglichen Pflicht nicht nach, ist er für den Ersatz der Vermögensdisposition verantwortlich, die der Gegner im Vertrauen auf die Wirksamkeit gemacht hat.

Aus diesem Grund haftet etwa ein ausländischer Vertragsteil, der schuldhaft versäumt, die Gegenseite über das Erfordernis einer devisenrechtlichen Genehmigung für das Geschäft zu informieren[347] oder ein Erbbauberechtigter, der bei Grundstücksvermietung den Mieter nicht darauf aufmerksam macht, dass die Vermietung des Grundstücks der Zustimmung des Grundstückseigentümers (einer privaten Genehmigung) bedarf[348]. Die gleiche Haftung trifft einen Franchisegeber, der die Nichtigkeit des Geschäfts infolge der Verwendung von zahlreichen den Gegner einseitig belastenden und daher sittenwidrigen Regelungen bewirkt[349]. Streitig ist dabei die in der Rechtsprechung anerkannte Haftung des Vertragspartners, der durch die Verwendung mehrdeutiger Ausdrucksweisen einen versteckten Dissens verursacht[350]. Typische Fälle sind auch der Vertragsschluss durch einen verhandlungsberechtigten Vertreter ohne Vertretungsmacht, wobei es

---

343 Statt vieler: Palandt/*Grüneberg*, § 311 Rn. 38 und Soergel/*Harke*, § 311 Rn. 51.

344 Soergel/*Harke*, § 311 Rn. 51 und Palandt/*Grüneberg*, § 311 Rn. 39. Vgl. BGH NJW 1992, 1037, 1038.

345 Dazu: *Emmerich*, Leistungsstörung, S. 98 und PWW/*Medicus*, § 311 Rn. 45.

346 BGHZ 71, 386 = NJW 1978, 1802. Dazu: *Emmerich*, Leistungsstörung, S. 98.

347 BGHZ 18, 248 (252). Vgl. dazu *Hans Stoll*, FS Caemmerer 1978, 435, 443 f.

348 BGH MDR 1963, 301 und 1967, 835.

349 BGHZ 99, 101 = BGH NJW 1987, 639.

350 RGZ 104, 265 (Weinsteinsäurefall), in dem sich später herausstellte, dass beide Parteien verkaufen wollten. Zitiert u. a. bei: Palandt/*Grüneberg*, § 311 Rn. 38. Dagegen: Staudinger/*Singer*, § 122 Rn. 6 und MünchKomm/*Kramer*, § 155 Rn. 13.

hier um die Haftung des Vertretenen – und nicht des Vertreters – geht[351] sowie der schuldhafte Nichthinweis auf ein gesetzliches Genehmigungserfordernis[352].

Der gleiche Gedanke, nach dem jeder Teil für die in seinen Risikobereich fallenden Gültigkeitshindernisse einzustehen hat, rechtfertigt auch die vorvertragliche Haftung des Verwenders von unwirksamen Geschäftsbedingungen, die zur Nichtigkeit des Vertrages oder der Klausel führen. Wer AGB formuliert oder verwendet[353], die den Vertragspartner so unangemessen benachteiligen (§ 307 BGB), dass das Geschäft wegen Sittenwidrigkeit (§ 138 BGB) nichtig ist oder das Festhalten am Vertrag eine unzumutbare Härte für ihn darstellt (§ 306 III BGB)[354], muss die daraus entstandenen Schadenposten ausgleichen, die der Gegner im Vertrauen auf die Wirksamkeit der Klausel oder des ganzen Vertrages erlitten hat. Der Haftungsgrund besteht hier in der Verletzung der **vorvertraglichen Aufklärungs-** und **Loyalitätspflicht**, die die Partei verpflichtet, Rücksicht auf die Interessen ihres Gegenübers zu nehmen.

Über privatrechtliche Beziehungen hinaus kennt die Rechtsprechung eine Haftung aus culpa in contrahendo für den Abschluss unwirksamer Verträge auch der **öffentlichen Hand** bzw. des **Trägers öffentlicher Gewalt**, weil von diesem legitim zu erwarten ist, dass sie die zu beachtenden Vertretungs- und Zuständigkeitsvorschriften sowie die öffentlich-rechtlichen Formvorschriften besser als die Gegenseite kennt[355]. Die Judikatur hat demzufolge die Haftung von Gemeinden aus culpa in contrahendo wegen Abschluss eines Vertrags durch nicht zuständige Vertreter[356], Bürgschaftserteilung ohne die erforderliche aufsichtsbehördliche Genehmigung[357], Grundstücksverkaufs ohne entsprechende Genehmigung[358] oder wegen Widerrufs der schon erteilten aufsichtsbehördlichen Genehmigung zur Grundschuldbestellung[359] mehrmals angenommen.

---

351 Statt vieler: BGH NJW 1952, 1130. Dazu: Palandt/*Grüneberg*, § 311 Rn. 38; Erman/*Kindl*, § 311 Rn. 31 und *Canaris*, 50 Jahre BGH, 129, 177.

352 Erman/*Kindl*, § 311 Rn. 31.

353 BGH NJW 2009, 2590 (unwirksame Pflicht zu Schönheitsreparaturen im Mietvertrag) und BGH NJW 2010, 2873.

354 BGH NJW 1984, 2816; 1987, 639; OLG Dresden NJW 2002, 523 und OLG Hamm NJW-RR 2002, 129. Dazu: Palandt/*Heinrich*, § 311 Rn. 38 und PWW/*Medicus*, § 311 Rn. 44.

355 BGHZ 92, 164, 175 und BGH NJW 2001, 1524.

356 Statt vieler: BGHZ 6, 330, 335; 92, 164, 175 und BGH NJW 1984, 606, 607. Dazu: *Canaris*, 50 Jahre BGH, 129, 177.

357 BGHZ 142, 51, 60 = BGH NJW 1999, 3335.

358 BGH MDR 1967, 835.

359 OLG Rostock WM 2001, 2206.

All diesen Fällen ist die Tatsache gemein, dass der **Unwirksamkeitsgrund der Rechtsphäre eines Teils** zuzuordnen ist[360], da er bei Beachtung der im Verkehr erforderlichen Sorgfalt das Wirksamkeitshindernis hätte erkennen, beseitigen oder den Vertragspartner davor hätte warnen können, um ihm die Chance zu geben, frei zu entscheiden, ob er das Unwirksamkeitsrisiko eingehen oder sein wirtschaftliches Bedürfnis andersartig befriedigen will. Der **Haftungsgrund** besteht in dem **schuldhaften Verstoß gegen die Mitwirkungs- und Aufklärungspflicht**, die aus dem vorvertraglichen Schuldverhältnis entsteht, das zwischen den Beteiligten schon mit der Aufnahme des geschäftlichen Kontakts zustande kommt und das nicht durch die Nichtigkeit der Hauptleistungspflicht berührt wird. Der Vorwurf besteht hier in der Erweckung oder Verstärkung des Vertrauens auf das Bestehen eines wirksamen Vertragsverhältnisses[361]. Eine Haftung in contrahendo scheidet daher aus, wenn kein berechtigtes Vertrauen in die Wirksamkeit des Vertrages besteht, wie z. B. bei einer erkennbaren Sittenwidrigkeit oder Nichtigkeit[362].

2.2. Sonderfall: Haftung für formnichtige Verträge

Die Existenz einer vorvertraglichen Aufklärungspflicht hinsichtlich der Formpflicht und der daraus folgenden Haftung war in Deutschland nicht unumstritten. Es gab immer schon **Bedenken**, ob bei Abschluss eines formnichtigen Vertrages Schadensersatzansprüche aus culpa in contrahendo, egal in welchem Umfang – Stichwort: negatives oder positives Interesse – überhaupt entstehen können. Wichtige Vertreter haben sich dagegen mit der Begründung geäußert, dass eine solche Schadensersatzverpflichtung einen **indirekten Zwang zur Erfüllung des Geschäfts** ausübe, weil das negative Interesse im Einzelfall genauso hoch oder sogar höher als das positive Interesse sein könne und somit der Vertragserfüllung gleichkomme[363]. *Medicus*, der früher diese Meinung teilte, hat später eingefügt, dass es Sache jeder Partei sei, sich selbst über das Bestehen von gesetzlichen Formerfordernissen zu informieren und sie zu beachten, so dass eine Vertrags-

---

360 PWW/*Medicus*, § 311 Rn. 43 und Hk-BGB/*Schulze*, § 311 Rn. 31.

361 In diesem Sinne ausdrücklich u. a. BGHZ 99, 101, 107 f und BGHZ 116, 251, 257. Vgl. auch *Canaris*, 50 Jahre BGH, 129, 177 und Erman/*Kindl*, § 311 Rn. 32.

362 BGH NZM 2006, 707, 709 und BGH WM 2008, 950. Zustimmend: Palandt/*Grüneberg*, § 311 Rn. 38.

363 Vgl. dazu *v. Bar*, JuS 1982, 637, 639; *Gottwald*, JuS 1982, 877, 880; *Werner Lorenz*, JuS 1966, 429, 436; *Medicus*, JuS 1965, 209, 214, 217 und *ders.*, Gutachten 1981, 479, 498 f. Über die Diskussion: *Nickel*, Rechtsfolgen, S. 93 ff.

nichtigkeit aus Formverstoß grundsätzlich zum Risikobereich beider Teile gehöre[364].

Dies gilt heute als **allgemeine Regel**[365], so dass der eine Teil den anderen grundsätzlich **nicht über Formfehler aufklären** und keinen Vertrauensschaden zu ersetzen hat, wenn sich der Vertrag später als nichtig erweist. Jeden trifft vielmehr eine **Selbstinformationslast.** Könnte der an der Gültigkeit des Geschäfts interessierte Vertragspartner seinen Gegner wegen jeglichen Fehlverhaltens, das zur Nichtigkeit oder Anfechtbarkeit des Vertrages führt, in Anspruch nehmen, würde das praktisch zur Entleerung des gesetzlichen Formgebots führen[366]. Es müssen besondere Umstände vorliegen, die die Auferlegung einer Warn- oder Aufklärungspflicht über Formhindernisse rechtfertigen. Die deutsche Rechtsprechung liefert einige Beispiele dafür. Das ist etwa der Fall, wenn ein Teil in Kenntnis der Formbedürftigkeit den geschäftsunerfahrenen Gegner zum Abschluss eines formnichtigen Vertrages bewegt[367], wenn er falsche Informationen über das Formerfordernis abgibt oder den Gegner an der Einhaltung der Form oder Erkundigung hierüber abhält. Denn durch sein Tun macht er sich schadensersatzpflichtig für die Irreführung über die Wirksamkeit des Vertragsschlusses[368]. Ein weiterer Ausnahmefall liegt vor, wenn ein Teil eine Pflicht zur Betreuung des anderen Teils übernimmt[369].

Da die Gegenseite auch die Pflicht zur Beachtung der Form trifft, muss ihre Leichtgläubigkeit, d. h. ihr Verschulden berücksichtigt werden. Trifft sie ein Mitverschulden, weil sie sich ohne großen Aufwand über das Formerfordernis hätte informieren können, muss ihr Schadensersatzanspruch nach § 254 BGB demgemäß reduziert werden. Aus den genannten Beispielen ergibt sich, dass eine **vorsätzliche Pflichtverletzung** vorliegen muss, um eine Haftung in contrahendo für die Verursachung eines formnichtigen Vertragsschlusses zu begründen[370]. Dies lässt sich einerseits dadurch begründen, dass jeder Partei eine Erkundigungslast über die Formerfordernisse trifft und andererseits dadurch, dass die Gewährung eines Schadensersatzanspruchs bei jedem rein fahrlässigen Fehlver-

364 *Medicus*, Gutachten 1981, 479, 513.
365 Statt vieler: Staudinger/*Singer*, § 122 Rn. 5 und Erman/*Kindl*, § 311 Rn. 32. In der Judikatur: BGHZ 116, 251, 257.
366 Soergel/*Harke*, § 311 Rn. 50.
367 BGH NJW 1965, 812. Dazu statt vieler: Erman/*Kindl*, § 311 Rn. 32.
368 Soergel/*Harke*, § 311 Rn. 77.
369 BGH NJW 1972, 1189 und 1983, 566. Vgl. auch Soergel/*Harke*, § 311 Rn. 77.
370 Dazu: Palandt/*Grüneberg*, § 311 Rn. 38.

halten eine **Aushöhlung gesetzlicher Formvorschriften** und nicht zuletzt einen **indirekten Zwang zur Erfüllung formnichtiger Geschäfte**[371] darstellen würde, was mit dem Sinn und Zweck der Formvorschriften nicht zu vereinen wäre. Der BGH spricht in diesem Sinne von einem **schweren Verstoß gegen die Pflicht zum redlichen Verhalten**[372].

2.3. Zwischenergebnis

Zusammenfassend kann man sagen, dass es in der Regel Sache jeder Partei ist, sich selbst über die Wirksamkeitsvoraussetzungen des Geschäfts zu informieren und sie zu beachten. Das gilt vor allem für die Formerfordernisse. Eine Aufklärungspflicht besteht regelmäßig nur über die Wirksamkeitshindernisse, die aus der Sphäre nur einer Partei stammen. In solchen Fällen hat die Partei die Gegenseite darüber aufzuklären sowie im Rahmen der Zumutbarkeit die Hindernisse zu beseitigen. Kommt sie diesen vorvertraglichen Aufklärungs- bzw. Mitwirkungspflichten nicht nach, macht sie sich schadensersatzpflichtig. Handelt es sich dagegen um allgemeine Wirksamkeitshindernisse, die in die Sphären beider Seiten gleichermaßen fallen, wie eben das Formgebot, kommt nach herrschender Meinung ein Anspruch auf Ersatz des Vertrauensschadens nur bei Vorsatz, d. h. bei schwerem Verstoß gegen die Loyalitätspflicht durch den Pflichtverletzenden, in Betracht. Dadurch will man verhindern, dass Sinn und Zweck der Formvorschriften ausgehöhlt wird. Es besteht also Einigkeit über die vorvertragliche Haftung der Partei, die die Unwirksamkeit des Vertrages aufgrund einer vorvertraglichen Pflichtverletzung verursacht.

3. Rechtsfolgen

Diskutiert wird – wie allgemein bei der culpa in contrahendo – die **Rechtsfolge** der Haftung für schuldhafte Herbeiführung der Vertragsunwirksamkeit. Hier geht es grundsätzlich um die Frage, ob und inwieweit der Geschädigte, der im Vertrauen auf die Vertragsgültigkeit Vermögensdispositionen gemacht hat, den Ersatz des positiven Interesses verlangen kann, wenn sich im Einzelfall infolge der Kausalitätsprüfung von § 249 BGB ergibt, dass die Parteien ohne die Pflichtverletzung einen wirksamen Vertrag abgeschlossen hätten oder ob sein Schadens-

---

371 In diesem Sinne vgl. BGHZ 116, 251, 257 = BGH NWJ 1992, 1037; BGH NJW 1996, 1884, 1885 und NJW-RR 1997, 974. In der Lehre vgl. etwa Erman/*Kindl*, § 311 Rn. 32 und Bamberger/Roth/*Grüneberg*, § 311 Rn. 68.

372 Statt vieler: BGH NJW 1996, 1884. Vgl. auch OLG Koblenz, NJW-RR 97, 974.

ersatzanspruch nur auf den Ersatz des negativen Interesses gerichtet sein kann. Das ist vor allem bei den Fällen von Formnichtigkeit von Bedeutung, weil hier durch die Zuweisung eines Vertrauensschadens die Gefahr besteht, dass das formnichtige Geschäft indirekt erfüllt werden muss, was mit dem Schutzzweck der gesetzlichen Formvorschriften nicht vereinbar wäre oder einen indirekten Zwang zur Erfüllung des Geschäfts darstellte [373].

Das Hauptargument für den **Ersatz des positiven Interesses** liegt in der § 249 I BGB immanenten Kausalitätsprüfung, die die Bestimmung des herzustellenden vorherigen Zustands von der **hypothetischen Prüfung des Kausalverlaufs** abhängig macht. Gemäß § 249 I BGB hat der zum Ersatz verpflichtete Schädiger denjenigen Zustand herzustellen, der ohne die Pflichtverletzung bestehen würde. Laut dieser Strömung sei daher das positive Interesse immer dann zu ersetzen, wenn sich aus der hypothetischen Entwicklung des Vorgangs ergebe, dass die Parteien bei ordnungsgemäßem Verhalten des Schädigers – hier: bei Hindernisbeseitigung bzw. gehöriger Aufklärung – einen wirksamen Vertrag abgeschlossen hätten. Das gelte auch bei Formnichtigkeit des Geschäfts. Hätten die Parteien dagegen ohne den zum Ersatz verpflichtenden Umstand den Vertrag nicht geschlossen, sei nur das negative Interesse zu ersetzen. Dieses kann sowohl vergebliche Aufwendungen als auch eventuell entgangenen Gewinn aus einem Geschäft mit Dritten umfassen[374].

Die herrschende Meinung geht zu Recht davon aus, dass auch in dieser Fallkonstellation die allgemeine Schadensregel für die culpa in contrahendo weiterhin gilt. Das bedeutet: Ersatzfähig ist nur der **Vertrauensschaden**, der sich durch das **negative Interesse** berechnen lässt[375]. Gegen den Ersatz des positiven

---

373 Erman/*Kindl*, § 311 Rn. 32 und *Medicus*, JuS 1965, 209, 214.

374 In diesem Sinne: Soergel/*Harke*, § 311 Rn. 51 und *Nickel*, Rechtsfolgen, S. 83 ff. m.w.N. zur Lehre und Rechtsprechung. In Ausnahmefällen: *Emmerich*, Leistungsstörung, S. 98; Münch-Komm/*Emmerich* (2016), § 311 Rn. 199. Unklar: Erman/*Kindl*, § 311 Rn. 32, m.w.N. zur Rechtsprechung. In der Rechtsprechung: BGH NJW 1965, 812, 814.

375 Statt vieler: MünchKomm/*Emmerich* (2016), § 311 Rn. 199; Palandt/*Grüneberg*, § 311 Rn. 56; Bamberger/Roth/*Grüneberg*, § 311 Rn. 69; *Westermann/Bydlinski/Weber*, ST/AT, S. 212 ff, die ausdrücklich betonen, dass dem Geschädigten über die Haftung aus culpa in contrahendo nicht das zukommen darf, was er nur bei wirksamem Vertrag erhalten hätte, und *Fikentscher/Heinemann*, Schuldrecht, S. 66 f, die gegen den Ersatz des positiven Interesses in der hier behandelten Fallgruppe sind. Schon früher *Werner Flume*, Allgemeiner Teil des Bürgerlichen Rechts II, 3. Aufl. (1979), § 15, S. 282, zitiert von *Medicus*, FS Hermann Lange (1992), 539, 543 f; *Larenz*, FS Ballerstedt 1975, 397, 405; *ders.*, SR I, S. 113 f.; *Werner Lorenz*, JuS 1966, 429, 435; Soergel/*Wiedemann*, Vor § 275 Rn. 192 und *Heinrich Stoll*, LZ 1923, 532, 546. Innerhalb dieser Strömung gibt es weitere Meinungen wie die von *Medicus*, der die Höhe des negativen Interesses auf den Betrag des positiven Interesses begrenzen will. Er wendet die Haftungsbegrenzung aus §§ 122 und 179 BGB auf diese Konstellation analog an, obwohl sich beide Sachlagen dadurch unterscheiden, dass dort eine vorvertragliche

Interesses wird insbesondere mit der **Lehre vom Schutzzweck der Norm** argumentiert: Schutzzweck der hier verletzten Norm – der vorvertraglichen Aufklärungspflicht – ist die Vermeidung nutzloser Aufwendungen im Vertrauen auf einen wirksamen Vertragsschluss. Sie zielt darauf ab, dem Geschädigten die Möglichkeit zu eröffnen, eine störungsfreie rechtsgeschäftliche Entscheidung zu treffen[376]. Dabei gibt es jedoch Stimmen, die nur **ausnahmsweise**, wenn der Schutzzweck der Norm dem nicht entgegensteht, den **Ersatz des Erfüllungsinteresse** annehmen wollen, vorausgesetzt, dass dem Geschädigten der volle Kausalitätsbeweis gelingt, d. h. dass ein wirksamer Vertrag im Falle ordnungsgemäßen Vorgehens des Pflichtverletzers zustande gekommen wäre[377]. Das bedeutet keineswegs, dass der Geschädigte die Erfüllung des ungültigen Vertrages verlangen kann, was dem Zweck der Formvorschriften sowie auch der Privatautonomie widerspräche. Er kann lediglich in Geld so gestellt werden, wie er wirtschaftlich bei einer ordnungsgemäßen Vertragserfüllung stünde[378]. Regelmäßig kommt jedoch für diese Strömung nur der Ersatz des negativen Vertrauensschadens in Betracht, weil der Erfüllungsanspruch den Schutzzweck der verletzten Norm beeinträchtigt, wie bei Gesetzeswidrigkeit (§ 138 BGB), bei Verstößen gegen Formvorschriften, einschließlich kommunalrechtlicher Vorschriften über Vertretung oder Formbedürftigkeit der Geschäfte von Gemeinden[379].

Auch die Rechtsprechung ist nicht einheitlich. Man kann aber auch dort eine herrschende Meinung identifizieren, die davon ausgeht, dass sich der Anspruch aus culpa in contrahendo **grundsätzlich** auf den **Ersatz des negativen Interesses** richtet, so dass der Geschädigte so gestellt wird, wie er stünde, wenn er nicht auf die Gültigkeit des Vertrages vertraut hätte. Dies gilt insbesondere für Formnichtigkeit, weil hier die Gefahr droht, durch die Gewährung von vorvertraglichen Schadensersatzansprüchen einen unwirksamen Vertrag als wirksam – mindestens wirtschaftlich betrachtet – zu behandeln und die gesetzlichen Formvorschriften praktisch auszuhöhlen, was dem Schutzzweck dieser Normen

---

Pflichtverletzung – wenn überhaupt – nur im Hintergrund des Irrtums steht, während sie hier im Vordergrund steht. Er rechtfertigt die Begrenzung des Ersatzanspruchs mit den Argumenten, dass der Geschädigte nicht besser zu stehen brauche, als er bei Vertragswirksamkeit stünde und dass die Pflichtwidrigkeit des Schädigers nicht in der Vereitelung eines wirksamen Vertragsabschlusses bestehe, sondern in der Herbeiführung eines Anscheins der falschen Wirksamkeit des Vertrages. Damit setzt er sich in Gegensatz zur herrschenden Lehre, die den Ausnahmecharakter der Erklärungshaftung von §§ 122 und 179 BGB betont. SR/AT, S. 66.

376 In diesem Sinne zutreffend: MünchKomm/*Emmerich* (2016), § 311 Rn. 199; PWW/*Medicus*, § 311 Rn. 47 und Soergel/*Wiedemann*, Vor § 275, Rn. 192.

377 Vgl. etwa *Gottwald*, JuS 1982, 877, 880 und MünchKomm/*Emmerich* (2016), § 311 Rn. 199.

378 *Gottwald*, JuS 1982, 877, 880.

379 MünchKomm/*Emmerich* (2016), § 311 Rn. 199.

widerspricht. Das gilt insbesondere für Formwidrigkeit bei Geschäften mit der öffentlichen Hand: Hier geht der BGH davon aus, dass der Vorrang der Vertretungsordnung einen Schadensersatzanspruch auf das Erfüllungsinteresse ausschließt[380]. Allgemein besteht nach richtiger Ansicht des BGH kein Anspruch auf Naturalrestitution im Wege der culpa in contrahendo, d. h. auf Abschluss und Erfüllung des Vertrages[381].

Ausnahmsweise, wenn der **Schutzweck der verletzten Norm** dem nicht entgegensteht und der Geschädigte den vollen **Kausalitätsnachweis** erbringt, dass bei ordnungsgemäßem Verhalten des anderen Teils ein wirksamer Vertrag zustande gekommen wäre, gewährt der BGH den **Ersatz des Erfüllungsinteresses**, das z. B. im Mehrpreis eines gleichwertigen Grundstücks bestehen kann[382]. Im Rahmen des negativen Interesses sind die sog. **Vertrauensdispositionen** zu ersetzen, die der Geschädigte im Vertrauen auf die Vertragswirksamkeit gemacht hat, wie z. B. unnötige Verhandlungs- und Vertrauenskosten, Aufwendungen infolge der Eingehung weiterer Verbindlichkeiten[383] sowie **entgangener Gewinn** aus verpassten Geschäften mit Dritten. Was die Anspruchshöhe anbelangt, gilt die allgemeine Regel in der culpa in contrahendo: es gibt keine Haftungsbegrenzung a priori in Höhe des Erfüllungsinteresses[384].

4. Exkurs: unzulässiges Berufen auf Formnichtigkeit

Von der Haftung für den Abschluss formnichtiger Verträge zu trennen ist die Frage, inwieweit das Berufen einer Partei auf die Formnichtigkeit gegen § 242 BGB verstößt[385] und daher unzulässig ist. Dies hat zur Folge, dass der ursprünglich nichtige Vertrag dann als wirksam gilt. In der Regel können gesetzliche Form-

---

380 BGH NJW-RR 2001, 1524.

381 BGH NJW 1968, 1402.

382 BGH NJW 1965, 812. Zustimmend: Palandt/*Grüneberg*, § 311 Rn. 56 und MünchKomm/*Emmerich* (2016), § 311 Rn. 199.

383 In BGHZ 99, 101 wurde der Franchisegeber, der die Nichtigkeit des Franchisevertrages wegen Sittenwidrigkeit (§138 BGB) verursachte, zum Ersatz von Schadensposten verurteilt, die dem Franchisenehmer durch Eingehung von mit dem Franchisevertrag verbundenen Darlehens-, Miet-, Lieferungs- und Kaufverträgen entstanden sind.

384 BGHZ 142, 51, 62. Der BGH hat mehrmals betont, dass es dem Anspruch des Geschädigten auf Ersatz des Vertrauensschadens nicht entgegensteht, wenn er die gleiche Höhe des Erfüllungsinteresses erreicht. In dem Bürgschaftsfall hat das Gericht für die Klägerin einen Anspruch auf Ersatz des negativen Interesses anerkannt, obwohl dessen Höhe im konkreten Fall „dem – nicht ersatzfähigen – positiven Interesse“ entsprach, und somit das negative Interesse des Geschädigten geschützt.

385 Bamberger/Roth/*Grüneberg*, § 311 Rn. 68.

vorschriften, die zur Nichtigkeit des Rechtsgeschäfts führen, aufgrund der Rechtssicherheit nicht aus bloßen Billigkeitserwägungen außer Acht gelassen werden. Für Lehre und Rechtsprechung sind Ausnahmen nur zulässig, wenn es nach den Beziehungen der Parteien und den gesamten Umständen mit Treu und Glauben unvereinbar wäre, das abgeschlossene Rechtsgeschäft am Formmangel scheitern zu lassen. Nach einer bekannten BGH-Formel muss dabei das Ergebnis für die betroffene Partei nicht bloß hart, sondern schlechthin untragbar sein[386]. Die Lehre unterscheidet dabei zwei Fallgruppen: die sog. schwere Treuepflichtverletzung und die Existenzgefährdung.

Innerhalb der **schweren Treuepflichtverletzung** kann man verschiedene Untergruppen ausmachen[387]. Das ist der Fall, wenn eine Partei arglistig die andere etwa unter Hinweis auf die Beurkundungskosten von der Einhaltung der Form abhält, um sich später auf den Formmangel berufen zu können[388] oder sie z. B. über die Formbedürftigkeit arglistig täuscht[389]. Eine schwere Treuepflichtverletzung kann auch in der Verletzung einer Betreuungspflicht bei deutlich überlegener Verhandlungsposition einer Partei in Bezug auf den formbedürftigen Vertragsschluss liegen oder etwa in einem widersprüchlichem Verhalten, indem eine Partei zunächst Vorteile des formnichtigen Geschäfts in Anspruch nimmt, dann aber dessen Erfüllung unter Berufung auf die Formnichtigkeit verweigert[390]. In diesen Fällen muss also Arglist vorliegen[391].

Die herrschende Meinung sieht darin einen **schweren Verstoß gegen Treu und Glauben** und versagt dem Pflichtverletzenden deshalb das Recht, sich auf die Nichtigkeit des Vertrags zu berufen. Die zweite Fallgruppe bildet die sogenannte **Existenzgefährdung.** Sie ist dadurch geprägt, dass die Rückabwicklung oder die Nichterfüllung des Vertrags dazu führt, dass die **wirtschaftliche Existenz** der Partei, die gutgläubig auf die Formwirksamkeit des Vertrags vertraut, gefährdet oder sogar vernichtet werden würde. Den *leading case* hierfür bildet der

386 Palandt/*Heinrichs*, § 125 Rn. 16 f. Kritisch dazu: *Singer*, WM 1983, 254, 256, der die Formel als „unpraktikabel" bezeichnet.

387 Es werden z.B. bei Palandt/*Heinrichs* (2007), § 125 Rn. 21 ff. vier Fälle ausdifferenziert. *Singer* bildet dabei drei, WM 1983, 254, 257. Staudinger/*Hertel*, § 125 Rn. 111 dagegen nur zwei. Das wird teilweise im Schrifttum kritisiert, da es sich dabei um eine sehr fallbezogene, kaum systematisierbare und daher nicht widerspruchsfreie Rechtsprechung handele. In diesem Sinne: Palandt/*Heinrichs* (2007), § 125 Rn. 23.

388 Palandt/*Heinrichs* (2007), § 125 Rn. 22, m.w.N. zur Rechtsprechung und Staudinger/*Hertel*, § 125 Rn. 112.

389 RGZ 96, 313, ap.: *Singer*, WM 1983, 254, 257.

390 Staudinger/*Hertel*, § 125 Rn. 113 f, m.w.N. zur Rechtsprechung.

391 Palandt/*Heinrichs* (2007), § 125 Rn. 22.

sog. Höferechts-Fall[392], wo die Berufung auf die Formunwirksamkeit in weitgehendem Umfang vom BGH untersagt wird. Über diese Fälle hinaus wird die Berufung auf die Formnichtigkeit in weiteren Fällen abgelehnt, wo eine Existenzgefährdung des Vertragspartners droht[393]. In all diesen Fällen wird der ursprünglich formunwirksame Vertrag als **gültig** angesehen und folglich dem geschädigten Vertragspartner ein **Erfüllungsanspruch** eingeräumt, so dass er die Vertragserfüllung verlangen kann.

Das unzulässige Berufen auf die Formnichtigkeit des Vertrags ist nach herrschender Meinung allerdings **keine Rechtsfolge der culpa in contrahendo**, sondern eine Art **rechtsfortbildender Heilung nach Treu und Glauben**, die in recht engen Ausnahmefällen neben den gesetzlichen Heilungsvorschriften in Betracht kommt[394]. Bei der unzulässigen Berufung auf die Formnichtigkeit handelt es sich also um eine **Einschränkung des § 125 BGB durch § 242 BGB** unter dem Gesichtspunkt der unzulässigen Rechtsausübung[395].

Bei der culpa in contrahendo handelt sich dagegen um Schadensersatz infolge vorvertraglicher Pflichtverletzung. Einen Vertrag als wirksam zu behandeln ist jedoch kein Schadensersatz, sondern **Erfüllung**[396], die sich in solch einem Fall über § 242 BGB ergibt. Das hat mit der culpa in contrahendo nichts mehr zu tun[397]. Denn bei der Haftung in contrahendo wegen Abschlusses eines formnichtigen Vertrags bleibt der Vertrag weiterhin nichtig und der Geschädigte erlangt „nur" einen Schadensersatzanspruch. Dass der vorvertragliche Schadensersatzanspruch manchmal wirtschaftlich dem Erfüllungsinteresse gleichsteht, ändert nichts daran, weil sich Schadensersatz und Erfüllung rechtsdogmatisch voneinander unterscheiden. Der Geschädigte erlangt deshalb in der Regel bei der Haftung in contrahendo **keinen Erfüllungsanspruch**[398], wie im Falle der unzulässigen Berufung auf die Formnichtigkeit nach § 242 BGB, sondern nur einen Schadensersatzanspruch, auch wenn dieser die Höhe des Erfüllungsinteresses übersteigt.

---

392 In dem Fall hat der Vater (Hofeigentümer) einem seiner Söhne die Bewirtschaftung eines Hofes durch formlose Vereinbarung übertragen, der Sohn im Vertrauen darauf sein ganzes Leben für die Bewirtschaftung des Hofes umgestellt und der Vater sich später auf die Nichtigkeit der Übertragung berufen. BGHZ 12, 286 = BGH NJW 1954, 1644.

393 Staudinger/*Hertel*, § 125 Rn. 115.

394 Dazu: *Westermann/Bydlinski/Weber*, SR/AT, S. 212; ausnahmsweise bei schwerwiegendem Treuverstoß: Staudinger/*Hertel*, § 125 Rn. 118.

395 BGHZ 23, 249, 255. In diesem Sinne Palandt/*Heinrichs* (2007), § 125 Rn. 16.

396 *Nickel*, Rechtsfolgen, S. 83. In diesem Sinne: BGH NJW 1965, 812, 814.

397 *Westermann/Bydlinski/Weber*, SR/AT, S. 212.

398 BGH NJW 1965, 812, 814.

5. Zusammenfassung

Zusammenfassend kann man sagen, dass sich der klassische jheringsche Fall von culpa in contrahendo, nämlich die Irrtumshaftung in Deutschland dogmatisch nicht mehr als culpa in contrahendo qualifizieren lässt. Aufgrund seiner Ausgestaltung in § 122 BGB ist er vielmehr als eine beschränkte Erklärungshaftung ohne Verschulden zu qualifizieren. Diskutiert wird insofern, inwieweit die culpa in contrahendo subsidiär zur Anwendung kommt. In den oben behandelten Fällen der Haftung für den Abschluss eines vermeintlich wirksamen Vertrages geht es darum, dass sich ein Teil deshalb ersatzpflichtig macht, weil er die Unwirksamkeit des Vertrages herbeigeführt hat, indem er das in seiner Sphäre liegende Wirksamkeitshindernis nicht beseitigt oder – falls nicht behebbar – den anderen Teil darüber nicht aufklärt hat. Es handelt sich also um die schuldhafte Verletzung von Sorgfalts- oder Aufklärungspflichten vor Vertragsschluss. Grundsätzlich ist es Sache jeder Partei, sich selbst über die Wirksamkeitsvoraussetzungen des Geschäfts zu informieren und sie zu beachten. Jede Partei trifft jedoch die Pflicht, die Wirksamkeitshindernisse, die allein aus ihrer Sphäre stammen, im Rahmen der Zumutbarkeit zu beseitigen oder die Gegenseite davor zu warnen.

Über allgemeine Wirksamkeitshindernisse, die in die Sphäre beider Seiten gleichermaßen fallen, wie die Formhindernisse, muss dagegen die Gegenseite regelmäßig nicht aufgeklärt werden, es sei denn, es besteht zwischen den Beteiligten ein besonderes informationelles Ungleichgewicht. In einem solchen Fall besteht die Pflichtverletzung der Partei darin, dass sie die andere darüber nicht (ordnungsgemäß) aufgeklärt hat. In der Anerkennung der Haftung bei Formwidrigkeit ist deshalb Zurückhaltung geboten. Eine vorvertragliche Haftung kommt in solchen Fällen nur bei vorsätzlicher Pflichtverletzung in Betracht. Die culpa in contrahendo für den Abschluss unwirksamer Verträge setzt die Existenz eines nichtigen oder mit Erfolg angefochtenen Vertrages, Pflichtverletzung, Schaden, Verschulden und Kausalität voraus. Der Geschädigte kann nach § 311 II iVm §§241 II, 280 I und 249 I BGB verlangen, so gestellt zu werden, wie er stünde, wenn er den ungültigen Vertrag nicht abgeschlossen hätte. Bei der Bestimmung und Berechnung der zu ersetzenden Schäden erlangt der Schutzzweck der verletzten Norm – hier: Rücksichtspflicht und Formvorschriften – in solchen Fallkonstellationen große Bedeutung. Der Schadensersatzanspruch des Geschädigten ist allein auf den Ersatz des negativen Interesses gerichtet. Nur in Ausnahmefällen, wenn der Schutzzweck der verletzten Pflicht dem nicht entgegensteht und der Geschädigte die Kausalitätsprüfung von § 249 BGB nachweist, kann er den Ersatz seines Erfüllungsinteresses verlangen.

III. Haftung für Abschluss ungültiger Verträge nach brasilianischem Recht

1. Problemstellung

Die Frage, ob eine Partei, die schuldhaft die Ungültigkeit des abgeschlossenen Vertrages verursacht, für diejenigen Schäden verantwortlich ist, die die Gegenseite dadurch erleidet, dass sie auf die Gültigkeit des Geschäfts vertraut, hat in Brasilien keine brennende Diskussion entfacht wie in Deutschland. *Jherings* Lehre der culpa in contrahendo für den Abschluss nichtiger Verträge wurde in Brasilien aus verschiedenen Gründen nicht ganz genau verstanden und ist in Vergessenheit geraten. Ein Grund dafür liegt in der Tatsache, dass der Hauptfall, den *Jhering* vor Augen hatte, nämlich die falsche Übermittlung einer Willenserklärung durch Schreibfehler oder eine falsch ausgerichtete Botschaft, im brasilianischen Recht nicht zur Nichtigkeit, sondern nur zur Annullierung[399] des Vertrages führt, die streng von der Nichtigkeit getrennt wird, obwohl diese starre Trennung jüngst in Frage gestellt wird. Das Missverständnis über das jheringsche Konzept und die Unkenntnis von der Weiterentwicklung der culpa in contrahendo haben dazu beitragen, dass man das Rechtsinstitut der culpa in contrahendo nicht mehr – wie im alten Recht – mit der Haftung für den Abschluss ungültiger Verträge verbindet und diskutiert.

Eine Schadensersatzpflicht im Rahmen einer Annullierungklage wegen Willensmängeln oder einer Nichtigkeitsklage ist in der Rechtspraxis üblich. Nicht immer klar ist allerdings die Begründung, denn eine solche Schadensersatzpflicht wird in der Regel einfach unter die deliktsrechtliche Generalklausel subsumiert, ohne die vorher zu beachtende, nun verletzte Verhaltenspflicht und ihre Natur genau zu bestimmen. Die Frage nach dem Haftungsgrund wird noch dadurch verdunkelt, dass das Gericht neben der Rückabwicklung des Geschäfts und der Herstellung des status quo ante dem Geschädigten einfach Schmerzensgeld zugesteht, ohne dass dabei eine Verletzung von Persönlichkeitsrechten vorliegt. Ein Schadensersatz für die Herbeiführung der Vertragsungültigkeit wird unproblematisch in den Fällen angenommen, in denen die Ungültigkeit auf einem Willensmangel beruht, so dass die Ungültigkeit aus der erfolgreichen Anfechtung des Geschäfts wegen Mangels in der Willensbildung bzw. Willenserklärung folgt.

Das ist etwa der Fall bei Annullierung des Vertrages wegen Dolus, also wegen einer bewussten und vorsätzlichen Unterlassung oder Mitteilung einer falschen

399 Annullierung und Anfechtung werden im brasilianischen Recht in dem Sinne unterschieden, dass die Annullierung eine Klage voraussetzt, während die Anfechtung durch Willenserklärung gegenüber dem anderen Teil erfolgt. Dazu: *Pontes de Miranda*, Tratado, Bd. 4, S. 319. Hier werden trotzdem Annullierung und Anfechtung als Synonyme verwendet, da es im brasilianischen Recht ein Anfechtungsrecht sowieso nicht geben kann.

Information vor Vertragsschluss: Hier gewährt die Rechtsprechung ohne Weiteres dem Getäuschten die Rückabwicklung des abgeschlossenen Vertrages und zusätzlich einen Schadensersatzanspruch aus „*ato ilícito absoluto*" (unerlaubter Handlung), weil dabei Bösgläubigkeit (*má-fé*) vorliegt. Eine Schadensersatzhaftung kommt mehr oder weniger in der Rechtspraxis auch infolge anderer Anfechtungsgründe wie Irrtum (Art. 138 CC2002), Drohung (Art. 151 CC2002), Gefahrzustand (Art. 156 CC2002) und Läsion (Art. 157 CC2002) in Betracht. Erfolgt jedoch die Vertragsannullierung aus Nichtigkeitsgründen, wie Leistungsunmöglichkeit, Formverstoß oder Gesetzeswidrigkeit aus Art. 166 CC2002, ist schon Zurückhaltung geboten. Der Vertrag wird zwar rückabgewickelt mit der folgenden Rückgabe von Leistung und Gegenleistung, eine Schadensersatzpflicht wird jedoch nur ausnahmsweise angenommen.

Da die Fälle, in denen eine Schadensersatzhaftung für fahrlässiges Herbeiführen eines ungültigen Vertrages in Betracht kommen kann, vielfältig sind, muss hier aus Platzgründen das Untersuchungsobjekt begrenzt werden. Hier werden ausschließlich Dolus- und Irrtumsfälle analysiert, die häufiger in der Rechtspraxis vorkommen. Unter den Nichtigkeitsgründen wird nur der Formverstoß behandelt, um eine Parallelität zum deutschen Recht zu ermöglichen. Keine gesonderte Untersuchung verdient die Problematik im Rahmen von Verbraucherverträgen. Zu einem deshalb, weil dabei die allgemeinen Regelungen des Willensmängelrechts (Arts. 138–165 CC2002) Anwendung finden, so dass die hier im Rahmen von Privatrechtsbeziehungen gewonnenen Ergebnisse grundsätzlich auch dort gelten; und zweitens, weil die Haftungsfrage beim Abschluss nichtiger Verträge eine deutlich geringere Bedeutung bei Verbraucherverträgen hat, weil das Verbraucherschutzgesetz von einer **vermuteten Informationsbedürftigkeit des Verbrauchers** ausgeht, so dass der **Grundsatz der Selbstinformation** hier – anders als im allgemeinen Privatrechtsverkehr – keine Rolle spielt. Danach ist es Sache jeder Partei, sich über die Gültigkeitsvoraussetzungen des Geschäfts zu erkundigen, eventuelle Hindernisse zu beseitigen oder die Gegenseite davor zu warnen. Im Verbraucherrechtsverkehr treffen aber den Lieferanten Sorgfalts-, Mitwirkungs- und Informationspflichten von vornherein.

Außerdem gilt in diesem Bereich eine **verschuldensunabhängige Haftung**, so dass es auch nicht auf ein schuldhaftes Fehlverhalten des Lieferanten bei der Herbeiführung der Vertragsungültigkeit ankommt. Diese Faktoren erklären sicherlich die unüberschaubare Rechtsprechung über die Haftung von Anbietern von Produkten und Serviceleistungen im Konsumentenmarkt für den Abschluss nichtiger oder mit Erfolg angefochtener Verträge, wenn der Verbraucher das vorvertragliche Fehlverhalten – meistens: Sorgfalts- und Informationspflichtverletzung – des Lieferanten nachweist, ohne dass der ungültige Vertrag nicht zustande gekommen wäre und er keine unnötigen Vermögensdispositionen gemacht hätte.

Diese Fälle werden allerdings dogmatisch nicht als vorvertragliche Haftung eingeordnet, weil Lehre und Rechtsprechung solche Pflichtverletzungen des Lieferanten als „Mangel an der Dienstleistung" (*falha na prestação do serviço*) qualifizieren und somit auf jede weitere Differenzierung der darunter zu subsumierenden Haftungstatbestände verzichten. Der Verbraucher kann das fehlerhafte Geschäft anfechten und die Rückgabe der ausgetauschten Leistung und Gegenleistung sowie Schadensersatz fordern, der in der Regel in dem Ersatz des negativen Interesses besteht. Die Gewährung des negativen Interesses in solchen Fällen hat wenig mit der culpa in contrahendo zu tun, sondern vielmehr mit der allgemeinen Auffassung, dass bei Annullierung oder Rücktritt vom Vertrag nur das negative Interesse zu ersetzen sei[400].

Ziel dieses Teils ist es demnach, zu prüfen, inwieweit und mit welcher Begründung Schadensersatzansprüche in Verbindung mit Irrtums- und Dolus-Anfechtung eingeräumt werden (unter 2.1), weil das Zivilgesetzbuch daran – anders als das BGB – keine Einstandspflicht ausdrücklich knüpft. Dann wird weiter untersucht, inwieweit eine solche Schadensersatzpflicht bei Vertragsnichtigkeit infolge Formverstoßes gewährt wird, um eine Parallelität mit dem deutschen Recht zu ermöglichen (unter 2.2). In beiden Fallkonstellationen ist zu prüfen, ob und inwieweit die Haftung für schuldhafte Rücksichtspflichtverletzungen vor Vertragsschluss dabei zur Anwendung kommen kann.

2. Die Haftung für die Herbeiführung anfechtbarer Verträge

Eine Schadensersatzhaftung für die Herbeiführung eines erfolgreich angefochtenen Vertrages ist unproblematisch im brasilianischen Recht, wenn es etwa um Dolus oder Drohung geht, weil in solchen Fällen eine **Bösgläubigkeit des Geschäftspartners** besteht, der bewusst entscheidungsrelevante Umstände ver-

400 Statt vieler: *Assis*, AJURIS 60/1992, 121 ff. und *Martins Costa*, in: Temas relevantes do direito civil contemporâneo, 559, 562 ff. Eine ähnliche Auffassung findet man noch in Portugal, wo die Lehre allerdings schon darauf aufmerksam macht, dass es keine rechtsdogmatischen und rechtssystematischen Gründe gibt, um den Rücktritt an das negative Interesse zu verbinden. Das lässt sich – laut *Menezez Cordeiro*, Tratado, II/4, S. 158 ff. – dadurch erklären, dass der historische portugiesische Gesetzgeber den Schadensersatz bei Resolution nach Vorbild der culpa in contrahendo ausgeformt hat. Heutzutage ist diese Lösung kaum mehr aktuell, berücksichtigt man, dass die Resolution nur die primären Leistungspflichten, keineswegs das Schuldverhältnis erlöschen lässt. Das Gleiche lässt sich ohne Weiteres für das brasilianische Recht sagen. In diesem Sinne zutreffend *Rosado de Aguiar*, Extinção dos contratos, S. 261 ff. und ihm folgend *Steiner*, Dano positivo, S. 280 ff.

schweigt oder ihre Existenz bereits vorgetäuscht hat, um den Partner zum Abschluss des (meistens für ihn ungünstigen) Vertrages zu bewegen. Die Rechtsprechung gewährt dem Geschädigten ohne Weiteres einen Schadensersatzanspruch neben dem Annullierungsrecht aus Art. 182 CC2002[401]. Problematisch dabei ist die Begründung, die eigentlich keine durchdachte Lösung reflektiert, sondern vielmehr einen automatischen Zugriff auf die Generalklausel des Deliktsrechts (Art. 186 iVm Art. 927 CC2002) darstellt, die jede argumentative Begründungslast erleichtert.

Die einheitliche Meinung geht davon aus, dass die bewusste Unterlassung oder Mitteilung falscher entscheidungsrelevanter Informationen vor Vertragsschluss einen *„ato ilícito absoluto“* (unerlaubte Handlung) darstellten[402], ohne genau zu berücksichtigen, dass sich die Parteien nicht mehr in einem sozialen Kontakt befinden, sondern in den Bereich des geschäftlichen Kontakts eingetreten sind, so dass zwischen ihnen bereits eine Rechtsbindung vor der Pflichtverletzung besteht, aus der spezifische, nur gegenüber den Beteiligten geltenden Pflichten stammen, so dass es dabei nicht um die Verletzung einer allgemeingültigen, sondern einer relativen Pflicht geht[403]. Denn die Parteien haben den Abschluss eines Rechtsgeschäfts vorbereitet, während ein Teil dabei durch vorsätzliches informationelles Fehlverhalten den anderen zum Vertragsschluss bewegt und ihn sozusagen „über den Tisch gezogen“ hat. Dass der Dolus (Arglist) eine Erscheinungsform der culpa in contrahendo für vorvertragliche Informationspflichtverletzung bildet, wird in Kapitel 3 D III 3.1 a dargestellt und heutzutage in anderen lateinischen Rechtsordnungen kaum mehr in Frage gestellt[404].

Problematisch ist allerdings der Schadensersatz infolge Irrtumsanfechtung. Anders als in Deutschland, wo der vertrauende Erklärungsempfänger einen An-

---

401 Statt vieler: TJ/SP, Apelação Cível 0004797–35–2010.8.26.0045, 38 Câmara de Direito Privado, Rel. Spencer Almeida Ferreira, Urt. vom 09.11.2016 (Unterlassene Informationen über Zinsen und weitere finanzielle Belastungen bei einem Darlehensvertrag. Die Bank hat später die Daten in den schon abgeschlossenen Vertrag eingefügt. Das Gericht hat die Vertragsannullierung wegen „Willensmängeln“ bestätigt, ohne den Mängeltatbestand zu präzisieren. Das Gericht hat die Rückabwicklung des Geschäfts und Schmerzensgeld angeordnet, das in der Begründung einen punitiven Charakter zeigte).

402 Statt vieler: *Pontes de Miranda*, Tratado, Bd. 4, S. 344 und *Rodrigues*, Dos vícios do consentimento, S. 34.

403 Beide Kriterien (Existenz einer Rechtsbindung und Verletzung spezifischer Pflichten) waren schon im alten Recht die wichtigsten Abgrenzungsmerkmale zwischen Vertrags- und Deliktshaftung. Vgl. dazu statt vieler: *Espínola*, Sistema II/2, S. 220 ff.

404 Vgl. etwa in Argentinien: *Stiglitz/Stiglitz*, Responsabilidad precontratual, S. 69 ff.; in Italien: *Schiavone*, Responsabilità civile e previdenza 4/2008, 786, 790 ff.; und in Spanien: *García Rubio*, La responsabilidad, S. 164 ff., 208 ff.

spruch auf Ersatz seines Vertrauensschadens erlangt, geht die brasilianische Rechtspraxis umgekehrt vor: Der „Irrende“ ficht seine eigene Willenserklärung wegen „Irrtums“ an und erlangt Schadensersatz vom Erklärungsempfänger! Die Rechtsprechung liefert zahlreiche Beispiele dafür. Nimmt man genau diese Fälle unter die Lupe, merkt man sofort, dass darunter viele Fälle **fahrlässiger Informations- oder Aufklärungspflichtverletzung** zu finden sind, die nur deshalb als „Irrtum“ gelöst werden, weil der Getäuschte den Vorsatz des Täuschenden nicht nachweisen kann, um dadurch Zugang zum Tatbestand des Art. 145 (positiver Dolus) oder Art. 147 (negativer Dolus) CC2002 und zur Annullierungsklage zu erhalten. Diese Judikatur fing schon unter Geltung der alten Kodifikation an. Die neue Kodifikation hat die Rechtslage nicht korrigiert, sondern verkompliziert, indem sie den traditionellen Irrtumsbegriff geändert hat. Ein Irrtum ist nun nach dem Wortlaut von Art. 138 CC2002 nicht nur eine endogene Fehlvorstellung über wesentliche Geschäftsumstände, sondern vielmehr eine innere und für den Erklärungsempfänger erkennbare Fehlvorstellung über bestimmte Umstände.

2.1. Die Haftung im Rahmen der Irrtumsanfechtung

a) Kurzer historischer Rückblick auf das alte Recht

Die wohl überwiegende Mehrheit der modernen Lehre nimmt **keinen Bezug auf die Verbindung** zwischen Irrtumsanfechtung und culpa in contrahendo und beschäftigt sich nicht mehr mit der Frage, ob der Erklärende, der allein für seinen Irrtum verantwortlich ist, denjenigen Schaden zu ersetzen hat, den der Erklärungsempfänger infolge des Vertrauens auf die Geschäftsgültigkeit erleidet[405]. Im alten Recht hat sich die Lehre damit auseinandergesetzt und überzeugend dargestellt, dass **beide Figuren nebeneinander zur Anwendung kommen** können. Autoren wie *Carvalho de Mendonça*, *Espínola* und *Pontes de Miranda* haben unter Einfluss der deutschen Rechtswissenschaft darauf hingewiesen, dass der Erklärende, der seine abgegebene Willenserklärung wegen Irrtums anficht, für den Ersatz desjenigen Schadens verantwortlich sein solle, der dem Erklärungsempfänger entstanden ist, da er auf die Gültigkeit dieser Geschäfts vertraut habe.

---

405 Schon *Bevilaqua* hat keinen Hinweis auf die culpa in contrahendo im Rahmen von Irrtum und Dolus gegeben. Theoria geral, S. 276 ff. Heute gilt auch nicht anders. Vgl. statt vieler: *Gomes*, Introdução, S. 417 ff.; *Silva Pereira*, Introdução, S. 517 ff.; *Tepedino/Barboza/Bodin*, CCI 1, Art. 182, S. 327 f., auch nicht im Rahmen der Kommentierung der Irrtumsregeln, Arts. 138 – 144, S. 268 ff.; *Lotufo*, Código civil, Bd. 1, Arts. 138 – 144, S. 380 ff. und Art. 182, S. 489 ff.; *Tartuce*, Manual, S. 201; *Gagliano/Pamplona*, Novo curso, Bd. 1, S. 347 ff., 383 ff.; *Amaral*, Introdução, S. 482 ff.; *Rosenwald/Farias*, Direito civil, Bd. 1, S. 435 ff.; *Nevares*, O erro, 251, 254 ff. und *Konder*, Erro, dolo e coação, 609, 612 ff.

Modern gesprochen: Der Irrende solle neben der Vertragsannullierung den Vertrauensschaden des unschuldigen Erklärungsempfängers ersetzen. Streit bestand nur hinsichtlich der dogmatischen Begründung der Einstandspflicht. Laut *Carvalho de Mendonça* sollte für die Irrtumsanfechtung nur entscheidend sein, ob sich die Fehlvorstellung des Irrenden auf wesentliche Umstände beziehe und für den Vertragsabschluss kausal geworden sei. Auf sein Verschulden, also auf die Entschuldbarkeit (*escusabilidade*) seines Irrtums komme es gar nicht an. Der irrende Erklärende dürfe den Vertrag auflösen, müsse aber den daraus entstandenen Schaden der Gegenseite ersetzen. Diese Einstandspflicht finde ihre Begründung in der culpa in contrahendo, die damals als eine auf das negative Interesse begrenzte Haftung für die Herbeiführung der Vertragsungültigkeit infolge der Irrtumsanfechtung galt[406].

Espínola geht in Anlehnung an das deutsche und schweizerische Recht von den gleichen Überlegungen aus: Der Irrende solle seine Erklärung anfechten können, müsse aber den – auf das negative Interesse gerichteten – Vertrauensschadens des Erklärungsempfängers ersetzen, wenn dieser den Irrtum des Erklärenden nicht erkannt habe[407]. Damit geht *Espínola* auf einen wichtigen, heute angeblich unberücksichtigten Punkt ein: Die Irrtumserkenntnis des Erklärungsempfängers soll nur auf seinen Schadensersatzanspruch Einfluss haben, dagegen nicht auf das Gestaltungsrecht (Annullierungsrecht) des Erklärenden. Denn man kann von einem Gestaltungsrecht nur sprechen, wenn seine Ausübung allein der Entscheidung des Anfechtungsberechtigten überlassen bleibt[408]. Wenn das Annullierungsrecht des Irrenden von der Irrtumskenntnis des Erklärungsempfängers abhängig ist, liegt aber kein Gestaltungsrecht mehr vor. Für die hier interessierende Frage ist zu beachten, dass das Fundament der Ersatzpflicht des Vertrauensschadens bei *Espínola* die jheringsche Haftung in contrahendo ist.

Erst *Pontes de Miranda* weicht von dieser Begründung ab. Er hat in seinem *Tratado* zusammenfassend die Anwendung der Erklärungshaftung aus § 122 BGB in Irrtumsfällen postuliert. Laut ihm solle dem Irrenden unabhängig vom Verschulden ein Annullierungsrecht zustehen, dessen Ausübung eine Pflicht auslöse, den Vertrauensschaden des Erklärungsempfängers zu ersetzen. Die Schadensersatzpflicht richte sich auf das negative Interesse und sei durch das positive Interesse begrenzt. Für *Pontes de Miranda* entsteht also eine **verschuldensunabhängige und begrenzte Schadensersatzpflicht infolge der Anfechtung** genau wie in § 122 BGB, die er allerdings nicht nur in Irrtums-, sondern auch in

406 Doutrina e prática das obrigações, Bd. 2, Rn. 555.
407 Sistema II/2, S. 95.
408 Dazu: *Larenz/Wolf*, AT, S. 679.

Dolusfällen anwenden will[409]. Er betont zutreffend, dass sich die Ersatzpflicht des Vertrauensschadens von der Ersatzpflicht des Art. 158 CC1916 (Art. 182 CC2002) unterscheide, weil diese nur subsidiär bei Unmöglichkeit der Naturalherstellung des *status quo ante* in Betracht komme und insofern eine Folge der Rückabwicklung des Geschäfts (Restitution des Erlangten) sei[410]. Der Ersatz des Vertrauensschadens aus Irrtumsanfechtung solle dagegen denjenigen Verlust abdecken, der dem Erklärungsempfänger zusätzlich entstanden sei, weil er auf die Vertragsgültigkeit vertraut habe.

Die Grundlage für den Ersatz des Vertrauensschadens bleibt aber bei *Pontes de Miranda* unklar. Dezidiert lehnt er diejenigen Theorien ab, die die Einstandspflicht mit der culpa – einschließlich der culpa in contrahendo! – oder mit einer stillschweigenden Garantie begründen wollen und scheint sich damit einer Erklärungshaftung anzunähern, die er allerdings nicht erwähnt[411]. Bei der Behandlung der gleichen Ersatzpflicht in Dolusfällen begründet er sie jedoch mit der **deliktsrechtlichen Generalklausel** des Art. 159 CC1916 (Art. 186 CC2002)[412], als ob es sich dabei um die Verletzung einer allgemeingültigen neminem-laedere-Pflicht handelte. Hier merkt man, dass *Pontes de Miranda* den Wertungsunterschied zwischen beiden Willensmängeln – Irrtum und Täuschung – nicht angemessen berücksichtigt und übersieht, dass im deutschen Recht die Schadensersatzhaftung in Dolusfällen nicht durch die Hohe des positiven Interesse wie in

409 An verschiedenen Stellen hat *Pontes de Miranda* auf eine verschuldensunabhängige Haftung hingewiesen und sogar *Bevilaqua* und *Espínola* dafür kritisiert, weil sie die Entschuldbarkeit des Irrtums ins brasilianische Recht „importiert" hätten, obwohl sie kein Tatbestand nach dem Gesetz sei. Tratado, Bd. 4, S. 311. Vgl. z. B. S. 88, wo er sagt, dass die Pflicht zum Ersatz des negativen Interesses unabhängig von dem Verschulden des Erklärenden sei. Das sei – ihm zufolge – keine Ausnahme des Verschuldensgrundsatzes der außervertraglichen oder vertraglichen Haftung, sondern lasse sich durch die Irrtumsanfechtung selbst rechtfertigen.

410 *Pontes de Miranda*, Tratado, Bd. 4, S. 323, wo zu lesen ist: „Anulado o ato jurídico, dá-se a restituição do que receberam os figurantes e, se isso não mais é possível, cabe indenização (art. 158). Discutiu-se nos séculos passados se o que foi vítima de êrro havia de indenizar o réu pelos danos sofridos por haver confiado na validade do ato jurídico (interêsse negativo ou interêsse da confiança). A questão nada tem com o art. 158, que somente concerne à restituição do que se recebeu. Tem-se, portanto, de percorrer a doutrina e de procurar a solução mais acordo com o sistema jurídico brasileiro.".

411 Tratado, Bd. 4, S. 323f. Einige Sätze vorher begründet er die Ersatzpflicht des Vertrauensschadens mit den allgemeinen Rechtsprinzipien, mit der equitas (*equidade*) oder mit dem Vertrauensgedanken selbst. S. 88f.

412 Tratado, Bd. 4, S. 344.

Irrtumsfällen begrenzt wird, weil der Willensmangel bei Arglist nicht aus der Sphäre des Anfechtenden stammt[413].

Inkohärent bleibt bei ihm unter anderem, wie die von ihm postulierte verschuldensunabhängige Schadensersatzhaftung nach deutschem Vorbild ihr Fundament in der deliktischen Verschuldenshaftung des Art. 159 CC1916 findet. Diese Unbestimmtheit deutet vielmehr darauf hin, dass er – wenn überhaupt – nur eine vage Vorstellung über die vorvertraglichen Pflichten aus Treu und Glauben hatte, deren schuldhafte Verletzung im Rahmen von Irrtumsfällen den Ersatz des Vertrauensschadens rechtfertigt, da de lege lata keine Schadensersatzpflicht an die Irrtumsanfechtung geknüpft ist. In der Tat hat das brasilianische Zivilgesetzbuch – anders als § 122 BGB – eine Schadensersatzhaftung infolge Irrtumsanfechtung nie vorgesehen[414], sondern lediglich die **Rückabwicklung des Geschäfts mit Wirkung** *ex tunc* in Art. 158 CC1916 (Art. 182 CC2002) angeordnet, so dass die Auferlegung einer Vertrauenshaftung einer Begründung bedarf, die *Pontes de Miranda* nicht liefert.

Für die hier interessierende Frage über eine parallele Anwendung der Haftung in contrahendo neben der Irrtumsanfechtung ist die dogmatische Stellung von *Pontes de Miranda* von Bedeutung, weil er das brasilianische Privatrecht am stärksten beeinflusst hat. Insbesondere seine grundsätzliche Ablehnung der culpa in contrahendo, die er mehrmals als unlogisch degradiert, und zwar schon aus terminologischen Gründen, da die culpa in contrahendo keine „*culpa*" voraussetze[415], hat er die genannte Diskussion weiter gedämpft und zum Vergessen der Problematik beigetragen. *Pontes de Miranda* hat die jheringsche culpa in contrahendo stark kritisiert, weil sie – anders als vom historischen deutschen Gesetzgeber selber angenommen[416] – nicht in § 122 BGB rezipiert worden ist. Wie oben C II 1.2 dargelegt, stellt die Haftung für Irrtumsanfechtung aus § 122 BGB keine culpa in contrahendo dar, weil sie kein Verschulden des irrenden Erklärenden voraussetzt und auf das negative Interesse begrenzt ist. Die Haftung in

413 Statt vieler: Staudinger/*Singer*, § 122 Rn. 4, wo auf die Entscheidung des Reichsgericht (RG Recht 1912 Nr. 8) hingewiesen wird.

414 In diesem Sinne: *Rodrigues*, Dos vícios do consentimento, S. 56 und *Lotufo*, Curso, Bd. 1, S. 291, wo zu lesen ist: „Como não há qualquer disposição legal no Código obrigando quem anula a indenizar, não se pode pretender que no Brasil de hoje a indenizabilidade seja de ordem legal".

415 Tratado, Bd. 4, S. 304, S. 324.

416 Infolgdessen gilt irrigerweise § 122 BGB weltweit als gesetzliches Beispiel für die jheringsche culpa in contrahedo. Dies findet sich noch bei: *Rodrigues*, Dos vícios do consentimento, S. 40. In anderen Ländern: *Gracía Rubio*, La responsabilidad, S. 35 und *Benatti*, Responsabilidade pré-contratual, S. 71 Fn. 46.

contrahendo ist dagegen immer noch eine Verschuldenshaftung, erfährt jedoch keine Begrenzung auf die Höhe des positiven Interesses.

Die deutsche Rechtswissenschaft hat gleich nach Inkrafttreten des BGB akzentuiert, dass es sich bei § 122 BGB um eine Haftung für die im Rechtsverkehr abgegebene Willenserklärung handelt. Dahinter steht der Gedanke, dass derjenige, der eine Willenserklärung im Rechtsverkehr abgibt, nicht nur Rechtsfolgen in seiner eigenen Rechtssphäre herbeiführt, sondern auch einen Vertrauenstatbestand bei dem Erklärungsempfänger (oder Dritten) schafft, der im Vertrauen darauf (nicht)vermögensrechtliche Dispositionen macht und deshalb Schutz von der Rechtsordnung verdient. Der Erklärende haftet nicht – wie bei der culpa in contrahendo – für die Verletzung vorvertraglicher Rücksichtspflichten, sondern für das gegebene Wort. Deshalb darf der irrende Erklärende seine Willenserklärung zwar anfechten, muss aber den Vertrauensschaden des Erklärungsempfängers oder eines Dritten ersetzen, wenn diese den Irrtum des Erklärenden nicht kannten (kennen mussten). Das Fundament der Haftung ist deshalb der Grundsatz der Selbstverantwortung und des Vertrauensschutzes im Rechtsverkehr[417].

Pontes de Miranda hat zutreffend bemerkt, dass die Haftung aus § 122 BGB anders als die culpa in contrahendo ist. Die Haftung in contrahendo hat er jedoch missverstanden. Ihm kann vorgeworfen werden, die vorvertragliche Lehre seiner Zeit nicht mitverfolgt zu haben, die damals – in den 70er Jahren des letzten Jahrhunderts – schon weit fortgeschritten war und die culpa in contrahendo nicht mehr wie bei *Jhering* als eine begrenzte Haftung für die fahrlässige Herbeiführung der Vertragsungültigkeit, sondern vielmehr als eine Haftung für schuldhafte Verletzung vorvertraglicher Pflichten im Rahmen eines rechtsgeschäftlichen Kontakts betrachtet wurde, die unabhängig von Bestehen eines (un)gültigen Vertrages in Betracht kommt[418]. Auch mit *Jherings* Lehre scheint *Pontes de Miranda* Schwierigkeiten gehabt zu haben. Zunächst hat er übersehen, dass die **Nichtigkeit** bei ***Jhering*** **nicht gänzliche Wirkungslosigkeit des Vertrages** bedeutet, sondern lediglich das **Ausbleiben des Hauptzwecks des Vertrages,** nämlich der Leistungserfüllung. Nach *Jhering* hindert das Ausfallen der Hauptwirkung des Vertrages nicht die Annahme, dass der Vertrag Nebenwirkungen wie

417 Statt vieler: Staudinger/*Singer*, § 122 Rn. 1f.

418 Vgl. dazu die Rechtsentwicklung der culpa in contrahendo in Deutschland (Kapitel 1 A). Das unzeitgemäße Konzept von *Pontes de Miranda* lässt sich dadurch widerlegen, dass er kaum Bezug auf *Heinrich Stoll*, *Dölle*, *Ballerstedt*, *Larenz* oder *Canaris* nimmt, die damals die vorvertragliche Dogmatik schon präzisiert haben. Das erlaubt den Rückschluss, dass er das unklare Konzept der Pandektistik übernommen hat. Auch mit dem Grundsatz von Treu und Glauben konnte er nichts anfangen. Nicht von ungefähr sagt *Noronha* treffend, dass *Pontes de Miranda* für die jahrzehnte Missachtung von Treu und Glauben verantwortlich war. O direito dos contratos, S. 131.

z. B. Schadensersatzpflichten entfalten könne[419]. Deshalb erzeugte bei ihm der nichtige Vertrag Schadensersatzansprüche aus culpa in contrahendo, weil der Erklärende bei Abgabe seiner Willenserklärung nicht die „nötige diligentia“ (Sorgfalt) aufgewendet habe.

Zweitens hat *Pontes de Miranda* nicht nachverfolgt, dass *Jhering* vor allem auf die Notwendigkeit von Vertrauensschutz im Rechtsverkehr aufmerksam gemacht hat in der Herrschaftszeit der savignyschen Willenstheorie[420]. Durch den Bezug auf die **nötige diligentia des Erklärenden vor Vertragsschluss** hat er eine (Sorgfalts-)Pflicht identifiziert, die sich von der allgemeinen deliktsrechtlichen diligentia unterscheidet. Damit hat er den Weg für die Anerkennung eines **eigenständigen Bereiches von Pflichten** bereitet, die weder als vertragliche noch außervertragliche Pflichten qualifiziert werden können. Drittens hat *Pontes de Miranda* der Tatsache keinerlei Beachtung geschenkt, dass *Jhering* ein **bestehendes** von einem **noch entstehenden „Kontraktverhältnis“** unterschieden und betont hat, dass schon „in contrahendo“ die nötige diligentia entsteht, die den Kontrahierenden verpflichtet, Nichtigkeitsgründe zu erkennen und den Abschluss eines nichtigen Vertrages zu vermeiden. Dies kommt durch einen Satz zum Ausdruck, der – laut *Schnur* – zum Ausgangspunkt der modernen Lehre vorvertraglichen Schutzes geworden ist: „Wer contrahiert, tritt damit aus dem rein negativen Pflichtenkreis des außercontractlichen Verkehrs in den positiven der Contractsphäre... und die erste und allgemeinste Verpflichtung, die er damit übernimmt, ist die: beim Contrahieren selbst bereits die nötige diligentia aufzu-

419 Dazu: *Jhering*, Culpa in contrahendo, S. 22f. Die moderne Privatrechtsdogmatik ist – in Entwicklung dieses Grundgedankens – heute sogar einen Schritt weiter gegangen: Die Unwirksamkeit der Hauptverbindlichkeit hindert nicht die Wirksamkeit des Vertrages. Das lässt sich mit dem Beispiel der Leistungsunmöglichkeit nachweisen: Die anfängliche Unmöglichkeit der Leistungspflicht führte nach § 307 BGB a.F. zur Nichtigkeit des gesamten Vertrages und – bei Kenntnis (Kennenmüssen) des Unwirksamkeitsgrundes im Zeitpunkt des Vertragsabschlusses durch den Schuldner – zu einer in der Höhe des positiven Interesses begrenzten Ersatzpflicht des Vertrauensschadens der Gegenseite. Heutzutage ist dagegen gesetzlich anerkannt, dass die anfängliche Leistungsunmöglichkeit die Gültigkeit des Vertrages unberührt lässt (§ 311a I BGB). Im Hintergrund steht der Gedanke, dass sich das Schuldverhältnis nicht in der Erzeugung von Leistungspflichten erschöpft, sondern weitere Pflichten erzeugt wie die Rücksichtspflichten, die unabhängig von Parteiwillen entstehen. Deshalb sagt § 311a I BGB, dass die Vertragsbindung trotz anfänglicher Unmöglichkeit der primären Leistungspflicht wirksam bleibt und dementsprechend weitere Wirkungen entfaltet. Der Gläubiger kann demzufolge entweder Aufwendungsersatz oder Schadensersatz statt der Leistung verlangen. Diesen bedeutenden Unterschied zwischen Nichtigkeit und Wirkungslosigkeit findet man schon in *Jherings* Aufsatz über die culpa in contrahendo, den *Pontes de Miranda* übersehen hat. Über *Jherings* Theorie vgl. *Schur*, Leistung und Sorgfalt, S. 12.

420 *Schur*, Leistung und Sorgfalt, S. 9.

wenden“[421]. Man kann deshalb *Jhering* auch als Vorläufer des Konzepts des Schuldverhältnisses iwS sehen.

Dazu kommt noch das Problem, dass *Pontes de Miranda* die vorvertragliche Schutzlehre seiner Zeit nicht mitverfolgt hat sowie auch nicht die Theorien, die in Deutschland in Anlehnung an Treu und Glauben (§ 242 BGB) entwickelt wurden. Es überrascht deshalb nicht, wenn er den Grundsatz von Treu und Glauben als Fundament der Pflicht zum Ersatz des Vertrauensschadens ablehnt[422]. Hätte er sich mit der damals aktuellen Lehre zur culpa in contrahendo auseinandergesetzt, hätte er vielleicht den von ihm gesuchten Grund[423] für den Ersatz des Vertrauensschadens – zumindest beim schuldhaften Irrtum des Erklärenden – in der culpa in contrahendo gesehen, also in der Verletzung einer erhöhten vorvertraglichen Sorgfaltspflicht, die aus dem rechtsgeschäftlichen Kontakt zwischen den Parteien stammt.

Das ist insoweit wichtig, als das brasilianische Zivilgesetzbuch – anders als § 122 BGB – keine Schadensersatzpflicht an die Irrtumsanfechtung knüpft, so dass man in Brasilien zunächst einen Haftungsgrund dafür braucht. Stattdessen hat *Pontes de Miranda* den reinen Import der deutschen verschuldensunabhängigen Erklärungshaftung postuliert, die jedoch keine Stütze im Gesetz fand und außerdem dem der Privatrechtskodifikation zugrunde liegenden Verschuldensprinzip widersprach. Vielleicht deshalb hat sich sein verschuldensunabhängiges Irrtumsmodell in Lehre und Rechtsprechung nicht durchgesetzt, die vielmehr die Entschuldbarkeit als Tatbestandsmerkmal des Irrtums verlangt haben.

In der Rechtspraxis wurde die Annullierung irrtumsbedingter Verträge ohne Ersatz des Vertrauensschadens der vertrauenden Gegenseite weiterhin erlaubt. Es haben sich jedoch Sachverhalte herausgebildet, in denen der Erklärende vom Erklärungsempfänger in einen Irrtum geführt wurde, indem der Erklärungsempfänger rein fahrlässig falsche Auskünfte erteilt, sie verschweigt oder erkannt hat, dass sich der Erklärende im Irrtum befand und ihn darauf nicht aufmerksam machte, um den Abschluss des Geschäfts nicht zu gefährden. Da die Praxis dort eine Lösung finden muss, wo Gesetz und Dogmatik keine solche anbieten, hat man bei solchem illoyalen Verhalten vor Vertragsschluss auf die Irrtumsfigur zurückgegriffen, weil der Vorsatznachweis in solchen Fällen schwierig oder unmöglich war. Der in den Irrtum geführte Erklärende hat dann die Annullierung des

421 *Jhering*, Culpa in contrahendo, S. 32. Dazu auch: *Schnur*, Leistung und Sorgfalt, S. 12.
422 Tratado, Bd. 4, S. 306.
423 *Pontes de Miranda* fragt sich mehrmals nach dem Grund für die Ersatzpflicht des Vertrauensschadens (negatives Interesse). Vgl. beispielsweise: Tratado, Bd. 4, S. 84 („[...] tem-se de saber qual o fato de que resulta que se criem ao manifestante da vontade o dever e a obrigação de reparar o interêsse positivo.“). Vgl. auch: S. 87.

Vertrages und zusätzlich Schadensersatz von dem unredlichen Erklärungsempfänger verlangt. Die Rechtsprechung hat dem „irrenden" Erklärenden zugebilligt, sich über den **Umweg über die Irrtumsfigur** von der ungünstigen oder unerwünschten Vertragsbindung immer dann zu befreien, wenn er nachweist, dass der Erklärungsgegner seinen Irrtum „erkannt" hat oder ihn – weil allzu ersichtlich – nicht verkennen konnte[424].

Dass diese Fälle **keine echten Irrtumsfälle** bilden, erkennt zu Recht *Rodrigues*, der in den 70er Jahren das Thema gründlich untersucht hat[425]. Denn der Irrtum setzt eine **endogene Störung** in der Willensbildung voraus. Liegt dagegen eine **exogene Störung** in diesem Prozess vor, kann von Irrtum nicht mehr die Rede sein. Darin liegt bereits die Grenze zwischen Irrtum und Dolus als zwei autonomen Willensmängeltatbeständen[426]. Die ersten Kodifikationen haben bekanntlich fremde Störung in der Willenserklärung nur mit dem Rechtsinstitut der Arglist (Arts. 145 und 147 CC2002, § 123 BGB) sanktioniert, weil dabei Vorsatz vorliegt. Fahrlässige unzulässige Störungen in der Willensbildung bilden daher keinen eigenen Tatbestand im Rahmen des Willensmangelrechts. Die Frage ist nun, mit welchen Rechtsmechanismen man eine systemkonforme Lösung für solche Fälle konstruiert. Ein Rekurs auf die Irrtumsfigur, wie in Brasilien geschehen oder auf den Dolus, wie etwa in Italien, löst nur partiell das Problem und führt letztendlich zum Verlust rechtsdogmatischer Präzision, was umgekehrt den wissenschaftlichen Diskurs erschwert.

Die vorvertragliche Informationshaftung hat sich dagegen historisch zu dem Zweck herausbildet, informationelle Asymmetrie bei der Vertragsvorbereitung auszugleichen und fahrlässiges informationelles Fehlverhalten zu sanktionieren, da die fahrlässige Irreführung der Gegenseite durch Tun oder Unterlassung ein **illoyales Verhalten vor Vertragsschluss** darstellt. Das Redlichkeitsgebot verpflichtet in diesem Kontext den Erklärungsempfänger, keine falsche Vorstellung bei dem Erklärenden zu erwecken bzw. zu verstärken sowie den von ihm erkannten Irrtum des Erklärenden aufzulösen oder ihn zumindest davor zu warnen. Tut er das nicht, kann er sich für die Herbeiführung der Vertragsungültigkeit wegen fahrlässiger Verletzung vorvertraglicher Aufklärungspflicht verantwortlich

424 *Rodrigues*, Dos vícios do consentimento, S. 77. Er bezeichnet diese Praxis als eine „Reaktion des Lebens auf den starren Gesetztext" und begrüßt die Haltung der brasilianischen Gerichte, sich nicht blind an das Gesetz zu halten, sondern eine gerechte Lösung für den konkreten Fall zu finden. Dos vícios do consentimento, S. 71 f.

425 Er sagt, dass die meisten von ihm untersuchten Fälle sich an den Dolus annähern, obwohl sie als Irrtum eingeordnet wurden. *Rodrigues*, Dos vícios do consentimento, S. 72.

426 Statt vieler: *Larenz/Wolf*, AT, S. 683 und *Pinto Oliveira*, Princípios, S. 200.

machen[427]. Das bedeutet: In den hier analysierten Fällen liegt in Wahrheit also eine **vorvertragliche Informationshaftung.**

Hätte man damals das Instrumentarium der culpa in contrahendo zur Verfügung gehabt, hätte man einfach sagen können: Der Erklärungsempfänger hat schuldhaft – egal ob fahrlässig oder vorsätzlich – seine vorvertragliche Aufklärungspflicht verletzt, indem er bei dem Gegner falsche Vorstellungen über das Geschäft erweckt oder den Irrtum des Erklärenden erkannt und ihn nicht gewarnt hat. Dadurch verstößt er gegen Treu und Glauben, die ihn zum loyalen und rücksichtsvollen Verhalten dem anderen gegenüber verpflichten. Der Irrtumsbegriff als endogener Willensmangel hätte sich rechtsdogmatisch integer aufrechterhalten lassen. Das geschah jedoch nicht. Die genannte Rechtspraxis hat sich durchgesetzt und zu dem Ergebnis geführt, dass der „irrende Erklärende" seine eigene Willenserklärung wegen „Irrtums" anfechten und zugleich Schadensersatz vom Erklärungsempfänger verlangen kann. Im Schrifttum hat sich dann teilweise die Auffassung etabliert, der Irrtum solle nur dann zur Anfechtung berechtigen, wenn der Erklärungsempfänger ihn erkannt habe, weil dann sein Vertrauen nicht mehr schutzwürdig sei.

b) Das Irrtumskonzept im neuen Zivilgesetzbuch

Die neue Kodifikation hat die Rechtslage nicht korrigiert, sondern durch die neue Formulierung des Art. 138 CC2002 die Diskussion entflammt. Vorbild für die Norm war Art. 1.428 des italienischen Zivilgesetzbuches, nach der der Irrtum einen Grund für die Vertragsannullierung nur darstelle, wenn er wesentlich und erkennbar für die Gegenpartei ist. Der brasilianische Gesetzgeber hat diese Idee in die Formulierung des Art. 138 CC2002 aufgenommen. Nach dieser Norm sind Rechtsgeschäfte annullierbar, wenn die Willenserklärungen auf einem wesentlichen Irrtum basieren, der nach den Geschäftsumständen durch eine üblich sorgfältige Person erkannt werden konnte[428]. Nicht übertragen worden ist allerdings Art. 1.338 des *Codice Civile*, der dem einen Teil, der den Ungültigkeitsgrund des Vertrages kennt oder kennen musste und die Gegenseite darüber nicht aufklärt, eine Haftung für den Ersatz des Vertrauensschadens auferlegt, den die Gegenseite schuldlos erlitten hat, weil sie auf die Gültigkeit des Vertrages vertraut

427 *Larenz/Wolf*, AT, S. 658 ff.

428 „Art. 138. São anuláveis os negócios jurídicos, quando as declarações de vontade emanarem de erro substancial que poderia ser percebido por pessoa de diligencia normal, em face das circunstâncias do negócio."

hat[429]. Dass es sich dabei um eine Haftung in contrahendo handelt, unterliegt im italienischen Schrifttum keinem Zweifel [430].

Die brasilianische Lehre diskutiert zur Zeit über den Irrtumsbegriff. Laut einer Strömung darf der Irrende das Geschäft nur annullieren, wenn es sich um einen wesentlichen Irrtum handelt und er sich in entschuldbarer Weise geirrt hat. Im Hintergrund steht der Gedanke, dass derjenige, der aufgrund grober Fahrlässigkeit irrt, das Geschäft nicht annullieren darf. Der Irrtum muss also entschuldbar und wesentlich, d. h. für den Abschluss kausal gewesen sein[431]. Für eine zweite Strömung muss der Irrtum außerdem noch für den Erklärungsempfänger erkennbar sein. Entscheidend soll es sein, ob der Erklärungsempfänger den wesentlichen Irrtum des Erklärenden erkennen kann oder nicht. Erkenne er den Irrtum des Erklärenden, sei sein Vertrauen auf die Gültigkeit des Geschäfts nicht mehr schutzwürdig und der Vertrag könne vernichtet werden. Habe er sich dagegen sorgfältig und „redlich" verhalten und trotzdem den Irrtum der Gegenseite nicht bemerkt, dürfe der Irrende seine irrtumsbedingte Willenserklärung nicht mehr anfechten[432]. Viele Fragen werden dabei nicht thematisiert: Ob der Irrtum wesentlich sein muss, welche Fahrlässigkeitsgrad seitens des Erklärungsemp-

---

429 „Art. 1338. Conoscenza delle cause d'invalidità. La parte che, conoscendo o dovendo conoscere l'esistenza di una causa d'invalidità del contratto (1418 ss.), non ne ha dato notizia all' altra parte è tenuta a risarcire il danno da questa risentito per avere confidato, senza sua colpa, nella validità del contratto."

„Art. 1428. Rilevanza dell'errore. L'errore è causa di annullamento del contratto quando è essenziale (1429) ed è riconoscibile dall'altro contraente (1431)."

„Art. 1431. Errore riconoscibile. L'errore si considera riconoscibile quando in relazione al contenuto, alle circostanze del contratto overo alla qualità dei contraenti, una persona di normale diligenza (1176) avrebbe potuto rilevarlo."

430 Laut *Benatti* lässt sich die Norm auf die jheringsche Theorie der culpa in contrahendo zurückzuführen und ist eine Konkretisierung des Grundsatzes von Treu und Glauben (*clausola generale di buona fede*) aus Art. 1.337 Codice. A responsabilidade pré-contratual, S. 72.

431 Statt vieler: *Bevilaqua*, Teoria geral, S. 279; *Gomes*, Introdução, S. 417; *Gagliano/Pamplona*, Novo curso, Bd. 1, S. 348 ff. und *Rodrigues* sagt, dass das Merkmal der Erkennbarkeit des Irrtums durch den Erklärungsempfänger schon in der lusitanischen Tradition zu finden sei. Das portugiesische Zivilgesetzbuch aus dem Jahr 1867 erlaubte die Auflösung des Vertrages nur eingeschränkt, wenn der Irrtum für den anderen Teil (Empfänger) erkennbar war. Das gilt heute in Art. 247 des *Código Civil* von 1966, der sich durch den italienischen *Codice* (1942) inspirieren hat lassen. Dos vícios do consentimento, S. 39 f. Das brasilianische Irrtumsrecht hat seine Wurzel im römischen Recht, wo auch Entschuldbarkeit und Wesentlichkeit erforderlich waren. Dazu: *Moreira Alves*, Direito romano, Bd. 1, S. 175.

432 Statt vieler: *Tepedino/Barboza/Bodin*, CCI 1, Art. 138, S. 269; *Lotufo*, Código civil, Bd. 1, Art. 138, S. 382; *Bdine Junior*, Efeitos do negócio, S. 65 f.; *Moreira Alves*, O projeto, S. 47 f.; *Nevares*, O erro, 251, 256 und *Rosenwald/Farias*, Direito civil, Bd. 1, S. 436 f. Ohne klare Position hinsichtlich des Erkennbarkeitsmerkmals: *Silva Pereira*, Introdução, S. 522 f.

fängers verlangt werden muss, welche Rechtsfolgen aus der fahrlässigen Verkennung des Irrtums oder aus dem Verschulden beiden Parteien resultieren oder ob die Erkennbarkeit bei Entstehung des Schadensersatzanspruchs eine Rolle spielt.

Diese Rechtsunsicherheit zeigt sich schon in der Rechtsprechung. Die überwiegende herrschende Meinung macht jedoch nach wie vor die Annullierung des Geschäfts von der Wesentlichkeit und Entschuldbarkeit des Irrtums abhängig. Der anfechtungsberechtigende Irrtum muss sich auf wesentliche Umstände beziehen, die der irrende Erklärende infolge groben Verschuldens nicht übersehen darf. Das Annullierungsrecht hängt also von einer Verschuldensprüfung seitens des Erklärenden, damit von der Entschuldbarkeit des Irrtums ab[433]. Grobe Fahrlässigkeit legitimiert nicht die Vertragsauflösung. Eine **Wortlautauslegung des Art. 138 CC2002** führt jedoch zum Ergebnis, dass der irrende Erklärende das Geschäft nur annullieren darf, wenn es sich um einen wesentlichen Irrtum handelt, den der Erklärungsempfänger bemerken konnte.

Zum Tatbestand des Irrtums gehören also **Wesentlichkeit** und **Erkennbarkeit.** Dadurch wollte der Gesetzgeber dem Vertrauen des Erklärungsempfängers Rechnung tragen, nicht ohne Weiteres in seinem Vertrauen auf die Gültigkeit des abgeschlossenen Vertrages enttäuscht zu werden[434]. Entscheidend sollte es im konkreten Fall sein, ob der Erklärungsempfänger den wesentlichen Irrtum erkannt hat oder hätte erkennen können: Erkennt er den Irrtum des Erklärenden, ist sein Vertrauen auf die Vertragsgültigkeit nicht mehr schutzwürdig und der Erklärende kann das Geschäft vernichten; erkennt er – trotz Anwendung der erforderlichen Sorgfalt – den Irrtum des Erklärenden nicht, sei sein Vertrauen schutzwürdig und der Vertrag darf nicht aufgelöst werden.

Verfolgt man diesen Gedanke konsequent weiter, ergeben sich zwei mögliche Schlussfolgerungen. Erstens: Erkennt der Erklärungsempfänger den Irrtum des Erklärenden oder hätte er ihn erkennen können, wenn er sich sorgfältig verhalten hätte, ist sein Vertrauen auf die Vertragsgültigkeit nicht mehr schutzwürdig. Der Erklärende darf anfechten und der Erklärungsempfänger erlangt keinen Scha-

---

433 *Rodrigues* führt ein, dass das vorkodifikatorische Recht die Entschuldbarkeit des Irrtums nicht verlangte. In der portugiesisch-brasilianischen Lehre war das Thema streitig. Vgl. Dos vícios do consentimento, S. 58 ff. *Bevilaqua* hat die Entschuldbarkeit nicht als Tatbestand des Irrtums in Art. 86 CC1916 vorgesehen, sie jedoch ausdrücklich in seinen Buch und in der Kommentierung zum Zivilgesetzbuch verlangt. Teoria geral, S. 279. Zu einer rechtsvergleichenden Diskussion über die Entschuldbarkeit des Irrtums und die Bedeutung der culpa für die Annullierung des Geschäfts vgl. *Moreira Alves*, A parte geral, S. 47 ff. *Pontes de Miranda* hat sich in Anlehnung an das römische und deutsche Recht gegen den Tatbestand der Entschuldbarkeit geäußert, Tratado, Bd. 4, S. 310 f.

434 Statt vieler: *Lotufo*, Código civil, Bd. 1, Art. 138, S. 385.

densersatz, weil sein Vertrauen nicht mehr schutzwürdig sei[435]. Hier handelt er – bei positiver Irrtumskenntnis – vorsätzlich gegenüber dem Erklärenden, da er ihn einfach seiner irrigen Vorstellung überlässt. Deshalb erlaubt die Rechtsprechung dem sich im Irrtum befindlichen Erklärenden, den Vertrag aufzulösen und Schadensersatz zu verlangen. Zweitens: Erkennt der Erklärungsempfänger – bei Anwendung der im Verkehr erforderlichen Sorgfalt – den Irrtum des Erklärenden trotzdem nicht, darf der Erklärende den Vertrag nicht annullieren, auch wenn er sich ohne Verschulden geirrt und ein schlechtes Geschäft ausgehandelt hat[436]. Das Vertrauen des Erklärungsempfängers wird durch die Aufrechterhaltung des Vertrages geschützt, der Irrende bleibt dagegen schutzlos. Man merkt, dass das Vertrauen des schuldlosen Erklärungsempfängers **nicht durch Einräumung eines Schadensersatzanspruchs**, sondern grundsätzlich durch die **Aufrechterhaltung des Vertrages** geschützt wird – was letztendlich von seinem Verschulden abhängt. Anders ausgedrückt: Um das Vertrauen des schuldlosen Erklärungsempfängers zu schützen, hat der Gesetzgeber – statt ihm einen Vertrauensschaden einzuräumen – die Irrtumsanfechtung erschwert[437].

c) Kritische Anmerkungen zum aktuellen Irrtumsmodell des Art. 138 CC2002

Es ist kein Ziel dieser Doktorarbeit, eine ausführliche Auseinandersetzung mit dem Irrtumskonzept der brasilianischen Kodifikation vorzunehmen, weil dieses Problem nur einen Aspekt in dem Unterfall der Haftung in contrahendo für den Abschluss ungültiger Verträge darstellt und diese Arbeit „nur" auf die Festlegung der Grundlinien der culpa in contrahendo im brasilianischen Recht abzielt. Man sollte aber auf einige dogmatische Unstimmigkeiten in diesem Modell hinweisen. Zunächst muss man zwei Fallkonstellationen scharf voneinander trennen, nämlich die **schuldhafte Irreführung zum Vertragsschluss** und die **echten Irrtumsfälle.**

---

435 In diesem Sinne: *Lotufo*, Código civil, Bd. 1, Art. 138, S. 382 und *Bdine Junior*, Efeitos do negócio, S. 66, der auf S. 68 einführt, dass nach der neuen Gesetzessystematik den Erklärungsempfänger immer das überwiegende Verschulden für den Irrtum treffe, weil er untätig geblieben sei, obwohl er den Irrtum des Erklärenden erkannt habe oder hätte erkennen können. Deshalb verdiene er keinen Schadensersatz.

436 In diesem Sinne: *Lotufo*, Código civil, Bd. 1, Art. 138, S. 383 und *Bdine Junior*, Efeitos do negócio, S. 66.

437 Der neue Gesetzgeber hat mit der Neuformulierung des Art. 138 CC2002 bewusst das Ziel gehabt, die Irrtumsanfechtung zu erschweren. In diesem Sinne ausdrücklich *Moreira Alves*, laut dem eine moderne Tendenz zu konstatieren sei, die Irrtumsanfechtung zu hindern, nicht dagegen die Dolus- oder Drohungsanfechtung. A parte geral, S. 47, 52.

(1) Fahrlässige Irreführung zum Vertragsschluss

Hat der Erklärungsempfänger die Vertragsentscheidung des Erklärenden in unzulässiger Weise beeinflusst, weil er z. B. rein fahrlässig unzutreffende bzw. unzureichende Informationen mitgeteilt hat oder den Erklärenden in seiner irrigen Vorstellung über die in Art. 139 CC2002 genannten wesentlichen Umstände des Vertrages gelassen hat, besteht in Wahrheit ein **vorvertragliches illoyales Verhalten** des Erklärungsempfängers. In dem ersten Fall – **fahrlässige Unterlassung oder Mitteilung falscher Information** – liegt ein typisches informationelles Fehlverhalten vor Vertragsschluss, d. h. eine **vorvertragliche Informationspflichtverletzung** vor, denn die Informationspflicht aus Treu und Glauben (Art. 422 CC2002) verpflichtet auch den Erklärungsempfänger, vor Abgabe jeder Auskunft ihre Richtigkeit und Aktualität zu prüfen. Tut er das nicht, kann er sich gegenüber dem Erklärenden schadensersatzpflichtig machen. Es liegt hier in rechtlichem Sinne **kein Irrtum des Erklärenden** vor, weil der Irrtum einen endogenen Willensmangel aus dem Verantwortungsbereich des Erklärenden voraussetzt[438].

Wenn der Willensmangel aus dem Bereich des Erklärungsempfängers stammt, liegt entweder eine fahrlässige oder vorsätzliche Irreführung zum Vertragsabschluss vor. Die vorsätzliche Irreführung bildet herkömmlicherweise den Tatbestand des Dolus aus Arts. 145 und 147 CC2002. Die fahrlässige Irreführung wurde in Deutschland in Anlehnung an § 242 BGB als vorvertragliche Pflichtverletzung rechtsfortbildend sanktioniert. Das gleiche Phänomen besteht in lateinischen Rechtsordnungen wie Portugal, Italien und Spanien: Dort hat man die Haftung zwar im Grundsatz von Treu und Glauben begründet, solche Fälle aber unter den Dolustatbestand subsumiert, was zur einer fraglichen rechtsdogmatischen Erweiterung des Dolusbegriffs geführt hat. Es besteht trotzdem kein Zweifel daran, dass es in beiden Fällen (vorsätzliche oder fahrlässige Irreführung) um eine Haftung in contrahendo geht[439]. Das stellt die Einordnung fahrlässiger Irre-

---

438 Grundlegend dazu: Staudinger/*Singer*, § 119 Rn. 1 ff. In diesem Sinne führt *Silva Pereira* an, dass man den Irrtum als Willensmangel nicht mit dem Irrtum, der durch die Gegenseite verursacht wurde, verwechseln darf, die er als Dolus qualifiziert. Introdução, S. 527.

439 In diesem Sinne im brasilianischen Recht: *Martins Costa*, Um aspecto da obrigação de indenizar, 1, 15, bei der man allerdings keine klare Abgrenzung zwischen Dolus und Irrtum einerseits und zwischen culpa in contrahendo und Willensmängelrecht andererseits erkennen kann. Vgl. in Italien: *Benatti*, A responsabilidade pré-contratual, S. 82 ff., der die Erweiterung des Dolusbegriffs betont und *Schiavone*, Responsabilità civile e previdenza 4/2008, 786, 790 ff.; in Spanien: *García Rubio*, La responsabilidad, S. 164 ff. und in Portugal: *Pinto Oliveira*, Princípios, S. 205.

führung als „Irrtum" des Erklärenden in Frage, wie in der brasilianischen Rechtspraxis üblich[440].

In der zweiten Fallkonstellation – **Nichtaufklärung über den Irrtum des Erklärenden** – liegt ein illoyales Verhalten vor, indem der Erklärungsempfänger den Irrtum des Erklärenden erkennt und ihn davor nicht warnt, meistens um die Schaffung einer günstigen Vertragsposition nicht zu gefährden[441]. Hat er den Irrtum des Erklärenden erkannt, ist er nach Treu und Glauben (Art. 422 CC2002) verpflichtet, den Erklärenden darüber aufzuklären oder zumindest davor zu warnen. Der Erklärungsempfänger verletzt also eine **vorvertragliche Aufklärungspflicht**, die darauf abzielt, dem Erklärenden eine störungsfreie Entscheidung über den Vertragsabschluss zu ermöglichen. Man kann in solchem Fall auch nicht von einem Irrtum des Erklärenden sprechen, weil der Mangel nicht allein

440 Statt vieler: STJ, AgInt no REsp. 1583728/SP, T3, Rel. Min. Ricardo Villas Bôas Cueva, Urt. vom 20.09.2016, DJe 03.10.2016 (Annullierung eines Vertrages über den Kauf von Gesellschaftsanteilen wegen „Irrtums", weil der Verkäufer den Käufer über die gesundheitsrechtlichen Irregularitäten des verkauften Kühlhauses nicht aufgeklärt hat); STJ, REsp. 1260772/MG, T3, Rel. Min. João Otávio Noronha, Urt. vom 05.03.2015, DJe 16.03.2015 (Vorsätzliche Irreführung eines Onkels durch die Nichte zum Abschluss eines Kaufvertrag in dem Glauben, es handele sich um einen Austauschvertrag, die als wesentlicher Irrtum über die Natur des Geschäfts qualifiziert wird); STJ AgRg no AREsp. 152270/DF, T3, Rel. Min. Paulo de Tarso Sanseverino, Urt. vom 04.12.2014, DJe 15.12.2014 (Annullierung eines Unternehmenskaufvertrages wegen wesentlichen Irrtums über die vom Verkäufer verschwiegene schlechte finanzielle Lage des Unternehmens. Dabei hat der STJ die Behauptung des Beklagten/Verkäufers, der erfahrene Kläger/Käufer habe sicher seinen Irrtum erkannt, was die Annullierung verhindere, für unbeachtlich erklärt mit der Begründung, das Gericht müsse sich nicht zu jeder Behauptung der Parteien äußern.); REsp. 1163118/RS, T4, Rel. Min. Luis Felipe Salomão, Urt. Vom 20.05.2014, DJe 05.08.2014 (Bewusste Irreführung eines Käufers duch den Makler zum Erwerb einer durch Ersitzung schon erwobenen Immobilie. In dem Fall hat der STJ im Leitsatz betont, dass dabei eine feine Grenze zwischen Irrtum und Dolus vorliege, da angeblich eine „maliziöse Veranlassung" zum Vertragsschluss vorgegegeben sei, und trotzdem einen „wesentlichen Irrtum" des Käufers bestätigt.); TJSP, Apelação Cível 2017.0000245220, 3ª Câmara de Direito Privado, Rel. Marcia Barone, Urt. vom 10.04.2017 (Irrtum wird aus der subjektiven Perspektive des Irrenden definiert. In dem Fall hat der Verkäufer das falsche Grundstück dem Käufer gezeigt, der Prozess wurde an die Tatsacheninstanz zur Beweisnachholung zurückverwiesen.); TJRS, Apelação Cível 71004671236, 3ª. Turma Recursal Cível, Rel. Cleber Augusto Tonial, Urt. vom 23.10.2014 (Unterlassene Aufklärung über die Höhe des zurückzuzahlenden Darlehens gegenüber einem alten und analphabetischem Kunde, dessen Tilgung ca. 90 % der Rente entsprach. Als „Irrtum über die Eigenschaft des Vertragsgegenstands" qualifiziert.); TJRS, Apelação Cível 70052990066, 17ª. Câmara Cível, Rel. Gelson Rolim Stocker, Urt. vom 28.02.2013 (Unterdrückung von Informationen durch die Bank über die Bedingungen eines kolletiven Darlehensvertrages mit einer Gruppe von Bauherren, die unwissentlich über eine Bürgschaft miteinander verbunden waren. Das OLG hat den Vertrag wegen Irrtums über den Geschäftsinhalt aufgelöst.).

441 In diesem Sinne: *García Rubio*, La responsabilidad, S. 163.

aus seiner Sphäre, sondern aus der Sphäre des Erklärungsempfängers stammt, so dass hier zumindest eine **Mitverursachung des Irrtums** vorliegt[442]. Aufgrund des **Redlichkeitsgebots im Rechtsverkehr** fällt hier das illoyale Verhalten des Erklärungsempfängers im Vergleich zum Irrtum des Erklärenden schwerer ins Gewicht, denn er hätte den Irrtum des Erklärenden beseitigen oder den Abschluss des letztendlich anfechtbaren Vertrages vermeiden können.

In Deutschland wird diese Fallkonstellation als „fahrlässige Täuschung" bezeichnet, nicht aber unter dem Tatbestand von Täuschung oder Irrtum subsumiert, sondern als Rücksichtspflichtverletzung und dementsprechend als typischer Fall von culpa in contrahendo für Informationspflichtverletzung nach §§ 311 II und 241 II BGB qualifiziert[443]. Das gilt nicht nur in Deutschland, sondern auch in dem lateinischen Rechtskreis. Schon *Benatti* hat darauf hingewiesen, dass der Erklärungsempfänger den Erklärenden vor seinen Fehlvorstellungen warnen muss; tut er das nicht und wird der Vertrag annulliert, haftet er wegen Nichtinformation über den Ungültigkeitsgrund gemäß Art. 1.338 *Codice*, der als gesetzliches Beispiel für die culpa in contrahendo gilt. Die Erkennbarkeit des Irrtums ist nach ihm nicht nur für die Annullierung, sondern auch für die vorvertragliche Haftung von Bedeutung[444]. Im gleichen Sinne ist die Meinung von *García Rubio* in Spanien zu verstehen: Sie unterscheidet zwischen eigenem Irrtum (*error debido a la culpa del errante*) und dem der Gegenseite zurechenbaren Irrtum (*error imputable a la otra parte*) und führt aus, dass in dem zweiten Fall der Erklärungsempfänger sich haftbar macht, weil er an der Vermeidung des von ihm erkannten Irrtums der Gegenseite schuldhaft nicht mitgewirkt hat[445].

In beiden Fallvarianten – schuldhafte Unterlassung oder Mitteilung falscher Information und Nichtwarnung vor der Irrtumslage – liegt letztendlich eine **schuldhafte Irreführung zum Vertragsabschluss infolge Informationspflichtverletzung** vor. In den meisten Fällen, die in der brasilianischen Praxis mit Rekurs auf die Irrtumsfigur gelöst werden, handelt es sich um vorvertragliche Aufklärungspflichtverletzungen durch den Erklärungsempfänger, der entweder seinem Geschäftspartner gegenüber rein fahrlässig falsche oder unzureichende Auskunft über wesentliche Vertragsumstände erteilt bzw. sie verschweigt (direkte Irreführung) oder ihn in der falschen Vorstellung über die in Art. 139 CC2002

---

442 Staudinger/*Singer*, § 122 Rn. 19.

443 Statt vieler: MünchKomm/*Emmerich* (2016), § 311 Rn. 77 und Soergel/*Harke*, § 311 Rn. 52.

444 A responsabilidade pré-contratual, S. 81, m.w.N. zur italienischen Literatur im gleichen Sinne.

445 La responsabilidad, S. 163f.

genannten Inhaltselemente des Vertrages belässt, um davon zu profitieren (indirekte Irreführung).

In vielen Entscheidungen stellt das Gericht fest, dass die Irrtumslage des Erklärenden so ersichtlich war, dass der Erklärungsempfänger sie nicht hätte verkennen können[446]. Das zeigt, dass der Rekurs auf die Irrtumsfigur in der brasilianischen Rechtspraxis in erster Linie dazu dient, ein **vorvertragliches illoyales Verhalten des Erklärungsempfängers** zu sanktionieren. Es geht **nicht um den Vertrauensschutz des unschuldigen Erklärungsempfängers**, der einen Vertrauensschaden infolge der Annullierung des Geschäfts erlitten hat. Erst in einer solcher Fallkonstellation stellt sich die echte Irrtumsfrage (unter 2), also wie die Rechtsordnung die Privatautonomie des Erklärenden mit dem Vertrauensschutz des unschuldigen Erklärungsempfängers – und allgemein des Rechtsverkehrs – in Einklang bringt.

Der Rekurs auf die Irrtumsfigur hat in Brasilien zum Ziel gehabt, funktionell eine gesetzliche und dogmatische Lücke (fahrlässige Irreleitung zum Vertragsschluss) zu schließen, wofür jedoch weder die Irrtums- noch die Dolusfigur strukturell ausgestaltet waren und sind. Dies geschieht auf Kosten rechtsdogmatischer Präzision, da dadurch die prägende Inhaltsbedeutung der Irrtumsfigur pervertiert und letztendlich die Grenze zwischen Irrtum und Dolus aufgehoben wird. Diese Diskussion belegt im Endeffekt nur eines, nämlich, dass die klassischen Rechtsinstitute des Willensmängelrechts nicht alle Probleme in dem Willensbildungs- bzw. in dem Vertragsbildungsprozess angemessen lösen können. Diese genannte Lücke kann in überzeugender Weise durch die culpa in contrahendo geschlossen werden, die – mittels Auferlegung einer Haftung für Rücksichtspflichtverletzung – unzulässige Störungen in der Vertragsbildung sanktioniert.

(2) Echte Irrtumsfälle: endogener Irrtum

In echten Irrtumsfällen liegt die **Quelle der Störung** in der Willensbildung oder Willenserklärung zumeist **im Bereich des Erklärenden** selbst: Er hat sich falsch ausgedrückt oder vergriffen oder seine Vorstellungen über bestimmte Geschäftsumstände waren schlicht unrichtig. Seine privatautonome Willensbildung ist **nicht durch äußere Einwirkungen des Erklärungsempfängers** beeinträchtigt[447]. Man spricht von *„erro próprio"* (eigener Irrtum/'Selbstirrtum')[448]. Dann

446 Vgl. die von *Rodrigues* zitierten Fälle unter dem alten Recht. Dos vícios do consentimento, S. 77.

447 *Larenz/Wolf*, AT, S. 683.

stellt sich die Kernfrage, worüber Willens- und Erklärungstheoretiker jahrzehntelang leidenschaftlich gestritten haben, wie die Rechtsordnung die Privatautonomie des Irrenden, sich von seiner irrtumsbedingten Willenserklärung zu lösen, und das Vertrauen des unschuldigen Erklärungsempfängers – und allgemein des Rechtsverkehrs – am besten schützen kann. Das deutsche Recht löst diese Frage durch die Einräumung eines Anfechtungsrechts in Verbindung mit einer begrenzten Schadensersatzpflicht zugunsten des Erklärungsempfängers, der in Vertrauen auf die Gültigkeit des Vertrages (nicht)vermögensrechtliche Dispositionen macht und dadurch Schaden erleidet. Das Irrtumssystem des BGB basiert auf dem Gedanken des **Vertrauensschutzes** und der **Risikozurechnung**, nach dem der Erklärende das Risiko der Willensbildung und Willenserklärung selbst trägt, weil er grundsätzlich allein das Irrtumsrisiko beherrscht[449].

Dem liegt der Gedanke zugrunde, dass der Erklärende verpflichtet ist, vor Abgabe seiner Erklärung eine **erhöhte Sorgfalt** zu beachten und sich zu vergewissern, dass die Willenserklärung störungsfrei gebildet und abgegeben wird. Das rechtfertigt sich damit, dass die Willenserklärung eine private Willensäußerung ist, die unmittelbar auf die Herbeiführung von Rechtswirkungen gerichtet ist und **Rechtsfolgen in der eigenen und fremden Sphäre** erzeugen kann[450]. Deshalb ist der Erklärende für denjenigen Mangel in seiner Erklärung verantwortlich, der allein aus seiner Sphäre stammt, weil er grundsätzlich selbst derjenige ist, der den Irrtum und damit die Gefahr der Erweckung des Vertrauens, das durch die Anfechtung enttäuscht wird, beherrschen kann. Die erhöhte Sorgfaltspflicht rechtfertigt sich insbesondere dann, wenn die Willenserklärung auf den Abschluss eines Vertrages gerichtet ist[451]. Denn durch die Rechtswirkung der Willenserklä-

---

448 Dazu: *Moreira Alves*, Direito romano, Bd. 1, S. 174; *Rodrigues*, Dos vícios do consentimento, S. 24 und *Lotufo*, Código civil, Bd. 1, Art. 145, S. 399. Auf Spanisch benutzt man den Begriff „error proprio" oder „error debido a la culpa del errante". *García Rubio*, La responsabilidad, S. 159.

449 Dazu: Staudinger/*Singer*, § 122 Rn. 19; *Larenz/Wolf*, AT, S. 652 und MünchKomm/*Kramer*, § 122 Rn. 4. Der zweite Entwurf zum BGB beziehe sich auf das Veranlassungsprinzip (*princípio da simples causação*), so *Moreira Alves*, A parte geral, S. 53. Auf das Veranlassungsprinzip nehmen Bezug unter anderen noch Erman/*Palm*, § 122 Rn. 1 und Palandt/*Heinrichs*, § 122 Rn. 1. Laut *Kramer* wurde in letzter Zeit insbesondere von *Flume*, *Canaris* und *Frotz* die Erklärung der Haftung aus § 122 BGB über das Veranlassungsprinzip kritisiert. Denn, wie vor allem *Canaris* betont, die Berufung auf bloße Veranlassung bedeute in Wahrheit den Verzicht auf ein wertendes Zurechnungserfordernis, weil bloße Ursächlichkeit für ein differenziertes Rechtsempfinden nichts erklären könne. Vgl. dazu: MünchKomm/*Kramer*, § 122 Rn. 2 und *Canaris*, Vertrauenshaftung, S. 479 ff., 532 ff.

450 Hk-BGB/*Dörner*, Vor §§ 104–185, Rn. 1.

451 Über Willenserklärung und Rechtsgeschäft vgl. etwa: Hk-BGB/*Dörner*, Vor §§ 104–185, Rn. 1–13 und Vor §§ 116–144 Rn. 1–6.

rung und nicht zuletzt durch den vertragsvorbereitenden geschäftlichen Kontakt erhöht sich die Möglichkeit, dass ein Teil auf die Rechtssphäre des anderen schädigend einwirkt. Demgemäß wird das Anfechtungsrecht wegen Irrtums mit einer Schadensersatzpflicht des Irrenden verknüpft.

Es handelt sich dabei um eine **verschuldensunabhängige Verpflichtung zum Ersatz des Vertrauensschadens**, die durch die Höhe des positiven Interesses begrenzt wird (§ 122 I BGB). Die Einstandspflicht aus § 122 BGB unterscheidet sich in ihrer Struktur von der Einstandspflicht aus culpa in contrahendo insofern, als sie kein Verschulden voraussetzt und durch das positive Interesse begrenzt wird[452]. Die Schadensersatzpflicht kommt bei Irrtumsanfechtung immer in Betracht, es sei denn, der Erklärungsempfänger hat den Irrtum erkannt oder hätte ihn erkennen müssen. In diesem Fall führt die Kenntnis – oder die fahrlässige Unkenntnis – des Erklärungsempfängers zum **Verlust seines Anspruchs auf Ersatz des Vertrauensschadens** gemäß § 122 II BGB. Das bedeutet: Der sich im Irrtum befindliche Erklärende darf das Geschäft anfechten, der Erklärungsempfänger verdient aber keinen Schadensersatz, weil sein Vertrauen auf die Geschäftswirksamkeit nicht mehr schutzwürdig ist[453].

In Brasilien wird diese Frage in den großen Lehrbüchern und Kommentaren nicht einmal thematisiert. Folgt man der ersten Strömung, die keine Erkennbarkeit als Tatbestandmerkmal des Irrtums verlangt, soll der Erklärende, der sich in einem endogenen und aus seiner eigenen Sphäre stammenden Irrtum befindet, die Annullierung des Vertrages immer beantragen können, unabhängig davon, ob der Erklärungsempfänger seinen Irrtum erkannt hat oder nicht. Das Gesetz verpflichtet ihn jedoch nicht zum Ersatz des Vertrauensschadens des unschuldigen Erklärungsempfängers. Man kann freilich eine solche Einstandspflicht mit Hilfe der culpa in contrahendo begründen, zumindest dann, wenn sich der Erklärende schuldhaft irrt, weil darin auch eine schuldhafte Verletzung der Sorgfaltspflicht vor Vertragsschluss zu sehen ist. Und fast immer lässt sich ein Irrtum bei gehöriger Sorgfalt vermeiden[454]. Ob eine Schadensersatzpflicht auch entsteht, wenn der Erklärende ohne Verschulden in einen Irrtum gerät, ist fraglich, weil das zu einer objektiven Haftung führte, die keine positiv-rechtliche Grundlage im Gesetz findet[455].

---

452 In diesem Sinne: *Canaris*, 50 Jahre BGH, 129, 172.

453 Dazu: *Larenz/Wolf*, AT, S. 658 und Erman/*Palm*, § 122 Rn. 9.

454 In diesem Sinne auch Staudinger/*Singer*, § 122 Rn. 20.

455 In diesem Sinne im spanischen Recht vgl. *García Rubio*, La responsabilidad, S. 162. *Bdine Junior* macht auf die Notwendigkeit des Ersatzes des infolge der Irrtumsanfechtung entstandenen Schadens aufmerksam und führt aus, dass solch ein Schadensersatz ohne Verschulden der

Folgt man der zweiten Strömung, nach der der Erklärende das Geschäft nur annullieren darf, wenn es sich um einen wesentlichen Irrtum handelt, den der Erklärungsempfänger bemerken kann, kommt man zu dem Schluss, dass bei endogenem Selbstirrtum das Vertrauen des unschuldigen Erklärungsempfängers nicht einmal enttäuscht wird, weil der Erklärende den Vertrag gar nicht annullieren darf. Der Schutz des Vertrauens des Erklärungsempfängers erfolgt in solchen Fällen nicht durch Einräumung eines Schadensersatzanspruchs, sondern durch die Aufrechterhaltung des Vertrages. Wird das Vertrauen des Erklärungsempfängers durch die Erhaltung der Vertragsbindung geschützt, bleibt der Irrende dagegen schutzlos, auch wenn ihn kein Verschulden trifft.

Ein Beispiel kann die Lage erleuchten: V verkauft ein geerbtes altes Bild an K für 1.000,–€. Er hat erfahren, sein Großvater habe das Bild einmal von einem Experten bewerten lassen und es sei kein wertvolles Werk. Er erfährt jedoch später, dass es sich dabei um ein Exemplar der berühmten brasilianischen Künstlerin Tarsila do Amaral handelt, das ca. 250.000,–€ Wert ist. Legt man Art. 138 CC2002 wörtlich aus, muss man zu dem Schluss kommen, dass der Verkäufer den Kaufvertrag nicht annullieren darf, weil der Käufer, der auch kein Kunstexperte ist, den wesentlichen Irrtum des Verkäufers ebenfalls nicht erkannt hat. Es ist kein Grund ersichtlich, warum der Käufer in einem solchen Fall stärkeren Schutz verdienen soll als der irrende Verkäufer. Und das gilt auch, wenn der Verkäufer fahrlässig gehandelt hat, weil er z. B. keinen Kunstexperten vor Kaufabschluss hinzugezogen hat. Sachgerechter erscheint es vielmehr, dem Verkäufer ein Annulierungsrecht einzuräumen und einen eventuellen Vertrauensschaden des Käufers zu ersetzen, der hier jedoch genau beziffert werden muss. Ein Schmerzensgeld einfach für die Frustration des Käufers einzuräumen, wie die brasilianische Rechtspraxis es oft zuerkennt, scheint kaum überzeugend.

Man kann also gegen dieses Modell schon einiges einwenden. Verfolgt man dieses Konzept konsequent weiter, kommt man zu dem Schluss, dass sich der Erklärungsempfänger **sorgfältiger als der Erklärende selbst** verhalten und nötige Maßnahmen ergreifen muss, um eventuelle Fehlvorstellungen der Gegenseite erkennen bzw. seine Unkenntnis entschuldigen zu können, damit das irrtumsbedingte Geschäft erhalten bleibt. Sonst wird sein Vertrauen auf die Vertragsgültigkeit nicht geschützt[456]. Und hier zeigt sich ein erstes Problem dieser

Parteien nicht in Betracht kommt. Die Einstandspflicht begründet er ohne nähere Erklärung mit der culpa in contrahendo. Dazu: Efeitos do negócio, S. 68, 112.

456 Das erkennt etwa *Bdine Junior*, wenn er sagt, dass infolge des Erkennbarkeitsmerkmals dem Erklärungsempfänger das überwiegende Verschulden für den Irrtum bzw. die Annullierung des Geschäfts zugerechnet wird, weil er den Irrtum des Erklärenden erkannt hat oder hätte erkennen können und nichts dagegen gemacht hat. Efeitos do negócio, S. 68. Er nimmt das jedoch zu-

Formel: Sie erlegt dem Erklärungsempfänger eine **gesteigerte Sorgfaltspflicht** auf und dreht somit die **innere Logik des Rechtsverkehrs** um, die eben **nicht dem Erklärungsempfänger, sondern dem Erklärenden** eine erhörte Sorgfaltspflicht aufbürdet, sich vor Abgabe seiner Willenserklärung zu versichern, dass sie störungsfrei gebildet und abgegeben wird. Nach der „inneren" Logik des Art. 138 CC2002 muss umgekehrt der Erklärungsempfänger einen erhöhten Grad an Sorgfalt beachten, um einen endogenen Irrtum des Erklärenden, den nur er selbst idR beherrschen kann, zu erkennen bzw. nicht schuldhaft zu verkennen, um die Aufrechterhaltung des Vertrages sicherzustellen. Dass der Gesetzgeber dadurch dem Erklärungsempfänger die **Vertragserhaltungslast** aufgebürdet hat, ist ersichtlich.

Gleichzeitig führt dieses Modell zu einer **Entleerung des Anfechtungsrechts als Gestaltungsrecht**, das funktionell so gedacht und ausgestaltet ist, dass seine Ausübung grundsätzlich allein der Entscheidung des Anfechtungsberechtigten – hier: des irrenden Erklärenden – überlassen bleibt[457]. Wenn der Gesetzgeber aber die **Ausübung des Annullierungsrechts** des sich im Irrtum befindlichen Erklärenden von der **Irrtumsunkenntnis des Erklärungsempfängers** abhängig macht, kann von einem Gestaltungsrecht (*direito potestativo*) keine Rede mehr sein[458]. Das ist das zweite Problem dieses Irrtumsmodells: Es verursacht ohne Not **rechtsdogmatische Brüche**, indem die Irrtumskenntnis des Erklärungsempfängers nicht wie üblich vernichtend oder mindernd auf seinen eigenen Schadensersatzanspruch wirkt, sondern dagegen das Gestaltungsrecht des Irrenden in Gang setzt, weil dieser erst dann die Vertragsannullierung überhaupt geltend machen darf. Umgekehrt heißt das: Sorgfalt und Gutgläubigkeit des Erklärungsempfängers schließen das Gestaltungsrecht des irrenden Erklärenden aus, das irrtumsbedingte Rechtsgeschäft rückwirkend zu vernichten[459].

---

gunsten des Vertrauensschutzes in Kauf. Kritisch zur Einführung der Erkennbarkeit als Tatbestandsmerkmal des Irrtums schon in der alten Kodifikation: *Lamartine Correa*, RT 466/1974, 269 ff.

457 *Larenz/Wolf*, AT, S. 679.

458 *Moreira Alves* führt aus, dass in Italien diese Theorie auf *Emilio Betti* zurückzuführen ist, der die Hemmung des Gestaltungsrechts des irrenden Erklärenden durch die „Pflichten aus Treu und Glauben" (*deveres de boa-fé*) begründet. Er wendet dagegen ein, dass *Betti* dadurch den „Pflichten aus Treu und Glauben" eine Wirkung zuweist, die sie meistens nicht erzeugen, namlich die Erlöschung eines Gestaltungsrechts (Annullierungsrecht). Sie führen vielmehr zur Begründung von Schadensersatzansprüchen aus culpa in contrahendo. A parte geral, S. 49.

459 In diesem Sinne: *Moreira Alves*, A parte geral, S. 49.

Ob man damit einen **ausgewogenen Schutz der entgegengesetzten Interessen** erreicht, ist fraglich. Das hat *Moreira Alves* selbst anerkannt[460]. Vielmehr scheint der Gesetzgeber den Blickpunkt von einem vorherigen alleinigen **Schutz des Erklärenden** (Willenstheorie) auf einen nunmehrigen alleinigen **„Schutz" des Erklärungsempfängers** (Erklärungstheorie) verschoben zu haben[461]. Im Endergebnis wird einerseits der Erklärungsempfänger exzessiv belastet, der irrende Erklärende andererseits exzessiv in seinem Anfechtungsrecht beeinträchtigt, so dass man ernsthaft in Frage stellen kann, ob das neue Irrtumsmodell des Art. 138 CC2002 das Interesse beider Parteien angemessen bewertet. Nicht zuletzt zu berücksichtigen ist drittens, dass dieses Modell **rechtsdogmatische Verwirrung** mit sich bringt, da **Irrtum und Dolus nicht mehr klar voneinander** getrennt werden können. *Rodrigues* hat das zutreffend betont, wenn er sagt, dass das neue Modell des Art. 138 CC2002 Irrtum und Dolus einander näher bringe[462].

---

460 A parte geral, S. 52 Fn. 23, wo er ausdrücklich eine Lösung auf Grundlage der culpa in contrahendo für ausgewogener hält, da eine solche das Annullierungsinteresse des Erklärenden und das Interesse der Erklärungsempfänger besser berücksichtige.

461 *Moreira Alves*, A parte geral, S. 49 Fn. 19 und S. 52 Fn. 23. In Ergebnis auch *Lotufo*, Código civil, Bd. 1, Art. 138, S. 385.

462 Direito civil, Bd. 1, S. 191. In diesem Sinne auch: *Nevares*, O erro, 251, 256. Auch die Rechtsprechung hat schon auf die „feine Linie" zwischen Dolus und Irrtum hingewiesen. In der Rechtsprechung vgl. dazu: STJ, REsp. 1163118/RS, T4, Rel. Min. Luis Felipe Salomão, Urt. vom 20.05.2014, DJe 05.08.2014 (Bewusste Irreführung eines Immobilienkäufers duch den Makler zum Abschluss eines Kaufvertrages über eine Immobilie, die der Käufer schon durch Ersitzung erworben hat); TJSP, Apelação Cível 1008919–89.2015.8.26.0048, 13ª. Câmara de Direito Privado, Rel. Francisco Giaquinto, Urt. vom 19.04.2017 (Falsche Information über die Modalität des abzuschließenden Finanzierungsvertrages durch die Bankangestellte. Das Gericht hat die Vertragsannullierung wegen Irrtums über die Natur des Geschäfts nach Art. 139 I CC2002 begründet, obwohl es in der Begründung feststellt, dass Bösgläubigkeit der Bankangestellten vorlag, die die Partei zum Abschluss einer anderen als ursprunglich geplanten Geschäftsmodalität mit ungünstigen Konditionen bewogen hat.); und TJRS, Apelação Cível 70030085914, 13ª Câmara Cível, Rel. Lucia de Castro Boller, Urt. vom 24.06.2010 (Annullierung eines Kaufkonsortiums über drei Lkw wegen „Irrtums", indem das Gericht die arglistige Täuschung des geschädigten Klägers festgestellt hat. Die Klägerin – eine Firma, die die Lkw für ihre gewerbliche Tätigkeit benutzt – hat die Rückabwicklung des Geschäfts und Schadensersatz verlangt, d. h. Schmerzensgeld und entgangenen Gewinn, da zwei Lkw in Beschlag genommen wurden. Das Gericht hat mangels Nachweises den Gewinnentgang abgelehnt, Schmerzensgeld jedoch zugesprochen.) und TJRS, Apelação Cível 70026161174, 9ª Câmara Cível, Rel. Marilene Bonzanini Bernardi, Urt. vom 10.06. 2009 (Falsche Informationen über die finanzielle Lage des zu verkaufenden Restaurants. Das Gericht hat die vorsätzliche Täuschung des Verkäufers festgestellt, aber trotzdem die Annullierung des Geschäfts wegen Irrtums begründet. Auch ein Verschulden der Käuferin ist nachgewiesen worden. Das hat Konsequenzen für den Schadensersatz, so dass das verlangte Schmerzensgeld abgelehnt wurde. Im Leitsatz wird von Irrum, Dolus und Informationspflicht gesprochen, ohne die rechtstechnische Bedeutung aller Rechtskategorien zu beachten: „Anu-

Es vermischt die Konturen beider Rechtsfiguren auf Kosten rechtsdogmatischer Genauigkeit.

Vielleicht deshalb spielt bis jetzt die Erkennbarkeit des Irrtums durch den Erklärungsempfänger in den echten Irrtumsfällen **fast keine Rolle in der Rechtsprechung.** Ein Blick in die Entscheidungen verschiedener Gerichte zeigt, dass maßgeblich dabei ist, ob der irrende Erklärende – nicht der Erklärungsempfänger! – seinen Selbstirrtum bei Anwendung der erforderlichen Sorgfalt hätte erkennen können, da der grob fahrlässige Irrtum die Annullierung ausschließt. Es gibt inzwischen auch Entscheidungen, die nur auf die Wesentlichkeit des Irrtums abstellen und also ein verschuldensunabhängiges Annullierungsrecht praktisch anerkennen[463]. Das sind jedoch Ausnahmefälle. In der überwiegenden Mehrheit wird auf die Wesentlichkeit und Entschuldbarkeit abgestellt[464].

---

lação do negócio jurídico. Erro essencial. Vício de informação. Omissão dolosa. Dever de informar. Vontade viciada. Pactos acessórios atingidos pelo vício. Danos morais não tipificados.".

463 TJRS, Apelação 0039991-31.2016.8.21.9000, 3ª Turma Recursal Cível, Rel. Luis Francisco Franco, Urt. vom 27.10.2016. In dem Fall handelt sich um einen Kaufvertrag über ein aus Umweltschutzgründen unbebaubares Grundstück. Der Verkäufer hatte den Käufer nicht darüber aufgeklärt, obwohl er wusste, dass der Käufer dort ein Haus errichten wollte. Da der Kläger (Käufer) nicht nachgeweisen hat, dass der Verkäufer die Unbebaubarkeit des Grundstücks kannte, hat der Richter eine arglistige Täuschung (Dolus) verneint und der Annullierung des Kaufvertrages wegen Irrtum stattgegeben, allerdings ohne Rücksicht darauf, ob der Verkäufer das Bauverbot fahrlässig nicht gekannt hat oder nicht. Eine Haftung aus culpa in contrahendo für fahrlässige Informationspflichtverletzung hat das Gericht nicht geprüft, sowie auch nicht die Haftung für Sachmängel, wie es in Deutschland der Fall wäre. Das OLG hat vielmehr betont, dass es für die Annullierung auf ein Verschulden des Verkäufers nicht ankomme. Auch der Erkennbarkeit des Irrtums für den Käufer, der das Bauverbot durch die gemeinrechtliche Ordnung hätte erkennen können, schließe den Irrtum nicht aus. Das bedeutet die Außerachtlassung des Verschuldensmerkmals als Voraussetzung für die Annullierung des Geschäfts. In dem Votum ist zu lesen: „Entretanto, para anulação do negócio não há necessidade de dolo ou culpa por parte do promitente vendedor, mas apenas a existência de erro substancial sobre o objeto do negócio, nos exatos termos dos artigos 138 e seguintes do Código Civil." (Votum, S. 5).

464 Als unentschuldbarer Irrtum gilt nach dem STJ der grobe Irrtum, den jedermann leicht erkennen kann und der deshalb nicht zur Annullierung des Geschäfts führt. Statt vieler vgl. STJ REsp. 744311/MT, T4, Rel. Min. Luis Felipe Salomao, Urt. vom 19.08.2010, DJe 09.09.2010. Im gleichen Sinne: STJ, REsp. 1260772/MG, T3, Rel. Min. João Otávio Noronha, Urt. vom 05.03.2015, DJe 16.03.2015, wo Bezug nur auf die Erkennbarkeit des Irrtums genommen wird; TJSP, Apelação 0018678-43.2010.8.26.0348, 35ª Câmara de Direito Privado, Rel. Des. Gilberto Leme, Urt. vom 17.10.2016. Laut dem Leitsatz müsse der Irrtum wesentlich, entschuldbar, real (schädlich) und von solcher Gestalt sein, dass „jegliche intelligente und aufmerksame Person" den gleichen Fehler begehen würde. Das OLG hat auf die Erkennbarkeit des Irrtums durch den Irrenden, nicht durch den Erklärungsempfänger abgestellt.

In einer Entscheidung aus dem Jahre 2010 hat der STJ seine bisherige Irrtumsjudikatur bestätigt, nach der der anfechtungsberechtigte Irrtum wesentlich, weil ohne ihn der Vertrag nicht zustande gekommen wäre, und entschuldbar sein muss, so dass jede durchschnittlich vernünftige Person dem gleichen Irrtum unterliegen würde[465]. In jenem Fall hat eine Bank die Annullierung eines Geschäfts wegen Irrtums über den Vertragsgegenstand verlangt. Die Schuldner haben der Bank ein Grundstück im Hinterland Brasiliens als Zahlung des aufgenommenen Darlehens gegeben, dessen tatsächlicher Standort jedoch nicht mit der Lokalisierung in der Eigentumsbescheinigung übereinstimmte. Das Gericht hat die Klage mit der Begründung abgelehnt, die Bank treffe grobe Fahrlässigkeit, da ihr Vertreter entweder das Objekt in loco nicht besichtigt oder das Gebiet nicht genau geprüft habe. Man könnte freilich argumentieren, dass die Schuldner den Irrtum der Bank hätten erkennen können, so dass ihr Vertrauen in die Vertragsgültigkeit nicht mehr schutzwürdig wäre. Das hätte zur Folge gehabt, dass die Bank den Vertrag hätte auflösen können. Die Erkennbarkeit des Irrtums der Bank durch die Schuldner hat der STJ aber kaum thematisiert, was die hier festgestellte Nichtbedeutung dieses (angeblichen) Tatbestandsmerkmals in der Rechtspraxis belegt.

d) Lösungsvorschlag

Aus dem Dargestellten ergibt sich, dass die brasilianische Willensrechtsdogmatik einer Korrektur bedarf, weil sie insbesondere durch die Rechtsprechung erweitert wurde, um eine Lösung von Problemen infolge Fehlverhaltens vor Vertragsschluss anzubieten. Diese Rechtsentwicklung mag zwar ursprünglich – aufgrund fehlender besserer Rechtsmechanismen – gerechtfertigt gewesen zu sein, ist heutzutage aber kaum mehr zu begründen, da Art. 422 CC2002 ein angemesseneres Rechtsinstitut, nämlich die Haftung in contrahendo zur Verfügung stellt. Die Lehre der culpa in contrahendo bietet sich, wie unten dargestellt, als eine dogmatisch überzeugendere Lösung für die Fälle schuldhafter Irreführung zum Vertragsschluss an, die heute unter den Irrtumstatbestand des Art. 138 CC2002 subsumiert werden.

---

465 STJ, Resp. 744311/MT, T4, Rel. Min. Luiz Felipe Salomão. Urt. vom 19.08.2010, DJe 09.09.2010, in dessen Leitsatz zu lesen ist: „...O erro que enseja a anulação de negócio jurídico, além de essencial, deve ser inescusável, decorrente da falsa representação da realidade própria do homem mediano, perdoável, no mais das vezes, pelo desconhecimento natural das circunstâncias e particularidades do negócio jurídico. Vale dizer, para ser escusável o erro deve ser de tal monta que qualquer pessoa de inteligência mediana o cometeria.".

Bei der Irrtumsfrage müssen zunächst zwei Fallkonstellationen scharf voneinander getrennt werden: die fahrlässige Irreführung zum Vertragsschluss und die echten Irrtumsfälle. Bei **fahrlässiger Irreführung zum Vertragsschluss** liegt kein Irrtum im rechtstechnischen Sinne vor, weil der Irrtum einen endogenen Willensmangel aus dem eigenen Verantwortungsbereich des Erklärenden voraussetzt und in solch einem Fall der Erklärungsempfänger vielmehr auf die Willensbildung des Erklärenden unzulässig Einfluss nimmt. Paradebeispiel ist das rein **fahrlässige Verschweigen oder die Mitteilung unzutreffender oder unzureichender Informationen** über wesentliche Umstände, womit eine vorvertragliche Informationspflichtverletzung vorliegt. Ein solcher Sachverhalt ähnelt nicht der Irrtumsfigur, wie in Brasilien angenommen, sondern vielmehr dem Dolus, was nichts anderes ist als eine vorsätzliche Irreführung zum Vertragsschluss infolge der Verletzung vorvertraglicher Informationspflichten und demgemäß ein gesetzliches Beispiel für die vorvertragliche Informationshaftung darstellt.

Eine fahrlässige Irreführung zum Vertragsschluss liegt auch vor, wenn der Erklärungsempfänger den wesentlichen Irrtum des Erklärenden erkennt und ihn darauf nicht aufmerksam macht, so dass ihm die **Mitverursachung des Irrtums** zugerechnet werden kann. Auch hier liegt kein Irrtum im rechtlichen Sinne vor, weil der Mangel in der Willensbildung nicht allein der Sphäre des Irrenden zugerechnet wird. Dem Erklärungsempfänger wird vielmehr ein **vorvertragliches illoyales Verhalten** vorgeworfen, da das Gebot von Treu und Glauben (Art. 422 CC2002) die Beteiligten verpflichtet, loyal und rücksichtsvoll miteinander umzugehen, was die Pflicht einschließt, den Erklärenden über seinen Irrtum aufzuklären, um den Irrtumszustand zu beseitigen oder ihn zumindest davor zu warnen, damit er eine störungsfreie Vertragsentscheidung treffen kann. In der schuldhaften Nichtaufklärung des Irrenden liegt eine **vorvertragliche Aufklärungspflichtverletzung**, die – neben dem Annullierungsrecht aus Art. 182 CC2002 – eine Schadensersatzpflicht für den Erklärungsempfänger auslösen kann.

Mit der **Positivierung der Haftung in contrahendo** in Art. 422 CC2002 besteht kein gesetzlicher und dogmatischer Anlass mehr, solche Fälle weiter dem Irrtumstatbestand des Art. 138 CC2002 zuzuordnen. Das ist konzeptionell abzulehnen, weil der Irrtum einen endogenen Willensmangel aus dem Verantwortungsbereich des Erklärenden darstellt und der Mangelgrund in den beiden genannten Fallkonstellationen dem Verantwortungsbereich des Erklärungsempfängers zugerechnet werden kann. Stammt der Willensmangel aus dem Verantwortungsbereich des Erklärungsempfängers, liegt eine **exogene Störung im Willensbildungsprozess** vor, die sich in Form einer (in)direkten Irreführung zum Vertragsabschluss durch Verletzung vorvertraglicher Informations- bzw. Aufklärungspflichten materialisiert. Das bildet bereits den Kern der culpa in contrahendo für Informationspflichtverletzungen.

Das Rechtsinstitut des Irrtums unterscheidet sich auf **Tatbestands- und Rechtsfolgenebene** erheblich von der culpa in contrahendo. Der Irrtum setzt den Abschluss eines gültigen, aber mangelhaften Vertrages vor, der auf einer irrtumsbedingten Willenserklärung basiert, während die culpa in contrahendo als eine Haftung für schuldhafte Rücksichtspflichtverletzung vor Vertragsschluss von dem Zustandekommen eines (un)gültigen Vertrages völlig unabhängig ist. Ein Irrtum kann mit oder ohne Verschulden des Erklärenden auftreten und das Annullierungsrecht kann auch ohne einen schuldhaften Irrtum geltend gemacht werden. Die Haftung in contrahendo setzt dagegen immer eine schuldhafte Rücksichtspflichtverletzung voraus. Eine Ausnahme gilt im brasilianischen Recht nur im Rahmen von verbraucherrechtlichen Kontakten, insofern die Pflichtverletzung durch Unternehmen begangen wird, weil das Gesetz für sie eine verschuldensunabhängige allgemeine Haftung statuiert.

Die Irrtumsfigur schützt den Erklärenden nur bei Fehlvorstellungen über bestimmte relevante Irrtümer, die in Art. 139 CC2002 genannt sind, also beim Irrtum über die Rechtsnatur des Geschäfts (error in negotio), Identität oder wesentliche Eigenschaft des Hauptgegenstands oder die in die Willenserklärung einbezogene Person (error in corpore bzw. in persona und error in substantia) oder über die Rechtslage, wenn der Rechtsirrtum den einzigen oder den Hauptgrund des Geschäfts bildet[466]. Zum Inhalt vorvertraglicher Informationspflicht gehören dagegen Mitteilung und Aufklärung über alle Umstände, die für die privatautonome Selbstbestimmung der Gegenseite von Bedeutung sein können. Dazu zählen insbesondere Auskünfte, die die Gründe und Motive der Vertragsentscheidung stark beeinflussen und die über die im Irrtumsrecht geschützten Geschäftsumstände hinausreichen, wie Auskunft über die Brauchbarkeit oder Wertigkeit des Gegenstands, Rentabilität des Geschäfts, Wirksamkeit und Durchführbarkeit des Vertrages, sowie über die Risiken, die Sinn und Zweck sowie die Durchführung des Vertrages gefährden können[467]. In diesem Sinne gewährt die Haftung in contrahendo dem Geschädigten einen deutlich breiteren Schutz als die Irrtumsfigur. Das zeigt sich auch dadurch, dass sie nicht nur die privatauto-

---

466 Statt vieler: STJ, REsp. 1163118/RS, T4, Rel. Min. Luis Felipe Salomão, Urt. vom 20.05.2014, DJe 05.08.2014, dessen Leitsatz lautet: „O erro é o vício do consentimento no qual há uma falsa percepção da realidade pelo agente, seja no tocante à pessoa, ao objeto ou ao próprio negócio, sendo que para render ensejo à desconstituição de um ato terá de ser substancial e real.“. In dem Fall hat der Makler den Käufer zum Kauf der Immobilien bewegt, die er jedoch schon durch Ersitzung erworben hatte.

467 Statt vieler: MünchKomm/*Emmerich* (2016), § 311 Rn. 71ff.

nome Selbstbestimmung schützt, sondern auch das redliche Verhalten im Geschäftsverkehr und das Interesse der Partei, nicht in ihrer aktuellen vermögensrechtlichen und persönlichen Rechtssphäre geschädigt zu werden (Erhaltungsinteresse).

Die binnen der vierjährigen Ausschlussfrist des Art. 178 II CC2002 auszuübende Irrtumsanfechtung führt immer zur Annullierung des Geschäfts mit der Rückabwicklung des Schuldverhältnisses und Rückerstattung von Leistung und Gegenleistung. Die Haftung in contrahendo gewährt dem Geschädigten einen Schadensersatzanspruch, der sich nicht in einer Geldentschädigung erschöpft, wie in Kapitel 4 III 4.1 b dargestellt, sondern vielmehr dem Geschädigten im Wege der Naturalrestitution erlaubt, zwischen Auflösung oder Anpassung des Vertrages zu wählen oder einfach seinen Vertrauensschaden zu liquidieren. Außerdem ist die Haftung in contrahendo – aufgrund ihrer vertragsähnlichen Natur – im Vergleich zum Irrtum auch von Vorteil, weil das Verschulden des Pflichtverletzenden vorausgesetzt wird und die Schadensersatzansprüche erst nach Ablauf der zehnjährigen Frist des Art. 205 CC2002 verjähren.

Der Hinweis auf die Irrtumsfigur zur Lösung der Fälle schuldhafter Irreleitung zum Vertragsschluss ist rechtsdogmatisch verfehlt, weil das ohne Not die **Dogmatik des Willensmangelrechts verdunkelt**, indem der Irrtumsbegriff erweitert und letztendlich in seiner Essenz als endogener, allein dem Verantwortungsbereich des Irrenden zuzurechnender Willensmangel zerstört wird. Das Gleiche gilt für einen Rekurs auf den Dolus: Wenn der Begriff keine vorsätzliche Handlung mehr bezeichnet, sondern rein fahrlässige Handlungen miteinschließt, verliert er seinen prägenden Gehalt. Diese Konstruktion verursacht im Endeffekt eine **Verschmelzung von Irrtum und Dolus** als zweier unterschiedlicher Mängeltatbestände, die verschiedene Werte beinhalten. Das führt zur **Unpräsizierungen in der brasilianischen Privatrechtsdogmatik**, wie eine jüngere Entscheidung des STJ belegt, in der die Annullierung des Vertrages gleichzeitig mit der Irrtums- und Dolusfigur begründet wird[468].

Zugunsten der dogmatischen Präzisierung und zur Erleichterung des privatrechtlichen Diskurses wird hier auf jegliche Ausdehnung des Irrtums- oder Dolusbegriffes verzichtet und jegliches informationelles Fehlverhalten vor Vertragsschluss als **Informationspflichtverletzung** bezeichnet. Von „*dolo colposo*“ (fahrlässiger Dolus) zu sprechen, wie es der italienische *Corte di Cassazione*

---

468 STJ, REsp. 1163118/RS, T4, Rel. Min. Luis Felipe Salomão, Urt. vom 20.05.2014, DJe 05.08.2014. In dem Leitsatz ist zu lesen: „Direito civil e processual civil. Anulação de negócio jurídico. Compra e venda imóvel. Existência de usucapião em favor do adquirente. Ocorrência de erro essencial. Induzimento malicioso. Dolo configurado. Anulação do negócio jurídico.“.

macht[469], ist keine Begriffserweiterung mehr, sondern eine contradictio in terminis. Der Begriff der Pflichtverletzung (*violação de dever*) ist semantisch breit genug, um fahrlässige und vorsätzliche Fehlverhalten zu beschreiben und schon im brasilianischen Haftungsrecht üblich.

Nur die **echten Irrtumsfälle**, in denen eine **endogene Störung in der Willensbildung oder in der Willenserklärung** vorliegt, sollten unter Art. 138 CC2002 subsumiert werden. Da der Wortlaut der Norm die gegenseitigen Interessen der Beteiligten nicht angemessen berücksichtigt, sondern im Gegenteil beide exzessiv belastet und somit Sinn und Zweck der Norm nicht erreicht, bedarf sie einer Korrektur. Das ist evident, wenn man berücksichtigt, dass die Norm das Ergebnis eines unglücklichen und partiellen Imports aus dem italienischen Recht darstellt. Hier ist eine **teleologische Reduktion der Norm** geboten, die in Betracht kommt, wenn die textliche Fassung des Tatbestandes hinter dem Zweck bzw. Grund des Gesetzes zurückbleibt[470]. Sinn und Zweck der Norm soll es sein, einen ausgewogenen Schutz der verfassungsrechtlichen privatautonomen Selbstbestimmung einerseits des Erklärenden, sich von einer irrtumsbedingten Rechtsbindung zu befreien, und andererseits des Vertrauens des schuldlosen Erklärungsempfängers – und letztendlich des Rechtsverkehrs –zu gewährleisten. Das schafft, wie gezeigt, Art. 138 CC2002 nicht.

Eine teleologische Reduktion der Norm sollte dazu führen, dass der Erklärende einerseits den irrtumsbedingten Vertrag annullieren darf, den Vertrauensschaden des Erklärungsempfängers andererseits ersetzen muss, wenn der Selbstirrtum zugleich eine schuldhafte Verletzung vorvertraglicher Sorgfaltspflichten darstellt. Hier kommt die **culpa in contrahendo neben der Irrtumsanfechtung** zur Anwendung[471]. Die Kenntnis oder fahrlässige Unkenntnis des

---

469 Cass. n. 9859, 8 ottobre 1990, ap.: *Schiavone*, Responsabilità civile e previdenza 4/2008, 786, 804.

470 Dazu: *Larenz/Canaris*, Metodologia, S. 555 f. und *Bydlinski*, Grundzüge, S. 69.

471 Im Ergebnis auch *Moreira Alves*, A parte geral, S. 49 Fn. 19, der sich für eine „dritte Formel“ zwischen dem Erklärungsschutz des alten Zivilgesetzbuch und dem Erklärungsempfängerschutz des damaligen Entwurfs (aktuelles Kodifikationsmodell) ausgesprochen hat, die auf Grundlage der Grundlinie der culpa in contrahendo konstruiert werden solle. Auf S. 52 Fn. 23 betont wieder Moreira Alves seine Präferenz für eine schweizerische Lösung, in der der entschuldbare Irrtum zur Anfechtung berechtige mit einer Schadensersatzpflicht aus culpa in contrahendo. Er lehnt ausdrücklich die Erkennbarkeit als annullierungshinderndes Element ab und hält eine Lösung mit dem Rechtsinstut der culpa in contrahendo für ein ausgewogenes Modell, das das Annullierungsinteresse des Erklärenden und das Interesse der Erklärungsempfänger angemessen berücksichtigt. Eine ähnliche Lösung zu der hier vorgeschlagenen hat auch *Lamartine Corrêa* schon im alten Recht vertreten. Er lehnte zu Recht das Erfordernis der Erkennbarkeit des Irrtums durch den Erklärungsempfänger ab und schlug eine deutsche Lösung vor, in der der Erklärende auf-

Irrtums durch den Erklärungsempfänger soll nicht auf das Gestaltungsrecht (Annullierungsrecht) des Erklärenden einwirken, sondern nur schadensersatzauschließend oder schadensersatzmindernd wirken, so dass der Schadensersatzanspruch des Erklärungsempfängers dadurch entweder vernichtet oder reduziert wird.

Das entspricht der brasilianischen Rechtsprechung und Rechtsdogmatik, wo sich das Verschulden eines Teils nur auf seine eigenen Rechte und Ansprüche auswirkt und nicht auf die Gestaltungsrechte des anderen Teils. Eine teleologische Reduktion der Norm ist dem brasilianischen Recht im Ergebnis nicht fremd. Ein gutes Beispiel liefert die teleologische Reduktion des Art. 166 VII CC2002 iVm Art. 32 des Gesetzes 4.591/1964. Die Norm ordnet die Nichtigkeit des Kaufvertrages über Wohnimmobillien an, wenn der für das Projekt zuständige Verkäufer das Bauprojekt nicht vorher ins Grundbuch eingetragen hat. Der STJ hat trotzdem die Nichtigkeit des Kaufvertrages bei späterer Grundbucheintragung beseitigt, um die Interessen des Käufers zu schützen. Auch wenn das Gericht hier keinen Bezug auf die teleologische Reduktion macht, ist das zweifellos ein Beispiel dafür. Die Lehre postuliert zur Zeit – auch ohne Hinweis darauf – eine teleologische Reduktion des Art. 166 IV CC2002, der die Nichtigkeit eines formwidrigen Vertrages anordnet, wenn etwa der Anfechtende die Gegenseite von der Formeinhaltung abhält und sich danach auf die Nichtigkeit des Geschäfts wegen Formmangels beruft. Dass dabei eine teleologische Reduktion vorliegt, zeigt *Larenz* zutreffend[472].

e) Zusammenfassung

Zusammenfassend kann festgehalten werden, dass es keinen Grund mehr gibt, Fälle fahrlässiger Unterlassung oder Mitteilung falscher oder unzureichender Information vor Vertragsschluss unter den Irrtumstatbestand zu subsumieren. Das gleiche gilt für Dolus. Vor der neuen Kodifikation mag das nötig und überzeugend gewesen sein, heute ist es infolge der Positivierung der Haftung in contrahendo in Art. 422 CC2002 kaum mehr erforderlich. Denn die culpa in contrahendo ist funktionell ausgestaltet, schuldhaftes Fehlverhalten im Rahmen eines geschäftlichen Kontakts zu sanktionieren. Zum Kern der modernen vorvertraglichen Schutzlehre gehört die vorsätzliche oder fahrlässige Irreführung zum Abschluss ungünstiger oder unerwünschter Verträge, wie eben derjenigen Verträge, die aus Verschweigen oder Mitteilung falscher Informationen über ent-

grund seines wesentlichen Irrtums den Vertrag annullieren könne, dazu aber Schadensersatz zugunsten des Erklärungsempfängers leisten solle. RT 466/1974, 266.

472 Metodologia, S. 563.

scheidungsrelevante Umstände resultieren. Man muss deshalb die jüngst positivierte und noch entwicklungsbedürftige **culpa in contrahendo systematisch mit dem Willensmängelrecht in Einklang** bringen, insbesondere mit der Irrtums- und Dolusfigur.

Insbesondere das Irrtumsrecht bedarf einer rechtsdogmatischen Korrektur, um davon die Fälle fahrlässiger Irreleitung zum Vertragsschluss auszunehmen. Das schließt diejenigen Fälle aus, bei denen der Erklärungsempfänger den Erklärenden fahrlässig durch unterlassene oder unzutreffende Information in die Irre leitet oder einfach den Erklärenden vor seiner irrigen Vorstellung nicht warnt. In beiden Fällen ist der Erklärungsempfänger für die (Mit-)Verursachung des Irrtums des Erklärenden verantwortlich, der dadurch zum Abschluss eines Vertrages bewegt wird, den er sonst bei Kenntnis der wahren Sachlage gar nicht oder nicht in dieser Zeit oder zu diesen Bedingungen abgeschlossen hätte. Hier liegt kein Irrtum im rechtstechnischen Sinne vor, sondern ein vorvertragliches illoyales Verhalten des Erklärungsempfängers, das eine Haftung in contrahendo wegen Informations- bzw. Aufklärungspflichtverletzung auslöst.

Das Irrtumsrecht sollte auf seine ursprünglichen Fallkonstellationen beschränkt bleiben, also auf die echten Irrtumsfälle, in denen eine endogene, aus der Sphäre des Irrenden stammende Störung in der Willensbildung oder in der Willenserklärung vorliegt. Hier stellt sich die Kernfrage des Irrtumsrechts, nämlich, wie man die privatautonome Selbstbestimmung des Erklärenden mit dem nötigen Vertrauensschutz des Erklärungsempfängers und letztendlich des Rechtsverkehrs ausgewogenen in Einklang bringt. Wie oben versucht darzulegen, bietet die neue Formulierung des Art. 138 CC2002, der angeblich die Erkennbarkeit als Tatbestandsmerkmal des Irrtums verlangt, keine angemessene Lösung für diese Frage. Denn anstatt einen Anspruch auf Ersatz des Vertrauensschadens für den unschuldigen Erklärungsempfänger bei Irrtumsanfechtung einzuräumen, versucht die Norm, sein Vertrauen durch die Erhaltung des irrtumsbedingten Vertrages zu schützen.

Dafür hat der Gesetzgeber die Vertragsannullierung durch Einführung der Erkennbarkeit des Irrtums erschwert. Ein irrtumsbedingter Vertrag soll nach einer Wortlautauslegung nur annulliert werden, wenn der Irrtum wesentlich und erkennbar ist. Wie die Analyse dieses Modells gezeigt hat, belastet es unangemessen den in seinem Vertrauen zu schützenden Erklärungsempfänger, indem die Norm ihm die Vertragserhaltungslast auferlegt. Er muss einen erhöhten Grad an Sorgfalt beachten, um einen endogenen Irrtum des Erklärenden zu erkennen bzw. schuldhaft nicht zu verkennen, um die Aufrechterhaltung des Vertrages sicherzustellen. Damit dreht die Norm die innere Logik des Rechtsverkehrs um, die eben nicht dem Erklärungsempfänger, sondern dem Erklärenden eine erhöhte Sorgfaltspflicht aufbürdet, sich vor Abgabe seiner Willenserklärung zu versichern, dass sie störungsfrei gebildet und abgegeben wird.

Gleichzeitig beeinträchtigt Art. 138 CC2002 exzessiv den irrenden Erklärenden in seinem Anfechtungsrecht, d.h. in seiner verfassungsrechtlich geschützten privatautonomen Selbstbestimmung, da er seine mangelhafte Willenserklärung nur bei Erkennbarkeit des Irrtums durch den Erklärungsempfänger vernichten kann. Das bedeute eine Entleerung des Anfechtungsrechts als Gestaltungsrecht, weil seine Ausübung nicht mehr allein von der Entscheidung des Anfechtungsberechtigten (Erklärenden), sondern von einem externen Faktor, nämlich der Irrtumsunkenntnis des Erklärungsempfängers abhängig wird. Der Gesetzgeber hat im Endergebnis den Blickpunkt von einem alleinigen Schutz des Erklärenden (Willenstheorie) auf den jetzigen alleinigen „Schutz" des Erklärungsempfängers (Erklärungstheorie) verschoben. Außerdem verursacht dieses Irrtumsmodell ohne Not rechtsdogmatische Brüche, indem Irrtum und Dolus nicht mehr klar voneinander getrennt werden können. Dass der Gesetzgeber mit dieser Lösung die Fälle fahrlässiger Irreführung zum Vertragsschluss vor Augen hatte, ist ersichtlich.

Das neue Modell bedeutet einen Bruch in der brasilianischen Irrtumsrechtstradition. Vielleicht wird deshalb die Norm in der Rechtsprechung praktisch ignoriert, weil die Erkennbarkeit des Irrtums durch den Erklärungsempfänger kaum eine Rolle spielt in Bezug auf das Annullierungsrecht des Irrenden. Der unglücklich formulierte Art. 138 CC2002 braucht also eine teleologische Reduktion, die dazu führen sollte, dass der Erklärende einerseits den irrtumsbedingten Vertrag annullieren darf, den Vertrauensschaden des unschuldigen Erklärungsempfängers andererseits ersetzen muss, wenn sein zu vertretender Selbstirrtum zugleich eine schuldhafte Verletzung einer vorvertraglichen Sorgfaltspflicht darstellt. Hier kommt die culpa in contrahendo nebenher zur Anwendung. Die Kenntnis oder fahrlässige Unkenntnis des Irrtums durch den Erklärungsempfänger soll nicht das Annullierungsrecht des Erklärenden vernichten, sondern nur seinen Schadensersatzanspruch ausschließen oder mindern.

2.2. Die Haftung für den Abschluss nichtiger Verträge

a) Aktueller Stand

Die Frage, ob und inwieweit eine Partei für den Abschluss nichtiger Verträge verantwortlich sein kann, hat die brasilianische Lehre noch nicht richtig beschäftigt. Dabei geht es darum, ob und inwieweit ein Kontrahent, der einen Nichtigkeitsgrund erkennt oder Zweifel an der Gültigkeit des Geschäfts hat und weder das Wirksamkeitshindernis beseitigt noch die Gegenseite über seine Bedenken aufklärt, für die Herbeiführung eines nichtigen Vertrages haften muss und demzufolge denjenigen Schaden zu ersetzen hat, den die Gegenseite im Vertrauen auf die Gültigkeit des Geschäfts erleidet. In Betracht kommt jeder Nichtigkeitsgrund. Art. 166 CC2002 liefert einige Beispiele dafür: Geschäftsunfähigkeit, Leistungsunmöglichkeit, Gesetzeswidrigkeit oder Formwidrigkeit. Auch die Vertragsnichtigkeit infolge fehlender Vertretungsmacht oder der Verwendung nichtiger allgemeiner Geschäftsbedingungen können unter Umständen eine solche Haftung auslösen, wenn die Gegenseite im berechtigten Vertrauen auf die Vertragsgültigkeit Vermögensdispositionen macht, die sie sonst nicht machen würde. Insbesondere die Frage nach der Haftung für die Herbeiführung formnichtiger Verträge wird in den großen Lehrbüchern und Kommentaren praktisch nicht thematisiert.

Im alten Recht findet man noch einen Versuch, den Schadensersatzanspruch bei Abschluss anfechtbarer oder nichtiger Verträge mit dem Institut der culpa in contrahendo zu begründen[473]. Die große Schwierigkeit, die culpa in contrahendo als Fundament für die Ersatzpflicht in solchen Fällen anzunehmen, bestand damals in der vertragsrechtliche Natur der Haftung. Es war schwer zu begründen, wie eine Haftung für die Herbeiführung eines nichtigen Vertrages eine vertragliche Natur haben kann, wenn die zum Schadensersatz verpflichtende Pflichtverletzung nicht in der Nichterfüllung des Vertrages besteht, der sowieso nichtig ist und keine Leistungspflicht erzeugt[474]. Da die rechtwidrige Handlung der Partei nicht in der Nichterfüllung des Vertrages bestehe, sagte damals *Espínola*, könne sie nur in der **Verletzung der allgemeingültigen neminem-laedere-Pflicht** liegen[475]. Die Antwort dieser Frage findet man in der Tat nicht bei *Jhering* und auch nicht in der pandektistischen Lehre, die damals in Brasilien fast vorbehaltslos vertreten wurde. Denn in beiden fehlt die rechtsdogmatische Konstruktion der Rücksichtspflichten, die sich substantiell und formell aus dem Grundsatz von Treu und Glauben (§ 242 BGB) entwickelt hat.

Jhering hat jedoch schon dargelegt, dass die **Nichtigkeit keine gänzliche Wirkungslosigkeit des Vertrages** bedeutet, sondern nur ein **Ausfallen des Hauptzwecks des Geschäfts**[476]. Sie vernichtet nur die Leistungspflicht, nicht

---

473 *Espínola*, Sistema II/1, S. 352ff.

474 In diesem Sinne auch: *Almiro do Couto e Silva*, RDA 217/1999, 163, 164.

475 *Espínola*, Sistema II/1, S. 354.

476 Culpa in contrahendo, S. 22ff., wo zu lesen ist: „... e a expressão 'nulidade' apenas pode... ter um sentido limitado, não predicando a ausência de *todos*, e antes apenas de *determinados* efeitos. O fim de qualquer contrato é o cumprimento, o efeito visado consiste, portanto, na criação de uma *vinculação ao cumprimento*... determinamos, assim, os conceitos de validade e de nulidade do contrato segundo o principal fim prático do contrato. Simplesmente, é perfeitamente conciliável com isso que o contrato possa originar obrigações de outro tipo, na medida, tão-só, em que elas se não dirijam ao *cumprimento*, mas antes, por exemplo, à *restituição* da coisa entregue ou do sinal

dagegen den ganzen Vertrag, der weitere Pflichten erzeugen kann. Bei ihm ist allerdings das Fundament – culpa (Verschulden) – der Haftung nicht ganz überzeugend, berücksichtigt man, dass der deutsche historische Gesetzgeber dieses Merkmal bei der Fixierung der Schadensersatzhaftung für Irrtumsanfechtung in § 122 BGB gestrichen hat. Aber bei *Jhering* scheint die culpa auch die Bedeutung einer Pflichtverletzung zu haben. Berücksichtigt man, dass sich das Verschulden als Zurechnungsfaktor heute auf eine Pflichtverletzung beziehen muss, erkennt man im *Jherings* Schrift sofort, dass die Trennung von Pflichtverletzung und Verschulden noch ganz unausgearbeitet ist, wie es nach dem Stand der Dogmatik seiner Zeit[477] und nicht zuletzt der brasilianischen Lehre des 20. Jahrhunderts entsprach.

Eine überzeugende Begründung, dass es dabei nicht um eine Verletzung der Jedermannspflicht geht, findet man nur bei *Heinrich Stoll* und in der ihm folgenden Lehre, die die culpa in contrahendo unter dem Gesichtspunkt des Vertrauensschutzes und der Verletzung vorvertraglicher Pflichten begründet, wie insbesondere *Ballerstedt*, *Larenz* und *Canaris*. Sie haben nachgewiesen, dass die dabei verletzte Pflicht weder in einer vertraglichen noch in der Jedermannspflicht besteht, sondern eine **besondere Pflichtenkategorie** darstellt, weil sie einen vorherigen Kontakt rechtsgeschäftlicher Art voraussetzt, nach dessen Umständen sie sich ausformt (Fallbezogenheit) und deshalb nur gegenüber den daran Beteiligten gilt (Relativität). Diese Eigenschaften grenzen die vorvertraglichen Pflichten – hier: **Sorgfaltspflicht**, d. h. die **jheringsche diligentia** – von der des neminem-laedere ab.

Anders als die vertraglichen Pflichten entstehen die vorvertraglichen Pflichten nicht aus dem Vertrag, also aus der Privatautonomie der Parteien, sondern **aus dem geschäftlichen Kontakt**, der deshalb dogmatisch als ein Vertrauensschuldverhältnis qualifiziert wird. Da der vorvertragliche geschäftliche Kontakt auf den eventuellen Abschluss eines Vertrages gerichtet ist und die meisten der daraus erwachsenden Pflichten einen vertragsvorbereitenden Charakter haben, so dass die vorvertragliche Rechtslage einer vertraglichen ähnelt, rechtfertigt sich die Anwendung des vertraglichen Haftungsregimes auf den vorvertraglichen Kontakt[478]. Die herrschende Lehre in Brasilien hat diese dogmatische Entwicklung damals jedoch nicht mitverfolgt. Die Lehre in contrahendo ist alsdann in Vergessenheit geraten, zumindest in Verbindung mit der Haftung für den Abschluss annullierbarer oder nichtiger Geschäfte.

---

ou à indenização." (Hervorhebung im Original). In diesem Sinne auch *Schur*, Leistung und Sorgfalt, S. 12.

477 Dazu: *Medicus*, FS Kaser (1986), 169, 174 f. und *Schur*, Leistung und Sorgafalt, S. 10.

478 Ausführlich dazu: Kapitel 4 II 1. In diesem Sinne auch: *Junqueira de Azevedo*, RT 18/1996, 23 f.

Es hat sich die Auffassung durchgesetzt, dass es sich dabei um eine unerlaubte Handlung handele. Dies kann vielleicht die Totenstille in der modernen Lehre insgesamt über die Problematik erklären. Nur einige Autoren verweisen auf eine Haftung für den Abschluss nichtiger Verträge, obgleich es im brasilianischen Recht eine ausdrückliche Regel über die Haftung in contrahendo für den Abschluss nichtiger öffentlich-rechtlicher Verträge gibt: Art. 49 § 1 Vergabegesetz (Lei 8.666/1993) sieht zunächst vor, dass die Annullierung eines Vergabeprozesses wegen Gesetzwidrigkeit keine Schadensersatzpflicht erzeugt. Laut Art. 59 Lei 8.666/1993 wirkt die Nichtigkeitserklärung eines öffentlich-rechtlichen Vertrages rückwirkend und hindert diejenigen Wirkungen, die er regelmäßig erzeugen würde, wie er auch die schon vollzogenen vernichtet.

Im einzigen Absatz (*Parágrafo Único*) des Art. 59 stipuliert das Gesetz jedoch eine Ersatzpflicht für die öffentliche Hand, dem Vertragspartner die bis dahin erfüllte Leistung sowie „weitere nachgewiesene Schäden" zu ersetzen, wenn ihn dabei kein Verschulden trifft. *Almiro do Couto e Silva* begründet die Ersatzpflicht der schon erbrachten Leistung mit der ungerechtfertigten Bereicherung und die der „weiteren Schäden" mit der culpa in contrahendo, die er ausdrücklich mit *Jhering* verbindet. Laut ihm habe das Vergabegesetz erstmals und der damals geltende *Código Bevilaqua* die culpa in contrahendo vorgesehen, die in dem Grundsatz von Treu und Glauben ihr Fundament finde[479].

Da die Staatshaftung gemäß Art. 37 § 6 der brasilianischen Verfassung verschuldensunabhängig ist, kommt *Almiro do Couto e Silva* zu dem Ergebnis, dass die culpa in contrahendo dort auch ohne Verschulden in Betracht komme. Er hält den grundsätzlichen Schadensersatzausschluss nach Art. 49 § 1 des Vergabegesetzes angesichts der verfassungsrechtlichen allgemeinen Haftung der öffentlichen Hand für verfassungswidrig und spricht sich für den Ersatz des positiven Interesses immer dann aus, wenn die Nichtigkeit des Vergabeverfahrens auf ein schuldhaftes Verhalten der Verwaltung zurückzuführen sei, wie etwa bei Formwidrigkeit. Bei Rechtswidrigkeit des Objekts oder des Vergabeprozesses sowie beim Ausschreibungswiderruf sei dagegen nur das negative Interesse zu ersetzen[480]. Der Aufsatz von *Almiro do Couto e Silva* hat praktisch keine Resonanz in der Privatrechtslehre erzeugt, die die Problematik der Haftung für den Abschluss anfechtbarer oder nichtiger Verträge über die engen Grenzen der unerlaubten Handlung hinaus nicht diskutiert[481].

---

479 RDA 217/1999, 217, 167.

480 RDA 217/1999, 217, 169 f.

481 Ohne die privatrechtliche Grundstuktur der culpa in contrahendo kann die Staatsrechtslehre nicht weiterkommen. Dass die culpa in contrahendo im brasilianischen Recht ein noch verwirrendes Rechtsinstitut darstellt, belegt *Miragems* Auffassung, der die culpa in contrahendo und

Eine Haftung für enttäuschtes Vertrauen auf die Gültigkeit nichtiger Verträge wird meistens auch nicht im **Rahmen von Verbraucherverträgen** diskutiert, wo oft die Unternehmen vorsätzlich oder zumindest fahrlässig **vorformulierte Geschäftsbedingungen** verwenden, die nicht selten zur Nichtigkeit des gesamten Vertrages führen. Dort spielt das Verschulden der Lieferanten bei Verwendung nichtiger AGB aufgrund der in diesem Sondergebiet allgemein angeordneten verschuldensunabhängigen Haftung keine Rolle. *Santos* hat die Haftung der Verwender missbräuchlicher AGB im Rahmen von Verbraucherverträgen analysiert und ist zu dem Schluss gekommen, dass das Verbraucherschutzgesetz keine Norm enthält, die eine Haftung für den Abschluss nichtiger Verträge statuiert. Diese Lücke will sie mit Hilfe der culpa in contrahendo schließen, da die missbräuchlichen Klauseln gegen den Grundsatz von Treu und Glauben verstoßen. Die culpa in contrahendo für den Abschluss nichtiger Verbraucherverträge ist bei *Santos* eine **außervertragliche verschuldensunabhängige Haftung**, da die Vertragshaftung die Verletzung einer Pflicht aus einem gültigen Vertrag voraussetze und zum Ersatz des negativen Interesses führe[482].

Tatsächlich enthält das Sondergesetz keine ausdrückliche Regelung über die vorvertragliche Haftung. Der Rechtsanwender muss sie dort vielmehr systematisch aus Art. 422 CC2002 herleiten. Hinsichtlich der Haftung für die Verwendung nichtiger AGB stößt man jedoch auf Art. 51 CDC, der – nach Vorbild der §§ 10 und 11 des ehemaligen deutschen AGB-Gesetzes (heute: §§ 308 und 309 BGB) – einen **Katalog missbräuchlicher allgemeiner Geschäftsbedingungen** enthält, deren Verwendung mit Nichtigkeit sanktioniert wird. Die Nichtigkeit trifft grundsätzlich nur die missbräuchliche Klausel (Art. 51 § 2 CDC). Da der Verbraucher ein **„Recht auf Vertragserhaltung“** hat, das auch in Art. 6 V CDC zum Ausdruck kommt, muss der Richter anstelle der unwirksamen Klauseln das dispositive Gesetzesrecht anwenden oder, falls eine konkrete Regelung fehlt, die dadurch entstandenen Lücken durch ergänzende Vertragsauslegung nach Treu und Glauben (Art. 113 CC2002) schließen. Erst wenn der Vertrag trotz aller Bemühungen in ausgewogener Weise nicht erhalten werden kann, ist der ganze Vertrag zu ver-

---

das venire contra factum proprium „die zwei typischen Figuren der vorvertraglichen Haftung“ nennt und somit ohne jegliche Begründung die vorvertragliche Haftung von der culpa in contrahendo unterscheidet. Was er unter „culpa in contrahendo“ versteht, ist etwas unklar, vielleicht meint er damit eine Haftung für die Vertragsnichtigkeit. Im Privatrecht seien – laut ihm – der Verhandlungsabbruch und die unbegründete Ablehnung des Vertragsschlusses Gründe für die vorvertragliche Haftung. Im öffentlichen Recht sei etwa der Widerruf oder der Abbruch des Vergabeverfahrens ein Beispiel für vorvertragliche Haftung der öffentlichen Hand, die auch an die Pflichten aus Treu und Glauben gebunden sei. RPGE 27/2004, 131, 143 ff.

482 Responsabilidade civil por cláusula absuvia, S. 2, 250 ff.

nichten und der *status quo ante* gemäß Art. 182 CC2002 wiederherzustellen[483]. In diesem Fall könne der Verbraucher **„Schadensersatz aus der Vertragsnichtigkeit“** verlangen[484].

Die Verbraucherrechtslehre nimmt dabei keinen Bezug auf die culpa in contrahendo, obwohl die Verwendung nichtiger AGB eine Störung in der Phase der Vertragsbildung darstellt[485]. Dies lässt sich zum einen durch die Unkenntnis der culpa in contrahendo, zum anderen mit der Auffassung erklären, dass die **Verwendung von missbräuchlichen Vertragsklauseln** eine **unzulässige Rechtsausübung** des Anwenders darstelle[486], die umgekehrt einer **unerlaubten Handlung** in Art. 187 CC2002 gleichgestellt wird. Deshalb begründen Lehre und Rechtsprechung wie selbstverständlich die aus der Vertragsnichtigkeit entstandenen Schäden mit der Deliktshaftung. In Wirklichkeit ist nach herrschender Meinung im Verbraucherrecht völlig unbedeutend, ob ein Schadensposten einen vertraglichen oder außervertraglichen Haftungsgrund hat, weil das Verbraucherschutzgesetz die „*summa divisio* der Haftungskategorien“ zwischen Delikts-

483 Hier liegt ein bedeutender Unterschied zwischen dem Unwirksamkeitsregime des Verbraucherschutzgesetzes und dem des Zivilgesetzbuches, das keine Heilung durch den Richter erlaubt. Vgl. dazu: *Gomes*, Introdução, S. 474;

484 In diesem Sinne ausdrücklich: *Benjamin/Lima Marques/Bessa*, Manual, S. 295. Vgl. auch: *Miragem*, Curso, S. 294.

485 In diesem Sinne betont zutreffend *Cavalieri*, dass das Problem der missbräuchlichen Klauseln bei der Vertragsvorbereitung auftaucht. Er selber bezieht sich kaum auf die culpa in contrahendo, sondern begründet die daraus folgende Haftung in der Rechtsmissbrauchsfigur. Dazu: Programa de direito do consumidor, S. 170 ff. Im deutschen Recht vgl. statt vieler: Soergel/*Harke*, § 311 Rn. 61.

486 Statt vieler: *Cavalieri*, Programa de direito do consumidor, S. 172 und *Miragem*, Curso, S. 284. Die rechtsdogmatische Begründung von unzulässigen allgemeinen Geschäftsbedingungen (*cláusulas abusivas*) wegen Rechtsmissbrauchs war von Anfang an streitig und wurde vom Sondergesetzgeber verneint. Es handele sich um zwei unterschiedliche Rechtsinstitute, laut *Nery*, in: Grinover et al., CDC Comentado, Art. 51 S. 501 ff. Im gleichen Sinne: *Benjamin/Lima Marques/Bessa*, Manual, S. 293 f. Man befürchtete dadurch, die Nichtigkeit missbräuchlicher Klauseln von Vorsatz oder Verschulden des AGB-Verwenders (subjektive Theorie) abhängig zu machen, wie es noch für die Charakterisierung des Rechtsmissbrauchs in der alten Kodifikation erforderlich war. Die in Art. 187 CC2002 positivierte objektive Theorie stellt nicht auf das Verschulden ab, sondern auf das objektive Ergebnis des unzulässigen Verhaltens unter Berücksichtigung von Treu und Glauben, Verkehrssitte und die ökonomische und soziale Funktion der betreffenden Rechtsposition ab. Den sozusagen objektivierte Rechtsmissbrauch hat der neue Gesetzgeber der unerlaubten Handlung des Deliktsrechts (Art. 186 CC2002) gleichgestellt, um die Auferlegung eines Schadensersatzanspruchs zu begründen. Vor diesem Hintergrund sieht ein großer Teil der Lehre das Fundament der rechtsmissbräuchlichen Klauseln in der erneuerten Figur vom Rechtsmissbrauch. Über die Diskussion vgl. *Miragem*, Curso, S. 281 ff. und *Lima Marques*, Contratos, S. 767 ff.

und Vertragshaftung überwunden und stattdessen eine **Einheitshaftung** in der brasilianischen Rechtsordnung statuiert habe[487].

Dass in der Verwendung unwirksamer Vertragsbestimmungen zumindest ein Verstoß gegen die **vorvertragliche Informations- bzw. Loyalitätspflicht** besteht, ist ersichtlich, weil der Verwender, der nichtige Klauseln vorformuliert oder anwendet, in der Lage ist, die Unwirksamkeit der Vertragsbestimmung zu erkennen (erkennen zu können)[488] und zu verhindern. Außerdem gehört das Unwirksamkeitsrisiko nach der Systematik des brasilianischen Verbraucherschutzgesetzes sowieso zu seiner Sphäre. Hier kann man schon eine wichtige Schlussfolgerung ziehen: Der AGB-Verwender hat in solchen Fällen verschuldensunabhängig den daraus entstandenen Vertrauensschaden des Verbrauchers zu ersetzen, der Haftungsgrund liegt jedoch nicht in einer unzulässigen Rechtsausübung, noch weniger in der damit assoziierten unerlaubten Handlung (*ato ilícito absoluto*), sondern in der Verletzung vorvertraglicher Rücksichtspflichten, so dass es sich dabei um einen **Unterfall der culpa in contrahendo** handelt, die im brasilianischen Verbraucherrecht ausnahmsweise vom Verschulden unabhängig ist[489].

Die Haftung für den Abschluss formnichtiger Verträge hat jedoch in diesem Bereich – anders als im allgemeinen Privatrecht – keine große Bedeutung, weil hier der **Grundsatz der Selbstinformation** nicht gilt, laut dem es die Sache jeder Partei ist, sich über die Gültigkeitsvoraussetzungen des Geschäfts zu erkundigen, eventuelle Hindernisse zu beseitigen oder die Gegenseite davor zu warnen. Im Gegenteil: Aufgrund der **vermuteten Informationsbedürftigkeit des Verbrauchers** treffen den Lieferanten im Verbraucherrechtsverkehr von vornherein Sorgfalts-, Mitwirkungs- und Informationspflicht. Außerdem gilt in diesem Bereich eine **verschuldensunabhängige Haftung**, so dass es auch nicht auf ein schuldhaftes Fehlverhalten des Lieferanten bei der Herbeiführung der Vertragsungültigkeit ankommt.

---

487 In diesem Sinne: *Miragem*, Curso, S. 423 ff., der noch darauf hinweist, dass der in Brasilien neu verwendete Begriff „Schadensrecht" (*direito dos danos*) – der die klassische Terminologie „Haftungsrecht" (*responsabilidade civil*) ersetzen solle! – die „Paradigmenänderung" zum Ausdruck bringe, laut der die klassische Aufteilung der Haftung nach der Quelle der verletzten Pflicht aufzugeben sei und vielmehr darauf abziele, dem Geschädigten einen effektiven Schutz zu gewähren und den entstandenen Schaden zu reparieren (S. 426, Fn. 12).

488 Soergel/*Harke*, § 311 Rn. 61.

489 In diesem Sinne teilweise *Santos*, Responsabilidade civil por cláusula abusiva, S. 249 ff., die allerdings die Haftung in contrahendo für den Abschluss nichtiger Vertragsbestimmungen deshalb als außervertragliche Haftung erklärt, weil die Schutzpflicht aus Treu und Glauben Ausdruck der neminem-laedere-Pflicht sei (S. 102) und die Vertragshaftung den Abschluss eines gültigen Vertrags voraussetze, der bereits durch die Nichtigkeit vernichtet werde (S. 254).

Diese Faktoren erklären die unüberschaubare Rechtsprechung über die Haftung von Anbietern von Produkten und Serviceleistungen im Konsumentenmarkt für den Abschluss nichtiger oder mit Erfolg angefochtener Verträge, wenn der Verbraucher das vorvertragliche Fehlverhalten des Lieferanten nachweist, ohne das der ungültige Vertrag nicht zustande gekommen wäre und er keine unnötigen Vermögensdispositionen gemacht hätte. Diese Fälle werden allerdings nicht als vorvertragliche Haftung rechtsdogmatisch eingeordnet, weil Lehre und Rechtsprechung einerseits solche Pflichtverletzung des Lieferanten, die nicht die persönliche Integrität des Verbrauchers betrifft, als „Mangel an der Dienstleistung" (*falha na prestação do serviço*) qualifizieren und anderseits auf jede weitere Differenzierung der Haftungstypen verzichten. Der Verbraucher kann das fehlerhafte Geschäft anfechten und die Rückgabe der ausgetauschten Leistungen sowie Schadensersatz fordern, der in der Regel in dem Ersatz des negativen Interesses besteht.

In der Rechtsprechung gilt nichts anderes: Dort werden Fälle, in denen ein Teil – schuldhaft oder im Rahmen von Verbraucherverträge auch ohne Verschulden – den Nichtigkeitsgrund des Vertrages kennt (kennen muss), ohne jeglichen Bezug auf das Rechtsinstitut der culpa in contrahendo gelöst. Als Anspruchsgrundlage wird einfach, wenn überhaupt, die **deliktsrechtliche Generalklausel** (Arts. 186 iVm 927 CC2002) genannt. Meistens wird nur der Nichtigkeitsgrund benannt[490]. In der überwiegenden Mehrheit der Fälle findet man keine

---

490 Statt vieler: STJ, AgRg no AREsp. 715293/RJ, T3, Rel. Min. Marco Aurelio Bellizze, Urt. vom 27.10.2015, DJe 12.11.2015 (Vernichtung von nichtigen Klauseln im Rahmen eines Immobilienkauf-Vorvertrages mit Schmerzensgeld. Mangels Beschreibung im Sachverhalt ist der Nichtigkeitsgrund unklar. Da es sich um einen Verbrauchervertrag handelt, liegt eine Risikohaftung der Immobillienfirma vor.); STJ, REsp. 1266937/MG, T4, Rel. Min. Luis Felipe Salomão, Urt. vom 06.12. 2011, DJe 01.02.2012 (Nichtigkeit eines Kaufvertrages über einen im Rahmen eines eröffneten Konkurses schon verpfändetes Grundstück, da der Käufer darüber von Verkäufer und Makler nicht informiert wurde. Das Gericht hat die Herstellung des status quo und Schmerzensgeld angeordnet. Ersatzlos scheinen z.B. die Vertragskosten geblieben zu sein. Ob sie durch die Höhe des immateriellen Schadens abgedeckt wurden, ist unklar.); STJ, REsp. 1004477/ES, T4, Rel. Min. Aldir Passarinho Junior, Urt. vom 12.06.2008, DJe 04.08.2008 (Nichtigkeit eines mit einem Entmündigten abgeschlossenen Kaufvertrages. Mangels Beschreibung des Sachverhalts ist nicht zu erkennen, ob dabei diskutiert wurde, ob der Entmündigte seinen Status fälschlich vorgespiegelt hat oder nicht. Der STJ hat nur die Höhe des Schmerzensgelds reduziert und die Haftung ausdrücklich in Art. 186 CC2002 verankert, da dabei ein *ato ilícito*, also eine unerlaubte Handlung vorliege.); TJSP, Apelação Cível 0004989–07.2011.8.26.0150, 22ª Câmara Extraordinária de Direito Privado, Rel. Jacob Valente, Urt. vom 20.04.2017 (Nichtigkeit eines Immobillienkreditvertrages, der mit einer ohne schriftliche Erlaubnis der brasilianischen Zentralbank tätigen Kreditinstitution abgeschlossen wurde. Nach Vertragsschluss hat der Kreditnehmer die illegale Lage der Institution erfahren und die Vertragsnichtigkeit zuzüglich Schadensersatzes verlangt. Das Gericht hat ihm –

nähere Begründung über die Haftungsnatur und kaum eine Überlegung dazu, ob es dabei wirklich um die Verletzung einer allgemeingültigen Pflicht geht. Das ist letztendlich die Folge einer generell und vage formulierten deliktischen Generalklausel, die jede theoretische Begründungslast deutlich erleichtert.

Oft werden Nichtigkeitsfälle mit der **Einräumung von Schmerzensgeld** zugunsten des Geschädigten sanktioniert: Der Vertrag wird rückabgewickelt, der status quo ante im Wege der Naturalherstellung wiederhergestellt und der dafür verantwortliche Vertragspartner mit einer Pflicht zum Ersatz immateriellen Schadens bestraft, die in der überwiegenden Mehrheit der Fälle mangels Verletzung der Persönlichkeitsrechte kaum zu rechtfertigen ist. Nicht von ungefähr wird oft der punitive Charakter des Schadensersatzes betont[491]. Das willkürlich festgesetzte Schmerzensgeld[492] erfüllt hier praktisch die Funktion des schwer berechenbaren materiellen Vertrauensschadens. Meistens beschränkt sich der tatsächlich zugesprochene Schadensersatz auf den immateriellen Schaden. Dass diese Rechtspraxis die Kontrolle des ersetzbaren Schadens durch die Rechtsadressaten und die Rechtswissenschaft erschwert oder unmöglich macht, ist ersichtlich.

---

neben der Rückabwicklung – nur Schmerzensgeld zugesprochen.); TJSP, Apelação Cível 1003833 – 10.2014.8.26.0037, 23ª Câmara de Direito Privado, Rel. Paulo Roberto de Santana, Urt. vom 02.09.2015 (Nichtigkeit des Kreditgeschäfts für Nichteinhaltung der in Art. 215, § 1 VI und § 2 CC2002 erforderlichen Form, da der Kreditnehmer Analphabet war. Rückerstatung des status quo ohne Schmerzensgeld); TJRS, Apelação Cível 70052584240, 24ª Câmara Cível, Rel. Fernando Flores Cabral Junior, Urt. vom 28.08.2013 (Formnichtigkeits eines Kreditkartenvertrages eines Analphabeten gemäß Art. 595 CC2002. Herstellung des status quo und Schmerzensgeld, dessen „pädagogischer" Charakter betont wurde. Sorgfaltspflichtverletzung als Haftung für „Servicefehler" gemäß Art. 14 CDC) und TJSP, Apelação Cível 0007131 – 89.2008.8.26.0634, 10ª Câmara de Direito Privado, Rel. Carlos Alberto Garbi, Urt. vom 18.11.2014 (Nichtigkeit des Grundstückskaufvertrags wegen Gesetzeswidrigkeit des Objekts, da die Bodenparzellierung ohne Genehmigung der Gemeinde und ohne Registrierung im Grundbuchamt durchgeführt wurde und außerdem ein Bebauungsverbot für das Grundstück bestand. Der Verkäufer hatte die Käufer darüber nicht informiert. Das Gericht ordnete die Rückabwicklung des Geschäfts mit Herstellung des status quo ante an und lehnte Schmerzensgeld ab.).

491 Statt vieler: STJ, AgRg no AREsp. 585083/RS, T4, Rel. Min. Marco Buzzi, Urt. vom 02.12.2014, DJe 09.12.2014 (Nichtigkeit des Vertrags mit Schmerzensgeld). Mit ausdrücklicher Betonung des punitiven Charakters des immateriellen Schadensersatzes: TJSP, Apelação Cível 0004989 – 07.2011.8.26.0150, 22ª Câmara Extraordinária de Direito Privado, Rel. Jacob Valente, Urt. vom 20.04.2017; TJ/SP, Apelação Cível 1004694 – 02.2016.8.26.0562, 9ª Câmara de Direito Privado, Rel. José Aparício Coelho Padro Neto, Urt. vom 28.03.2017 und TJRS, Apelação Cível 70052584240, 24ª Câmara Cível, Rel. Fernando Flores Cabral Junior, Urt. vom 28.08.2013.

492 Dass der immaterielle Schadensersatz rein willkürlich fixiert wird, erkennt der STJ selbst: AgRg no AREsp. 585.083/RS, T4, Rel. Min. Marco Buzzi, Urt. vom 02.12.2014, DJe 09.12.2014, S. 3.

Die oben dargestellte Praxis gilt für die Nichtigkeitserklärung wegen Formwidrigkeit des abgeschlossenen Vertrages. Bei reinen Privatverträgen kann man feststellen, dass eine solche Haftung bei vorsätzlichem Verhalten des Schädigers immer in Betracht kommt. Bei fahrlässigem Verhalten wird dagegen kausuistisch entschieden. Bei formwidrigen Verträgen mit Verbrauchern kommt es nicht auf ein Verschulden an. Eine klare Linie, wann eine Haftung für die Herbeiführung formwidriger Verträge im Betracht kommt, ist nicht ersichtlich. Ob und inwieweit ein Teil den anderen über das Formerfordernis aufklären muss oder jeder für sich allein für die Formeinhaltung verantwortlich ist, wird nicht thematisiert.

Pontes de Miranda, laut dem ein formwidriger Vertrag keinerlei Wirkung erzeugen könne, hat eine Pflicht zum Ersatz des negativen Interesses bei Geschäftsnichtigkeit infolge von Formverstößen und Geschäftsunfähigkeit abgelehnt. In diesem Fall, sagt er, verdiene der Schutz der Formvorschriften Vorrang gegenüber dem Schutz des negativen Interesses, weil es widersprüchlich wäre, der Partei einen Schadensersatzanspruch zuzuerkennen, wenn sie sowieso an einem Akt beteiligt war, der gegen zwingende Formvorschriften verstößt, die sie umgekehrt als *ius cogens* kennen müsse[493]. Zugrunde liegt auch der Gedanke, niemand dürfe das Gesetz verkennen. Er hat allerdings ausnahmsweise die Haftung in dem Fall bejaht, in dem die Gegenseite „die Form als ungenügend oder mangelhaft zugelassen hat". Ob er damit diejenigen Fälle gemeint hat, in denen ein Teil den anderen aktiv irreführt oder ihn von der Einhaltung der Form oder einer Erkundigung hierüber abhält, bleibt unklar.

Heutzutage weist eine Mindermeinung darauf hin, dass eine Haftung in contrahendo für den Abschluss annullierbarer oder nichtiger Verträge durchaus entstehen könne[494]. Es gibt jedoch – soweit ersichtlich – keine tiefgreifende wissenschaftliche Auseinandersetzung mit der Problematik[495]. Es ist zur Zeit auch eine Tendenz zu konstatieren, dem nichtigen Vertrag Rechtswirkungen zuzuweisen[496], anhand derer eine Haftung in contrahendo für den Abschluss form-

493 Tratado 4, S. 88.

494 In diesem Sinne: *Chaves*, Responsabilidade pré-contratual, S. 13; *Junqueira de Azevedo*, RDC 18/1996, 23, 27; *Santos*, Responsabilidade civil por cláusula abusiva, S. 250; *Fichter Pereira*, A responsabilidade civil pré-contratual, S. 3; *Bdine Junior*, Efeitos do negócio, S. 162 und *Gaino*, Invalidade, 633, 638.

495 Eine Ausnahme bildet die Dissertation von *Santos* über die Haftung in contrahendo für die Verwendung missbräuchlicher AGB im Rahmen von Verbraucherverträgen: Responsabilidade civil por cláusula abusiva, PUC-Universität von São Paulo, 2000. Erwähnenswert ist selbstverständlich auch die hier mehrmals zitierte Schrift von *Almiro do Couto e Silva*, RDA 217/1999, 163–171.

496 Die Rechtsprechung hat diese Entwicklung in Gang gesetzt als sie die Nichtigkeitserklärung formwidriger Geschäften wegen widersprüchlichem Verhalten versagte (STJ, REsp. 141879/SP, T4,

nichtiger Verträge diskutiert wird. In diesem Sinne postuliert etwa *Bdine Júnior* – insbesondere in Gefolgschaft der italienischen und spanischen Lehren – eine breitere Anerkennung der Rechtswirkung von nichtigen Verträgen, besonders wenn die Nichtigkeitsfolgen unerträglich, mit dem Vertrauensschutz oder mit den „höheren Werten" der Rechtsordnung nicht vereinbar sind, was schon in ausländischen Rechtsordnungen seit Langem anerkannt sei.

In Anlehnung an *De Los Mozos* weist der Autor auf die culpa in contrahendo als ein Beispiel von indirekter, d.h. nicht gewünschter Folge eines nichtigen Rechtsgeschäfts hin[497]. *Gaino* hält es für „selbstverständlich", dass der Partei, die den Ungültigkeitsgrund des Vertrages kennt (oder kennen muss) und die Gegenseite darauf nicht aufmerksam macht, eine Schadensersatzpflicht treffe, obwohl das brasilianische Zivilgesetzbuch keine Norm im Sinne des Art. 1.338 des italienischen Kodex habe, die in solch einem Fall eine Pflicht zum Ersatz des Vertrauensschadens statuiere. Es sei evident, dass der Schaden, der dem Geschädigten dadurch entstanden ist, dass er schuldlos auf die Gültigkeit des Vertrages vertraut hat, zu ersetzen sei. Haftungsgrund sei die Verletzung der Infor-

---

Rel. Min. Ruy Rosado de Aguiar, Urt. vom 17.03.1998, DJ 22.06.1998, in dem die Klage einer Gemeinde abgelehnt wurde, die die Nichtigkeit eines Grundstückskaufvertrages beantragt hat, weil die von ihr selbst durchgeführten Parzellierung des Grundstücks formwidrig war. Der STJ hat dabei entschieden, dass das Verhalten der Gemeinde, zunächst ein Grundstück zu parzellieren, danach aber den entsprechenden Kaufvertrag anzufechten, widersprüchlich sei und den Fall mit Hilfe der sog. Eigenakt-Theorie – *teoria dos atos próprios* – des Verwaltungsrechts gelöst.) oder die Heilung nichtiger Verträge durch nachträgliche Erfüllung des Formerfordernisses erlaubte. *Bdine Junior* gibt als Beispiel dafür Fälle, in denen ein Bauunternehmen Wohnungsimmobilien verkauft, ohne das Immobilienprojekt (*empreendimento imobiliário*) vorher im Grundbuchamt eingetragen zu haben, was zur Nichtigkeit des Kaufvertrages gemäß Art. 32 des Gesetzes 4.591/64 führt. Während das OLG São Paulo die Nichtigkeit solcher Kaufverträge noch annahm, hat der STJ seine Gültigkeit anerkannt, wenn das Bauunternehmen die Registereintragung nachträglich durchgeführt hat. Hier stehe – laut dem Autor – das Interesse an die Aufrechterhaltung des Vertrages und an der Sicherheit des Rechtsverkehrs im Vordergrund. Dazu: *Bdine Junior*, Efeitos do negócio, S. 196 f. In der Rechtsprechung vgl.: STJ, REsp. 216352/DF, T3, Rel. Min. Waldemar Zveiter, Urt. vom 19.02.2001, DJ 09.04.2001 (Keine Heilung im Einzelfall mangels nachträglicher Eintragung im Grundbuch) und REsp. 102715/SP, T4, Rel. Min. Ruy Rosado de Aguiar, Urt. vom 09.12.1996, DJ 03.03.1997 (Heilung des Kaufvertrages infolge nachträglicher Eintragung im Grundbuch). Im Anschluss an diese Judikatur vertreten einige Autoren aus verschiedenen rechtstheoretischen Gründen die Heilung nichtiger Verträge sowie die Aufrechterhaltung schon herbeigeführter Rechtswirkungen eines rückabzuwickelnden Geschäfts (Nichtigkeit ex nunc). Das solle auch für formwidrig abgeschlossene Verträge gelten. Begründungsansätze dafür seien insbesondere die Prinzipien des Vertrauensschutzes, des widersprüchlichen Verhaltens und der Vertragserhaltung, die durch die in der Kodifikation eingeführte Konversion (Umdeutung) von nichtigen Verträgen in Art. 170 CC2002 zum Ausdruck kommt. *Bdine Júnior*, Efeitos do negócio, S. 117 ff.

497 Efeitos do negócio, S. 162.

mationspflicht aus Treu und Glauben (Art. 422 CC2002). Die Schadensersatzpflicht sei laut ihm eine indirekte Wirkung des nichtigen Vertrages[498].

Diese Lehre fängt angeblich an, Resonanz in der Rechtsprechung zu finden. In einer Entscheidung aus dem Jahre 2014 hat der STJ erstmals ausdrücklich von einer vorvertraglichen Sorgfaltspflicht eines Maklers gesprochen, sich redlich und sorgfältig zu verhalten, um den Abschluss nichtiger oder annullierbarer Verträge zu vermeiden. Der Fall betraf unterlassene Informationen über verschiedene Vollstreckungsverfahren und Klagen gegen den Verkäufer, der ein Haus an die Käufer durch Vermittlung eines Maklerunternehmens verkauft hat. Nach dem Kaufabschluss erfuhr das Ehepaar von den schon vorher laufenden Klagen und Vollstreckungen, focht den Vertrag an, weil es nicht das Risiko eingehen wollte, dass in das Haus vollstreckt wird und verlangte Schadensersatz von Verkäufer und Intermediären.

Die Käufer haben ausgeführt, sie hätten darauf vertraut, dass die große Immobilienfirma die Rechtslage des zu verkaufenden Hauses gründlich prüft und sie darüber ausführlich und wahrheitsgemäß aufklärt. Die Klage hatte Erfolg in allen Instanzen mit der Begründung, den Makler treffe die Pflicht, die Vermittlung mit Sorgfalt durchzuführen und den Kunden alle nötigen Auskünfte über das Geschäft mitzuteilen. Er garantiere durch seine Position und Expertise die Identität der Transaktion, deshalb hafte er gesamtschuldnerisch mit dem Verkäufer[499]. Nicht erwähnt wird dabei, auf welcher positivrechtlichen Grundlage die gesamtschuldnerische Haftung des Maklers beruht, sowie ob es sich dabei um eine vertragliche oder außervertragliche Haftung handelt. Möglicherweise hat das Gericht aus dem Verbraucherschutzgesetz hergeleitet, dass zwischen Makler und Käufer eine verbraucherrechtliche Beziehung bestehe.

Die Entscheidung ist zunächst von Bedeutung, weil sie – auch ohne direkten Bezug auf die Haftung in contrahendo – eine formelle Anknüpfung an die jheringsche Hypothese vornimmt, und das scheint nicht unbedeutend, da in anderen ähnlichen Fällen jeglicher Hinweis darauf fehlt. Ob das ein Zeichen dafür ist, dass der STJ ein dogmatisch überzeugenderes Fundament für seine Judikatur über die Haftung für den Abschluss ungültiger Verträge sucht, ist abzuwarten und zu wünschen. Die Entscheidung ist vor allem von Bedeutung, weil sie eine vorvertragliche Haftung des Maklers für die Verletzung von Sorgfalts- und Informationspflichten vor Vertragsschluss statuiert. Das heißt: Es handelt sich dabei um eine vorvertragliche Dritthaftung, die ihre Grundlage in Art. 422 CC2002 findet und

---

498 *Gaino*, Invalidade, S. 633, 638 ff.

499 STJ, AgRg no REsp. 1309646/SP, T4, Rel. Min. Luis Felipe Salomão, Urt. vom 25.02.2014, DJe 07.03.2014.

ausdrücklich in § 311 III BGB positiviert ist. Auch bemerkenswert ist die Tatsache, dass in dem Fall kein konkreter, sondern nur ein potentieller Schaden entstanden ist, weil die Käufer die Immobilie nicht verloren haben. Der Schaden besteht allerdings in der Beeinträchtigung der privatautonomen Selbstbestimmung, störungsfrei die Vertragsentscheidung zu treffen.

b) Kritische Betrachtung

Die brasilianische Privatrechtslehre braucht dringend eine kritische und rechtsvergleichende Überprüfung ihrer Stellung zu der Frage nach der Haftung für den Abschluss nichtiger Verträge. Impulse dafür gibt es schon im Schrifttum und in der Rechtsprechung, wie die Wiederbelebung der Diskussion um die culpa in contrahendo für den Abschluss ungültiger Verträge signalisiert oder die erwähnte Debatte über die Aufrechterhaltung nichtiger Verträge durch modifizierende Heilung kraft Erfüllung oder durch Untersagung der Berufung auf die Formnichtigkeit, wenn die Nichtigkeitsfolge mit Treu und Glauben unvereinbar ist und zu unerträglichen Ergebnissen führt. Bei dieser Frage geht es aber um die Aufrechterhaltung der vertraglichen Bindung, sie hat daher mit der Problematik der Haftung in contrahendo für den Abschluss formnichtiger Verträge nicht direkt etwas zu tun. Die vorvertragliche Haftung versucht zu klären, unter welchen Voraussetzung ein Teil, der die Nichtigkeit des Vertrages zu vertreten hat, weil er schuldhaft einen Nichtigkeitsgrund verursacht oder nicht verhindert hat, für den Ersatz des Vertrauensschaden des Geschäftsgegners verantwortlich sein kann, der auf die Gültigkeit des Geschäfts vertraut hat. Auf diese Frage geht die Mehrheit der brasilianischen Lehre nicht ein.

Der Bezug auf die culpa in contrahendo als eine **indirekte Wirkung eines nichtigen Vertrages** muss mit Zurückhaltung angenommen werden. Das soll nicht zu dem Schluss führen, dass die vorvertraglichen Pflichten aus dem Vertrag erwachsen, wie jedoch oft angenommen. Hier sollte man an *Canaris* Überlegungen erinnern, der zu Recht in Frage stellt, warum die Rücksichtspflichten – bei ihm: Schutzpflichten – vor Vertragsschluss ihren Rechtsgrund in der culpa in contrahendo bzw. im Vertrauensgedanken haben sollen, nach Vertragsschluss jedoch im Vertrag wurzeln und vertraglichen Charakter tragen, wenn es sich dabei strukturell um die gleiche Rücksichtspflicht handelt[500]. Schließt man sich dem von Lehre und Rechtsprechung wiederholten Mantra an, die Nebenpflichten aus Treu und Glauben erwüchsen völlig unabhängig von dem Parteiwillen, ist folglich

500 VersR 1965, 114, 117.

widersprüchlich, sie nach Vertragsschluss in dem Vertrag bzw. in der Privatautonomie zu begründen.

Der Grund für die Haftung in contrahendo liegt – egal ob vor, bei oder nach dem Vertrag – in der Verletzung vorvertraglicher Rücksichtspflichten (hier: Informations- oder Loyalitätspflichten), die nicht aus dem Vertrag, sondern **aus dem Vertrauensschuldverhältnis** erwachsen, das schon vor Vertragsabschluss zwischen den Beteiligten entsteht. Dieses entsteht nicht kraft privatautonomer Entscheidung der Parteien wie die Vertragsbindung, sondern infolge der Aufnahme des geschäftlichen Kontakts zwischen den Parteien und findet somit seinen Rechtfertigungsgrund im Vertrauensgedanken des Art. 422 CC2002[501]. Die vorvertragliche Schadensersatzhaftung ist also eine **direkte Rechtsfolge des Vertrauensschuldverhältnisses** und besteht deshalb auch dann, wenn das vertragliche Schuldverhältnis gar nicht entsteht oder wegen Mangelhaftigkeit vernichtet wird, wie etwa bei Formnichtigkeit. Man kann die culpa in contrahendo als eine **indirekte Folge des nichtigen Vertrages**[502] nur in dem Sinne bezeichnen, dass das nichtige Rechtsgeschäft kein reines nichts ist, wie *Jhering* und *Lehmann* schon betont haben[503], sondern gewisse Wirkungen (z. B. Schadensersatz) zur Folge hat. Es erzeugt nur gerade nicht die von Parteien beabsichtigten Wirkungen, die nur durch reguläre Entstehung und Erfüllung zu erreichen sind. In diesem Sinne kann man die Ersatzpflicht des Vertrauensschadens als eine mittelbare Wirkung der Geschäftsnichtigkeit betrachten.

Fraglich ist auf jeden Fall die außervertragliche Natur der Schadensersatzpflicht, die dem Geschädigten neben der Nichtigkeit des Vertrages eingeräumt wird und die das anwendbare Haftungsregime bestimmt. Die Rechtsprechung qualifiziert sie ohne Weiteres als außervertragliche Haftung und verankert sie demgemäß in der außervertraglichen Generalklausel des Art. 186 iVm Art. 927 CC2002. Zum einen, weil dabei kein Vertrag bzw. keine Verletzung vorvertraglicher Pflichten besteht. Zum anderen, weil die Mindermeinung, die sich mit der Thematik beschäftigt, die Kategorie der Rücksichtspflichten nicht von der Jedermannspflicht unterscheidet und dementsprechend die culpa in contrahendo überwiegend als Deliktshaftung ansieht. Auch *Santos*, die die Haftung für den Abschluss nichtiger Verträge im Verbraucherrecht analysiert, wo viele Rücksichtspflichten aus Treu und Glauben ausdrücklich vorgesehen sind, geht davon aus, dass sie eine Erscheinungsform der Jedermannspflicht darstellen und dem-

501 In ähnlichem Sinne vgl. *Canaris*, JZ 1965, 475, 479. In diesem Sinne auch: *Almiro do Couto e Silva*, RDA 217/1999, 163, 164.

502 Larenz/Wolf, AT, S. 797.

503 Dazu: *Jhering*, Culpa in contrahendo, S. 22ff. und *Lehmann/Hübner*, AT, S. 169.

gemäß die culpa in contrahendo der außervertraglichen Haftung zuzuordnen sei, ohne den relativen Charakter des geschäftlichen Kontakts und der vorvertraglichen Pflichten genau zu berücksichtigen. Da die Haftung der Lieferanten im brasilianischen Verbraucherrecht immer verschuldensunabhängig ist, kommt sie zum Schluss, dass die culpa in contrahendo dort eine verschuldensunabhängige Deliktshaftung darstelle[504].

Auch unbefriedigend sind die Rechtsfolgen. Die von der Rechtsprechung angenommene Schadensersatzhaftung kann zwar eine angemessene vermögensrechtliche Schadensausgleichung gewährleisten. Der Haftungsmechanismus wird aber in der Praxis unbefriedigend gehandhabt durch die ständige Gewährung von Schmerzensgeld für den Geschädigten. Wirtschaftlich kann es im Einzelfall wohl sein, dass das Quantum sogar die Höhe der materiellen Einbuße übersteigt. Rechtsdogmatisch überzeugt die Lösung kaum. Zum einen liegt dabei nur in wenigen Fällen eine Verletzung von Persönlichkeitsrechten vor. Nicht von ungefähr betonen die Gerichte den „punitiven" Charakter der immateriellen Entschädigung, um die Bösgläubigkeit des Schädigers oder – bei im Verbraucherverkehr tätigen Unternehmen – die unredliche Praxis, vertragsrelevante Information zu verschweigen oder vorzutäuschen, zu sanktionieren. Zum anderen verdeckt die Einräumung immateriellen Schadensersatzes das schwierige Problem der materiellen Schadensberechnung im Einzelfall.

Oft kommen Fälle vor, in denen das Gericht Ersatz eines entgangenen Gewinns wegen fehlenden Nachweises ablehnt. Das gilt sowohl für Nichtigkeits- als auch für Anfechtbarkeitsfälle. Ein gutes Beispiel liefert eine Entscheidung aus dem Jahr 2010 des Oberlandesgericht São Paulo. In dem Fall hat eine Transportfirma – bei Abschluss eines Konsortiums für den fiduziarischen Kauf eines Lastkraftwagens – den fiduziarischen Vertrag mit Leerzeichen unterschrieben, die später durch den Verkäufer ausgefüllt wurden. Die fiduziarische Last betraf zwei schon voll gezahlte Lastzüge. Das Unternehmen hat die Annullierung des Vertrages, Schmerzensgeld und Gewinnentgang infolge der Beschlagnahme der für die Tätigkeit der Firma erforderlichen Lastzüge verlangt. Das Gericht hat den entgangenen Gewinn mit der Begründung abgelehnt, der beigebrachte Nachweis sei unzureichend, ihm jedoch Schmerzensgeld zugesprochen[505].

---

504 *Santos*, Responsabilidade civil por cláusula abusiva, S. 252f.
505 TJSP, Apelação Cível 70030085914, 13ª Câmara Cível, Rel. Lucia de Castro Boller, Urt. vom 24.10.2010.

c) Lösungsvorschlag

Die Problematik der Schadensersatzhaftung für die Herbeiführung der Vertragsnichtigkeit kann in überzeugender Weise nur durch die moderne Lehre der culpa in contrahendo begründet werden. Zunächst ist zu beachten, dass diese Lehre nichts mehr mit dem jheringschem Modell zu tun hat, denn die culpa in contrahendo ist keine Haftung für die Ungültigkeit des Vertrages, sondern eine Haftung für schuldhafte Rücksichtspflichtverletzung in der breiten Phase vor Vertragsschluss. Die moderne culpa in contrahendo erschöpft sich nicht auf *Jherings* Haupthypothese und ist keineswegs eine begrenzte Haftung. Ihr Kern liegt nicht – wie nicht selten angenommen – in dem subjektiven Verschulden (*culpa*) des Schädigers, sondern in der Pflichtverletzung als solcher, die durch Abweichung von standardisierten Verhaltensmustern bewertet und dem Schuldner zugerechnet wird. Die Haftung in contrahendo ist zwar grundsätzlich auf den Ersatz des negativen Interesses gerichtet, jedoch keineswegs auf die Höhe des positiven Interesses beschränkt[506]. Im Gegenteil: Sie kann ausnahmsweise zum Ersatz des positiven Interesses führen, nämlich in den Fällen, in denen ein ungünstiger Vertrag infolge der Pflichtverletzung zustande kommt und der Geschädigte nachweist, dass er ohne die Pflichtverletzung den Vertrag zu günstigeren Konditionen mit dem gleichen Vertragspartner abgeschlossen hätte. Die moderne culpa in contrahendo ist also eine Haftung für schuldhafte Rücksichtspflichtverletzung, die – anders als von *Jhering* postuliert – nicht durch das positive Interesse limitiert wird.

Ausgangspunkt für das Verständnis der Haftung für den Abschluss nichtiger bzw. anfechtbarer Verträge ist die Feststellung, dass mit dem Beginn eines auf den eventuellen Abschluss eines Vertrages gerichteten Kontakts (geschäftlicher Kontakt) ein **Vertrauensverhältnis** zwischen den Beteiligten entsteht. Dieses Vertrauensverhältnis ist als ein **besonderes Schuldverhältnis** dogmatisch zu qualifizieren, weil daraus grundsätzlich **relative, nur die Partner untereinander betreffende Rücksichtspflichten** erwachsen, die sich nur nach den konkreten Umständen des Einzelfalls ausformen und deshalb fallbezogen sind. Obwohl die Parteien sich in diesem Stadium normalerweise mit entgegengesetzten Interessen gegenüberstehen, bleiben sie nach Treu und Glauben verpflichtet, loyal miteinander umzugehen und Rücksicht auf die Interessen und Rechtsgüter des Geschäftspartners zu nehmen. Das schließt die Pflicht ein, Ungültigkeitsgründe nach

---

506 Auch der neue Gesetzgeber ist von einem alten Konzept der culpa in contrahendo ausgegangen, wie man der Entwurfsbegründung aus dem Jahr 1975 entnehmen kann. Dazu: *Moreira Alves*, A parte geral, S. 49. Eine Synthese mit der jheringschen Theorie in Portugal findet man bei *Carlos Alberto da Mota Pinto*, Teoria geral, S. 468.

Möglichkeit zu vermeiden (**Sorgfaltspflicht**) und die andere Partei darauf aufmerksam zu machen (**Aufklärungspflicht**), um den Abschluss nichtiger bzw. anfechtbare Verträge zu vermeiden[507]. Diese vorvertraglichen Pflichten sind ausdrücklich in Art. 1.338 des italienischen Zivilgesetzbuches enthalten, der leider nicht in die neue brasilianische Privatrechtskodifikation eingefügt wurde. Die Norm bezieht sich – nach einheitlicher Meinung in Italien – auf jeden Anfechtungs- oder Nichtigkeitsgrund[508].

Die Nichtübernahme der Regel hindert angesichts des **Redlichkeitsgebots des Art. 422 CC2002** keineswegs die Annahme solcher Haftungsfälle im brasilianischen Recht. Das Gleiche geschieht beispielweise im portugiesischen Recht, wo die Haftung für den Abschluss annullierbarer und nichtiger Verträge aus dem Grundsatz von Treu und Glauben und Vertrauensschutz im Rechtsverkehr systematisch hergeleitet wird[509]. Das steht auch in Einklang mit der jüngsten europäischen Rechtsentwicklung. Art. II 1:106 des *Draft Common Frame of Reference* (DCFR) enthält eine ausdrückliche Regelung über die Haftung für Formverstoß in Absatz 2, die als eine besondere Ausformung des Grundsatzes von Treu und Glauben und des redlichen Geschäftsverkehrs betrachtet wird. Laut *Schulte-Nolke* würde diesem Grundsatz eine Partei zuwiderhandeln, wenn in Kenntnis des Umstands, dass ein Vertrag wegen Formfehlers ungültig ist, daran festgehalten und wissentlich zugelassen würde, dass die andere Partei Verluste in dem irrtümlichen Glauben erleidet, der Vertrag sei gültig. Die Haftung führt dazu, dass der unredliche Vertragspartner alle unter diesen Umständen erlittenen Verluste des Vertrauenden ersetzen muss[510].

---

507 Statt vieler: MünchKomm/*Emmerich* (2016), § 311 Rn. 160. Im Ergebnis: *Pinto Oliveira*, Princípios, S. 224.

508 Statt vieler: *Benatti*, A responsabilidade pré-contratual, S. 72 und *Bianca*, Diritto civile, S. 175.

509 Statt vieler: *Pinto Oliveira*, Princípios, S. 223.

510 Dazu: *Schulte-Nölke*, DCFR Translation Project, S. 51. *Pinto Oliveira* sieht dabei ein Beispiel für die Haftung in contrahendo in der Herbeiführung formwidriger Verträge. Principios, S. 223. Die Norm lautet: „II.–1:106: Form (1) Ein Vertrag oder anderes Rechtsgeschäft braucht nicht schriftlich geschlossen, vorgenommen oder nachgewiesen zu werden und unterliegt auch keinem anderen Formerfordernis. (2) Soweit ein Vertrag oder ein anderes Rechtsgeschäft allein aufgrund Nichteinhaltung eines bestimmten Formerfordernisses ungültig ist, haftet eine Partei (die erste Partei) für den Ersatz des Verlusts, den die andere (die zweite Partei) durch die irrige, aber vernünftige Annahme erleidet, das Geschäft sei gültig, wenn die erste Partei: (a) die Ungültigkeit kannte; (b) wusste oder hätte wissen müssen, dass die zweite Partei möglicherweise entgegen ihrem eigenen Interesse in der irrigen Annahme handelte, dass es gültig war; und (c) die zweite Partei entgegen dem Gebot von Treu und Glauben und des redlichen Geschäftsverkehrs nicht von ihrem Verhalten abhielt.“

Die vorvertraglichen Sorgfalts- und Aufklärungspflichten obliegen beiden Parteien gleichermaßen, so dass jede sich über die Gültigkeitshindernisse grundsätzlich informieren muss. Erst das Bestehen bestimmter Umstände kann die Auferlegung der Informationslast auf einen Teil rechtfertigen. Das bedeutet: Es gibt **keine allgemeine Pflicht**, die Gegenseite vor allen Hindernissen der Vertragswirksamkeit zu warnen oder aufzuklären[511]. Die Zuordnung einer Informationspflicht ohne jegliche Begründung scheint einfach eine rhetorische Formulierung, die nichts zur Konkretisierung der Informationspflicht beiträgt. Als allgemeine Regel gilt vielmehr, dass ein Teil den anderen grundsätzlich nur über das **Gültigkeitshindernis** aufzuklären hat, die **allein in seine Risikosphäre** fällt. Beispiel dafür ist die Verpflichtung der öffentlichen Hand, bei Vertragsverhandlungen mit Privaten über die diesen unbekannten öffentlich-rechtlichen Formvorschriften oder Genehmigungsvorbehalte aufzuklären oder die Haftung für Verwendung nichtiger Geschäftsbedingungen[512]. Fällt dagegen das **Gültigkeitshindernis in die Risikosphäre beider Parteien**, muss eine die andere darüber grundsätzlich nicht aufklären.

Das ist etwa der Fall bei Form- (Art. 166 IV CC2002) und Formalitätsgeboten (Art. 166 V CC2002). Ein Vertragspartner muss den anderen **grundsätzlich nicht über Formerfordernisse aufklären** und hat daher keinen Vertrauensschaden zu ersetzen, wenn sich der Vertrag später als nichtig erweist. Könnte der an der Gültigkeit des Geschäfts interessierte Vertragspartner seinen Gegner wegen jeglichen Fehlverhaltens, das zur Vertragsunwirksamkeit führt, in Anspruch nehmen, würde dies praktisch zur Entleerung des gesetzlichen Formgebots führen[513]. Es müssen vielmehr **besondere Umstände** vorliegen, die die Auferlegung einer Warn- oder Aufklärungspflicht über die Formhindernisse rechtfertigen. Das ist etwa der Fall, wenn eine **strukturelle Informationsasymmetrie** zwischen den Parteien besteht oder wenn ein Teil **falsche Informationen über das Formerfordernis** – verallgemeinert: über die **Unwirksamkeitsgründe** – abgibt oder den Gegner von **Einhaltung** der Form oder **Erkundigung** hierüber abhält, denn da-

---

511 In diesem Sinne jedoch: *Gaino*, Invalidade, 633, 639.

512 Statt vieler: MünchKomm/*Emmerich* (2016), § 311 Rn. 71 ff. In der deutschen Rechtsprechung vgl. BGH NJW 1999, 3335 (Haftung kommunaler Selbstverwaltungskörperschaften wegen Verschuldens bei Vertragsschluss, wenn sie auf die nötige aufsichtsbehördliche Genehmigung des abgeschlossenen Vertrages nicht hinweist oder sich um deren Erteilung nicht bemüht) und BGH NJW 2009, 2590 sowie 2011, 1866 (Haftung des Vermieters für die Verwendung unwirksamer AGB im Mietvertrag, im Fall eine Endrenovierungsklausel zur Vornahme von Schönheitsreparaturen).

513 Soergel/*Harke*, § 311 Rn. 50.

durch macht er sich zumindest fahrlässig für die Irreführung über die Wirksamkeit des Vertragsschlusses ersatzpflichtig[514].

Da den anderen Teil ebenfalls die Pflicht zur Beachtung der Form trifft, muss seine Leichtgläubigkeit, d. h. sein Verschulden dabei berücksichtigt werden. Trifft ihn ein **Mitverschulden**, weil er sich ohne großen Aufwand über das Formerfordernis hätte informieren können, muss sein Schadensersatzanspruch demgemäß reduziert werden (Art. 945 CC2002). Das ist auch der Fall, wenn ein Teil eine **Pflicht zur Betreuung** des anderen Teils hat[515] oder die **Geschäftsunerfahrenheit des Gegners** zum Abschluss des formnichtigen Vertrages ausnutzt[516]. In solchen Fallkonstellationen entsteht für die strukturell überlegene Partei eine Warn- bzw. Aufklärungspflicht, deren Verletzung einen Schadensersatzanspruch für den Geschädigten gemäß Art. 422 iVm Art. 389 CC2002 auslöst.

Der Geschädigte kann im Weg der dem Art. 389 CC2002 zugrundeliegenden **Naturalherstellung** (*princípio da reposição natural*) [517] verlangen, so gestellt zu werden, wie er ohne das schädigen Ereignis – hier: den Abschluss eines nichtigen Vertrages – stünde. Der nichtige Vertrag ist abzuwickeln, ausgetauschte Leistungen sind zurückzuerstatten und der Vertrauensschaden zu ersetzen. Der herzustellende Zustand richtet sich auf den **Ersatz des negativen Interesses**[518]**.** In Betracht kommen z. B. Vertragskosten, Kosten für die Erfüllung bzw. Erlangung der eigenen Leistung (Finanzierung-, Baukosten) sowie entgangener Gewinn aus einem alternativen Drittgeschäft. Er hat jedoch **keinen Anspruch auf Ersatz des positiven Interesses**, also darauf, diejenigen Vorteile zu erlangen, die er aus der regulären Erfüllung des Vertrages erzielen würde. Dafür ist eine Vertragsgrundlage erforderlich, die bereits in solchen Fällen fehlt.

Die Fälle, in denen der nichtige Vertrag – etwa wegen unzulässiger Berufung auf Treu und Glauben – als gültig behandelt wird, bilden keinen Fall vorvertraglicher Haftung[519], weil dabei vielmehr eine „Heilung" des Vertrages aus Billigkeitsgründen im Vordergrund steht. Die vorvertraglichen Rechtsfolgen beschränken sich dagegen auf den Ersatz des Vertrauensschadens. Der Ersatz des negativen Interesses lässt sich auch durch die Schutzzwecklehre begründen, denn der frustrierte Erfüllungsanspruch fällt **nicht in den Schutzbereich** der hier verletzten Norm, da die Sorgfaltspflicht in erster Linie den Zweck hat, den Ge-

---

514 Soergel/*Harke*, § 311 Rn. 77.
515 Soergel/*Harke*, § 311 Rn. 77.
516 Erman/*Kindl*, § 311 Rn. 32.
517 Dazu: *Gomes*, Obrigação, S. 285. Zum Thema vgl. Kapitel 4 II 4.1 b.
518 In diesem Sinne: *Espínola*, Sistema II/2, S. 95. In Portugal: *Pinto Oliveira*, Princípios, S. 225; und in Argentinien: *Stiglitz/Stigliz*, Responsabilidad precontractual, S. 53.
519 In diesem Sinne: *Pinto Oliveira*, Princípios, S. 224.

schädigten vor unnötigen Vertrauensdispositionen zu schützen, und die Aufklärungspflicht dazu dient, dass er in seiner privatautonomen Entscheidungsfreiheit nicht beeinträchtigt wird.

Diese Lösung lässt sich aus der brasilianischen Privatrechtsordnung ohne Systembruch herleiten. Nach der hier vertretenen Ansicht soll die Haftung in contrahendo – aufgrund ihrer **rechtsgeschäftsähnlichen Natur** – insgesamt durch das vertragsrechtliche Regime gelöst werden – eine Idee, die schon Eingang in der Rechtsprechung des STJ gefunden hat, der jüngst die vertragsrechtliche Natur der culpa in contrahendo anerkannt hat[520]. Festzuhalten ist, dass die Rücksichtspflichten aus Treu und Glauben (Art. 422 CC2002) **keine Erscheinungsform der neminem-laedere-Pflicht** des Deliktsrechts darstellen. Denn, wie in Kapitel 4 II 1 ausführlich dargestellt, unterscheiden sie sich strukturell, inhaltlich und funktionell von der Jedermannspflicht, weil sie sich nur im Rahmen einer **existenten Zweipersonenbeziehung** ausformen lassen und nur zwischen diesen bestimmten Personen gelten. Außerdem ist zu beachten, dass das der deliktsrechtlichen Generalklausel von Art. 186 iVm Art. 927 CC2002 immanente Gebot zum neminem laedere **kein handhabbares Kriterium für die Formulierung** der hier entscheidenden Sorgfalts- und Aufklärungspflichten liefert.

Die vorvertraglichen Pflichten formen sich substanziell vielmehr – unter Berücksichtigung der konkreten Umstände des Einzelfalls – nach dem **Gebot zur Redlichkeit und Rücksichtnahme** auf die Rechte, Rechtsgüter und Interessen der Gegenseite, das den Kerninhalt des Grundsatzes von Treu und Glauben bildet. Das belegt die brasilianische Rechtserfahrung: Wäre es möglich gewesen, aus dem vagen Gebot, niemanden zu schädigen, konkrete vorvertragliche Verhaltenspflichten herzuleiten, hätte man kaum auf den damals ungeschriebenen Grundsatz von Treu und Glauben zurückgreifen müssen, sondern einfach die deliktische Generalklausel angewendet. Das Gleiche gilt für andere lateinische Rechtsordnungen, die über eine solche Generalklausel verfügen.

Da die Haftung in contrahendo für den Abschluss nichtiger Verträgen auf der **Verletzung von Sorgfalts- und Aufklärungspflichten** – und nicht auf der Verletzung einer allgemeingültigen Pflicht – basiert, handelt es sich dabei um **keinen** *ato ilícito* (unerlaubte Handlung) im Sinne des Art. 186 CC2002, der umgekehrt die außervertragliche Haftung des Pflichtverletzenden begründet. Die **immanente und funktionelle Verbindung mit dem Vertrag** rechtfertigt die Unterwerfung – trotz ihrer Eigenartigkeit – der Rücksichtspflichten und folglich

520 REsp. 1367955/SP, T3, Rel. Min. Paulo de Tarso Sanseverino, Urt. vom 18.03.2014, DJe 24.03.2014.

der culpa in contrahendo unter das vertragsrechtliche Regime. Die vorvertragliche Schadensersatzhaftung kommt hier neben der Annullierung des Geschäfts (Art. 182 CC2002) zur Anwendung, so dass der Geschädigte, der auf die Gültigkeit des nichtigen Vertrages legitim vertraut und demgemäß Vertrauensdispositionen gemacht hat, die **Rückabwicklung** des nichtigen Vertrages nebst **Schadensersatz** verlangen kann, wenn der Schädiger den Nichtigkeitsgrund zu vertreten hat.

Hat der Vertragspartner den Nichtigkeitsgrund nicht verursacht, alles Zumutbare für seine Beseitigung getan oder die Gegenseite vor dem Unwirksamkeitsrisiko gewarnt, macht er sich nicht schadensersatzpflichtig, auch wenn die Gegenseite unnötige Aufwendungen in Vertrauen auf die Gültigkeit des Vertrages gemacht hat. Aufgrund der Unterwerfung unter das Vertragshaftungsregime verjährt der Schadensersatzanspruch aus culpa in contrahendo erst nach Ablauf der ordentlichen zehnjährigen Frist des Art. 205 CC2002, was für den Geschädigten von Vorteil ist, da das Annullierungsrecht wegen Willensmängeln regelmäßig nach vier Jahren abläuft.

4. Zusammenfassung

Aus dem Dargestellten ergibt sich, dass im brasilianischen Recht eine Haftung für den Abschluss ungültiger Verträge grundsätzlich anerkannt ist. Fraglich ist dabei jedoch die dogmatische Begründung der Einstandspflicht, die ohne Weiteres als außervertragliche Haftung eingeordnet wird, weil dabei kein gültiger Vertrag besteht. Dahinter steht der Gedanke, dass eine Vertragshaftung die Verletzung einer Leistungspflicht und folglich die Existenz eines gültigen Vertrages voraussetzt. Dabei handelt sich aber um keine Leistungspflichtverletzung, sondern um den Verstoß gegen spezifische, nur gegenüber den Beteiligten geltende Sorgfalts- bzw. Aufklärungspflichten vor Vertragsschluss. Die brasilianische Lehre benötigt in diesem Sinne dringend eine rechtsvergleichende und kritische Überprüfung ihrer dogmatischen Ansätze. Das gilt umso mehr, wenn man die jüngste Rechtsentwicklung in der Judikatur berücksichtigt, die die Überwindung einiger Dogmen in diesem Bereich signalisiert.

Das ist insbesondere von Bedeutung, wenn man die jüngste Rechtsentwicklung in Europa berücksichtigt, in der die culpa in contrahendo immer mehr Anerkennung gewinnt sowohl auf der Ebene des sog. *soft law* (PECL, Unidroit Principels und DCFR) als auch auf interner Ebene, wie *Garcia Rúbio/Crespo* zurecht betonen[521]. Dort wird die schuldhafte Herbeiführung von annullierbaren oder nichtigen Verträgen als culpa in contrahendo anerkannt, weil es sich dabei

521 InDret 2/2010, 1, 54 ff.

letztendlich um eine Störung in der Vertragsvorbereitung handelt. Obwohl die herrschende Meinung in Europa der culpa in contrahendo eine außervertragliche Natur zuerkennt, gewinnen die vertragliche Natur und die Drittspur immer an mehr an Boden.

Die Untersuchung hat gezeigt, dass in der Rechtspraxis eine Schadensersatzhaftung insbesondere bei Annullierung von Verträgen infolge von Willensmängeln in Betracht kommt. Dort ist es üblich, neben der Rückerstattung von Leistung und Gegenleistung (Art. 182 CC2002) einen Schadensersatzanspruch zugunsten des schuldlosen Vertragspartners anzuordnen. Das kommt insbesondere beim Dolus (Täuschung) in Betracht, aber auch bei anderen Mängeltatbeständen wie *coação* (Drohung) und *lesão* (*laesio enormis* oder übermäßige Schädigung), in denen eine vorsätzliche Handlung des Pflichtverletzenden vorliegt. Eine Analyse der Rechtsprechung hat insbesondere aufgezeigt, dass in vielen Fällen, die über die Irrtumsfigur von Art. 138 CC2002 gelöst werden, in Wahrheit eine rein fahrlässige Irreführung zum Vertragsschluss, also eine Art „fahrlässiger Täuschung" vorliegt, sei es in Form direkter Einwirkung auf die Vertragsentscheidung der Gegenseite mittels unterlassener oder falscher Auskunft, sei es in Form unredlicher Nichtwarnung vor Fehlvorstellungen der Gegenseite. Die Analyse solcher Fälle zeigt, dass nur die Unkenntnis der modernen vorvertraglichen Haftung in contrahendo den Rekurs auf die Irrtumsfigur rechtfertigt, weil es eben dort ausschließlich um vorvertragliches Fehlverhalten des Erklärungsempfängers geht. Diese Fälle sind jedoch als culpa in contrahendo rechtsdogmatisch zu qualifizieren und unter Art. 422 CC2002 zu subsumieren.

Aufgrund der Positivierung der Grundlinie der Haftung in contrahendo in Art. 422 CC2002 besteht heute kein systematischer und dogmatischer Grund mehr, solch eine Praxis weiter zu rechtfertigen. Denn in solchen Fällen geht es nicht um die Frage, wie man das Vertrauen des schuldlosen Erklärungsempfängers schützt, der Schaden dadurch erleidet, dass er auf die Gültigkeit des angefochtenen Vertrages berechtigterweise vertraut hat. Dies sind die echten Irrtumsfälle und nur hier stellt sich das schwer lösbare Dilemma zwischen Schutz von Privatautonomie und Vertrauen des unschuldigen Erklärungsempfängers und insgesamt des Rechtsverkehrs. In dem anderen Fall hingegen nicht.

Diese Behauptung lässt sich dadurch beweisen, dass es in der Rechtspraxis fast kaum vorkommt, dass der Erklärende, der seine Willenserklärung infolge eines reinen endogenen Selbstirrtums anficht und den Vertrag auflöst, für den Ersatz des Vertrauensschadens des schuldlosen Erklärungsempfängers verantwortlich gemacht wird. Ob die neue Formulierung des Art. 138 CC2002 mit dem Erfordernis des Erkennbarkeitsmerkmales zu einer ausgewogenen Lösung dieser Frage beiträgt, ist eher zweifelhaft. Die Rechtsprechung schenkt anscheinend der

Erkennbarkeit des Irrtums bei den echten Irrtumsfällen keine Bedeutung, also bei einem endogenen, auf die eigene Sphäre des Irrenden zurückzuführenden Irrtum.

Die Frage, ob und inwieweit das Erkennbarkeitsmerkmal für die Charakterisierung des Irrtumstatbestand eine Rolle spielt, beschäftigt momentan praktisch nur die Lehre, die bereits diskutiert, ob das Verschulden des irrenden Erklärenden (Entschuldbarkeit) für die Ausübung seines Gestaltungsrechts überhaupt noch eine Rolle spielt oder ob es ausschließlich von dem Verschulden des Erklärungsempfängers (Erkennbarkeit) abhängig ist. Eine nähere Analyse dieser Strömung hat die Angemessenheit dieser Lösung für einen ausgewogenen Schutz der Privatautonomie des Erklärenden und des Vertrauens des Erklärungsempfängers und des Rechtsverkehrs in Frage gestellt.

Denn das neue Irrtumsmodell belastet unangemessen den Erklärungsempfänger mit einer erhöhten Sorgfaltspflicht, um sich vor einem (Irrtums-)Risiko zu schützen, das eigentlich von der Sphäre der Gegenseite ausgeht. Handelt er fahrlässig und bemerkt den wesentlichen Irrtum des Erklärenden nicht, ist sein Vertrauen auf die Vertragsgültigkeit nicht mehr schutzwürdig, weil er den Irrtum hätte erkennen können. Der irrende Erklärende darf den Vertrag rückwirkend vernichten und der Erklärungsempfänger bleibt aufgrund seines Verschuldens auf seinem Vertrauensschaden sitzen. Außerdem beeinträchtigt dieses Modell unerträglich das Gestaltungsrecht des irrenden Erklärenden und seine Privatautonomie: Er bleibt an den irrtumsbedingt abgeschlossenen Vertrag hängen, wenn der Erklärungsempfänger bei Anwendung der erforderlichen Sorgfalt seinen Irrtum nicht bemerkt, und zwar auch dann, wenn er sich ohne Verschulden geirrt hat.

Die hier vorgeschlagene Lösung zum Nebeneinanderstehen von Annullierungsrecht und vorvertraglicher Schadensersatzhaftung gemäß Arts. 182 und 422 CC2002 trägt Sinn und Zweck des Irrtumsrechts besser Rechnung und lässt sich in die Gesetzessystematik, Privatrechtsdogmatik und in die Rechtspraxis ohne Brüche integrieren. In diesem Modell, das sich auf eine teleologische Reduktion der Norm stützt, kann der Erklärende den irrtumsbedingt abgeschlossenen Vertrag annullieren, muss aber den Vertrauensschaden des schuldlosen Erklärungsempfängers ersetzen, wenn der Irrende seine Fehlvorstellung über die Wirklichkeit sorgfältig hätte erkennen können. Denn in solch einem Fall liegt zugleich eine Verletzung der vorvertraglichen Sorgfaltspflicht vor, sich vor Abgabe seiner Willenserklärung zu vergewissern, dass sie störungsfrei gebildet oder mitgeteilt wird. Die Erkennbarkeit des Irrtums durch den Erklärungsempfänger soll das Gestaltungsrecht (Annullierungsrecht) des Erklärenden nicht ausschließen, sondern nur seinen eigenen Schadensersatzanspruch. Unter Umständen kann das sogar seine Haftung aus culpa in contrahendo begründen, da er den Irrtum des Erklärenden erkannt und ihn weder beseitigt noch davor gewarnt hat.

Eine Schadensersatzhaftung kommt in der brasilianischen Rechtspraxis auch oft bei Abschluss nichtiger Verträge vor. Eine klare Linie, wann eine Pflicht zum Ersatz des Vertrauensschadens zulasten der Partei entsteht, die für die Nichtigkeit des Vertrages verantwortlich werden kann, kann man in dieser Judikatur jedoch nicht identifizieren. Das gilt insbesondere für die Nichtigkeit wegen Formfehlern. Hier ist allerdings Zurückhaltung geboten, weil die Beachtung von Nichtigkeitsgründen, insbesondere von Form- und Gesetzeswidrigkeit grundsätzlich jede Partei gleichermaßen trifft. Für eine Haftung in contrahendo müssen hier vielmehr besondere Umstände vorliegen, insbesondere eine Informationsasymmetrie, die eine Aufklärungspflicht hierüber rechtfertigt. Zweifel an der Geschäftsgültigkeit müssen mitgeteilt werden. In solchen Fällen ist der Geschädigte so zu stellen, wie er ohne den Abschluss des nichtigen oder anfechtbaren Vertrages stünde. Das bedeutet in erster Linie **Ersatz des negativen Interesses**, das unnötige Vertrauensinvestitionen und eventuell einen entgangenen Geschäftsabschluss mit Dritten nach Art. 402 CC2002 mitumfasst. Auf keinen Fall ist der negative Schadensersatz auf die Höhe des positiven Interesses begrenzt.

IV. Zusammenfassende und rechtsvergleichende Würdigung

Eine rechtsvergleichende Analyse der Fälle schuldhafter Verhinderung der Vertragsgültigkeit in beiden Rechtsordnungen zeigt zunächst, dass solches Fehlverhalten grundsätzlich in beiden Ländern sanktioniert wird, allerdings mit unterschiedlichen rechtsdogmatischen Begründungsansätzen. Das deutsche Recht regelt teilweise ausdrücklich das Problem, nämlich für die Fälle der Herbeiführung anfechtbarer Verträge infolge eines Irrtums: § 122 BGB statuiert für den Erklärenden eine verschuldensunabhängige Haftung zum Schutz des Erklärungsempfängers oder eines Dritten, der durch die Irrtumsanfechtung einen Vertrauensschaden erleidet. Das Fundament dieser Einstandspflicht sollte nach Ansicht des historischen Gesetzgebers in der culpa in contrahendo liegen. Die nachfolgende Entwicklung der vorvertraglichen Dogmatik hat aber gezeigt, dass es sich dabei um eine rechtsgeschäftliche Erklärungshaftung handelt, da der Erklärende nicht für eine schuldhafte Rücksichtspflichtverletzung, sondern für das Risiko einer im Rechtsverkehr abgegebenen Willenserklärung für verantwortlich gehalten wird. Deshalb bildet die Anfechtungshaftung von § 122 BGB keinen Fall von culpa in contrahendo. Diese kann nach herrschender Meinung jedoch dann zur Anwendung kommen, wenn der Irrende bei Abgabe seiner Willenserklärung auch eine vorvertragliche Sorgfaltspflicht schuldhaft verletzt.

Anders zu beurteilen sind die Fälle, in denen der Ungültigkeitsgrund des Vertrages in der fahrlässigen oder vorsätzlichen Irreführung zum Vertragsschluss besteht. Hier liegt ein typischer Fall der culpa in contrahendo vor, der praktisch den heutigen Kern der Figur bildet. Der historische Gesetzgeber hat nur die vorsätzliche Irreführung zum Vertragsschluss in § 123 BGB geregelt. Daran hat er jedoch keine Schadensersatzpflicht geknüpft, die dann im Rahmen des Instituts der culpa in contrahendo rechtsfortbildend entwickelt wurde, weil es dabei um eine vorsätzliche Unterlassung oder Mitteilung falscher bzw. unzureichender Informationen vor Vertragsschluss geht. Es besteht heute kein Zweifel mehr in Deutschland, dass die vorsätzliche Täuschung ein gesetzliches Beispiel für die vorvertragliche Informationshaftung bildet. Die culpa in contrahendo hat einen breiteren Anwendungsbereich als die Täuschungsfigur, da sie rein fahrlässiges informationelles Fehlverhalten vor Vertragsschluss sanktioniert und dadurch die privatautonome Selbstbestimmung und Selbstgestaltung der Parteien schützt.

Die culpa in contrahendo deckt in Deutschland auch die Haftungsfälle für den schuldhaften Abschluss nichtiger Verträge ab. In Betracht kommen alle Nichtigkeitsgründe. Große praktische Bedeutung erlangen die Nichtigkeitsfälle wegen Formfehlern, die in der Rechtsprechung nur unter besonderen Umständen, nämlich beim schweren Verstoß gegen die Loyalitätspflicht zur Haftung der dafür verantwortlichen Partei führen. Ausgeklammert dabei ist seit der Schuldrechtsreform die schuldhafte Verursachung anfänglicher Leistungsunmöglichkeit, die im alten Recht die Vertragsnichtigkeit verursachte und demgemäß eine Haftung derjenigen Partei auslöste, die die Leistungsunmöglichkeit kannte (kennen musste). § 307 BGB a.F. galt als klassisches gesetzliches Beispiel für die Haftung in contrahendo. Nach dem neuen § 311a BGB führt die anfängliche Leistungsunmöglichkeit nicht mehr zur Nichtigkeit des Vertrages, weil sich ein vertragliches Schuldverhältnis nicht in der Erzeugung von Leistungspflichten erschöpft und weitere Pflichten und Nebenwirkungen erzeugt, auch wenn die Leistungspflicht anfänglich unmöglich ist. Deshalb kommt dabei eine Haftung in contrahendo für den Abschluss eines nichtigen Vertrages nicht mehr in Frage.

Ein rechtsvergleichender Blick in das brasilianische Recht zeigt zunächst, dass der brasilianische Gesetzgeber keinen Haftungsfall für die Herbeiführung ungültiger Verträge vorgesehen hat. Denn das Zivilgesetzbuch regelt – anders als § 122 BGB – nicht einmal die Haftung für den Abschluss anfechtbarer Verträge wegen Irrtums. Es ordnet in Art. 182 CC2002 lediglich die Rückabwicklung des Geschäfts mit der Herstellung des status quo ante an, die im Wege der Naturalrestitution vorrangig zu erfolgen hat. Eine Schadensersatzhaftung wird rechtssystematisch auf Grundlage der deliktsrechtlichen Generalklausel durch die Judikatur konstruiert, weil dabei sowieso kein gültiger Vertrag erforderlich ist. Eine Schadensersatzhaftung kommt in der Rechtspraxis grundsätzlich bei allen Ungültigkeitsgründen in Betracht, also für Anfechtungs- und Nichtigkeitsgründe. Darunter fallen die in Arts. 138 bis 156 CC2002 geregelten Willensmängeltatbestände, sowie auch die in Art. 166 CC2002 beispielsweise genannten Nichtigkeitsgründe. Ein bedeutender Unterschied zum deutschen Recht ist hier, dass eine anfängliche objektive Leistungsunmöglichkeit gemäß Art. 166 II CC2002 auch noch die Nichtigkeit des Vertrages verursacht, was den Anwendungsbereich der Haftung in contrahendo in Brasilien erweitert.

Eine klare Leitlinie, der man entnehmen könnte, unter welchen Voraussetzungen ein Teil für den Ersatz des Schadens aufkommen muss, wenn ein Vertrag annulliert oder nichtig wird, ist nicht zu erkennen. Wofür man in solchen Fällen haftet und welche konkrete Pflicht man dabei verletzt, bleibt unklar und wird nicht durch den vagen Hinweis auf die neminem-laedere-Pflicht überzeugend beantwortet. Denn die neminem-laedere-Pflicht schützt in erster Linie diejenigen Rechte und Rechtsgüter, die verkörpert oder zumindest mit „sozialtypischer Offenkundigkeit" ausgestattet sind, so dass der potentielle Schädiger die Gefahr ihrer Verletzung leichter als bei anderen Gütern erkennen und sich demgemäß verhalten kann, um Verletzungen zu vermeiden, wie *Canaris* zu Recht betont[522]. Deshalb gehören die absoluten Rechte in erster Linie zu Schutzgütern der Jedermannspflicht.

Da es bei der Ungültigkeit des Vertrages nicht um die Verletzung der Jedermannspflicht geht, muss diese Lehre zunächst die dabei verletzte Verhaltenspflicht konkretisieren. Das fehlt dort jedoch. Das bringt zum Ausdruck, dass die Einordnung solcher Störungen in der Vertragsbildung in die Deliktshaftung keine dogmatisch durchgedachte Lösung darstellt, sondern vielmehr das Ergebnis einer Routine ist, Schadensposten unter der großen Generalklausel zu subsumieren, was letztendlich jeglichen Schadensfall erfasst und jegliche komplizierte Begründung entbehrlich macht. Das erklärt nicht zuletzt die gängige Rechtspraxis, reine Vertragsverletzungen – neben der vertraglichen Anspruchsgrundlage aus Art. 389 CC2002 – auch in der deliktischen Generalklausel zu verankert.

Nimmt man jedoch an, dass die Parteien bei der Vertragsvorbereitung einen erhöhten Grad an Sorgfalt beachten müssen, um zumutbar den Abschluss nichtiger oder annullierbarer Verträge zu vermeiden, kann eine culpa in contrahendo immer in Betracht kommen, wenn ein Teil dabei vorsätzlich oder fahrlässig gehandelt hat, so dass ihm die Verantwortung für die Herbeiführung der Annullierung bzw. Nichtigkeit des Vertrages zugerechnet werden kann. Die culpa in contrahendo aus Art. 422 CC2002 kommt in solchen Fällen neben der Rückabwicklung des Geschäfts zur Anwendung und liefert die Anspruchsgrundlage für die Einstandspflicht des Pflichtverletzenden. Nimmt man das an, kommt man zu dem Ergebnis, dass es im brasilianischen Recht sogar ein breiteres Anwen-

---

522 FS Larenz (1983), 27, 31.

dungsfeld für die culpa in contrahendo gibt, da darunter die Irrtumshaftung sowie die Haftung für die Vertragsnichtigkeit infolge anfänglicher Leistungsunmöglichkeit fallen, vorausgesetzt, dass den Pflichtverletzenden ein Verschulden trifft. Ausnahmen gelten nur im Verbraucherschutz, wo der Lieferant von Produkten und Serviceleistungen verschuldensunabhängig allgemein haftet.

Eine rechtsvergleichende Analyse der hier behandelten Haftungsfälle hat nicht zuletzt gezeigt, wie das Fehlen einer vorvertraglichen Schutzlehre, die heutzutage mit einer modernen Rechtsgeschäftslehre untrennbar verbunden ist, schädliche Auswirkungen auf die brasilianische Dogmatik herbeigeführt hat. Man denke nur an die Subsumierung fahrlässiger Irreführung zum Vertragsschluss unter den Irrtumstatbestand, die das Irrtumskonzept als eine endogene, allein der Sphäre des Irrenden zuzurechnende Fehlvorstellung über die Wirklichkeit völlig zerstört hat. Deshalb darf der „Irrende" im brasilianischen Recht seine irrige Willenserklärung anfechten und – statt den Vertrauensschaden des Erklärungsempfängers zu ersetzen – von ihm Schadensersatz verlangen. Das hat mit der inneren Logik des Irrtumsrechts, die eigene privatautonome Selbstbestimmung fehlerfrei zu gestalten, kaum mehr etwas zu tun. Der irrende Erklärende wird inadäquat geschützt, der Erklärungsempfänger exzessiv belastet.

Irrtum und Dolus werden dadurch nicht mehr klar voneinander konzeptionell getrennt. Das führt zu einer verwirrenden und untechnischen Benutzung beider Begriffe in der Praxis, zu Verständnisschwierigkeiten im Rechtsdiskurs und zur dogmatischen Unpräsion. Und trotz Ausweitung des Irrtumsbegriffes werden nicht alle Fälle schuldhafter Fehlinformation vor Vertragsschluss abgedeckt, weil der anfechtungsberechtigende Irrtum nur begrenzte Aspekte des Vertrages schützt. Mit der Positivierung der Haftung in contrahendo in Art. 422 CC2002 ist kein Grund mehr ersichtlich, solche Fälle weiter unter der Irrtumsfigur zu behandeln. Die Irrtumsdogmatik braucht deshalb eine Korrektur, um daraus illoyales Fehlverhalten vor Vertragsabschluss herauszunehmen und es demjenigen Bereich zuzuordnen, dem es sachlich angehört, nämlich der vorvertraglichen Haftung.

Die brasilianische Rechtsentwicklung sollte den Kritikern in Deutschland der Positivierung der culpa in contrahendo einen Beleg dafür geben, dass man die Verletzung vorvertraglicher Aufklärungspflichten mit Hilfe der Rechtsfiguren von Irrtum und Dolus nicht ganz und nicht in überzeugender Weise in den Griff bekommt[523]. Eine Erweiterung von traditionellen Rechtsfiguren oder die Einführung

523 Dagegen: *Leible*, in: Schuldrechtsmodernisierung und europäisches Vertragsrecht, 219, 230, der sich auf das französische Recht bezieht, das im lateinischen Rechtskreis bekannt dafür ist, keinen angemessenen Vertrauensschutz zu bieten. Kritisch dazu: *Menezes Cordeiro*, Da boa fé, S. 564ff.

neuer Rechtsinstitute erfolgt nicht immer ohne rechtsdogmatische oder rechtssystematische Brüche. Beide Modernisierungsmethoden zeigen Vor- und Nachteile auf. Eine Ausdehnung von bestimmten Rechtsbegriffen, um gegensätzliche Bedeutungen zu erfassen, wie in Italien die Erweiterung des Dolusbegriffs zur Erfassung von fahrlässigem informationellem Fehlverhalten stellt vielmehr eine unnötige Begriffsperversion dar. Dolus bezeichnet seit den Römern eine vorsätzliche Handlung[524]. Ein „*dolo colposo*“, also ein „fahrlässiger Vorsatz“ ist ein Widerspruch in sich. Dafür muss die Rechtsdogmatik angemessene Begriffe und Rechtsinstitute zur Verfügung stellen. Die vorvertragliche Haftung erweist sich als deutlich geeigneter für die Lösung vorvertraglichen Fehlverhaltens und gewährt zusätzlich die Integrität der Irrtums- und Dolusfigur.

D. Informationspflichtverletzung

I. Problemstellung

Die bedeutendste Fallgruppe der culpa in contrahendo bildet heutzutage ohne Zweifel die Haftung für informationelles Fehlverhalten vor Vertragsschluss. Das ist der Kern der modernen vorvertraglichen Schutzlehre, die heute so wenig mit dem ursprünglichen *Jherings* Konzept der culpa in contrahendo zu tun hat, dass laut Vielen Jhering sie heute nicht erkennen würde[525]. Er hat diese Fallkonstellation nicht erblickt. Man kann dabei in gewisser Hinsicht *Jherings* Spur noch in dem besonderen vorvertraglichen Kontakt erblicken, aus dem nicht nur eine diligentia-Pflicht, sondern unter anderen positive Informations-, Aufklärungs- und unter Umständen Beratungspflichten erwachsen, die eine Partei verpflichten, ihren Gegner über die für den Vertragsentschluss relevanten Umstände aufzuklären. Die Frage nach Schaffung und Mitteilung von Informationen steht heute im Zentrum der rechtlichen Debatte – zumindest in Europa. Im alten Recht hat sie keine große Bedeutung. Die ersten Kodifikationen haben nur die vorsätzliche Nicht- oder Fehlinformation vor Vertragsschluss geregelt. Der BGB hat die Täuschungsfigur in § 123 BGB, das brasilianische Zivilgesetzbuch den Dolus in seiner positiven und negativen Form in Art. 92 CC1916 geregelt.

---

524 Auch der dolus bonus enthält die bewusste Absicht, die andere Partei durch Arglist zum Vertragsschluss zu bewegen. Er wurde nur deshalb in der Gesellschaft toleriert, weil man davon ausging, dass sie sich nicht entscheidend auf die Abschlussentscheidung auswirke. Dazu: *Moreira Alves*, Direito romano, Bd. 1, S. 176. Vgl. auch: *Käser/Knütel*, Römisches Privatrecht, S. 65.
525 Statt vieler: *Gottwald*, JuS 1982, 877 und *Schur*, Leistung und Sorgfalt, S. 9.

Wie im Kapitel 1 II dargestellt, hat sich das Reichgericht gleich nach Inkrafttreten des BGB mit der Informationsfrage konfrontiert und die damals noch junge Figur der culpa in contrahendo angewendet, um fahrlässiges informationelles Fehlverhalten zu sanktionieren. In Brasilien ist die Rechtsprechung gesetztreu geblieben und hat praktisch nur bei Vorsatz Fehlinformation gerügt. Später hat sie auf die Irrtumsfigur zurückgegriffen, um fahrlässiges Verhalten zu erfassen. Die Informationsfrage hat erst in den 80er Jahren mit der Verbraucherschutzbewegung an Bedeutung erlangt. Die neue Kodifikation hat ein Redlichkeitsgebot in Art. 422 CC2002 ausdrücklich vorgesehen und somit die Grundidee der Haftung in contrahendo zum ersten Mal gesetzlich verankert.

Ziel dieses Teils D des 3. Kapitels ist es, zunächst zu untersuchen, wie die vorvertragliche Informationsfrage im deutschen Recht gelöst wird (unter II). Dann ist zu prüfen, wie das Thema im brasilianischen Privatrecht behandelt wird (unter III). Obwohl diese Arbeit das Ziel hat, nach einer allgemeine Grundlinie der culpa in contrahendo in Brasilien zu suchen, wird die Frage aus der Perspektive der großen Kodifikation und des Verbraucherschutzgesetzes behandelt, das sich so von dem Kodex unterscheidet, dass es eine Dichotomie in der brasilianischen Privatrechtsdogmatik aufgerissen hat. Zum Schluss erfolgt eine kritische rechtsvergleichende Würdigung des Ergebnisses in beiden Rechtsordnungen (unter IV).

II. Die Haftung für vorvertragliche Informationspflichtverletzungen im deutschen Recht

1. Die informationelle Frage im Rechtsverkehr

Die Fälle von Informations- und Aufklärungspflichtverletzungen bilden heutzutage praktisch den Kern des Rechtsinstituts der culpa in contrahendo im deutschen Recht[526]. Informationen nehmen heutzutage eine zentrale Stelle nicht nur in unserer nach *Lyotard* sog. postmodernen Gesellschaft[527] ein, die als Informationsgesellschaft bezeichnet wird, sondern auch in **Rechts**- und **Wirtschaftswissenschaft.** Die Informationsfrage ist heute zentral für das Recht, und zwar in verschiedenen Gebieten. Vor allem im **Vertragsrecht**, besonders im **Verbrauchervertragsrecht**, aber auch im **Gesellschaftsrecht,** vornehmlich im **Kapitalmarktrecht** spielt die Informationsfrage eine überragende Rolle, wie die deutsche und europäische Rechtsentwicklung in den letzten drei Dekaden des 20. Jahr-

526 *Emmerich*, Leistungsstörungen, S. 96.
527 A condição pós-modena, José Olímpio, São Paulo 2002.

hunderts deutlich zeigt[528]. Aufdeckung und Verteilung von Information sind der Kern des seit den 1980er Jahren gerade in Europa in Gang gesetzten Regulierungsmodells, das eben das Ziel hat, durch hoheitlichen Eingriff in das Marktgeschehen marktschädliche Informationsdefizite beim Entscheidungsprozess zu korrigieren und folglich Marktprozesse zu verbessern.

Information hat sich im deutschen und europäischen Kontext so zu einem verbreiteten **Schutz- und Regelungsinstrument** ausgebildet, das sich derzeit zunehmender Kritik ausgesetzt sieht[529]. Kritisiert werden dabei, wie *Grundmann* präzise auf den Punkt bringt, insbesondere drei Aspekte: (i) es gibt aktuell zu viel Information, so dass ihre Verarbeitung unmöglich und sie selbst demgemäß nutzlos wird („*information overkill*“); (ii) der Informationsadressat kann sie aufgrund seiner naturgemäß beschränkten Rationalität nicht rational (genug) verarbeiten, und (iii) es besteht die Gefahr einer „Flucht in die Information“, wodurch sich Pflichtiger und Regelgeber – mit Statuierung einer Pflicht zur Information – ihrer Verantwortung entledigen und sich von effizienteren, aber schwieriger zu konzipierenden Schutzstrategien freizeichnen können[530]. Abgesehen von dieser Diskussion in der **Regulierungstheorie**, die freilich auch auf die Rechtswissenschaft große Auswirkungen hat, ist jedoch festzustellen, dass die **Bedeutung von Information für das Recht** – sowie auch für Ökonomie und Regulierung – erst seit den 1960er Jahren durch die Erkenntnisse der Institutionen- und Transaktionskostenökonomik experimentell bewiesen wurde[531].

Vorher war die Information gar nicht zentral für Recht und Ökonomie[532]. Nicht umsonst herrschte in der Rechtswissenschaft der Ansatz, dass es allein Sache jeder Partei ist, sich umfassend über das intendierte Geschäft selbst zu informieren. Er fand auch seine Begründung in der damals herrschenden **neoklassischen Ökonomie**, die auf der irrealen Annahme eines perfekten Marktes fußte, wonach alle Marktteilnehmer zur umfassenden und kostenlosen Information

---

528 Für eine Informationstheorie siehe vor allem *Grundmann*, FS Karakostas und *Grundmann*, in: Grundmann/Micklitz/Renner, Privatrechtstheorie, Bd. 2, 968–984. Zum Informationsmodell im europäischen Recht, insbesondere im europäischen Gesellschafts- und Kapitalmarktrecht vgl. nur *Grundmann*, JZ 2002, 1133–1143 (portugiesische Version: RDC 58/2006, 275–303) und *ders.*, Europäisches Gesellschaftsrecht, 2. Aufl., 2012.

529 *Grundmann*, FS Karakostas, 1, 2.

530 FS Karakostas, 1.

531 In diesem Sinne: *Grundmann*, FS Karakostas, 1, 3.

532 Die Information und ihr Wert gewannen erst nach *George Stiglers* Abhandlung, The Economics of Information, 69 Journal of Political Economy (1961), 213–225, an Bedeutung. Ausführlicher dazu: *Grundmann*, in: Grundmann/Micklitz/Renner, Privatrechtstheorie, Bd. 2, 968–984; *ders.*, FS Karakostas,1, 4.

Zugang haben[533]. Das bildet den Kern des neoklassischen Wohlfahrtstheorems, das erst durch die Abhandlungen von *Ronald Coase, George Stigler, George Akerlof* und nicht zuletzt *Friedrich von Hayek* erstmalig in Frage gestellt und in der Folge überwunden wurde[534]. Diese Autoren haben im Grund genommen das Verdienst, die Informationsfrage in neuem Licht betrachtet und gezeigt zu haben, dass Information für eine rationale Entscheidungsfindung und eine funktionierende Marktwirtschaft zentral ist. Seitdem steht die Frage nach Beschaffung und Weitergabe von Information im Zentrum der ökonomischen Theorie.

Das alte Recht hat sich mit der Problematik der Information im Rechtsverkehr nur begrenzt beschäftigt. Wie insbesondere *Grigoleit* gezeigt hat, hat der historische deutsche Gesetzgeber – aufgrund des dem BGB von 1900 zugrundeliegenden liberalen Wirtschaftsmodells – die Problematik um die **Informationsverteilung vor Vertragsabschluss** vor allen durch die Täuschungsfigur (§ 123 BGB) im allgemeinen Teil geregelt und sie an das Vorsatzerfordernis geknüpft, so dass man ursprünglich von einem **Vorsatzdogma** bzw. einer **Vorsatzhaftung** im BGB ausgehen darf[535]. Aufgrund des dem allgemeinen Privatrecht zugrundeliegenden

533 Umfassend dazu: *Grundmann*, FS Karakostas, 1, 3, mit weiteren Hinweisen. Ihm zufolge beruht das Bild von perfekten Märkten auf vier Modellannahmen: (i) vollständiger Wettbewerb; (ii) umfassend rationales Handeln der Akteure, namentlich perfekt informiertes Handeln; (iii) perfekt (gewinnorientiertes) gewinnmaximierendes Handeln der Akteure und (iv) all dies bei bestehender Knappheit der Ressourcen.

534 Diese Autoren haben zum ersten Mal die Information zum Gegenstand wirtschaftswissenschaftlicher Forschung erhoben und dadurch den Weg für die Informationsforschung vorbereitet, so dass sie bis heute die Diskussion über Informationsbeschaffung und Informationsweitergabe prägen. Vgl. dazu: *Coase*, The Problem of Social Cost, Journal of Law and Economics 3 (1960), 1–44 (in: Grundmann/Micklitz/Renner, Rechtstheorie, Bd. 2, 165–195); *Stigler*, The Economics of Information, Journal of Political Economy 69 (1961), 386–405 (auch in: Grundmann/Micklitz/Renner, Rechtstheorie, Bd. 2, 1027–1046). *V. Hayek*, The Use of Knowledge in Society, 35 The American Economic Review (1945), 519–530 (auch in: Grundmann/Micklitz/Renner, Rechtstheorie, Bd. 2, 1014–1026). *Akerlof*, The Market for „Lemons": Quality Uncertainty and the Market Mechanism, Quarterly Journal of Economics 84 (1970), 488–500 (auch in: Grundmann/Micklitz/Renner, Rechtstheorie, Bd. 2, 1047–1060). *Hayek* war der Erste, der prominent behauptete, dass die Informationsverteilung und die Nutzung von Information über den Erfolg von Volkswirtschaften (mit)entscheidet. In seiner Auseinandersetzung mit der seinerzeit dominierenden Planwirtschaft propagiert er eine Zuteilung der Entscheidungsmacht in wirtschaftlichen Dingen an dezentrale Stellen und betont damit schon vor der Entstehung der Institutionenökonomik die Wichtigkeit des institutionellen Arrangements wie etwa des Rechtssystems, weil er davon ausgeht, dass dezentrale Stellen über bessere Informationen verfügen und daher bessere Entscheidungen treffen können. Ausführlicher dazu: *Grundmann*, in: Grundmann/Micklitz/Renner, Rechtstheorie, Bd. 2, 968–984 und *ders.*, FS Karakostas, 1, 4 f.

535 Informationshaftung, S. 37 ff. Dagegen: *Fleischer*, AcP 200 (2000), 91, 99 ff., der in Anlehnung an §§ 122, 170–172, 179 grundsätzlich kein Vorsatzdogma im BGB erkennt.

Gleichheitsgedankens ging man damals davon aus, dass im Rechtsverkehr in der Regel gleich informierte Parteien auftreten und dass sich jede selbst informieren müsse, auch weil jede prinzipiell Zugang zu denselben Informationsquellen hat[536]. Nur bei arglistiger Täuschung der Gegenseite stelle das Gesetz dem Irregeführten einen **korrektiven Mechanismus**, nämlich die **Täuschungsanfechtung** zur Verfügung. Bei den sog. **Auskunftsfällen des § 676 BGB a.F.** hat der Gesetzgeber prinzipiell die Verantwortlichkeit des Auskunftsgebers ausgeschlossen: die Erteilung von Auskünften stelle eine **Gefälligkeit ohne Rechtsbindung** dar.

Im Laufe des 20. Jahrhunderts hat sich allerdings herausgestellt, dass dieses Informationsmodell unzureichend war, um die Parteien in die Lage zu versetzen, frei und aufgeklärt ihre rechtsgeschäftliche Entscheidung zu treffen. Die propagierte Gleichheit hat sich rein formell als unzureichend erwiesen, um das strukturelle Ungleichgewicht zwischen den Parteien auszugleichen. Dies war für den Gesetzgeber Anlass, verschiedene spezialgesetzliche Informationspflichten zu schaffen[537], sowie für die Rechtsprechung, eine **Gesetzeskorrektur** auf der Grundlage des **§ 242 BGB** mit dem Ziel durchzuführen, die formale Konzeption der Privatautonomie zu überwinden. Geleitet von **materiellen Gerechtigkeitserwägungen** hat die Rechtsprechung durch verschiedene Mechanismen – unter anderem mittels einer informationellen Fahrlässigkeitshaftung aus culpa in contrahendo – weitere Störungen des Willensbildungsprozesses berücksichtigt, um die rechtsgeschäftliche Selbstbestimmung materiell zu gewährleisten.

Die Lehre hat die gesetzeskorrigierende Rechtsfortbildung durch verschiedene, vor allem **rechtsethische und rechtsökonomische Begründungsansätze** legitimiert. Das Bedürfnis nach Vertrauensschutz im Rechtsverkehr bildet bis heute das überzeugende Argument für die Legitimation der Haftungserweiterung für vorvertragliche Fehlinformation[538]. Kaum weniger überzeugend sind die

---

536 *Emmerich*, Leistungsstörungen, S. 96. Vgl. auch BGH NJW 1997, 3230 = BGH LM Nr. 78 zu § 276 (Fb) BGB (Bl. 3 R f.) und OLG München, WM 1994, 236.

537 So beispielweise die Haftung für unrichtige Werbeangaben (§ 13a UWG); die spezialgesetzliche Prospekthaftung aus § 45 BörsG, in der Fassung vom 27.05.1908; Prospekthaftung von § 19 I 1 KAGG, vom 16.04.1957; die versicherungsrechtliche Informationshaftung aus § 16 VVG, vom 30.05.1908; die Informationspflichten zur Sicherung der Transparenz des Vertragsinhalts, die in § 2 Nr. 1, 2 AGBG vom 09.12.1976 und in § 4 I-II und 5 I VerbrKrG vom 17.12.1990 vorgesehen sind, sowie die Produktkennzeichnungspflichten der Lebenmittel-KennzeichnungsVO vom 22.12.1981 oder beim Arzneimittelgesetz vom 24.08.1976. Ap.: *Grigoleit*, Informationshaftung, S. 52 ff.

538 Statt vieler: *Larenz*, FS Ballerstedt (1975), 397, 399; *Canaris*, JZ 1965, 475, 479; *Larenz/Canaris* Methodenlehre, S. 232 ff., rechtfertigen die Entwicklung der Lehre der culpa in contrahendo insgesamt als gesetzübersteigende Rechtsfortbilung mit Rücksicht auf ein rechtsethisches Prin-

rechtsökonomischen Argumente, die immer mehr Anerkennung in der Privatrechtslehre erlangen. Die oben erwähnte Informationsforschung hat vor allem gezeigt, dass korrekte und vollständige Information die Transaktionskosten senkt und folglich Zahl und Umfang nutzenmehrender Tauschvorgänge erhöht[539]. Vornehmlich hat *Akerlof* überzeugend nachgewiesen, dass die Informationsasymmetrie, d.h. das informationelle Defizit zwischen den Marktteilnehmern das Marktfunktionieren erheblich beeinträchtigt und sogar zerstören kann. Sie stellt ein gravierendes Marktversagen dar, das nicht nur private, sondern vor allem enorme soziale Kosten verursacht und zum Verlust an allgemeinem Wohlstand führt. Zur Erhaltung der Marktfunktion sei deshalb eine gesetzgeberische Intervention („*governmental intervention*"), also Regulierung durch zwingendes Recht erforderlich[540].

Insbesondere die rechtlichen Institutionen wie etwa Anordnung von Informationsweitergabe oder AGB-Regelungen spielen dabei eine zentrale Rolle, weil sie strukturelle Marktinsuffizienzen korrigieren können[541]. Die Auferlegung ungeschriebener vorvertraglicher Informationspflichten bei Vertragsvorbereitung erlangt in diesem Kontext eine überragende Bedeutung, da sie sich als **Transaktionskostenminderungs- und Marktversagenskorrekturfaktor** zeigt. Ihre Legitimation basiert auf der Feststellung, dass es dem Informationspflichtigen in aller Regel zu geringeren Kosten möglich sein dürfte, eine korrekte und komplette Auskunft über den Vertragsgegenstand bereitzustellen als seinem jeweiligen Gegenüber[542]. Außerdem stärkt die Informationsweitergabe im Markt das **allgemeine Vertrauen in die Rechtsordnung** und sorgt für einen **reibungslosen Geschäftsverkehr**[543]. Das Rechtsinstitut der culpa in contrahendo für schuldhaftes Informationsfehlverhalten vor Vertragsabschluss eignete sich hervorragend dazu, fahrlässig informationelles Fehlverhalten vor Vertragsabschluss zu sanktionieren und die eng gefasste Vorsatzhaftung für Fehlinformation aus § 123 BGB zu korrigieren.

Das Spannungsverhältnis zwischen **Eigenbeschaffung und Weitergabe von Informationen** prägt heute verschiedene Gebiete des Privatrechts und spielt eine

---

zip; *Grigoleit*, Informationshaftung, S. 46 ff.; *Singer*, Selbstbestimmung und Verkehrsschutz, S. 54 ff. und *Fleischer*, AcP 200 (2000), 91, 101.

539 *Fleischer*, AcP 200 (2000), 91, 101 f.

540 Grundlegend zu *Akerlofs* Theorie: *Grundmann*, in: Grundmann/Micklitz/Renner, Rechtstheorie, Bd. 2, 976–981 und *ders.*, FS Karakostas, 1, 7 f.

541 *Grundmann*, in: Grundmann/Micklitz/Renner, Rechtstheorie, Bd. 2, 976, 983.

542 In diesem Sinne *Postner*, Economic Analysis of Law (1997) und *Cooter/Ulen*, Law and Economics (1996), ap.: *Fleischer*, AcP 200 (2000), 91, 102.

543 Dazu *Fleischer*, AcP 200 (2000), 91, 102; schon vorher *Larenz*, SR/AT, S. 106.

erhebliche Rolle auch bei **Entstehung und Durchführung von Schuldverhältnissen.** Es ist vor allem für die Vertragsbildung zentral: ohne Information – und Aufklärung – gibt es letztendlich **keine materielle Entscheidungsfreiheit**, da die Partei ihre rechtsgeschäftliche Entscheidung ohne ausreichende Kenntnis über die entscheidungsrelevanten Tatsachen trifft und folglich ungünstigere oder unerwünschte Geschäfte eingeht. Die **Vertragsfreiheit** und im Endeffekt die **Privatautonomie** sind ohne angemessene Information enorm beeinträchtigt, wie Lehre und Rechtsprechung im Laufe des 20. Jahrhunderts festgestellt haben. Die Anerkennung gravierender struktureller Ungleichheit zwischen den Verkehrsteilnehmern, die die rechtsgeschäftliche Entscheidungsfreiheit stark beeinflusst, hat zur Anerkennung von umfassenden einzelfallbezogenen Informationspflichten im vorvertraglichen Stadium geführt, die in erster Linie dazu dienen, das gestörte informationelle Verhältnis auszugleichen bzw. zu minimieren, damit die Parteien zu einem ausgewogenen Vertragsabschluss kommen können.

Trotz der Anerkennung von tatsächlichen Ungleichheiten zwischen den Verkehrsteilnehmern gilt im deutschen Privatrecht weiterhin der **Grundsatz**, nach dem jeder selbst die **Last der Eigeninformation** prinzipiell trägt und insofern die für die eigene Willensentscheidung nötigen Informationen auf eigene Kosten und auf eigenes Risiko selbst beschaffen muss. Denn zum **Wesen der Privatautonomie** gehört die **Selbstverantwortung** für das rechtsgeschäftliche Handeln[544]. Deshalb kennt das BGB **keine allgemeine Informationspflicht.** Vielmehr müssen besondere Umstände vorliegen, die die Entstehung von Informations- und Aufklärungspflichten im Einzelfall rechtfertigen. Wann und inwieweit Aufklärungspflichten entstehen, bleibt noch die entscheidende Frage bei der Haftung für vorvertragliche Fehlinformation.

Ziel dieses Teils D des 3. Kapitels ist zunächst, zu untersuchen, unter welchen Voraussetzungen Informations- bzw. Aufklärungspflichten im Rahmen eines vorvertraglichen Kontakts entstehen (unter 2) und welche Rechtsfolgen ihre Verletzung verursacht (unter 3). Da die vorvertragliche Informationshaftung den gesetzespositivierten Instituten der Anfechtungs-und Gewährleistungshaftung ähnelt, ist eine Behandlung der schwierigen Konkurrenzfrage zwischen diesen Figuren für ein Verständnis der culpa in contrahendo unerlässlich (unter 4).

---

544 In diesem Sinne Staudinger/*Singer/Finckenstein*, § 123 Rn. 10; in der Rechtsprechung statt vieler: BGH NJW 1989, 763, 764.

2. Entstehung und Inhalt vorvertraglichen Informationspflichten

2.1. Allgemeiner Grundsatz

Wie oben gesagt, ist eine allgemeine Informationspflicht dem deutschen Recht fremd[545]. Aufgrund der Privatautonomie ist es vielmehr Sache jeder Partei, sich über die allgemeinen Marktverhältnisse und die sich daraus resultierenden Risiken und Chancen zu informieren sowie auch über das intendierte Geschäft, insbesondere über Gegenstand und Inhalt des Vertrags[546]. Daraus folgt, dass jeder grundsätzlich die **Last der Eigeninformation**[547] trägt. Dahinter steht der Gedanke, dass sich jeder aus den allgemein zugänglichen Informationsquellen in demselben Umfang über die mit einem Vertragsschluss verbundenen typischen Chancen und Risiken informieren kann, so dass er die Nachteile von Fehlinformation hinnehmen muss[548]. Diese grundsätzliche **Eigeninformationslast** umfasst zunächst eine Untersuchungspflicht, aber auch das Recht, bei dem anderen nachzufragen. Unter gewissen Umständen darf die Partei aber darauf vertrauen, dass ihr die Gegenseite die für den Vertragsentschluss wesentlichen Informationen weitergibt[549].

Von dieser Regel kennt die Praxis jedoch – in zunehmendem Maße – viele Ausnahmen, in denen eine Partei informations- bzw. aufklärungspflichtig der anderen gegenüber ist. Im Bereich der Verbraucherverträge gibt es immer mehr gesetzlich angeordnete Informationspflichten, die auf verbraucherrechtliche EU-Richtlinien zurückzuführen sind. Außerhalb dieses vom Gesetzgeber normierten Felds muss jedoch genau geprüft werden, wann eine Partei einen Informationsvorsprung als eigenen Vorteil nutzen darf oder nicht, d.h., wann sie zur Informationsweitergabe verpflichtet ist. Laut der Rechtsprechung sei eine Informationspflicht auch ohne Nachfrage anzunehmen, wenn eine Aufklärung nach **Treu und Glauben und Verkehrssitten** geboten ist, so dass der Geschäftspartner mit

545 *Emmerich*, Jura 1987, 561, 562.

546 MünchKomm/*Emmerich* (2016), § 311 Rn. 66; Bamberger/Roth/*Grüneberg*, § 311 Rn. 70. Vgl. BGH NJW 1997, 3230 und WM 2010, 1283 Tz. 15.

547 *Larenz/Wolf*, AT, S. 599.

548 BGH NJW 2000, 1254; BGH NJW 2000, 2352; BGH NJW 2001, 2021 (keine Aufklärungspflicht des Immobilienverkäufers, der keine gesonderte Beratung schuldet über die sich für den Käufer ergebenen Belastungen). In der Lehre vgl. *Larenz/Wolf*, AT, S. 599; Palandt/*Heinrichs*, § 123 Rn. 5; *Emmerich*, Jura 1987, 561, 562 und AnwKomm/*Krebs*, § 311 Rn. 72.

549 BGH, Urteil vom 6.4.2001 – V ZR 402/99 (KG): Bei den Verhandlungen über den Kauf einer Eigentumswohnung darf der Verkäufer grundsätzlich davon ausgehen, dass sich sein künftiger Vertragspartner selbst über Art und Umfang seiner Vertragspflichten im eigenen Interesse Klarheit verschafft hat. Eine Aufklärungspflicht besteht nur dann, wenn wegen besonderer Umstände des Einzelfalls davon ausgegangen werden muss, dass der künftige Vertragspartner nicht hinreichend unterrichtet ist und die Verhältnisse nicht durchschaut. BGH NJW 2001, 2021.

einer Aufklärung über die Sachlage redlicherweise rechnen darf. Dass das eine **Leerformel** ist, liegt auf der Hand, weil sie keine rational handhabbaren Kriterien für die Begründung von Informationspflichten liefert. In diesem Sinne trifft die Bemerkung von *Singer/Finckenstein* völlig zu, dass die Konkretisierung von Informationspflichten – wie die jeder anderen Rücksichtspflicht – nicht frei von Willkür sei[550].

Die Lehre hat die Einzelfälle aus der Judikatur nach abstrakten Merkmalen geordnet und unterschiedliche **Ansatzpunkte für die Konkretisierung von Informationspflichten** entwickelt, die allerdings nicht subsumtionsfähig, sondern nur richtungsweisend sind[551]. Nach herrschender Meinung müssen besondere Umstände vorliegen, die allein einem Teil bekannt sind und von denen er weiß oder wissen muss, dass sie für die Abschlussbereitschaft des anderen Teils von großer Bedeutung sind[552]. Die Partei muss nicht über alle Umstände aufklären, die für den Vertragsentschluss von Bedeutung sein können, sondern in der Regel nur über die ihm bekannten oder zugänglichen Informationen, die für die **Vertragsentscheidung** der Gegenseite **erkennbar von wesentlicher Bedeutung** sein können. Darunter sind vor allem Umstände von Bedeutung, die insbesondere den **Sinn und Zweck** sowie die **Durchführung des Vertrages** vereiteln können[553].

2.2. Kriterien für die Begründung von Informationspflichten

Die Entstehung von Informations- bzw. Aufklärungspflichten, die grundsätzlich beide Parteien[554] treffen, lässt sich – wie jede Rücksichtpflicht aus § 241 II iVm

---

550 Staudinger/*Singer/Finckenstein*, § 123 Rn. 11.

551 In diesem Sinne: Staudinger/*Singer/Finckenstein*, § 123 Rn. 12.

552 Bamberger/Roth/*Grüneberg*, § 311 Rn. 70; MüKom/*Emmerich*, § 311 Rn. 66 und *Emmerich*, Jura 1987, 561, 563. In der Rechtsprechung vgl. RGZ 103, 47, 50; BGH NJW 1978, 1802, 1804; 1985, 1769; 1995, 45, 47 und NJW-RR 1989, 211.

553 *Larenz/Wolf*, AT, S. 599; Staudinger/*Singer/Finckstein*, § 123 Rn. 12 f.; MünchKomm/*Emmerich* (2016), § 311 Rn. 69 und Erman/*Kindl*, § 311 Rn. 37. *Medicus* hat dagegen eine strengere Haltung diesbezüglich, indem er davon ausgeht, dass die Begründung von Aufklärungspflichten eine Garantenstellung des Verpflichteten voraussetze. AT, Rn. 150. So muss bei einem Aktienkaufvertrag der Verkäufer einen nur ihm bekannten Umstand, durch den die Aktien wertlos sind, dem Käufer mitteilen (RGZ 111, 233, 234). Eine kommunale Selbstverwaltungskörperschaft muss darauf hinweisen, dass der von ihr abgeschlossene Vertrag noch der aufsichtsbehördlichen Genehmigung bedarf (BGHZ 142, 51 = NJW 1999, 3335).

554 Laut BGH hat etwa der Kunde bei Kreditgeschäften die Pflicht, die Bank über seine Kreditwürdigkeit aufzuklären, wenn seine Vermögensverhältnisse unsicher sind. Vgl. BGH MDR 1967, 667 und BGH WM 1977, 638. Staudinger/*Löwisch*, § 311 Rn. 126.

§ 242 BGB – erst nach den **Umständen des Einzelfalles** unter Berücksichtigung insbesondere von **Treu und Glauben** und **Verkehrssitten** bestimmen[555]. Dabei spielen verschiedene Faktoren eine Rolle, deren Gewicht nur im Einzelfall adäquat bewertet werden kann. Es kommt zunächst auf die **Art des angestrebten Schuldverhältnisses**[556], also des betreffenden Vertragstyps an. Pauschal kann man sagen, dass bei engen und langfristigen Beziehungen die Informations- und Aufklärungspflichten – wie wohl noch die weiteren Rücksichtspflichten – häufig weiter gehen als bei einfachen bzw. vorübergehenden Schuldverhältnissen, die auf einmalige Leistungserbringung gerichtet sind[557]. Denn je mehr die Beziehung Kooperation und Zusammenarbeit zwischen den Parteien – wie etwa Gesellschafts-, Arbeits-, Miet-, Werk- und Kaufverträge von Unternehmen oder Gesellschaftsanteilen – erfordert, desto zahlreicher und umfangreicher sind die daraus entstandenen Rücksichtspflichten.

Wichtig sind auch die **persönlichen Eigenschaften der Partei**, insbesondere ihr **Informationsbedarf**, der sich unter anderen an ihren Erfahrungen und Kenntnissen messen lässt[558]. Es kommt daher darauf an, ob es sich um Laien oder Fachleute handelt, ob einer von ihnen über ein **überlegenes Fachwissen** (z. B. Arzt, Anwälte oder Steuerberater) oder eine **sozioökonomische Macht** verfügt wie Banken und Versicherer. Hier gilt die Regel: der legitime Informationsbedarf einer Seite ist umso größer, je ausgeprägter das intellektuelle oder wirtschaftliche Übergewicht der anderen Seite und damit ihr Zugang zu den Informationsquellen ist[559]. Denn in solchen Fällen zeigt sich eine **gravierende strukturelle Asymmetrie** zwischen den Parteien. Das spielt vor allem bei der Konkretisierung des Pflichtenprogramms anhand von Bankgeschäften eine erhebliche Rolle: hier rechtfertigen die besondere Sachkunde, der Wissensvorsprung, die strukturelle Ungleichheit sowie die Einwirkungsmöglichkeit auf die Vermögensangelegenheiten des Kunden und das besondere Vertrauensverhältnis zwischen den Par-

---

555 *Larenz/Wolf*, AT, S. 600; Bamberger/Roth/*Grüneberg*, § 311 Rn. 71 und Staudinger/*Singer/Finckenstein*, § 123 Rn. 11. Vgl. auch BGH NJW 1970, 653, 655 und NJW 1993, 2107.

556 Statt vieler: *Emmerich*, Leistungsstörungen, S. 96 und Staudinger/*Löwisch*, § 311 Rn. 118.

557 Bamberger/Roth/*Grüneberg*, § 311 Rn. 71 und *Emmerich*, Leistungsstörungen, S. 96. Über die Kategorie von einfachem Schuldverhältnis und Dauerschuldverhältnis vgl. Staudinger/*Olzen*, § 241 Rn. 347 ff.

558 *Larenz/Wolf*, AT, S. 600 und Staudinger/*Löwisch*, § 311 Rn. 118. Vgl. BGH NJW 2000, 1714; 2001, 2021 und 2163. In diesem Sinne hat der BGH schon mehrmals entschieden, dass der Verkäufer einen unerfahrenen Käufer über die auf ihn zukommenden, monatlichen Belastungen aufklären muss (BGH NJW 1974, 849), dagegen nicht einen erfahrenen auf Zweifel an seiner Kalkulation hinweisen, sofern er die Unrichtigkeit nicht kennt (BGH WM 1972, 854, apud: Staudinger/*Löwisch*, § 311 Rn. 119).

559 Bamberger/Roth/*Grüneberg*, § 311 Rn. 71 und *Emmerich*, Leistungsstörungen, S. 97.

teien die Auferlegung von besonders strengeren Informations-, Aufklärungs- und Beratungspflichten an die Bank gegenüber ihren Kunden[560].

Eine zentrale Rolle spielt ferner die **Art der fraglichen Informationen**, denn nicht jedes Wissen muss offenbart werden. Der BGH hat die Formel entwickelt, nach der sich jede Partei grundsätzlich selbst über die **allgemeinen Marktverhältnisse** und die sich daraus ergebenden Chancen und Risiken zu informieren hat. Unter Marktwissen versteht man die allgemeine Kenntnis über Marktverhältnisse, die sich jeder selbst verschaffen kann, sofern er Zugang zu Informationsquellen hat[561]. Pauschal kann man sagen, dass die Partei die Gegenseite insbesondere über Umstände aufklären muss, die sowohl die **Durchführung** als auch den **Sinn und Zweck des Vertrages** vereiteln oder beeinträchtigen können.

Es kommt dabei auch darauf an, ob der Informationspflichtige die fragliche Information bereits besitzt oder ob er sie sich noch verschaffen muss. Prinzipiell beschränkt sich die Aufklärungspflicht auf **präsentes Wissen. Nachforschungs- und Untersuchungspflichten** werden regelmäßig in deutlich engeren Grenzen anerkannt[562], weil solche Pflichten zunächst Sache der interessierten Partei sind. Bei großen Organisationen wie Banken und Versicherer bejaht hingegen der BGH grundsätzlich solche Pflichten, weil sie sich gewöhnlich als Experten auf bestimmten Gebieten ausgeben[563].

---

560 Statt vieler: Staudinger/*Singer*/*Finckenstein*, § 123 Rn. 21 ff.

561 Statt vieler: MüKomm/*Emmerich* (2016), § 311 Rn. 69.

562 Bamberger/Roth/*Grüneberg*, § 311 Rn. 73; MünchKomm/*Emmerich* (2016), § 311 Rn. 69 und *Fleischer*, Informationsasymmetrie, S. 540 ff.

563 MünchKomm/*Emmerich* (2016), § 311 Rn. 69. Bei bestimmten Rechtsgeschäften – wie Wertpapier-, Banken-, Immobilienfondsgeschäften usw. – geht das Gesetz aufgrund der ihnen spezifischen Fachkenntnisse von einer grundsätzlichen Informationsunterlegenheit des Gegners/der Gegenseite aus und sieht daher ausdrücklich umfangreiche Informationspflichten zu Lasten des stärkeren, besser informierten Partners vor. So verlangt etwa § 31 Abs. 2 Satz 1 Nr. 2 WpHG eine Informationspflicht für Wertpapierdienstleistungsunternehmen gegenüber ihren Kunden. Für andere Geschäfte gilt die oben genannte, durch die Rechtsprechung entwickelte Regel, nach der denjenigen Parteien, die über spezifische technische Kenntnisse verfügen, besondere Aufklärungspflichten treffen. So haben etwa Vermittler von Warentermindirektgeschäften ihre Kunden über die wesentlichen Grundlagen solcher Geschäfte, die wirtschaftlichen Zusammenhänge, die damit verbundenen Risiken und eine etwaige Verminderung der Gewinnchancen durch die höher als üblich liegende Provision ungefragt aufzuklären (BGH NJW 1992, 1879, 1880 und BGH NJW 1988, 2882, 2883). Die Aufklärung muss in solchen Fällen sogar in der Regel schriftlich erfolgen: Bei Optionsgeschäften ist schriftlich über die wesentlichen Grundlagen, die wirtschaftlichen Zusammenhänge und die besonderen Risiken, einschließlich etwaiger Prämienaufschläge, aufzuklären (BGHZ 105, 108; BGH NJW 1991, 1106 und 1994, 512). Dagegen sind bei bankmäßigen Effektengeschäften keine gesteigerten Anforderungen wie bei Optionsgeschäften zu stellen, so dass hier schon eine mündliche Aufklärung der Gegenseite genügt, um eine Haftung aus Ver-

Die Entstehung von Informations- bzw. Aufklärungspflichten hängt weiter davon ab, ob die Partei nach bestimmten Umständen gefragt hat. Die Rechtsprechung hat mehrmals eine Haftung aus culpa in contrahendo aufgrund **fehlender Nachfragen** der informationsinteressierten Partei abgelehnt[564]. Hier ist zu beachten, dass das Gebot zur Redlichkeit und zur Rücksicht auf die Interessen des Kontrahenten der Partei es eben verbietet, der anderen falsche Informationen zu geben. Das **Verbot der Falschinformation** gilt auch dann, wenn die Partei nicht informationspflichtig ist.

Wer nach einem bestimmten Umstand gefragt wird, muss entweder wahrheitsgemäß antworten oder die Antwort verweigern[565]. Ein Recht zur Lüge gibt es nur in engen Bereichen wie im Arbeitsrecht und kommt erst bei unzulässigen Fragen in Betracht, also bei Fragen, die in die Persönlichkeitssphäre des Geschäftspartners rechtswidrig eingreifen[566]. Auch die Pflicht, die Gegenseite über falsche Vorstellungen über die Geschäftsumstände aufzuklären, i.e. vor **Irrtümern zu bewahren,** ergibt sich aus dem Redlichkeits- und Rücksichtsgebot. Sie gilt insbesondere für Irrtümer, die eine Partei bei der anderen während des geschäftlichen Kontakts hervorruft. Dahinter steht der Gedanke, dass, wer bei dem anderen Teil, wenn auch unabsichtlich, einen Irrtum erregt und erkennt (oder erkennen muss), dass dieser unter Irrtumseinfluss zum Vertragsschluss schreitet, infolge des vorausgegangenen Tuns (Ingerenz) verpflichtet ist, die Gegenseite

---

schulden bei Vertragsabschluss zu beseitigen (BGH NJW 1998, 2675, dazu: Staudinger/*Löwisch*, § 311 Rn. 124).

564 Statt vieler: *Larenz/Wolf*, AT, S. 599 und Staudinger/*Löwisch*, § 311 Rn. 119. Der Verkäufer einer Gewerbeeinheit ist grundsätzlich nicht verpflichtet, dem Käufer ungefragt Angaben zu etwaigen negativen persönlichen und wirtschaftlichen Verhältnissen des Mieters des Objekts zu machen, es sei denn, er hat zuvor durch irreführende Angaben den falschen Eindruck erweckt, dass die Bonität des Vermieters bei Vertragsschluss außer Zweifel steht (BGH NJW-RR 2003, 700). Eine Wohnungsbaugesellschaft muss den Käufer einer Eigentumswohnung zwar über die monatliche Dauerbelastung informieren (BGH NJW 2001, 2021), nicht dagegen ihn ungefragt zu seinen monatlichen Belastungen umfassend beraten.

565 MünchKomm/*Emmerich* (2016), § 311 Rn. 65.

566 Hier ist allerdings zu beachten, dass eine solche Wahrheitspflicht nicht absolut gilt, insbesondere nicht, wenn vorrangige Werte wie etwa Schutz von Persönlichkeitsrechten der informationsbedürftigen Partei ins Spiel kommen. *Larenz* weist zu Recht darauf hin, dass es tatsächlich doch Ausnahmefälle gibt, in denen die Partei nicht wahrheitsgemäß antworten muss. Dies betrifft nämlich unzulässige Fragen, die ohne berechtigten Grund die Privat- und Intimsphäre betreffen wie etwa die Frage nach Schwangerschaft bei Verhandlungen zum Abschluss eines Arbeitsvertrags. Auch denkbar sind Fragen nach der sexuellen Ausrichtung. *Larenz/Wolf*, AT, S. 599. Vgl. dazu auch MünchKomm/*Kramer*, § 123 Rn. 7; Palandt/*Heinrichs*, § 123 Rn. 10 und Erman/*Palm*, § 123 Rn. 20.

über seinen Irrtum aufzuklären. Hier liegt bereits eine **fahrlässige Täuschung** vor[567].

2.3. Inhalt und Umfang der Informationspflichten

Alle oben genannten Kriterien sind im Einzelfall zu berücksichtigen, um **Inhalt** und **Umfang** der Informationspflichten determinieren zu können. Zum Inhalt der Aufklärungspflichten gehören alle **entscheidungsrelevanten Umstände**, d.h. diejenigen Tatsachen, die für den Vertragsentschluss der Gegenseite erkennbar von Einfluss sein können[568]. Das ist zwar eine sehr weite und vage Regel, bringt aber zum Ausdruck, dass sich die Angaben nicht nur auf die Hauptbedingungen (essentialia negotii) oder auf die verkehrswesentlichen Umstände des Geschäfts im Sinne eines Inhaltsirrtums beziehen, sondern auch andere individuell relevante Aspekte treffen können. Die Parteien müssen einander nicht nur über den Inhalt und Gegenstand des Vertrages, sondern auch über weitere entscheidungsrelevante Vertragsumstände aufklären. Sie müssen in diesem Sinne auf **Bedenken gegen die Wirksamkeit und Durchführbarkeit des Vertrages** hinweisen sowie auf die damit verbundenen **Risiken und Nachteile.** Ein Vertragsteil hat den anderen auch auf **Gefährdungen für die Erreichung des Vertragszwecks** aufmerksam zu machen[569]. Eine solche umfassende Aufklärung ist insofern erforderlich, weil die genannten Umstände letztendlich den Sinn und Zweck des Geschäfts vereiteln können.

Wer den anderen Teil zum Abschluss eines Geschäfts bewegt, obwohl er selbst begründete **Zweifel an der Vertragswirksamkeit** hat, verstößt gegen das Rücksichts- und Redlichkeitsgebot. Dahinter steht der Gedanke, es widerspreche dem Grundsatz von Treu und Glauben, die Gegenseite im Glauben zu belassen, der Vertrag sei wirksam, wenn man selbst Zweifel daran hat[570]. Paradebeispiele sind Formverstöße, die fehlende Genehmigung eines Vertrags, fehlende Vertretungsmacht eines für die Partei tätigen Vertreters und sonstige Mängel, die der Wirksamkeit des Vertrags entgegenstehen können. Da die Fehlinformation in solchen Fällen zum Abschluss eines nichtigen Vertrages führt, der umgekehrt einen gesonderten Fall von culpa in contrahendo darstellt, werden diese Fälle in Kapitel 3 C separat behandelt. Der gleiche Gedanke rechtfertigt weiter die Pflicht,

---

567 MünchKomm/*Emmerich* (2016), § 311 Rn. 77 f.
568 BGHZ 71, 386, 396. In diesem Sinne: Erman/*Kindl*, § 311 Rn. 37 und Hk-BGB/*Schulze*, § 241 Rn. 7.
569 Erman/*Kindl*, § 311 Rn. 38 und MünchKomm/*Emmerich* (2016), § 311 Rn. 71 ff.
570 *Canaris*, 50 Jahre BGH, 129, 176; *Fleischer*, Informationsasymetrie, S. 456; *Emmerich*, Leistungsstörungen, S. 97 und Palandt/*Heinrichs*, § 311 Rn. 33.

der Gegenseite potentielle **Hindernisse gegen die Vertragsdurchführbarkeit** mitzuteilen[571].

Von praktisch großer Bedeutung sind Angaben über Umstände, die den **Sinn und Zweck des Vertrages** vereiteln können wie etwa über die Unterrichtung über die wirtschaftlichen Verhältnisse, die beide Parteien gegenseitig trifft[572]. Nach dem BGB ist sowohl der Verkäufer über seine wirtschaftliche Lage aufklärungspflichtig, etwa wenn er eine Vorauszahlung des Käufers übernimmt, als auch der Käufer, wenn er den Verkäufer zur Vorleistung veranlasst[573]. Die deutsche Rechtsprechung liefert verschiedene Beispiele dafür: Ein Leasinggeber hat seine potenziellen Leasingnehmer im Rahmen des Möglichen und Zumutbaren über alle, darunter auch wirtschaftliche, Umstände aufzuklären, die geeignet sind, den Vertragszweck oder die Vertragsdurchführung zu vereiteln[574]; eine Partei, die einen Kredit bei der anderen aufnimmt, hat die Gegenseite über seine schwierige wirtschaftliche Lage aufzuklären, wenn die Rückzahlung des Kredits deshalb ernsthaft gefährdet ist. Aus gleichem Grund macht sich ein Arbeitgeber aus culpa in contrahendo ersatzpflichtig, wenn er den Arbeitsnehmer nicht darüber informiert, dass ein vorzeitiges Ende des Arbeitsvertrages wegen eines absehbaren Zusammenbruchs des Unternehmens droht[575].

In der Regel werden unterlassene oder falsche Angaben über die **Eigenschaften der Kaufsache** durch die Sonderregelungen des Gewährleistungsrechts

---

571 Beispiele aus der Rechtsprechung: Der Grundstückverkäufer muss den Käufer vor Vertragsabschluss auf einen Zwangsversteigerungsvermerk – oder auf ein begründetes Risiko davor – aufmerksam machen; er muss dem Käufer weiter mitteilen, wenn ihm durch bestandskräftigen Bescheid die bisherige Nutzungsart des Hauses untersagt wurde (BGH LM § 286 (D) ZPO Nr. 4 = Betr. 1978, 979. Ap.: *Emmerich*, Leistungsstörungen, S. 99) oder wenn dem Käufern ständige Schikanen der Nachbarn drohen (BGH NJW-RR 1988, 1290). Ein Bauträger muss den Käufer eines noch zu erstellenden Einfamilienhauses auf die Notwendigkeit einer Baugenehmigung für Sonderwünsche hinweisen (OLG Hamm NJW-RR 1997, 1168). Der Vermieter muss unerfahre Mieter über die Höhe der zu erwartenden Nebenkosten aufklären (BGH ZfIR 2002, 975) und sie insbesondere auf eine ungewöhnliche Höhe der Nebenkosten aufmerksam machen (Bamberger/Roth/*Grüneberg*, § 311 Rn. 85). Er muss den Mieter z. B. über die Absicht von Umbaumaßnahmen informieren, die für den Mieter nachteilige Auswirkungen haben (*Larenz/Wolf*, AT, S. 601 und MünchKomm/*Emmerich* (2016), § 311 Rn. 140) oder über die erforderliche Zustimmung des Eigentümers oder eines Dritten, die für eine für den Mieter vertraglich vorgesehen bauliche Änderung nötig ist (OLG Dresden NZM 2001, 336).

572 *Emmerich*, Leistungsstörungen, S. 100. Vgl. auch RGZ 159, 33, 55; BGH NJW 1983, 1607 = BGHZ 87, 27, 34; BGH NJW 1983, 676; BGH MDR 1967, 667; 1968, 231 und OLG Karlsruhe NJW-RR 1988, 999.

573 BGHZ 87, 27 = NJW 1983, 1607.

574 OLG Dresden 8 U 460/12, Urt. vom 02. 08. 2012 = WM 2013, 1092. In gleichem Sinne BGH Urt. vom 15. 06. 2011 – VIII ZR 279/10 = NJW 2011, 2877.

575 Die letzten beiden Fälle bei MünchKomm/*Emmerich* (2016), § 311 Rn. 85.

gelöst, weil dies letztendlich eine **Leistungspflichtverletzung** (genauer: Schlechtleistung) darstellt, da der Verkäufer dadurch gegen seine in § 433 I 2 BGB statuierte Pflicht, die Sache frei von Sach- und Rechtsmängeln zu verschaffen, verstößt. Aufgrund des breiten Beschaffenheitskonzepts des § 439 BGB, das darunter sowohl die Ist- als auch die Soll-Beschaffenheit der Sache fasst, ist jede **Nicht- oder Fehlinformation über die Sachbeschaffenheit** rechtsdogmatisch **als Mangel** zu qualifizieren. Deshalb kann der Käufer – laut der herrschenden Meinung – nicht geltend machen, der Verkäufer habe bei der Vertragsvorbereitung in Bezug auf die Sachbeschaffenheit seine Aufklärungs- oder Hinweispflicht verletzt und dadurch Schadensersatzansprüche aus culpa in contrahendo neben den Gewährleistungsansprüchen begründet, wenn die Parteien tatsächlich zum Vertragsschluss kommen. Eine Ausnahme gilt nur bei vorsätzlicher Unterlassung oder Mitteilung unrichtiger Angaben über die Sachbeschaffenheit[576]. Hier liegt die schwierige Grenzlinie zwischen Haftung aus culpa in contrahendo und vertragsrechtliche Gewährleistungshaftung (unter 4.2).

Soweit es sich aber um schuldhafte Unterlassung oder Mitteilung von Auskünften über Umstände handelt, die keinen Bezug zur Beschaffenheit der Kaufsache haben, liegt eine vorvertragliche Aufklärungspflichtverletzung vor. Zum Inhalt der vorvertraglichen Informationspflicht gehören also Umstände, die sich **nicht auf die Beschaffenheit des Vertragsgegenstandes** beziehen. Beispiele dazu sind Informationen über **Steuervorteile**, die der Käufer aus der Kaufsache geltend machen will[577] oder über **Umsätze** und **Erträge**, die sich mit der Kauf-

---

576 Statt vieler: Erman/*Grunewald*, § 437 Rn. 27, 29. Vgl. BGH NJW-RR 1988, 10 und 1990, 971.

577 Bei BGH NJW-RR 1990, 971 hat die Käuferin einer Eigentumswohnung wegen arglistiger Täuschung über Lage und Größe sowie über die Möglichkeit einer steuerlichen Absetzung des Objekts den Kaufvertrag angefochten. Sie verlangte Erstattung des Kaufpreises, der Erwerbs- und Finanzierungskosten bei einer Bank sowie Reparaturkosten und machte nach Abzug erzielter Mieteinnahmen Zahlung von 174.995,26 DM Zug um Zug gegen Rückübertragung des Wohnungseigentums geltend. Der BGH hat zwar festgestellt, dass das Nichtvorliegen eines steuerlichen Objektverbrauchs keine Sacheigenschaft des Grundstücks darstellt. Er hat aber betont, dass eine Haftung für Sachmängel eine Haftung wegen Verschulden bei Vertragsschluss nur dann ausschließt, wenn die unrichtige Angabe über die Beschaffenheit der Sache oder das Unterlassen der gebotenen Aufklärung auf Fahrlässigkeit beruht. Der arglistig handelnde Verkäufer kann dagegen neben seiner Sachmängelhaftung uneingeschränkt auf Ersatz des Vertrauensschadens wegen culpa in contrahendo in Anspruch genommen werden (BGH NJW-RR 1988, 10, 11). In dem Fall hat der BGH die Verletzung einer Offenbarungspflicht in der Tatsache gesehen, dass der Verkäufer die Käuferin nicht aufgeklärt hat, dass ein Teil der Wohnung im Untergeschoss lag und daher nicht für Wohnzwecke nutzbar war, so dass sie keinen steuerlichen Vorteil daraus entnehmen konnte, wie jedoch in den Vertragsverhandlungen behauptet wurde. Vgl. auch: BGH NJW 1990, 1659, 1660 und BGHZ 140, 111, 115 = NJW 1999, 638, 639. Dazu: Soergel/*Harke*, § 311 Rn. 69.

sache erzielen lassen. Diese Frage hat vor allem beim Kauf von Unternehmen, Praxen, Grundstücken und Wohnungen sowie auch bei Miete eine große praktische Bedeutung. Die herrschende Meinung im Schrifttum lehnt die Einordnung von Umsätzen und Erträgen als Beschaffenheit der Kaufsache ab, weil die Rentabilität nicht an die Eigenschaften der Sache angeknüpft ist, sondern naturgemäß **konjunktur- und konkurrenzabhängig** ist und nur entfernt mit der vertragstypischen Leistung verknüpft[578], so dass falsche Angaben dazu keine Mängelhaftung iSv Art. 441 CC2002 darstellen. In der Regel fällt die (falsche) Einschätzung über die **Wirtschaftlichkeit des Vertrages** allein in die Risikosphäre jedes potentiellen Vertragspartners.

Die Rechtsprechung des BGH geht dagegen davon aus, dass in manchen Fällen diese Umstände zur Beschaffenheit der Kaufsache gehören. Paradebeispiel sind Angaben über **Mieterträge** oder über die **Dauer eines bestehenden Mietverhältnisses**, die nach Ansicht des Gerichts Gegenstand einer Beschaffenheitsangabe oder Beschaffenheitsvereinbarung sein können. Der BGH begründet diese Auffassung damit, dass die Ertragsfähigkeit einen wertbildenden Umstand darstelle, der nach der Verkehrsanschauung die rechtliche Beziehung der Sache zur Umwelt berührt. Diese Rechtsprechung ist allerdings nicht widerspruchsfrei. Sie betrachtet einerseits etwa falsche Angaben über Mieteinahmen eines verkauften Grundstücks[579] als „zusicherungsfähige" Eigenschaft des Grundstücks mit der Folge, dass Beschaffenheitsabweichungen als Sachmangel klassifiziert werden[580], ordnet andererseits die Falschauskunft zu steuerrechtlichen Folgen des Kaufs als vorvertragliche Informationspflichtverletzung mit der Begründung ein, sie stellten keine Eigenschaften der Kaufsache dar. Wirtschaftlich große Bedeutung erlangt falsche Information über Umsätze und Ertragsfähigkeit bei einem Einkaufszentrum, wo die Anerkennung einer vorvertraglichen Informationshaftung im Einzelfall festgestellt werden kann[581].

Große praktische Bedeutung haben unterlassene oder unzutreffende Aussagen über Umsätze und Erträge von Unternehmen. Vor der Reform des Gewährleistungsrechts stellten sie nach der Rechtsprechung des BGH grundsätzlich keine

578 *Grigoleit/Herresthal*, JZ 2003, 125; *Huber*, AcP 202 (2002), 227; Soergel/*Harke* (2013), § 311 Rn. 69 und Erman/*Grunewald*, § 434 Rn. 10, m.w.H. zur Literatur.

579 BGH NJW 2001, 2552 = JurionRS 2001/21085, 1–6.

580 Vgl. BGH NJW 2001, 2552 = JurionRS 2001/21085, 1, 4 Rn. 14, wo das Gericht für die Einordnung des Mietertrags eines Gebäudes als zusicherungsfähige Eigenschaft verlangt, dass der Verkäufer vertraglich die Gewähr für den Bestand einer Eigenschaft der Kaufsache übernimmt und somit für alle Folgen ihres Fehlens einstehen will. Vgl. dazu auch BGH, Urt. vom 03.03.1995, V ZR 43/94 = BGH NJW 1995, 1549 und NJW 2002, 209.

581 MünchKomm/*Emmerich* (2016), § 311 Rn. 91. Dazu: BGH V ZR 72/11, Urt. vom 01.02.2013.

Fehlbeschaffenheit dar, insbesondere wenn sie sich nicht über einen längeren, mehrjährigen Zeitraum erstrecken und insofern keinen verlässlichen Anhaltspunkt für die Bewertung der Ertragsfähigkeit und des Wertes des Unternehmens abgeben[582]. Heutzutage ist fraglich, ob diese Judikatur über eine Falschauskunft beim Unternehmenskauf weiter als Haftung in contrahendo betrachtet wird. Denn § 453 I BGB ordnet ausdrücklich an, dass die Vorschriften über den Kauf von Sachen (u. a. die Gewährleistungshaftung) auf den Kauf von Rechten und sonstigen Gegenständen entsprechend anwendbar sind. Nach Ansicht des Reformgesetzgebers gehören zu den sonstigen Gegenständen Sachgesamtheiten, also einzelne, zusammengehörige Sachen, die als zusammengehörig verkauft werden wie z. B. Bibliotheken, Briefmarkensammlungen und vor allen Unternehmen und Praxen von Freiberuflern[583].

Deshalb überrascht es nicht, dass Falschangaben über Umsatz- und Ertragslage von Unternehmen als Fehler einer zugesicherten Sachbeschaffenheit eingeordnet werden, obwohl in der Literatur noch Zurückhaltung zu spüren ist[584]. Unabhängig davon besteht dort der Rechtsprechung zufolge immer noch Raum für die culpa in contrahendo, wenn der unseriöse Verkäufer vorsätzlich handelt und relevante Informationen und Unterlagen im Rahmen einer Due Diligence versteckt wie etwa eine drohende oder bereits eingetretene Zahlungsunfähigkeit oder Überschuldung[585]. Bis jetzt scheint es jedoch keine große Änderung in der Rechtsprechung gegeben zu haben. Ein bedeutender Teil der Lehre geht deshalb zurecht davon aus, dass §§ 453 und 434 BGB oder die Absprachen der Parteien über etwaige Garantien des Verkäufers nichts an der Anwendbarkeit der §§ 241 II, 242 und 311 II BGB ändert[586].

3. Rechtsfolgen

Nach herrschender Meinung führt ein schuldhaftes informationelles Fehlverhalten der Partei zu einer Schadensersatzpflicht, die sie gemäß § 249 I BGB ver-

582 Erman/*Grunewald*, § 434 Rn. 10, S. 1578; MünchKomm/*Emmerich* (2016), § 311 Rn. 85. Vgl. noch dazu BGH NJW-RR 1989, 306 ; BGH NJW 1990, 1659 (monatlicher Bierumsatz einer Gaststätte innerhalb eines Jahres ist keine Eigenschaft); BGH NJW 1996, 2503 (Umsatz für drei Jahre, Haftung aus culpa in contrahendo); OLG Düsseldorf NJW-RR 1993, 378 (Umsatz für sechs Monate im Textilhandel ist keine Beschaffenheit).

583 Erman/*Grunewald*, § 453 Rn. 19. Der Reformgesetzgeber hat seine Bevorzugung der Gewährleistungshaftung gegenüber der culpa in contrahendo deutlich zum Ausdruck gebracht. BT-Drucks. 14/6040, S. 242.

584 Statt vieler: MünchKomm/*Emmerich* (2016), § 311 Rn. 85 und *Mertens* AcP 2005, 818.

585 BGH NGZ 2001, 751; ähnlich BGH NZG 1998, 506.

586 MünchKomm/*Emmerich* (2016), § 311 Rn. 85.

pflichtet, den hypothetischen schadensfreien Zustand herzustellen, der ohne die Pflichtverletzung, also bei korrekter Information, bestehen würde. Die Herstellung des schadensfreien Zustandes kann im Wege der Naturalrestitution in solchen Fällen in Form einer Auflösung oder Anpassung des abgeschlossenen ungünstigen bzw. unerwünschten Vertrages erreicht werden. Die Wahl der Schadensersatzform trifft nach herrschender Meinung den Geschädigten: Ausgehend von der (widerlegbaren) Vermutung eines aufklärungsrichtigen Verhaltens des unzureichend aufgeklärten Vertragspartners gewährt ihm der BGH das **Wahlrecht**, entweder die vertragliche Bindung aufzulösen oder daran festzuhalten und den Differenzschaden zu liquidieren, der in dem Betrag besteht, um den er zu teuer „gekauft" hat, oder in der Minderung der zu erbringenden Leistung.

Die Frage, ob eine Auflösung oder Anpassung des infolge einer Rücksichtspflichtverletzung (meistens: Fehlinformation) abgeschlossenen ungünstigen oder unerwünschten Vertrages überhaupt systemkonform ist, hat die deutsche Lehre vor allem vor der Schuldrechtsreform beschäftigt. Gegen die Anerkennung dieser Rechtsfolge im Wege der culpa in contrahendo wurde damals – kurz gesagt – grundsätzlich eingewandt, dass diese Lösung **keine Grundlage im Gesetz** fand, da solche rechtlichen Instrumente nur im Gewährleistungsrecht vorgesehen[587] und dort an die Verletzung einer Leistungspflicht – und nicht an eine vorvertragliche Rücksichtspflicht – angeknüpft waren und sind. Es bestehe also die Gefahr, dadurch ein im wirtschaftlichen Ergebnis dem Gewährleistungsrecht entsprechendes Rechtsfolgensystem aus culpa in contrahendo zu entwickeln. Spezifisch einer schuldrechtlichen Vertragslösung wurde insbesondere entgegengehalten, dass eine Auflösung nur bei vorsätzlicher Täuschung (§ 123 BGB) möglich sei. Die Frage nach den Rechtsfolgen der culpa in contrahendo berührt also das grundlegende Konkurrenzproblem zum Gewährleistungs- und Willensmangelrecht[588].

3.1. Das vorvertragliche Rechtsfolgenmodell des BGH und die Diskussion im Schrifttum

Ungeachtet dessen hat der BGH bereits unter Geltung des alten BGB über § 249 I BGB **spezifische schuldrechtliche Rechtsfolgen** für die culpa in contrahendo rechtfortbildend konstruiert. Gestützt auf den Grundsatz der Naturalrestitution

587 *Mertens*, ZGS 2004, 67.

588 Statt vieler: *Grigoleit*, Informationshaftung, S. 84 und *Lorenz*, in: Die Schuldrechtsreform vor dem Hintergrund des Gemeinschaftsrechts, 329, 330.

des § 249 I BGB geht der BGH davon aus, dass der Geschädigte bei Vorliegen eines ungünstigeren oder unerwünschten Geschäfts frei auswählen darf, ob er die Vertragsauflösung Zug um Zug gegen Rückerstattung von Leistung und Gegenleistung verlangt oder am Vertrag festhält und eine Minderung der eigenen Leistung oder – falls schon geleistet – Rückerstattung des zu viel Gezahlten fordert. Dem Geschädigten steht also ein **schadensrechtliches Rechtsfolgenwahlrecht** zu, allerdings nur zwischen **Rückabwicklung** oder **Minderung,** und zwar unabhängig von jedem Kausalitätsnachweis des hypothetischen Geschehensverlaufs (Nichtzustandekommen oder Zustandekommen eines günstigeren Vertrages). Will er jedoch geltend machen, dass bei ordnungsmäßiger Aufklärung ein günstigerer Vertragsschluss mit demselben Vertragspartner oder einem Dritten zustande gekommen wäre und folglich den **entgangenen Gewinn aus den hypothetischen Vertrag** verlangen, muss der Geschädigte darlegen und beweisen, dass er ein konkretes, für ihn besseres Geschäft wirklich getätigt hätte, aus dem die angestrebten Vorteile nach § 252 BGB mit Wahrscheinlichkeit resultiert hätten. Sein Anspruch richtet sich in einem solchen Fall – so das Gericht – auf den **Ersatz des Erfüllungsinteresses**[589]**.**

Die rechtfortbildende Anerkennung eines schadenrechtlichen Wahlrechts durch den BGH bedeutet zunächst eine Überwindung seiner ursprünglichen Rechtsprechung, die sich am Anfang an die Kausalitätsprüfung von § 249 I BGB hielt und etwa bei Kaufverträgen eine Herabsetzung des Kaufpreises wegen culpa in contrahendo allein dann erlaubt hat, wenn dem Käufer der Nachweis gelingt, dass der Verkäufer ihm die Kaufsache zu einem niedrigeren Preis überlassen hätte **(kleiner Schadensersatz).** Ohne diesen Beweis konnte er entweder am Vertrag festhalten, allerdings ohne Schadensersatzanspruch, oder sich von Vertrag lösen

---

589 BGH NJW 2006, 3139, 3141. Nach dem Leitsatz: „a) Nach einer Verletzung von Aufklärungspflichten bei Vertragsverhandlungen steht dem Geschädigten kein Anspruch auf Anpassung des Vertrags zu. Er hat lediglich das Recht, an dem für ihn ungünstigen Vertrag festzuhalten und den verbliebenen Vertrauensschaden zu liquidieren. b) Zur Berechnung dieses Restvertrauensschadens ist der Geschädigte so zu behandeln, als wäre es ihm bei Kenntnis der wahren Sachlage gelungen, den Vertrag zu einem niedrigeren Preis abzuschließen; ihm ist dann der Betrag zu ersetzen, um den er den Kaufgegenstand zu teuer erworben hat. Auf den Nachweis, dass die andere Vertragspartei sich darauf eingelassen hätte, kommt es dabei nicht an. c) Als Folge einer Verletzung von Aufklärungspflichten bei Vertragsschluss kann der Geschädigte auch so zu stellen sein, als habe er mit dem anderen Teil einen für ihn besseren Vertrag geschlossen. Das setzt aber voraus, dass ein solcher Vertrag bei erfolgter Aufklärung zustande gekommen wäre, was der Geschädigte darzulegen und zu beweisen hat.“. Dazu: *Emmerich*, JuS 2006, 1021, 1023 und kritisch: *Lorenz*, Anmerkung zum BGH 168/35, 1, 2.

mit Rückabgabe der Leistungen (**großer Schadensersatz**). Einen dritten Weg gab es damals nicht[590].

Da der Nachweis, dass der Vertragspartner zum Abschluss des hypothetischen günstigeren Vertrages tatsächlich bereit gewesen wäre, fast unmöglich, jedenfalls nur schwer zu führen ist, räumt der BGH seit einer Leitentscheidung aus dem Jahr 1977 dem irregeführten Vertragspartner das genannte Wahlrecht ein[591]. Begründet hat der BGH seine Entscheidung zunächst mit dem Argument der Beweisnot des getäuschten Vertragspartners[592]. In einer späteren Entscheidung aus dem Jahr 2001 stützte das Gericht das Wahlrecht darauf, dass zwar für die Geltendmachung des Erfüllungsinteresses aus einem günstigeren Alternativvertrag der Nachweis erforderlich sei, dass sich der Vertragsgegner auf den hypothetischen Vertrag eingelassen hätte, dies jedoch nicht für die Herabsetzung des Kaufpreises gelte, worin eine bloße Geltendmachung des negativen Interesses zu sehen sei[593].

---

590 BGH NJW 1969, 497, in: *Tiedtke*, JZ 1989, 569.

591 BGHZ 69, 53 = BGH NJW 1977, 1536. Es handelt sich dabei um eine Schadensersatzklage aufgrund fahrlässig falscher Angaben über den bilanzmäßig ausgewiesenen Gewinn des erworbenen Unternehmens während der Vertragsverhandlungen. Der BGH hat das Festhalten des Käufers am Vertrag angenommen, obwohl der Sachverhalt seiner Ansicht nach zu den typischen Fällen gehört, in denen ohne das schadensstiftende Verhalten (unrichtige Angaben über Unternehmensverluste) kein Vertrag zustande gekommen wäre und dem Geschädigten ein Rechtsfolgenwahlrecht eingeräumt. Schaden sei dabei – so der BGH – der Betrag, um den der Käufer das Unternehmen zu teuer gekauft hat. Bei Festhalten am Vertrag sei der Käufer so zustellen, als wäre es ihm bei Kenntnis der wahren Sachlage gelungen, den Kaufvertrag zu einem günstigeren Kaufpreis abzuschließen, und zwar ohne dass es auf den – hypothetischen und ohnehin kaum zu führenden – Nachweis ankommt, ob auch der Verkäufer sich damals mit einem Vertragsschluss unter diesen Bedingungen einverstanden erklärt hätte.

592 Grundlegend BGH NJW 1977, 1536, 1538.

593 BGH V ZR 394/99, Urt. vom 06.04.2001 = NJW 2001, 2875 = JurionRS 2001/20085, 1, 2. In dem Fall hat der Verkäufer zweier gewerblich genutzter Grundstücke den Käufer über die mögliche Dauer des mit einer Firma geschlossenen Mietverhältnisses unzutreffend unterrichtet. Der BGH hat zwar einen Rechtsmangel anerkannt, einen Schadensersatzanspruch aus §§ 440 I und 326 BGB a.F. jedoch deshalb abgelehnt, weil der Käufer dem Verkäufer weder eine Frist zur Beseitigung des Rechtsmangels gesetzt hatte, noch besondere Umstände gegeben waren, die die Fristsetzung entbehrlich machten. Da ein Rechtsmangel – laut BGH – den Anspruch aus culpa in contrahendo nicht ausschließt, sondern vielmehr daneben besteht (Anspruchskonkurrenz), stehen sämtliche Rechtsfolgen gleichrangig nebeneinander, so dass der Käufer seinen Schadensersatzanspruch auf die vorvertragliche Informationshaftung stützen kann. Der BGH hat jedoch den Schadensersatzanspruch (entgangene Mieteinnahmen) in dem Fall abgelehnt, weil der Schaden nicht auf dem Vertrauen des Käufers darauf beruhte, zutreffend über die Dauer des Mietverhältnisses unterrichtet worden zu sein, sondern auf seinem Entschluss, am Vertrag festzuhalten und das beabsichtigte Boardinghouse auch unter den gegebenen Bedingungen zu er-

Die Judikatur über das Wahlrecht im Rahmen der culpa in contrahendo ist in der Literatur z.T. auf Zustimmung, z.T. aber auf Ablehnung gestoßen. Die Gegenansicht geht zusammenfassend davon aus, dass der BGH mit der Anerkennung des Wahlrechts die Rechtsfolgenbestimmung von der Kausalitätsbetrachtung des § 249 I BGB praktisch loslöse[594] und die Rechtsfolge stattdessen aus dem **hypothetischen Geschehensverlauf** resultiere, laut dem der Geschädigte so zu stellen ist, wie er ohne das schädige Ereignis – also: bei richtiger Aufklärung – stünde. Entscheidend sei dabei die Kausalitätsprüfung. Ergibt es sich aus dem hypothetischen Geschehensverlauf, dass die Parteien bei ordentlicher Aufklärung den **Vertrag zu gleichen Konditionen** geschlossen hätten, erweist sich der vorvertragliche Informationsverstoß für den Vertragsentschluss als unbedeutend, so dass folglich kein Schaden besteht. Wären die Parteien dagegen zu **keinem Vertragsabschluss** gekommen, so ist nach dem Grundsatz der Naturalrestitution der Vertrag aufzulösen und die schon ausgetauschten Leistungen sind zurückzubringen, eventuell zusammen mit dem Ersatz des mit dem Vertragsschluss verbundenen Schadens[595].

Ergibt sich aber, dass der Geschädigte den **Vertrag nur zu günstigeren Bedingungen** abgeschlossen hätte, ist der Getäuschte so zu stellen, wie er stünde, wenn er den günstigeren hypothetischen Vertrag geschlossen hätte. Das bedeutet aber in erster Linie – wie in der Rechtsprechung angenommen – eine **Herabsetzung der Leistung** des Geschädigten zu einem geringeren Preis oder, wenn die Leistung bereits erbracht ist, die **Rückerstattung des zu viel Gezahlten**[596]. Er kann aber, wenn er nachweist, dass bei ordnungsmäßiger Aufklärung ein günstigerer Vertrag mit dem anderen Teil oder einem Dritten tatsächlich zustande gekommen wäre, den **Ersatz des entgangenen Gewinns** aus dem hy-

---

richten. Dem Käufer stünde nach Ansicht des Gerichts lediglich ein Anspruch auf die Reduzierung des Preises um den Betrag zu, um den er das Grundstück zu teuer erworben hat. Kritisch hinsichtlich der terminologischen Differenzierung zwischen positivem und negativem Interesse: *Mertens*, ZGS 2/2004, 67, 70, laut dem die schadensersatzrechtliche Reduzierung des Kaufpreises nicht auf das negative, sondern auf das positive Interesse ziele.

594 *Mertens*, ZGS 2004, 67, 70.

595 In diesem Sinne *Mertens*, ZGS 2004, 67, 68 und *Nickel*, Rechtsfolgen, S. 172. Ablehnend zum Wahlrecht: *Lorenz*, NJW 1999, 1001, 1002; *Grigoleit*, Informationshaftung, S. 197 ff., 210 ff.; *ders.*, in: Die Schuldrechtsreform vor dem Hintergrund des Gemeinschaftsrechts, 265, 285 ff. (der grundsätzlich am Nachweis des hypothetischen Alternativvertragsschlußes festhält, in Einzelfällen jedoch ein Recht auf Vertragsanspassung gestützt auf § 242 BGB einräumen will); *Mertens*, ZGS 2/2004, 67, 69 ff. und AnwKomm/*Krebs*, § 311 Rn. 82 f.

596 In diesem Sinne: *Grigoleit*, Informationshaftung, S. 197 f.; *Lorenz*, NJW 1999, 1001, 1002; Staudinger/*Löwisch*, § 311 Rn. 144 und *Nickel*, Rechtsfolgen, S. 195.

pothetischen Vertrag verlangen (§ 252 BGB)[597]. Streitig ist dabei, ob dieser Schaden noch dem negativen Interesse[598] entspricht oder aber – wie der BGH annimmt – dem positiven Interesse[599]. Die der BGH-Rechtsprechung zustimmende Literatur hat nach Begründungsansätzen für das schadensrechtliche Wahlrecht auf Grundlage der culpa in contrahendo gesucht. Dabei wird insbesondere auf die Bestimmung des § 251 I BGB hingewiesen[600].

Die genannten Begründungsansätze haben den Streit um die Frage nach dem Wahlrecht im Wege der culpa in contrahendo allerdings nicht gelöst. Dagegen wird eingewandt, dass § 251 I BGB dem Geschädigten kein Wahlrecht einräume, sich zwischen Naturalrestitution und Geldentschädigung frei zu entscheiden. Denn die Norm kommt erst zur Anwendung, wenn die Herstellung des vorherigen Zustandes im Wege der Naturalrestitution unmöglich oder ungenügend (§ 251 I 2 BGB) oder sonst unzumutbar (§ 251 II BGB) ist. Erst dann wird der Geschädigte in Geld und nicht „in natura" entschädigt. Der durch eine vorvertragliche Informationspflichtverletzung getäuschte Vertragspartner dürfe sich folglich, wenn er die Zustimmung seines Gegners zum günstigeren Alternativvertrag nicht nach-

597 Statt vieler: MünchKomm/*Emmerich* (2016), § 311 Rn. 198 und Staudinger/*Löwisch*, § 311 Rn. 145. Aus der Rechtsprechung: BGH NJW 2012, 2427 = BGH XI ZR 262/10, Urt. vom 08.05.2012 (Rückabwicklung eines Anlagegeschäfts wegen mangelhafter Aufklärung über Rückvergütung. Der BGH hat den Anspruch auf entgangenen Gewinn grundsätzlich anerkannt, in dem Fall aber abgelehnt, weil der Kläger nicht dargelegt und nachgewiesen hat, welche konkrete Anlage er erworben und welchen Gewinn er daraus erzielt hätte, sondern nur eine abstrakte Schadenschätzung gemacht hat.)

598 *Mertens*, ZGS 2/2004, 67, 72 und Palandt/*Heinrichs* (2007), Vor § 249 Rn. 18.

599 Statt vieler: MünchKomm/*Emmerich* (2016), § 311 Rn. 186. Grundsätzlich gegen eine Begrenzung auf den Ersatz des negativen Interesses: Soergel/*Harke*, § 311 Rn. 104, der keinen praktischen Erfahrungssatz sieht, wonach die gewöhnliche Rechtsfolge eines vorvertraglichen Fehlverhaltens im negativen Interesse des Geschädigten bestünde, sich gar nicht auf die Anbahnung oder den Abschluss des Vertrages eingelassen zu haben. Stattdessen führe die von § 249 I BGB vorgegebene Prüfung, wie sich der Fall ohne die Rücksichtspflichtverletzung entwickelt hätte, zu unterschiedlichen Ergebnissen. Das sei etwa der Fall, wenn die Parteien wegen Diskriminierung nicht zum Vertragsschluss kommen. In solch einem Fall sei das Schadensersatzrecht auf das positive Interesse an Zustandekommen und Durchführung des Vertrages gerichtet. Dasselbe gölte, wenn der durch ein fehlerhaftes Vergabeverfahren geschädigte Bieter bei ordnungsgemäßem Verhalten des Auftraggebers den Zuschlag erhalten hätte, sowie dann, wenn jemand von seinem Vertragspartner über einen Wirksamkeitsmangel eines Vertrags irregeführt oder nicht gehörig aufgeklärt worden ist und der Vertrag ansonsten wirksam zustande gekommen wäre (siehe dazu § 311 Rn. 51 ff.).

600 Zustimmend zum Wahlrecht: *Stoll*, FS Riesenfeld, 275, 284; *Gottwald*, JuS 1982, 877, 884 *Tiedtke*, JZ 1989, 569, 570; Erman/*Kindl*, § 311 Rn. 25; Palandt/*Löwisch*, § 311 Rn. 40, 57; MünchKomm/*Emmerich* (2016), § 311 Rn. 198; *Canaris*, AcP 200 (2000), 273, 315 f. und *Medicus*, FS Hermann Lange, 539, 555.

weise, statt Rückgängigmachung (Naturalrestitution) die Herabsetzung des Kaufpreises (ähnlich einer Geldentschädigung) nicht frei aussuchen. Eine Geldentschädigung bei gleichzeitigem Festhalten am Vertrag könne er nur dann verlangen, wenn eine Rückabwicklung des Vertrages unmöglich, unzureichend für seine Befriedigung oder unzumutbar sei. Sonst würde der Unterschied zwischen dem allgemeinen Schadensersatzrecht die Priorität der Naturalrestitution und dem kaufrechtlichen Gewährleistungsrecht unterlaufen[601].

Im Schrifttum wird als nicht überzeugend auch die Auffassung betrachtet, nach der der Kausalitätsnachweis nur in dem Fall erforderlich sei, in dem der Geschädigte ein **Erfüllungsinteresse** aus den günstigeren Alternativvertrag geltend machen will, was jedoch nicht für eine Herabsetzung des Kaufpreises gelte, worin eine bloße Geltendmachung des **negativen Interesses** bzw. des Restvertrauensschadens liege[602]. Wie in Kapitel 2 A III 2 dargestellt, ist schon die Annahme des Gerichts fraglich, bei der Geltendmachung von Vorteilen, die aus dem hypothetischen, mit dem Vertragspartner oder Drittem günstigeren Vertrag resultieren, handele es sich um den Ersatz des positiven Interesses. Denn das positive Interesse bezeichnet im gewöhnlichen Sinne des Begriffes in erster Linie das Interesse des Vertragspartners an der vertragsmäßigen Erfüllung der Leistungspflicht[603]. Der Ersatz des positiven Interesses besteht – laut dieser Lehre – folglich darin, den Geschädigten so zu stellen, wie er bei ordnungsgemäßer **Erfüllung des tatsächlich abgeschlossenen Vertrages**, d. h., der tatsächlich vereinbarten vertraglichen Leistungspflichten, stünde[604].

In der Geltendmachung des entgangenen Gewinns aus dem hypothetischen Vertrag, den die Parteien bei gehöriger Aufklärung abgeschlossen hätten, geht es jedoch um den Ersatz des Erfüllungsinteresses aus einem anderen, infolge der Fehlinformation nicht abgeschlossenen vorteilhafteren Vertrag. Deshalb betrachtet ein Teil der Lehre den Ersatz des entgangenen Gewinns aus dem hypothetischen günstigeren Vertrag immer noch als **Vertrauensschaden**[605]; während

---

601 *Grigoleit*, Informationshaftung, S. 197 ff; *Mertens*, ZGS 2004, 67, 71 und *Nickel*, Rechtsfolgen, S. 194 f.

602 *Mertens*, ZGS 2004, 67, 70.

603 *Westermann/Bydlinski/Weber*, SR/AT, S. 255.

604 In diesem Sinne: *Mertens*, ZGS 2/2004, 67, 72.

605 Vgl. dazu: *Westermann/Bydlinski/Weber*, SR/AT, S. 212 (sie betrachten diesen entgangenen Gewinn als eine spezielle Ausformung des Vertrauensinteresses) und Palandt/*Heinrichs*, § 311 Rn. 55 (der allerdings als negatives Interesse nur den entgangenen Gewinn einordnet, der sich aus dem Vertrag ergibt, den der Geschädigte ohne das schuldhafte Verhalten des Gegners mit einem anderen geschlossen hätte. Das Erfüllungsinteresse sei zu ersetzen, wenn der Vertrag ohne die culpa in contrahendo mit dem Schädiger zu günstigeren Bedingungen zustande gekommen wäre, so heißt es unter § 311 Rn. 56.).

andere diesen Schadensersatz in Anlehnung an die Rechtsprechung als **positives Interesse (Erfüllungsinteresse)** einordnen[606]. Konstruktiv gesehen ist die oben dargestellte Unterscheidung zwar klar. In der Praxis zeigt sich die Differenzierung jedoch als nicht immer einfach und überzeugend, insbesondere in den Fällen des Abschlusses ungünstiger Verträge, in denen das negative Interesse **wirtschaftlich gesehen** dem positiven Interesse gleichkommt[607]. Denn unter diesem Gesichtspunkt macht es keinen Unterschied, ob z. B. ein Anleger einen Gewinn als Schadensersatz in Form entgangenen Gewinns wegen Schlechterfüllung des tatsächlich abgeschlossenen Anlagevertrages (positives Interesse aus vertraglichem Haftungsgrund) erlangt oder als Schadensersatz in Form entgangenen Gewinns aus einen hypothetischen Vertrag (negatives Interesse aus vorvertraglichem Haftungsgrund). Ein klares und überzeugendes Abgrenzungskonzept findet man in der deutschen Lehre und Rechtsprechung jedoch noch nicht.

3.2. Vertragsauflösung aus culpa in contrahendo

a) Diskussion über die rechtsdogmatische Begründung der Vertragsauflösung

Ob eine Vertragsaufhebung nach der Systematik des BGB überhaupt möglich war, war ursprünglich unumstritten. Das zentrale Argument dagegen war, dass der historische Gesetzgeber eine **Vertragslösung wegen anfänglicher Defekte bei seinem Zustandekommen**[608] nur im Falle von **arglistiger Täuschung** oder **Drohung** (§ 123 BGB) vorgesehen hat, die durch die Anfechtung gemäß § 124 BGB innerhalb eines Jahres geltend gemacht werden musste[609]. Bei der culpa in contrahendo für Informationspflichtverletzung handelt es sich zwar um einen anfänglichen Defekt in der Vertragsbildung, weil die Nicht- oder Fehlinformation über wesentliche Umstände den Vertragsentschluss der Partei direkt beeinflusst. Da es sich dabei aber um eine Fahrlässigkeitshaftung handelt, sei ein Schadensersatzanspruch in Geld die angemessenste Rechtsfolge für das vorvertragliche Fehlverhalten, zumal die schwerwiegende Folge der Anfechtung (Vertrags-

606 In diesem Sinne: MünchKomm/*Emmerich* (2016), § 311 Rn. 210; *Gottwald*, JuS 1982, 877, 880.

607 *Westermann/Bydlinski/Weber*, SR/AT, S. 213.

608 Davon konzeptionell zu unterscheiden sind die Fälle von Vertragsauflösung infolge nachträglicher Störung in der Leistungspflicht, wofür das Gesetz Rücktrittsrechte (z. B. Unmöglichkeit, Verzug, Mängel der Kaufsache) schon damals einräumte und heute auch mit der Störung der Geschäftsgrundlage (§ 313 BGB) ausdrücklich regelt. Vgl. dazu: *Lorenz*, in: Die Schuldrechtsreform vor dem Hintergrund des Gemeinschaftsrechts, 329, 330.

609 In diesem Sinne *Lieb*, FS Rechtswissenschaft der Fakultät Köln, 251, 264, der einen bloßen Vermögensausgleich in Geld als Folge der culpa in contrahendo postuliert. Vgl. darüber: *Grigoleit*, Informationshaftung, S. 138.

aufhebung) nur durch den massiven Eingriff der vorsätzlichen Täuschung gerechtfertigt werden könnte[610].

Die Rechtsprechung hat allerdings über § 249 I BGB einen alternativen **„schadensrechtlichen Auflösungsmechanismus"** rechtsfortbildend entwickelt, der dem irregeführten Vertragspartner eine Vertragsaufhebung auch nach Ablauf der Einjahresfrist des § 124 BGB, aber innerhalb der dreißigjährigen Frist des § 195 BGB a.F. erlaubte[611]. Da der Pflichtverletzende den hypothetischen Zustand herzustellen hat, der bestehen würde, wenn der zum Ersatz verpflichtende Umstand (Fehlinformation) nicht eingetreten wäre, hat der BGH eine Aufhebung des Vertrages immer dann befürwortet, wenn die Parteien ohne das schädigende Ereignis, also bei ordentlicher Aufklärung den Vertrag nicht abgeschlossen hätten. Es wird heute im Schrifttum kaum bezweifelt, dass die **Naturalrestitution** hier in der **Auflösung des Geschäfts** besteht mit der Rückerstattung eventuell schon erbrachter Leistung und Gegenleistung oder mit Entfallen der noch zu erbringenden Leistungen[612].

Mit der Schuldrechtsreform hat eine Mindermeinung die Vertragsauflösung aus culpa in contrahendo auch mit dem **Rücktrittrecht aus § 324 BGB** begrün-

---

610 Eine Vertragsaufhebung aus culpa in contrahendo war wegen des Konkurrenzverhältnisses zu den §§ 119, 123 und 149 BGB teilweise gänzlich abgelehnt worden. Unter anderen: *Canaris*, ZGR 1982, 395, 416, der jedoch seine Ansicht in AcP 200 (2000), 273, 307 geändert hat. Auch *Stoll* soll sich dagegen – in: FS Riesenfeld (1983), 275 – geäußert und eine Vertragsaufhebung im Wege der Naturalrestitution von § 249 I BGB kritisiert haben, laut *Nickel*, Rechtsfolgen, S. 174 f. In der FS Deutsch (1999), 361, 366 f. spricht er sich nicht mehr gegen eine Vertragsauflösung wegen Fehlinformation aus, sieht aber den Vertrag selbst nicht als Schaden an, nicht einmal als immateriellen Schaden, dessen Kern eine Persönlichkeitsbeeinträchtigung ist, die für ihn jedoch in solch einem Fall nicht stattfindet, weil der Informationsfehler die privatautonome Selbstbestimmung nicht beeinträchtigt. Über die Diskussion vgl. *Nickel*, Rechtsfolgen, S. 174 m.w.N. und *Grigoleit*, Informationshaftung, S. 138.

611 BGH NJW 1962, 1196, 1198 ist die erste Entscheidung in diese Richtung. Dazu: *Fleischer*, AcP 200 (2000), 91, 94 und *Nickel*, Rechtsfolgen, S. 173. Der BGH ging damals davon aus, dass das Anfechtungsrecht des § 123 BGB dinglich und gegenüber Dritten (§ 142 II BGB) wirke, während die culpa in contrahendo nur schuldrechtliche Wirkung zwischen den Parteien entfalte (BGH NJW 1962, 1196, 1198). Diese Rechtsprechung ist auf starke Kritik gestoßen. Insbesondere *Medicus* hat darauf hingewiesen, dass es keinen wesentlichen Unterschied in der Wirkung zwischen Vertragsanfechtung und Vertragsauflösung aus culpa in contrahendo gibt. JuS 1965, 209, 212. Kritisch dazu auch: *Gotwald*, JuS 1982, 877, 881. Weitere Nachweise bei *Fleischer*, AcP 200 (2000), 91, 95 Fn. 13.

612 Es gibt in diesem Sinne eine hinreichende Rechtsprechung im Bereich des Kaufvertrages, in der das Gericht dem Käufer einen Anspruch einräumt, so gestellt zu werden, wie er stünde, wenn der Vertrag nicht zustande gekommen wäre. Vgl. statt vieler BGH WM 1969, 497; BGH MW 1970, 819 und BGH NJW 1977, 1538. In diesem Sinne: *Tiedtke*, JZ 1989, 569, 569 f. Über die allgemeinen Rechtsfolgen der culpa in contrahendo sehe Kapitel 2 A III 2.

det. Dahinter steht der Gedanke, dass § 324 BGB zwischen vorvertraglichen und vertraglichen Rücksichtspflichten nicht unterscheidet, so dass auch die Verletzung einer Rücksichtspflicht vor Vertragsschluss in den Normbereich fällt. *Grunewald* ist der Meinung, dass § 324 BGB ein Rücktrittsrecht infolge von Rücksichtspflichtverletzung aus § 241 II BGB vorsehe, und zwar unabhängig von dem Zeitpunkt der Pflichtverletzung. Das habe zur Folge, dass nicht nur eine Rücksichtspflichtverletzung nach, sondern auch vor Vertragsschluss unter den Anwendungsbereich der Norm subsumiert werden könne[613]. Für die Geltendmachung des Rücktritts aus § 324 BGB ist allerdings erforderlich, dass das Festhalten am Vertrag für die geschädigte Partei unzumutbar ist.

Die abweichende Meinung wendet zu Recht dagegen ein, dass § 324 BGB eine Verletzung von Rücksichtspflichten im Rahmen eines bestehenden gegenseitigen Vertrages erfordert und deshalb auf Pflichtverletzungen vor Vertragsabschluss nicht anwendbar ist[614]. Dies ergibt sich schon aus der **Entstehungsgeschichte.**[615] Aus rechtsdogmatischer Perspektive sprechen viele Gründe gegen die Subsumtion einer vorvertraglichen Pflichtverletzung unter § 324 BGB. Entnimmt man der Norm eine allgemeine Wertung des Gesetzgebers, eine Rückabwicklung des Vertrages infolge aller Rücksichtspflichtverletzungen gestützt auf § 324 BGB zu erlauben, muss man laut *Mertens* konsequenterweise annehmen, dass für die Auflösung des dadurch entstandenen ungünstigeren Vertrages nicht mehr der Nachweis ausreicht, dass der Vertrag ohne die Informationspflichtverletzung nicht zustande gekommen wäre. Vielmehr muss der nichtinformierte Vertragspartner darlegen und beweisen, dass ihm ein Festhalten am Vertrag auch unzumutbar ist[616], was seine Rechtsposition deutlich erschwert, weil der Unzumutbarkeitsbeweis schwer zu führen ist. Einfacher ist es, sein Wahlrecht einer Unzulässigkeitskontrolle der Rechtsausübung nach § 242 BGB zu unterziehen.

Darüber hinaus setzt § 324 BGB kein **Verschulden** voraus, das umgekehrt ein konstitutives Tatbestandsmerkmal der culpa in contrahendo sowie eines jeden Schadensersatzanspruchs gemäß § 280 I 2 BGB ist. Genau aus diesem Grund ist für das Rücktrittsrecht die zusätzliche Unzumutbarkeitsschranke angemessen. In diesem Kontext wird auch ein etwaiges **Mitverschulden** des Geschädigten in beiden Rechtslagen unterschiedlich bewertet: während es bei der schadens-

613 *Grunewald*, FS Wiedemann (2002), 75, 77. In diesem Sinne auch Soergel/*Harke*, § 311 Rn. 116 und *Brox/Walter*, SR/AT, S. 287, der die Anwendung von §§ 282 und 324 BGB auf die Fälle vorvertraglicher Fehlverhalten immer dann befürwortet, wenn es nach der vorvertraglichen Pflichtverletzung zu einem Vertragsschluss kommt.

614 Statt vieler: *Mertens*, ZGS 2004, 67, 68 und Jauernig/*Vollkommer*, § 324 Rn. 4.

615 BT-Druck. 14/7052, S. 186, 192.

616 *Mertens*, ZGS 2004, 67, 69.

rechtlichen Rückabwicklung aus culpa in contrahendo direkt über § 254 BGB berücksichtigt wird, wird es beim Rücktrittsrecht von § 324 BGB allein über das Zumutbarkeitskriterium in Erwägung gezogen. Für *Mertens* lässt sich die Unanwendbarkeit des § 324 BGB auf die vorvertragliche Haftung auch mit der **Unterscheidung von vorvertraglichen und vertraglichen Rücksichtspflichten** begründen: Da die vertraglichen Rücksichtspflichten keinen Einfluss auf die Ausgestaltung der vertraglichen Leistungspflichten haben, weil das Leistungsprogramm zum Zeitpunkt der Pflichtverletzung schon vereinbart ist, kann sich die geschädigte Partei von diesem Programm nur unter der zusätzlichen Voraussetzung der Unzumutbarkeit der Vertragsfortsetzung lösen[617].

b) Diskussion um das Vermögensschadenserfordernis

Ungleich wichtiger in diesem Kontext ist die Diskussion in der Lehre über das Vermögensschadenserfordernis im Rahmen der culpa in contrahendo. In einem viel diskutierten Urteil vom 26.09.1997 – V ZR 29/96 hat der BGH die Haftung wegen Verschuldens bei Vertragsverhandlungen von der Existenz eines Vermögensschadens abhängig gemacht. In dem Fall haben die Kläger von der Beklagten eine Eigentumswohnung gekauft und zur Finanzierung des Kaufpreises sowie der Nebenkosten bei einer Bank ein Darlehen von 100.000 DM aufgenommen. Bei den Vertragsverhandlungen hat der Makler dem Kläger versichert, der Kauf sei für sie ohne jede finanzielle Belastung, da die Kosten durch Mieteinnahmen und Steuervorteile gedeckt würden.

Später hat sich aber herausgestellt, dass die Kläger nach Abzug von Mieteinnahmen und Steuerersparnis mindestens 200 DM monatlich hätte zuzahlen müssen. Der BGH hat dabei die Rückabwicklung des Vertrages wegen Falschangaben des Maklers, die den Beklagten nach § 278 BGB zu verantworten haben, von dem Nachweis eines Vermögensschadens abhängig gemacht. Das Gericht hat dabei betont, dass der maßgebliche Unterschied zwischen culpa in contrahendo und Anfechtungsrecht darin liegt, dass die einseitige Anfechtung (§§ 119 und 123 BGB) die freie rechtsgeschäftliche Selbstbestimmung gegen rechtswidrige Willensbeeinflussung schütze, und zwar unabhängig vom Eintritt eines Schadens, während die Anfechtung aus culpa in contrahendo einen Vermögensschaden voraussetze[618].

---

617 *Mertens*, ZGS 2004, 67, 69.
618 BGH NJW 1998, 302, 304.

Mit dieser Entscheidung hat das Gericht einerseits seine bisherige Begründung für das Nebeneinander von Anfechtungsrecht und culpa in contrahendo korrigiert, die auf die unterschiedliche Wirkungsweise abstellte: Während das Aufhebungsrecht aus culpa in contrahendo Wirkungen nur zwischen den Beteiligten zeuge, habe das Anfechtungsrecht eine besondere „dingliche" Wirkung, die sich gegenüber Dritten entfalte[619]. Andererseits hat der BGH damit eine heftige Diskussion entflammt, nämlich darüber, ob die Haftung wegen Verschuldens bei Vertragsschluss ausschließlich dem Vermögensschutz oder auch dem Schutz der Willensfreiheit – verallgemeinert: der Vertragsfreiheit – dient und ob und inwieweit der Abschluss eines Vertrages als ersatzfähiger Schaden qualifiziert werden kann.

Dagegen hat sich *Hans Stoll* unter Hinweis auf den Schutzweck der vorvertraglichen Aufklärungspflichten geäußert. Laut ihm bezwecken die Informationspflichten nicht den Schutz der freien Willensbildung, sondern nur den Schutz vor Frustration berechtigter Leistungserwartungen der irregeführten Partei[620]. Haftungsgrund sei daher nicht der Vertragsschluss als solcher, sondern vielmehr die Enttäuschung der mit dem Vertrag verbundenen berechtigen Erwartungen, die eben zu vergeblichen Aufwendungen führe[621]. Entscheidend dabei sei nicht die Prüfung, ob der Vertrag als solcher für die irregeführte Partei wirtschaftlich nachteilig sei, sondern die Feststellung, dass die vermögensrelevante Realität hinter den berechtigten Erwartungen zurückbleibe[622]. Für ihn sind aber der richtige Ansatzpunkt für die Feststellung des Vermögensschadens die Aufwendungen, die die irregeführte Partei mit dem Vertragsschluss im Vertrauen darauf unternimmt, dass der Vertrag erwartungsgerecht ist, und schließt sich im Ergebnis der genannten BGH-Entscheidung an[623].

---

619 Schon in diesem Sinne: RGZ 79, 194, 197; RGZ 84, 131, 133. BGH NJW 1962, 1196, 1198. Kritisch dazu *Lieb*, FS Köln (1988), 251, 263, m.w.N.; *Medicus*, JuS 1965, 209, 211 und *Lorenz*, ZIP 1998, 1053, 1054.

620 FS Deutsch (1999), 361, 365.

621 *Hans Stoll*, FS Deutsch (1999), 361, 365.

622 Er kritisiert in diesem Kontext *Lorenz*' Theorie des Vertrages als immateriellem Schaden, die im geltenden Recht keine Stütze finde, das eben eine solche Ausdehnung des Begriffes des immateriellen Schadens nicht kenne. *Hans Stoll*, FS Deutsch (1999), 361, 366, 372.

623 *Hans Stoll*, FS Deutsch (1999), 361, 367, 372. In Anlehnung an *Hans Stolls* Theorie hat vor allem *Lieb* den Zweck der culpa in contrahendo ausschließlich im Vermögensschutz gesehen. Er begründet – laut *Nickel*, Rechtsfolgen, S. 179 f. – seine Ansicht damit, dass das BGB zwischen dem Schutz der rechtsgeschäftlichen Entscheidungsfreiheit durch das Anfechtungsrecht (§§ 123 und 124 BGB) einerseits und dem Vermögensschutz durch das Schadensersatzrecht andererseits streng voneinander unterscheide und dass diese Trennung unterlaufen würde, wenn die Beeinträchtigung der Willensfreiheit als Nichtvermögensschaden qualifiziert würde. Zudem würde die

Die herrschende Lehre, die sich inzwischen überwiegend auch für eine schadensrechtliche Vertragsauflösung im Weg der culpa in contrahendo auf Grundlage des § 249 I BGB, heute iVm §§ § 311 II, 241 II und 280 I BGB[624] ausspricht, kritisiert zu Recht mit verschiedenen Begründungsansätzen das Vermögensschadenserfordernis[625]. Es besteht heute angesichts von §241 II BGB kein Zweifel mehr, dass der dort verwendete Begriff **„Interesse"** auch die **wirtschaftliche Selbstbestimmung** der Partei mitumfasst, deren unzulässige Beeinträchtigung einen Schaden im Sinne des § 249 BGB verursacht. Wie *Grigoleit* betont, hat die Rechtsentwicklung der culpa in contrahendo vielmehr gezeigt, dass die Entscheidungsfreiheit in gleicher Weise wie andere Rechtsgüter von dem vorvertraglichen Schutzprinzip erfasst wird, so dass sich die These vom Erfordernis eines Vermögensschadens schon unter dieser Perspektive als verfehlt erweist[626].

Unter einer **schadensrechtlichen Betrachtung** belegt § 253 II BGB auch, dass ein rein immaterieller Nachteil ebenfalls als Schaden zu qualifizieren ist, und zwar als ein Nichtvermögensschaden und dementsprechend im Rahmen von §§ 249 I und 280 I BGB Berücksichtigung findet. Anders ausgedrückt: die Naturalrestitution nach § 249 I BGB setzt keinen Vermögensschaden, also kein „rechnerisches Minus" voraus. Der im Wege der Naturalrestitution ersatzfähige Schaden ist jede Einbuße an einem rechtlich anerkannten Interesse[627]. Danach ist

---

Vertragsaufhebung wegen culpa in contrahendo ohne das Erfordernis eines Vermögensschadens zu einem Reuerecht führen, das den Grundsatz der Vertragstreue unangemessen einschränke. Vgl. insbesondere *Lieb*, FS Medicus (1999), 337 und FS Köln (1988), 251.

624 Statt vieler: MünchKomm/*Emmerich* (2016), § 311 Rn. 196 ff.; Staudinger/*Löwisch*, § 311 Rn. 130 ff.; *Mertens*, ZGS 2004, 67, 68, der sich allerdings gegen ein Wahlrecht aus, und *Tiedtke*, JZ 1989, 569, 570.

625 Gegen das Vermögensschadenserfordernis: Soergel/*Harke*, § 311 Rn. 23; Staudinger/*Löwisch*, § 311 Rn. 143; Hk-BGB/*Schulze*, § 311 Rn. 26; *Grigoleit*, Informationshaftung, S. 147 ff.; *ders.*, NJW 1999, 900, 901; *Fleischer*, AcP 200 (2000), 91, 111 und *Lorenz*, ZIP 1998, 1055.

Palandt/*Heinrichs* (2007), Vorb. § 249 Rn. 6; MünchKomm/*Grunsky*, Vorb. § 249 Rn. 6 und *Grigoleit*, NJW 1999, 900, 902. Dem BGH folgend: *Lieb*, FS Medicus, 373 und *Hans Stoll*, FS Deutsch, 361, der zwar einen Vermögensschaden verlangt, diesen aber in der Enttäuschung der berechtigten Erwartungen des Geschädigten erblickt.

Palandt/*Heinrichs* (2007), Vorb. § 249 Rn. 6; MünchKomm/*Grunsky*, Vorb. § 249 Rn. 6 und *Grigoleit*, NJW 1999, 900, 902.

626 *Grigoleit*, Informationshaftung, S. 148, der gemäß seinem Informationshaftungskonzept seine Meinung noch mit dem Argument rechtfertigt, dass die Angleichung der vorvertraglichen Informationshaftung an den Tatbestand des § 123 I BGB, der eben keinen Vermögensschaden voraussetzt, das Vermögensschadenserfordernis nur unzureichend bediene.

627 Palandt/*Heinrichs* (2007), Vorb. § 249 Rn. 6; MünchKomm/*Grunsky*, Vorb. § 249 Rn. 6 und Grigoleit, NJW 1999, 900, 902.

auch jede Vertragsbindung, die infolge rechtswidrig gestörter Willensbildung entsteht, auch ein beseitigungsfähiger Schaden. Die bloße **Beeinträchtigung der wirtschaftlichen Selbstbestimmung**, die sich in der **Bindung an einen wirtschaftlich neutralen, aber unerwünschten Vertrag** materialisiert, stellt schon einen ersatzfähigen Schaden im Sinne von § 249 I BGB dar. *Harke* spricht in diesem Kontext treffend von einer **Beschränkung der wirtschaftlichen Bewegungsfreiheit.** Für ihn liegt ein Vermögensschaden – selbst bei voller Werthaltigkeit der Leistung des anderen Teils – auch dann vor, wenn die Leistung aus dem Vertrag, den der Geschädigte sonst nicht abgeschlossen hätte, für seinen Zweck nicht voll brauchbar ist, so dass die von ihm zu erbringende Leistung eine ganz oder teilweise nutzlose Aufwendung darstellt[628].

c) Schadensberechnung

Nach § 249 I BGB hat der Pflichtverletzende denjenigen Zustand herzustellen, der bestehen würde, wenn der schädigende Umstand, d. h. die Verletzung vorvertraglicher Informationspflicht, nicht eingetreten wäre. Besteht der Schaden bereits in der Bindung an einen Vertrag, den der irregeführte Vertragspartner bei Kenntnis der wahren Sachlage nicht eingegangen wäre, ist sein Ersatzanspruch in erster Linie auf Auflösung dieser Bindung gerichtet. Die Naturalrestitution erfolgt hier in der **Rückgängigmachung des nachteiligen oder unerwünschten Vertrages.** Ein Schaden ist auch zu bejahen, wenn die Gegenleistung zwar werthaltig, aber eine ganz andere als die vom Getäuschten gewollte ist[629]. Die Vertragsauflösung hat zur Folge, dass die schon erbrachte Leistung des Geschädigten Zug um Zug gegen Preisgabe der empfangenen Gegenleistung zurückzugewähren ist. Die **Herausgabe der Gegenleistungen** ist als ein integraler Bestandteil der Naturalrestitution zu betrachten[630]. Hat der Geschädigte die ihm obliegende Leistung noch nicht erbracht, steht ihm ein Verweigerungsrecht zu, so dass er dem Leis-

---

628 Soergel/*Harke*, § 311 Rn. 24. In diesem Sinne auch *Lorenz*, ZIP 1998, 1053, 1053 ff., der auch bemerkt, dass es unstreitig und seit BGH NJW 1962, 1196 auch ständige Rechtsprechung sei, dass der Vertrag selbst einen Schaden iSv § 249 I BGB darstellen kann. Auch Stoll erkennt, dass auch ein Vertrag, der wirtschaftliche Vorteile bringt, den berechtigten Erwartungen der irregeführten Partei zuwiderlaufen kann.

629 BGH NJW 1992, 228, 230.

630 In diesem Sinne: *Hans Stoll*, FS Deutsch (1999), 361, 364. Streitig ist, ob die Herausgabe von Leistung und Gegenleistung rechtsdogmatisch ein Vorteilausgleich oder ein integraler Bestandteil der Naturalrestitution ist. Gegen die Einordnung als Vorteilausgleichung vgl. ausdrücklich *Hans Stoll*, FS Deutsch (1999), 361, 364. Dafür: Soergel/*Harke*, § 311 Rn. 114.

tungsrecht des Schädigers seinen Anspruch auf Naturalrestitution entgegenhalten kann[631].

Ersatzfähig sind auch die **Folgenschäden**[632] des rechtswidrig herbeigeführten Vertragsschlusses wie etwa Verhandlungen- und Vertragskosten oder entgangener Gewinn (§ 254 BGB) aus einem anderen gewinnbringenden Vertrag, den der Geschädigte mit einem Dritten abgeschlossen hätte, wenn er auf die für seinen Vertragsentschluss wesentlichen Fehlinformationen des Schädigers nicht vertraut hätte. Die Rechtsprechung ordnet den Schaden aus einem entgangenen gewinnbringenden Geschäft mit Dritten überwiegend als negatives Interesse ein[633]. Da der Schadensersatzanspruch des Geschädigten sich nach der allgemeinen Regel des Schadensrechts richtet, muss er auch etwaige **erlangte Vorteile** anrechnen lassen, sofern er sie nicht auch auf andere Weise erlangt hätte[634]. Paradebeispiel im Rahmen fehlerhaft vorvertraglicher Information bei Kapitalanlagen sind Steuervorteile, die der Geschädigte zwischenzeitlich mit der Anlage erzielt hat, soweit sie überhaupt berechenbar und rückgängig zu machen sind[635]. Im Zuge eines Vorteilsausgleichs muss der Geschädigte auch die von einem Dritten erlangte Gegenleistung an den Schädiger herausgeben, so etwa diesem eine Kaufsache übereignen[636] oder einen Gesellschaftsanteil abtreten, den er in Vollzug des Vertrages mit dem Dritten erlangt hat[637].

Der Anspruch des Geschädigten bemisst sich nach dem **negativen Interesse**, so dass er im Wege der Naturalrestitution so zu stellen ist, als hätte er den Vertrag nicht abgeschlossen. Der Geschädigte hat in solchen Fällen einen Anspruch auf Rückgängigmachung des Vertrages, nicht aber auf Ersatz des Gewinns, den er sich aus der Durchführung des Vertrages erhofft hat[638]. Der BGH gewährt dem Geschädigten allerdings einen Anspruch auf **Ersatz des Erfüllungsinteresses**, wenn ihm der Nachweis gelingt, dass es ohne die falsche oder unzutreffende Information zum Abschluss eines günstigeren Vertrages mit dem gleichen Vertragspartner gekommen wäre[639]. Ob dieser Schaden als Erfüllungsschaden

631 Soergel/*Harke*, § 311 Rn. 114.
632 BGH NJW 1992, 1223. *Emmerich*, Leistungsstörungen, S. 138.
633 Statt vieler: BGH NJW 1988, 2234.
634 Soergel/*Harke*, § 311 Rn. 114 und MünchKomm/*Emmerich* (2016), § 311 Rn. 190.
635 BGH Urt. vom 17.07.2014 – III ZR 218/13 = BGH NJW 2014, 3436. Bestätigung von BGH Urt. vom 22.03.1979 – VII ZR 259/77 (BGHZ 74, 103); vom 15.07.2010 – III ZR 336/08 (BGHZ 186, 205) und vom 28.01.2014 – XI ZR 495/12 (NJW 2014, 994).
636 BGH NJW-RR 2009, 603.
637 BGH NJW 2010, 2506.
638 Mü OLGZ 83, 463, zitiert von Palandt/*Grüneberg*, § 311 Rn. 55.
639 Statt vieler: BGH NJW 2006, 3139 (Im Einzelfall den Anspruch auf Ersatz des Erfüllungsinteresse wegen Nichtfeststellung der Informationspflichtverletzung abgelehnt) und BGH Urt. vom

rechtsdogmatisch zu qualifizieren ist, ist fraglich. Wirtschaftlich gesehen kann der entgangene Gewinn aus einem hypothetischen Vertrag in vielen Fällen dem Erfüllungsinteresse des Geschädigten entsprechen.

3.3. Festhalten am Vertrag und Vertragsanpassung

Der Abschluss eines unerwünschten Vertrags infolge vorvertraglicher Informationspflichtverletzung führt nicht immer zur Rückabwicklung des Geschäfts. Es kommt oft vor, dass der irregeführte Vertragspartner den finanziell nachteiligen oder nicht erwartungsgemäßen Vertrag – aus welchen Grund auch immer – nicht beenden will, sondern diesen beibehalten möchte oder muss und zugleich einen Ausgleich für seine Schadenposten erlangen will. Das ist etwa der Fall, wenn der Vertrag zwar keinen großen Nachteil für den Geschädigten bringt, er jedoch etwas Besseres hätte bekommen können, oder wenn die Rückabwicklung des Vertrages entweder unmöglich oder unzumutbar ist, wie es oft beim Unternehmenskauf geschieht. Hier wird eine Rückabwicklung meistens an einer zwischenzeitlichen Weiterveräußerung, Aufspaltung oder organisatorischen Eingliederung des Unternehmens in den Konzern des Erwerbers scheitern[640].

Die Rechtsprechung erlaubt dem Geschädigten in solchen Fällen – ohne Nachweis, dass sich der Schädiger auf einen Vertragsschluss in der vom Geschädigten erwarteten Gestalt eingelassen hätte, am Vertrag festzuhalten und den Ersatz des verbliebenen Schadens zu verlangen. Dies erfolgt mittels **Herabsetzung der zu erbringenden Leistung** oder – falls schon erbracht – mittels **Rückerstattung des zu viel Gezahlten.** Denkbar ist auch eine **Erhöhung der Gegenleistung** des anderen Teils[641]. Der **Ersatz des Restvertrauensschadens** besteht in der Regel in dem Betrag, um den der irregeführte Vertragsteil „zu teuer" eingekauft hat. In der viel zitierten Entscheidung BGH NJW 2006, 3139 hat das Gericht einen Fall zu entscheiden gehabt, ob eine Aufklärungspflichtverletzung im Rahmen der Vorbereitung eines Projektübernahmevertrages vorlag. Die Kläger,

---

08.05.2012 – XI ZR 262/10 = BGH NJW 2012, 2427 (Verschweigen von Rückvergütung bei Kapitalanlage. In dem Fall hat der BGH den Schadensersatzanspruch hinsichtlich des entgangenen Gewinns abgelehnt, weil der Geschädigte nicht nachgewiesen hat, welche Anlage er erworben und welchen Gewinn er daraus erzielt hätte.).

640 In BGH Urt. vom 25.05.1977 – VIII ZR 186/75 = NJW 1977, 1536 war eine Rückgängigmachung des Kaufvertrags unzumutbar, weil das aufgrund Falschbilanz zu teuer erworbene Unternehmen schon so weit in den eigenen Unternehmensverband eingegliedert war, dass eine Rückabwicklung nur noch unter sehr erschwerten Bedingungen möglich war. Deshalb hat das Gericht dem Geschädigten einen Anspruch auf Rückerstattung des zu viel Gezahlten zugesprochen.

641 Vgl. dazu: MünchKomm/*Emmerich* (1985), Vor § 275 Rn. 89; Erman/*Kindl*, § 311 Rn. 43 mit Hinweis auf BGHZ 124, 64.

die das für die Projektdurchführung erforderliche Grundstück vorfinanziert hatten, hatten sich angeblich bei der Kaufpreisbestimmung über die Höhe des Kaufpreises geirrt und vom Beklagten die Zahlung der Differenz gefordert[642].

Der BGH hat in dieser Entscheidung sein Rechtsfolgenkonzept für die culpa in contrahendo präzisiert. Danach könne die geschädigte Vertragspartei im Falle einer Pflichtverletzung beim Vertragsschluss grundsätzlich nur den Ersatz des Vertrauensschadens verlangen und sei demnach so zu stellen, wie sie bei Offenbarung der für ihren Vertragsentschluss maßgeblichen Umstände stünde. Wäre der Vertrag infolge der Pflichtverletzung nicht oder nur unter anderen Bedingungen zustande gekommen, stehe dem Geschädigten – entgegen der in der Literatur verbreiteten Ansicht – **kein Anspruch auf Vertragsanpassung** zu, sondern lediglich das Recht, an dem ungünstigen Vertrag festzuhalten und den **verbliebenen Vertrauensschaden** zu liquidieren. Es geht dabei nicht darum, betont der BGH, den Vertrag an eine neue Situation anzupassen, sondern lediglich darum, den reduzierten Vertrauensschaden zu berechnen, der in dem Betrag bestehe, um den der Geschädigte zu teuer erworben hat. Da es um keine Vertragsanpassung, sondern nur um eine **Schadensbemessung** gehe, brauche der Geschädigte nicht nachzuweisen, dass der Vertragspartner mit einem Vertragsschluss zum niedrigeren Preis einverstanden gewesen wäre. Der ersetzbare Schaden kann aber – laut BGH – unter besonderen Umständen auch das **Erfüllungsinteresse** umfassen. Das setze aber voraus, dass der Geschädigte darlegen und beweisen könne, dass bei erfolgter Aufklärung ein für ihn günstigerer Vertrag tatsächlich zustande gekommen wäre. Dies hat der Kläger jedoch nicht beweisen können[643].

Diese Judikatur wird in der Lehre vielfach kritisiert. Zwar ist nach herrschender Meinung anerkannt, dass der Geschädigte bei vorvertraglichem Fehlverhalten im Wege der Naturalrestitution nach § 249 I BGB entweder die **Vertragsauflösung** oder die **Herabsetzung der Leistung** in Form einer Minderung oder Rückerstattung des zu viel Aufgewendeten einfordern kann. In der Literatur ist aber bereits in Frage gestellt worden, ob diese Art von Vertragsanpassung als Alternative für die Rückabwicklung überhaupt systemkonform wäre. Denn wenn der Geschädigte geltend mache, er hätte den Vertrag bei korrekter Aufklärung nur zu den für ihn vorteilhaften Konditionen geschlossen, bedeute dies unter der

642 Der im Vertrag festgesetzte Kaufpreis von 3,5 Millionen Euro war – nach Ansicht der Kläger – um rund 51.000 Euro niedriger. *Emmerich* sieht dabei einen Schulfall von Kalkulations- oder Berechnungsirrtum, denn die Kläger hätten ihren Preis auf Grundlage ihrer bisherigen Aufwendungen falsch berechnet. JuS 2006, 1021.

643 BGH NJW 2006, 3139, 3141.

Perspektive des hypothetischen Kausalverlaufs zunächst, dass der geschlossene Vertrag nicht zustande gekommen wäre[644].

Der nach § 249 I BGB herzustellende Zustand sei ein **vertragsloser Zustand**, was den Rückschluss erlaube, dass die nach § 249 I BGB vorrangige **Naturalrestitution** in erster Linie in der **Rückabwicklung des Vertrages** bestehe[645]. Vor allem *Canaris* hat jedoch überzeugend die schadensrechtliche Anpassung des Vertrages im Wege der culpa in contrahendo mit dem Argument begründet, der Informationsberechtigte dürfe nicht zur Rückabwicklung des Vertrages gezwungen werden, wenn er den Ersatz der Nachteile aus der Irreführung geltend mache[646]. Ihm folgend deduziert *Grigoleit* das **Recht auf Vertragsanpassung** aus dem von § 242 BGB hergeleiteten **vorvertraglichen Schutzprinzip** sowie aus dem **Schutzzweck der Informationshaftung**[647].

Kritisiert wird weiter unter rechtsdogmatischer Perspektive die vom BGH angenommene Differenzierung zwischen dem **Restvertrauensschaden** und dem **Erfüllungsinteresse an einem modifizierten Vertrag** sowie die rechtsdogmatische Qualifikation dieses letzten Schadenpostens als positives Interesse. Zu Recht nimmt *Harke* an, dass der Preisabzug, in dem der verbliebene Vertrauensschaden bestehen soll, nichts anderes ist als das Ergebnis einer Vertragsanpassung[648]. Es geht hier freilich nicht um eine Vertragsanpassung im Sinne von § 313 BGB, die eine nachträglich schwerwiegende Änderung der Geschäftsgrundlage sowie die Unzumutbarkeit der Vertragserhaltung voraussetzt. Es handelt sich jedoch um eine **„schadensrechtliche Vertragsanpassung“**, die dogmatisch konstruktiv anders als die Anpassung nach § 313 BGB ist. Denn ihr **Grund** liegt nicht in der nachträglichen Störung der Geschäftsgrundlage, sondern in der **ursprünglichen Störung der Willensbildung**, die negative Auswirkungen auf das Leistungsverhältnis zeitigt. Der überwiegende Teil der Lehre spricht ohne Weiteres von einer Vertragsanpassung[649].

---

644 *Mertens*, ZGS 2004, 67, 70. Grundsätzlich gegen eine Vertragsanpassung: *Hans Stoll*, FS Deutsch (1999), 361, 365.

645 *Grigoleit*, Informationshaftung, S. 206.

646 *Canaris*, ZGR 1982, 395, 420 ff. Ihm folgend: *Tiedtke*, JZ 1989, 569, 571 und *Grigoleit*, Informationshaftung, S. 206, der diesen Gedanken für das gewichtigste Argument für die Gewährung eines Ausgleichsanspruchs als Alternative zur Rückabwicklung hält.

647 *Grigoleit*, Informationshaftung, S. 213.

648 Soergel/*Harke*, § 311 Rn. 115.

649 Vgl. dazu: Staudinger/*Löwisch*, § 311 Rn. 144; MünchKomm/*Emmerich* (2016), § 311 Rn. 198; Palandt/*Grünewald*, § 311 Rn. 59; *Larenz/Wolf*, AT, S. 607; *Brox/Walker*, SR/AT, S. 286 und *Westermann/Bydlinski/Weber*, SR/AT, S. 213.

3.4. Zusammenfassung

Zusammenfassend ist festzuhalten, dass der Geschädigte bei schadensrechtlicher Vertragsanpassung infolge eines vorvertraglichen Fehlverhaltens grundsätzlich nur eine Herabsetzung der eigenen Leistung bzw. die Rückerstattung des zu teuer Gezahlten verlangen kann. Denkbar ist auch eine Erhöhung der Vergütung des Pflichtverletzenden. Der Geschädigte ist so zu behandeln, als wäre es ihm bei Kenntnis der wahren Sachlage gelungen, den Vertrag zu günstigeren Bedingungen abzuschließen. Er erhält also nicht eine seinen Erwartungen angepasste Leistung, sondern muss für die tatsächlich vereinbarte Leistung nur weniger bezahlen. Lediglich dann, wenn ihm der Nachweis gelingt, dass er bei ordnungsgemäßer Aufklärung – mit demselben Vertragspartner oder einem Dritten – einen anderen günstigeren Vertrag abgeschlossen hätte, kann der zu ersetzende Vertrauensschaden das Erfüllungsinteresse mitumfassen.

4. Konkurrenzprobleme

Die rechtsdogmatische Anerkennung der Rücksichtspflichten aus Treu und Glauben (§§ 241 II und 242 BGB) und insbesondere die daran knüpfende Fahrlässigkeitshaftung lässt sich nicht ohne Brüche in das System des BGB integrieren. Dies gilt vor allem für die vorvertraglichen Informationspflichten, die mit der traditionellen Selbstverantwortlichkeit der Parteien in der Rechtsgeschäftslehre und im Kaufrecht kollidieren. Im alten Kaufrecht kam die Eigenverantwortlichkeit insbesondere durch das caveat-emptor-Prinzip zum Ausdruck, demzufolge der Käufer allein das Risiko trägt, dass er eine mangelhafte Sache erhält. Deshalb müsse er bei Kaufabschluss wachsam sein: ‚Der Käufer möge sich in Acht nehmen!' In der allgemeinen Rechtsgeschäftslehre lässt sich diese informationelle Selbstverantwortung der Partei durch die Vorsatzhaftung von § 123 BGB aufzeigen.

4.1. Abgrenzung von Haftung aus culpa in contrahendo und Anfechtungshaftung

Eine wörtliche Auslegung von §123 BGB sagt eindeutig, dass eine Haftung für Fehlinformation nur beim **vorsätzlichen Handeln** des Erklärungsempfängers (Täuschenden) in Betracht kommt. Das bedeutet in erster Linie: Der Erklärende (Getäuschte) darf seine Erklärung nur anfechten, wenn er nachweist, dass der Erklärungsempfänger (Täuschende) bewusst Tatsachen vorgespiegelt oder verschwiegen hat mit dem Ziel, bei ihm einen Irrtum hervorzurufen und ihn dadurch zur Abgabe einer konkreten Willenserklärung zu bewegen. § 123 BGB setzt also Vorsatz des Täuschenden voraus, der sich auf die Täuschungshandlung, Irrtumserregung und Willensbeeinflussung erstrecken muss[650]. Deshalb hat vor allen *Grigoleit* die **Existenz eines generellen Vorsatzerfordernisses** im BGB behauptet. Dieser Aussage entspricht bekanntlich die rechtsphilosophische Ansicht des historischen deutschen Gesetzgebers[651].

Die Bejahung einer vorvertraglichen Informationspflicht, die rein fahrlässig verletzt werden kann, kollidiert mit der informationellen Vorsatzhaftung des § 123 BGB. Die contra legem rechtsfortbildende Anerkennung einer Haftung aus culpa in contrahendo wegen Verletzung vorvertraglicher Informationspflicht hat zwar bewusst zum Ziel gehabt, die engen tatbestandlichen Voraussetzungen des § 123 BGB zu überwinden und dem fahrlässig getäuschten Vertragspartner, der infolge der Fehlinformation einen ungünstigen oder unerwünschten Vertrag eingegangen ist, die Möglichkeit zu geben, den daraus entstandenen Schaden wiedergutzumachen. Sie wirft aber – unabhängig von der Legitimität ihrer Begründung – die schwierige Frage nach dem Konkurrenzverhältnis zwischen vorvertraglicher Haftung (§ 311 II BGB) und Anfechtungshaftung (§ 123 BGB) auf.

Die Rechtsprechung hat zur Bewältigung dieser Frage auf das **Kriterium des Vermögensschadens** abgestellt: Die Anfechtung wegen arglistiger Täuschung (§ 123 BGB) – wie auch die Anfechtung wegen Irrtums (§ 119 BGB) – schütze die freie Selbstbestimmung der Partei, nicht dagegen das Interesse, keine Vermögensnachteile zu erleiden; die culpa in contrahendo setze dagegen bereits einen Vermögenschaden, d. h. ein „rechnerisches Minus" im Vermögen des Geschä-

---

650 Das zusätzliche Erfordernis der Arglist für die Charakterisierung der Täuschung in § 123 BGB ist in sachlicher Hinsicht überflüssig und basiert auf einem Missverständnis der römischen Lehre von dolus malus und dolus bonus. Wie *Singer/Finckenstein* einführen, bedeutete dolus in neutralem Sinne einfach List und drückte daher auch Klugheit aus. Erst durch die Verknüpfung mit dem Adjektiv „malus" gelangte man zu dolus malus bzw. „arger List". Dem Wortsinn nach besteht keine Täuschung ohne Arglist: wer unrichtige Angaben macht, ohne zu wissen, dass sie unrichtig sind, begeht keine Täuschung. Eine Täuschung liegt nur vor, wenn der Täuschende die Unrichtigkeit seiner Angaben kennt und ferner das Bewusstsein und den Willen hat, durch Vorspiegeln oder Verschweigen von Tatsachen bei dem Erklärenden einen Irrtum zu erregen, um ihn dadurch zur Abgabe einer Willenserklärung zu veranlassen. Bei der Täuschung durch Verschweigen von entscheidungsrelevanten Umständen handelt arglistig, wer einen Mangel mindestens für möglich hält, gleichzeitig weiß oder damit rechnet und billigend in Kauf nimmt (dolus eventualis), dass der Geschäftspartner den Mangel nicht kennt und bei Offenbarung den Vertrag nicht, nicht mit dem vereinbarten Inhalt oder nicht zu dem Zeitpunkt abgeschlossen hätte. Dazu: Staudinger/*Singer/Finckenstein*, § 123 Rn. 46 f. In der Rechtsprechung vgl. statt vieler: BGH NJW 1957, 988 und 1994, 253.

651 Informationshaftung, S. 34 ff. Zum Streit um das Vorsatzdogma umfassend: *Fleischer*, AcP 200 (2000), 91 ff.

digten voraus. In einer vielzitierten Entscheidung aus dem Jahr 1998[652] hat sich der BGH erneut mit der Konkurrenzfrage beschäftigt und das **Nebeneinander** von fahrlässiger Irreführung im Wege der culpa in contrahendo und arglistiger Täuschung aufgrund ihrer **unterschiedlichen Zweckrichtung** ausgesprochen[653].

Diese Judikatur ist jedoch im Schrifttum zum Teil auf starke Kritik gestoßen[654]. Ihr liegt nicht zuletzt die Vorstellung zugrunde, die vor allen auf *Hans Stoll* zurückzuführen ist, dass die culpa in contrahendo nicht den Schutz der freien Entscheidungsfreiheit diene. Nach *Stoll* haben die vorvertraglichen Pflichte nicht die Funktion, die Willensfreiheit des Vertragspartners zu schützen, sondern eben die Haftung für arglistige Irreführung aus dem Willensmängelrecht. Daraus folgerte er auch, dass die Verletzung vorvertraglicher Rücksichtspflichten keinen schuldrechtlichen Anspruch auf Rückgängigmachung des Vertrages begründen könne, da ein solcher nur im Rahmen der Täuschungsanfechtung gemäß § 123 BGB möglich sei[655]. Bedeutende Autoren sind dieser Auffassung damals gefolgt[656]. Eine Gegenansicht hat sich allerdings insbesondere nach der Schuldrechtsreform definitiv etabliert.

Gegen diese Ansicht des BGH, wonach ein Vermögensschaden nicht automatisch mit der Eingehung des Vertrages eintrete[657], wird zunächst angeführt,

---

652 BGH NJW 1998, 302, bestätigt in BGH NJW 1998, 898 und BGH NJW 2002, 2774. In diesem Sinne auch *Fleischer*, AcP 200 (2000), 91, 108 f., wonach der BGH diese Problematik in der Ausgangsentscheidung aus dem Jahr 1962 (Kreissägeentscheidung = BGH NJW 1962, 1196) nicht thematisiert hat.

653 Seit der Kreissägeentscheidung (BGH NJW 1962, 1196) ist das Nebeneinander von culpa in contrahendo und arglistiger Täuschung zwar anerkannt, jedoch mit anderem Fundament. Der BGH pflegt dies mit den unterschiedlichen Voraussetzungen und Folgen beider Rechtsbefehle zu begründen: die Anfechtung habe im Gegensatz zu dem nur schuldrechtlichen Aufhebungsanspruch dingliche Wirkung, die zur völligen Beseitigung der Schuldverpflichtung auch gegenüber Dritten führe. BGH NJW 1962, 1196, 1198. Das Gericht hat diese Begründung mit der Entscheidung BGH NJW 1998, 302 aufgegeben, indem es annimmt, dass die mit der Nichtigkeitsfolge des § 142 BGB verbundene Drittwirkung auch bei schuldrechtlicher Vertragsaufhebung über § 404 BGB zu erreichen sei und somit das einschlägige Abgrenzungskriterium zwischen beiden Rechtsinstituten auf die Existenz eines Vermögensschaden verlagert. Vgl. dazu *Fleischer*, AcP 200 (2000), 91, 94 ff.

654 *Grigoleit*, NJW 1999, 900; *ders.*, Informationshaftung, S. 137; *Lorenz*, ZIP 1998, 1055 und *Fleischer*, AcP 200 (2000), 91.

655 *Hans Stoll*, FS Riesenfeld (1983), 275, 281 f.

656 *Lieb*, in: FS Köln (1988), 251, 355; *Medicus*, JuS 1965, 209; ursprünglich *Canaris*, ZGR 1982, 395, 418 f, wonach eine Vertragsaufhebung mit Hilfe der culpa in contrahendo mit § 123 BGB unvereinbar sei, wofür weder ein rechtsethisches noch ein praktisches Bedürfnis bestehe, wenn man die Lehre der Geschäftsgrundlage und den Einwand des Rechtsmissbrauchs sinvoll handhabe. Er hat allerdings seine Meinung später geändert.

657 BGH NJW 1998, 302.

dass die **Belastung mit einer Verbindlichkeit** doch einen **Schaden** im Sinne des § 249 I BGB darstelle[658]. Dies lässt sich durch die Verallgemeinerung der Regelung über das Schmerzensgeld in § 253 II BGB bestätigen, die einen rein immateriellen Nachteil ohne ein rechnerisches Minus mitumfasst[659]. Weiter wird angeführt und durch die Einführung des Interessenbegriffs in § 241 II BGB, auf den § 311 II BGB Bezug nimmt, definitiv anerkannt, dass der **Interessenbegriff** auch den **Schutz wirtschaftlicher Selbstbestimmung** mitumfasst. Wie *Harke* zutreffend erklärt, begründet bereits die Bindung an einen Vertrag, den der Geschädigte sonst nicht abgeschlossen hätte, auch bei voller Werthaltigkeit der Leistung des anderen Teils einen Vermögensschaden, wenn die Leistung für den Zweck des Geschädigten nicht voll brauchbar ist, so dass die von ihm zu erbringende Gegenleistung eine ganz oder teilweise nutzlose Aufwendung darstellt. Darin liegt eine Beschränkung der wirtschaftlichen Bewegungsfreiheit[660].

Das zeigt, dass die vorvertragliche Haftung auch die freie (wirtschaftliche) Selbstbestimmung in Schutz nimmt und dass §§ 123 und 311 II BGB objektiv den **gleichen Geschehenskomplex** – nämlich eine vorvertragliche Irreführung – regeln[661], trotz unterschiedlicher Voraussetzungen und Rechtsfolgen. Wer bewusst bei der Gegenseite durch unterlassene oder unzutreffende Angaben falsche Vorstellungen über das geplante Geschäft erweckt oder verstärkt mit dem Ziel, sie zum Abschluss eines Vertrages zu bewegen, den sie beim wahren Kenntnis der Sachlage nicht, nicht zu den genannten Konditionen oder nicht zum genannten Zeitpunkt abgeschlossen hätte, verstößt gegen eine aus Treu und Glauben substantiell hergeleitete vorvertragliche Informationspflicht. Er erfüllt mit diesem Verhalten nicht nur den Tatbestand der arglistigen Täuschung aus § 123 BGB, sondern auch den Tatbestand der vorvertraglichen Pflichtverletzung nach §§ 311 II und 241 II BGB.

Man kann deshalb in § 123 BGB ein **gesetzliches Beispiel der culpa in contrahendo** sehen, namentlich des Unterfalls der **vorvertraglichen Informa-**

---

658 Vgl. *Grigoleit*, Informationshaftung, S. 67 ff.; *Lorenz*, Der Schutz vor dem erwünschten Vertrag, S. 72 ff. und *Fleischer*, AcP 200 (2000), 91, 113 f., der dabei anführt, dass es vor diesem Hintergrund kein dogmatischer Mutsprung sei, eine störungsbedingte Vertragsbindung als immateriellen Schaden aufzufassen, und dass die Lösung der die vom BGH angenommenen Trennung von Selbstbestimmung und Vermögensschaden mit einem unreflektierten Schutz des Schwächeren oder mit einem überpointierten Verbraucherschutz nichts gemein hat. Die lässt sich vielmehr durch die gebotene Abmilderung von arbeitsteilig bedingten Informationsasymmetrien in der modernen Wettbewerbswirtschaft rechtfertigen.

659 Statt vieler: Soergel/*Harke*, § 311 Rn. 24 und *Fleischer*, AcP 200 (2000), 91, 111.

660 Soergel/*Harke*, § 311 Rn. 24 S. 37.

661 *Grigoleit*, Informationshaftung, S. 137.

tionshaftung. Dass der deutsche historische Gesetzgeber mit der Formulierung des § 123 BGB die culpa in contrahendo nicht im Blick hatte, lässt sich historisch durch die Tatsache erklären, dass die culpa in contrahendo damals an ihrem Anfang und in Anlehnung an *Jhering* ausschließlich als eine „Haftung für Vertragsunwirksamkeit" – modern gesprochen: Haftung für den Abschluss nichtiger Verträge – verstanden wurde[662]. Dies ändert nichts in der Sache, dass rein materiell betrachtet die Täuschung des § 123 BGB nur eine vorsätzliche Variante des Grundtatbestands der vorvertraglichen Informationspflichtverletzung darstellt, die eben reine Fahrlässigkeit umfasst. Nicht umsonst hat sich der in sich widersprüchliche Begriff der „fahrlässigen Täuschung" etabliert.

Daran ändert auch die Feststellung nichts, dass das Gesetz den gleichen Lebenssachverhalt mit unterschiedlichen Voraussetzungen, Rechtsfolgen und Fristen ausgestaltet. Tatsächlich unterscheiden sich beide Figuren auf Tatbestandsebene grundlegend: Während die arglistige Täuschung eine vorsätzliche rechtswidrige und rechtsgeschäftsbestimmende Handlung verlangt, genügt für die culpa in contrahendo eine rein fahrlässige Irreführung der Gegenseite. Auf Rechtsfolgenebene gewährt die arglistige Täuschung dem Getäuschten grundsätzlich nur ein Anfechtungsrecht mit bereicherungsrechtlichen Ansprüchen, die culpa in contrahendo gibt ihm im Wege der Naturalrestitution von § 249 I BGB die Wahl zwischen Rückabwicklung des Vertrages, Minderung oder Ersatz des Vertrauensschadens. Hinsichtlich der Ausschlussfrist ist die dreijährige Frist der culpa in contrahendo gegenüber der einjährigen Frist des § 124 BGB für den Geschädigten vorteilhaft.

Der Vorgang, dass ein gleicher oder ähnlicher Lebenssachverhalt den **Tatbestand verschiedener Rechtsnormen** erfüllen kann, ist kein Spezifikum der culpa in contrahendo, wie die Konkurrenzlehre zeigt. Das gezielte Verhalten, in einem anderen unrichtige Vorstellung hervorzurufen, zu bestärken oder zu erhalten, bedeutet nicht nur einen **Anfechtungsgrund** gemäß § 123 BGB und eine **vorvertragliche Informationspflichtverletzung** (§§ 311 II und 241 II BGB), sondern kann auch unter Umständen den Straftatbestand des **Betruges** (§ 263 StGB) erfüllen und über strafrechtliche Wirkungen hinaus auch einen Schadensersatzanspruch aus unerlaubter Handlung nach § 823 II BGB (Verletzung eines Schutzgesetzes) begründen. Selbst wenn ein Betrug nicht gegeben ist, kann

---

662 Dass der Gesetzgeber von 1900 glaubte, mit §§ 122 und 179 II BGB eine hinreichende Regelung für die Haftung für vorvertragliches Fehlverhalten geschaffen zu haben, konstatiert auch *Harke*. Vgl. dazu: Soergel/*Harke*, § 311 Rn. 2.

ein Schadensersatzanspruch wegen vorsätzlicher sittenwidriger Schädigung gemäß § 826 BGB in Betracht kommen[663].

In solchen Fällen stellt sich dann die Frage, ob nur eine Norm zur Anwendung kommt oder ob und inwieweit mehrere nebeneinander bestehen und zwar mit der Folge, dass aus diesen Normen für dasselbe tatsächliche Begehren mehrere Rechtsfolgen bzw. Ansprüche entstehen. Aus einer **rechtsmethodologischen Perspektive** kann man mit *Larenz* davon ausgehen, dass sich es hier um eine **kumulative Konkurrenz** zwischen Anfechtungshaftung und vorvertraglicher Haftung handelt, die immer dann besteht, wenn identische oder ähnliche Lebenssachverhalte den Tatbestand verschiedener Normen erfüllen, die mehrere Ansprüche und/oder andersartige Rechtsfolgen wie z. B. Gestaltungsrechte haben[664]. Die Rechtsfolgen können nebeneinander verwirklicht werden. Im Falle einer arglistigen Täuschung (§ 123), d. h. einer arglistigen Irreführung, kann der Getäuschte sein Anfechtungsrecht (Gestaltungsrecht) ausüben und die Rückabwicklung des Geschäfts gemäß § 124 BGB verlangen.

Da § 123 BGB keinen Ersatz für den entstandenen Schaden gewährt, kann der Getäuschte daneben Schadensersatz (als Anspruch) aufgrund der culpa in contrahendo von § 311 II mit §§ 241 II und 280 I BGB einfordern. Er kann aber auch auf die Anfechtung verzichten, am Vertrag festhalten und seinen vorvertraglichen Schaden gemäß §§ 311 II, 241 II und 249 I BGB liquidieren[665]. Dieser kann in der Rückerstattung des zu viel Gezahlten oder in der Reduzierung seiner noch zu erbringenden Leistung bestehen. Das Nebeneinander beider Rechtsinstitute erlaubt weiter die Möglichkeit, dass der Getäuschte die Rückabwicklung des Vertrages im Wege der culpa in contrahendo auch nach Ablauf der einjährigen Frist des § 124 BGB verlangt.

4.2. Abgrenzung von Haftung aus culpa in contrahendo und Gewährleistungshaftung

Auch die Abgrenzung von culpa in contrahendo und Gewährleistungshaftung ist zu Recht eine der heftigsten Diskussionen in der deutschen Schuldrechtsdogmatik. Es handelt sich um zwei verschiedene Rechtsinstitute, die sich konzeptionell dort kreuzen, wenn die Lieferung einer mangelhaften Sache gleichzeitig

663 Dazu: *Larenz/Wolf*, AT, S. 696; *Brox/Walker*, AT, S. 213. Zur Konkurrenzfrage zwischen arglistiger Täuschung und unerlaubter Handlung vgl. statt vieler: MünchKomm/*Kramer*, § 123 Rn. 35a und Staudinger/*Singer/Finckenstein*, § 123 Rn. 102 mit Hinweis auf die Rechtsprechung. Statt vieler vgl. BGH NJW 1960, 237 und 1974, 1505.

664 Zur Problematik bei der Anspruchskonkurrenz vgl. statt vieler: *Larenz/Wolf*, AT, S. 319 ff.

665 Dazu *Larenz/Wolf*, AT, S. 689.

eine Informationspflichtverletzung darstellt. Das ist der Fall, wenn etwa der Verkäufer den Sach- oder Rechtsmangel des Kaufobjekts schon bei Vertragsabschluss kennt und den Käufer darüber nicht informiert. In solchen Fallkonstellationen bezieht sich die Verletzung der vorvertraglichen Informationspflicht auf Eigenschaften des Kaufgegenstands, deren Fehlen oder Bestand einen Mangel darstellt[666]. Es stellt sich dann die Frage, ob der Käufer neben den gewährleistungsrechtlichen Ansprüchen auch Schadensersatz im Wege der allgemeinen Haftung aus culpa in contrahendo verlangen darf. Darüber herrscht immer noch Streit in der Lehre.

Schon vor der Schuldrechtsmodernisierung ging die herrschende Meinung von einem **Vorrang der Gewährleistungsregelungen** aus, mit der Folge, dass diese Ansprüche aus culpa in contrahendo ausschließen (**„Sperrwirkungstheorie“**). Dies galt allerdings nur soweit, als es dabei um Fehlinformation über die gewöhnliche bzw. vereinbarte Beschaffenheit (§ 459 I BGB a.F.) ging oder es sich um zugesicherte Eigenschaften (§ 459 II BGB a.F.) des Kaufobjekts handelt, denn erst ein Mangel löst die Ingangsetzung der Gewährleistungsregeln aus und markiert – zusammen mit einem temporalen Element, nämlich dem Gefahrenübergang bzw. Rechtserwerb – den Anwendungsbereich des Gewährleistungsrechts. Es hat sich die Regel etabliert, nach der unterlassene oder unrichtige Aufklärung über Sachmängel keine (zusätzliche) Haftung aus culpa in contrahendo begründet.

Diese Regel besaß jedoch keine uneingeschränkte Geltung: Hatte der Verkäufer bewusst den Sachmangel gekannt und verdeckt, also den Käufer arglistig über die Beschaffenheit der Sache getäuscht oder bestimmte Eigenschaft vorgespiegelt, stand dem Käufer neben gewährleistungsrechtlichen Ansprüchen ein Schadensersatzanspruch aus culpa in contrahendo nach § 242 BGB zur Verfügung[667]. Das wurde trotz § 463 S. 2 BGB a.F. angenommen, der ausdrücklich dem arglistig getäuschten Käufer statt Wandlung oder Minderung einen Schadensersatzanspruch einräumte. Obwohl § 463 S. 2 BGB a.F. eine Regelung für vorsätzliche Informationspflichtverletzung enthielt, wurde die Norm von der Mehrheit der

---

666 Hier wird die Frage aus der Perspektive der Sachmängelhaftung behandelt. Die hier getroffenen Ausführungen zur Sachmängelhaftung gelten entsprechend für die Rechtsmängelhaftung. In diesem Sinne vgl. statt vieler: *Fikentscher/Heinemann*, Schuldrecht, S. 449. *Harke* weist allerdings darauf hin, dass das Verhältnis zwischen culpa in contrahendo und kaufrechtlicher Rechtsmängelhaftung in der Rechtsprechung noch ungeklärt sei, wie BGH NJW-RR 2008, 564 beweise. Soergel/*Harke*, § 311 Rn. 27.

667 Kritisch damals dazu: Soergel/*Huber*, Vor § 459 BGB a.F. Rn. 220, der dabei ausschließlich die Sachmängelhaftung von § 463 S. 2 BGB a.F., d. h. Schadensersatz wegen Nichterfüllung anwenden wollte.

Lehre nicht als gesetzlicher Fall der culpa in contrahendo angesehen, weil er – anders als die vorvertragliche Haftung – Vorsatz voraussetzte und auf den vollen Ersatz des Erfüllungsinteresses des Käufers gerichtet war. Die Vorschrift wurde vielmehr als ein **besonders qualifizierter Gewährleistungsfall** verstanden, der dem Käufer einen Anspruch auf **Schadensersatz wegen Nichterfüllung** gewährte[668]. Also: In den Augen der Gerichte verdiente der Verkäufer bei **Arglist** keinen Schutz mehr, so dass er nicht durch die begrenzte Verkäuferhaftung von §§ 459 und 463 BGB a.F. privilegiert werden sollte[669].

Aufgrund der **strukturellen Beschränkungen des alten Gewährleistungssystems** – vor allem der kurzen Verjährungsfristen des § 477 BGB a.F. (sechs Monate für bewegliche Sachen und ein Jahr für Grundstücke), der begrenzten Rechtsfolgen (Wandelung oder Minderung) des § 462 BGB a.F. und der vorsatzbedingten Schadensersatzhaftung des § 463 II BGB a.F. – hat die Rechtsprechung bewusst verschiedene Strategien entwickelt, um dem Käufer einen Umweg über die Verkäuferhaftung zu ermöglichen. Die Hauptstrategie bestand darin, in verschiedenen Gebieten den **Beschaffenheitsbegriff eng auszulegen**, um den Anwendungsbereich der culpa in contrahendo zu erweitern[670]. Aus diesem Grund hat der BGH für die Bejahung eines Fehlers verlangt, dass die Eigenschaft der Sache mit einer gewissen Dauer anhaften und dass die Beziehung der Sache zur Umwelt in der Beschaffenheit selbst ihren Grund haben müsse[671]. Diese Tendenz war vor allem beim Unternehmenskauf von Bedeutung, wobei Angaben über Unternehmenskennziffern wie Umsatz und Ertrag nicht als Beschaffenheit des Kaufgegenstands betrachtet wurden und insofern der Weg zum Schadensersatz aus culpa in contrahendo eröffnet war[672].

---

668 Statt vieler: MünchKomm/*Westermann*, § 463 Rn. 3, 19 ff. *Grigoleit* betrachtet die Norm dagegen als ein gesetzlich geregeltes Beispiel von culpa in contrahendo. Dazu: Informationshaftung, S. 32.

669 BGHZ 136, 102 = NJW 1997, 2813; BGH NJW 2001, 2551; 2002, 208 und 2011, 2128. Eine rechtshistorische Darstellung dazu: MünchKomm/*Emmerich* (2012), § 311 Rn. 93 ff.

670 *Westermann*, NJW 2002, 241, 243.

671 Dazu: MünchKomm/*Westermann*, § 459 Rn. 8 und AnwKomm/*Krebs*, § 311 Rn. 77. In der Rechtsprechung: BGHZ 111, 75 = NJW 1990, 1659 und BGH NJW 1992, 2564.

672 Dazu: BGH NJW 1970, 653 und 1977, 1536. Beim Unternehmens- und Praxenkauf hat der BGH verlangt, dass sich die Umsatz- und Ertragsangaben über einen längeren, mehrjährigen Zeitraum erstrecken sollen, um eine Beschaffenheit darzustellen. Vgl. BGH NJW-RR 1989, 306 (Umsatzangaben über vier Jahre genügen nicht); BGH NJW 1990, 659 (monatlicher Bierumsatz einer Gaststätte über ein Jahr ist keine Eigenschaft) und BGH NJW 1996, 2503 (Umsatz über drei Jahre: culpa in contrahendo). Vgl. dazu: Erman/*Grunewald*, § 434 Rn. 10.

Außerdem setzte – laut ständiger Rechtsprechung des BGH – die Sperrwirkung der Gewährleistungsregeln **Gefahrenübergang** voraus[673], so dass der Verkäufer in der Zeit davor aus culpa in contrahendo ohne Einschränkung haftete. Das Gleiche galt auch in den Fällen von **Rechtsmängelhaftung**, die vom BGB immer als normale Nichterfüllungshaftung ausgestaltet war, so dass es auch hier keinen Anlass gab, dem Käufer den Rückgriff auf die allgemeine Verschuldenshaftung aus culpa in contrahendo zu verwehren[674]. Durch diese restriktiven Mechanismen (Begrenzung von Beschaffenheitsbegriff und Anwendungszeitpunkt) ist die vorvertragliche Haftung wegen Informationspflichtverletzung in diesem Bereich in einem so großen Maße angewendet worden, dass sie sich praktisch zu einem **„parallelen Gewährleistungsrecht"** herausgebildet habe[675].

Die Lage hat sich jedoch mit der Schuldrechtsreform erheblich geändert, denn der Reformgesetzgeber hat das Gewährleistungsrecht völlig umgebaut und in das Leistungsstörungsrecht integriert. Zwar existiert immer noch mit dem Regelungskomplex der §§ 434 bis 445 BGB ein **spezielles Gewährleistungssystem**[676], das Sach- und Rechtsmängel mitumfasst. Es ist aber nun mit dem allgemeinen Leistungsstörungsrecht vor allem dadurch verbunden, dass sich die gewährleistungsrechtlichen Rechtsfolgen durch die Verweise in § 437 Nr. 2 und 3 BGB nach den allgemeinen Leistungsstörungsregeln bestimmen[677]. In diesem Kontext lässt sich heute die Mängelhaftung als **Sondervorschriften zur Schlechterfüllung** rechtsdogmatisch einordnen, gemäß der schon früher herrschenden **Gewährleistungstheorie**[678].

---

673 Die herrschende Meinung geht immer noch davon aus, dass die speziellen Gewährleistungsregeln erst nach der Leistung, also nach Gefahrübergang bzw. Rechtsverschaffung zur Anwendung kommen. Vorher gilt das allgemeine Leistungsstörungsrecht des § 280 I BGB, worunter sich die Haftung aus culpa in contrahendo eingliedern lässt. Vgl. dazu: Erman/*Grunewald*, Vor § 437 BGB Rn. 8 und *Fikentscher/Heinemann*, Schuldrecht, S. 407. Auch das ist umstritten und manche Autoren behaupten, die Mängelhaftung komme schon ab Vertragsschluss in Betracht. In diesem Sinne: Soergel/*Harke*, § 311 Rn. 29.

674 MünchKomm/*Emmerich* (2012), § 311 Rn. 95.

675 *Canaris*, AcP 200 (2000), 273, 305 ff. *Krebs* spricht in diesem Sinne von einer „quasi-gewährleistungsrechtlichen Funktion" der culpa in contrahendo, in: AnwKomm/*Krebs*, § 311 Rn. 75. Über die Einschränkung des Anwendungsfelds der Gewährleistungshaftung im alten Recht vgl. noch: *Fikentscher/Heinemann*, Schuldrecht, S. 439 ff.

676 Laut *Fikentscher/Heinemann* hat das kaufrechtliche Gewährleistungsrecht durch die Integration in das allgemeine Schuldrecht seine selbständige Stellung weitgehend verloren, was sich in der neuen Ausgestaltung des Rücktrittsrechts und des Schadensersatzanspruchs zeige. Schuldrecht, S. 427.

677 *Fikentscher/Heinemann*, Schuldrecht, S. 405.

678 Gegenpol dazu bildet die sog. Erfüllungstheorie, nach der die Lieferung einer mangelhaften Sache nicht als Schlechterfüllung, sondern als Nichterfüllung betrachtet wird. Die Rechtsmän-

Mit der Schuldrechtsreform wurde der im Vergleich zu anderen Rechtsordnungen schon umfangreiche **Beschaffenheitsbegriff** infolge der Umsetzung der Verbrauchsgüterkaufrichtlinie 1999/44/EG[679] **erheblich ausgedehnt.** Über die objektive und subjektive Beschaffenheit hinaus gehören nun dazu auch öffentliche Äußerungen des Verkäufers, Herstellers oder Gehilfen zur Beschaffenheit der Sache wie z. B. Werbeaussagen und Kennzeichnungen (§ 434 I 3 BGB) oder Montageanleitungen (§ 434 II 2 2. Hs BGB). Die Ausdehnung des Beschaffenheitsbegriffs lässt sich auch an der Gleichstellung von Montagefehler (§ 434 I 2 1. Hs BGB), Falschlieferung (aliud) und Zu-wenig-Lieferung (minus) nach § 434 III BGB als Sachmangel erkennen[680]. Nach geltendem Recht ist die Sache in erster Linie mangelhaft, wenn sie bei Gefahrenübergang die vereinbarte Beschaffenheit nicht hat (§ 434 I BGB). Ist keine Beschaffenheitsvereinbarung getroffen, liegt ein Mangel vor, wenn die Sache sich nicht für die vertragliche (§ 434 I 1 BGB) oder gewöhnliche (§ 434 I 2 BGB) Verwendung eignet. Ein Mangel entsteht auch infolge unzutreffender öffentlicher Äußerungen des Verkäufers (Werbung, Kennzeichnung, Montageanleitung), bei Fehldurchführung vereinbarter Montage durch den Verkäufer oder seine Erfüllungsgehilfen sowie bei Falsch- oder Minuslieferung.

Schon diese **tatbestandliche Änderung** erweitert die Möglichkeit der Zuordnung einer vorvertraglichen Informationspflichtverletzung zum Gewährleistungsrecht, denn je breiter der Beschaffenheitsbegriff, desto umfangreicher der Anwendungsbereich des Gewährleistungsrechts und desto enger der Anwendungsbereich der vorvertraglichen Informationshaftung[681], weil dann vorvertragliche Fehlinformation über die Sachbeschaffenheit als Fehler eingeordnet

---

gelhaftung war schon vor der Schuldrechtsreform – anders als die Sachmängelhaftung – z.T. an die allgemeinen Regeln des Leistungsstörungsrechts gebunden. Eingehend dazu: *Fikentscher/Heinemann*, Schuldrecht, S. 404 f.

679 Obwohl die genannte Verbrauchsgüterkauf-Richtlinie als Anlass für die Expansion des Beschaffenheitsbegriffs gesehen wird (dazu: AnwKomm/*Krebs*, § 311 Rn. 78), hatte das deutsche Recht bereits zuvor eine umfangreiche Auffassung von der Sacheigenschaft. *Larenz* hat zum subjektiven Fehlerbegriff jede abweichende Beschaffenheit gerechnet, die der Sache nach vorausgegangene Erklärungen des Verkäufers beinhalten sollte, wie etwa ihre Beschreibung im Katalog oder im Verkaufsgespräch. Dazu: SR/BT II/1, S. 38. Das erlaubt den Schluss, dass dem deutschen Recht der europäische Beschaffenheitsbegriff nicht völlig fremd war, wie es umgekehrt in Brasilien beim Import des europäischen Konzepts im Rahmen des Verbraucherschutzgesetzes der Fall war.

680 Ausführlich über den Beschaffenheitsbegriff vgl. statt vieler: *Looschelders*, SR/BT, S. 12 ff.; und *Westermann*, NJW 2002, 241, 254. *Krebs* sagt kritisch dazu, dass es angesichts einer richtlinienkonformer Auslegung des deutschen Gewährleistungsrechts und des dort festgelegten breiten Eigenschaftskonzepts keiner Beschaffenheitsvereinbarung mehr bedürfe. AnwKomm/*Krebs*, § 311 Rn. 78.

681 Statt vieler: AnwKomm/*Krebs*, § 311 Rn. 77.

und über die Sonderregeln gelöst wird. Auch die **neue Gestaltung von gewährleistungsrechtlichen Rechtsfolgen und Fristen** spricht für eine grundsätzliche Zurückdrängung der culpa in contrahendo in solchen Fällen. Der Käufer hat nun gemäß § 437 BGB ein Recht auf Nacherfüllung (in Form von Nachbesserung oder Nachlieferung), Rücktritt, Minderung und Schadensersatz. Im alten Recht stand ihm dagegen prinzipiell nur die Wahl zwischen Minderung oder Wandelung[682] zur Verfügung. Ein Schadensersatzanspruch bestand nur unter den speziellen Voraussetzungen von § 463 BGB a.F., also bei Zusicherung von Sacheigenschaften oder Arglist[683]. Er darf aber auf die Mängelrechte (Rücktritt, Minderung und Schadensersatz) nur nach einer angemessenen Fristsetzung zur Nacherfüllung gemäß §§ 323, 437 II und 440 BGB zurückgreifen – es sei denn, die Fristsetzung ist gemäß §440 S. 1 BGB (Unmöglichkeit, Unzumutbarkeit oder Leistungsverweigerung) entbehrlich.

Die Mängelansprüche verjähren gemäß § 438 BGB nach längeren Fristen als im alten Recht[684], die eben nicht nur für gewährleistungsrechtliche Ansprüche wie Nacherfüllungs- (§ 437 I BGB) und Schadensersatzanspruch (§ 437 III BGB) gelten, sondern auch für die Gestaltungsrechte des § 437 II BGB (Rücktritts- und Minderungsrecht)[685]. Die Verlängerung der gewährleistungsrechtlichen Verjährungsfrist gilt als eine der wichtigsten Änderungen der Schuldrechtsreform[686] und hat immer eine große Bedeutung für die Konkurrenzfrage zwischen Haftung aus culpa in contrahendo und Garantiehaftung gehabt, weil die kurze sechsmonatige Verjährungsfrist des § 477 BGB a.F. eben die große Hürde darstellte, vorvertragliche Fehlinformation über Sachbeschaffenheit unter die Gewährleistungsregeln zu subsumieren. Dies lässt sich bestätigen, wenn man berücksichtigt, dass im alten Recht die Möglichkeit bestand, durch den schon damals weitgehend sub-

---

682 Zur rechtshistorischen Entwicklung des Sachmängelrechts vgl. *Harke*, AcP 205 (2005), 67–92. Zu beachten ist, dass das Wandlungsrecht (actio redhibitoria) als Vertrag und nicht als Gestaltungsrecht ausgestaltet war und sich dadurch von dem aktuellen Rücktrittsrecht unterscheidet. Dazu: *Fikentscher/Heinemann*, Schuldrecht, S. 434.

683 Für Mangelschäden nur bei Zusicherung einer Eigenschaft (§ 463 I BGB a.F.) oder bei Arglist (§ 463 II BGB a.F.). Für Mangelfolgeschäden haftete der Verkäufer unter Umständen aus culpa in contrahendo oder aus positiver Vertragsverletzung. Nach neuem Recht haftet er dagegen prinzipiell für jede zu vertretende Pflichtverletzung, so dass heute eine allgemeine Schadensersatzhaftung für Mangelschäden besteht. Dazu: *Fikentscher/Heinemann*, Schuldrecht, S. 427.

684 Bewegliche Sache in zwei Jahren (§ 438 I 3 BGB), Bauwerke und Baumaterialien in fünf Jahren (§ 438 I 2 BGB) und Ansprüche aus Rechtsmängelhaftung (Eviktionsfälle) in 30 Jahren (§ 438 I 1). Zum Hintergrund der gewährleistungsrechtlichen Verjährungsfristen: Rechtsausschuss BT-Drucks. 14/7052, 196–197.

685 Dazu: *Fikentscher/Heinemann*, Schuldrecht, S. 435.

686 Statt vieler: *Harke*, AcP 205 (2005), 67; *Fikentscher/Heinemann*, Schuldrecht, S. 434.

jektiven Beschaffenheitsbegriff die Reichweite des Gewährleistungsrechts auszudehnen[687].

Aufgrund der neuen Gestaltung des Gewährleistungsrechts – insbesondere seiner höchst differenzierten und abgestuften Rechtsbehelfe (mit dem Vorrang der Fristsetzung zur Nacherfüllung) und seiner spezifischen Verjährungsfristen – geht die herrschende Meinung zu Recht davon aus, dass grundsätzlich **kein Bedürfnis einer subsidiären Anwendung der culpa in contrahendo** in den Fällen von Fehlinformation über die Beschaffenheit der Kaufsache besteht. Eine Ausnahme bildet nach wie vor die Arglist. Begründet wird diese Auffassung außerdem mit dem Argument, dass eine solche kumulative Anwendung mit dem **Sondersystem des Gewährleistungsrechts nicht im Einklang stehe**, erlaube man dem Käufer, daneben auf die culpa in contrahendo zurückzugreifen. Denn er könne sofort – also: ohne Fristsetzung zur Nacherfüllung – auf Schadensersatz gehen und zwar schon bei grob fahrlässiger Unkenntnis des Mangels. In einem solchen Fall wäre ein Schadensersatzanspruch nicht ausgeschlossen, wie die Mängelrechte des Käufer (§ 442 I S. 2 BGB), sondern nur nach § 254 BGB gemindert. Und der Anspruch verjähre erst in der regelmäßigen Frist von 3 Jahren (§ 195 BGB), jedenfalls wenn man § 438 III BGB (2 Jahre) nicht analog anwendet. Die Sonderregeln des Gewährleistungsrechts würden dadurch also unterlaufen[688].

Deshalb geht der überwiegende Teil der Lehre – gefolgt von der Rechtsprechung – noch entschiedener als zuvor davon aus, dass die Bestimmungen des Gewährleistungsrechts zumindest **nach dem Zeitpunkt des Gefahrenübergangs** abschließend sind und folglich die Haftung für culpa in contrahendo verdrängen, sofern der Verkäufer den Mangel der Kaufsache nicht arglistig verschwiegen hat[689]. Auch auf Rechtsmängelfälle sei das Gewährleistungsrecht exklusiv anzuwenden. Eine culpa in contrahendo komme – abgesehen von Arglistfällen – nur in Betracht, wenn sich die Pflichtverletzung auf Umstände bezieht,

---

687 Ausdrücklich in diesem Sinne: AnwKomm/*Krebs*, § 311 Rn. 77.

688 Statt vieler: AnwKomm/*Krebs*, § 311 Rn. 78 f., der sich für die Anwendung des Gewährleistungsrechts auf Unternehmenkäufe ausspricht; *Mertens*, AcP 203 (2003), 818, 826 und *Fikentscher/Heinemann*, Schuldrecht, S. 440.

689 Statt vieler: Soergel/*Harke*, § 311 Rn. 27 und *Emmerich*, Leistungsstörungen, S. 107. Gegen eine Anwendung der culpa in contrahendo auf Vorsatzfälle plakativ: *Fikentscher/Heinemann*, Schuldrecht, S. 440. Schon das RG hat die Frage, ob die Sondervorschriften über Gewährleistung von § 459 ff BGB a.F. den Schadensersatzanspruch aus Verschulden bei Vertragsverhandlungen ausschließen, bejaht. Vgl. u. a. RGZ 135, 339, 346; 148, 286, 296; 161, 193, 196 und 161, 330, 337. Der BGH hat sie teilweise beiläufig erwähnt, teilweise offen gelassen (Vgl. dazu BGH NJW 1960, 720; 1962, 1196, 1199; 1965, 532, 533 und jüngst BGHZ 180, 205 = NJW 2009, 2120). Dazu: *Looschelders*, in: Das neue Schuldrecht in der Praxis, 396, Fn. 6.

die **keinen direkten Bezug zur Beschaffenheit der Kaufsache** haben[690]. Die Frage scheint allerdings nicht gelöst zu sein. Eine Mindermeinung geht davon aus, dass das neue Recht kein Hindernis für ein Nebeneinander beider Rechtsinstitute darstelle. Es wird zunächst darauf hingewiesen, dass der Reformgesetzgeber auf eine Klärung dieser kontroversen Konkurrenzfrage ausdrücklich verzichtet hat[691]. Lediglich für den Unternehmenskauf haben die Verfasser der Schuldrechtsreform explizit gesagt, dass in diesem Bereich aufgrund der Neuformulierung des § 453 BGB eine Bevorzugung der culpa in contrahendo entbehrlich sei[692].

Nach der Gegenmeinung sei mit der ersatzlosen Streichung der vorsätzlichen Schadensersatzhaftung des § 463 BGB a.F. jeder Grund für eine **Privilegierung des Verkäufers** im Rahmen der culpa in contrahendo entfallen. Es sei kein Grund mehr erkennbar, warum der Verkäufer ebenso wie jeder andere Schuldner für die Verletzung von Rücksichtspflichten vor Vertragsabschluss gemäß § 311 II iVm §§ 241 II und 280 I BGB nicht haften solle. Mit anderen Worten: warum dem Käufer der Rückgriff auf die allgemeine Verschuldenshaftung aus culpa in contrahendo (§ 311 II iVm §§ 241 II und 280 I BGB) verwehrt sein solle, wenn der Verkäufer ihm gegenüber eine vorvertragliche Pflicht, in dem konkreten Fall vor allem Informations- oder zusätzliche Aufklärungs- und Beratungspflichten, gerade hinsichtlich der Eigenschaften des Vertragsgegenstandes verletzt habe. Diese zentrale Frage könne nicht abstrakt, nach den Grenzen des Beschaffenheitsbegriffs, sondern allein nach den Umständen des Einzelfalles entschieden werden[693].

Geht man jedoch von der **strukturellen Subsidiarität der Haftung für culpa in contrahendo** aus, wonach eine typische Vertragshaftung grundsätzlich ausscheidet, weil und sofern die vorvertragliche Rücksichtspflicht dasselbe Interesse schützt wie eine vertragliche Leistungspflicht oder die an die Leistung geknüpften Sekundärrechte (Rücktritt, Minderung oder Schadensersatz), lässt sich die herrschende Meinung sachlich begründen. Die rechtssystematische Stellung der **Garantiehaftung als lex specialis** im Vergleich zur **vorvertraglichen Haftung als lex generalis** spricht prinzipiell auch für die vorrangige Anwendung der Gewährleistungsregeln. Da der vorsätzlich handelnde Verkäufer nicht genauso

---

690 Statt vieler: *Fikentscher/Heinemann*, Schuldrecht, S. 440 und *Emmerich*, Leistungsstörungen, S. 107. Vgl. BGH NJW 1991, 2556 = BGHZ 114, 263, 266; BGH NJW-RR 1994, 76; BGH NJW 1995, 2550; BGH NJW 2002, 208; BGHZ 180, 205 = NJW 2009, 2120 und BGH NJW 2010, 858.
691 BT- Drucks. 14/6040, S. 161 f. In diesem Sinne auch *Emmerich*, Leistungsstörungen, S. 107 und Erman/*Kindl*, § 311 Rn. 45.
692 BT-Drucks. 14/6040, S. 242. Dazu: MünchKomm/Emmerich (2016), § 311 Rn. 85.
693 In diesem Sinne: *Westermann*, NJW 2002, 241, 247. Zur Problematik vgl. *Häublein*, NJW 2003, 388, 389 ff.; MünchKomm/*Emmerich* (2016), § 311 Rn. 85 ff.; *Dauner-Lieb/Thiessen*, ZIP 2002, 108, 110; Erman/*Kindl*, § 311 Rn. 46 und *Köndgen*, in: Schuldrechtsreform, 231, 238 f.

behandelt – und insofern privilegiert – werden kann wie der schuldlos handelnde Verkäufer, der den Sachmangel nicht identifizieren kann, was nämlich geschehen würde, wenn beide in gleichem Maße für die Mängelhaftung einstehen müssten, erklärt sich die vom BGH angenommene Haftungsverschärfung für den arglistigen Verkäufer, der über die Konsequenzen der Gewährleistungshaftung hinaus noch diejenige der culpa in contrahendo zu tragen hat. Mit der ersatzlosen Streichung der vorsätzlichen Informationshaftung nach § 463 S. 2 BGB a.F. und der Integration des Gewährleistungsregeln in das allgemeine Leistungsstörungsrecht ergibt sich nun aus § 437 III iVm § 276 I 1 BGB als Sorgfaltsmaßstab die reine Fahrlässigkeit für den kaufvertraglichen Schadensersatz[694].

Fraglich bleibt in diesem Kontext allerdings, ob und inwieweit die Gewährleistungsregelungen – abweichend von der alten Praxis – die Haftung aus culpa in contrahendo in dem spezifischen Bereich des Unternehmenskaufs zurückdrängen. Der Reformgesetzgeber hat sich angesichts von § 453 I BGB, der die analoge Anwendung der Vorschriften über Sachmängelhaftung auf den Kauf von Rechten und sonstigen Gegenständen anordnet, dazu ausdrücklich geäußert. Zu sonstigen Gegenständen zählen verkehrsfähige Güter, die nicht als Sachen oder Rechte qualifiziert werden können wie z. B. Sachgesamtheiten (Bibliotheken, Unternehmen, freiberufliche Praxen) oder Immaterialgüter. Bis jetzt scheint die Praxis das Angebot des Reformgesetzgebers, den Unternehmenskauf dem Gewährleistungsrecht zu unterwerfen, nicht angenommen zu haben[695].

Das hat zu einer schwer überschaubaren Kasuistik geführt, die nicht immer konsequent war, wie die nachfolgende Rechtsprechung, insbesondere über den **Unternehmerkauf** zeigt[696]. In der Tat hat die Rechtsprechung in dem Bereich des Unternehmenskaufes oft von dem grundsätzlichen Vorrang der Gewährleistungsregeln Abstand genommen und den Eigenschaftsbegriff des § 459 II BGB a.F. bewusst eng ausgelegt, um der culpa in contrahendo mit ihren (früheren) zahlreichen Vorteilen für den Käufer dort Anwendung zu sichern. Das hat dazu geführt, dass der Unternehmensverkäufer für unrichtige Angaben insbesondere über Umsätze, Ertragsfähigkeiten und Vermögenslage des veräußerten Unter-

694 AnwKomm/*Krebs*, § 311 Rn. 70.
695 Hk-BGB/*Saenger*, § 453 Rn. 3.
696 Beim Grundstückskauf wurden z. B. Geruchsbelästigungen, die von einem naheliegenden Klärwerk stammen, sowie die Mieterträge nicht als Beschaffenheit, wohl aber als zugesicherte Eigenschaft der Kaufsache iSv § 459 II BGB aF angesehen. Jahresbilanz, Umsätze, Ertragsfähigkeiten oder Vermögenslagen eines Unternehmens wurden dagegen weder als Beschaffenheit noch als zusicherungsfähige Eigenschaft betrachtet, sondern als fehlerhafte Informationen, die zu einer Haftung nach den Grundsätzen der culpa in contrahendo führten. In diesem Sinne auch *Looschelders*, in: Das neue Schuldrecht in der Praxis, 396, 397.

nehmens bereits bei einfacher Fahrlässigkeit – nicht dagegen nur bei Vorliegen des Vorsatzes gemäß § 463 II BGB aF – haften musste, und zwar ohne dass der Käufer sich auf die kurze Verjährungsfrist des § 477 BGB aF berufen musste[697]. Es hat sich folglich eine fruchtbare Rechtsprechung über vorvertragliche Haftung wegen Verletzung von Informations- bzw. Aufklärungspflichten beim Kauf von Unternehmen[698] und Beteiligungen[699] entwickelt, die es dem Käufer ermöglichte, vom Vertrag zurückzutreten oder ihn anzupassen, da in den meisten Fällen die dabei regelmäßig unzutreffende oder irreführende Angabe des Verkäufers den Käufer zum Abschluss eines ungünstigeren Vertrag veranlasst hatte.

5. Sonderfall: Prospekthaftung

Einen speziellen Fall der culpa in contrahendo für Fehlinformation bildete lange Zeit die sog. **bürgerlichrechtliche Prospekthaftung**, die vor allem in der zweiten Hälfte des vergangenen Jahrhunderts in Deutschland rechtfortbildend entwickelt wurde, um eine große Regulierungslücke im sog. „grauen Kapitalmarkt" zu schließen. Unter Prospekthaftung versteht man die Haftung für die **Richtigkeit und Vollständigkeit von Werbeschriften** (Prospekten), mit denen beim Publikum für Kapitalanlagen unterschiedlichster Art geworben wird[700]. Sie wurde in Analogie zu der seit 1896 legislatorisch eingeführten[701] **Börsenprospekthaftung** (§ 44 Börsengesetz a.F.) – heute ‚**kapitalrechtliche Prospekthaftung**' genannt – mit dem Ziel entwickelt, dem Anleger auf dem grauen Markt gegen die Verwen-

697 *Emmerich*, Leistungsstörungen, S. 104. Vgl. auch BGH NJW 1977, 1536 = JuS 1977, 761; BGH NJW 1977, 1538; 1990, 1658; 1991, 1223 und 2001, 2163;

698 Zu falschen Angaben über Gewinn vgl. etwa NJW 1977, 1538; BGH NJW-RR 1989, 306; BGH NJW 1991, 1224 (Vorlegen falscher Bilanz); BGH NJW 1980, 2408 (Verschweigen von Gesellschaftsschulden); BGH NJW 1970, 653; NJW-RR 1989, 306; 1196, 2503; 2001, 2163 (drohende Insolvenz); BGH BB 2002, 903 (Verschweigen der schon bei Vertragsabschluss vorliegenden Zahlungsunfähigkeit) und BGH NJW 2002, 1042 (reduzierte Aufklärungspflichten, wenn der Käufer keine Schulden übernimmt und das gekaufte Unternehmen in seinen eigenen branchengleichen Betrieb eingliedern will). Dazu: Erman/*Kindl*, § 311 Rn. 39.

699 BGHZ 65, 246, 251 (falsche Angaben über das Vermögen – Aktiva und Passiva – der Firma) und BGH BB 2002, 903, 905 (erworbener Betrieb sei schon im Zeitpunkt des Vertragsschlusses zahlungsunfähig gewesen). Vgl. dazu: Erman/*Kindl*, § 311 Rn. 39 und *Grünewald*, NGZ 2003, 372.

700 MünchKomm/*Emmerich* (2012), § 311 Rn. 147 ff. Es handelt sich dabei also nicht um Prospekte des normalen Geschäftsverkehrs wie etwa Verkaufsprospekte über Waren, die von Unternehmen im Verbraucherverkehr herausgegeben sind. BGH NJW 1981, 2810. Dazu: Erman/*Kindl*, § 311 Rn. 52.

701 *Hopt*, Prospekthaftung NJW 1987, 40.

dung unrichtiger oder unvollständiger Prospekte zur Anlagenwerbung zu schützen[702].

Mit „grauem Kapitalmarkt“ bezeichnet man in Deutschland den Markt für nicht wertpapiermäßig verbriefte Vermögensanlagen wie etwa Beteiligungen an Publikumspersonengesellschaften, Anteile an geschlossenen Fonds (insbesondere Immobilienfonds) oder Anteile an Vermögen, das der Emittent oder ein Dritter in eigenem Namen auf fremde Rechnung hält oder verwaltet (Treuhandvermögen) oder Termingeschäftskonten (*managed accounts*) etc.[703] Von dem grauen Kapitalmarkt unterscheidet sich konzeptionell der sog. „weiße Kapitalmarkt“, also der organisierte Mark für Wertpapieranlagen, der früher durch das Börsengesetz reguliert war und heute dem Geltungsbereich der Wertpapierprospektgesetzes (WpPG) vom 22.06.2005 untersteht[704]. Diese **zweiteilige Marktstruktur** hat damals für ein **gespaltenes Rechtsregime** gesorgt: Während für öffentliche Angebote von Wertpapieren eine gesetzliche Prospektpflicht und eine entsprechende gesetzliche Prospekthaftung galt und gilt, gab es für die sonstigen Kapitalanlagen des grauen Kapitalmarkts lediglich einzelne gewerberechtliche Vorschriften und richterrechtliche Haftungsfiguren[705].

Das Regelungsdefizit und das Anwachsen des grauen Kapitalmarkts mit undurchschaubaren Anlageprodukten haben zu Anlegerschäden in erheblichem Maße beigetragen, so dass die Gerichte die Gelegenheit nutzten, den Anlegerschutz im grauen Kapitalmarkt mittels verschiedener Rechtsmechanismen zu verstärken. Die bürgerlich-rechtliche Prospekthaftung hat in Reaktion darauf sich in so einem Ausmaß entwickelt, dass sie sich zu einem bedeutenden Fall von

702 Statt vieler: MünchKomm/*Emmerich* (2012), § 311 Rn. 147. Die Börsenprospekthaftung ist die älteste Form des Anlegerschutzes und stammt in ihrer modernen Ausprägung aus der zweiten Hälfte des 19. Jahrhunderts. Inzwischen ist sie in vielen Rechtsordnungen zu einer über die Börse hinausgehenden Prospekthaftung weiterentwickelt worden, so dass heute von einer gemeinsamen Rechtstradition der westlichen Industriestaaten sprechen kann. Diese Entwicklung ist international voll im Gange: England hat seit 2010 eine Kodifikation zur *issuer liability*; Frankreich hat seit 2003 eine Serie von Urteilen aus der *Cour de Cassation* im Sinne des Anlegerschutzes; das gleiche gilt für Österreich mit zwei Grundsatzbeschlüssen des Obersten Gerichtshofes (öOGH) aus dem Jahr 2011 und 2012. Über die börsenrechtliche (aktueller: marktrechtliche) Prospekthaftung vgl. statt vieler: *Hopt*, WM 2013, 101–112.

703 Bankrecht-Handbuch/*Schimansky/Buntel/Lwowski* (2011), Vor § 104 Rn. 8.

704 Dazu: Bankrecht-Handbuch/*Schimansky/Buntel/Lwowski* (2011), Vor § 104 Rn. 8; *Fleischer*, BKR 2004, 339, der darauf hinweist, dass diese zweiteilige Struktur (Wertpapiermarkt und grauer Markt) des deutschen Kapitalmarkts international ungewöhnlich ist und nur noch in Österreich zu finden ist.

705 *Fleischer*, BKR 2004, 339.

culpa in contrahendo entwickelt hat[706]. Es haben sich in Deutschland dann zwei grundlegenden Arten von Prospekthaftung ausgebildet: die **spezialgesetzliche (börsenrechtliche) Prospekthaftung** einerseits und die **bürgerlichrechtliche Prospekthaftung** andererseits.

Innerhalb der letzteren differenzierte man zwischen **bürgerlichrechtlicher Prospekthaftung im engeren Sinne**, die in erster Linie Gründer, Initiatoren, Gestalter der Gesellschaft und Hintermänner zum Adressaten hatte und **bürgerlichrechtlicher Prospekthaftung im weiteren Sinne**, die grundsätzlich nur Personen betraf, die bei den Verhandlungen das Vertrauen des Anlegers in besonderem Maße in Anspruch nahmen und seine Anlageentscheidung wie ein Sachwalter erheblich beeinflussten. Da dies einen Fall von Dritthaftung aus culpa in contrahendo gemäß § 311 III iVm § 241 II BGB darstellt, hat man sie früher häufig auch „uneigentliche Prospekthaftung" genannt. Wie bei der Börsenprospekthaftung handelt es sich bei der bürgerlichrechtlichen Prospekthaftung funktional um eine **Haftung für Fehlinformation im Kapitalmarkt**[707], die dem Vertrauensschutz von Anlegern im grauen Kapitalmarkt dient.

In den letzten Jahrzehnten, insbesondere nach der Finanzkrise des Jahres 2008 hat sich die Haftung für fehlerhafte und unvollständige Anlageprospekte erheblich weiterentwickelt: über die rechtsfortbildende Konstruktion der bürgerlichrechtlichen Prospekthaftung hinaus wurden – auch unter europäischen Einfluss – **zahlreiche Sondergesetze** erlassen, die eine spezialgesetzliche Prospekthaftung für bestimmte Anlageformen des grauen Kapitalmarkts ausdrücklich statuieren und somit das Schutzniveau des Anlegers deutlich erhöhen. Nennenswert sind in diesem Kontext folgende normativen Regelungen: Verkaufsprospektgesetz (1991), Investmentgesetz (2003), Anlegerschutzverbesserungsgesetz (2004), Wertpapierprospektgesetz (2005, letzte Fassung aus 2011), Vermögensanlagegesetz (2011) und das Kapitalanlagegesetzbuch (KAGB, 2013)

---

706 MünchKomm/*Emmerich* (2012), § 311 Rn. 147.

707 *Hopt*, WM 2013, 101.

708 Den ersten Schritt bildet das Verkaufsprospektgesetz von 1991, das erstmal eine Prospekthaftung für das öffentliche Angebot von Wertpapieren, die nicht zum Handel an einer inländischen Börse zugelassen sind, statuiert (§ 1 VerkProspG). Dann kam das Investmentgesetz (InvG) vom 15.12.2003 hinzu, das die Prospekthaftung auf Verkaufsprospekte, die bei dem Vertrieb von Investmentanteilen anzufertigen und dem Publikum zugänglich zu machen sind, ausgedehnt hat. In demselben Jahr hat die Europäische Komission die Prospekt-Richtlinie 2003/71/EG vom 04.11. 2003 verkündet und in der Folge die Verordnung 809/2004 vom 29.04.2004 über Mindestangaben im Prospekt, die zur Verkündung des Anlegerschutzverbesserungsgesetz (AnSVG) vom 28.10. 2004 geführt haben. Dieses Gesetz hat zur weiteren Ausdehnung der spezialgesetzlich geregelten Prospekthaftung geführt, weil es die Prospektpflicht und die Prospekthaftung auf den größten Teil des sog. grauen Kapitalmarkts erstreckt hat. Zu erwähnen sind auch das Wertpapierprospekt-

[708]. Vor allem das KAGB regelt jetzt den größten Teil des damaligen Anwendungsbereichs bürgerlichrechtlicher Prospekthaftung gemäß §§ 311 II-III und 241 II BGB. Heute gilt auch eine **Prospektpflicht** für Vermögensanlagen des grauen Kapitalmarkts, deren Verletzung eine nun **gesetzliche Prospekthaftung** nach § 306 KAGB begründet.

Dadurch sind die Lücken geschlossen, die sich infolge der früheren Regelung der Materie allein im Börsengesetz – später dann in der Prospektpflicht allgemein in sog. „geregelten Märkten" (WpPG), aber eben noch nicht in grauen Kapitalmärkten – auftaten und die die rechtsdogmatische Konstruktion der bürgerlichrechtlichen Prospekthaftung in Anlehnung an den Vertrauensgedanken gerechtfertigt haben. Deshalb stellt sich heute zu diesem Thema die Frage, welcher Anwendungsbereich für die bürgerlichrechtliche Prospekthaftung ieS – neben der spezialgesetzlich geregelten Prospekthaftung – noch verbleibt. Auch wenn einige Stimmen diese Kernfrage als noch nicht endgültig geklärt sehen, geht doch die herrschende Meinung davon aus, dass die gesetzliche Prospekthaftung die bürgerlichrechtliche Prospekthaftung ieS verdrängt[709]. Denn das Vermögensanlagegesetz (VermAnlG) und das im Wesentlichen an seine Stelle getretene Kapitalanlagegesetzbuch (KAGB) haben gerade die Aufgabe, den gesamten grauen Kapitalmarkt – endlich[710] – zu regulieren und ihn insbesondere einer Prospektpflicht und Prospekthaftung zu unterwerfen[711].

Daraus ergibt sich, dass die nun spezialgesetzlich geregelte kapitalmarktrechtliche Prospekthaftung als umfassende Regelung für unterlassene oder unzutreffende Information im (grauen) Kapitalmarkt vor der bürgerlichrechtlichen Prospekthaftung gilt. Die Regulierung dieses ganzen Bereichs (grauer Markt)

---

gesetz (WpPG) vom 22.06.2005, das in Ergänzung zum BörsG und zu dem inzwischen (2012) aufgehobenen VerkProspG die Erstellung, Billigung und Veröffentlichung von Prospekten für Wertpapiere regelt, die öffentlich angeboten oder zum Handel an einem organisierten Markt zugelassen sind, sowie auch das Gesetz über Vermögensanlagen (VermAnlG) vom 06.12.2011, zuletzt geändert am 04.10.2013, das an die Stelle des VerkProspG tritt. Für eine ausführliche historische Darstellung vgl. MünchKomm/*Emmerich* (2012), § 311 Rn. 147 ff.

709 In diesem Sinne: *Habersack*, Prospekthaftung HdB § 29 Rn. 2, 61, 73 und MünchKomm/*Emmerich* (2012), § 311 Rn. 136 f. Dazu auch: BGH NJW 2015, 236 Rn. 71 ff.

710 Die Forderung nach einer Prospektpflicht für Anlageprodukte des grauen Kapitalmarkts gibt es schon lange. Schon der 51. Deutsche Juristentag 1976 in Stuttgart hat dem Gesetzgeber in Anlehnung an Hopts Gutachten empfohlen, ein Anlegerschutzgesetz für alle Arten von Anteilen an Publikumsgesellschaften, geschlossenen Immobilienfonds und ähnlichen Organisationen zu erlassen, das allerdings nicht weiter verfolgt wurde. Eine Prospektpflicht für Kapitalanlagen des grauen Markts kam erstmals mit dem Anlegerschutzverbesserungsgesetz vom 01.07.2004. Vgl. *Hopt*, Gutachten, in: Verhandlungen des 51. DJT, Bd. I (1976), G130-G133; ferner: *Wiedermann*, BB 1975, 1591, apud: *Fleischer*, BKR 2004, 339.

711 MünchKomm/*Emmerich* (2012), § 311 Rn. 136.

durch das Kapitalanlagegesetzbuch zusammen mit der Regulierung des Kapitalmarkts ieS (Wertpapiermarkt) durch das Wertpapierprospektgesetz bedeutet eine **einheitliche Regulierung des gesamten Kapitalmarkts** – moderner gesprochen: Finanzmarkts[712] – und beansprucht, der gesamten Materie eine neue Rechtsnatur zu geben, namentlich eine **kapitalmarktrechtliche Natur.** Soweit die Prospekthaftung nun angemessen und abschließend geregelt ist, besteht daneben **kein Raum und keine Notwendigkeit** mehr für einen Rückgriff auf die bürgerlichrechtliche Prospekthaftung ieS nach § 311 II iVm § 241 II BGB, die sich derzeit auf recht wenige und seltene Fälle wie Bauherren- und Bauträgermodelle beschränkt[713].

Dafür sprechen auch **rechtsdogmatische und teleologische Besonderheiten** der Prospekthaftung, die sie von den Grundlinien der culpa in contrahendo unterscheiden. Eine wichtige Eigenheit besteht darin, dass die Prospekthaftung gegenüber der allgemeinen Vertrauenshaftung – in der Variante der culpa in contrahendo – nicht an ein **persönliches Vertrauensverhältnis** (Vertrauenstatbestand) zwischen Prospektverantwortlichen und Anleger anknüpft, sondern an die Prospektangaben, welche in der Regel die einzige Informationsquelle für den Anleger sind. Deshalb setzt die Prospekthaftung ein **standardisiertes (typisiertes) Vertrauen** als konstitutives Element voraus[714].

Weiter ist bei der Prospekthaftung zu konstatieren, dass die Informationspflichten dort zwar ein Zweipersonenverhältnis in dem Sinne voraussetzen, dass nur der geschädigte Anleger geschützt ist, der in einem konkreten Schuldverhältnis mit dem Prospektverantwortlichen steht, so dass dieser gegenüber jemandem, der aufgrund fehlerhafter Prospektangaben sein Geld nicht investiert hat, nicht zur Haftung verpflichtet ist. Die Informationspflichten in Anlagengeschäften dienen aber funktional nicht ausschließlich dem **Schutz eines konkreten Anlegers**, sondern auch – und vornehmlich – dem **Schutz des Finanzmarkts**, um das reibungslose Funktionieren und letztendlich die Existenz des Kapitalmarkts zu gewährleisten.

All dies zeigt, dass die Prospekthaftung sowohl von der praktischen Bedeutung als auch von der dogmatisch-teleologischen Begründung her ein Randthema

---

712 Über die Frage nach der Aktualität der herkömmlichen begrifflichen Trennung zwischen Kapitalmarkt ieS (Wertpapiermarkt) und grauem Kapitalmarkt angesichts des aktuellen Begriffes vom Finanzmarkt als dem Markt, auf dem Finanzinstrumente gehandelt werden vgl. statt vieler: Bankrecht-Handbuch/*Schimansky/Bunte/Lwowski* (2014), Vor § 104 Rn. 2ff.

713 In diesem Sinne: MünchKomm/*Emmerich* (2012), § 311 Rn. 153 mit Hinweisen auf die Rechtsprechung. Aufgrund der Ausklammerung dieser Fälle aus der culpa in contrahendo wird die Prospekthaftung in dieser Arbeit nicht analysiert.

714 Dazu: Bamberger/Roth/*Grüneberg*, § 311 Rn. 105 und Erman/*Kindl*, § 311 Rn. 52.

bei der culpa in contrahendo ist, das hier nicht behandelt werden kann. Davon zu trennen ist die bürgerlichrechtliche Prospekthaftung iwS, die praktisch eine Eigenhaftung von Dritten aus culpa in contrahendo darstellt und die unberührt von der neuen Gestaltung kapitalmarktrechtlicher Prospekthaftung bleibt. Sie fällt jedoch anhand der Eigenhaftung Dritter aus culpa in contrahendo (§ 311 III BGB) in den Anwendungsbereich der vorvertraglichen Haftung, die nicht Objekt dieser Arbeit ist. Es handelt sich dabei grundsätzlich um eine Haftung für die Verletzung von Aufklärungspflichten. Die Haftung beruht darauf, dass bestimmte Personen aus dem Kreis der Prospektverantwortlichen für ihre Person tatsächlich das Vertrauen der Anleger bei den Beitrittsverhandlungen in Anspruch nehmen und ihre Anlagenentscheidung erheblich beeinflussen wie etwa Sachwalter, Rechtsanwälte, Steuerberater, Treuhandkommanditisten, aber auch Initiatoren, Gründer und Gestalter des Anlagemodells, die dann nach § 311 II 2 BGB haften[715].

6. Zusammenfassung

Man kann zusammenfassend sagen, dass die vorvertragliche Haftung im deutschen Recht eine erhebliche praktische und dogmatische Bedeutung hat und heutzutage den Kern des Rechtsinstituts bildet. Trotz aller dogmatischen Streitigkeiten hat die Figur ohne Zweifel für die Modernisierung des deutschen Schuldrechts einen essentiellen Beitrag geleistet, indem sie zur Renovierung der klassischen Institute, wie des Willensmangel- und Gewährleistungsrechts beigetragen hat. Sie dient vor allem der Materialisierung der Selbstbestimmungsfreiheit als Akt der Privatautonomie, indem sie durch die Auferlegung umfassender Informations-, Aufklärungs- und Beratungspflichten das informationelle Defizit der unzureichend informierten Partei ausgleicht und dadurch ihre materielle Entscheidungsgrundlage verbessert. Eine vorvertragliche Informationshaftung kommt immer dann in Betracht, wenn eine Partei schuldhaft unzutreffende Informationen über vertragswesentliche Umstände mitteilt oder sie eben pflichtwidrig verschweigt und dadurch den Gegner zum Abschluss eines ungünstigeren oder unerwünschten Geschäfts bewegt, die er – bei ordentlicher Aufklärung – nie oder nicht zu diesen Bedingungen abgeschlossen hätte. Dazu gehören Aufklärung über Umstände, die die Durchführbarkeit, Wirksamkeit, die mit dem Vertrag (nicht unbedingt mit dem Vertragsgegenstand!) verbundenen Risiken oder die Rentabilität des Geschäfts.

Allgemein kann man sagen, dass jede Partei selbst die Pflicht trifft, sich über die allgemeinen Marktverhältnisse und die sich daraus ergebenden Risiken und

---

715 MünchKomm/*Emmerich* (2012), § 311 Rn. 158 ff.

Chancen des Geschäfts zu informieren. Im deutschen Recht gibt es keine allgemeine Informationspflicht. Um eine Aufklärungspflicht der besser informierten Partei aufzuerlegen, müssen dann besondere Umstände vorliegen, die allein der einen Partei bekannt sind und von denen sie weiß oder wissen muss, dass die Vertragsentscheidung des Geschäftsgegners von deren Kenntnis beeinflusst werden kann. Die deutsche Rechtsprechung und Lehre haben unterschiedliche Kriterien dafür fixiert.

Eine Aufklärungspflicht kommt zunächst im Betracht, wenn eine strukturelle Informationsasymetrie zwischen den Parteien vorliegt. Die Annahme einer Informationspflicht hängt noch von einer Reihe weiter Umständen ab wie etwa dem intellektuellen oder wirtschaftlichen Übergewicht einer Partei über die andere, der Art der fraglichen Information und des Geschäfts, das Vorverhalten der Beteiligten (Ingerenz) oder dem Zugang zu den Informationsquellen. Man kann dabei eine allgemeine Regel feststellen: Je ausgeprägter das intellektuelle oder wirtschaftliche Übergewicht einer Partei und damit ihr Zugang zu den Informationsquellen ist, desto größer das legitime Informationsbedürfnis der anderen. Banken und Versicherungsgesellschaften sind deshalb zu umfassenden und zunehmenden Aufklärungspflichten Verbrauchern gegenüber verpflichtet.

Ist durch vorvertragliche Fehlinformation ein ungünstiger oder unerwünschter Vertrag zustande gekommen, entsteht dem Getäuschten ein rechtsfortbildend konstruiertes Wahlrecht, das es ihm erlaubt, entweder Rückgängigmachung des Vertrages zu verlangen oder am Vertrag festzuhalten und lediglich einen Schadensersatz einzufordern. Die beiden Mechanismen sind nichts anderes als eine Erscheinungsform des Schadensersatzanspruchs, der im Wege der Naturalrestitution des § 249 BGB den schadensfreien Zustand herzustellen hat. Nach streitiger Rechtsprechung setzt der vorvertragliche Schadensersatzanspruch einen durch den Vertragsschluss verursachten Vermögensschaden voraus.

Dieser Rechtsprechung ist allerdings nicht zu folgen, denn der vorvertragliche Schaden kann nach BGB-Systematik schon in dem Abschluss eines unerwünschten Vertrages bestehen, auch wenn dies nicht in einem rechnerischen Minus materialisiert. Bei Auflösung ist der Vertrag rückabzuwickeln, Leistung und Gegenleistung zurückzuerstatten und der daraus entstandene Vertrauensschaden zu ersetzen. Hält der Geschädigte an dem Vertrag fest, gewährt ihm die Rechtsprechung einen Anspruch auf Vertragsanpassung, die in einer Leistungsminderung bzw. in der Herabsetzung des Entgelts besteht, das er infolge des pflichtwidrigen Verhaltens des Gegners zu teuer geleistet hat. Das kann im Einzelfall in der Rückerstattung des zu viel Gezahlten bestehen.

Es besteht kein begründeter Zweifel mehr, dass die culpa in contrahendo aus § 311 II BGB sowohl vorsätzliches als auch fahrlässiges informationelles Fehlverhalten bei Vertragsvorbereitung sanktioniert. Damit ist zugleich gesagt, dass die vorvertragliche Informationshaftung Fälle von arglistiger Täuschung beinhaltet. Das heißt, dass man den Tatbestand des § 123 BGB als einen gesetzlich geregelten Fall von culpa in contrahendo rechtsdogmatisch qualifizieren kann. Der Getäuschte kann also auch nach Ablauf der Anfechtungsfrist des § 124 BGB auf die culpa in contrahendo zurückgreifen und entweder die Auflösung oder die Anpassung des Vertrages beantragen. Im Rahmen des Gewährleistungsrechts kommt eine Haftung aus culpa in contrahendo grundsätzlich nicht zur Anwendung, wenn der Verkäufer den Mangel an der Sache kennt oder fahrlässig verkennt.

Das Thema ist wohl umstritten. Zu Recht nimmt die herrschende Meinung an, dass das Gewährleistungssystem des BGB eine abschließende Sonderregelegung darstellt, die innerhalb ihres Anwendungsfelds eine parallele Anwendung der culpa in contrahendo grundsätzlich sperrt. Das lässt sich insbesondere nach der Reform des Gewährleistungsrechts rechtfertigen, da sonst die Gefahr besteht, dass der Vorrang der in § 439 BGB neu statuierten Nacherfüllung und der speziellen Verjährungsregelung des § 438 mit Hilfe der culpa in contrahendo umgegangen werden. Eine parallele Anwendung kommt jedoch beim Vorsatz des Verkäufers ausnahmsweise in Betracht, also wenn er den Mangel bewusst verschwiegen hat. In diesem Fall ist er laut BGB nicht mehr schutzwürdig und jeder Grund für die Einschränkungen des § 311 II BGB entfällt.

III. Haftung für vorvertragliche Informations- und Aufklärungspflicht im brasilianischen Recht

1. Problemstellung

Die Problematik um die Information im Rechtsverkehr hat in Brasilien erst ab den 90er Jahren des 20sten Jahrhunderts richtig Bedeutung erlangt. Dies hängt vorwiegend mit dem Inkrafttreten des Verbraucherschutzgesetzes im Jahr 1990 zusammen, das es sich unter anderen zum Ziel gesetzt hat, die gravierenden Informationsdefizite im brasilianischen Konsumentenmarkt zu korrigieren. Im allgemeinen Privatrechtsverkehr hat das Problem von Unterlassung oder Weitergabe fehlerhafter Informationen nur eine relativ geringe Bedeutung im Rahmen der Willensmängeltheorie, insbesondere bei Irrtum und Dolus, erhalten[716]. Wie

---

716 *Junqueira de Azevedo*, Dever de informar, 184, 188, der eine kritische und bewusste Analyse über die Entwicklung der Informationspflicht im brasilianischen Recht vorgenommen hat. Er meint: „Na esfera contratual, é certo que sempre se reconheceu a necessidade do dever de informar nos limites do dolo (recordamos o marcante exemplo do dolo por omissão – art. 94 do Código Civil – e o caso especial do contrato de seguro), mas esses exemplos não foram apliados; não se elaborou, entre nós, uma concepção geral do dever de informar para os contratos. Do

die deutsche Privatrechtsdogmatik des 19. Jahrhunderts ging auch die brasilianische Lehre des späteren 20. Jahrhundert davon aus, dass sich grundsätzlich jede Partei Informationen über das intendierte Geschäft selbst zu verschaffen und folglich das Risiko für eine Fehlentscheidung selbst zu tragen habe. Ausprägung dieser Regel ist der im Bereich des Kaufrechts immer noch geltende römische Rechtsgrundsatz von *caveat emptor*, wonach der Käufer beim Kaufvertrag das Risiko dafür trägt, dass der Kaufgegenstand frei von offenen Sach- und Rechtsmängeln ist. Daraus folgte, dass der Vertragspartner, der aufgrund Nicht- oder Fehlinformation ein nachteiliges oder unerwünschtes Rechtsgeschäft abschließt, nur in eng geregelten Fällen die Möglichkeit hatte, sich vom abgeschlossenen Geschäft zu lösen.

Die Rechtslage hat sich mit der Kodifikation aus dem Jahr 2002 nicht grundlegend geändert, so dass man dabei zunächst auf die Irrtumsfigur stößt, die eine Rückgängigmachung des Geschäfts allerdings nur beim Vorliegen eines wesentlichen, entschuldbaren und erkennbaren Irrtums erlaubt (Art. 86 CC1916, Art. 138 CC2002). Bei Unwesentlichkeit des Irrtums bleibt dagegen die nichtinformierte Partei an die Erklärung bzw. an den Vertrag gebunden, was nicht zuletzt eine Folge des **Selbstinformationsrisikos** ist, die jede Partei grundsätzlich trägt. Selbst wenn der Irrtum durch **arglistige Täuschung** der Gegenseite erregt worden ist, weil sie z. B. wesentliche Information für die Vertragsentscheidung nicht oder mangelhaft mitgeteilt hat, kann sich der Getäuschte vom Vertrag nur lösen, wenn der Dolus kausal für den Vertragsschluss ist. Bezog sich die Fehlinformation dagegen auf Nebenpunkte des Vertrages, so dass anzunehmen ist, dass die Parteien den Vertrag trotzdem zu anderen Konditionen eingegangen wären, darf der Getäuschte nur Schadensersatz verlangen (Art. 93 CC1916, Art. 146 CC2002)[717].

Über den Willensmangel hinaus erlangt die vorvertragliche Fehlinformation im Rechtsverkehr im Gewährleistungsrecht eine weitere, jedoch nur nebensächliche Bedeutung. Das geschieht nämlich dann, wenn der Verkäufer den Käufer **nicht informiert**, dass die Kaufsache eine gewöhnliche Eigenschaft nicht hat, so dass sie dadurch untauglich für ihre reguläre Nutzung oder entwertet wird. In der Regel haftet der Verkäufer verschuldensunabhängig für Mängel der Sachbeschaffenheit, so dass der Käufer aufgrund der Schlechtleistung entweder eine Herabsetzung des Kaufpreises oder eine Rückgängigmachung des Vertrages mit

mesmo modo, é forçoso observar que, no campo da responsabilidade civil, também não se extraiu, como era possível, do art. 159 do Código Civil, um dever geral de informar.".

717 „Art. 93. O dolo acidental só obriga à satisfação das perdas e danos. É acidental o dolo, quando a seu despeito o ato se teria praticado, embora por outro modo."

„Art. 146. O dolo acidental só obriga à satisfação das perdas e danos, e é acidental quando, a seu despeito, o negócio seria realizado, embora por outro modo."

Ersatz von Vertragskosten verlangen kann. Hat der Verkäufer allerdings bewusst auf den Sachmangel nicht hingewiesen, darf der Käufer neben dem Vertragsrücktritt Schadensersatz in vollem Umfang fordern. Obwohl hinter der Leistungspflichtverletzung eine vorvertragliche Informationspflichtverletzung steht, hat die Lehre noch nicht in Frage gestellt, ob und inwieweit dabei eine culpa in contrahendo für Fehlinformation vorliegt und im bejahenden Fall welche Rechtsfolgen man daraus herleiten kann.

Der Grundsatz von Treu und Glauben, an den die europäische Schuldrechtsdogmatik rechtliche Mechanismen (Informations- und Aufklärungspflichten) zur Schaffung und Weitergabe von Informationen im Rechtsverkehr geknüpft hat, ist nun ausdrücklich in der brasilianischen Privatrechtsordnung positiviert. Im Sonderprivatrecht erlangt die Informationspflicht vor allem im Verbraucherschutzgesetz eine große Bedeutung, wo sie sogar als ein allgemeines strukturelles Prinzip konzipiert ist. In der großen Kodifikation findet die Informationspflicht – wie die allgemeine Kategorie der Rücksichtspflichten – in Art. 422 CC2002 einen Platz. Da das brasilianische Zivilgesetzbuch keine Regel wie § 676 BGB a.F.[718] oder Art. 485 des portugiesischen Zivilgesetzbuches[719] kennt, die eine **Haftung für Rat und Empfehlung** grundsätzlich ausschließt, stellt sich die Frage, ob es im Zivilgesetzbuch – wie im Verbraucherschutzgesetz – auch eine allgemeine Regel zur Informationspflicht gibt oder ob eine solche Pflicht nur bei besonderen Umständen besteht.

Dies löst eine Reihe weiterer Fragen aus: wann eine solche Pflicht entsteht, welchen Inhalt sie hat und welche Rechtsfolgen aus ihrer Verletzung entstehen. Darüber hinaus kommen noch Abgrenzungsfragen in Betracht, die vornehmlich darauf abzielen, die Anwendung der Informationspflicht mit anderen Rechtsinstituten, in denen eine vorvertragliche Information Bedeutung erlangt, in Einklang zu bringen. Diese Fragestellung ist vor allem in denjenigen Fällen von Be-

---

718 Über die Streitigkeit zur die Haftung für Rat- und Auskunftserteilung im alten deutschen Recht vgl. MünchKomm/*Seiler*, § 676.

719 „§ 676. Keine Haftung für Rat oder Empfehlung. Wer einem anderen einen Rat oder eine Empfehlung erteilt, ist, unbeschadet der sich aus einem Vertragsverhältnis oder einer unerlaubten Handlung ergebenden Verantwortlichkeit, zum Ersatze des aus der Befolgung des Rates oder der Empfehlung entstehenden Schadens nicht verpflichtet." Die Norm ist durch die Schuldrechtsreform außer Kraft gesetzt worden.

„Art. 485 (Conselhos, recomendações ou informações) 1. Os simples conselhos, recomendações ou informações não responsabilizam quem os dá, ainda que haja negligência da sua parte. 2. A obrigação de indemnizar existe, porém, quando se tenha assumido a responsabilidade pelos danos, quando havia o dever jurídico de dar conselho, recomendação ou informação e se tenha procedido com negligência ou intenção de prejudicar, ou quando o procedimento do agente constitua facto punível."

deutung, in denen eine Partei der anderen gegenüber fahrlässig falsche oder mangelhafte Informationen gibt oder für den Vertragsentschluss wesentliche Umstände verschweigt und somit die Gegenseite zum Abschluss eines unerwünschten bzw. nachteiligen Vertrages bewegt.

Aus methodischen Gründen wird erst untersucht, wie das Problem von Fehlinformationen vor Vertragsschluss im Verbraucherschutzgesetz gelöst wird (unter 2), und erst dann die Problematik im Rahmen der großen Kodifikation behandelt (unter 3). Diese Frage ist zunächst unter systematischer Berücksichtigung des Willensmängelrechts (unter 3.1), Gewährleistungsrechts (unter 3.2) und erst dann unter dem Blickpunkt der Generalklausel von Treu und Glauben aus Art. 422 CC2002 (unter 3.3) zu untersuchen, wo ihre pflichtbegründende Funktion eine gesetzliche Grundlage findet. Schließlich kommt ein Lösungsvorschlag für ein Informationsmodell (unter 4) hinzu.

2. Die vorvertragliche Informationshaftung im Verbraucherschutzgesetz

2.1. Aktueller Stand

Die Frage um Weitergabe bzw. Unterlassung von Informationen hat eine zentrale Bedeutung im Rahmen des Verbraucherverkehrs[720]. Vor dem Inkrafttreten des Verbraucherschutzgesetzes im Jahr 1990 herrschte ein großes Informations- und Aufklärungsdefizit im brasilianischen Konsumentenmarkt. Seit der Geltung des Sondergesetzes kann man wohl eine Erhöhung des informationellen Schutzniveaus im inländischen Massenverkehr feststellen, auch wenn in besonders sensiblen Bereichen, wie dem Bank- und Kapitalanlagerecht das informationelle Niveau immer noch defizitär ist und die Rechtsprechung Informationspflichtverletzungen dort nur schüchtern sanktioniert[721]. Und dies, obwohl ein großer Teil des Bank- und Finanzrechts unter dem Anwendungsbereich des Verbraucherschutzgesetzes kraft Art. 3 § 2 steht[722]. Information und Aufklärung sind nach der

---

720 *Benjamin/Lima Marques/Bessa*, Manual de direito do consumidor, S. 58, wo von der Geburt einer starken Informationspflicht gesprochen wird.

721 Das gilt insbesondere für Fälle von Fehlinformation bei Kapitalanlagen, in denen der STJ von einer Kenntnisvermutung der Anleger über die Risiken des Geschäfts ausgeht und dadurch die vorvertraglichen Informationspflichten der Banken praktisch entleert. Über das Thema: *Nunes Fritz*, RDCC 8/2016, 167–200.

722 Art. 3 § 2 CDC qualifiziert Banken, Finanz-, Kredit- und Versicherungsinstitute als „Lieferanten" (fornecedores) von Produkten und Dienstleistungen im Verbrauchermarkt, was das brasilianische Bundesverfassungsgericht (STF) in einer Verfassungswidrigkeitsklage (Ação Direta de Inconstitucionalidade 2.591/DF, Rel. Min. Carlos Velloso [original], Rel. Min. Eros Grau [para o acórdão], Urt. 07.06.2000) bestätigt hat. Zum Thema vgl. grundlegend: *Lima Marques*, RDC 61/2007, 40–75.

Systematik des brasilianischen Verbraucherschutzgesetzes nicht nur ein grundlegendes Recht des Verbrauchers (Art. 6 III CDC), sondern auch Grundlinie der Verbraucherschutzpolitik, die laut Art. 4 IV CDC unter anderem darauf abzielt, mehr Transparenz in Verbraucherverhältnissen zu schaffen. Dementsprechend legt das Verbraucherschutzgesetz an verschiedenen Stellen dem Lieferanten Informationspflichten auf und knüpft daran unterschiedliche Rechtsfolgen.

Man kann von einem **Informationsgrundsatz im Verbraucherrecht** gemäß Art. 4 IV iVm Art. 6 III CDC ausgehen[723], der als ein strukturelles Prinzip des Verbraucherschutzgesetzes verstanden wird. Kraft der Informationspflicht ist der Lieferant verpflichtet, dem Verbraucher **umfassende, richtige und klare Informationen** über den intendierten Vertrag zu erteilen, insbesondere über Vertragsinhalt und Gegenstand, vor allem über seine Beschaffenheit und Risiken. Die Informationspflicht des Lieferanten umfasst auch die **Pflicht zur Verschaffung von Informationen**, über die der Lieferant nicht unmittelbar verfügt[724]. **Informations**- und **Aufklärungspflichten** sind eng miteinander verbunden und bestehen nach herrschender Meinung vor, während und nach dem Vertrag[725].

Was das Thema dieser Untersuchung betrifft, nämlich die Verletzung vorvertraglicher Informationspflichten, ist zunächst zu beachten, dass die Unterlassung und Mitteilung falscher oder mangelhafter Informationen eine Pflichtverletzung darstellt, die bei Vorliegen weiterer Haftungsvoraussetzungen eine dieses Sondergebiet prägende **verschuldensunabhängige Haftung** des Pflichtverletzenden auslöst. Das gleiche gilt für die vorvertraglichen Aufklärungspflichten, die den Lieferanten verpflichten, den Verbraucher insbesondere über Inhalt und Gegenstand des Vertrages in transparenter und verständlicher Weise zu unterrichten.

Weiter ist zu beachten, dass jede vom Lieferanten abgegebene Information aufgrund ihrer **zentralen Bedeutung für den Vertragsentschluss** mit einer **Bindungswirkung** versehen ist. Art. 30 CDC, der am Anfang des Abschnitts über die Offerte im Konsumentenmarkt steht, sieht ausdrücklich vor, dass jede genügend bestimmte, in welcher Form auch immer mitgeteilte Information oder Wer-

---

723 „Art. 6º São direitos básicos do consumidor: (...) II – a educação e divulgação sobre o consumo adequado dos produtos e serviços, asseguradas a liberdade de escolha e a igualdade nas contratações; III –a informação adequada e clara sobre os diferentes produtos e serviços, com especificação correta de quantidade, características, composição, qualidade, tributos incidentes e preço, bem como sobre os riscos que apresentem; (...)".

724 STJ, REsp. 976.836/RS, T1, Rel. Min. Luiz Fux, Urt. vom 25.08.2010, DJe 05.10.2010.

725 *Benjamin/Lima Marques/Bessa*, Manual, S. 58.

bung[726] den Lieferanten oder Verwender[727] verpflichtet und bei Abschluss zum Vertragsinhalt wird[728]. Aus der Norm ergibt sich, dass der Sondergesetzgeber der vorvertraglichen Information die gleiche **rechtliche Bedeutung eines Antrags** zuweist, so dass sie als Angebot im rechtstechnischen Sinne, d.h. als empfangsbedürftige Willenserklärung zu behandeln ist. Deshalb ist der Lieferant an die vorvertraglichen Informationen gebunden und muss sie folglich erfüllen. Die Bindungswirkung hat weiter den Sinn, dass eine einmal mitgeteilte Information automatisch **zum Vertragsinhalt** wird, wenn die Parteien zum Abschluss kommen, und zwar mit vorrangiger Bedeutung gegenüber eventuell davon abweichenden Klauseln[729].

Da Art. 30 CDC die **Gleichstellung von vorvertraglichen Informationen, Werbeanzeigen und Offerten** anordnet, schreibt Art. 35 CDC diesen Äußerungsformen des Lieferanten bei Nichteinhaltung des Versprochenen die gleiche Rechtsfolgen zu[730]. Die Norm räumt demzufolge dem Verbraucher ein **Wahlrecht**

---

726 Die Lehre unterscheidet zwischen Information und Werbung als zwei Äußerungsformen des Lieferanten. Die erste ist breiter und umfasst jegliche Äußerung, die Einfluss auf den Vertragsentschluss des Verbrauchers haben und die nicht als Werbeanzeige verstanden werden kann, wie z.B. die durch die Vertreter des Lieferanten abgegebenen Informationen über Produkte oder Dienstleistungen. *Benjamin/Lima Marques/Bessa*, Manual, S. 184.

727 Als Lieferant wird in Art. 35 CDC in erster Linie derjenige verstanden, der die Werbung bestellt und zahlt. Aber auch der Verwender der Werbung kann nach der Vorschrift in Anspruch genommen werden wie z.B. der Letztverkäufer, der von den Werbeanzeigen der Hersteller profitiert. Dazu: *Benjamin/Lima Marques/Bessa*, Manual, S. 186. In der Rechtsprechung vgl. statt vieler: STJ, REsp. 363939/MG, T3, Rel. Min. Nancy Andrighi, Urt. vom 04.06.2002, DJ 01.07.2002 (Der Autoproduzent Fiat Automóveis S/A wurde für die Vertragserfüllung – Lieferung eines Autos – beim Bankrott eines autorisierten Wiederverkäufers verantwortlich gemacht, weil er in der Werbung genannt wurde.).

728 „Art. 30. Toda informação ou publicidade, suficientemente precisa, veiculada por qualquer forma ou meio de comunicação com relação a produtos e serviços oferecidos ou apresentados, obriga o fornecedor que a fizer veicular ou dela se utilizar e integra o contrato que vier a ser celebrado.“

729 In diesem Sinne auch *Benjamin/Lima Marques/Bessa*, Manual, 184. In der Rechtsprechung vgl. statt vieler: STJ, Resp. 1.342.899/RS, T3, Rel. Min. Sidnei Beneti, Urt. vom 20.08.2013, DJe 09.09.2013, Votum Nancy Andrigi, S. 3 und REsp. 531.281/SP, T3, Rel. Min. Nancy Andrighi, Urt. vom 10.08.2004, DJ 23.08.2004 (Vorvertragliche Auskünfte über die Karenzzeit gehören zum Inhalt der abgeschlossenen Krankenversicherung. Der STJ hat den Fall an die Tatsacheninstanz zur Neuentscheidung zurückverwiesen, die die Klage des Krankenversicherungsnehmers auf Ersatz der durch den Krankenversicherer nicht übernommenen Behandlungskosten abgelehnt hat).

730 Es handelt sich hier ausschließlich um die privatrechtlichen Rechtsfolgen. Der Lieferant unterliegt weiteren straf- und verwaltungsrechtlichen Rechtsfolgen infolge der Nichteinhaltung

ein, entweder Zwangserfüllung der Offerte bzw. der Werbung (Abs. 1) oder eine äquivalente Ersatzleistung (Abs. 2) oder, falls der Vertrag schon zustande gekommen ist, den Rücktritt (Abs. 3) zu verlangen. Darüber hinaus kommt je nach Umständen Schadensersatz hinzu[731]. Aus Art. 30 iVm Art. 35 I CDC ergibt sich also, dass der Verbraucher, falls der Vertrag noch nicht entstanden ist, Vertragsabschluss und Vertragserfüllung, d.h. die Lieferung des Produkts bzw. die Erbringung der Dienstleistung genau wie angeboten verlangen kann.

Das bedeutet, dass die Offerte im Verbraucherrecht – anders als im allgemeinen Schuldrecht – eine **Abschlusspflicht** und einen **Erfüllungsanspruch** für den Lieferanten erzeugt[732]. Dies lässt sich dadurch erklären, dass sie nicht als *invitatio ad offerendum*, sondern als ein typische Antrag konzipiert ist, der eben dem Antragsempfänger eine Befugnis einräumt, durch Annahme den Vertrag ins Leben zu rufen[733]. Dementsprechend darf der Verbraucher Vertragserfüllung verlangen oder etwa bei Leistungsunmöglichkeit Ersatzleistung und gegebenenfalls Schadensersatz einfordern. Wie der Schadensersatz zu berechnen ist, insbesondere ob der Schaden das negative oder das positive Interesse abdecken soll, damit beschäftigt sich die Verbraucherrechtslehre nicht.

Junqueira de Azevedo ist der Meinung, dass es dabei um den Ersatz des positiven Interesses gehe, weil, da der Verbraucher den Vertrag durch bloße Annahme abschließen kann, es sich letztendlich um Nichterfüllung des Vertrages

---

einer Offerte oder von Werbeanzeigen, die im Verbraucherschutzgesetz geregelt sind. Vgl. dazu. *Benjamin/Lima Marques/Bessa*, Manual, 346 ff.

731 „Art. 35. Se o fornecedor de produtos ou serviços recusar cumprimento à oferta, apresentação ou publicidade, o consumidor poderá, alternativamente e à sua livre escolha: I – exigir o cumprimento forçado da obrigação, nos termos da oferta, apresentação ou publicidade; II – aceitar outro produto ou prestação de serviço equivalente; III – rescindir o contrato, com direito à restituição de quantia eventualmente antecipada, monetariamente atualizada, e a perdas e danos."

732 In der Rechtsprechung vgl. STJ REsp. 1370708/RN, 2T, Rel. Min. Mauro Campbell Marques, j. 28.04.2015, DJe 01.07.2015 (Werbung durch Flugblätter verpflichtet zur Erfüllung der Offerte, in dem Fall beschränkt sich die Streitigkeit auf die Legalität einer dem Unternehmen auferlegten administrativen Geldbuße.); STJ, REsp. 341405/DF, T3, Rel. Nancy Andrighi, j. 03.09.2002, DJ 28.04.2003 (Zwangserfüllung von Werbeanzeigen eines Bauunternehmens, der auf die Finanzierungsmöglichkeit durch die brasilianische Sparkasse (CEF) hingewiesen hat. Der STJ hat ihn dazu verpflichtet, den Immobilienkaufvertrag mit dem Käufer unter den gleichen Bedingungen wie die Sparkasse abzuschließen.).

733 Laut *Junqueira de Azevedo* steht dem Verbraucher ein Gestaltungsrecht (direito potestativo) zu, den Vertrag abzuschließen. RDC 18/1996, 23, 30. Im gleichen Sinne: *Lima Marques/Benjaminn/ Miragem*, Comentários ao código de defesa do consumidor, Art. 35 S. 718.

handele[734]. Positives und negatives Interesse sind jedoch Rechtskategorien, die in der Rechtspraxis fast keine Bedeutung haben[735]. In der Rechtsprechung wird der Schadensersatzanspruch rein kasuistisch bestimmt. Ersetzbar sind positiver Schaden (*dano emergente*) und entgangener Gewinn (*lucros cessantes*). Oft gewährt die Rechtsprechung in solchen Fällen dazu oder allein Schmerzensgeld, das nicht selten an die Stelle der schwer zu berechnenden materiellen Schäden tritt oder einen punitiven Charakter hat[736].

Was den Inhalt vorvertraglicher Informationspflichten betrifft, ergibt sich aus dem Verbraucherschutzgesetz, dass es in erster Linie Mitteilungen über die **Vertragsbedingungen** und den **Vertragsgegenstand**, vor allem **Eigenschaften** und **Risiken** des Objekts, umfasst[737]. Dass sich die Informationspflicht auch auf die **Vertragsbedingungen** richtet, zeigt unter anderem Art. 46 CDC, wo die Pflicht des Lieferanten zur Benachrichtigung und Aufklärung der Vertragsbedingungen gegenüber dem Verbraucher geregelt ist. Die Vorschrift knüpft an die Nicht- oder Fehlinformation eine strenge Rechtsfolge: Der Verbraucher **ist nicht an den Vertrag gebunden**, wenn er vorher keine Kenntnis über den Vertragsinhalt nimmt (Informationspflicht) oder wenn der Vertrag in einer so schwierigen oder unverständlichen Weise formuliert wird, dass der Verbraucher seinen Sinn und

---

734 RDC 18/1996, 23, 30. Im Ergebnis gleich, aber ohne Hinweis auf die Kategorie des positiven Interesses: *Marques/Benjaminn/Miragem*, Comentários ao código de defesa do consumidor, Art. 35 S. 718.

735 In diesem Sinne *Junqueira de Azevedo*, RDC 3/1992, 78, 82 und *Steiner*, Interesse positivo, S. 100.

736 Vgl. STJ REsp. 1329556/SP, T3, Rel. Min. Ricardo Villas Bôas Cueva, j. 25.11.2014, DJe 09.12.2014 (Ersatz von materiellen und immateriellen Schaden für den Vater eines an Krebs gestorbenen Sohnes wegen irrtümlicher Werbung iSv Art. 37 § 1 CDC durch einen Tablettenhersteller, der die Krebsheilung durch die genannten Tabletten versprach. Dabei besteht es ein abweichendes Votum gegen die Gewährung von Schadensersatz, das sich auf die Tatsache stützt, dass die Partei sich der Untauglichkeit des Medikaments bewusst war, weil sich der Krebserkrankte durch die traditionelle Medizin weiter behandeln hat lassen); REsp. 341405/DF, T3, Rel. Nancy Andrighi, Urt. vom 03.09.2002, DJ 28.04.2003 (Zwangserfüllung von Werbeanzeigen eines Bauunternehmens über die Finanzierungsmöglichkeit durch die brasilianische Sparkasse (CEF). Ersatz des materiellen Schadens in Höhe des Finanzierungsbetrags.)

737 Vor allem ist der Lieferant verpflichtet, angemessene und klare Informationen über Produkte und Dienstleistungen hinsichtlich ihrer Eigenschaft, Qualität, Quantität, Komposition, fälligen Steuern und ihres Preises, sowie über ihre Risiken zu geben. Dieser Befehl wiederholt sich an verschiedenen Stellen, wie in Art. 31 CDC, wenn es heißt, dass die Offerte oder die Präsentation von Produkten und Dienstleistungen richtige, klare, präzise, sichtbare, auf Portugiesisch verfasste Informationen beispielweise über Eigenschaften, Qualität, Quantität, Komposition, Preis, Gewährleistung, Gültigkeitsfrist, Herkunft, Gesundheits- und Sicherheitsrisiken enthalten muss. Das Verbraucherschutzgesetz enthält auch weitere Regelungen über Produktrisiken in Arts. 8 bis 10 CDC, die in erster Linie den Integritätsschutz des Verbrauchers bezwecken.

seine Tragweite nicht genau verstehen kann (Aufklärungspflicht)[738]. In der Praxis bedeutet das regelmäßig Nichtigkeit des Vertrages oder der einzelnen Klausel.

Die Unterlassung oder Mitteilung unzutreffender Informationen wird als **Fehler** qualifiziert, wenn es dadurch bei dem Verbraucher zu Personenschäden oder Sachbeschädigung kommt (Arts. 12 und 14 CDC). Hier spricht man von *responsabilidade por fato do produto/serviço* (Haftung für Produkt- oder Dienstleistungsfehler). Sie wird dagegen als **Mangel** qualifiziert, wenn es sich um Fehlinformationen über Eigenschaften von Produkten und Dienstleistungen handelt, die die Nutzbarkeit oder die Werthaltigkeit beschränken (Arts. 18–20 CDC). Hier spricht man von *responsabilidade por vício do produto/serviço*, d.h Haftung für Mängel an Produkten oder Dienstleistungen. Das Verbraucherrecht unterscheidet – anders als das allgemeine Vertragsrecht – Fehler und Mangel, obwohl an einigen Stellen beide Terminologien als Synonym verwendet werden[739].

Letztendlich ist zu bemerken, dass die Verletzung von Informationspflichten nach diesen beiden Haftungstatbeständen **unterschiedliche Rechtsfolgen** auslöst, obwohl der Lieferant immer verschuldensunabhängig haftet. Folgt aus der Fehlinformation ein Personen- oder Sachschaden, entsteht dem Geschädigten ein Schadensersatzanspruch (Art. 12 und 14 CDC), der binnen der fünfjährigen Frist des Art. 27 CDC verjährt. Führt die Informationspflichtverletzung nur zum Sachmangel, muss der Verbraucher zunächst dem Lieferanten eine 30-Tage-Frist zur Nacherfüllung (Art. 18 § 1 CDC) setzen, wenn eine Fristsetzung nach Art. 18 § 3 CDC nicht entbehrlich ist. Erst bei erfolglosem Fristablauf darf der Verbraucher die weiteren Rechtsbehelfe des Art. 18 § I CDC ergreifen: nämlich Ersatzleistung (Abs. 1), Rücktritt (Abs. 2) oder Minderung (Abs. 3) verlangen[740], unbeschadet von

---

738 „Art. 46. Os contratos que regulam as relações de consumo não obrigarão os consumidores, se não lhes for dada a oportunidade de tomar conhecimento prévio de seu conteúdo, ou se os respectivos instrumentos forem redigidos de modo a dificultar a compreensão de seu sentido e alcance.“

739 So in Art. 26 § 3 CDC, wo zu lesen ist, dass die Ablauffrist für die Ausübung der Gewährleistungsrechte bei versteckten Mängeln mit Kenntnisnahme des Fehlers beginnt. Die herrschende Meinung hält an der Unterscheidung fest; einige Autoren finden sie jedoch unerheblich. In diesem Sinne: *Nunes*, Comentários, S. 163.

740 Laut Art. 18 § 3 CDC darf der Verbraucher direkt die sekundären Rechte aus Art. 18 § 1 CDC geltend machen, wenn es sich um ein wesentliches Produkt handelt oder wenn der Ersatz der mangelhaften Teile die Qualität oder die Eingeschaften des Produkts gefährden können (Art. 18 § 3 CDC).

„Art. 18. Os fornecedores de produtos de consumo duráveis ou não duráveis respondem solidariamente pelos vícios de qualidade ou quantidade que os tornem impróprios ou inadequados ao consumo a que se destinam ou lhes diminuam o valor, assim como por aqueles decorrentes da disparidade, com a indicações constantes do recipiente, da embalagem, rotulagem

Schadensersatzansprüchen. Die gleiche normative Struktur wird *mutatis mutandis* an die Haftung für Dienstleistungsmängel nach Art. 20 CDC angepasst, der dem Verbraucher allerdings ohne Fristsetzung die gleichen Rechtsbefehle eröffnet[741].

Die Autoren, die sich mit der vorvertraglichen Haftung beschäftigen, sehen meistens darin ein gesetzliches Beispiel für die culpa in contrahendo für Informationspflichtverletzung[742]. Die wohl herrschende Meinung qualifiziert die Verletzung vorvertraglicher Informations- bzw. Aufklärungspflichten im Rahmen verbraucherrechtlicher Geschäfte **nicht als culpa in contrahendo**, sondern je nach Umständen entweder als Fehler oder Mangel der Produkte und Dienstleistungen oder als irreführende Werbung (Art. 37 CDC). Ein gutes Beispiel lieferte eine jüngste Entscheidung des STJ, in der die unterlassene Aufklärung über die Notwendigkeit eines Visums beim Kauf von Flugtickets im Reisebüro als „Dienstleistungsfehler" im Sinne von Art. 12 CDC qualifiziert wurde[743]. Dies lässt sich durch die Auffassung erklären, dass Fehler und Mängel den Haupttatbestand für die **zwei grundlegenden Haftungstypen des** Verbraucherschutzgesetzes bilden[744], so dass man jede Pflichtverletzung darunter zu subsumieren versucht.

---

ou mensagem publicitária, respeitadas as variações decorrentes de sua natureza, podendo o consumidor exigir a substituição das partes viciadas.

§ 1° Não sendo o vício sanado no prazo máximo de trinta dias, pode o consumidor exigir, alternativamente e à sua escolha: I – a substituição do produto por outro da mesma espécie, em perfeitas condições de uso; II – a restituição imediata da quantia paga, monetariamente atualizada, sem prejuízo de eventuais perdas e danos; III – o abatimento proporcional do preço. (...)

§ 3° O consumidor poderá fazer uso imediato das alternativas do § 1° deste artigo sempre que, em razão da extensão do vício, a substituição das partes viciadas puder comprometer a qualidade ou características do produto, diminuir-lhe o valor ou se tratar de produto essencial."

741 „Art. 20. O fornecedor de serviços responde pelos vícios de qualidade que os tornem impróprios ao consumo ou lhes diminuam o valor, assim como por aqueles decorrentes da disparidade com as indicações constantes da oferta ou mensagem publicitária, podendo o consumidor exigir, alternativamente e à sua escolha: I – a reexecução dos serviços, sem custo adicional e quando cabível; II – a restituição imediata da quantia paga, monetariamente atualizada, sem prejuízo de eventuais perdas e danos; III – o abatimento proporcional do preço."

742 Statt vieler: *Fichtner Pereira*, A responsabilidade civil pré-contratual, S. 200 ff. und *Cappellari*, Responsabilidade pré-contratual, S. 89 ff.

743 STJ, REsp. 1.562.700/SP, T3, Rel. Min. Paulo de Tarso Sanseverino, Urt. vom 06.12.2016, DJe 15.12.2016.

744 Statt vieler: *Benjamin/Lima Marques/Bessa*, Manual, S. 111 ff. In der Rechtsprechung vgl. statt vieler die jüngere Entscheidung des STJ, REsp. 1303510/SP, T3, Rel. Min. João Otavio de Noronha, Urt. vom 03.11.2015, DJe 06.11.2015, wo im Leitsatz zu lesen ist: „... 2. O Código de Defesa do Consumidor estabelece dois regimes jurídicos para a responsabilidade civil do fornecedor: a responsabilidade por fato do produto ou serviço (arts. 12 a 17) e a responsabilidade por vício do

Der Auffassung, vorvertragliche Fehlinformation über Sicherheitsrisiken oder Eigenschaften von Produkten oder Dienstleistungen im Sinne der Arts. 12, 14, 18, 19 und 20 CDC sei ein Beispiel für die culpa in contrahendo, kann vorgeworfen werden, dass dafür eine dogmatische Begründung fehlt. Insbesondere fehlt eine Auseinandersetzung mit der schwierigen Frage nach der rechtsdogmatischen Abgrenzung zwischen Haftung in contrahendo und der sog. Produkt- und Gewährleistungshaftung. Nicht jede Pflichtverletzung vor Vertragsschluss kann als Haftung in contrahendo rechtsdogmatisch eingeordnet werden. Das gilt insbesondere, wenn das Gesetz dafür ein spezifisches Rechtsinstitut schon vorsieht.

Es ist deshalb zunächst zu prüfen, ob es sich dabei im Kern um eine schuldhafte Verletzung vorvertraglicher Rücksichtspflichten handelt, die der Pflichtverletzende nur gegenüber der konkreten Gegenseite schuldet (Haftung in contrahendo) und ob im Vordergrund die Verletzung einer Rechtspflicht anderer Art (in diesen Fällen: einer allgemeingültigen Pflicht bzw. relativen Leistungspflicht) besteht. In diesem Fall ist weiter zu prüfen, ob daneben überhaupt auch eine vorvertragliche Rücksichtspflichtverletzung vorliegt. Das allein rechtfertigt eine parallele Anwendung vorvertraglicher Haftung noch nicht. Man muss weiter prüfen, ob der Gesetzgeber dafür eine spezifische Haftung angeordnet hat und ob man aus einer systematischen Auslegung entnehmen kann, dass der Gesetzgeber diesen Sachverhalt durch die spezielle Haftung abschließend regeln wollte, wenn dann einen Rückgriff auf die Haftung in contrahendo gesperrt wird. Mit diesen Fragen hat sich die Lehre nicht beschäftigt.

2.2. Kritische Betrachtung

Aus dem Dargestellten ergibt sich, dass das Verbraucherschutzgesetz vorvertragliche Fehlinformationen im Verbraucherverkehr angemessen regelt, indem es eine allgemeine Informationspflicht zu Lasten der im Konsummarkt gewerblich tätigen Akteure in Art. 6 III CDC statuiert und an verschiedenen Stellen einzelne Informations- und Aufklärungspflichten ausdrücklich vorsieht. Es liefert auch

---

produto ou serviço (arts. 18 a 25). Basicamente, a distinção entre ambas reside em que, na primeira, além da desconformidade do produto ou serviço com uma expectativa legítima do consumidor, há um acontecimento externo (acidente de consumo) que causa dano material ou moral ao consumidor. Na segunda, o prejuízo do consumidor decorre do defeito interno do produto ou serviço (incidente de consumo). 3. Para cada um dos regimes jurídicos, o CDC estabeleceu limites temporais próprios para a responsabilidade civil do fornecedor: prescrição de 5 anos (art. 27) para a pretensão indenizatória pelos acidentes de consumo; e decadência de 30 ou 90 dias (art. 26) para areclamação pelo consumidor, conforme se trate de produtos ou serviços não duráveis ou duráveis...“.

Anhaltspunkte für die Konkretisierung des Pflichtinhalts und statuiert Rechtsfolgen bei Pflichtverletzungen. Von Bedeutung ist insbesondere die Rechtsbindungskraft der vom Lieferanten abgegebenen vorvertraglichen Informationen, die laut Art. 30 iVm Art. 35 CDC die gleiche Rechtswirkung eines Antrags haben, auch wenn sie durch bloße Werbeangaben mitgeteilt werden. Das folgt aus der Gleichstellung von vorvertraglicher Information, Werbung und Offerte in Art. 30 CDC, aber auch aus dem Antragskonzept des Verbraucherschutzgesetzes, nach dem der Verbraucher durch bloße Annahme den Vertrag zustande bringen kann.

Die **Gebundenheit an die vorvertragliche Information** bedeutet in erster Linie, dass der Lieferant eine einmal abgegebene Information nicht ohne Weiteres ändern darf, sondern sie einhalten muss. Dies zeigt sich schon durch die Rechtsbindung der einmal mitgeteilten Information: Hält der Lieferant an den vorvertraglichen Auskünften nicht fest, darf der Verbraucher die Erfüllung des Versprochenes, d. h. **Vertragserfüllung** verlangen. Die herrschende Meinung geht davon aus, dass der Vertrag schon durch bloße Annahme zustande kommt[745]. Deshalb steht dem Verbraucher gemäß Art. 35 CDC nach seiner Wahl eine Erfüllung (Abs. 1), Ersatzleistung (Abs. 2) oder Rücktritt (Abs. 3) zu. Hier zeigt sich ein großer Unterschied zu dem System des Zivilgesetzbuches, das eben keine Abschlusspflicht bzw. keine Erfüllungspflicht an die Verletzung vorvertraglicher Informationspflichten knüpft, sondern nur Schadensersatzansprüche daraus herleitet.

Die Gebundenheit an die vorvertraglichen Informationen zeigt sich weiter dadurch, dass die mitgeteilten Informationen zum **Vertragsinhalt** (Art. 30 CDC) werden, falls die Parteien zum Vertragsschluss kommen und sie im Streitfall Vorrang gegenüber abweichenden Vertragsklauseln genießen, die zu Gunsten des Verbrauchers gemäß Art. 47 CDC auszulegen sind[746]. Der Richter kann hier im Wege der ergänzenden Vertragsauslegung und der Inhaltskontrolle die abweichenden Klauseln streichen oder für nichtig erklären, wenn sie zugleich gemäß Art. 51 CDC unzulässig sind. Da die mitgeteilten vorvertraglichen Auskünfte kraft Gesetzes zu den Vertragsbedingungen gehören, bildet ihre Verletzung eine Vertragsverletzung und löst demgemäß eine typische Vertragshaftung aus. Hinsichtlich der Verletzung solcher positiven, nun zum Vertragsinhalt gewordenen Informationen kommt **keine Haftung in contrahendo** mehr in Betracht. Hier gilt die Regel: Vertragshaftung schließt grundsätzlich die culpa in contrahendo aus.

---

745 *Lima Marques/Benjamin/Miragem*, Comentários ao código de defesa do consumidor, Art. 35 S. 718.

746 „Art. 47. As cláusulas contratuais serão interpretadas de maneira mais favorável ao consumidor."

Keine vorvertragliche Haftung liegt in der Fehlinformation über Sicherheitsrisiken von Produkten und Dienstleistungen vor, anders als von einer Mindermeinung angenommen, weil es dabei um eine **Risikohaftung für die Schaffung von Gefahrenquellen** (Produktfehler) durch Inverkehrbringen von Produkten auf den Markt geht[747], die letztendlich den Schutz der Allgemeinheit vor Risiken der Industrialisierung dient. Der Lieferant haftet nicht für die Verletzung einer spezifischen vorvertraglichen Schutzpflicht, die nur gegenüber dem konkreten Geschäftspartner gilt, wie üblich in der culpa in contrahendo, hingegen für die Schädigung der körperliche Integrität (Gesundheit) oder das Eigentum jeder Person, die durch den Fehler an den Produkten betroffen ist. *Lima Marques* sagt deshalb, dass der Lieferant für die Verletzung einer „gesetzlichen Sicherheitspflicht" (*dever legal de segurança*) oder „Sicherheitsgarantie" (*garantia de segurança*) hafte, die eben in erster Linie auf den Schutz physischer Unversehrtheit des Verbraucher und des ihm Gleichgestellten abziele[748]. Da es sich um eine allgemeingültige Sicherheitspflicht handelt, wird dadurch nicht nur der Kontrahent (potentielle Vertragspartner), sondern jeglicher Geschädigte geschützt.

Das ist die Leitidee der sog. Produkthaftung, die in Europa durch die Richtlinie 85/374/EWG vom 07.08.1985 eingeführt und in Brasilien in Art. 12–14 CDC als *responsabilidade por fato do produto/serviço* rezipiert wurde, mit dem Unterschied, dass das europäische Modell in Brasilien auf das Inverkehrbringen fehlerhafter Dienstleistungen im Konsumentenmarkt ausgedehnt wurde. Um diesen allgemeinen Schutz zu ermöglichen, hat der brasilianische Sondergesetzgeber in Art. 17 CDC jeden Geschädigten mit dem Verbraucher gleichgestellt. Mas spricht vom *consumidor por equiparação* („gleichgestellter Verbraucher").

Die culpa in contrahendo setzt dagegen einen Verstoß gegen Rücksichtspflichten voraus, die nicht gegenüber jedermann, sondern nur gegenüber den konkreten Geschäftspartnern gelten. Sie setzen eine **vorher individualisierte geschäftliche Beziehung** zwischen Unternehmen und potentiellem Verbraucher voraus, nach deren Umständen sich der Inhalt definiert. Strukturell handelt es

---

747 In diesem Sinne vgl. statt vieler: *Castronovo*, La nuova responsabilità civile, S. 471 ff. In Deutschland wird die Produkthaftung durch die herrschende Meinung domatisch als eine deliktische Gefährdungshaftung gesehen. Aufgrund der unterschiedlichen Arten der „Fehlertypen" vertreten einige Autoren die Meinung, dass es sich dabei um ein Mischsystem aus Haftung von Verhaltensunrecht und Gefahr handele. Bei Instruktionsfehlern handelt es sich z. B. nicht um einen *Produkt*fehler, sondern um ein Fehl*verhalten* des Herstellers. Anders bei Fabrikationsfehlern: Hier ist die Haftung verhaltensunabhängig, weil es im Bereich der Massenproduktion praktisch unvermeidbar ist, dass ein Produkt von den Konstruktionsvorgaben abweicht. Über die Problematik: Staudinger/*Oechsler* (2013), Einl zum ProdHaftG, Rn. 27 ff., 39.

748 Contratos, S. 984 ff., 1024 ff.

sich dabei um unterschiedliche Rechtspflichten. Deshalb ordnet *Lima Marques* der verschuldensunabhängigen Haftung für fehlerhafte Produkte oder Dienstleistung eine außervertragliche Natur zu, genau wie die herrschende Lehre im deutschen Recht[749].

Anders bei Fehlinformationen über Eigenschaften von Produkten und Dienstleistungen: Hier handelt es sich zwar um vorvertragliche Informationen über die Qualität und Quantität der angebotenen Produkte oder Dienstleistungen, die grundsätzlich nur an den Verbraucher per se gerichtet sind. Fehlinformationen über solche Sacheigenschaften setzt jedoch das Rechtsinstitut der vorvertraglichen Haftung aus Art. 422 CC2002 grundsätzlich nicht in Gang, weil es im Gesetz dafür schon einen geeigneten Mechanismus gibt: die **Garantiehaftung des Gewährleistungsrechts** (Arts. 18–25 CDC). Der Lieferant haftet dafür in erster Linie nicht, weil er eine vorvertragliche Informationspflicht verletzt, sondern weil ihn eine Garantiepflicht für die Bestimmtheit der qualitativen und quantitativen Beschaffenheit des Produkts oder der Dienstleistung trifft.

Außerdem ist zu beachten, dass es in solchen Fällen, in denen der Lieferant dem Verbraucher durch vorangegangene Erklärungen etwa durch Vorgespräch oder Werbeanzeige falsche Informationen über die Beschaffenheit der Sache bzw. der Leistung mitteilt, letztendlich um eine **Verletzung der Leistungspflicht** geht[750], die ihn verpflichtet, die Leistung frei von Sach- und Rechtsmangel zu verschaffen. Denn die Angaben des Verkäufers über bestimmte Eigenschaften ist, wie *Larenz* zutreffend sagt, als eine **verbindliche Bestimmung des Inhalts der Leistungspflicht** anzusehen[751]. Es liegt also eine Schlechtleistung bzw. eine Leistungsstörung vor[752]. Da die abgegebenen Informationen zum Vertragsinhalt

---

749 Dazu: *Lima Marques*, Contratos, S. 1024. In Deutschland statt vieler: *Brox/Walter*, SR/BT, S. 602ff.

750 Vor der Schuldrechtsreform war umstritten, ob sich die Leistungspflicht des Verkäufers beim Stückkauf auf die Freiheit der Kaufsachen von Sachmängeln erstreckt. Die herrschende Meinung ging dagegen mit der Begründung davon aus, dass der Verkäufer die Kaufsache nur so leisten könne und müsse, wie sie tatsächlich sei. Die kaufrechtliche Gewährleistung stellte sich damit als eine besondere Einstandspflicht dar und nicht als Sanktion für die Verletzung einer Leistungspflicht. Nach dem SRMG bestehen in der deutschen Rechtwissenschaft keine Zweifel mehr, dass der Verkäufer verpflichtet ist, dem Käufer die Sache frei von Sach- und Rechtsmängeln zu verschaffen, wie § 433 I 2 BGB ausdrücklich gesagt wird. Dadurch hat der Reformgesetzgeber die Gewährleistungshaftung in das allgemeine Leistungsstörungsrecht integriert. Ausführlich dazu *Looschelders*, SR/BT, S. 8.

751 *Larenz*, SR/BT II/1, S. 44. In diesem Sinne auch *Looschelders*, SR/BT, S. 208, wenn er sagt, dass bei Werbeaussagen eines Unternehmens hinsichtlich Werkverträgen die Annahme einer Beschaffenheitsvereinbarung iSv § 633 II 1 BGB naheliegt.

752 Statt vieler: *Medicus*, SR/BT, S. 14.

gehören, tritt die Informationspflichtverletzung des Lieferanten in den Hintergrund und wird praktisch durch die Leistungspflichtverletzung absorbiert. Dadurch ordnet der Sondergesetzgeber die vorvertraglichen Pflichten im Zusammenhang mit Mängeln dem späteren Vertrag zu[753].

Im Rahmen des Gewährleistungsrechts erlangt jedoch eine vorvertragliche Informationspflichtverletzung an Bedeutung, wenn der Lieferant den Mangel an der Sache kennt und vorsätzlich verschweigt. In solch einem Fall trifft die vorvertragliche Informationspflichtverletzung mit dem Verstoß gegen die qualitativen Anforderungen an die zu erbringende Leistung zusammen[754]. Dann stellt sich die Frage, ob der Verbraucher neben seinen dadurch begründeten Rechten auf Nacherfüllung, Vertragsauflösung, Minderung und Schadensersatz gemäß Art. 18 § 1 CDC auch Ersatz des Schadens verlangen kann, der ihm durch die Nicht- oder Falschinformation entstanden ist. Diese komplizierte Frage beschäftigt die deutsche Privatrechtsdogmatik bis heute.

Obwohl die überwiegende Meinung – aufgrund der Spezialität der Normen – sich für eine **Vorrang der Gewährleistungsregeln** vor der culpa in contrahendo ausspricht, insbesondere nach der Modernisierung des Gewährleistungsrechts mit der Schuldrechtsreform, scheint die Frage nicht definitiv geklärt zu sein. Hier ist zunächst zu beachten, dass der Bezug auf die culpa in contrahendo im Rahmen des Verbraucherrechts in Brasilien sich nur rhetorisch auswirkt, weil die Lehre daraus keine praktische Rechtsfolge ableitet, als die schon in Art. 18 bis 20 CDC ausdrücklich vorgesehenen[755]. Der Hinweis auf die vorvertragliche Haftung in diesem Zusammenhang zielt – anders als in Deutschland – also nicht darauf ab, die kurze mängelrechtliche Verjährungsfrist von Art. 26 CDC zu umgehen, um dem getäuschten Verbraucher einen erhöhten Schütz zu gewähren, sondern ist rein schmückender Natur.

Und genau in dem Fall von Arglist lässt die Rechtsdogmatik ein **Nebeneinander** von Haftung in contrahendo und Garantiehaftung zu. Denn der Lieferant, der den Mangel an dem Produkt bzw. Service kennt und bewusst verschweigt, weil er weiß oder es zumindest für möglich hält, dass der Verbraucher den Mangel nicht kennt und bei Offenbarung den Vertrag nicht oder zumindest nicht mit dem vereinbarten Inhalt abgeschlossen hätte, handelt unloyal und verstößt gegen Treu

753 *Schmidt-Räntsch*, ZfIR 14/2004, 569, 571.

754 Soergel/*Harke*, § 311 Rn. 26.

755 Nicht einmal *Fichtner Pereira* (A responsabilidade civil pré-contratual, S. 199 ff.), der das Thema aus rechtsvergleichender Perspektive vor allen mit dem deutschen Recht untersucht, deduziert daraus keine weiteren Konzequenzen. Er bezieht sich nicht einmal auf die in Deutschland bis heute streitige Frage über das Konkurrenzproblem zwischen Mängelansprüchen und Ansprüchen aus culpa in contrahendo.

und Glauben. Das vorsätzliche und deshalb unredliche Fehlverhalten des Lieferanten wiegt hier so schwer, dass er nicht mehr schutzwürdig ist und kein berechtigtes Interesse an der Möglichkeit der Nacherfüllung aus Art. 18 § 1 (Produkt) bzw. Art. 20 I (Service) CDC haben kann. Anders gesagt: Er verdient keinen privilegierenden Schutz durch das Gewährleistungssystem, das durch die kurzen Dekandenzfristen und die Möglichkeit zur Nacherfüllung den Interessen des Unternehmens auch Rechnung trägt. Das Gleiche lässt sich im deutschen Recht sagen, wo es ein ähnliches Gewährleistungsrecht wie das des Verbraucherschutzgesetzes gibt[756].

Dem getäuschten Verbraucher stehen dann die Alternativen zu Verfügung, entweder auf die gewährleistungsrechtliche Mechanismen (Nacherfüllung, Minderung, Rücktritt und Schadensersatz wegen Schlechtleistung) zurückzugreifen oder seinen Anspruch auf die culpa in contrahendo aus Art. 422 CC2002 zu stützen. Die Haftung in contrahendo bringt ihm den Vorteil, dass er im Wege des **Grundsatzes der Naturalrestitution**, der dem gesamten brasilianischen Schadensrecht zugrunde liegt, **Vertragsauflösung**, **Vertragsanpassung** durch Leistungsminderung oder Zurückerstattung des zu viel Gezahlten oder nur eine **Geldentschädigung** verlangen kann. Ein Schmerzensgeld soll nur in denjenigen seltenen Fällen in Betracht kommen, in denen die Persönlichkeitsrechte wirklich verletzt werden. Damit soll die im Verbraucherrecht übliche Rechtspraxis aufgehoben werden, materielle Schäden durch die Gewährung von Schmerzensgeld auszugleichen, weil dies zur Unpräzisierung der Schuldrechtsdogmatik führt. Der Rekurs auf die Haftung in contrahendo bringt dem getäuschten Verbraucher auch den Vorteil, dass der vorvertragliche Schadensersatzanspruch in der regelmäßigen Frist des Art. 205 CC2002 (10 Jahren) aufgrund der vertragsähnlichen Natur der Haftung verjährt.

2.3. Zusammenfassung

Zusammenfassend kann man sagen, dass bei Fehlinformation über Sicherheitsrisiken von Produkten und Dienstleistungen, die dem Verbraucher sowie auch jedermann eine Schädigung in ihrer körperlichen Integrität (Gesundheit) oder Eigentum zufügen kann, keinen Fall von culpa in contrahendo darstellt. Es geht dabei vielmehr um eine Risikohaftung für die Schaffung von Gefahrenquellen (Produktfehler) durch Inverkehrbringen von Produkten in dem Markt. Die dabei verletzte Sicherheitspflicht ist keine vertragsbezogene vorvertragliche Pflicht, sondern vielmehr eine Verkehrsicherungspflicht, die als eine Konkretisierung der

756 Statt vieler: MünchKomm/*Emmerich* (2016), § 311 Rn. 80.

Jedermannspflicht gilt. Auch stellt die unterlassene oder falsche Information über die Eigenschaft der Sache bzw. des Vertragsgegenstands keine culpa in contrahendo dar. Die Nichtaufklärung über Mängel des Vertragsgegenstands stellt eine Schlechtleistung dar und löst dementsprechend die Regelungen des verbraucherrechtlichen Gewährleistungsrechts aus, die eine verschuldensunabhängige Haftung des Lieferanten statuieren.

Das Gleiche gilt für die Mitteilung falscher Informationen über die Beschaffenheit des Produkts oder der Dienstleistung. Eine culpa in contrahendo kommt nebenbei nur beim Vorsatz des Lieferanten im Betracht, wenn dann dem Verbraucher ein vorvertraglicher Schadensersatzanspruch zusteht, der erst in der regulären Frist des Art. 205 CC2002 verjährt. Eine vorvertragliche Informationshaftung kommt im Rahmen von Verträgen zwischen Unternehmen und Verbraucher immer dann in Betracht, wenn der Lieferant entscheidungsrelevante Umstände verschweigt oder falsche bzw. unzureichende Auskunft über Umstände macht, die ihrer Natur nach nicht vereinbarungsfähig sind und demgemäß nicht unter das Vertragsregime fallen. In diesem Zusammenhang kann eine vorvertragliche Haftung auch wegen Aufklärungs- und Beratungspflichtverletzung entstehen. Der Verbraucher kann in einem solchen Fall auf die culpa in contrahendo aus Art. 422 CC2002 zurückgreifen, um den ungünstigen oder unerwünschten Vertrag aufzulösen oder anzupassen.

3. Die vorvertragliche Informationshaftung im Rahmen der Zivilrechtskodifikation

Bietet das Verbraucherschutzgesetz rechtliche Instrumente für eine Haftung für fehlerhafte Information, Aufklärung und Beratung vor Vertragsabschluss an, ist nun zu untersuchen, wie das Zivilgesetzbuch diejenigen Fälle regelt, in denen eine Partei bewusst oder rein fahrlässig falsche Informationen mitteilt oder wichtige Auskünfte verschweigt, die für den Vertragsentschluss der Gegenseite von erheblicher Bedeutung sein können, so dass sie dadurch zum Abschluss eines ungünstigeren oder unerwünschten Vertrag veranlasst wird. Die Bedeutung des Grundsatzes von Treu und Glauben (Art. 422 CC2002) und der daraus abzuleitenden Informations- bzw. Aufklärungspflicht wird in der Lehre und Rechtsprechung immer betont, manchmal auch mit verfassungsrechtlicher Anknüpfung nach dem Mantra der Konstitutionalisierung des Zivilrechts[757]. Fragt man aber

757 Vgl. STJ REsp. 1428801/RJ, T2, Rel. Min. Humberto Martins, Urt. vom 27.10.2015, DJe 13.11. 2015, wo in einem einfachen Fall über irreführende Werbung über tv canal fechado zu lesen ist, dass die Informationspflicht grundrechtliche Garantie des Menschen sei iSv Art. 5 XIV CF/88, der sich eigentlich auf das verfassungsrechtliche Informationsrecht der Bürger gegenüber dem Staat

danach, wie das Gesetz die obigen Fälle löst, stößt man zunächst auf das Regelwerk der Willensmängel der Arts. 138 bis 157 CC2002, die dem Schutz einer freien Willensbildung dienen, und dort vor allem auf die Irrtums- und Dolusfigur, die der arglistigen Täuschung des deutschen Rechts entspricht.

Über die Fehlinformation im Umfeld des praxisrelevanten Kaufvertrages wird kaum diskutiert. Doch stößt man dabei auf die Vorschriften des Gewährleistungsrechts, wo die Haftung des Verkäufers für Sach- und Rechtsmängel in Arts. 441–446 bzw. Arts. 447–457 CC2002 statuiert wird. Dort haftet der Verkäufer zwar verschuldensunabhängig für die Existenz von Sach- und Rechtsmängeln. Das bedeutet aber nur, dass der Käufer die Vertragsauflösung oder die Minderung des Kaufpreises verlangen kann, und zwar nur dann, wenn ein versteckter Mangel in dem Kaufgegenstand vorliegt, der die Brauchbarkeit oder den Wert der Sache beeinträchtigt. Löst der Käufer den Vertrag auf, sind Leistung und Gegenleistung zurückzuerstatten und die Vertragskosten zu ersetzen. Ein voller Schadensersatzanspruch steht dem Käufer nur dann zu, wenn ihm der Nachweis gelingt, dass der Verkäufer den Sachmangel kannte und ihn darauf nicht aufmerksam gemacht hat (Art. 443 CC2002). Hätte der Verkäufer den Sachmangel bei Anwendung der erforderlichen Sorgfalt doch erkennen können, spielt das keine Rolle, und der Käufer bleibt – zumindest teilweise – auf seinen Schaden sitzen.

Angesichts der neuen Anforderungen an Information, Transparenz und Redlichkeit im Rechtsverkehr, die das Gebot von Treu und Glauben mit sich bringt, ist insbesondere zu prüfen, wie die Fahrlässigkeitshaftung für vorvertragliche Informationspflichtverletzung mit den Vorschriften des Gewährleistungsrechts sowie des dolus (arglistige Täuschung) und des Irrtums zu harmonisieren ist. Diese Frage wird unter einer systematischen Berücksichtigung von Willensmängelrecht (unter 3.1), Gewährleistungsrecht (unter 3.2) und erst dann unter dem Blickpunkt der Generalklausel von Treu und Glauben aus Art. 422 CC2002 (unter 3.3) behandelt.

3.1. Aktueller Stand in der Lehre und Rechtsprechung

a) Der Rekurs auf die Dolusfigur

Das Problem der Unterlassung und Weitergabe falscher oder mangelhafter Information vor dem Vertragsabschluss wird bis heute im allgemeinen Privatrecht

bezieht. Im Schrifttum vgl. statt vieler: *Tepedino/Schreiber*, in: Obrigações, 29–43 und *Lôbo*, Estudos de direito do consumidor 3 (2001), 23–45.

grundsätzlich mit den **Willensmängelregeln**[758]gelöst, da es dabei letztendlich um einen Mangel in der Willensbildung geht. Auf diese uralten Rechtsinstitute – insbesondere auf Dolus und Irrtum – greift sogar die moderne Lehre, die das Erfordernis von mehr Redlichkeit und Ethik im Rechtsverkehr als unmittelbare Folge der Ausstrahlung des Menschenwürdegrundsatzes und weiterer verfassungsrechtlicher Grundwerte – wie soziale Solidarität und materielle Gleichheit – auf rein privatrechtliche Beziehungen betont[759]. In diesem Kontext spielt paradoxerweise die Informationspflicht aus Treu und Glauben **keine besondere und autonome Rolle als Pflichtkategorie**, denn zum einem greift man auf den Dolus-, zum anderen auf den Irrtumstatbestand, um Fälle informationelles Fehlverhalten zu sanktionieren, zu, wie im Folgenden dargestellt.

Bei den komplexen Fällen von Nicht- oder Fehlinformationen vor Vertragsabschluss greift man zunächst auf die Dolusfigur zurück, wenn ein Teil bewusst falsche Informationen mitteilt oder geheim hält, um den anderen Teil zum Vertragsabschluss zu bewegen. Die Figur ist in Art. 145 bis 150 CC2002 geregelt[760]. Das Zivilgesetzbuch sieht sowohl eine **positive Dolusform** vor, d. h. die bewusste Vorspiegelung von Tatsachen zum Zwecke der Erregung oder Aufrechterhaltung eines Irrtums bei der Gegenseite (*dolo positivo* oder *dolo comissivo*) in Art. 145 CC2002,[761] als auch eine **negative Dolusform**, also das absichtliche Verschweigen von Information (*dolo negativo* oder *dolo omissivo*) in Art. 147 CC2002[762].

---

758 Der Verfasser des ersten Zivilgesetzbuches hat sich in diesem Bereich vom römische Recht inspirieren lassen und den Regelungskomplex der Arts. 86 – 113 CC1916 geschaffen, die in der neuen Kodifikation in Arts. 138 bis 184 CC2002 grundsätzlich unverändert erhalten sind. Die Tatbestände der Willensmängel sind jedoch durch die Einführung zweier uralter römischrechtlicher Figuren (Gefahrzustand und Läsion) erweitert worden, so dass das Gesetz nun sechs unterschiedliche Mängeltatbestände kennt: Irrtum (Arts. 138 – 144 CC2002), Dolus (Arts. 145 – 150 CC2002), Zwang (Arts. 151 – 155 CC2002), Gefahrzustand (Art. 156 CC2002), Läsion (Art. 157 CC2002) und Gläubigerschädigung (Arts. 158 – 165 CC2002), an die ein Anfechtungsrecht für die geschädigte Partei anknüpft ist.

759 Statt vieler: *Konder*, Erro, dolo e coação, 609, 661.

760 Wie im portugiesischen Recht hat der Dolusbegriff zweierlei Bedeutung im brasilianischen Recht: Erstens bezeichnet er jede Hinterlist zu dem Zweck, einen anderen zu betrügen oder zu übervorteilen, was in Art. 145 CC2002 seine Grundform findet, und zweitens ist er die gravierendste Verschuldensform, nämlich der Vorsatz. Anders im deutschen Recht, wo man zwei unterschiedliche Begriffe dafür hat: Arglist und Vorsatz. Das gleiche gilt im französischen Recht, wo man die Termini „dol“ und „faute“ dafür verwendet. Vgl. dazu *Menezes Cordeiro*, Tratado I, S. 836.

761 Statt vieler: *Pontes de Miranda*, Tratado, Bd. 4, S. 326 und *Gomes*, Introdução, S. 421. Die Norm lautet: „Art. 145. São os negócios jurídicos anuláveis por dolo, quando este for a sua causa.“

762 „Art. 147. Nos negócios jurídicos bilaterais, o silêncio intencional de uma das partes a respeito de fato ou qualidade que a outra parte haja ignorado, constitui omissão dolosa, provando-se que sem ela o negócio não se teria celebrado.“

Entscheidend dabei ist, dass der Dolus für die Vertragsentscheidung kausal gewesen sein muss, weil nur der wesentliche Dolus – auch **dolus causam dans** oder *dolo essencial* genannt – zur Annullierung des Geschäfts führt. Der sog. **dolus incidens** (*dolo acidental*) aus Art. 146 CC2002 erlaubt dagegen keine Auflösung des Vertrages, weil angenommen wird, dass er sich auf sekundäre, nicht entscheidungsbestimmende Nebenpunkte des Vertrages beziehe, so dass die Partei auch bei korrekter Aufklärung zum Vertragsschluss gekommen wäre[763]. Deshalb gewährt der Gesetzgeber dem Getäuschten nur einen **Schadensersatzanspruch**, der regelmäßig in der Minderung der Leistungspflicht oder Rückerstattung des zu viel Gezahlten besteht[764].

Gelingt dem Getäuschten der Nachweis, dass die Täuschung kausal für die Vertragsentstehung war, weil er den Vertrag bei ordnungsmäßiger Aufklärung bzw. bei Kenntnis der wahren Sachlage nicht geschlossen hätte, entsteht für ihn ein **Annullierungsrecht** (Art. 145 bzw. Art. 147 iVm Art. 171 II CC2002), das in erster Linie zur **Rückabwicklung** des bis jetzt wirksamen Schuldverhältnisses mit der **Herstellung des status quo ante** gemäß Art. 182 CC2002 führt. Erst bei Unmöglichkeit der Herstellung des vorherigen Zustandes kommt eine Geldentschädigung in Betracht[765]. Ob der Geschädigte daneben – und bejahendenfalls auf welcher Grundlage – Ersatz desjenigen Schadens verlangen kann, den er infolge der Annullierung des Geschäfts erlitten hat (Vertrauensschaden), wird in der modernen Lehre fast nicht thematisiert[766]. Schon *Pontes de Miranda* hat dem Geschädigten zusätzlich zu der Annullierungsklage von Art. 158 CC1916 (Art. 182 CC2002) eine **„Schadensersatzklage aus unerlaubter Handlung"** nach Art. 159

---

763 Statt vieler: *Pontes de Miranda*, Tratado, Bd. 4, S. 330 und *Silva Pereira*, Introdução, S. 527. Aus der modernen Lehre im gleichen Sinne: *Tepedino/Barboza/Bodin*, CCI I, Art. 146 S. 279 f.; *Konder*, Erro, dolo e coação, 609, 620 und *Martins Costa*, Os regimes do dolo civil, 1, 5 f. Dass die arglistige Täuschung hier nicht kausal für den Vertragsabschluss sei, ist eher fraglich, weil die Parteien – ohne die Pflichtverletzung (Täuschung) – den Vertrag nur „zu anderen", d. h. zu günstigeren Konditionen abgeschlossen hätten. Das zeigt, dass die fraglichen Umstände die Rentabilität des Vertrages beeinträchtigen, was ihre Bedeutung für den Abschlusswillen ersichtlich macht. Diese Tatsache deutet darauf hin, dass die bisherige Lesart der Norm, es handele sich dabei um keine entscheidungsrelevanten Umstände, als verfehlt erscheint. In diesem Sinne: *García Rubio*, La responsabilidad, S. 165.

764 *Pontes de Miranda* spricht von einer Differenzklage (*ação de diferença*). Tratado, Bd. 4, S. 339. Im gleichen Sinne: *Lotufo*, Código civil, Bd. 1, Art. 146, S. 401. *Tepedino/Barboza/Bodin*, CCI I, Art. 146 S. 280, sprechen von Leistungsminderung oder *„perdas e danos"* (Schadensersatz).

765 „Art. 182. Anulado o negócio jurídico, restituir-se-ão as partes ao estado em que antes dele se achavam, e, não sendo possível restituí-las, serão indenizadas com o equivalente."

766 Statt vieler: *Silva Pereira*, Introdução, S. 526 ff.; *Tepedino/Barboza/Bodin*, CCI I, Art. 182, S. 328; *Farias/Rosenvald*, Direito civil, Bd. 1, S. 438 ff.; *Gagliano/Pamplona*, Novo curso, Bd. 1, S. 352 ff. und *Konder*, Erro, dolo e coação, 609, 619 ff.

CC1916 (Art. 186 CC2002) gewährt, begrenzt jedoch auf den **Ersatz des negativen Interesses.** Er betont dabei, dass sich der Schadensersatzanspruch aus Art. 159 CC1916 von dem „Schadensersatzanspruch" aus Art. 158 CC1916 dadurch unterscheide, dass der letztere die Auswirkung der Annullierungsklage sei, also eine reine Restitution in Geldform der erlangten Leistung, deren Rückerstattung unmöglich sei[767].

Die Rechtsprechung geht wie selbstverständlich davon aus, dass der Geschädigte bei Willensmängeln die **Vertragsannullierung und Schadensersatz** verlangen darf, da es sich dabei – laut STJ – um unterschiedliche Bestrebungen handelt, die unterschiedlichen Erlöschungsfristen (Dekadenzfrist und Verjährungsfrist) unterstehen, so dass der Geschädigte den Schadensersatzanspruch zusammen mit der Annullierungsklage oder in einer autonomen Schadensersatzklage verlangen darf. Während das Annullierungsrecht binnen vier Jahren ab Vertragsabschluss gemäß Art. 178 II CC2002 abläuft[768], herrscht jedoch Rechtsunsicherheit hinsichtlich der Begründung des infolge der Geschäftsannullierung entstandenen Schadensersatzanspruchs. Einige Entscheidungen stellen auf die dreijährige Verjährungsfrist für deliktischen Schadensersatz aus Art. 206 § 3 V CC2002 ab[769]. Andere begründen den Schadensersatzanspruch in dem Bereicherungsrecht aus Art. 884 CC2002, wobei die bereicherungsrechtlichen Ansprüche auch nach der dreijährigen Frist aus Art. 206 § 3 IV CC2002 ablaufen[770].

767 Tratado, Bd. 4, S. 344. Ihm folgend hat *Dantas* auch unter Geltung der alten Kodifikation den Ersatz aller aus der Vertragsannullierung entstanden Schäden vertreten. Programa – parte geral, S. 286.

768 Statt vieler: STJ, AgInt no AREsp. 917.437/SP, T3, Rel. Min. Paulo de Tarso Sanseverino, Urt. vom 21.03.2017, DJe 30.03.2017.

769 Statt vieler: TJRJ, Apelação Civel 0271378-83.2007.8.19.0001, Rel. Odete Knaack de Souza, Urt. vom 14.03.2012 und TJRJ, Apelação Civel 0271579-75.2007.8.19.0001, 6ª Câmara Cível, Rel. Nagib Slaibi, Urt. vom 23.11.2011 (Annullierung eines Veräußerungsgeschäfts von Firmenaktien wegen Drohung durch den Arbeitgeber, die auf dem Kapitalmarkt unter Marktwert verkauft wurden. In beiden Fällen haben die Arbeitsnehmer die Annullierungs- und Schadensersatzklage wegen Ablauf der vierjährigen bzw. dreijährigen Frist verloren. Genannt wurde Art. 206 § 3 V CC2002 als Verjährungsfrist für den Schadensersatzanspruch.).

770 Statt vieler: STJ AgRg nos EDcl no REsp. 1031108/PR, T4, Rel. Antonio Carlos Ferreira, Urt. vom 05.05.2015, DJe 19.05.2015. Der Fall betrifft einen Immobilienkaufvertrag, der teilweise mit Zahlung von Edelsteinen erfüllt wurde, die sich später als deutlich weniger wertvoll zeigten. Da die Immobilie schon an einen gutgläubigen Dritten weiterverkauft wurde, haben die Vorinstanzen den Annullierungsantrag des getäuschten Verkäufers abgelehnt, dem Schadensersatzanspruch dagegen stattgegeben. Hier hat der STJ seine ständige Rechtsprechung bestätigt, nach der der Ablauf der Dekadenzfrist für die Anfechtung eines Rechtsgeschäfts den Schadensersatzanspruch des Käufers infolge eines „schuldhaften Verhaltens" des Verkäufers unberührt lässt. Ohne auch nur die betreffenden gesetzlichen Vorschriften zu nennen, hat der STJ den Schadensersatzan-

Bei der hier untersuchten Frage nach der Haftung für die Verletzung von Informationspflichten im vorvertraglichen Stadium ist zuletzt noch zu beachten, dass das Zivilgesetzbuch auch den Dolus von Dritten regelt, der den Vertragsentschluss der getäuschten Partei erheblich beeinflusst. Art. 148 CC2002 sieht vor, dass der **täuschende Dritte** allein für den Schadensersatz des Getäuschten verantwortlich ist, wenn der andere Vertragspartner seine Arglist nicht kannte oder kennen musste[771]. In diesem Fall bleibt der Getäuschte an den Vertrag gebunden und muss von Dritten allein den Ersatz seines Schadens verlangen. Nur wenn dem Vertragspartner die arglistige Täuschung des Dritten bewusst ist (sein müsste), kann der Getäuschte den Vertrag annullieren und Schadensersatz verlangen, der dann gesamtschuldnerisch von Vertragspartner und Dritten zu tragen ist[772]. Nicht in den großen Lehrbüchern und Kommentaren diskutiert wird jedoch, ob der in der Vertragsvorbereitung tätige Verhandlungsgehilfe, den auch Rücksichtspflichten treffen, als Dritter zu qualifizieren ist, was sich durch die Unkenntnis der Haftung in contrahendo für Dritte erklären lässt[773].

Pontes de Miranda hat in Anlehnung an *von Tuhr* darauf hingewiesen, dass der Gehilfe kein Dritter im Sinne von Art. 95 CC1916 (Art. 148 CC2002) sei, sondern als Vertreter behandelt werden müsse[774], dessen Haftung heute in Art. 149 CC2002 (Art. 96 CC1916) statuiert wird. Der neue Gesetzgeber unterscheidet zwischen gesetzlichem und rechtsgeschäftlichem Vertreter. Bei Arglist des **gesetzlichen Vertreters** haftet der Vertreter nach der unklaren Formulierung von Art. 149 1. Hs.

---

spruch in der ungerechtfertigen Bereicherung (Art. 884 CC2002) begründet. Aus der Entscheidung ist nicht zu erkennen, welcher materielle Schadensersatz dem Geschädigten – neben dem erteilten Schmerzgeld – zugesprochen wurde oder ob man darunter nur den fehlenden Rest des Kaufpreises zu verstehen hat. Im gleichen Sinne: REsp. 647.456/SP, T3, Rel. Min. Ricardo Villas Bôas Cueva, Urt. vom 16.04.2013, DJe 25.04.2013; EDcl. no AgRg no REsp. 663.354/MS, T4, Rel. Min. Maria Isabel Gallotti, Urt. vom 09.10.2012, DJe 25.10.2012; REsp. 330.182/PR, T4, Rel. Min. Maria Isabel Gallotti, Urt. vom 14.12.2010, DJe 04.02.2011 und AgRg no Ag 416.587/DF, T3, Rel. Min. Antônio de Pádua Ribeiro, Urt. vom 08.05.2003, DJ 09.06.2003.

771 „Art. 148. Pode também ser anulado o negócio jurídico por dolo de terceiro, se a parte a quem aproveite dele tivesse ou devesse ter conhecimento; em caso contrário, ainda que subsista o negócio jurídico, o terceiro responderá por todas as perdas e danos da parte a quem ludibriou."

772 Schon im alten Recht: *Pontes de Miranda*, Tratado, Bd. 4, S. 336. Im neuen Recht vgl. statt vieler: *Silva Pereira*, Instituições, Bd. 1, S. 528 und *Tepedino/Barboza/Bodin*, CCI 1, Art. 148, S. 282.

773 Vgl. dazu: *Bevilaqua*, Theoria geral, S. 281; *Gomes*, Introdução, S. 43f.; *Silva Pereira*, Introdução, S. 528; *Amaral*, Inrodução, S. 489; *Tepedino/Barboza/Bodin*, CCI 1, Art. 148, S. 282; *Fichtner Pereira*, A responsabilidade civil pré-contratual, S. 197, der die vorsätzliche Irreführung zum Vertragsabschluss zu Recht als einen geregelten Fall von culpa in contrahendo betrachtet. Die Diskussion erscheint weder in Verbindung mit dem Dritten noch mit dem Vertreter.

774 Tratado, Bd. 4, S. 336.

CC2002[775] grundsätzlich nicht, es sei denn, er hat von dem Geschäft profitiert, und dann proportional zu den ihm dadurch zugeflossenen Vorteilen. Handelt es sich jedoch um den Dolus eines **Stellvertreters**, der also vom Vertretenen durch Rechtsgeschäft zur Vornahme seiner Handlung gegenüber Dritten bevollmächtigt worden ist, haften beide solidarisch auf Schadensersatz gemäß Art. 149 2. Hs. CC2002, unbeschadet der Regressklage des Vertretenen gegen den Stellvertreter[776].

Aus den beiden Fallkonstellationen ergibt sich die Möglichkeit einer **begrenzten Haftung des Vertragspartners für Arglist von Dritten und Vertretern**, die im Rahmen des geschäftlichen Kontakts auf seiner Seite auftreten und die die Vertragsentscheidung der getäuschten Gegenseite arglistig beeinflussen. Sie hat selbstverständlich nicht viel zu tun mit der Gehilfenhaftung des § 278 BGB, weil diese sowohl vorsätzliche als auch fahrlässige Rücksichtspflichtverletzungen – nicht nur Fehlinformationen! – von Gehilfe und Vertreter gleichermaßen einschließt. Die Haftung des Vertragspartners für die vorsätzliche Irreführung der Gegenseite durch Dritten oder Vertreter ist dagegen nach Art. 148 bzw. Art. 149 CC2002 immer eine beschränkte Haftung. Fraglich ist jedoch, ob sich eine vorvertragliche Gehilfenhaftung aus Art. 149 2. Hs. CC2002 oder vielmehr aus Art. 932 III CC2002 ergibt, die eine verschuldensunabhängige Haftung für Angestellte und Verrichtungsgehilfen im Deliktsrecht statuiert. Unabhängig davon kann man in beiden Vorschriften einen gesetzlichen Anhaltspunkt für die Entwicklung einer erweiterten Dritthaftung sehen. Da dieses Thema nicht in der Dissertation behandelt wird, wird es hier nicht vertieft. Festzuhalten ist vielmehr, dass Arts. 145 bzw. 147 CC2002 nur ein vorsätzliches informationelles Fehlverhalten des Schädigers sanktionieren.

b) Der Rekurs auf die Irrtumsfigur

In der Rechtspraxis kommen oft Fälle vor, in denen der Geschädigte nicht nachweisen kann, dass sein Vertragspartner bewusst falsche Auskunft über entscheidungsrelevante Vertragsumstände mitgeteilt oder sie eben verschwiegen hat. Nicht selten sind auch die Fälle, in denen ein Teil (der Erklärungsempfänger) erkennt, dass der andere (Erklärende) sich falsche Vorstellungen über den Vertrag macht und seinen Irrtum durch Aufklärung nicht beseitigt oder ihn zumindest

775 Kritisch dazu: *Silva Pereira*, Introdução, S. 528.

776 Statt vieler: *Lotufo*, Código civil, Bd. 1, Art. 149 S. 408 und *Farias/Rosenvald*, Direito civil, Bd. 1, S. 440. Einigen Autoren wollen die gesamtschuldnerische Haftung des Vertretenen von der Kenntnis der Arglist des Vertreters abhängig machen, so dass er nur bis zur Höhe der dadurch erzielten Vorteile zu haften hat. Vgl. dazu *Silva Pereira*, Introdução, S.529.

nicht davor warnt. Da dem Geschädigten in solchen Fällen kein Nachweis einer arglistigen Täuschung seines Gegenübers gelingt und er keinen gesetzlichen Anhaltspunkt für die Sanktion reiner fahrlässigen Fehlinformation findet, greift er auf die **Irrtumsfigur** des Art. 138 CC2002 als Umweg zurück, um sich von der ungünstigen, zumindest unerwünschten Verbindlichkeit zu befreien, wie in Kapitel 3 C III 2.1 dargestellt. Dass es dabei um keinen echten Irrtumsfall geht, fällt schon deshalb auf, weil dabei keine endogene Fehlvorstellung vorliegt, die allein dem Verantwortungsbereich des Irrenden selbst zugerechnet werden kann. Es liegt in solchen Fällen vielmehr ein **unredliches vorvertragliches Verhalten** derjenigen Partei vor, der durch **fahrlässige Fehlinformation** oder durch **Nichtaufklärung über den Irrtumszustand** die andere zum Abschluss einen ungünstigen bzw. unerwünschten Vertrages veranlasst hat. Also: **fahrlässige Irreführung zum Vertragsschluss**, ein typischer Fall von culpa in contrahendo.

Um das fahrlässige informationelle Fehlverhalten der an dem Vertragsschluss interessierten Partei (Erklärungsempfänger) zu sanktionieren, erlaubt die brasilianische Rechtsprechung – angesichts des Fehlens einer vorvertraglichen Vertrauensschutztheorie – die Vertragsannullierung wegen „Irrtums" und gewährt dem anfechtenden „Irrenden" einen Schadensersatzanspruch, der nicht selten meistens in dem Ersatz immaterieller Schäden besteht. Der neue Art. 138 CC2002 hat die Problematik verkompliziert, indem er durch die Anforderung des Erkennbarkeitsmerkmals eine Änderung des ursprünglichen Irrtumskonzepts hinzugefügt hat.

Der irrende Erklärende ist also zur Irrtumsanfechtung, d. h. zur Vertragsannullierung nur berechtigt, wenn der andere Teil (der Erklärungsempfänger) seinen wesentlichen Irrtum erkennt bzw. erkennen muss und ihn davor nicht warnt. Über das neue Irrtumskonzept herrscht Streit in der Lehre und Rechtsprechung, die paradoxerweise in den echten, also endogenen Irrtumsfällen keine Erkennbarkeit, sondern vielmehr weiter Wesentlichkeit und Entschuldbarkeit für die Irrtumsanfechtung verlangt. Eine nähere Analyse der Fälle zeigt, dass man durch dieses komplizierte Konstrukt letztendlich versucht hat, den Irrtumstatbestand auszudehnen, um Fälle fahrlässiger Irreführung zum Vertragsschluss durch Fehlinformation miteinzubeziehen.

Wie in dieser Arbeit schon dargestellt, führt dieses Lösungsmodell zur **Zerstörung des ursprünglichen Irrtumskonzepts**, das einen endogenen, aus dem Bereich des Erklärenden selbst stammenden Willensmangel voraussetzt[777]. Weil das so ist, liegt bei dem Irrenden selbst die Hauptverantwortung für den Fehler. Aus diesem Grund sehen einige Länder wie Deutschland und die Schweiz für den

777 Dazu: *Lotufo*, Código civil, Bd. 1, Art. 146, S, 399 und *Larenz/Wolf*, AT, S. 683.

Irrenden neben dem Anfechtungsrecht eine Einstandspflicht vor, die ihn verpflichtet, denjenigen Schaden der Gegenseite zu ersetzen, den sie infolge des Vertrauens auf die Wirksamkeit des Vertrages erlitten hat. Man kann von einem Irrtum im rechtlichen Sinne nicht reden, wenn die Fehlvorstellung durch äußere und unzulässige Einwirkung verursacht wird.

Stammt dagegen der Willensmangel aus dem Bereich des Erklärungsempfängers, liegt entweder eine fahrlässige oder vorsätzliche Irreführung zum Vertragsabschluss vor. Die vorsätzliche Irreleitung bildet herkömmlicherweise den Dolustatbestand. Die fahrlässige Irreführung wurde in Deutschland in Anlehnung an § 242 BGB als vorvertragliche Pflichtverletzung rechtsfortbildend begründet. Die brasilianische Rechtsprechung behandelt – aufgrund des Fehlens einer vorvertraglichen Schutzlehre – solche Fälle unter dem Irrtumstatbestand, was zu einer fragwürdigen rechtsdogmatischen Erweiterung des Irrtumsbegriffs geführt hat.

In der modernen europäischen Privatrechtslehre besteht jedoch kein Zweifel daran, dass es in beiden Fällen (vorsätzliche oder fahrlässige Irreführung) um eine Haftung in contrahendo geht[778]. Das stellt die Einordnung fahrlässiger Irreführung als „Irrtum" des Erklärenden in Frage, wie in der brasilianischen Rechtspraxis üblich. In dem brasilianischen Modell werden Irrtum und Dolus **nicht mehr voneinander konzeptionell unterschieden**, da unter den Irrtumstatbestand fahrlässige – und in der Praxis auch vorsätzliche – Irreführung durch Fehlinformation subsumiert wird. Symptomatisch dafür ist der Hinweis auf beide Tatbestände bei der Entscheidungsbegründung durch die Judikatur. Das führt zu einer **konfusen und untechnischen Benutzung** beider Begriffe in der Rechtspraxis und zur **rechtsdogmatischen Unpräzisierung.**

Nicht zuletzt zu berücksichtigen ist, dass dieses Modell – trotz untechnischer Ausweitung des Irrtumsbegriffes – **keine angemessene Lösung** für die Problematik fahrlässiger Fehlinformationen vor Vertragsschluss anbietet, weil der Irrtumstatbestand nur den wesentlichen Irrtum, d. h. begrenzte Aspekte des Vertrages schützt. Viele Fälle von Unterlassung oder Mitteilung unzutreffender Informationen über entscheidungsrelevante Umstände des Geschäfts, die sich nicht auf den Vertragstyp, auf wesentliche Eigenschaften des Geschäftsgegen-

778 In diesem Sinne im brasilianischen Recht: *Martins Costa*, Um aspecto da obrigação de indenizar, 1, 15, bei der man allerdings keine klare Abgrenzung zwischen Dolus und Irrtum einerseits und zwischen culpa in contrahendo und Willensmängelrecht andererseits sehen kann. Vgl. in Italien: *Benatti*, A responsabilidade pré-contratual, S. 82 ff., der die Erweiterung des Dolusbegriffs betont und *Schiavone*, Responsabilità civile e previdenza 4/2008, 786, 790 ff.; in Spanien: *García Rubio*, La responsabilidad, S. 164 ff. und in Portugal: *Pinto Oliveira*, Princípios, S. 205.

stands oder die Person oder auf die Rechtslage (Art. 139 CC2002) beziehen, werden durch den Irrtumstatbestand nicht abgedeckt.

Deshalb ist es unerlässlich, dass man die Fälle von schuldhafter Irreleitung zum Vertragsschluss durch vorvertragliche Fehlinformation von den echten Irrtumsfällen streng trennt und die erstere als Unterfall der culpa in contrahendo unter Art. 422 CC2002, die zweite unter den Irrtumstatbestand aus Art. 138 CC2002 subsumiert. Der Irrtumstatbestand ist konzeptionell und funktionell nicht dafür ausgestaltet, Fälle fahrlässiger oder vorsätzlicher Irreführung zum Vertragsschluss durch Fehlinformation zu regeln. Eine schuldhafte Irreführung zum Vertragsschluss hat mit dem Irrtumskonzept der brasilianischen Rechtstradition kaum zu tun. Deshalb soll sich die Anwendung des Irrtumsrechts auf die typischen Irrtumsfälle (*erro próprio*) beschränken. Eine teleologische Reduktion des Art. 138 CC2002 ist deshalb geboten und soll dazu führen, dass der Irrende seinen wesentlichen Irrtum anfechten darf, muss aber den daraus entstandenen Schaden des Erklärungsempfängers immer dann ersetzen, wenn er dabei seine erhöhte vorvertragliche Sorgfaltspflicht verletzt. Die Erkennbarkeit des Irrtums durch den Erklärungsempfänger soll sich nicht auf das Gestaltungsrecht (Annullierungsrecht) des Irrenden, sondern nur auf seinen eigenen Schadensersatzanspruch vernichtend oder mindernd auswirken[779].

c) Verletzung vorvertraglicher Informationspflicht im Lichte von Treu und Glauben

Neben dem Hinweis auf Dolus und Irrtum findet man in einer Minderheitslehre Anhaltspunkte für die Konstruktion vorvertraglicher Informationshaftung mit Hilfe von Treu und Glauben[780]. Laut Art. 422 CC2002 sind die Vertragspartner dazu verpflichtet, bei Abschluss und Erfüllung des Vertrages den Grundsatz von Treu und Glauben zu beachten. Aus diesem Redlichkeitsgebot leitet die herrschende Meinung die Rücksichtspflichten her, die in Brasilien meistens unter dem Begriff „Nebenpflichten" (*deveres laterais*) zum Ausdruck kommen, wozu die **Informations- bzw. Aufklärungspflichten** selbstverständlich dazuzählen. Die Mehrheit der Lehre beschäftigt sich allerdings nicht mit der Frage, ob man im Privatrechtsverkehr – wie im Verbraucherverkehr – von einer allgemeinen Informationspflicht in dem Sinne ausgehen darf, dass eine Partei grundsätzlich verpflichtet ist, die andere über die wesentlichen Umstände aufzuklären, die für die Ver-

779 Ausführlich dazu: Kapitel 3 C III 2.1.
780 In diesem Sinne: *Junqueira de Azevedo*, in: Estudos e pareceres, 184, 186.

tragsentschluss von großer Bedeutung sein können, oder ob es eine solche Pflicht nur bei besonderen Umständen gibt, die ihre Entstehung rechtfertigen.

Es wird oft einfach pauschal gesagt, dass ein Teil den anderen beim Vertragsschluss über die wesentlichen Vertragsumstände aufzuklären habe, ohne allerdings zu prüfen, welches **Informationsmodell** dem Zivilgesetzbuch zugrunde liegt. Einige Autoren, die die vorvertragliche Haftung untersucht haben, behandeln die Informationsfrage ganz vage und allgemein[781] oder ausschließlich im Rahmen des Verbraucherverkehrs, ohne die notwendige Parallelisierung zum allgemeinen Privatrechtsverkehr vorzunehmen[782]. *Junqeira de Azevedo* ist schon früh auf diese Frage eingegangen und hat das unterschiedliche Informationsmodell beider Gesetzeswerke betont. Ihm zufolge könne man zwar durch eine Interpretation *a contrario sensu* aus Art. 94 CC1916, d.h. arglistiger Informationsunterlassung (Art. 147 CC2002), eine Informationspflicht im Rechtsverkehr herleiten, die das Verbraucherschutzgesetz in Art. 6 III später positiviert habe[783]. Nachträglich sagte er aber, dass man eine allgemeine Informationspflicht weder auf der Grundlage der Willensmängeltheorie noch aus dem neminem-laedere-Grundsatz entwickeln könne, sondern nur mit Hilfe von Treu und Glauben[784].

Junqueira de Azevedo hat auch auf die unterschiedlichen „Grade" der Informationspflichten – reine Information, Aufklärung, Beratung und Warnung – hingewiesen, die nur nach den Umständen des Einzelfalls zu bestimmen seien[785]. Für ihn sei aber die Informationspflicht auf Auskunft über den Vertragsinhalt begrenzt. Ihm zufolge – und vor allem in Anlehnung an die portugiesische Doktrin – geht die moderne Lehre davon aus, dass eine Informationspflicht im Pri-

---

781 Bei *Fichtner Pereira* ist die Informationspflicht völlig unscharf und konturenlos dargestellt, so dass man daraus keine Anhaltspunkte für die Konkretisierung dieser Nebenpflicht entnehmen kann. A responsabilidade civil pré-contratual, S. 90 ff.

782 *Cappelari* behandelt in seinem Werk den Fall von culpa in contrahendo wegen „irrtümlicher" Informationen ausschließlich im geschäftlichen Kontakt zwischen Lieferant und Verbraucher, obwohl seine Aussagen doch eine generelle Geltung beanspruchen. Dort zeigt er eine umfassende Informationspflicht auf, die er „*obrigação de informação*" nennt, ohne zu prüfen, ob dieses Konzept überhaupt an das Informationsmodell des Zivilgesetzbuch angepasst werden kann. Responsabilidade pré-contratual, S. 118 ff.

783 RDC 18/1996, 23, 28.

784 *Junqueira de Azevedo*, in: Estudos e pareceres, 186, 188. Daraus folgt, dass er den unterschiedlichen Inhalt der Informationspflicht im Verbraucher- und allgemeinen Privatrechtsverkehr und vor allem die Informationspflichten – eigentlich: die Nebenpflichten – von der allgemeingültigen Jedermannspflicht abgegrenzt hat, was für die Frage der Begründung der culpa in contrahendo von Bedeutung ist.

785 RDC 18/1996, 23, 28. Ihm zustimmend *Popp*, der aber in Anlehnung an *Sinde Monteiro* den genannten Pflichten Autonomie gewährt. Responsabilidade civil pré-negocial, S. 198.

vatverkehr **nur bei Vorliegen besonderer Umstände** entsteht. *Martins-Costa* zeigt dies am deutlichsten: Es gebe – anders als im Verbraucherverkehr – **keine allgemeine Informationspflicht** im Verhältnis zwischen Privatpersonen[786]. Es müsse vielmehr eine „Machtungleichheit" (*desigualdade de poderes*) zwischen den Verhandlungspartnern vorliegen, sei sie ökonomischer, faktischer oder juristischer Natur, um die Entstehung von Informationspflichten zu rechtfertigen.

Die Information müsse sich auf wesentliche Umstände beziehen, die für den Vertragsentschluss relevant seien. Dabei sei auch zu berücksichtigen, dass jeder zur **eigenen Information** verpflichtet sei. Ausmaß und Inhalt der Informationspflicht hingen von subjektiven und objektiven Kriterien des Einzelfalles ab: Es komme vor allen darauf an, ob ein asymmetrisches Verhältnis zwischen den Parteien bestehe, in dem ein Teil z. B. aus beruflichen Gründen besser informiert sei als der andere, sowie auf Natur und Zweck des geplanten Vertragsverhältnisses. Zum Inhalt der Informationspflicht gehöre vor allem die Aufklärung über Inhalt, Folge und Risiken des Vertrages. Bei hoch spezialisierten Verträgen, wie etwa Sport- und Anlagevertrag, sei die Partei auch zur Erklärung über die Opportunität und Erwartungen des Vertrages verpflichtet. Es gebe jedoch **keine unbegrenzte Informationspflicht**, vor allem nicht über diejenigen Umstände, die in den **Risikobereich** der Gegenseite fallen[787].

Martins Costa unterscheidet die **Informationspflicht ieS** von der **Informationspflicht iwS**, die Rat und Beratung mitumfasst. In Anlehnung an *Sinde Monteiro* nimmt die Autorin im brasilianischen Recht auch eine **Haftung für Rat und Empfehlung** an, die sie als Unterfall der culpa in contrahendo für Informationspflichtverletzung betrachtet[788] ohne allerdings auf die Frage einzugehen, wie es *Popp* zu Recht macht, ob davon die Fälle zu unterscheiden sind, in denen bereits ein **Beratungsvortrag** vorliegt wie etwa bei Arzt- und Anwaltsverträgen. Das hat zur Folge, dass die Verletzung von Aufklärungs- oder Beratungspflichten dort Nichterfüllung und folglich eine typische Vertragshaftung darstellt[789]. Was die Abgrenzung der Informations-, Aufklärungs-, Rat-, Empfehlungs- und Beratungspflichten betrifft, sind die Konturen sehr unscharf formuliert[790]. *Popp* er-

786 Um aspecto da obrigação de indenizar, 1, 11.
787 Um aspecto da obrigação de indenizar, 1, 11 ff.
788 Um aspecto da obrigação de indenizar, 1, 11.
789 Responsabilidade civil pré-negocial, S. 197 ff.
790 *Martins Costa* setzt sich mit der Frage nicht auseinander. Um aspecto da obrigação de indenizar, 1, 11. *Popp* meint, dass sich ein Rat auf die Opportunität des Geschäfts beziehe, während die Empfehlung ein alternatives Verhalten für den Empfänger zulasse. Als am stärksten zeigt sich die Beratung, die den Geber verpflichtet, der Gegenseite vom Vertragsschluss gegen seine eigenen Interessen abzuraten. Responsabilidade civil pré-negocial, S. 199.

wähnt zuletzt, dass die vorvertragliche Informationspflicht auch **Dritte** betrifft wie z. B. die Verhandlungsgehilfen, Anwälte, Steuerberater, die allein oder solidarisch mit dem künftigen Vertragspartner für die Pflichtverletzung einzustehen haben[791]. Dadurch erwähnt er *en passant* die neue Kategorie der Dritthaftung.

Da diese Stimmen nur einen kleinen Teil der Lehre reflektieren, die sich mit dem Thema auseinandergesetzt hat, verwundert nicht, dass die Theorie noch weit weg von der Praxis steht – mindestens im allgemeinen Privatrechtsverkehr. Die Frage nach einer Haftung für Nicht- oder Fehlinformation beim Vertragsschluss spielt in der Rechtsprechung fast ausschließlich im Verbraucherverkehr eine Rolle. Die Rechtsprechung des STJ liefert zahlreiche Belege dafür. Die Mehrheit der Fälle bezieht sich auf Informationspflichtverletzungen im Rahmen von Offerten, Werbeanzeigen oder Beschreibungen von Eigenschaften und Risiken von Produkten und Dienstleistungen, die – wie schon dargestellt – immer als „Mangel" eingeordnet werden, wenn aus der Pflichtverletzung keine Folgeschäden resultieren. Dazu kommen noch Fälle, in denen die in Vorgesprächen abgegebenen Angaben des Lieferanten von dem tatsächlichen, meistens mit ungünstigen mehrdeutigen Klauseln versehenen Vertragsinhalt abweichen. Da der Richter klare Vorschriften (Art. 18 bis 20 CDC) über eine Informationshaftung im verbraucherrechtlichen Bereich zur Hand hat, fällt es leichter, die einfachen täglichen Fälle von vorvertraglichen Informationspflichtverletzungen zu lösen.

Ein Blick auf den privatrechtlichen Rechtsverkehr, wofür das Zivilgesetzbuch keine allgemeine Regel über die Informationspflicht statuiert[792], zeigt, dass die Rechtspraxis bitter für die informationsbedürftige Partei ist, die fast ausschließlich auf den **Regelkomplex des Willensmängelrechts** angewiesen ist. Die Rechtsprechung legt diejenigen Willensmangelgründe, bei denen ein Verstoß gegen die vorvertragliche Informationspflicht von Bedeutung sein kann, also Dolus und Irrtum, den gesetzlichen Vorschriften entsprechend recht eng aus. Bei den Dolusfällen besteht vor allem das Problem, dass dort der schwierige Nachweis arglistiger Täuschung des Täuschenden als konstitutives Haftungselement verlangt wird, was nicht selten zur Klageabweisung führt.

Für den Getäuschten kann es daher unter Umständen günstiger sein, nachzuweisen, dass er sich im Irrtum befunden hat und Fehlvorstellungen von der Wirklichkeit hatte. Hier kann er sich zwar vom Vertrag befreien, bekommt aber seinen Vertrauensschaden kaum ersetzt, wenn er die Arglist der Gegenseite nicht nachweist. Keinen besseren Schutz hat der Getäuschte mit Blick auf das Ge-

791 Responsabilidade civil pré-negocial, S. 203.

792 In diesem Sinne auch *Junqueira de Azevedo*, der allein auf Art. 1.444 CC1916 (Art. 766 CC2002) hinweist, in: Estudos e pareceres, 184, 185.

währleistungsrecht: Er kann darauf nur Bezug nehmen, wenn sich die Nicht- oder Fehlinformation auf eine physische, gewöhnliche Sacheigenschaft bezieht, und zwar binnen kurzer Ausschlussfristen. Hier kann er allerdings idR entweder Minderung oder Rücktritt vom Vertrag mit Ersatz der Vertragskosten verlangen. Er erlangt seinen Schaden in vollem Umfang nur ersetzt, wenn er nachweist, dass der Verkäufer den Mangel kannte und ihn arglistig verschwiegen hat.

Daraus ergibt sich, dass viele Fälle, in denen unterlassene oder fehlerhafte Information bzw. Aufklärung vor Vertragsschluss zu konstatieren sind, **ohne (angemessene) Lösung** in der Praxis bleiben. Man denke hier an die **rein fahrlässige Nicht- oder Fehlinformation bzw. Aufklärung** über wesentliche Umstände, die zwar keinen Bezug zum Vertragsgegenstand haben, die jedoch bei dem Vertragsentschluss eine große Rolle spielen. Wenn sich die unterlassene oder falsche Auskunft nicht auf bestimmte Umstände bezieht, die als wesentlicher Irrtum qualifiziert werden können, kann die in ihrer privatautonomen Selbstbestimmung beeinträchtigte Partei an den ungünstigen oder unerwünschten Vertrag gebunden bleiben.

Die vielzitierte Informationspflicht aus Treu und Glauben erlangt in den genannten Fallkonstellationen keine selbständige Bedeutung, weil sie keine entscheidende Bedeutung bei der Falllösung erlangt und die Lehre daraus keine weiteren Rechtsfolgen herleitet als diejenigen der genannten Rechtsinstituten. Nicht von ungefähr wird eine vorvertragliche Informationspflichtverletzung als Dolus oder „Irrtum" subsumiert und so rechtsdogmatisch qualifiziert[793]. Schaut man nur in dem Sonderbereich des Kaufvertrages, sieht man ein breites Anwendungsfeld, in dem die Sachmängelhaftung keine Wirkung erzeugt, weil es dabei nicht um Mängel an der physischen Sacheigenschaft geht und die vorvertragliche Informationshaftung eingreifen kann, um schuldhaftes informationelles Fehlverhalten des Verkäufers zu sanktionieren.

Zusammenfassend kann man sagen, dass die schuldhafte Unterlassung oder Weitergabe fehlerhafter Informationen an die Gegenseite über entscheidungsrelevante Umstände vor Vertragsschluss im Privatverkehr nach wie vor grundsätzlich mit Hilfe der Willensmängelregel gelöst wird. Geschützt wird der Getäuschte allerdings nur, wenn ihm der Nachweis gelingt, dass sein Geschäftspartner – oder dessen Vertreter – bewusst wichtige, für den Vertragsentschluss kausale Informationen nicht oder nur fehlerhaft mitgeteilt hat. Hier hilft ihm – anders als im

---

793 Sogar *Martins Costa* qualifiziert die Verletzung vorvertraglicher Informationspflichten als Dolus (Vorsatz) oder als Irrtum und verschmilzt dadurch das Rechtsinstitut der culpa in contrahendo mit den klassischen Figuren des Willensmängelrechts. Die culpa in contrahendo scheint bei ihr nur eine „schadensersatzrechtliche Rechtsfolge" (*„consequência indenizatória"*) des Dolustatbestands zu sein. Prägnant in diesem Sinne: Os regimes do dolo civil, 1, 3 ff.

deutschen Recht – keine Vermutung aufklärungsrichtigen Verhaltens, die den Getäuschten von dem schwierigen Beweis befreit, dass er bei Kenntnis der wahren Sachlagen den Vertrag nicht abgeschlossen hätte[794].

Fahrlässiges Fehlverhalten vor Vertragsschluss wird mit Rekurs auf die Irrtumsfigur sanktioniert, wenn der geschädigten Partei der Nachweis gelingt, dass die Gegenseite sie in den Irrtum geführt hat. Da in der Rechtspraxis unter den Irrtumstatbestand sowohl fahrlässige als auch vorsätzliche Irreführungen subsumiert werden, verschmelzen die Grenzen zwischen Arglist und Irrtum. Das lässt sich auch im Schrifttum konstatieren, wo man oftmals den Irrtum als eine Fehlvorstellung definiert, die auch mit Hinterlist durch Informationsmangel verursacht werden könne[795]. Dass es sich dabei um einen Dolusbegriff handelt, liegt auf der Hand. Die begriffliche Unpräsizion hat negative Auswirkungen in der Pivatrechtsdogmatik und Rechtspraxis[796].

Der Hinweis auf die vorvertragliche Informationspflicht aus Treu und Glauben spielt dabei praktisch keine Rolle, sondern wirkt rein schmückend. Der Getäuschte wird jedoch durch Dolus- und Irrtumsfigur unzureichend geschützt. Ihm entsteht nach der Wortlautauslegung des Art. 182 CC2002 grundsätzlich nur ein Annullierungsrecht mit Herstellung des vorherigen Zustands. Der ihm durch die Rechtsprechung zugestandene Schadensersatzanspruch beschränkt sich in der Rechtspraxis oft auf Schmerzensgeld, das zwar wirtschaftlich den materiellen Schaden des Getäuschten abdecken kann, es jedoch nicht immer muss. Und in echten Irrtumsfällen, in denen der Irrtumsgrund allein der Sphäre des irrenden Erklärenden zuzuordnen ist, kann zwar der Irrende den Vertrag annullieren, erhält aber keinen Schadensersatz vom unschuldigen Vertragspartner, sondern soll im Gegenteil den Vertrauensschaden des unschuldigen Partners ersetzen.

Beweist der Vertragspartner, dass die Parteien bei richtiger Aufklärung den Vertrag zu „anderen" Konditionen abgeschlossen hätten, kann sich der Geschädigte von dem ungünstigen oder unerwünschten Vertrag nicht befreien. In diesem Fall steht ihm nur eine Leistungsreduktion oder Rückerstattung des zu viel Ge-

794 Zur Ablehnung von Annullierungsklagen mangels Dolusnachweises vgl. statt vieler: TJSP, Apelação Cível 1005893 – 58.2014.8.26.0100, 1ª. Câmara Reservada de Direito Empresarial, Rel. Teixeira Leite, Urt. vom 19.10.016; TJRS, Apelação Cível 0014078 – 18.2014.8.21.9000, 4ª. Turma Recursal Cível, Rel. Glaucia Dreher, Urt. vom 19.09.2014 (wo auf den erforderlichen Dolusnachweis Bezug genommen wird); TJRS, Apelação Cível 0362745 – 50.2011.8.1.7000, 12ª. Câmara Cível, Rel. Ana Lúcia Vieira Rebout, Urt. vom 07.08.2014. Dazu auch: STJ, AgRg no AREsp. 81.840/PR, T4, Rel. Min. Marco Buzzi, Urt. vom 18.12.2012, DJe 07.02.2013, wo betont wird, dass der Dolus nachgewiesen werden muss.

795 *Martins Costa*, Os regimes do dolo civil, 1, 5.

796 Eingehend dazu: Kapitel 3 C III 2.1.

zahlten zu. Aufgrund der Rezeption der culpa in contrahendo in Art. 422 CC2002 und dem damit verbundenen Gebot zu Redlichkeit und Vertrauensschutz im Rechtsverkehr ist eine erneuerte systematische und teleologische Auslegung geboten, die das Institut der vorvertraglichen Haftung mit dem klassischen Willensmängelrecht in Einklang bringen kann.

d) Kritische Betrachtung

Aus dem oben skizzierten *status quo* ergibt sich, dass Lehre und Rechtsprechung immer noch auf den herkömmlichen privatrechtlichen Mechanismus bei der Verletzung von Informations- und Aufklärungspflichten im vorvertraglichen Rechtsverkehr zurückgreifen, obwohl der herrschende Diskurs die Anwendung von Treu und Glauben und ihrer Rücksichtspflichten immer betont. Mangels vertiefter rechtsvergleichender Untersuchungen bleibt der **Diskurs** über einen stärkeren Redlichkeits- und Vertrauensschutz im Privatrechtsverkehr eher **abstrakt und konkretisierungsbedürftig.** Es fehlt eine tiefgreifende rechtsvergleichende Analyse über die Rücksichtspflichten, die eine neue schuldrechtliche Pflichtkategorie darstellt. Dies hat selbstverständlich Auswirkungen auf die Anerkennung der Haftung in contrahendo, die immer noch als Synonym für eine Haftung wegen Nichtabschlusses des geplanten Vertrages gilt. Dies wird dadurch belegt, dass es praktisch keine Untersuchung über die weiteren Fälle von culpa in contrahendo gibt.

Die informationelle Frage wird meistens **mit Rekurs auf die Willensmängelrechte** beantwortet, weshalb sie in der Essenz der gefeierten Prinzipien von Treu und Glauben, Vertrauensschutz und sozialer Solidarität praktisch unberührt bleibt. Trotz Hinweises auf verschiedene neue Prinzipien versteht die „moderne" Lehre die klassischen Willensmängel – also Irrtum und dolus, die bei der Bildung der Vertragsentscheidung eine Rolle spielen – nach wie vor zu eng. Die Lage verschlechtert sich, wenn verfassungsrechtliche, auf den Menschenwürdegrundsatz gestützte Argumente herangezogen werden, um die Frage nach der Verteilung von Wissen und Informationen im Privatrechtsverkehr zu lösen. Dies führt nicht selten zu dem unerträglichen Ergebnis, dass Informations- und Aufklärungspflichten praktisch nur im Rahmen von Verbraucherverkehr und Verhältnissen zwischen natürlichen Personen einzufordern wären, weil eine Personenwürde durch die Informationspflicht zu schützen sei.

Daher überrascht die im Schrifttum verbreitete Auffassung über die vorvertragliche Informationspflicht nicht, nach der, während sie in verbraucherrechtlicher Beziehung voll gelte, sie eine begrenzte Anwendung in privatrechtlichen Beziehungen habe, weil es zwischen Privaten keine Asymmetrie gäbe und die

Parteien dabei entgegengesetzte Interessen haben[797]. Das hat zur Folge, dass der Inhalt der Informationspflichten – wenn überhaupt – eng konzipiert wird. Laut *Tepedino/Schreiber* sei etwa der der Verkäufer beim Autoverkauf nur verpflichtet, Auskunft über das Fahrzeug oder den Vertragsinhalt zu geben. Bei Unternehmenskäufen sei der Inhalt der Aufklärungspflicht, wenn sie überhaupt vorliegt, noch reduzierter[798].

In der großen – und wirtschaftlich gesehen wichtigeren – Masse von handelsrechtlichen Verhältnissen (*business to business*) würden dagegen fast keine Informationspflichten gelten[799], was völlig absurd ist. Diese Auffassung verkennt nicht nur den **historischen Ursprung** des Gebots von Treu und Glauben, der seine Wurzel im Handelsrecht hat[800], sondern auch – um auf dem Boden der vorvertraglichen Haftung zu bleiben – die **Funktion** und **systematische Bedeutung** der Informationspflichten (verallgemeinert: der Rücksichtspflichten), die immer dann zur Anwendung kommt, wenn eine **informationelle Asymmetrie** zwischen den Parteien besteht, und zwar völlig unabhängig von der Art der zugrundeliegenden Schuldverhältnisse. Wenn es richtig ist, wie die Lehre einstimmig annimmt, dass Treu und Glauben als grundlegendes Prinzip in der gesamten Rechtsordnung gelten, hat es keinen Sinn, sie im Handelsrecht auszuschließen. Im Gegenteil: Je enger der Beziehung zwischen den Parteien wie eben im Handels- und Gesellschaftsrecht, desto strenger die Rücksichtspflichten.

Es fehlt in Wahrheit eine tiefgreifende Untersuchung der Auswirkungen von Treu und Glauben und den daraus substantiell herzuleitenden Rücksichtspflichten in Bezug auf die allgemeine Rechtsgeschäftslehre. Hier sind vor allen die vorvertraglichen Rücksichtspflichten von Bedeutung, die grundsätzlich die Parteien verpflichten, loyal und rücksichtsvoll miteinander umzugehen trotz ge-

---

797 In diesem Sinne: *Tepedino/Schreiber*, in: Obrigações, 29, 39 ff.

798 *Tepedino/Schreiber*, in: Obrigações, 29, 39 f., 43. Ihnen folgend unter anderen: *Konder*, der die Rolle der Privatautonomie und des Vertrauens beim Abschluss von Rechtsgeschäften aus dem Blickwinkel von Irrtum, dolus und Drohung analysiert und zu dem Ergebnis kommt, dass eine Erklärungsanfechtung bzw. Vertragsauflösung, vor allem in Fällen vorvertraglicher Fehlinformation, nur unter den engen Voraussetzungen solcher Figuren möglich sei und dass die Informationspflicht im Privatrechtsbereich deutlich zu eng konzipiert sei. Ihr Inhalt umfasse grundsätzlich nur die für die Gegenseite unbekannten Angaben hinsichtlich der „Vertragsfunktion". Erro, dolo e coação, 609, 622.

799 *Tepedino/Schneider*, in: Obrigações, 29, 43, wo zu lesen ist: „... a aquisição de controle de uma determinada sociedade, por outro lado, envolve normalmente uma avaliação de custos, riscos e passivos da sociedade (due diligence) pela própria empresa adquirente, o que, *se não isenta o alienante do seu dever de informação, reduz evidentemente a sua intensidade.*" (Hervorhebung durch die Autorin).

800 Staudinger/*Olzen*, § 242 Rn. 23.

gensätzlicher Interessen. Die Anerkennung der Rücksichtspflichten in der Generalklausel des Art. 422 CC2002, insbesondere der Informations-, Aufklärungs-, Beratungs- und Loyalitätspflichten, hat großen Einfluss auf traditionelle Rechtsinstitute wie die des Willensmängelrechts, die funktionell dafür ausgestaltet sind, Aspekte der Willens- bzw. des Rechtsgeschäftsbildung zu regulieren.

Die durch Art. 422 CC2002 rezipierte vorvertragliche Haftung muss mit solchen Rechtsinstituten in Einklang gebracht werden, damit alle – trotz unterschiedlicher Voraussetzungen und Rechtsfolgen – funktionell im Einklang stehen. Das Spannungsverhältnis zwischen vorvertraglicher Haftung für Informationspflichtverletzung und Anfechtungshaftung wegen dolus liefert ein gutes Beispiel für die benötigte rechtsdogmatische Harmonisierung von Treu und Glauben bzw. culpa in contrahendo und Rechtsgeschäftslehre. Es fehlt jedoch eine solche umfassende Untersuchung in der brasilianischen Privatrechtslehre. Jeglicher Versuch, die culpa in contrahendo ohne eine Auseinandersetzung mit solchen Abgrenzungsfragen zu erklären, führt zu einem unvollständigen Ergebnis.

Es ist ersichtlich, dass das Willensmängelrecht keinen ausreichenden Schutz für die Fälle schuldhaft unterlassener oder fehlerhafter Informationen im Rahmen des vorvertraglichen geschäftlichen Kontakts bietet, weil die hier in Frage stehenden Willensmängelgründe auf **Tatbestands- und Rechtsfolgenebene** zu eng konzipiert sind. Der **Irrtum** ist in seiner rechtsdogmatischen Struktur zu diesen Zweck ungeeignet, da er nur **interne Fehlvorstellungen** des Irrenden über die in Art. 139 CC2002 ausdrücklich genannten wesentlichen Vertragsumstände – also: Inhalts-, Rechts- und Erklärungsirrtum – mitumfasst[801]. Die in der brasilianischen Rechtspraxis als Irrtum betrachteten Fälle von Irreleitung beim Vertragsschluss sind rechtsdogmatisch, wie im Kapitel 3 C III 2.1 gezeigt, als schuldhafte Informationspflichtverletzung vor Vertragsschluss zu qualifizieren. Der Eigenirrtum (*erro próprio*) gewährt keinen angemessenen Schutz für die Erweckung oder Verstärkung von falschen Vorstellungen über entscheidungsrelevante Umstände, wie die Wirksamkeit, Durchführbarkeit oder Wirtschaftlichkeit des Vertrages, die traditionell zum unbeachtlichen Motivirrtum gehören[802], obwohl sie bei der Vertragsentscheidung eine erhebliche Rolle spielen, weil sie eben den **wirtschaftlichen Sinn des Vertrags** hindern können.

Ferner bietet die Figur auf Rechtsfolgenebene keinen Schutz für den irrenden Vertragspartner, weil er zwar ein **Anfechtungsrecht** hat, ihm jedoch keine

801 In diesem Sinne: *Schwab*, Einführung in das Zivilrecht, S. 268 und *Musielak*, Grundkurs BGB, S. 173.
802 *Larenz/Wolf*, AT, S. 652.

Schadensersatzanspruch zusteht. Im Gegenteil: Aufgrund der im Rechtsverkehr erforderlichen **vorvertraglichen Sorgfaltspflicht** bringt die Irrtumsanfechtung die Gefahr mit sich, denjenigen Schaden der Gegenseite ersetzen zu müssen, den sie erlitten hat, weil sie auf die Gültigkeit des Geschäfts vertraut hat, wie in Brasilien von *Espínola* und *Pontes de Miranda* postuliert[803]. Aus diesen Gründen ist der Irrtum sowohl als **eigenständige Rechtsfigur** als auch als **Ersatzmechanismus** ungeeignet, um die Fälle schuldhafter Irreführung der Gegenseite infolge von Nicht- oder Fehlinformationen bei Vertragsschluss adäquat zu lösen. Hat der Rekurs auf die Irrtumsanfechtung zur Lösung vorvertraglicher Fehlinformation im alten Recht einmal eine Rechtfertigung gehabt, ist das heutzutage nicht mehr nötig: Dafür gibt es die culpa in contrahendo des Art. 422 CC2002.

Auch der Rekurs auf den Dolus ist unzureichend, weil die Figur nur die arglistige Unterlassung oder Mitteilung fehlerhafter Information abdeckt und folglich **tatbestandlich zu eng** ist, um die komplexen Fälle von informationellem Fehlverhalten anhand eines geschäftlichen Kontakts angemessen zu lösen. Wie beim Irrtum sind auch hier die **Rechtsfolgen** unangemessen: Die Arglist führt zwar zur Rückgängigmachung des Vertrags und zur Herstellung des status quo ante, erlaubt jedoch keine Vertragsanpassung und nicht automatisch Schadensersatz. Im Gegenteil: Eine Wortlautauslegung des Art. 182 iVm Art. 146 CC2002 würde sogar zu dem Schluss führen, dass ein Schadensersatzanspruch nur beim Vorliegen eines dolus incidens in Betracht käme, also wenn anzunehmen wäre, dass der Vertrag – bei ordnungsmäßiger Aufklärung – zu günstigeren Bedingungen zustande gekommen wäre.

Eine rechtsvergleichende Analyse zeigt jedoch, dass sich die gleiche normative Struktur auch im deutschen Recht findet: § 123 BGB ermöglicht bei Anfechtung wegen Täuschung und Drohung zwar die Vernichtung der Willenserklärung, gewährt aber keinen Schadensersatz für den getäuschten bzw. bedrohten Anfechtenden. *Larenz* führt jedoch an, dass § 123 BGB den Ersatz der vorvertraglichen Schäden nicht ausschließen will und dass die Tatsache, dass beide Rechtsbefehle unter unterschiedlichen Auflösungsfristen stehen, nicht ausschließt, dass die Rechte **nebeneinander** bestehen[804]. Das Gleiche kann man in

---

803 Vgl. *Espínola*, Sistema II/2, S. 95 und *Pontes de Miranda*, Tratado, Bd. 4, S. 323. In Portugal nimmt *Carlos Alberto da Mota Pinto* in verschiedenen Situationen eine vorvertragliche Haftung neben der Annullierung des Geschäfts an, wie bei Scherzerklärung, bei fehlender Ernstlichkeit und dolus. Dazu: Teoria geral, S. 491 , 494, 521. Ganz klar und kohärent in diesem Sinne: *Menezes Cordeiro*, Tratado I/1, S. 819, der zu Recht betont, dass es keinen Grund gibt, den Schadensersatz auf das negative Interesse zu begrenzen.

804 *Larenz/Wolf*, AT, S. 689. Eine Verknüpfung zwischen Anfechtung und Schadensersatzpflicht ordnet § 122 BGB nur für den Fall der Irrtumsanfechtung an. Dies lässt sich durch den Gedanken

Brasilien sagen: Art. 182 CC2002 will keinen Schadensersatzanspruch des Getäuschten ausschließen, der **rechtsdogmatisch autonom** im Vergleich zum Gestaltungsrecht (Annullierung) ist, wie nicht zuletzt die Rechtsprechung anerkennt.

Im brasilianischen Recht taucht im Grunde genommen das gleiche Problem auf, das im deutschen Recht schon anfangs des zwanzigsten Jahrhunderts in Erscheinung getreten ist und das die Rechtsprechung dazu veranlasst hat, die Figur **„fahrlässiger Arglist"** parallel zu § 123 BGB zu konstruieren, um die Fälle rein fahrlässiger Irreführung wegen unterlassener oder fehlerhafter Informationen vor Vertragsschluss zu korrigieren. Diese Fälle sind unter das Dach der culpa in contrahendo gebracht worden[805]. Der Tatbestand – und nicht zuletzt die Rechtsfolgen – der Dolusfigur sind im brasilianischen und deutschen Recht aus historischen Gründen sehr eng konzipiert worden. Obwohl Treu und Glauben und die daraus substantiell abzuleitenden Rücksichtspflichten auf der Tagesordnung stehen, hat sich die brasilianische Lehre noch keine Gedanken darüber gemacht, ob im Hintergrund der Arglist nicht die Verletzung vorvertraglicher Informationspflichten steht und folglich, ob sich hier culpa in contrahendo und Dolus nicht teilweise überlagern[806].

Das Konkurrenzproblem zwischen vorvertraglicher Haftung und Anfechtungshaftung wird auch nicht thematisiert. *Fichtner Pereira* nimmt einfach an, der

des Vertrauensschutzes im Rechtsverkehr erklären: da der Irrende (Anfechtende) allein für die Fehlvorstellung und für die Annullierung des Geschäfts verantwortlich ist, die eben das legitime Vertrauen des Erklärungsempfängers (Vertragspartner) an die Wirksamkeit des Geschäfts enttäuscht, stellt die Pflicht zum Ersatz des Vertrauensschadens eine Voraussetzung für die Ausübung des Anfechtungsrechts dar. Sie hat also einen Sanktionscharakter für den Irrenden.

805 Statt vieler: *Larenz/Wolf*, AT, S. 689, die betonen, dass neben der arglistigen Täuschung deshalb eine Haftung aus culpa in contrahendo nach § 311 II BGB im Falle fahrlässiger Täuschung besteht.

806 In diesem Sinne: *Martins Costa*, Um aspecto da obrigação de indenizar, 1, 15, wo die Autorin eine Anspruchskonkurrenz zwischen Dolus bzw. Irrtum und culpa in contrahendo annimmt. Auf diese Überlagerung hat etwa *Lotufo* hingewiesen, wenn er in den Täuschungsfällen auch eine Informations- und Loyalitätspflichtverletzung sieht. Er erwähnt dabei jedoch nicht einmal die Haftung in contrahendo und leitet keine weiteren Schlussfolgerungen aus dieser Feststellung ab. Vgl. Código civil, Bd. 1, Art. 146, S. 401. *Konder* erwähnt zwar, dass die „gegenwärtige Lehre" in Dolusfällen weitgehend auf die Informationspflichtverletzung zurückgreife, um einen Schadensersatz zu begründen, weil sie nicht den Vorsatznachweis verlange, leitet daraus aber keine weiteren Rechtsfolgen sowie keinen Zusammenhang zur vorvertraglichen Haftung her, die er nicht einmal beiläufig nennt. Er zeigt vielmehr eine enge Auffassung über den Inhalt der Informationspflicht im Privatrechtsverkehr, indem er anführt, dass nur Angaben verlangt werden können, die für die „Geschäftsfunktion" nötig und der Gegenseite unbekannt seien. Erro, dolo e coação, 609, 621 f.

Dolus sei ein gesetzliches Beispiel für die culpa in contrahendo wegen Abschlusses unwirksamer Verträge, liefert jedoch keine Begründung dafür[807]. Der im späteren zwanzigsten Jahrhundert in Brasilien stattgefundene **Wertewandel** und die **Gesetzesänderungen**, die vor allen Dingen das **Gebot zu Redlichkeit und Vertrauensschutz im Rechtsverkehr** im Zivilgesetzbuch (Art. 422 CC2002) definitiv verankert haben, bilden jedoch Anlass für eine **erneuerte systematische und teleologische Auslegung**, die das Institut der vorvertraglichen Haftung mit dem klassischen Willensmängelrecht in Einklang bringen soll.

e) Lösungsvorschlag für eine kumulative Anwendung von Anfechtungshaftung und vorvertraglicher Haftung

(1) Begründungsansätze

Wie dargelegt kann eine fahrlässige – oder vorsätzliche – Irreführung der Gegenseite zum Vertragsschluss infolge vorvertraglicher Fehlinformation rechtsdogmatisch nicht als Irrtum oder Dolus qualifiziert werden. Dies hindert selbstverständlich keineswegs die Anerkennung einer Haftung für solch illoyales Verhalten in der Phase der Vertragsanbahnung. Eine solche Haftung lässt sich in brasilianischem Privatrecht aus verschiedenen Gründen herleiten. Dies lässt sich schon **rechtsethisch** begründen, denn es widerspricht jeder **Gerechtigkeitserwägung**, wenn der Informationspflichtige sich mit einem einfachen Hinweis auf Art. 145 und 147 CC2002, also auf das Fehlen – meistens: den Nichtnachweis – des Vorsatzes aus seiner Verantwortung für ein fahrlässiges Verhalten schon entlasten kann. Wie *Fleischer* zu Recht betont, ist im Verhältnis zwischen dem schuldhaft handelnden Vertragspartner und seinem schuldlos irregeführten Kontrahenten allein der letztere schutzbedürftig[808]. Dieses Gerechtigkeitsempfinden weist rationale Begründungen auf, insbesondere wenn man in Erwägung zieht, dass der **Schutz der rechtsgeschäftlichen Entscheidungsfreiheit** eine der **zentralen Aufgaben jeder Privatrechtsordnung** darstellt.

Der Schutzmechanismus der rechtsgeschäftlichen Selbstbestimmung wäre unvollkommen ausgestaltet, wenn der irregeführte Kontrahent nur vor vorsätzlicher Täuschung abgesichert wäre, was zur Folge hätte, dass er allein letztlich das Risiko für fahrlässige Täuschung im Rechtsverkehr tragen müsste. Eine solche Lösung würde auch mit der **Notwendigkeit eines verstärkten Informations-**

---

807 A responsabilidade civil pré-contratual, S. 197.

808 *Fleischer*, AcP 200 (2000), 91, 101. In diesem Sinne auch *Larenz*, in: FS Ballerstedt (1975), 397, 411; *Stefan Lorenz*, Der Schutz vor dem unerwünschten Vertrag, S. 337 und MünchKomm/*Emmerich*, vor 275 Rn. 96.

schutzes im Widerspruch stehen, die sich auch **rechtsökonomisch** rechtfertigt, denn, wie die *law-and-economics*-Schule demonstriert hat, loyales Verhalten und ausreichende Information im Rechtsverkehr senken Transaktionskosten[809]. Das Bedürfnis eines stärkeren Informationsschutzes im brasilianischen Rechtsverkehr ist seit Langem anerkannt: zunächst im Verbraucherverkehr, heute immer mehr im Geschäftsverkehr zwischen Privaten, wo man die dafür geeigneten privatrechtlichen Schutzmechanismen noch unangemessen handhabt.

Seit der **Positivierung des Grundsatzes von Treu und Glauben** in Art. 422 CC2002, der die Gesetzesgrundlage für die Rücksichtspflichten bildet, lässt sich **rechtssystematisch** die Annahme kaum mehr rechtfertigen, der Gesetzgeber wolle nur vorsätzliche Informationspflichtverletzungen im Sinne der Arts. 145 bzw. 147 CC2002 korrigieren. Denn Treu und Glauben haben vor allem zum Ziel, die Parteien zu verpflichten, sich **loyal und rücksichtsvoll gegeneinander zu verhalten** und **Rücksicht auf das gegenseitige Interesse zu nehmen** – was eine erhebliche Bedeutung bei der Bildung und Durchführung von Verträgen hat. Dieses Gebot schließt natürlich mit ein, die Gegenseite über die **entscheidungsrelevanten Geschäftsumstände vor Vertragsschlu**ss im Rahmen der Zumutbarkeit umfassend zu informieren und aufzuklären. Wann dies der Fall ist, ist eine zweite Frage, die momentan für die dargelegte Argumentation keine Rolle spielt.

Kommt der Informationspflichtige dem vorsätzlich oder rein fahrlässig nicht nach, entsteht für den Informationsberechtigten ein **Schaden**, wenn zwischen beiden ein Vertrag zustande kommt. Denn die nicht oder unzureichend informierte Partei hat einen **ungünstigen** oder **unerwünschten Vertrag** abgeschlossen, den sie nicht – oder nicht so bzw. nicht zu dieser Zeit – eingegangen wäre, wenn sie vorher Kenntnis über die entscheidungsrelevanten Umstände gehabt hätte. Aus der Sicht des schutzbedürftigen Geschädigten macht es objektiv keinen Unterschied, ob der Informationspflichtige die betreffenden Informationen vorsätzlich oder rein fahrlässig nicht oder mangelhaft mitteilt, weil er in beiden Fällen zu Schaden kommt[810]. Es stellt sich nun die Frage, ob der Informationspflichtverletzende nur den vorsätzlich oder auch den fahrlässig verursachten Schaden zu ersetzen hat.

---

809 *Fleischer*, AcP 200 (2000), 91, 101 f.

810 So der Verkäufer, der, ohne sich genau zu informieren, unrichtige Informationen über eine spezielle Verwendungsmöglichkeit des Kaufobjekts oder unsorgfältige Auskunft über die Betriebskosten oder Verwendbarkeit eines vorhandenen Fundaments für eine anzuschaffende Maschine erteilt. Das Gleiche gilt, wenn der Vermieter unrichtige Angaben über die Umgebung des Mietobjekts und seine Verkehrsanbindung macht, ohne sich vorher ausreichend vergewissert zu haben. Dazu: BGH NJW-RR 2000, 1535, apud: *Larenz/Wolf*, AT, S. 669, 689.

Da sowohl eine **vorsätzliche** als auch eine **rein fahrlässige Handlung** gegen das Gebot von Treu und Glauben verstößt, liegt es auf der Hand, dass der eine Teil, der seinen Partner aus Fahrlässigkeit vor Vertragsschluss nicht oder unzutreffend informiert, für den daraus entstandenen Schaden verantwortlich sein muss. Dies lässt sich noch durch die Tatsache rechtfertigen, dass das brasilianische Recht vorsätzlichen und fahrlässigen Schaden traditionell sanktioniert und zwar sowohl im Vertrags- als auch im Deliktsrecht. Und in beiden Rechtsbereichen gilt der **Grundsatz der Totalreparation.** Nicht von ungefähr erfasst seit Langem der Schadensbegriff sowohl **materielle** als auch **immaterielle Nachteile.** Art. 145 und 147 CC2002 dürfen deshalb nicht mehr isoliert betrachtet, sondern müssen im Einklang mit Art. 422 CC2002 und der dort verankerten Verstärkung des Informationsschutzes ausgelegt werden.

Das **Vorsatzdogma** der Art. 145 und 147 CC2002 erzeugt deshalb **keine Sperrwirkung**, die einen Rückgriff auf die Haftung in contrahendo bei fahrlässiger Irreführung beim Vertragsabschluss ausschlösse[811]. Dies lässt sich rechtsdogmatisch begründen, berücksichtigt man, dass der Tatbestand vorsätzlicher Täuschung als **Unterfall der Haftung in contrahendo** verstanden werden kann. Wie *Larenz* zutreffend erklärt, verletzt eine arglistige Täuschung **zugleich die Pflichten aus vorvertraglichem Kontakt**[812], die eben die Parteien während eines geschäftlichen Kontakts verpflichten, durch unterschiedliche Maßnahmen loyal und rücksichtsvoll miteinander umzugehen, was natürlich jede Arglist ausschließt. Das Gleiche gilt für eine drohende Handlung[813].

Nichts anderes ist die Ansicht in der modernen portugiesischen Doktrin. *Carlos Alberto da Mota Pinto* sieht die Haftung für Arglist des Willensmängelrechts als eine Vertrauenshaftung an, beschränkt jedoch auf den Ersatz des negativen Interesses. Ihm zufolge ist zwar die Anullierbarkeit (*anulabilidade*) des Geschäfts die Hauptfolge des dolus, es kommt jedoch eine vorvertragliche Haftung des Täuschenden noch hinzu, der mit seinem illoyalen Verhalten die Unwirksamkeit des Vertrages verursacht hat[814]. *Menezes Cordeiro* weicht davon nur insofern ab, als er zu Recht keinen konzeptionellen Grund für eine Beschränkung der Haftung a priori auf den Ersatz des negativen Interesses erkennt[815].

Eine nähere Betrachtung belegt, dass sich die Rechtsinstitute von Willensmängeln und culpa in contrahendo **funktionell teilweise überschneiden.** Das

811 Soergel/*Harke*, § 311 Rn. 22.

812 *Larenz/Wolf*, AT, S. 689.

813 In diesem Sinne auch *Larenz/Wolf*, AT, S. 691, der eine fahrlässig verursachte Drohung als culpa in contrahendo betrachtet.

814 *Carlos Alberto da Mota Pinto*, Teoria geral, S. 521.

815 Tratado I/1, S. 518.

Willensmängelrecht hat ansatzweise die Funktion, eine **mängelfreie Bildung der Willenserklärung** zu gewährleisten. Deshalb ermöglicht das Gesetz, dass der Erklärende seine Willenserklärung anficht, wenn sie aus bestimmten Gründen mangelhaft ist. Die culpa in contrahendo ist ihrerseits dafür konzipiert, **illoyales Verhalten beim geschäftlichen Kontakt** zu sanktionieren, der eben dadurch geprägt ist, auf den potentiellen Abschluss eines Vertrages gerichtet zu sein. Deshalb sanktioniert die vorvertragliche Haftung **Fehlverhalten im Bildungsprozess von Verträgen**, wobei die Willensbildung als **konstitutives Element des Rechtsgeschäfts** eingeschlossen ist. Da ein vorvertragliches Fehlverhalten in bestimmten Fallkonstellationen die freie Willensbildung, d.h. die rechtsgeschäftliche Entscheidungsfreiheit beeinträchtigen kann, wie das informationelle Fehlverhalten zeigt, liegt dort nicht nur ein anfechtungsberechtigender Willensmangelgrund, sondern vor allem eine vorvertragliche Informations- bzw. Aufklärungspflichtverletzung vor.

Selbstverständlich bedeutet nicht jede Verletzung von Rücksichtspflichten gleichzeitig einen Mangel in der Willensbildung: Der grundlose Abbruch von Vertragsverhandlungen stellt zwar eine Loyalitätspflichtverletzung dar, jedoch keinen Willensmangel. Dies zeigt, dass die vorvertragliche Haftung breiter als die Haftung für arglistige Täuschung beim Vertragsschluss ist. Dass die culpa in contrahendo die **Redlichkeit** und das **Vertrauen** im Interesse eines geordneten Rechtsverkehrs[816], sowie auch die **freie Entscheidungsfreiheit** schützt, ist heute in der modernen Schuldrechtsdogmatik aus überzeugenden Gründen anerkannt. Es besteht kein begründeter Zweifel mehr, dass die **Eingehung eines Vertrages**, den der Geschädigte sonst nicht abgeschlossen hätte, einen **Schaden** darstellen kann, auch bei voller Werthaltigkeit der Gegenleistung, insofern sie für den Zweck des Geschädigten nicht voll brauchbar ist. Ist das der Fall, stellt die zu erbringende Leistung des Getäuschten eine (ganz oder teilweise) nutzlose Aufwendung dar. Die Lehre spricht hier von einer **Beschränkung der wirtschaftlichen Bewegungsfreiheit** des Getäuschten[817], was belegt, dass die vorvertragliche Haftung auch die freie Selbstbestimmung in Schutz nimmt und dass Täuschungs-

---

816 *Fleischer*, AcP 200 (2000), 91, 103.

817 Dazu: Soergel/*Harke*, § 311 Rn. 24; *Grigoleit*, Informationshaftung, S. 67 ff.; *Stefan Lorenz*, Der Schutz vor dem erwünschten Vertrag, S. 72 ff. und *Fleischer*, AcP 200 (2000), 91, 113 f., der dabei anführt, dass es vor diesem Hintergrund kein dogmatischer Mutsprung sei, eine störungsbedingte Vertragsbindung als immateriellen Schaden aufzufassen, und dass die Lösung gegen die vom BGH angenommene Trennung von Selbstbestimmung und Vermögensschaden mit einem unreflektierten Schutz des Schwächeren oder mit einem überpointierten Verbraucherschutz nichts gemein hat. Sie lässt sich vielmehr durch die gebotene Abmilderung von arbeitsteilig bedingten Informationsasymmetrien in der modernen Wettbewerbswirtschaft rechtfertigen.

anfechtung und vorvertragliche Informationshaftung – trotz Differenzen auf Tatbestands- und Rechtsfolgenebene – den gleichen Sachverhalt, i.e. die vorvertragliche Irreführung, regeln[818].

Der Vorgang, dass ein gleicher oder ähnlicher Lebenssachverhalt den **Tatbestand verschiedener Rechtsnormen** erfüllen kann, ist kein Spezifikum der culpa in contrahendo, wie die **Konkurrenzlehre** zeigt. Der Tatbestand der arglistigen Täuschung kann über einen Anfechtungsgrund (Arts. 145, 147 CC2002) und eine vorvertragliche Informationspflichtverletzung (Art. 422 CC2002) hinaus auch den Tatbestand des **Betruges**, also *estelinato* (Art. 171 CP, § 263 StGB) erfüllen und daneben strafrechtliche Wirkungen begründen[819]. Es fragt sich dann, ob nur eine Norm zur Anwendung kommt oder ob mehrere nebeneinander bestehen und ob aus diesen Normen für dasselbe tatsächliche Begehren eine einzige oder mehrere Rechtsfolgen bzw. Ansprüche entstehen. *Pontes de Miranda* behandelt das Thema als *concorrência de ações*[820]. Hier kann man von einer **kumulativen Konkurrenz** zwischen Anfechtungshaftung und vorvertraglicher Haftung ausgehen, die immer dann besteht, wenn identische oder ähnliche Lebenssachverhalte den Tatbestand verschiedener Normen erfüllen, die Ansprüche oder andersartige Rechtsfolgen wie Gestaltungsrechte nach sich ziehen[821]. Dies hat zur Folge, dass der Geschädigte sowohl auf das Annullierungsrecht als auch auf die Haftung in contrahendo zurückgreifen kann. Also: Die Nebeneinanderanwendung von Anfechtungshaftung und vorvertragliche Haftung rechtfertigt sich auch rechtsmethodologisch.

(2) Lösungsvorschlag

Aus dem Gesagten ergibt sich, dass die **Dolusfigur** aus Art. 145 CC2002 einen **gesetzlich geregelten Fall von culpa in contrahendo** darstellt, namentlich die vorsätzliche Verletzung von Informationspflichten vor Vertragsschluss. Da die Verletzung der Informationspflicht schon rein fahrlässig stattfindet, muss man aufgrund des engen Konzepts der Anfechtungshaftung eine Lösung durch die Haftung in contrahendo aus Art. 422 CC2002 begründen, die ein breiteres Anwendungsfeld als die Täuschungshaftung hat. Das ist für den Getäuschten von

818 *Grigoleit*, Informationshaftung, S. 137.

819 Im deutschen Recht wird dieses Verhalten bereits unter den spezifischen Tatbestand des § 823 II BGB (Verstoß gegen ein Schutzgesetz) oder § 826 BGB (vorsätzliche und sittenwidrige Schädigung) subsumiert *Larenz/Wolf*, AT, S. 696.

820 Tratado, Bd. 4, S. 343.

821 Im diesem Sinne: *Martins Costa*, Um aspecto da obrigação de indenizar, 1, 15. In Portugal vgl. *Moura Vicente*, A responsabilidade pré-contratual, S. 265 f. und *Pinto Oliveira*, Princípios, S. 230. Zur Problematik der Anspruchskonkurrenz vgl. statt vieler: *Larenz/Wolf*, AT, S. 319 ff.

Vorteil, weil er über verschiedene rechtliche Mechanismen verfügt, um den daraus entstandenen Schaden auszugleichen. Bei **vorsätzlicher Irreführung**, die den zentralen Schnittpunkt zwischen culpa in contrahendo und Willensmängelrecht bildet, stehen ihm sogar **mehrere Ansprüche und Gestaltungsrechte** nebeneinander zur Verfügung.

Der Geschädigte kann also sein Annullierungsrecht (Gestaltungsrecht) ausüben und die Rückabwicklung des Geschäfts gemäß Arts. 145 bzw. 147 iVm Art. 182 CC2002 einfordern, zuzüglich Ersatzes des vorvertraglichen Vertrauensschadens (Anspruch) nach Art. 422 CC2002. Oder er kann auf die Anfechtung verzichten, am Vertrag festhalten und seinen Schaden im Wege der culpa in contrahendo liquidieren[822]. Dies kann dadurch geschehen, dass der Geschädigte das zu viel Gezahlte zurückbekommt oder seine noch zu erbringende Leistung reduziert. Bei **fahrlässiger Informationspflichtverletzung** kann der Geschädigte, der nur infolge der Fehlinformation den ungünstigen oder unerwünschten Vertrag eingegangen ist, nicht auf die Dolusfigur zurückgreifen. Ein Irrtumshinweis bringt ihm keinen Vorteil, sondern das Risiko einer Vertrauenshaftung. Er kann aber **Vertragsauflösung, Vertragsanpassung** oder **Schadensersatz** als Folge der culpa in contrahendo geltend machen.

Die genannten Rechtsfolgen sind nicht ausdrücklich im Gesetz geregelt. Das hindert jedoch nicht, wie im Kapitel 4 II 4 dargestellt, ihre systematische Deduktion aus dem **Grundsatz der Naturalrestitution**, der dem gesamten Schadensrecht zugrunde liegt und laut dem der Schädiger denjenigen Zustand herzustellen hat, der ohne den zum Ersatz verpflichtenden Umstand bestünde. Grundsätzlich setzt die Bestimmung des herzustellenden Zustands eigentlich eine **Prüfung des hypothetischen Geschehensverlaufes** (Kausalitätsprüfung) voraus, woraus sich ergibt, welcher hypothetische Zustand ohne die Pflichtverletzung überhaupt bestehen würde. Aus der Kausalitätsprüfung können drei Ergebnisse resultieren. Es kann sich ergeben, dass die Parteien ohne die Pflichtverletzung – also: bei ordentlicher Aufklärung über die entscheidungsrelevanten Umstände – denselben Vertrag zu gleichen Bedingungen geschlossen hätten. In einem solchen Fall folgt aus der Rücksichtspflichtverletzung **kein Schaden**, so dass man von einem Schadensersatzanspruch nicht sprechen kann.

Es kann auch sein, dass sich aus dem hypothetischen Ablauf der Dinge ergibt, dass die Parteien bei ordentlicher Information **gar nicht zum Vertragsschluss** gekommen wären. Die Herstellung des schadensfreien Zustands erfolgt dann durch die Rückgängigmachung des Vertrages und Rückerstattung von Leistung und Gegenleistung Zug-und-Zug. Möglich ist jedoch auch, dass die Parteien bei

822 Dazu: *Larenz/Wolf*, AT, S. 689 und *Menezes Cordeiro*, Tratado I/1, S. 838.

richtiger Aufklärung einen **anderen Vertrag** zu für den Geschädigten **günstigeren Konditionen** abgeschlossen hätten. Das bedeutet in erster Linie: Der tatsächliche vereinbarte Vertrag wäre nicht zustande gekommen, was regelmäßig zur Rückabwicklung des Geschäfts führt, wie *Mertens* zu Recht annimmt[823].

Die in Brasilien noch herrschende Auffassung, die Täuschung wäre in diesem Fall für den Vertragsschluss nicht kausal (*dolo incidental*) und der Getäuschte könne deshalb den Vertrag nicht auflösen, scheint also auch in der modernen europäischen Dogmatik überholt zu sein[824]. Für die weitergehende Behauptung des Getäuschten, bei ordentlicher Aufklärung hätte er einen Vertrag zu anderen, für ihn günstigeren Konditionen mit seinem Partner abgeschlossen, wäre folgerichtig noch die Prüfung erforderlich, ob der andere Teil mit diesen Bedingungen überhaupt einverstanden gewesen wäre. Nur wenn ihm dieser Nachweis gelingt, sollte er eine „Anpassung" des Vertrages verlangen können.

Eigentlich sollte die Rechtsfolgenbestimmung ausschließlich anhand der Kausalitätsprüfung erfolgen. Da die Prüfung des hypothetischen Geschehensverlaufes nicht leicht durchzuführen ist und es für den Geschädigten fast unmöglich ist, nachzuweisen, dass der Vertrag ohne die vorvertragliche Fehlinformation zu günstigeren Bedingungen mit demselben Vertragspartner zustande gekommen und noch dazu, dass dieser mit den anderen Bedingungen einverstanden gewesen wäre, rechtfertigt sich die **Anerkennung eines Wahlrechts**, das es ihm erlaubt, zwischen den möglichen Rechtsfolgen auszuwählen. Diese Lösung lässt sich darüber hinaus auch rechtssystematisch im brasilianischen Privatrecht begründen, wie in Kapitel 4 II dargestellt, denn der Gläubiger hat bei schuldhafter Pflichtverletzung des Schuldners die Wahl zwischen den unterschiedlichen vertragsrechtlichen Rechtsmechanismen, was umgekehrt den Ausnahmecharakter des Annullierungsverbots[825] bei dolus incidens von Art. 146 CC2002 zeigt.

Hier zeigt sich noch ein Vorteil der culpa in contrahendo im Vergleich zum Anfechtungsrecht: Während das Regime des Anfechtungsrechts dem Getäuschten kein Recht einräumt, zwischen den möglichen Rechtsfolgen (Annullierung des Vertrages oder Schadensersatz in Form von Preisminderung) frei auszuwählen, kann der Geschädigte im Wege der culpa in contrahendo entscheiden, ob er den abgeschlossenen Vertrag beseitigen oder anpassen will, unbeschadet in beiden Fällen von Schadensersatzansprüchen. Allgemein kann man sagen, dass der Geschädigte, wenn er einmal die schuldhafte vorvertragliche Pflichtverletzung

823 ZGS (2004), 67, 70.

824 In diesem Sinne: *García Rubio*, La responsabilidad precontractual, S. 165 und *Schiavoni*, Responsabilità civile e previdenza 4/2008, 786, 800 ff.

825 In diesen Sinne: *Pontes de Miranda*, Tratado, Bd. 4, S. 330.

durch den Gegner nachweist, frei auswählen kann, ob er den Vertrag auflösen oder durch Leistungsminderung oder Rückerstattung des zu viel Gezahlten „angepasst" erhalten will. Unbillige Ergebnisse können im Wege einer unzulässigen Rechtsausübung gemäß Art. 187 iVm Art. 422 CC2002 korrigiert werden.

In beiden Konstellationen kann er seinen Schadensersatz ieS, d. h. positiven Schaden und entgangenen Gewinn aus einem günstigeren Geschäft mit Dritten liquidieren. Es handelt sich dabei um den **Ersatz des negativen Interesses.** Den **Ersatz des positiven Interesses** kann der Geschädigte nur verlangen, wenn ihm der Nachweis gelingt, dass er – bei ordnungsmäßiger Aufklärung – einen günstigeren Vertrag mit demselben Vertragspartner tatsächlich abgeschlossen hätte. Dann kann er etwa dasjenige verlangen, was er bei vertragsgemäßer Erfüllung erlangen würde. Daran sind jedoch strengere Beweisanforderungen geknüpft, da die culpa in contrahendo grundsätzlich nur zum Ersatz des negativen Interesses führt.

Entscheidet er sich für die **Beseitigung der Vertragsbindung**, weil er kein Interesse an dem Geschäft hat, das nur aufgrund des illoyalen Verhaltens des Gegners zustande gekommen ist und insofern seine wirtschaftliche Bewegungsfreiheit beschränkt, richtet sich sein Schadensersatzanspruch auf die Auflösung des ungünstigen bzw. unerwünschten vertraglichen Schuldverhältnisses. Er kann in solchen Fällen nach Art. 422 iVm Art. 389 CC2002 die Rückerstattung seiner Leistung, einschließlich entgangener Nutzungen (z. B. versäumter Zinsen) verlangen, muss aber selbstverständlich im Wege des Vorteilsausgleichs die empfangene Gegenleistung herausgeben. Aus dem gleichen Grund muss er sich eventuell erlangte Vorteile anrechnen lassen. Er kann dazu Ersatz derjenigen Schadensposten verlangen, die ihm entstanden sind, weil er die Aufwendungen im Vertrauen auf den Bestand des Vertrages gemacht hat wie z. B. unnötig gewordene Baukosten oder Finanzierungskosten.

Hier ist zuletzt zu berücksichtigen, dass das brasilianische Recht **keine Haftungsbegrenzung** im Sinne der §§ 122 I und 179 II BGB kennt, d. h. Begrenzung durch die Höhe des positiven Interesses. Deshalb ist der vorvertragliche Schaden nach dem Prinzip der Totalreparation, das sowohl Art. 402 CC2002 als auch Art. 944 CC2002 zugrunde liegt, in vollem Umfang zu ersetzen. Das heißt: Der Informationspflichtverletzende hat denjenigen Schaden zu ersetzen, der seinem Geschäftspartner infolge des ungünstigen bzw. unerwünschten Vertrages adäquat-kausal entstanden ist, gleichgültig ob er vorsätzlich, d. h. bewusst, oder rein fahrlässig die entscheidungsrelevanten Umstände unterlassen oder unzutreffend mitgeteilt hat.

f) Zusammenfassung

Zusammenfassend kann man sagen, dass ein schuldhaftes informationelles Fehlverhalten vor Vertragsschluss im brasilianischen Privatverkehr nach wie vor grundsätzlich mit Hilfe der Willensmängelregeln gelöst wird. Geschützt wird der Getäuschte allerdings nur dann, wenn ihm der Nachweis gelingt, dass sein Geschäftspartner bewusst bedeutende, für den Vertragsentschluss kausale Informationen nicht oder nur fehlerhaft mitgeteilt hat. Während die vorsätzlich unterlassene oder falsche Information durch die Dolusfigur sanktioniert wird, wird fahrlässiges Fehlverhalten vor Vertragsschluss unter den Irrtumstatbestand subsumiert, wenn der Partei der Nachweis gelingt, dass die Gegenseite sie in den Irrtum geführt hat. In der brasilianischen Rechtspraxis werden jedoch unter den Irrtumstatbestand sowohl fahrlässige als auch vorsätzliche Irreführungen subsumiert. Die Grenzen zwischen beiden Mängeltatbeständen verschmelzen. Es herrscht insbesondere in der Praxis eine verwirrende begriffliche Unpräsizion. Die Privatrechtsdogmatik verliert an Bestimmtheit und Überzeugungskraft. Der Bezug auf die vorvertragliche Informationspflicht aus Treu und Glauben wirkt dabei rein rhetorisch, weil sie kein entscheidendes Gewicht bei der Lösung des Sachverhalts und der Rechtsfolgenbestimmung erlangt.

Irrtum und Dolus können, wie oben dargestellt, keinen hinreichenden Schutz für Fälle fahrlässiger Mitteilung oder Unterlassung von wesentlichen Informationen und Aufklärung vor Vertragsschluss bieten. Der Irrtum passt dazu schon deshalb nicht, weil er eine Fehlvorstellung über die Wirklichkeit voraussetzt, deren Grund allein in der Sphäre des Irrenden selbst liegt. Das ist gerade bei illoyaler Irreführung zum Vertragsschluss nicht der Fall. Der Dolus ist nichts anderes als die gravierendste Form von unredlichem Verhalten im Geschäftsverkehr, nämlich die bewusste und vorsätzliche Mitteilung oder Unterlassung entscheidungsrelevanter Umstände mit dem Ziel, die Gegenseite zum Abschluss eines idR für sie ungünstigen Vertrages zu bewegen. Die Dolusfigur schließt begrifflich und konzeptionell die Fälle fahrlässiger Nicht- oder Fehlinformation aus.

Unzureichend sind auch die Rechtsfolgen. Der Geschädigte kann nur den Vertrag annullieren mit Herstellung des vorherigen Zustands und Schadensersatz verlangen, der, anders als in Brasilien angenommen, seinen Grund nicht in der Verletzung einer allgemeingültigen neminem-laedere-Pflicht hat, sondern eben in dem Verstoß gegen die vorvertragliche Informationspflicht, die nur gegenüber dem Geschäftspartner gilt. Auch überholt ist die Rechtsfolge aus Art. 146 CC2002, die eben den Getäuschten zu einem Festhalten an dem Vertrag verpflichtet, wenn der Täuschende nachweist, dass er ohne die Pflichtverletzung, also bei richtiger Aufklärung den Vertrag zu „anderen" Konditionen abgeschlossen hätte. Wie *Mertens* zutreffend anführt, bedeutet das immer noch, dass der Getäuschte den tatsächlichen abgeschlossenen Vertrag nicht ausgemacht hätte, sondern eben nur ein hypothetisches, für ihn günstigeres Geschäfts[826].

Aufgrund der Rezeption der culpa in contrahendo in Art. 422 CC2002 und des damit verbundenen Gebots zu Redlichkeit und Vertrauensschutz im Rechtsverkehr ist eine erneuerte systematische und teleologische Auslegung geboten, die das Institut der vorvertraglichen Haftung mit dem klassischen Willensmängelrecht in Einklang bringen kann. Daraus folgt, dass die Dolusfigur einen gesetzlich geregelten Fall von culpa in contrahendo darstellt, namentlich die vorsätzliche Verletzung von Informationspflichten vor Vertragsschluss, so dass der Getäuschte von seinem Gestaltungsrecht aus Art. 178 II CC2002 Gebrauch machen kann oder sich auf die culpa in contrahendo aus Art. 422 CC2002 beziehen, um seinen Schaden, der eben in dem Vertragsabschluss bestehen kann, auszugleichen.

Bei rein fahrlässiger Verletzung der vorvertraglichen Informationspflicht kann der Geschädigte nicht auf Dolus oder Irrtum zurückgreifen, sondern nur auf die vorvertragliche Haftung. Sie ist für den Geschädigten von Vorteil, weil er über verschiedene rechtliche Mechanismen verfügt, um seinen Vertrauensschaden auszugleichen. Er kann nämlich im Wege des Grundsatzes der Naturalrestitution den Vertrag auflösen oder am Vertrag festhalten und nur eine „Anpassung" beantragen, indem er das zuviel Gezahlte zurückerlangt oder eine Minderung der eigenen Leistung erhält. Oder er kann nur seinen Schadensersatz ieS, d. h. positiven Schaden und entgangenen Gewinn aus einen günstigeren Geschäft mit Dritten liquidieren. Dabei geht es immer noch um den Ersatz des negativen Interesses. Den Ersatz des positiven Interesses kann der Geschädigten nur verlangen, wenn ihm der Nachweis gelingt, dass er – bei ordnungsgemäßer Aufklärung – einen günstigeren Vertrag mit dem gleichen Vertragspartner tatsächlich abgeschlossen hätte. Daran müssen strengere Beweisanforderungen gestellt werden.

3.2. Informationspflichtverletzung und Gewährleistungsrecht

a) Problemstellung: Informationspflichtverletzung im Hintergrund der Leistungsverletzung

Eine vorvertragliche Fehlinformation kann – außerhalb des Willensmängelrechts – auch im Kontext des Gewährleistungsrechts – eine Rolle spielen. Das ist der Fall, wenn der Verkäufer den Mangel in der Eigenschaft der Sache, der sie entwertet oder untauglich für ihren normalen Zweck macht, kennt (oder kennen muss) und ihn vor dem Käufer verbirgt. Ein **rechtshistorischer Blick** auf den

826 ZGS (2004), 67, 70.

römischen Ursprung der Mängelhaftung zeigt, dass sich das heutige Gewährleistungsrecht genau von diesem Standpunkt aus entwickelt hat: Es soll vor allem dazu dienen, das unredliche Verhalten von Sklaven- und Tierhändlern zu sanktionieren, die dem Käufer die Mängel an der „Sache" nicht aufgezeigt haben. Es stellt sich dann die Frage, ob und inwieweit die im Hintergrund der mangelhaften Leistung stehende Informationspflichtverletzung autonome Bedeutung haben soll mit der Folge, dass der Käufer nach Ablauf der kurzen Ausschlussfristen des Gewährleistungsrechts auf die vorvertragliche Haftung zurückgreifen kann, um seinen daraus entstandenen Schaden auszugleichen.

Die brasilianische Privatrechtslehre hat sich mit der Frage nicht eingehend konfrontiert, nicht einmal die Autoren, die sich mit der culpa in contrahendo beschäftigen und die die Gewährleistungshaftung des Verbraucherschutzgesetzes als gesetzliches Beispiel für die culpa in contrahendo einordnen. Zu untersuchen ist in diesem Kontext zunächst, ob eine Haftung in contrahendo bei solchen gewährleistungsnahen Fällen eingreift. Danach ist zu prüfen, ob und inwieweit neben der Gewährleistungshaftung noch Platz bleibt für eine Anwendung der Haftung in contrahendo in den Fällen, in denen die Fehlinformation sich auf eine andere Beschaffenheit der Sache bezieht. Für die Beantwortung dieser Frage ist es erforderlich, das rechtsdogmatische Verhältnis von culpa in contrahendo und Gewährleistungsrecht zu untersuchen.

b) Das Gewährleistungskonzept des Zivilgesetzbuches

Zusammenfassend kann man sagen, dass das brasilianische Gewährleistungsrecht immer noch nach römischem Vorbild ausgeformt ist: Während Arts. 441 bis 446 CC2002 die Gewährleistungshaftung für Sachmängel (*vícios redibitórios*) regeln, reglementieren Arts. 447 bis 457 CC2002 die Gewährleistung für Rechtsmängel (*evicção*), die – anders als im deutschen Recht – nicht einheitlich behandelt wird. Eine **Eviktion** tritt ein, wenn ein Dritter oder der Verkäufer selbst wegen seines Eigentums oder eines anderen dinglichen Rechts dem Käufer die Sache im Prozessweg mit Erfolg streitig macht, dass der Käufer sein „Recht" auf die Sache verliert oder darin beeinträchtigt wird [827]. Ein **Sachmangel** liegt gemäß Art. 441 CC2002[828] vor, wenn eine Sache, die der Käufer durch einen wechselseitig verpflichtenden entgeltlichen Vertrag erlangt, mit einem versteckten Fehler be-

827 „Art. 447. Nos contratos onerosos, o alienante responde pela evicção. Subsiste esta garantia ainda que a aquisição se tenha realizado em hasta pública."

828 „Art. 441. A coisa recebida em virtude de contrato comutativo pode ser enjeitada por vícios ou defeitos ocultos, que a tornem imprópria ao uso a que é destinada, ou lhe diminuam o valor.
Parágrafo único. É aplicável a disposição deste artigo às doações onerosas."

haftet ist, die ihre **Tauglichkeit** oder ihren **Wert** erheblich beeinträchtigt. Aus der Gesetzesdefinition ergibt sich, dass eine Sachmängelhaftung nicht bei jedem Vertragstyp, sondern nur bei Kauf, entgeltlicher Schenkung oder ähnlichem gilt, was den Anwendungsbereich von Art. 441 CC2002 bereits begrenzt.

Es muss sich auch um einen **erheblichen und geheimen Mangel** handeln, so dass der Verkäufer – anders als der Lieferant im Konsummarkt – für geringfügige und sichtbare Mängel nicht haftet. Hier gilt die Vermutung, dass der Käufer die sichtbar mangelhafte Sache angenommen und konkludent auf die Garantie verzichtet hat[829]. Das deutet schon an, dass der Mangel (*vício*), wie die wohl absolute Meinung annimmt, einen unmittelbaren **Fehler in der physischen Eigenschaft der Sache** darstellt, der sie entwertet oder unbrauchbar für ihren normalen Zweck macht[830]. Im Vergleich zum deutschen Recht entspricht dieses Konzept demjenigen des **objektiven Fehlers** oder der **objektiven Beschaffenheitsabweichung:** Eine solche liegt vor, wenn der Sache nicht die normale Beschaffenheit anhaftet, die bei Sachen gleicher Art üblich ist[831]. Nicht als Mangel eingeordnet werden z. B. Umstände, die **keinen direkten Bezug zur Sache** haben, sondern vielmehr „Vertragsumstände" seien[832].

Es gibt Stimmen im Schrifttum, die – in Anlehnung an die portugiesische und italienische Doktrin und an das UN-Kaufrecht – einen weitgehenden Mangelbegriff als Abweichung der im Vertrag zugesicherten Eigenschaft und die Aner-

---

829 Statt vieler: *Gonçalves*, Contratos, S. 109 und *Diniz*, Curso, Bd. 3, S. 122f.

830 *Bevilaqua* hat die Definition geprägt: „Vícios redibitórios são os defeitos ocultos, que tornam a coisa imprópria para o uso, a que é destinada, ou que a fazem, de tal modo, frustânea que o contrato se não teria realizado, se fossem conhecidos.". Código civil comentado, Bd. 4, S. 216. Diese Begriffbestimmung wird grundsätzlich wiederholt. Vgl. im alten Recht dazu: *Espínola*, Sistema II/2, S. 184; *Serpa Lopes*, Curso III/1, S. 150. In neuem Recht statt vieler: *Simão*, Vícios do produto, S. 75 und *Diniz*, Curso, Bd. 3, S. 120. Die wohl herrschende Meinung in der Rechtsprechung nimmt diese Definition an. Statt vieler: STJ, REsp. 1.337.430/SP, T3, Rel. Min. João Otávio Noronha, Urt. vom 03.05.2016, DJe 12.05.2016. Trotzdem hat der STJ eine fehlerhafte Entscheidung nicht reformiert, die von einer anderen Definition des versteckten Mangels ausgegangen ist. Sie hat als leicht sichtbaren Mangel einen Fehler an einem Bagger qualifiziert, der nur durch technische Untersuchung durch einen Mechaniker festzustellen war. Es handelte sich in dem Fall um einen fehlerhaften Motor einer gebrauchten Schaufel, der gleich nach dem Kaufvertrag betriebsunfähig war. Dort hat das OLG SP dem Käufer vorgeworfen, die Schaufel nicht untersucht zu haben. Vgl. auch STJ, AgRg no AgREsp. 1.611.440/SP, T4, Rel. Min. Luis Felipe Salomao, Urt. vom 17.05.2012, DJe 23.05.2012.

831 *Looschelders*, SR/BT, S. 11.

832 Beispiele dafür sind Klagen gegen Verkäufer eines Grundstücks, die bereits verhindern können, dass sie über ihr Vermögen frei verfügen können. Dazu: STJ, REsp. 299.691/ES, T3, Rel. Min. Humberto Gomes de Barros, Urt. vom 22.02.2005, DJ 14.03.2005.

kennung weiterer Rechtsbehelfe für den Käufer postuliert[833]. Die Idee lässt sich auch mit *Pontes de Miranda* begründen, der in Anlehnung an die deutsche Doktrin den Mangel in einem weiteren Sinne verstanden hat, nämlich als einen Defekt „stricto sensu" (*defeito stricto senso*) und als Fehlen der zugesicherten Beschaffenheit (*falta da qualidade assegurada*)[834] – obwo!hl dieses Konzept kaum dem Art. 1.101 CC1916 zu entnehmen war, der – genau wie der aktuelle Art. 441 CC2002 – ausdrücklich von einem okkulten ‚Fehlen in der Sache' sprach. Es wird auch darauf hingewiesen, dass das seit 2014 in Brasilien geltende UN-Kaufrecht auch einen breiten Mangelbegriff enthält[835], so dass die brasilianische Rechtswissenschaft nun den engen Mangelbegriff des Zivilgesetzbuches überprüfen soll. In dieser Arbeit soll von dem aktuellen Stand in der Lehre und Rechtsprechung ausgegangen werden, die noch mit dem begrenzten[836] – Mangelkonzept arbeiten.

Ist die Sache beim Vertragsabschluss mit einem verborgenen Mangel behaftet, darf der Käufer nach seiner Wahl auf zwei Käuferklagen zurückgreifen: **actio redhibitoria** (*ação redibitória*) oder **actio quanti minoris** (*a!ção quanti minoris* oder *ação estimatória*). Durch die **Minderungsklage** des Art. 442 CC2002 hält der Käufer an dem Vertrag fest und macht seinen Anspruch auf Rückzahlung des Betrages geltend, um den die Sache weniger wert ist als im mangelfreien Zustand[837]. Durch die **Wandelungsklage** verlangt der Käufer die Rückgängigmachung des Vertrages mit Rückerstattung des Kaufpreises gegen **Rückgabe der Sache** und **Ersatz von Vertragskosten** (Art. 443 1. Hs. CC2002). Kannte der Verkäufer jedoch den Mangel und hat er den Käufer bewusst darüber nicht informierte, ist er zur **Rückgabe des Kaufpreises** und zum **vollen Schadensersatz** verpflichtet (Art. 443 2. Hs. CC2002). Es herrscht relative Einigkeit darüber, dass

---

833 *Ferreira da Silva*, A boa-fé e a violação positiva do contrato, S. 180 ff. und *Garcia*, Vicios redibitórios, S. 66 ff.

834 Tratado, Bd. 38, S. 284, wo er den Mangeltatbestand als „Defekt stricto sensu" und als „Fehlen der zugesicherten Qualität" definiert: „Não só o vício do bem é vício do objeto. Também é vício do objeto a falta de qualidade que o outorgante assegurou. Assim, as qualidades prometidas são base para a responsabilidade por vícios do objeto." Auf S. 305 spricht er vom Mangel iwS als „vício ou qualidade assegurada".

835 Decreto Legislativo 538, vom 18.10.2012.

836 In der Rechtsprechung wird sogar betont, dass es eigentlich keine Diskussion über den Mangelbegriff gibt. Statt vieler: STJ, REsp. 89240/RJ, T3, Rel. Min. Carlos Alberto Menezes Direito, Urt. vom 08.06.1999, DJ 07.08.2000, Votum, S. 3, wo das Gericht von einem physischen, der Sache innewohnenden Mangelkonzept ausgeht, um die Anwendung der – im Einzelfall schon abgelaufenen – Sachmängelhaftung zu vermeiden und stattdessen auf die Haftung für Nichterfüllung (*inadimplemento*) zurückzugreifen.

837 „Art. 442. Em vez de rejeitar a coisa, redibindo o contrato (art. 441), pode o adquirente reclamar abatimento no preço."

der Schadensersatzanspruch eine im Vergleich zu den ädilischen Klagen autonome Anspruchsgrundlage darstellt[838]. Streitigkeit besteht hinsichtlich der Verjährungsfrist: Ein Teil der Lehre will den Ersatzanspruch für den Mangelfolgeschaden in den kurzen Ablauffristen der ädilischen Klagen erlöschen lassen[839], die herrschende Meinung geht hingegen von unterschiedlichen Ablösungsfristen aus[840].

Großer Meinungsstreit und Rechtsunsicherheit herrschen über die mangelrechtlichen **Ausschlussfristen.** Laut Art. 445 CC2002 muss der Käufer die Klage binnen **30 Tagen** für bewegliche und **binnen eines Jahres Jahr** für unbewegliche Sachen nach Gefahrenübergang (Tradition oder Übergabe) geltend machen. Die Unzweckmäßigkeit der Auflösungsfrist fällt schon auf, wenn man berücksichtigt, dass schon der römische Käufer sechs Monate für die Rückabwicklung des Vertrages wegen mangelhafter Leistung zu Verfügung hatte, während der brasilianische hingegen nur 30 Tagen hat[841]. Problematisch ist Art. 445 § 1 CC2002, der die Erlöschungsfrist für Mängel an beweglichen Sache auf 180 Tagen ver!längert,

---

838 Statt vieler: *Pontes de Miranda*, Tratado, Bd. 38, S. 305 ff. und *Scartezzini*, Vícios do produto e do serviço, S. 274, der allerdings davon ausgeht, dass der Schadensersatzanspruch nicht kumulativ mit der Minderungsklage in Betracht kommt, weil die letztere einen „Entschädigungscharakter" aufzeigt. Das Thema ist streitig, die herrschende Meinung spricht für die Möglichkeit einer Kumulation von Schadensersatzanspruch und ädilischen Klagen. Statt vieler: *Gomes*, Contratos, S. 95. In der Rechtsprechung: STJ, REsp. 52.075/ES, T4, Rel. Ruy Rosado de Aguiar, Urt. vom 11.10. 1994, DJ 21.11.1994 und REsp. 89.240/RJ, T3, Rel. Min. Carlos Alberto Menezes Direito, Urt. vom 08.06.1999, DJ 07.08.2000.

839 Vgl etwa: *Scartezzini*, Vícios do produto e do serviço, S. 321 f., der zwischen Schaden „circa rem" als ein unmittelbarem Mangelschaden und Schaden „extra rem" unterscheidet. Nur der letztere unterliege einer anderen Verjährungsfrist, da er indirekt aus der Schlechterfüllung folge, wie etwa der immaterielle Schaden. In diesem Sinne: STJ, REsp. 1.303.510/SP, T3, Rel. Min. João Otávio de Noronha, Urt. vom 03.11.2015, DJe 06.11.2015 (Flecken auf Keramikböden: In dem Fall hat das OLG São Paulo den Mangelcharakter des Fehlers in Frage gestellt, weil er die Nutzbarkeit der Böden nicht beeinträchtige, und den Ablauf der anzuwendenden Dekadenzfrist von 90 Tagen für dauerhafte Produkte aus Art. 26 II § 3 CDC festgestellt.). In Portugal vgl. in diesem Sinne: *Calvão da Silva*, Compra e venda, S. 80 f.

840 Innerhalb dieser Strömung gibt es Streit hinsichtlich der anzuwenden Verjährungsfrist. Während die Rechtsprechung den Schadensersatzanspruch unter der regelmäßigen Verjährungsfrist (früher: 20 Jahren gemäß Art. 177 CC1916, STJ, REsp. 52.075/ES, T4, Rel. Ruy Rosado de Aguiar, Urt. vom 11.10.1994, DJ 21.11.1994; heute: 10 Jahren gemäß Art. 205 CC2002) ablaufen lässt, will ein Teil der Lehre diesen Anspruch unter der dreijährigen Frist der unerlaubten Handlung (Art. 206 § 3 V CC2002) subsumieren. In diesem Sinne: *Pontes de Miranda*, Tratado, Bd. 38, S. 305 ff.; *Bdine Junior*, Vícios redibitórios, S. 500 und *Garcia*, Vícios redibitórios, S. 160, m.w.N. zur Rechtsprechung.

841 Dazu: *Kaser/Knütel*, Römisches Privatrecht, S. 325 und *Moreira Alves*, Direito romano, Bd. 2, S. 190.

wenn der Mangel seiner Natur nach erst später entdeckt werden kann, wenn dann die Frist nicht mehr ab Gefahrenübergang, sondern erst nach Mängelkenntnis zum Laufen beginnt[842].

Unabhängig von dieser Diskussion ist zu beachten, was die hier interessierende zentrale Frage der Konkurrenz zwischen culpa in contrahendo und Gewährleistungsrecht betrifft, dass nämlich die Rechtsprechung – in Anlehnung an die Lehre – von einem recht **engen Verständnis des Mangelbegriffs** ausgeht[843].

---

842 Die unglückliche Formulierung der Arts. 445 und 446 CC2002 setzte unterschiedliche Diskussionen in Gang. Die erste betrifft schon die Dekadenzfrist für die Klagerhebung: während eine noch herrschende Meinung beide ädilischen Klagen unter der dort genannten Dekadenzfrist erlöschen lassen will, geht ein Teil der Lehre davon aus, dass der Minderungsanspruch unter einer anderen Verjährungsfrist erlischt. In diesem Sinne: *Nery/Andrade Nery*, Código civil, Art. 445, S. 349 m.w.N. zur Rechtsprechung. Weiters ist streitig, ob Art. 445 § 1 CC2002 eine Haftung des Verkäufers für sichtbaren Mangel nicht erlauben würde. Eine Auffassung geht davon aus, dass eine Haftung für sichtbare Fehler nach wie vor ausgeschlossen sei und dass Art. 445 § 1 CC2002 in dem Sinne verstanden werden solle, dass die dort genannten Fristen – aufgrund der Besonderheit bestimmter, erst später auftretender Mängel – erst nach Kenntnis des Mangels ablaufen. Nach dieser Strömung gelte die Frist von Art. 445 CC2002 für häufig auftretende Mängel und die Frist des Art. 445 § 1 CC2002 für besonders selten auftretende Mängel wie Maschinen- und Tiermängel. *Rosenwald*, Código civil comentado, Art. 445 S. 339. Bei solchen Mängeln gibt es schon seit Langem Entscheidungen, nach denen die Dekadenzfrist erst ab Mangelkenntnis abläuft. Dazu: *Diniz*, Curso, Bd. 3, S. 126. Trotzdem hat vor kurzem der STJ den Fristbeginn ab Gegenstandsübergabe berücksichtigt: REsp. 1337430/SP, T3, Rel. Min. João Otávio Noronha, Urt. vom 03.05. 2016, DJe 12.052016. Eine zweite Auffassung geht davon aus, dass die Fristen des Art. 445 CC2002 – 30 Tage und 1 Jahr – erst in Gang gesetzt werden, wenn der Mangel in den Fristen des Art. 445 § 1 CC2002 auftritt. Tritt der Mangel binnen der genannten Fristen von Art. 445 § 1 CC2002 nicht auf, kann der Käufer auf keine ädlische Klage zurückgreifen. In diesem Sinne: Enunciado 174, III Jornada de Direito Civil. Statt vieler: *Simão*, in: Introdução crítica ao código civil, 204; *Scartezzini*, Vícios do produto e do serviço, S. 308; *Araken de Assis*, Comentários ao código civil, Bd. 5, S. 352 und *Tartuce*, Manual, S. 544.

843 Statt vieler: STJ, REsp. 52075/ES, T4, Rel. Min. Ruy Rosado de Aguiar, Urt. vom 11.10.1994, DJ 21.11.1994 (Pfefferpflanzen mit versteckten Pilzen); REsp. 299.661/RJ, T3, Rel. Min. Humberto Gomes de Barros, Urt. vom 02.09.2004, DJ 04.10.2004 (Haus mit durch frischen Anstrich versteckt stark beschädigten Holzsäulen); REsp. 235377/RS, T4, Rel. Min. Aldir Passarinho Junior, Urt. vom 16.03.2006, DJ 22.05.2006 (gebrauchtes Auto mit verstecktem Motordefekt); REsp. 991317/MG, T3, Rel. Min. Nancy Andrighi, Urt. vom 03.12.2009, DJe 18.12.2009 (Lieferung defekter Schuhe an Endverkäufer); AgRg no AREsp. 81840/PR, T4, Rel. Min. Marco Buzzi, Urt. vom 18.12.2012, DJe 07.02.2013 (defektes Auto als Vorauszahlung eines Grundstücksverkaufs, in konkretem Fall abgelehnt); REsp. 1365609/SP, T4, Rel. Min. Luis Felipe Salomão, Urt. vom 28.04.2015, DJe 25.05. 2015 (neues Fahrzeug mit verschiedenen technischen Problemen); TJSP, AI 0059702-09.2002.8.26.000, 2ª Câmra de Direito Privado, Rel. Cerqueira Leite, Urt. vom 20.11.2002 (unfruchtbares Reproduktionspferd) und TJSP, Apelação Cível9207147-96.2007.8.26.000, 19ª Câmara de Direito Privado, Rel. Mario de Olvieira, Urt. vom 13.09.2011 (Kauf eines kranken Hundes).

Zum einen muss es sich um einen erheblichen verborgenen Mangel handeln, der den Wert oder die Verwendbarkeit der Sache beeinträchtigt und der schon im Zeitpunkt des Gefahrübergangs besteht. Zum anderem muss es sich um einen Fehler überwiegend in den physischen, normalen und daher vom Käufer legitim zu erwartenden Eigenschaften der Sache handeln, was bereits Grundvoraussetzung für das Eingreifen der Gewährleistungsregeln ist. Aus einer Rechtsprechungsanalyse ergibt es sich, dass der Fehler einen **direkten Bezug zur Sache** haben muss, wie etwa die fehlende Baugenehmigung eines sich auf dauerndem Naturschutzgebiet befindenden Grundstücks[844], Unbrauchbarkeit eines in einem Tonerdegebiet liegenden Grundstücks für einen Hausbau[845] oder die abgelehnte Zulassung eines ohne Originalmotor verkauften Autos[846].

Bezieht sich der Fehler dagegen auf Umstände, die außerhalb der Sache liegen, was in Deutschland als **Beziehung der Sache zur Umwelt** bezeichnet wird, ist der Zugang zur Sachmängelhaftung für den Käufer im brasilianischen Recht ausgeschlossen. Denn während die physische Beschaffenheit diejenigen der Sache anhaftenden körperlichen, bei Sachen gleicher Art üblichen Eigenschaften umfasst, die der Sache zur Zeit des Gefahrübergangs angehören, bezeichnen die sog. Umweltbeziehungen „unkörperliche Eigenschaften", also Umstände, die die Beziehung der Sache zur Umwelt zur Ausdruck bringen und die geeignet sind, den Wert oder die Brauchbarkeit der Sachen zu beeinträchtigen[847].

Dieses Mangelkonzept des deutschen – und in gewisser Hinsicht aus des portugiesischen – Recht ist dem brasilianischen Recht fremd. Die Umweltbeziehung kann tatsächlicher, wirtschaftlicher oder rechtlicher Art sein. Paradebeispiel für eine **Beziehung tatsächlicher Art** sind das Alter oder die Herkunft der Sache, so dass z. B. das Bild oder ein Instrument nicht von einem bestimmten Maler bzw. Instrumentenbauer stammt. In Deutschland wird auch zur Beschaffenheit der Sache die Tatsache gezählt, dass die gekaufte Pension ein „der Unzucht dienendes Absteigequartier" gewesen sei[848] oder ein wegen der Produktherkunft begründeter Verdacht von Salmonellenverseuchung des gekauften Hasen-

844 STJ, AgRg no AREsp. 44815/MG, T3, Rel. Min. Paulo de Tarso Sanseverino, Urt. vom 07.05. 2013, DJe 13.05.2013.

845 TJRJ, Apelação Cível 0009628–75.2010.8.19.0028, 10ª Câmara Cível, Rel. Gilberto Dutra Moreira, Urt. vom 26.09.2012.

846 STJ, AgRg no Ag 1375896/SP, T3, Rel. Min. Massami Uyeda, Urt vom 14.06.2011, DJe 29.06. 2011. Hier funktioniert zwar das Auto, der Käufer kann es aber aufgrund des nicht vorhandenen Originalmotors bei der Behörde nicht registrieren lassen und folglich kein Eigentum erwerben.

847 Ausführlich dazu: Soergel/*Huber*, § 459 Rn. 25 und MünchKomm/*Westermann*, § 459 Rn. 18.

848 Soergel/*Huber*, § 459 Rn. 26.

fleischs[849] sowie auch die Tatsache, dass das Kaufgrundstück nicht die angenommenen Grenzen hat[850].

Die **wirtschaftliche Beziehung** der Sache zur Umwelt bezeichnet insbesondere die Ertrags- oder die Umsatzfähigkeit der Sache, also des verkauften Unternehmens oder des zur Vermietung erworbenen Hauses, so dass die enttäuschten Ertrags- oder Umsatzerwartungen des Käufers unter Umständen als Sachmangel qualifiziert wird[851]. Als Beispiel für die **rechtlichen Beziehungen** der Sachen zur Umwelt werden insbesondere die fehlende Bebaubarkeit des Grundstücks aus öffentlich-rechtlichen Gründen genannt, wie die fehlende Baugenehmigung für die gekauften zu sanierenden Dachgeschosswohnung[852], eine behördliche Untersagung der Nutzung des Hauses zu Wohnzwecken[853] oder die Tatsache, dass die im Gewerbegebiet gelegene Eigentumswohnung nur von einem bestimmten Personenkreis benutzt werden kann[854], sowie dem Fehlen der zugesicherten Sichtfreiheit aus den Wohnräumen[855].

Die oben aus der brasilianischen Rechtspraxis genannten Beispiele (fehlende Baugenehmigung eines sich auf dauerndem Naturschutzgebiet befindenden Grundstücks, Unbebaubarkeit eines in einem Tonerdegebiet liegenden Grundstücks oder die abgelehnte Zulassung eines ohne Originalmotor verkauften Autos), die nach deutschem Recht als rechtliche Beziehung der Sache zur Umwelt bzw. als Sachmangel qualifiziert werden können, werden in Brasilien zwar als Sachmangel unter Art. 441 CC2002 subsumiert, das bedeutet aber keineswegs die Anerkennung einer so breiten Mangelkategorie. Sie lassen sich ausschließlich durch die Unbrauchbarkeit der Sache für ihren üblichen Zweck, also für die Nutzung und Verfügung der Sache erklären.

Die Mehrheit der Beispiele wird im brasilianischen Recht nicht als Sachmangel verstanden, weil die Sache keinen physischen Defekt (Mangelqualität) aufzeigt, die ihre Nutzung verhindert oder Wertigkeit beeinträchtigte. Sie werden vielmehr als typischer Eigenschaftsirrtum oder als Nichterfüllung angesehen, da die Sache per se keinen Fehler in ihrer Substanz aufzeigt, die ihre Nutzung vereitelt oder begrenzt. In einer Entscheidung aus dem Jahr 2005 hat der STJ im Leitsatz betont, dass ein Mangel in Sinne des Art. 1.101 CC1916 (aktuell Art. 441

---

849 BGHZ 52, 51 = BGH NJW 1972, 1462 (Salmonellen-Fall)

850 BGHZ 60, 319 (Seegrundstück-Fall). Dazu: Anmerkung von *Lorenz*, in: lorenz.userweb.mwn.de.

851 MünchKomm/*Westermann*, § 459 Rn. 17.

852 BGH NJW 2013, 2182.

853 BGH NJW-RR 1988, 1290 = DNotZ 1989, 306.

854 BGH NJW 2001, 65.

855 BGH DB 1971, 2252. Im gleichen Sinne: RGZ 161, 330, ap.: Sorgel/*Huber*, § 459 Rn. 28.

CC2002) einen verbogenen Fehler an der Sache selbst (Vertragsgegenstand) voraussetzt und dass die „Umstände des Geschäfts“ nicht als Mangel qualifiziert werden können[856].

In dem Fall hat der Käufer eines Grundstücks den Verkäufer nicht über die Existenz von gegen ihn laufenden gerichtlichen Klagen informiert, die seine Leistungsfähigkeit vereiteln können sowie dem Verkäufer den Kfz-Brief der beide Fahrzeuge nicht übertragen, die er als Teilzahlung des Grundstücks abgegeben hat. Die Nichtaufklärung über die Leistungsfähigkeit hat das Gericht als „Umstände des Geschäfts“ richtig qualifiziert und festgestellt, dass sie eben keinen Mangel darstellen und die Rückabwicklung des Vertrages daher ablehnt. Das ist ein typischer Fall von culpa in contrahendo für vorvertragliche Fehlinformation, der den Käufer zur Vertragsauflösung berechtigt. Die Entscheidung ist in diesem Kontext von Bedeutung, da sie die hier vertretene Auffassung bestätigt, dass der Sachmangel im allgemeinen Privatrecht einen versteckten materiellen Defekt in der Sachsubstanz (Qualitätsmangel) grundsätzlich voraussetzt, der ihre Brauchbarkeit oder Wertigkeit beeinträchtigt.

Zusammenfassend kann man sagen, dass das allgemeine Gewährleistungsrecht für die Existenz eines erheblich versteckten Mangels auf die **physischen Eigenschaften der Sache** abstellt und dass der Käufer nur Schadensersatz im vollen Umfang erhält, wenn der Verkäufer bewusst den ihm bekannten Mangel an der Sache dem Käufer verschwiegen hat. Die **Schutzmechanismen**, die das Gesetz dem Käufer zur Verfügung stellt, beschränken sich auf die **klassischen römischen Käuferklagen**, d.h. Minderungs- oder Wandelungsklage bei Sachmangel und die Eviktionsklage bei Rechtsmangel, die anders als die ädilischen Klagen als normale Nichterfüllungshaftung ausgestaltet ist. Das heißt: Der volle Ersatz von **Mangelfolgenschäden** kommt nur in **Ausnahmenfällen** bei Mangelkenntnis des Verkäufers nach Art. 443 1. Hs CC2002 in Betracht.

Weiter ist festzustellen, dass die Ausschlussfristen des Mangelrechts **recht knapp** sind, um die Funktion der Garantiehaftung zufriedenstellend zu erfüllen. Das wird vor allem ersichtlich, wenn man die inländischen mit den deutschen und europäischen Auflösungsfristen vergleicht[857]. Schließlich lässt sich noch sagen,

---

856 STJ, REsp. 299691/ES, T3, Rel. Humberto Gomes de Barros, Urt. vom 22.02.2005, DJ 14.03.2005. Im Leitsatz ist zu lesen: „O Art. 1.101 do Código Bevilaqua refere-se a vício oculto existente na coisa objeto do contrato; não as circunstâncias desconhecidas que envolverem o negócio jurídico. Malgrado o desconhecimento do adquirente, a existência de ações judiciais contra o alienante não basta para autorizar a redibição.“

857 Die Kürze der neuen Fristen von Art. 445 CC2002 zeigt sich schon im Vergleich zum Römischen Recht: Schon die Römer hatten eine längere Verjährungsfrist, um die actio redhibitoria geltend zu machen: sechs Monate nach traditio der Sache. Das Gleiche gilt im Vergleich zu den

dass sich die Lehre mit der problematischen Frage nach dem **Konkurrenzproblem von culpa in contrahendo und Gewährleistungsrecht** nicht auseinandergesetzt hat. Dabei geht es nämlich darum, ob und inwieweit eine vorvertragliche Haftung neben der Mangelhaftung zur Anwendung kommen soll, wenn der Verkäufer den Käufer über den Mangel nicht bzw. falsch informiert, oder ob eine solche Haftung erst in Betracht kommt, wenn die unterlassene oder unzutreffende Information nicht die physischen Eigenschaften der Sache betrifft.

c) Kritische Betrachtung

Aus dem Dargestellten ergibt sich, dass das Zivilgesetzbuch dem Käufer nur einen **recht begrenzten Schutz** gewährt, indem es durch das Gewährleistungsrecht ausschließlich einen wert- oder nutzenmindernde, versteckten Mangel an den physischen und deshalb verkehrsüblichen Eigenschaften der geschuldeten Sache sanktioniert. Außerdem ermöglicht der Sachmangeltatbestand entweder Vertragsauflösung mit Ersatz der Vertragskosten oder Preisminderung gemäß Art. 442 CC2002. Ein voller Schadensersatzanspruch kommt nur bei Mangelkenntnis durch den Verkäufer in Betracht. Nicht zuletzt ist zu beachten, dass die gewährleistungsrechtlichen Ausschlussfristen recht knapp sind. Das bedeutet: Das **Sachmangelhaftungskonzept** der Privatrechtskodifikation ist strukturell, d. h. auf **Tatbestands- und Rechtsfolgenebene** zu eng konzipiert, um für diejenigen Fälle eine adäquate Lösung zu bieten, in denen der Verkäufer den Käufer nicht oder unzutreffend über Mängel in der Sacheigenschaften als auch über Umstände informiert, die weder direkten noch indirekten Bezug zur Sachbeschaffenheit haben.

Dies wird deutlich bei einer rechtsvergleichenden Betrachtung des brasilianischen und deutschen Gewährleistungsrechts. Während sich das brasilianische Recht bei der Bestimmung des Sachmangels primär an **objektiven Kriterien** (normale Beschaffenheit der Sache) orientiert, geht § 434 BGB von einem deutlich breiteren Sachmangelbegriff aus, der jegliche für den Käufer nachteilige Abweichung der tatsächlichen Beschaffenheit (Ist-Zustand) von der vertraglich geschuldeten Beschaffenheit (Soll-Zustand) mitumfasst[858]. Laut § 434 BGB ist eine Sache in erster Linie frei von Sachmängeln, wenn sie bei Gefahrübergang die

Verjährungsfristen des § 477 BGB a.F. (6 Monate für bewegliche Sachen, 1 Jahr für Grundstücke). Mit der Schuldrechtsreform sind diese Fristen erheblich erhöht worden: 30 Jahre für Rechtsmängel gemäß § 438 I 1 BGB, 5 Jahre für Bauwerke und Baumaterial und 2 Jahre für bewegliche Sachen (dagegen 30 Tage in Art. 445 CC2002). Dazu: *Medicus*, ST/AT, S. 25.

858 Statt vieler *Looschelders*, SR/BT, S. 11. Schon vor der Schuldrechtsmodernisierungsreform: *Larenz*, SR/BT II/1, S. 37 ff.

vereinbarte Beschaffenheit hat (Abs. 1). Entscheidend ist daher nicht, ob die Sache die Qualität aufweist, die bei Gütern gleicher Art üblich sind, sondern ob die Sache die vereinbarten Eigenschaften besitzt, die zur Erreichung des vom Käufer beabsichtigten und dem Verkäufer bekannten Vertragszwecks von Bedeutung sind. Haben die Parteien keine Vereinbarung getroffen, ist sie mangelfrei geliefert, wenn sie für den vertraglich vorausgesetzten Verwendungszweck (Abs. 1, S. 1) oder für die gewöhnliche, bei Sachen gleicher Art übliche Verwendung (Abs. 1, S. 2) geeignet ist. Weiter ist die Sache mangelfrei, wenn sie Eigenschaften aufweist, die der Käufer nach öffentlichen Äußerungen des Verkäufers erwarten kann wie z. B. bei Werbung oder Sachkennzeichnung (Abs. 1). Auch mangelhafte Montageanleitungen (Abs. 2) und Mindermengen (Abs. 3) gehören dazu.

Dies zeigt, dass sich das geltende Mängelrecht des BGB bei der Bestimmung des Sachmangels primär an **subjektiven Kriterien** orientiert und einen **subjektiven Mangelbegriff** aufweist, was dem Gedanken der Privatautonomie Rechnung trägt[859]. Das bedeutet: Es kommt nicht ausschließlich auf den objektiven Mangelbegriff an, also ob die Sache die normale, bei Sachen gleicher Art übliche Eigenschaft aufweist. Vielmehr ist entscheidend, ob die Sache über diejenigen Eigenschaften verfügt, die sie nach Vereinbarung oder Äußerung des Verkäufers haben soll und zwar hinsichtlich der Umstände, die zwar außerhalb der Sache liegen, die aber einen direkten Bezug zu ihr zeigen und dadurch ihre „Beziehung zur Umwelt" betreffen[860]. Das Fehlen solcher Merkmale kann aufgrund des engen Mangelkonzepts des brasilianischen allgemeinen Gewährleistungsrechts rechtsdogmatisch **nicht als Sachmangel** bezeichnet werden.

Das deutsche Konzept weist allerdings eine ersichtliche Parallelität zum Gewährleistungsrecht des Verbraucherschutzgesetzes auf. Denn, wie oben gezeigt, obwohl Art. 18 CDC primär von einem objektiven Sachmangelbegriff ausgeht, zeigt die Norm doch eine semantische Offenheit, die einen ähnlichen Sachmangelbegriff im Sinne von § 434 BGB erfassen kann. Der verbraucherrechtliche Sachmangeltatbestand unterscheidet sich in diesem Sinne erheblich von dem engen Sachmangeltatbestand des Zivilgesetzbuchs[861] – deshalb hat der Sondergesetzgeber bewusst noch unter Geltung der Kodifikation von 1916 davon Abstand genommen. Dies gilt immer noch, da das Grundkonzept des Sachman-

859 *Looschelders*, SR/BT, S. 11.

860 Erman/*Grunewald*, § 434 Rn. 4.

861 Anders als der deutsche Reformgesetzgeber, der ausdrücklich darauf verzichtet hat, für Verbrauchsgüterkaufverträge einen gesonderten Mangelbegriff zu schaffen (BT-Dr 14/6040, S. 211), hat sich der brasilianische Gesetzgeber aus dem Jahr 2002 nicht darum bemüht, einen einheitlichen Mangelbegriff zu schaffen.

gels von Art. 1.101 CC1916 in der aktuellen Kodifikation (Art. 441 CC2002) konzeptionell unverändert geblieben ist[862].

Anders als bei Verträgen zwischen Privaten spielt es bei Verbraucherverträgen keine Rolle, ob es sich dabei um einen versteckten oder sichtbaren, um einen bedeutenden oder unbedeutenden Mangel handelt. Das Sondergesetz statuiert weiter **drei grundlegende Sachmangeltatbestände**, namentlich Qualitäts-, Quantitäts- und Informationsmangel[863], wobei es bei Art. 441 CC2002 nur um einen Qualitätsmangel geht, also um einen Eignungs- oder Entwertungsmangel, der sich maßgeblich anhand der üblichen Sachbeschaffenheit bestimmen lässt. Außerdem sind die Rechtsfolgen unterschiedlich: Während Art. 442 CC2002 entweder Leistungsminderung oder Rückgängigmachung des Vertrages mit einer begrenzten Haftung für Vertragskosten erlaubt, ermöglicht Art. 18 § 1 CDC dem Verbraucher die Herstellung des vertragsmäßigen Zustands durch Nachbesserung binnen 30 Tagen oder – bei fehlgeschlagener Reparatur – Ersatz durch ein gleichartiges Produkt, Preisminderung oder Rückabwicklung des Vertrages zu verlangen, unbeschadet von Ersatzansprüchen für Mangelfolgeschäden. Gleiche Rechtsfolgen spiegeln sich *mutatis mutandis* in Art. 19 CDC für quantitative Mängel und in Art. 20 CDC für Dienstleistungsmängel wider.

Dies belegt, dass das allgemeine Gewährleistungskonzept des Zivilgesetzbuches im Vergleich zum Verbraucherschutzgesetz und zum BGB eingeengt strukturiert ist. Eine Änderung des Gewährleistungskonzepts bedarf eines **legislativen Eingriffs**, um willkürliche und undogmatische Gerichtsentscheidungen sowie Rechtsunsicherheit zu vermeiden. Ob der Gesetzgeber mittelfristig wieder tätig wird, ist fraglich. Jede Änderung des Gewährleistungskonzepts setzt jedoch eine vorherige rechtsdogmatisch und rechtssystematisch durchdachte Lösung voraus. Diese fehlt noch.

Eine legislative Gesetzeskorrektur erweist sich als angebracht insbesondere angesichts der engen Formulierung des Art. 441 CC2002, die – anders als § 459 BGB a.F., § 434 BGB oder Art. 913 I des portugiesischen Zivilgesetzbuches[864], die

---

862 Die neue Formulierung sieht nur kleine Änderungen bei den Fristen, ihrer Laufzeit und Garantien vor: Binnen 15 Tagen für bewegliche (Art. 178 § 2 CC1916) und 6 Monaten (Art. 178 § 5 IV CC1916) für unbewegliche Sachen nach der Übergabe; heute 30 Tage und 1 Jahr (Art. 445 CC2002). Interessant ist dabei, dass die Rechtsprechung die enge Frist des Sachmängelrechts vor der neuen Kodifikation mittels unterschiedlicher Konstruktionen umgangen hat. Sie hat zunächst angenommen, dass die Frist erst nach Mangelkenntnis läuft, dann den Sachmangel als Nichterfüllung oder als Irrtum betrachtet und somit dem Käufer eine Frist von 20 Jahren bzw. 4 Jahren eingeräumt. Vgl. dazu u. a. *Benjamin/Marques/Bessa*, Manual, S. 146.

863 *Benjamin/Marques/Bessa*, Manual, S. 147.

864 Art. 913 I des portugiesischen *Código Civil* lautet: „Se a coisa vendida sofrer de vício que a desvalorize ou impeça a realização do fim a que é destinada, ou não tiver as qualidades asse-

ausdrücklich von einem subjektiven Mangelbegriff ausgehen – keinen Anhaltspunkt für eine Ausdehnung des Mangelbegriffes anbietet. Es fehlt auch eine opinio communis, also eine allgemeine Meinung in der Lehre und Rechtsprechung, die eine Abweichung von der vertraglich vereinbarten Beschaffenheit als Mangel betrachtet, wenn die Sache in ihrer Substanz keinen Fehler aufzeigt, der ihre Wertigkeit oder Nutzbarkeit beeinträchtigt. Eine solche Abweichung wird vielmehr als Nichterfüllung verstanden, insoweit es eine Vereinbarung über die fraglichen Merkmale der Sache tatsächlich gibt.

Wegen der Schwäche des Gewährleistungsrechts hat die brasilianische Rechtsprechung den Mangelbegriff nicht erweitert, sondern vielmehr versucht, dem Käufer durch Anerkennung einer selbständigen Schadensersatzklage zur Hilfe zu kommen, die unabhängig von den sachgewährleistungsrechtlichen Dekadenzfristen verjährt[865]. Außerdem hat sie schon unter Geltung der alten Kodifikation die für das „moderne Leben" unangemessenen Verjährungsfristen des Gewährleistungsrechts bewusst umgangen[866]. Damit eröffnet die Judikatur dem geschädigten Vertragspartner den Weg zum Rücktritt wegen Nichterfüllung oder zur Irrtums- oder Arglistanfechtung, die gemäß Art. 178 II CC2002 eine vierjährige Frist für die Annullierungsklage einräumt.

Eine andere Frage ist, inwiefern eine Ausdehnung des Mangelbegriffes zum Schutz des Käufers nützlich ist, wenn die gewährleistungsrechtlichen Rechtsfolgen und Fristen eher ungünstig sind. Ohne eine strukturelle Änderung im Gewährleistungssystem ergibt es keinen Sinn, auf der Tatbestandsebene den Mangelbegriff zu erweitern, vorausgesetzt, dass man damit den geschädigten Käufer schützen will. Bis dahin muss man nach einer sachgerechten und rechtsdogma-

---

guradas pelo vendedor ou necessárias para a realização daquele fim, observar-se-á, com as devidas adaptações, o prescrito na secção precedente, em tudo quanto não seja modificado pelas disposições dos artigos seguintes.". Art. 914 des Kodex sieht weiter die Möglichkeit einer Nachbesserung (*reparação*) oder Ersatzlieferung (*substituição*) ausdrücklich neben der Käuferklage vor.

865 Statt vieler: STJ, REsp. 734.520/MG, T4, Rel. Min. Hélio Quaglia Barbosa, Urt. vom 21.06.2007, DJ 15.10.2007 (Schadensersatzklage wegen fehlerhaften Baus einer Seilbahn zum Transport von Eisenerz bis zum Hafen. Der Beklagte wendete unter anderem die Dekadenz ein, da es sich dabei um einen Mangel in der Sache handele. Das Gericht hat die Dekadenz mit der Begründung abgelehnt, es handele sich um keine Wandelungs-, sondern um eine Schadensersatzklage).

866 *Diniz* weist in diesem Sinne auf eine Entscheidung des STF hin, die schon unter Geltung des *Código Bevilaqua* auf die Unangemessenheit der gewährleistungsrechtlichen Dekadenzfristen für die Anforderungen des modernen Lebens hinweist. Eine Alternative, um die sachenrechtliche Frist zu umgehen, war es damals, bei bestimmten Mängeln die Frist nicht ab Vertragsabschluss oder Gefahrenübergang, sondern erst nach Entdeckung des Fehlers durch den Käufer ablaufen zu lassen. Hier hat die Rechtsprechung also gegen die ausdrückliche Gesetzesbestimmung mit einer Interpretation contra legem eingegriffen. Curso, Bd. 3, S. 127.

tisch kohärenten Lösung insbesondere für zwei Fallkonstellationen suchen. Die erste betrifft die Fälle, in denen der Verkäufer den Käufer über Eigenschaften und Umständen der Sache nicht oder unzutreffend aufklärt, die der Sache nicht unmittelbar physisch anhaften, die aber mit ihr im Zusammenhang stehen und großen Einfluss bei der Vertragsentscheidung haben. Die zweite bezieht sich auf Fehlinformationen über die verkehrsübliche Sacheigenschaft.

d) Lösungsvorschlag für die Anwendung der culpa in contrahendo im Bereich des Gewährleistungsrechts

Culpa in contrahendo und Gewährleistungsrecht sind Rechtsinstitute mit unterschiedlichen Voraussetzungen, Rechtsfolgen und Funktionen. Sie überschneiden sich nur dann, wenn eine vorvertragliche Fehlinformation mit einem Verstoß gegen die qualitativen Anforderungen an die zu erbringende Leistungspflicht zusammenfällt[867], also wenn die Lieferung einer mangelhaften Sache zugleich eine Aufklärungspflichtverletzung darstellt. **Zeitlich** stellt sich das **Konkurrenzproblem** erst ab dem Zeitpunkt, zu dem die Gewährleistungsregeln anwendbar sind, d. h. **ab Gefahrenübergang** (traditio bei beweglicher, Übereignung bei unbeweglicher Sache und Rechtsverschaffung bei Rechten)[868]. **Inhaltlich** zeigt es sich dann, wenn der Verkäufer schuldhaft falsche Angaben über die **Sacheigenschaft** macht oder, wie so häufig in der Praxis, auf Mängel daran nicht hinweist.

Im brasilianischen Recht bedeutet das: wenn der Verkäufer einen wesentlichen Mangel an den physischen Eigenschaft der Sache kennt, der ihre Wertigkeit oder Zwecktauglichkeit beeinträchtigt, und den Käufer darauf nicht aufmerksam macht. Betrifft jedoch die Fehlinformation Umstände, die nicht die Beschaffenheit der Kaufsache betreffen oder die zwar Bezug zur Sache haben, die aber außerhalb von ihr liegen, dann steht man nicht mehr auf dem Boden des Gewährleistungsrechts, weil dieses eben nur zur Anwendung kommt, wenn es sich um die übliche objektive Sachbeschaffenheit handelt. In diesem Kontext muss man zunächst zwei Fragen voneinander trennen: Erstens diejenige hinsichtlich der Haftung für Unterlassung oder Mitteilung unzutreffender Informationen über vertragsentscheidende Umstände, die keinen oder nur indirekten Bezug zu Sacheigenschaften haben, und zweitens diejenige hinsichtlich der subsidiären Anwendung der culpa in contrahendo in den Fällen der Mängelhaftung.

---

867 Soergel/*Harke*, § 311 Rn. 26, S. 38.

868 Vgl. die herrschende Meinung bei Erman/*Kindl*, § 311 Rn. 45, S. 1142. Kritisch dagegen Soergel/*Harke*, § 311 Rn. 28 f.

(1) Erste Fallkonstellation: kein Konkurrenzproblem

Nimmt man mit der herrschenden Lehre und Rechtsprechung an, dass die Parteien nach Treu und Glauben verpflichtet sind, loyal und rücksichtsvoll miteinander umzugehen, und dass die daraus hergeleitete Informations- bzw. Aufklärungspflicht den besser informierten Teil verpflichtet, den informationsbedürftigen Vertragspartner über entscheidungsrelevante Umstände aufzuklären, ist es nur folgerichtig, eine Haftung in contrahendo immer dann anzunehmen, wenn er diesen Rücksichtspflichten nicht nachkommt. Das passiert dann, wenn der Verkäufer den Käufer über **wichtige Umstände** nicht oder unzutreffend aufklärt, die **nicht direkt mit den physischen Eigenschaften der Sache** verbunden sind.

Solche Umstände machen die Beziehung der Sache zur Umwelt erkennbar und können, wie oben dargestellt, von tatsächlicher, wirtschaftlicher und rechtlicher Art sein. Beispiele sind unterlassene Aufklärung über die vorherige Nutzung der verkauften Pension als „Absteigequartier"; falsche Informationen über die Grenze des Kaufgrundstücks; der fehlende Hinweis auf die zugelassene Nutzung nur für einen bestimmten Personenkreis der im Gewerbegebiet gelegenen Eigentumswohnung; falsche Informationen über Sichtfreiheit aus der Wohnung; Nichtaufklärung über dauernde üble Geruchsbelästigungen aus einem dem verkauften Haus nahegelegenen Klärwerk[869] oder über ein schikanöses Nachbarsverhalten, wenn der Verkäufer erkennen kann, dass die Hellhörigkeit des Hauses für die Vertragsentscheidung erhebliche Bedeutung hat[870].

Relevant für den Vertragsentschluss können auch Umstände sein, die **nichts mit den Eigenschaften** des Leistungsgegenstands zu tun haben, sondern die **Wirtschaftlichkeit des Vertragsschlusses** betreffen, die typischerweise in den Risikobereich der Partei des Käufers fallen. Das sind z. B. unzutreffende Informationen über Steuervorteile des gekauften Objektes[871], über eine an die Person

---

869 BGH NJW-RR 1988, 10 = JurionRS 1987/13234, 1–7. In der Entscheidung hat der BGH festgestellt, dass bei arglistigem Verhalten des Verkäufers nicht nur eine Haftung nach Gewährleistungsrecht, sondern auch wegen Verschuldens bei Vertragsschluss in Betracht kommt.

870 BGH NJW 1991, 1673. In dem Fall hat der BGH dem Käufer einen Schadensersatzanspruch aus culpa in contrahendo zugesprochen, weil der Verkäufer ihn auf seine Frage über die Hellhörigkeit des Hauses bewusst das störende Verhalten des Nachbarn nicht angezeigt hat. Das Gericht hat dabei betont, dass dabei eine Täuschung iSv § 123 BGB vorlag, die zugleich eine vorsätzliche Informationspflichtverletzung darstellt. Deshalb bestehen die Ansprüche aus culpa in contrahendo – so der BGH – neben dem Anspruch aus ungerechtfertigter Bereicherung.

871 BGHZ 114, 263 = BGH NJW 1991, 2556. Nach dem Leitsatz: „(...) 2. Wirbt ein Anlage-, Wirtschafts- und Finanzierungsberater der Käufer, der zugleich als Doppelmakler und als Verhandlungsgehilfe der Verkäufer auftritt, mit den Steuervorteilen eines Vertragsschlusses, die für die Kaufbereitschaft wesentlich sind, und spricht er insoweit nicht erkennbar nur im eigenen Namen,

des Erwerbers anknüpfende Steuerermäßigung[872], über den Mietertrag[873] oder die Dauer des Mietverhältnisses[874] der verkauften Wohnung. Das Gleiche gilt für falsche Auskunft über die Rentabilität des verkauften Unternehmens oder der Arztpraxis. Obwohl viele dieser Fälle im deutschen Recht aufgrund des weitgehend subjektiven Beschaffenheitsbegriffs von § 434 BGB als Sachmangel betrachtet werden, besteht dagegen im brasilianischen Recht kein Zweifel, dass solche Fälle **nicht mit der Gewährleistungshaftung** von Art. 441 CC2002 gelöst werden können, weil es nicht um Mängel an den physischen Eigenschaften der Kaufsache geht.

Die Tatbestandsmerkmale der Sachmängelhaftung aus Art. 411 CC2002 werden dadurch also nicht erfüllt. Aber auch im deutschem Recht, wo der Käufer eine breite Palette von Rechtsbehelfen – Rechte auf Nacherfüllung, Vertragsauflösung, Minderung und Schadensersatz des positiven Interesses – zur Verfügung hat, die einen angemessenen Schutz seines Erfüllungsinteresses ermöglichen, ist die Frage nach einer subsidiären Anwendung der culpa in contrahendo nicht ausgeschlossen, sondern Gegenstand heftiger Diskussionen[875]. Und trotz der Reform des Gewährleistungsrechts geht die Rechtsprechung davon aus, dass in dem Zeitraum vor Gefahrenübergang die culpa in contrahendo uneingeschränkt gilt und dass ein Nebeneinander beider Rechtsinstitute bei positiver Mangelkenntnis, d. h. bei Arglist des Verkäufers immer in Betracht kommt[876].

Nach der brasilianischen Gesetzessystematik finden die Fälle vorsätzlicher oder fahrlässiger Unterlassung oder Mitteilung falscher Information über Umstände, die keinen oder nur indirekten Bezug zur Eigenschaft des Kaufgegenstandes haben, nur im Wege der **culpa in contrahendo** eine angemessene und

---

so handelt er dabei auch als Verhandlungsgehilfe der Verkäufer mit der Folge, daß ihnen sein Verhalten nach § 278 BGB zuzurechnen ist. 3. Ein Verhandlungsgehilfe kann durch persönliche Vertrauenswerbung mit besonderer Fachkunde auch die Sorgfaltspflichten des Schuldners entsprechend verstärken, so daß dieser eine Pflichtverletzung durch den Verhandlungsgehilfen nach § 278 BGB zu vertreten hat (Ergänzung zu BGHZ 31, 358 = VersR 60, 227)."

872 BGHZ 140, 111 = BGH NJW 1999, 638. Der Leitsatz lautet: „a) Bei einem auf Steuerersparnis angelegten Immobilienverkauf kann die Erstellung eines „persönlichen Berechnungsbeispiels" über die beim Käufer auftretenden steuerlichen Auswirkungen Gegenstand eines besonderen Beratungsvertrags sein. b) Die Verletzung einer vertraglich übernommenen Beratungspflicht löst auch dann einen Schadensersatzanspruch aus, wenn sie die objektbezogene Voraussetzung eines Steuervorteils (BGHZ 114, 263) zum Gegenstand hat und nur auf Fahrlässigkeit beruht."

873 BGH NJW 2002, 208 und BGH Urt. vom 10.01.2008 – V ZR 81/07 (GuT 2008, 155 = JurionRS 2008/10294, 1–10).

874 BGH NJW-RR 1990, 970.

875 Statt vieler: *Häublein*, NJW 2003, 388; *Singer*, 50 Jahre BGH, 381, 398; MünchKomm/*Emmerich* (2016), § 311 Rn. 93 ff und Erman/*Kindl*, § 311 Rn. 46.

876 Statt vieler: BGH NJW 2009, 2120.

dogmatisch kohärente Lösung, soweit sie **nicht zum Vertragsinhalt** durch Parteivereinbarung geworden sind, wenn dann eine Nichterfüllung (*inadimplemento*) vorliegt. Hat der Verkäufer dem Käufer bestimmte Merkmale der Kaufsache oder Umstände des Geschäfts zugesichert, die nach der Lieferung nicht vorhanden sind, kommt eine **Vertragsverletzung** wegen Nichtvorhandenseins der zugesicherten Eigenschaften nur in Betracht, wenn sie ausdrücklich im Vertrag festgehalten sind[877]. Dafür ist aber eine ausdrückliche Vereinbarung darüber erforderlich. Aufgrund der engen Konzeption der vorvertraglichen Haftung in Brasilien überrascht es nicht, dass Lehre und Rechtsprechung, wenn solche unterlassenen oder falschen Umstände, die keinen oder nur indirekten Bezug zur Eigenschaft des Vertragsgenstandes haben, nicht als Vertragsbedingungen ausdrücklich festgelegt sind, vornehmlich auf die Willensmängelhaftung wegen Irrtums oder dolus zurückgreifen[878].

---

877 In diesem Sinne auch: *Konder*, Erro, dolo e coação, 609, 616. *Ferreira da Silva* will dagegen solche Fälle als Sachmangel iSd Zivilgesetzbuches einordnen, nennt als Beispiel dafür einen Fall, in dem ein Verbraucher gebrauchte Kleidung in einem Laden mit sonst neuen Produkten kauft, also einen typischen Verbrauchervertrag, oder den Fall Jeffrey M. Stambovsky v. Helen V. Ackley and Ellis Realty, der durch den Supreme Court of New York am 18.07.1991 entschieden wurde. Dort hat der Käufer unbewusst ein ‚verwunschenes' Haus gekauft, über dessen Ruf die Verkäuferin ihn nicht informiert hat. Ihm zufolge hat das Gericht den Rücktritt aus Billigkeitsgründen erlaubt. (A boa-fé e a violação positiva do contrato, S. 182). Beide Fälle sind nach aktueller Rechtslage nicht als Sachmangel iSv Art. 441 CC2002 zu qualifizieren. Wie gezeigt, bedeutet eine Abweichung der Ist-Beschaffenheit von den vorherigen Angaben des Verkäufers nur in Verbraucherverträgen einen Mangel, nicht jedoch im Zivilgesetzbuch. Verkauft eine Privatperson ein gebrauchtes Kleid als neu und zeigt das Kleid keinen Fehler auf, der seine Verwendbarkeit oder seinen Wert mindert, kann der Käufer vom Vertrag nur zurücktreten, wenn ihm der Nachweis gelingt, dass er im Irrtum war oder getäuscht wurde, oder wenn diese Eigenschaft zum Vertragsinhalt geworden ist. Dann kann er wegen Nichterfüllung klagen, wenn ihn nur ein neues Kleid interessiert. Ein ähnlicher Fall wie der US-amerikanische erschien in der Rechtsprechung des Oberlandesgericht Rio de Janeiro: Ein Ehepaar hat eine Wohnung gekauft, in der ein Vater zwei Kinder ermordet hat und zeitgleich Selbstmord beging, allerdings ohne vorher durch die Maklerin darüber informiert worden zu sein. Das Oberlandesgericht Rio de Janeiro hat die Vertragsannullierung wegen Irrtums mit der Begründung abgelehnt, der Irrtum sei nicht wesentlich gewesen (TJRJ, Apelação Cível 6.421/2004, Rel. Maldonado de Carvalho, Urt. vom 27.04.2004, ap.: *Konder*, Erro, dolo e coação, 609). *Konder* begrüßt die Entscheidung und – in Anlehnung an andere Entscheidungen (TJRJ, Apleção Cível 2005.001.17861, Rel. Leila Mariano, Urt. vom 06.07.2005) – führt sogar aus, dass ein Makler eventuell eine Partei betrügen dürfe, um den Vertragsabschluss zu erleichtern, was natürlich völlig verfehlt ist. *Konder*, Erro, dolo e coação, 609, 623.

878 Statt vieler: *Konder*, Erro, dolo e coação, 609, wo er viele Fälle aus der Rechtsprechung zitiert, in denen die Parteien den Vertrag nur infolge von – zumindest fahrlässig mitgeteilt – falscher Information durch einen Teil abgeschlossen haben.

Wie oben dargestellt, bieten solche Figuren keinen angemessenen Schutz für Fälle fahrlässiger Irreführung zum Vertragsschluss durch Fehlinformation. Der Irrtumsrekurs kann schon daran scheitern, dass sich die Umstände, die nur indirekten Bezug zur Sachen haben, nicht auf wesentliche Eigenschaften des Vertragsgegenstands im Sinne von Art. 139 I CC2002 beziehen. Eine Dolusanfechtung bringt dem Käufer die große Schwierigkeit des Vorsatzbeweises. Am günstigsten für den Käufer ist in solchen Fällen tatsächlich der Hinweis auf die vorvertragliche Haftung, die ihm den Weg zum **Schadensersatz** eröffnet in Form von **Vertragsauflösung, Vertragsanpassung** oder **Geldentschädigung.** Jedenfalls stellt sich in dieser Fallkonstellation **kein Abgrenzungsproblem** zwischen Gewährleistungshaftung und vorvertraglicher Haftung, weil in diesem Feld nur die culpa in contrahendo zur Anwendung kommt.

Und hier gilt die Regel: Mit der Aufnahme des geschäftlichen Kontakts entsteht zwischen den Beteiligten ein vorvertragliches Schuldverhältnis, aus dem vorvertragliche Rücksichtspflichten unterschiedlicher Art und Intensität stammen, die die Kontrahenten verpflichten, loyal und rücksichtsvoll miteinander umzugehen und dem anderen diejenige Informationen mitzuteilen, die für den Vertragsabschluss von Bedeutung sind. Das gilt trotz der entgegensetzten Interessen der Vertragsparteien[879]. Ein Teil hat nicht alle Umstände aufzuklären, durchaus aber diejenigen, die den anderen Teil vom Abschluss des Vertrages abhalten könnten. Kommt der Informationspflichtige seiner Informationspflicht fahrlässig oder vorsätzlich nicht nach, indem er solch eine Auskunft verschweigt oder gar eine falsche Aussage darüber macht, kann er sich aus culpa in contrahendo schadensersatzpflichtig für sein informationelles Fehlverhalten machen.

(2) Zweite Fallkonstellation: echtes Konkurrenzproblem

Die zweite Frage stellt dagegen eines der schwierigsten Probleme um die culpa in contrahendo dar, da es sich dabei um das Verhältnis der vorvertraglichen Haftung zur Gewährleistungshaftung handelt. Strukturell betrachtet handelt es sich um **zwei unterschiedliche Rechtsinstitute.** Bei der Gewährleistungshaftung geht es in erster Linie um die Verletzung einer **Leistungspflicht** aus dem Vertrag, weil der Schuldner seine Leistungspflicht, die Sache mangelfrei zu liefern[880], verletzt. Der

---

879 BGH NJW 1991, 1673 = JurionRS 1991/14489, 1, 3.

880 Eine ausdrückliche Anerkennung der Pflicht, die Sache frei von Mängeln zu liefern, findet man bei STJ, REsp. 52075–4/ES, T. 4, Rel. Min. Ruy Rosado de Aguiar, Urt. vom 11.10.1994, Votum S. 1f. In der Lehre: *Pontes de Miranda*, Tratado, Bd. 38, S. 280 und *Ferreira da Silva*, A boa-fé e a violação positiva do contrato, S. 181.

Haftungsgrund liegt hier in der Verletzung einer dem Leistungsversprechen immanenten Garantieerklärung[881]. Ihre Funktion ist es daher, die **Rechtsposition des Gläubigers** zu schützen[882], indem das Erfüllungsinteresse und dadurch die Erhaltung des Synallagmas des Gläubigers gewahrt werden.

Der Verkäufer muss deshalb mit dem Eintritt der typischen Rechtsfolgen des Gewährleistungsrechts rechnen: Minderung, Vertragsrücktritt nebst Ersatz von Vertragskosten oder Schadensersatz. Bei der culpa in contrahendo geht es dagegen ausschließlich um die Verletzung **vorvertraglicher Rücksichtspflichten**, die eben – völlig unabhängig vom Vertrag – aus dem geschäftlichen Kontakt entstehen. Sie hat in erster Linie die Funktion, ein **gegenseitig loyales Verhalten** im Rechtsverkehr sowie eine **beeinträchtigungsfreie Entscheidungsfreiheit** zu gewährleisten. Die letztere Funktion zeigt sich am deutlichsten bei den Informations-, Aufklärungs- und Beratungspflichten, die bereits im Rahmen des Gewährleistungsrechts verletzt werden.

Arts. 441 bis 446 CC2002 regeln jedoch eine abschließende Haftung nur insoweit, als die Pflichtverletzung des Verkäufers gerade in der **Lieferung einer mangelhaften Sache** besteht[883]. Die Frage nach einer subsidiären Anwendung vorvertraglicher Haftung spielt allerdings eine Rolle, wenn der Verkäufer **darüber hinaus** eine vorvertragliche Aufklärungspflicht verletzt, die – anders als die gewährleistungsrechtliche Einstandspflicht – nicht aus der Vertragsbindung, sondern aus dem vorvertraglichen Vertrauensschuldverhältnis entspringt. Entscheidend ist dabei, dass hinter der Schlechtleistung (Lieferung einer mangelhaften Sache) eine **Aufklärungspflichtverletzung** steht, was immer dann passiert, wenn der Verkäufer beim Vertragsschluss den versteckten Mangel an der Kaufsache kennt und bewusst verschweigt. Bereits dieser Sachverhalt ist in Art. 443 1. Hs. CC2002 geregelt.

Da der Verkäufer den Fehler kennt und weiß, dass die Kenntnis den Käufer vom Vertragsabschluss abhalten würde, handelt er hier **arglistig**, wie *Larenz* treffend zeigt[884]. Deshalb sieht die Rechtsordnung dafür eine **strengere Rechtsfolge** vor: Der arglistige Verkäufer hat über die Rückgängigmachung des Vertrages hinaus Schadensersatz in vollem Umfang zu leisten, die grundsätzlich dem Käufer dasjenige ersetzen soll, was man in Deutschland als positives Inter-

881 Statt vieler: *Silva Pereira*, Contratos, S. 105; *Gonçalves*, Contratos, S. 107 und *Diniz*, Curso, Bd. 3, S. 120. Abweichend: *Serpa Lopes*, Curso III/1, S. 155, der in Anlehnung an *Fubini* die Gewährleistungshaftung mit der Voraussetzungstheorie von *Windscheid* erklären will.

882 Erman/*Grunewald*, vor § 437 Rn. 4.

883 *Häublein*, NJW 2003, 388, 392.

884 *Larenz*, SR/BT II/1, S. 59. In der brasilianischen Doktrin vgl. dazu: *Serpa Lopes*, Curso III/1, S. 158 und *Silva Pereira*, Contratos, S. 108.

esse bezeichnet[885]. Der brasilianische Gesetzgeber hat ausdrücklich das **arglistige Verschweigen eines Mangels** geregelt und dafür eine **verschärfte Haftung** statuiert[886].

Da die Rücksichtspflichten durch bloße Fahrlässigkeit verletzt werden können, kann ein Zusammentreffen beider Rechtsinstitute auch dann gegeben sein, wenn der Verkäufer den Mangel rein **fahrlässig** verkennt und den Käufer darauf nicht aufmerksam macht. In einem solchem Falle kann ein Verstoß gegen die Informations- und Sorgfaltspflicht vorliegen, weil der Verkäufer bei Anwendung der im Verkehr erforderlichen Sorgfalt den Sachmangel hätte erkennen können. Es stellt sich hier dann die Frage, ob die Haftung in contrahendo für eine Informationspflichtsverletzung neben der Gewährleistungshaftung zur Anwendung kommen kann. Das hat eine erhebliche praktische Bedeutung, wenn die kurzen Ausschlussfristen von Art. 445 CC2002 bereits abgelaufen sind, weil man dann weiter fragen kann, ob der Käufer nach Ablauf der Gewährleistungsfristen noch auf die Rechtsbehelfe vorvertraglicher Haftung zurückgreifen darf, um seine Schadenposten auszugleichen.

(3) Begründung für eine subsidiäre Anwendung der culpa in contrahendo

Bei der Abgrenzungsfrage ist zunächst zu beachten, dass das Gewährleistungsrecht für Sachmängel aus mehreren Wurzeln zusammengewachsen und ursprünglich nicht nur als **Garantie**, sondern auch als **Reaktion auf illoyales Verhalten** entstanden ist. Schon das altrömische Recht kannte – neben der Garantie (*promissa*) des Verkäufers, dass die Sache frei von bestimmten Fehlern sei oder dass sie bestimmte Eigenschaften habe – ein in den Edikten enthaltenes Sonderrecht für den Kauf von mangelhaften Sklaven und Zugtieren, das eine Wandelungsklage oder Minderungsklage binnen 6 Monaten bzw. eines Jahres vorsah. Die Voraussetzungen für beide Klagen waren die gleichen, also dass der Verkäufer: (i) die im Edikt genannten Mängel, zu deren Kundmachung er verpflichtet war, bewusst oder unbewusst nicht angezeigt hat oder (ii) ausdrücklich behauptet (*dictum*) oder durch Stipulation zugesagt (*promissum*) hat, dass der

---

885 In diesem Sinne auch *Ferreira da Silva*, A boa-fé e a violação positiva do contrato, S. 180. In der Praxis bekommt der Käufer neben den tatsächlichen eingetretenen Schäden (damnum emergens, Vermögensverlust) nicht immer sein positives Interesse ersetzt, also alle Vorteile, die er bei vertragsgemäßer Erfüllung erlangen würde. Oft wird dieser Schadensposten durch ein Schmerzensgeld ausgeglichen, so dass man die Schadensberechnung nicht nachvollziehen kann. Im brasilianischen Recht ist die jheringsche Kategorie vom positiven und negativen Interesse allgemein unbekannt, vor allem in der Praxis.

886 *Silva Pereira*, Contratos, S. 108.

Sklave weitere Mängel nicht habe oder über besondere Eigenschaften verfüge oder (iii) dass er sich sonstwie arglistig verhalten hat[887]. Schon *Ulpian* hat den Erlassungsgrund der Edikte hervorgehoben: Betrügereien von Verkäufern vorzubeugen und den Käufern zu Hilfe zu kommen, die von ihren Verkäufern getäuscht wurden[888].

Dies deutet darauf hin, dass aus **rechtshistorischer Perspektive** das illoyale Verhalten in Form eines bewussten Verschweigens von Mängeln – modern gesprochen: die vorvertragliche Informationspflichtverletzung – neben der Einstandspflicht des Verkäufers stand. Das suggeriert bereits eine subsidiäre Anwendung von Haftung in contrahendo und Gewährleistungshaftung bei gleichen Sachverhalten. Die Zensur des illoyalen Verhaltens hat durch das die Privatrechtswissenschaft des 18. Jahrhunderts prägende Vorsatzdogma in die großen Kodifikationen Eingang gefunden, wie in § 463 S. 2 BGB a.F. und Art. 1.103 CC1916 (Art. 443 1 Hs. CC2002). Die brasilianische Vorschrift zeigt, dass die **Haftungsverschärfung** ihren **Grund** weder in der Schlechtleistung, noch in der Einstandspflicht, sondern allein in dem **vorvertraglich arglistigen Verhalten** des Verkäufers hat[889]. Nur so kann man die Aussage des Art. 443 2. Hs. CC2002 verstehen, die eine mildere Haftung bei Mangelunkenntnis seitens des Verkäufers statuiert. Da er hier nicht arglistig handelt, wird er über eine **Haftungsmilderung** begünstigt. Weil das Gewährleistungssystem verschuldensunabhängig ausgeformt ist, bildet die begrenzte Haftung die Regel bei Sachmängelfällen. All dies zeigt, dass das illoyale Verhalten auch im Gewährleistungsrecht von Bedeutung ist und weist auf ein Nebeneinander beider Haftungstypen hin.

Berücksichtigt man letztendlich die **Bedeutung** der culpa in contrahendo als eine Haftung für schuldhafte Verletzung von Rücksichtspflichten bei Vertragsabschluss, die bei der Bildung jeder Art von Rechtsgeschäften wirkt, ist es dann nur konsequent, sie grundsätzlich immer dann anzuwenden, wo eine Rücksichtspflichtverletzung vorliegt, insofern der Gesetzgeber ihre Anwendungsmöglichkeit nicht durch Sonderregel ausschließt. Ob das Gewährleistungsrecht die vorvertragliche Haftung sperrt, kann in Deutschland infolge der **Reform des Gewährleistungsrechts** zwar vertretbar sein, wird angesichts der rechtsdogmatischen Diskussion aber keineswegs einstimmig beantwortet. In Brasilien ist eine

---

887 Ausführlich dazu *Kaser/Knütel*, Römisches Recht, S. 235.

888 *Kaser/Knütel*, Römisches Recht, S. 236.

889 *Bevilaqua* sagt, dass die Bösgläubigkeit des Verkäufers eine stärkere Haftung rechtfertige, um der Gerechtigkeit zu entsprechen. Código civil, Bd. 4, Art. 1.101 S. 218. Deshalb hat *Grigoleit* im deutschen Recht in § 463 II BGB a.F., der auch einen Schadensersatzanspruch an das vorvertragliche Fehlverhalten des Verkäufers geknüpft hat, einen gesetzlich geregelten Fall von culpa in contrahendo gesehen. Informationshaftung, S. 32.

Sperrwirkung der Gewährleistungsregelungen schon angesichts der Tatsache, dass der brasilianische Gesetzgeber die Konkurrenzfrage nicht vor Augen hatte, eher fragwürdig. Wichtig ist dann zu prüfen, ob es rechtssystematische und rechtsdogmatische Gründe für eine Sperrwirkung gibt. Das ist insofern auch von praktischer Bedeutung, weil das Nebeneinander beider Rechtsinstitute dem Käufer den Zugang zu den Rechtsfolgen der culpa in contrahendo nach Ablauf der kurzen gewährleistungsrechtlichen Fristen öffnen würde: Schadensersatz, Vertragsauflösung oder Vertragsanpassung.

Hier stößt man wieder auf das Phänomen, in dem der gleiche oder ähnliche Lebenssachverhalt den Tatbestand verschiedener Rechtsnormen erfüllt. Tatsächlich erfüllt das schuldhafte Fehlverhalten des Verkäufers zugleich den Tatbestand des Art. 441 CC2002 (Sachmangel) und des Art. 422 CC2002 (Pflichtverletzung beim Vertragsschluss), wenn der Verkäufer vorsätzlich oder fahrlässig den Käufer auf den Sachmangel nicht hingewiesen hat, obwohl er in der Lage gewesen wäre, dies zu tun. In dem bewussten Verschweigen eines Mangels liegt deshalb sowohl eine **Leistungspflichtverletzung**, weil letztendlich die Leistung nicht wie geschuldet erbracht wird[890], als auch eine **vorvertragliche leistungsbezogene Informationspflichtverletzung.** Da die mangelhaften Eigenschaften der Sache zu den bedeutenden, für den Vertragsschluss kausalen Umständen zählen, ist gleichzeitig der Tatbestand der arglistigen Täuschung (*dolo*) aus Art. 147 CC2002 erfüllt, der ein gesetzliches Beispiel von culpa in contrahendo darstellt. Und falls der Mangel die verkehrswesentliche Eigenschaft der Sache betrifft, kann auch ein Eigenschaftsirrtum im Sinne von Art. 139 I CC2002 in Frage kommen. Es stellt sich dann die Frage, welche Haftungsmechanismen der geschädigte Käufer in Gang setzen darf.

Zunächst ist zu beachten, dass nach dem heutigen Stand der modernen Schuldrechtsdogmatik nicht mehr bezweifelt werden kann, dass der Verkäufer, der beim Vertragsschluss einen versteckten oder ersichtlichen Mangel an der zu liefernden Sache kennt oder kennen muss und ihn geheim hält, obwohl er weiß

890 Es entspricht der Vertragsgerechtigkeit, dass Leistung (Sache) und Gegenleistung (Kaufpreis) in einem von den Parteien angenommenen Gleichwertigkeitsverhältnis stehen. Wie *Ballerstedt* formuliert hat, resultiert aus dem jedem Kaufvertrag grundsätzlich immanenten Prinzip der subjektiven Äquivalenz, dass die Parteien ihre beiderseitigen Leistungen als wertgleich gelten lassen wollen. Daraus kann man schließen, dass die Liefersache grundsätzlich frei von Mängeln sein muss. Ist die Sache mangelhaft, muss der Verkäufer den Käufer aufgrund des vorvertraglichen Informationsgebots vor Vertragsschluss darauf aufmerksam machen. Wenn er auf keinen Fehler hinweist oder dies aus den Umständen sich nicht ergibt, darf der Käufer mit der Lieferung einer fehlerfreien Sache rechnen. Ist die Sache mit einer schlechteren Beschaffenheit behaftet, als der Käufer erwarten durfte, ist das Gleichwertigkeitsverhältnis gestört. Dazu: *Larenz*, SR/BT II/1, S. 68.

oder wissen muss, dass der Käufer wahrscheinlich vom Vertrag Abstand nimmt, wenn er von dem Mangel erfährt, eine vorvertragliche Aufklärungspflicht verletzt. Aufgrund des Spezialitätscharakters der Gewährleistungsregeln, die den Interessen sowohl des Käufers als auch des Verkäufer Rechnung tragen, führt allerdings die **fahrlässige Nichtunterrichtung** des Käufers über die Eigenschaften der Kaufsache **nicht zur culpa in contrahendo**, auch wenn sie den Kaufentschluss mitverursacht hat.

Denn die besondere Regelung des Art. 443 CC2002 – wie § 459 BGB a.F. – bringt einerseits das Interesse des Verkäufers an einer sicheren und schnellen Abwicklung des Geschäfts und andererseits das Interesse des Käufers am Erwerb einer seiner Vorstellung entsprechenden Sache zum Ausgleich. Die Norm räumt dem Käufer eine günstige Stellung ein, indem sie dem Verkäufer eine verschuldensunabhängige Haftung für Brauchbarkeit und Wertigkeit der Sache auferlegt. Andererseits schließt sie den Schadensersatz für fahrlässige Unterlassung oder Angabe von Sacheigenschaften aus, die nicht den gewöhnlichen, bei Sachen gleicher Art üblichen Gebrauch oder Wert beeinträchtigen, auch wenn sie den Käufer aus anderen Gründen von Vertragsabschluss abraten könnten[891].

Das bedeutet, dass der Gesetzgeber mit dieser Sonderregelung die Verletzung vorvertraglicher Verpflichtungen im Zusammenhang mit Mängeln an der Sachbeschaffenheit dem späteren Vertrag zuordnet[892] und letztendlich als eine Leistungsstörung (Schlechtleistung) betrachtet. Das bedeutet: Aufklärungspflichten, die sich auf die Beschaffenheit der Sachen beziehen, sind dem vertraglichen Regime grundsätzlich unterworfen. Der Ausschluss einer nur fahrlässigen Schadensersatzhaftung, der für das Gewährleistungsrecht strukturell ist, verhindert einen Rückgriff auf die vorvertragliche Informationshaftung bei Fahrlässigkeit des Verkäufers bei der Unterrichtung des Käufers über die Sachbeschaffenheit[893]. Und

891 In gleichem Sinne: *Lorenz*, Anmerkung zum BGHZ 60/319, 1, 2.

892 *Schmidt-Räntsch*, ZfIR 14/2004, 569, 571.

893 Historisch betrachtet steht hinter der Haftungsbegrenzung auf die Vorsatzfälle der Gedanke, dass der Käufer im römischen Recht bei reiner Fahrlässigkeit des Verkäfers nur auf die ädilischen Käuferklagen zurückgreifen könne. Diese Auffassung lag schon den Intentionen des BGBs zugrunde. Deshalb hat der historische deutsche Gesetzgeber die Haftung des Verkäufers für Mangelfolgeschäden auf die Fälle von Arglist und Zusicherung begrenzt. Vgl. Motive II, S. 228f., in: Soergel/*Huber*, § 459 Rn. 39. Die Begründung der Regel im brasilianischen Recht ist unklar. *Bevilaqua* führt einerseits an, dass die Kenntnis oder Unkenntnis der Sachmängel im römischen Recht zur vollen Schadensersatzpflicht des Verkäufers führe, hat aber andererseits bei Unkenntnis eine Schadensersatzhaftung auf die Vertragskosten in Art. 1.103 2. Hs. CC1916 (Art. 443 2. Hs. CC2002) begrenzt. In der Begründung ist nur zu lesen, dass de Verkäufer wegen Bösgläubigkeit eine stärkere Haftung treffe, wie es der Gerechtigkeit entspreche. Dazu: *Bevilaqua*, Código civil, Bd. 4, Art. 1.101 S. 218.

diese Sonderregelung würde unterlaufen, wenn die Regel über das Verschulden bei Vertragsschluss daneben stets anwendbar wäre.

Man kommt dann zu dem Schluss, dass ein Nebeneinander von Haftung in contrahendo und Garantiehaftung **nur bei Arglist des Verkäufers vor Vertragsabschluss** in Betracht kommt. Kennt er den Mangel an der Sache nicht oder verkennt ihn fahrlässig, kann der geschädigte Käufer Leistungsminderung oder Vertragsrücktritt mit Ersatz der Vertragskosten nach Art. 443 2. Hs. CC2002 verlangen. Hat dagegen der Verkäufer den Sachmangel vor Vertragsschluss gekannt und ihn bewusst verschwiegen, verdient er von der Rechtsordnung keinen Schutz mehr. Der Käufer, der den Vorsatz nachweist, kann auf die ädilischen Klagen zurückgreifen oder auf die Schadensersatzklage wegen Schlechterfüllung des Vertrages gemäß Art. 443 1. Hs. CC2002, die grundsätzlich das Erfüllungsinteresse des geschädigten Käufers ausgleichen soll. Er kann aber auch seinen vorvertraglichen Schadensersatzanspruch geltend machen, der – nach der hier vertretene Ansicht – seine positiv-rechtliche Grundlage in Art. 422 iVm Art. 389 CC2002 findet.

Die Anbindung des Schadensersatzanspruchs an die Bösgläubigkeit (*má-fé*) des Verkäufers in Art. 443 1. Hs CC2002 könnte es erlauben, die Vorschrift als gesetzlichen Fall einer culpa in contrahendo zu deuten. Das Gleiche geschah ursprünglich auch bezüglich § 463 S. 2 BGB a.F. und wurde gleich als überholt betrachtet, wie *Westermann* erklärt[894]. Die Haftung aus Art. 443 1. Hs CC2002 – genau wie die aus § 463 S. 2 BGB a.F. – setzt jedoch Vorsatz voraus und ist auf den Ersatz des Erfüllungsinteresses gerichtet. Die vorvertragliche Haftung setzt dagegen keinen Vorsatz voraus und richtet sich auf den Ersatz des negativen Interesses. Die Schadensersatzhaftung aus Art. 443 1. Hs CC2002 ist also kein gesetzliches Beispiel von culpa in contrahendo, sondern vielmehr eine Schadensersatzhaftung für Vertragsverletzung (Schlechtleistung).

Aufgrund des **Grundsatzes der Naturalrestitution**, der der Vertrags- und Deliktshaftung gleichermaßen zugrunde liegt, kann der getäuschte Käufer verlangen, so gestellt zu werden, wie er ohne die Pflichtverletzung stünde. Das umfasst auch die Möglichkeit, den abgeschlossenen Vertrag aufzulösen, wenn der Käufer ohne die Pflichtverletzung (bewusste Nichtaufklärung über den Sachmangel) das Geschäft nicht eingegangen wäre. Deshalb kann der getäuschte Käufer auswählen, ob er **Vertragsauflösung**, **Vertragsanpassung** durch Leistungsminderung oder Zurückerstattung des zu viel Gezahlten oder eventuell nur

894 MünchKomm/*Westermann*, § 463 Rn. 3. Für die Annahme eines gesetzlich geregelten Sonderfalls der culpa in contrahendo in § 463 II BGB a.F. vgl. u.a. *Grigoleit*, Informationshaftung, S. 32. In Sinne einer Haftung in contrahendo im kolumbianischen Recht: *Oviedo-Albán*, Indenización de prejuicios por vicios redhibitorios, 242, 253 ff.

eine **Geldentschädigung** verlangen kann. Ein Ersatz immateriellen Schadens kommt nur in denjenigen seltenen Fällen in Betracht, in denen die Persönlichkeitsrechte wirklich verletzt werden. Die Rechtspraxis, materielle Schäden durch Gewährung von Schmerzensgeld auszugleichen, soll wegen rechtsdogmatischer Unpräsizion aufgehoben werden. Aufgrund der vertragsähnlichen Natur der Haftung in contrahendo verjährt der vorvertragliche Schadensersatzanspruch innerhalb der regelmäßigen Frist von Art. 205 CC2002 (10 Jahren).

Die parallele Anwendung von Garantiehaftung und vorvertraglicher Haftung in den Vorsatzfällen lässt sich rechtsdogmatisch auch damit begründen, das der Verkäufer aufgrund seines Vorsatzes **nicht mehr schutzwürdig** ist und **kein berechtigtes Interesse an der kurzfristigen gewährleistungsrechtlichen Einstandspflicht** haben kann[895]. Arglistig handelt der Verkäufer, wenn er den Fehler kennt oder es für möglich hält, dass der Käufer den Mangel nicht kennt und bei Offenbarung den Vertrag nicht oder zumindest nicht mit dem vereinbarten Inhalt geschlossen hätte. Das Gleiche gilt, wenn er den Mangel grob fahrlässig verkennt[896]. Der bösgläubige Verkäufer verliert also bestimmte Privilegien wie den verabredeten Haftungsausschluss, auf den sich der Verkäufer bei Arglist nicht berufen kann[897].

Im deutschen Recht, wo die herrschende Meinung – aufgrund der neuen Struktur des Gewährleistungsrechts, insbesondere der Möglichkeit der Nacherfüllung und der grundsätzlichen Disponibilität – von einer grundsätzlichen Sperrwirkung gegenüber der vorvertraglichen Haftung ausgeht, besteht der Vorrang der kaufrechtlichen Regelungen nicht bei arglistigem Verhalten des Verkäufers. Es besteht relative Einigkeit darüber, dass bei Vorsatz der Verkäufer nicht mehr schutzwürdig ist und kein legitimes Interesse an dem sog. „Recht zur zweiten Andienung" hat. Der BGH sagt ausdrücklich, dass die kaufrechtlichen Sonderregelungen dann nicht mehr greifen. Das bedeutet: das Rechtsinstitut der culpa in contrahendo greift ausschließlich in diesem Fall mit der Folge ein, dass der Verkäufer seine kaufrechtlichen „Privilegien" verliert. Er verliert im Regelfall die Möglichkeit der Nacherfüllung und kann sich nicht auf einen Haftungsausschluss berufen (§ 444 BGB)[898]. Ihm obliegt es außerdem, darzulegen und zu

895 In diesem Sinne im deutschen Recht vgl. statt vieler: MünchKomm/*Westermann*, § 437 Rn. 58; PWW/*D. Schmidt*, § 437 Rn. 75 und *Lorenz*, NJW 2006, 1925, 1926.

896 *Schmidt-Räntsch*, ZfIR 14/2004, 569, 572. In der Rechtsprechung vgl. statt vieler: BGH NJW 2009, 2120, Rn. 24 und BGH NJW 2011, 1279, Rn. 21.

897 Im Ergebnis: *Pontes de Miranda*, Tratado, Bd. 38, S. 285 f. Darüber gibt es eine ausdrückliche Regel in § 444 BGB.

898 Statt vieler: BGH NJW 2009, 2120, Rn. 23 ff. (falsche Angaben über die gesundheitsschädliche Verkleidung der Fassage [Asbestzementplatten] des Gebäudes).

beweisen „in räumlicher, zeitlicher und inhaltlicher Weise", dass er den Käufer über den Sachmangel unterrichtet hat oder dass der Käufer den Vertrag auch bei gehöriger Offenbarung des Mangels geschlossen hätte[899].

(4) Zusammenfassung

Zusammenfassend kann man sagen, dass schon bei der Anbahnung eines kommutativen Vertrages wie dem Kaufvertrag ein vorvertragliches Schuldverhältnis zwischen Verkäufer und Kaufinteressenten entsteht, aufgrund dessen der Verkäufer nach Art. 422 CC2002 verpflichtet ist, mit dem Käufer redlich umzugehen und auf seine Rechte, Rechtsgüter und Interessen Rücksicht zu nehmen. Das gilt, obgleich beide Parteien mit entgegengesetzten Interessen auftreten. Aus dem vorvertraglichen Vertrauensschuldverhältnis erwachen unterschiedliche Rücksichtspflichten. Besondere Bedeutung erlangen bei Kaufverträgen die vertragsbezogenen vorvertraglichen Informations- und Aufklärungspflichten, die eben den Verkäufer verpflichten, dem Käufer die entscheidungsrelevanten Umstände des Geschäfts mitzuteilen.

Das umfasst nicht nur Angaben über die Sachbeschaffenheit und die Vertragsbedingungen, sondern auch über Umstände, die gar kein oder nur ein indirektes Verhältnis zur Sache bzw. zum Vertragsgegenstand haben, die jedoch den Käufer vom Vertragsschluss abhalten können. Insbesondere mitzuteilen sind Umstände, die dem Verkäufer bekannt oder ihm ohne große Mühe zugänglich sind, die der Käufer dagegen nicht kennt. Hier gilt die Regel: Je größer die informationelle Asymmetrie zwischen den Parteien, desto ausgeprägter die Informationspflichten der kenntnisreicheren Partei (hier: des Verkäufers).

Im brasilianischen Recht begründen nur vorvertragliche Informationen über die üblichen Sacheigenschaften die vorrangige Anwendung des Gewährleistungsrechts. Dieser Vorrang beruht allerdings nicht auf einer bewussten Entscheidung des Gesetzgebers, sondern ist vielmehr aus rechtssystematischen Überlegungen anzunehmen. Vorsätzliche oder fahrlässige Unterlassung oder Mitteilung falscher Informationen über Umstände, die keinen oder nur indirekten Bezug zur Eigenschaft des Kaufgegenstandes haben, führt uneingeschränkt zur Anwendung der culpa in contrahendo, wenn solche Auskünfte durch Parteivereinbarung nicht zum Vertragsinhalt geworden sind und dann eine Vertragsverletzung bzw. Leistungsstörung vorliegen kann.

Hier gilt die Regel, nach der die Vertragshaftung grundsätzlich die Haftung aus culpa in contrahendo sperrt. Das bedeutet umgekehrt, dass die culpa in

---

899 Statt vieler: BGH NJW 2011, 1279, Rn. 22 und BGH Urt. vom 18.04.2013 – V ZR 231/12, Rn. 19.

contrahendo immer dann zur Anwendung kommt, wenn die mitgeteilten Informationen nicht zum Vertragsinhalt gehören. Hier gilt ausschließlich die Haftung in contrahendo. Beziehen sich die vorvertragliche Informationen auf Umstände, die zwar außerhalb der Sachen liegen, die aber einen direkten Bezug zur Sachen haben, wie Auskunft über ihr Verhältnis zur Umwelt, greift weiter die culpa in contrahendo ein, wenn sich später solche Informationen als unzutreffend herausstellen. Hier kommen die Regelungen des allgemeinen Gewährleistungsrechts nicht zur Anwendung, weil es sich dabei nicht um unterlassene oder falsche Informationen über die üblichen Eigenschaften der Sache handelt.

Die Gewährleistungsregeln greifen nur ein, wenn es sich um Fehlinformationen über die typischen Eigenschaften der Sache handelt. Für die gewährleistungsrechtliche Einstandspflicht des Verkäufers ist es unbedeutend, ob er die vorvertragliche Information fahrlässig oder vorsätzlich mitgeteilt hat, denn er haftet für die Lieferung einer mangelhaften Sache, d. h. für die Verletzung der vertraglichen Leistungspflicht, verschuldensunabhängig. Sein Verschulden spielt nur bei der Schadensersatzhaftung eine Rolle. Bei Unkenntnis oder fahrlässiger Kenntnis der Sachmängel obliegt dem Verkäufer eine begrenzte Haftung, nämlich der Ersatz der Vertragskosten (Art. 443 2. Hs. CC2002) in Verbindung mit der Rückabwicklung des Geschäfts.

Bei Kenntnis des Sachmangels hat er den ganzen Schaden des Käufers zu ersetzen (Art. 443 1. Hs. CC2002). Es handelt sich dabei um den Ersatz der Erfüllungsinteresse, die die Erstattung von positivem Schaden (*dano emergente*) und entgangenem Gewinn (*lucros cessantes*) aus dem konkreten Vertrag mitumfasst. In der brasilianischen Rechtsprechung besteht allerdings Rechtsunsicherheit hinsichtlich der Schadensberechnung, weil das Gericht in vielen Fällen dem Käufer Schmerzensgeld auch ohne die Verletzung von Persönlichkeitsrechten zuspricht, die nicht selten die schwierige Berechnung des entgangenen Gewinns aus dem tatsächlich abgeschlossenen Vertrag ersetzt.

Die hier vertretene These geht davon aus, dass bei Arglistig des Verkäufers die Sperrwirkung des Gewährleistungsrechts aufgehoben sein soll, weil der *dolo* so schwer wiegt, dass der Verkäufer nicht mehr schutzwürdig sein kann. Der Verkäufer, der bewusst falsche Auskunft über die Sachqualität abgibt oder eben einen brauchbarkeits- oder wertmindernden versteckten Mangel an der Kaufsache verschweigt, verstößt nicht nur gegen seine Leistungspflicht, sondern auch gegen das Gebot von Treu und Glauben, weil er unloyal bereits den ihm obliegenden vorvertraglichen Aufklärungspflichten nicht nachkommt.

Der Käufer kann deshalb auswählen, ob er auf die gewährleistungsrechtlichen Mechanismen (ädilische Klagen und Schadensersatz wegen Schlechterfüllung) zurückgreift oder ob er das Rechtsinstitut der culpa in contrahendo heranzieht, das ihm jedoch nur den Ersatz des negativen Interesses gewährt. Der getäuschte Käufer kann im Wege der Naturalrestitution die Vertragsauflösung, eine Leistungsminderung bzw. Rückerstattung des zu viel Gezahlten oder Schadensersatz verlangen, der ihn in eine solche Rechtslage versetzen soll, in der er sich befände, wenn er den ungünstigen Vertrag nicht abgeschlossen hätte. Das kann für den Käufer von Interesse sein, wenn die kurzen Fristen der ädilischen Klagen bereits abgelaufen sind. Aufgrund der vertragsähnlichen Natur der Haftung in contrahendo verjährt der vorvertragliche Schadensersatzanspruch in der regelmäßigen Frist des Art. 205 CC2002 (10 Jahre). Die hier vorgeschlagene Lösung soll für kommutative Verträgen zwischen Unternehmern (b2b) und zwischen Unternehmen und Verbrauchern (b2c) gelten.

4. Lösungsvorschlag für ein vorvertragliches Informationshaftungsmodell im brasilianischen Privatrecht

Aufgrund unzureichender Schutzwirkung der traditionellen Instrumente der Rechtsgeschäftslehre, die strukturell keinen angemessenen Schutz vor informationellem Fehlverhalten während des geschäftlichen Kontakts zwischen den Parteien gewähren, findet man im allgemeinen Privatrecht ein **breites Anwendungsfeld für die culpa in contrahendo.** Als ein Rechtsinstitut, das gerade funktionell eingerichtet ist für die Erhaltung eines redlichen Verhaltens und die Rücksicht auf die gegenseitigen Interessen im Rechtsverkehr zu sorgen, gehört zur **Kernaufgabe** der culpa in contrahendo, die Partei in die Lage zu versetzen, eine **informiert rechtsgeschäftliche Entscheidung** zu treffen. Das ist nur mittels eines **Ausgleichs des informationellen Defizits** zwischen den Beteiligten möglich, der nach den Umständen des Einzelfalls zu schaffen ist. Das Gebot zur Rücksichtnahme auf die Interessen des Kontrahenten verlangt, dass die besser informierte Partei die andere bereits über die **entscheidungsrelevanten Umstände** aufklärt. Die vorvertraglichen Informations- bzw. Aufklärungspflichten haben in diesem Sinne letztendlich das Ziel, die **materielle Selbstbestimmungsfreiheit** der informationsbedürftigen Partei zu gewährleisten[900]. Und bereits hier überschneidet sich teilweisen die culpa in contrahendo funktionell mit dem Willensmängelrecht, vor allen mit der Dolusfigur, aber auch mit Drohung und Irrtum, weil es bei allen Figuren um den **Schutz des Willensbildungsmoments** geht.

Wie oben unter D III 3.1 dargestellt, ist allerdings die Haftung in contrahendo für Nicht- oder Fehlinformationen vor Vertragsschluss auf Tatbestands- und

900 In diesem Sinne: *Grigoleit*, Informationshaftung, S. 67 ff.; *Lorenz*, Schutz vor dem erwünschten Vertrag, S 388 ff.; *Fleischer*, AcP 200 (2000), 91, 111 und Soergel/*Harke*, § 311 Rn. 24.

Rechtsfolgenebene deutlich breiter ausgestaltet als die genannten Anfechtungsgründe, weil sie die Unterlassung oder Mitteilung unzutreffender Informationen über **jegliche entscheidungsrelevanten Umstände** sanktioniert. Das bedeutet: Zum Inhalt der Informationspflicht gehören nicht nur die essentialia negotii des zugrundeliegenden Schuldverhältnisses, die sich in einer allgemein formulierten Formel in den wesentlichen Umständen aus Art. 139 CC2002 widerspiegeln, die als Wesentlichkeitserfordernisse bei der Irrtumsanfechtung eine entscheidende Rolle spielen. Dazu zählen nicht nur die für die Täuschungsanfechtung geschäftsrelevanten Hauptumstände, sondern auch **„sekundäre" Umstände**, die den Sinn und Zweck des Geschäfts vereiteln können. Zum normativen Inhalt der Aufklärungspflichten gehören alle wesentlichen Umstände, die einer Partei bekannt sind und von denen sie weiß oder wissen muss, dass sie die Vertragsentscheidung der Gegenseite beeinflussen können, wie die Durchführbarkeit des Vertrages, die mit dem Vertrag – und nicht nur mit dem Objekt – verbundenen Risiken, Rentabilität des Geschäfts, Bedenken gegen die Vertragswirksamkeit, erforderliche Formvorschriften oder Genehmigungsbedürftigkeit[901].

Wichtiger dabei ist aber die Frage, wann eine Aufklärungspflicht im Einzelfall entsteht. Denn es gibt, wie *Martins-Costa* schon festgestellt hat, **keine allgemeine Pflicht zur Information** des anderen Teils im allgemeinen Privatrecht[902] – anders nur im Verbraucherrecht, wo eine solche Pflicht der Lieferanten allgemein anerkannt ist – obwohl es sich in der Praxis nicht immer so verhält, wie die Judikatur zur Kapitalanlage belegt, die auf die Schultern des Anlegers eine Selbstinformationspflicht legt, indem sie vermutet, dass er Kenntnis über seine Risiken hat[903]. In der Tat ist es zunächst einmal Sache jeder Partei selbst, sich über die allgemeinen Marktverhältnisse und die daraus ergebenden Risiken und Chancen zu informieren, weil die Beteiligten am vorvertraglichen Kontakt sich prinzipiell in einer ausgeglichenen Rechtsstellung (Gleichstellung) befinden und vermutlich über dieselben Informationsquellen verfügen[904]. Informations- und Aufklä-

---

901 Statt vieler: MünchKomm/*Emmerich* (2016), § 311 Rn. 72 ff. In ähnlichem Sinne: *Martins Costa*, Um aspecto da obrigação de indenizar, 1, 11 f. Eine verfehlte Auffassung über den Inhalt der Informationspflicht zeigen *Tepedino/Schreiber*, laut denen der Verkäufer eines Autos nur Auskunft über Gegenstand und Vertragsbedingungen zu geben habe, nicht aber über seine politische Einstellung oder religiöse Gesinnung. In: Obrigações, 29, 39. Dass solche Umstände nicht zum Pflichtinhalt gehören, hat niemand in Frage gestellt. Von großer Bedeutung sind etwa Auskünfte über die Rentabilität eines Geschäfts, was die Autoren allerdings verneint haben.

902 *Martins Costa*, Um aspecto da obrigação de indenizar, 1, 11.

903 Statt vieler: STJ, REsp 1003893/RJ, T3, Rel. Min. Massam Uyeda, Urt. vom 10.08.2010, DJe 08.09.2010. Kritisch dazu: *Nunes Fritz*, RDCC 8/2016, 167, 175 ff.

904 *Martins Costa*, Um aspecto da obrigação de indenizar, 1, 11. auch MünchKomm/*Emmerich* (2012), § 311 Rn. 72.

rungspflichten kommen daher erst in Betracht, wenn besondere Umstände vorliegen, die eine Informationsweitergabe von einem Teil an den anderen notwendig machen. Man muss nach den maßgeblichen Kriterien suchen, die die Entstehung von Aufklärungspflichten im vorvertraglichen Raum begründen. Ein rechtsvergleichender Blick in die deutsche Lehre und Rechtsprechung erweist sich aufgrund der hundertjährigen Erfahrung als sehr hilfreich. Er zeigt, dass es dabei auf verschiedene Kriterien ankommt.

4.1. Kriterien für die Konkretisierung von vorvertraglichen Informationspflichten

Eine zentrale Rolle spielt zunächst das Bestehen einer **strukturellen Asymmetrie** zwischen den Beteiligten. Damit ist nicht nur eine **informationelle Asymmetrie** gemeint, sondern auch ein **intellektuelles oder wirtschaftliches Übergewicht** der einen Partei über die andere. Denn das legitime Informationsbedürfnis eines potentiellen Vertragspartners ist umso größer, je ausgeprägter das intellektuelle oder wirtschaftliche Übergewicht des anderen Teils und damit dessen Zugang zu Informationsquellen ist. Dies erklärt die zunehmende Bedeutung – vor allen im europäischen und deutschen Recht – der Aufklärungspflichten der Banken und Versicherungsgesellschaften gegenüber ihren Kunden, und das nicht nur gegenüber Verbrauchern. Der Grund dafür ist, wie *Emmerich* ganz klar ausdrückt, dass die Masse der Kunden den genannten Unternehmen in der Kenntnis wirtschaftlicher Zusammenhänge der hochkomplexen Produkte und des Service' sowie hinsichtlich des Zugangs zu den Informationsquellen hoffnungslos unterlegen ist[905].

Es kommt auch auf die **Art des zwischen den Parteien zugrunde liegenden Vertrages** an. Hier wird z. B. unterschieden, ob es sich dabei um einen bloßen Austauschvertrag mit Interessengegensätzen handelt oder aber um einen Kooperations- oder Interessenwahrnehmungsvertrag, wie z. B. einen Gesellschafts- oder Beratungsvertrag, der eben durch eine Interessengemeinschaft bzw. Fremdinteressenwahrung geprägt ist. Diese rechtsdogmatischen Kategorien, die Verträge nach der ihnen zugrunde liegenden Interessenstruktur klassifizieren, sind dem brasilianischen Recht noch fremd[906]. Sie zeigen aber, dass, je enger und

905 MünchKomm/*Emmerich* (2016), § 311 Rn. 74.

906 Über die Dogmatik solcher Verträge vgl. *Rumpf*, AcP 119 (1921), 1, 53 ff. und *Beyerle*, Die Treuhand im Grundriss des deutschen Privatrechts, 1932, zitiert von *Weller*, ZBB 3/11, 191, 196, der sich auf den Anlageberatungsvertrag konzentriert. Zu Aufklärungspflichten im Rahmen von Kapitalanlagen: *Grundmann*, WM 37/2012, 1745. In Brasilien geht die klassische Einteilung von Ver-

vertrauensvoller das geplante Verhältnis ist, desto zahlreicher und intensiver die Aufklärungspflichten ausfallen, wie allgemein die sonst daran anknüpfenden Rücksichtspflichten. Paradigmatisch dabei ist die Anbahnung langfristiger Vertragsbeziehungen wie Gesellschaftsvertrag[907], Kauf von Unternehmen oder Gesellschaftsanteilen[908], wobei weitgehende Aufklärungspflichten begründet werden. Nicht umsonst spielt bei der Konkretisierung des Inhalts der Aufklärungspflichten das **Vorverhalten der Beteiligten** bei langjähriger oder intensiver vertrauensvoller vorheriger Beziehung eine Rolle.

Eine zentrale Rolle spielt ferner die **Art der fraglichen Informationen.** Nicht jedes Wissen muss offenbart werden. Der BGH hat die Formel entwickelt, nach der grundsätzlich jede Partei sich selber über die allgemeinen Marktverhältnisse und die sich daraus ergebenden Chancen und Risiken zu informieren hat. Unter Marktwissen versteht man die allgemeine Kenntnis über Marktverhältnisse, die sich jeder selbst verschaffen kann, insofern er Zugang zu Informationsquellen hat[909]. Demgemäß besteht eine Informations- bzw. Aufklärungspflicht über wesentliche Umstände, die für die Entscheidung des künftigen Vertragspartners relevant sein können[910]. Natürlich handelt es sich um eine **sehr generelle und weitgehende Formulierung**, die nur von Fall zu Fall im Zusammenhang mit weiteren Maßstäben konkretisiert werden kann. Es kommt dabei etwa darauf an, ob der Informationspflichtige die fragliche Information bereits besitzt oder ob er sie sich noch beschaffen muss.

Grundsätzlich beschränkt sich die Aufklärungspflicht auf das **präsente Wissen.** Bei großen Organisationen wie Banken und Versicherern nimmt der BGH nicht selten eine **Nachforschungs- und Untersuchungspflicht** an, weil sie sich gewöhnlich als **Experten** auf bestimmten Gebieten ausgeben[911]. Der STJ postuliert eine solche Pflicht im Rahmen von Verbraucherverträgen sogar ohne eine weiter überlegte Ausdifferenzierung zwischen den Marktteilnehmern. Diese bleibt allerdings ohne Bedeutung bei Kapitalanlageverträgen, wobei das Gericht grundsätzlich von einer Wissensvermutung des Anlegers – schon für *standard consu-*

---

trägen in den Lehrbüchern noch von dem Unterschied zwischen gegenseitigen und einseitigen Verträgen aus. Vgl. dazu *Nunes Fritz*, RDCC 8/2016, 167, 181.

907 OLG Jena ZIP 2003, 1444, 1448 ff., zitiert von MünchKomm/*Emmerich* (2016), § 311 Rn. 73. In diesem Sinne auch: *Fleischer*, Informationsasymmetrie, S. 573.

908 Statt vieler: BGH NJW 2001, 2163 und 2002, 1042. Dazu: MünchKomm/*Emmerich* (2016), § 311 Rn. 73. In gegenteilige Richtung gehen *Tepedino/Schreiber*, laut denen eine Informationspflicht, wenn es sie überhaupt gibt, eine reduzierte Intensität in solchen Fällen aufzeige. In: Obrigações, 29, 42 f.

909 BGH NJW 1997, 3230. Vgl. dazu auch MünchKomm/*Emmerich* (2016), § 311 Rn. 72.

910 BGHZ 71, 386, 396. Vgl. auch Erman/*Kindl*, § 311 Rn. 37.

911 Statt vieler: MünchKomm/*Emmerich* (2012), § 311 Rn. 76.

mers – über die Anlagerisiken ausgeht und somit in inkohärenter Weise die Aufklärungspflicht in diesem wichtigen Bereich völlig entleert[912]. Trotz der Unsicherheit in der brasilianischen Rechtsprechung kann man wohl davon ausgehen, dass auch bei privaten Rechtsbeziehungen unter Umständen und im Rahmen der Zumutbarkeit Nachforschungspflichten auf Grundlage von Art. 422 CC2002 entstehen können. Der Informationspflichtige muss sich dann entweder das nötige Wissen beschaffen oder die Gegenseite auf seine fehlenden Kenntnisse ausdrücklich hinweisen.

Letztlich ist zu beachten, dass das Gebot zur Redlichkeit und zur Rücksicht auf die Interessen des Kontrahenten, das den normativen Kerngehalt von Treu und Glauben bildet, der einen Partei verbietet, der anderen falsche Informationen zu geben. Das **Verbot der Falschinformation** gilt auch dann, wenn die Partei nicht informationspflichtig ist. Wie *Emmerich* humorvoll einmal sagte: Wer nach einem bestimmtem Umstand gefragt wird, muss entweder wahrheitsgemäß antworten oder die Antwort verweigern; ein Recht zur Lüge gebe es nur in der Liebe und bei Grabreden.[913] Auch die Pflicht, die Gegenseite vor falschen Vorstellungen über die Geschäftsumstände aufzuklären, i. e. vor **Irrtümern zu bewahren,** ergibt sich aus dem oben genannten Gebot. Sie gilt insbesondere für Irrtümer, die eine Partei bei der anderen während des geschäftlichen Kontakts hervorruft. Dahinter steht der Gedanke, dass der, der bei dem anderen Teil, wenn auch unabsichtlich, einen Irrtum erregt, und erkennt (oder erkennen muss), dass dieser unter Einfluss des Irrtums zum Vertragsschluss gelangt, ist infolge des vorausgegangenen Tuns (Ingerenz) verpflichtet, den Gegner über seinen Irrtum aufzuklären.

4.2. Inhalt der vorvertraglichen Informationspflichten

Alle genannten Kriterien sind im Einzelfall zu berücksichtigen und abzuwägen, um die **Existenz** und den **Inhalt** der Informationspflichten determinieren zu können. Zum Inhalt der Aufklärungspflichten gehören alle **wesentlichen Umstände**, die beim Vertragsentschluss der Gegenseite **von Einfluss sein können.** Das ist zwar eine weite Regel, sie bringt aber zum Ausdruck, dass sich die Information nicht nur auf die Hauptbedingungen (essentialia negotii) oder auf die verkehrswesentlichen Umstände des Geschäfts bezieht, sondern auch weitere relevante Aspekte betreffen kann. Die Parteien müssen einander nicht nur über den **Inhalt und Gegenstand** des Vertrags, sondern auch über andere **entscheidungsrelevante Vertragsumstände** aufklären. Sie müssen in diesem Sinne auf

912 *Nunes Fritz*, RDCC 8/2016, 167, 175 ff.
913 MünchKomm/*Emmerich* (2012), § 311 Rn. 70.

Bedenken gegen die Wirksamkeit und Durchführbarkeit des Vertrages hinweisen sowie auf die damit verbundenen **Risiken und Nachteile.** Ein Vertragsteil hat den anderen auch auf **Gefährdungen für die Erreichung des Vertragszwecks** aufmerksam zu machen[914]. Eine solche umfassende Aufklärung ist insofern erforderlich, als die genannten Umstände letztendlich den Sinn und Zweck des Geschäfts vereiteln können.

Wer den anderen Teil zum Abschluss eines Geschäfts bewegt, obwohl er selbst begründete **Zweifel an der Vertragswirksamkeit** hat, verstößt gegen Treu und Glauben, wenn er den Gegner im Glauben lässt, der geplante Vertrag sei wirksam. Paradebeispiel dafür sind Formverstöße, fehlende Genehmigung eines Vertrages, fehlende Vertretungsmacht eines für die Partei tätigen Vertreters oder sonstige Mängel, die der Wirksamkeit des Rechtsgeschäfts entgegenstehen können[915]. Da hier der Verstoß gegen die vorvertragliche Aufklärungspflicht zum **Abschluss eines unwirksamen Vertrages** führt, der bereits einen wichtigen Unterfall der culpa in contrahendo darstellt, wird diese erste Fallkonstellation in Kapitel 3 C gesondert behandelt. Hier ist nur zu beachten, dass ein vorvertraglich informationelles Fehlverhalten im Kausalzusammenhang mit dem Abschluss des Vertrages stehen muss. Es widerspricht auch dem Gebot von Treu und Glauben, die Gegenseite über Umstände nicht aufzuklären, die geeignet sind, den **Sinn und Zweck des Vertrages** zu vereiteln, oder aus denen sich besondere Gefahren für die **Vertragsdurchführung** ergeben können.

Die deutsche Rechtsprechung liefert erhellende – aber auch unübersichtliche – Beispiele dafür: Der Verkäufer eines Grundstücks muss den potentiellen Käufer vorher auf eine Zwangsvollstreckungsgefahr aufmerksam machen, sowie ihm mitteilen, dass die Bauarbeiten in dem Haus ohne die erforderliche Genehmigung durchgeführt wurden oder die bisherige Nutzungsart des Hauses untersagt wurde. Ein Verkäufer muss den Kaufinteressenten vor der Gefahr ständiger Schikanen der Nachbarn warnen sowie einen unerfahrenen Käufer einer Eigentumswohnung im Einzelnen über die auf sie zukommende monatliche Belastung aufklären. Ein Arzt, der einem Patienten eine stationäre Behandlung vorschlägt, muss ihm seine Bedenken mitteilen, wenn er den Umständen nach begründete Zweifel daran haben muss, ob der private Krankenversicherer die Behandlung im Krankenhaus als notwendig ansehen und demgemäß die Behandlungskosten übernehmen wird.

Aus gleichem Grund ist ein Insolvenzverwalter, der mit einem Massegläubiger über die Verpachtung eines Grundstücks verhandelt, verpflichtet, den Pächter auf

914 Statt vieler: Erman/*Kindl*, § 311 Rn. 38 und MünchKomm/*Emmerich* (2016), § 311 Rn. 75 ff.
915 MünchKomm/*Emmerich* (2016), § 311 Rn. 79.

die mit dem Vertragsschluss verbundenen Risiken hinzuweisen, insbesondere wenn der Pächter auf die Sachkunde des Verwalters vertraut und deshalb besondere Aufwendungen macht. Bei einem Kaufvertrag über Aktien besteht zwar keine Aufklärungspflicht hinsichtlich der allgemeinen Marktverhältnisse, durchaus aber bezüglich eines nur dem Verkäufer bekannten Wassereinbruchs in ein Bergwerk, der zur Folge hat, dass die Aktien wertlos sind[916]. In all diesen Fällen besteht durch die unterlassene oder fehlerhafte Information eine Gefährdung des Vertragszwecks.

Ein Leasinggeber hat seine potenziellen Leasingnehmer im Rahmen des Möglichen und Zumutbaren über alle, auch wirtschaftliche, Umstände aufzuklären, die geeignet sind, den Vertragszweck oder die Vertragsdurchführung zu vereiteln[917]. Aus vergleichbaren Erwägungen müssen sich die Parteien gegenseitig über ihre wirtschaftlichen Verhältnisse unterrichten, sofern sonst Sinn und Zweck oder die Durchführbarkeit des Vertrages gefährdet wären. Deshalb hat der BGH die Pflicht eines Kreditnehmers schon mehrmals bejaht, die Gegenseite über seine schwierige wirtschaftliche Lage aufzuklären, wenn die Rückzahlung des Kredits deshalb ernsthaft gefährdet ist. Nach Ansicht des BGH ist sowohl der Verkäufer unter solchen Umständen aufklärungspflichtig, wenn er eine Vorauszahlung des Käufers annimmt, als auch der Käufer, wenn er den Verkäufer zur Vorleistung veranlasst[918]. Aus dem gleichem Grund macht sich ein Arbeitgeber aus culpa in contrahendo ersatzpflichtig, wenn er den Arbeitsnehmer nicht darüber informiert, dass ein vorzeitiges Ende des Arbeitsvertrages wegen eines absehbaren Zusammenbruchs des Unternehmens droht[919].

Zum Inhalt der Aufklärungspflichten gehören auch Umstände, die in einem gewissen Zusammenhang zur Eigenschaft des Vertragsgegenstandes stehen. Da sie **keinen direkten Bezug zur physischen Beschaffenheit der Sache** haben, werden solche Umstände in Brasilien, wie oben gezeigt, anders als in Deutschland, nicht von den Regelungen des Gewährleistungsrechts umfasst. Die Verkäuferin eines Grundstücks muss den Käufer mitteilen, dass gegen sie Klagen erhoben sind, die Vermögendispositionen verhindern und deshalb eine konkrete Gefahr von Zwangsvollstreckung in Bezug auf das verkaufte Grundstück be-

916 Hinweise zu Rechtsprechung bei MünchKomm/*Emmerich* (2016), § 311 Rn. 83 f.

917 OLG Dresden 8 U 460/12, Urt. vom 02.08.2012 = WM 2013, 1092. Im gleichen Sinne BGH Urt. vom 15.06.2011 – VIII ZR 279/10 = NJW 2011, 2877.

918 BGHZ 87, 27 = NJW 1983, 1607.

919 BAG AP § 276 Verschulden bei Vertragsschluss Nr. 10, ap.: MünchKomm/*Emmerich* (2016), § 311 Rn. 85.

steht[920] oder dass die aktuellen Mieter nicht aus dem Haus ausziehen wollen, sondern sich dagegen mit allen Mitteln wehren werden, sofern der Verkäufer weiß, dass der Käufer in das Haus einziehen will[921]. Er hat weiter auf Geruchsbelästigung durch eine Kläranlage in der Nähe des verkauften Grundstücks hinzuweisen[922] sowie auf den schlechten Ruf einer Raststätte[923] und auf das Fehlen einer behördlichen Genehmigung für den verkauften Betrieb[924]. Der Käufer hat seinerseits wahrheitsgemäß und vollständig den Verkäufer über die Umstände zu unterrichten, die für dessen Kaufentscheidung der Wohnung als Kapitalanlage von Bedeutung sind[925].

Zu bemerken ist, dass in vielen Beispielen die Fehlinformation die **Wirtschaftlichkeit des Vertrages** betrifft, deren (falsche) Einschätzung in der Regel allein in die Risikosphäre jedes potentiellen Vertragspartners fällt. In der Tat ist die Rentabilität des Geschäfts meistens **konjunktur- und konkurrenzabhängig** und nur entfernt mit der vertragstypischen Leistung verknüpft[926], so dass falsche Angaben dazu keine Mängelhaftung iSv Art. 441 CC2002 sowie keine Irrtumshaftung iSv Art. 138 CC2002 darstellen, da es sich dabei grundsätzlich um einen unberücksichtigt bleibenden Motivirrtum handelt. In Deutschland sieht die Judikatur einerseits **falsche Angaben über Mieteinahmen** eines verkauften Grundstücks als „zusicherungsfähige" Eigenschaft des Grundstücks an mit der Folge, dass ihr Fehlen als Sachmangel klassifiziert wird[927], ordnet andererseits Falschauskunft zu steuerrechtlichen Folgen des Kaufs als vorvertragliche Informationspflichtverletzung mit der Begründung ein, diese stellten keine Eigen-

---

920 In dem Fall hat der STJ eine Sachmängelhaftung der Verkäuferin mit der Begründung abgelehnt, es liege kein Mangel vor, der versteckte Mangel müsse der Sache innenwohnen und unbekannte Vertragsumstände seien nicht von der Sachmängelhaftung miterfasst. STJ REsp. 299691/ES, T3, Rel. Humberto Gomes de Barros, Urt. vom 22.02.2005, DJ 14.03.2005. Einen ähnlichen Fall hat der BGH zugunsten des Käufers mit der Begründung entschieden, der Verkäufer habe eine Aufklärungspflicht verletzt und sei aus culpa in contrahendo schadensersatzpflichtig. BGH DB 1978, 979. Ap.: MünchKomm/Emmerich (2012), § 311 Rn. 101.

921 OLG Köblenz WoM 1991, 255. Ap.: MünchKomm/*Emmerich* (2016), § 311 Rn. 101.

922 BGH NJW-RR 1988, 10, wobei der BGH offen gelassen hat, ob dabei auch ein Fehler vorlag.

923 BGH NJW 1992, 2565, wobei der BGH offen gelassen hat, ob es sich dabei um einen Fehler handelte.

924 BGH NJW 1990, 1661.

925 BGH NJW 2001, 2021.

926 Statt vieler: Erman/*Grunewald*, § 434 Rn. 10 und Soergel/*Harke* (2013), § 311 Rn. 69.

927 Vgl. BGH NJW 2001, 2552 = JurionRS 2001/21085, 1, 4 Rn. 14, wo das Gericht für die Einordnung des Mietertrags eines Gebäudes als zusicherungsfähige Eigenschaft verlangt, dass der Verkäufer vertraglich die Gewähr für den Bestand einer Eigenschaft der Kaufsache übernimmt und somit für alle Folgen ihres Fehlens einstehen will. Vgl. dazu auch BGH Urt. vom 03.03.1995, V ZR 43/94 = BGH NJW 1995, 1549 und NJW 2002, 209.

schaften der Kaufsache dar[928]. In Brasilien sind sie keineswegs als Sachmangel einzuordnen.

Das Gleiche gilt für unzutreffende Aussagen über **Umsätze und Erträge von Unternehmen.** In Deutschland hat das BGB solche Fehlangaben vor der Reform des Gewährleistungsrechts nicht als Fehlbeschaffenheit angesehen, insbesondere wenn sie sich nicht über einen längeren, mehrjährigen Zeitraum erstrecken und insofern keinen verlässlichen Anhaltspunkt für die Bewertung der Ertragsfähigkeit und des Wertes des Unternehmens abgeben[929]. Heutzutage ist fraglich, ob die Judikatur über Falschauskunft beim Unternehmenskauf weiter als Haftung in contrahendo betrachtet wird, denn § 453 I BGB ordnet ausdrücklich an, dass die Vorschriften über den Kauf von Sachen, insbesondere die Gewährleistungsregeln auf den Kauf von Rechten und sonstigen Gegenständen entsprechend anwendbar sind, und zu diesen sonstigen Gegenständen gehören – zumindest nach Ansicht des Reformgesetzgebers – Sachgesamtheiten, also einzelne zusammengehörige Sachen, die als zusammengehörig verkauft werden wie z. B. eine Bibliothek, eine Briefmarkensammlung und vor allen Unternehmen und Praxen von Freiberuflern[930].

Hier ist allerdings zu beachten, dass das deutsche Gewährleistungsrecht – anders als das brasilianische – hinsichtlich Beschaffenheitskonzepts, Rechtsfolgen und Verjährungsfristen adäquat strukturiert ist, um eine sachgerechte Lösung für diese Fälle anzubieten. Deshalb überrascht es nicht, wenn Falschangaben über Umsatz- und Ertragslage von Unternehmen als Fehlen zugesicherter Sachbeschaffenheit eingeordnet werden, obwohl in der Literatur noch begründete Zurückhaltung zu spüren ist[931]. Dagegen wird eingewendet, dass die Anwendung der für den Kauf einer Sache auf dem Markt entwickelten Regelungen als nicht sachgerecht für einen so komplexen Kaufgegenstand anzusehen ist. Nicht von

---

928 BGH NJW 1990, 1659 und BGHZ 140, 111 = NJW 1999, 638. Dazu: Soergel/*Harke* (2013), § 311 Rn. 69.

929 Erman/*Grunewald*, § 434 Rn. 10, S. 1578; MünchKomm/*Emmerich* (2016), § 311 Rn. 94. Vgl. noch dazu BGH NJW-RR 1989, 306 ; BGH NJW 1990, 1659 (monatlicher Bierumsatz einer Gaststätte innerhalb eines Jahres ist keine Eigenschaft); BGH NJW 1996, 2503 (Umsatz dreier Jahre, Haftung aus culpa in contrahendo) und OLG Düsseldorf NJW-RR 1993, 378 (Umsatz in sechs Monaten im Textilhandel ist keine Beschaffenheit, sondern Haftung in contrahendo).

930 Erman/*Grunewald*, § 453 Rn. 19. Der Reformgesetzgeber hat seine Bevorzugung der Gewährleistungshaftung gegenüber der culpa in contrahendo deutlich zum Ausdruck gebracht. BT-Drucks. 14/6040, S. 242.

931 MünchKomm/*Emmerich* (2016), § 311 Rn. 95 und *Möller*, NZG 2012, 841, 845.

ungefähr ersetzen die Parteien oft diese Regelungen durch ein eigenes, vertragliches Gewährleistungsregime[932].

Zumindest im Vorsatzfall kommt eine culpa in contrahendo zur Anwendung, weil eine arglistige Täuschung des Verkäufers den Genuss eines für ihn günstigeren Kaufgewährleistungsrechts anerkannterweise sperrt[933]. Jedenfalls stellt sich dieses Problem im brasilianischen Recht aufgrund des engen Eigenschaftsbegriffes nicht. Fragwürdig ist deshalb, wenn ein Teil der Lehre den engen gewährleistungsrechtlichen Regelungskomplex, der nicht einmal den Käufer einer Sache vor Nicht- oder Fehlinformation vor Vertragsschluss angemessen schützt, auf den Kauf für einen so komplexen Gegenstand erweitern wollen[934]. Und anders als in Deutschland, wo man schon in der alten BGB-Fassung gesetzliche Anhaltspunkte für ein weitläufiges Verständnis des Eigenschaftsbegriffes in § 459 BGB a.F. hatte, findet man im *Código Civil* keinen Anhaltspunkt für die Erweiterung des Beschaffenheitsbegriffes.

Das bedeutet, dass die oben genannten Fälle, vor allen diejenigen von Falschangaben zur Rentabilität des Vertragsschlusses, wenn sie nicht zum Vertragsinhalt gehören, **nur unter dem Gesichtspunkt der Haftung in contrahendo** in angemessener Weise gelöst werden können, weil es dabei letztlich um die Verletzung vorvertraglicher Aufklärungspflichten geht. Hier gilt die Regel: Die Beurteilung der Rentabilität des Geschäfts gehört zur **Risikosphäre jedes Kontrahenten** und demgemäß zum Motivirrtum. Wer allerdings – wenn auch rein fahrlässig – Falschangaben zur Rentabilität des Vertrages macht oder die falsche Vorstellung des Gegners darüber bekräftigt, macht sich schadensersatzpflichtig aus vorvertraglicher Haftung für Fehlinformationen, wenn daraus ein für den Gegner ungünstiger Vertrag resultiert, weil er entweder die falsche Vorstellung über die Wirtschaftlichkeit des Geschäfts verursacht oder den Gegner nicht davor gewarnt hat.

4.3. Das vorvertragliche Informationsmodell

Nach dem bisher Gesagten kann man ein **Informationsmodell** für das brasilianische Privatrecht skizzieren, das als allgemeines Modell für die vorvertragliche Informationshaftung gelten könnte – unter Berücksichtigung der notwendigen Änderungen bei vorvertraglicher Informationsverletzung im Rahmen von Ver-

---

932 Schon im alten Recht: *Picot*, Unternehmenskauf und Restrukturierung, S. 102ff. Dazu auch: *Möller*, NZG 2012, 841, 842f.

933 *Möller*, NZG 2012, 841, 845.

934 Vgl. *Comparato/Salomão*, O poder de controle na sociedade anônima, S. 275 und *Döring*, Alienação do poder de controle acionário, S. 95.

braucherschuldverhältnissen. Ein solches Informationskonzept muss heutzutage unter Beachtung der gegenwärtigen Wertentscheidungen, die der gesamten Rechtsordnung zugrunde liegen, entworfen werden. Deshalb kann man nicht nur von den Regeln ausgehen, die traditionell das Problem der Weitergabe von Informationen im vorvertraglichen Stadium disziplinieren, sondern muss diese Regelungen systematisch betrachten. Dabei spielt selbstverständlich der Grundsatz von Treu und Glauben eine große Rolle, der als Eingangstor für rechtsethische und rechtsökonomische Werte in der Rechtsordnung gilt und die substantielle Quelle für die Rücksichtspflichten bildet.

Kernidee dieses Modells ist, dass die Informationsfrage im vorvertraglichen Rechtsverkehr **unter dem Gesichtspunkt der Informations- und Aufklärungspflichten** von Treu und Glauben (Art. 422 CC2002) grundsätzlich beantwortet werden muss. Zunächst ist zu berücksichtigen, dass zwischen den Beteiligten des geschäftlichen Kontakts ein Vertrauensschutzverhältnis entsteht, das verschiedene Rücksichtspflichten unterschiedlicher Intensität erzeugt, unter anderem die grundlegende Informationspflicht. Obwohl jede Partei grundsätzlich die Selbstinformationslast trägt, sich also demnach über die allgemeinen Marktverhältnisse sowie über die daraus resultierenden Chancen und Risiken zu informieren hat, sind sie aufgrund des Loyalitäts- und Rücksichtsgebot verpflichtet, die andere über diejenigen Umstände aufzuklären, die für ihre Vertragsentscheidung von Bedeutung sein können, weil sie den Sinn und Zweck des Geschäfts frustrieren und ihre wirtschaftliche Bewegungsfreiheit beeinträchtigen können. Dies rechtfertigt sich auch dadurch, dass vor allem die informationellen Rücksichtspflichten einen **starken leistungsbezogenen Charakter** aufzeigen[935].

Diese vage und generelle Formel lässt sich nur unter Berücksichtigung der **Umstände des Einzelfalles** konkretisieren, wie jede Rücksichtspflicht, die naturgemäß **fallbezogen-konkretisierungsbedürftig** ist. Dabei spielen die oben genannten Kriterien eine entscheidende Rolle wie Natur, Sinn und Zweck des geplanten Vertrages sowie die konkrete Sachlage der Beteiligten. Das größte Hindernis ist zuerst, zu bestimmen, ob eine Informations- bzw. Aufklärungspflicht überhaupt besteht. Verstößt die Partei gegen eine ihr obliegende Informationspflicht, macht sie sich schadensersatzpflichtig, wenn dabei die haftungsbegründenden Voraussetzungen vorliegen: Pflichtverletzung, Vertretenmüssen (hier: Verschulden), Schaden und Kausalität. Welcher Schaden ersetzbar ist, gehört zur Frage der Schadensberechnung.

Die Verletzung vorvertraglicher Informations- und Aufklärungspflichten kann dazu führen, dass die Parteien **gar nicht zum Vertragsschluss kommen** oder,

935 Erman/*Westermann*, § 241 Rn. 14.

wie häufig, dass sie den **geplanten Vertrag abschließen.** Im ersten Fall stellt sich regelmäßig keine Haftungsfrage, da eine Informationspflichtverletzung in der Regel einen Rechtfertigungsgrund bildet, der es der Gegenseite erlaubt, den vorvertraglichen Kontakt bzw. die Vertragsverhandlungen sofort abzubrechen, ohne rechtliche Folgen befürchten zu müssen. Die Frage nach einer vorvertraglichen Haftung ergibt sich in der zweiten Fallkonstellation, da die vorsätzliche oder fahrlässige Fehlinformation zum Abschluss eines ungültigen oder eines gültigen, aber ungünstigen oder bloß unerwünschten Vertrages führen kann.

Der erste Fall bildet die Fallgruppe der **culpa in contrahendo bei Abschluss unwirksamer Verträge**: Hier macht eine Partei die andere auf die nur ihr bekannten Bedenken gegen die Wirksamkeit des geplanten Vertrages nicht aufmerksam. Dahinter steht der Gedanke, dass es Treu und Glauben widerspreche, den Gegner in dem Glauben zu belassen, der Vertrag sei wirksam abgeschlossen, sofern man selber Zweifel daran hat. Paradebeispiele sind die Fälle von Formverstößen, fehlender Genehmigung des Vertrages, fehlender Vertretungsmacht eines Vertreters oder sonstiger Mängel, die der Wirksamkeit des Vertrages entgegenstehen[936].

Der Hauptfall vorvertraglicher Informationspflichtverletzung ist derjenige, in dem die Parteien infolge unterlassener oder fehlerhafter Information bzw. Aufklärung zum **Abschluss eines ungünstigen bzw. unerwünschten Vertrages** gelangen. Für die Entstehung der Haftung in contrahendo besteht kein Unterschied, ob die fehlinformierte Partei den Vertrag gar nicht oder nur unter anderen Bedingungen abgeschlossen hätte. Das spielt erst bei der Rechtsfolgenbestimmung eine Rolle, d. h. bei der Schadensbestimmung, denn in beiden Hypothesen entsteht für den Geschädigten ein **Schadensposten.** Wie *Harke* zu Recht erklärt, bereits die Bindung an einen Vertrag, den der Geschädigte sonst nie abgeschlossen hätte, kann einen Vermögensschaden trotz voller Werthaltigkeit der Leistung des anderen Teils begründen, wenn die Leistung für die Zwecke des Geschädigten nicht voll brauchbar ist, so dass die von ihm zu erbringende Gegenleistung eine ganz oder teilweise nutzlose Aufwendung ist[937]. Hier liegt der Schaden in der **Beschränkung der grundrechtlichen wirtschaftlichen Bewegungsfreiheit** der Partei, die einen immateriellen Schaden iSv Art. 12 CC2002 darstellt. Das zeigt, dass ein Schaden ohne ein rechnerisches Minus bestehen

936 MünchKomm/*Emmerich* (2016), § 311 Rn. 79.

937 BGH NJW 2010, 2506; BGH VersR 2012, 1237 Rz 64. Dazu: Soergel/*Harke* (2013), § 311 Rn. 24.

kann[938] und dass der vorvertragliche Vertrauensschaden sich in einem **materiellen oder immateriellen Schaden** konkretisieren kann.

Kommt der Informationsverpflichtete schuldhaft seiner Aufklärungspflicht nicht nach und erleidet der Informationsberechtigte dadurch einen Schaden, entsteht für ihn eine Schadensersatzpflicht. Er ist dann verpflichtet, denjenigen Zustand herzustellen, der ohne schuldhafte Pflichtverletzung bestünde. Da in der Regel der Geschädigte den Vertrag bei Kenntnis der wahren Sachlage nicht abgeschlossen hätte, richtet sich sein **Schadensersatzanspruch** auf die **Auflösung des Vertrages mit Ersatz des Vertrauensschadens.** Er muss also so gestellt werden, als wenn er von dem Vertrag nichts gehört hätte. Deshalb sind Leistung und Gegenleistung rückabzuwickeln sowie Vertragskosten und weitere Einbußen zu ersetzen, die er infolge des Vertrauens auf das Bestehen des Vertrages gemacht hat, was auch konkreten Gewinnentgang aus einem Drittgeschäft umfassen kann. Haftungsgrundlage dafür bildet Art. 422 iVm Arts. 402 und 403 CC2002.

Er kann aber auch am Vertrag festhalten und seinen Schaden durch **Herabsetzung der eigenen Leistung** oder durch **Rückerstattung des zu viel Gezahlten** oder mittels **Schadensersatzes** liquidieren. In diesen Fällen geht es immer um den **Ersatz des negativen Interesses**, also um Ausgleich des Schadens, den der Geschädigte nur erlitten hat, weil er auf das Bestehen der Vertragsbindung vertraut hat. Gelingt aber dem Geschädigten der Nachweis, dass er bei ordnungsgemäßer Aufklärung einen für ihn günstigeren Vertrag mit demselben Vertragspartner abgeschlossen hätte, dann kann er Ersatz des positiven Interesses verlangen. In Betracht kommt etwa entgangener Gewinn aus einem hypothetischen Vertrag mit günstigeren Bedingungen. Daran müssen höhere Beweisanforderungen gestellt werden, weil die culpa in contrahendo idR nur zum Ersatz des negativen Interesses führt.

4.4. Zusammenfassung

Aus dem Dargestellten ergibt sich, dass das Problem des Abschlusses ungünstiger oder unerwünschter Verträgen infolge vorvertraglicher Fehlinformation im Rechtsverkehr eine umfassende rechtssystematische Betrachtung verlangt, weil sich die Informationsfrage nicht einheitlich beantworten lässt. Die Spaltung in der brasilianischen Privatrechtsordnung hat zur Folge, dass diese Problematik in

---

938 Paradebeispiel dafür ist BGH NJW 1998, 302: In dem Falle ging es um einen Wohnungskauf im Rahmen eines Steuersparmodells, in dem der Angestellte des Verkäufers dem Käufer gesagt hatte, dass das zur Finanzierung aufgenommene Darlehen mit Hilfe von Mieteinnahmen und Steuerersparnissen vollständig zurückgezahlt werden könne. Das traf zwar nicht zu, das Geschäft war aber bei objektiver Betrachtung gleichwohl nicht nachteilig.

Verbraucher- und Unternehmerbeziehungen unterschiedlich behandelt werden muss. Im Verbraucherrecht ist die vorvertragliche Haftung für Informationspflichtverletzung verschuldensunabhängig, so dass der Geschädigte „nur“ die Fehlinformation, den Schaden und die Kausalität zwischen Aufklärungspflichtverletzung und Schaden nachzuweisen hat. Da aber die vorvertraglichen Informationen beim Zustandekommen des Vertrages zum Vertragsinhalt gehören, bedeutet die nachträgliche Entdeckung von unzutreffenden Angaben zugleich eine Vertragsverletzung, die der geschädigten Vertragspartei gemäß Art. 35 CDC Zugang zu Erfüllung, Anpassung oder Rücktritt des Vertrages eröffnet – unbeschadet von Schadensersatzansprüchen.

Das heißt, dass die positive vorvertragliche Informationspflichtverletzung über das Vertragsregime gelöst wird. Das Verbraucherschutzgesetz gewährt dem Getäuschten durch die Einräumung der oben genannten vertragsrechtlichen Leistungsstörungsmechanismen den **Ersatz des positiven Interesses.** Gehört aber eventuell die fragliche Auskunft nicht zum Vertragsinhalt, kann der getäuschte Verbraucher auf die culpa in contrahendo aus Art. 422 CC2002 zurückgreifen und im Wege der Naturalrestitution Auflösung, Anpassung oder Ersatz des Vertrauensschadens verlangen. Der bedeutende Unterschied ist hier, dass sein Schaden nach dem negativen Interesse berechnet wird.

Dies zeigt den großen Unterschied zwischen der rechtlichen Behandlung der culpa in contrahendo im Sonder- und im allgemeinen Privatrecht. Bei Fehlinformationen während eines privatrechtlichen vorvertraglichen Kontakts setzt die Haftung in contrahendo auf der Tatbestandsebene – zu den oben erwähnten Voraussetzungen – noch Verschulden voraus. Die abgegebenen Informationen gehören nicht automatisch mit dem Abschluss zum Vertragsinhalt. Sie müssen vielmehr ausdrücklich im Vertrag vorgesehen sein oder sich daraus durch Auslegung ergeben. Gehören die im vorvertraglichen Stadium mitgeteilten Auskünfte nicht zum Vertragsinhalt, bilden sie den Vertrauenstatbestand und somit die Basis für den Vertragsentschluss bzw. für die privatautonome Selbstbestimmung der Partei, die eben nicht nur durch das Willensmangelrecht, hingegen auch durch die vorvertragliche Haftung geschützt wird. Sind die Parteien einen ungünstigen oder bloß unerwünschten Vertrag eingegangen, kann der Geschädigte deshalb auf Grundlage des Naturalrestitutionsgrundsatzes die Auflösung oder die Anpassung des Vertrages nebst Ersatz des daraus entstandenen Vertrauensschadens verlangen. Der Schadensersatzbetrag wird hier nach dem negativen Interesse berechnet, was bedeutet, dass derjenige Schaden ersatzfähig ist, den der Geschädigte erlitten hat, weil er auf die unterlassene oder fehlerhafte Information vertraut hat.

Informationelles Fehlverhalten einer Partei bei geschäftlichem Kontakt zwischen Privaten kann nicht mehr ausschließlich unter dem Gesichtspunkt des

Willensmängelrechts, genauer gesagt: der Dolus- oder Irrtumsfigur gelöst werden. Die Irrtumsfigur ist als ein endogener Willensmangel unpassend und ungünstig, um Fälle unzulässiger Beeinflussung fremder Entscheidungsfreiheit (exogenen Willensmangels) angemessen zu lösen. Der Rekurs auf die Dolusfigur erweist sich als unzureichend, um die rein fahrlässige Fehlinformation im vorvertraglichen Rechtsverkehr zu korrigieren, weil sie nur die vorsätzliche Nicht- oder Fehlinformation umfasst, die umgekehrt als ein gesetzlich geregelter Fall von culpa in contrahendo rechtsdogmatisch verstanden werden kann. Die Haftung in contrahendo wegen Informationspflichtverletzung kommt dabei parallel zur Anfechtungshaftung zur Anwendung, um ihre Lücken zu schließen.

Die Frage nach informationellem Fehlverhalten vor Vertragsschluss muss deshalb rechtsystematisch unter Betrachtung von Treu und Glauben und der daraus entstandenen Informationspflichten behandelt werden. Gesetzliche Grundlage dafür bietet Art. 422 CC2002, wo eine Rücksichtspflicht für alle Phasen eines Schuldverhältnisses – also: vor, bei und nach dem Vertrag – angeordnet ist. Die große Schwierigkeit dabei ist, zu bestimmen, wann im Einzelfall eine Informationspflicht vorliegt, da keine allgemeine Informationspflicht im Privatrechtsverkehr besteht. Eine solche besteht im brasilianischen Recht nur im Bereich des Verbraucherrechts. Es muss vor allem eine informationelle Asymmetrie zwischen den Beteiligten am vorvertraglichen Kontakt vorliegen, die die freie Vertragsentscheidung, d. h. die materielle Selbstbestimmung der informationsbedürftigen Partei beeinträchtigen kann.

Da sich die Informationspflicht auf alle entscheidungsrelevanten Umstände des Vertrages erstreckt, berührt die Haftung in contrahendo das Gewährleistungsrecht immer dort, wo sich die Information auf die übliche Beschaffenheit der Sache bezieht. Betreffen die vorvertraglichen Informationen des Verkäufers jedoch Umstände, die keinen oder nur indirekten Bezug zum Vertragsgegenstand haben und die Beziehung der Sache zur Umwelt zum Ausdruck bringen, greift das brasilianische Gewährleistungsrecht aufgrund des engen Mangelbegriffs des Zivilgesetzbuches nicht mehr ein. Hier läuft die vorvertragliche Haftung unabhängig von der Gewährleistungshaftung, die allein bei wert- oder nutzungsmindernd versteckten Mängeln der physischen Sacheigenschaft zur Anwendung kommt.

Die vorvertragliche Haftung greift auch dann, wenn die Angaben gar keinen Bezug zur Sachbeschaffenheit haben, für die Vertragsentscheidung aber relevant sind. Wichtiges Beispiel aus der Praxis sind falsche Angaben über die Rentabilität des Geschäfts, die in der Regel als Motivirrtum im brasilianischen Privatrecht betrachtet werden und praktisch rechtsfolgenlos bleiben. Ein Nebeneinander von vorvertraglicher Haftung und Garantiehaftung kommt nur dann zur Anwendung, wenn der Verkäufer arglistig den Mangel an der Sache kennt und ihn bewusst verschweigt. In diesem Fall ist er nicht mehr schutzwürdig und der getäuschte

Käufer kann entweder auf die ädilischen Klagen neben Schadensersatz aus der Vertragsverletzung (Schlechterfüllung) zurückgreifen oder Schadensersatz aus vorvertraglicher Pflichtverletzung nach Art. 422 CC2002 verlangen, der jedoch auf den Ersatz des negativen Interesses gerichtet ist.

5. Abschlussergebnis

Nach all dem kommt man zu dem Schluss, dass die Fälle von Nicht- oder Fehlinformation vor Vertragsschluss durch den Mechanismus des Anfechtungsrechts der herkömmlichen Rechtsgeschäftslehre nicht zufriedenstellend gelöst werden können. Das gilt noch mehr für die Garantiehaftung des Gewährleistungsrechts. Man muss auf die vorvertragliche Informationshaftung zurückgreifen, damit die informationsbedürftige Partei vor jeder Form illoyalen, vorsätzlichen oder rein fahrlässigen Verhaltens im Rechtsverkehr angemessen und gerecht geschützt wird. Es gibt keine überzeugenden sachlichen, rechtsökonomischen, rechtssystematischen und rechtsdogmatischen Gründe, nur vorsätzliches Fehlverhalten des Informationspflichtigen zu sanktionieren, wie beim Dolustatbestand der Arts. 145, 147 CC2002.

Die culpa in contrahendo kommt vor allem bei **fahrlässiger Fehlinformation vor Vertragsschluss** zur Anwendung, um eine **Schutzlücke im Vertragsbildungsbildungsprozess** angemessen zu schließen. In diesen Fallkonstellationen findet das Rechtsinstitut einen freien Anwendungsbereich, weil die Dolus- und Irrtumsfigur unzureichend ausgestaltet sind, um ungünstige Verträge infolge informationeller Asymmetrie zwischen den Parteien zu korrigieren. Auch das Gewährleistungsrecht, das sich nur in dem spezifischen Bereich von Sachmängeln auswirkt, lässt ein weites Anwendungsgebiet für die culpa in contrahendo offen. Die Haftung in contrahendo findet also ein **breites normatives Feld** im brasilianischen Recht, wo sie eine **autonome rechtsdogmatische und rechtssystematische Bedeutung** hat. Da sie auch vorsätzliche Fehlinformationen einschließt, wirkt sie gleichzeitig im Dolusbereich, so dass man hier von einer „subsidiären" Anwendung der culpa in contrahendo sprechen kann. Das Gleiche gilt im Vergleich zum Gewährleistungsrecht, wenn der Verkäufer vorsätzlich den Käufer nicht über den Mangel an der Kaufsache aufklärt.

Durch das Nebeneinander von vorvertraglicher Haftung und Annullierungsrecht wird in gewisser Hinsicht die Dolusfigur des Willensmängelrechts entleert. Dies muss man in Kauf nehmen zugunsten einer **kohärenten Fortentwicklung der Schuldrechtsdogmatik** einerseits sowie auch zugunsten eines **höheren Schutzes der freien Selbstbestimmung im Rechtsverkehr** andererseits. Damit steigt auch das Schutzniveau von **Redlichkeit und Vertrauen im Rechtsverkehr**, was nicht zuletzt zu seiner reibungslosen Abwicklung beiträgt und sich auch aus rechtsökonomischer Perspektive rechtfertigen lässt. Wo sie sich überlagern, also bei **vorsätzliche Fehlinformation,** sollen beide Rechtsinstitute – culpa in contrahendo und Annullierungsrecht bzw. culpa in contrahendo und Garantiehaftung – **nebeneinander zur Anwendung kommen.**

Dadurch stellt die Rechtsordnung für den Geschädigten verschiedene Haftungsgrundlagen bereit. Er kann auswählen, auf welchen Haftungsgrund er seinen Schadensersatzanspruch stützt, der dann das anwendbare Haftungsregime bestimmt. Er muss dabei Vor- und Nachteile jedes Regimes berücksichtigen. Möglich ist immer ein exklusiver oder subsidiärer Zugriff auf die Haftung in contrahendo, wenn die Erlöschungsfrist der in Frage stehenden Haftungssysteme noch nicht abgelaufen ist. Ist die Auflösungsfrist des Willensmangel- oder des Gewährleistungsrechts schon abgelaufen, bleibt für den Geschädigten grundsätzlich nur der Rekurs auf die culpa in contrahendo offen.

Abschließend kann man sagen, dass die Rücksichtspflichten aus Treu und Glauben vor allem dazu dienen, dem Verhältnis der Beteiligten im Rechtsgeschäft in allen Stadien des (rechts)geschäftlichen Kontakts rechtsethische Grenzen zu setzen, damit diese miteinander loyal und rücksichtsvoll umgehen, dem anderen pflichtwidrig keinen Schaden zufügen und den Vertrag soweit wie möglich in ausgewogener Weise abschließen und durchführen können. Deshalb gelten die vorvertraglichen Pflichten – unabhängig vom Parteiwillen und von der Existenz einer vertraglichen Bindung – vor, bei und nach dem Vertrag. Das Rechtsinstitut der culpa in contrahendo gewinnt also eine bedeutende Funktion in der Phase der Vertragsanbahnung, wo sie vor allem durch den Unterfall der vorvertraglichen Informationshaftung Lücken und Schwächen in der gesetzlichen Regulierung des vorvertraglichen Stadiums korrigieren kann. Hier kommt der vorvertraglichen Haftung eine **Ergänzungsfunktion zur Rechtsgeschäftslehre** zu.

IV. Zusammenfassende und rechtsvergleichende Würdigung

Eine rechtsvergleichende Untersuchung der informationellen Frage im deutschen und brasilianischen Recht zeigt zunächst, dass beide Rechtsordnungen durch unterschiedliche Rechtsmechanismen das Problem von Unterlassung oder Mitteilung unzutreffender oder unzureichender Information vor Vertragsschluss bewältigen. Beide Rechtsordnungen sind jedoch von dem gleichen Ausgangspunkt ausgegangen: Fehlinformation wurde ursprünglich in der ersten Fassung beider Kodifikationen nur bei Vorsatz bzw. arglistiger Täuschung durch das Willensmangelrecht sanktioniert und in dem spezifischen Bereich des (kaufrechtlichen) Gewährleistungsrechts, wenn der Verkäufer bewusst den Mangel an der Kaufsache verschwiegen hat. In diesem Fall sah das Gesetz eine stärkere Haftung, die den bösgläubigen Verkäufer zum vollen Schadensersatz verpflichtet. In Deutschland hat der Verkäufer seit der Schuldrechtsmodernisierung den durch die Schlechtleistung entstandenen Schaden des Käufers bei Vorsatz oder Fahrlässigkeit des Verkäufers voll zu ersetzen. In Brasilien gilt die alte römische Regel immer noch gemäß Art. 443 S. 1 CC2002. Beide Regelungskomplexe können die Informationsfrage vor Vertragsschluss nicht bewältigen. Vor allem für fahrlässiges informationelles Fehlverhalten findet sich keine Lösung unter dem Tatbestand beider Normen.

Im deutschen Recht hat man die Problematik unterlassener oder falscher Information in der Vertragsanbahnung mit Rekurs auf die jheringsche Figur der culpa in contrahendo gelöst, die eine erhebliche Ausdehnung ihres ursprünglichen Konzepts durch die deutsche Rechtsprechung erfahren hat. *Jhering* hat die Figur zwar als eine begrenzte Haftung für die schuldhafte Herbeiführung der Vertragsnichtigkeit konzipiert. Er hat aber dadurch auf die Notwendigkeit eines – wenn auch nur unausgereiften – Vertrauensschutzes bei der Vertragsanbahnung und einer dementsprechenden Haftung für „culpa" – modern gesprochen: Pflichtverletzung – aufmerksam gemacht. Die Anerkennung einer diligentia-Pflicht beim Abschluss des Vertrages und die Unterscheidung solch einer Pflicht von der deliktischen Pflicht, die *Jhering* voraussah, bilden den Ausgangspunkt für die Weiterentwicklung der Figur. Dafür haben vor allem die Anerkennung weiterer vorvertraglicher Verhaltenspflichten und die nachträgliche Begründung der Figur in dem Gedanken von Redlichkeit und Vertrauensschutz aus § 242 BGB beigetragen. Die Leitlinie der culpa in contrahendo als eine Ersatzpflicht für enttäuschten Vertrauensschutz vor Vertragsschluss hat sich etabliert. Und das hat der Figur die nötige Flexibilität für ihre spätere Erweiterung gegeben.

Die deutsche Rechtsprechung hat auf ein anfänglich noch unbearbeitetes und ebenfalls nicht gesetzlich geregeltes Instrumentarium zurückgegriffen, um Fälle informationellen Fehlverhaltens vor Vertragsschluss zu korrigieren. Die Judikatur hat dadurch eine Ausdehung von positivierten Rechtsinstituten, wie der arglistige Täuschung (§ 123 BGB) oder des Irrtums (§ 119 BGB), verhindert, die strukturell und funktionell sowieso ungeeignet dafür sind. Obwohl sich der Begriff der „fahrlässigen Täuschung" für die Bezeichnung fahrlässiger Nicht- oder Fehlinformation etabliert hat, hat die Rechtsprechung den Täuschungstatbestand des § 123 BGB nicht erweitert, sondern solche Sachverhalte unter die culpa in contrahendo in § 242 BGB gefasst. Diese Entwicklung erfolgte nicht ohne Widerstand. Es hat sich jedoch eine vorvertragliche Informationstheorie entwickelt, die heute den Kern der culpa in contrahendo bildet und die insbesondere dadurch geprägt ist, dass sie auf Grundlage der Naturalrestitution von § 249 BGB spezifische schadensrechtliche, in Informationsfällen wohl vertragsähnliche Rechtsfolgen aufzeigt.

Da im brasilianischen Recht kein vorvertragliches Instrumentarium vorlag, hat die Rechtsprechung für die Bewältigung der Informationsfrage vor Vertragsschluss einen anderen Weg eingeschlagen: die Erweiterung des Irrtumsbegriffs. Man geht davon aus, dass sich der nichtinformierte Vertragspartner im Irrtum über die wesentlichen Geschäftsumstände befindet, ohne jedoch dabei zu differenzieren, ob der Mangel in der Willensbildung allein aus der Sphäre des Irrenden selbst oder aus der des Gegners stammt. *Jherings* Lehre der culpa in contrahendo hat zwar ins brasilianischen Recht nach Inkrafttreten der ersten Kodifikation Eingang gefunden. Sie wurde jedoch kurz danach mangels Rezeption einer aktuellen vorvertraglichen Schutzlehre missverstanden und letztendlich aufgegeben. Das Fehlen einer rechtsvergleichenden Auseinandersetzung mit der Figur hat zu ihrer Ostrakisierung geführt, wozu die kritische Haltung von *Pontes de Miranda* beigetragen hat.

Die culpa in contrahendo erfährt erst ab den 90er Jahren ein Comeback, allerdings verkleidet als eine Haftung für grundlosen Abbruch der Vertragsverhandlungen. In der Zwischenzeit hat die brasilianische Rechtsprechung auf die Irrtumsfigur zurückgegriffen, um vorvertragliches informationelles Fehlverhalten zu sanktionieren. Das Ergebnis dieser richterlichen „Rechtsfortbildung" ist eine untechnische Erweiterung des Irrtumsbegriffes, der heute disparate Sachverhalte erfasst, wie endogene Fehlvorstellungen über die Wirklichkeit sowie fahrlässige – und vorsätzliche! – Fehlinformation vor Vertragsschluss, d. h. schuldhafte Irreführung zum Vertragsschluss, die eine exogene Störung im Willensbildungsprozess darstellt und daher konzeptionell und wertend erheblich von dem Irrtumskonzept abweicht.

Die Grenze zwischen Irrtum und Dolus ist aufgelöst. Das belegt die Rechtsprechung, die oft einen Sachverhalt unter dem Irrtums- und Dolustatbestand gleichzeitig begründet. Inwieweit solche Entscheidungen mangels kohärenter Begründung verfassungskonform sind, mag hier offen bleiben. Zweifellos ist aber, dass diese Judikatur zu einer Perversion des Irrtumsrechts geführt hat. Und trotzdem ist das Niveau des Vertrauensschutzes im vorvertraglichen Rechtsverkehr immer noch unzureichend. In den meisten Fällen aus der Praxis liegt eindeutig eine bewusste Irreführung zum Vertragsschluss vor, die gleichwohl als „Irrtum" qualifiziert wird.

Außerdem orientiert sich die Rechtsprechung an der anfechtungsberechtigenden Irrtumsart des Art. 139 CC2002, was der in Wirklichkeit getäuschten Partei einen nur unzureichenden Schutz gewährt. Zuletzt sind die Rechtsfolgen des Irrtums im Vergleich mit den Rechtsfolgen der Haftung in contrahendo zu eng, weil die Irrtumsanfechtung dem Getäuschten eine Annullierung des Geschäfts und Geldentschädigung nur binnen vier Jahren bewilligt. Der vorvertragliche Schadensersatzanspruch räumt dagegen dem Getäuschten das Wahlrecht ein, entweder den Vertrag aufzulösen, anzupassen oder nur den Ersatz des tatsächlichen entstandenen Schaden zu verlangen und zwar binnen der ordentlichen Frist von zehn Jahren (Art. 205 CC2002).

Der potentielle Geltungsbereich der culpa in contrahendo für Informationspflichtverletzungen im brasilianischen Recht vergrößert sich erheblich, wenn man das enge Konzept des Gewährleistungsrechts berücksichtigt, das grundsätzlich nur verborgene wert- oder brauchbarkeitsmindernde Mängel an der üblichen Sacheigenschaft (Ist-Beschaffenheit, die abweicht von der Soll-Beschaffenheit) im Rahmen von bilateralen Verträgen erfasst. Das bedeutet: Fehlinformationen vor Vertragsschluss über wichtige Umstände, die keinen oder nur indirekten Bezug zum Vertragsgegenstand haben, setzen das allgemeine Gewährleistungsrecht aufgrund des begrenzten Mangelbegriffs nicht in Gang. Hier kann allein die vorvertragliche Haftung eingreifen, wenn man die bisherige Rechtspraxis der Irrtumsanwendung zugunsten einer dogmatischen Präzisierung der Privatrechtswissenschaft aufgibt. Die culpa in contrahendo kann – anders als die richterlich ausgedehnte Irrtumsfigur – auch neben der Garantiehaftung beim arglistigen Verschweigen von Sachmängeln durch den Verkäufer eingreifen, denn es gibt in solchen Fällen keinen sachlichen Grund, den unloyalen und bösgläubigen Verkäufer mit den für ihn günstigen Regelungen des Gewährleistungsrechts zu privilegieren.

Die vorvertragliche Informationshaftung spielt zwar im Rahmen von Verbraucherverträgen eine geringere Rolle, weil das Sondergewährleistungsrecht des Verbraucherschutzgesetzes infolge des weiteren Mangelbegriffes ein breiteres Anwendungsfeld als das allgemeine Gewährleistungsrecht hat. Ihre Bedeutung ist aber nicht zu unterschätzen, berücksichtigt man die kurzen Auflösungsfristen des Art. 26 CDC, die funktionell immer noch keinen deutlich günstigeren Schutz für den Verbraucher anbieten. Das gilt auch, wenn Art. 27 CDC eine fünfjährige Verjährungsfrist für Mangelfolgeschäden vorsieht. Damit ist zusammenfassend gesagt, dass die culpa in contrahendo in Brasilien ein im Vergleich zu Deutschland breiteres Anwendungsfeld neben dem Gewährleistungsrecht haben kann.

Da die culpa in contrahendo nun in Art. 422 CC2002 eindeutig positiviert ist, stellt sich dann die Frage, wie man die neu kodifizierte Figur (hier: vorvertragliche Informationshaftung) mit dem rechtsfortbildenden Irrtumsmodell in Einklang bringt. Nimmt man wie in der brasilianischen Privatrechtslehre und Rechtsprechung an, dass im vorvertraglichen Stadium Rücksichtspflichten aus unterschiedlicher Intensität zwischen den Parteien erwachsen, deren Verletzung eine Schadensersatzhaftung auslöst, muss man konsequenterweise anerkennen, dass die vorvertragliche Haftung den geeigneten Rechtsmechanismus zur Korrektur von Fehlverhalten – hier: Fehlinformation – vor Vertragsschluss darstellt.

Das brasilianische Recht braucht in diesem Bereich deshalb eine rechtsdogmatische Korrektur, um Fälle schuldhafter Verletzung von Informationspflichten vor Vertragsschluss aus dem Anwendungsbereich des Irrtums herauszunehmen. Man muss auf die ursprüngliche Irrtumstheorie zurückzukommen, wo Irrtum nur endogene Störungen in der Willensbildung bzw. Willenserklärung umfasst. Irrtum und vorvertragliche Haftung sind unterschiedliche Rechtsinstitute, die unter Umständen nebeneinander zur Anwendung kommen können. Da die vorvertraglichen Informationspflichten fahrlässig oder vorsätzlich verletzt werden können, umfasst die vorvertragliche Informationshaftung aus Art. 422 CC2002 auch den Dolustatbestand, der nichts anderes ist als ein gesetzliches Beispiel für diese Modalität der culpa in contrahendo.

Der Rechtsvergleich beider Rechtsordnungen hat gezeigt, dass in Brasilien noch die Grundlinien der Haftung in contrahendo gezeichnet und die neue Figur von anderen Rechtsinstituten wie Irrtums- und Gewährleistungsrecht abgegrenzt werden muss, während man in Deutschland eine vorvertragliche Informationslehre vorfindet, die sich von der Irrtumstheorie klar unterscheidet. In gewisser Hinsicht befindet sich die brasilianische Privatrechtslehre dort, wo die deutsche am Anfang des 20. Jahrhunderts stand, als *Heinrich Stoll* 1923 nach dem „einheitlichen Prinzip“ fragte, das den damals anerkannten Fällen der Haftung für verschuldbare Vertragsnichtigkeit, für Fahrlässigkeit beim Vertragsschluss (heute: Abschluss ungünstiger Verträgen) und für Fahrlässigkeit vor Vertragsschluss (heute: Schutzpflichtverletzung und Verhandlungsabbruch) gemeinsam war. Er sah in dem Einstehenmüssen für schuldhaftes Verhalten vor Vertragsschluss die gemeinsame Leitlinie des Rechtsinstitutes, die in Brasilien heute noch festgestellt werden muss, um einen kohärenten Vertrauensschutz zu gewährleisten. Die rechtsvergleichende Untersuchung hat auch gezeigt, dass das Vertrauensschutzniveau im vorvertraglichen Rechtsverkehr im brasilianischen Recht aufgrund des Fehlers einer konsistenten vorvertraglichen Schutzlehre niedriger ist als im deutschen Recht. Das belegen insbesondere die Fälle von Informationspflichtverletzungen in der Vertragsvorbereitung.

Kapitel 4: Ergebnis der Rechtsvergleichung

I. Begründung einer allgemeinen Theorie der culpa in contrahendo in Brasilien

Nach dem bis jetzt Gesagten kommt man zum Schluss, dass die culpa in contrahendo ein **fragmentiertes und unsystematisches Rechtsinstitut** in Brasilien ist. Das gilt auch, obwohl sie – freilich nicht als eine mit klaren Tatbeständen und Rechtsfolgen ausgestaltete Rechtsfigur, sondern nur als allgemeiner Rechtsgedanke – ausdrücklich im Gesetz (Art. 422 CC2002) positiviert ist und obgleich sie schon im ersten Quartal des 20. Jahrhunderts Eingang in Rechtsprechung und Lehre gefunden hat. Obgleich das jheringsche Konzept der culpa in contrahendo, d. h. als Haftung für den Abschluss nichtiger Verträge, damals bekannt war, spricht heute fast niemand mehr davon, so dass die vorvertragliche Haftung fast ausschließlich als Synonym für eine Haftung für den grundlosen Abbruch von Vertragsverhandlungen, wenn nicht als Haftung für den Nichtabschluss eines Vertrages gilt, was konzeptionell und rechtstheoretisch einen erheblichen Unterschied darstellt. Dies lässt sich aus verschiedenen Gründen erklären, wie die rechtsvergleichende Analyse der Hauptfälle von culpa in contrahendo gezeigt hat. Im Kern erklärt sich der Dornröschenschlaf – in Wahrheit: die Unterdrückung – der culpa in contrahendo vor allem durch die Schwierigkeit der legalistischen Lehre und Rechtsprechung des 20. Jahrhunderts, mit dem rechtsethischen Prinzip von Treu und Glauben zu arbeiten, wie *Menezes Cordeiro* zurecht festgestellt hat[1].

Dies macht auch verständlich, warum viele Fälle von Rücksichtspflichtverletzungen vor Vertragsschluss oft mit Rekurs auf andere Rechtsinstitute in unbefriedigender Weise – aus praktischen und rechtsdogmatischen Gesichtspunkten – gelöst werden. Ein gutes Beispiel dafür sind die Fälle des **Abschlusses ungünstiger Verträge infolge einer Aufklärungspflichtverletzung**, die nicht einmal im Bereich des Verbraucherrechts, wo den Lieferanten prinzipiell eine allgemeine Informationspflicht trifft und wo ausreichend materielle und prozessuale Mechanismen gegen vorvertragliches Fehlverhalten zu finden sind, eine effektive Lösung finden, wie die Fälle von Kapitalanlagen beweisen. In rein privatrechtlichen Beziehungen hat der informationsbedürftige Vertragspartner nur den Rekurs auf den Dolus (arglistige Täuschung) oder Irrtum zur Verfügung, um sich vor einer ungünstigen bzw. unerwünschten Rechtsverbindlichkeit zu schüt-

1 Der Autor hat freilich die portugiesische Rechtserfahrung im Blick gehabt. Seine Rückschlüsse können ohne Weiteres – aufgrund der rechtshistorischen und rechtsoziologischen Ähnlichkeit zwischen beiden Rechtsordnungen – auf die brasilianische Wirklichkeit übertragen werden. Da boa fé, S. 574 ff.

https://doi.org/10.1515/9783110592252-007

zen. Diese Rechtsfiguren bieten jedoch, wie in Kapitel 3 D gezeigt, keinen (angemessenen) Schutz vor einem fahrlässigen informationellen Fehlverhalten des Vertragspartners.

Auch die Fallkonstellation von **unwirksamen Verträgen infolge vorvertraglicher Rücksichtspflichtverletzung** bringen deutlich zum Ausdruck, dass Fehlverhalten vor Vertragsschluss zumindest im Verkehr unter Privaten nur teilweise sanktioniert wird und dass die Begründung in der Deliktshaftung (unerlaubte Handlung) keine rechtsdogmatische Überzeugungskraft hat. Insbesondere die schuldhafte Verursachung der Vertragsnichtigkeit löst aus verschiedenen Gründen nur in wenigen Fällen eine Schadensersatzhaftung aus, wie unter Kapitel 3 C III dargestellt. Ausnahmen gelten freilich im Bereich des Verbraucherrechts, wo eine allgemeine verschuldensunabhängige Schadensersatzhaftung des Anbieters von Produkten und Dienstleistungen statuiert und ausdrücklich eine spezifische Einstandspflicht des AGB-Verwenders für den Ersatz des Schadens vorgesehen ist, den der Verbraucher infolge der Nichtigkeit von missbräuchlichen Klauseln oder sogar des ganzen Vertrages erleidet. Diese Haftung wird dort allerdings rechtsdogmatisch nicht als vorvertragliche Haftung qualifiziert, auch weil die Verbraucherlehre auf jegliche rechtsdogmatische Qualifikation der Haftungsfälle zugunsten einer angeblichen „Einheitshaftung“ verzichtet.

Der Umstand, dass das gleiche pflichtwidrige vorvertragliche Verhalten im Konsumentenmarkt sanktioniert wird, im reinen Privatrechtsverkehr dagegen nicht, führt zu unbilligen Ergebnissen und lässt sich rechtsdogmatisch kaum begründen. Es überrascht daher nicht, dass die Judikatur – unterstützt von Verbraucherrechtslehren – den Verbraucherbegriff immer mehr ausdehnen will, um – natürliche und juristische! – Personen, die den Verbraucherstatus gar nicht besitzen, unter dem verbraucherfreundlichen Dach des Verbraucherschutzgesetzes zu vereinen. Das gilt umso mehr, wenn man berücksichtigt, dass in den in Kapitel 3 analysierten Fällen ein ähnlicher Grund vorliegt, nämlich die schuldhafte Verletzung einer vorvertraglichen Rücksichtspflicht vor Vertragsschluss. Das zeigt, dass es bei den verschiedenen vorvertraglichen Fällen um die gleiche Problematik geht, also ob und inwieweit eine Partei für ihr Verhalten vor Vertragsschluss einzustehen hat. Diese Frage bildet den Kern der culpa in contrahendo. In allen vorvertraglichen Fällen kann man trotz aller tatbestandlichen Unterschiede ein **einheitliches Prinzip** feststellen: ein Einstehen für schuldhaftes Fehlververhalten in der Vertragsanbahnung. Dass die Haftung im Rahmen von verbraucherrechtlichen Beziehungen kein Verschulden voraussetzt, ändert nichts an der Feststellung der einheitlichen Grundlinie. Das ist, wie hier schon gezeigt, eine Folge der verschuldensunabhängigen Haftung, die allgemein im Verbraucherschutzgesetz statuiert ist.

Die Fälle vorvertraglicher Pflichtverletzung werden jedoch im brasilianischen Recht mit unterschiedlichen rechtstheoretischen Begründungen gelöst. Es ist inkonsistent, einen grundlosen Verhandlungsabbruch als Loyalitätspflichtverletzung und folglich als culpa in contrahendo zu betrachten, die fahrlässige Unterlassung oder Mitteilung falscher Informationen dagegen als Verletzung der allgemeinen Pflicht, niemanden zu schädigen. Denn es geht in beiden Fällen um die Verletzung einer spezifischen Pflicht vor Vertragsabschluss, die nur zwischen den Beteiligten gilt. Diese bruchstückhafte Rechtslage belegt das **Bedürfnis nach einer rechtstheoretischen Systematisierung** der Haftung in contrahendo in Brasilien, die nicht nur zu mehr **Gerechtigkeit in der Praxis**, sondern zu **Kohärenz in der Privatrechtsdogmatik** beitragen kann. Nicht zu leugnen ist freilich, dass die Regelung des Verbraucherrechts außerhalb des Zivilgesetzbuches zu einer Spaltung im brasilianischen Privatrecht führt, die eine einheitliche systematische Handhabung vorvertraglicher Haftungsfälle noch erschwert. Das hindert jedoch nicht die Feststellung einer einheitlichen Grundlinie in den Fällen von vorvertraglichem Fehlverhalten.

II. Die allgemeine Theorie der culpa in contrahendo

Eine rechtstheoretische Konstruktion der Haftung aus culpa in contrahendo kann nicht unabhängig von einer allgemeinen Betrachtung des komplexen Phänomens der geschäftlichen Kontakte und der Rücksichtspflichten erfolgen. Ausgangspunkt muss daher der **geschäftliche Kontakt** sein, aus dem eine Rechtsbindung und ein Pflichtenprogramm für die daran Beteiligten folgt.

1. Der vorvertragliche geschäftliche Kontakt mit Rücksichtspflichten als grundlegender Tatbestand der culpa in contrahendo

1.1. Der vorvertragliche geschäftliche Kontakt mit Rücksichtspflichten

Um das vorvertragliche Haftungsphänomen weitgehend zu erfassen, muss man von einem binären Blick der Lebenswirklichkeit (Delikt und Vertrag) Abstand nehmen und mit *Larenz* beobachten, dass es im menschlichen Zusammenleben eine Vielzahl von Beziehungen verschiedener Art gibt, die unterschiedliche Intensität haben. Ein großer Teil davon sind Beziehungen gesellschaftlicher Natur, d. h., **sozialer Kontakt**, der dadurch gekennzeichnet ist, dass daraus keine besonderen Pflichten entstehen, abgesehen von einer **allgemeingültigen Pflicht**, diejenigen Rechte der anderen zu achten, die leicht erkennbar und bestimmt sind, also die **absoluten Rechte**[2] wie Persönlichkeitsrechte und dingliche Rechte an Sachen (Prototyp: Eigentumsrecht).

Canaris erklärt treffend, dass diese Rechte und Rechtsgüter in der Hierarchie der Güter obenan stehen, weil sie einerseits die wichtigste Grundlage für die materielle Sicherung der Person wie für das gesamte Wirtschaftsleben bilden und andererseits mit einer „sozialtypischen Offenkundigkeit" ausgestattet sind, so dass der potentielle Schädiger die Gefahr einer Verletzung grundsätzlich leichter als bei anderen Gütern erkennen und demgemäß vermeiden kann[3]. Die erga-omnes-Pflicht ist von sehr allgemeiner Art und bindet jedermann nur infolge seiner Gesellschaftszugehörigkeit, also unabhängig davon, ob eine konkrete Beziehung zwischen den Parteien tatsächlich besteht oder nicht, und verpflichtet alle anderen, die fremden allgemeinen Rechte zu achten und nicht zu verletzen.

Diese Verpflichtung entspricht der in der Generalklausel von Art. 186 CC2002 vorgesehen neminem-laedere-Pflicht des brasilianischen Rechts und der Jedermannspflicht des deutschen Rechts (§ 823 BGB). Erst wenn jemand ein absolutes Recht verletzt oder zu verletzen droht, bildet sich zwischen den betreffenden Personen ein Rechtsverhältnis mit bestimmten Befugnissen bzw. Ansprüchen (z. B. auf Beseitigung oder Unterlassung der Beeinträchtigung, auf Schadensersatz, etc.) heraus. Anders gesagt: erst mit der **Verletzung eines absoluten Rechts**, d. h. durch eine unerlaubte Handlung (*ato ilícito absoluto*) entsteht ein **Schuldverhältnis** zwischen dem Berechtigten (Geschädigten) und dem inzwischen bestimmten Pflichtverletzenden (Schädiger), kraft dessen der Geschädigte vom Schädiger den Ersatz des ihm dadurch entstandenen Schadens verlangen darf. Das bildet den **Kern des Deliktsrechts** in den römisch-germanischen Rechtsfamilien wie Deutschland und Brasilien. Beide Haftungssysteme unterscheiden sich konzeptionell grundsätzlich jedoch dadurch, dass das brasilianische Zivilgesetzbuch eine **deliktische Generalklausel** nach französischem Vorbild hat[4].

---

2 *Larenz/Wolf*, AT, S. 225 ff., 250 ff.; *Couto e Silva*, A obrigação como processo, S. 76; *Junqueira de Azevedo*, RDC 18/1996, 23, 24; *Martins Costa*, Um aspecto da obrigação de indenizar, 1, 3 und *ders.* Responsabilidade contratual, 1, 7. Die Autorin betrachtet inkohärenterweise die vorvertraglichen Rücksichtspflichten als Konkretisierung der allgemeingültigen neminem-laedere-Pflicht und folglich die culpa in contrahendo als Unterfall der Deliktshaftung, obwohl sie davon ausgeht, dass im Deliktsrecht die Parteien nur wegen des gesellschaftlichen Lebens miteinander in Kontakt treten.

3 FS Larenz (1983), 27, 31.

4 Nach Art. 186 CC2002 begeht derjenige, der durch vorsätzliches, fahrlässiges oder unüberlegtes Tun oder Unterlassung das Recht eines anderen verletzt und ihm einen, wenn auch nur rein immateriellen Schaden hinzufügt, eine unerlaubte Handlung (wörtlich: einen rechtswidrigen Akt), die ihm nach Art. 927 CC2002 zum Schadensersatz verpflichtet. Die Norm, die seit 2002 den

Wer jedoch durch ausdrückliches oder konkludentes Verhalten zu erkennen gibt, dass er mit einem anderen einen Vertrag eventuell abschließen will und sich zu diesem Zweck mit einer bestimmten Person in Verbindung setzt, tritt aus dem sog. **sozialen Kontakt**, der jedermann zur Beachtung der deliktsrechtlichen Sorgfaltspflichten verpflichtet, heraus und begibt sich auf die Ebene des sog. **geschäftlichen Kontakts.** *Jhering* hat schon diesen grundlegenden Unterschied zwischen dem sozialen und geschäftlichen Kontakt pointiert[5], den *Heinrich Stoll*, *Larenz* und *Canaris* in der Folge entwickelt und begründet haben[6] und der heutzutage die Basis der modernen vertrauenshaftungsrechtlichen culpa in contrahendo darstellt. Der geschäftliche Kontakt unterscheidet sich von dem sozialen Kontakt dadurch, dass die Beteiligten in einer **engen konkreten Beziehung** auf der Ebene des Geschäftsverkehrs zueinander stehen, die zumindest die Möglichkeit in sich schließt, zu einem Geschäftsabschluss zu führen und wodurch sich die Möglichkeit erhöht, dass ein Teil auf die Rechtssphäre des anderen negativ einwirkt.

Anders als im brasilianischen Recht angenommen, reicht ein einfacher sozialer Kontakt nicht aus, mag er einem Teil auch die Möglichkeit eröffnen, auf die Rechtsgüter der Gegenseite Einfluss zu nehmen, wie *Larenz* schon 1954 nachge-

---

Bezug zum immateriellen Schaden herstellt, ist eine Zusammenfassung aus Art. 1.382 („Tout fait quelconque de l'homme, qui cause à autrui un dommage, oblige celui par la faute duquel il est arrivé, à le réparer.") und Art. 1.383 („Chacun est responsable du dommage qu'il a causé non seulement par son fait, mais encore par sa négligence ou par son imprudence.") des französichen Code Civil von 1804. Dazu: *Bevilaqua*, Código, Bd. 1, Art.159, S. 342f. Im Hintergrund der Formulierung steht freilich die naturrechtliche Kodifikationsidee, von der Kasuistik einzelner Haftungstatbestände – wie in § 823 BGB BGB – Abstand zu nehmen und stattdessen eine umfassende Generalklausel zu schaffen. Dadurch überlässt jedoch der Gesetzgeber der Rechtsprechung die eigentliche, schwierige Aufgabe, deliktische Tatbestände zu erkennen, zu begründen und in die deliktischen Haftungsdogmatik systematisch zu integrieren, wie *Kötz/Wagner* zu Recht betonen. Wie das französische Deliktsrecht ist auch das brasilianische letztendlich ein reines Richterrecht geworden, das unter fehlender dogmatischer Kohärenz und Präzision leidet. Kritisch zum französischen Deliktsrecht: *Kötz/Wagner*, Deliktsrecht, S. 9.

5 Culpa in contrahendo, S. 32.

6 Dazu: *Heinrich Stoll*, LZ 17/1923, 532, 537; *Larenz*, MDR 1954, 515, 518 und *Canaris*, JZ 1965, 475, 478. Im gleichen Sinne im brasilianischen Recht: *Junqueira de Azevedo*, RDC 18/1996, 23, 24, laut dem: „... têm eles [candidatos a contratantes], entre si, deveres espeícificos – por exemplo, o de prestar esclarecimentos um ao outro; ora, um dever específico é como que um vínculo jurídico entre duas pessoas e não se assemelha ao dever genérico de não prejudicar a outrem – alterum non laedere – do art. 159 do CC [aktuell: 186 CC2002]". Auch *Fichtner Pereira*, A responsabilidade civil pré-contratual, S. 253. Für ihn entspricht der „qualifizierte soziale Kontakt" der Vertragsverhandlungen nicht denjenigem sozialen Kontakt, den der Gesetzgeber vor Augen hatte, als er das deliktische Haftungssystem geschaffen hat.

wiesen hat[7]. In der Tat tritt man durch den geschäftlichen Kontakt z. B. in dem räumlichen Bereich des Geschäftspartners ein, es werden Gespräche geführt und insbesondere Informationen ausgetauscht, die die Vertragsentscheidungen der Gegenseite erheblich beeinflussen und somit ihre Interessen berühren können[8]. Die **besondere Einwirkungsmöglichkeit auf die Rechtsgüter** des anderen Teils rechtfertigt die Entstehung von **besonderen Pflichten**, die über die allgemeine deliktsrechtliche Pflicht hinausgehen[9].

Die Unterscheidung zwischen diversen Arten von gesellschaftlichen Kontakten lässt sich sachlich rechtfertigen: Unterschiedliche Kontakte sollen durch die Rechtsordnung unterschiedlich geregelt und mit Pflichten verschiedener Intensität ausgestattet werden[10]. Je enger der Kontakt, desto stärker die Pflichten zum Schutz der Rechtssphäre der Gegenseite. Dieser Gedanke liegt dem deutschen Privatrecht zugrunde, berücksichtigt man nur die Rechtsentwicklung über die deliktischen Verkehrssicherungspflichten einerseits und die Rücksichtspflichten vor, bei und nach dem Vertrag andererseits.

Im brasilianischen Recht ist die Abgrenzung zwischen sozialem und rechtsgeschäftlichem Kontakt noch deutlicher: Denn man hat im außervertraglichen Bereich – abgesehen von den Verkehrspflichten im Verbraucherrecht und einigen gesetzlich vorgesehenen Deliktstatbeständen – nicht so intensive positive Pflichten wie die deutschen Verkehrssicherungspflichten, so dass man seiner neminem-laedere-Pflicht auch noch mit bloßer Unterlassung grundsätzlich nachkommt[11]. Die vorvertraglichen Rücksichtspflichten als konkrete, gegenüber einer bestimmten Person bestehende Pflichten verlangen dagegen vielmehr ein Tun, d. h. ein positives Verhalten, das eindeutig über ein Nichtstun hinausgeht. Unabhängig vom positiven oder negativen Kommando der betreffenden Pflicht ist ungleich wichtiger zu konstatieren, dass sich soziale und rechtsgeschäftliche

---

7 *Larenz*, MDR 1954, 515, 518. Die Lehre spricht immer noch von einem sozialen Kontakt, der allerdings nicht genau vom Kontakt des Deliktsrechts differenziert wird und deshalb irrig den Eindruck erweckt, dass die dabei entstandenen Pflichten (Rücksichts- und Jedermannspflicht) gleicher Art sind. *Couto e Silva* hat das vorvertragliche Stadium als sozialen Kontakt qualifiziert. A obrigação como processo, S. 75 f. Ihm folgend *Martins Costa*, A boa-fé, S. 401 ff; *ders.*, Responsabilidade contratual, 1, 7 und *Becker*, Elementos para uma teoria unitária da responsabilidade civil, 1, 4 ff. *Fichter Pereira* spricht zu Recht von einem qualifizierten sozialen Kontakt. A responsabilidade civil pré-contratual, S. 253. *Silva Pereira* betrachtet dagegen fehlerhaft den qualifizierten sozialen Kontakt als das vertragliche Schuldverhältnis. Obrigações, S. 314.

8 *Larenz/Wolf*, AT, S. 592.

9 Statt vieler: *Heinrich Stoll*, LZ 1923, 532, 537; *Larenz*, MDR 1954, 518; *Canaris*, JZ 1965, 475, 478 ff.; *Fikentscher/Heinemann*, Schuldrecht, S. 57 und *Westermann/Bydlinski/Weber*, SR/AT, S. 203.

10 *Larenz/Wolf*, AT, S. 592.

11 In diesem Sinne: *Cavalieri*, Programa de responsabilidade civil, S. 291.

Kontakte materiell und in ihrer Bewertung voneinander unterscheiden und unterschiedlich beurteilt werden müssen.

Die Pflichten, die vor dem Abschluss des Geschäfts entstehen, zeigen bestimmte Besonderheiten. Anders als die deliktische Jedermannspflicht setzten sie notwendigerweise eine **schon vorhandene Beziehung geschäftlicher Art** zwischen den Parteien voraus. Ein sozialer Kontakt reicht dagegen nicht aus, wie *Larenz* nachgewiesen hat[12]. Das ist deshalb erforderlich, weil sie sich nach den **Umständen der tatsächlichen Beziehung** ausformen, die das faktische Substrat für die Inhaltsbildung der vorvertraglichen Pflichten liefert. Denn sie erwachsen nicht mit einem schon determinierten Inhalt wie die vertraglichen Pflichten oder die deliktische Pflicht, die – trotz ursprünglicher Unbestimmtheit des Verpflichtenden – ja das Gebot enthält, sich sorgfältig im Gesellschaftsleben zu verhalten, um bestimmte Rechtsgüter (absolute Rechte) nicht zu verletzen, seien solche Rechtsgüter nun ausdrücklich im Gesetz aufgezählt (§ 823 BGB) oder aber allgemein im Gesetz (Arts. 186 und 927 CC2002) vorgesehen. Der Inhalt und die Intensität vorvertraglicher Pflichten bestimmen sich nur nach den Umständen des Einzelfalls, so dass sie zwangsläufig **konkretisierungsbedürftige fallbezogene Pflichten** sind. Hier gilt die Regel: je enger der geschäftliche Kontakt, desto größer die Einwirkungsmöglichkeit auf den fremden Rechtskreis und desto intensiver die vorvertraglichen Pflichten.

Die vorvertraglichen Pflichten gelten – anders als die Jedermannspflicht – nicht gegenüber allen, sondern in der Regel nur zwischen den **Beteiligten** am geschäftlichen Verhältnis. In diesem Sinne ähneln sie den Leistungspflichten, die auch einen relativen Charakter haben. Ausnahmsweise können die vorvertraglichen Pflichten **Dritte** treffen, die zwar nicht selber Vertragspartner des beabsichtigten Geschäfts werden, die aber in dem geschäftlichen Kontakt durch einen Beteiligten einbezogen sind. Das zeigt schon vier wichtige Eigenschaften solcher Pflichten: **Relativität**, **Einzelfallbezogenheit**, **Inhaltsunbestimmtheit** und die korrespondierende **Konkretisierungsbedürftigkeit.**

---

12 Zu erinnern ist an das Beispiel der Verkehrsteilnahme: Ein Kraftfahrer vertraut sich oder seine Rechtsgüter dem Einfluss und der Sorgfalt eines anderen in dem Augenblick an, in dem beide sich auf einer Straßenkreuzung begegnen. Das Gleiche gilt, wenn der Fußgänger die Straße in dem Augenblick überquert, in dem ihm die Ampel den Übergang frei gibt, denn in diesem Moment setzt er sich dem Einfluss eines Kraftfahrers aus, der an der Ampel hält. Es liegt zwar (allgemeines) Vertrauen und ein sozialer Kontakt vor, aber kein geschäftlicher Kontakt. Dabei kommt folglich keine über die deliktische Verantwortlichkeit hinausgehende Schadensersatzhaftung nach den Grundsätzen der Vertrauenshaftung in Betracht. *Larenz*, MDR 9/1954, 515, 517 und *ders.*, SR/AT, S. 110 Fn. 11.

Aufgrund der Einwirkungsmöglichkeit auf die Rechtssphäre der Gegenseite, die mit dem geschäftlichen Kontakt notwendigerweise verbunden ist, schützen die vorvertraglichen Pflichten die gegenwärtige Güterlage der Beteiligten. Aber nicht nur das: Da der geschäftliche Kontakt auf den Vertragsschluss gerichtet ist und darin einmünden kann (nicht muss!), dienen vor allem die Informations-, Aufklärungs- und Beratungspflichten dem Schutz des Interesses der Parteien, eine störungsfreie und ausgewogene rechtsgeschäftliche Entscheidung zu treffen. Schon *Kress* und *Heinrich Stoll* haben darauf hingewiesen, dass diese Pflichten die Parteien vor Beeinträchtigungen von Interessen schützen, die während der Begründung – und Durchführung – des Vertrages eintreten können[13].

Das deutet darauf hin, dass die vorvertraglichen Pflichten **nicht** auf den Schutz des **Interesses an der Erfüllung des Vertrages** gerichtet sind, dessen Abschluss bis zum letzten Moment wohl noch unsicher ist. Sie dienen ausschließlich dem **Schutz des Integritätsinteresses.** Ihr Zweck ist also, den **(nicht) vermögensrechtlichen status quo** und die **rechtsgeschäftliche Selbstbestimmung**[14]abzusichern, die unabhängig von Vermögenseinbußen schutzwürdig ist[15]. Jede einzelne vorvertragliche Pflicht hat selbstverständlich einen unterschiedlichen Schutzzweck.

Nach der hier vertretenen Ansicht gehören jedoch die sog. **Schutzpflichten ieS** – anders als im deutschen Recht – nicht zum Schutzbereich der culpa in contrahendo. Sie können zwar anhand einer geschäftlichen Beziehung entstehen mit dem Ziel, die absoluten Rechte der Beteiligten – und mancher Dritter – abzusichern, gehören aber zum Deliktsrecht, weil sie nichts anderes als eine Konkretisierung der erga-omnes-Pflicht darstellen und keinen inneren Bezug zum intendierten Vertrag haben. Das bedeutet, dass die Haftung in contrahendo nur vermögens- und nichtvermögensrechtliche Interessen der Parteien abdeckt, die **nicht direkt aus der Verletzung der klassischen absoluten Rechte** resultieren. Ein unmittelbarer Eingriff in Persönlichkeitsrechte oder eine Eigentumsverletzung löst also keine Schadensersatzpflicht aus culpa in contrahendo aus, sondern nur eine Deliktshaftung, weil die Verletzung solcher absoluten Rechte zum Wesen des Deliktsrechts gehört.

Rücksichtspflichten haben grundsätzlich das Ziel, die am geschäftlichen Kontakt beteiligten Parteien zum **redlichen und loyalen Verhalten untereinander** sowie zur **Rücksichtnahme auf die Güter und berechtigen Interessen**

---

13 *Kress*, Lehrbuch des allgemeinen Schuldrechts, S. 5 und *Heinrich Stoll*, Leistungsstörung, S. 27 f.

14 Statt vieler: Erman/*Westermann*, § 241 Rn. 10; Staudinger/*Olzen*, § 241 Rn. 160; MünchKomm/*Hopt*, § 242 Rn. 172 und *Fikentscher/Heinemann*, Schuldrecht, S. 27.

15 Statt vieler: *Finkentscher/Heinemann*, SR, S. 27.

des Geschäftspartners zu verpflichten. Insbesondere **Informations- bzw. Aufklärungspflichten**, die zum Kernbereich der culpa in contrahendo zählen, haben den Zweck, den potentiellen Vertragspartnern die Möglichkeit zu eröffnen, eine **informierte und von Fremdstörungen freie Entscheidung** zu treffen, ob sie das geplante Geschäft abschließen wollen oder nicht. Daraus ergibt sich, dass ihr Zweck hinsichtlich der zu treffenden Entscheidung völlig ergebnisneutral ist[16]. Sie können weiter je nach den Umständen des konkreten Falles auch darauf abzielen, eine **ausgeglichene Gestaltung der vertraglichen Beziehung** zu ermöglichen, was der innere Zusammenhang dieser vorvertraglichen Pflichtkategorie zum Vertrag aufzeigt. Deshalb kann man sie als **„vertragsbezogene" Rücksichtspflichten** bezeichnen.

Auch hier zielen sie jedoch nicht darauf ab, das Interesse am Erlangen von Vorteilen zu schützen, die der potentielle Vertragspartner erst mit einer (auch unsicheren) vertragsmäßigen Ausführung des Geschäfts erlangen könnte. Dem Schutz des Erfüllungsinteresses dienen grundsätzlich die vertraglichen Leistungs- und leistungsbezogene Nebenpflichten, die allerdings von dem Zustandekommen des Vertrages abhängig sind. Die leistungsbezogenen Rücksichtspflichten entstehen jedoch nicht aus dem Vertrag, weil ihr Geltungsgrund nicht in der Privatautonomie der Parteien liegt. Sie entstehen allein aus dem tatsächlichen Vertrauensverhältnis[17] und haben ihren Geltungsgrund im Grundsatz von Treu und Glauben (Art. 422 CC2002). Einzig ihr Inhalt formt sich nach den Umständen der konkreten vertraglichen Beziehung aus. Die leistungsbezogenen Rücksichtspflichten, die im Rahmen eines Vertrages entstehen, unterscheiden sich jedoch funktionell von den vorvertraglichen Rücksichtspflichten, indem sie der Bewahrung des Erfüllungsinteresses dienen, während letztere nur der Bewahrung des Integritätsinteresses nützen[18].

1.2. Die Rechtsnatur des geschäftlichen Kontakts: das vorvertragliche Schuldverhältnis

Nimmt man an, wie mehr oder weniger die brasilianische Privatrechtsdogmatik, dass infolge eines geschäftlichen Kontakts für beide Teile rechtsbindend vorvertragliche Rücksichtspflichten entstehen, muss man weiter nach ihrer **rechtlichen Grundlage** fragen, da solche Pflichten nicht in der Luft hängen, wie *Heinrich Stoll* schon im Jahr 1923 festgestellt hat. Dies gilt umso mehr, wenn man berücksichtigt,

16 In ähnlichem Sinne auch *Nickel*, Rechtsfolgen, S. 86.
17 *Canaris*, JZ 1965, 473, 479.
18 Statt vieler: Staudinger/*Olzen*, § 241 Rn. 147 ff.

dass die vorvertraglichen Pflichten – anders als die Jedermannspflicht – nicht gegenüber jedem Gesellschaftsmitglied wirken und deshalb keine faktische Beziehung zwischen Berechtigtem und Verpflichtetem voraussetzen, sondern umgekehrt nur gegenüber bestimmten Parteien eines konkreten geschäftlichen Verhältnisses gelten. Wenn ihr Inhalt und Umfang – mit anderen Worten: ihre Konkretisierung – von den konkreten Umständen des Einzelfalls abhängig sind, ist es nur folgerichtig, anzunehmen, dass das **konkrete Verhältnis** die Grundlage für die vorvertraglichen Pflichten bildet.

Das mag in Deutschland banal klingen, ist in Brasilien jedoch von Bedeutung, weil die überwiegende Mehrheit der Lehre davon ausgeht, dass die vorvertraglichen Verhaltenspflichten etwa in der Luft hängen oder sich „aus dem Gesetz" wie die neminem-laedere-Pflicht ergeben, jedenfalls nicht aus einem vorhandenen Rechtsverhältnis, noch weniger aus einem Schuldverhältnis – eine Idee, die schon als „willkürlich und unbegründet" beurteilt wurde[19]. Grund dafür ist die falsche Vorstellung, dass im vorvertraglichen Stadium **keine Rechtsbindung** zwischen den Beteiligten bestünde[20]. Dass damit eine vertragliche Bindung gemeint ist, liegt auf der Hand. Denn im Schrifttum herrscht immer noch der Gedanke, dass Rechtspflichten entweder aus Vertrag oder aus Gesetz resultieren[21]. Die herrschende Meinung bezieht sich zwar auf den Grundsatz von Treu und Glauben als Pflichtenquelle. Welche Grundlage die Pflichten aus „Treu und Glauben" haben, ist unklar. Manche Autoren sehen in dem sozialen Kontakt die Grundlage der Rücksichtspflichten. Andere leiten sie aus dem Vertrag her. Da in der vorvertraglichen Phase noch **kein Vertrag** existiert, scheinen die Pflichten aus Treu und Glauben für andere „aus dem Gesetz" zu resultieren[22]. In Wirklichkeit gibt die

19 *Tepedino*, Atividade sem negócio jurídico fundante, 1, 10.

20 Im alten Recht schon *Serpa Lopes*, Curso III/1, S. 68 ff.; in der modernen Lehre vgl. statt vieler: *Silva Pereira*, Obrigações, S. 314; *Diniz*, Curso, Bd. 3, S. 42 und *Donnini*, Responsabilidade civil póscontratual, S. 220 ff., der der nachvertraglichen Haftung eine vertragliche Natur zuordnet, der vorvertraglichen Haftung dagegen eine deliktische Natur zuspricht, weil im ersteren Fall der Vertrag trotz Erlöschens durch Erfüllung weitere Wirkungen erzeuge.

21 Statt vieler: *Silva Pereira*, Obrigações, S. 36 f.; *Diniz*, Curso, Bd. 3, S. 4; *Villaça Azevedo*, Teoria geral das obrigações, S. 23 f. und *Salvo Venosa*, Obrigações, S. 65.

22 Für die Entstehung aus sozialem Kontakt vgl. *Martins Costa*, A boa-fé, S. 403; aus Vertrag statt vieler: *Donnini*, Responsabilidade civil pós-contratual, S. 224 f. Er leitet gleichzeitig die Nebenpflichten aus dem Grundsatz von Treu und Glauben und aus dem Vertrag ab. Da in der Verhandlungsphase kein Vertrag vorliegt, kann die culpa in contrahendo nur eine Deliktshaftung darstellen; die Haftung post factum finitum sei schon eine Vertragshaftung, weil der schon erloschene Vertrag weiter wirke. Aus dem Gesetz: *Nery/Andrade Nery*, Obrigações, S. 30 f., die neben dem Grundsatz von Treu und Glauben auch ein typisches soziales Verhalten als Pflichtengrund erwähnen; *Salvo Venosa*, Obrigações, S. 65 und *Gagliano/Pamplona*, Novo curso, Bd. 2, S. 24. Bei

herrschende Lehre keinen Hinweis auf die **Rechtsgrundlage** vorvertraglicher Pflichten, hingegen nur auf ihr **Fundament**, nämlich den Grundsatz von Treu und Glauben.

Diese Auffassung ist jedoch unlogisch: Es ist widersprüchlich, zunächst anzunehmen, dass die vorvertraglichen Pflichten nach den Umständen der tatsächlichen Beziehung der Parteien zu konkretisieren sind, also dass sie naturgemäß zwangsläufig fallbezogen sind und dann ihre Rechtsgrundlage nicht in dem genannten Verhältnis zu sehen. Wenn ein konkretes Verhältnis vorvertragliche Pflichten erzeugt, kann es logischerweise nur die Rechtsgrundlage der Pflichten bilden. Mehr noch: Wenn es Pflichten hervorbringt, deren Verletzung einen Schadensersatzanspruch auslöst, d. h. das Recht, von dem Pflichtverletzer eine Schadensersatzleistung zu fordern, kann es rechtsdogmatisch nur als **Schuldverhältnis** qualifiziert werden, wie *Heinrich Stoll* federführend festgestellt hat[23].

Dass es sich nicht um ein typisches, auf einer privatautonomen Entscheidung beruhendes Schuldverhältnis handelt, haben vor allem *Larenz* und *Canaris* überzeugend nachgewiesen, da daraus keine Leistungspflichten erwachsen, die grundsätzlich der Güterbewegung dienen. Heinrich Stoll spricht von **Vertrauensverhältnis** und *Larenz* von einem **Schuldverhältnis ohne primäre Leistungspflicht**[24]. *Canaris*, der einen bedeutenden Schritt weiter gemacht hat, postuliert die rechtsdogmatische Autonomie des sog. **einheitlichen gesetzlichen Schulverhältnisses**, aus dem alle Rücksichtspflichten stammen, sei es vor, bei oder nach dem Vertrag. Das gesetzliche Schuldverhältnis beginnt für ihn mit der Aufnahme des geschäftlichen Kontakts, verdichtet sich auf mehreren Stufen bei Zustandekommen des Vertrages und läuft also parallel zu dem vertraglichen Schuldverhältnis, das auf Grundlage einer privatautonomen Vereinbarung zwischen den Parteien entsteht[25].

All diese Terminologien beschreiben – abgesehen von ihrer unterschiedlichen dogmatischen Konstruktion – die gleiche Rechtswirklichkeit, also das vorvertragliche Verhältnis, das mit der Aufnahme des geschäftlichen Kontakts zwischen den Kontrahenten entsteht und aus dem die Rücksichtspflichten

---

Lôbo ist unklar, woraus die vorvertraglichen Pflichten resultieren, denn für ihn stammen die Pflichten aus rechtswidrigen und rechtlichen Fakten. Wie die vorvertragliche Pflichtverletzung zu qualifizieren ist, bleibt unbeantwortet. Falsch sei es ihm zufolge, zu behaupten, dass eine Pflicht aus Vertrag oder aus Gesetz stamme. Obrigações, S. 48 ff.

23 LZ 1923, 523, 544.

24 *Heinrich Stoll*, Leistungsstörung, S. 26 und *Larenz*, SR/AT, S. 106 ff.

25 JZ 1965, 475, 478 ff. Kritisch zum bei *Canaris* einheitlichen gesetzlichen Schuldverhältnis: *Larenz*, SR/AT, S. 119 f. und *Fikentscher/Heinemann*, Schuldrecht, S. 28.

entstammen. Wer im brasilianischen Recht eine Rechtsbindung im vorvertraglichen Kontakt erblicken kann, anerkennt die schuldrechtliche Natur des vorvertraglichen Verhältnisses. *Rosado de Aguiar* führt aus, dass schon im vorvertraglichen Stadium ein Schuldverhältnis (*relação obrigacional*) zwischen den Beteiligten entstehe, das unabhängig vom Vertrag sei und sein Fundament im Grundsatz von Treu und Glauben finde[26]. *Popp* nimmt – in Anlehnung an *Prata* – dabei auch ein Schuldverhältnis an[27]. Es fehlt jedoch bei ihnen eine weitere Begründung.

Das ist jedoch unentbehrlich, weil man im brasilianischen Recht noch davon ausgeht, dass ein Schuldverhältnis nur kraft Privatautonomie (Rechtsgeschäft) oder kraft Gesetzes (z. B. unerlaubte Handlung) entsteht. *Junqueira de Azevedo*, der an die Drittspurtheorie herankommt, sagt nur, dass die spezifischen vorvertraglichen Pflichten „wie eine Rechtsbindung zwischen zwei Personen seien“[28]. *Fichter Pereira* erkennt zwar im „qualifizierten geschäftlichen Kontakt“ die Existenz eines Rechtsverhältnisses, erklärt jedoch nichts über die Natur der Bindung, sondern lehnt ausdrücklich die schuldrechtliche Natur des Kontakts ab, weil daraus keine Leistungspflicht entstehe[29]. *Martins Costa* spricht nur von einer „Bindung“ (*vínculo*), die stärker als der neminem-laedere-Kontakt und schwächer als die „rechtsgeschäftliche Bindung“ (= der Vertrag) sei[30].

All diese Meinungen belegen, dass es im brasilianischen Recht kaum selbstverständlich ist, dass im vorvertraglichen Stadium ein Schuldverhältnis mit Rücksichtspflichten zwischen den Parteien entsteht. Im Gegenteil: die überwiegende Meinung sieht darin – trotz Anerkennung der vorvertraglichen Rücksichtspflichten – kein Rechtsverhältnis, noch weniger ein Schuldverhältnis. Als verfehlt erweist sich allerdings *Tepedinos* Auffassung. Er will *Haupts* Lehre der faktischen Vertragsverhältnisse kraft sozialtypischen Verhaltens „wiederbeleben“[31], die in Deutschland, Italien und Portugal schon lange als überholt gilt. Ohne sich mit der Problematik der culpa in contrahendo auseinanderzusetzen, geht er davon aus, dass die Verhandlungsphase ein „fruchtbarer Boden“ für *Haupts* Lehre bilde, weil man sich dort in einem intensiven sozialen Kontakt befinde, wo kein (konkludenter) „rechtsgeschäftlicher Wille“ vorliege[32].

---

26 Extinção dos contratos, S. 245.

27 Responsabilidade civil pré-negocial, S. 148. In Portugal: *Prata*, Notas, S. 212.

28 RDC 18/1996, 23.

29 Responsabilidade civil pré-contratual, S. 255.

30 Um aspecto da obrigação de indenizar, 1, 3. Sie qualifiziert den vorvertraglichen Kontakt auch als Rechtsverhältnis in: A boa-fé, S. 403.

31 *Tepedino*, Atividade sem negócio jurídico fundante, 1, 7.

32 *Tepedino*, Atividade sem negócio jurídico fundante, 1, 9.

Ihm zufolge entstehen in den Vertragsverhandlungen „vertragliche Bindungen" graduell, die allerdings keine „schuldrechtliche Bindung" darstellen, weil man sonst die Verhandlungen zwingend in ein Schuldverhältnis umwandeln würde. Mit dieser Konstruktion will er angeblich die Begründung von Rücksichtspflichten und „vorvertraglichen Pflichten" (*obrigações pré-contratuais*) erklären und schlägt vor, die „ungeeignete" Theorie der culpa in contrahendo, die nur das negative Vertragsinteresse schütze, durch die Lehre der faktischen Vertragsverhältnisse kraft sozialtypischen Verhaltens zu ersetzen, die den Ersatz des positiven Interesses ermögliche[33]. Mit einem solchen Konstrukt könne man – so *Tepedino* – die „Wirkungen des Vertrages" unabhängig von dem Rechtsgeschäft begründen, das den Vertrag ins Leben rufe[34].

Abgesehen von der totalen Unkenntnis über die Theorie der culpa in contrahendo ergibt sich aus dem „Konstrukt" eine verwirrende konzeptionelle Unpräsizion. Dass sich der Vertragsinhalt progressiv, also graduell, während der Verhandlungen bildet, ist nichts Neues. In jeder Einigung über die wesentlichen Punkte des geplanten Geschäfts „kleine Verträge ohne Rechtsgeschäft" – *Tepedino* spricht von *„pequenos contratos sem negócio"*[35] – zu sehen, ist völlig verfehlt, weil es sich dabei bloß um eine materielle Einigung handelt. Auch wenn er damit die Entstehung von Vor-, Rahmen-, Optionsvertrag oder Geheimnisvereinbarung meint, ist sein Rückschluss unzutreffend, denn diese stellen typische Verträge,

---

33 Laut *Tepedino:* „Para que isso seja possível, sem impor aos negociadores uma contratação coativa, ou uma conversão arbitrária das tratativas em vínculo obrigacional, o que seria autoritário e injustificado, pode-se revisitar as teorias que, fundadas nos comportamentos socialmente típicos (Larenz), permitem a admissão de atividades contratuais extraídas do contato social estabelecido no âmbito das tratativas. *Tratar-se-ia de entrever, dito por outras palavras, pequenos contratos sem negócio, fundados no comportamento socialmente típico mediante o qual obrigações unilaterais ou bilaterais podem ser progressivamente assumidas mesmo sem negócio jurídico fundante.* Em tais casos, cada vez mais freqüentes na prática negocial, *a teoria da culpa in contraendo* (*negatives Vertragsinteresse*), da qual decorrem exclusivamente interesses negativos, *apresenta-se incompatível com a realidade dos fatos*, diante das obrigações contratuais já efetivamente assumidas e em relação às quais parece razoável que a parte possa legitimamente almejar, em caso de violação, interesses positivos.". Atividade sem negócio jurídico fundante, 1, 10 (Hervorhebung durch die Autorin.).

34 *Tepedino* schreibt: „Para o desenvolvimento de construção dessa envergadura mostra-se valiosa a recuperação de subsídios doutrinários oferecidos pela doutrina das atividades sem negócio e dos comportamentos sociais típicos, explorados na obra de Juliana Pedreira, que *poderiam demonstrar a possibilidade de produção de efeitos do contrato antecedente ou independente do negócio jurídico que o constitui.*" (Hervorhebung durch die Autorin). Atividade sem negócio jurídico fundante, 1, 11.

35 *Tepedino*, Atividade sem negócio jurídico fundante, 1, 10.

d. h. Rechtsgeschäfte im Umfeld des Hauptvertrages dar[36], die durch das Zusammenfallen von (ausdrücklichen) rechtsgeschäftlichen Willenserklärungen entstehen. Da dabei zweifellos ein rechtsgeschäftlicher Wille der Parteien vorliegt, passt *Haupts* Lehre sowieso nicht, die gerade beim Vertragsabschluss die Willenserklärung durch ein sozialtypisches Verhalten ersetzt[37].

Das schlimmste bei dieser Auffassung ist die unnötige Dekonstruktion des Vertragsbegriffs sowie die konzeptionelle Inversion beider Rechtskategorien, als wäre der Vertrag eine breitere Kategorie als das Rechtsgeschäft, das in der Lehre von *Tepedino* denn eher als ein Element des Vertrages erscheint. Auf die Vertragskategorie zurückzugreifen, um die Entstehung vorvertraglicher Rücksichtspflichten zu begründen, ist ein Rückschritt in der modernen Schutzlehre, die kaum zu begründen ist und vom Autor auch nicht begründet wird[38]. Darüber, dass der Vertrag nur eine – wohl die wichtigste – Erscheinungsform des bilateralen Rechtsgeschäfts ist, besteht im brasilianischen Recht kaum ein Zweifel[39]. Die Auffassung verkennt aber, dass das Rechtsgeschäft ein allgemeiner Begriff ist, der mit der Willenserklärung als seinem Grundelement eine bedeutende Funktion im Privatrecht erfüllt, nämlich die privatautonome Gestaltung von Rechtsverhältnissen zu ermöglichen[40]. Aus allen diesen Gründen ist sie abzulehnen. Diese Auffassung ist ein Beleg dafür, dass es in Brasilien kaum selbstverständlich ist, dass schon vor dem Vertrag eine schuldrechtliche Bindung entsteht, woraus

36 *Larenz/Wolf*, AT, S. 424.

37 Merkwürdig ist dabei, dass in Brasilien die Hauptprobleme, die *Haupt* für die Bildung seiner Theorie identifiziert hat, nicht vorkommen. Denn es ist in Brasilien unmöglich, eine Straßenbahn zu benutzen, ohne vorher ein Ticket zu kaufen und zu lösen, wie in Deutschland. Auch unmöglich ist, elektrischen Strom zu verbrauchen ohne vorher einen schriftlichen Vertrag mit dem Stromunternehmen abzuschließen. In Betracht könnte dagegen freilich z. B. der Parkplatzfall kommen, in dem man einen gebührenpflichtigen Parkplatz benutzt und die Zahlung der Gebühr ausdrücklich ablehnt. Es besteht jedoch im brasilianischen Recht kein Zweifel, dass der Benutzer eine konkludente Erklärung abgibt und einen Vertrag abschließt. Dafür braucht man *Haupts* Lehre nicht. Bei *Tepedino* fehlt jegliche Auseinandersetzung mit den von Haupt durchgearbeiteten Problemgruppen. Kritisch zur *Haupts* Lehre: MünchKomm/*Kramer* (2003), Einleitung vor § 241 Rn. 63 ff. und *Larenz/Wolf*, AT, S. 579 f.

38 Zu beachten ist mit Kramer, dass nicht einmal *Dölle*, der seine vorvertragliche Lehre im Anschluss an *Haupts* Arbeit begründete, von faktischen Vertragsverhältnissen aus sozialem Kontakte gesprochen hat. Er fand es misslich, eine Erscheinung, die erst durch eine neuartige Betrachtung sozialer Zusammenhänge deutlich geworden sei, Kategorien zuzuordnen, mit denen die feste Vorstellung ganz bestimmter altbekannter Phänomene verknüpft sei, zumal wenn die Neuerscheinung von diesen in entscheidenden Elementen abweiche. Dazu: ZgesStaatsW 103/1942, 85 und MünchKomm/*Kramer* (2003), Einleitung vor § 241 Rn. 79.

39 Statt vieler: *Gomes*, Inrodução, S. 298.

40 *Larenz/Wolf*, AT, S. 393.

Rücksichtspflichten erwachsen, deren Verletzung eine vertragsähnliche Haftung auslöst.

Dass es sich dabei um eine schuldrechtliche Bindung handelt, kann nicht mehr ernsthaft bezweifelt werden[41]. Über die oben schon genannten rechtsdogmatischen Gründe hinaus ist zu berücksichtigen, dass ein solches schuldrechtliches Konzept dem brasilianischen Privatrecht **nicht völlig fremd ist**, denn im Bereich des **Verbraucherrechts** liegt schon ein ähnliches Modell vor. In der Tat betonen einige Verbraucherrechtslehren, dass das verbraucherrechtliche Rechtsverhältnis weitergehend sei und schon vor dem Vertragsschluss entstehe. Eine solche Rechtsbindung bilde sich schon mit dem Eintritt des Verbrauchers in den Laden oder mit der Eröffnung des Ladens für die Öffentlichkeit[42]. Dass dieses Konzept dem **Schuldverhältnis aus der Vertragsanbahnung** im Sinne von **§ 311 II 2 BGB** entspricht, liegt auf der Hand und lässt sich durch die Rezeption eines Teils der deutschen Schuldrechtsdogmatik im brasilianischen Verbraucherrecht erklären.

Das Thema wird jedoch durch die Verbraucherrechtslehre nicht weiterentwickelt, die sich mit den damit verbunden grundlegenden Fragen nicht auseinandersetzt. Unklar ist zum Beispiel, ob es sich dabei überhaupt um ein Schuldverhältnis handelt oder welche Natur das angenommene Rechtsverhältnis überhaupt hat. Nimmt man dabei ein Schuldverhältnis an, ist undeutlich, ob es sich vor und nach Vertragsabschluss jeweils um das gleiche Schuldverhältnis handelt. Bejaht man diese Frage, muss man weiter erklären, wie eine vertragliche Bindung schon vor Vertragsschluss wirken kann. Negiert man die Frage, ist dann zu klären, ob es sich dabei um zwei unterschiedliche Rechtsbindungen handelt und welche Unterschiede – also Tatbestände, Rechtsfolgen, Rechtsgrundlage, Fundament und nicht zuletzt Gesetzesgrundlage – sie aufweisen.

Auch erklärungsbedürftig ist die für eine einheitlichere Behandlung des Privatrechts bedeutende Frage, ob und warum dieses Rechtsverhältnis spezifisch für Verbraucherverhältnisse ist oder ob es auch im allgemeinen Schuldrecht besteht. Mit dieser sensiblen Diskussion, die den Kern der Schuldrechtsdogmatik betrifft, setzt sich die Verbraucherrechtsdoktrin schlicht nicht auseinander. Sie kann deshalb für die hier behandelte Frage nach dem vorvertraglichen Schuldverhältnis keine rechtsdogmatische Begründung, sondern nur einen Anhaltspunkt liefern.

---

41 Über den schuldrechtlichen Charakter der vorvertraglichen Bindung vgl. *Nunes Fritz*, Boa-fé objetiva, S. 39 ff.

42 *Lima Marques*, Contratos, S. 635, die ausdrücklich auf das deutsche Konzept schuldrechtlicher Bindung bezieht. Allerdings geht sie in Anlehnung an *Koedgen* davon aus, dass eine Rechtsbindung in verbraucherrechtlichen Beziehungen schon mit der Werbung anfängt (S. 608 ff.).

Ein solches Schuldverhältnis – genau wie die vorvertraglichen Pflichten – ist **kein Spezifikum des Verbraucherrechts.** Ein solches bildet sich vielmehr heraus, wenn sich etwa ein privater Kaufinteressent mit dem Verkäufer in Verbindung setzt, um sich über das Kaufobjekt zu informieren, ohne mit ihm über die spezifischen Bedingungen des konkreten Geschäfts anzufangen zu verhandeln. Die Abgrenzung zwischen beiden Niveaus des geschäftlichen Kontakts ist selbstverständlich nicht immer leicht und kann nur durch Auslegung ermittelt werden. Praktisch macht die Abgrenzung keinen großen Unterschied, da eine schuldhafte Pflichtverletzung in beiden Fällen grundsätzlich zum Schadensersatz führen kann. Das bedeutet: Ein solches vorvertragliches Schuldverhältnis gibt es auch im **allgemeinen Schuldrecht.** Dies lässt sich selbstverständlich weder mit einer „Ausdehnung" des Verbraucherbegriffes noch mit einem „Dialog der Quellen" begründen, wie oft und gerne im brasilianischen Schrifttum angenommen, sondern mit einem Rekurs auf die Schuldrechtsdogmatik.

Viel wichtiger ist die von *Canaris* aufgeworfene Frage, ob es sich dabei um eine autonome schuldrechtliche Bindung handelt oder nicht. Er hat – in Anlehnung an *Heinrich Stoll*, der das Vertrauensverhältnis von dem Leistungsverhältnis wegweisend differenziert hat[43] – das Konzept des **einheitlichen gesetzlichen Schuldverhältnisses** entwickelt, nach dem das gesetzliche Schuldverhältnis mit dem geschäftlichen Kontakt beginne und bei Zustandekommen des Vertrages neben dem vertraglichen Schuldverhältnis weiter laufe und unter Umständen auch nach Erfüllung fortbestehe. Das „gesetzliche" Schuldverhältnis, das nur Rücksichtspflichten erzeugt, sei eine **rechtsdogmatisch autonome Kategorie** im Vergleich zu dem vertraglichen Schuldverhältnis, da dieses aus den Parteiwillen stamme, während sich das andere aus dem „Gesetz", d. h., aus § 242 BGB (heute: § 311 II iVm § 241 BGB) ergebe[44].

Es handele sich dabei – laut *Canaris* – um zwei schuldrechtliche Bindungen, die sich in ihrem Entstehungsgrund, Fundament und nicht zuletzt ihrem Inhalt (Pflichten) voneinander unterscheiden, auch wenn sie Ähnlichkeiten aufweisen und sich wechselseitig beeinflussen. Das vorvertragliche Schuldverhältnis finde seinen **Entstehungsgrund** in dem **vorvertraglichen geschäftlichen Kontakt** mit gesteigerter Einwirkungsmöglichkeit auf die Rechtssphäre der Gegenseite, welche auch das faktische Substrat für die Herausbildung der vorvertraglichen Rücksichtspflichten liefert. Dieses Schuldverhältnis kommt völlig unabhängig vom Parteiwillen sowie von der Existenz eines (un)gültigen Vertrages zustande, so dass es sein **Fundament** nicht in der Privatautonomie hat, sondern ausschließ-

---

43 Leistungsstörungen, S. 26.
44 *Canaris*, JZ 1965, 475, 479.

lich in dem Redlichkeits- und Vertrauensgebot, der dem **Grundsatz von Treu und Glauben** (Art. 422 CC2002) immanent ist. Die daraus entstehenden Rücksichtspflichten unterscheiden sich sowohl von den Leistungspflichten als auch von der Jedermannspflicht, so dass sie einen besonderen Typus von schuldrechtlichen Pflichten darstellen.

Das vertragliche Schuldverhältnis findet dagegen seinen **Entstehungsgrund** in der **Willenseinigung** (*consenso*) der Parteien und setzt deshalb mindestens zwei gültige, inhaltlich übereinstimmende und ausdrücklich oder konkludent abgegebene Willenserklärungen voraus, die auf die Herbeiführung von bestimmten Rechtsfolgen gerichtet sind. Sein **Fundament** liegt deshalb im **Grundsatz der Privatautonomie.** Die daraus entstehenden Leistungspflichten dienen in erster Linie der Befriedigung beiderseitiger Interessen (Erfüllungsinteresse), die oft – aber nicht immer – durch eine Güterbewegung vollzogen wird[45]. Insbesondere darauf richten sich die Hauptleistungspflichten, die den Typus des betreffenden Schuldverhältnisses präge[46]. Die Nebenleistungspflichten dienen der ordnungsgemäßen Erbringung und Nutzung der Hauptleistung und somit auch dem Schutz des Erfüllungsinteresses. Hier muss man zwischen den vertraglich vereinbarten Nebenleistungspflichten und den sog. leistungsbezogenen Nebenleistungspflichten aus Treu und Glauben freilich unterscheiden, die nicht aus dem vertraglichen, sondern aus dem autonomen Vertrauensschuldverhältnis erwachsen.

Bis zu seinem bahnbrechenden Aufsatz aus dem Jahr 1965 nahm die herrschende Lehre im Gefolge von *Larenz* jedoch an, dass das vorvertragliche Schuldverhältnis mit der Aufnahme des geschäftlichen Kontakts beginne und mit Aufgabe der Beziehung ende, ohne zum Vertragsschluss zu kommen[47]. *Canaris*' Theorie des einheitlichen Schuldverhältnisses grenzt sich von *Larenz*' **Umschlagstheorie** dadurch ab, dass danach das vorvertragliche Schuldverhältnis – bei Zustandekommen des beabsichtigten Vertrages – in dem umfassenderen vertraglichen Schuldverhältnis aufgeht[48]. Das vertragliche Schuldverhältnis absorbiert sozusagen die bisher begründeten Verhaltenspflichten und erzeugt darüber hinaus weitere Rücksichtspflichten, auch nach Erfüllung des Vertrages[49].

---

45 Schon im alten Recht: *Kress*, Lehrbuch des allgemeinen Schuldrechts, S. 2f; im neuen Recht: *E. Schmidt*, Schuldverhältnis, S. 13f.
46 *Westermann/Bydlinski/Weber*, SR/AT,S. 35.
47 In diesem Sinne auch *Larenz*, SR/AT, Bd. 1, S. 120.
48 Ausführlich dazu: *Larenz*, SR/AT, Bd. 1, S. 117ff.
49 *Larenz*, SR/AT, S. 118.

Hier entsteht ein Bild des **komplexen Schuldverhältnisses**, das in Brasilien durch den Begriff „*relação obrigacional complexa*“ seit *Couto e Silva* bekannt ist[50].

Nach *Larenz* werden die Rücksichtspflichten mit dem Vertragsschluss dann nicht durch den Parteiwillen – wie die Leistungspflichten – bestimmt, sondern weiter nach der konkreten Beziehung und unter Berücksichtigung von Treu und Glauben und den Verkehrssitten (§ 242 BGB). Die Privatautonomie bestimme nur den Kern des Schuldverhältnisses. Inhalt und Umfang des Rechtsverhältnisses werden hingegen durch gesetzliche (dispositive und zwingende) Normen, unter anderem durch § 242 BGB, determiniert[51]. Durch die Beendigung oder Loslösung des Vertrages kommen nur die vertraglichen Leistungspflichten zum Ende. In Deutschland spricht man deshalb vom Erlöschen des Leistungsverhältnisses bzw. der Forderungsbeziehung, die das übrige Schuldverhältnis mit ihren weiteren Elementen – verschiedenen Rechten, Pflichten, Rücksichtspflichten und Zuständigkeiten – unberührt lässt[52].

Canaris hat einige Schwächen dieser Konstruktion aufgezeigt. Über den unwiderleglichen Unterschied von Entstehungsgrund, Fundament und Inhalt (Pflichten) beider Rechtsbindungen hinaus stellt sich unter anderen noch die Frage, wie die Geltung der schon vorher entstandenen und die Begründung von weiteren Rücksichtspflichten zu erklären ist, wenn sich der abgeschlossene Vertrag später als nichtig erweist und die einheitliche schuldrechtliche Bindung völlig zerstört wird[53]. *Larenz* führt aus, dass in diesem Fall die Leistungspflichten zwar nicht entstanden seien, das vorvertragliche Rechtsverhältnis aber, welches „bereits mit der Aufnahme der geschäftlichen Kontakte und zwar unabhängig davon entstanden ist, ob es überhaupt zu einem Vertragsschluss kommt und wenn dies der Fall ist, ob der Vertrag gültig ist“, weiter bestehe. Es bestehe ihm zufolge „ein Bedürfnis“, Schutzpflichten und solche Loyalitätspflichten, die bereits im Verhandlungsverhältnis begründet waren, je nach den Umständen über den Zeitpunkt des Abschlusses des ungültigen Vertrages hinaus weiter bestehen zu lassen und darüber hinaus insoweit neue Schutzpflichten anzuerkennen[54].

---

50 *Couto e Silva*, A obrigação como processo, S. 63 ff.

51 *Larenz*, SR/AT, S. 118.

52 Statt vieler: *Larenz*, SR/AT, S. 27 ff.; *E. Schmidt*, Das Schuldverhältnis, S. 43 ff. und *Couto e Silva*, A obrigação como processo, S. 92.

53 *Canaris* deutet auf verschiedene Schwerpunkte der Umschlagstheorie hin, wie die Frage der Schutzwirkung für Dritte bei der culpa in contrahendo und die Bedeutung der Nichtigkeitsgründe für culpa in contrahendo und positive Vertragsverletzung. Vgl. dazu: JZ 1965, 475, 481. Ihm folgend statt vieler: *E. Schmidt*, Das Schuldverhältnis, S. 28 ff.

54 SR/AT, Bd. 1, S. 119.

Eine Stellungnahme dazu ist nicht leicht abzugeben und verlangt eine gründliche Analyse der Schuldrechtsdogmatik, die das Ziel dieser Dissertation übersteigt. *Canaris* ist darin Recht zu geben, dass es, angenommen, die vorvertragliche Bindung entstehe unabhängig von der vertraglichen Bindung und bestehe weiter, sich nur um zwei unterschiedliche Rechtsbindungen handeln kann, die mit dem Abschluss eines gültigen Vertrages nebeneinanderlaufen. *Larenz* ist jedoch zuzustimmen, wenn er gegen eine **„Zerlegung" des Schuldverhältnisses** in zwei nebeneinanderlaufende Schuldverhältnisse einwendet, dass dieses Konzept zu Abgrenzungsschwierigkeiten in dem sich dabei herausbildenden Pflichtenprogramm führe und dass er keinen hinreichenden Grund dafür erkenne, weil sich „Leistungsverhältnis und Schutzpflichtverhältnis" wechselseitig beeinflussten und weiterhin den gleichen Regeln unterstünden[55].

In diese Richtung geht auch die Kritik von *Fikenntscher/Heinemann*, wenn sie das Canaris'sche Modell ablehnen, weil die Konkretisierung der Schutzpflichten nach Vertragsschluss ganz von den Umständen des einzelnen Vertrages abhängt[56]. Allein die Abgrenzungsschwierigkeiten überzeugen nicht, denn sie gehören zum Alltag der Rücksichtspflichten und tauchen eigentlich unabhängig von dem rechtsdogmatischen Konzept des Schuldverhältnisses auf, so dass sie nur durch Auslegung gelöst werden können. Die Frage verliert etwas an Bedeutung, da die vorvertraglichen und vertraglichen Pflichten aus dem Schuldverhältnis dem gleichen Haftungsregime unterliegen.

Trotz der Überzeugungskraft von *Canaris*' Argumenten lässt sich noch die Umschlagstheorie annehmen, die in Brasilien partiell schon anerkannt ist. *Couto e Silva*, der den Larenz'schen Begriff der Obligation als Prozess (*obrigação como processo*) importiert hat, hat sich in seiner berühmten Habilitationsschrift auf die Analyse der Entstehung von Rücksichtspflichten im Rahmen einer bestehenden Vertragsbeziehung konzentriert und festgestellt, dass der Inhalt der Obligation (hier: Schuldverhältnis) nicht nur die Leistungspflichten, sondern auch weitere „akzessorische" Verhaltenspflichten umfasst, die er dann *„deveres laterais"* nennt[57]. Solche Nebenpflichten resultieren aus dem Grundsatz von Treu und Glauben und gehören zum Vertragsinhalt unabhängig vom Parteienwillen[58].

Er erwähnt zwar, dass der soziale Kontakt ein Entstehungstatbestand vorvertraglicher Pflichten sei, was bereits die Hypothese der culpa in contrahendo umfasse, stellt jedoch in Frage, ob der soziale Kontakt nur solche vorvertraglichen Aktivitäten einschließe. Er fügt hinzu, dass solche Pflichten nicht konkret seien,

55 SR/AT, S. 120.
56 Schuldrecht, S. 28.
57 A obrigação como processo, S. 63 ff.
58 A obrigação como processo, S. 38.

so dass sie kaum mit denjenigen Nebenpflichten vergleichbar seien, die in der „Entwicklung des Schuldverhältnisses" entstehen. In Anlehnung an *Betti* betrachtet er die vorvertraglichen Pflichten als eine Art „Vorverlegen der vertraglichen Treu und Glauben" und pointiert, dass dort noch kein Schuldverhältnis bestehe[59]. *Couto e Silva* hat also die Entstehung von Rücksichtspflichten zwar anerkannt, den vorvertraglichen Kontakt – anders als *Larenz* – jedoch nicht als Schuldverhältnis betrachtet.

Gegen eine solche Auffassung hat vor allem *Canaris* einen überzeugenden Einwand erhoben. Erkennt man an, wie *Couto e Silva*, dass die Rücksichtspflichten anders und unabhängig von Leistungspflichten bestehen, dass ihre Rechtsgrundlage nicht im Willen der Parteien, auch nicht in seiner Auslegung oder Ergänzung gemäß § 157 BGB bzw. Art. 113 CC2002, sondern in dem Vertrauensgedanken besteht und dass sie auch unabhängig vom Zustandekommen des Vertrages sind und daher nicht durch dessen Nichtigkeit grundsätzlich berührt werden, ist es nur folgerichtig anzunehmen, dass es sich dabei um die gleiche Pflicht handelt, die vor, bei und nach dem Vertrag **dieselbe Struktur** aufweist[60]. Deshalb muss alles, was nach dem Vertrag gilt, insoweit auch vor Vertragsschluss und nach Vertragsbeendigung gelten. Deshalb zeigen die Rücksichtspflichten vor, bei und nach dem Vertrag die **gleiche vertragsähnliche Rechtsnatur** auf und sollen unter das **gleiche Haftungsregime** fallen[61]. Sie unterscheiden sich praktisch in ihrem Inhalt, der von den Umständen des Einzelfalls abhängig ist. Auch auf der Rechtsfolgenebene besteht kein besonderer Unterschied, denn jede Rücksichtspflichtverletzung löst einen Schadensersatzanspruch aus und kann nur im Rahmen einer bestehenden Vertragsbindung unter Umständen den Vertragsrücktritt begründen.

Man kann abschließend sagen, dass ein Schuldverhältnis bereits mit der Aufnahme eines geschäftlichen Kontakts mit Einwirkungsmöglichkeit auf die Rechtssphäre der Gegenseite beginnt und dass das vorvertragliche Schuldver-

---

59 Laut *Couto e Silva:* „De qualquer forma, os deveres não seriam concretos, o que *afastaria qualquer possibilidade de pensar em assemelhá-los aos que nascem da incidência ou concretização da boa-fé, no desenvolvimento da relação obrigacional.* Ademais, o fim é que dá a medida a esses deveres e determina a sua intensidade. Não se pode parificar as hipóteses porque o 'contato social' constitui ato-fato e, como tal, não revela finalidade. Betti deu-se conta da dificuldade que a posição ensejaria, e se inclinou por *considerar esses deveres prévios à realização do negócio jurídico como antecipação à boa-fé contratual ou como seu efeito preliminar.* Com isso, porém, não se afasta a dificuldade dogmática, dificuldade que o próprio Betti confessou: *'Resta tuttavia che non è ancora un rapporto di obbligazioni'*.". A obrigação como processo, S. 76 f. (Hervorhebung durch die Autorin).

60 In diesem Sinne: *Canaris*, JZ 1965, 475, 476.

61 In diesem Sinne auch *Canaris*, VersR 1965, 114, 117.

hältnis – bei Zustandekommen des geplanten Vertrages – in einem umfassenderen Schuldverhältnis aufgeht, das nach Vertragsende weiterlaufen kann. Das vorvertragliche Schuldverhältnis erzeugt – anders als das vertragliche Schuldverhältnis – keine Leistungspflichten, hingegen ausschließlich und graduell vorvertragliche Rücksichtspflichten unterschiedlicher Intensität. Damit ist auch gesagt, dass ein Schuldverhältnis nicht nur kraft Vertrages (Rechtsgeschäfts), sondern schon durch einen geschäftlichen Kontakt entstehen kann. Das bedeutet: Im rechtsgeschäftlichen Bereich ist das Rechtsgeschäft nicht mehr der einzige Entstehungstatbestand von Schuldverhältnissen, sondern auch der geschäftliche Kontakt, der zumindest die Möglichkeit eines Vertragsschlusses einschließt.

2. Die Rechtsnatur der Haftung in contrahendo

Aus dem oben schon Gesagten folgt, dass die Haftung in contrahendo keinen Unterfall der Deliktshaftung bildet, weil es nicht um die Verletzung einer allgemeingültigen neminem-laedere-Pflicht geht, sondern um den Verstoß gegen bestimmte und relative Rücksichtspflichten. Die diskutierte Frage nach der Natur der culpa in contrahendo kann nicht nur unter dem formalen Aspekt beantwortet werden, ob eine konkrete Rechtsordnung eine deliktische Generalklausel enthält oder nicht. Denn der entscheidende Punkt ist nicht, ob man eine deliktische Generalklausel als Auffangtatbestand jeder Pflichtverletzung hat oder nicht, sondern wie man den geschäftlichen Kontakt bewertet, d. h. ob man darin einen besonderen Kontakt mit einem erhöhten Pflichtenprogramm sieht oder nicht. Nach dem oben Dargestellten kann es keinen Zweifel mehr geben, dass ein auf den potentiellen Abschluss eines Geschäfts gerichteter konkreter Kontakt nicht als ein bloß zufälliger sozialer Kontakt zu bewerten ist. Dass es sich dabei um unterschiedliche Arten von gesellschaftlichen Kontakten handelt, ist augenfällig, berücksichtigt man, dass sich die vorvertraglichen Pflichten nur nach den Umständen des Einzelfalles, also aus einer vorher existierenden bestimmten Beziehung ausformen. Deshalb gelten die Rücksichtspflichten nicht erga omnes, sondern nur gegenüber bestimmten Personen.

Die notwendige Existenz einer geschäftlichen Beziehung und die Struktur der Rücksichtspflichten zeigen, dass es sich dabei nicht um eine Deliktshaftung handeln kann. Andererseits handelt es sich auch nicht um eine Vertragshaftung, weil die dort verletzte Pflicht nicht aus dem Vertrag stammt (Leistungspflicht), sondern aus einer vorvertraglichen Beziehung (Rücksichtspflicht). Die vorvertraglichen Rücksichtspflichten sowie der vorvertragliche Kontakt selbst sind eigenartig, denn sie weisen ähnliche Eigenschaften zu Delikt und Vertrag auf. Es ist jedoch nicht zu leugnen, dass sie dem **Vertrag näher** stehen als dem Delikt[62] und das nicht nur strukturell, sondern auch funktionell betrachtet. Denn das vorvertragliche Vertrauensschuldverhältnis ist ein teleologischer, auf den Vertrag ausgerichteter Prozess. Seine Funktion liegt bereits in der Vertragsvorbereitung. Ob das Ziel erreicht wird, ist eine andere Frage, die an der Struktur und Funktion der vorvertraglichen Rechtsbindung nichts ändert.

Die Haftung in contrahendo ist daher eine **Drittspur zwischen Delikts- und Vertrauenshaftung**, wie *Canaris* federführend nachgewiesen hat[63]. Die Kernfrage ist dann, wie man – mangels spezifischen gesetzlichen Regimes – diesen besonderen Haftungstyp im konkreten Fall regeln soll. Autoren wie *Fichtner Pereira* in Brasilien und *Pinto Oliveira* in Portugal wollen de lege ferenda Normen aus beiden Haftungsregimen anwenden. Das lässt sich sogar rechtsdogmatisch rechtfertigen. In Brasilien, wo die culpa in contrahendo praktisch nicht verstanden wird, würde das zu einer großen Rechtsunsicherheit führen, denn weder die Lehre noch die Rechtsprechung sind rechtsdogmatisch reif genug für eine solche dogmatisch verfeinerte und ausdifferenzierte Handhabung der culpa in contrahendo. Deshalb sollen die vorvertraglichen Fälle über das **Vertragshaftungsregime** gelöst werden.

Eine solche Lösung kann zwar einen Bruch in der brasilianischen Schuldrechtsdogmatik darstellen, weil sie immer noch von der römischen Dichotomie zwischen Delikts- und Vertragshaftung ausgeht, deren Abgrenzungspunkt im Vertragsschluss liegt. Sie ist dagegen **kein Systembruch**, berücksichtigt man, dass sich die vertragsähnliche Natur vorvertraglicher Haftung aus ihrer **formellen Stellung in Art. 422 CC2002 im allgemeinen Vertragsrecht** (1. Kapitel des 5. Titels über die „Verträge im Allgemeinen") ergibt[64]. Außerdem hat die Rechtsprechung die vertragliche Natur der Rücksichtspflichten im Rahmen des Vertrages schon anerkannt[65] und es gibt, wie *Canaris* nachgewiesen hat, keinen rechtsdogmatischen Grund, die gleichen Pflichten unterschiedlich zu behandeln.

---

62 Statt vieler: *Westermann/Bydlinski/Weber*, SR/AT, S. 203. In diesem Sinne ausdrücklich die jüngste Entscheidung Corte di Cassazione n. 14188, sent. 12 luglio 2016, dazu: *Stellato*, Revirement della Cassazione: natura contrattuale della culpa in contrahendo, 1, 2.

63 FS Larenz (1983), 27, 84 ff.

64 Das erlaubt die Fragstellung, ob es nicht dem Willen des Gesetzgebers entspräche, der Haftung in contrahendo eine vertragliche Natur zuzuschreiben. Denn er könnte die ihm bekannte Figur im Deliktsrecht ohne Weiteres regeln nach einer „brasilianischen Tradition". Er hat sich jedoch für eine vertragliche Lösung entschieden. Diese Frage muss jedoch hier offen bleiben.

65 Statt vieler: AfInt no AgRg no AREsp. 267726/SP, T4, Rel. Min. Antonio Carlos Ferreira, Urt. vom 18.10.2016, DJe 24.10.2016, in dessen Leitsatz zu lesen ist: „Tratando-se de responsabilidade civil derivada do não cumprimento dos chamados „deveres anexos do contrato", sua natureza é contratual, a ensejar a aplicação da norma residual do art. 205 do CC/2002. Precedentes."

Nicht zuletzt ist zu berücksichtigen, dass der STJ die vertragliche Natur der Haftung in contrahendo in einer bahnbrechenden Entscheidung schon anerkannt hat[66]. Interessant ist dabei, dass es in dem Fall um einen grundlosen Abbruch von Vertragsverhandlungen ging, in dem ein Teil zu Vorleistungen durch den anderen verleitet wurde und das Nichtbestehen eines Vertrages den STJ nicht gehindert hat, das vertragliche Haftungsregime darauf anzuwenden.

Die Entscheidung hat sich zwar auf eine formelle Argumentation (systematische Stellung von Art. 422 CC2002 im Vertragsrecht) gestützt, signalisiert jedoch eine mögliche Wandlung in der Rechtsprechung. Sie gibt zumindest Hoffnung, dass die Debatte um die Rechtsnatur der culpa in contrahendo nicht begrenzt auf traditionelle Argumente bleibt und dass Lehre und Rechtsprechung über den Teller hinaus schauen, einen Blick in der neuen rechtsdogmatischen Entwicklung in Europa werfen und kritisch ihre Standpunkte überprüfen. Denn die Kernfrage ist nicht, ob das brasilianische Recht eine deliktische Generalklausel enthält oder ob dabei ein Vertrag zwischen den Beteiligten entstanden ist oder nicht, sondern wie man den vorvertraglichen geschäftlichen Kontakt rechtlich qualifiziert.

Da der geschäftliche Kontakt kaum etwas mit dem sozialen Kontakt zu tun hat, bis auf die Gemeinsamkeit, dass dabei noch kein Vertrag zwischen den Parteien vorliegt, erweist es sich als sinnvoll und gerecht, die geschäftliche Situation anders zu bewerten. Ein Blick in die jüngste Rechtsentwicklung in einigen europäischen Rechtsordnungen zeigt, dass sich dort langsam die Auffassung etabliert, dass der geschäftliche Kontakt (*contato negocial*) viel näher zum Vertrag als zum Delikt tendiert, was seine Unterwerfung unter das Vertragsregime rechtfertigt. Das bedeutet, dass nicht der Vertrag, sondern eben der **vorvertragliche geschäftliche Kontakt** die Grenze zwischen Delikts- und Vertragshaftung darstellt.

Es trifft zwar zu, dass die herrschende Meinung in Europa noch von einer deliktischen Natur der culpa in contrahendo ausgeht. Das belegen paradigmatisch Arts. 2 und 12 Rom II-Verordnung[67], die ausdrücklich den vorvertraglichen

---

66 REsp. 1367955/SP, T3, Rel. Min. Paulo de Tarso Sanseverino, Urt. vom 18.03.2014, DJe 24.03.2014.

67 „Art. 2 – Außervertragliche Schuldverhältnisse. (1) Im Sinne dieser Verordnung umfasst der Begriff des Schadens sämtliche Folgen einer unerlaubten Handlung, einer ungerechtfertigten Bereicherung, einer Geschäftsführung ohne Auftrag („Negotiorum gestio") oder eines Verschuldens bei Vertragsverhandlungen („Culpa in contrahendo")."

„Ar. 12 – Verschulden bei Vertragsverhandlungen. (1) Auf außervertragliche Schuldverhältnisse aus Verhandlungen vor Abschluss eines Vertrags, unabhängig davon, ob der Vertrag tatsächlich geschlossen wurde oder nicht, ist das Recht anzuwenden, das auf den Vertrag anzuwenden ist oder anzuwenden gewesen wäre, wenn er geschlossen worden wäre."

Schäden eine außervertragliche Natur zuordnet. Die culpa in contrahendo ist dort jedoch auf die Fälle von Offenlegungspflichtverletzung und Abbruch von Vertragsverhandlungen beschränkt[68]. Auch dem *Draft Common Frame of Reference* liegt das außervertragliche Konzept zugrunde[69]. Immer mehr erkennen jedoch Lehre und Rechtsprechung in Ländern wie Italien, Portugal und Spanien, dass die vorvertraglichen Fälle besonders, d. h. anders als Deliktsfälle zu betrachten sind und deshalb unter dem Vertrags- oder einem gemischten Regime (Drittspur) bestimmt werden sollten[70].

Ein gutes Beispiel kam aus Italien: Die *Corte di Cassazione* hat in einer jüngsten Entscheidung vom 12.07.2016 für eine Kehrtwende in der Judikatur über die Haftung in contrahendo gesorgt, indem sie die vertragliche Natur der culpa in contrahendo anerkannt hat[71]. In dem Fall ging es um eine Haftung für den Abschluss eines ungültigen Vertrages mit der öffentlichen Hand, der mangels Genehmigung der zuständigen Behörde nichtig war. Das Gericht hat betont, dass eine bedeutende Entwicklung in der Judikatur in Richtung der Anerkennung einer Art vertraglicher Haftung in Fällen von culpa in contrahendo im Gang sei. Die *Corte di Cassazione* spricht von einer Drittspur zwischen „*contratto e torto*", da der geschäftliche Kontakt deutlich näher zum Vertrag stehe als zum Delikt[72].

---

68 „(30) Der Begriff des Verschuldens bei Vertragsverhandlungen ist für die Zwecke dieser Verordnung als autonomer Begriff zu verstehen und sollte daher nicht zwangsläufig im Sinne des nationalen Rechts ausgelegt werden. Er sollte die Verletzung der Offenlegungspflicht und den Abbruch von Vertragsverhandlungen einschließen. Artikel 12 gilt nur für außervertragliche Schuldverhältnisse, die in unmittelbarem Zusammenhang mit den Verhandlungen vor Abschluss eines Vertrags stehen. So sollten in den Fällen, in denen einer Person während der Vertragsverhandlungen ein Personenschaden zugefügt wird, Artikel 4 oder andere einschlägige Bestimmungen dieser Verordnung zur Anwendung gelangen."

69 Vgl. dazu: VI-2:207 DCFR über eine Haftung für Information, Rat und Empfehlung, die dort grundsätzlich abgelehnt wird. In dem Kommentar ist zu lesen: „Like all rules in this Book, VI. – 2:207 is related to non-contractual liability.". In: *v. Bar/Clive* (Hrsg.), Principles, Definitions an Model Rules of European Private Law – DCFR, Bd. 3, S. 3345.

70 In Italien hat *Benatti* schon in den 70. Jahren – in Anlehnung an *Ballerstedt* – die vertragliche Natur der culpa in contrahendo begründet. A responsabilidade pré-contratual, S. 145 ff. Ihm folgend: *Mengoni*, Rivista Critica del Diritto Privato 1984, 507–522; *Sconamiglio*, Novissimo Digesto Italiano 15/1968, 628–657 und *Castronovo*, La nuova responsabilità civile, S. 464 ff. Für eine außervertragliche Natur vgl. statt vieler: *Massimo Bianca*, Il contratto, S. 161 ff. In Portugal vgl. für die außervertragliche Natur: *Almeida Costa*, Responsabilidade, S. 89 ff. Für eine vertragliche Lösung: *Menezes Cordeiro*, Da boa fé, S. 585; *ders.*, Tratado I/1, S. 516; *Prata*, Notas, S. 212. Für eine Drittspur: *Carneiro da Frada*, Teoria da confiança e responsabilidade civil, S. 99; *Sinde Monteiro*, Responsabilidade por conselhos, S. 508 ff. und *Pinto Oliveira*, Principios, S. 212 f. In Spanien vgl. *García Rubio*, La responsabilidad precontractual, S. 89 für eine Drittspur.

71 Corte di Cassazioni n. 14188, sent. 12 luglio 2016, Prima Sezione.

72 *Stellato*, Revierement dela Cassazione: natura contrattuale dela culpa in contrahendo, 1, 2.

Der Kern der culpa in contrahendo bestehe – nach dem Gericht – in der Verletzung von „*specifici obblighi di buona fede, protezione, informazione*“, die weder aus dem Vertrag noch aus der neminem-laedere-Pflicht, sondern aus einem „*contatto sociale qualificato*“ erwachsen[73]. Aus diesem Kontakt entstehe eine „*obbligazione senza prestazione*“, also ein Schuldverhältnis ohne Leistungspflicht, wie *Larenz* einmal formuliert hat. Von Bedeutung ist die Feststellung der *Corte di Cassazione*, dass das Schuldverhältnis ohne Leistungspflicht keine Deliktshaftung sei, weil diese keine bestimmte Pflicht (*obbligo specifico*) voraussetze, sondern nur eine allgemeingültige Pflicht zum „alterum non laedere“, und sie durch „*il non rapporto*“, d.h. die Inexistenz einer vorherigen Beziehung, gekennzeichnet sei. Denn in Deliktsfällen entstehe das Schuldverhältnis mit der Pflichtverletzung (*lesione*), wohingegen in den vorvertraglichen Fällen eine schuldrechtliche Bindung („*rapporto connotato da obblighi*“) schon vorher bestehe[74]. Laut dem Gericht scheint die Lehre über die außervertragliche Natur der Haftung in contrahendo vielmehr eine Folge der Zweiteilung der klassischen Obligationsquellen (*contratto x illecito aquiliano*) zu sein und deutet dadurch auf die Überwindung dieser Dichotomie hin[75].

Die Entscheidungsbegründung der *Corte di Cassazione* bestätigt alles, was hier hinsichtlich der vertragsähnlichen Natur der Haftung in contrahendo schon gesagt wurde. Sie zeigt, dass die Beantwortung dieser Frage letztendlich viel eher dogmatisch als legislatorisch ist und dass die Existenz einer deliktischen Generalklausel nicht das letzte Wort für die Feststellung der Rechtsnatur der culpa in contrahendo sein kann. Eine terminologische Unpräsizion liegt allerdings in dem Tatbestand des vorvertraglichen Schuldverhältnisses: Die *Corte di Cassazione* benutzt den Begriff des „qualifizierten sozialen Kontakts“ anstatt vom geschäftlichen Kontakt zu reden, was zu Missverständnissen führen kann. Irreführend kann insbesondere die Verbindung zu den unterschiedlichen Theorien sein, die in Europa und Lateinamerika den sozialen Kontakt als Quelle von vorvertraglichen Rücksichtspflichten sehen[76] oder sogar als allgemeinen Pflichttatbestand, aus dem letztendlich alle (vertraglichen und deliktischen) Pflichten stammen – eine

73 Dazu: *Zambotto*, Diritto Civile Contemporaneo 4/2016, 1, 2 und *Stellato*, Revirement della Cassazione: natura contrattuale della culpa in contrahendo, 1, 3.

74 *Stellato*, Revirement della Cassazione: natura contrattuale della culpa in contrahendo, 1, 3. In Deutschland ist das seit Langem anerkannt. Vgl. statt vieler: *E. Schmidt*, Schuldverhältnis, S. 23ff.

75 *Zambotto*, Diritto Civile Contemporaneo 4/2016, 1, 7.

76 In diesem Sinne die Kritik von *Zambotto*, Diritto Civile Contemporaneo 4/2016, 1, 12 an der Entscheidung der *Corte di Cassazione*.

Idee, die den Kern der Theorie der (nutzlosen und contra legem gerichteten) Einheitshaftung bildet[77].

3. Voraussetzungen der culpa in contrahendo

Auf Grundlage des bisher Dargestellten kann man die Voraussetzungen der Haftung in contrahendo kurz zusammenfassen. Wie schon mehrmals gesagt, ist die culpa in contrahendo eine Haftung für vorvertragliches Fehlverhalten, die immer dann im Betracht kommt, wenn eine Partei eine Rücksichtspflicht aus Treu und Glauben im Rahmen des vorvertraglichen geschäftlichen Kontakts schuldhaft verletzt. Sie setzt daher einen **vorvertraglichen geschäftlichen Kontakt**, **Rücksichtspflichtverletzung**, **Vertretenmüssen**, **Schaden** und **Kausalität** als Tatbestandselemente voraus. Das lässt schon erkennen, dass die vorvertragliche Haftung ein **umfassenderes Rechtsinstitut** darstellt, als im brasilianischen Recht angenommen. Denn sie ist keine Haftung für grundlosen Abbruch der Vertragsverhandlungen und keineswegs eine Haftung wegen Nichtabschlusses eines Vertrages, sondern eine **Haftung für Verletzung vorvertraglicher Pflichten**, zu denen der Abbruch ohne triftigen Grund (Loyalitätspflichtverletzung) nur einen Unterfall bildet.

Da diese sich nicht auf den Unterfall der grundlosen Beendigung der Vertragsverhandlungen beschränken, ist das ein Indiz dafür, dass sie schon vor dem Beginn von Vertragsverhandlungen entstehen können. Es reicht ein geschäftlicher Kontakt in Form z. B. von Vorgesprächen oder allgemeinen Preisinformationen aus. Entscheidend ist nur, dass es sich um einen **auf den potentiellen Geschäftsabschluss gerichteten Kontakt** handelt, kraft dessen eine erhöhte Einwirkungsmöglichkeit auf die Rechtssphäre der Gegenseite eröffnet wird. Welche **Rücksichtspflicht** dabei verletzt wird, hängt von den Umständen des Einzelfalls ab. In Betracht kommen die bisher schon identifizierten Rücksichtspflichten wie Loyalitäts-, Informations-, Aufklärungs-, Beratungs-, Mitwirkungs- und qualifizierte Sorgfaltspflichten, die mehr oder weniger den Kern der verschiedenen Hauptgruppen der culpa in contrahendo bilden.

Aus der Pflichtverletzung muss sich ein materieller oder immaterieller Schaden ergeben (haftungsausfüllende Kausalität). In der Regel entstehen dabei rein **materielle Schäden**, die sich in Form von unnötigen **Verhandlungskosten** materialisieren, wie Anwalts-, Sachverständigen-, Projekts-, Reise- oder sonstigen Kosten, die im Vertrauen auf den als sicher hingestellten Vertragsschluss gemacht

77 In Brasilien vgl. etwa: *Becker*, RDC 13/1995, 42–55, die die Aufhebung von Vertrags- und Deliktshaftung postuliert.

wurden, sowie auch in Form von **Vertragskosten** (Finanzierungs- oder Umbaukosten etc.), falls ein Vertrag überhaupt zustande kommt. Ersetzbar ist auch der **entgangene Gewinn** aus dem gleichen oder aus einem Drittengeschäft, der dem Geschädigten infolge eben des Vertrauens auf das Zustandekommen, die Gültigkeit oder das Bestehen des Vertrages entgangen ist. Hinsichtlich des **immateriellen Schadens** ist zu beachten, dass er sich im Kontext der culpa in contrahendo eher im Abschluss eines zwar wirtschaftlich neutralen, aber doch unerwünschten Vertrag materialisiert.

Der **Abschluss eines nicht erwünschten Vertrages** ist dogmatisch als immaterieller Schaden zu qualifizieren, weil dadurch die wirtschaftliche Selbstbestimmung der Partei eingeschränkt wird. Die **Beschränkung der wirtschaftlichen Selbstbestimmung** kommt in den Fällen des Abschlusses ungünstiger und unerwünschter Verträge infolge vorsätzlichen oder fahrlässigen Fehlverhaltens des anderen Teils häufig vor. Keinen ersetzbaren Schaden bildet dagegen die verlorene Chance, insbesondere im Rahmen von Verhandlungsabbruch, weil sie sich in diesen Fällen mit der Vertragsfreiheit bzw. Privatautonomie nicht vereinbaren lässt[78].

Für die Entstehung der Haftung in contrahendo genügt nicht die Feststellung einer Verletzungshandlung, eines Schadens und des Ursachenzusammenhangs zwischen beiden. Es muss eine innere Beziehung des Pflichtverletzenden zur Tat geben[79], kraft derer das schädigende Ereignis diesem zugeordnet wird. Der **Zurechnungsfaktor** im brasilianischen Haftungsrecht ist die *culpa lato sensu* (Verschulden) oder das *risco* (Gefahr). Im gespaltenen brasilianischen Privatrecht kann die culpa in contrahendo **kein einheitliches Bild** aufweisen: Aufgrund der im Bereich des Verbraucherrechts allgemein statuierten Risikohaftung führt jede vorvertragliche Rücksichtspflichtverletzung im Rahmen von verbraucherrechtlichen Beziehungen notwendig zu einer verschuldensunabhängigen Haftung des Pflichtverletzenden.

---

78 Dagegen: *Martins Costa*, Um aspecto da obrigação de indenizar, 1, 8. Wie hier schon dargestellt, scheidet die Miteinbeziehung der französischen Doktrin schon deshalb aus, weil sie im Bereich von Dienstleistungen entwickelt wurde, in denen der Schuldner auf einen Erfolg hinarbeiten soll, der nicht allein von seiner Tätigkeit abhängt. (*Fikentscher/Heinemann*, Schuldrecht, S. 314). Sie passt daher tatbestandlich und funktionell nicht auf Schäden infolge pflichtwidriger Vertrauensenttäuschung. Darüber hinaus ist zu berücksichtigen, dass die Quantifizierung einer Abschlusschance nicht immer leicht ist und dass ihre Anwendung bei Feststellung der Abschlussprobabilität immer zum Schadensersatz führen würde, was mit dem haftungsausschließenden Tatbestand des Rechtfertigungsgrunds nicht zu vereinbaren ist.

79 *Fikentscher/Heinemann*, Schuldrecht, S. 320.

Anders als oft in Brasilien angenommen, führt ein Verstoß gegen die Pflichten aus Treu und Glauben grundsätzlich nicht zu einer verschuldensunabhängigen Haftung des Pflichtverletzenden. Denn erstens gibt es keine Risikohaftung ohne Gesetzesbestimmung, wie Art. 927, Parágrafo Único CC2002, der eine Generalklausel für verschuldensunabhängige Haftung bei riskanter Aktivität statuiert, deutlich zum Ausdruck bringt. Zweitens passt der Grundgedanke der Risikohaftung – Durchführung einer Tätigkeit, die mit besonderen Gefahren für die Rechte und Rechtsgüter anderer Personen verbunden ist – zum vorvertraglichen Geschäftsverkehr überhaupt nicht; und drittens ist das brasilianische Schuldrecht vom Verschuldensgedanken immer noch prinzipiell geprägt, abgesehen vom Sonderbereich des Verbraucherrechts. Man kann dann folgende Regel feststellen: die culpa in contrahendo ist im brasilianischen Recht grundsätzlich eine **Verschuldenshaftung.** Nur ausnahmsweise in verbraucherrechtlichen Beziehungen ist sie eine **verschuldensunabhängige Haftung.** Das ergibt sich nicht aus Treu und Glauben, sondern kraft Gesetzesbestimmung.

4. Rechtsfolgen der Haftung in contrahendo

Die Bestimmung der Rechtsfolgen von vorvertraglichem Fehlverhalten ist eine der schwierigsten Problematiken in der Theorie der culpa in contrahendo. Anders als in Brasilien angenommen, geht es dabei nicht einfach um die **Gewährung eines Schadensersatzes in Geld** für materielle Einbußen oder für die Frustration des Nichtabschlusses, die in der brasilianischen Rechtspraxis sehr schnell auch mit Schmerzensgeld ausgeglichen werden würde. Problematisch wäre hier „nur" die **Haftungsberechnung**, denn das Gesetz fixiert kein handhabbares Kriterium für die Schadensberechnung außer eine vage – und nicht völlig widerspruchsfreie – Aussage in Art. 403 CC2002, nach der ersatzfähig nur diejenigen Schäden seien, die sich „direkt und unmittelbar" aus der Nichterfüllung ergeben[80]. Deshalb sind die in der Praxis verwendeten Schadensberechnungskriterien nicht einheitlich. Dabei spielt das jheringsche Begriffspaar vom positiven und negativen Interesse

80 Die Norm befindet sich im allgemeinen Schuldrecht und bezieht sich in erster Linie auf die Verletzung von Leistungspflichten (Obligationen). Sie wird nach allgemeiner Auffassung als eine Kausalitätsnorm angesehen, die für vertragliche und außervertragliche Haftung gilt. Statt vieler: *Alvim*, Da inexecução das obrigações, S. 370 ff. und *Cavalieri*, Programa de responsabilidade civil, S. 52. Nicht zu vernachlässigen ist allerdings, dass eine wörtliche Auslegung der Norm sogar den Schluss erlauben würde, dass indirekte Schäden wie der entgangene Gewinn nicht ersatzfähig wären.

kaum eine Rolle, denn es wird überwiegend mit dem Konzept vom positiven Schaden (*dano emergente*) und Gewinnentgang (*lucro cessante*) gearbeitet[81].

In den tatbestandlich vielfältig gestalteten Sachverhalten von Fehlverhalten vor Vertragsabschluss gibt es jedoch Fälle, in denen eine bloße Geldentschädigung für eine gerechte Wiedergutmachung des Schadens unzureichend ist. Das ist der Fall, wenn die Parteien infolge von falscher oder unterlassener Information zum **Abschluss eines ungünstigen oder unerwünschten Vertrages** kommen. In einem solchen Fall kann es für den Geschädigten von Interesse sein, auf andere Rechtsbehelfe zurückzugreifen, wie etwa Auflösung oder Anpassung des schon abgeschlossenen Vertrages.

Man denke nur an einen Unternehmenskauf, in dem der Verkäufer den Käufer darüber nicht aufklärt, dass einer der bisherigen Hauptkunden bereits deutlich gemacht hat, dass er seinen Bedarf künftig anderswo decken will, so dass nach Übergang des Gewerbebetriebs keine Bestellungen seitens des Hauptkunden mehr erfolgen und das Unternehmen dadurch in eine wirtschaftliche Schieflage gerät. Hier kann es wohl sein, dass der Käufer das schlechte Geschäft rückgängig machen und sein Geld zurückerlangen will. Es kann auch sein, dass er aus marktstrategischen Gründen an dem ungünstigen Geschäft festhalten und seinen Schaden z. B. durch Minderung des noch nicht voll bezahlten Kaufpreises liquidieren will. Es kommt nicht selten auch vor, dass eine Auflösung des Geschäfts sogar einfach unmöglich ist, weil der Käufer das gekaufte Unternehmen in seinen Konzern schon integriert, aufgespalten oder weiterveräußert hat. In einem solchen Fall ist die Rückabwicklung des Geschäfts nicht mehr machbar bzw. unzumutbar[82].

Wenn die getäuschte Partei sowieso schon an ein vertragliches Schuldverhältnis tatsächlich gebunden ist, muss die Rechtsordnung auch seinem Interesse Rechnung tragen, die Vertragsbindung aufzulösen oder zu erhalten, wenn auch nur unter Änderung der vereinbarten Bedingungen. Hier stellt sich nicht nur die Frage, ob der Geschädigte dafür geeignete Rechtsmechanismen zur Verfügung hat, sondern auch, ob und inwieweit er frei entscheiden kann, ob er die Auflösung oder Erhaltung mit entsprechender Anpassung des nicht erwartungsgemäßen Vertrages verlangen darf. Die Möglichkeit, infolge Fehlinformation vor Vertragsschluss zwischen Auflösung und Anpassung des ungünstigen bzw. uner-

81 *Assis* etwa definiert das positive Interesse als einen Zuwachs im Gläubigervermögen, der bei ordnungsgemäßer Vertragserfüllung bestehen würde. In: AJURES 60/1994, 121, 124. *Jherings* Schadenskategorie ist auch unüblich in anderen lateinamerikanischen Ländern wie in Kolumbien, wo man auch mit den beiden oben genannten Kategorien von materiellen Schäden arbeitet. Dazu: *Ramírez*, Breve introducción a la responsabilidad precontractual, 724, 749.

82 Beispiel bei *Mertens*, ZGS (2004), 67, 71.

wünschten Geschäfts frei zu wählen, ist in Brasilien selbstverständlich nicht vorgesehen. Das bedeutet: man muss sie ohne große Brüche im Privatrechtssystem rechtssystematisch und rechtsdogmatisch konstruieren.

Dafür hat man grundsätzlich **zwei Alternativen** zur Wahl: mittels einer Analogie zu den in der Rechtsordnung schon existierenden Rechtsmechanismen gegen Vertragsverletzungen oder mittels der Grundregel des Schadensersatzrechts. In Deutschland hat man aufgrund der Besonderheiten der leistungsstörungsrechtlichen und gewährleistungsrechtlichen Mechanismen den zweiten Weg genommen und gestützt auf den **Grundsatz der Naturalrestitution** von § 249 BGB schadensrechtliche Rechtsfolgen für die Haftung aus culpa in contrahendo konzipiert[83]. In Portugal scheint die moderne Lehre den gleichen Weg zu nehmen: *Menezes Cordeiro* führt in diesem Sinne aus, dass die Haftungsbestimmung in der culpa in contrahendo nicht konzeptionell erfolgen soll, sondern durch die **allgemeinen Regeln des Haftungsrechts**, mit Berücksichtigung der Kausalitätsregeln und der durch die Rücksichtspflichten (bei ihm: *deveres de boa fé*) geschützten Rechtsgüter[84], also im Sinne der Schutzzwecktheorie. In Brasilien scheint diese Lösung auch empfehlungswert zu sein, wie unten dargestellt.

4.1. Die Begründung der schadensrechtlichen Rechtsfolgen der culpa in contrahendo

a) Kurzer Blick auf die Rechtsmechanismen bei Vertragsverletzung

Hier ist zunächst zu beachten, dass es **kein einheitliches geschlossenes Leistungsstörungssystem** im Zivilgesetzbuch gibt. Die unterschiedlichen Tatbestände, die eine Störung im Schuldverhältnis darstellen, sind verstreut und unsystematisch an verschiedenen Stellen des Kodex geregelt. Auch die *resolução*, die funktional dem Rücktrittsrecht entspricht, ist unvollständig ausgestaltet[85]. Grob

---

83 Vgl. die Entwicklung und die Diskussion darüber in Kapitel 4 D II 3.

84 Tratado I/1, S. 518.

85 In diesem Sinne notiert *Rosado de Aguiar* in seinem klassischen Werk über die Vertragsauflösung wegen Nichterfüllung des Schuldners, dass das Zivilgesetzbuch nur eine einzige Norm (Art. 1.092 CC1916 = Art. 389 CC2002) enthält, die nicht von seinem Verfasser, sondern von der Revisionskommission eingeführt wurde. Die Vernachlässigung durch den Gesetzgeber hatte dergestalt negative Auswirkungen auf die Lehre, dass diese sich mit diesem zentralen Thema des Schuldrechts nicht angemessen beschäftigt. Extinção dos contratos, S. 7. In dem Sinne auch *Monteiro Pires*, die das Thema in rechtsvergleichender Perspektive mit dem portugiesischen, brasilianischen und deutschen Recht analysiert. Resolução do contrato, 1; *Tartuce*, Manual, S. 551; *Steiner*, Interesse positivo, S. 254 ff. und *Diniz*, Curso, Bd. 3, S. 145. Die Rechtslage hat sich mit der neuen Kodifikation nicht gründlich geändert, obwohl der neue Gesetzgeber neue Regelungen und wichtige Figuren introduziert hat. Nach wie vor findet man Normen über Leistungsstörungen im

gesagt kennt das brasilianische Schuldrecht zwei grundlegende Leistungsstörungskategorien: Nichterfüllung (*inadimplemento*) und Verzug (*mora*). Der Terminus *inadimplemento* wird – wie die Unmöglichkeit im alten deutschen Schuldrecht – als Oberbegriff im Gesetz verwendet[86] und *mora*, auch *inadimplemento relativo* genannt, wird in Art. 394 CC2002 als eine Nichterfüllung der Leistung zum geschuldeten Zeitpunkt, Ort oder in der geschuldeten Art und Weise definiert, so dass sie – aus deutscher Perspektive – zumindest die Fälle von Verzug und Schlechtleistung umfassen könnte.

Das breite Konzept von *mora* hat im Schrifttum die Diskussion entflammt, ob Verletzungen von Rücksichtspflichten im Rahmen des Vertrages unter dem breiten Verzögerungsbegriff von Art. 394 CC2002 zu subsumieren oder besser gesondert durch die Figur der positiven Vertragsverletzung zu behandeln seien[87]. Die Debatte muss hier nicht vertieft werden. Sie ist ein gutes Bespiel dafür, wie das brasilianische **„Leistungsstörungsrecht" ausschließlich auf die Leistungspflichten** zugeschnitten und in diesem Rahmen ausgestaltet ist[88], so wie auch die **rechtlichen Mechanismen**, die die Rechtsordnung für die Korrektur von Störungen im Schuldverhältnis zur Verfügung stellt.

Das lässt sich durch die Tatsache bestätigen, dass *resolução* und *adaptação* – die zumindest funktionell die Aufgabe von Rücktritt bzw. Anpassung des BGB erfüllen sollen, wenn man diese Rechtsinstitute trotz aller Unterschiede überhaupt vergleichen darf – einen **gültigen Vertrag** voraussetzen, aus dem die gestörte Leistungspflicht stammt. Eine **Resolution** kommt bei nachträglicher Störung im Schuldverhältnis in Betracht wie etwa bei zu vertretender Unmöglichkeit, schuldhafter Nichterfüllung, Rücksichtspflichtverletzung oder nachträglicher

---

besonderen Teil, 1. Buch (Schuldrecht), 1. Titel über die Obligationenmodalitäten (Art. 233–251 CC2002); 4. Titel über die Nichterfüllung iwS (Art. 389–420 CC2002), wo Fälle von schuldhafter Nichterfüllung ieS, Verzug und Schlechtleistung geregelt sind und im 5. Titel über Vertragsauflösung (Art. 474–480 CC2002). Außerdem sind weitere Regelungen verstreut zu den verschiedenen Vertragstypen zu finden. Außerhalb des Zivilgesetzbuches sind Regelungen in der brasilianischen ZPO über die Zwangsvollstreckung von Leistungen von Sachen, Tun und Unterlassung in den Art. 806–823 CPC2015 zu finden.

86 In diesem Sinne: *Ferreira da Silva*, A boa-fé e a violação positiva do contrato, S. 126 f.

87 Monographisch zum Thema vgl. dazu: *Ferreira da Silva*, A boa-fé e a violação positiva do contrato, Rio de Janeiro, Renovar, 2002, in dem der Autor mit überzeugenden Argumenten nachweist, dass die dogmatische Einordnung mindestens der nichtleitungsbezogenen Rücksichtspflichten als *mora* verfehlt ist. Dagegen: *Tepedino/Schreiber*, Código civil comentado, Art. 389, S. 343 f.

88 In der Tat ist es völlig sinnlos, die starken Wirkungen der Leistungsverzögerung – Ersatz des Verzugsschadens (Art. 395 CC2002) und Haftung für Zufall (Art. 399 CC2002) – auf die Verletzung von nichtleistungsbezogenen Rücksichtspflichten im Rahmen des Vertrages zu erstrecken, die die primäre Leistungspflicht gar nicht betrifft.

Änderung der Geschäftsgrundlage. Festzustellen ist hier, dass sie eine schuldhafte Störung der primären Leistungspflicht – unter Umständen auch einer leistungsbezogenen Rücksichtspflicht – aus einem gültigen Vertrag durch den Schuldner voraussetzt. Der Gläubiger kann in einem solchen Fall die Erfüllung oder den Rücktritt zuzüglich Schadensersatz gemäß Art. 389 iVm Art. 475 CC2002 verlangen[89].

Eine **Vertragsanpassung** ist im Rahmen der Zivilrechtskodifikation umstritten: Während Art. 317 CC2002 statuiert, dass der Richter den Leistungswert, wenn eine nachträgliche evidente Disproportion des Leistungswerts infolge unvorhersehbarer Umstände eintritt, korrigieren „kann", ordnet Art. 478 CC2002 den Vertragsrücktritt bei nachträglichen Änderungen der Umstände an, und zwar nur unter engen Voraussetzungen. Es muss laut der Norm eine außergewöhnliche und unvorhersehbare nachträgliche Änderung der Umstände bei Dauerschuldverhältnissen vorliegen, die den Schuldner bei der Leistungserfüllung übermäßig belastet und gleichzeitig zu einem extremen Vorteil des Gläubigers führt[90]. Eine Auseinandersetzung mit den Vorschriften ist an dieser Stelle nicht nötig.

Die Diskussion zeigt nur, dass dazu noch Rechtsunsicherheit besteht, insbesondere wenn man beide Normen mit Art. 6 V CDC vergleicht, der demgegenüber eine Revision von Vertragsklauseln aufgrund nachträglich geänderter Umstände erlaubt, die den Verbraucher objektiv übermäßig belasten. Einen überzeugenden Grund für eine Adaptation solcher Umstände nur im Rahmen von Verbraucherverträgen ist sachlich und rechtssystematisch nicht ersichtlich, ins-

---

89 „Art. 475. A parte lesada pelo inadimplemento pode pedir a resolução do contrato, se não preferir exigir-lhe o cumprimento, cabendo, em qualquer dos casos, indenização por perdas e danos.". Die Norm wird vereinzelt unter der Rubrik der Resolutionsklausel (*cláusula resolutiva*) angefügt, die es – einmal ausdrücklich im Vertrag vereinbart – dem Gläubiger erlaubt, bei schuldhafter Nichterfüllung des Schuldners ohne Gerichtsentscheidung den Vertrag sofort aufzulösen. Ein Teil der Lehre legt Art. 475 CC2002 gegenüber Art. 389 CC2002, der den Schadensersatz wegen Nichterfüllung statuiert, in dem Sinne aus, dass die vorrangige Rechtsfolge der Nichterfüllung nicht der Rücktritt, wie man aus einer schnellen Auslegung von Art. 389 CC2002 schließen könnte, sondern die Erfüllung sei. Er kann zunächst Erfüllung und erst bei einer unmöglichn oder unnützen Leistung den Rücktritt (Resolution) verlangen. Dazu: *Martins Costa/ Zanetti*, Responsabilidade contratual, 1, 5 und *Tepedino/Schreiber*, Código civil comentado, Art. 389, S. 346 f.

90 „Art. 317. Quando, por motivos imprevisíveis, sobrevier desproporção manifesta entre o valor da prestação devida e o do momento de sua execução, poderá o juiz corrigi-lo, a pedido da parte, de modo que assegure, quanto possível, o valor real da prestação."

„Art. 478. Nos contratos de execução continuada ou diferida, se a prestação de uma das partes se tornar excessivamente onerosa, com extrema vantagem para a outra, em virtude de acontecimentos extraordinários e imprevisíveis, poderá o devedor pedir a resolução do contrato. Os efeitos da sentença que a decretar retroagirão à data da citação."

besondere gegenüber dem viel gefeierten und wenig konkretisierten Gebot von Treu und Glauben[91]. Dies zeigt, dass eine Vertragsanpassung und letztendlich das Leistungsstörungsrecht des Zivilgesetzbuches noch lückenhaft sind.

Die Anwendung solcher vertragsrechtlichen Mechanismen (Resolution und Anpassung) zur Lösung von vorvertraglichen Fehlinformationen, die zum Abschluss ungünstiger bzw. unerwünschter Verträge führen, würde nur zur **rechtsdogmatischen Verwirrung** führen. Denn sie sind tatbestandlich und konzeptionell anders ausgestaltet. Wenn im Schrifttum rechtsdogmatische Einigkeit über die Erlöschungsformen von Verträgen besteht, ist eines sicher: die *resolução* bezieht sich auf **nachträgliche Störungen** im vertraglichen Schuldverhältnis, wenn das Pflichtenprogramm schon komplett ausgestaltet ist. Verletzt wird die Leistungspflicht[92].

Bei der culpa in contrahendo handelt es sich aber um **Störungen vor Vertragsschluss**, also in dem Zeitpunkt der Bildung der rechtsgeschäftlichen Entscheidungsfreiheit bzw. der Gestaltung des Pflichtenprogramms, so dass der Verstoß eine vorvertragliche Rücksichtspflicht betrifft. Eine Ableitung der Rechtsfolgen der culpa in contrahendo aus dem **Grundsatz der Naturalrestitution** des Schadensrechts, das für Vertrags- und Deliktshaftung gleichermaßen gilt, scheint rechtstheoretisch kohärenter und angesichts der gegenwärtig herrschenden „Entdogmatisierung" der brasilianischen Privatrechtsdogmatik nicht nur sinnvoller, sondern geboten.

b) Die schadensrechtlichen Rechtsfolgen der culpa in contrahendo

Eine schadensrechtliche Vertragsauflösung oder Vertragsanpassung ist der brasilianischen Lehre fremd, weil fahrlässige oder vorsätzliche Nicht- oder Fehlinformationen gleichzeitig unter der Irrtums- oder Dolusfigur gelöst werden. Das bedeutet: Der Vertrag wird in erster Linie annulliert. Eine nähere Betrachtung zeigt aber, dass sie systemkonform aus dem Grundsatz der Naturalrestitution hergeleitet werden kann, was sich angesichts der rechtsdogmatischen Beson-

---

91 Zum Thema: *Rodrigues Junior*, Revisão judicial dos contratos, Atlas, São Paulo 2002 und *Tepedino/Schreiber*, Código civil comentado, Bd. 4, Art. 317 S. 218f., die einerseits die ungleiche Ausgestaltung des gleichen Sachverhalts in Kodifikation und Sondergesetz mit der Unterlegenheit des Verbrauchers begründen und andererseits in Art. 317 CC2002, wo die französische teoria da imprevisão vorgesehen sei, inkohärenterweise eine Eingangstür für die Rezeption der deutschen Lehre der objektiven Grundlage aus Art. 6 V CDC sehen wollen. Für eine Darstellung der Problematik vgl. *Schmidt*, Zivilrechtskodifikation, S. 262ff.

92 Statt vieler: *Rosado de Aguiar*, Extinção dos contratos, S. 19f.

derheiten der culpa in contrahendo – und nicht zuletzt zugunsten rechtsdogmatischer Präzisierung – rechtfertigen lässt.

Das **Naturalrestitutionsprinzip** – oder: *princípio da reposição natural* – ist im brasilianischen Zivilgesetzbuch nicht ausdrücklich positiviert. Es besteht aber kein Zweifel, dass es dem gesamten brasilianischen Haftungsrecht, insbesondere Arts. 389 und 944 CC2002 zugrunde liegt[93]. Danach hat der Schädiger denjenigen Zustand wiederherzustellen, der ohne die Pflichtverletzung bestünde. Die Herstellung des zu ersetzenden Zustands setzt logischerweise die **Prüfung eines hypothetischen Geschehensverlaufes** voraus, aus der sich ergibt, welcher hypothetische schadensfreie Zustand ohne die Pflichtverletzung überhaupt bestehen würde (Kausalitätsprüfung).

Aus der Kausalitätsprüfung ergeben sich **drei Hypothesen.** Es kann zunächst sein, dass sich aus dem hypothetischen Geschehensverlauf ergibt, dass die Parteien ohne die Pflichtverletzung denselben **Vertrag zu gleichen Bedingungen** geschlossen hätten. In einem solchen Fall folgt aus der vorvertraglichen Rücksichtspflichtverletzung kein Schaden, so dass man nicht von einem Schadensersatzanspruch sprechen kann. Auch möglich ist, dass die Parteien ohne die Pflichtverletzung **gar nicht zum Vertragsschluss** gekommen wären, weil der nicht informierte Teil das Geschäft nicht abgeschlossen hätte, wenn er über die wirkliche Lage ordentlich informiert worden wäre.

In diesem Fall erfolgt die Herstellung des schadensfreien Zustands durch die **Rückgängigmachung des Vertrages**, also eine Art von *resolução por culpa in contrahendo*. Der Geschädigte wird so gestellt, als wenn er vom Vertrag nichts gehört hätte: Das vertragliche Schuldverhältnis ist abzuwickeln und die ausgetauschten Leistungen zurückzuerstatten. Hier greift die Formel vom **negativen Interesse** ein[94]. Letztlich kann es aber auch möglich sein, dass sich aus dem hypothetischen Lauf der Dinge ergibt, dass die Parteien ohne das haftungsbegründende Verhalten – hier: bei richtiger Information – einen **anderen Vertrag** mit für den Geschädigten günstigeren Konditionen (hypothetischen Vertrag) abgeschlossen hätten. In solchen Fällen kann die Herstellung des schadensfreien Zustands im Weg einer Art **Vertragsanpassung** erfolgen, die meistens durch Rückerstattung des zu viel Gezahlten oder durch Leistungsminderung erfolgt.

Die Prüfung der hypothetischen Geschehensentwicklung ist allerdings nicht immer leicht vorzunehmen. Insbesondere gelingt dem Geschädigten nicht immer der Nachweis, dass der Vertrag ohne die vorvertragliche Fehlinformation zu günstigeren Bedingungen mit demselben Vertragspartner zustande gekommen

---

93 Dazu: *Gomes*, Obrigação, S. 285.
94 Statt vieler: *Brox/Walker*, SR/AT, S. 315.

und dass dieser mit diesen Bedingungen einverstanden wäre. Deshalb räumt ihm die deutsche Rechtsprechung treffend ein **Wahlrecht ein**, das es ihm erlaubt, entweder den Vertrag aufzulösen oder anzupassen. Diese Lösung lässt sich in Brasilien nicht nur aus Billigkeitsgründen, sondern vornehmlich rechtssystematisch begründen, berücksichtigt man, dass der Gläubiger bei schuldhafter Vertragsverletzung durch den Schuldner die **Erfüllung** oder die sofortige **Rückgängigmachung** des Vertrages – in beiden Fällen zuzüglich **Schadensersatz** – nach seiner Wahl verlangen kann[95].

Er ist etwa nicht an eine Fristsetzung zur Leistung oder Nacherfüllung gebunden, wie der Gläubiger aus § 281 BGB. Es gibt kein Recht zur zweiten Andienung im Zivilgesetzbuch[96]. Entscheidend ist nur, dass ein wirksames Schuldverhältnis zwischen den Parteien besteht, aus dem sich die fällige Leistung ergibt, die der Schuldner schuldhaft nicht oder nicht wie geschuldet erbracht hat. Die gleiche Lösung wendet die brasilianische Rechtsprechung bei Verletzung von Rücksichtspflichten „aus dem Vertrag" an: Hier hat der Gläubiger nicht das Zumutbarkeitshindernis im Sinne von § 282 BGB zu beseitigen, das ihm die Beseitigung der Vertragsbindung nur erlaubt, wenn ein Festhalten am Vertrag nicht mehr zumutbar ist, sondern darf infolge eines „*inadimplemento contratual*" (Nichterfüllung) den Vertrag auflösen, wenn die Rücksichtpflichtverletzung vor allem den Vertragszweck oder das Vertrauen erschüttert.

Man kann freilich fragen, inwieweit eine solche Lösung die Interessen des Schuldners in ausgewogener Weise berücksichtigt. Deshalb geht ein Teil der Lehre davon aus, dass der Gläubiger zunächst Erfüllung zu verlangen hat und erst bei Leistungsunmöglichkeit oder Nachweis der Unbrauchbarkeit der späteren Leistungserbringung (Art. 395, Parágrafo Único CC2002) oder noch beim Vorliegen einer Rücktrittsklausel (Art. 474 CC2002) den Vertrag auflösen darf. Das Thema ist allerdings umstritten. Zu berücksichtigen ist nicht zuletzt, dass auch das Verbraucherschutzgesetz und die brasilianische Zivilprozessordnung von einem

---

95 Statt vieler: *Silva Pereira*, Contratos, S. 133, der dabei erklärt, dass sich das brasilianische Recht hinsichtlich der Vertragsauflösung infolge von Pflichtverletzung durch den Schuldner am französischen System orientiert hat, was schon für die portugiesischen Regelungen (*Ordenações*) galt.

96 Ein solches Recht gibt es nur im Rahmen von Vertragsverträgen. Art. 18 § 1 gibt dem Lieferanten 30 Tage Frist zu Nacherfüllung, also zu Mangelbehebung, wenn die mangelhafte Sache kein „wesentliches Produkt" (*produto essencial*) darstellt und somit die Ausnahmenfälle von § 3 nicht eingreifen. Aber auch hier wird das Nacherfüllungsrecht des Lieferanten stark kritisiert und als „zumindest komisch" empfunden. Dazu: *Benjamin/Lima Marques/Bessa*, Manual, S. 155 und *Miragem*, Curso, S. 492.

solchen Wahlrecht ausgehen[97]. Wenn eine solche Regelung für die gravierendere Verletzung der Leistungspflicht gilt, muss sie selbstverständlich auch für die culpa in contrahendo gelten. Der Geschädigte kann hier im Wege der Naturalrestitution von Art. 389 CC2002 entscheiden, ob er die Rückgängigmachung oder die Anpassung des Vertrages verlangt, unbeschadet von eventuellen Schadensersatzansprüchen. Selbstverständlich steht sein Wahlrecht unter der Missbrauchskontrolle von Art. 187 CC2002.

4.2. Schadenszurechnung und Schadensberechnung bei der culpa in contrahendo

Einmal begründet, dass dem Geschädigten bei einem Fehlverhalten vor Vertragsabschluss ein Schadensersatzanspruch zusteht, der es ihm ermöglicht, zu verlangen, so gestellt zu werden, wie er ohne die vorvertragliche Pflichtverletzung stünde, und dass die Herstellung des schadensfreien Zustands nicht in allen Fallgruppen der culpa in contrahendo in einer Geldentschädigung erfolgt, sondern der Geschädigte auch eine Auflösung oder Anpassung des abgeschlossenen Vertrages verlangen kann, ist dann zu prüfen, wie in jeder Fallgruppe der ersetzbare Schaden zu berechnen ist. Normalerweise greift man dafür auf die **Adäquanztheorie** (*teoria da causalidade adequada*) zurück, die an verschiedenen

97 Gegen ein Wahlrecht: *Martins Costa*, Comentários ao código V/2, S. 244 und *Steiner*, Dano positivo, S. 262ff. Dafür statt vieler: *Rosado de Aguiar*, Extinção dos contratos, S. 95; *Assis*, Resolução do contrato por inadimplemento, S. 34 und *Silva Pereira*, Contratos, S. 133, der dabei erklärt, dass sich das brasilianische Recht hinsichtlich der Vertragsauflösung infolge von Pflichtverletzung durch den Schuldner an das französische System angeschloßen hat, wie schon in der portugiesische Ordenationen galt. Keine Streitigkeit darüber besteht im Verbraucherrecht, wo Art. 35 CDC dem Verbraucher bei Nichterfüllung der Offerte durch den Lieferanten ausdrücklich die Wahlmöglichkeit einräumt, entweder Vertragserfüllung, Annahme einer Ersatzleistung oder, wenn das Geschäft schon abgeschlossen ist, den Vertragsrücktritt zu verlangen. Ebenso bei Arts. 18 § 1 und 20 CDC, die ein Wahlrecht bei mangelhaften Produkten oder Dienstleistungen vorsehen. Es geht hier selbstverständlich nicht um eine analoge Anwendung der verbraucherrechtlichen Regeln auf rein private Rechtsbeziehungen im Sinne der Quellendialog-Theorie. Arts. 18 § 1, 20 und 35 CDC belegen nur, dass ein Rechtsfolgenwahlrecht im brasilianischen Privatrecht die Regel bildet. Deshalb sind die Ausnahmefälle im Gesetz ausdrücklich vorgesehen wie etwa im Willensmängelrecht, wo der Getäuschte gemäß Art. 146 CC2002 den Vertrag nicht auflösen, sondern nur Schadensersatz verlangen kann, wenn dem Täuschenden der Nachweis gelingt, dass der Vertrag, wenn auch nur zu für den Getäuschten günstigeren Bedingungen, bei richtiger Aufklärung zustande gekommen wäre. Begründet wird das damit, dass der Dolus nicht kausal für den Vertragsschluss gewesen sei. Vgl. dazu: *Lotufo*, Código civil, Bd. 1, Art. 146, S. 401 und *Tepedino/Barboza/Bodin*, CCI 1, Art. 146, S. 279f. Auch Art. 499 CPC2015 geht von einem Wahlrecht aus. Dazu: *Arruda Alvim/Lins/Ribeiro/Mello*, Novo CPC, Art. 499, S. 816.

Stellen des Zivilgesetzbuches zum Ausdruck kommt[98]. Bei der Bestimmung der ersetzbaren vorvertraglichen Schäden spielen jedoch andere Faktoren eine Rolle, wie das Kriterium vom positiven und negativen Interesse und der Schutzzweck der fraglichen Rücksichtspflichten, die allerdings nicht immer durch eine reine Kausalitätsprüfung die angemessene Berücksichtigung finden.

Allgemein kann man sagen, dass die Schadensbestimmung grundsätzlich von der **Art der verletzten Rücksichtspflicht** abhängt und daher nur im Einzelfall bestimmt werden kann. Im deutschen Recht besteht etwa Einigkeit darüber, dass in den Fällen von culpa in contrahendo wegen **Verletzung von Schutzpflichten ieS**, in denen es um die Verletzung von **Integritätsinteressen** geht, da die verletzten Rechtsgüter (Körper und Eigentum) in keinem Bezug zum Vertrag stehen, regelmäßig die Prüfung adäquater Kausalität ausreicht[99]. Dabei spielen die Kriterien von positivem oder negativem Interesse kaum eine Rolle. Anders bei der Verletzung von **vertragsbezogenen Rücksichtspflichten**, die der Entscheidung über den Vertragsschluss und die Ausgestaltung des Pflichtenprogramms mehr oder weniger dienen, wie Informations-, Aufklärungs-, Mitwirkungs-, Obhut- oder Beratungspflichten.

a) Die Kausalitätsprüfung nach der Adäquanztheorie

Bei dem Unterfall des **Abbruchs von Vertragsverhandlungen** bedeutet das: Ergibt sich aus dem hypothetischen Geschehensverlauf, dass die Parteien ohne die Pflichtverletzung – also: ohne die Erweckung bzw. Verstärkung und nachträgliche Enttäuschung des Vertrauens auf das Zustandekommen des Geschäfts – **nicht zum Vertragsschluss** gekommen wären, sind in erster Linie Verhandlungskosten und Gewinn des Drittgeschäfts zu ersetzen, das dem Geschädigten im Vertrauen auf das redliche Verhalten seines Geschäftspartners entgangen ist.

---

98 Die Lehre sieht die Adäquanztheorie in Art. 403 CC2002 (nach der der Schadensersatz bei Nichterfüllung des Schuldners nur die positiven Schäden und den entgangenen Gewinn umfasst, die sich direkt und unmittelbar aus der Nichterfüllung ergeben) und in Art. 944 CC2002, nach dem der Schadensersatz nach dem Schadensumfang zu bemessen ist. Zu bemerken ist, dass momentan diskutiert wird, ob Art. 403 CC2002 die Adäquanztheorie oder die sog. Theorie des direkten und unmittelbaren Schadens zugrunde liegt. Über die Theorie: *Tepedino*, Notas sobre o nexo de causalidade, S. 63 ff. Die herrschende Meinung geht davon aus, dass es zwischen beiden keinen Unterschied gibt. Der STJ hat dies mehrmals schon betont (statt vieler: STJ, REsp. 325622/RJ, T4, Rel. Min. Carlos Fernando Mathias, Urt. vom 28.10.2008, DJe 10.11.2008) und bezieht sich meistens auf die Adäquanztheorie (statt vieler: STJ REsp. 1553790/PE, T3, Rel. Min. Ricardo Villas Bôas Cueva, Urt. vom 25.10.2016, DJe 09.11.2016). Über die Diskussion vgl. *Tartuce*, Manual, S. 421 f.

99 In diesem Sinne auch *Medicus*, FS Langen (1992), 539, 541.

Also: Ersatz des negativen Interesses[100]. Wäre dagegen ohne das illoyale Verhalten ein **Vertrag zustandegekommen**, dann müsste man dem Geschädigten einen **Kontrahierungszwang** in Form einer *reposição natural* (Herstellung in natura) oder **Erfüllungsschaden** einräumen[101].

Dieser Lösung steht jedoch die Privatautonomie entgegen[102]. Wie *Medicis* zu Recht argumentiert, steht die **bloße Wahrscheinlichkeit**, dass der gewünschte Vertrag bei pflichtgemäßem Verhalten des Gegners entsteht, dem **Vertragsschluss** selbst regelmäßig noch nicht gleich. Deshalb kann sie nicht zu Schadensersatzansprüchen führen, wie sie sich erst aus dem Vertrag ergeben[103]. Sonst wäre die Grenze zwischen Verhandlungen und Vertragsschluss aufgehoben, weil Erfüllungsansprüche nur auf Grundlage eines abgeschlossenen Vertrages gewährt werden können. Deshalb müsse dieses Ergebnis durch die Schutzzwecklehre korrigiert werden[104]. Hier scheint besonders inkohärent, einer Partei die Vorteile aus einem nicht einmal ins Leben gerufenen Vertrag zu gewähren.

In der Fallgruppe des **Abschlusses ungültiger Verträge**, in der dem Schädiger vorgeworfen wird, er habe schuldhaft ein Gültigkeitshindernis herbeigeführt oder nicht beseitigt oder dann den Geschädigten nicht gewarnt, kann die Prüfung der hypothetischen Entwicklung des Vorgangs zu folgenden Ergebnissen führen: wären die Parteien ohne die Pflichtverletzung – also: bei Nichtherbeiführung oder Beseitigung des Gültigkeitshindernisses bzw. bei ordentlicher Aufklärung der Gegenseite – **nicht zum Vertragsschluss** gekommen, sei der Vertrag rückabzuwickeln. Denn der herzustellende schadensfreie Zustand ist hier ein solcher ohne Vertragsbindung: ausgetauschte Leistungen sind rückabzuwickeln, Aufwendungen und weitere Schäden, die infolge des Vertrauens auf die Vertragsgültigkeit erwachsen sind, zu ersetzen. Das entspricht dem Ersatz des negativen Interes-

---

100 Dazu: *Nickel*, Rechtsfolgen, S. 141, m.w.N. zu Literatur.

101 In diesem Sinne auch die Lösung von *Popp*, der allerdings nicht einmal auf eine Kausalitätsprüfung abstellt, sondern einfach auf ein „legitimes Vertrauen" in den Vertragsschluss. Responsabilidade civil pré-negocial, S. 232f. Diese Lösung findet vor allem Fürsprecher in Portugal. Statt vieler: *Pinto Oliveira*, Princípios, S. 217f. In Deutschland vgl. dazu: *Nickel*, Rechtsfolgen, S. 140 und Soergel/*Harke*, § 311 Rn. 114. Diese Auffassung findet keine Unterstützer in der herrschenden Meinung in Europa, insbesondere nicht im sog. *soft law:* Art. 2:301 PECL sieht als Rechtsfolge für den grundlosen Verhandlungsabbruch ausdrücklich bloß eine Schadensersatzpflicht vor. Das Gleiche gilt für Art. 2.1.15 Unidroit und II-1:102 (1) DCFR. Für eine Analyse der culpa in contrahendo im europäischen Vertragsrecht: *García Rubio/Crespo*, InDret 2010, 1, 5 ff., die sich auch gegen einen Kontrahierungszwang aussprechen.

102 Statt vieler: *Hans Stoll*, FS Caemmerer (1978), 435, 446.

103 FS Lange (1992), 539, 559.

104 *Medicus*, FS Lange (1992), 539, 549f.

ses[105]. Hätten sie dagegen ohne das Fehlverhalten einen **gültigen Vertrag** abgeschlossen, dann müsse man konsequent eine **Neuabschlusspflicht** annehmen oder dem Geschädigten diejenigen Vorteile ersetzen, die ihm aus einer ordnungsmäßigen Erfüllung des hypothetisch gültigen Vertrages zugeflossen wären, d. h. das **positive Interesse**[106].

Hier zeigen sich auch gravierende **Wertungswidersprüche**, insbesondere bei form- und gesetzeswidrigem Vertragsabschluss, der die Nichtigkeit gemäß Art. 166 IV und VII CC2002 zur Folge hat. Zum einen wird in Anlehnung an *Flume* eingewandt, dass dadurch die zwingenden gesetzlichen Formvorschriften völlig entleert werden, da die Anerkennung solcher Schadensersatzansprüche ihren Schutzzweck (Übereilungsschutz, Rechtssicherheit und Rechtsklarheit) erheblich beeinträchtigt[107]. Außerdem obliege es jeder Partei selbst, das Formgebot zu beachten. Ferner wird auch damit argumentiert, dass die vorvertragliche Aufklärungspflicht nicht das Erfüllungsinteresse schütze, sondern nur das Interesse der Partei an der Vermeidung nutzloser Aufwendungen im Vertrauen auf den nun ungültigen Vertragsschluss,[108] und ferner der Partei die Möglichkeit eingeräumt werden solle, sich anders zu orientieren, um ihren wirtschaftlichen Bedarf mittels Drittgeschäft zu befriedigen[109].

In dem letzten hier behandelten Fall von culpa in contrahendo – **Abschluss ungünstiger Verträge** – können immer drei hypothetische Geschehensverläufe bestehen. Es kann zunächst sein, dass die Parteien ohne die Pflichtverletzung – also: bei ordentlicher Aufklärung – denselben **Vertrag zu gleichen Bedingungen** geschlossen hätten. Dann liegt kein Schaden vor. Es kann aber auch sein, dass sie ohne die Pflichtverletzung **gar nicht zum Vertragsschluss** gekommen wären. Dann erfolgt die Herstellung des schadensfreien Zustands durch die **Rückgängigmachung des Vertrages**, so dass der Geschädigte so gestellt wird, als wenn er vom Vertrag nichts wüsste. Das Schuldverhältnis ist abzuwickeln und

---

105 *Nickel*, Rechtsfolgen, S. 92ff., der das negative Interesse durch die Höhe des positiven Interesses zu ersetzen versucht und weiter differenziert, je nachdem, ob es sich dabei um einen Formmangel oder eine fehlende behördliche oder private Genehmigung handelt. Dagegen unter anderen: *Medicus*, Gutachten (1981), 479, 513f.

106 *Medicus* spricht hier treffend von einer formwirksamen Nachholung des Vertragsschlusses als Naturalherstellung. FS Lange (1992), 539, 543. Dazu auch: *Nickel*, Rechtsfolgen, S. 92.

107 Statt vieler: *Larenz*, SR/AT, S. 114; Soergel/*Wiedermann*, Vor § 275 Rn. 192; *Medicus*, FS Langen (1992), 539, 543f., wo er die darüber geführte Diskussion zwischen *Flume* und *Reinicke* darstellt; Gutachten (1981), 479, 513f. und *von Bar*, JuS (1982), 637, 639.

108 Statt vieler: *Medicus*, FS Lange (1992), 539, 544ff.

109 *Nickel*, Rechtsfolgen, S. 85. Er unterscheidet grds. zwischen behebbaren (Erfüllungsschaden begrenzt durch die Höhe des positiven Interesses) und nicht behebbaren Wirksamkeitshindernissen.

Vertrauensdispositionen und weitere Schäden wie z. B. entgangener Gewinn aus einem alternativen Geschäft zu ersetzen[110]. Es handelt sich hier immer noch um den Ersatz des **negativen Interesses.** Und wenn zusätzlich Persönlichkeitsrechte verletzt wurden, kommt noch Schmerzensgeld dazu, so dass die Höhe des Schadensersatzes diejenige des positiven Interesses wohl übersteigen kann.

Letztlich kann sich aus dem hypothetischen Lauf der Dinge ergeben, dass die Parteien bei ordentlicher Information einen **anderen Vertrag** mit für den Geschädigten **günstigeren Konditionen** abgeschlossen hätten. Es handelt sich nicht um einen anderen Vertrag mit Dritten, sondern eben um einen mit demselben Vertragspartner. Hier erfolgt die Herstellung des schadenslosen Zustands durch eine Anpassung des bereits bestehenden Vertrages, was häufig durch Preisminderung oder Rückerstattung des zu viel Gezahlten erfolgt[111]. Dagegen wird eingewendet, dass eine solche Anpassung einem Kontrahierungszwang gleichstehe, wenn der Geschädigte vom Schädiger die Abgabe einer Willenserklärung zum Abschluss eines entsprechenden Inhaltsänderungsvertrages verlangen kann[112].

Aufgrund der oben erwähnten **Wertungswidersprüche** kommt man zu dem Schluss, dass die komplexe und vielfältige Frage nach der Schadensbestimmung infolge eines vorvertraglichen Fehlverhaltens **nicht durch eine reine Kausalitätsprüfung** beantwortet werden kann. Denn die daraus resultierenden Ergebnisse widersprechen in vielen Fällen **grundlegenden Prinzipien der Privatrechtsordnung,** wie der privatautonomen Selbstbestimmungsfreiheit, Formvorschriften und nicht zuletzt dem Charakteristikum des Vertragsrechts, nämlich dass Erfüllungsansprüche regelmäßig eine gültige vertragliche Grundlage voraussetzen. Die Frage nach der Schadensberechnung muss vielmehr unter Berücksichtigung von **Ziel und Zweck vorvertraglicher Pflichten** erfolgen. Dabei hilft die Schutzzwecklehre.

b) Die Schadenszurechnung nach der Theorie vom Schutzzweck der Norm

Die Lehre vom Schutzzweck der Norm ist in Brasilien nicht unbekannt, hat aber keine Resonanz gefunden[113]. *Noronha* führt zu Recht an, dass sich keine Rechts-

---

110 Statt vieler: *Brox/Walker*, SR/AT, S. 315 und *Nickel*, Rechtsfolgen, S. 172 ff.

111 *Nickel*, Rechtsfolgen, S. 192 ff.

112 *Nickel*, Rechtsfolgen, S. 196.

113 In diesem Sinne auch *Steiner*, Interesse positivo, S. 130, die 2016 eine noch nicht veröffentliche rechtsvergleichende Doktorarbeit über positives und negatives Interesse an der Universität von São Paulo unter Betreuung von Juniorprofessor *Cristiano Zanneti* geschrieben hat. In der Arbeit, die die Verwendbarkeit des Begriffspaars von positivem und negativen Interesse im

lösung nur durch rein „blindes" Kausalverhalten rechtfertigen lässt. Man muss vielmehr nach den einer Norm zugrundeliegenden „Werturteilen" fragen, um zu bestimmen, welche durch die adäquate Kausalität bestimmten Schäden dem Schädiger zugerechnet und als ersetzbar angesehen werden können[114]. Damit bringt er den Grundgedanken der Schutzzwecklehre zum Ausdruck: Jede Norm und jede Pflicht umfasst einen bestimmten Interessenbereich, so dass der Pflichtverletzende nur für die Verletzung dieses geschützten Bereichs einzustehen hat. Voraussetzung dafür ist, dass der zu ersetzende Schaden in dem Bereich der geschützten Interessen bzw. der Norm liegt[115].

Ohne die Problematik zu vertiefen, ist hier nur zu beachten, dass die Lehre vom Schutzzweck der Norm in der Folge der Adäquanztheorie entwickelt wurde, die ihrerseits die Äquivalenztheorie (conditio sine qua non) überholt hat. Sie geht – grob gesagt – von der Feststellung aus, dass die Adäquanzlehre dort versagt, wo adäquat verursachte Schäden außerhalb des Normzwecks der verletzten Norm liegen. Denn die Norm bestimmt nicht nur die Rechtspflicht, sondern auch den Schaden, der aus der Verletzung dieser Rechtspflicht resultiert. Andere Schäden sind – nach dieser Ansicht – gar keine Schäden und darum auch nicht ersetzbar, falls nicht eine andere Norm eingreift[116]. Unabhängig von der in Deutschland stattfindenden Diskussion, ob die Normzwecklehre die Adäquanzlehre ersetzt oder ergänzt, ist hier festzustellen, dass die Schutzlehre das Ergebnis einer reinen Prüfung der adäquaten Verursachung in den Fällen von culpa in contrahendo korrigiert, worauf auch die moderne Lehre in Portugal aufmerksam macht[117].

Die Anwendung der **Schutzzwecklehre als Korrektiv** zur Bestimmung des Schadens eines vorvertraglichen Fehlverhaltens erfordert, dass man einen Blick auf die Kernunterscheidung zwischen den zwei großen schuldrechtlichen

---

Rahmen der culpa in contrahendo und des brasilianischen Leistungsstörungsrechts rechtfertigen will, setzt sich die Autorin mit der Lehre vom Schutzzweck der Norm nicht auseinander, obwohl in Deutschland und Portugal die Fixierung des Haftungsumfangs als unerlässlich gilt. Die Lehre wird behandelt bei: *Noronha*, Direito das obrigações, Bd. 1, S. 615 ff. und *Cruz Guedes*, O problema do nexo causal na responsabilidade civil, S. 86 ff. Das Thema wird monographisch in der Doktorarbeit von *Guilherme Henrique Lima Reinig*, O problema da causalidade na responsabilidade civil, 2015, Universität von São Paulo, behandelt.

114 *Noronha*, Direito das obrigações, Bd. 1, S. 615.

115 Dazu: *Brox/Walker*, SR/AT, S. 329 und *Noronha*, Direito das obrigações, Bd. 1, S. 616.

116 *Fikentscher/Heinemann*, Schuldrecht, S. 299.

117 In diesem Sinne sagt *Paulo Mota Pinto*, dass man die Rechtsfolge einer vorvertraglichen Pflichtverletzung nicht ohne Berücksichtigung von Zweck (*fim*) und Schutzbereich (*âmbito de proteção*) der Rücksichtspflichten angemessen determinieren kann. Interesse contratual negativo, Bd. 2, S. 920 f. Vgl. auch: *Menezes Cordeiro*, Tratado I/1, S. 518.

Pflichtkategorien wirft, um den Schutzzweck der Norm (hier: die Pflicht) zu bestimmen: Leistungs- und Rücksichtspflichten. Aus dem vertraglichen Schuldverhältnis entstehen **Leistungspflichten**, die dazu dienen, das **Interesse des Gläubigers** zu sichern. *Heinrich Stoll* drückt das in eigentümlicher Klarheit aus: Leistungspflichten dienen ausschließlich der Verwirklichung des Gläubigerinteresses[118] und ferner der **Güterbewegung**, wie *Kress* akzentuiert hat[119]. Neben den Hauptleistungspflichten, die den Kern des Schuldverhältnisses bezeichnen, können **vereinbarte Nebenleistungspflichten** auftreten, die eine sekundäre Rolle haben, sowie **leistungsbezogene Rücksichtspflichten** aus Treu und Glauben (Art. 422 CC2002), die infolge des Vertrauensverhältnisses zwischen den Vertragspartnern erwachsen. Die letzteren zielen auf die **Verwirklichung des Leistungsinteresses** ab und sollen insbesondere bewirken, dass der Gläubiger in den zweckentsprechenden Genuss der Hauptleistung kommt und ihm dieser Genuss – durch nachvertragliche Rücksichtspflichten – erhalten bleibt[120].

Während die im Rahmen des vertraglichen Verhältnisses entstandenen leistungsbezogenen Rücksichtspflichten der Vorbereitung, Unterstützung und Sicherung der Leistungserfüllung dienen, haben **vorvertragliche Rücksichtspflichten** einen ganz anderen Schutzzweck. Da sie unabhängig vom Vertrag entstehen, dienen sie grundsätzlich dem Schutz – nicht der Bewegung – von Gütern des anderen Teils vor den erhöhten Einwirkungsgefahren des geschäftlichen Kontakts[121]. Sie bezwecken also die **Erhaltung des Integritätsinteresses**, auch negatives Interesse genannt, d. h. des **personen- und vermögensrechtlichen status quo**, in der geglückten Formulierung von *Hopt*[122]. Damit ist selbstverständlich nur auf die allgemeine Kernfunktion dieser besonderen schuldrechtlichen Pflichtenkategorie hingewiesen, denn jede einzelne Rücksichtspflicht erfüllt einen eigenen Zweck im Einzelfall. Man muss also kasuistisch prüfen, welches Interesse die bereits verletzte Rücksichtspflicht in dem konkreten Sachverhalt schützt, damit die Rechtsfolge ihres Verstoßes angemessen bestimmt werden kann.

Allgemein kann man aber sagen, dass die **vorvertragliche Loyalitätspflicht** in erster Linie dazu dient, ein loyales und rücksichtsvolles Miteinander der Verhandlungspartner zu gewährleisten, um letztendlich nutzlose Vertrauensdispositionen zu vermeiden. Sie schützt demnach letztendlich das aktuelle Vermögensinteresse der

---

118 Die Lehre der Leistungsstörung, S. 27.
119 Lehrbuch des allgemeinen Schuldrechts, S. 2.
120 MünchKomm/*Roth* (1985), § 242 Rn. 172.
121 Dazu: *Kress*, Lehrbuch des allgemeinen Schuldrechts, S. 578 f und MünchKomm/*Roth* (1985), § 242 Rn. 114.
122 MünchKomm/*Roth* (1985), § 242 Rn. 172.

Beteiligten, nicht dagegen künftige, durch die Leistungserfüllung zu befriedigende Vertragsinteressen und noch weniger das „Vertrauen in den Vertragsschluss“[123]. Da das Erfüllungsinteresse nicht in den Schutzbereich der vorvertraglichen Loyalitätspflicht fällt, kann der abbrechende Verhandlungspartner das Erfüllungsinteresse nicht verletzen, auch nicht bei einem illoyalen Abbruch des geschäftlichen Kontakts. Die Schutzzwecklehre wirkt in solchen Fällen korrigierend, um dem Geschädigten den Ersatz „nur“ des **Vertrauensschadens** zu gewähren[124].

Das Gleiche lässt sich für die **Sorgfalts-, Mitwirkungs- und Aufklärungspflichten** sagen, deren Verletzung zum Abschluss eines ungültigen Vertrages führt. Wie in Kapitel 3 C dargestellt, trifft jede Partei die Last, sich selbst über die in ihrer eigenen Rechtssphäre liegenden Gültigkeitshindernisse des geplanten Geschäfts sorgfältig zu informieren, sie zu beseitigen oder – falls sie unbehebbar sind – die andere Partei darauf aufmerksam zu machen, damit sie frei entscheiden kann, ob sie vom Vertragsabschluss Abstand nimmt oder doch das Unwirksamkeitsrisiko eingeht[125]. Der Zweck der Aufklärungspflicht ist hier lediglich, dem Geschäftspartner die Möglichkeit einer wohlerwogenen Entscheidung zu eröffnen, so dass sie in erster Linie seine rechtsgeschäftliche Selbstbestimmung schützt. Das Interesse, die Vorteile aus der ordnungsgemäßen Vertragserfüllung zu erlangen, ist von diesen Rücksichtspflichten nicht gedeckt. Folglich kann ein schuldhafter Verstoß gegen sie den Ersatz des positiven Interesses nicht legitimieren.

Informations- und Aufklärungspflichten haben, wie in Kapitel 3 D gezeigt, einen anderen Inhalt und Zweck im Rahmen des Unterfalles der culpa in contrahendo für den Abschluss ungünstiger Verträge. Sie zielen darauf ab, durch hinreichende Auskunft über entscheidungsrelevante Umstände den informationsbedürftigen Partner in die Lage zu versetzen, frei zu entscheiden und einen soweit wie möglich ausgewogenen Vertrag zu schließen. *Grigoleit* führt deshalb zutreffend an, dass der Zweck der vorvertraglichen Informationspflichten darin besteht, durch **Verbesserung der informationellen Entscheidungsgrundlagen**

---

123 Das trifft umso mehr zu, wenn man berücksichtigt, dass die Enttäuschung legitimen Vertrauens auf den Abschluss keinen vorrangigen Schutz gegenüber den rein wirtschaftlichen Interessen des Teils erlangt, der bei einem besseren Drittangebot von dem geplanten Abschluss doch noch Abstand nehmen kann.

124 In diesem Sinne statt vieler: *Medicus*, FS Lange (1992), 539, 550, der zwei Ausnahmen von der Regel erblickt. Zum einem bei arglistiger Erweckung des Anscheins durch eine Partei, man werde den Vertrag mit Sicherheit schließen, die mit § 242 BGB unvereinbar wäre. Zum anderen in den Fällen der Verweigerung eines Vertragsschlusses bei öffentlichen Ausschreibungen. Auch: *Fikentscher/Heinemann*, Schuldrecht, S. 66 und *Westermann/Bydlinski/Weber*, SR/AT, S. 213.

125 Dazu: Soergel/*Wiedemann*, Vor § 275 Rn. 192.

dem Berechtigten eine bedürfnisgerechte Entscheidungsfindung, d. h., eine **störungsfreie Willensbildung bzw. Entscheidungsfindung** für das geplante Geschäft zu ermöglichen, indem sie die informationelle Entscheidungsgrundlage der informationsbedürftigen Partei verbessert.

Negativ ausgedrückt: sie sollen den Abschluss eines aufgrund von Fehlvorstellungen ungünstigen oder unerwünschten, d. h., „nicht bedürfnisgerechten" Vertrages vermeiden. Die Pflicht zu korrektem Informationsverhalten dient dagegen **nicht der Verwirklichung der Fehlvorstellungen** der Gegenseite, sonst würde sie in einen systemfremden Kontrahierungszwang auf Grundlage von Fehlvorstellungen verwandelt. Mit dem Inhalt der vorvertraglichen Informationspflichten lässt sich **keine schadensersatzrechtliche Ersatzfähigkeit des positiven Interesses** begründen. Er kann nur auf das negative Interesse gerichtet sein, was eben den **allgemeinen Haftungsgrundsätzen der culpa in contrahendo** als einer Art von Vertrauenshaftung entspricht[126].

Die Informationspflicht hat also nach *Grigoleit* einen **Präventionszweck**, der in der Vermeidung des Abschlusses ungünstiger oder nicht bedürfnisgerechter Verträge besteht. Damit erreicht man eine **Stärkung der Entscheidungsgrundlagen bzw. Privatautonomie** der informationsschwächeren Partei. Deshalb verweist er zu Recht darauf, dass die Informationspflichten eine wesentliche Funktionsbedingung des Grundsatzes der Privatautonomie schützen[127]. Der **Ersatz des positiven Interesses** kommt ausnahmsweise in solchen Fällen in Betracht, in denen der geschädigten Partei der schwierige volle Nachweis gelingt, dass sie – bei ordnungsmäßiger Aufklärung – einen günstigeren Vertrag mit dem gleichen Vertragspartner tatsächlich abgeschlossen hätte. Dieser Beweis muss aber substantiiert dargelegt werden. Nur dann greift die Kausalitätsprüfung ein, die den Ersatz des positiven Interesses in diesem **Ausnahmenfall** begründet. Erbringt sie diesen Nachweis nicht, gilt die allgemeine Regel der vorvertraglichen Haftung, d. h. der Ersatz des negativen Vertrauensschadens[128].

Aus ganz anderen rechtsdogmatischen Gründen erklärt sich im brasilianischen Recht der Ersatz des positiven Interesses im Rahmen von **verbraucherrechtlichen Beziehungen.** Ein Ersatz des Erfüllungsinteresses ist z. B. bei Fällen von Verhandlungsabbruch nur möglich, weil das Gesetz bei Vorliegen jeder

---

126 *Grigoleit*, Informationshaftung, S. 190 f. In diesem Sinne die wohl herrschende Meinung in Deutschland: *Canaris*, ZGR 1982, 395, 421; *Medicus*, FS Lange (1992), 539, 555 f.: *Tiedtke*, DB 1989, 1321, 1323; *Westermann/Bydlinski/Weber*, SR/AT, S. 213 f und *Fikentscher/Heinemann*, Schuldrecht, S. 66.

127 *Grigoleit*, Informationshaftung, S. 76 f.

128 Das entspricht der wohl überwiegenden Meinung in der deutschen Lehre und Rechtsprechung. Vgl. statt vieler: *Fikentscher/Heinemann*, Schuldrecht, S. 66 f.

„ausreichend präzisen" Offerte einen **Kontrahierungszwang** in Art. 34 CDC anordnet, kraft dessen der Verbraucher die Leistungserfüllung, eine Ersatzleistung oder bei Unmöglichkeit Schadensersatz verlangen kann, der auf den Ersatz des positiven Interesses gerichtet sein kann[129]. Das ist aber ein gesetzlich geregelter Ausnahmefall von Kontrahierungszwang, der sich durch die **Machtstellung der Lieferanten** im Konsumentenmarkt – und nicht aus Treu und Glauben! – erklärt.

Ein Ersatz des Erfüllungsinteresses kann auch bei **Abschluss eines ungünstigen Vertrages infolge der Mitteilung falscher Informationen** in Betracht kommen, wenn der Verbraucher die Abgabe falscher Informationen tatsächlich nachweist[130]. Das ist allerdings nur möglich, weil jede vorvertragliche Auskunft des Lieferanten – egal in welcher Form mitgeteilt – bei Zustandekommen des Geschäfts automatisch, d.h. ohne ausdrückliche Vertragsklausel, zum Vertragsinhalt nach Art. 30 CDC zählt. Da die mitgeteilten vorvertraglichen Informationen zum Vertragsinhalt gehören, stellt die Nichterhaltung solcher Informationen demnach eine **Vertragsverletzung** dar. Die vorvertragliche Pflichtverletzung wird aufgrund der gesetzgeberischen Entscheidung durch das **Vertragsregime** geregelt. Deshalb hat das mit culpa in contrahendo nichts mehr zu tun.

Bei allen anderen Fällen vorvertraglicher Haftung im Rahmen von verbraucherrechtlichen geschäftlichen Kontakten gilt die Regel: ersetzbar ist dabei nur das negative Interesse. Das kommt z.B. bei **Zurückhaltung von entscheidungsrelevanten Informationen**, die sowieso nicht den Vertragsinhalt bilden, in Betracht: Der Verbraucher ist so zu stellen, als hätte er den ungünstigen Vertrag nicht abgeschlossen. Der tatsächliche Vertrag ist rückabzuwickeln, erbrachte Leistungen sind zurückzugeben und die Schäden zu ersetzen, die er im Vertrauen auf das Bestehen des Vertrages erlitten hat. Hat er z.B. den ungünstigen Vertrag bei einer Bank finanziert, müssen die Finanzierungskosten mitberücksichtigt werden. Gelingt ihm der Nachweis, dass ihm in Vertrauen auf das Bestehen des abgeschlossenen Vertrags eine konkrete Geschäftsmöglichkeit mit Dritten ent-

---

129 Die Tatsache, dass die brasilianische Rechtsprechung dem geschädigten Verbraucher nur selten das positive Interesse gewährt, ist ein strukturelles Problem, das einerseits darin liegt, dass sie erst langsam von der allgemeinen Fehlvorstellung abrückt, dass Rücktritt und positives Interesse nicht zu vereinen seien, und andererseits darin, dass sie keine objektiven und zuverlässigen Berechnungsmethoden verwendet. Kritisch dazu: *Steiner*, Interesse positivo, S. 280 ff.

130 STJ, REsp. 341405/DF, T3, Rel. Nancy Andrighi, Urt. vom diejenigen Schäden zu ersetzen sind, die „ 03.09.2002, DJ 28.04.2003 (Zwangserfüllung von Werbeanzeigen eines Bauunternehmens, der auf die Finanzierungsmöglichkeit durch die brasilianische Sparkasse (CEF) hingewiesen hatte. Der STJ hat ihn dazu verpflichtet, den Immobilienkaufvertrag mit dem Käufer unter den gleichen Bedingungen der Sparkasse abzuschließen.).

gangen ist, muss auch dieser Schaden ersetzt werden. Es handelt sich hier aber **immer noch um den Ersatz des negativen Interesses**, dessen Umfang allerdings noch von der Berechnung des Vorteilsausgleichs abhängig ist und im Einzelfall das positive Interesse des tatsächlichen Vertrages übersteigen kann.

Zusammenfassend kann man sagen, dass die reine Kausalitätsprüfung nicht die Rechtsfolgen der culpa in contrahendo bestimmen kann. Vielmehr ist nach Sinn und Zweck der tatsächlich verletzten Rücksichtspflicht zu fragen. Das entspricht dem Grundgedanken der Schutzzwecklehre. In jedem Fall ist der aus der Pflichtverletzung entstandene Schadensersatzanspruch des Geschädigten grundsätzlich auf den Ersatz des negativen Interesses gerichtet. Bei der Schadensberechnung ist daher zu fragen, wie der Geschädigte stünde, wenn er nicht auf den Vertragsschluss, auf die Gültigkeit des Vertrages oder auf die Richtigkeit der Umstände vertraut hätte; allgemeiner: wenn er nicht auf das vorvertragliche Fehlverhalten des Pflichtverletzenden vertraut hätte. Der Ersatz des positiven Interesses kommt nur in Betracht, wenn die Parteien zum Vertragsschluss kommen, und zwar nur in dem Ausnahmenfall, in dem der Geschädigte den vollen Kausalitätsnachweis erbringt, dass er bei richtiger Aufklärung einen günstigeren Vertrag mit dem gleichen Vertragspartner abgeschlossen hätte. Schaft er das nicht, gilt die gängige Regel bei der culpa in contrahendo, also der Ersatz des negativen Vertrauensschadens.

c) Die Schadensberechnung in der culpa in contrahendo

Aufgrund der rechtsgeschäftsähnlichen Natur der Haftung in contrahendo, die ihre Unterwerfung unter die Regeln der Vertragshaftung rechtfertigt, bildet **Art. 389 CC2002** die **Anspruchsgrundlage** für vorvertragliche Schadensersatzansprüche. Nach der Vorschrift haftet der Schuldner für den Ersatz von „*perdas e danos*" (Schadensersatz) zuzüglich Zinsen, Inflationsausgleich und Anwaltshonoraren, wenn er die Obligation nicht erfüllt. Erst Art. 402 CC2002 definiert ganz grob, was unter „*perdas e danos*" zu verstehen ist, nämlich dasjenige, was der Gläubiger tatsächlich verloren hat (positiver Schaden) und was er vernünftigerweise gewonnen hätte (entgangener Gewinn)[131]. Damit erfassen die materiellen Schäden sowohl den **damnum emergens** als auch den **lucrum cessans**, die je nach den Umständen im Rahmen der culpa in contrahendo in Betracht kommen.

---

131 Dass Art. 402 CC2002 nur grob etwa den entgangenen Gewinn definiert, kommt deutlich mit einem Vergleich zu § 252 BGB zum Ausdruck, der offensichtlich viel mehr Elemente für die Quantifikation des entgangenen Gewinns liefert. Trotzdem stößt die Normformulierung in Deutschland auf Kritik. Vgl. dazu: MüchKomm/*Grunsky* (1985), § 252 Rn. 1 ff.

Im Rahmen der Haftung in contrahendo sind, wie schon gesagt, nicht nur **materielle Schäden**, sondern auch **immaterielle Schäden** ersetzbar[132].

Bei der Berechnung des Vertrauensschadens ist zunächst zu beachten, dass das Zivilgesetzbuch kein Kriterium dafür liefert. Um zu prüfen, welche Kriterien – abgesehen von der Differenzmethode – in Rahmen der Fälle von culpa in contrahendo in Betracht kommen, muss man die in der Praxis verwendeten Berechnungskriterien für ähnliche Sachverhalte untersuchen, was aus Gründen des Themas und des Platzes hier nicht behandelt werden kann. Ungleich wichtiger für die Formulierung der Grundlinien der culpa in contrahendo ist zu beachten, dass der *Código Civil* keine Regelung wie §§ 122 I und 179 II BGB enthält[133], die den Ersatz des vorvertraglichen Schadens mit der Höhe des Erfüllungsinteresses begrenzen. Vielmehr gilt im brasilianischen Recht der **Grundsatz der Totalreparation** (*princípio da reparação integral*), der Art. 403 CC2002 zugrunde liegt[134],

---

132 In diesem Sinne auch: *Fichtner Pereira*, A responsabilidade civil pré-contratual, S. 391; *Popp*, Responsabilidade civil pré-negocial, S. 284. Hinsicht des immateriellen Schadens ist zu beachten, dass das brasilianische Recht keine einschränkende Regel wie § 254 BGB kennt, die eine Kompensation von Nichtvermögensschäden in Geld dem Grundsatz nach ausschließt und sie nur in gesetzlich bestimmten Ausnahmefällen erlaubt (Dazu: Staudinger Eckpfeiler/*Vieweg*, S. 409 ff.). Im Gegenteil: das neue Zivilgesetzbuch sieht an verschiedenen Stellen Anspruchsgrundlagen für Schmerzensgeld vor, wie in Art. 12 CC2002 wegen Verletzung von Persönlichkeitsrechten oder in der deliktsrechtlichen Generalklausel des Art. 186 CC2002 aus unerlaubter Handlung. Eine Geldentschädigung für immaterielle Einbußen wird jedoch – außerhalb des Deliktsrechts – ohne Weiteres sowohl in der Vertrags- als auch in der Gefährdungshaftung anerkannt. Die Rechtsprechung liefert einige Parameter für die Quantifizierung der immateriellen Schäden wie die Schwere und Folge des Eingriffs sowie die finanzielle Lage von Schädiger und Geschädigtem. In der Rechtspraxis wird aber die Höhe des Schmerzensgelds ganz willkürlich fixiert und die Gerichte kommen sehr gerne – und untechnisch – aufs Schmerzensgeld zurück, insbesondere wenn die materiellen Einbußen schwer berechenbar sind. Statt vieler: STJ AgRg nos EDcl no REsp. 1031108/PR, T4, Rel. Min. Antonio Carlos Ferreira, Urt. vom 05.05.2015, DJe 19.05.2015, in dem der Verkäufer einer Immobilie, der irrig wertlose Edelsteine als Teil der Zahlung des Immobilienpreises empfangen hat, durch Schmerzensgeld entschädigt wird. Im Leitsatz des Oberlandesgerichts heißt es ausdrücklich, dass die vorsätzliche Irreführung des Verkäufers zum Vertragsschluss einen immateriellen Schaden darstelle.

133 Das erkennt selbst *Pontes de Miranda*, der jedoch eine aprioristische Begrenzung des negativen durch das positive Interesses vertreten hat. Tratado, Bd. 4, S. 91.

134 Dazu, dass sich der Grundsatz der Totalreparation aus der Regel des lucrum cessans ergibt, vgl. in der deutschen Literatur: Hk-BGB/*Schulze*, § 252, Rn. 1. Das Prinzip der Totalreparation wird am deutlichsten in dem neuen Art. 944 CC2002 ausgedrückt, der in die neue Kodifikation im Bereich des Deliktsrechts neu eingefügt wurde und der bestimmt, dass sich der Schadensersatz durch das Schadensausmaß bestimmen lässt. Der Grundsatz der Totalreparation (restitutio in integrum) ist seit dem alten Recht erkannt. Vgl. dazu statt vieler: *Gomes*, Obrigações, S. 285. Die aktuelle Lehre, die große Freude über Neologismen zeigt, spricht nun in Anlehnung an Art. 944 CC2002 vom „Prinzip des Schadensausmaßes" (*princípio da extensão do dano*), nachdem der

nach dem diejenigen Schäden zu ersetzen sind, die „direkt und unmittelbar" aus der Nichterfüllung resultieren[135].

Da das Gesetz keine Haftungsbeschränkung vorsieht, ist kein Grund ersichtlich, dem vorvertraglichen Vertrauensschaden eine aprioristische Grenze zu setzen, wie *Pontes de Miranda* postuliert[136]. Die brasilianische Lehre, die sich mit der culpa in contrahendo beschäftigt, ist sich in diesem Sinne einig[137]. Wie *Menezes Cordeiro* zutreffend ausführt, kann die Frage der vorvertraglichen Schadensberechnung nicht rein konzeptionell durch die Theorie der culpa in contrahendo gelöst, sondern sie muss nach den allgemeinen Regelungen des Haftungsrechts beantwortet werden. Das positive Interesse darf keineswegs eine Pauschalgrenze für die Höhe des Vertrauensschadens bilden, die vielmehr von der tatsächlich gemachten Vertrauensinvestition abhängig ist[138].

4.3. Zusammenfassung

Zusammenfassend kann man sagen: Dem Geschädigten entsteht infolge einer schuldhaften vorvertraglichen Pflichtverletzung ein Schadensersatzanspruch, der es ihm erlaubt, zu verlangen, so gestellt zu werden, wie er ohne den zum Ersatz

---

Schaden grundsätzlich uneingeschränkt wiedergutzumachen sei. In diesem Sinne vgl. *Silva Pereira*, Obrigações, S. 325, der allerding Art. 944 iVm Art. 403 CC2002 auf vertragliche Haftungsfälle anwenden will, weil er neuerlich von einer „einheitlichen Haftung" – von ihm untechnisch als „einheitliches Verschulden" (*unidade da culpa*) bezeichnet – ausgeht (S. 313).

135 Die Norm weist zwar eine unglückliche Formulierung auf, die durch den neuen Gesetzgeber nicht korrigiert wurde und die sogar den Ersatz von Schmerzensgeld und Gewinnentgang als indirekten Schaden ausschließen würde. Sie wird aber allgemein in dem Sinne verstanden, dass nur die adäquatkausal verursachten Schäden ersatzfähig sind. Statt vieler: *Alvim*, Da inexecução, S. 313 und *Nery/Andrade Nery*, Obrigações, S. 233.

136 Tratado, Bd. 4, S. 91.

137 Dazu: *Fichtner Pereira*, A responsabilidade civil pré-contratual, S. 389 und *Popp*, Responsabilidade civil pré-negocial, S. 290ff., der allerdings eine Haftungsbegrenzung im Fall der Haftung für grundlosen Abbruch annimmt, wenn sich die Parteien in der „ersten Hälfte der intermediären Verhandlungsphase" befinden. Ab dem Moment, wo der Vertragsschluss „zumindest physiologisch" zur Rechtssphäre des Geschädigten gehöre, müsse der Schadensersatz sogar das positive Interesse umfassen. Er liefert jedoch kein vernünftiges objektives und handhabbares Kriterium für die Fixierung der „unterschiedlichen" Phasen der Vertragsanbahnung.

138 Dazu: *Menezes Cordeiro*, Tratado I/1, S. 518. An anderer Stelle betont er, dass die vorvertragliche Schadensersatzpflicht nicht durch das Konzept des negativen Interesses a priori begrenzt werden könne, sondern vielmehr nach dem Grundsatz der Totalreparation aus Art. 563 des portugiesischen Zivilgesetzbuches zu bestimmen sei. Tratado II/4, S. 157, wo er auch feststellt, dass die Begrenzung der Haftung in contrahendo durch das negative Interesse durch die Rechtsprechung nach und nach aufgegeben wird.

verpflichtenden Zustand, d.h. ohne das vorvertragliche Fehlverhalten, stünde. Das entspricht dem Grundsatz der Naturalrestitution (princípio da reposição natural), der zwar – anders als im § 249 BGB – nicht ausdrücklich positiviert ist, der aber dem sog. Haftungsrecht zugrunde liegt. Die Naturalherstellung ist also in Arts. 389 und 944 CC2002 verankert. Der vorvertragliche Schadensersatzanspruch des Geschädigten muss also aus dem Grundsatz der Naturalrestitution hergeleitet werden, weil das Zivilgesetzbuch die Rechtsfolgen der culpa in contrahendo aus Art. 422 CC2002 nicht regelt. Demgemäß darf der Geschädigte verlangen, so gestellt zu werden, wie er ohne die Pflichtverletzung stünde. Die Herstellung des schadensfreien Zustands wird nicht immer mit einer Entschädigung in Geld erreicht. Bei Vorliegen eines ungültigen oder ungünstigen Vertrages verlangt die Herstellung des schadensfreien Zustands vielmehr eine Auflösung oder Anpassung der Vertragsbindung, wenn im Einzelfall der Geschädigte ohne die Rücksichtspflichtverletzung den Vertrag nicht oder nicht mit den gleichen Bedingungen oder zu dem Zeitpunkt abgeschlossen hätte.

Der Beweis, dass er ohne die Rücksichtspflichtverletzung den Vertrag nicht oder nicht mit den gleichen Bedingungen abgeschlossen hätte, ist alles andere als einfach. Deshalb soll dem Geschädigten ein Recht eingeräumt werden, aus den oben genannten Alternativen – Geldentschädigung, Auflösung oder Anpassung – frei auszuwählen. Die Anerkennung eines solchen Wahlrechts ist im brasilianischen Recht nicht systembrüchig, weil der Gläubiger einer Leistungspflicht in der Regel auswählen kann, ob er etwa bei Nichterfüllung eine Art Schadensersatz statt der Leistung (*execução pelo equivalente*) oder Resolution verlangen kann, in beiden Fällen zuzüglich Schadensersatz. Auch im Verbraucherrecht steht dem Verbraucher ein Rechtsfolgenwahlrecht in Arts. 18 § 1, 20 und 35 CDC zur Verfügung. Das belegt, dass die Einräumung eines Rechtsfolgenwahlrechts im Wege der Naturalrestitution keine fremde Lösung darstellt.

Das heißt: Die Rechtsfolgen der culpa in contrahendo lassen sich nicht durch eine reine Kausalitätsprüfung bestimmen. Das Gleiche gilt für die Bestimmung des ersetzbaren Schadens. Der wird vornehmlich nach der Art der verletzten Rücksichtspflicht festgelegt. Der Schadensersatzanspruch des Geschädigten richtet sich praktisch ausschließlich auf den Ersatz des negativen Interesses, weil keine vorvertragliche Rücksichtspflicht sein Interesse an der Vertragserfüllung schützt, d.h. das Interesse an der Erlangung derjenigen Vorteile, die ihm durch eine ordnungsmäßige Erfüllung des Geschäfts erwachsen würden. Das gilt grundsätzlich auch, wenn dem Geschädigten der Nachweis gelingt, dass er den Vertrag nicht oder nur zu anderen Bedingungen eingegangen wäre.

Deshalb ist bei der Schadensbestimmung zunächst nach Sinn und Zweck der tatsächlich verletzten Rücksichtspflicht zu fragen. Das entspricht dem Grundgedanken der Schutzzwecklehre, die hier korrigierend eingreift, wenn eine bloße

Kausalitätsprüfung des hypothetischen Verlaufs beweist, dass die Parteien z.B. den geplanten oder den ungültigen Vertrag dennoch abgeschlossen hätten. Das ist vor allem für die problematische Frage eines Kontrahierungszwangs beim grundlosen Verhandlungsabbruch von Bedeutung: Es gibt aufgrund der verfassungsrangigen Privatautonomie und Selbstbestimmung keinen Kontrahierungszwang im Rahmen der culpa in contrahendo. Der portugiesischen Lehre ist in diesem Sinne nicht zu folgen, weil sie das Primat der Privatautonomie nicht angemessen berücksichtigt. Bei der Schadensberechnung ist daher zu fragen, wie der Geschädigte stünde, wenn er nicht auf den Vertragsschluss, auf die Gültigkeit des Vertrages oder auf die Richtigkeit der Geschäftsumstände vertraut hätte; oder allgemein: wenn er nicht auf das Fehlverhalten des Pflichtverletzenden vertraut hätte.

Die bei grundloser Verhandlungsbeendigung verletzte Loyalitätspflicht zielt ausschließlich darauf ab, ein loyales und rücksichtsvolles Miteinander der Verhandlungspartner zu gestalten und somit unnötige Aufwendungen zu vermeiden. Sie dient also dem Schutz des aktuellen Vermögensinteresses des Geschädigten. Die Sorgfalts- und Aufklärungspflichten, die bei Abschluss ungültiger oder ungünstiger bzw. unerwünschter Verträge verletzt werden, haben den Zweck, der Partei die Möglichkeit zu geben, eine wohlerwogene Vertragsentscheidung zu treffen. Insbesondere die Informations- und Aufklärungspflichten bezwecken, die informationsbedürftige Partei in die Lage zu versetzen, eine bewusste und störungsfreie Vertragsentscheidung zu treffen. Sie dient funktionell dem Schutz der privatautonomen Selbstbestimmung und Selbstgestaltung.

Letztendlich stellen alle genannten Rücksichtspflichten die bestehende Vermögensposition der Parteien unter Schutz. Sie schützen also nicht die Verwirklichung des Leistungsinteresses, und auch nicht den Genuss oder die Erhaltung der Leistungspflicht. Das kann in der Regel nur auf Grundlage eines gültigen Vertrages erreicht werden. Ein Ersatz des positiven Interesses im Rahmen der culpa in contrahendo kommt deshalb nur in engen Ausnahmefällen in Betracht. Das ist der Fall, wenn der Geschädigte den vollen Kausalitätsnachweis erbringt, dass er bei richtiger Aufklärung einen günstigeren Vertrag mit dem gleichen Vertragspartner abgeschlossen hätte. Daran sind strenge Anforderungen zu stellen. Die deutsche Judikatur kann hier gute Beispiele liefern. Schafft er dies nicht, gilt die allgemeine Regel der culpa in contrahendo: es erfolgt nur der Ersatz des negativen Vertrauensschadens.

5. Verjährungsfrist

Verstößt der Beteiligte am geschäftlichen Kontakt schuldhaft gegen eine Rücksichtspflicht vor Vertragsschluss, entsteht für den Geschädigten ein Schadensersatzanspruch gemäß Art. 422 iVm Art. 389 CC2002. Dieser Anspruch verjährt nach der **regelmäßigen Verjährungsfrist von 10 Jahren** aus Art. 205 CC2002[139]. Die Norm fixiert eine regelmäßige Verjährungsfrist von 10 Jahren für Ansprüche, soweit das Gesetz nicht ein anderes bestimmt. Art. 206 CC2002 sieht unterschiedliche Verjährungsfristen – von einem Jahr bis zu fünf Jahren – für Ansprüche verschiedener Rechtsnaturen vor. Verschiedene vertragsrechtliche Ansprüche sind ausdrücklich in Art. 206 CC2002 vorgesehen. Dort bestimmt Art. 206 § 3 CC2002 beispielweise eine Verjährungsfrist von drei Jahren für Ansprüche z. B. aus ungerechtfertigter Bereicherung (Abs. IV) und unerlaubter Handlung (Abs. V). Die herrschende Meinung zieht demgemäß den Schluss, dass die vertraglichen Ansprüche, für die keine besondere gesetzliche Frist festgelegt ist, unter die regelmäßige Verjährungsfrist von Art. 205 CC2002 fallen. Die STJ-Rechtsprechung ist praktisch einheitlich in diesem Sinne und fasst darunter auch die Verletzung von im Rahmen einer Vertragsbeziehung entstandenen Rücksichtspflichten, deren „vertragliche Natur" in Verbindung mit dem Vertrag anerkannt wird[140].

Das sollte im Prinzip unproblematisch sein, wenn eine Mindermeinung Art. 206 § 3 V CC2002 nicht in dem Sinne auslegen würde, dass die dort genannte Verjährungsfrist auf deliktische und vertragliche Schadensersatzansprüche gleichermaßen Anwendung finden solle. Die Norm, die keine Korrespondenz im alten Zivilgesetzbuch hat, spricht von „*pretensão de reparação civil*", also von einem „haftungsrechtlichen Anspruch". Entgegen dem üblichen Verständnis, dass darunter nur deliktische Ansprüche fallen, die nicht aus Pflichtverstößen im Rahmen eines bereits bestehenden Schuldverhältnisses, sondern aus dem sozialen Kontakt herrühren, also Ansprüche aus unerlaubter Handlung im Sinne von Art. 186

---

139 Der brasilianische Gesetzgeber hat genau wie der deutsche die regelmäßige Verjährungsfrist von 20 Jahren aus Art. 177 CC1916 auf 10 Jahre (Art. 205 CC2002) verkürzt. Er ist allerdings nicht so drastisch gewesen wie der deutsche Gesetzgeber, der die regelmäßige Verjährungsfrist von 30 Jahren auf 3 Jahre mit der Schuldrechtsreform reduziert hat. Dazu: BT-Drucks. 14/6040, S. 96 und Hk-BGB/*Dörner*, § 195 Rn. 1.

140 Statt vieler vgl. STJ AgRg no REsp. 1485344/SP, T3, Rel. Min. Marco Aurélio Bellizze, Urt. vom 05.02.2015, DJe 13.02.2015, in dessen Leitsatz zu lesen ist: „É firme a jurisprudência desta Corte de que o prazo prescricional relativo à reparação civil por danos decorrentes de descumprimento de obrigação contratual é decenal, nos termos do art. 205 do Código Civil.". Über die Anwendung der zehnjährigen Verjährungsfrist auf Schadensersatzansprüche infolge von Rücksichtspflichtverletzungen im Rahmen des Vertrages, die dort eine „vertragliche" Natur haben, vgl. statt vieler: AgInt no AgRg no AREsp. 267726/SP, T4, Rel. Min. Antonio Carlos Ferreira, Urt. vom 18.10.2016, DJe 24.10.2016, wo im Leitsatz ausdrücklich betont wird: „Tratando-se de responsabilidade civil derivada do não cumprimento dos chamados 'deveres anexos do contrato', sua natureza é contratual, a ensejar a aplicação da norma residual do art. 205 do CC/2002. Precedentes."

CC2002 (§ 823 BGB)[141], will diese Lehre darunter auch diejenigen aus jeder Art von Vertragsverletzung subsumieren. Diese Auffassung wird mit dem verfassungsrechtlichen Gleichheitsgrundsatz begründet: Der Gleichheitsgrundsatz verbiete die Fixierung unterschiedlicher Verjährungsfristen für vertragliche und deliktische Ansprüche. Außerdem habe der Gesetzgeber beide Ansprüche nicht voneinander abgegrenzt und eine „Einheitsfrist" entspreche besser der Leitlinie der neuen Kodifikation zur Verkürzung der Verjährungsfristen[142].

Diese Lehre hat 2006 Eingang in die STJ-Rechtsprechung gefunden[143]. Der STJ hat sie aber gleich danach in einer Reihe von Entscheidungen grundsätzlich aufgegeben, weil das brasilianische Zivilgesetzbuch zwei unterschiedliche Regime für Vertrags- und Deliktshaftung vorgesehen habe und es ersichtlich sei, dass der Gesetzgeber mit dem vagen Bezug auf *„reparação civil"* in Art. 206 § 3 V CC2002 allein den deliktischen Anspruch vor Augen hatte[144]. Kürzlich hat sich die

---

141 In diesem Sinne: *Espínola*, Sistema II/2, S. 220, m.w.N., der in Anlehnung an *Crome* den *„ato ilícito"* im Sinne von unerlaubter Handlung definiert und somit den Anwendungsbereich der sog. *„teoria dos atos ilícitos"* abgrenzt, worunter die schuldhafte Nichterfüllung von Obligationen nicht einzubeziehen sei. An anderer Stelle begrenzt *Espínola* den Terminus „responsabilidade civil" ausschließlich auf die Deliktshaftung: „Hodiernamente, a responsabilidade civil, por ofensa de direitos absolutos, isto é, *fora da esfera contratual*, não se restringe aos atos ilícitos ou delitos e quase-delitos, aos quais se liga a idéia de culpa..." (S. 222, Hervorhebung durch die Autorin.) Er führt auch an, dass schon der Vorentwurf zum Obligationenrecht (1941) den untechnischen Begriff *„reparação civil"* verwedet hat, im Rahmen dessen man die unerlaubte Handlung reguliert hat. (S. 226 f.). Auch *Gomes*, Obrigações, S. 256, wo der Autor den Begriff *„ato ilícito"* dem der unerlaubten Handlung des deutschen Rechts eindeutig gleichstellt.

142 Dazu: *Tepedino*, Jornal Carta Forense (2009), S. 1; *Tepedino/Barboza/Bodin*, CCI 1, Art. 206, S. 407 und *Stoco*, Tratado, S. 253.

143 STJ REsp. 822914/RS, T3, Rel. Min. Humberto Gomes de Barros, Urt. vom 01.06.2006, DJ 19.06.2006, wo die Nichterfüllung eines Vertrages untechnisch einfach als *„ato ilícito"* qualifiziert wird (Entscheidungsbegründung, S. 5).

144 STJ, REsp. 829835/RS, T3, Rel. Min. Nancy Andrighi, Urt. vom 01.06.2006, DJ 21.08.2006; AgRg nos EDcl. no REsp. 1038887/RS, T4, Rel. Min. Carlos Fernando Mathias, Urt. vom 19.08.2008, DJe 22.09.2008; REsp. 1276311/RS, T4, Rel. Min. Luis Felipe Salomao, Urt. vom 20.09.2011, DJe 17.10.2011 zu Schmerzensgeld wegen unrechtmäßigen SPC-Eintrags (entspricht dem deutschen SCHUFA-Eintrag) des Kunden durch die Bank für eine gezahlte Schuld. Die pflichtwidrige Handlung wird rechtsdogmatisch einmal als „Mangel an der Dienstleistung" durch die Bank, einmal als Verletzung von Loyalitäts- oder Schutzpflichten aus dem Vertrag eingeordnet und deshalb als *„ilícito contratual"* qualifiziert. Trotz Hinweis auf die Verletzung „vertraglicher" Rücksichtspflichten spricht das Gericht nicht von positiver Vertragsverletzung. In der Entscheidung greift der STJ auf die regelmäßige Verjährungsfrist von Art. 205 CC2002, um für den Kunden den Folgenschaden, d. h., das Schmerzensgeld zu begründen. Die Entscheidung ist auch deshalb von Bedeutung, weil sie den Fristbeginn in dem Zeitpunkt der Schadenskenntnisnahme nach dem sog. actio-nata-Grundsatz bestimmt; REsp. 1222423/SP, T4, Rel. Min. Luis Felipe Salomao, Urt. vom 15.09.2011, DJe 01.02.2012 (Schadensersatzklage wegen Nichterfüllung eines Aktienkaufvertra-

3. Kammer des STJ in Widerspruch zu seiner bisherigen Rechtsprechung begeben und in einer Entscheidung vom 22.11.2016 wieder auf die Idee einer „einheitlichen Verjährungsfrist" zurückgegriffen. Das Ergebnis: Die Zurückweisung eines Schadensersatzanspruchs für schuldhafte Verletzung von Leistungs- und Rücksichtspflichten aus einem Handelsvertretervertrag wegen Verjährung[145]. Die Entscheidung wird grundsätzlich formell begründet: Art. 206 § 3 V CC2002 beziehe sich nicht ausdrücklich auf deliktische Ansprüche wie Art. 2.043 der italienischen Zivilrechtskodifikation, so dass es dabei nicht darauf ankomme, aus welcher Grundlage der Anspruch entstehe.

Eine einheitliche Verjährungsfrist von drei Jahren entspräche darüber hinaus der Leitlinie des neuen Kodex, die Verjährungsfristen zu verkürzen sowie auch dem verfassungsrechtlichen Gleichheitsgrundsatz, gleiche Sachverhalte einheitlich zu regeln. Materiell betrachtet liegt jedoch der Entscheidung das Konzept einer Einheitshaftung zugrunde, die nur am Rande erwähnt wird. Nicht von ungefähr bezieht sich das Gericht auf den verfassungsrechtlichen Gleichheitsgrundsatz und weist darauf hin, dass die Dichotomie zwischen Vertrags- und Deliktshaftung auch im Verbraucherschutzgesetz überwunden sei. Jetzt sei die Zeit gekommen, der Problematik eine interpretative Verkleidung geben[146]. Und darum geht es im Kern: Eine bewusste Entscheidung des Gesetzgebers mit verfassungsrechtlich fragwürdigen Argumenten zu umgehen getreu dem Motto der Konstitutionalisierung des Zivilrechts.

Die Idee, Ansprüche aus Vertragsstörungen und unerlaubten Handlungen der gleichen Verjährungsfrist zu unterwerfen, ist letztendlich eine **rechtspolitische Entscheidung des Gesetzgebers**, wie nicht zuletzt § 195 BGB zeigt. Der brasilianische Gesetzgeber hat sich jedoch diesem Modell nicht angeschlossen, sondern sich vom italienischen Recht inspirieren lassen und dementsprechend die Verjährung von deliktischen Schadensersatzansprüchen in einer bestimmten Vorschrift geregelt (Art. 206 § 3 V CC2002). Der Terminus „*reparação civil*" wird im

---

ges, wobei der „ontologische" Unterschied zwischen vertraglichen und deliktischen Ansprüchen betont wird); REsp. 1176320/RS, T3, Rel. Min. Sidnei Beneti, DJe 26.02.2013 (Anspruch auf Ersatz von Operationskosten, deren Abdeckung die Krankenversicherung unzulässigerweise abgehnt hat); AgRg no REsp. 1416118/MG, T3, Rel. Min. Paulo de Tarso Sanseverino, Urt. vom 23.06.2015, DJe 26.06.2015;

145 STJ REsp. 1281594/SP, T3, Rel. Min. Marco Aurélio Bellizze, Urt. vom 22.11.2016, DJe 28.11. 2016.

146 STJ REsp. 1281594/SP, S. 16 ff.

Zivilgesetzbuch und in der brasilianischen Rechtstradition nur im Rahmen des Deliktsrechts verwendet[147].

Die Entscheidung stößt auf Kritik im Schrifttum. Es wird dagegen eingewendet, dass es unlogisch sei, die Leistungserfüllung binnen der zehnjährigen Frist des Art. 205 CC2002, den aus der Nichterfüllung resultierenden Schadensersatzanspruch dagegen nur innerhalb der kürzeren dreijährigen Frist des Art. 206 § 3 V CC2002 verlangen zu können[148]. Die Geltendmachung des vertraglichen Schadensersatzanspruchs müsse deshalb nach dem Vertragsregime, also binnen der gleichen Frist wie der Erfüllungsanspruch bestimmt werden. Völlig verfehlt ist vor allen Dingen die Auffassung, die diesem Konzept zugrunde liegt: Vertrags- und Deliktshaftung unterscheiden sich ontologisch nicht erheblich voneinander, da sie gleichermaßen die Verletzung einer „primären" Pflicht voraussetzen und deshalb gleich zu behandeln seien.

Die Kritik ist zwar berechtigt, trifft jedoch nicht den Kern des Problems, nämlich die Existenz einer Einheitshaftung. Vielmehr muss man sagen, dass es – anders als angenommen – **keine praktischen, rechtssystematischen und rechtsdogmatischen Gründe** dafür gibt, die theoretisch und praktisch relevante Trennung zwischen Vertrags- und Deliktshaftung aufzugeben. Die reine Tatsache, dass beide Haftungen die Folge des Verstoßes gegen eine bestehende Pflicht seien, erlaubt keinesfalls anzunehmen, dass der Sachverhalt in beiden Fällen gleich sei. Folgt man konsequent der Leitlinie der Einheitshaftung, muss man auch die Trennung zwischen privatrechtlicher und strafrechtlicher Haftung zu Grabe tragen, weil auch dort eine Pflichtverletzung vorliegt[149].

Auch falsch ist die Vorstellung, dass die Bestimmung gleicher Verjährungsfristen – oder die Annahme des gleichen Haftungszurechnungsfaktors (Risiko)

---

147 *Martins Costa/Zanetti*, Responsabilidade contratual, 1, 4. Das argentinische Zivilgesetzbuch sieht unterschiedliche Verjährungsnormen vor und nur in der Vorschrift über die außervertragliche Haftung spricht der Gesetzgeber von „responsabilidad civil", ein Begriff, der allein die Deliktshaftung zum Ausdruck bringt:

„Art. 4.023 – Toda acción personal por deuda exigible se prescribe por diez años, salvo disposición especial. Igual plazo regirá para interponer la acción de nulidad, trátese de actos nulos o anulables, si no estuviere previsto un plazo menor."

„Art. 4.037 – Prescríbese por dos años, la acción por responsabilidad civil extracontractual."

148 Dazu: *Theodoro Junior*, Comentários ao código civil II/2, S. 333; *Martins Costa/Zanetti*, Responsabilidade contratual, 1, 5; *Dabus Maluf*, Código Civil, S. 111 f.; *Gusmão Carneiro*, RDBMC 49 (2010), 1, 4 und *Nalin/Manassés*, Responsabilidade civil, 337, 350 f.

149 Laut *Aguiar Dias* liege der Haftungsgrund im Strafrecht in dem die Gesellschaftsordnung störenden Verstoß gegen einestraftrechtliche Norm, im Zivilrecht gegen eine privatrechtliche Norm, so dass das Haftungsfundament in beiden Fällen „fast das gleiche" sei. Responsabilidade civil, Bd. 1, S. 12 ff.

etwa im Verbraucherschutzgesetz – die Abgrenzung zwischen den darunter fallenden Ansprüchen eliminierte. Das belegt das deutsche Recht: Obwohl heutzutage alle vertraglichen und gesetzlichen Ansprüche binnen der regelmäßigen Frist von § 195 BGB verjähren, postuliert niemand in Deutschland die Auflösung zwischen Vertrags- und Deliktshaftung – und zwar auch nicht, wenn man dort über die Existenz einer „Drittspur" zwischen Vertrag und Delikt diskutiert, die in der brasilianischen Diskussion nicht einmal berücksichtigt wird.

Die Idee einer einheitlichen Haftung schwebt in Brasilien seit Langem in der Luft[150]. Sie hat neue Impulse nach Inkrafttreten des Verbraucherschutzgesetzes erfahren, das nach überwiegender Meinung – mit der Statuierung einer verschuldensunabhängigen Haftung für die gesamte Lieferungskette im Konsumentenmarkt – die Trennung zwischen Vertrags- und Deliktshaftung aufgehoben habe[151]. Diese Auffassung basiert dogmatisch auf der sog. Lehre des sozialen Kontakts (*teoria do contato social*), die *Couto e Silva* – in Anlehnung an *Leopold von Wiese* – in den 60er Jahren des 20. Jahrhunderts nach Brasilien importiert hat[152]. Nach dieser Strömung finden alle Pflichten letztendlich eine gemeinsame Grundlage im sozialen Kontakt.

Sie erkennt zwar, dass im Gesellschaftsleben unterschiedliche Kontakte mit verschiedener Intensität stattfinden, die unterschiedliche Pflichten erzeugen, wie eben der vorvertragliche Kontakt, leitet jedoch daraus ab, dass der soziale Kontakt den Haftungsgrund jeder Pflichtverletzung darstelle. Die Pflichten aus Treu und Glauben seien nichts anderes als Sorgfaltspflichten, die gleichermaßen sowohl in einer vertraglichen Beziehung als auch in einem deliktischen sozialen Kontakt gölten[153]. Außerdem habe die Obligation (gemeint ist die Schadensersatzpflicht) aus der Vertragsverletzung oder aus dem Delikt die gleiche Struktur und den gleichen Zweck, da sie auf die Befriedigung der Interessen der Gläubiger abziele[154]. Daraus folgert man eine „Similarität" zwischen den vertraglichen und deliktischen Pflichten sowie eine „strukturelle Ähnlichkeit" zwischen den klassi-

---

150 Über das Thema, das seinen Wurzel im französischen Recht hat, vgl. *Aguiar Dias*, Responsabilidade civil, Bd. 1, S. 107 ff.

151 In diesem Sinne vgl. statt vieler: *Benjamin/Lima Marques/Bessa*, Manual, S. 110; *Lima Marques*, Contratos, S. 621; *Miragem*, Curso, S. 422 f.; *Tepedino*, Os contratos de consumo, 123, 131 und *Cavalieri*, Programa de direito do consumidor, S. 208; *Nalin/Manassés*, Responsabilidade civil extracontratual e contratual, 331, 342 und *Godoy*, Vícios do produto e do serviço, 331, 335 f.

152 *Becker*, Elementos para uma teoria unitária da responsabilidade civil, 1, 4. Vgl. *Couto e Silva*, Principes fondamentaux de la responsabilité civile en Droit Brésilien et Comparé, Porto Alegre, 1988.

153 *Couto e Silva*, Principes fondamentaux de la responsabilité civile en Droit Brésilien et Comparé, S. 13, ap.: *Becker*, Elementos para uma teoria unitária da responsabilidade civil, 1, 7.

154 *Becker*, Elementos para uma teoria unitária da responsabilidade civil, 1, 6.

schen Haftungstypen, die eine Einheitshaftung begründe. Eine solche hätte den Vorteil, die unendliche Diskussion über die Rechtsnatur der culpa in contrahendo und der Produkthaftung im Konsumentenmarkt zu beenden[155].

Nach dem hier schon Gesagten ist ersichtlich, dass die Einheitshaftung keine Zustimmung verdient, weil sie auf einer Theorie basiert, deren Fehlerhaftigkeit vor allem *Larenz* und *Canaris* nachgewiesen haben. Die Rücksichtspflichten entstehen nicht im Rahmen des allgemeinen und unbestimmten sozialen Kontakts. Sie setzen notwendigerweise einen rechtsgeschäftlichen Kontakt voraus, d.h. eine konkrete und bestimmte Beziehung gerichtet auf den potentiellen Abschluss eines Vertrages[156]. Die meisten Rücksichtspflichten sind deshalb vertragsbezogen und ähneln strukturell vielmehr den Leistungs- und nicht den Jedermannspflichten, die jede Person lediglich durch Unterlassung störender Eingriffe in die Rechtsgüter der anderen erfüllt[157]. Die Haftung in contrahendo steht deshalb der Vertragshaftung näher als der Deliktshaftung.

Die Produzentenhaftung für das In-Verkehr-Bringen fehlerhafter Produkte – und in Brasilien für Dienstleistungen – setzt dagegen keine konkrete geschäftliche Beziehung voraus, sondern gilt gegenüber Jedermann, der vom fehlerhaften Produkt oder Service betroffen ist, sei er Verbraucher oder nicht. Es handelt sich dabei um gesetzliche Verkehrssicherungspflichten, die eine deliktische Natur aufzeigen und eine verschuldensunabhängige Haftung jedes Mitglieds der Lieferungskette auslöst. Das hat mit der culpa in contrahendo nichts zu tun.

Außerdem bringt eine Einheitshaftung **keinen praktischen oder rechtstheoretischen Erkenntnisgewinn**, sondern verkennt die unterschiedlichen Wertungen, die die Trennung von Vertrags- und Deliktshaftung ausmachen. Sie geht in die entgegengesetzte Richtung der modernen Schuldrechtsdogmatik in Europa, die zunehmend die Drittspur zwischen Vertrag und Delikt erkennen, auch wenn sie – mangels gesetzlicher Anerkennung eines dritten Regimes – die culpa in contrahendo der Vertragshaftung unterordnet. Die Einheitshaftung vermischt und vernebelt unnötig verschiedene, in Theorie und Praxis schon gefestigte Terminologien – *violação contratual* und *ato ilícito* – und Rechtsinstitute, die trotz ihrer Ähnlichkeiten klare Unterschiede auf Tatbestands- und Rechtsfolgenebene sowie hinsichtlich ihres Fundaments und ihrer Gesetzesgrundlage aufweisen. Sie führt zu gravierenden Missverständnissen in der Privatrechtswissenschaft, wie unter anderem die bedeutende praxisrelevante Diskussion über die Verjährungsfrage belegt. Nicht zuletzt ist zu beachten, dass die Einheitshaftung **keine**

155 *Becker*, Elementos para uma teoria unitária da responsabilidade civil, 1, 8.
156 Im Ergebnis auch *Martins Costa/Zanetti*, Responsabilidade contratual, 1, 7.
157 Im Ergebnis: *Larenz/Wolf*, AT, S. 250.

Stütze im Gesetz findet, weil die Voraussetzungen und Rechtsfolgen von Vertragsverletzungen und unerlaubten Handlungen trotz Überschneidungen in getrennten Haftungssystemen ausgestaltet sind[158].

Demgemäß sollte man weiter – in Anlehnung an die ständige Rechtsprechung des STJ – die Verjährungsfrist des Art. 205 CC2002 auf **Ansprüche aus schuldrechtlichen Pflichtverletzungen** anwenden, d. h. auf vorvertragliche, vertragliche und nachvertragliche Ansprüche. Es geht hier nicht um eine Haltung gegen die Bestimmung einer gemeinsamen Verjährungsfrist. Es geht hier ausschließlich darum, das bis jetzt gelegte Fundament für eine gemeinsame Verjährungsfrist zu kritisieren. Aus dem Umstand, dass der Gesetzgeber die Ansprüche aus ungerechtfertigter Bereicherung und unerlaubter Handlung – trotz gemeinsamer Fristdauer – gesondert in Art. 206 § 3 IV und V CC2002 geregelt hat, ist ersichtlich, dass er die vertraglichen Ansprüche der regelmäßigen Verjährungsfrist zuweisen will, wie in den meisten europäischen und lateinamerikanischen Rechtsordnungen, wie Italien, Portugal und Spanien[159], wo die Vertragshaftung längeren Verjährungsfristen unterliegt.

Eine ganz andere Frage betrifft freilich die **Angemessenheit einer zehnjährigen Verjährungsfrist** für vorvertragliche Schadensersatzansprüche. Das fällt etwa auf, wenn man diese Frist z. B. mit der fünfjährigen Frist für Schutzpflichtverletzungen nach Art. 27 des Verbraucherschutzgesetzes oder der vierjährigen Frist des Annullierungsrechts (Art. 178 CC2002) vergleicht, die etwa für Irrtum und arglistige Täuschung gleichermaßen gilt. Im ersten Fall hat man schon eingewendet, um die einheitliche Verjährungsfrist zu begründen, dass es unlogisch sei, den Privaten auf derselben Ebene eine günstigere Verjährungsfrist zu gewähren als dem unterlegenen Verbraucher[160]. In dem zweiten Fall könnte man – wie in Deutschland – sicherlich sagen, dass es dabei Wertungswider-

158 Vgl. dazu: *Martins Costa/Zanetti*, Responsabilidade contratual, 1, 8 f. und *Nalin/Manassés*, Responsabilidade civil extracontratual e contratual, 337, 345 ff.

159 *Martins Costa/Zanetti*, Responsabilidade contratual, 1, 9.

160 STJ REsp. 1281594/SP, S. 9. *Tepedino*, Jornal Carta Capital, 1, der weiter anführt, dass das Zivilgesetzbuch die dreijährige Verjährungsfrist vorsehe, um in Einklang mit dem Verbraucherschutzgesetz zu stehen. Das trifft schon deshalb nicht zu, weil das Zivilgesetzbuch aus dem Jahr 2002 stammt und beide Gesetze bekanntermaßen mit dem Rücken zueinander erarbeitet worden sind, was in gewisser Hinsicht die (bis heute zu konstatierende!) systembrüchige Expansion des Verbraucherschutzgesetzes auf typische zivilrechtliche Fälle erklärt. Dazu vgl.: *Schmidt*, Zivilrechtskodifikation, S. 232 f. *Tepedino* selber hat die Nichtaktualisierung des Zivilgesetzbuches stark kritisiert, auch im Verhältnis zum Verbraucherschutzgesetz, so dass seine Ausführung, der Gesetzgeber wolle mit der Bestimmung der dreijährigen Verjährungsfrist mit dem Verbraucherschutzgesetz in Einklang stehen, heute rein opportunistisch klingt. Vgl. dazu: *Tepedino*, O novo código civil, 357, 359 und *ders.*, Os contratos de consumo, 123, 133.

sprüche geben könnte, wenn Schadensersatzansprüche aus vorsätzlicher Informationspflichtverletzung in vier Jahren, aus rein fahrlässiger dagegen erst in zehn Jahren erlöschen. Um solche Inkohärenzen zu vermeiden, wäre es sinnvoller, die Frist des Art. 178 CC2002 zumindest auf vorvertragliche Ansprüche aus Fehlinformation analog anzuwenden[161]. Eine solche Lösung würde in Brasilien jedoch zu **großer Rechtsunsicherheit** und **schwieriger Handhabung des Verjährungsrechts** führen. Diese Gesichtspunkte wiegen schwerer als eventuelle interne Wertungsinkohärenzen im brasilianischen Verjährungsrecht.

Man muss in diesem Bereich eventuelle Wertungswidersprüche in Kauf nehmen, denn das Verjährungsrecht stellt **kein kohärentes und in sich geschlossenes System** dar[162]. Im Gegenteil: eine innere und überzeugende materielle Logik ist dort nur schwer zu finden. Dies hängt vielleicht damit zusammen, dass sich die Diskussion im Rahmen der Reform um die rechtsdogmatische Unterscheidung zwischen Ausschlussfristen (*prazos de decadência*) und Verjährungsfristen (*prazos de prescrição*) gedreht hat[163]. Der Gesetzgeber scheint sich daher damals mit einer **wirtschaftlich sinnvollen und den Interessen beider Teile gerechten Bestimmung der Fristdauer** nicht beschäftigt zu haben, die einerseits das Interesse des Gläubigers berücksichtigt, eine faire Chance zu haben, seinen Anspruch geltend zu machen, d. h. das Bestehen seiner Forderung zu erkennen, ihre Berechtigung zu prüfen, Beweismittel zusammenzutragen und die gerichtliche Durchsetzung in Gang zu setzen, und andererseits dem Interesse des Schuldners Rechnung trägt, nicht für eine lange Zeit den Anspruch noch erfüllen zu müssen oder in Beweisnot hinsichtlich des Gegenbeweises zu geraten[164].

Einzelne Vorschriften sehen nach wie vor zu kurze Verjährungsfristen vor und sind noch überarbeitungsbedürftig. Paradebeispiel ist die **Fristdauer für ge-**

161 Staudinger/*Singer/Finckenstein*, § 123 Rn. 101.

162 Kritisch dazu ursprünglich: *Tepedino*, O novo código civil, 357, 359.

163 Dazu: *Moreira Alves*, Parte geral, S. 150 ff. In den Lehrbüchern und Kommentaren wird die rechtsdogmatische Abgrenzung zwischen Erlöschen von Ansprüchen (Verjährung) und Gestaltungsrechten (Ausschluss) überwiegend begrüßt, so wie auch die Verkürzung fast aller Verjährungsfristen in Art. 205 und 206 CC2002. Man findet keine kritische Äußerung zur pauschalen Reduktion der Verjährungsdauer, die angeblich ohne wirtschaftliche oder auf den sachlichen Besonderheiten der einzelnen Rechtslagen basierenden Überlegungen durchgeführt wurde. Hingewiesen sei nur auf die „neuen Technologien", die die Distanz zwischen den Personen verkürzen und die zu lange Verjährungsfrist nicht mehr rechtfertigten. Statt vieler: *Tepedino/Barboza/Bodin*, CCI 1, Art. 205 S. 394; *Ferreira da Rocha*, Da prescrição, 799 ff.; *Bueno de Godoy*, A prescrição e o contrato de seguro-saúde, S.159 ff; *Neves*, Prescrição e decadência, 417 ff.; *Souza*, Tempo e direito, S. 105 ff. und *Ribeiro*, A dinâmica da prescrição, S. 151 ff.

164 Diese Überlegungen hat der deutsche Gesetzgeber dagegen angestellt. Vgl. dazu: BT-Drucks. 14/6040, S. 95 f.

währleistungsrechtliche Ansprüche, die gemäß Art. 445 CC2002 auf 30 Tage für bewegliche und ein Jahr für unbewegliche Sachen begrenzt und somit vom Praxisbedürfnis völlig losgelöst sind[165]. Die Rechtslage ist hinsichtlich der Fristdauer nicht viel besser in Rahmen von Verbraucherverträgen: 30 Tage für nicht dauerhafte, 90 Tage für dauerhafte Produkte (Art. 26 I-II CDC). Nimmt man mit der hier vertretenen Ansicht an, dass die Schadensersatzansprüche wegen schuldhafter Verletzung von Rücksichtspflichten während der Vertragsanbahnung aufgrund ihres vertragsähnlichen Charakters nach der Frist des Art. 205 CC2002 verjähren, kann man in beiden Fällen – also: bei Verträgen zwischen Unternehmern und zwischen Lieferanten und Verbrauchern – Schadensersatzansprüche wegen vorsätzlichen Verschweigens verborgener Mängel an den Eigenschaften der Sache auch dann geltend machen, wenn die Frist für die Gestaltung des Vertrages oder Minderung des Kaufpreises bereits abgelaufen ist, weil es in einem solchem Fall eine **Anspruchskonkurrenz** gibt.

Ohne Zweifel braucht das allgemeine Verjährungssystem dringend eine gesetzliche Reform. Wenn das so ist, und um Rechtsunsicherheit zu vermeiden, die durch die Anwendung unterschiedlicher Verjährungsfristen im Rahmen der culpa in contrahendo verursacht wird, ist an der Grundregel des Verjährungssystem festzuhalten: Jeder Anspruch, für den das Gesetz keine besondere Frist anordnet, verjährt nach zehn Jahren. Das soll für den Anspruch aus vorvertraglichem Fehlverhalten auch gelten. Diese Lösung hat auch den Vorteil, dass sie mit der ständigen Rechtsprechung des STJ im Einklang steht, die Ansprüche aus Rücksichtspflichtverletzung im Rahmen des Vertrages nach Art. 205 CC2002 verjähren zu lassen, wie auch mit einer rechtsdogmatischen Einordnung der culpa in contrahendo unter die Vertragshaftung. Damit wird nicht nur Rechtssicherheit, sondern auch Kohärenz mit der hier vertretenen vertragsähnlichen Natur der culpa in contrahendo geschaffen.

III. Schlussfolgerungen

Nach dem oben Gesagten kommt man zu dem Schluss, dass im brasilianischen Recht nicht nur gesetzliche Anhaltspunkte, sondern auch ein praktisches und theoretisches Bedürfnis für die Konstruktion einer allgemeinen vorvertraglichen Schutzlehre bestehen, die vor allem darauf abzielt, unredliches Verhalten vor Vertragsschluss angemessen zu sanktionieren und folglich mehr Redlichkeit und einen erhöhten Vertrauensschutz im vorvertraglichen Rechtsverkehr zu schaffen.

---

165 Kritisch dazu *Simão*, in: Introdução crítica ao código civil, 200, 202.

Die hier vertretene **Leitlinie der culpa in contrahendo** geht davon aus, dass schon bei Aufnahme eines geschäftlichen Kontakts ein vorvertragliches **Schuldverhältnis ohne Leistungspflicht** entsteht, das graduell **Rücksichtspflichten** unterschiedlicher Art und Intensität erzeugt und vor allem die Parteien verpflichtet, trotz entgegengesetzter Interessen loyal miteinander umzugehen und Rücksicht auf die Gütersphäre und Interessen des anderen zu nehmen. Die schuldhafte Verletzung vorvertraglicher Rücksichtspflichten erzeugt eine Schadensersatzpflicht (sekundäre Leistungspflicht) des Pflichtverletzenden, die sich nicht auf eine Entschädigung in Geld erschöpft.

Vielmehr kann der Geschädigte beim Zustandekommen des Vertrages im Wege der Naturalherstellung des Schadensrechts die Auflösung oder Anpassung der unerwünschten bzw. ungünstigen Vertragsbindung verlangen, die er sonst ohne die Pflichtverletzung nie oder nicht mit diesen Bedingungen oder zu dieser Zeit abschlossen hätte. Die **Rechtsfolgen** der culpa in contrahendo werden durch den **Grundsatz der Naturalrestitution** determiniert, der zwar nicht wie in § 249 BGB ausdrücklich positiviert ist, der aber dem gesamten Schadensrecht zugrunde liegt. Der vorvertragliche Schadensersatzanspruch richtet sich auf den **Ersatz des negativen Interesses**, weil ein Erfüllungsanspruch eine vertragliche Grundlage voraussetzt, die eben in den meisten Fällen von culpa in contrahendo fehlt. Der Geschädigte kann verlangen, so gestellt zu werden, wie er stünde, wenn er nicht auf den Vertragsabschluss, auf die Gültigkeit des Vertrages oder auf die mitgeteilte Information bzw. auf die Geschäftsumstände vertraut hätte.

Bei der **Schadensberechnung** spielt nicht nur eine reine Kausalitätsprüfung eine Rolle, sondern vielmehr der Sinn und Zweck der konkret verletzten Pflicht (**Schutzzwecklehre**). Der Schadensersatz ist auf keinen Fall auf die Höhe des positiven Interesses begrenzt, weil das brasilianische Recht keine Norm iSv § 122 BGB kennt. Ersetzbar ist nur der tatsächlich nachgewiesene Schaden. Das bedeutet, dass es im Rahmen der culpa in contrahendo keinen Raum für Schadensersatz allein auf Grundlage eines Wahrscheinlichkeitsurteils im Sinne der französischen Theorie der *perte d'une chance* gibt. Ein **Ersatz des positiven Interesses** im Rahmen der culpa in contrahendo ist nur in **engen Ausnahmenfällen** möglich, nämlich dann, wenn der Geschädigte substantiiert darlegt und nachweist, dass er den gleichen Vertrag zu günstigeren Konditionen mit dem gleichen Vertragspartner tatsächlich abgeschlossen hätte. Wenn er hier den vollen Kausalitätsnachweis erfüllt, kann er den entgangenen Gewinn aus dem Geschäft verlangen.

Die culpa in contrahendo soll im brasilianischen Recht ein **begrenzteres Anwendungsfeld** als im deutschen Recht haben, weil darunter die klassische Fallgruppe der Haftung für Schutzpflichtverletzungen nicht fällt. Nicht zu leugnen ist, dass Schutzpflichten im Rahmen des geschäftlichen Kontakts entstehen und zwar schon gegenüber einem bestimmten Geschäftspartner. Sie entstehen jedoch schon vorab bei einem reinen Kontakt gesellschaftlicher Art. Es ist nicht klar, ob ein struktureller Unterschied zwischen Schutzpflichten in Rahmen eines geschäftlichen Kontakts und der neminem-laedere-Pflicht anhand eines konkreten Kontakts gesellschaftlicher Art besteht. Inhaltlich ist kein Unterschied ersichtlich. Sie sind integritätsbezogene Pflichten mit deliktischer Herkunft[166], die die gleichen elementaren absoluten Rechte – Persönlichkeitsrecht und Eigentum – schützen wie die deliktische Jedermannspflicht.

Entscheidend ist auch die Besonderheit, dass sie in keinem inneren Zusammenhang mit dem geplanten Vertrag stehen wie die vertragsbezogenen Loyalitäts-, Informations-, Aufklärungs- oder Sorgfaltspflichten, die mehr oder weniger in den Hauptfällen der culpa in contrahendo betroffen sind. Das Paradebeispiel für die Schutzpflichtverletzung, nämlich der Warenhausfall, wird mittels einer verschuldensunabhängigen Haftung aus Art. 14 des Verbraucherschutzgesetzes gelöst. Es besteht in diesem Bereich kein praktisches Bedürfnis nach einem stärkeren Schutz. Im Privatrechtsverkehr ist zwar der Geschädigte auf die Regelungen des Deliktsrechts angewiesen; dort haftet der Geschäftsherr auch verschuldensunabhängig für seine Leute. Verstöße gegen Schutzpflichten ieS sollen also zum Deliktsrecht gehören. Die Verletzung aller weiteren **vertragsbezogenen Rücksichtspflichten** sind dagegen der culpa in contrahendo zuzuordnen.

Die culpa in contrahendo ist eine Haftung für schuldhafte Verletzung von Rücksichtspflichten in der breiten Phase der Vertragsanbahnung. Es geht dabei im Grunde genommen um ein Einstehenmüssen für die Erweckung und unbegründete Enttäuschung eines berechtigten Vertrauens. *Canaris* sieht deshalb – in Anlehnung an *Ballerstedt* – die **Rechtfertigung** der Haftung in contrahendo in der **Inanspruchnahme und Gewährung von Vertrauen**[167]. In der Tat ist für die Ausübung der rechtlichen Handlungsfreiheit bzw. der Privatautonomie erforderlich, dass man sich auf das Verhalten anderer und auf die von anderen geschaffenen Verhältnisse verlassen muss. Andernfalls könnte der eigenen Entscheidung die Grundlage entzogen werden. Vertrauendürfen ist also für das Rechtsleben, insbesondere für den Rechtsverkehr, unerlässlich.

Es gehört zur **Selbstverantwortung der ethischen Person**, dass sie Verantwortung für ihr individuelles Verhalten trägt[168]. Wer Vertrauen bei den Anderen erweckt und nachträglich ohne Grund enttäuscht, muss unter Umständen dafür einstehen. Vertrauensschutz bedeutet selbstverständlich keinen Schutz vor

---

166 *E. Schmidt*, Schuldverhältnis, S. 20, der sich allerdings für die Anerkennung der Schutzpflichten ausspricht.

167 Vertrauenshaftung, S. 538.

168 *Larenz/Wolf*, AT, S. 26 ff.

„blindem“ Vertrauen[169]. Erforderlich ist, dass sich das Vertrauen auf eine objektive Grundlage stützt und dass dadurch ein **Vertrauenstatbestand** entsteht, auf Grund dessen die vertrauende Partei Dispositionen oder **Vertrauensinvestitionen** macht, die sich später aus Gründen als nutzlos herausstellen, die der Gegenseite zugerechnet werden können[170]. Der Vertrauensschutz zeigt sich deshalb bei *Larenz* als Ausfluss des ethischen Personalismus, genau wie das Verantwortungsprinzip[171]. Die Vertrauenshaftung stellt sich deshalb in der modernen Schuldrechtsdogmatik als **Korrelat der Privatautonomie** dar, da sie auch tatbestandlich in spezifischer Weise an den Bereich des privatautonomen Handelns gebunden ist[172]. Die culpa in contrahendo lässt sich in das allgemeine Konzept der Vertragshaftung integrieren, was vor allem *Canaris* formuliert hat. Sie findet ihr Fundament im **Redlichkeits- und Vertrauensschutz**, also im dem Grundsatz von Treu und Glauben, und demgemäß ihre positiv-rechtliche Grundlage in **Art. 422 CC2002.**

Die **Besonderheit der culpa in contrahendo** liegt darin, dass es dabei um die Verletzung einer spezifischen Pflicht geht, die nur im Rahmen einer konkret schon vorhandenen Beziehung rechtsgeschäftlicher Art entsteht. Der vorvertraglichen Rechtslage liegen andere Wertungen zugrunde als in einer deliktischen Rechtslage, die dadurch geprägt ist, dass sie keinen vorherigen Kontakt voraussetzt, so dass die Parteien noch nicht individualisiert sind. Hier gilt nur die allgemeine Pflicht, niemanden zu schädigen, die keine konkreten Adressaten hat und der man grundsätzlich lediglich durch Unterlassung störender Eingriffe in die fremde Rechtssphäre nachkommt. Gemeinsam haben vorvertraglicher und deliktischer Kontakt nur die Tatsache, dass dort kein Rechtsgeschäft und kein privatautonom ausgestaltetes Pflichtenprogramm vorliegt, das den Kern des Obligationsgefüges bildet[173].

Aufgrund der **Existenz eines vorherigen geschäftlichen Kontakts** und der **spezifischen Pflichten**, die nur gegenüber dem Geschäftspartner gelten, wird die vorvertragliche Verbindung rechtsdogmatisch als **Schuldverhältnis** qualifiziert. Die **relative Dimension** des geschäftlichen Kontakts und der Rücksichtspflichten

169 Dazu: *Canaris*, Vertrauenshaftung, S. 491 und *Larenz*, Metodologia da ciência do direito, S. 603 f., wo zu lesen ist: „Nem toda a confiança merece proteção, mas só aquela que parece estar justificada pelas circunstâncias... A proteção da confiança, como disse, não pode ser tida em conta quando a confiança numa determinada situação jurídica não esteja objectivamente justificada.“.

170 *Canaris*, Vertrauenshaftung, S. 491 ff.

171 *Larenz/Wolf*, AT, S. 29.

172 Vertrauenshaftung, S. 538.

173 *E. Schmidt*, Schuldverhältnis, S. 13.

, die auch im Vertrag (Rechtsgeschäft) zu finden ist, zeigt, dass die Parteien die Anonymität, d.h. das Nebeneinander des Deliktsrecht, verlassen haben und in das für das Schuldverhältnis typische Miteinander eingetreten sind[174]. Und das begründet die schuldrechtliche Natur des vorvertraglichen Kontakts.

Das ist ein bedeutender Erkenntnisgewinn, der auf die gesamte Schuldrechtsdogmatik ausstrahlt. Die Qualifikation der vorvertraglichen rechtsgeschäftlichen Beziehung als Schuldverhältnis erlaubt zunächst die Schlussfolgerung, dass eine schuldrechtliche Bindung mit schuldrechtlichen Pflichten nicht nur durch privatautonomen Willen (Rechtsgeschäft) oder durch „Gesetz" entsteht, d.h. durch die Erfüllung von bestimmten gesetzlich geregelten Tatbeständen, an die das Gesetz die Entstehung eines Schuldverhältnisses mit primärer Leistungspflicht knüpft, sondern auch durch **rechtsgeschäftliche Kontaktaufnahme.** Das berührt die diskutierte Frage nach den Entstehungsgründen von Schuldverhältnissen, die eine erhebliche praktische und dogmatische Bedeutung hat. Die Anerkennung der strukturellen Besonderheit des vorvertraglichen Grundtatbestands (Aufnahme geschäftlichen Kontakts) – verallgemeinert: der Kategorie der Rücksichtspflichten – führt zu einer **Erweiterung der traditionellen Obligationsquellen.**

Im brasilianischen Recht würde man fast intuitiv den geschäftlichen Kontakt unter dem sog. gesetzlichen Entstehungstatbestand einordnen. Eine nähere Betrachtung zeigt allerdings, dass dies keine sachgerechte Lösung darstellt, denn dabei wird vernachlässigt, dass zwischen den Beteiligten eine Sonderverbindung vorliegt, die sie aus der Anonymität des deliktischen Nebeneinanders hervorhebt[175]. Denn zu den gesetzlichen Entstehungsgründen zählen etwa unerlaubte Handlung (Art. 186 CC2002), ungerechtfertigte Bereicherung (Art. 884 CC2002), Geschäftsführung ohne Auftrag (Art. 861 CC2002) oder Produkthaftung (Art. 12 CDC) und ihre parallele Haftung für Dienstleistungsfehler (Art. 14 CDC). Solche Regelungskomplexe sind dadurch gekennzeichnet, dass erst eine Pflichtverletzung, also eine Beeinträchtigung fremder Rechte oder Rechtsgüter das Schuldverhältnis ins Leben ruft[176]. Es wird daher als ‚**Legalschutzverhältnis**'[177] bezeichnet.

Kramer führt an, dass ein solches Schuldverhältnis entweder aus Delikt oder aus einer objektiv zu verantwortenden Schädigung eines anderen entsteht[178]. In

---

174 Dazu: *E. Schmidt*, Schuldverhältnis, S. 24 und *Castronovo*, La nuova responsabilità civile, S. 466 ff.

175 *E. Schmidt*, Schuldverhältnis, S. 6.

176 *E. Schmidt*, Schuldverhältnis, S. 23.

177 *E. Schmidt*, Schuldverhältnis, S. 23.

178 MünchKomm/*Kramer* (2003), Einl. vor § 241 Rn. 57.

sämtlichen dieser Fälle geht es letztendlich um einen **allgemeinen Verkehrsschutz** und die Betroffenen sind vor Eintritt ihrer Verletzung noch nicht individualisierbar. Deshalb kann man vor dem Zeitpunkt der Verletzung gar nicht von einem Schuldverhältnis mit Rücksichtspflichten sprechen[179]. Im vorvertraglichen Stadium entsteht dagegen das **Schuldverhältnis ohne Pflichtverletzung**, nämlich durch die reine Aufnahme eines Kontakts, aus dem sich die Möglichkeit eines eventuellen Vertragsschlusses ergibt. Der Tatbestand, der das Schuldverhältnis zur Entstehung bringt, weicht in der vorvertraglichen und deliktischen Lage deutlich voneinander ab. Die strukturelle Relativität, also die relative Dimension des geschäftlichen Kontakts und der dabei aus Treu und Glauben entstehenden vertragsbezogenen Rücksichtspflichten kommt dem vertraglichen Kontakt viel näher, was ihre Regulierung unter dem Vertragsregime rechtfertigt.

Heutzutage sehen einige Stimmen **drei grundlegende Entstehungsgründe** für das Schuldverhältnis: **Gesetz** (Hauptbeispiele: unerlaubte Handlung und ungerechtfertigte Bereicherung), **Rechtsgeschäft** (Vertrag oder einseitiges Rechtsgeschäft) und **Kontaktanbahnung**[180]. Die moderne Lehre im italienischen Recht nimmt auch die Eigentümlichkeit des geschäftlichen Kontakts an und sieht darin eine autonome Quelle für die Entstehung des vorvertraglichen Schuldverhältnisses mit Rücksichtspflichten. *Castronovo* ordnet in diesem Sinne den geschäftlichen Kontakt dem dritten Entstehungsgrund von Art. 1.173 des italienischen Zivilgesetzbuches zu, laut dem „*le obbligazioni derivano da contratto, da fatto illecito o da ogni altro atto o fatto idoneo a produrle in conformità dell'ordinamento giuridico*"[181]. Damit bringt er zum Ausdruck, dass eine vorvertragliche Pflichtverletzung keinen *fatto illecito* (unerlaubte Handlung) darstellt. Das ist für den romanischen Rechtskreis von erheblicher Bedeutung, wo ein Verstoß gegen die aus Treu und Glauben hergeleiteten Pflichten der unerlaubten Handlung gleichgestellt und demzufolge die culpa in contrahendo ohne Weiteres als Deliktshaftung klassifiziert wird. *Castronovo* sieht dagegen in der Existenz einer schon vorhandenen schuldrechtlichen Bindung zwischen den Kontrahenten das entscheidende Abgrenzungsmerkmal zwischen culpa in contrahendo und außervertraglicher Haftung[182].

Dass ein Schuldverhältnis ohne Leistungspflicht entstehen kann, ist freilich eine **neue Erkenntnis** für die brasilianische Schuldrechtsdogmatik. Dass Rücksichtspflichten kraft Treu und Glauben im Rahmen eines schon existenten ver-

179 *E. Schmidt*, Schuldverhältnis, S. 24.

180 *E. Schmidt*, Schuldverhältnis, S. 23 ff. Im Ergebnis: *Castronovo*, La nuova responsabilità civile, S. 462.

181 La nuova responsabilità civile, S. 462.

182 *Castronovo*, La nuova responsabilità civile, S. 468.

traglichen Schuldverhältnisses entstehen können, ist im Schrifttum – in Anlehnung an *Couto e Silva* – allgemein anerkannt. Das ist insofern unkompliziert, weil dabei sowieso eine schuldrechtliche Bindung (*vínculo obrigacional*) mit Leistungspflichten vorliegt. Dass aber vorvertragliche Rücksichtspflichten aus einem vorvertraglichen Schuldverhältnis resultieren, das schon vor – und unabhängig von – dem Abschluss des Geschäfts entsteht, ist wohl neu und entspricht nicht dem aktuellen Stand der brasilianischen Schuldrechtsdogmatik. Die Anerkennung der dogmatischen Kategorie des Schuldverhältnisses ohne Leistungspflicht (*relação obrigacional sem prestação*) impliziert eine **Änderung des traditionellen Schuldverhältnisbegriffs**, der an eine Obligation iSv Leistungspflicht (*dever de prestação*) gekoppelt ist und umgekehrt prinzipiell auf eine Veränderung der Güterzuordnung iwS gerichtet ist.

Dass das Schuldverhältnis konzeptionell an eine Leistungspflicht gekoppelt ist, belegt auch die Struktur des sog. gesetzlichen Schuldverhältnisses: Genau wie das Schuldverhältnis aus Rechtsgeschäft setzt auch das aus Delikt stammende Schuldverhältnis die Existenz einer primären Leistungspflicht (hier: eine Schadensersatzpflicht) voraus, da das gesetzliche Schuldverhältnis erst mit ihr entsteht[183]. Das vorvertragliche Schuldverhältnis erzeugt dagegen keine Leistungs-, sondern nur Rücksichtspflichten, die grundsätzlich dem Schutz des status quo des aktuellen Rechtskreises des Partners der gesteigerten Sonderverbindung dienen[184]. Diese Änderung – besser: Modernisierung – in der traditionellen Schuldrechtsdogmatik muss man annehmen, will man die Entstehung der aus Treu und Glauben substantiell herzuleitenden Rücksichtspflichten vor Vertragsschluss rechtsdogmatisch überzeugend begründen und sie nicht etwa in der Luft hängen lassen. Die Anerkennung einer **neuen Kategorie von Schuldverhältnis** ist keine gesetzgeberische Entscheidung, sondern ein **Gebot dogmatischer Kohärenz**, die sich aufgrund der individualisierten Beziehung, d.h. der relativen Dimension des geschäftlichen Kontakts und der Rücksichtspflichten, rechtfertigt.

Die Erkenntnis über die strukturelle und funktionelle Besonderheit des vorvertraglichen geschäftlichen Kontakts, der sich weder dem Delikt noch dem Vertrag zuordnen lässt, verlangt weiter eine kritische Überprüfung der traditionellen Trennung zwischen Vertrags- und Deliktshaftung. Denn die culpa in contrahendo als eine Haftung für schuldhafte Rücksichtspflichtverletzungen vor dem Vertragsschluss zeigt, dass sie – aus dem Blickpunkt einer überkommenen Haftungsdichotomie – in einer **Grauzone zwischen Delikt und Vertrag** liegt, wie

---

183 *Larenz*, SR/AT, S. 9.
184 Statt vieler: *Thiele*, JZ 1967, 649, 650.

Canaris mit überzeugenden Gründen nachgewiesen hat[185]. Das ist im Grunde kein Spezifikum der culpa in contrahendo. Wie er dargelegt hat, zeigen alle Rücksichtspflichten – gleichgültig ob vor, bei oder nach dem Vertrag – die gleichen strukturellen und funktionellen Besonderheiten auf und entstammen einem einheitlichen Schuldverhältnis, das unabhängig vom Parteiwillen entstehe und – bei Zustandekommen des Vertrages – parallel zum vertraglichen Schuldverhältnis laufe[186]. Die schuldhafte Verletzung von Rücksichtspflichten löst eine Schadensersatzhaftung aus, die man je nach Zeitpunkt der Pflichtverletzung den Figuren der culpa in contrahendo, der positiven Vertragsverletzung und der culpa post factum finitum zuordnen kann. Diese Haftungstypen werden von *Canaris* unter dem Oberbegriff **„Vertrauenshaftung wegen Schutzpflichtverletzung"** zusammengefasst[187].

Canaris' Drittspurtheorie scheint zunehmend Resonanz in Europa und in Lateinamerika zu gewinnen[188]. Die hybride Natur der culpa in contrahendo hindert jedoch nicht die Annahme, dass sie dem Vertrag näher steht als dem Delikt. Die culpa in contrahendo ist ein Beleg dafür, dass die traditionelle starre Trennung zwischen Vertrag und Delikt nicht haltbar ist, sondern immer wieder durch neue Phänomene, die durch sie nicht befriedigend erfasst werden können, in Frage gestellt wird[189]. Sie weist auf die Existenz eines **unterschiedlichen Niveaus von gesellschaftlichen Kontakten** hin, die mit verschiedenen Pflichtenprogrammen ausgestaltet sind, und dies spricht gegen jegliche Konstruktion einer Einheitshaftung.

Anders als im brasilianischen Privatrecht angenommen, spricht die Feststellung einer **Grauzone zwischen Vertrag und Delikt** nicht für, sondern vielmehr gegen eine solche einheitliche Haftungstheorie, die keine Stütze im geltenden Recht findet und deren Nützlichkeit für die Lösung der ausdifferenzierten und komplexen Haftungsprobleme der postmodernen Gesellschaft äußerst fraglich ist. Nicht zu übersehen ist außerdem, dass die strukturelle und wertende Unterscheidung zwischen Vertrags- und Deliktshaftung die Annahme einer Ein-

185 FS Larenz, 27, 84 ff. sowie 50 Jahre Bundesgerichtshof, 129, 176 ff.
186 *Canaris*, JZ 1965, 475, 476.
187 *Canaris*, JZ 1965, 475, 482.
188 Über die hier schon genannten Autoren hinaus, die sich einem dritten Weg anschließen, ist auf die jüngste Entscheidung der *Corte di Cassazione* Sent. 12.07.2016, n. 14188 Bezug zu nehmen, in der das Gericht den von *Canaris* – und in Italien von *Castronovo* – geprägten Ausdruck verwendet, die culpa in contrahendo befinde sich *„ai confini tra contratto e torto"*. In der Entscheidung hat die Cassazione neuerlich die vertragliche Natur der vorvertraglichen Haftung anerkannt. Dazu: Zambotto, Rivista di Diritto Civile Contemporaneo 4/2016, 1, 8.
189 MünchKomm/*Kramer* (2003), Einl. vor § 241 Rn. 54.

heitshaftung unpraktikabel macht, wie *Castronovo* zutreffend bemerkt[190]. Da kein drittes Haftungssystem de lege lata existiert und der Rechtsanwender keines erfinden darf[191], soll die culpa in contrahendo aufgrund der wertenden, strukturellen und funktionellen Gemeinsamkeiten zwischen vorvertraglichem und vertraglichem Kontakt durch die Regelungen der Vertragshaftung geregelt werden.

Die Infragestellung klassischer Rechtsinstitute erfolgt nicht ohne großen Widerstand. Das ist in Brasilien besonders problematisch, weil man einerseits eine änderungsfreundliche Lehre, die übereilt jede Neuigkeit ohne die gebotene rechtsdogmatische Begründung übernimmt, und andererseits eine Lehre, die gegen jede Änderung Aversionen zeigt, vorfindet. Aber auch hier gilt die aristotelische Maxime: Tugend liegt in der Mitte. Und der Aufbau der Grundlinie der culpa in contrahendo im brasilianischen Recht erweist sich aus verschiedenen Gründen als erforderlich.

Sie ist zunächst angesichts der ausdrücklichen Positivierung der Figur in Art. 422 CC2002 ein **gesetzliches Gebot.** Die Norm, die die Beachtung des Redlichkeitsgebots durch die Kontrahenten in allen Phasen eines Schuldverhältnisses anordnet, kann auch als eine gesetzliche Grundlage für die autonome Kategorie der Rücksichtspflichten betrachtet werden, und zwar unabhängig davon, ob sie vor, bei oder nach dem Vertrag entstehen. Das bedeutet, dass die Rechtsinstitute der culpa in contrahendo, der positiven Vertragsverletzung und der nachvertraglichen Haftung ihren gesetzlichen Anhaltspunkt in Art. 422 CC2002 finden.

Art. 422 CC2002 ist keine Generalklausel iSv § 242 BGB, worunter die „Funktionskreise" des Grundsatzes von Treu und Glauben subsumiert wurden[192]. In Art. 422 CC2002 t wird besonders die **Konkretisierungsfunktion** von Treu und Glauben angesprochen, da die Ergänzungsfunktion in Art. 113 CC2002 und die Schrankenfunktion in Art. 187 CC2002 vorgesehen sind. Man kann in der Vorschrift also eine Generalklausel für die **Vertrauenshaftung wegen Rücksichtspflichtverletzung** sehen oder, wie sie *Canaris* nennt, eine Vertrauenshaftung wegen Schutzpflichtverletzung, die alle Fälle von Rücksichtspflichtverletzungen in jedem Stadium des Schuldverhältnisses umfassen kann. Denn die positive Vertragsverletzung und die culpa post factum finitum sind das Ergebnis der Erweiterung der Konstruktion der culpa in contrahendo auf den Zeitpunkt nach Vertragsschluss[193]. Es geht in allen diesen Fällen um die schuldhafte Verletzung von Rücksichtspflichten. Der konstruktive Unterschied liegt in dem Zeitpunkt der

190 La nuova responsabilità civile, S. 457.
191 In diesem Sinne: *Castronovo*, La nuova responsabilità civile, S. 464ff.
192 Zur die Funktionskreistheorie vgl. etwa Staudinger/*Looschelders/Olzen*, § 242 Rn. 172ff.
193 *Canaris*, 50 Jahre BGH, 129, 174.

Pflichtverletzung. Für die vorvertragliche Haftung ist ausschlaggebend, wie *Canaris* bereits betonte, dass das haftungsbegründe Fehlverhalten vor dem Abschluss des Vertrages liegt und dass es auf dessen Zustandekommen nicht ankommt[194].

Die Konstruktion einer allgemeinen vorvertraglichen Schutzlehre dient weiter der **Konkretisierung des Gebots von Treu und Glauben** und nicht zuletzt der Norm des Art. 422 CC2002, die dem Rechtsanwender einen handhabbaren Befehl geben muss. Sie entspricht auch dem **Willen des Gesetzgebers**, der die **Redlichkeit (*eticidade*)** zu einer der wichtigsten Leitlinien der neuen Kodifikation erhoben hat. Damit wollte er mit kleinen Gesetzesänderungen die liberalindividualistische Philosophie des alten Kodex' durch eine sozial-ethische Philosophie ersetzen; die Redlichkeit stelle „das leitende Prinzip des gesamten Rechtssystems" dar[195]. Die Konstruktion einer rechtsdogmatischen Grundlage vorvertraglicher Vertrauenshaftung hat auch praktische Ziele, nämlich den Redlichkeits- und Vertrauensschutz im rechtsgeschäftlichen Verkehr zu erhöhen. Das Schutzniveau von Redlichkeit und Vertrauen im Privatrechtsverkehr ist noch niedrig: Das hat die rechtsvergleichende Analyse mit dem deutschen Recht gezeigt.

Eine Untersuchung der brasilianischen Rechtsprechung zeigt eindeutig, dass illoyales Verhalten, insbesondere informationelles Fehlverhalten vor Vertragsschluss, nur unzureichend durch die engen Figuren von Arglist (Dolus), Irrtum oder das Gewährleistungsrecht sanktioniert wird. Nicht- oder Fehlinformationen über entscheidungsrelevante Umstände, die nicht zugleich einen Inhaltsirrtum bilden, bleiben meistens sanktionslos, wenn die nicht informierte Partei den Vorsatz der Gegenseite nicht nachweisen kann. Die Lage ist bei bilateralen Austauschverträgen dramatisch, weil der Käufer einer mangelhaften Sache nur voll geschützt wird, wenn er den Nachweis erbringt, dass der Verkäufer verborgene Mängel an der üblichen physischen Eigenschaft der Kaufsache bewusst verschwiegen hat, die ihre Wertigkeit oder Nutzbarkeit erheblich beeinträchtigen. In solch einem Fall kann der Käufer über die römischen Käuferklagen hinaus vollen Schadensersatz verlangen, die ihm allerdings nur eine Geldentschädigung gewähren. Er bleibt an den Vertrag gebunden, wenn er die recht engen Fristen des Art. 445 CC2002 verstreichen lässt. Beweist er nicht den Vorsatz des Verkäufers, kann er nur – in den engen gewährleistungsrechtlichen Fristen – auf die Minderung oder Wandlung mit Ersatz der Vertragskosten zurückgreifen. All dies be-

---

194 50 Jahre BGH, 129, 176.

195 *Reale*, História do novo código civil, S. 37, 57 ff. Es wird sogar von einer Revolution durch den Grundsatz von Treu und Glauben und seine Schrankenfunktion aus Art. 113 CC2002 gesprochen.

legt, dass die Notwendigkeit eines effektiveren Vertrauensschutzes vor Vertragsschluss recht groß ist.

Nicht zuletzt dient die Erstellung einer vorvertraglichen Schutztheorie der **Präzisierung der brasilianischen Schuldrechtsdogmatik.** Wie sich aus der rechtsvergleichenden Analyse der Hauptfallgruppen der culpa in contrahendo ergeben hat, werden Fälle fahrlässiger Unterlassung oder Mitteilung falscher Informationen in der Vertragsanbahnung mit Rekurs auf die Irrtumsfigur gelöst. Man geht davon aus, dass der nicht informierte Vertragspartner sich im Irrtum über bestimmte Umstände des Geschäfts befinde. In der Rechtspraxis werden jedoch nicht nur Fahrlässigkeit, sondern auch Vorsatz des Informationspflichtigen unter den Irrtumstatbestand des Art. 138 CC2002 subsumiert. Eine nähere Betrachtung der Rechtsprechung hat gezeigt, dass in den meisten Fällen ein arglistiges informationelles Fehlverhalten tatsächlich vorliegt. Irrtum und Dolus werden durch die Judikatur nicht mehr klar voneinander getrennt. Die richterliche Lösung zielt darauf ab, schuldhafte Irreführung zum Vertragsschluss infolge unterlassener oder falscher Informationen zu tadeln, die die nichtinformierte Partei zum Abschluss eines ungünstigen oder unerwünschten Vertrages bewogen hat. Um illoyales Verhalten zu sanktionieren, hat die Rechtsprechung den Irrtumsbegriff schon unter Geltung der alten Kodifikation ausgedehnt.

Heute besteht angesichts des Art. 422 CC2002 kein Grund, diese Praxis weiterzuführen. Denn das Irrtumsinstitut ist für die Korrektur bewusster oder rein fahrlässiger Irreführung zum Vertragsschluss, d.h. für fremde Störungen der Entscheidungsfreiheit, überhaupt nicht geeignet. Das Rechtsinstitut des Irrtums hat in erster Linie den Zweck, die Privatautonomie des Irrenden zu schützen. Denn Privatautonomie setzt eine störungsfreie Selbstbestimmung und Selbstgestaltung voraus, also einen fehlerfreien Selbstbestimmungsakt. Und bereits daran fehlt es, wenn der Selbstbestimmungsakt an einem Mangel leidet, weil der Irrtum die Erklärungshandlung (Inhalts- oder Erklärungsirrtum) oder die Willensbildung (Motivirrtum) betrifft.

Charakteristisch für den Irrtum ist, dass er einen endogenen Willensmangel darstellt, der aus der Sphäre des Irrenden selbst stammt. Genau deshalb muss der Erklärende für seinen Irrtum unter dem Gesichtspunkt der Risikotragung einstehen[196]. Wie die Rechtsordnung das Vertrauen des Erklärungsempfängers bzw. des Rechtsverkehrs schützt, ist grundsätzlich eine gesetzgeberische Entscheidung, die das Wesen der Irrtumsfigur als Schutzmechanismus für den Selbstbestimmungsakt nicht entleeren darf. Das Gleiche lässt sich für die Dolusfigur sagen: Sie

196 Staudinger/*Singer*, § 119 Rn. 1; *Canaris*, Vertrauenshaftung, S. 535f.

ist nichts anderes als ein gesetzlich geregelter Fall von culpa in contrahendo wegen vorsätzlicher Fehlinformation.

Den Dolusbegriff auszudehnen, um rein fahrlässige Unterlassung oder Mitteilung unzutreffender Informationen zu erfassen, ist schon terminologisch inkohärent. Ein „*dolo culposo*", also ein „fahrlässiger Vorsatz", ist ein Widerspruch in sich. Ein solches Konzept bedeutet die Perversion des Dolusbegriffs und bringt – ohne Not – einen Verlust an rechtsdogmatischer Präzision mit sich. Viel überzeugender scheint es, den Irrtumsbegriff für eine endogene, allein aus der Sphäre des Erklärenden stammende Störung in der Willensbildung oder Willenserklärung zu verwenden, wie ursprünglich in der brasilianischen Rechtstradition geschehen, und den Dolusbegriff gesetzestreu auf vorsätzliche Nicht- oder Falschinformation zu begrenzen.

Dann sollte man weiter auf die Kategorie vorvertraglicher Informationspflichtverletzung zurückzugreifen, um jede schuldhafte – vorsätzliche oder rein fahrlässige – Fehlinformation vor Vertragsschluss zu erfassen. Dadurch blieben die klassischen Rechtsinstitute des Willensmangelsrechts konzeptionell integer. Insbesondere das Irrtumsrecht bedarf einer rechtsdogmatischen Korrektur, um daraus die Fälle schuldhafter Irreführung zum Vertragsschluss herauszunehmen, weil es dabei um keinen Irrtum im rechtlichen Sinne geht.

Es geht in solchen Fallkonstellationen letztendlich nicht um eine Gesetzeskorrektur, sondern um die rechtsdogmatische Korrektur einer untechnischen richterlichen „Rechtsfortbildung", die, auch wenn sie früher eine Rechtfertigung fand, heute kaum mehr als berechtigt anzusehen ist. Die vorvertragliche Informationshaftung auf solche Fälle anzuwenden hieße, das Anwendungsfeld der neuen Figur des Art. 422 CC2002 zu bestimmen und die culpa in conrahendo zur Anwendung zu bringen. Die culpa in contrahendo als eine Haftung für schuldhaftes Fehlverhalten vor Vertragsschluss muss mit den weiteren Rechtsinstituten, mit denen sie in Berührung kommt, in Einklang gebracht werden. Das ist sicherlich keine einfache Aufgabe, wie die in dieser Arbeit behandelten kontroversen Abgrenzungsfragen belegen. Die brasilianische Rechtswissenschaft muss sich aber damit auseinandersetzen. Und wenn die brasilianische Privatrechtslehre anfängt, über die culpa in contrahendo zu diskutieren, dann ist das Hauptziel dieser Arbeit schon erreicht.

Zusammenfassung der wichtigsten Ergebnisse

Die rechtsvergleichende Untersuchung der culpa in contrahendo im deutschen und brasilianischen Recht hat gezeigt, dass es einen tiefen Unterschied zwischen beiden Rechtsordnungen in der Behandlung der vorvertraglichen Problematik gibt. Während man in Deutschland eine noch durchgehende Entwicklungslinie der culpa in contrahendo seit *Jherings* Schrift konstatieren kann, die sich mit dem Ziel entfaltet hat, die Entstehung von Rücksichtspflichten vor Vertragsschluss und des Vertrauensschuldverhältnisses zwischen den Beteiligten am geschäftlichen Kontakt durch den Grundsatz von Treu und Glauben und Vertrauensschutz zu begründen und in das BGB-System und die Privatrechtsdogmatik zu integrieren, findet man in Brasilien dagegen eine bruchstückhafte Entwicklungslinie, die zwar erfolgsversprechend in der Rechtsprechung entstand, die jedoch durch ein formalistisches Rechtsdenken unterbrochen wurde. Das hatte zur Folge, dass die culpa in contrahendo zu einem „unterirdischen" Leben gezwungen wurde, in dem sie sich überwiegend mit rechtsdogmatischen Impulsen aus der italienischen und portugiesischen Lehre ab den 50er Jahren langsam entwickelt hat.

Die Gründe für den Bruch in der Entwicklungslinie der vorvertraglichen Haftung sind vielfältig. Dazu hat am meisten die Rezeption der pandektischen Lehre beigetragen, die die culpa in contrahendo entweder abgelehnt oder eng begrenzt hat. Die pandektistische Lehre hat in Brasilien vor allem über *Pontes de Miranda* eine bedeutende Rolle gespielt und zwar in einer Zeit, in der sie schon in dem Heimatland als überholt galt. Weiter haben die liberalindividualistische – und fast willkürliche – Konzeption der „Willensautonomie" (heute: Privatautonomie) und der Vertragsfreiheit sowie das Fehlen einer ausdrücklichen Regelung über das Rechtsinstitut und den Grundsatz von Treu und Glauben, worauf man die daraus herzuleitenden Rücksichtspflichten stützen könnte, die Anerkennung der Haftung für Fehlverhalten vor Vertragsschluss gehemmt. Dazu kam noch das Fehlen rechtsvergleichender Untersuchungen mit dem deutschen Recht, die Licht auf die nebulöse Figur und auf das vertragsvorbereitende Stadium werfen könnten. All diese Faktoren haben dazu geführt, dass das vorvertragliche Stadium überwiegend als eine Unverbindlichkeitsphase betrachtet wurde mit der Folge, dass man jegliche Haftung für schuldhaftes Fehlverhalten außerhalb der gesetzlich geregelten Dolusfälle abgelehnt hat.

Ein Rechtsvergleich mit der modernen deutschen Lehre findet erst in den 60er Jahren mit *Couto e Silva* statt, der das unter § 242 BGB entwickelte Konzept vom Schuldverhältnis als Gefüge mit den Nebenpflichten nach Brasilien importiert hat, das später im Zusammenhang mit der Verbraucherschutzbewegung weiter entwickelt wurde und auch zur Modernisierung des allgemeinen Privatrechts er-

https://doi.org/10.1515/9783110592252-008

heblich beigetragen hat. Das Verbraucherschutzgesetz regelt die culpa in contrahendo nicht. Es statuiert jedoch umfassende vorvertragliche Schutz- und Informationspflichten über Eigenschaften und Risiken des Vertragsgegenstands sowie über den Vertragsinhalt, so dass man von einer allgemeinen Informationspflicht im Konsumentenmarkt ausgehen kann. Die Fälle vorvertraglichen Fehlverhaltens im geschäftlichen Kontakt zwischen Unternehmen und Verbraucher werden jedoch nicht mit Hilfe der culpa in contrahendo gelöst, sondern auf den Fehler- oder Mangeltatbestand zurückgeführt. Trotzdem hat der Gedanke vom Vertrauensschutz im vorvertraglichen Stadium, der dem Verbraucherschutzgesetz zugrunde liegt, für die Überwindung der verbreiteten Fehlvorstellung beigetragen, dass in der Phase der Vertragsvorbereitung keinerlei Verbindlichkeiten zwischen den Beteiligten entstehe. Somit ist der Weg für die Renaissance der culpa in contrahendo vorbereitet, die allerdings praktisch immer noch eine Haftung für den Nichtabschluss des geplanten Vertrages darstellt.

Für die Wiedergeburt der Figur war die Begründung der Rücksichtspflichten in dem damals ungeschriebenen, heute in Art. 422 CC2002 verankerten Grundsatz von Treu und Glauben entscheidend. Denn man kann die Rücksichtspflichten erst aus dem rechtsethischen Wertungsinhalt von Treu und Glauben herleiten, d. h. aus dem ihm immanenten Gebot zu Redlichkeit und Rücksichtnahme auf die Rechtssphäre und Interessen der anderen Seite. Das indiziert, dass die deliktische Generalklausel und das dort beinhaltete allgemeingültige Gebot, niemanden zu schädigen, inhaltlich und wertend zu vage ist, um konkrete rechtliche Befehle im Einzelfall herzuleiten und daher untauglich, um die vielfältigen und fallbezogenen Rücksichtspflichten zu materialisieren. Man musste also in Brasilien – trotz deliktischer Generalklausel – auf den Wertungsinhalt von Treu und Glauben zurückgreifen, um Rücksichtspflichten vor, bei und nach dem Vertrag konkretisieren zu können.

Trotz der Positivierung der culpa in contrahendo in Art. 422 CC2002 werden im brasilianischen Recht nicht einmal der klassische Linoleumfall oder die Verletzung von Aufklärungspflichten bei der Vorbereitung massenhafter Verbraucherverträge mit Rekurs auf die Figur sanktioniert. Im reinen Privatverkehr erfolgt oft ein Rekurs auf den Dolus- und Irrtumstatbestand, um schuldhafter Nicht- oder Falschinformation vor Vertragsschluss zu begegnen. Das hat zu einer Ausdehnung vor allem der Irrtumsfigur geführt, die heute auch vorsätzliche Irreführung zum Vertragsschluss erfasst. Die Praxis kann kaum mehr Dolus und Irrtum voneinander abgrenzen. Trotzdem bleiben viele Fälle ohne Lösung. Im Bereich des Willensmangelsrechts herrscht zur Zeit rechtsdogmatische Verwirrung und Unpräzision. Auch Fehlinformationen bei bilateralen Verträgen wie der wirtschaftlich bedeutende Kaufvertrag finden keine angemessene Lösung, weil der Käufer hauptsächlich auf die ädilischen Klagen angewiesen ist. Eine Haftung für Fehlinformation wird auch nicht im Rahmen des Gewährleistungsrechts diskutiert, das einen deutlich engeren Anwendungsbereich hat als im deutschen Recht. Es überrascht daher nicht, dass die heftige Abgrenzungsproblematik von culpa in contrahendo und Willensmangelrecht bzw. Gewährleistungsrecht im Schrifttum kaum thematisiert wird. Das belegt einerseits, wie relativ unbekannt die culpa in contrahendo bis heute ist, und andererseits, wie groß der Bedarf einer vorvertraglichen Schutzlehre ist.

Im gespaltenen brasilianischen Privatrecht kann die culpa in contrahendo kein einheitliches Bild abgeben: Aufgrund der im Bereich des Verbraucherschutzgesetzes allgemein statuierten Risikohaftung führt jede vorvertragliche Rücksichtspflichtverletzung im Rahmen verbraucherrechtlicher Beziehungen zu einer verschuldensunabhängigen Haftung des Unternehmens. Außerhalb dieses Sondergebiets ist die culpa in contrahendo eine Verschuldenshaftung. Man kann die Leitlinie der culpa in contrahendo so zusammenfassen: Mit der Aufnahme eines geschäftlichen Kontakts entsteht zwischen den Beteiligten ein vorvertragliches Schuldverhältnis, das keine Leistungspflicht erzeugt, sondern lediglich Rücksichtspflichten unterschiedlicher Art und Intensität. Obwohl die Parteien dabei mit entgegengesetzten Interessen auftreten, sind sie nach dem Grundsatz von Treu und Glauben verpflichtet, loyal miteinander umzugehen und Rücksicht auf die Rechtssphäre und Interessen des anderen zu nehmen. Die schuldhafte Verletzung vorvertraglicher Rücksichtspflichten löst einen Schadensersatzanspruch für den Geschädigten aus, der auf den Ersatz des negativen Interesses gerichtet ist, weil ein Erfüllungsanspruch eine vertragliche Grundlage voraussetzt, die in den meisten Fällen von culpa in contrahendo fehlt.

Anders als im brasilianischen Recht generell angenommen, erschöpft sich der vorvertragliche Schadensersatzanspruch nicht in einer Entschädigung in Geld. Vielmehr kann der Geschädigte – bei Zustandekommen des Vertrages – im Wege der Naturalherstellung des Schadensrechts (Art. 389 CC2002) die Auflösung oder Anpassung der unerwünschten bzw. ungünstigen Vertragsbindung fordern, die er sonst ohne die Pflichtverletzung nie oder nicht zu diesen Bedingungen bzw. nicht zu dieser Zeit abgeschlossen hätte. Die Rechtsfolgen der culpa in contrahendo werden durch den Grundsatz der Naturalrestitution determiniert, der zwar – anders als in § 249 BGB – nicht ausdrücklich positiviert ist, der aber dem gesamten brasilianischen Schadensrecht zugrunde liegt. Der vorvertragliche Schadensersatzanspruch richtet sich auf den Ersatz des negativen Interesses, weil ein Erfüllungsanspruch eine vertragliche Grundlage voraussetzt, die eben in den meisten Fällen von culpa in contrahendo fehlt. Außerdem fällt das Erfüllungsinteresse nicht in den Schutzbereich der vorvertraglichen Pflichten. Der Schadensersatz ist auf keinen Fall auf die Hohe des positiven Interesses begrenzt, weil das brasilianische Recht keine Norm iSv § 122 BGB kennt. Bei der Schadensberechnung spielt nicht nur eine reine Kausalitätsprüfung eine Rolle, was zu unerträglichen Ergebnissen führen könnte. Vielmehr muss man nach Sinn und Zweck der konkreten verletzten Pflichten suchen (Schutzzwecklehre).

Der Geschädigte kann verlangen, so gestellt zu werden, wie er stünde, wenn er nicht auf den Vertragsabschluss, auf die Gültigkeit des Vertrages oder auf die mitgeteilte Information bzw. auf die Geschäftsumstände vertraut hätte. Ersetzbar ist nur der tatsächliche nachgewiesene Schaden. Unter Umstände kann auch ein immaterieller Schaden entstehen. Das darf nur in Ausnahmenfällen angenommen werden, in denen tatsächlich Persönlichkeitsrechte infolge der Rücksichtspflichtverletzung betroffen sind. Ein Schmerzensgeld für reine Frustration aus dem versagten Geschäft, wie in der brasilianischen Rechtspraxis üblich, steht nicht mit dem Grundsatz der Privatautonomie und Vertragsfreiheit in Einklang, der neben Treu und Glauben auch im vorvertraglichen Stadium gilt. Auch nicht im Betracht kommt der Ersatz von rein hypothetischen Schäden im Sinne der französischen Theorie der *perte d'une chance*. Ein Ersatz des positiven Interesses im Rahmen der culpa in contrahendo ist nur in engen Ausnahmenfällen möglich, nämlich dann, wenn der Geschädigte substantiiert darlegt und nachweist, dass er den gleichen Vertrag zu günstigeren Konditionen mit dem gleichen Vertragspartner tatsächlich abgeschlossen hätte. Wenn er hier den vollen Kausalitätsnachweis erbringen kann, kann er den entgangenen Gewinn aus dem Geschäft verlangen. Die Bestimmung der Rechtsfolgen sowie der daraus entstandenen Schäden hängt grundsätzlich von Art und Zweck der verletzten Rücksichtspflicht ab und kann nur im Einzelfall festgestellt werden. Hier reicht eine reine Kausalitätsprüfung nicht aus, weil sie, wie dargestellt, zu unerträglichen Ergebnissen hinsichtlich grundlegender Prinzipien der Privatrechtsordnungen führte, vor allem der privatautonomen Selbstbestimmungsfreiheit.

Die culpa in contrahendo hat im brasilianischen Recht einen begrenzteren Anwendungsbereich als im deutschen Recht, weil darunter nicht die klassische Fallgruppe der Haftung für Schutzpflichtverletzungen (Stichwort: Linoleumfall) fällt. Schutzpflichten ieS entstehen regelmäßig im Rahmen eines geschäftlichen Kontakts zum Schutz des Geschäftspartners. Sie entstehen schon vorab auch bei einem konkreten Kontakt gesellschaftlicher Art, wenn sie dann als Verkehrspflichten qualifiziert werden. Es ist fraglich, ob es einen qualitativen Unterschied gibt zwischen den Schutzpflichten aus einem geschäftlichen Kontakt und den Verkehrspflichten aus rein sozialem Kontakt. Vielmehr scheinen sie Konkretisierungen der neminem-laedere-Pflicht zu sein, denn sie sind integritätsbezogene Pflichten, die in keinem inneren Zusammenhang mit dem geplanten Vertrag stehen wie die vertragsbezogenen Loyalitäts-, Informations-, Aufklärungs- oder Sorgfaltspflichten, die in den Hauptfällen der culpa in contrahendo betroffen sind. Deshalb sind Verstöße gegen Schutzpflichten der Sache nach dem Deliktsrecht zuzuordnen. Auch zu beachten ist, dass die Warenhausfälle mittels der verschuldensunabhängigen Haftung des Art. 14 des Verbraucherschutzgesetzes gelöst werden, der für Unternehmen eine Einstandspflicht infolge von Sicherheitspflichtverletzungen im Verbraucherverkehr anordnet. Im sonstigen Privatrechtsverkehr ist der Geschädigte auf die Regelungen des Deliktsrechts angewiesen. Das Schutzniveau des Geschädigten ist zwar niedriger als im Verbraucherrecht, dort haftet der Geschäftsherr auch verschuldensunabhängig für seine Leute. Aus diesen Gründen ist die Schutzpflichtverletzung aus dem Anwendungsbereich der culpa in contrahendo auszuklammern. Im deutschen Recht nimmt die wohl herrschende Meinung – nicht ohne begründete Kritik – bei vorvertraglicher Verletzung von Schutzpflichten ieS ein Nebeneinander von culpa in contrahendo und Deliktshaftung an.

In der Fallgruppe vom grundlosen Abbruch von Vertragsverhandlungen ist zunächst zu beachten, dass die Parteien aufgrund der negativen Vertragsfreiheit und der Privatautonomie bis zum endgültigen Vertragsabschluss frei in ihrer Entscheidung bleiben, die bisherigen Verhandlungen abzubrechen, und zwar ohne ihren Entschluss begründen zu müssen. Das gilt auch, wenn eine Partei Aufwendungen in Erwartung des Vertragsabschlusses macht und die Gegenseite davon weiß, weil derjenige, der in Erwartung des Vertragsabschlusses Aufwendungen macht, grundsätzlich auf eigenes Risiko handelt. Das bedeutet freilich nicht, dass die Verhandlungen keinerlei Bindung zwischen den Parteien erzeugten. Mit der Aufnahme von Vertragsverhandlungen entsteht zwischen den Verhandlungspartnern ein vorvertragliches Schuldverhältnis, woraus insbesondere Loyalitätspflichten erwachsen, die sie verpflichten, trotz entgegengesetzter Interessen loyal miteinander umzugehen und Rücksicht auf die Rechtssphäre und Interessen des anderen Partners zu nehmen. Das bedeutet in diesem Kontext vor allem, keine falsche Vorstellung über das Zustandekommen des geplanten Vertrags bei der Gegenseite zu erwecken bzw. zu verstärken, seine Abschlussbereitschaft oder Abschlussmöglichkeit nicht vorzutäuschen, den Gegner alsbald über eine Änderung in der Abschlussbereitschaft zu informieren und ihn nicht zu unnötigen Vertrauensdispositionen zu veranlassen. Eine Haftung für unredlichen Verhandlungsabbruch kommt erst in Betracht, wenn die abbrechende Partei gegen die Loyalitäts- oder Aufklärungspflicht schuldhaft verstoßt, indem sie den Vertragsschluss als sicher hinstellt, den vertrauenden Partner zu Vertrauensdispositionen bewegt, die er sonst nicht machen würde, und später ohne Rechtfertigungsgrund die Verhandlungen beendet. Auch wenn ihn kein Verschulden bei der Begründung des Vertrauenstatbestands trifft, macht er sich wegen Fehlens eines triftigen Grunds ersatzpflichtig.

Hinsichtlich der Rechtsfolgen gilt hier die allgemeine Regel der culpa in contrahendo: Ersatzfähig ist nur der negative Vertrauensschaden. Der enttäuschte

Verhandlungspartner kann im Wege der Naturalherstellung, die Art. 389 CC2002 zugrunde liegt, verlangen, so gestellt zu werden, wie er ohne die Loyalitätspflichtverletzung stünde, also nicht auf die nutzlos gewordenen Verhandlungen eingegangen wäre. Ersetzbar sind hier Verhandlungskosten und entgangener Gewinn aus einem entgangenen Drittgeschäft. Es kommt kein Ersatz des Erfüllungsinteresses in Betracht, weil dafür eine vertragliche Grundlage fehlt und das Erwartungsinteresse nicht im Schutzbereich der Loyalitätspflicht liegt. Es besteht auch kein Kontrahierungszwang. Ein solcher besteht erst im Verbraucherbereich als unmittelbare Folge der Offerte und der ihr gleichgestellten vorvertraglichen Äußerungen des Lieferanten gemäß Arts. 30 und 35 CDC. Es handelt sich aber dabei um eine Einstandspflicht für die abgegebene Willenserklärung, die nichts mit culpa in contrahendo zu tun hat. Aufgrund des Kontrahierungszwangs kann der Verbraucher bei Erfüllungsverweigerung der Offerte die Leistungserfüllung, eine Ersatzleistung oder Schadensersatz verlangen. Aus diesem Grund spielt die Haftung für grundlosen Verhandlungsabbruch keine besondere Rolle im Verbraucherbereich, sondern nur im allgemeinen Privatrechtsverkehr.

Anders als im brasilianischen Recht angenommen, liegt der Haftungsgrund nicht im Nichtabschluss eines geplanten Vertrages, sondern in der Schaffung und grundlosen Enttäuschung eines Vertrauenstatbestands. Die culpa in contrahendo beschränkt sich in Brasilien praktisch auf diese Fallgruppe. Die Untersuchung der Rechtsprechung hat gezeigt, dass die vorvertragliche Haftung immer noch mit der Haftung für Verletzung eines Vorvertrages verwechselt wird. Oft ist auch der Bezug zum bösgläubigen Verhandlungsabbruch. In vielen Fällen bleibt der Geschädigte auf seinen Schaden sitzen, weil er das Zustandekommen eines Vorvertrages oder den Vorsatz des Gegners nicht nachweisen kann. Die culpa in contrahendo ist weder eine Haftung für die Nichterfüllung eines Vorvertrags noch für den Widerruf eines Antrages. Haftungsgrund ist allein das schuldhafte illoyale Verhalten der Partei, bei der Gegenseite das Vertrauen auf das Zustandekommen des Vertrages zu erwecken und sie nachträglich ohne sachlichen Grund zu frustrieren, nachdem sie im Vertrauen darauf Vermögensdispositionen gemacht hat. Anders als im brasilianischen Schrifttum angenommen, ist die rechtsdogmatische Anerkennung der culpa in contrahendo kaum gefestigt. Es sind noch immer die Grundvoraussetzungen der Haftung zu präzisieren. Eine rechtsvergleichende Analyse solcher Fallkonstellationen im deutschen und brasilianischen Recht zeigt, dass man zwar eine gemeinsame Grundlinie identifizieren kann. Trotz Gemeinsamkeiten zeigt die Lösung für Fehlverhalten bei Vertragsverhandlungen in beiden Rechtsordnungen aber erhebliche Unterschiede, die auf ein höheres Schutzniveau des Vertrauens bei Vertragsverhandlungen im deutschen Recht hindeutet.

Die Frage nach der Haftung für den Abschluss ungültiger Verträge wird in beiden Rechtsordnungen unterschiedlich beantwortet. Im deutschen Recht ist eine culpa in contrahendo für schuldhafte Herbeiführung der Vertragsungültigkeit allgemein anerkannt. Dazu gehört jedoch nicht *Jherings* Hauptfall der culpa in contrahendo, nämlich die Haftung für Irrtumsanfechtung aus § 122 BGB, die dogmatisch als eine verschuldensunabhängige Erklärungshaftung qualifiziert wird. Das hindert nicht die Annahme einer Anspruchskonkurrenz zur culpa in contrahendo, die von der herrschenden Meinung angenommen wird. Paradebeispiel für diesen Unterfall der culpa in contrahendo bildet heute allerdings die Haftung für Formnichtigkeit des Vertrages. Im brasilianischen Recht gewährt die Rechtsprechung ohne Weiteres einen Schadensersatzanspruch beim Abschluss ungültiger Verträge. In der Praxis ist das üblich bei Vertragsannullierung wegen Willensmängeln, insbesondere bei Dolus und Irrtum. Auch im Rahmen von nichtigen Verträgen kommt eine Schadensersatzhaftung im Betracht. Begründet wird sie mit dem Deliktstatbestand (unerlaubte Handlung). Die Lösung scheint dogmatisch überzeugend, weil dort – so die herrschende Lehre – aufgrund der Vertragsungültigkeit von einer Vertragshaftung nicht die Rede sein könne. Welche konkrete Pflicht dabei verletzt wird, ist unklar. Einfach zu begründen mag zwar eine Schadensersatzhaftung bei arglistiger Unterlassung oder Mitteilung falscher Information vor Vertragsschluss sein, weil dabei Bösgläubigkeit (*mâ-fé*) des Täuschenden vorliegt. Bei Abschluss nichtiger Verträge ist der Haftungsgrund – abgesehen von Dolusfällen – kaum ersichtlich. Die Rechtsprechung scheint vielmehr kausuistisch zu sein, ohne eine kohärente dogmatische Leitlinie herausgebildet zu haben.

Überraschend ist die Haftung bei Irrtumsanfechtung. Nimmt man die Irrtumsfälle unter die Lupe, merkt man sofort, dass darunter überwiegend vorsätzliche und fahrlässige Fehlinformation bei Vertragsanbahnung gleichermaßen subsumiert werden. Diese Praxis hat unter Geltung der alten Kodifikation begonnen: Da der Dolustatbestand nur vorsätzliche Fehlinformation sanktioniert, hat die Partei, um den schwierigen Dolusnachweis zu umgehen, auf die Irrtumsfigur zurückgegriffen und Vertragsannullierung neben Schadensersatz mit der Begründung verlangt, die Gegenseite habe sie in den Irrtum geführt oder seinen Irrtum erkannt. Die Rechtsprechung hat den Irrtumsbegriff ausgedehnt, um das vorvertragliche illoyale Verhalten des Vertragspartners zu erfassen. In der überwiegenden Mehrheit der Fälle geht es nicht um die Kernfrage des Irrtumsrechts, sondern um die Haftung für den Vertrauensschaden des unschuldigen Erklärungsempfängers, der auf die Gültigkeit vertraut und dementsprechend Vertrauensdispositionen durchgeführt hat. Es geht allein um einen Schadensersatz zugunsten des Irrenden, der zum Irrtum verleitet wurde. Das heißt: Der Irrtumsbegriff wurde damals ausgedehnt, um funktionell eine Lücke (fahrlässige

Irreführung zum Vertragsschluss) zu schließen, die nicht durch den eng ausgestalteten Dolustatbestand erfasst war.

Diese Praxis hat zu einer Verdunkelung und Unschärfe in der Irrtumsdogmatik geführt. Der Hinweis auf die Irrtumsfigur zur Lösung von Fällen schuldhafter Irreführung zum Vertragsschluss ist rechtsdogmatisch verfehlt und heute angesichts der Positivierung der culpa in contrahendo in Art. 422 CC2002 kaum mehr zu rechtfertigen. Denn das trübt ohne Not die Dogmatik des Willensmangelrechts, indem der Irrtumsbegriff erweitert und letztendlich in seiner Essenz als allein dem Verantwortungsbereich des Irrenden zuzurechnender, endogener Willensmangel zerstört wird. Das Gleiche gilt für den Rückgriff auf den Dolus: Wenn der Begriff keine vorsätzliche Handlung mehr bezeichnet, sondern rein fahrlässige Handlungen erfasst, verliert er seinen prägenden Gehalt. Diese Konstruktion führt letztendlich zu einer Verschmelzung von Irrtum und Dolus. Sie sind jedoch unterschiedliche Mängeltatbestände mit verschiedenen Werten. Zugunsten der dogmatischen Präzisierung und zur Erleichterung des privatrechtlichen Diskurses sollte man auf jegliche Ausdehnung des Irrtums- oder Dolusbegriffes verzichten und schuldhaftes informationelles Fehlverhalten vor Vertragsschluss als Informationspflichtverletzung bezeichnen. Das brasilianische Irrtumsrecht bedarf dringend einer rechtsdogmatischen Korrektur, um daraus die Fälle schuldhafter Irreführung zum Vertragsschluss herauszunehmen, die sachlich, strukturell und funktionell der culpa in contrahendo angehören. Das Irrtumsrecht sollte auf seine ursprünglichen Fallkonstellationen beschränkt bleiben, also auf die echten Irrtumsfälle, in denen eine endogene, aus der Sphäre des Irrenden stammende Störung in der Willensbildung oder in der Willenserklärung vorliegt.

Nur die echten Irrtumsfälle, in denen eine endogene Störung in der Willensbildung oder in der Willenserklärung vorliegt, sollten unter Art. 138 CC2002 subsumiert werden. Da der Wortlaut der Norm die gegenseitigen Interessen der Beteiligten nicht angemessen berücksichtigt, sondern im Gegenteil beide exzessiv belastet und somit den Sinn und Zweck der Norm nicht erreicht, bedarf sie einer Korrektur durch teleologische Reduktion, die in Betracht kommt, wenn die textliche Fassung des Tatbestandes hinter dem Zweck bzw. Grund des Gesetzes zurückbleibt. Die aus Italien importierte Norm ist ein Fremdkörper in der brasilianischen Tradition der Irrtumslehre, die immer auf die Merkmale der Wesentlichkeit und Entschuldbarkeit abgestellt hat. Nicht von ungefähr ignoriert die Rechtsprechung bis heute die Norm. Sinn und Zweck der Norm soll ebenfalls sein, einerseits einen ausgewogenen Schutz der verfassungsrechtlichen privatautonomen Selbstbestimmung des Erklärenden, die irrtumsbedingte Rechtsbindung aufzulösen, und andererseits das Vertrauen des unschuldigen Erklärungsempfängers bzw. des Rechtsverkehrs zu gewährleisten. Das schafft Art. 138

CC2002 nicht. Eine teleologische Reduktion der Norm sollte dazu führen, dass der Erklärende einerseits den irrtumsbedingten Vertrag annullieren darf und den Vertrauensschaden des Erklärungsempfängers andererseits ersetzen muss, wenn der eigene Irrtum zugleich eine schuldhafte Verletzung vorvertraglicher Sorgfaltspflicht darstellt, d. h. wenn er den Irrtum bei Anwendung der erforderlichen Sorgfalt hätte erkennen können. In diesem Fall entsteht für den unschuldigen Erklärungsempfänger ein Schadensersatzanspruch aus culpa in contrahendo für die schuldhafte Verletzung der vorvertraglichen Sorgfaltspflicht. Die Kenntnis oder fahrlässige Unkenntnis des Irrtums durch den Erklärungsempfänger sollte nicht auf das Gestaltungsrecht (Annullierungsrecht) des Erklärenden einwirken, sondern nur seinen eigenen Schadensersatzanspruch vernichten oder reduzieren.

Auch nicht überzeugend ist die Begründung einer Schadensersatzhaftung bei Abschluss nichtiger Verträge. Der Judikatur ist keine klare Linie zu entnehmen, wann eine Pflicht zum Ersatz des Vertrauensschadens zulasten der Partei entsteht und welche zum Schadensersatz verpflichtende Verhaltenspflicht besteht. Das gilt insbesondere für Nichtigkeit wegen Formfehlern. Die Begründung im Deliktsrecht überzeugt hier nicht. Viel überzeugender ist es dagegen, zu sagen, dass die Partei bei der Vertragsanbahnung verpflichtet ist, eine erhöhte Sorgfaltspflicht zu beachten, um Gültigkeitshindernisse im Rahmen des Möglichen und Zumutbaren (Art. 422 CC2002) zu beseitigen, sowie auf nur ihr bekannte Bedenken gegen die Wirksamkeit des geplanten Vertrages hinzuweisen. Hier ist allerdings Zurückhaltung geboten, weil die Beachtung von Nichtigkeitsgründen, insbesondere von Form- und Gesetzeswidrigkeit grundsätzlich jede Partei gleichermaßen trifft. Für eine Haftung in contrahendo müssen hier vielmehr besondere Umstände vorliegen, insbesondere eine Informationsasymmetrie, die eine Aufklärungspflicht rechtfertigt. Zweifel an der Geschäftsgültigkeit müssen auch mitgeteilt werden. In solchen Fällen ist der Geschädigte so zu stellen, wie er ohne den Abschluss des nichtigen oder anfechtbaren Vertrages stünde. Das bedeutet in erster Linie: Ersatz des negativen Interesses, der unnötige Vertrauensinvestitionen und eventuell des entgangenen Gewinns aus einem Geschäftsabschluss mit Dritten nach Art. 402 CC2002 werden mitumfasst. Auf keinen Fall ist der negative Schadensersatz auf die Höhe des positiven Interesses begrenzt.

Eine vorvertragliche Informationspflichtverletzung führt nicht immer zur Annullierung oder Nichtigkeit des Geschäfts. In der Mehrheit der Fälle kommt ein gültiger, aber ungünstiger oder einfach unerwünschter Vertrag infolge der Informationspflichtverletzung vor Vertragsabschluss zustande. In solchen bedeutenden Fallkonstellationen entsteht für den Getäuschten ein Schadensersatzanspruch, der es ihm erlaubt, zu verlangen, so gestellt zu werden, wie er ohne den zum Ersatz verpflichtenden Zustand (das vorvertragliche Fehlverhalten) stünde. Das entspricht dem Grundsatz der Naturalrestitution (*princípio da reposição na-*

tural), der zwar – anders als im § 249 BGB – nicht ausdrücklich positiviert ist, der aber dem brasilianischen Haftungsrecht zugrundeliegt und in Arts. 389 und 944 CC2002 verankert ist. Der Geschädigte kann daher – zur Herstellung des schadensfreien Zustands – die Auflösung oder Anpassung des ungünstigen Vertrages verlangen, wenn er ohne die Pflichtverletzung den Vertrag nicht oder nicht zu den gleichen Bedingungen bzw. zum gleichen Zeitpunkt abgeschlossen hätte. Der Schadensersatzanspruch ist grundsätzlich auf den Ersatz des negativen Interesses gerichtet, d.h. Geschäftsauflösung und Ersatz des Vertrauensschadens (Verhandlungs-, Vertrags- oder Leistungskosten sowie entgangener Gewinn aus einem eventuellen Drittgeschäft) oder Vertragserhaltung und Leistungsminderung bzw. Rückerstattung des zu viel Gezahlten. Ein Ersatz des positiven Interesses kommt nur in Betracht, wenn der Geschädigte substantiiert darlegt und nachweist, dass er den gleichen Vertrag zu günstigeren Konditionen mit dem gleichen Vertragspartner tatsächlich abgeschlossen hätte. In diesem Fall kann er den Ersatz derjenigen Vorteile verlangen, die ihm bei ordnungsmäßiger Erfüllung des Geschäfts erwachsen wären. Das ist ein Ausnahmefall, der sich in der Erfüllung des vollen Kausalitätsnachweises rechtfertigt.

Die vorvertragliche Informationshaftung findet im brasilianischen Recht im Vergleich zum deutschen Recht einen größeren Anwendungsbereich im Rahmen von Kaufverträgen, weil das brasilianische Gewährleistungsrecht deutlich enger ausgestaltet ist als das deutsche Gewährleistungssystem. Die Garantiehaftung von Art. 441 CC2002 setzt die Lieferung einer mit verstecktem Mangel behafteten Sache voraus, der die Werthaltigkeit oder Nutzbarkeit der Sache erheblich beeinträchtigt. Es muss sich auch um einen Mangel bezüglich der üblichen physischen Eigenschaften der Sachen handeln. Das heißt: Bei schuldhaften Fehlinformationen über Umstände, die keinen direkten Bezug zu der physischen Sachbeschaffenheit haben, gilt uneingeschränkt die vorvertragliche Informationshaftung des Art. 422 CC2002. Hier stellt sich – anders als im deutschen Recht – das Problem der Konkurrenz zwischen Haftung in contrahendo und Garantiehaftung überhaupt nicht. Eine Anspruchskonkurrenz liegt erst dann vor, wenn der Verkäufer den Mangel der Sache kennt und den Käufer darüber nicht informiert. Die Problematik wurde kaum im Schrifttum diskutiert, was die unausgereifte Auffassung über die culpa in contrahendo belegt. Man kann beim Vorsatz des Verkäufers ohne Weiteres von einer parallelen Anwendung der ädilischen Klagen mit der Haftung in contrahendo ausgehen. Es gibt keinen systematischen oder dogmatischen Grund, die ein Nebeneinander beider Rechtsinstitute verböte. Im Gegenteil: Ohne die culpa in contrahendo bliebe der Käufer an den ungünstigen und gestörten Vertrag gebunden, wenn er nicht in den unangemessen kurzen Fristen des Art. 445 CC2002 auf die Wandlung zurückgreift. Das wäre eine Privilegierung des Verkäufers, die kaum mit Treu und Glauben zu vereinbar ist.

Die culpa in contrahendo ist noch eine unbekannte Figur im brasilianischen Recht. Eine Auseinandersetzung mit ihr ist angesichts des Art. 422 CC2002 ein gesetzliches Gebot. Man muss deshalb nach den Grundlinien der vorvertraglichen Schutzlehre fragen. Dafür ist eine rechtsvergleichende Untersuchung der deutschen Schutzlehre fruchtbar und unerlässlich, um die Missverständnisse und Kontroversen über das jheringsche Rechtsinstitut zu beseitigen. Die Erstellung einer allgemeinen vorvertraglichen Theorie, die eine Leitlinie in den verschiedenen Fallkonstellationen identifizieren kann, ist eine Aufgabe der brasilianischen Privatrechtswissenschaft, die nicht mehr verschoben werden kann. Die culpa in contrahendo als eine Verschuldenshaftung für illoyales Fehlverhalten vor Vertragsschluss muss mit den anderen Rechtsinstituten, die Aspekte der Vertragsbildung mehr oder weniger regulieren und mit denen sie sich überschneidet, in Einklang gebracht werden. Das betrifft nicht nur die Abgrenzungsfrage zum Willensmangel- und Gewährleistungsrecht, sondern im brasilianischen Recht auch ihre Anpassung an das besondere Verbraucherrechtssystem. Und hier ergibt sich schon eine bedeutende Feststellung: Wie das geteilte brasilianische Privatrecht gibt auch die culpa in contrahendo kein einheitliches Bild ab. Sie zeigt sich im Rahmen der Unternehmen-Verbraucher-Beziehung (*b2c*) immer im Gewand einer verschuldensunabhängigen Haftung. Auch dort muss der Aufbau einer allgemeinen vorvertraglichen Theorie die Besonderheiten des Verbraucherrechts berücksichtigen. Das erschwert zwar, hindert jedoch nicht die Feststellung der Grundlinien der culpa in contrahendo, die bereits das vom neuen Gesetzgeber zur Leitlinie der neuen Kodifikation erhobene Redlichkeitsgebot zu konkretisieren vermögen.

Literaturverzeichnis

Aguiar Dias, José de, Da responsabilidade civil, Bd. 1, 5. Auflage, Forense, Rio de Janeiro 1973.

Akerlof, Georg, The Market for „Lemons": Quality Uncertainty and the Market Mechanism, Quarterly Journal of Economics 84 (1970), 488–500, in: Grundmann/Micklitz/Renner, Rechtstheorie, Bd. 1, 1047–1060.

Almeida Costa, Mario Júlio de, Responsabilidade civil pela ruptura das negociações preparatórias de um contrato, Coimbra 1984.

Amaral, Francisco, Direito civil – Introdução, 4. Auflage, Renovar, Rio de Janeiro 2002.

Arndts, L./Pfaff, L./Hofmann F, Lehrbuch der Pandekten, 13. Auflage, Stuttgart 1886.

Arruda Alvim, Teresa/Lins, Maria/Ribeiro, Leonardo/Mello, Rogerio, Primeiros comentários ao novo código de processo civil – artigo por artigo. 3. Auflage, RT, São Paulo 2015. (zit.: Novo CPC).

Assis, Araken de, Dano positivo e negativo na dissolução do contrato, Revista da AJURIS 60 (1994), 121–128.

Ávila, Humberto, „Neoconstitucionalismo": entre a „ciência do direito" e o „direito da ciência", REDE 17 (2009), 1–19.

Anwaltkommentar BGB, hg. v. Dauner-Lieb, Barbara/Langen, Werner, Bd. 2, Teilband 1, Schuldrecht, §§ 241 bis 610, Deutscher Anwalt Verlag 2005 (zit.: AnwKomm/*Bearbeiter*).

Baldus, Christian, Proteção do consumidor na zona cinzenta entre o contrato e o não-contrato? Estudos de Direito do Consumidor 6 (2004), Coimbra, 129–150.

Ballerstedt, Kurt, Zur Haftung für culpa in contrahendo bei Geschäftsabschluß durch Stellvertreter, AcP 151 (1951), 501–531.

v. Bar, Christian, Vertragliche Schadensersatzpflichten ohne Vertrag? JuS 1982, 637–645.

Barroso, Luís Roberto, Neoconstitucionalismo e constitucionalização do direito (o triunfo tardio do direito constitucional no Brasil), Revista Eletrônica sobre a Reforma do Estado 9 (2007), 1–41.

Barroso, Luís Roberto, Fundamentos teóricos e filosóficos do novo direito constitucional brasileiro (pós-modernidade, teoria crítica e pós-positivismo), Revista Diálogo Jurídico 6 (2001), 1–32.

Basso, Maristela, Contratos internacionais do comércio, 2. Auflage, Livraria do Advogado, Porto Alegre 1998.

Becker, Anelise, Elementos para um teoria unitária da responsabilidade civil. RDC 13 (1995), 42–55, RT-Online, 1–15.

Benatti, Francesco, A responsabilidade pré-contratual, Übersetzung von Adriano Vera Jardim und Miguel Caeiro, Almedina, Coimbra 1970.

Benjamin, Antônio Herman V./Lima Marques, Claudia/Bessa, Leonardo Roscoe. Manual de direito do consumidor, 2. Auflage, RT, São Paulo 2009.

Bevilaqua, Clovis, Theoria geral do direito civil, 6. Auflage, Francisco Alves, Rio de Janeiro 1953.

Bevilaqua, Clovis, Direito das obrigações, 2. Auflage, Livraria Magalhães, Bahia 1910.

Bevilaqua, Clovis, Código Civil dos Estados Unidos do Brasil, Bd. 1, 11. Auflage, Francisco Alves, Rio de Janeiro 1956.

Bevilaqua, Clovis, Código Civil dos Estados Unidos do Brasil, Bd. 4, 10. Auflage, Francisco Alves, Rio de Janeiro 1955.

https://doi.org/10.1515/9783110592252-009

Bevilaqua, Clovis, Código Civil dos Estados Unidos do Brasil, Bd. 5, 9. Auflage, Francisco Alves, Rio de Janeiro 1954.

Bdine Junior, Hamid Charaf, Efeitos do negócio jurídico nulo, Saraiva, São Paulo 2010.

Bdine Junior, Hamid Charaf, Vícios redibitórios, in: Lotufo, Renan/Nanni, Giovanni Ettore (Hg.), Teoria geral dos contratos, Atlas, São Paulo 2011, 495–502.

BGB Kommentar, hg. v. Prütting, Hans/Wegen, Gerhard/Weinreich, Gerd, 4. Auflage, Luchterhand, Köln 2009 (zit. PWW/*Bearbeiter*).

Blomeyer, Arwed, Allgemeines Schuldrecht, 3. Auflage, Verlag Franz Vahlen GmbH, Berlin 1964 (zit.: SR/AT)

Bodin de Moraes, Maria Celina, A caminho de um direito civil constitucional, Revista Estado, Direito e Sociedade 1 (1991), 1–22, in: www.grupoddp.com.br.

Bodin de Moraes, Maria Celina, Constituição e direito civil: tendências, RT 779 (2000), 47–63.

Bodin de Moraes, Maria Celina, A constitucionalização do direito civil e seus efeitos sobre a responsabilidade civil. Revista Direito, Estado e Sociedade 9 (2006), 233–258.

Bucher, Eugen, „Schuldverhältnis" des BGB: ein Terminus – drei Begriffe, in: Honsell/Bucher/Canaris (Hg.), Festschrift für Wolfgang Wiegand zum 65. Geburtstag, Beck, München 2005, 93–139.

Bueno de Godoy, Claudio Luiz, A prescrição e o contrato de seguro-saúde, in: Lotufo, Renan/Nanni, Giovanni Ettore/Martins, Fernando Rodrigues (Hg.), Temas relevantes do direito civil contemporâneo: reflexões sobre os 10 anos do código civil, Atlas, São Paulo 2012, 159–173.

Bydlinski, Franz, Grundzüge der juristischen Methodenlehre, Wien 2005.

Calixto, Marcelo Junqueira, Reflexões em torno do conceito de obrigação, seus elementos e suas fontes, in: Tepedino, Gustavo (Hg.), Obrigações: estudos na perspectiva civil-constitucional, Renovar, Rio de Janeiro 2005, 1–28.

Cappelari, Récio Eduardo, Responsabilidade pré-contratual, Livraria do Advogado, Porto Alegre 1995.

Canaris, Claus-Wilhelm, Ansprüche wegen „positiver Vertragsverletzung" und „Schutzwirkung für Dritte" bei nichtigen Verträgen, JZ 1965, 475–482.

Canaris, Claus-Wilhelm, Haftung Dritter aus positiver Forderungsverletzung, VersR 1965, 114–118.

Canaris, Claus-Wilhelm, Die Vertrauenshaftung im deutschen Privatrecht, Beck, München 1971.

Canaris, Claus-Wilhelm, Schutzgesetze, Verkehrspflichten, Schutzpflichten, in: Canaris, Claus-Wilhelm/Diederichsen, Uwe (Hg.), Festschrift für Karl Larenz zum 80. Geburtstag, Beck, München 1983, 27–110.

Canaris, Claus-Wilhelm, Täterschaft und Teilnahme bei culpa in contrahendo, in: Habscheid, Walter J. et al (Hg.), Festschrift zum 60. Geburtstag von Prof. Dr. iur. Dr. phil. Hans Giger, Stämpfli, Bern 1989, 91–122.

Canaris, Claus-Wilhelm, Die Vertrauenshaftung im Lichte der Rechtsprechung des Bundesgerichtshofs, in: Canaris, Claus-Wilhelm/Heldrich, Andreas/Hopt, Klaus J./Schmidt, Karsten/Widmaier, Gunter (Hg.), 50 Jahre Bundesgerichtshof, Beck, München 2000, 129–197.

Canaris, Claus-Wilhelm, Die Reform des Rechts der Leistungsstörungen, JZ 2001, 499–530.

Canaris, Claus-Wilhelm, Die Vermutung „aufklärungsrichtigen Verhaltens" und ihre Grundlagen, in: Häuser, Franz et al (Hg.), Festschrift für Walter Hadding zum 70. Geburtstag, Gruyter, Berlin 2004, 3–24.

Castronovo, Carlo, La nuova responsabilità civile, 3. Auflage, Giuffrè, Milano 2006.
Cavalieri Filho, Sergio, Programa de responsabilidade civil, 9. Auflage, Atlas, São Paulo 2010.
Chaves, Antônio. Responsabilidade pré-contratual, Forense, Rio de Janeiro 1959.
Couto e Silva, Almiro, Responsabilidade pré-negocial e culpa in contrahendo no direito administrativo brasileiro, RDA 217 (1999),163–171.
Couto e Silva, Clovis, A obrigação como processo, Habilitationsschrift an der Universidade Federal do Rio Grande do Sul (1964), 1. Auflage, FGV Editora, Rio de Janeiro 2006.
Cruz Guedes, Gisela Sampaio da, Lucros cessantes – do bom-senso ao postulado normativo da razoabilidade, RT, São Paulo 2011.
Dantas, San Tiago, Programa de direito civil – parte geral, Bd. 1, 2. Auflage, Editora Rio, Rio de Janeiro 1979.
Diniz, Maria Helena, Curso de direito civil brasileiro – teoria das obrigações contratuais e extracontratuais, Bd. 3, 23. Auflage, Saraiva, São Paulo 2007.
Donnini, Rogério Ferraz, Responsabilidade civil pós-contratual, 3. Auflage, Saraiva, São Paulo 2011.
Ehrhardt Júnior, Marcos. Responsabilidade civil ou direito de danos? Breves reflexões sobre a inadequação do modelo tradicional sob o prisma do direito civil constitucional, in: Tepedino, Gustavo/Fachin, Luiz Edson/Lôbo, Paulo (Hg.), Direito civil constitucional – a ressignificação da função dos institutos fundamentais do direito civil contemporâneo e suas consequências, Conceito, Florianópolis, 2014, 303–314.
Emmerich, Volker, Das Recht der Leistungsstörungen, 5. Auflage, Beck, München 2002.
Emmerich, Volker, Zum gegenwärtigen Stand der Lehre von der culpa in contrahendo, JURA 1987, 561–567.
Emmerich, Volker, Prospekthaftung, JuS 2004, 722–724.
Emmerich, Volker, Anmerkung BGH Urteil vom 19.05.2006 – V ZR 264/05 (NJW 2006, 3139), JuS 2006, 1021–1023.
Erman BGB, hg. v. Westermann, Harm Peter, Bd. 1–2, 11. Auflage, Otto Schmidt, Köln 2004 (zit.: Erman/*Bearbeiter*).
Espínola, Eduardo, Sistema do direito civil brasileiro, Bd. 2, Halbband 1, 2. Auflage, Freitas Bastos, Rio de Janeiro 1944.
Espínola, Eduardo, Sistema do direito civil brasileiro, Bd. 2, Halbband 2, 2. Auflage, Freitas Bastos, Rio de Janeiro 1945.
Fachin, Luiz Edson, Novo código civil brasileiro e o código de defesa do consumidor: um approach de suas relações jurídicas, Estudos de Direito do Consumidor 7 (2005), Coimbra, 111–135.
Fachin, Luiz Edson, A „reconstitucionalização" do direito civil brasileiro: lei nova e velhos problemas à luz de dez desafios, in: Silva Filho, José Carlos Moreira/Cereser Pezzella, Maria Cristina (Hg.), Mitos e rupturas no direito civil contemporâneo, Lumen Juris, Rio de Janeiro 2008, 1–7.
Facchini Neto, Eugênio, A revitalização do direito privado brasileiro a partir do código de defesa do consumidor, in: Lotufo, Renan/Rodrigues Martins, Fernando (Hg.), 20 anos do código de defesa do consumidor – conquistas, desafios e perspectivas. Saraiva, São Paulo 2011, 29–66.
Ferreira da Rocha, Silvio Luiz, Da prescrição e da decadência, in: Lotufo, Renan/Ettore Nanni, Giovanni (Hg.), Teoria geral do direito civil, Atlas, São Paulo 2008, 799–820.

Ferreira da Silva, Jorge Cesa, A boa-fé e a violação positiva do contrato, Renovar, Rio de Janeiro 2002.

Figueiredo, Gabriel Seijo Leal, Pretensão indenizatória fundada em responsabilidade contratual: inaplicabilidade do prazo prescricional de três anos, in: Renan Lotufo/Giovanni Ettore Nanni/Fernando Rodrigues Martins (Hg.), Temas relevantes do direito civil contemporâneo: reflexões sobre os 10 anos do código civil, Atlas, São Paulo 2012, 174–185.

Finkentscher, Wolfgang/Heinemann, Adreas, Schuldrecht, 10. Auflage, Gruyter, Berlin 2006.

Fichtner Pereira, Regis, A responsabilidade civil pré-contratual, Renovar, Rio de Janeiro 2001.

Fleischer, Holger, Konkurrenzprobleme um die culpa in contrahendo: Fahrlässige Irreführung versus arglistige Täuschung, zugleich eine Besprechung von BGH, Urteil vom 26.9.1997 – V ZR 29/96 (NJW 1998, 302), AcP 200 (2000), 91–120.

Fleischer, Holger, Prospektpflicht und Prospekthaftung für Vermögenanlagen des grauen Kapitalmarkts nach dem Anlegerschutzverbesserungsgesetz. BKK 2004, 339–346.

Forgioni, Paula, Contratos empresarias, 2. Auflage, RT, São Paulo 2016.

Frota, Pablo Malheiros da Cunha, Possíveis sentidos para a causalidade jurídica na responsabilidade por danos, in: Tepedino, Gustavo/Fachin, Luiz Edson/Lôbo, Paulo (Hg.), Direito civil constitucional – a ressignificação da função dos institutos fundamentais do direito civil contemporâneo e suas consequências, Conceito, Florianópolis 2014, 315–336.

Gagliano, Pablo Stolze/Pamplona Filho, Rodolfo, Novo curso de direito civil – parte geral, Bd. 1, 9. Auflage, Saraiva, São Paulo 2008.

Gagliano, Pablo Stolze/Pamplona Filho, Rodolfo, Novo curso de direito civil – obrigações, Bd. 2, 9. Auflage, Saraiva, São Paulo 2008.

Gagliano, Pablo Stolze/Pamplona Filho, Rodolfo, Novo curso de direito civil – contratos, Bd. 4, 1. Halbband, 5. Auflage, Saraiva, São Paulo 2009.

Gaino, Itamar, Invalidade do negócio jurídico, in: Lotufo, Renan/Nanni, Giovanni Ettore (Hg.), Teoria geral do direito civil, Atlas, São Paulo 2008, 633–700.

Gallo, Paolo, Responsabilità precontrattuale e problemi di quantificazione del danno, in: Studi in Onore di Cesare Massimo Bianca, Bd. 4, Giuffrè, Milano 2006, 475–566.

Garcia, Rebeca dos Santos, Vícios redibitórios no direito civil brasileiro: função e estrutura, Dissertação de Mestrado (Master of Law) an der Universität von Rio de Janeiro (UERJ), 2013.

García Rubio, Maria Paz, La responsabilidade precontractual en el derecho español, Tecnos, Madrid 1991.

García Rubio, Maria Paz/Crespo, Marta Otero, La responsabilidad precontractual en el derecho contractual europeo, InDret 2010, 1–62.

Giaro, Tomasz, Culpa in contrahendo: eine Geschichte der Widerentdeckung, in: Falk, Ulrich/Mohnhaupt, Heinz (Hg.), Das Bürgerliche Gesetzbuch und seine Richter – Zur Reaktion der Rechtsprechung auf die Kodifikation des deutschen Privatrechts (1896–1914), Vittorio Klostermann, Frankfurt am Main 2000, 113–154.

Godoy, Claudio Luiz Bueno de, Vícios do produto e serviço, in: Lotufo, Renan/Martins, Fernando Rodrigues (Hg.), 20 anos do código de defesa do consumidor, Saraiva, São Paulo 2011, 331–356.

Göertz, Susann, Anmerkung zu BGH Urteil vom 8.5.2012 – XI ZR 262/10, BKR 2012, 376–377.

Gomes, Orlando, Introdução ao direito civil, 16. Auflage, fortgeführt von Humberto Theodoro Júnior, Forense, Rio de Janeiro 2000.
Gomes, Orlando, Obrigações, 14. Auflage, fortgeführt von Humberto Theodoro Júnior, Forense, Rio de Janeiro 2000.
Gomes, Orlando, Contratos, 10. Auflage, Forense, Rio de Janeiro 1984.
Gomes, Orlando, Contratos, 22. Auflage, fortgeführt von Humberto Theodoro Júnior, Forense, Rio de Janeiro 2000.
Gomes, Orlando, Transformações gerais no direito das obrigações, 2. Auflage, RT, São Paulo 1980.
Gonçalves, Carlos Roberto, Direito civil brasileiro – contratos e atos unilaterais, Bd. 3, 3. Auflage, Saraiva, São Paulo 2007 (zit.: Contratos).
Gonçalves, Carlos Roberto, Direito civil brasileiro – responsabilidade civil, Bd. 4, Saraiva, São Paulo 2007 (zit.: Responsabilidade civil).
Gottwald, Peter, Die Haftung für culpa in contrahendo, JuS 1982, 877–885.
Grigoleit, Hans Christoph, Vorvertragliche Informationshaftung, C. H. Beck'sche, München 1997.
Grigoleit, Hans Christoph, Neuere Tendenzen zur schadensrechtlichen Vertragsaufhebung, NJW 1999, 900–904.
Grigoleit, Hans Christoph, Die Kategorien des Schadensersatzes im Leistungsstörungsrecht, AcP 203 (2003), 727–762.
Grigoleit, Hans Christoph, Leistungspflichten und Schutzpflichten, in: Heldrich, Andreas et al (Hs.), in: Festschrift zum 70. Geburtstag von Claus-Wilhelm Canaris, Bd. 1, Beck, München 2007, 275–306.
Grigoleit, Hans Christoph, *Grinover, Ada Pellegrini/Benjamin, Antônio Herman Vasconcelos/Fink, Daniel Roberto/Filomeno, José Geraldo Brito/Watanabe, Kazuo/Nery, Nelson/Denari, Zelmo*, Código brasileiro de defesa do consumidor – comentado pelos autores do anteprojeto, 7. Auflage, Forense, Rio de Janeiro 2001 (zit.: Grinover et al., CDC comentado).
Grundmann, Stefan, Wohlverhaltenspflichten, interessenkonfliktfreie Aufklärung und MIFID II – Jüngere höchstrichterliche Rechtsprechung und Reformschritte in Eurwellopa, WM 37 (2012), 1745–1792.
Grundmann, Stefan, Information – eine Skizze zu Theorie, Funktionalität und Kritik, in: Festschrift Karakostas, 1–23 (im erscheinen).
Grundmann, Stefan, Privatautomie im Binnenmarkt, JZ 23/2000, 1133–1143.
Grundmann, Stefan, Informação, autonomia da vontade e agentes econômicos no direito dos contratos europeus (2002). RDC 58 (2006), 275–303, in: RT-Online, 1–19.
Grundmann, Stefan/Micklitz, Hans-W.//Renner, Moritz, Rechtstheorie, Bd. 1, Mohr Siebeck, Tübingen 2015.
Grunewald, Barbara, Bürgerliches Recht, 7. Auflage, Beck, München 2006.
Grunewald, Barbara, Die Loslösung vom nicht erwartungsgerechten Vertrag, in: Fleischer, Holger et al (Hg.), Festschrift für Herbert Wiedmann zum 70. Geburtstag, Beck, München 2002, 75–83.
Grunewald, Barbara, Das Scheitern von Vertragsverhandlungen ohne triftigen Grund – Zugleich eine Besprechung zum Urteil des BGH vom 17.10.1983 – II ZR 146/82, JZ 1984, 708–711.

Gusmão Carneiro, Athos, Prescrição trienal e „reparação civil", RDBMC 49 (2010), 15, in: RT-Online, 1–5.

Handkommentar BGB, hg. v. Schulze, Reiner et al. (Hg.), 8. Auflage, Nomos 2014 (zit.: Hk-BGB/*Bearbeiter*).

Harke, Jan Dirk, Das neue Sachmängelrecht in rechtshistorischer Sicht, AcP 205 (2005), 67–92.

Häublein, Martin, Der Beschaffenheitsbegriff und seine Bedeutung für das Verhältnis der Haftung aus culpa in contrahendo zum Kaufrecht, NJW 2003, 388–393.

v. Hayek, Friedrich, The Use of Knowledge in Society, 35 The American Economic Review (1945), 519–530, in: Grundmann/Micklitz/Renner, Rechtstheorie, Bd. 1, 1014–1026.

Heinrichs, Helmut, Bemerkungen zur culpa in contrahendo nach der Reform – Die Tatbestände des § 311 Abs. 2 BGB, in: Heldrich, Andreas et al. (Hg.), Festschrift für Canaris zum 70. Geburtstag, Bd. 1, Beck, München 2007, 421–442.

Historisch-kritischer Kommentar zum BGB, hg. v. Zimmermann, Reinhard, Bd. 2, 1. Teilband, §§ 241–304), Mohr Siebeck, Tübingen 2007 (zit.: HKK/*Bearbeiter*).

Hopt, Klaus, Prospekthaftung, NJW 1987, 40–41.

Hopt, Klaus, Die Haftung für Kapitalmarktinformationen – Rechtsvergleichende, rechtsdogmatische und rechtspolitische Überlegungen, WM 2013, 101–112.

v. Jhering, Rudolf, Culpa in contrahendo ou indemnização em contratos nulos ou não chegados à perfeição, Übersetzung und Einführung von Paulo Mota Pinto, Almedina, Coimbra, 2008.

Junqueira de Azevedo, Antonio, Negócio jurídico – existência, validade e eficácia, Saraiva, São Paulo 2002.

Junqueira de Azevedo, Antonio, A boa fé na formação dos contratos, RDC 3 (1992), 78–87.

Junqueira de Azevedo, Antonio, Responsabilidade pré-contratual no código de defesa do consumidor: estudo comparado com a responsabilidade pré-contratual no direito comum, RDC 18 (1996), 23–31.

Junqueira de Azevedo, Antonio, O dever de informar no código de defesa do consumidor e os males dos fumantes. A assunção voluntaria de riscos, in: Estudos e Pareceres de Direito Privado, Saraiva, São Paulo 2004, 184–197.

Kaiser, Dagmar, Schadensersatz aus culpa in contrahendo bei Abbruch von Verhandlungen über formbedürftige Verträgen, JZ 1997, 448–453.

Kaser/Knütel, Römisches Privatrecht, 19. Auflage, Beck, München 2008.

Keller, Moritz, Schuldverhältnis und Rechtskreisöffnung, Duncker & Humblot, Berlin 2007. Kommentar zum Bürgerlichen Gesetzbuch, hg. v. Bamberger, Heinz Georg/Roth, Herbert, Bd. 1, §§ 1–610, Beck, München 2003 (zit.: Bamberger/Roth/Bearbeiter).

Konder, Carlos Nelson, Erro, dolo e coação: autonomia e confiança na celebração dos negócios jurídicos, in: Brochado Teixeira, Ana Carolina/Leite Ribeiro, Gustavo Pereira (Hg.), Manual de teoria geral do direito civil, Del Rey, Belo Horizonte 2011, 609–631.

Köndgen, Johannes, Die Positivierung der culpa in contrahendo als Frage der Gesetzgebungsmethodik, in: Schulze, Reiner/Schulte-Nölke, Hans (Hg.), Die Schuldrechtsreform vor dem Hintergrund des Gemeinschaftsrechts, Mohr Siebeck, Tübingen 2001, 231–242.

Kötz, Hein/Wagner, Gerhard, Deliktsrecht, 10. Auflage, Luchterhand, München 2006.

Kress, Hugo, Lehrbuch des allgemeinen Schuldrechts, unveränderter Neudruck der Ausgabe München 1929, mit Einführung versehen und herausgegeben von Hermann Weitnauer und Horst Ehmann, Scientia Verlag, Aalen 1974.

Larenz, Karl, Allgemeiner Teil des Bürgerlichen Rechts, fortgeführt von Manfred Wolf, Beck, München 2004.

Larenz, Karl, Lehrbuch des Schuldrechts, Allgemeiner Teil, Bd. 1, 14. Auflage, München 1987 (zit.: SR/AT).

Larenz, Karl, Lehrbuch des Schuldrechts, Besonderer Teil, Bd. 2, Halbband 1, 13. Auflage, München 1986 (zit.: SR/BT II/1).

Larenz, Karl, Metodologia da ciência do direito, 3. Auflage, Übersetzung von de José Lamego, Calouste Gulbenkian, Lisboa 1997.

Larenz, Karl, Culpa in contrahendo, Verkehrssicherungspflicht und „sozialer Kontakt", MDR 9 (1954), 515–519. Portugiesische Version: Culpa in contrahendo, dever de segurança no tráfico e „contato social", Übersetzung von Karina Nunes Fritz, RDP 34 (2008), 343–352 und Doutrinas essenciais – Revista dos Tribunais 100 anos, Bd. 3, Tepedino/Fachin (Hg.), São Paulo 2011, 1191–1202.

Larenz, Karl, Bemerkung zur Haftung für „culpa in contrahendo", in: Flume, Werner et al. (Hg.), Festschrift für Kurt Ballerstedt zum 70. Geburtstag, Berlin 1975, 397–419.

Leal, Fernando, Seis objeções ao direito civil constitucional, in: Leal, Fernando (Hg.), Direito privado em perspectiva – teoria, dogmática e economia, Malheiros, São Paulo 2016, 87–142.

Lehmann, Heinrich/Hübner, Heinz, Allgemeiner Teil des Bürgerlichen Rechts, 15. Auflage, Berlin 1966 (zit.: AT).

Leible, Stefan. Culpa in contrahendo, in: Remien, Oliver (Hg.), Schuldrechtsmodernisierung und Europäisches Vertragsrecht – Zwischenbilanz und Perspektiven – Würzburger Tagung vom 27. und 28.10.2006, Mohr Siebeck, Tübingen 2008, 219–234.

Lima Marques, Cláudia/Benjamin, Antônio Herman Vasconceslos/Miragem, Bruno, Comentários ao código de defesa do consumidor, 3. Auflage, RT, São Paulo 2010 (zit.: Comentários ao CDC).

Lima Marques, Cláudia, Contratos no código de defesa do consumidor, 4. Auflage, RT, São Paulo 2002.

Lima Marques, Cláudia, Boa-fé nos serviços bancários, financeiros, de crédito e securitários e o código de defesa do consumidor: informação, cooperação e renegociação?, RDC 43 (2002), 215, in: RT-Online, 1–31.

Lôbo, Paulo Luiz Netto, Obrigações, 3. Auflage, Saraiva, São Paulo 2013.

Lôbo, Paulo Luiz Netto, A informação como direito fundamental do consumidor, Estudos de Direito do Consumidor 3 (2001), Coimbra, 23–45.

Lôbo, Paulo Luiz Netto, Transformações gerais do contrato, RTDC 16 (2003), 103–113.

Lôbo, Paulo Luiz Netto, Novas perspectivas da constitucionalização do direito civil, Jus Navigandi, 2013, 1–11.

Lotufo, Renan, Curso avançado de direito civil, Bd. 1, RT, São Paulo 2002.

Lotufo, Renan, Código civil comentado: parte geral (Arts. 1º. a 232), Bd. 1, Saraiva, São Paulo 2002.

Lorenz, Stephan, Arglist und Sachmangel – Zum Begriff der Pflichtverletzung in § 323 Abs. 5 S. 2 BGB, NJW 2006, 1925.

Lorenz, Stephan, Die Lösung vom Vertrag, insbesondere Rücktritt und Widerruf, in: Schulze, Reiner/Schulte-Nölke, Hans (Hg.), Die Schuldrechtsreform vor dem Hintergrund des Gemeinschaftsrechts, Mohr Siebeck, Tübingen 2001, 329–355.
Lorenz, Stephan, Vertragsaufhebung wegen culpa in contrahendo: Schutz der Entscheidungsfreiheit oder des Vermögens? ZIP 1998, 1053–1057.
Lorenz, Stephan, Anmerkung zum BGHZ 66, 51, Uteil vom 28.01.1976 – VIII ZR 246/74 (Gemüseblattfall), OLG Koblenz, 1–4, in: www.stephan-lorenz.de.
Lorenz, Stephan, Anmerkung zum BGHZ 60, 319, Uteil vom 16.03.1979 – V ZR 118/71, OLG München, 1–2, in: www.stephan-lorenz.de.
Lorenz, Stephan, Anmerkung zum BGH Urteil vom 24.06.1988 – XII ZR 126/96, 1–4, in: www.stephan-lorenz.de.
Lorenz, Stephan, Anmerkung zum BGH Urteil vom 14.01.2002 – II ZR 184/99, OLG Hamm, LG Hagen, 1–2, in: www.stephan-lorenz.de.
Lorenz, Stephan, Anmerkung zum BGHZ 168/35, Urteil vom 19.05.2006 – V ZR 264/05, 1–6, in: www.stephan-lorenz.de.
Looschelders, Dirk, Schuldrecht, Allgemeiner Teil, 4. Auflage, Köln 2006 (zit.: SR/AT).
Looschelders, Dirk, Schuldrecht, Besonderer Teil, 2. Auflage, Köln 2008 (zit.: SR/BT).
Looschelders, Dirk, Beschaffenheitsvereinbarung, Zusicherung, Garantie, Gewährleistungsausschluss, in: Dauner-Lieb, Barbara/Konzen, Horst/Schmidt, Karsten (Hg.), Das neue Schuldrecht in der Praxis, Köln 2003, 395–410.
Martins Costa, Judith H., A boa-fé no direito privado, RT, São Paulo 2000.
Martins Costa, Judith H., Um aspecto da obrigação de indenizar: notas para uma sistematização dos deveres pré-negociais de proteção no direito civil brasileiro, RT 876 (2008), 11–51, in: RT-Online, 1–39.
Martins Costa, Judith H., Os regimes do dolo civil no direito brasileiro: dolo antecedente, vício informativo por omissão e comissão, dolo acidental e dever de indenizar, RT 923 (2012), 115–143, in: RT-Online 1–20.
Martins Costa, Judith H., Responsabilidade civil contratual. Lucros cessantes. Resolução. Interesse positivo e interesse negativo. Distinção entre lucros cessantes e lucros hipotéticos. Dever de mitigar o próprio dano. Dano moral e pessoa jurídica, in: Lotufo, Renan et al. (Hg.), Temas relevantes do direito civil contemporâneo – Reflexões sobre os 10 anos do Código Civil, Atlas, São Paulo 2012, 559–595.
Martins Costa, Judith H./Zanetti, Cristiano de Sousa, Responsabilidade contratual: prazo prescricional de dez anos, RT 979 (2017), 215–241, in: RT-Online, 1–20.
Massimo Bianca, Cesare, Diritto civil – Il contrato, Bd. 3, Giuffrè, Milano 1998.
Mattietto, Leonardo de Andrade, Invalidade dos atos e negócios jurídicos, in: Tepedino, Gustavo (Hg.), A parte geral do novo código civil, Renovar, Rio de Janeiro 2002, 309–343.
Medicus, Dieter, Schuldrecht I, Allgemeiner Teil, 15. Auflage, Beck, München 2004 (zit.: SR/AT)
Medicus, Dieter, Schuldrecht II, Besonderer Teil, 14. Auflage, Beck, München 2007.
Medicus, Dieter, Vertragliche und deliktische Ersatzansprüche für Schaden aus Sachmängeln, Tübinger Festschrift für Eduard Kern, Mohr Siebeck, Tübingen 1968, 313–334.
Medicus, Dieter, Zur Entstehungsgeschichte der culpa in contrahendo, in: Benöhr, Hans-Peter et al. (Hg.), Festgabe für Max Kaser, 1986, 169–181.
Medicus, Dieter, Die culpa in contrahendo zwischen Vertrag und Delikt, in: Giger, Hans et al. (Hg.), Festschrift für Max Keller zum 65. Geburtstag, Zürich 1989, 205–219.

Medicus, Dieter, Ansprüche auf Erfüllungsinteresse aus Verschulden bei Vertragsverhandlungen?, in: Medicus, Dieter et al. (Hg.), Festschrift für Hermann Lange zum 70. Geburtstag, Stuttgart 1992, 539–560.

Menezes Cordeiro, António, Da boa fé no direito civil, Almedina, Coimbra 2001.

Menezes Cordeiro, António, Da modernização do direito civil, Bd. 1, Almedina, Coimbra 2004.

Menezes Cordeiro, António, Tratado de direito civil português, Bd. I/1, Almedina, Coimbra 2009.

Menezes Cordeiro, António, Tratado de direito civil português. Bd. II/1, Almedina, Coimbra 2009.

Menezes Cordeiro, António, Tratado de direito civil português. Bd. II/3, Almedina, Coimbra 2010.

Menezes Cordeiro, António, Tratado de direito civil português. Bd. II/4, Almedina, Coimbra 2010.

Menezes Cordeiro, António, O direito à não-informação, Estudos de Direito do Consumidor 9/2015, Coimbra, 45–50.

Menezes Santos, Cristiana, Responsabilidade civil por cláusula abusiva – um estudo sobre a culpa in contrahendo no âmbito do CDC, Dissertation an der PUCSP, 2000.

Mertens, Bernd, Die Rechtsfolgen einer Haftung aus culpa in contrahendo beim zustande gekommenen Vertrag nach neuem Recht, ZGS 2 (2004), 67–73.

Miragem, Bruno, Curso de direito do consumidor, 3. Auflage, RT, São Paulo 2012.

Miragem, Bruno, Responsabilidade pré-contratual da administração e proteção da confiança no direito brasileiro, RPGE 27 (2004), 131–152.

Möller, Jan, Offenlegungen und Aufklärungspflichten beim Unternehmenskauf – System, Regelungskonzepte und Haftungsrisiken, NZG 2012, 841–847.

Moreira Alves, José Carlos, A parte geral do código civil brasileiro, Saraiva, São Paulo 1986.

Moreira Alves, José Carlos, Direito romano, Bd. 1, 9. Auflage, Forense, Rio de Janeiro 1995.

Moreira Alves, José Carlos, Direito romano, Bd. 2, 5. Auflage, Forense, Rio de Janeiro 1995.

Mota Pinto, Carlos Alberto, Teoria geral do direito civil, 3. Auflage, Coimbra 1999.

Mota Pinto, Paulo, Interesse contratual negativo e interesse contratual positivo, Bd. 2, Coimbra 2008.

Moura Vicente, Dario. A responsabilidade pré-contratual em direito internacional privado, Almedina, Coimbra 2001.

Mousinho de Figueiredo, Isabel, Die culpa in contrahendo in Portugal, in: Christian Baldus/Wojciech Dajaczak (Hg.), Der Allgemeine Teil des Privatrechts, Peter Lang, Frankfurt am Main 2013, 185–206.

Münchener Kommentar zum Bürgerlichen Gesetzbuch, Redakteur Säcker, Franz Jürgen, Bd. 1, Allgemeiner Teil, §§ 1–240, 2. Auflage, München 1984 (zit. MünchKomm/*Berarbeiter*).

Münchener Kommentar zum Bürgerlichen Gesetzbuch, Redakteur Heinrichs, Helmut, Bd. 2, Schuldrecht Allgemeiner Teil, §§ 241–432, 2. Auflage, München 1985.

Münchener Kommentar zum Bürgerlichen Gesetzbuch, Redakteur Krüger, Wolfgang, Helmut, Bd. 2, Schuldrecht Allgemeiner Teil, §§ 241–432, 7. Auflage, München 2016.

Münchener Kommentar zum Bürgerlichen Gesetzbuch, Redakteur Westermann, Harm Peter, Bd. 3, 1. Halbband, Schuldrecht Besonderer Teil, §§ 433–651k, 2. Auflage, München 1988.

Münchener Kommentar zum Bürgerlichen Gesetzbuch, Redakteur Ulmer, Peter, Bd. 3, 2. Halbband., Schuldrecht Besonderer Teil, §§ 652–853, 2. Auflage, München 1986.

Münchener Kommentar zum Bürgerlichen Gesetzbuch, Redakteur Westermann, Harm Peter, Bd. 4, Schuldrecht Besonderer Teil, §§ 607–704, 3. Auflage, München 1997.
Münchener Kommentar zum Bürgerlichen Gesetzbuch, Redakteur Ulmer, Peter, Bd. 3, 2. Halbband, Schuldrecht Besonderer Teil, §§ 652–853, 2. Aufl., München 1986.
Nalin, Paulo/Manassés, Diogo Rodrigues, Responsabilidade civil extracontratual e contratual: razões e funções da distinção, in: Tepedino, Gustavo/Fachin, Luiz Edson/Lôbo, Paulo (Hg.), Direito civil constitucional – a ressignificação da função dos institutos fundamentais do direito civil contemporâneo e suas consequências. Conceito, Florianópolis 2014, 337–356.
Nery, Nelson/Andrade Nery, Rosa Maria, Manual de direito civil – obrigações, RT, São Paulo 2013 (zit.: Obrigações).
Nery, Nelson/Andrade Nery, Rosa Maria, Código civil anotado e legislação extravagante, 2. Auflage, RT, São Paulo 2003.
Nevares, Ana Luiza Maia, O erro, o dolo, a lesao e o estado de perigo no novo código civil, in: Tepedino, Gustavo (Hg.), A parte geral do novo código civil, Renovar, Rio de Janeiro 2002, 251–289.
Neves, Gustavo Kloh Muller, Prescrição e decadência no novo código civil, in: Tepedino, Gustavo (Hg.), A parte geral do novo código civil, Renovar, Rio de Janeiro 2002, 417–428.
Nickel, Carsten, Die Rechtsfolgen der culpa in contrahendo, Duncker & Humblot, Berlin 2004.
Nirk, Rudolf, Culpa in contrahendo – eine richterliche Rechtsfortbildung – in der Rechtsprechung des Bundesgerichtshofes, in: Hefermehl, Wolfgang/Nipperdey, Carl (Hg.), Festschrift für Philipp Möhring zum 65. Geburtstag, München 1965, 385–418.
Noronha, Fernando, Direito das obrigações, Bd. 1, 2. Auflage, Saraiva, São Paulo 2007.
Noronha, Fernando, O direito dos contratos e seus princípios fundamentais, Saraiva, São Paulo 1999.
Nunes, Rizzato, Comentários ao código de defesa do consumidor, 2. Auflage, Saraiva, São Paulo 2005 (zit.: Comentários)
Nunes Fritz, Karina, Boa-fé objetiva na fase pré-contratual – a responsabilidade pré-contratual por ruptura das negociações, Juruá, Curitiba 2008.
Nunes Fritz, Karina, A responsabilidade dos bancos por falhas na informação em investimento de capital: uma análise comparada com o direito alemão, RDCC 8 (2016), 167–200.
Oviedo-Albán, Jorge, Indenización de prejuicios por vicios redhibitorios en el código civil chileno-colombiano, Universitas 129 (2014), 239–274.
Palandt Bürgerliches Gesetzbuch, bearbeitet von Bassenger, Peter et al., Beck, München 2007 und 2016.
Pasquolotto, Adalberto, Defesa do consumidor, RT 658 (1990), 52–72. In: RT-Online, 1–27.
Peteffi da Silva, Rafael, Responsabilidade civil pela perda de uma chance, Atlas, São Paulo 2007.
Picot, Gerhard et al, Unternehmenskauf und Restrukturierung, 2. Auflage, Beck, München 1998.
Pinto Oliveira, Nuno Manuel, Princípios de direito dos contratos, Coimbra, Lisboa 2011.
Pontes de Miranda, Francisco C, Tratado de direito privado, Bd. 4, Borsoi, Rio de Janeiro 1970.
Pontes de Miranda, Francisco C, Tratado de direito privado, Bd. 38, Borsoi, Rio de Janeiro 1962.
Popp, Carlyle, A responsabilidade civil pré-negocial – o rompimento das tratativas, Juruá, Curitiba 2001.

Popp, Carlyle/Tono, Samuel Paulino, Liberdade e contrato no âmbito da atividade empresarial, in: www.ambito-juridico.com.br, 1–21.

Poveda Velasco, Ignacio M, Proteção do comprador no direito romano, Cultural Paulista, São Paulo 2002.

Prata, Ana, Notas sobre a responsabilidade pré-contratual, Lisboa 1991.

Ramírez, Catalina Salgado, Breve introducción a la responsabilidad precontractual en la teoria de Rudolf von Jhering, in: Gonzáles de Cancino, Emilssen/Cortés Moncayo, Édgar/Navia Arroyo, Felipe (Hg.), Estudios de derecho civil em memoria de Fernando Hinestrosa, Bd. 1, Bogotá 2014, 723–758.

Reale, Miguel, História do novo código civil, RT, São Paulo 2005.

Reinicke, Dietrich/Tiedtke, Klaus, Schadensersatzverpflichtungen aus Verschulden beim Vertragsschluß nach Abbruch von Vertragsverhandlungen ohne triftigen Grund, ZIP 1989, 1093–1102.

Ribeiro, José Horácio Halfeld Rezende, A dinâmica da prescrição, in: Lotufo, Renan/Nanni, Giovanni Ettore/Martins, Fernando Rodrigues (Hg.), Temas relevantes do direito civil contemporâneo: reflexões sobre os 10 anos do código civil, Atlas, São Paulo 2012, 151–158.

Rieble, Volker, Die Kodifikation der culpa in contrahendo, in: Dauner-Lieb, Barbara/Konzen, Horst/Schmidt, Karsten (Hg.), Das neue Schuldrecht in der Praxis, Köln 2003, 137–157.

Rosado de Aguiar, Ruy, Extinção dos contratos por incumprimento do devedor, Aide, Rio de Janeiro 1991.

Rosado de Aguiar, Ruy, Aspectos do código de defesa do consumidor, Ajuris 13 (1991), 167–187, in: BDJUR-Online, 1–27.

Rosado de Aguiar, Ruy, A boa-fé nas relações de consumo, RDC 14 (1995), 20–27, in: RT-Online, 1–8.

Rosado de Aguiar, Ruy, O novo código civil e o código de defesa do consumidor – pontos de convergência, RDC 48 (2003), 55–68, in: BDJUR-Online, 1–23.

Rosado de Aguiar, Ruy, O direito das obrigações na contemporaneidade. RDC 96 (2014), 13–20, in: RT-Online, 1–7.

Rosenwald, Nelson/Farias, Cristiano Chaves, Direito civil – teoria geral, 5. Auflage, Lumen, Rio de Janeiro 2006.

Rosenwald, Nelson/Farias, Cristiano Chaves, Direito das obrigações, 2. Auflage, Lumen, Rio de Janeiro 2007.

Roth, Herbert, Beweismaß und Beweislast bei der Verletzung von bankvertraglichen Aufklärungs- und Beratungspflichten, ZHR 154 (1990), 513–534.

Santos, Cristiana, Responsabilidade civil por cláusula abusiva – um estudo sobre a culpa in contrahendo no âmbito do CDC, Dissertation an der PUC-Universität, São Paulo 2000.

Sarmento, Daniel, Ubiqüidade constitucional: os dois lados da moeda, in: Souza Neto, Cláudio P./Sarmento, Daniel (Hg.), A constitucionalização do direito, Lumen Juris, Rio de Janeiro 2007.

Schiavone, Giovanni, Dolo (raggiro) e responsabilità precontrattuale, Responsabilità civile e previdenza 4 (2008), 786–811.

Schmidt, Jan-Peter, Zivilrechtskodifikation in Brasilien, Mohr Siebeck, Tübingen 2009.

Schmidt, Jan-Peter, Sentencias famosas: Alemania. Sobre el caso de los „rollos de linóleo“, Revista de Derecho Privado 24 (2013), 329–334.

Schmidt, Jan-Peter, Vida e obra de Pontes de Miranda a partir de uma perspectiva alemã – com especial referência à tricotomia „existência, validade e eficácia do negócio jurídico", RFDC 5 (2014), in: www.direitocontemporaneo.com, 1–26.

Schmidt-Räntsch, Jürgen, Aufklärungspflichten beim Verkauf von Immobilien, ZfIR 14 (2004), 569–577.

Schreiber, Anderson, A proibição de comportamento contraditório – tutela da confiaça e venire contraa factum proprium, Renovar, Rio de Janeiro 2005.

—. Direito civil e constituição, in: Direito civil e constituição, Atlas, São Paulo 2013, 5–24.

Schulte-Nölke, Draft Common Frame of Reference Translation Project, abrufbar in: http://ec.europa.eu/justice/contract/files/european-private-law_de.pdf, Zugang am 22.04.2017.

Schur, Wolfang, Leistung und Sorgfalt – Zugleich ein Beitrag zur Lehre von der Pflicht im Bürgerlichen Recht, Mohr Siebeck, Tübingen 2001.

Serpa Lopes, Miguel Maria, Curso de direito civil – dos contratos em geral, Bd. 3, 1. Halbband, Freitas Bastos, Rio de Janeiro 1954.

Silva Pereira, Caio Mário, Instituições de direito civil – fontes das obrigações, Bd. 3, 7. Auflage, Forense, Rio de Janeiro 1984.

Silva Pereira, Caio Mário, Instituições de direito civil – introdução, Bd. 1, 22 Auflage, aktualisiert von Maria Celina Bodin de Moraes, Forense, Rio de Janeiro 2008 (zit.: Introdução)

Silva Pereira, Caio Mário, Instituições de direito civil – obrigações, Bd. 2, 25. Auflage, aktualisiert von Guilherme Calmon Nogueira da Gama, Forense, Rio de Janeiro 2012 (zit.: Obrigações).

Silva Pereira, Caio Mário, Instituições de direito civil – contratos, Bd. 3, 16. Auflage, aktualisiert von Regis Fichtner, Forense, Rio de Janeiro 2012 (zit.: Contratos).

Simão, José Fernando, Aspectos controvertidos da prescrição e decadência na teoria geral dos contratos e dos contratos em espécie, in: Delgado, Mário Luiz/Alves, Jones Figueiredo (Hg.), Novo Código Civil: questões controvertidas, Bd. 4, Método, São Paulo 2006, 200–225.

Singer, Reinhard, Formnichtigkeit und Treu und Glauben, WM 10 (1983), 254–263.

Singer, Reinhard, Konkurrenzprobleme um die culpa in contrahendo: fahrlässige Irreführung versus arglistige Täuschung – zugleich eine Besprechung von BGH, Urteil vom26.9.1997 – V ZR 29/96 (NJW 1998, 302), AcP 200 (2000), 91–120.

Singer, Reinhard, Fehler beim Kauf – Zum Verhältnis von Mängelgewährleistung, Irrtumsanfechtung und culpa in contrahendo, in: Canaris, Claus-Wilhelm et al. (Hg.), 50 Jahren Bundesgerichtshof, Beck, München 2000, 381–405.

Singer, Reinhard, Vertrauenshaftung beim Abbruch von Vertragsverhandlungen, in: Kontinuität im Wandel der Rechtsordnung – Beiträge für Claus-Wilhelm Canaris zum 65. Geburtstag, herausgegeben und verfasst von seinen Schülern, Beck, München 2002, 135–157.

Soergel BGB, Redaktion von Wolf, Manfred, Bd. 1, Allgemeiner Teil, §§ 1–240, W. Kohlhamer, Stuttgart 1987 (zitt: Soergel/*Bearbeiter*).

Soergel BGB, Redaktion von Mertens, Hans-Joachim, Bd. 3, Schuldrecht II, §§ 433–515, 12. Auflage, W. Kohlhamer, Stuttgart 1991.

Soergel BGB, Bd. 5/1a, Schuldrecht 3/1a, §§ 311, 311a-c, 313, 314, 13. Auflage, W. Kohlhammer, Stuttgart 2013.

Souza, Carlos Fernando Mathias, Tempo e direito. In: Arruda Alvim/Joaquim Portes de Cerqueria Cesar/Roberto Rosas (Hrsg.). Aspectos controvertidos do novo código civil.

Escritos em homenagem ao Ministro José Carlos Moreira Alves, São Paulo, RT, 2003, S. 105–114.
Stackmann, Nikolaus, Probleme mit der Fiktion – Die Feststellung der Kausalität von Beratungsfehlern, NJW 2009, 3265–3269.
Staudinger Kommentar zum BGB, Redaktor Martinek, Michael, Buch 2, Recht der Schuldverhältnisse, Einleitung zum Schuldrecht, §§ 241–243, Gruyter, Berlin 2009 (zit.: Staudinger/*Bearbeiter*).
Staudinger Kommentar zum BGB, Redaktor Reuter, Dieter, Buch 2, Recht der Schuldverhältnisse, §§ 311, 311a, 312, 312a-f, Gruyter, Berlin 2005.
Staudinger Kommentar zum BGB, Buch 2, Recht der Schuldverhältnisse, §§ 826–829, ProdHaftG, Gruyter, Berlin 2013.
Staudinger Kommentar zum BGB, Eckpfeiler des Zivilrechts, Redaktor Martinek, Michael, Gruyter, Berlin 2008.
Steiner, Renata Carlos, Interesse positivo e interesse negativo: a reparação de danos no direito privado brasileiro, Dissertation an der Faculdade de Direito da Universidade de São Paulo, 2016.
Stellato, Ilaria, Revirement della Cassazione: natura contrattuale della culpa in contrahendo, in: www.diritto.it, veröffentlicht am 27.10.2016, 1–4.
Stigler, Georg, The Economics of Information, Journal of Political Economy 69 (1961), 386–405, in: Grundmann/Micklitz/Renner, Rechtstheorie, Bd. 2, 1027–1046.
Stiglitz, Ruben S./Stiglitz, Gabriel A., Responsabilidad precontractual – incumprimento del deber de informacion, Abeledo-Perrot, Buenos Aires 1992.
Stoco, Rui, Tratado de responsabilidade civil – doutrina e jurisprudência, 8. Auflage, RT, São Paulo 2011.
Stoll, Hans, Tatbestände und Funktionen der Haftung für culpa in contrahendo, in: Claudius, Hans (Hg.), Festschrift für Ernst von Caemmerer, Tübingen 1978, 435–474.
Stoll, Hans, Schädigung durch Vertragsschluß, in: vBar, Christian et al. (Hg.), Festschrift für Erwin Deutsch zum 70. Geburtstag, Köln 1999, 361–372.
Stoll, Heinrich, Haftung für das Verhalten während der Vertragsverhandlungen, LZ 17 (1923), 532–548.
Stoll, Heinrich, Abschied von der Lehr von der positiven Vertragsverletzun, AcP 136 (1932), 257–320.
Stoll, Heinrich, Die Lehre von den Leistungsstörungen, Paul Siebeck, Tübingen 1936.
Streck, Lenio Luiz, Contra o neoconstitucionalismo, in: Revista da Academia Brasileira de Direito Constitucional 4 (2011), 9–27.
Tartuce, Flavio, Manual de direito civil, Método, São Paulo 2011.
Tepedino, Gustavo, Premissas metodológicas para a constitucionalização do direito civil, in: Temas de direito civil, Bd. 1, Renovar, Rio de Janeiro 2001, 1–22.
Tepedino, Gustavo, Notas sobre o nexo de causalidade, in: RTDC 6 (2001), 3–19.
Tepedino, Gustavo, Os contratos de consumo no brasil, in: Temas de direito civil, Bd. 2, Renovar, Rio de Janeiro 2008, 123–134.
Tepedino, Gustavo, O novo código civil: duro golpe na recente experiência constitucional brasileira. RTDC 7 (2001), in: Temas de direito civil, Bd. 2, Renovar, Rio de Janeiro 2008, 357–360.
Tepedino, Gustavo, Código de defesa do consumidor, código civil e complexidade do ordenamento, in: Temas de direito civil, Bd. 2, Renovar, Rio de Janeiro 2008, 405–408.

Tepedino, Gustavo, A prescrição trienal para a reparação civil – crônica de uma ilegalidade anunciada. Carta Forense, veröffentlicht am 01. 07. 2009, 1–3.

Tepedino, Gustavo, Atividade sem negócio jurídico fundante e a formação progressiva dos contratos, RTDC 44 (2011), 19–30, in: RT-Online, 1–11.

Tepedino, Gustavo/Barboza, Heloisa Helena/Bodin de Moraes, Maria Celina, Código civil interpretado conforme a constituição da república, Bd, 1, Parte geral e obrigações, Arts. 1 bis 420, Renovar, Rio de Janeiro 2004 (zit.: CCI).

Tepedino, Gustavo/Schreiber, Anderson, A boa-fé objetiva no código de defesa do consumidor e no novo código civil, in: Tepedino, Gustavo (Hg.), Obrigações: estudos na perspectiva civil-constitucional, Renovar, Rio de Janeiro 2005, 29–44. Erste Publikation in: Revista da EMERJ 23/2003, 139–151.

Tepedino, Gustavo/Schreiber, Anderson, Código civil comentado, Bd. 4, Arts. 233–420, Villaça de Azevedo, Álvaro (Hg.), Atlas, São Paulo 2008.

Theodoro Junior, Humberto, Alguns impactos da nova ordem constitucional sobre o direito civil, in: RT 662 (1990), 7–17, abgerufen: RT-Online, 1–12, Zugang: 27. 02. 2016.

Tiedtke, Klaus, Der Inhalt des Schadensersatzanspruchs aus Verschulden beim Vertragsabschluß wegen fehlender Aufklärung – Zugleich eine Besprechung des BGH-Urteils vom 8. 12. 1988 – VII ZR 83/88, JZ 1989, 569–572.

Thiemann, Rudolf, Culpa in contrahendo – ein Beitrag zum Deliktsrecht. Juristische Schriften Bd. 28, Gelsenkirchen, 1984.

v Tuhr, Andreas, Tratado de las obligaciones, Bd. 1, übersetzt von W. Roces, Reimpresión de la 1ª. Edición, Madrid 1999.

Veloso, Zeno, Nulidade do negócio jurídico, in: Arruda Alvim et al. (Hg.), Aspectos controvertidos do novo código civil, RT, São Paulo 2003, 597–608.

Villaça Azevedo, Alvaro, Teoria geral das obrigações e responsabilidade civil, 12. Auflage, Atlas, São Paulo 2011.

Wald, Arnoldo, Obrigações e contratos, 11. Auflage, RT, São Paulo 1994.

Weller, Marc-Phillip, Die Dogmatik des Anlageberatungsvertrags – Legitimation der strengen Rechtsprechungslinie von Bond bis Ille./.Deutsche Bank, ZBB 2 (2011), 191–199.

Wertenbruch, Johannes, Zur Haftung aus culpa in contrahendo bei Abbruch von Vertragsverhandlungen, ZIP 33 (2004), 1525–1531.

Westermann, Harm Peter, Das neue Kaufrecht, NJW 2002, 241–253.

Westermann, Harm Peter/Bydlinski, Peter/Weber, Ralph, Schuldrecht, Allgemeiner Teil, 6. Auflage, C. F. Müller, Heidelberg 2007 (zit.: SR/AT).

Wieacker, Franz. Privatrechtsgeschichte der Neuzeit. 2. Aufl., Göttingen, 1967. Portugiesische Übersetzung: História do direito privado moderno. Tradução A. M. Botelho Hespanha, Fundação Calouste Gulbenkian, Lisboa 1993.

Zambotto, Isabella, La Cassazione sulla natura dela responsabilità precontrattuale: aliquid novi?, Rivista di Diritto Civile Contemporaneo 4 (2016), 1–13.

Zanetti, Cristiano de Sousa, Responsabilidade pela ruptura das negociações, Juarez de Oliveira, São Paulo 2005.

FSC
www.fsc.org
MIX
Papier | Fördert gute Waldnutzung
FSC® C083411

Kolibri 360 GmbH
Ferdinand-Jühlke-Straße 7
99095 Erfurt, Deutschland
produktsicherheit@kolibri360.de